《中国少数民族古籍总目提要》列入

《国家“十一五”时期文化发展规划纲要》

《国家“十二五”时期文化改革发展规划纲要》

《少数民族事业“十二五”规划》

《2021—2035年国家古籍工作规划》

中国
少数民族古籍总目提要

国家民族事务委员会全国少数民族古籍整理研究室

藏族卷·讲唱类（一）

中国大百科全书出版社

图书在版编目（CIP）数据

中国少数民族古籍总目提要. 藏族卷. 讲唱类. 一 / 国家民族事务委员会全国少数民族古籍整理研究室编. -- 北京：中国大百科全书出版社，2024.4

ISBN 978-7-5202-1331-8

Ⅰ. ①中… Ⅱ. ①国… Ⅲ. ①少数民族－古籍－内容提要－中国②藏族－古籍－内容提要－中国 Ⅳ. ①Z838

中国国家版本馆CIP数据核字（2023）第075629号

责任编辑： 鞠慧卿
责任校对： 齐　芳
装帧设计： 胡建斌
责任印制： 李宝丰

中国大百科全书出版社 出版
（北京阜成门北大街17号　邮政编码：100037　电话：010-88390969）
网址：http://www.ecph.com.cn
北京博越创想文化发展有限公司排版
北京汇瑞嘉合文化发展有限公司印刷
开本：889毫米×1194毫米 1/16　印张：39.5　字数：982千字
2024年4月第1版　2024年4月第1次印刷
ISBN 978-7-5202-1331-8
定价：280.00元

《中国少数民族古籍总目提要》
领导小组

组　　长：	郭卫平	国家民委副主任、党组成员
成　　员：	马国华	国家民委办公厅主任
	张　谋	国家民委理论研究司司长
	孙青友	国家民委政策法规司司长
	张志刚	国家民委共同发展司司长
	郭建民	国家民委文化宣传司司长
	宋　全	国家民委教育司司长
	孙继为	国家民委全国少数民族古籍整理研究室副主任
	丁希松	北京市民族宗教事务委员会副主任、党组成员
	元绍峰	天津市民族和宗教事务委员会二级巡视员、党组成员
	李红芳	河北省民族事务委员会专职委员、党组成员
	黄　杰	中共山西省委统战部副部长（省民族事务委员会主任）
	云国盛	内蒙古自治区民族事务委员会副主任、党组成员
	赵　瑞	辽宁省民族和宗教事务委员会副主任、党组成员
	孟庆东	吉林省民族事务委员会副主任、党组成员
	陈　青	黑龙江省民族宗教事务委员会副主任、党组成员
	邓　飞	江苏省民族宗教事务委员会副主任、党组成员
	金　伟	浙江省民族宗教事务委员会副主任、党组成员
	谢　春	安徽省民族事务委员会（宗教事务局）副主任（副局长）、党组成员
	钟　声	福建省民族与宗教事务厅二级巡视员
	廖　敏	江西省民族宗教事务局副局长、党组成员
	马　辉	山东省民族宗教事务委员会副主任、党组成员
	郭瑞疆	河南省民族宗教事务委员会副主任、党组成员

赵军章　　　　　　湖北省民族宗教事务委员会副主任、党组成员
龙　毅　　　　　　湖南省民族宗教事务委员会副主任、党组成员
黄心怡　　　　　　广东省民族宗教事务委员会党组成员、省民族宗教研究院院长
余　飞　　　　　　广西壮族自治区民族宗教事务委员会二级巡视员
黎梁东　　　　　　海南省民族宗教事务委员会副主任、党组成员
廖春红　　　　　　重庆市民族宗教事务委员会副主任、党组成员
马　飞　　　　　　四川省民族宗教事务委员会副主任、党组成员
黄　荣　　　　　　贵州省民族宗教事务委员会副主任、党组成员
李正洪　　　　　　云南省民族宗教事务委员会副主任、党组成员
黄云素　　　　　　西藏自治区民族事务委员会副主任、党组成员
王晓斐　　　　　　陕西省民族宗教事务委员副主任、党组成员
张树杰　　　　　　甘肃省民族事务委员会副主任、党组成员
韩生华　　　　　　青海省民族宗教事务委员会副主任、党组成员
马文锋　　　　　　宁夏回族自治区社会科学院党组副书记、院长
地力毛拉提·依布拉音
　　　　　　　　　新疆维吾尔自治区民族事务委员会（宗教事务局）副主任（副局长）、党组成员

《中国少数民族古籍总目提要》编纂委员会

韦如柱	广西壮族自治区少数民族古籍保护研究中心主任
黄友贤	海南省民族研究所所长
吴　涛	重庆市民族宗教事务委员会文宣处处长
李学华	四川省少数民族古籍整理办公室主任
杨小明	贵州省民族宗教事务委员会民族古籍整理办公室主任
张金文	云南省少数民族古籍整理出版规划办公室主任
金　美	西藏自治区民族事务委员会社会事业处处长
张岩松	陕西省民族宗教事务委员会民族一处处长
扎西卓玛	甘肃省民族事务委员会文化教育处（少语古籍处）处长
马小琴	青海省民族宗教事务委员会少数民族古籍保护中心主任
张万静	宁夏回族自治区社会科学院古籍文献研究所所长
阿布来提·艾山	新疆维吾尔自治区民族事务委员会（宗教事务局）古籍办主任
惠　峰	国家民委全国少数民族古籍整理研究室综合处处长
杨　硕	国家民委全国少数民族古籍整理研究室业务处处长
王　君	国家民委全国少数民族古籍整理研究室综合处副处长
努尔加玛力·买买提	国家民委全国少数民族古籍整理研究室综合处一级调研员
邓永攀	国家民委全国少数民族古籍整理研究室综合处四级调研员
孙瑞阳	国家民委全国少数民族古籍整理研究室业务处三级主任科员
刘雨薇	国家民委全国少数民族古籍整理研究室业务处干部

总　　序

《中国少数民族古籍总目提要》（以下简称《总目提要》）是我国第一部少数民族古籍解题书目套书。全书约60卷，110册。《总目提要》作为少数民族古籍整理工作的一项重要科研项目，于1997年正式立项，1998年付诸实施。2006年，这一项目正式列入《国家“十一五”时期文化发展规划纲要》（中办发〔2006〕24号）；2012年，列入《国家“十二五”时期文化改革发展规划纲要》（中办发〔2011〕40号）和《少数民族事业“十二五”规划》（国办发〔2012〕38号）；2016年，列入《“十三五”促进民族地区和人口较少民族发展规划》（国发〔2016〕79号）；2022年，列入《2021—2035年国家古籍工作规划》（古组发〔2022〕4号）。该项目将我国少数民族落之于笔墨、传之于口头的各种古籍文献清点入册，是承前启后的一项巨大文化建设工程，是“盛世修典”的壮举。这一跨世纪工程的持续推进实施，充分体现了党中央、国务院对保护和传承中华优秀传统文化的高度重视，是学习贯彻习近平总书记关于加强和改进民族工作的重要思想和中央民族工作会议精神，聚焦铸牢中华民族共同体意识主线，推进新时代党的民族工作高质量发展的重要举措，对于促进各民族交往交流交融、构筑中华民族共有精神家园、服务中华民族现代文明建设，具有重大的现实意义和深远的历史意义。

一

我国少数民族在长期的历史发展过程中，创造和积累了丰富多彩的历史文化，留下了涵载历史、卷帙浩繁的文献典籍和口传传统文化资料。这些少数民族古籍弥足珍贵，从不同角度记录了中华各民族的社会进程、历史走向和文化内涵，从不同侧面反映了各民族的文化传承、文明成果和气质风貌，是中华文化总结与传承的历史记忆，是中华民族智慧与创造力的结晶，是我国多元一体历史格局的真实映射。经世致用是中华民族历史血脉延绵不息的优良传统，全面保护、整理、研究少数民族古籍，让书写在古籍里的文字都活起来，既是建设中华民族现代文明、全面推进中国式现代化可资借鉴的宝贵历史遗产，也是增进各民族对中华文化的认同、牢固树立正确的中华民族历史观、推进民族团结进步事业、讲好中华民族故事的基础性工程。

少数民族古籍，是指我国少数民族在历史上形成的文献典籍和碑刻铭文及口头传承资料等，其内容涉及政治、经济、哲学、法律、历史、宗教、军事、文学、艺术、语言、文字、地理、天文、历算、医学等诸多领域。当前，少数民族古籍主要分为两大类：一是有文字类；二是无文字类。有文字类的少数民族古籍，主要包括三类：一是各少数民族文字及少数民族古文字记载的历史文书和文献典籍；二是用汉文记载的有关少数民族内容的古代文献典籍；三是用少数民族文字和汉文记载的有关少数民族内容的碑刻铭文。无文字类的少数民族古籍，主要是指少数民族在历史上口头传承下来的具有历史和文化价值的各种资料。

我国少数民族古籍，尤以少数民族文字古籍最具特色。我国古代少数民族创制使用的文字有30多种，以这些文字形成的典籍文献汗牛充栋，形式千姿百态，内容博大精深，蕴含着丰富的历史内容和对实践经验的深刻体察。有许多闪烁着不朽光芒的著作，曾经照耀着各族先民披荆斩棘、艰苦创业、生息繁衍的历程，为后人留下了关于自然、社会和人生的认知与思考。少数民族古文字文献不仅记载了本民族的历史文化，而且可对研究各民族之间交往交流交融的历史提供重要参考。有些民族古文字曾作为入主中原的少数民族所建立王朝的“官方文字”，其文献内容实际上是中国历史上各民族共同书写的，呈现的是中华民族形成发展的历史过程。

用汉文记载的有关少数民族内容的古代文献典籍，历来是研究我国古代少数民族历史和文化的主要依据。这些古籍包括“二十四史”和《清实录》，各个朝代史家的记述，各地的地方志书，旅行家的笔录，赴边官员向朝廷的述职报告，当地政要、文人的著作等。倘若没有这些记载，后人既无从知道古代的三皇五帝、夷蛮戎狄，也无法了解春秋战国时期北方的匈奴、南方的百越，以及数千年来中华民族的演变历程。这些典籍文献一代又一代地延传下来，勾勒出了我国统一多民族国家形成发展的主要脉络，蕴涵着十分丰富的文化资源，对其进行更为深入的整理研究，既可丰富《总目提要》的信息储备，也可拓展少数民族古籍的研究空间。

我国少数民族在历史上口耳相传的各种资料，以其独特而浓厚的民族性、群众性、文学性，充实和完善了中华优秀传统文化。这部分口传古籍形成的时间较为久远，大都可以追溯到相关民族的起源、早期历史和最初的民间信仰、原始的文学形式等。民间信仰的颂词最初都是以口头形式传承的，无文字的民族一代代地口耳相传，有文字的民族则以文字的形式固定下来，形成了这些民族最早的古籍文献。在传播过程中，这些口传古籍具有很强的变异性，有的演绎为神话故事，有的变化为创世史诗，有的成为这些民族迁徙流变的历史记述。随着时间的推移，传承的内容日益丰富，还囊括了诸如战争的传说、反抗压迫奴役的故事、发明创造的掌故、生产经验的积累和生活习俗的叙述等方面。在表达形式上，这些口传古籍纷繁多样，既有神话、史诗、故事，还有歌谣、谚语和谜语等诸多文体。因此，在一定程度上，少数民族口传古籍所包含的历史文化信息并不逊色于文字古籍，同样是我们不应忽视的重要文化遗产。

二

我国少数民族古籍这笔价值难以估量的宝贵遗产，自古以来就发挥着积极的文化传承价值和经世致用功能，是中华民族文化遗产的重要组成部分。尤其是各民族代表性的古籍作品，承载着一个民族的知识系统和历史记忆，其价值已超越了地域和时代的限制，成为中华文化和人类文明的宝贵财富。

首先，少数民族古籍蕴藏着我国各民族丰富的史实知识，充实了中国历史和中华文化的内容。毋庸置疑，中国历史和中华文化如果仅依靠汉文古籍，而没有少数民族古籍作为必要补充，必定是不够全面和完整的。这些具有代表性的少数民族古籍，光彩夺目，不胜枚举。《蒙古秘史》《蒙古黄金史》《蒙古源流》被誉为蒙古族古代三大历史著作，为后人研究该民族的历史源流、文化风貌和社会形态提供了第一手资料；藏文版大藏经《甘珠尔》《丹珠尔》，与汉文、西夏文、蒙古文、满文、傣文版大藏经一起，构成了世界上最全的大藏经系统，是佛教中国化历史进程的鲜明注脚；历史上新疆是中华文明向西开放的门户和中介，各民族文化长期交流交融，诞生了《突厥语大词典》《福乐智慧》《纳瓦依诗集》和回鹘文《金光明经》《弥勒会见记》等一大批传世之作；纳西族先民在古代创造的东巴文化，就是依靠东巴文文献记录下来的，其中的东巴文是现今世界上最完整、沿用时间最长的图画象形文字，已成为东西方学术探讨的热点；《格萨（斯）尔》《江格尔》《玛纳斯》三大英雄史诗，完全可以与古希腊《荷马史诗》和印度史诗《摩诃婆罗多》相媲美，它们以宏大的篇幅、精湛的语言、丰富的内容，表现了中华民族雄健的气魄、炽热的情感和灿烂的文化。这些少数民族古籍所蕴含的文化象征内涵，已成为国内外历史文化研究的重要领域。特别值得一提的是，元、明、清及民国中央政府赐封西藏地方政府最高权力的金印、金册等档案，有力地证明了西藏自古以来就是我国领土不可分割的一部分。因此，少数民族古籍还被赋予了重要的政治意涵。

其次，少数民族古籍是我国各民族对特定环境的适应能力及适应成果的映射，为人们认识世界提供了新视角和新方法。中华文化源远流长、博大精深，把各民族文化遗产妥善保存下来，传承下去，这是历史赋予古籍工作者的重要使命。少数民族古籍内容广博，涉及领域众多，带有浓郁的地方特色和民族特色，很多是汉文文献鲜有记录的内容。随着少数民族古籍抢救、整理和研究工作的深入开展，历史真相将更完整地再现，中华文化宝库也将更全面地展现。由于各民族所处的自然、社会环境不同，与之相适应的观察世界的视角、处理问题的方式也不尽相同，不同时代、不同民族的古籍文献，就是对那个时代、那个民族生产生活方式的丰富记录。在社会进程上，原始民族社会里神本主义明显占据主导地位，随着生产力发展和社会的进步，人们认知能力不断提高，人本主义逐渐兴起，人们对自然界、社会及人类自身的认识也更趋于客观、准确。因此，若从人类进化史的角度考量，可以借助少数民族古籍研究，发现各民族思维方式的变迁模式，把握各民族文化的特点和规律，有利于全面提高人类认识世界的能力，准确把握客观世界的发展规律。

最后，挖掘、整理少数民族古籍，有助于增强文化自信和爱国主义意识。现实是历史的延续和发展，文化是民族的灵魂和根脉。一部中国史，就是一部各民族交融汇聚成多元一体中华民族的历史，就是各民族共同缔造、发展、巩固统一的伟大祖国的历史。我们辽阔的疆域是各民族共同开拓的，悠久的历史是各民族共同书写的，灿烂的文化是各民族共同创造的，伟大的精神是各民族共同培育的。作为中华古籍的重要组成部分，少数民族古籍文献也记录了这一历史进程，反映了中华文明的突出特性，揭示了各民族文化对中华文化的贡献。加强对少数民族古籍的搜集、整理、保护，挖掘弘扬蕴含其中的民族团结进步思想内涵，可以激励各族人民共同团结奋斗、共同繁荣发展。

三

19 世纪末至 20 世纪中叶，一些外国传教士、探险家和研究者曾经到中国民族地区搜集资料，做过一些有关少数民族历史、文化和古文献研究工作。随着现代人文社会科学和自然科学体系逐步在我国确立，从 20 世纪三四十年代起，国内一些专家学者开始关注少数民族研究领域，陆续深入到民族地区进行田野调查和研究工作，抢救和发掘了一批珍贵的少数民族古籍。相对于浩瀚的少数民族古籍资源而言，这只是沧海一粟。由于历史的原因，大量的少数民族古籍资源长期陷于被埋没的境地，甚至遭到不同程度的破坏，损毁和散失情况十分严重。

中华人民共和国成立后，党中央、国务院坚持大力发展少数民族文化事业的方针，高度重视少数民族古籍的保护、整理和研究工作。在百废待兴的 20

世纪50年代初期，国家就开展了全国范围的少数民族社会历史和语言调查，在调查过程中发现和搜集到了大量的少数民族古籍文献，为进一步开展少数民族古籍整理研究工作奠定了良好的基础。

改革开放以来，我国少数民族古籍工作迎来了发展的黄金时期，少数民族古籍工作的受重视程度不断提升，相关政策措施不断完善。1981年，中共中央在《关于整理我国古籍的指示》（中发〔1981〕37号）中指出："整理古籍，把祖国宝贵的文化遗产继承下来，是一项十分重要的、关系到子孙后代的工作。"1984年，《国务院办公厅转发国家民委关于抢救、整理少数民族古籍的请示的通知》（国办发〔1984〕30号）中强调："少数民族古籍是祖国宝贵文化遗产的一部分，抢救、整理少数民族古籍，是一项十分重要的工作。"同年，全国少数民族古籍整理出版规划领导小组成立，下设办公室。1989年，该办公室更名为全国少数民族古籍整理研究室，隶属国家民族事务委员会，负责"组织、协调、联络、指导"全国少数民族古籍工作。同时，相关省、自治区、直辖市逐步建立、健全了少数民族古籍工作的领导机构，确保了这项工作得到宏观指导和具体落实。与此同时，大力加强少数民族古籍专业人才队伍建设，不断加大工作经费投入，推动少数民族古籍工作全面走上科学化、规范化、制度化的轨道。

党的十八大以来，全国少数民族古籍工作者坚持以习近平新时代中国特色社会主义思想为指导，认真学习贯彻习近平总书记关于传承发展中华优秀传统文化和做好古籍工作的重要论述精神，积极推动少数民族古籍事业发展，取得了显著的工作成就。经过30多年的发展建设，国家民族事务委员会、各地政府和各级古籍工作机构，密切合作，统筹安排，少数民族古籍的抢救、保护、整理、出版和研究工作成绩斐然。从"七五"一直到"十四五"，国家民族事务委员会陆续制定并组织实施了少数民族古籍工作8个五年规划，抢救、发掘、保护了一大批濒临消失的少数民族古籍，整理出版了一大批少数民族古籍精品。与此同时，吸引和带动了一批业内外专家投身少数民族古籍研究，民族院校还设立了少数民族古籍文献本科班和研究生班，通过培养高层次专业人才，为少数民族古籍队伍不断输送新鲜血液，不断加强少数民族古籍专业人才的培养，从而提升了少数民族古籍工作的研究能力和水平。这一切都表明，我国少数民族古籍整理和研究体系已经基本形成，为新时代少数民族古籍事业创新发展打下了坚实基础。

四

中国自古以来就有整理古籍、编纂目录的传统。西汉时期，我国历史上出现了第一部大型汉文图书目录《七略》。此后，各个朝代都有目录版本存世，其中尤其以清代乾隆年间编纂的《四库全书总目提要》最具代表性。可以说，这是中国历史上汉文古籍解题书目最重要的成果。与之形成巨大反差的是，在我国数千年文明发展的漫长岁月中，历朝历代的中央王朝从未对少数民族典籍文献进行过系统整理和研究，更没有编纂过一部全面反映少数民族历史文化精髓的古籍目录或提要，这是中国文化史上的一大缺憾。

虽然少数民族古籍浩如烟海，但是抢救、保护、整理、研究并非易事。具体来讲，有哪些少数民族有自己的文献古籍，这些古籍以何种形式存在，保存在哪里，是什么内容，谱系关系如何？这些问题的解答，绝非轻而易举之事，也绝非依靠少数专家学者个人或者某些团体的努力就能实现。幸运的是，随着我国改革开放的不断深化、国家综合实力的不断增强以及社会主义物质文明建设和精神文明建设的全面发展，少数民族古籍工作越来越受到各方面的关注和重视。

1996年，国家民族事务委员会在北京召开全国少数民族古籍工作会议，提出集中力量编纂《总目提要》的设想。会后，经过充分酝酿、论证，于次年正式立项。为全面推进这项工作，国家民族事务委员会下发了《关于印发〈中国少数民族古籍总目提要〉编写纲要的通知》（民办文宣字〔1997〕114号），对编纂工作进行全面部署。文件下发后，各地迅速行动，有20余个省、自治区、直辖市先后制订了《总目提要》分卷实施方案及编写计划，就编纂工作的重要意义、完成项目的可行性、项目实施步骤及经费来源等进行立项论证，并在加强普查、强化领导机制、培训人才队伍、实施计划、筹措经费等方面予以积极落实。在具体运作过程中，各省、自治区、直辖市还广泛进行合作，不同省、自治区、直辖市对同一民族的古籍总目编写分工协作，相互支持、相互补充。为保证这项工作的顺利实施，2002 年，经国家民族事务委员会批准成立《总目提要》领导小组和编纂委员会，进一步健全了这一重点文化工程项目的组织领导和工作机构。

通过编纂《总目提要》，一方面全面梳理我国少数民族古籍的整体情况，为后续古籍研究工作打下良好基础；另一方面，能够增进我国各民族之间的互学互鉴，做到文献资源共享、文化遗产共有，为进一步巩固和发展平等团结互助和谐的社会主义民族关系、促进各民族交往交流交融、构筑中华民族共有精神家园提供有力支撑。同时，也增进了世界对中华文明连续性、创新性、统一性、包容性、和平性的认识，推动国际社会对我国各民族“像石榴籽一样紧紧抱在一起”的认识，为铸牢中华民族共同体意识，加快形成中国自主的中华民族共同体史料体系、话语体系、理论体系提供重要资源。

五

编纂《总目提要》，是我国历史上对少数民族古籍资源进行的首次全面普查，是一次全新、有益的尝试和探索。由于少数民族古籍历史久远，内容广泛，形式多样，情况复杂，在编排体例方面很难完全套用以往传统的形式一以贯之，除了遵循古籍文献学和目录学等学科的理论规范外，还必须从实际出发，因势利导，体现自身的风格和特色。

顾名思义，古籍必然要体现“古”的性质。《总目提要》收录的古籍下限，原则上与汉文古籍一样止于 1911 年。考虑到各少数民族的历史发展阶段和古籍存世情况的差异，对收录的部分古籍时间下限适当放宽。这部分少数民族古籍主要包括：一些没有确切时间记载而又只见到后期写本的书册；一些 20 世纪前期用本民族文字追记历史事件和历史掌故的旧文体著述；一些从古代延续到现代的编年体著作或族谱、家谱；一些曾在本民族中长期口头流传，到了近现代才有文字记录的口传资料等。总之，只要这些古籍有价值，则其下限可延伸至1949年。

《总目提要》全书以民族为单元分卷，如《纳西族卷》《白族卷》《鄂温克族卷》等。对于古籍体量特别大的民族，一个民族卷又可包括若干分册；对于古籍体量比较小的民族，也可以几个民族卷合为一册；古代民族文献一般按文种分卷，如《西夏卷》。鉴于少数民族古籍文献载体形式不同，《总目提要》每卷一般包括四编：甲编书籍类，乙编铭刻类，丙编文书类，丁编讲唱类。各编再按具体内容分类排列，排列方法尽量与《中国图书馆分类法》保持一致，但有的也可以根据少数民族古籍的具体情况适当调整。这里需要特别说明的是，有的民族对本民族古籍原来就有传统的分类编排方法，因此仍按该分类编排方法排列。

经过各方面的积极努力，《总目提要》各民族卷陆续与读者见面了。在此，由衷感谢社会有关方面的关注和支持。正是因为有这些关注和支持，编纂《总目提要》这一宏伟构想才得以变为现实。同时，我们要特别感谢各分卷编委会成员和编写人员的辛勤付出，正是大家的通力合作、奋力耕耘、默默坚守，才使昔日沉寂的少数民族古籍得以再现辉煌。

古可喻今，古可鉴今，古为今用。随着《总目提要》诸卷的相继推出，中华民族先辈经世致用的智慧，必将越来越显现出其对人类无可估量的价值贡献，必将对中华文化乃至世界文化造福无穷。

《中国少数民族古籍总目提要》

编纂委员会

2023年10月30日

目　录

凡　　例

一、本书共收录藏族讲唱类古籍条目 2860 条。

二、藏族讲唱类古籍条目按内容分类，分为祭文颂词、叙事诗、故事传说神话、谚语、儿歌、民歌、情歌等。本卷为祭文颂词、叙事诗、故事传说神话、谚语、儿歌五类的条目内容。

三、条目名称按汉文、藏文和拉丁字母转写对照排列。

四、编撰人员姓名，均在条目末括号内注明。

五、本书依据《〈中国少数民族古籍总目提要〉编写纲要》的要求编写，以确保丛书整体统一。

条目分类目录

祭文颂词

叙事诗

故事传说神话

谚语

儿歌

祭文颂词

祝婚开幕词

སྟོན་བཤད་གླེང་གཞི།

ston bshad gleng gzhi

藏语安多方言婚礼祝词。流传于青海省海南藏族自治州等安多地区。藏族婚礼宴席词。先解说上等、中等、下等三种男人各自的演讲气质、能力及其效果的区别，同时以自谦的口吻表明自己演说不是爱出风头，只是难违父辈之命才接受了此项任务，本人一无口才、二无胆量，在演说中要是有所闪失或误差，敬请父老长辈原谅，不要责备，请壮男倩妇等众宾客不要见笑。对研究藏族婚俗习惯及社会生活有参考价值。1989年格泽加、达宝演说，诺日仁青笔录。32开纸4页，56行。收入《海南民间歌谣》，青海省海南藏族自治州三套集成办公室1992年编印。（华青措）

世间传、兴、衍三事

འཇིག་རྟེན་གྱི་དར་བ་རྣམ་གསུམ།

vjig rten gyi dar ba rnam gsum

藏语安多方言婚礼祝词。流传于青海省海南藏族自治州等安多地区。藏族婚礼宴席词。以通俗对整的语词，与历史事实和事物自身特点相结合，讲述佛法在藏区的传播、商业在内地的兴起、五谷在高原的繁衍，此可谓世间事物某一方面的传、兴、衍三者。对研究藏族社会伦理及生活习惯有参考价值。1989年格泽加演说，诺日仁青笔录。32开纸2页，5行。收入《海南民间歌谣》，青海省海南藏族自治州三套集成办公室1992年编印。（华青措）

世间升、入、进三者

འཇིག་རྟེན་གྱི་བསྟོད་འཇུག་འགྲོ་གསུམ།

vjig rten gyi bstod vjug vgro gsum

藏语安多方言婚礼祝词。流传于青海省海南藏族自治州等安多地区。藏族婚礼宴席词。结合一定的历史事实和形象生动的社会现象，讲述雄鹰升天空、天鹅入大海、僧人进卫藏三件事情的过程，此可谓世间升、入、进三者。对研究藏族社会伦理及生活习惯有参考价值。1989年格泽加演说，诺日仁青笔录。32开纸1页，5行。收入《海南民间歌谣》，青海省海南藏族自治州三套集成办公室1992年编印。（华青措）

世间相宜三例

འཇིག་རྟེན་ཁམས་ཀྱི་མཛའ་བ་རྣམ་གསུམ།

vjig rten khams kyi mdzav ba rnam gsum

藏语安多方言婚礼祝词。流传于青海省海南藏族自治州等安多地区。藏族婚礼宴席词。解说酥油与茶水相宜、上师与佛法相宜、歌手与歌谣相宜，并分别描述这些事项的各自特点，此乃世间相宜事物中的三种事例。对研究藏族社会伦理及生活习惯有参考价值。1989年格泽加演说，诺日仁青笔录。32开纸1页，6行。收入《海南民间歌谣》，青海省海南藏族自治州三套集成办公室1992年编印。（华青措）

世间非相宜三例

འཇིག་རྟེན་ཁམས་ཀྱི་མི་འཛའ་རྣམ་གསུམ།

vjig rten khams kyi mi mdzav rnam gsum

藏语安多方言婚礼祝词。流传于青海省海南藏族自治州等安多地区。藏族婚礼宴席词。通过举出各自的特点和不足，说明披着袈裟的僧人不宜骑马赛跑，背带藏饰的女子不宜背手，腰挎藏刀的小伙不宜爆笑，此乃世间非相宜物之三种事例。对研究藏族社会伦理及生活习惯有参考价值。1989年格泽加演说，诺日仁青笔录。32开纸2页，5行。收入《海南民间歌谣》，青海省海南藏族自治州三套集成办公室1992年编印。（华青措）

常人三不闲暇

མགོ་ནག་མི་ཡི་མི་དལ་བ་རྣམ་གསུམ།

mgo nag mi yi mi dal ba rnam gsum

藏语安多方言婚礼祝词。流传于青海省海南藏族自治州等安多地区。藏族婚礼宴席词。骑山羊或牦牛使脚闲不住，烧鞭麻或庄稼草使双手闲不住，看管淘气的小孩使嘴巴闲不住，这些是通常使藏族人闲不住的三种事例。对研究藏族社会伦理及生活习惯有参考价值。1989年格泽加演说，诺日仁青笔录。32开纸1页，6行。收入《海南民间歌谣》，青海省海南藏族自治州三套集成办公室1992年编印。（华青措）

世间三吸引事

འཇིག་རྟེན་གྱི་འགུགས་པ་རྣམ་གསུམ།

vjig rten gyi vgugs pa rnam gsum

藏语安多方言婚礼祝词。流传于青海省海南藏族自治州等安多地区。藏族婚礼宴席词。贤师靠法力吸引善男信女，贤官靠德政吸引黎民百姓，淑女靠贤惠吸引四方宾客，此乃世间具吸引力事物之三种事例。对研究藏族社会伦理及思维观念有参考价值。1989 年格泽加演说，诺日仁青笔录。32 开纸 1 页，9 行。收入《海南民间歌谣》，青海省海南藏族自治州三套集成办公室 1992 年编印。（华青措）

娘家人和彩礼

ཨ་ཞང་ཚང་དང་གཉེན་རྟེན།

a zhang tshang dang gnyen rten

藏语安多方言婚礼祝词。流传于青海省海南藏族自治州等安多地区。藏族婚礼宴席词。运用比喻手法，委婉地颂扬当日婚礼的隆重场面，以及新娘父母家族门阀、社会地位和个人身份的尊贵，并按藏族传统婚俗中的有关规程，向婆家提出索要相应彩礼的具体要求，婆家表示有条件满足娘家人的心愿。对研究藏族婚俗习惯和社会关系有参考价值。1989 年达保演说，诺日仁青笔录。32 开纸 4 页，65 行。收入《海南民间歌谣》，青海省海南藏族自治州三套集成办公室 1992 年编印。（华青措）

宇宙的形成和佛法的传播

འཇིག་རྟེན་ཆགས་རིམ་དང་ཐུབ་བསྟན་བྱོན་ཚུལ།

vjig rten chags rim dang thub bstan byon tshul

藏语安多方言婚礼祝词。流传于青海省海南藏族自治州等安多地区。藏族婚礼宴席词。根据佛家宇宙学说，解说因大气的流动，渐次形成须弥山七重金山、七香海、四大洲、八小洲、印度金刚座乃至雪域三大藏区之情形；解说释迦牟尼佛下凡瞻部洲，转生为净饭王和摩耶夫人之子，并通过显示十二宏化开示佛法，以至通过松赞干布、赤松德赞和赤德祖赞等几代吐蕃国王的大力扶植，印度佛法在藏区生根、开花、结果。对研究藏族宇宙观、佛教及民族历史认同有参考价值。1989 年格泽加演说，诺日仁青笔录。32 开纸 7 页，130 行。收入《海南民间歌谣》，青海省海南藏族自治州三套集成办公室 1992 年编印。（华青措）

婚俗的起源

གཉེན་གྱི་དར་ཚུལ།

gnyen gyi dar tshul

藏语安多方言婚礼祝词。流传于青海省海南藏族自治州等安多地区。藏族婚礼宴席词。运用夸张、比喻手法，结合描述天龙联姻的过程，展现了藏族婚俗的起源及其发展情形。对研究藏族的天婚观念和远古婚姻形态有参考价值。1989 年格泽加演说，诺日仁青笔录。32 开纸 2 页，20 行。收入《海南民间歌谣》，青海省海南藏族自治州三套集成办公室 1992 年编印。（华青措）

新娘坐骑赞

བག་རྟའི་བསྟོད་པ།

bag rtavi bstod pa

藏语安多方言婚礼祝词。流传于青海省海南藏族自治州等安多地区。藏族婚礼宴席词。运用形象的比喻手法，赞颂了作为嫁妆赠送给新娘的坐骑及与之相配套的鞍具、辔头的高贵之处，以此表达了娘家人将新娘视为掌上明珠，十分疼爱之情。对研究藏族婚俗习惯及游牧文化有参考价值。1989 年格泽加演说，诺日仁青笔录。32 开纸 3 页，49 行。收入《海南民间歌谣》，青海省海南藏族自治州三套集成办公室 1992 年编印。（华青措）

家宅赞

ཁྱིམ་བསྟོད།

khyim bstod

藏语安多方言婚礼祝词。流传于青海省海南藏族自治州等安多地区。藏族婚礼宴席词。运用夸张的比喻手法，歌颂了亲家双方家宅之内富丽堂皇、庭室之外十分阔气的豪华情景，以此烘托出联姻双方家产殷实、富有高贵及门当户对之情形。1989 年格泽加演说，诺日仁青笔录。32 开纸 3 页，34 行。收入《海南民间歌谣》，青海省海南藏族自治州三套集成办公室 1992 年编印。（华青措）

梳发祝词

སྐྲ་བཤད།
skra bshad

藏语安多方言婚礼祝词。流传于青海省海南藏族自治州等安多地区。藏族婚礼演说词。首先表述了娘家人给新娘梳发时，向其索要头发的心愿；接着通过夸张的比喻手法赞颂所用的梳子和各类发卡、簪子以及服饰质料的特别之处，从而衬托出娘家人地位身份的尊贵。1989年格泽加演说，诺日仁青笔录。32开纸7页，100行。收入《海南民间歌谣》，青海省海南藏族自治州三套集成办公室1992年编印。（华青措）

瓜什则祝婚词

མགར་རྩེའི་སྟོན་བཤད།
mgar rtzevi ston bshad

藏语安多方言婚礼宴席词。流传于青海省同德县。该祝婚词一是礼赞本地自然景观、山神以及其他著名山神；二是礼赞亲家的房屋、帐篷、家具和牲畜等；三是礼赞婚姻双方的迎送亲属、彩礼以及新郎、新娘的礼服和装饰等；四是礼赞举行结婚典礼仪式及其盛大场面；五是礼赞参加结婚典礼的男女老少；六是祝愿双方阖家欢乐、吉祥如意。洛旦演说，罗桑端智笔录。32开纸30页，25行。今藏青海省海南藏族自治州同德县河北乡退休职工洛旦处。（罗桑端智）

夏卜浪部落祝婚词

ཤ་བྲང་གི་སྟོན་བཤད།
sha brang gi ston bshad

藏语安多方言婚礼祝词。流传于青海省同德县。藏族民间祝婚演说词。借某次举行婚礼的吉祥之日，以赞颂众神威力和祖辈恩德为序，给新郎披上节日的盛装，从其头顶的帽子到脚上的长筒靴，以及对在雪域高原被称作“家宝”的龙碗，进行了赞扬。2003年洛桑次成演说，卓杰加笔录。32开纸30页，324行。收入《同德民间故事歌谣汇集》，青海省海南藏族自治州同德县藏语文工作委员会办公室2003年编印。（卓杰加）

敬酒祝词

ཆང་བཤད།
chang bshad

藏语安多方言宴席词。流传于青海省祁连县。先讲青稞酒的来历和酿酒的历史，后赞扬酒的醇香、可口以及饮酒器具的不凡，喝了酒后的美妙感觉等；再述给客人敬酒的重大意义和美好祝愿。对研究青稞酒的来历有参考价值。1985年措尼演讲，朝果笔录整理。32开纸1页，30行。收入《藏族民间祝词汇集》，青海民族出版社1991年藏文版。（才华扎西）

宴席颂词

སྟོན་བཤད་ཁུ་བྱུག་དབྱངས་རྟ།
ston bshad khu byug dbyngs rt

藏语安多方言宴席词。流传于青海省北部藏区。在新婚宴席上，说客极力赞美大自然的无限美丽和巧妙神奇，表达人们对生活的无限热爱。对东家的富有、家庭的豪华愈加夸奖，并称赞两家姻亲的美满，意在让女方父母放心，他们的女儿在婆家不会受穷受苦。最后表达了对新家庭的美好祝愿。1996年柔曾诵述，才让夸笔录整理。32开纸25页，5000余字。收入《海北藏族自治州民间文学丛书·酒曲》，青海民族出版社2001年藏文版。（才让夸）

新郎系带祝词简略

མག་སྐག་བསྡུས་པ།
mag skg bsdus pa

藏语安多方言宴席词。流传于青海省北部藏区。在环湖藏区新婚宴席上，娘家人给新郎系上一条新带子，并在系带时说一些祝福吉祥的词语，表达人们对新婚人及新家庭的美好祝愿。1996年勒合旦加布诵述，才让夸笔录整理。32开纸1页，200余字。收入《海北藏族自治州民间文学丛书·酒曲》，青海民族出版社2001年藏文版。

（才让夸）

敬酒祝词简略

ཨ་ཞང་བསུ་བའི་ཆང་མཆོད་ཐུང་ངུ།

a zhang bsu bvi chang mchod thung ngu

藏语安多方言宴席词。流传于青海省北部藏区。迎亲时说客用最吉祥的词语对娘家人进行忠诚的问候，表达美好的祝愿。表达了对送亲队伍和娘家人的尊敬。1996 年勒合旦加布诵述，才让夸笔录整理。32 开纸 1 页，200 余字。收入《海北藏族自治州民间文学丛书·酒曲》，青海民族出版社 2001 年藏文版。

（才让夸）

梳发祝福词（一）

སྲིང་མོའི་སྐྲ་སློང་(དང་པོ།)

sring movi skr slong (dang po)

藏语安多方言宴席词。流传于青海省北部藏区。主要是哥哥或弟弟对将要出嫁的姐姐或妹妹诵说的出嫁动员词。内容包括说媒搭线、配备嫁妆的情况等。字里行间反映出对包办婚姻的无奈和命运的默认。对研究环湖藏区婚俗情况有参考价值。1996 年索才诵述，才让夸笔录整理。32 开纸 6 页，1000 余字。收入《海北藏族自治州民间文学丛书·酒曲》，青海民族出版社 2001 年藏文版。

（才让夸）

梳发祝福词（二）

སྲིང་མོའི་སྐྲ་སློང་(གཉིས་པ།)

sring movi skr slong (gnyis pa)

藏语安多方言宴席词。流传于青海省北部藏区。主要讲姑娘出嫁前的搭媒情况。在姑娘不愿出嫁的情况下，对她讲解“男大当婚，女大当嫁”的道理动员姑娘，并以丰富的嫁妆利诱姑娘出嫁，也包括对姑娘的美好祝福。由哥哥或弟弟主持诵述。对研究环湖藏区婚俗情况有参考价值，对研究藏区民间信仰、人与自然关系以及地方神灵系统的演变和相互关系等也有参考价值，有丰富的神话学、人类学意义。1996 年柔曾演说，才让夸笔录整理。32 开纸 5 页。1000 余字。收入《海北藏族自治州民间文学丛书·酒曲》，青海民族出版社 2001 年藏文版。

（才让夸）

供茶说唱词

ཇ་མཆོད།

ja mchod

藏语安多方言宴席词。流传于青海省果洛藏族自治州。此为晨沏第一壶茶之精华供奉给所供养之众佛、诸神时吟诵的说唱词。言辞优美动人，语句虔诚，主要以呼迎众佛、诸神祈求护佑、加持，保佑平安富贵。表现了供养茶水给众佛、诸神的独特供养方式。对研究藏族风俗习惯有参考价值。2003 年 8 月由玛多县多旦讲唱，仁青记录。32 开纸 11 页，5000 余字。今藏青海省果洛藏族自治州玛多县少数民族语文工作办公室。

（华旦　何向阳）

宴席祝词·吉祥源

སྟོན་བཤད་བཀྲ་ཤིས་འདོད་འབྱུང་།

ston bshad bkr shis vdod vbyung

藏语安多方言宴席词。流传于青海省果洛藏族自治州。此祝词以吉祥优美之词句赞美即将开始的幸福生活及沉浸在幸福之中的男女，通过吉祥之言语祝福吉祥如意。表现了藏族人民对美好生活的追求和珍惜。对研究藏族婚俗宴席习惯有参考价值。2003 年 8 月玛多县洛旦讲唱，旦切扎西记录。32 开纸 18 页，7000 余字。今藏青海省果洛藏族自治州玛多县少数民族语文工作办公室。

（才让　何向阳）

喜歌一曲赞福气

བསྟོད་གླུ

bstod glu

藏语安多方言宴席词。流传于青海省果洛藏族自治州班玛县。这首民歌有三段：第一段颂扬桦木四季一色，不畏严寒，挺拔生长的顽强；第二段讴歌青石不畏岁月、风雨的洗礼，顽强的韧劲和永恒的执着；第三段是对江山国土哺育祖祖辈辈，千秋万代福气的赞颂歌。表达了人们对美好生活的向往及执着的追求精神。2002 年酥合萨玛·丁者讲唱，吉保、叶忠笔录。16 开纸 1 页，120 字。收入青海省班玛县古籍资料。（甘金龙）

婚礼颂

སྟོན་བཤད།

ston bshad

藏族安多方言婚礼祝词。流传于青海省果洛藏族自治州。在藏族的婚礼上，一位能唱会道者以唱的形式对婚礼进行赞颂。首先歌颂婚礼举行地，这里山美水清人更好；再颂婚礼举办这个好日子、好时辰，在这样吉祥如意的时刻举行婚礼是主人的福分；既颂婚礼场上白发闪银光的老人、征服四方大敌的勇士、佩戴红妆的姑娘、端茶送饭的主人；又颂新郎、新娘、娘家人、宾客及他们带来的礼物并向他们表示感谢；最后祝愿新郎、新娘白头偕老、幸福美满，祝来宾贵体安康、扎西德勒。描写了藏族婚礼的喜庆场面，反映了尊老爱幼的人间美德和和睦相处的社会关系，对研究当地民俗有参考价值。1987 年华旦演唱，诺尔德笔录。16 开纸 13 页，273 行 3003 字。收入《果洛民间歌谣选》，青海省果洛藏族自治州群众艺术馆 1991 年编印。（华贡杰）

婚礼祝词（一）

སྟོན་བཤད།

ston bshad

藏语安多方言宴席词。流传于青海省海西蒙古族藏族自治州天峻县。诗歌体裁的颂词。通过赞颂婚礼当天正逢祥瑞时节、男女双方家族具有高贵的姓氏、宾客满堂热闹非凡的场面、喜庆两家相互尊重的礼节，祝愿新婚夫妇相敬如宾、家庭幸福、早得贵子、白头偕老。对研究藏语的修辞有参考价值。李太加讲唱，叶西多杰、格丹嘉措记录。32 开纸 110 页，140 行，铅印本。今藏青海省海西蒙古族藏族自治州民族语文工作办公室。（多杰尖参 华多太）

婚礼祝词（二）

སྟོན་བཤད།

ston bshad

藏语安多方言宴席词。流行于青海省海西蒙古族藏族自治州天峻县。诗歌体宴会说唱颂词。通过赞美藏王松赞干布和文成公主姻缘如日月回合，说明婚宴上的新婚夫妇有缘喜结良缘是命运的安排，人心所向。祝愿新婚夫妇继承和发扬尊老爱幼、无私奉献的传统风俗和高尚品德。李太加、尼玛奥赛讲唱，叶西多杰、更登嘉措记录，多杰尖参汉译。32 开纸 15 页，278 行，铅印本。今藏青海省海西蒙古族藏族自治州民族语文工作办公室。（华多太）

哈达颂词

ཁ་བཏགས་བསྟོད་པ།

kha btags bstod pa

藏语安多方言宴席词。流行于青海省海西蒙古族藏族自治州天峻县。诗歌体赞颂哈达词。通过叙述哈达来自上部卫藏圣地的渊源，包含各种意义的制作过程及其在不同场合所发挥的社会作用，表达了人们对哈达的敬仰之情和尊老敬客的优良品质。达嘉讲唱，多杰冉旦、杨先记录。32 开纸 5 页，75 行，铅印本。今藏青海省海西蒙古族藏族自治州民族语文工作办公室。（华多太）

腰带颂词

སྐེ་རགས་བཅིངས་པ།

ske rags bcings pa

藏语安多方言宴席词。流行于青海省海西蒙古族藏族自治州天峻县。诗歌体系腰带颂词。在男婚女嫁的喜庆节日里，通过歌颂舅父对女婿进行的系腰带仪式以各种象征意义来表达舅父对女婿的美好期望，以及对新婚夫妇未来生活幸福美满、事业有成的美好祝愿。拉忠杰讲唱，叶西多杰、格丹嘉措记录。32 开纸 10 页，150 行，铅印本。今藏青海省海西蒙古族藏族自治州民族语文工作办公室。（多杰尖参 华多太）

讨彩颂词

བུ་རས་སློང་བ།

bu ras slong ba

藏语安多方言宴席词。流行于青海省海西蒙古族藏族自治州天峻县。诗歌体彩礼颂词。新郎迎娶新娘到家的喜庆宴会上，通过说唱歌颂娶亲一方向出嫁一方讨要彩礼的仪式。把舅父抬举比喻为雪狮、玉龙等各种美好的事物，以讨要尽可能多的礼物。然后把所得礼物分与所有在场的妇女，以此象征结亲双方吉祥如意、幸福美满。万嘉讲唱，杨先、多杰冉旦记录。32 开纸 4 页，240 行，铅印本。今藏青海省海西蒙古族藏族自治州民族语文工作办公室。（华多太）

献哈达词（一）

ཁ་བཏགས་བསྟོད་པ།

kha btags bstod pa

藏语安多方言宴席词。流行于青海省海西蒙古族藏族自治州天峻县。诗歌体婚礼颂词。在新婚的喜庆节日里，为娘家各位举行敬献哈达仪式时，通过说唱赞美哈达的来历渊源和所包含的广泛意义，说明这个礼物虽然小而不贵重，但表达的含义却非同寻常。以象征结亲两家吉祥如意、阖家欢乐、幸福美满。拉忠杰讲唱，叶西多杰、更登尖措记录。32 开纸 3 页，48 行，铅印本。今藏青海省海西蒙古族藏族自治州民族语文工作办公室。（华多太）

献哈达词（二）

ཆུ་དར་སློང་བ།

chu dar slong ba

藏语安多方言宴席词。流行于青海省海西蒙古族藏族自治州天峻县。诗歌体赞颂词。通过赞颂哈达的来历沿源及其社会作用，表达了人们对哈达的敬仰之情和尊老敬客的优良品质。李太加讲唱，杨来新、多杰冉旦、叶西多杰、更登尖措记录。32 开纸 4 页，75 行。收入《藏族婚礼祝词》，北京民族出版社 1989 年版。（华多太）

彩礼颂词

གོས་ཆ་བཤད་པ།

gos cha bshad pa

藏语安多方言宴席词。流行于青海省海西蒙古族藏族自治州天峻县。诗歌体彩礼颂词。在人群集聚的宴会开始之时，通过说唱赞美布缎彩礼来歌颂藏民族历史源远流长、地域辽阔无边、人民安居乐业的吉祥时刻，彩礼象征着新婚夫妇永结同心、家庭美满、前程似锦、白头偕老的未来。拉成山讲唱，贡确记录。32 开纸 6 页，132 行。收入《藏族婚礼祝词》，北京民族出版社 1989 年版。（华多太）

祝酒词

ཆང་གི་བཤད་པ།

chaung gi bshad pa

藏语安多方言宴席词。流行于青海省海西蒙古族藏族自治州天峻县。诗歌体婚礼颂词。在人群集聚的宴会场合，通过说唱赞美佳酿美酒引申佛祖释迦牟尼诞生、佛教传入藏区等主要事件，表达藏族人们进入太平盛世、吉祥如意的好时节，美酒佳肴时常不断，五谷丰登年年有余。拉成山讲唱，贡确记录。32 开纸 12 页，180 行。收入《藏族婚礼祝词》，北京民族出版社 1989 年版。（华多太）

梳辫颂

སྐྲ་སློང་བ།

skr slong ba

藏语安多方言宴席词。流行于青海省海西蒙古族藏族自治州天峻县。格律式婚礼颂词。在新娘嫁到新郎家后，通过歌颂婆婆对儿媳的梳辫仪式，以祝愿儿媳入门后家神愉悦、灶神高兴，使其内勤家务事、外善农牧活，尊老爱幼，心地善良，待人接物彬彬有礼，言行举止温文尔雅。完玛加讲唱，杨来新、多杰冉旦、叶西多杰、更登尖措记录。32 开纸 9 页，182 行。收入《藏族婚礼祝词》，北京民族出版社 1989 年版。（华多太）

祝婚词

སྟོན་བཤད།

ston bshad

藏语安多方言宴席词。流行于青海省海西蒙古族藏族自治州天峻县。诗歌体宴会颂词。通过说唱比喻唐蕃和亲、禄东赞做媒等一系列历史上曾经发生过的有影响力的人和事物，高度赞美婚宴上舅父等主要人士的地位及美酒佳肴的丰富香甜，以祝愿新婚家庭幸福美满、生活富裕、吉祥如意。尼玛娥西讲唱，杨来新、多杰冉旦、更登尖措、叶西多杰记录。32 开纸 14 页，286 行。收入《藏族婚礼祝词》，北京民族出版社 1989 年版。

（华多太）

腰带颂

སྐ་རགས་བཅིངས་པ།
ska rags bcings pa

藏语安多方言宴席词。流行于青海省海西蒙古族藏族自治州天峻县。诗歌体结婚颂词。在新娘嫁到新郎家后，通过歌颂舅父给女婿的系腰带仪式，以表达在场的所有人对新郎在将来的人生旅途中飞黄腾达、事业有成，新婚夫妇未来家庭幸福的美好祝愿。李太加讲唱，杨来新、多杰冉旦、叶西多杰、更登尖措记录。32 开纸 8 页，155 行。收入《藏族婚礼祝词》，北京民族出版社 1989 年版。（华多太）

虎豹之皮乃王者之坐垫

སྟག་གདན་གཟིག་གདན་དཔོན་པོའི་གདན།
stg gdan gzig gdan dpon povi gdan

藏语安多方言宴席词。流传于青海省果洛藏族自治州玛多县。以优美的的颂词赞美聚贤之堂如何富丽堂皇、聚众之人如何富贵美满等。反映了藏族人民对幸福生活的无限憧憬和向往。对研究藏族人民积极、健康、向上的精神世界有参考价值。2003 年 9 月玛多县旦洛讲唱，洛珠记录。32 开纸 1 页。（华旦 何向阳）

宴席祝词

སྟོན་བཤད།
ston bshad

藏语安多方言宴席词。流传于青海省果洛藏族自治州玛多县。以吉祥、优美之颂词祝愿新人幸福美满。祝词分新婚祝词、祝酒词、新人着装祝词等，表现了藏族人民对婚礼宴席高度重视和特殊的婚礼宴席形式，反映了藏族人民热情好客、珍爱生活、追求幸福的精神风貌。对研究藏族的婚礼习俗有参考价值。2003 年 9 月玛多县土达讲唱，东智笔录。32 开纸 8 页。（华旦 何向阳）

供酒词

ཆང་མཆོད།
chang mchod

藏语安多方言宴席词。流传于青海省果洛藏族自治州玛多县。此供酒词是陈设美酒以咒加持供奉佛、诸神灵或在美酒开启尚未被凡人饮用前供养给佛、诸神灵时吟诵之颂词。以虔诚、动听之吉祥语词迎请佛、诸神灵光顾享受美酒甘露，护佑供养美酒之人及众生幸福平安、荣华富贵，供酒词——迎呼三宝佛及自己所奉行之诸神灵，并以优美动听、虔诚感人之语句叙说三宝佛及诸神灵之特征、威名，祈请光临加持和护佑。表现了供奉者对众佛、诸神灵的敬仰和信心。对研究藏族风俗习惯、文化传统有参考价值。2003 年 9 月玛多县义周吟诵，华旦笔录。32 开纸 14 页。（华旦 何向阳）

赞措哇尕泽（湖）颂词

མཚོ་བར་དཀར་རྩེའི་བསྟོད་པ།
mtso bar dkar rtzevi bstod pa

藏语安多方言赞美词。流传于青海省果洛藏族自治州玛多县。以委婉动人的语句赞颂了措哇尕泽（湖）的神奇景色，在人们眼前展现出一幕幕湖光山色的画图，颂者将波光涟漪的措哇尕泽描绘成具有神奇色彩的神灵，并祈求神湖给予护佑，表现了藏民族与大自然浑然一体、相互交融的心理文化特征和敬仰大自然的神奇，赞美大自然的强大力量，并从大自然中获取鼓舞人心、奋发向上的力量的独特方式。对研究藏族心理文化特征有参考价值，对研究藏区民间信仰、人与自然关系以及地方神灵系统的演变和相互关系等也有参考价值，有丰富的神话学、人类学意义。2003 年 9 月玛多县土达吟诵，旦巴笔录。32 开纸 14 页。（华旦 何向阳）

山水颂词·先祖口传

ཡུལ་ལ་བསྔགས་པ་མེས་པོའི་ངག་རྒྱུན།
yul la bsnggs pa mes povi ngag rgyun

藏语安多方言赞美词。流传于青海省果洛藏族自治州玛沁县。以优美、流畅、通俗的语言，对以阿尼玛卿神山为中心的神山圣湖给予赞美，用比喻手法对山川河流的名称及形态进行颂扬。文辞比喻恰当、语言生动、朗朗上口，系较为典型的民间山水颂歌。对研究藏区民间信仰、人与自然关系以及地方神灵系统的演变和相互关系等有参考价值，也有丰富的神话学、人类学意义。1998年班玛才让讲述并笔录。30开纸10页，6700余字。收入《果洛文史资料》第三辑，青海果洛州文史资料办公室1999年编印。（格桑加措）

颂箭词

མདའ་མོའི་བསྟོད་པ།

mdav movi bstod pa

藏语安多方言赞颂词。流传于青海省祁连县。讲述了射箭的来历，并赞扬弓箭，以此祝福风调雨顺、身体健康等。反映藏族人民对弓箭的尊敬以及射箭运动在藏区悠久的历史。对研究当地民俗有参考价值。1985年措尼演讲，朝果笔录整理。32开纸1页，30行。收入《藏族民间祝词汇集》，青海民族出版社1991年藏文版。

（才让夸 才华扎西）

日雪山赞颂文·吉祥之源

ལྷུན་པོ་རི་འཕྱོར་ལ་བསྟོད་པ་བཀྲ་ཤིས་འབྱུང་གནས།

lhun po ri vphyor la bstod pa bkr shis vbyung gnas

藏语安多方言说唱词。流传于青海省同德县。藏传佛教圣地赞颂文。歌中运用传统的诗歌表现手法，描述日雪山的特征和神通能力，歌颂日雪山神的地位和形象，诚心祈请其能赐予人间平安和富贵，并破除怨敌等邪恶势力的一切诡计。对研究藏区民间信仰、人与自然关系以及地方神灵系统的演变和相互关系等有参考价值，也有丰富的神话学、人类学意义。2003年德合杰布吁诵，卓杰加笔录。32开纸2页，40行。收入《同德民间故事歌谣汇集》，青海省海南藏族自治州同德县藏语文工作委员会办公室2003年编印。

（卓杰加）

茶宴祝词

ཇ་བསྟོད་སྐྲ་རྩེའི་ཆུ་ཚིགས།

ja bstod skr rtzevi chu tsigs

藏语安多方言说唱词。流传于青海省祁连县。讲述砖茶的来历和烧茶敬客的程序，并通过对茶的赞美和祝福，表达人们对幸福美满生活的渴望。对研究藏民族茶文化有参考价值。1985年措尼诵述，尚丁笔录整理。32开纸1页，30行。收入《藏族民间祝词汇集》，青海民族出版社1991年藏文版。

（才让夸 才华扎西）

赛马会祝词

རྟ་རྒྱུག་སྟོན་བཤད།

rt rgyug ston bshad

藏语安多方言说唱词。流传于青海省祁连县。在聚众赛马时，主持人先对马的忠诚老实、温顺性格、飞快的速度等进行赞颂；再述一匹骏马所具备的各种条件和选马的技巧，赛马应有的表现及赛马会的来历等；最后供奉并祈求马神保佑比赛顺利，获得硕果。对研究藏族赛马习俗有参考价值。1985年措尼演讲，朝果笔录整理。32开纸1页，30行。收入《藏族民间祝词汇集》，青海民族出版社1991年藏文版。（才让夸 才华扎西）

敬酒

ཆང་མཆོད།

chang mchod

藏语安多方言颂词。流传于青海省黄南藏族自治州河南县。主要描述了按照安多民族风俗，在姑娘谈婚论嫁时会尽情载歌载舞，同时一位善于说唱的人端着醇香的美酒和洁白的哈达供施上师、天神和护法神等诸神，祈求这对新婚夫妇能够平平安安、心想事成。2003年索白讲唱，尕藏东智笔录。16开纸2页，33行。今藏青海省黄南藏族自治州河南蒙古族自治县民族语文工作办公室。

（娘先加）

宴说（一）

སྟོན་བཤད།

Ston bshad

藏语安多方言颂词。流传于青海省黄南藏族自治州河南县。主要讲了在一个万事俱备、风和日丽、吉祥如意的辉煌日子里，大家供奉众神，进行了隆重的庆典活动，并把这个活动搞得有声有色、别开生面。2003年索白讲唱，尕藏东智笔录。16开纸2页，72行。今藏青海省黄南藏族自治州河南蒙古族自治县民族语文工作办公室。

（娘先加）

宴说（二）

སྟོན་བཤད།
Ston bshad

藏语安多方言颂词。流传于青海省黄南藏族自治州河南县。主要讲述在一个万事如意的美好宴席上，上有长辈，再有亲朋好友，下有子女孙儿，一家团圆，酒肉飘香，尽情歌舞，享受天伦之乐，赞美人民生活水平日益提高的大好形势。2003年达托演唱，关却才旦笔录。16开纸9页，119行。今藏青海省黄南藏族自治州河南蒙古族自治县民族语文工作办公室。（娘先加）

说酒

ཆང་བཤད།
Chang bshad

藏语安多方言颂词。流传于青海省黄南藏族自治州河南县。主要讲述酒的形成过程和它的主要原料。酒在日常生活中有各种用途，能满足人们不同的需求，酒不醉人人自醉，酒不仅香气四溢，而且也在工作、生活中能够起到意想不到的医疗作用。2003年扎科演唱，关却才旦笔录。16开纸1页，23行。今藏青海省黄南藏族自治州河南蒙古族自治县民族语文工作办公室。（娘先加）

宴席吉祥祝词

སྟོན་བཤད་བཀྲ་ཤིས་འཁྱིལ་བ།
ston bshad bkr shes vkhyil ba

藏族安多方言宴席祝词。流传于青海省果洛藏族自治州。举办婚礼等宴席时的吉祥祝词。席间由口若悬河、一鸣惊人者整个宴席用吉祥优美之词进行祝福。反映了藏族人民对美好生活的追求，体现了藏族独特的婚俗习惯。对研究藏族的婚礼习俗有参考价值。2003年玛多土达诵唱，华旦笔录。32开纸15页。今藏青海省果洛州玛多县少数民族语文工作办公室。（华旦 何向阳）

讼马案

རྟ་རྒྱོད་བཤད་པ།
rta gyod bshad pa

藏语安多方言说唱词。流传于青海省同德县。藏族民间断案类俗讲。记述在一场草山纠纷中，某户一匹骏马不幸“身亡”，后来在双方的争辩中，马主通过夸张和生动比喻的传统俗讲手法，将自己的马儿誉为天下宝马，从对方手里巧妙地索取到应得的钱财赔偿。2003年扎西加述诵，卓杰加笔录。32开纸1页，8行。收入《同德民间故事歌谣汇集》，青海省海南藏族自治州同德县藏语文工作委员会办公室2003年编印。（卓杰加）

瓜什则部落煨桑祭词·神众喜悦之歌

མགར་རྩེའི་སྤྱི་བསང་ལྷ་ཚོགས་དགྱེས་གླུ།
mgar rtsevi spyi bsang lha tshogs dgyes glu

藏语安多方言祭祀山神煨桑颂词。流传于青海省同德县。藏族民间祭神颂文。歌中运用夸张和比喻的手法，对瓜什则部落的诸方神灵逐一赞颂，并表达了诚心祈求诸方神祇保佑人们长久平安、生活富裕之愿。对研究藏区民间信仰、人与自然关系以及地方神灵系统的演变和相互关系等有参考价值，也有丰富的神话学、人类学意义。2003年德合杰布吁诵，卓杰加笔录。32开纸2页，40行。收入《同德民间故事歌谣汇集》，青海省海南藏族自治州同德县藏语文工作委员会办公室2003年编印。（卓杰加）

阿尼琼公山神煨桑祭词

ཨ་མྱེ་ཁྱུང་མགོན་གྱི་བསང་མཆོད།
a mye khyung mgon gyi bsang mchod

藏语安多方言祭祀山神煨桑颂词。流传于青海省同德县。表达了如何通过煨桑祈供青海省玛沁县拉加寺附近阿尼琼公山神，以日继夜发挥神力，征服邪恶势力，消灾避恶，护佑僧俗平安无事以及佛法光盛之愿。对研究藏区民间信仰、人与自然关系以及地方神灵系统的演变和相互关系等有参考价值，也有丰富的神话学、人类学意义。洛桑成列述诵，索南本笔录。32开纸1页，17行。收入《祭祀颂词集》，北京民族出版社2003年版。今藏青海省海南藏族自治州同德县。（罗桑端智）

夏萨霍尔母神煨桑祭词

ཤ་ཟ་ཧོར་མོའི་གསོལ་མཆོད།

sha za hor movi gsol mchod

藏语安多方言祭祀山神煨桑颂词。流传于青海省同德县。以赞颂吉祥天母侍从众神中的夏萨霍尔母护法神的无比法力为序，通过迎请祈供，表达了其常临此地护佑信徒，驱逐一切邪魔怨敌，消除逆缘，圆满顺缘之愿。对研究藏区民间信仰、人与自然关系以及地方神灵系统的演变和相互关系等有参考价值，也有丰富的神话学、人类学意义。先巴曲智述诵，素南本笔录。32开纸2页，25行。收入《祭祀颂词集》，北京民族出版社2003年版。今藏青海省海南藏族自治州同德县。

（罗桑端智）

玛积邦拉山神煨桑祭词·心愿如意

ལྷ་མཆོག་རྨ་རྒྱལ་སྦོམ་རའི་གསོལ་མཆོད་འདོད་པའི་རེ་སྐོང་།

lha mchog rma rgyal sbom ravi gsol hchod vdod pavi re skong

藏语安多方言祭祀山神煨桑颂词。流传于青海省同德县。文中盛赞玛积邦拉山的无比威力，并吁请其享用施主所敬献的实物和意幻供养品，向其表达了祈请其速临所请之地，消灾避难，日夜护佑人们不染疾疫、牲畜兴旺、万事如意之愿。对研究藏区民间信仰、人与自然关系以及地方神灵系统的演变和相互关系等有参考价值，也有丰富的神话学、人类学意义。佚名述诵，素南本笔录。32开纸5页，25行。收入《祭祀颂词集》，北京民族出版社2003年版。今藏青海省海南藏族自治州同德县。

（罗桑端智）

热泽山神煨桑祭词·吉祥穗子

ཡུལ་ལྷ་རབ་རྫིའི་གསོལ་མཆོད་དགེ་ལེགས་སྙེ་མ།

yul lh rab rdsivi gsol mchod dge legs snye ma

藏语安多方言祭祀山神煨桑颂词。流传于青海省同德县。施主以赞美青海省海南藏族自治州同德县热泽山神威武雄壮的形象为序，吁请此山神前来享用为之供奉的实物及意幻供品，以此祈请该神保佑当地消除人畜疾疫、资财兴隆、佛法兴盛、万事如意。加洋钦热述诵，索南本笔录。32开纸3页，25行。收入《祭祀颂词集》，北京民族出版社2003年版。今藏青海省海南藏族自治州同德县。

（罗桑端智）

萨克堆叶亥山神煨桑祭词

ས་ཁེ་དེའུ་ཡག་གི་བསང་མཆོད།

sa khe devu yag gi bsang mchod

藏语安多方言祭祀山神煨桑颂词。流传于青海省同德县。施主礼赞青海省海南藏族自治州同德县萨克堆叶亥山神为护佑佛法之友、制伏邪恶之王以及守护矿藏之主，为之敬献供品，祈请其保佑当地免遭霜冻、冰雹、干旱等自然灾害，人们万事如意。对研究藏区民间信仰、人与自然关系以及地方神灵系统的演变和相互关系等有参考价值，也有丰富的神话学、人类学意义。藏巴仁布切述诵，索南本笔录。32开纸1页，14行。收入《祭祀颂词集》，北京民族出版社2003年版。今藏青海省海南藏族自治州同德县。（罗桑端智）

格宁热斯山神煨桑祭词

དགེ་བསྙེན་རབ་གཟིགས་ཀྱི་བསང་མཆོད།

dge bsnyen rab gzigs kyi bsang mchod

藏语安多方言祭祀山神煨桑颂词。流传于青海省同德县。施主以礼赞青海省海南藏族自治州同德县山神格宁热斯之威力为序，为之煨桑祭祀，祈求其保佑当地人畜，赐予万事如意。对研究藏区民间信仰、人与自然关系以及地方神灵系统的演变和相互关系等有参考价值，也有丰富的神话学、人类学意义。阿肉格西述诵，索南本笔录。32开纸1页，9行。收入《祭祀颂词集》，北京民族出版社2003年版。今藏青海省海南藏族自治州同德县。

（罗桑端智）

格宁热子山神煨桑祭词

དགེ་བསྙེན་རབ་རྫིའི་གསོལ་མཆོད།

dge bsnyen rab rdsivi gsol mchod

藏语安多方言祭祀山神煨桑颂词。流传于青海省同德县。以礼赞格宁热子将军及其眷属即财神、愤怒王及海龙王之威力为序，煨桑祭祀，吁请此神及其眷众前来享用甘露等所供奉的祭品，以此表达祈请其保佑当地人们万事如意。对研究藏区民间信仰、人与自然关系以及地方神灵系统的演变和相互关系等有参考价值，也有丰富的神话学、人类学意义。拉茂·夏茸尕布述诵，索南本笔录。32 开纸 1 页，46 行。收入《祭祀颂词集》，北京民族出版社 2003 年版。今藏青海省海南藏族自治州同德县。（罗桑端智）

杰卜尔杂干山神煨桑祭词

ཀྱེ་ཕུར་རྫ་རྒན་གྱི་བསང་མཆོད།

kye hpur rds rgn gyi bsang mchod

藏语安多方言祭祀山神煨桑颂词。流传于青海省同德县。施主通过煨桑吁请青海省海南藏族自治州同德县地区方神杰卜尔杂干山神前来享用为之敬献的神饮香味和百种美食，以此祈请其保佑当地消灾避难、万事如意。对研究藏区民间信仰、人与自然关系以及地方神灵系统的演变和相互关系等有参考价值，也有丰富的神话学、人类学意义。塔秀·切君嘉措述诵，索南本笔录。32 开纸 2 页，30 行。收入《祭祀颂词集》，北京民族出版社 2003 年 3 月版。今藏青海省海南藏族自治州同德县。（罗桑端智）

吉祥天母煨桑祭词

དཔལ་ལྡན་ལྷ་མོའི་བསང་མཆོད།

dpal ldan lha movi bsang mchod

藏语安多方言祭祀山神煨桑颂词。流传于青海省同德县。施主通过煨桑祭祀，吁请以白、黄、红、黑四色分别象征佛法息、增、怀、诛四业的藏传佛教护法神吉祥天女前来享用为之敬献的神饮和各类祭品，以此祈请其时刻保佑当地人无疾病、畜无损亡，福寿气运能如上弦之月，与日俱增。佚名述诵，索南本笔录。32 开纸 2 页，46 行。收入《祭祀颂词集》，北京民族出版社 2003 年版。今藏青海省海南藏族自治州同德县。（罗桑端智）

巴域十三峰煨桑祭词

འབའ་གཞུང་གི་མཐོན་པོ་བཅུ་གསུམ་གྱི་བསང་མཆོད།

vbav gzhung gi mthon po bcu gsum gyi bsang mchod

藏语安多方言祭祀山神煨桑颂词。流传于青海省同德县。施主通过煨桑供养青海省海南藏族自治州同德县的人们通常祭祀的十三种方神及其他神祇，吁请其前来享用为之敬献的祭品，以此祈求这些方神速发神力，消除当地人疾畜疫及各类恐怖灾害，使那里的人民能够安居乐业、万事如意。对研究藏区民间信仰、人与自然关系以及地方神灵系统的演变和相互关系等有参考价值，也有丰富的神话学、人类学意义。佚名述诵，索南本笔录。32 开纸 2 页，34 行。收入《祭祀颂词集》，北京民族出版社 2003 年版。今藏青海省海南藏族自治州同德县。（罗桑端智）

土地神热宗煨桑祭词·吉祥火炬

ཡུལ་ལྷ་ར་རྫོང་གི་བསང་མཆོད་བཀྲ་ཤིས་དཔལ་འབར།

yul lha ra rdzong gi bsang mchod bkra shis dpal vbar

藏语安多方言祭祀山神煨桑颂词。流传于青海省同德县。施主通过煨桑供养青海省海南藏族自治州同德等地通常祭祀的阿尼热宗神山，并赞颂其无比威力，诚心吁请其速临祭祀之处享用为之敬献的神饮等祭品，以此祈求其速发神力，驱除一切灾难。对研究藏区民间信仰、人与自然关系以及地方神灵系统的演变和相互关系等有参考价值，也有丰富的神话学、人类学意义。欧项洛桑旦增坚措述诵，索南本笔录。32 开纸 2 页，22 行。收入《祭祀颂词集》，北京民族出版社 2003 年版。今藏青海省海南藏族自治州同德县。（罗桑端智）

果庆大王煨桑祭词

རྒྱལ་པོ་གོ་ཆེན་གྱི་བསང་མཆོད།

rgyl bo go chen gyi bsang mchod

藏语安多方言祭祀山神煨桑颂词。流传于青海省同德县。施主以用柏叶、糌粑、各类必备的素食、神饮及净水等煨桑祭祀并赞颂青海省海南藏族自治州同德县果庆山神之形象和威力为序，吁请其速临煨桑祭祀之处享用所献祭品，速发神力，一举消除饥疫战乱，保佑当地风调雨顺、五谷丰登、六畜满圈，百姓安居乐业。对研究藏区民间信仰、人与自然关系以及地方神灵系统的演变和相互关系等有参考价值，也有丰富的神话学、人类学意义。堪钦才项仁增述诵，索南本笔录。32 开纸 2 页，35 行。收入《祭祀颂词集》，北京

民族出版社 2003 年版。今藏青海省海南藏族自治州同德县。（罗桑端智）

伏藏主班玛项秀煨桑祭词

གཏེར་བདག་པདྨ་དབང་ཕྱུག་གི་བསང་མཆོད།
gter bdag pad ma dbang phyug gi bsang mchod

藏语安多方言祭祀山神煨桑颂词。流传于青海省同德县。解说祭祀时念颂的经词。把班玛项秀称之为佛法护神，并祈愿诸神尽享祭祀供品，为修行师徒如愿以偿，佛法昌盛而做伴。对研究藏区民间信仰、人与自然关系以及地方神灵系统的演变和相互关系等有参考价值，也有丰富的神话学、人类学意义。嘛呢活佛述诵，索南本笔录。32 开纸 2 页，25 行。收入《祭祀颂词集》，北京民族出版社 2003 年版。今藏青海省海南藏族自治州同德县。（罗桑端智）

贵德文昌煨桑祭词

ཁྲི་ཀའི་ཡུལ་ལྷའི་བསང་མཆོད།
khri kavi yul lhvi bsang mchod

藏语安多方言祭祀山神煨桑颂词。流传于青海省同德县。表达了祭祀者通过煨桑祭祀敬请当地保护神文昌佛爷及其眷众享用牛、羊、鸡之血肉、心肝等牺牲，祈求充分速发其神力，消灭一切邪恶势力，消灾避难，事事如意之愿。对研究藏区民间信仰、人与自然关系以及地方神灵系统的演变和相互关系等有参考价值，也有丰富的神话学、人类学意义。佚名述诵，索南本笔录。32 开纸 3 页，52 行。收入《祭祀颂词集》，北京民族出版社 2003 年版。今藏青海省海南藏族自治州同德县。（罗桑端智）

土地神猛将古义煨桑祭词

གནས་བདག་ཀོའུ་ཡིས་དྲག་རྩལ་ཅན་གྱི་བསང་མཆོད།
gnas bdag kovu yis drg rtzl can gyi bsang mchod

藏语安多方言祭祀山神煨桑颂词。流传于青海省同德县。煨者依自己的条件，在煨桑台上点燃脱水的绿柏枝、艾蒿以及糌粑等混合的供养物之后，按藏传佛教煨桑祭祀仪轨，借助自己定力，边诵煨桑咒语，对供养物净化、增长，并将其加持为无上甘露之后，依次吁请诸神灵及当地的保护神降临煨桑之处享用上述供养物，祈求消灾避难，万事如意。对研究藏区民间信仰、人与自然关系以及地方神灵系统的演变和相互关系等有参考价值，也有丰富的神话学、人类学意义。青海省玛沁县拉加寺四世者萨噶玛司亚述诵，索南本笔录。32 开纸 1 页，19 行。收入《祭祀颂词集》，北京民族出版社 2003 年版。今藏青海省海南藏族自治州同德县。（罗桑端智）

白衣制敌自在神煨桑祭词

གཟན་དཀར་དགྲ་འདུལ་དབང་ཕྱུག་གི་བསང་མཆོད།
gzan dkar dgra vdul dbang phyug gi bsang mchod

藏语安多方言祭祀山神煨桑颂词。流传于青海省同德县。煨者通过煨桑吁请平时供奉的诸神及当地的保护神白衣制敌自在神，降临享用牺牲五甘露以及五谷，以祈求护持佛法，并保佑施主万事如意。对研究藏区民间信仰、人与自然关系以及地方神灵系统的演变和相互关系等有参考价值，也有丰富的神话学、人类学意义。嘛呢拉玛述诵，索南本笔录。32 开纸 2 页，37 行。收入《祭祀颂词集》，北京民族出版社 2003 年版。今藏青海省海南藏族自治州同德县。（罗桑端智）

地祇龙妖煨桑祭词

ས་བདག་ཀླུ་གཉན་གྱི་བསང་མཆོད།
sa bdag klu gnyan gyi bsang mchod

藏语安多方言祭祀山神煨桑颂词。流传于青海省同德县。煨桑者按照藏传佛教煨桑祭祀仪轨，通过煨桑依次吁请上师佛菩萨、护法以及当地的地祇龙妖及其眷众，祈请其降临煨桑之处享用所献祭物，赐给人们暂时和永久性利乐。对研究藏区民间信仰、人与自然关系以及地方神灵系统的演变和相互关系等有参考价值，也有丰富的神话学、人类学意义。洛桑成列述诵，索南本笔录。32 开纸 1 页，11 行。收入《祭祀颂词集》，北京民族出版社 2003 年版。今藏青海省海南藏族自治州同德县。（罗桑端智）

吉祥灿烂神煨桑祭词

བཀྲ་ཤིས་འོད་འབར་གྱི་གསོལ་མཆོད།

bkra shes vod vbar gyi gsol mchod

藏语安多方言祭祀山神煨桑颂词。流传于青海省同德县。以描述当地保护神的形象为序，表达了煨桑者想供养该神及其眷众，祈求速发神威，消除黑品人类及非人的恶意恶行，保佑人们能够长久保持福寿美名，使运气无降、心想事成之愿望。对研究藏区民间信仰、人与自然关系以及地方神灵系统的演变和相互关系等有参考价值，也有丰富的神话学、人类学意义。香萨班智达洛桑克增达木切坚措述诵，索南本笔录。32 开纸 1 页，17 行。收入《祭祀颂词集》，北京民族出版社 2003 年版。今藏青海省海南藏族自治州同德县。

（罗桑端智）

尤拉大神祭祀颂词

ལྷ་ཆེན་ཡུལ་ལྷའི་བསང་མཆོད།

lh chen yul lhvi bsang mchod

藏语安多方言祭祀山神煨桑颂词。流传于青海省同德县。煨桑者通过煨桑祭祀酬供，依次吁请平时供奉的诸神灵及阿尼尤拉（文昌爷在藏区的变身）速临煨桑之处，享用牺牲、奶制品、茶、酒等祭物，祈求其消除一切疾疫、损亡，保佑人们人寿年丰、资财富裕、万事如意。对研究藏区民间信仰、人与自然关系以及地方神灵系统的演变和相互关系等有参考价值，也有丰富的神话学、人类学意义。吉赛康巴述诵，索南本笔录。32 开纸 1 页，15 行。收入《祭祀颂词集》，北京民族出版社 2003 年版。今藏青海省海南藏族自治州同德县。

（罗桑端智）

九部具誓护法神煨桑祭词

དམ་ཅན་སྡེ་དགུའི་བསང་མཆོད།

dam can sde dguvi bsang mchod

藏语安多方言祭祀山神煨桑颂词。流传于青海省同德县。煨桑者依次吁请上师、佛菩萨及九部具誓护法神降临喂桑之处，享用煨桑者严格按佛教护法煨祭祀仪轨，在正式煨桑之前依自己的观想力顺次净化、增长并加持为无漏甘露之供养物，以祈求它们时刻保佑安居乐业，给人们以暂时和永久的利乐。对研究藏区民间信仰、人与自然关系以及地方神灵系统的演变和相互关系等有参考价值，也有丰富的神话学、人类学意义。茸青知芒巴述诵，索南本笔录。32 开纸 1 页，12 行。收入《祭祀颂词集》，北京民族出版社 2003 年版。今藏青海省海南藏族自治州同德县。（罗桑端智）

天龙八部煨桑祭词

སྡེ་བརྒྱད་བསང་མཆོད།

sde brgyd bsang mchod

藏语安多方言祭祀山神煨桑颂词。流传于青海省同德县。煨桑者依次吁请上师、佛菩萨及天龙八部降临煨桑之处，享用煨者事先已借助自身的观想力特意经过净化、增长并加持为无漏甘露之供养物，表达了祈求诸神灵及天龙八部保佑人无疾病、畜无损亡，并消除一切天灾人祸，使诸事顺利之意愿。对研究藏区民间信仰、人与自然关系以及地方神灵系统的演变和相互关系等有参考价值，也有丰富的神话学、人类学意义。茸青智芒巴述诵，索南本笔录。32 开纸 1 页，11 行。收入《祭祀颂词集》，北京民族出版社 2003 年版。今藏青海省海南藏族自治州同德县。（罗桑端智）

叶龙直格煨桑祭词

གཡུ་ལུང་བྲག་དཀར་གྱི་བསང་མཆོད།

gyu lung brg dkar gyi bsang mchod

藏语安多方言祭祀山神煨桑颂词。流传于青海省同德县。煨桑者依次吁请上师、佛菩萨、护法神祇及叶龙智盖神降临煨桑之处，享用煨者按藏传佛教煨桑仪轨，依自身的观想力特意经过净化、增长并加持为无漏甘露之所献祭物，表达了祈求神灵保佑寺院活佛长寿、众僧无恙、和睦相处、戒律浇净、佛法讲修事业兴盛，并能使俗民安居乐业之愿。对研究藏区民间信仰、人与自然关系以及地方神灵系统的演变和相互关系等有参考价值，也有丰富的神话学、人类学意义。佚名述诵，索南本笔录。32 开纸 1 页，6 行。收入《祭祀颂词集》，北京民族出版社 2003 年版。今藏青海省海南藏族自治州同德县。（罗桑端智）

龙保色青等山神煨桑祭词

བློན་པོ་གསེར་ཆེན་སོགས་ཀྱི་བསང་མཆོད།
blon po gser chen sogs kyi bsang mchod

藏语安多方言祭祀山神煨桑颂词。流传于青海省同德县。煨者依次吁请上师、佛菩萨、勇士空行、护法神祇以及平时以无时无处不在并随叫随到而著称的龙宝赛饮、阿尼玛卿等山神降临煨桑之处，享用煨者以自身的观想力经过特意净化、增长并加持为无漏甘露之所献供养物，表达了祈求诸神灵速发雷厉风行的神威，消除一切危厄逆缘，使人无疾病、畜无损亡之愿。对研究藏区民间信仰、人与自然关系以及地方神灵系统的演变和相互关系等有参考价值，也有丰富的神话学、人类学意义。佚名述诵，索南本笔录。32开纸1页，18行。收入《祭祀颂词集》，北京民族出版社2003年版。今藏青海省海南藏族自治州同德县。 （罗桑端智）

煨桑除晦礼赞文

མནོལ་བསངས་མཆོད་བསྟོད།
mnol bsangs mchod bstod

藏语安多方言祭祀山神煨桑颂词。流传于青海省同德县。讲述薰香即焚香祭祀，可清洗秽气、消除罪过等。阐述了祭祀火烟的仪轨、目的和作用，薰香可以使不净之食气除净，不净之衣气洗净。总之，薰香使所有不净之气均可除净；薰香还能清除障碍，使万事如愿。对研究藏区民间信仰、人与自然关系等有参考价值，也有丰富的神话学、人类学意义。班钦洛藏确吉坚参述诵，索南本笔录。32开纸1页，17行。收入《祭祀颂词集》，北京民族出版社2003年版。今藏青海省海南藏族自治州同德县。 （罗桑端智）

清除污秽祭词

གྲིབ་བསངས་མཆོད་ཚིག
grib bsangs mchod tsig

藏语安多方言祭祀山神煨桑颂词。流传于青海省同德县。讲述通过举行薰香煨桑仪式，口念清除污秽祭词，就能消除“六毒”，即言毒、燃毒、尸毒、食毒、衣毒和丧失丧妻之毒等。对研究藏区民间信仰、人与自然关系有参考价值，也有丰富的神话学、人类学意义。曲桑拉玛仁布切述诵，索南本笔录。32开纸1页，10行。收入《祭祀颂词集》，北京民族出版社2003年版。今藏青海省海南藏族自治州同德县。 （罗桑端智）

叶亥日山神煨桑祭词

གཡག་རིའི་བསང་མཆོད།
gyag rivi bsang mchod

藏语安多方言祭祀山神煨桑颂词。流传于青海省同德县。煨者依次吁请平时供奉的诸神神灵以及叶亥日山神及其眷众降临煨桑之处，享用煨者依藏传佛教煨桑祭仪特意经过净化、增长并加持为无漏甘露之供养物，表达了祈求诸神灵分别化作代表息、增、怀、诛四业之身相，保佑当地人们，消除一切危厄和灾难，使万事如意之愿。对研究藏区民间信仰、人与自然关系以及地方神灵系统的演变和相互关系等有参考价值，也有丰富的神话学、人类学意义。夏日东活佛述诵，索南本笔录。32开纸1页，11行。收入《祭祀颂词集》，北京民族出版社2003年版。今藏青海省海南藏族自治州同德县。 （罗桑端智）

贡卡山神煨桑祭词

གོང་ཁའི་བསང་མཆོད།
gong khavi bsang mchod

藏语安多方言祭祀山神煨桑颂词。流传于青海省同德县。煨桑者依次吁请平时所供奉的神灵及住在当地山、水、石、林诸贡卡山神及其眷众降临煨桑之处，享用煨桑者供养之祭物，表达了祈求诸神保佑当地人制伏怨敌、排除障碍，诸事顺利、消除贫穷、幸福安宁之愿。对研究藏区民间信仰、人与自然关系以及地方神灵系统的演变和相互关系等有参考价值，也有丰富的神话学、人类学意义。格得洛桑成列述诵，索南本笔录。32开纸1页，19行。收入《祭祀颂词集》，北京民族出版社2003年版。今藏青海省海南藏族自治州同德县。 （罗桑端智）

赛青扎格日查军煨桑祭词

གསེར་ཆེན་རྫ་དཀར་ཁྲབ་གྱོན་གྱི་བསང་མཆོད།

gser chen rds dkar khrb gyon gyi bsang mchod

藏语安多方言祭祀山神煨桑颂词。流传于青海省同德县。以描述赛青（藏语，地名）扎格日查军（白色披甲山）带有香味的缕缕煨桑烟充满天空的情景为序，表达了煨桑者依次吁请他平时所供奉的神灵及当地保护神降临煨桑之处，享用红白食子、茶、酒、奶等五妙欲供，祈求它们昼夜六时守卫人们不被怨敌所害，使食财旺如大海，吉祥福泽与日月共存之愿。对研究藏区民间信仰、人与自然关系以及地方神灵系统的演变和相互关系等有参考价值，也有丰富的神话学、人类学意义。格得洛桑成列述诵，素南本笔录。32 开纸 1 页，19 行。收入《祭祀颂词集》，北京民族出版社 2003 年版。今藏青海省海南藏族自治州同德县。

（罗桑端智）

煨桑祭词（一）

བསང་མཆོད།

bsangs mchod

藏语安多方言祭祀山神煨桑颂词。流传于青海省同德县。表达了煨桑者按藏传佛教煨桑祭仪中应供处的先后顺序，吁请上师、佛菩萨、勇士空行及天龙八部等各类善神，速发各自的威力，消除一切灾厄逆运，保佑佛法兴盛、人寿年丰、吉祥如意之愿。对研究藏区民间信仰、人与自然关系以及地方神灵系统的演变和相互关系等有参考价值，也有丰富的神话学、人类学意义。佚名述诵，索南本笔录。32 开纸 1 页，43 行。收入《祭祀颂词集》，北京民族出版社 2003 年版。今藏青海省海南藏族自治州同德县。（罗桑端智）

煨桑祭词（二）

ལྷ་བསང་ཕུལ་བའི་ཞུ་ཚིག་གཏམ་གྱི་ཕྲེང་བ།

lha bsang phul bavi zhu tsig gtam gyi phreng ba

藏语安多方言祭祀山神煨桑颂词。流传于青海省同德县。以盛赞遍及空中、地上、地下的护法神祇以及藏区部分著名山神无与伦比的威力和变幻无穷的神力为序，通过煨桑祭祀，依次吁请上述诸位神灵降临煨桑之处享用食子、奶、肉、茶、酒、柏香、药、野蒿等祭品，与此同时供养虎豹熊皮和甲胄刀矛等戎装和武器，以祈求消灭人类的各种有形体的怨敌和无形体的邪魔，并消除饥疫战乱、词讼纷争，年年风调雨顺、农牧丰收，人们安居乐业，帮我等之忙、兴我等之福、送我等去、迎我等来，时时处处与我等身影不离，使息、增、怀、伏四业圆满。对研究藏区民间信仰、人与自然关系以及地方神灵系统的演变和相互关系等有参考价值，也有丰富的神话学、人类学意义。佚名述诵，索南本笔录。32 开纸 3 页，76 行。收入《祭祀颂词集》，北京民族出版社 2003 年版。今藏青海省海南藏族自治州同德县。

（罗桑端智）

煨桑祭词（三）

བསངས་མཆོད།

bsangs mchod

藏语安多方言祭祀山神煨桑颂词。流传于青海省海西蒙古族藏族自治州天峻县。煨桑时进行的自由式祭祀词。在煨桑祭神仪式时，通过说唱召唤佛法三宝、护法神及地方神的保佑和救护，以祝愿一方人们路途平安、远离盗贼、化解险情、风调雨顺、五谷丰登、心想事成。尼玛饿西讲唱，杨来新、多杰冉旦、叶西多杰、更登尖措记录。32 开纸 9 页，171 行。（华多太）

骑狮护法酬供满愿文

དམ་ཅན་བསྐང་ཐུབ།

dam can bskng thub

藏语安多方言祭祀山神煨桑颂词。流传于青海省同德县。表达了煨桑者依藏传佛教煨桑祭仪中应供处的先后顺序，吁请宁玛派的护法神之一骑狮护法及其眷众速临煨桑之处，享用丰满的供养物，祈求消除本人及众施主之灾厄危难，使煨者所请托诸事如意之愿。对研究藏区民间信仰、人与自然关系有参考价值，也有丰富的神话学、人类学意义。佚名述诵，索南本笔录。32 开纸 1 页，20 行。收入《祭祀颂词集》，北京民族出版社 2003 年版。今藏青海省海南藏族自

治州同德县。（罗桑端智）

煨桑祭词·清净大乐篇

རྣམ་དག་བདེ་ཆེན་མ།

rnm dag bde chen ma

藏语安多方言祭祀山神煨桑颂词。流传于青海省同德县。呼叫导师护神享用繁多如云的供品，描绘护神的无比功德，以及威武身像——手持法器、穿戴、姿势等，称它是永世不亡、独一无二的救星，请求导师护神排除一切灾难，协助四业圆满成功。对研究藏区民间信仰、人与自然关系以及地方神灵系统的演变和相互关系等有参考价值，也有丰富的神话学、人类学意义。久美成列坚措述诵，索南本笔录。32 开纸 2 页，42 行。收入《祭祀颂词集》，北京民族出版社 2003 年版。今藏青海省海南藏族自治州同德县。

（罗桑端智）

热宗山神煨桑祭词

ར་རྫོང་གི་བསང་མཆོད།

rw rdsong gi bsang mchod

藏语安多方言祭祀山神煨桑颂词。流传于青海省同德县。表达了煨桑者依次吁请上师、佛菩萨、勇士空行、护法神祇及当地部落历来供奉的阿尼热宗山神及其眷众降临煨桑之处，享用牺牲、茶、奶、酒以及柏枝香味等供养物，祈求它们消除一切危厄灾难，能赐予人们长寿无病、丰衣足食、风调雨顺、农牧丰收、安居乐业等福泽之运。对研究藏区民间信仰、人与自然关系以及地方神灵系统的演变和相互关系等有参考价值，也有丰富的神话学、人类学意义。佚名述诵，索南本笔录。32 开纸 2 页，29 行。收入《祭祀颂词集》，北京民族出版社 2003 年版。今藏青海省海南藏族自治州同德县。（罗桑端智）

威势主扎更山神煨桑祭词

མཐུ་ཆེན་རྫ་རྒན་གྱི་བསང་མཆོད།

mthu chen rdza rgan gyi bsang mchod

藏语安多方言祭祀山神煨桑颂词。流传于青海省同德县。以赞颂手持器械的山神及其坐骑的威武之势为序，表达了煨桑者依吁请平时供奉的神灵及当地保护神特青杂干山神降临煨桑之处，享用绿柏枝、野蒿、杜鹃花、炒面、奶茶等供养物，祈求山神宽恕施主亏缺祭祀的过失，消除一切饥疫、战乱、纷争以及霜冻、干旱、冰雹等自然灾害，使人们事事如愿、幸福安宁之愿。对研究藏区民间信仰、人与自然关系以及地方神灵系统的演变和相互关系等有参考价值，也有丰富的神话学、人类学意义。阿茸龙多旦杰述诵，索南本笔录。32 开纸 3 页，58 行。收入《祭祀颂词集》，北京民族出版社 2003 年版。今藏青海省海南藏族自治州同德县。（罗桑端智）

凶神森格热丹煨桑祭词

ལྷ་གཉན་སེང་གེ་རབ་བརྟན་གྱི་བསང་མཆོད།

lh gnyan seng ge rab bstn gyi bsang mchod

藏语安多方言祭祀山神煨桑颂词。流传于青海省同德县。以描述山神形象装束及其坐骑之姿势等为序，表达了煨桑者依次吁请一向供奉的神灵及当地保护神拉念森格热旦降临煨桑之处享用茶酒、食子等供养物，祈求它们速发神威，作我等之友、帮我等之忙，以顺利实现其所望之愿。对研究藏区民间信仰、人与自然关系以及地方神灵系统的演变和相互关系等有参考价值，也有丰富的神话学、人类学意义。夏仑阿科过乃加述诵，索南本笔录。32 开纸 2 页，24 行。收入《祭祀颂词集》，北京民族出版社 2003 年版。今藏青海省海南藏族自治州同德县。（罗桑端智）

占都旺秀神煨桑祭词

དགྲ་འདུལ་དབང་ཕྱུག་གི་བསང་མཆོད།

dgra vdul dbang phyug gi bsang mchod

藏语安多方言祭祀山神煨桑颂词。流传于青海省同德县。表达了煨桑者依次吁请平时供奉的诸神灵及当地的伏敌保护神占都旺秀降临煨桑之处享用谷物、牺牲等供养物，同时向它们供养金银、缎子和武器等供品，祈求它们消除因当地人们开挖土石、污染河水而招致地祇恶龙不满被施放的疾疫以及别有心的人和非人欲伤害我等之恶意恶行，从而使我等人无疾病、畜无损亡、心想事成之愿。对研究藏区民间信仰、人与自然关系以及地方神灵系统的演变和相互关系等有参考价值，也有丰富的神话学、人类学意义。佚名述诵，索南本笔录。32 开纸 2 页，46 行。收入《祭祀颂词集》，北京民族出版社 2003 年版。今藏青海省海南藏族自治州同德县。（罗桑端智）

道帏方神煨桑祭词・吉祥之河

རྡོ་སྦིས་བསང་མཆོད་བཀྲ་ཤིས་ཆུ་བོ།

rdo sbis bsang mchod bkr shes chu bo

藏语安多方言祭祀山神煨桑颂词。流传于青海省同德县。表达了煨桑者通过煨桑依次吁请平时所供奉的诸神灵及道帏地方保护神速临煨桑之处享用供养物，祈求冻则有暖衣、走则有快马、饿则能饱食、渴则有饮料，言有益词、战有武器等心愿。对研究藏区民间信仰、人与自然关系以及地方神灵系统的演变和相互关系等有参考价值，也有丰富的神话学、人类学意义。喜饶嘉措述诵，索南本笔录。32 开纸 4 页，82 行。收入《祭祀颂词集》，北京民族出版社 2003 年版。今藏青海省海南藏族自治州同德县。（罗桑端智）

煨桑祭词・悉地甘露

བསང་མཆོད་དམ་བསྒྲུགས་དངོས་གྲུབ་ཆར་འབེབས།

bsang mchod dam bsgrgs dngos grub char vbebs

藏语安多方言祭祀山神煨桑颂词。流传于青海省同德县。以描述当地诸山神的形象、装束等为序，表达了煨桑者依次吁请上师、佛菩萨、勇士空行、护法神祇和当地普遍供奉的方神，即分别依附在青海省同德县境内同波吉松等高山诸保护神，速临煨桑之处享用所献供养物，祈求消除内外之患，能够适时降雨，牧草茂盛、庄稼丰收，人、财、畜均平安无事。对研究藏区民间信仰、人与自然关系以及地方神灵系统的演变和相互关系等有参考价值，也有丰富的神话学、人类学意义。努喜智布钦述诵，索南本笔录。32开纸2页，36行。收入《祭祀颂词集》，北京民族出版社 2003 年版。今藏青海省海南藏族自治州同德县。（罗桑端智）

干卓山神煨桑祭词

ཀ་སྟོད་གསོལ་མཆོད།

ka stod gsol mchod

藏语安多方言祭祀山神煨桑颂词。流传于青海省同德县。表达了煨桑者通过藏传佛教煨桑祭仪中对神灵迎请之序，依次吁请平时所供奉的神灵及当地保护神干卓山神及其眷众降临煨桑之处，享用柏香、野蒿、六谷、食子等供养物，与此同时向它们奉献缎子等供品，祈求诸位神灵能够宽恕施主在身、语、意方面的冒犯和亵渎之过失，消除来自各方面的饥疫战乱、纷争词讼、洪水、干旱、猛兽、窃贼、强盗等天灾人祸，年年风调雨顺、农牧丰收、人心向善、幸福安宁之愿。对研究藏区民间信仰、人与自然关系以及地方神灵系统的演变和相互关系等有参考价值，也有丰富的神话学、人类学意义。多识活佛述诵，索南本笔录。32 开纸 3 页，22 行。收入《祭祀颂词集》，北京民族出版社 2003 年版。今藏青海省海南藏族自治州同德县。（罗桑端智）

煨桑祭词・宝山

གསོལ་མཆོད་རིན་ཆེན་རྡུལ་བརྩེགས།

gsol mchod rin chen rdul brtzegs

藏语安多方言祭祀山神煨桑颂词。流传于青海省同德县。表达了煨者按藏传佛教祈供仪式中迎请神灵先后之序，依次吁请应供的神灵及当地保护神母子及其臣僚降临祈供之处，享用六谷、奶、茶、糖、酒等供养物，同时奉献缎子等供品，请求宽恕施主逆神意而之诸罪过，以此祈求佛法兴盛、福运昌盛、万事兴旺之愿。对研究藏区民间信仰、人与自然关系以及地方神灵系统的演变和相互关系等有参考价值，也有丰富的神话学、人类学意义。多识活佛述诵，索南本笔录。32 开纸 2 页，33 行。收入《祭祀颂词集》，北京民族出版社 2003 年版。今藏青海省海南藏族自治州同德县。（罗桑端智）

吉日山神煨桑祭词

སྐྱེས་རི་འི་བསང་མཆོད།

skyes rivi bsang mchod

藏语安多方言祭祀山神煨桑颂词。流传于青海省同德县。表达了煨桑者通过煨桑祭祀，依次吁请所信奉的神灵及当地保护吉日山神及其眷众降临煨桑之处享用绿柏枝、野蒿之香烟、谷物等供养物，祈求它们时刻能与施主身影不离、消除内外之患，造就幸福安宁、事事如意之愿。对研究藏区民间信仰、人与自然关系以及地方神灵系统的演变和相互关系等有参考价值，也有丰富的神话学、人类学意义。多识活佛述诵，索南本笔录。32 开纸 1 页，12 行。收入《祭祀颂词集》，北京民族出版社 2003 年版。今藏青海省海南藏族自治州同德县。（罗桑端智）

煨桑祭词·花束

བསང་མཆོད་མེ་ཏོག་ཆུན་པོ།

bsang mchod me tog chun po

藏语安多方言祭祀山神煨桑颂词。流传于青海省同德县。表达了煨桑者通过煨桑，吁请所信奉的神灵及当地土著山神降临煨桑之处享用所献供养物，祈求消灭收服敌对势力，并消除人疫畜瘟，心想事成之愿。对研究藏区民间信仰、人与自然关系以及地方神灵系统的演变和相互关系等有参考价值，也有丰富的神话学、人类学意义。洛桑夏智布述诵，索南本笔录。32 开纸 1 页，12 行。收入《祭祀颂词集》，北京民族出版社 2003 年版。今藏青海省海南藏族自治州同德县。

（罗桑端智）

祭桑微词·如意宝

བསང་ཆུང་ཡིད་བཞིན་ནོར་བུ།

bsang chung yid bzhin nor bu

藏语安多方言祭祀山神煨桑颂词。流传于青海省同德县。主要记述祭祀者如何按藏传佛教煨桑祭仪，奉献供养天上、地上、地下诸神灵的基本规程、祭祀应备之供养物、祭祀者所祈求的具体事项、所要达到的愿望以及容受依靠等内容。对研究藏区民间信仰、人与自然关系以及地方神灵系统的演变和相互关系等有参考价值，也有丰富的神话学、人类学意义。莲花生大师述诵，索南本笔录。32 开纸 5 页，25 行。收入《祭祀颂词集》，北京民族出版社 2003 年版。今藏青海省海南藏族自治州同德县。（罗桑端智）

五神煨桑祭词·福泽荣盛

ལྷ་ལྔའི་གསོལ་མཆོད་བསོད་ནམས་དཔལ་བསྐྱེད།

lha lngavi gsol mchod bsod nams dpal bskyed

藏语安多方言祭祀山神煨桑颂词。流传于青海省同德县。首先描述祭祀者平时供奉的五种神灵及其从属神的形象、身色、装束以及各自所持的标志性器械等，其次介绍应供祀的祭品及其祭祀仪轨，最后表达祭祀者通过祭祀祈求的具体的迫切愿望。对研究藏区民间信仰、人与自然关系以及地方神灵系统的演变和相互关系等有参考价值，也有丰富的神话学、人类学意义。萨和欧宁述诵，索南本笔录。32 开纸 6 页，25 行。收入《祭祀颂词集》，北京民族出版社 2003 年版。今藏青海省海南藏族自治州同德县。（罗桑端智）

熏香祭祀除晦词·晦气普消

མནོལ་བསང་ཉེས་གྲིབ་ཀུན་སེལ།

mnol bsang nyes grib kun sel

藏语安多方言祭祀山神煨桑颂词。流传于青海省同德县。讲述薰香用高山草木叶子、神香柏树为祭祀柴烟之料；阐述它可以清洁被污染的神像、人和物品等，能驱除病魔、烦恼和灾害等内容。对研究藏区民间信仰、人与自然关系以及地方神灵系统的演变和相互关系等有参考价值，也有丰富的神话学、人类学意义。吉明·南杰加措述诵，索南本笔录。32 开纸 3 页，25 行。收入《祭祀颂词集》，北京民族出版社 2003 年版。今藏青海省海南藏族自治州同德县。（罗桑端智）

煨桑祭词·瑜伽勇士之笑声

གསོལ་མཆོད་རྣལ་འབྱོར་དཔའ་བོའི་གད་རྒྱངས།

gsol mchod rnl vbyor dpav bovi gad rgyngs

藏语安多方言祭祀山神煨桑颂词。流传于青海省同德县。叙述祭祀器具大如不可估量，奶如海、花如虹、烟如云、祭水如流水、乐器如雷声等盛大场面；召唤天龙八部以及在藏区的诸山神，为之呼、为之祭、为之饮；祈愿法轮常转，学业即满、岩山开路、大河架桥、农牧丰收、吉祥如意。对研究藏区民间信仰、人与自然关系以及地方神灵系统的演变和相互关系等有参考价值，也有丰富的神话学、人类学意义。才旦夏茸述诵，索南本笔录。32 开纸 8 页，25 行。收入《祭祀颂词集》，北京民族出版社 2003 年版。今藏青海省海南藏族自治州同德县。（罗桑端智）

煨桑祭词 · 吉祥聚

བསང་མཆོད་བཀྲ་ཤིས་འཁྱིལ་བ།

bsang mchod vkr shis vkhyil ba

藏语安多方言祭祀山神煨桑颂词。流传于青海省同德县。此文系五世达赖应麦尔干噶举喜热坚措和切青红宝洛桑青培之敦请，根据莲花生大师所迁并出自南北伏藏中部分煨桑祭词本而撰。作者为满足藏传佛教宁玛派信徒煨桑祭祀之信仰需求，将宁玛派平日供奉的上师本尊和护法空行等列于显著的供养位置，表述了作为祭祀者在煨桑过程中应操作的规程，即皈依三宝、发希求他利之殊胜菩提心、观想圣尊福田、依六种咒语和六种手印加持用于煨桑的祭物，以求得智尊对煨桑之处降赐加持力，以增强祭物的功效，并且使在场徒众能获得成就，迎请智尊和具势护法等降临煨桑之处享用祭物，供祀佛的三身及身、语、意之主旨或重要意义及其功德。祭祀者希望通过煨桑完全消除上师本尊、佛菩萨、勇士空行、护法神祇等被污染之邪气、秽气，乃至因施主等违反誓言而给诸神灵招致的冒渎晦气，祭祀者供祀诸神灵祈愿成全的具体事项，借助法力招行财运，请求诸神灵宽恕施主因愚昧而招致的冒渎晦气，祈请诸神返回原处以及最后祝福。对研究藏区民间信仰、人与自然关系以及地方神灵系统的演变和相互关系等有参考价值，也有丰富的神话学、人类学意义。阿旺洛桑嘉措述诵，索南本笔录。32 开纸 11 页，25 行。收入《祭祀颂词集》，北京民族出版社 2003 年版。今藏青海省海南藏族自治州同德县。（罗桑端智）

战神礼赞文

དགྲ་ལྷའི་དཔང་བསྟོད།

dgra lhavi dpang bstod

藏语安多方言祭祀山神煨桑颂词。流传于青海省同德县。描述战神的祭祀供品分别为乳汁、乳酪和酥油等“三白”，冰糖、蔗糖和蜂蜜等“三甘”，以及肉和血等；祈求战神白天作侦察，夜间作巡逻；去时送我，来时迎我；黑夜作灯，过河作桥；登岩作梯，爬山作杖；护佑避免饥疫、战乱和纠纷等灾厄；并表达了时刻不离施主，诸事如意等心愿。对研究藏区民间信仰、人与自然关系以及地方神灵系统的演变和相互关系等有参考价值，也有丰富的神话学、人类学意义。阿旺洛桑嘉措述诵，索南本笔录。32 开纸 18 页，25 行。收入《祭祀颂词集》，北京民族出版社 2003 年版。今藏青海省海南藏族自治州同德县。（罗桑端智）

吉祥宫城礼赞文

དཔལ་མཁར་གཞི་བསྟོད།

dpal mkhar gzhi bstod

藏语安多方言祭祀山神煨桑颂词。流传于青海省同德县。表述了祭祀仪轨、吉祥颂词、祈求愿望，并表达了以峨堡等为标志的护法神祇宫城的基址永世不变的心愿。对研究藏区民间信仰、人与自然关系以及地方神灵系统的演变和相互关系等有参考价值，也有丰富的神话学、人类学意义。公角赤杰加吾述诵，索南本笔录。32 开纸 11 页，25 行。收入《祭祀颂词集》，北京民族出版社 2003 年版。今藏青海省海南藏族自治州同德县。

（罗桑端智）

煨桑祭词 · 清净法身

ལྷ་བསང་རྣམ་དག་ཆོས་སྐུ།

lha bsang rnam dag chos sku

藏语安多方言祭祀山神煨桑颂词。流传于青海省同德县。呼叫诸神前来祭祀处，享用丰富的供品，请求宽容违背神意之言行；祈求诸神日夜不离，献给满山的牲畜、百味的食品、华丽的衣服、年老的身材、众多的亲属；祝愿月亮与星星在一起；鸟与翅在一起；鱼与水在一起；人与神在一起。对研究藏区民间信仰、人与自然关系以及地方神灵系统的演变和相互关系等有参考价值，也有丰富的神话学、人类学意义。更登尖措、索南叶喜述诵，索南本笔录。32 开纸 13 页，25 行。收入《祭祀颂词集》，北京民族出版社 2003 年版。今藏青海省海南藏族自治州同德县。（罗桑端智）

青海湖措干玛赤雪嘉毛煨桑祭词

མཚོ་རྒན་མ་ཁྲི་གཤོག་རྒྱལ་མོའི་བསང་མཆོད།

mtso rgn ma khri gshog rgyl movi bsang mchod

藏语安多方言祭祀山神煨桑颂词。流传于青海省同德县。表达了祭祀者通过煨桑烟祭天神、地神、水神、男子肩头守护神，特别是青海湖女神降临煨桑之处享用供养物，并礼赞神无比威力和闪电式的速度，祈求时刻保佑、驱鬼压邪、平安无事的心愿。对研究藏区民间信仰、人与自然关系以及地方神灵系统的演变和相互关系等有参考价值，也有丰富的神话学、人类学意义。佚名述诵，索南本笔录。32 开纸 7 页，25 行。收入《祭祀颂词集》，北京民族出版社 2003 年版。今藏青海省海南藏族自治州同德县。（罗桑端智）

诸神意乐祭文

ལྷ་རྣམས་མཉེས་བྱེད་བསང་ཡིག

lh rnm mnyes byed bsang yig

藏语安多方言祭祀山神煨桑颂词。流传于青海省同德县。讲述为诸神意乐而在山上或房顶等清洁处摆设食物、饮料、布料等供品，念颂秘咒经，吹打乐器，召请莲花生等诸神仙，礼赞其丰功伟绩，向神像顶礼；表达了施主及其从属如愿以偿、吉祥如意等心愿。对研究藏区民间信仰、人与自然关系以及地方神灵系统的演变和相互关系等有参考价值，也有丰富的神话学、人类学意义。莲花生大师述诵，索南本笔录。32 开纸 20 页，25 行。收入《祭祀颂词集》，北京民族出版社 2003 年版。今藏青海省海南藏族自治州同德县。

（罗桑端智）

地祇煨桑祭词

ཡུལ་ལྷ་གཞི་བདག་འབོད་པའི་བསང་མཆོད་བསྡུས་པ།

yul lx gzhi bdag vbod pvi bsang mchod bsdus pa

藏语安多方言祭祀山神煨桑颂词。流传于青海省北部藏区。煨桑祭词。祭祀是在藏传佛教中长期保留下来的原始宗教的一种表现，主要是祈求神灵保佑平安、万事如意等。主要恭请诸佛、神仙、护法神、山神地祇高喜享供品，保佑主人家无灾无难、万事顺心。此词祭祀范围广、内容丰富，对研究环湖藏区原始宗教有参考价值，对研究藏区民间信仰、人与自然关系以及地方神灵系统的演变和相互关系等也有参考价值，有丰富的神话学、人类学意义。1996 年克智尖木措诵述，才让夸笔录整理。32 开纸 6 页，1000 余字。收入《海北藏族自治州民间文学丛书·酒曲》，青海民族出版社 2001 年藏文版。（才让夸）

煨桑祭词·右旋法螺声

བསང་མཆོད་དུང་དཀར་གཡས་འཁྱིལ།

bsang mchod dung dkar gyas vkhyil

藏语安多方言祭祀山神煨桑颂词。流传于青海省北部藏区。为供奉多种神灵的敬词。主要祈求上至天神、下至地祇，世间一切神灵保佑一方平安，驱除邪恶，吉祥如意。字里行间流露出人们对和平安定生活的渴望和对大自然神奇力量的无限惧畏及极度无奈。对研究环湖藏区原始宗教形态有参考价值，对研究藏区民间信仰、人与自然关系以及地方神灵系统的演变和相互关系等也有参考价值，有丰富的神话学、人类学意义。1996 年昂洛诵述，才让夸笔录整理。32 开纸 16 页，3000 余字。收入《海北藏族自治州民间文学丛书·酒曲》，青海民族出版社 2001 年藏文版。（才让夸）

上师亲授煨桑祭词

བསང་མཆོད་བླ་མའི་གསུང་རྒྱུན།

bsang mchod bl mvi gsung rgyun

藏语安多方言祭祀山神煨桑颂词。流传于青海省海晏县。为某种教派的护法神和本地土地神等的敬词。内容包括赞颂某种神灵的威武、法力及其无处不在、无所不能的神通广大，并祈求他们保佑一帆风顺、万事如意。对研究海晏藏族部落原始崇拜有参考价值，对研究藏区民间信仰、人与自然关系以及地方神灵系统的演变和相互关系等也有参考价值，有丰富的神话学、人类学意义。1996年才福旦诵述，才让夸笔录整理。32开纸3页，600字。收入《海北藏族自治州民间文学丛书·酒曲》，青海民族出版社2001年藏文版。（才让夸）

煨桑祭词·出水芙蓉

བསང་མཆོད་མེ་ཏོག་ཆུན་པོ།

bsang mchod me tog chun po

藏语安多方言祭祀山神煨桑颂词。流传于青海省祁连县阿柔乡。为僧俗同用的煨桑祭词。内容以祁连县境内被阿柔部落所供奉的阿尼东索（牛心山）山神为主，有多个神灵的敬词赞颂，并祈求他们保佑。分上下两篇。对研究藏区民间信仰、人与自然关系以及地方神灵系统的演变和相互关系等有参考价值，也有丰富的神话学、人类学意义。1996年那日尖木措诵述，才让夸笔录整理。32开纸2页，500字。收入《海北藏族自治州民间文学丛书·酒曲》，青海民族出版社2001年藏文版。

（才让夸）

战神煨桑祭词

བསང་མཆོད་དགྲ་ལྷ་མྱུར་སྐུལ།

bsang mchod dgr lx myur skul

藏语安多方言祭祀山神煨桑颂词。流传于青海省刚察县。为青海刚察部落独自供奉的战神——旨格的煨桑祭词。先叙述此战神宫殿的辉煌宏伟，战神至高无上的法威以及其独特的神通广大；再赞颂其无惧无谓的精神和大慈大悲的胸襟；最后祈求保佑等。首位部分也有大众神灵的祭祀、赞颂及祈求。对研究刚察部落祭祀风俗有参考价值。1996年切落诵述，才让夸笔录整理。32开纸3页，600余字。收入《海北藏族自治州民间文学丛书·酒曲》，青海民族出版社2001年藏文版。

（才让夸）

护法神煨桑祭词

བསང་མཆོད་སྲུང་མའི་སྐུལ་མ།

bsang mchod srung mvi skul ma

藏语安多方言祭祀山神煨桑颂词。流传于青海省海晏县。为青海海晏达玉部落独自信奉的某些神灵的煨桑祭词。主要包括此部落护法神——四面怙布神的赞颂和祈求、委托等。对研究藏区民间信仰、人与自然关系以及地方神灵系统的演变和相互关系等有参考价值，也有丰富的神话学、人类学意义。1996年素才诵述，才让夸笔录整理。32开纸2页，500字。收入《海北藏族自治州民间文学丛书·酒曲》，青海民族出版社2001年藏文版。

（才让夸）

金刚降妖护法圣山煨桑祭词

བསྟན་སྲུང་རྡོ་རྗེ་བདུད་འདུལ་གྱི་བསང་མཆོད་རྒྱལ་ཀུན་འདུས་ཞལ་མ།

bstn srung rdo rje bdud vdul gyi bsang mchod rgyl kun vdus zhal ma

藏语安多方言祭祀山神煨桑颂词。流传于青海省海晏县。金刚降妖护法圣山位于海晏县镜内，为海晏达玉部落独自信奉的山神。此煨桑祭词为其专用，不为其他祭祀用词。详细描绘此山神的模样、姿势、坐骑，武器等，赞颂该山神的威武、法力，祈求他的保佑，请他除邪去恶，并祝愿全体部落人丁兴旺。对研究藏区民间信仰、人与自然关系以及地方神灵系统的演变和相互关系等有参考价值，也有丰富的神话学、人类学意义。1996年素才诵述，才让夸笔录整理。32开纸2页，500字。收入《海北藏族自治州民间文学丛书·酒曲》，青海民族出版社2001年藏文版。（才让夸）

护法山神威武夏嘎尔圣山煨桑祭词

མཐུ་ལྡན་གཉན་ཆེན་ཞལ་དཀར་གྱི་བསང་མཆོད།

mthu ldn gnyan chen zhal dkar gyi bsang mchod

藏语安多方言祭祀山神煨桑颂词。流传于青海刚察、海晏两县。夏嘎尔山位于青海刚察和海晏两县交界处，汉语称“小昆仑”，为刚祭部洛和海晏达玉部落共同信奉的一座神山。此煨桑祭词专为此山供诵，不为他用。主要赞颂山神法力无边、神威通天等。在藏传佛教节庆的日子里，人们身着新装，涌向山顶并焚香拜神，祈求保佑，保一方平安。对研究藏区山系文化根源有参考价值，对研究藏区民间信仰、人与自然关系以及地方神灵系统的演变和相互关系等也有参考价值，有丰富的神话学、人类学意义。1996年罗桑克智尖措诵述，才让夸笔录整理。32开纸2页，500余字。收入《海北藏族自治州民间文学丛书·酒曲》，青海民族出版社2001年藏文版。（才让夸）

如愿祭神祈祷

ལྷ་མཆོད་ཡིད་བཞིན་གསོལ་འདེབས།

lx mchod yid bzhin gsol vdebs

藏语安多方言祭祀山神煨桑颂词。流传于青海省祁连县。祈祷词。祈求四方众神保佑人间平安祥和、无病无灾、丰衣足食、一帆风顺，心想事成。对研究宗教风俗有参考价值，对研究藏区民间信仰、人与自然关系以及地方神灵系统的演变和相互关系等也有参考价值，有丰富的神话学、人类学意义。1985年措尼诵述，朝果笔录整理。32开纸1页，400字。收入《藏族民间祝词汇集》，青海民族出版社1991年藏文版。（才华扎西）

宝藏煨桑祭词

གཏེར་སྒྲུབ་བསང་མཆོད།

gter sgrub bsang gchod

藏语安多方言祭祀山神煨桑颂词。流传于青海省祁连县。藏传佛教有埋宝藏的习俗。每逢吉日时，人们备齐所许物品，到山顶或海边念经焚香，将宝瓶、宝袋埋在山顶或扔向大海，以示保持生态平衡，同时祈求神灵赐福人间，吉祥如意。对研究藏区生态观念有参考价值，对研究藏区民间信仰、人与自然关系以及地方神灵系统的演变和相互关系等也有参考价值，有丰富的神话学、人类学意义。1985年措尼讲述，朝果笔录整理。32开纸1页，30行。收入《藏族民间祝词汇集》，青海民族出版社1991年藏文版。

（才华扎西）

祭颂词（一）

མཆོད་ཁ།

mchod kha

藏语安多方言宴席词。流传于青海省海西蒙古族藏族自治州天峻县。诗歌体祭祀山神煨桑颂词。在举行祭祀仪式时，通过呼唤佛陀、救世主、护法神、格萨尔等各路神仙，护佑在座的人们年年顺调雨顺，牲畜繁殖旺盛，人们无灾无难，门户之间和睦相处，力挽强盗之危害，力削敌方之军心，从商者财源滚滚，远行者平安无事。万嘉讲唱，多杰冉旦，杨先记录。32开纸12页，168行，铅印本。今藏青海省海西蒙古族藏族自治州民族语文工作办公室。（华多太）

祭颂词（二）

མཆོད་ཁ།

mchod kha

藏语安多方言宴席词。流传于青海省海西蒙古族藏族自治州天峻县。诗歌体祭祀山神煨桑颂词。在举行祭祀仪式时，通过呼唤召请佛陀、护法神、上师活佛、地方神，祈祷当地人们到外地经商或朝圣时得到他们的救助和庇护，使人们无论何处无灾无难，事事顺心。李太加讲唱，杨先，多杰冉旦记录。32开纸13页，195行，铅印本。今藏青海省海西蒙古族藏族自治州民族语文工作办公室。（华多太）

煨桑祭词·吉祥愿速成

བསང་མཆོད་བཀྲ་ཤིས་མྱུར་འགྲུབ།

bsang mchod bkr shis myur vgrub

藏语安多方言祭祀山神煨桑颂词。流传于青海省果洛藏族自治州玛多县。此供奉词是供奉佛、诸神灵时吟诵之诵词。颂词以虔诚感人的之语句呼唤三宝佛及诸神护法，祈请光临加持和护佑，并享受供养之品，表现了供奉者对佛及诸神护法的敬仰。对研究藏传佛教仪轨有参考价值，对研究藏区民间信仰、人与自然关系以及地方神灵系统的演变和相互关系等也有参考价值，有丰富的神话学、人类学意义。2003年玛多县洛桑吟诵、笔录。32开纸14页。（华旦 何向阳）

玛卿雪山祈愿词

ལྷ་མཆོག་རྨ་རྒྱལ་སྤོམ་རའི་གསོལ་མཆོད།

lx mchog rm rgyl sbom ravi gsol mchod

藏语安多方言颂唱词。流传于青海省果洛藏族自治州。藏族人煨桑祭神，首先选择吉祥的日子、时段，如新年黎明时、庆典活动、出征歼敌等重大活动之际，煨桑者洁身行事，煨桑台上方比下方要宽，高度要超出人的心尖，用神木和杜鹃花、野蒿、神柏、白果等植物一同点燃，随后边唱颂祭词边在火堆上撒酸奶、白砂糖等和青稞、炒面等植物拌成的祭品，以求诸神帮助自己实现目的。玛卿祈颂词讲述玛卿雪山及雪山周围的诸多神山，请显出他们的神威，显出他们的神灵，实施人间恩德，吉祥照耀千秋等。反映人们期望平安幸福的心愿。对研究藏区民间信仰、人与自然关系以及地方神灵系统的演变和相互关系等有参考价值，也有丰富的神话学、人类学意义。1988 年角吉演唱，旦继杰笔录。16 开纸 8 页，168 行 1848 字。收入《果洛民间歌谣选》，青海省果洛藏族自治州群众艺术馆 1991 年编印。

（华贡杰）

琼贡山的祈愿词

ཁྱུང་མགོན་ཡར་སེང་བྱ་རོག་གདོང་གི་གསོལ་མཆོད།

khyu mgon yar seng by rog gdong gi gsol mchod

藏语安多方言祈愿词。流传于青海省果洛藏族自治州。以形容、夸张的手法敬天颂地，颂日月星辰，颂诸多神山，恭请尊神降临供坛，快显威灵，消除灾难与淫乱，灭除罪孽与病魔，根除愚昧与贪婪，平息争斗与仇恨，赐给大地阳光与水草，赐给牛羊肥美与兴旺，赐给人们富裕与福寿，愿所想一切自成就！祭颂琼贡山及琼贡山周围的诸多神山，请神山降临供坛，快显威灵，祈愿冤孽都消除，孽债仇恨永不生存，祈请护佑赐平安，法扬十方降吉祥等。反映了人们期盼平安幸福的心愿。对研究藏区民间信仰、人与自然关系以及地方神灵系统的演变和相互关系等有参考价值，也有丰富的神话学、人类学意义。1988 年角吉演唱，马继仁笔录。16 开纸 21 页，441 行 4851 字。收入《果洛民间歌谣选》，青海省果洛藏族自治州群众艺术馆 1991 年编印。（华贡杰）

扎陵、鄂陵湖颂

མཚོ་སྐྱ་རེངས་དང་སྔོ་རེངས་ལ་བསྟོད་པ།

mtso sky rengs dang sngo rengs la bstod pa

藏语安多方言神湖颂词。流传于青海省果洛藏族自治州。以优美动听的颂词，以形容、夸张的手法赞扬在藏历正月十八日，众多仙女下凡到扎陵、鄂陵圣湖欢聚之际，雪域佳人、吐蕃王母、格萨尔之妃珠牡等参加聚会的情景。据传珠牡看到众多湖泊及周围山美草绿、牛羊肥壮，情不自禁地唱起了这首赞歌。歌谣讲述对珠牡赞颂人间美好时光，教育后人尽量刷洗罪孽，让恩怨和一切矛盾；讲述悔悟化为乌有，父母养育的恩情重如山，要孝敬父母等道理。反映了人们和睦相处、尊孝父母的重要性。对研究藏区民间信仰、人与自然关系以及地方神灵系统的演变和相互关系等有参考价值，也有丰富的神话学、人类学意义。1988 年格日尖参演唱、笔录。16 开纸 14 页，294 行 4000 字。收入《果洛民间歌谣选》，青海省果洛藏族自治州群众艺术馆 1991 年编印。（华贡杰）

雍中杰则之歌

གཡུང་དྲུང་ལྕགས་རྩེའི་གསོལ་བསྟོད།

gyung drung lcgs rtzevi gsol bstod

藏语安多方言颂唱词。流传于青海省果洛藏族自治州。以优美动听的言辞，以形容、夸张的手法颂扬雍中杰则神山及周围诸多神，并请诸尊神莅临煨桑之地，保佑煨桑人及其所希望保护的人，给煨桑人及其所希望保护的人以力量，煨桑人借神的力量达到煨桑之目的等。反映了人们的精神寄托。对研究藏区民间信仰、人与自然关系以及地方神灵系统的演变和相互关系等有参考价值，也有丰富的神话学、人类学意义。1987 年西合娜多杰演唱，吉德、才让扎西、角保笔录。16 开纸 2 页，42 行 462 字。收入《果洛民间歌谣选》，青海省果洛藏族自治州群众艺术馆 1991 年编印。（华贡杰）

赞大武滩

རྟ་བོར་ཐང་ལ་བསྟོད་པ།

rt bor thang la bstod pa

藏语安多方言颂词。流传于青海省果洛藏

族自治州。以优美动听的言辞，形容词、夸张的方法加以描绘，将大武滩及其周围的每座山、每条河，草地花卉、野兽动物展现在众人眼前，使人们听了大武滩的颂词，就像亲临过大武滩，就像亲眼见过大武滩的山山水水一样。不仅生动地描绘了美丽的大武滩，而且提出母羊能产双胎羔、骒马生驹是龙孙、犏奶牛之奶水如溪水、穷人变成富裕人的愿望。对研究藏区民间信仰、人与自然关系以及地方神灵系统的演变和相互关系等有参考价值，也有丰富的神话学、人类学意义。1987年贡保扎西演唱，旦继杰笔录。16开纸4页，84行924字。收入《果洛民间歌谣选》，青海省果洛藏族自治州群众艺术馆1991年编印。（华贡杰）

同宝山煨桑祭词

མཐོན་པོའི་མཆོད་པ།

mthon povi mchod pa

藏语安多方言祭祀山神煨桑颂词。流传于青海省果洛藏族自治州。以优美流畅的词语赞颂同宝神山，通过对同宝神山来去神速仿佛闪电霹雳、勇猛无敌如同剧毒弥漫的颂扬，祈求神山护佑供奉者遇敌制胜、逢凶化吉、吉祥富贵。表现了藏族人民对大自然的崇敬和人与自然融为一体的自然心理特征。对研究藏区民间信仰、人与自然关系以及地方神灵系统的演变和相互关系等有参考价值，也有丰富的神话学、人类学意义。2003年9月玛多县多杰讲唱，才巴记录。32开纸8页，4000余字。今藏青海省果洛藏族自治州玛多县少数民族语文工作办公室。（华旦 何向阳）

供词·如意之源

གསོལ་ཁ་བདེ་ལེགས་འབྱུང་གནས།

gsol kha bde legs vbyung gnas

藏语安多方言祭祀山神煨桑颂词。流传于青海省果洛藏族自治州。以精美的语言呼求供养之神灵光临并享受纯洁的供品，祈求众神护佑供奉者万事如意，保佑天地之众生平安幸福。反映了藏族人民的人、神、自然，天地万物相互作用、融为一体的思想。表现了藏族人民对三宝佛以及诸神灵的独特供养方式。对研究藏族独特的宗教供养仪轨和风俗习惯有参考价值，对研究藏区民间信仰、人与自然关系以及地方神灵系统的演变和相互关系等也有参考价值，有丰富的神话学、人类学意义。2003年9月玛多县多杰讲唱，才巴记录。32开纸10页，5000余字。今藏青海省果洛藏族自治州玛多县少数民族语文工作办公室。（华旦 何向阳）

煨桑祭词·如意宝库

བསང་མཆོད་ནོར་བུའི་བང་མཛོད།

bsang mchod nor buvi bang mdsod

藏语安多方言祭祀山神煨桑颂词。流传于青海省果洛藏族自治州。为供养诸神众佛时的颂诵词。陈设茶、酒、食子等以咒加持的供品，以虔诚、优美之颂词呼迎诸方神灵、三宝佛降临享受，祈求护佑众生长命百岁、富贵安康。供奉颂词言辞优美、激昂，语句虔诚、感人，表现了藏民族对三宝佛以及诸方神灵的敬仰和独特的供养方式。对研究藏族独特的供养仪轨有参考价值，对研究藏区民间信仰、人与自然关系以及地方神灵系统的演变和相互关系等也有参考价值，有丰富的神话学、人类学意义。2003年8月由玛多县谢日尼玛讲唱，才让记录。32开纸5页，3000余字。今藏青海省果洛藏族自治州玛多县少数民族语文工作办公室。（才让 何向阳）

玛卿煨桑祭词·诚心畅抒

རྨ་ཆེན་བསང་མཆོད་འདོད་པའི་སྙིང་གཏམ།

rm chen bsang mchod vdod pavi snying gtam

藏语安多方言祭祀山神煨桑颂词。流传于青海省果洛藏族自治州。为供奉十方净土阿尼玛卿神山时的说唱词之一。以精美之词句呼唤阿尼玛卿神山光临享受供品并护佑供奉者及众生获得幸福、平安、健康。表现了供奉者对十方净土阿尼玛卿神山的敬仰和祈求神山护佑众生幸福、世界和平的愿望。对研究藏民族心理文化特征及风俗习惯有参考价值，对研究藏区民间信仰、人与自然关系以及地方神灵系统的演变和相互关系等也有参考价值，有丰富的神话学、人类学意义。2003年8月玛多县图多讲唱，珠珠记录。32开纸15页，8000余字。今藏青海省果洛藏族自治州玛多县少数民族语文工作办公室。（才让 何向阳）

雍中吉合则神山颂词

གཡང་དྲུང་ལྕགས་རྩེའི་བསྟོད་པ།

gyang drung lcgs rtzevi bstod pa

藏语安多方言赞美词。流传于青海省果洛藏族自治州。以优美的语言赞颂了雍中吉合则神山，并祈请雍中吉合则神山护佑供养者及众生幸福、平安，帮助抵御来侵之敌。表达了赞颂者对雍中吉合则神山的敬仰和无限期望。对研究藏民族风俗习惯有参考价值，对研究藏区民间信仰、人与自然关系以及地方神灵系统的演变和相互关系等也有参考价值，有丰富的神话学、人类学意义。2003年8月玛多县吴建加讲唱，吴建记录。32开纸10页，5000余字。今藏青海省果洛藏族自治州玛多县少数民族语文工作办公室。（才让 何向阳）

吉祥供酒词

ཆང་མཆོད་བཀྲ་ཤིས་འདོད་པ།

chang mchod bkr shis vdod pa

藏语安多方言祈请诵文。流传于青海省果洛藏族自治州。陈设美酒以咒加持，或在宴席前或在宴席间给诸佛、众神供养，给各方来宾敬献哈达、美酒时的颂词。颂词主要以祈请诸神、佛祖保佑平安幸福、万事如意为主，表现了藏民族宗教仪式与基本生活相结合的现象和热情好客的品质。对研究藏民族宗教习俗和文化传统有参考价值。2003年8月玛多县图多讲唱，南切记录。32开纸13页，6000余字。今藏青海省果洛藏族自治州玛多县少数民族语文工作办公室。（才让 何向阳）

祈祷词（一）

ཁ་སྨོན།

kha smon

藏语安多方言祈请诵文。流传于青海省果洛藏族自治州。经过前宏期佛教与后宏期佛教之间的沧桑岁月，在民间流传的一种祈祷词。人们渴望过上安宁、祥和太平的美满生活，反映了人们结束战争，迈入太平安康时代的理想。2002年贾·尕昂说唱，甘金龙、吉保、叶忠笔录。16开纸1页，20行376字。收入青海省班玛县古籍资料。

（甘金龙）

祈祷词（二）

ཁ་སྨོན།

kha smon

藏族安多方言祈愿文。流传于青海省果洛藏族自治州。以夸张的手法讲述在一定的宗教仪轨上，以歌谣形式向上苍、诸神、高僧祈祷，赐给人们幸福、牲畜兴旺肥壮、大地太平安康，人寿年丰。反映了人们渴望得到幸福的心愿。1987年西合娜多杰演唱，吉德、才让扎西、角保等笔录。16开纸2页，22行220字。收入《果洛民间歌谣选》，青海省果洛藏族自治州群众艺术馆1991年编印。（华贡杰）

祈寿文·仙人真言

ཞབས་བརྟན་གསོལ་འདེབས་དྲང་སྲོང་ལྷའི་བདེན་པ།

zhabs brtn gsol vdebs drng srong lhvi bden pa

藏语安多方言祈请诵文。流传于青海省果洛藏族自治州。以精美的说唱词祈请各方神、佛护佑天地众生，给祈请者无限加持和护佑，使祈请者幸福美满、健康长寿，获得人间富贵和一切善业之种智。此祈请神、佛护佑的诵文对今生来世都有一定的保佑作用。表现了对神、佛的无限信心和敬仰。对研究藏民族的风俗习惯、宗教信仰有参考价值。2003年8月玛多县谢日尼玛讲唱，格桑扎西记录。32开纸18页，7000余字。今藏青海省果洛州玛多县少数民族语文工作办公室。

（才让 何向阳）

格思龙女圣地颂

གུ་ཟིའི་ཀླུ་མོའི་གནས་བསྟོད།

gu zivi klu movi gnas bstod

藏语安多方言赞美词。流传于青海省果洛藏族自治州。讲述龙女赐予部落丰厚的财富，龙女用神奇的法力保佑部落朝朝暮暮繁荣昌盛。反映了勤劳的人们得来的财富，是对神虔诚供奉所赐予的恩惠的思想。对研究藏区民间信仰、人与自然关系以及地方神灵系统的演变和相互关系等有参考价值，也有丰富的神话学、人类学意义。2002年加哇·雅儿科讲，甘金龙、叶忠笔录。16开纸2页，460字。收入青海省班玛县古籍资料。（甘金龙）

勇忠杰则敬神词

གཡུང་དྲུང་ལྕགས་རྩེའི་གསོལ་བསྟོད།

gyung drung lcgs rtzevl gsol bstod

藏语安多方言祭祀山神煨桑颂词。流传于青海省果洛藏族自治州班玛县。讲述勇忠是班玛境内一座神山，当地群众和果洛其他地方人视其为地方神，年年祭祀，经久不衰。祈愿者赞美了山神勇忠杰则率领众部为祭祀他的部落和为人们消灾驱魔的英雄风采，反映了人们希望得到他的保佑，赐予好的造化的愿望。对研究藏区民间信仰、人与自然关系以及地方神灵系统的演变和相互关系等有参考价值，也有丰富的神话学、人类学意义。2002 年，拉参活佛演唱，吉保、叶忠笔录。16 开纸 1 页，20 行 316 字。收入青海省班玛县古籍资料。

（甘金龙）

江日圣地东方护法神东俄煨桑祭词

གནས་མཆོག་ལྕགས་རིའི་ཤར་སྒོ་སྲུང་བའི་གཞི་བདག
གདོང་སྔོན་གྱི་མཆོད་བསྟོད།

gnas mchog lcgs rivi shar sgo srung bavi gzhi bdag
gdong sngon gyi mchod bstod

藏语安多方言祭祀山神煨桑颂词。流传于青海省果洛藏族自治州班玛县江日堂乡。讲述吉祥宝地东俄圣山，山神带领龙宫蟹兵虾将及被佛征服了的陆地妖魔鬼怪，齐心合力昼夜守护着江日圣地的部落庶民。反映了当地百姓信鬼神、奉佛旨的思想。对研究藏区民间信仰、人与自然关系以及地方神灵系统的演变和相互关系等有参考价值，也有丰富的神话学、人类学意义。2002 年咒师・班玛者讲述，甘金龙、叶忠笔录。16 开纸 2 页，736 字。收入青海省班玛县古籍资料。

（甘金龙）

江日圣地煨桑祭词

གནས་མཆོག་ལྕགས་རིའི་བསང་མཆོད།

gnas mchog lcgs rivi bsang mchod

藏语安多方言祭祀山神煨桑颂词。流传于青海省果洛藏族自治州班玛县。讲述江日堂圣地神化金刚身誓死守护卫佛王莲花生，卫护雪域藏民族的祈愿。反映了班玛县江日堂乡民众对江日堂圣地地方神的保信不疑。对研究藏区民间信仰、人与自然关系以及地方神灵系统的演变和相互关系等有参考价值，也有丰富的神话学、人类学意义。2002 年咒师・班玛者讲述，甘金龙、叶忠笔录。16 开纸 2 页，549 字。收入青海省班玛县古籍资料。

（甘金龙）

下卡昂部落四圣山煨桑祭词

མཁར་ནང་ཞོལ་མའི་མཆོད་པ་རི་བཞི།

mkhar nang zhol mavi mchod pa ri bzhi

藏语安多方言祭祀山神煨桑颂词。流传于青海省果洛藏族自治州班玛县。讲述格力琼群山地祇四王辅佐助阵部落人马，不授权于鬼蜮伎俩的祈愿。反映了传统观念中神善鬼恶的思想。对研究藏区民间信仰、人与自然关系以及地方神灵系统的演变和相互关系等有参考价值，也有丰富的神话学、人类学意义。2002 年咒师・班玛者说唱，甘金龙、叶忠笔录。16 开纸 2 页，767 字。收入青海省班玛县古籍资料。

（甘金龙）

布日圣山煨桑祭词

གནས་མཆོག་འབོས་རིའི་མཆོད་པ།

gnas mchog vbos rivi mchod pa

藏语安多方言祭祀山神煨桑颂词。流传于青海省果洛藏族自治州班玛县。该词以诵为主，讲述布日神山显威、灵敏、剽悍、率众仆役战胜敌部，保一方神圣之领地不可侵犯，保佑本部繁衍生息。反映了邦义部落人信奉神灵并祈愿布日圣山保佑众生平安的思想。对研究藏区民间信仰、人与自然关系以及地方神灵系统的演变和相互关系等有参考价值，也有丰富的神话学、人类学意义。2002 年察科・俄叁讲述，吉保、叶忠、甘金龙笔录。16 开纸 2 页，750 字。收入青海省班玛县古籍资料。

（甘金龙）

格萨尔王煨桑祭词

གེ་སར་མཆོད་པ།

ge sar mchod pa

藏语安多方言祭祀山神煨桑颂词。流传于青海省果洛藏族自治州班玛县。讲述岭国国王格萨尔王率领三十员大将，南征北战，所向披靡，辅佐黑头人，战胜邪恶势力，造福众生的赞美之情。反映了英雄的格萨尔王永远是黑头众生心中的救星。对研究藏区民间信仰、人与自然关系以及地方神灵系统的演变和相互关系等有参考价值，也有丰富的神话学、人类学意义。2002年尼拉·索杰作、咒师·班玛者讲述，甘金龙、叶忠笔录。16开纸2页，324字。收入青海省班玛县古籍资料。（甘金龙）

江日圣地南方护法神班那合龙女煨桑祭词

གནས་མཆོག་ལྕགས་རིའི་སྒོ་སྲུང་བ་པད་ཡག་ཀླུ་མོའི་མཆོད་པ།

gnas mchog lcgs rivi sgo srung ba pad yag klu movi mchod pa

藏语安多方言祭祀山神煨桑颂词。流传于青海省果洛藏族自治州班玛县。讲述龙女率众仆役蟹兵虾将，忠心耿耿地守护江日圣地南大门，辅佐部落人们富裕昌盛，化身保佑万物神灵的祈愿。反映财富的源泉在龙界，要想赐予富裕就应寄托神龙的思想观念。对研究藏区民间信仰、人与自然关系以及地方神灵系统的演变和相互关系等有参考价值，也有丰富的神话学、人类学意义。2002年化身·旦保作、咒师·班玛者讲述，甘金龙、叶忠笔录。16开纸2页，506字。收入青海省班玛县古籍资料。（甘金龙）

江日圣地北方护法神康玛尔琼贡煨桑祭词

གནས་མཆོག་ལྕགས་རིའི་བྱང་སྒོ་སྲུང་བ་གཞི་བདག
ཁང་དམར་ཁྱུང་སྒོང་གི་མཆོད་བསྟོད།

gnas mchog lcgs rivi byng sgo srung ba gzhi bdag khang dmar khyung sgong gi mchod bstod

藏语安多方言祭祀山神煨桑颂词。流传于青海省果洛藏族自治州班玛县。讲述请居住在林壑优美、蔚然架秀、仙鹤筑巢之地的地方神康玛尔琼贡，到野芳幽香、树木繁阴的供奉地，尽情享用供品，用智慧辅佐部落事事顺心如愿。反映了人们为了过上好日子，祈祷神灵保佑的心情。对研究藏区民间信仰、人与自然关系以及地方神灵系统的演变和相互关系等有参考价值，也有丰富的神话学、人类学意义。2002年加哇·雅儿科讲述，甘金龙、叶忠笔录。16开纸2页，536字。收入青海省班玛县古籍资料。（甘金龙）

果芒格嘎尔煨桑祭词

སྒོ་མང་གུ་གར་མཆོད་པ།

sgo mang gu gar mchod pa

藏语安多方言祭祀山神煨桑颂词。流传于青海省果洛藏族自治州班玛县。讲述格嘎尔护法神率领众仆役为本寨人消灾祛魔，守护本寨人安居乐业、丰衣足食的祈愿。反映了果芒三寨人信奉神灵到了人人心中一尊佛的地步。对研究藏区民间信仰、人与自然关系以及地方神灵系统的演变和相互关系等有参考价值，也有丰富的神话学、人类学意义。2002年拉加讲述，甘金龙、叶忠笔录。16开纸1页，205字。收入青海省班玛县古籍资料。（甘金龙）

特合吐部落圣山多娘煨桑祭词

སྟག་ཐོག་སྡེ་བའི་གནས་རི་རྡོ་སྙིང་མཆོད་བསྟོད།

stg thog sde bavi gnas ri rdo snying mchod bstod

藏语安多方言祭祀山神煨桑颂词。流传于青海省果洛藏族自治州班玛县。讲述多娘圣山是莲花生大师修炼八大法行九月之久受伽持之圣地，也是阿邦大掘藏师南哲，大掘藏师更桑尼玛、仁增多杰亲临修持佛法的地方，多娘山神骑牛率众护卫特合吐部落安居乐业。反映了班玛的山山水水都是神灵居住的地方，当地人供祭山神，山神保护当地人是顺理成章的事情。对研究藏区民间信仰、人与自然关系以及地方神灵系统的演变和相互关系等有参考价值，也有丰富的神话学、人类学意义。2002年化身·才肉讲述，甘金龙、叶忠笔录。16开纸2页，546字。收入青海省班玛县古籍资料。（甘金龙）

吉隆部落西日山煨桑祭词

གྱི་ལོང་སྡེ་བའི་ཤེས་རིའི་གསོལ་མཆོད།

gyi long sde bavi shes rivi gsol mchod

藏语安多方言祭祀山神煨桑颂词。流传于青海省果洛藏族自治州班玛县。讲述祈愿当吾沟山神地祈之首、骑黑色骏马的勇士地方神西日在金色草的宫殿里为供奉他的部落护符，为祈祷他的人们聚财。反映了人们将幸福和平的希望寄予神灵的思想。对研究藏区民间信仰、人与自然关系以及地方神灵系统的演变和相互关系等有参考价值，也有丰富的神话学、人类学意义。2003 年吉卡牧民才让华讲，吉保、叶忠笔录。16 开纸 2 页，416 字。收入青海省班玛县古籍资料。（甘金龙）

神速“腾庆托吾”神山煨桑祭词

མཐུ་ཆེན་མཐོ་བོ་མགྱོགས་མྱུར་ཅན་གྱི་མཆོད་བསྟོད།

mthu chen mtho bo mgyogs myur can gyi mchod bstod

藏语安多方言祭祀山神煨桑颂词。流传于青海省果洛藏族自治州。以精美的语言祈求“腾庆”送神的护佑祭施者吉祥安康、富贵平安，祈求神的赐祭施者以神力，灭敌对者之志气。反映了在高原民族的精神追求，表现了藏族人民崇尚自然、热爱自然，人与自然融为一体的人文理念。对研究藏区民间信仰、人与自然关系以及地方神灵系统的演变和相互关系等有参考价值，也有丰富的神话学、人类学意义。2003 年 8 月玛多县赛洛讲诵，才让记录。32 开 8 页。今藏青海省果洛藏族自治州玛多县少数民族语文工作办公室。（才让 何向阳）

特合土部落寺院地理介绍

སྟག་ཐོག་དགོན་པའི་གནས་བཤད།

stg thog dgon savi gnas bshad

藏语安多方言圣地解说词。流传于青海省果洛藏族自治州班玛县。讲述寺院董中色那科（译为金鼻湾）地形似两个大象的鼻子同时伸来，欲将寺院驻地抬起，此地集有四护、四柱、八面，东矗斑驳虎，南盘青龙，西有孔雀开屏，北有龟王遮屏。寺院有胎中一蝌蚪。相传这里又是岭国的土地，浪西上下之间将是建筑寺院的最佳之地，曾把喇嘛益西东多遗骨移传此处，有预言说，如果果洛特合土部落的寺院建在此地，部落将有辉煌的前程。反映了人们对故乡的赞美之情。2000 年热色贾保讲述，吉保、叶忠笔录。16 开纸 3 页，1450 字。收入青海省班玛县古籍资料。（甘金龙）

热甘麻多卡圣地介绍

རེ་རྒན་མ་རྡོ་ཁའི་གནས་བཤད།

re rgn ma rdo khavi gnas bshad

藏语安多方言圣地解说词。流传于青海省果洛藏族自治州班玛县。讲述果洛班玛县达卡乡北部二十千米处的热甘麻多卡有许多天成的奇迹。相传这里是岭国的土地，有岭国国王格萨尔的马蹄印、岭国狗的脚印、格萨尔的煨桑台。两个帐房大小的花岗石整齐地劈开，传说杳岭国大将贾察因弟格萨尔去魔国降妖杳无音讯，在与魔国的三年大战中不见胜利的曙光，在心灰意冷之下埋藏了护身的盔甲，以死唤回远方魔国的兄弟早日回乡，灭魔报仇心切，力劈巨石，游方喇嘛在巨石正面凿刻了六字真经。后来特合土部落到此游牧后，把此处视为部落福地。反映了人们对英雄格萨尔的深深怀念。2000 年热色贾保讲述，有佚名撰抄本，吉保、叶忠笔录。16 开纸 4 页，1760 字。收入青海省班玛县古籍资料。（甘金龙）

扎西果芒圣地指南介绍

གནས་མཆོག་བཀྲ་ཤིས་སྒོ་མང་གི་གནས་བཤད་མདོར་བསྡུའི་སྐལ་ལྡན་མཐོང་བ་འཛུམ་ཤོར།

gnas mchog bkr shis sgo mang gi gnas bshad mdor bsduvi skl ldn mthong ba vdsum shor

藏语安多方言圣地解说词。流传于青海省果洛藏族自治州班玛县。讲述在圣地指南中，水猴年，古印度国王阿育王初奉古印度婆罗门教，后皈依佛教时，为了忏悔在佛堂诺言，一生要在世界一千万个地方筑佛塔一千万座。后国王在菩提树前发愿，使万物神灵显示神变神通，一夜间建成一千万座佛塔，扎西果芒佛塔便是这一千万座佛塔之一。在此圣地净相中，上有铜色山宫殿莲花空行众徒，中有大乐金刚布局的吉祥大乐轮和静猛天百圣佛国宫殿，下有至尊白度母随众二十一度母，圣地右方有莲花部观音，左方文殊菩萨，前方金刚手菩萨，即为密宗部三怙主圣地。在扎西果芒佛塔之下修行可善结佛缘，福德广大，特别是时轮猴年，将是各圣地菩萨诸神聚集此地，聚佛法一宝与三尊一体，伽持圣力空前，附近“圣地扎日”、白玛果、哲毛匈、桑耶青普、雅谢哲、垈卓达藏、南农区圣地喜园、佛哦托乃至印度、汉区等世间圣地的圣力灵气聚于此处。若能供佛以曼札、酥油灯，礼拜转圈，潜心修行，能使此生无病无难，逝后获得好身躯逐渐步往佛土。转圣地一圈并发菩提心愿，等于念成“司徒”五十万，叩长头转一圈等于念六字真言三亿，就是罪孽深重的屠夫信奉敬仰一次，清除罪孽，今生来世平安幸福。还讲到有法王阿育王特殊发愿之神力，广寒芸香福地之一的扎西果芒圣地聚一切优点于一处，吉日转经能消七世罪过。另外，在著多伏藏大师的教言中讲述了许许多多圣地扎西果芒的功德，内容与上述基本相同。反映了人们多行善事、一心向佛，获得吉祥幸福的心愿。2000 年扎西果芒寺仁增多杰讲述，甘金龙、吉保、叶忠笔录。16 开纸 8 页，1376 字。收入青海省班玛县古籍资料。（甘金龙）

消堂圣地简介

ཞོ་ཐང་གི་གནས་བཤད།

zho thang gi gnas bshad

藏语安多方言圣地简介词。流传于青海省果洛藏族自治州班玛县。讲述三座相连的小山丘，为部落长子、次子和幼子继承父业，兴牧集财，代代兴旺，并能出现做官者的象征。关于圣地四方各有说法，岭喇嘛曲洁多杰在圣地指南中介绍：“地聚一切福案，如在圣地供十万尊佛或放十万块石板，穷人变富、牛羊满院，奶子成河、酸奶不断，故起名酸奶滩。”反映了人们展示地聚图案的想象力，赞美生活的快乐。2001 年格木达、德达讲述，甘金龙、吉保、叶忠笔录。16 开纸 2 页，760 字。收入青海省班玛县古籍资料。（甘金龙）

赤沟圣地介绍

ཁྲིའི་གནས་བཤད།

khrivi gnas bshad

藏语安多方言圣地解说词。流传于青海省果洛藏族自治州班玛县。讲述噶当派开宗祖师仲董巴下榻过圣地，相传仲董巴从汉地去往西藏回归途中，由当时在知钦乡的萨迦派寺院僧众迎接仲董巴，在今池沟口设立一座行茶接风，池郎宝座故得名。对于沟口四周各有说法，山神地祇护满四周，有刻石留于集石顶有目共睹。反映了班玛多柯河地区曾经在 11 世纪中叶，有款 · 衮却杰波首创的萨迦派子寺活动，并且有一定的规模。2002 年知钦寺堪布讲述，（曾有旧定本，现失传）吉保、叶忠笔录。16 开纸 4 页，1560 字。收入青海省班玛县古籍资料。（甘金龙）

供神塔圣地指南

ཚ་ཚ་འཛོག་ཡུལ་གྱི་གནས་བཤད།

tsa tsa vjog yul gyi gnas bshad

藏语安多方言圣地解说词。流传于青海省果洛藏族自治州班玛县。讲述一头巨象用鼻子托起圣地，许多小神共于此处，长寿并得自然财富的传说。反映了人们把幸福宽裕的生活寄托于圣地，供神祈求幸福的封建心理。2002 年依西索扎讲述，甘金龙、吉保、叶忠笔录。16 开纸 2 页，700 字。收入青海省班玛县古籍资料。（甘金龙）

赞酒词

ཆང་བཤད་ངག་གི་ཕོ་ཉ།

chang bshad ngag gi pho nya

藏语安多方言说唱赞颂词。流传于青海省海东市化隆回族自治县雄先藏族乡。讲述造酒历史和生产过程，赞颂阳光、土地养育之恩。1964 年才旺演讲、笔录。32 开纸 5 页，12 行。今藏青海省海东市化隆回族自治县民族宗教事务局。

（东智）

赞箭词

མདའ་ལ་བསྟོད་པ།

mdav la bstod pa

藏语安多方言说唱赞颂词。流传于青海省海东市化隆回族自治县金源藏族乡。讲述造箭的历史和箭材的寻找、加工过程以及箭的功能。1964 年才旺演讲、笔录。32 开纸 5 页，12 行。今藏青海省海东市化隆回族自治县民族宗教事务局。

（东智）

赞弓词

གཞུ་ལ་བསྟོད་པ།

gzhu la bstod pa

藏语安多方言说唱赞颂词。流传于青海省海东市化隆回族自治县金源藏族乡。讲述造弓过程和弓的功能。1964 年才旺演讲、笔录。32 开纸 4 页，12 行。今藏青海省海东市化隆回族自治县民族宗教事务局。（东智）

赞食词

བཟའ་བཏུང་ལ་བསྟོད་པ།

bzav btung la bstod pa

藏语安多方言说唱赞颂词。流传于青海省海东市化隆回族自治县塔加藏族乡。讲述粮食生产过程和馍馍做成的经过，以及给人们带来愉快的生活。1965 年才旺演讲、笔录。32 开纸 5 页，14 行。今藏青海省海东市化隆回族自治县民族宗教事务局。（东智）

父母赞歌

ཕ་མར་བསྟོད་པ།

pha mar bstod pa

藏语安多方言说唱赞颂词。流传于青海省海东市化隆回族自治县查甫藏族乡。赞美父母辛勤养育之情和报答恩情。1965 年才旺演讲，李加笔录。32 开纸 43 页，10 行。收入《藏族歌谣》，青海民族出版社 1982 年版。（东智）

幸福歌

གླུ་ཁ་མཚར།

glu kha mtsr

藏语安多方言说唱酒曲词。流传于青海省海东市化隆回族自治县金源藏族乡。赞颂丰收成果和幸福的人生生活。1965 年才旺演唱，李加笔录。32 开纸 30 页，10 行。收入《藏族歌谣》，青海民族出版社 1982 年版。（东智）

婚姻赞歌

གཉེན་སྒྲིག་གི་བསྟོད་གླུ།

gnyen sgrig gi bstod glu

藏语安多方言说唱婚礼赞词。流传于青海省海东市化隆回族自治县雄先藏族乡。赞美新婚夫妇，祝愿相互友爱，尊敬老人和幸福生活。1965 年才旺演唱，李加笔录。32 开纸 14 页，10 行。收入《藏族歌谣》，青海民族出版社 1982 年版。（东智）

团聚歌

ལྷན་འཛོམས་བྱུང་བའི་བསྟོད་གླུ།

lxn vdsoms byung byi bstod glu

藏语安多方言说唱酒曲词。流传于青海省海东市化隆回族自治县塔加藏族乡。赞颂团结、友爱、愉快的聚会。1965 年才旺演唱，李加笔录。32 开纸 36 页，10 行。收入《藏族歌谣》，青海民族出版社 1982 年版。（东智）

格萨尔王赞歌

གེ་སར་རྒྱལ་པོའི་བསྟོད་གླུ།

ge sar rgyl bovi bstod glu

藏语安多方言说唱赞词。流传于青海省海东市化隆回族自治县塔加藏族乡。赞颂格萨尔王的英雄形象。1965 年才旺演唱、笔录。32 开纸 3 页，10 行。收入《藏族歌谣》，青海民族出版社 1982 年版。（东智）

美酒赞歌

བདུད་རྩི་ཆང་གི་བསྟོད་པ།

bdud rtzi chng gi bstod pa

藏语安多方言说唱赞词。流传于青海省海东市化隆回族自治县塔加藏族乡。赞颂青稞的酿造历史和人们会聚共享美酒的快乐。1965 年才旺演唱，李加笔录。32 开纸 18 页，10 行。收入《藏族歌谣》，青海民族出版社 1982 年版。（东智）

赞客歌

མགྲོན་པོར་བསྟོད་གླུ་ལེན་པ།

mgron por bstod gly len pa

藏语安多方言说唱赞词。流传于青海省海东市化隆回族自治县塔加藏族乡。赞颂贵客，祝愿贵客吉祥如意、健康长寿。1965 年才旺演唱，李加笔录。32 开纸 30 页，10 行。收入《藏族歌谣》，青海民族出版社 1982 年版。（东智）

骰子说

ཤོ་བཤད།

sho bshad

藏语安多方言民间骰子说。流传于青海省果洛藏族自治州。骰子，系藏族民间娱乐工具之一，历史上也曾充当过赌博工具，掷骰子是藏区古老的民间娱乐形式之一。流行于果洛地区的骰子，材质一般为骨头，用小型动物的肢骨加工而成，掷骰子常用三个骰子，一个骰子有 1 到 6 个骰点，相加后少至 3 个点，多至 18 个点。3 至 18 个骰点都有专用名称，而且每个点眼都有一套相关的说唱言词，被称之为骰子说或骰点词。在掷骰子时，每个参与者紧紧围绕自己当前需要实现的点眼吆五喝六，大声呵呼骰点词，以渲染气氛，增进投入度。骰点词内容一般为：或“呼风唤雨”，祈祷天助一臂之力；或诙谐风趣，夸张地炫耀自己的技艺势力，以震慑对方心理等。也有由于传自古藏语或属外来语的原因，一时难以理解，不可解释的。部分说辞带有玩世不恭、流气浪言的色彩，有失雅之陷。对研究民俗和古代语言有参考价值。2004 年多杰讲述，格桑加措笔录。16 开纸 30 页。今藏青海省果洛藏族自治州古籍工作领导小组办公室。

（格桑加措）

马说（一）

རྟ་བཤད་བསམ་པའི་དོན་འགྲུབ།

rt bshad bsam pavi don vgrub

藏语安多方言民间说唱词。流传于青海省果洛藏族自治州。讲述畜类与牧民生产生活方方面面的密切关系，形象地描述了藏区天文历算法中人与马之间的搭配方法，体现了马在藏族人心目中的重要地位。1989 年达贝讲唱并记录。32 开纸 12 页，4000 字。保存完好。今藏青海省果洛藏族自治州群众艺术馆艺人达贝处。

（久旦）

马说（二）

རྟ་བཤད།

rt bshad

藏语安多方言民间颂马词。流传于青海省果洛藏族自治州玛多县。马是藏族转播文明的重要载体，颂马词是藏族赞颂类文体中重要的内容之一，甚至可以形成一种独立的马文化。此颂马词通过对马的外表特征及个性特征的描述，赞颂具备各种特殊性能的骏马及其神奇速度。反映了藏族人民对于马这一重要交通工具和生活伙伴的特殊情感，表现了藏族对动物灵性的特殊认识和了解，同时表现了藏民族众生平等的思想。对研究藏族马文化有参考价值。2003 年 9 月玛多县洛主讲唱并记录。32 开纸 13 页，7000 余字。今藏青海省果洛藏族自治州玛多县少数民族语文工作办公室。

（华旦 何向阳）

鞍说

སྒ་བཤད་ཉི་ཟླ་ཁ་སྤྲོད།

sg bshad nyi zl kha sprod

藏语安多方言民间说唱词。流传于青海省果洛藏族自治州。运用恰当的比喻，生动地把马鞍前桥与后桥，与日月联系起来。用巧妙、通俗的语言高度赞美了马鞍中的马辔、绊胸带、后鞧、肚带、脚镫盘、护镫等的作用。反映了作者对马鞍的深刻认识，从而告诫人们马配马鞍的重要性。1989 年达贝讲唱并记录。32 开纸 6 页，2000 字。保存完好。今藏青海省果洛藏族自治州群众艺术馆艺人达贝处。

（久旦）

雪域赞礼

གངས་ཅན་སྤྱི་བསྟོད།

gangs can spyi bstod

藏语安多方言民间说唱词。流传于青海省果洛藏族自治州。运用活跃的想象力和生动的语言，形象地讲述想象中世界最初形成的过程以及人类最初形成的情况、雪域的历史、人类生存的环境等，用语生动活泼、行文流畅。反映了热爱雪域高原、热爱民族文化的思想感情。1989 年达贝讲唱并记录。32 开纸 26 页，9000 字。保存完好。今藏青海省果洛藏族自治州群众艺术馆艺人达贝处。

（久旦）

雪域山水赞

གངས་ལྗོངས་གནས་བསྟོད།

gangs ljongs gnas bstod

藏语安多方言民间说唱词。流传于青海省果洛藏族自治州。讲述雪域高原天堂般的美景，高耸挺拔、冰雪覆盖的巍峨群山，清澈如镜、源远流长的河源湖泊在说唱者说唱中变成了一曲美妙伦奂的畅想交响曲。反映了雪域高原的奇特景观以及热爱雪域热爱大自然的思想感情。1989 年果洛达贝讲唱并记录。32 开纸 6 页，2000 字。保存完好。今藏果洛藏族自治州群众艺术馆艺人达贝处。

（久旦）

格萨尔说

གླིང་གེ་སར་རྒྱལ་བོའི་བཤད་པ་རིགས་གསུམ་ཀུན་འདུལ།

gling ge sar rgyl bovi bshad pa rigs gsum kun vdul

藏语安多方言民间说唱词。流传于青海省果洛藏族自治州。讲述英雄格萨尔王诞生的时代背景和奇特的诞生过程，描述格萨尔的成长及称王过程，讴歌了格萨尔王制伏妖魔为民除害的伟大壮举。体现了对格萨尔王攻无不克、战无不胜的英雄气概的崇尚之情。反映了英雄格萨尔的非凡战斗力和赫赫战功。1989 年达贝讲唱并记录。32 开纸 18 页，6000 字。保存完好。今藏青海省果洛藏族自治州群众艺术馆艺人达贝处。（久旦）

年宝叶什则解说

གཉན་པོ་གཡུ་རྩེའི་གནས་བཤད།

gnyan po gyu rtzevi gnas bshad

藏语安多方言讲唱词。流传于青海省果洛藏族自治州。由久治县康赛乡德合龙寺寺主丹保活佛叙说。详细记述果洛阿姜康干、康赛、贡麻仓三部落的历史源流及政教事业的沉浮变革和部落属民的繁衍生息等情况。整个解说层次分明、生动形象、通俗易懂，对研究果洛历史有参考价值，对研究藏区民间信仰、人与自然关系以及地方神灵系统的演变和相互关系等有参考价值，也有丰富的神话学、人类学意义。藏语，安多口音，C-60 型录音带一盘。今藏叙说者处。（李加东智）

出征歌

དམོད་བཅོལ།

dmod bcol

藏族安多方言诅咒文词。在古代发生战事时，针对直接或间接地危害民族、危害佛法、危害本部落的敌人进行诅咒时高声唱的言词。流传于青海省果洛藏族自治州。诅咒敌人时，首先根据历算算出有利时节，然后在路口、河口、桥头等处挖一个三角洞，把装有诅咒物的牛角、马蹄、狗皮等放在洞里，按诅咒仪轨程序把洞口盖好用脚踩死，同时高呼唱诅咒词，说敌人是佛祖的叛逆、是三宝的公敌、大德喇嘛的对头、僧俗大众的死敌，把敌人的头颅立即砍下等。反映了人们渴望得到神力帮助，极早消灭敌人，过上安康、幸福生活的心愿。对研究早期宗教仪轨及民俗有参考价值。1987 年索闹日演唱，诺尔德笔录。16 开纸 7 页，147 行 1617 字。收入《果洛民间歌谣选》，青海省果洛藏族自治州群众艺术馆 1991 年编印。（华贡杰）

相马词

རྟ་བཤད།

rt bshad

藏族安多方言说唱词。流传于青海省果洛藏族自治州。相马词一般在买马人拿定主意后，根据买马人的命运和社会地位，请相马人评说，特别是赛马会、煨桑祭典、骑手迎宾、举办婚礼等重大节日期间，以一种娱乐内容把相马人请来，把哈达和马缰绳交给相马人，评说最好的一匹马。相马人美丽动听的颂词，或形容、或夸张的手法赞颂骏马，相马人评说完后，把吉祥稠系在马鬃上，把马缰绳与美好的祝愿一同交给马的主人，祝福人、马安康，得到幸福。相马词一般从马的个头、颜色、马鬃、马尾、马耳、马眼睛、马蹄子一一评说，比语恰如其分，语词朗朗上口，优美动听。讲述评唱相马词，对马有了新的了解。反映了人们爱马敬马的习俗，同时又渴望得到与自己相配的骏马的心愿。1987 年诺尔德演唱，诺尔德笔录。16 开纸 12 页，252 行 2772 字。收入《果洛民间歌谣选》，青海省果洛藏族自治州群众艺术馆 1991 年编印。

（华贡杰）

谈龙碗的工艺

དཀར་ཡོལ་བཤད་པ།

Dkar yol bshad pa

藏语安多方言颂词。流传于青海省黄南藏族自治州河南蒙古族自治县。主要对碗进行赞美，介绍并歌颂碗内酸奶的历史和金黄酥油的来历，表达了生活的日益改善和邻里和睦的美好发展，传达了龙碗的文化知识和历史价值。2003 年卡着演唱，关却才旦笔录。16 开纸 1 页，9 行。今藏青海省黄南藏族自治州河南蒙古族自治县民族语文工作办公室。（娘先加）

迎亲

བག་བསུས།

bag bsus

藏语康巴方言诵词。婚礼祝词。流传于青海省玉树藏族自治州。对茶、美酒、哈达的赞歌和祝福，赞美和歌颂了藏族婚礼喜庆气氛，表达了人们美好的愿望和吉祥的祝愿，是一幅动人的藏族社会风情画。刚杰才让记录。16 开纸 4 页，112 行。收入青海《群众艺术》藏文版，1985 年第 1 期。

（才让本 吴钰）

煨桑供词

ལྷ་བསང་ཕུལ་བའི་ཞུ་ཚིག་གཏམ་གྱི་ཕྲེང་བ།

lh bsang phul bavi zhu tsig gtam gyi phreng ba

藏语安多方言供词。煨桑时对神灵的一种供词。流传于安多地区。祈求神灵保佑安康，避免天灾人祸，人畜兴旺，生活美满。遍填扎西记录。16 开纸 2 页，56 行。收入青海《群众艺术》藏文版，1990 年第 4 期。（才让本 吴钰）

婚起三闻

གཉེན་གྱི་དར་བ་རྣམ་གསུམ།

gnyen gyi dar ba rnm gsum

藏语安多方言说词。婚宴祝词。流传于青海省西宁市。以传说和俗语的形式比喻天地结缘、龙神结亲，以汉藏为婚为例称颂今之婚姻并祝愿吉祥，为藏族民工间文学研究素材。贡藏扎西记录。16 开纸 2 页，56 行。收入青海《群众艺术》藏文版，1988 年第 4 期。（久迈 吴钰）

敬酒三祭

བདུད་རྩི་བསིལ་མའི་མཆོད་ཁ་རྣམ་གསུམ།

bdud rtzi bsil mavi mchod kha rnam gsum

藏语安多方言说词。婚宴祝词。流传于安多地区。起先敬祭天地众神，后敬新婚双方之亲，再敬赴宴之众，以表吉祥，可作藏俗研究之素材。贡藏扎西记录。16 开纸 4 页，112 行。收入青海《群众艺术》藏文版，1989 年第 3 期。（久迈 吴钰）

新郎系腰带赞词

མག་ལྕུག་བསྟོད་པ།

mag lcug bstod pa

藏语安多华锐方言婚俗祝词。流传于甘肃省天祝藏族自治县。歌中唱道："啊！像蛟龙似的岳丈，给猛虎般的新郎系条檀香般的腰带，愿新郎虎威震大地；像海一样情深的岳丈，为金鱼般的新郎系上绿叶般的腰带；像巍巍青岩般的岳丈，为壮如野牛般的新郎系上锦屏般的腰带；啊！今天的座席是骏马席，骏马奔驰在芳草地，祝龙驹善走，吉祥如意；今天的座席是五谷席，谷穗饱满颤巍巍，祝年年丰收、吉祥如意；今天的座席是青友席，欢声笑语增喜气，祝长命百岁、吉祥如意！"华锐藏区有为新郎系腰带的仪式，是女方家将自己带来的一条红色腰带系到新郎的腰间，以祝愿永结同心、美满幸福。系腰带祝词是华锐婚俗祝词之一，也是对新郎的美好祝福之词。索南才让口述，乃旦才让笔录、汉译、整理。16 开纸 2 页，22 行。今藏甘肃省天祝藏族自治县古籍整理办公室。（刚乃旦才让 夏全山）

敬酒礼词

ཆང་བཤད།

chang bshad

藏语安多华锐方言敬酒礼词。流传于甘肃省天祝藏族自治县。歌中唱道："啊！在这黄道吉日、良辰美景、喜结良缘的美好时刻，上席端坐着学识渊博的圣人学者，中间围着享有福分的叔辈，席末坐着睿智英俊的青年，四周有佩戴玉石珊瑚的女士，在这样一个高朋满座的盛大场面，让我说祝酒大词，实有难以承担、班门弄斧的感觉，然而，为表示我对新郎、新娘和在座客人的美好祝愿，我对‘大酒宴’做一简要的赞颂；啊！我这金碗盛的甘露汁，是多年陈酿的年酒，也有月内酿成的清凉月酒，是华锐大地的白青稞之精华，是内地米曲的祖源，这六百斤美酒，渗有白狮乳汁、黑熊胆汁、大象的黄疸、葡萄、甘蔗。尊贵的宾主饮了，会使声誉大震，若是长者们饮了，会增添勇悍，若是女士们饮了，会美丽无比；是如愿成功的胜利酒，是长命百岁的益寿酒，是载歌载舞的欢乐酒，是民族团结的合心酒，敬神会使神得法力，敬妖会厉害无比，敬龙王会使龙成宏业。”大酒宴赞词是华锐婚俗中不可缺少的仪式，藏语称“项先”，主人留喜客一般要留宿两夜，第一晚上主人家将要举行“大酒宴”仪式，当喜客安座次依次坐定后，选几个年轻力壮的“东家”，抬几十斤重的一缸酒假装酒的重量不能支撑，吆喝着“一、二”，做出各种风趣夸张的动作。全场喜气洋洋，场面格外活跃。酒缸放定后，打开酒缸，斟入“三岔石”的酒锅里热，有一位善于辞令者端着一碗酒，高诵祝酒贺词。这时的宾主双方高亢酒歌，此起彼伏使酒宴的气氛非常热烈。宾主双方便正式对歌较量，一问一答，非常讲究唱词意义。就这样通宵达旦，一个不眠之夜在欢声笑语和嘹亮的歌声中度过。谢加演唱，乃旦才让笔录、汉译、整理。16 开纸 3 页，36 行。今藏甘肃省天祝藏族自治县古籍整理办公室。

（刚乃旦才让 夏金山）

格萨尔之矛

མདུང་མོའི་བཤད་པ་དོན་དམ་འཁུལ་བ་བྲལ་བའི་འགྱུར་ཁུག

mdung movi bshad pa don dam vkhul ba brl bavi vgyur khug

藏语安多方言民间说唱。流传于青海省西宁市。格萨尔说唱十三中之矛说。通过对格萨尔矛的赞美，称颂格萨尔抑强扶弱、抑恶扬善，带领岭国勇士，抵御来犯之敌，统一民族和国家领土的功德，对研究格萨尔文化有参考价值。格日尖参记录。16 开纸 2 页，56 行。收入青海《群众艺术》藏文版，1998 年第 2 期。

（才让本 吴钰）

格萨尔之盾

ཕུབ་མོ་སྤ་དམར་གླིང་དྲུག་གི་བཤད་པ་རང་བྱུང་གཏམ་གྱི་སྒོ་བོ་ཞེས་བྱ་བ།

phud mo sp dmar gling drug gi bshad pa rang byung gtam gyi sgo bo zhes by ba

藏语安多方言民间说唱。流传于青海省西宁市。这是一首世界最长的英雄史诗《格萨尔王传》的民间附属作品，格萨尔说唱十三首之格萨尔之盾说为格萨尔赞颂唱词，其内容为盾的组成材料和神奇作用，用一种夸张手法来叙述了格萨尔无比勇敢的形象。格日尖参记录。16 开纸 2 页，1000 余字。收入青海《群众艺术》藏文版，1998 年第 3 期。

（项智多杰 吴钰）

格萨尔骏马之说

ལྷ་རྟ་རྐྱང་བུ་ཁ་དཀར་གྱི་བཤད་པ་ངོ་མཚར་གཏམ་གྱི་བང་མཛོད།

lh rt rkyng bau kha dkar gyi bshad pa ngo mtsar gtam gyi bang mdsod

藏语安多方言民间说唱词。流传于青海省西宁市。描写岭国君王格萨尔的坐骑神骏马枣红白唇的颜色、精神、速度、神韵、威力诸方面的赞扬，表达了格萨尔王抑强扶弱、抵御外敌的英雄事迹，颂扬格萨尔王坐骑的骏美和优点。表明藏族人民对骏马的无限感情。对研究格萨尔和民俗有参考价值。格日尖烂记录。16 开纸 2 页，56 行。收入青海《群文天地》藏文版，1998 年第 1 期。

（才让本 吴钰）

格萨尔神斧之说

སྟར་ཆེན་བྲག་རི་ཧར་གཤགས་ཀྱི་བཤད་པ་སྡང་དགྲ་ཐལ་བར་བརླག་པའི་འཕྲུལ་འཁོར།

str chen brg ri har gshags kyi bshad pa sdng dgr thal bar brlg pavi vphrul vkhor

藏语安多方言民间说唱词。流传于青海省西宁市。格萨尔一巨斧之传说，描述了格萨尔巨斧的组成及功能、神力、对敌作战的情况。表达了格萨尔王抑强扶弱、抵御外来入侵的英雄事迹。格日尖参记录。16 开纸 2 页，56 行。收入青海《群众艺术》藏文版，1997 年第 1 期。

（才让本 吴钰）

格萨尔的套绳

སྒྲུལ་ཞགས་ཀྱི་བཤད་པ་སྟོབས་ལྡན་བླ་འཛིན་འདུམ་གྱི་གད་རྒྱངས་ཞེས་བྱ་བ།

sgrul zhags kyi bshad pa stobs ldn dl vdsin vdum gyi gad rgyngs zhes dy da

藏语安多方言民间说唱词。流传于青海省西宁市。描写格萨尔的套绳的来历和其功能。通过格萨尔王套绳的来历、神奇、功能等神话描述，表达了格萨尔王疾恶如仇、热爱人民、抑强扶弱、英勇抵御来犯之敌的英雄事迹。对研究格萨尔和民间文学有参考价值。格日尖参记录。16 开纸 2 页，56 行。收入青海《群众天地》藏文版，1998 年第 4 期。

（才让本 吴钰）

宴词拾零

སྟོན་བཤད་ཐོར་བཏུས།

ston bshad thor btus

藏语安多方言说唱词。流传于青海省西宁市。这是一部两个村庄在宴会上的宴词，主要对自己村庄的地理地貌、人文历史、名人事迹、风土人情的赞颂，以及对部落的形成历史进行传颂，让子孙后代铭记自己村庄的历史。旦正项加记录。16 开纸 2 页，56 行。收入青海《群众艺术》藏文版，1992 年第 4 期。

（才让本 吴钰）

格萨尔宝剑之说

རལ་གྲིའི་བཤད་པ་ཤ་གཟན་སྲིན་པོའི་ངར་གླུ་ཞེས་བྱ་བ།

ral grivi bshad pa sha gzan srin povi ngar glu zhes by ba

藏语安多方言说唱词。流传于青海省西宁市。格萨尔说唱十三中宝剑之赞。狮子白玛达孜通过对自己宝剑的出处历史、神奇、价值的描述和赞美，表达了藏族人们心目中的历史英雄格萨尔英勇无敌、威震四海、抵御外来侵略、保护人民生命财产安全的功勋。反映了藏族人民对英雄精神的崇拜和战争方面的智慧，对研究格萨尔文化有参考价值。格日尖参记录。16 开纸 2 页，1000 余字。收入青海《群众艺术》藏文版，1997 年第 3 期。

（项智多杰 吴钰）

折嘎尔

འབྲས་དཀར།

vbrs dkar

藏语康巴方言说唱词。流传于康巴地区。折嘎是流浪艺人的艺术，道具和唱词都简单，是说、唱、表演相结合的艺术形式。折嘎桑贝端珠对自己的称赞，说自己无论到何处，那里就会吉祥如意，并对自身的装束频频夸耀，细说它们的来历和功通来取乐观众。鲁桑却珠记录。16 开纸 2 页，56 行。收入青海《群众艺术》藏文版，1994 年第 2 期。

（项智多杰 吴钰）

格萨尔战神位玛之说

དགྲ་བླ་ཝེར་མའི་བཤད་པ་སྟོང་ལྡན་བཀྲ་ཤིས་བང་མཛོད་ཅེས་བྱ་བ།

dgr bla wer mavi bshad pa stong ldn bkr shis bang mdsod ces by pa

藏语安多方言说唱词。流传于安多地区。格萨尔说唱十三中位玛之说。位玛是藏族神灵观念中的英雄战神，通过对战神位玛的称颂，暗示战神位玛神通无比，通过战神的神奇赞颂，表达格萨尔王天下无敌。格日尖参记录。16 开纸 3 页，84 行。收入青海《群众艺术》藏文版，1993 年第 4 期。

（项智多杰 吴钰）

格萨尔藤鞭之说

ལྕག་ཙན་གྱི་བཤད་པ་དབང་དྲག་ཆོས་གླུ་ཆད་མེད།

lcg tsan gyi bshad pa dbang drg chos glu chad med

藏语安多方言说唱词。流传于青海省西宁市。歌颂格萨尔藤鞭的同时也歌颂乔吉丹旦桑杰这位英雄的威严和福分，主要歌颂格萨尔藤鞭之来历及功能，表现格萨尔抑强扶弱、抵御外来侵略的英雄形象。格日尖参记录。16 开纸 2 页，56 行。收入青海《群众艺术》藏文版，1997 年第 2 期。

（项智多杰 吴钰）

格萨尔安定三界祝歌

འཛམ་གླིང་གེ་སར་རྒྱལ་པོའི་སྒྲུང་ཁམས་གསུམ་བདེ་བཀོད་སྨོན་གླུ།

vdsam gling ge sar rgyl bovi sgrung khams gsum bde bkod smon glu

藏语安多方言说唱祝歌。流传于青海省西宁

市。这首关于格萨尔平定三界后即将要回到天国时，向家乡的百姓进行教诲忠告，并禅位于其兄加察的颂歌，告诫人们保卫祖国、热爱子民、抵御外国侵略等。旦正加记录。16 开纸 8 页，2000 余字。收入发表于青海《群众艺术》藏文版，1983 年第 5 期。（才让本 吴钰）

格萨尔铠甲之说

དཔའ་དགྲ་བླའི་གོ་ཁྲབ་ཀྱི་བཤད་པ་དབང་དྲག་བདུད་ཀྱི་དཔུང་འཛོམས་ཞེས་བྱ་བ།

dpav dgr blvi go khrab kyi bshad pa dbang drg bdud kyi dpung vdsoms zhes by ba

藏语安多方言说唱词。流传于青海省西宁市。格萨尔十三之说中的铠甲之说。通过夸张的手法说明对其铠甲的来历、材料以及其功能神通、威力来赞颂格萨尔英勇无比，保国安民，敌方闻风丧胆的过程。表明了格萨尔无人匹敌的英雄形象。对研究《格萨尔王传》和《民俗学》有参考价值。16 开纸 8 页，9000 余字。收入青海《群众艺术》藏文版，1996 年第 4 期。（久迈 吴钰）

格萨尔火炮的功能之说

སྟོབས་ཆེན་སྒྱོགས་ཀྱི་བཤད་པ་ཁམས་གསུམ་གཡུལ་ལས་རྒྱལ་བའི་རང་སྒྲ།

stobs chen sgyogs kyi bshad pa khams gsum gyul las rgyal bavi rang sgra

藏语安多方言说唱词。流传于青海省西宁市。格萨尔王传中的十三章炮之说。主要说明炮的来历及其威震敌方过程，这种石炮的来历和威力都很神秘，表现了格萨尔英明无敌的伟大英雄形象。对研究《格萨尔王传》和《民俗学》有参考价值。格日尖参记录。16 开纸 3 页，84 行。收入青海《群众艺术》藏文版，1996 年第 3 期。（久迈 吴钰）

世间恒言

སྲིད་པའི་ཙང་རྒན་བསྟན་བཅོས།

srid pavi cang rgn bstn bcos

藏语安多方言说唱词。流传于四川省阿坝藏族羌族自治州。勤劳的藏族先民们，在长期同自然界的接触中，总结了很多经验，这些经验用说唱的形式世代传唱，告诫人们如何面对生活中的种种无法预感的挫折，关键时刻不要慌乱，而要理智地面对它、克服它。同美、娜么塔记录。16 开纸 14 页，392 行。收入青海《群文天地》藏文版，2003 年第 1 期。（侃本 吴钰）

格桑卓玛

བུ་མོ་སྐལ་བཟང་སྒྲོལ་མ།

bu mo skl bzang sgrol ma

藏语安多方言说唱词。流传于青海省西宁市。格桑卓玛和更桑东主自幼相识相知，最终结为夫妻，但狠心的格桑卓玛父亲，强行将格桑卓玛许配给很远的一个地方，面对如此命运，格桑卓玛和更桑东主没有任何办法，故唱出了这首发自肺腑的悲歌。本先加记录。16 开纸 7 页，196 行。收入青海《群文天地》藏文版，2003 年第 2 期。（侃本 吴钰）

根桑龙智和门卓王姆的故事

སྟག་ཤར་ཀུན་བཟང་ལྷུན་གྲུབ་དང་བུ་མོ་སྨིན་གྲོལ་དབང་མོ་གཉིས་ཀྱི་མཐུན་གླུ།

stg shar kun bzang lhun grub bang bu mo smin grol d bang mo gnyis kyi mthun glu

藏语安多方言说唱词。流传于青海省果洛藏族自治州。讲述根桑龙珠和门卓王姆从小一块长大，两小无猜，青梅竹马，立誓成人后结为夫妻，但天有不测风云，双方父母从中作梗，将这一对鸳鸯拆散，导演了一幕人间悲剧。格日尖参记录。16 开纸 9 页，252 行。收入青海《群文天地》藏文版，2001 年第 1—2 期。（侃本 吴钰）

调解之词

བོད་ཀྱི་གཟུ་བཤད་ཐོར་བུ།

bod kyi gzu bshad thor bu

藏语安多方言说唱词。流传于安多地区。在藏区土地纠纷，特别是草山纠纷是司空见惯的。与之相应的也有一批口齿伶俐、头脑清醒的调解人。本文乃一段调解之词，从大局出发，阐述和为贵的道理，描述土地纠纷所带来的后果：民族失去凝聚力，相邻之间失去和睦，告诫纠纷双方应自我约束，避免流血冲突。旦正行加记录。16

开纸 1 页，28 行。收入青海《群文天地》藏文版，2001 年第 4 期。（侃本 吴钰）

石藏寺记

དགོན་བསྟོད་བཀྲ་ཤིས་ཡར་འགྲོ།

dgon bstod bkr shis yar vgro

藏语安多方言说唱词。流传于青海省海南藏族自治州。位于青海省兴海县的石藏寺是佛教古刹名寺，多少善男信女心中仰慕它。心中默默地祈祷，默念上师的恩德，今生今世永不割舍，永做善事。卓玛措记录。16 开纸 2 页，56 行。收入青海《群文天地》藏文版，2001 年第 4 期。

（侃本 吴钰）

情至深处

དུང་སེམས་ཀྱི་མདུད་པ།

dung sems kyi mdud pa

藏语安多方言说唱词。流传于青海省黄南藏族自治州。卓玛东智与岗嘎拉姆两人自幼一块长大、一块上学，是有福同享、有难同当的一对恋人。后来，卓玛东智被强行出家当和尚，岗嘎拉姆怀着绝望的心情等待，终于，卓玛东智冲破传统压力，带上心爱的岗嘎拉姆奔走远方。16 开纸 10 页，280 行。收入青海《群文天地》藏文版，2002 年第 1 期。（侃本 吴钰）

羊年说羊

ལུག་ལོར་ཕུལ་བའི་གཡང་དཀར་ལུག་གི་བཤད་པ།

lug lor phul bavi gyang dkar lug gi bshad pa

藏语安多方言说唱词。流传于安多地区。羊是青藏高原的吉祥物，它温顺、憨厚、柔情。一年四季分季节、分草场饲养它。要摸清它的性格、它的嗜好，要尊重传统、尊重规律，加倍地爱护它、关心它、善待它，因为，天下所有的动植物本是同根生。旦正行加记录。16 开纸 2 页，56 行。收入青海《群文天地》藏文版，2003 年第 1 期。

（侃本 吴钰）

玉树婚礼祝词

ཡུལ་ཤུལ་ས་ཁུལ་གྱི་གཉེན་སྒྲིག་སྟོན་བཤད་ཐོར་བུ།

yul shul sa khul gyi dnyen sgrig ston bshad thor bu

藏语康巴方言说唱词。流传于康巴地区。这篇祝词是娶方为备新妇下马时踏脚所布置的毡的祝词，通过毡的祝词，赞扬了娶方的人格品德。洛南记录。16 开纸 5 页，140 行。收入青海《群众艺术》藏文版，1995 年第 2 期。（侃本 吴钰）

姜岭之战

འཇང་གླིང་དཔའ་བོ་གཡུལ་འགྱེད།

vjang gling dpav bo gyul vgyed

藏语安多方言说唱词。流传于安多地区。为《格萨尔》中的一部段落。讲述格萨尔王为了征服姜地，将幸巴派往姜地，他通过多面的手段，最终使姜王子顺利地落入他的圈套，等等。公保才让记录。16 开纸 28 页，10 000 余字。收入青海《群众艺术》藏文版，1995 年第 2 期。（才加 吴钰）

石簧之说

འུར་རྡོ་འཛམ་གླིང་སྟོང་སྐོར་ཀྱི་བཤད་པ།

vur rdo vdsam gling stong skor kyi bshad pa

藏语安多方言说唱词。流传于安多地区。《格萨尔》十三之说之一。主要赞颂多眼蜂蝗投石带的特色、功能、原料和上下绳带的象征等。格日尖参记录。16 开纸 3 页，84 行。收入青海《群众艺术》藏文版，1999 年第 4 期。（才加 吴钰）

玉树折嘎

ཡུལ་ཤུལ་འབྲས་དཀར།

yul shul vbrs dkar

藏语安多方言说唱词。流传于安多地区。它是一种流浪艺人乞讨时表党政军的游戏，此文收集了部分“折嘎”的说唱词，折嘎演唱者把自己的来龙去脉、喜闻乐见等以三种讲说法形式予以解说。尕藏东智记录。16 开纸 4 页，112 行。收入青海《群众艺术》藏文版，1995 年第 4 期。

（才加 吴钰）

格萨尔鞍之说

སྒ་སྲབ་ཀྱི་བཤད་པ་བཀྲ་ཤིས་འབུམ་གྱི་རང་སྒྲ།

sg srb kyi bshad pa bkr shis vbum gyi rang sgr

藏语安多方言说唱词。流传于安多地区。《格萨尔于三说》之一，陈述了鞍与辔的象征、材料、相互关系和以及它对藏族人民的日常生活中的作用和地位，从中反映了藏族人民对鞍辔的感情。对研究藏族民俗和《格萨尔》有参考价值。格日尖参记录。16开纸3页，84行。收入青海《群众艺术》藏文版，第1期。（才加　吴钰）

哭调

འབྲལ་ཞུ།

vbrl shu

藏语安多方言说唱词。流传于安多地区。青海省循化地区人去世时，有唱茶调的习俗。其亲属中有一人或几人，将死者的生平做一个简要的汇总，而后劝说之灵放心，其亲属将善待其遗属，而且重葬其之灵，大行佛事活动。玛尼才让记录。16开纸1页，28行。收入青海《群众艺术》藏文版，1999年第3期。（才加　吴钰）

吉祥巴拉金柳梅

ཤོ་སྤ་ར་དང་སྤེན་མ་བཀྲ་ཤིས་ཤོག

sho sp ra dang spen ma bkr shis shog

藏语安多方言民间骰子说。流传于青海省果洛藏族自治州。讲述三个点眼称巴拉，吉祥巴拉金柳美，吉祥香茶人人欢等。反映了祈祷游戏开局良好，预祝大家吉祥如意。2004年多杰讲述，格桑加措笔录。16开纸1页。今藏青海省果洛藏族自治州古籍工作领导小组办公室。（格桑加措）

长尾老鼠兹勒点

ཙི་ལི་ཙི་གུ་རྔ་རིང་མ།

tzi li tzi gu rng ring ma

藏语安多方言民间骰子说。流传于青海省果洛藏族自治州。讲述四个点眼称兹勒，“大哥今日去放牧，几时回来天知道，我来与你比高低，能否取胜天知道”等。反映了掷骰者对胜负未卜，心里七上八下的心情。2004年多杰讲述，格桑加措笔录。16开纸2页。今藏青海省果洛藏族自治州古籍工作领导小组办公室。（格桑加措）

红色火焰卡拉点

ཁ་ལ་མེ་སྟག་དམར་མོ།

kha la me stg dmar mo

藏语安多方言民间骰子说。流传于青海省果洛藏族自治州。讲述五个点眼称卡拉，卡拉好似红火焰，其儿身着绫罗衣，其孙腰系丝绸带等。反映了掷骰者对卡拉点眼给予奉承和赞美，以企望实现该点。2004年多杰讲述，格桑加措笔录。16开纸2页。今藏青海省果洛藏族自治州古籍工作领导小组办公室。（格桑加措）

单六双六朱谷点

ཨ་དྲུག་ཆ་དྲུག་ཆ་ག་དྲུག

aa drug cha drug cha ga drug

藏语安多方言民间骰子说。流传于青海省果洛藏族自治州。讲述六个点眼称朱谷，六个悬崖六只羊、六只黄羊六粪蛋等与六有关的一连串儿说词，多数无太大实际意义。反映了骰点词非常丰富，就围绕一个点眼可想象出很多说唱言词，虽然词义不很连贯，但语言优美、朗朗上口。2004年多杰讲述，格桑加措笔录。16开纸1页。今藏青海省果洛藏族自治州古籍工作领导小组办公室。

（格桑加措）

夺罗的好在出门时

དོ་ལོའི་དོད་པ་རི་ན་ཡོད།

do lovi dod pa ri na yod

藏语安多方言民间骰子说。流传于青海省果洛藏族自治州。讲述七个点眼称夺罗，“夺罗的好在出门时”等与七有关的一连串儿说词，多数无太大实际意义，还有一些词，按藏语常规分析不知其所云。对研究古藏语或外来语有参考价值。2004年多杰讲述，格桑加措笔录。16开纸1页。今藏青海省果洛藏族自治州古籍工作领导小组办公室。

（格桑加措）

八与赛合自然来

བརྒྱད་སག་གཉི་ག་འབོད་མི་དགོས།
brgyd sag gnyi ga vbod mi dgos

藏语安多方言民间骰子说。流传于青海省果洛藏族自治州。讲述八个点眼称八眼，云到春雨自然来，雨到泉水自然来，八与赛合自然来等连串的“自然来”，表述八点和十三赛合点是整个掷骰子过程中最容易求得的点眼。反映了大部分骰点词至今词义通达，并词与词之间、词与当前所求点眼之间有内在的联系。2004 年多杰讲述，格桑加措笔录。16 开纸 2 页。今藏青海省果洛藏族自治州古籍工作领导小组办公室。（格桑加措）

除了格如都行盗

དགུ་གུ་རུ་མིན་པ་ཇག་ལ་ཐལ།
dgu gu ru min pa jag la thal

藏语安多方言民间骰子说。流传于青海省果洛藏族自治州。讲述九个点眼称格如，“除了格如都行盗，听说格如掉队了，格如你要去追赶，连蹦带跳赶上去”等。表述了当事者就卡在第九点眼上而停滞不前，企望立即实现此点。反映了当时藏族社会的一个侧面。2004 年多杰讲述，格桑加措笔录。16 开纸 2 页。今藏青海省果洛藏族自治州古籍工作领导小组办公室。（格桑加措）

打个水来生起火

ཆུ་ཞིག་ལོངས་ཤོག་མེ་ཞིག་འབུད་ཤོག
chu zhig longs shog me zhig vbud shog

藏语安多方言民间骰子说。流传于青海省果洛藏族自治州。讲述十个点眼称曲点，打个水来生起火，大师修行要水供，王妃打扮要水洗，哥俩要骰要水喝等。反映了当时藏族社会的一个侧面。2004 年多杰讲述，格桑加措笔录。16 开纸 2 页。今藏青海省果洛藏族自治州古籍工作领导小组办公室。（格桑加措）

阿克替阿香克替

ཨ་ཁོ་ཐིག་བྱང་ཁོ་ཐིག
aa kho thig byng kho thig

藏语安多方言民间骰子说。流传于青海省果洛藏族自治州。讲述十一点眼称替点，“阿克替阿香克替，香里亚克替阿替”等围绕替点说出一套优美上口而富有音乐感的言词，但词义不太连贯，一时难以做出解释。2004 年多杰讲述，格桑加措笔录。16 开纸 1 页。今藏青海省果洛藏族自治州古籍工作领导小组办公室。（格桑加措）

阿玛纽阿加玛纽

ཨ་མ་ཉིག་ཇ་མ་ཉིག
aa ma nyig ja ma nyig

藏语安多方言民间骰子说。流传于青海省果洛藏族自治州。讲述十二点眼称纽点，“阿玛纽阿加玛纽，茶马豺狼跟着纽，四母晁同他也纽”等。说词流畅、朗朗上口，却词义不连贯，待研究。2004 年多杰讲述，格桑加措笔录。16 开纸 2 页。今藏青海省果洛藏族自治州古籍工作领导小组办公室。（格桑加措）

白塞合就像黎明天

སག་དཀར་ནམ་མཁའ་ལངས་འདྲ།
sag dkar nam mkhav langs vdr

藏语安多方言民间骰子说。流传于青海省果洛藏族自治州。讲述十三点眼赛合点，“白塞合就像黎明天，黑塞合犹如乌云起”等。此处以黎明、乌云等做比喻，再描述锯齿的锋利与锯刃的黑白分明。2004 年多杰讲述，格桑加措笔录。16 开纸 2 页。今藏青海省果洛藏族自治州古籍工作领导小组办公室。（格桑加措）

西布木鞘吉祥点

ཤུབས་ཤིང་སྐྱ་ཅན་ལ་ཤོ་གཡང་འཁོར།
shub shing sky can la sho gyang vkhor

藏语安多方言民间骰子说。流传于青海省果洛藏族自治州。讲述“十四点眼西布点，西布木鞘吉祥点，春风得意多暇逸，我愿获得吉祥点”等。反映了游戏顺利，实现所求点眼的得意心情。2004 年多杰讲述，格桑加措笔录。16 开纸 2 页。今藏青海省果洛藏族自治州古籍工作领导小组办公室。（格桑加措）

科合与野牛在山头

ཁག་འབྲོང་མོ་གཉི་ག་རྫ་ལ་འགྲིམ།

khag vbrong mo gnyi ga rds la vgrim

藏语安多方言民间骰子说。流传于青海省果洛藏族自治州。讲述“十五点眼科合点，科合与野牛在山头，山上的事情很难料，鹿死谁手待后瞧”等。反映了胜负未卜，双方都还有机会。2004 年多杰讲述，格桑加措笔录。16 开纸 1 页。今藏青海省果洛藏族自治州古籍工作领导小组办公室。

（格桑加措）

兽角与山丘聚集状

ར་དང་རི་རྩེ་རུག་གེ་ཡོད།

r dang ri rtze rug ge yod

藏语安多方言民间骰子说。流传于青海省果洛藏族自治州。讲述“十六点眼称柔点，兽角与山丘聚集状，八支鹿角在散开，我和野狼善独步”等。表述了集中和分散在战术上各有所长，反映了当事者的自信心理。2004 年多杰讲述，格桑加措笔录。16 开纸 1 页。今藏青海省果洛藏族自治州古籍工作领导小组办公室。（格桑加措）

白如的汉子最彪悍

བེ་རི་བུ་ཡི་ཡག་ས་རེད།

be ri bu yi yag sa red

藏语安多方言民间骰子说。流传于青海省果洛藏族自治州。讲述“十七点眼白如点，白如的汉子最彪悍，岭国的少女最漂亮，做箭的竹子最端直”等。对研究多康历史、地方特色文化及格萨尔文化有参考价值。2004 年多杰讲述，格桑加措笔录。16 开纸 1 页。今藏青海省果洛藏族自治州古籍工作领导小组办公室。（格桑加措）

十八点之上无骰点

བཅོ་བརྒྱད་ཡན་ན་ཤོ་མེད།

bco brgyd yan na sho med

藏语安多方言民间骰子说。流传于青海省果洛藏族自治州。讲述“十八个点眼称查来，十八点之上无骰点，格萨尔之上无英雄，枣红马之上无骏马”等。反映了民族英雄格萨尔在藏族人民心目中无比崇高的地位。2004 年多杰讲述，格桑加措笔录。16 开纸 1 页。今藏青海省果洛藏族自治州古籍工作领导小组办公室。（格桑加措）

从巴拉的第一台阶上

སྤར་ཅིག་སྤ་རའི་གོང་ཐོག་ནས།

spr chig sp ravi gong thog nas

藏语安多方言民间骰子说。流传于青海省果洛藏族自治州。讲述“三个点眼称巴拉，来吧来吧巴拉来，从巴拉的第一台阶上，白斑斑一群黄羊来；来吧来吧巴拉来，从巴拉的第二台阶上，黑压压牝鹿一群来”等。祈祷当即实现所求点眼，反映了当事者的急切心情。2004 年多杰讲述，格桑加措笔录。16 开纸 1 页。今藏青海省果洛藏族自治州古籍工作领导小组办公室。（格桑加措）

从右旋来格尔桑

གུར་སང་གཡས་ནས་འཁྱིལ་ཤོག

gur sang gyas nas vkhyil shog

藏语安多方言民间骰子说。流传于青海省果洛藏族自治州。讲述“第九点眼格尔桑，从右旋来格尔桑，从左旋来格尔桑，格尔桑周边火焰旋”等。祈祷实现第九点眼，反映赛场气氛及这种游戏方式的一个侧面。2004 年多杰讲述，格桑加措笔录。16 开纸 1 页。今藏青海省果洛藏族自治州古籍工作领导小组办公室。（格桑加措）

老汉上山腰弯弯

སྒད་པོ་སྒང་ལ་འགོས་ན་སྒུ་རུ་རུ།

sgd po sgng la vgos na sgu ru ru

藏语安多方言民间骰子说。流传于青海省果洛藏族自治州。讲述“第九点眼格尔桑，老汉上山腰弯弯，老娘干活腰弯弯，孩儿摘花腰弯弯”等。通过“弯弯”二字，幽默地表述日常生活中有趣的现象，反映了骰点词风趣幽默的一面。2004 年多杰讲述，格桑加措笔录。16 开纸 1 页。今藏青海省果洛藏族自治州古籍工作领导小组办公室。

（格桑加措）

叙事诗

东珠嘉洛与益喜卓玛

དོན་གྲུབ་རྐྱལ་ལོ་དང་ཡེ་ཤེས་སྒྲོལ་མ།

don grub rkyal lo dang ye shes sgrol ma

藏语安多方言叙事诗。流行于甘南藏族自治州为主的安多黄河流域藏区。大致内容：很早以前，东珠嘉洛和益喜卓玛两家住在黄河源头的北部草原。他俩从小一起放牧长大，青梅竹马。东珠嘉洛的父母前去提亲，益喜卓玛的母亲嫌对方家境贫寒，予以拒绝。次年，东珠嘉洛打算与益喜卓玛一起去西藏朝圣，但遭到了益喜卓玛母亲的万般阻挠，两人挥泪惜别。益喜卓玛不从母亲将她许嫁一个部落头人的儿子的决定，毅然自杀。东珠嘉洛从西藏返回，得知心上人已经离世，悲愤难忍，纵身跳下悬崖。跳崖后的东珠嘉洛被一只仙鹤托起，原来益喜卓玛受白度母之命前来接救东珠嘉洛，两人一起返回了天界。通过讲述一对恋人之间的忠贞爱情故事，愤怒地谴责了藏族社会封建家长制对男女自由爱情的扼杀，表达了对美好婚姻的渴望和追求。对研究藏族社会的婚姻观、价值有参考价值。散文部分 2000 字，诗体部分 326 行。尕藏才丹、丹真才让整理、记录。收入甘南藏族自治州文化局所编藏文《藏族民间叙事诗集》，青海民族出版社 1988 年 10 月版。

（华锐・东智）

爱恋的悲歌

ཆག་རྐྱེན་མྱ་ངན་ཀྱི་སྐྱོ་གླུ།

chag rkyen mya ngan kyi skyo glu

藏语安多方言叙事诗。流行于拉卜楞为主的甘南藏区碌曲、玛曲、夏河各县。大致内容：青年才让到拉卜楞寺朝拜、经商，“七月辩经法会”后即将回家时，特意到商场给自己的恋人奔布雯姆买了一个精美的碗。可他没有想到的是，就在转身离店时，那碗突然裂开一小缝，于是一阵不祥之感涌上心头。他一路上忐忑不安，回到家里，果然噩耗传来，得知所爱之人身患重病，处在危难之际。虽然他想尽了办法，但最终未能挽救意中人的生命。痛不欲生的才让独自到牧场溜达，只见一缕青烟直上蓝天碧空。悲痛之余，遂削发皈依佛门，终身以青灯为伴。通过叙说才让和奔布雯姆的爱情故事，表达了人们对生死无常和生离死别的无奈。对研究拉卜楞藏区早期的社会经济、民族贸易和人们的宗教信仰有参考价值。全文诗歌体，共 756 行。索南旺杰、尕藏才丹整理、记录。收入甘南藏族自治州文化局所编藏文《藏族民间叙事诗集》，青海民族出版社 1988 年 10 月版。

（华锐・东智）

达努朵与霍尔藏

ཏ་ཝའི་སྟོད་དང་ཧོར་གཙང་ཁོག

ta vavi stod dang hor gtsang khog

藏语安多方言叙事诗。流行于甘南藏区大夏河流域。大致内容：从前有一对恋人，男的叫尼玛才让，女的叫达桑卓玛，两人一起长大，感情深厚。可是到了婚嫁之时，双方家长都不同意他俩结为鸳鸯，男方家长给尼玛才让娶了妻子，女方家长把达桑卓玛嫁到了霍尔仓部落。两人在霍尔藏偷偷会面时，不巧被达桑卓玛的丈夫发现，达桑卓玛被丈夫毒打而死。尼玛才让得悉达桑卓玛离开人世，悲痛欲绝，把自己的骏马、袍子、刀枪都献给了高僧，请他为达桑卓玛超度亡灵。一年后，尼玛才让的妻子生下了一个男孩，佛爷说是达桑卓玛的投胎转世。通过叙说一对恋人的不幸遭遇，鞭挞了封建家长制对年轻人爱情的摧残，表达了对这对恋人渴望爱情自由的同情，同时表现出了轮回、来世等宗教观念。对研究藏族社会的婚姻制度、宗教信仰有参考价值。全文诗歌体，共 704 行。尕藏才丹、才让扎西整理、记录。收入甘南藏族自治州文化局所编藏文《藏族民间叙事诗集》，青海民族出版社 1988 年 10 月版。

（华锐・东智）

姑娘的婚姻悲剧

བུ་མོའི་མནར་སྡུག

bu movi mnar sdug

藏语安多方言叙事诗。主要流行于甘南藏区大夏河流域。大致内容：卓玛姑娘与青年华庆早有婚约，但父母却把她许配给了一个回族家庭。出嫁的那天，卓玛死活不依，但迎亲的人还是把她强行带走。卓玛在婆家经常受到丈夫的虐待，把她当作仆人对待。有一天，华庆前去看望卓玛，得知她的遭遇，于心不忍，便把她带到了自己家中。她的丈夫随后带兵追到。华庆誓死护卫卓玛，英勇拼搏，最终中弹身亡。卓玛在朋友们的帮助下逃进寺院，把华庆的枪支、乘马以及自己的金银首饰全部献给了佛爷，祈请为华庆超度亡灵，而后自己决然跳进了黄河。通过讲述卓玛与华庆的爱情悲剧，控诉了封建家长制下的买卖婚姻和包办婚姻的罪行，热情讴颂了为争取婚姻自由和幸福生活而以死抗争的崇高精神。对研究藏族地区的民族关系、婚姻制度有参考价值。全文诗歌体，共364行。尕藏才丹、道巴整理、记录。收入甘南藏族自治州文化局所编藏文《藏族民间叙事诗集》，青海民族出版社1988年10月版。

（华锐·东智）

拉萨的集市

ལྷ་སའི་ཁྲོམ།

lha savi khrom

藏语安多方言叙事诗。流行于甘南藏区大夏河流域拉卜楞一带。大致内容：才丹和才让卓玛是一对相亲相爱的恋人。某年，才丹突然接到拉卜楞寺旨令，随同活佛去了拉萨。才丹在西藏整整熬过了三年岁月，日思夜想心爱的姑娘。就在这时，才丹得到家乡带来的口信，说："母亲病重，请他速归。"回到家后知道这是才让卓玛捎给他的话。当才丹急切地向其求婚时，她却神色木然，泣不成声，原来才丹走后，她被父母强行嫁出，而且已经生了孩子。面对如此现实，才丹万分沮丧，把从拉萨带来的绸缎作为礼物送给才让卓玛的儿子，并决定从此不再与她来往。通过叙说才丹和才让卓玛之间的爱情故事，揭露了封建上层限制人身自由和封建家长制剥夺年轻人爱情的罪责。对研究中华人民共和国成立前拉卜楞寺的政教合一制度和封建婚姻制度有参考价值。全文诗歌体，共367行。索南旺杰整理、记录。收入甘南藏族自治州文化局所编藏文《藏族民间叙事诗集》，青海民族出版社1988年10月版。（华锐·东智）

贡赛卡多

གོང་གསེར་ཁ་མདོ།

goan gser kha mdo

藏语安多方言叙事诗。主要流行于甘南藏区碌曲、玛曲、夏河及周边牧区。大致内容：大寺院派了一位年轻的活佛来到玛曲上贡玛部落的小寺当掌教堪布，在任期间，他迷上了美丽善良的阿洛姑娘，并与她有了浪漫的爱情故事。几年过后，活佛被大寺院召回，临走时二人山盟海誓，表示要忠贞不渝。他回去后成为大活佛身边的实权随员，逐渐忘却了玛曲上贡玛部落的情人。七年后，他又被派为玛曲欧拉部落僧领，一次在途中偶尔遇到了阿洛姑娘。此时此刻，姑娘的心情非常复杂，她以歌对话，叙说了自己的苦衷。年轻的活佛满脸通红，无地自容。通过描写年轻活佛与阿洛姑娘之间鲜为人知的爱情故事，揭示宗教神圣光环下藏族封建社会的怪异形态，讽刺寺院特权阶层向往世俗生活而又背信弃义的虚伪本质。对今天藏族社会部分僧侣的不轨行为起到警示作用，对研究藏传佛教世俗化现象有参考价值。散文叙述部分800字，诗体叙述部分131行。尕藏才丹整理、记录。收入甘南藏族自治州文化局所编藏文《藏族民间叙事诗集》，青海民族出版社1988年10月版。（华锐·东智）

塘洛头人

ཐང་ལོ་མགོ་བ།

thang lo mgo ba

藏语安多方言叙事诗。流行于甘南境内黄河、洮河、大夏河流域地区。大致内容：年轻的塘洛头人决定前往西藏朝圣，他的恋人语重心长地劝阻："塘洛头人啊！你今年不要去拉萨，拉萨是个遥远的地方，是世界屋脊，路途险恶。"塘洛头人却对恋人说道："我一定要去拉萨朝圣，已经请示了尊贵的活佛和家中的父母，并且做好了出发前的一切准备，我走后你不要想得太多，不然你会有罪过。"恋人又深情地祈祷祝愿："塘洛头人啊！在朝圣的路上，当你走在山谷，在你头顶会有一簇云彩，那是我为你的平安煨起的桑烟；当你走在山腰，在你头顶会落下一阵小雨，那是我为你的平安给佛祖献上的圣水。"当塘洛头人返回家乡时，心爱的姑娘却已患病离开了人世。于是他把专为她买来的寄托着深情厚谊的绸缎、珊瑚等礼物全部抛弃，表达对恋人的深切怀念和对尘世的心灰意冷。通过讲述塘洛头人与一个姑娘之间的缠绵爱情及其意外结局，揭示人生无常、万事难料的道理，表明对生离死别的无奈。文章贴近藏族社会的生活实际，其写作手法、修辞运用等值得参考，是很好的课堂教材，也对研究藏传佛教熏陶下的藏族人的人生观有参考价值。全文诗歌体，共 137 行。仁青道杰整理、记录。收入甘南藏族自治州文化局所编藏文《藏族民间叙事诗集》，青海民族出版社 1988 年 10 月版。

（华锐·东智）

甘加嘎玛和曼仓才吉

རྒན་གྱའི་སྐར་མ་དང་སྨན་ཚོང་ཚེ་སྐྱིད།

rgan gyavi skar ma dang sman tshong tshe skyed

藏语安多方言叙事诗。主要流行于甘南藏区大夏河流域及甘青交界地区。大致内容：男主人公甘加嘎玛生活在甘肃夏河甘加部落，女主人公曼仓才吉生活在青海同仁热贡地区。他们虽然各属长期仇杀的不同部落，但两人之间产生了无法割舍的深深爱恋。才吉向母亲吐露了心境，换来的却是坚决反对。因得不到双方父母的成全，两人暗中约定私奔。就在这时，才吉突然听到村子里传来集合令，原来甘加部落和才吉所在青海部落又为草山纠纷打了起来，担心的事终于发生了。激烈的拚斗中嘎玛被杀身亡，才吉听到这一噩耗后撕心裂肺，悲痛欲绝。她为心爱的小伙煨桑祈祷之时，突然有一座玉峰飞来，绕她三圈后悄然消失，人们都说这是嘎玛的化身。通过讲述甘加嘎玛和曼仓才吉相亲相爱、私订终身、相约私奔以及嘎玛被杀的悲剧故事，展现了以往甘青地区部落之间仇杀劫掠的悲惨情景及其带给普通百姓的心理伤痕，表达了人们期待安定幸福生活的心愿。对研究政教合一制度环境下的藏族部落制社会有参考价值。全文诗歌体，共 363 行。万代才让整理、记录。收入甘南藏族自治州文化局所编藏文《藏族民间叙事诗集》，青海民族出版社 1988 年 10 月版。

（华锐·东智）

结拜兄弟东考

མནའ་བཅད་དོན་ཁོ།

mnav bcad don kho

藏语安多方言叙事诗。流行于甘南藏族自治州为主的安多藏区。大致内容：“我”与才吉姑娘一起长大，正在热恋当中，彼此感情甚深。有一天，我的结拜弟兄东考上山告诉我：才吉姑娘患了重病。我情急之下把羊群托付给东考照管，并请他把情况转告我的父母，随即骑马飞速赶往才吉家。当我气喘吁吁地赶到时，才吉已经处于弥留之际，虽然想了许多办法去挽回她的生命，但才吉还是被病魔夺去了年轻的生命。我痛苦欲绝，把自己的财产献给了活佛，请他为才吉超度亡灵，祈求来世成为夫妻，共享人间幸福。通过讲述“我”与才吉之间的爱情悲剧故事，揭示人的生命的脆弱无常以及生、老、病、死带给众生的痛苦，反映作者的消极处世思想，体现了生死轮回等藏传佛教学说对藏族人民思想的深刻影响。全文诗歌体，共 233 行。嘎丹坚措整理、记录。收入甘南藏族自治州文化局所编藏文《藏族民间叙事诗集》，青海民族出版社 1988 年 10 月版。

（华锐·东智）

雅锐阿索的教诲

ཡ་རིའི་ཨ་བསོད་ཀྱི་སྙིང་གཏམ།

ya rivi a bsod kyi snying gtam

藏语安多方言叙事诗。流行于甘南境内黄河、洮河、大夏河流域地区及周边四川、青海牧区。大致内容：雅锐阿索出生在号称“黄河第一弯”的玛曲欧拉部落，他聪明过人，善于言辩，经常帮助穷苦百姓打官司，因此在草原上家喻户晓。他劝导为官人士做官要正大光明、堂堂正正、公正无私、为人师表、爱护百姓、维护一方、为民着想；不能妄自尊大、假公济私、贪图享受、贪污盗窃、横征暴敛、祸国殃民。劝导百姓要尊老爱幼、勤俭持家、团结和睦、遵纪守法、弃恶扬善、分辨是非；不能虐待尊长、施暴于幼、好吃懒做、心生乱念、目无国法、投机倒把、是非不分。该诗对官员、百姓从思想、行为等各方面进行了劝导，充满了民主、和谐和公正的思想。对如何处理好官员与百姓、社会与家庭的关系有积极意义，是构建和谐社会当中不可缺少的教育内容。散文叙述部分 500 字，诗歌叙述部分 417 行。索南旺杰、尕藏才丹整理、记录。收入甘南藏族自治州文化局所编藏文《藏族民间叙事诗集》，青海民族出版社 1988 年 10 月版。

（华锐·东智）

家乡麦西颂

དམེ་ཤུལ་ས་སྟོད།

dme shul sa stod

藏语安多方言叙事诗。主要流行于甘南境内洮河、大夏河流域地区。大致内容：家乡赞——天圆地方，五谷丰登，佛法盛行，牛羊成群。警示头人——衣服未破的时候，有无缝补的办法；部落一经衰落，是否还有尊敬长官的子民；如果森林从山根伐到山顶，猛兽是否还有藏身的地方；雪山被太阳消融之后，雪狮有无栖身的地方；悬崖被暴雨冲垮的时候，雄鹰还有无落脚的地方；乌云被劲风吹散的时候，青龙有无腾跃的天空。告诫父老乡亲——内讧将会分裂部落，学者流落异乡；英雄漂泊他乡，生命肯定不保；富人财富再多，也将被盗贼劫掠；公正无私，团结一致，勤俭持家，才会获得幸福。通过对家乡的赞美以及对头人和乡亲的教诲，表达了对部落、对家乡的一片热爱之情。对一些不健康的社会现象、思想意识有一定的抵制作用，对人们正确树立自然观、和谐观有积极的教育意义。散文叙述部分500字，诗歌叙述部分204行。尕藏才丹、丹真才让整理、记录。收入甘南藏族自治州文化局所编藏文《藏族民间叙事诗集》，青海民族出版社1988年10月版。

（华锐·东智）

那杰才洛传

གནའ་རྒྱལ་ཚེ་ལོའི་རྣམ་ཐར།

gnav rgyal tshe lovi rnam thar

藏语安多方言叙事诗。主要流行于甘南藏区。大致内容：那杰才洛前半生爱财如命，牛羊无数，享尽荣华富贵；而后半生穷困潦倒，一无所有，受尽别人白眼。事后他感悟真谛，认为世间的财富得得失失，如同烟云飘浮，人们不应为现世的物质享乐而苦苦追求。他教育青年男女——尊敬父母是自己的天职，爱护幼小是自己的职责，勤劳勇敢是做人的本色，诚实善良是为人的根本，互帮互敬是团结的标志。他劝导父母——抚养和教育子女是父母的义务，维护家庭和睦幸福是父母的职责；父母是儿女仿效的典范，一定要为人师表；父母是儿女做人的影子，一定要堂堂正正；父母是儿女思想的缩影，一定要光明磊落。通过讲述那杰才洛从富豪变为穷鬼的故事，反映因果轮回、世事无常的佛教思想。对人们如何当好父母、如何当好子女、如何为人处事等方面却有一定的教育作用。散文叙述部分160字，诗歌叙述部分494行。扎西整理、记录。收入甘南藏族自治州文化局所编藏文《藏族民间叙事诗集》，青海民族出版社1988年10月版。

（华锐·东智）

长脖子恶鬼

ཡི་དྭགས་སྐེ་རིང་།

ye dwags ske ring

藏语安多方言叙事诗。主要流行于甘南境内碌曲、玛曲、夏河三县市及周边牧区。大致内容：有位青年在欧拉草原偷了一群马并杀害了追赶他的几名牧民，侥幸逃回自己的村庄，但被家乡头人驱逐出去，四处流浪，饥寒交迫。他追悔莫及，便对人们说："我失去父母的恩恩爱爱，失去家乡的山山水水，失去故乡的亲朋好友，在异地他乡受尽人间苦难；我有家不能回，有苦没处诉，敢想不敢说，既害了自己又害了别人；请青年人记住我的教训，这是我发自内心的忏悔，是因果报应；听我教诲者，我的话就是你们耳中的甘露，它将会滋润你的心灵，不听者，我的话等于是恶鬼的臭痰，它将使你永远与恶魔相伴。"通过讲述一个盗马贼因偷盗杀人而使自己生活发生逆转的故事，告诫人们不要妄生非分之想，以免换来"恶有恶报"的惩罚。主张要靠自己的双手勤劳致富，不能损人利己，不能图财害命。对构建和谐社会有现实教育意义。全文诗歌体，共134行。洲塔整理、记录。收入甘南藏族自治州文化局所编藏文《藏族民间叙事诗集》，青海民族出版社1988年10月版。

（华锐·东智）

巴塘之争

འབའ་ཐང་གི་རྩོད་གླེང་།

vbav thang gi rtsod gleng

藏语安多方言叙事诗。流行于甘南为主的安多藏区。大致内容：巴塘草原的红塘和白塘两个村子，同属千户琼结部落。红塘的牧民豆高经常到白塘草场放牧，最终挑起了两个村子的诫斗。为了达到霸占白塘草原的目的，红塘村向千户琼

勤奋创业，取不义之财，得不偿失。表现了浓厚的佛教因果报应思想。全诗共101行。洲塔整理、记录。收入甘南藏族自治州文化局所编藏文《藏族民间叙事诗集》，青海民族出版社1988年10月版。

（华锐·东智）

心想事成的出嫁姑娘

བག་ཏུ་བསམ་དོན་གྲུབ་ཚུལ།

bag tu bsam don grub tshul

藏语安多方言叙事诗。流行于甘南境内碌曲、玛曲、夏河农牧地区。大致内容：今天是姑娘“上发”的吉辰，梳头的日子请叔叔、弟弟、嫂子早起来；梳头时要有四个姑姑，没有四个也要有一对；梳头时要有四双金筷子，没有四双也要有两双。洗发要用甘甜泉水，发油要用牦牛奶的黄酥油。梳头的姑姑们，不要让发路散乱，分发的时候请朝上分。不要把辫子缠绕，要把辫子的头、腰、尾分清楚。母亲啊请起来！穿上最漂亮的衣服；哥哥啊请起来！戴上最好的绿松石；嫂子啊请起来！戴上最好的首饰。小妹出嫁时，到汉地买来衣料，从卫藏请来裁缝，缝制华丽的嫁衣。通过叙说姑娘准备嫁妆以及上发梳妆等过程，表达了父母与女儿、哥嫂与妹妹之间恋恋不舍的深厚情感，反映出了藏族古老的婚姻习俗。对研究藏族的婚姻习俗、梳妆仪礼以及梳妆缘起等有参考价值。全诗共319行。索南才让、洲塔整理、记录。收入甘南藏族自治州文化局所编藏文《藏族民间叙事诗集》，青海民族出版社1988年10月版。

（华锐·东智）

说茶

ཇ་བཤད།

ja bshad

藏语安多方言叙事诗。流行于甘南境内黄河、洮河、大夏河流域及周边藏区。大致内容：姑娘赛毛措和吉毛措从高山背来清澈泉水，煮起清香的茶水。煮茶火要小，需要慢慢熬。茶叶产自汉地，春天发芽，夏天生长，秋天成熟。汉族女人采茶俊，汉族男子买茶好。酿造醇香，包装精美，运到印度、藏地和汉地，讨价还价生意隆。烧火煮茶，茶味飘香，喝上几口精神爽；茶叶能解舌燥、消食除腻、消倦提神、清热解毒，而且使头脑清醒、心情平和、精神爽快。阐述茶叶的生产、交换情况以及熬茶技巧，赞美茶叶的功效，反映茶叶在藏汉地区相互交流的历史和藏族传统的饮茶习俗。对研究藏汉之间早期的民族关系、贸易交流有参考价值。全诗共127行。普华嘉整理、记录。收入甘南藏族自治州文化局所编藏文《藏族民间叙事诗集》，青海民族出版社1988年10月版。

（华锐·东智）

梳头歌

སྐྲ་ཤད་ཀྱི་གླུ།

skra shab kyi glu

藏语安多方言叙事诗。流行于甘南藏族自治州碌曲、玛曲、夏河各县农牧地区。大致内容：媒人为“我”妹妹说亲，父母都不愿意，佛爷却说吉祥如意。“亲爱的小妹，女人的归宿是夫家，三年以后是自家，这次你准备出嫁。早晨煮上香喷喷的酥油茶，头茶敬奉山神，山神是小妹的靠山；中茶敬念青唐古拉山神，念青唐古拉山神是小妹的靠山；亲爱的妹妹，请用双手给公婆敬茶，要轻声细语听从教诲；用金梳、银梳梳头，戴上珍珠、珊瑚，除了我家别人没有；戴上金银首饰，穿上华丽衣服，骑上宝驹良马；嫁到婆家要孝敬公婆，善待左邻右舍，重活要抢着干，夫妻要相敬如宾。亲爱的小妹，放心地去吧！亲朋好友送你去，一年给你做一件新衣服，一月我们来看你一次。”通过劝说及叮嘱，表达了哥哥对出嫁前的妹妹的一片深厚亲情，反映了藏族社会的传统美德。有助于一个家庭、民族乃至社会的和谐发展，是值得借鉴的教育素材。全诗共198行。昂奔嘉整理、记录。收入甘南藏族自治州文化局所编藏文《藏族民间叙事诗集》，青海民族出版社1988年10月版。

（华锐·东智）

出嫁前的嘱咐

བུ་མོ་གནས་ལ་འགྲོ་ཁའི་ཁ་ཏ།

bu mo gnas la vgro khavi kha ta

藏语安多方言叙事诗。流行于甘南为主的安多藏区。大致内容：母亲、嫂嫂劝导——你是众神保佑的女孩，出嫁是你注定的命运；出嫁后第二天起，吃饭前先供养“三宝”，此后要孝顺公婆和丈夫，最后才是你自己；孝敬公公婆婆是美德，夫妻相爱是你的福气；别让人家说你是懒女人，要懂得约束自己；走路不要慢慢腾腾，说话不要大声大气；热情招待客人，不要丢失家人脸面；懒女人日上三竿才起床，早晨迷迷糊糊睡懒觉，日落西山才去干活，而到晚上又唠唠叨叨；好女人神鸟一叫就起床，挤完牛奶煮好茶，而且要高高兴兴。通过对即将出嫁的姑娘的嘱咐，反映了藏族社会始终重视美德教育的优良传统。这些素材在构建和谐社会、加强德育教育方面可起到积极的作用。全诗共385行。才让扎西整理、记录。收入甘南藏族自治州文化局所编藏文《藏族民间叙事诗集》，青海民族出版社1988年10月版。

（华锐·东智）

智隆东珠

འབྱི་ལུང་དོན་གྲུབ།

vbi lung don grub

藏语安多方言叙事诗。流传于甘南玛曲、碌曲等县。大致内容：讲述了英俊少年智隆东珠和美丽少女玉珍之间坚贞不渝的动人爱情故事。他们苦苦相恋，经受了三年多曲折的思念之苦，在双方父母的同意下，有情人终成眷属，得到了幸福。诗中赞美了家乡优美的自然风光，展示了甘南牧区婚姻嫁娶的全过程，充分反映了藏族牧区的婚姻习俗，对研究甘南牧区的婚俗文化及牧区青年男女的爱情观和婚姻观有参考价值。全诗共696行，4900余字，收入尕藏罗赛所编藏文《叙事诗如意宝瓶》，甘肃民族出版社2002年9月版。（喇有勇）

那隆银措

ན་ལུང་གཡུ་མཚོ།

na lung gyu mtsho

藏语安多方言叙事诗。主要流传于甘南玛曲、碌曲、夏河及合作市等牧区。大致内容：家境殷实的富家女子银措爱上了正直善良的贫穷青年贤果，他们追求纯真的爱情，彼此苦苦相恋。银措的父母高傲并吝啬成性，看不起家境贫寒的贤果，始终认为他家没有成群的牛羊和珍珠玛瑙，以种种借口百般阻挠，不肯将女儿许配给贤果，而两颗纯洁的年轻之心却紧紧相连，不顾父母的反对，一起寻找纯真爱情的真谛，唱出了一曲凄美的爱情之歌。全诗共650行，4600余字，对研究藏族民间文学及当地青年的爱情观有参考价值。收入尕藏罗赛所编藏文《叙事诗如意宝瓶》，甘肃民族出版社2002年9月版。（喇有勇）

藏獒悲歌

ཁྱི་དོམ་བུའི་སྨྲེང་གླུ།

khyi dom buvi smreng glu

藏语安多方言叙事诗。流传于甘南境内广大牧区。通过讲述藏族牧区的忠诚卫士——藏獒的生活习性和生活环境，以及和主人的关系，以优美动听的语言叙述了藏獒的一生与主人的贫富息息相关。当藏獒具有狮子般的体魄和旺盛的精力时，倍受主人疼爱，千般呵护、万般宠爱，但随着岁月的流逝，受宠的藏獒变成人见人烦的老狗，失去往日的风采，过着孤独无助的生活，它唱出了悲壮之歌，在即将走完它的一生时，善良地奉劝人们关注朝夕相处的藏獒，与主人、与自然和谐相处，同时也提示人类善待一切生命。对研究藏族民间文学有参考价值，也对关注生态平衡、人与动物、人与自然和谐相处有积极的意义。全诗共212行，1700余字，收入尕藏罗赛所编藏文《叙事诗如意宝瓶》，甘肃民族出版社2002年9月版。

（喇有勇）

拉旦那罗

ལྷ་ལྡན་རྣ་ལོ།

lha ldan rna lo

藏语安多方言叙事诗。主要流传于甘南玛曲一带。大致内容：在一座雪山脚下，草原广袤，河水潺潺而流，鱼儿在水中自由游动，小鸟在枝头嬉戏欢唱，牛欢马叫，一群群洁白的羊群如同撒落在绿色地毯上的珍珠滚动，到处都能听到老人、小孩的欢笑声和小伙、姑娘美妙的歌声，牧人们享受着佛陀的恩赐，沐浴在幸福的阳光中，然而黑月（藏历说从当年的纪年地支算起，顺序下数至第十个地支所记月份，即为当年黑月）出生的拉旦那罗却使草原失去了以往的宁静，他从小缺乏怜悯之心，以捕杀小生命为乐趣，有时割掉牛尾，时而偷杀邻居的山羊，整天与恶人为伴、与善良的人们为敌，欺负乡邻，抽烟、酗酒、赌博成性，无恶不作，渐渐地成为父母的心头之患和乡亲们所诅咒的对象，最终被社会所抛弃，过着贫穷无助的生活，遭到了报应。忠告青年朋友，要尊重父母，感恩父母，具备良好的道德修养。对研究藏族民间文学有参考价值，也对构建和谐社会有深刻的教育意义。全诗共 591 行，4200 余字，收入尕藏罗赛所编藏文《叙事诗如意宝瓶》，甘肃民族出版社 2002 年 9 月版。（喇有勇）

黑帐篷

འབྲོག་རུ་བའི་མགོ་སྦྲ་སྨུག་པོ།

vbrog ru bavi mgo sbra smug po

藏语安多方言叙事诗。主要流传于甘南玛曲、碌曲、夏河、合作等县市牧区。全方位、多角度地介绍了草原游牧民族的家——黑帐篷，通过介绍黑帐篷的质地、形状、搭建方法以及它的价值、遮风挡雨的功能等，对搭建黑帐篷所需的松木顶柱、不易腐烂的柳树帐篷橛子，以及用牦牛绳如何固定四角、搭建的方位和高度等做了详尽的介绍。同时也把黑帐篷内所必需的生活器具，如敬佛的佛龛，饮食起居方面的铜锅、奶桶、奶勺、糌粑箱、酸奶桶、木制肉盘、手推石磨、皮制干粮袋、酥油肚子，还有牛牦毡、羊毛毡、羊皮褥子等卧具，以及拴牦牛的毛绳、拴狗的铁链等做了介绍，并穿插介绍了牧民的日常饮食、四季服装和雨具，还有牲畜的养殖常识和根据牛羊马匹不同毛色的各种称谓，将草原牧民一个完整的家鲜活地展示了出来。对研究民间文学和牧区民俗文化有参考价值。全诗共 648 行，4500 余字，收入尕藏罗赛所编藏文《叙事诗如意宝瓶》，甘肃民族出版社 2002 年 9 月版。（喇有勇）

富饶的玛域

རྨ་གཡང་ཕྱུག་གི་བུམ་པ།

rma gyang phyug gi bum pa

藏语安多方言叙事诗。主要流传于甘南玛曲县。该诗短小精悍，以优美动听的语言把美丽富饶的玛曲拟化成一个银制的宝瓶，巧妙地把玛域地区的自然环境和人文故事比喻成宝瓶的饰品和盛装的美酒，赞美了人与自然和谐相处，山川河流充满诗情画意，使这块藏族英雄格萨尔的发祥地焕发着蓬勃朝气。通过讲述玛域的美丽富饶，表达了生活在这片热土上的人民热爱家乡和建设家乡的美好愿望。对研究甘南玛曲牧区民间文化有参考价值。全诗共 36 行，250 余字，收入尕藏罗赛所编藏文《叙事诗如意宝瓶》，甘肃民族出版社 2002 年 9 月版。（喇有勇）

啊，神奇

ཡ་མཚར་རོ།

ya mtshar ro

藏语安多方言叙事诗。主要流传于甘南藏族自治州玛曲县。该诗把首曲黄河两岸的广大地域、一座座蜿蜒起伏的山川、一条条河流比喻成金制的曼札和自由遨游的金鱼，一顶顶黑色的牦牛帐篷、一群群洁白的羊群，还有长鸣的法号、飘浮不定的白云、时而升起的彩虹，勾画出玛曲草原独有的风景，多次用“啊”“神奇”来赞美草原，赞美家乡。对研究甘南牧区的民间文学有参考价值。全诗共 36 行，300 余字，收入尕藏罗赛所编藏文《叙事诗如意宝瓶》，甘肃民族出版社 2002 年 9 月版。（喇有勇）

恩重的母亲

དྲིན་ཆེན་མ་ལོ།

drin chen ma lo

藏语安多方言叙事诗。流传于甘南玛曲、碌曲、夏河、合作等县市。大致内容：正直、善良、慈祥的母亲给予我们伟大的母爱。为了儿女她含辛茹苦，黑发变白发，挺直的腰板也被生活的担子压弯，那双炯炯有神的眼睛也失去了往日的光彩，矫健的步伐被微微颤抖的拐杖代替，除了一颗善良的心灵外，言语也少了许多，现如今，儿女成为人父（母），回想往事，每当遇到寒冷、缺粮断水、碰到困难挫折、身患疾病时不由得会想起母亲。然而，恩重的母亲在哪里？由衷表达了对母亲的思念和感恩之心。对研究藏族伦理道德有参考价值，对构建和谐社会也有积极的意义。全诗共 36 行，280 余字，收入尕藏罗赛所编藏文《叙事诗如意宝瓶》，甘肃民族出版社 2002 年 9 月版。

（喇有勇）

玛龙赞歌

རྨ་ཀླུང་ཅོ་གའི་འབྲུག་འགྱུར།

rma klung co gavi drug vgyur

藏语安多方言叙事诗。主要流传于甘南玛曲为主的黄河沿岸。大致内容：赞美、歌唱上阿里三部的雪域人民，这里是上师们修行和传教的地方，愿佛法弘扬广大；赞美、歌唱中部卫藏四如，这里有雄伟的布达拉宫，愿雪域兴旺发达；赞美、歌唱下部多康六岗，这里流淌长江黄河，愿藏民族幸福安康。愿格萨尔的发祥地水草茂盛、牛羊肥壮。通过赞美藏族居住的三大地区，表达了渴望家乡宗教和顺、人民幸福、经济繁荣的美好愿望。对研究藏族民间文学有参考价值。全诗共36行，280余字。收入尕藏罗赛所编藏文《叙事如意宝瓶》，甘肃民族出版社2002年9月版。（喇有勇）

富饶的首曲

རྨ་ཁུག་མགོ་ནོར་བུ་དགའ་འཁྱིལ།

rma khug mgo nor bu dgav vkhyil

藏语安多方言叙事诗。主要流传于甘南藏族自治州玛曲县。大致内容：在首曲黄河中段有一座座犹如群星散落的村庄，这里生活着一群勤劳善良的牧民，这是格萨尔的发祥地，水草丰美、鸟语花香、民风淳朴，人们与大自然和谐共处，沐浴着阳光，享受着酥油奶茶和青稞美酒。赞美了家乡的自然环境和美好生活，表达了人们对大自然恩赐、山神护佑的感恩之心和渴望家乡繁荣昌盛的美好愿望。对研究藏族民间文学和民俗文化有参考价值。全诗共56行，50余字，收入尕藏罗赛所编藏文《叙事诗如意宝瓶》，甘肃民族出版社2002年9月版。（喇有勇）

故乡

ཕ་ཡུལ།

pha yul

藏语安多方言叙事诗。主要流传于甘南藏族自治州玛曲县。以形象的比喻和生动的语言歌颂了玛曲草原山清水秀、鸟语花香、法号长鸣的自然景观及人文景观。对研究藏族民间文学和玛曲牧区的民俗文化有参考价值。全诗共56行，400余字，收入尕藏罗赛所编藏文《叙事诗如意宝瓶》，甘肃民族出版社2002年9月版。（喇有勇）

雪域之舟——牦牛

མཛོ་ཁྱུང་དཀར་ཤུག་པའི་སྣ་གཙུ་ཅན།

mdzo khyung dkar shug pavi sna gcu can

藏语安多方言叙事诗。主要流传于甘南藏族自治州玛曲、碌曲、夏河、合作等市县。大致内容：生活在雪域高原的藏族人民千百年来与大自然和谐相处，他们逐水草而牧，与雪域之舟——牦牛结下了不解之缘，它是藏族人民生活中离不开的忠实伙伴，藏族的衣、食、住、行都与牦牛息息相关，它有着坚忍不拔、忍辱负重、脚踏实地的可贵精神，它是藏族的生存之本和生命之源，赞美了牦牛的高尚品质。同时提醒人们不要忘记牦牛的恩情，知恩图报，善待生命。对研究藏族民间文学有参考价值。全诗共432行，3500余字。收入尕藏罗赛所编藏文《叙事诗如意宝瓶》，甘肃民族出版社2002年9月版。（喇有勇）

八瓣棋盘花

མེ་ཏོག་ཧ་ལོ།

me tog ha lo

藏语安多方言叙事诗。主要流传于甘南藏族自治州玛曲、碌曲、夏河、合作等市县。通过描写高原微风中摇曳的五色八瓣棋盘花的生长习性，以及棋盘花的美丽芳香、花色品质等特点，赞美金壁辉煌的寺庙、佛殿、奔驰的骏马、成群的牛羊以及善良的牧人。对研究安多地区藏族民间文学有参考价值。全诗共68行，480余字。收入尕藏罗赛所编藏文《叙事诗如意宝瓶》，甘肃民族出版社2002年9月版。（喇有勇）

聚会

ཁྲོམ་པ།

khrom pa

藏语安多方言叙事诗。主要流传于甘南藏族自治州玛曲、碌曲、夏河、合作等市县的广大牧区。大致内容：聚会对于居住较为分散的草原民族来说是一次难得的交流感情的机会，按照藏族聚会的传统，老人坐在上座，其他人按年龄分坐两旁，主人端上最好的茶、酥油、手抓羊肉等食品，大家身着节日盛装，唱歌、跳舞，共享太平盛世，在欢乐中祈祷人类和平、健康、幸福吉祥。对研究藏族民间文学和民俗文化有参考价值。全诗共 52 行，420 余字。收入尕藏罗赛所编藏文《叙事诗如意宝瓶》，甘肃民族出版社 2002 年 9 月版。（喇有勇）

精华

བཅུད།

bcud

藏语安多方言叙事诗。主要流传于甘南藏族自治州玛曲、碌曲、夏河、合作等市县。将金色的法轮、一座座经堂，还有草原上丰美的水草、飘香的奶茶、新鲜的酥油等比喻成棋盘花的花蕊，歌颂了大自然中的山川河流以及草原的勃勃生机，这些是构成草原的灵魂，也是草原的精华，愿草原五谷丰登、牛羊兴旺，永远繁荣富裕。对研究藏族民间文学有参考价值。全诗共 48 行，340 余字。收入尕藏罗赛所编藏文《叙事诗如意宝瓶》，甘肃民族出版社 2002 年 9 月版。（喇有勇）

歌伴舞

རྩེ།

rtse

藏语安多方言叙事诗。主要流传于甘南藏族自治州玛曲、碌曲、夏河、合作等市县。以丰富的语言、形象的比喻，弘扬正气，鞭打丑恶，教导年轻人要尊老爱幼、感恩父母，将为人处事之道和待人接物之理叙说得非常透彻，极富哲理，引人深思。对研究藏族伦理道德和民间文学有参考价值，也对构建和谐社会有着积极的意义。全诗共 135 行，1000 余字，收入尕藏罗赛所编藏文《叙事诗如意宝瓶》，甘肃民族出版社 2002 年 9 月版。（喇有勇）

方形石房

རྡོ་ཁང་གྲུ་བཞི།

rdo khang gru bzhi

藏语安多方言叙事诗。主要流传于甘南藏族自治州玛曲、碌曲及四川若尔盖等县。大致内容：在一座方形石房内住着一位美丽善良的姑娘，她有着竹子一样的身材和出水芙蓉般的容貌，珊瑚项链挂在丰满的胸前，红色腰带如一团火焰燃烧，散发着青春的活力，她日夜思念情人，盼望与情人相会，祈祷情人平安。经过漫长的等待祈盼，她终于在一个风雪之夜与情人相聚，送走情人，少女还沉浸在幸福的回忆之中。其中穿插介绍了方形石房的形状和主人公的生活方式及有关生活用具。对研究藏族民间文学和民俗文化有参考价值。全诗文共 135 行，810 余字，收入尕藏罗赛所编藏文《叙事诗如意宝瓶》，甘肃民族出版社 2002 年 9 月版。（喇有勇）

请品尝

བཞེས།

bzhes

藏语安多方言叙事诗。主要流传于甘南藏族自治州玛曲、碌曲、夏河、合作等市县。主要讲述了藏民族的热情好客和待客之道，从檀香木桌上摆放的鲜美手抓肉到上等的酥油和章格糌粑，将藏族传统的美味佳肴一一呈献，并请客人品尝，从不同角度赞美了精美的食品器具和精湛的烹饪技术。对研究藏族民俗文化和饮食文化有参考价值。全诗共 75 行，450 余字，收入尕藏罗赛所编藏文《叙事诗如意宝瓶》，甘肃民族出版社 2002 年 9 月版。（喇有勇）

戒指

སོར་གདུབ།

sor gdub

藏语安多方言叙事诗。主要流传于甘南藏族自治州玛曲、碌曲、夏河、合作等市县。大致内容：宝石镶嵌的戒指是青年男女定情的信物，更是纯真爱情的见证，它伴随着漂亮姑娘的思念，渴望美好的爱情，追求幸福的明天。用生动而极富哲理的语言感恩佛陀，感恩父母，感恩大自然的恩赐，同时赞美生活，赞美爱情。对研究藏族民间文学有参考价值。全诗共 156 行，950 余字，收入尕藏罗赛所编藏文《叙事诗如意宝瓶》，甘肃民族出版社 2002 年 9 月版。（喇有勇）

石山雪鸡之歌

རྫ་སྒང་གོང་མོའི་གཤོག་གླུ།
rdza sgang gong movi gshog glu

藏语安多方言叙事诗。主要流传于甘南藏族自治州玛曲、碌曲、夏河、合作等市县。通过赞美石山雪鸡这一高原上普通的小生命来表达热爱自然、珍惜生命、感恩苍天的情感。皑皑白雪映照苍茫大地，石山间飞过各色羽毛的吉祥小鸟为世间带来生机，山下清澈的小溪能洗去病垢，遍地药草，胜似人间仙境，展示了雪山的壮美和神奇，勾画出一幅美丽的山水画卷。对研究藏族文学有参考价值，也对保护生态环境、生态平衡、人与自然和谐相处都有积极的意义。全诗共 188 行，1200 余字，收入尕藏罗赛所编藏文《叙事诗如意宝瓶》，甘肃民族出版社 2002 年 9 月版。（喇有勇）

母亲怀中的孩子最幸福

མ་ཆུང་པང་གི་བུ་ཆུང་སྐྱིད།
ma chung pang gi bu chung skyid

藏语安多方言叙事诗。主要流传于甘南藏族自治州玛曲、碌曲、夏河、合作等市县。大致内容：人出生伊始，母亲就用她无比的慈祥和关爱抚育孩子成人，特别是牧区的女孩出嫁早，小小的年龄就做了母亲，用自己柔弱的身体哺育着下一代，承担着繁重的家庭劳动。她们朴实无华，默默奉献，乐观豁达。歌颂了高原母亲的伟大，同时警告世人莫忘母亲的恩情，用实际行动来报答母亲。对研究藏族伦理道德和民间文学有参考价值，对构建和谐社会也有积极的意义。全诗共 288 行，1800 余字。收入尕藏罗赛所编藏文《叙事诗如意宝瓶》，甘肃民族出版社 2002 年 9 月版。（喇有勇）

牦雌牛礼赞

ནོར་རྡང་འབྲི་མོའི་ངུར་སྒྲ།
nor rdang vbri movi ngur sgr

藏语安多方言叙事诗。主要流传于甘南藏族自治州玛曲、碌曲、夏河、合作等市县。大致内容：牦雌牛是一个坚强而伟大的生命，它历经风雨艰辛，用真诚的心跟随主人，繁育牛犊，默默奉献。它浑身是宝：它的皮子可以做鞋；它的绒毛可以织成衣服，也可以做成绳子；它的奶可以打酥油，还可以制成鲜美的酸奶；就连它的粪便也可以烧茶取暖。藏族人的生活一刻也离不开它。呼吁人们善待牦雌牛，善待一切生命。对研究藏族生命观和民俗文化有参考价值。全诗共 596 行，4800 余字，收入尕藏罗赛所编藏文《叙事诗如意宝瓶》，甘肃民族出版社 2002 年 9 月版。（喇有勇）

退回的聘礼

དར་དཀར་པོའི་གཉེན་རྟགས་ཕྱིར་ལ་ཁྱེར།
dar dkar povi gnyen rtagng phyir la khyer

藏语安多方言叙事诗。主要流传于甘南藏族自治州玛曲、碌曲、夏河、合作等市县的广大牧区。大致内容：一位美丽的藏族少女年方十八，长得秀气漂亮，聪慧过人，方圆几十里的年轻人都梦想娶她为妻。有一天，她家突然来了三位不速之客，骑着高头大马，穿戴十分讲究，要求直接找她阿爸谈话，姑娘家热情接待。姑娘从他们与父母的言谈和儿时伙伴的口中得知上门客人带着哈达等聘礼是来提亲的目的后，因为留恋自己年迈的父母，执意不愿出嫁，经过和父母充分地沟通交流，最终退回了神圣的哈达等聘礼，父母也尊重了女儿的选择。对研究藏族文学和民俗文化有参考价值。全诗共 696 行，4200 余字。收入尕藏罗赛所编藏文《叙事诗如意宝瓶》，甘肃民族出版社 2002 年 9 月版。（喇有勇）

佛殿

ལྷ་ཁང་།
lha khang

藏语安多方言叙事诗。主要流传于甘南藏族自治州玛曲、碌曲、夏河、合作等市县的广大牧区。用华丽的语言叙述了一座经堂所处的方位和呈现出的祥瑞之象，对佛殿外不见木、内不见石的建筑工艺和周围宝塔等建筑风格做了介绍，还对佛殿内供奉的金制、铜制、木刻、泥塑的各种佛像以及虔诚的信徒顶礼膜拜的场面也一一地做了详尽的描述，表达了人们渴望和平、祈求幸福的美好愿望。对研究藏族民间文学和宗教文化有参考价值。全诗共 116 行，700 余字。收入尕藏罗赛所编藏文《叙事诗如意宝瓶》，甘肃民族出版社

版社 2002 年 9 月版。（喇有勇）

完美而贤惠的女人

འཛོམས་བརྒྱད་བུ་མོའི་རྟོགས་བརྗོད།

vdzoms brgyad bu movi rtogs brjod

藏语安多方言叙事诗。主要流传于甘南藏族自治州玛曲、碌曲、夏河、合作等市县的广大牧区。运用没有雨露就没有禾苗等大量比喻，从不同角度和不同层次歌颂了热爱和执着追求美好生活的善良女人。她们既平凡而又伟大，小时候是妈妈怀中的乖乖女，长大出嫁后是孝顺的儿媳、贤惠的妻子、慈祥的母亲；她们对佛祖虔诚信奉，对父母万分孝顺，对爱人专心厮守，对子女慈爱呵护；她们在漫长的生活中默默地承担着繁重的家务劳动，经受着艰辛和曲折。赞扬了完美而贤惠女人与生俱来的善良、勤劳、朴实、贤惠的本质和坚忍不拔的精神品德。对研究藏族民间文学和家庭伦理学有参考价值，对构建和谐社会也有积极意义。全诗共 890 行，7200 余字。收入尕藏罗赛所编藏文《叙事诗如意宝瓶》，甘肃民族出版社 2002 年 9 月版。（喇有勇）

骏马嘶鸣

ཁ་བཀུག་གི་འདོ་བ་སང་སང་འཚེར།

kha bkug gi vdo ba sang sang vtsher

藏语安多方言叙事诗。主要流传于甘南藏族自治州广大牧区。大致内容：草原是骏马的家，草原离不开骏马，骏马也离不开草原，它是牧民主要的交通工具。清晨，一匹骏马看到主人在准备鞍具时，它知道自己又要陪主人上路了，于是兴奋不已，用高亢的嘶鸣表示愿为主人效力的激动心情，充分叙述了马这一灵性动物与主人之间的紧密关系。牧人放牧需要马，农民耕种需要马，男女老幼出门要骑马，小伙子通过赛马来赢得姑娘的芳心，英雄离不开骏马，就连盗马贼也要马。马是人类最忠实的朋友。对研究藏族民间文学和牧业生活有参考价值。全诗共 688 行，5500 余字，收入尕藏罗赛所编藏文《叙事诗如意宝瓶》，甘肃民族出版社 2002 年 9 月版。（喇有勇）

牛角琴

འབྲོང་རྭ་སྨུག་པོའི་པི་ཝང་།

vbrong rwa smug povi pi wang

藏语安多方言叙事诗。主要流传于甘南藏族自治州玛曲、碌曲、夏河、合作等市县。大致内容：牛角琴是用羊肚子、松香、牛角、红檀香木等制成的弹拨乐器，它既能弹出高亢的音调，又能弹奏低沉的乐曲，琴声优美悦耳，可以弹奏出各种旋律的曲子，与笛子等乐器相配演奏，琴声显得更加悠扬动听，犹如天籁之音，能使人们忘记烦恼和忧愁，解除一天的劳累困乏。穿插介绍了牛角琴的制作方法和弹奏技巧。对研究藏族民间文学和民间器乐有参考价值。全诗共 252 行，1500 余字。收入尕藏罗赛所编藏文《叙事诗如意宝瓶》，甘肃民族出版社 2002 年 9 月版。（喇有勇）

誓友东科

མནའ་བཅད་དོན་ཁོ།

mnav bcad don kho

藏语安多方言叙事诗。诗歌体爱情叙述诗。流行于青海省海西蒙古族藏族自治州天峻县。通过叙述男主人公东科赴约时的激情、恋人才吉忍受病痛折磨的过程、才吉向情人东科倾诉的肺腑遗言，表达了东科失去女友才吉之后悲切的情感和忍痛割爱的思念心情。对研究藏族民间叙述诗有参考价值。多杰讲唱，更登尖措和才旦多杰记录。32 开纸 12 页，250 行。收入《藏族婚礼祝辞》，北京民族出版社 1989 年版。（华多太）

姑娘拉改卓玛

བུ་མོ་ལྷ་དཀར་སྒྲོལ་མ།

bu mo lh dkar sgrol ma

藏语安多方言叙事诗。婚龄少女出嫁歌、诗歌体出嫁歌。流行于青海省海西蒙古族藏族自治州天峻县。女儿拉改卓玛出嫁时，其父母、兄弟及长辈们对她讲述女大当嫁的道理，并教诲和告诫她进入婆家之后为人处事、待人接物时所要注意的规矩。愿使她在婆家和睦可亲、互助互爱、幸福美满。对研究藏族民间叙述诗有参考价值。玛玛讲唱，杨来新和桑俄尖措记录。32 开纸 9 页，

198 行。收入《藏族婚礼祝辞》，北京民族出版社 1989 年版。（华多太）

衣赞

གོས་རྨ་བྱའི་སྒྲོ་མདངས་རང་གསལ།

gos rm byvi sgro mdangs rang gsl

藏语安多华锐方言叙事诗。流传于甘肃省天祝藏族自治县抓喜秀龙镇。通过描述华锐藏人服饰的来由、制作工艺及华丽排场，细腻地表达了华锐藏人的风俗习惯，同时通过描写服饰周边的生活场景，从另一个侧面反映了华锐藏人瑰丽的想象力和朴素的审美观。仁钦吉演唱，张恩智笔录、汉译整理。16 开 70 页，600 行。今藏天祝藏族自治县古籍整理办公室。（刚乃旦才让　夏金山）

帽赞

གཉེན་རྒྱལ་པོའི་ཝ་ཞྭ།

gnyin rgyl povi wa zha

藏语安多华锐方言叙事诗。流传于甘肃省天祝藏族自治县抓喜秀龙镇。通过描述华锐藏人帽子的制作材料及技艺等，来表达华锐藏人丰富多彩的服饰文化。华锐藏人无论男女老幼，冬天多戴狐皮帽和羔皮帽，夏天多戴“礼帽”。这些帽子皆为牧人的手工制品，形态各异，美观大方。在绚丽多彩的华锐藏族服饰中，帽子尤为引人注目，堪称一绝。仁钦吉演唱，张恩智笔录、汉译整理。16 开 60 页，500 行。今藏天祝藏族自治县古籍整理办公室。（刚乃旦才让　夏金山）

鞍赞

རྟ་སྒ་ཁྱུང་ཆེན་གཤོག་པ།

rt sg khyung chen gshog pa

藏语安多华锐方言叙事诗。流传于甘肃省天祝藏族自治县抓喜秀龙镇。通过一问一答的形式，描述了华锐藏人马鞍的来由、制作材料及工艺，并以鲜明的对比方式，通过马鞍细腻地表达了华锐藏人的文化形态和价值趣向。重点在于反映了华锐藏人对林木自然的学科认知和价值判断。同时，通过描述鞍材配件的丰富多彩，从另一个侧面反映了华锐藏人业已成熟的马鞍制作技艺。仁钦吉演唱，张恩智笔录、汉译整理。16 开 80 页，680 行。今藏天祝藏族自治县古籍整理办公室。（刚乃旦才让　夏金山）

麦秀古风土曲

དམེ་ཤུལ་ས་བསྟོད་ཡུལ་ཕྱོགས་དགྱེས་པའི་གླུ་དབྱངས།

dme shul sa bstod yul phyogs dgyes bavi glu dbyngs

藏语安多方言叙事诗。流传于青海省黄南藏族自治州。这是一部具有教诲性的地方赞歌，主要内容讲述麦秀四部落之间发生纠纷时，由老人尤萨娄角智为了调解内部矛盾，避免争斗伤亡与外界的流言蜚语，协调四部落之间的关系，加强内部团结、和睦而创作，并使当地百姓能够从中得到教育启发。索南才让、华洛记录。16 开纸 5 页，140 行。收入青海《群众艺术》藏文版，1986 年第 1 期。（才让本　吴钰）

那浪玉湖

ན་ལུང་གཡུ་མཚོ།

na lung gyu mtso

藏语安多方言叙事诗。流传于青海省西宁市。讲述在当时藏族青年男女没有婚姻自由，婚姻的基本是父母之命、媒妁之言，大部分婚姻只有责任，没有爱情，给热恋中的男女带来了极大的伤害与能苦。表达了他们对婚姻自由的强烈愿望。对研究藏族古代社会民俗、婚姻等有参考价值。卡欠格桑罗赛记录。16 开纸 7 页，196 行。收入青海《群众艺术》藏文版，1998 年第 2 期。（才让本　吴钰）

察吉罗藏尼玛

ཚ་སྐྱུར་བློ་བཟང་ཉི་མ།

tsa skyur blo bzang nyi ma

藏语安多方言叙事长诗。流传于青海省西宁市。马步芳军阀统治青海时期对当地农牧民进行了惨无人道的剥削压迫，使得当地民众无法生产生活，他们在察吉罗藏尼玛的带领下进行反抗斗争。本诗讲述察吉罗藏尼玛冲锋陷阵与敌人进行你死我活的战斗后，最终倒在血泊中英勇牺牲。体现了其大无畏的精神。反映了藏族人民反对压迫，保护家乡安宁的英雄事迹。仲吾多杰仁青记录。16 开纸 7 页，4000 余字。收入青海《群众艺术》藏文版，1997 年第 1 期。（项智多杰 吴钰）

昂拉桑杰

སྔང་རའི་སངས་རྒྱས།

snng ravi sangs rgys

藏语安多方言叙事长诗。流传于青海省尖扎县。讲述青海尖扎昂拉桑杰的三个儿子被马步芳残杀的经历，揭露马步芳惨无人道、草菅人命，残杀无辜百姓的暴行。反映了藏族群众对马步芳残暴反动统治者的控诉，是藏族近代历史的一个真实的故事。格桑才旦和索南昂杰记录。16 开纸 10 页，280 行。收入青海《群众艺术》藏文版，1982 年第 3 期。（才让本 吴钰）

刚察加卜洛

རྒང་ཚའི་སྐྱབས་ལོ།

rgng tsavi skybs lo

藏语安多方言叙事长诗。流传于青海省西宁市。控诉马步芳军队残杀无百姓讲述马步芳不分黑白，草菅人命，无辜故残杀藏族百姓的罪恶。反映了藏族人民对残暴反动统治者的憎恨。索南本记录。16 开纸 3 页，84 行。收入青海《群众艺术》藏文版，1986 年第 1 期。（才让本 吴钰）

南杰才落的故事

གནའ་རྒྱལ་ཚེ་ལོའི་རྣམ་ཐར།

gnav rgyl tse lovi rnm thar

藏语安多方言叙事长诗。流传于青海省西宁市。是一位临终前的老人留给子孙后代及亲朋好友关于人情世态和为人处世的忠告，以自己近百年的生活经历中见到的人情世故来警告后人的教诲，是对历史教训、社会经验、做人原则的一份总结。扎西记录。16 开纸 9 页，252 行。收入青海《群众艺术》藏文版，1983 年第 4 期。

（才让本 吴钰）

没有幸福的察巴

མི་སྐྱིད་ཚ་བ་རོང་།

mi skyid tsa ba rong

藏语安多方言爱情悲剧叙事诗。流传于西康地区。通过天真姑娘的受骗，被迫出嫁，最后走向死亡道路的故事情节，有力地诅咒了买卖婚姻的黑暗，无情地鞭笞了那些以父母之命、媒妁之言为理由的贪财者，歌颂了青年男女洁白无私、坚贞不渝的爱情。龙知记录。16 开纸 8 页，224 行。收入青海《群众艺术》藏文版，1982 年第 1 期。

（才让本 吴钰）

达尼朵

ཏྭ་ནི་སྟོད།

tw ni stod

藏语安多方言叙事诗。流传于青海省西宁市。讲述封建婚姻制度下，父母之命、媒妁之言的婚俗对争取自由恋爱的青年一代造成的爱情悲剧，刻画了一个忠于爱情、懂得爱情的青年形象，歌唱了青年男女争取婚姻自由的勇敢行为，表现了爱情悲欢离合。16 开纸 11 页，308 行。收入青海《群众艺术》藏文版，1981 年第 1 期。

（才让本 吴钰）

少年悲歌

འབའ་ན་ཆུང་རྩེན་པའི་རང་མདངས།

vbav na chung rtzen pvi rang mdangs

藏语安多方言叙事诗。流传于青海省西宁市。讲述一对青年男女的真挚爱情遭到封建婚俗催残，塑造了一个感情纯真、心地善良、贞慧贤淑的藏族劳动妇女追求自由爱情，爱家爱民，敢于对统治阶级暴行做斗争的英雄形象，揭露了马步芳的残暴统治对藏族社会造成的罪恶，反映了藏族人民敢于对反动统治的压迫进行战斗到底的决心。仁青东珠记录。16 开纸 9 页，252 行。收入青海《群众艺术》藏文版，1988 年第 1 期。

（才让本 吴钰）

恋情歌

རོགས་མཐུན།

rogs mthun

藏语安多方言叙事诗。流传于青海省西宁市。讲述一对青年男女自由相恋，争取婚姻自由，挣脱封建架锁的恋爱故事，歌颂了他们形影不离、海誓山盟的爱情，揭露了旧社会里青年男女没有恋爱的自由，批判了破坏美满婚姻的封建家长制。格桑旦巴记录。16开纸4页，112行。收入青海《群众艺术》藏文版，1985年第2期。

（才让本 吴钰）

结拜的兄弟东果

མནའ་བཅད་དོན་ཁོ།

mnav bcad don kho

藏语安多方言叙事长诗。流传于青海省西宁市。讲述一对男女之间的爱情悲剧故事，反映了旧社会的门第等级观念的阻碍，破坏了青年男女的恋爱自由和幸福生活，赞美了他们纯洁坚贞和抗争精神。格登坚措记录。16开纸5页，140行。收入青海《群众艺术》藏文版，1981年第5期。

（才让本 吴钰）

古哇活佛的故事

ཨ་ལགས་ཀོའུ་བའི་གཏམ་རྒྱུད།

a lags kovu bavi gtam rgyud

藏语安多方言叙事长诗。流传于安多地区。讲述中华民国时期军阀割据的时代背景下，藏族处于水深火热、群众生活苦不堪言，控诉了马步芳反动统治时期施行暴政，压迫藏族人民，无故残害百姓的恶劣行为。朋毛多杰、顾金勇记录。16开纸7页，196行。收入青海《群众艺术》藏文版，1983年第6期。

（才让本 吴钰）

阿诉老人的箴言

རྒན་པོ་ཨ་སོའི་གཏམ།

rgn po a sovi gtam

藏语安多方言叙事诗。流传于青海省西宁市。告诫人们谨言慎行，主张与贤德之人结交，提倡己所不欲勿施于人、不要轻信别人等，反映了作者的道德观及善恶意识。项杰、万玛多杰记录。16开纸5页，140行。收入青海《群众艺术》藏文版，1985年第3期。

（才让本 吴钰）

《格萨尔王传》安定三界之部

གླིང་གེ་སར་རྒྱལ་པོའི་རྣམ་ཐར་ལས་ཁམས་གསུམ་བདེ་བར་བཀོད་པ།

gling ge sar rgyl bovi rnm thar las khams gsum bde bar bkod pa

藏语安多方言叙事诗。流传于青海省西宁市。属《格萨尔王传》一段，主要讲述格萨尔王功德圆满即将招入极乐天界时对众臣的遗言。藏语唱词的语言风格和艺术特色别具一格。对研究《格萨尔王传》以及藏族民俗思想等有参考价值。帕巴杰记录。16开纸25页，700行。收入青海《群众艺术》藏文版，1987年第1期。

（久迈 吴钰）

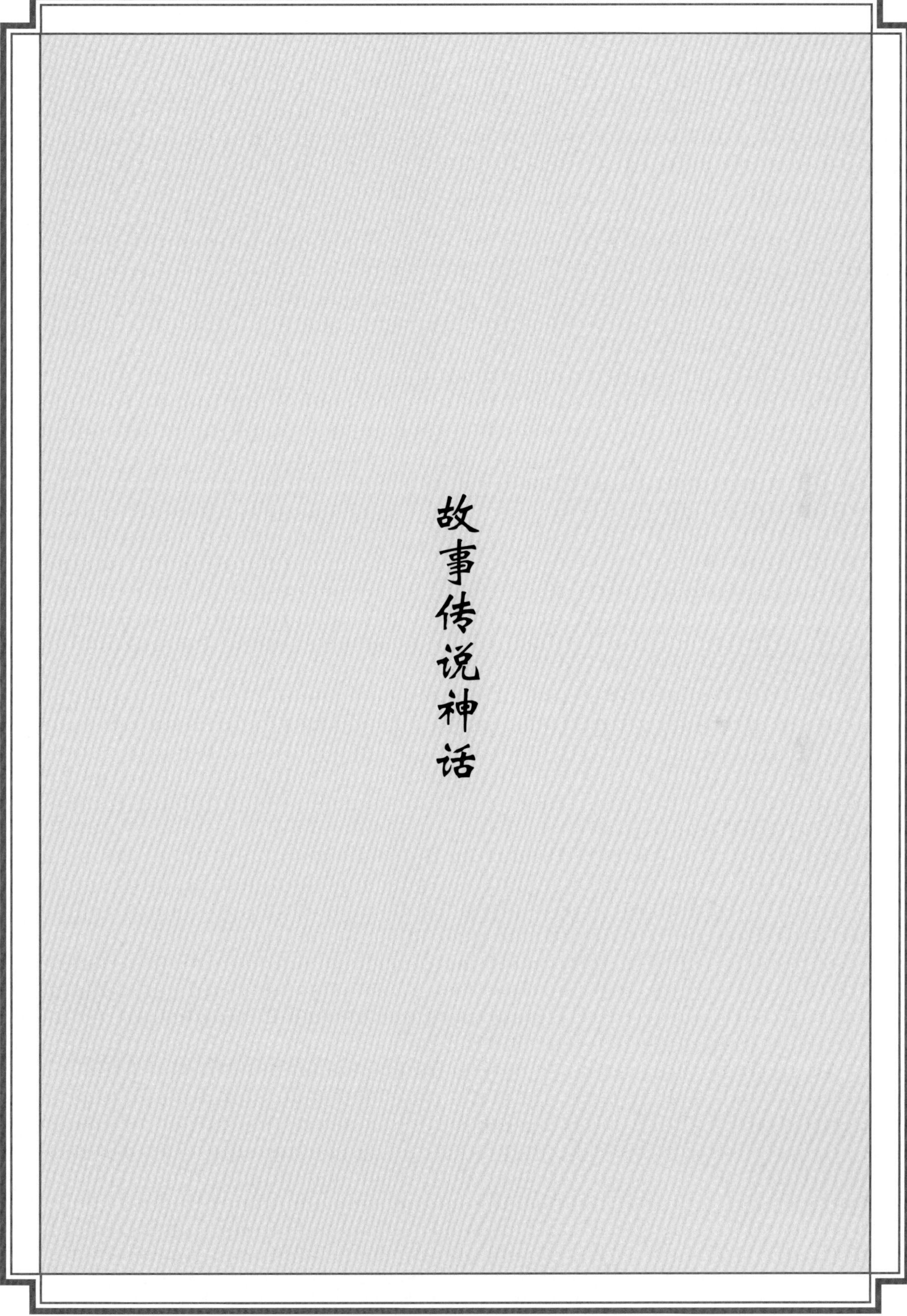

故事传说神话

青海湖的传说（一）

མཚོ་སྔོན་པོའི་གཏམ་རྒྱུད།

mtso sngon povi gtam rgyud

藏语安多方言民间故事。流传于青海省海南藏族自治州共和县。讲述青海湖形成及其名称的来历。吐蕃名臣禄东赞父子戍守东境，驻防于青海湖畔的龙宝赛钦山北麓。一日取水，不慎忘了盖住泉眼。结果，泉水喷涌而淹没了山下居住的万家牧户。莲花生大师为控制泛滥的水灾，便靠非凡神通，搬来印度大天山即玛哈德瓦山头堵住泉眼，从而形成了青海湖和海心山。这就是藏族后人称青海海为“措赤雪嘉莫”，即“万户淹没之湖”；称海心山为“措娘玛哈德瓦”名称的由来。反映了藏族人民对古代吐蕃名臣禄东赞（噶尔·东赞宇松）的深切怀念和莲花生大师的崇敬之情，表现了人们对高原内陆湖泊形成的朴素认识以及对自然现象加以神化的民族心理。对研究考察吐蕃名臣禄东赞父子在青海湖一带的活动踪迹及藏人对自然环境变迁所持的看法有参考价值。1986年班玛杭加讲述，角巴东主记录。32开纸3页，1000余字。收入《海南民间故事》，青海省海南藏族自治州三套集成办公室1992年编印。（才玛吉）

青海湖的传说（二）

མཚོ་སྔོན་པོའི་གཏམ་རྒྱུད།

mtso sngon povi gtam rgyud

汉语青海方言传说。流传于青海省平安区祁家川、湟中县小南川一带。讲述青海湖、海心山的传说故事。松赞干布派人向文成公主议亲，议亲人龙保瓜丹挑唆亲事，后被挖眼赶出西藏，藏王造海上宫殿，龙保瓜丹知秘方，派人追，路遇清泉，越涌越大，龙保瓜丹抓土堵水成湖。达仁增讲述，魏占乾记录。32开纸3页，1300字。收入《中国民间故事集成·平安县卷》，中国标准出版社1991年版。（谢盛邦）

年宝玉泽神山

གཉན་པོ་གཡུ་རྩེ།

gnyan po gyu rtse

藏语安多方言民间故事。流传于青海省海南藏族自治州同德县。讲述人与山神的关系。古时候，青海省果洛的康干部落有一户人家，只有一个老阿妈和她的女儿，靠着在年宝玉泽山里放几只山羊糊口，年宝玉泽山神十分同情母女俩贫寒的生活处境。为了帮助母女俩摆脱贫困，能过上好日子，有一天，山神化作小伙子，骑着一头白额牦牛来到牧羊女家，请求老阿妈将其女儿嫁给他，老阿妈没答应；又提出可以当上门女婿，阿妈还是没答应。后来，小伙子同牧羊女相爱，牧羊女生了一个男孩，男孩长大后当上了康干部落的头人。反映了贫穷百姓渴望改变生活处境和地位的美好愿望。对了解藏族部落社会里穷苦百姓将改变生活命运的希望寄托于世间神祇的世族心理有参考价值。1990年洛旦讲述，闹吾仁欠、增太吉记录，闹吾仁欠翻译。32开纸4页，1000余字。藏、汉文均收入《海南民间故事》，青海省海南藏族自治州民间文学三套集成办公室1992年7月编印。

（才玛吉）

神女骡和贡波洞

ལྷ་མོ་དྲེལ་དང་མགོན་པོ་གདོང་།

lha mo drel dang mgon po gdong

藏语安多方言民间故事。流传于青海省海南藏族自治州共和县。讲述“拉姆哲”和“贡波洞”名称的来历。一位叫贡波夸诺尖曲扎巴拉的行者，遵莲花生大师之命穿越直通印度清凉寒林的岩洞，前来解救被泛滥成灾的青海湖水淹没的牧人、牛、羊等诸生灵。贡波的母亲吉祥天母也前来佑助。洪水征服后，吉祥天母即华旦拉姆飞回天宫，坐骑骡子即刻融入今海南藏族自治州共和县石乃亥乡境内神女骡寺附近一座磐石之中，并让其随从贡波在此守护。从此“拉姆哲”（即神女骡）“贡波洞”（即怙主岭）两个名称逐渐在当地流传。反映了藏人对莲花生大师和吉祥天母的崇敬心理，是了解、考察地名起源和演变问题的重要口碑资料。1991年阿尕讲述，闹吾仁青记录，郭晋渊翻译。32开纸2页，500余字。藏、汉文均收入《海南民间故事》，青海省海南藏族自治州民间文学三套集成办公室1992年7月编印。（才玛吉）

木盖滩

མུ་གེ་ཐང་།

mu ge thang

藏语安多方言民间故事。流传于青海省海南藏族自治州贵南县。讲述木盖滩即饥馑名称的来历。今青海省海南藏族自治州贵南县境内木盖滩即饥馑，古时候是一片牧草茂盛的草原。后来，天、人、魔在此混战，男女相继战皆阵亡，最后吉祥天母出征而获胜，佛陀将天母封为护法。由于战时魔鬼施展巫术扬起沙尘暴，使这片草场顿时变为毫无生机的戈壁滩，那里的人畜生灵亦饿死随之消亡殆尽。从此，人们对这片被沙尘埋没而成为荒滩的草原遂称之为“木盖滩”即“饥馑滩”。反映了藏族人对自然秣在天灾人祸中遭受破坏的惋惜之情。对研究藏族人重视人与自然和谐的生态意识有参考价值。1991 年完德讲述，更太措记录。32 开纸 2 页，500 余字。收入《海南民间故事》，青海省海南藏族自治州民间文学三套集成办公室 1992 年 7 月编印。（才玛吉）

公鸡鸣“更尕”声之由来

བྱ་ཕོས་ཀུན་དགའ་ཞེས་གྲག་དོན།

bya phos kun dgav zhes grag don

藏语安多方言民间故事。流传于青海省海南藏族自治州贵南县。讲述公鸡鸣叫“更尕”之声的缘由。孔雀本无顶翎，而人们现在所见的孔雀头顶的这个羽翎，原先长在公鸡的头上，贪婪的孔雀通过花言巧语骗取公鸡的信任，借走公鸡顶翎，孔雀越看越舍不得那漂亮的羽翎，于是竟恬不知耻地将公鸡的顶翎长期戴在自己头上，索性未归还给公鸡，从此，公鸡无奈之下经常跑到高处愤恨地大骂孔雀：“更尕！更尕”意为“厚颜无耻！厚颜无耻！”故事借孔雀的虚荣、贪婪和公鸡的执着、认真，表达了人性的贪婪、虚伪、自私和藏族人民注重礼义廉耻的思想。对研究藏族礼仪观念有参考价值。1991 年贡布才让讲述，更太措记录，郭晋渊翻译。32 开纸 1 页，300 余字。藏文、汉文均收入《海南民间故事》，青海省海南藏族自治州民间文学三套集成办公室 1992 年 7 月编印。（才玛吉）

萨柯孤儿

ས་ཁུའི་དུའུ་ཟླ།

sa khuvi duvu zla

藏语安多方言民间故事。流传于青海省海南藏族自治州同德县。讲述一山神血脉成为孤儿的故事。神女拉坚木怀有身孕，与瓦隆札玛尔私奔；阿尼玛沁闻讯后，派兵追赶；途中婴儿出世，为免被抓，阿妈拉坚木只好把男婴儿托付给萨柯部落头人，逃往瓦隆山上。从此这位阿尼玛沁山神的侄儿阿玛拉坚木所生的神子成了生离父母的孤儿，并得名“萨柯孤儿”。表达了人们渴望得到真情的心愿，鞭挞了对旧时某些爱慕虚荣的上层人士为维护封建体统，不惜对平民施加压力，使之妻离子散的可恶行径。1991 年龙柔、才太本讲述，周本加记录。32 开纸 2 页，400 余字。收入《海南民间故事》，青海省海南藏族自治州民间文学三套集成办公室 1992 年 7 月编印。（才玛吉）

戴胜鸟（一）

པུ་ཤུད་སྟག་རུལ།

pu shud stga rul

藏语安多方言民间故事。流传于青海省海南藏族自治州贵南县。讲述戴胜鸟浑身长满各色羽毛的缘由。戴胜鸟原来是纯白色，由于偷懒不去参加百鸟大聚会，众鸟奉大鹏鸟之命拔光了它的羽毛，以示惩罚。后来，戴胜鸟通过机智对答大鹏鸟提出的各种难题以崭露头角，因而受到大鹏鸟的赏识，并赐得百鸟的各色羽毛，从此有了五彩花色之身。反映了藏族人重视遵纪守法的观念和重才重德的思想。1991 年贡布才让讲述，更太措记录。32 开纸 2 页，5000 余字。收入《海南民间故事》，青海省海南藏族自治州民间文学三套集成办公室 1992 年 7 月编印。（才玛吉）

戴胜鸟（二）

པུ་ཤུད་ལྟག་རིང་།

pu shud ltg ring

藏语安多方言动物故事。流传于青海省北部藏区。讲述戴胜鸟五色羽毛的来历。鸟类王国要选出一位国王。办法是比飞翔高度，哪个飞得高而且落地稳，哪个就是国王。戴胜鸟骑在大鹰的身上，要赖皮要当国王。大家考虑到它比较聪明，就任命其为鸟类王国的将军，并且每只鸟都从自己身上拔了一只羽毛给戴胜鸟，表示拥戴。1996年才科讲述，才让夺记录整理。32开纸3页，700余字。收入《海北藏族自治州民间文学丛书·故事》，青海民族出版社2001年藏文版。（才让夺）

鸽子、沙鸡和雪鸡

ཕུག་རོན་དང་སྲེག་པ་གོང་མོ།

phug ron dang sreg pa、gong mo

藏语安多方言民间故事。流传于青海省海南藏族自治州贵南县。讲述雪鸡叫声由来。由沙鸡做担保，雪鸡借给鸽子十六粒粮食。期限到了，鸽子不来还债，雪鸡前去讨债时，鸽子却说“禾格姆代”（意为“就是不给”），找沙鸡出面解决，沙鸡却回答“达直格”（意为“没关系”），雪鸡只好常喊“居周”（意为“十六”）讨债，这就是雪鸡叫声的由来。表述了动物发声同安多藏语谐音产生意境。1991年贡布才让讲述，更太措记录，郭晋渊翻译。32开纸2页，600余字。藏文、汉文均收入《海南民间故事》，青海省海南藏族自治州民间文学三套集成办公室1992年7月编印。（才玛吉）

鹿换犄角

ཤྭ་བོས་ར་བརྗེས་པ།

shwa bos rwa brjes pa

藏语安多方言民间故事。流传于青海省海南藏族自治州贵南县。讲述鹿换杈角的缘由。贪慕虚荣的鹿看见骆驼头上长得漂亮的杈角，非常喜欢，它便对骆驼说要去参加一个宴会借一下其杈角并约定次日在河边归还物主。但鹿一直没到河边归还驼角，由于鹿角作为借用之物，每年都要更换；而骆驼为索要杈角每天到河边等候。揭露了贪图虚荣、公然践踏礼义廉耻的卑劣行径。对研究藏族人的礼仪观念有参考价值。1991年贡布才让讲述，更太措记录，郭晋渊翻译。32开纸2页，300余字。藏文、汉文均收入《海南民间故事》，青海省海南藏族自治州民间文学三套集成办公室1992年7月编印。（才玛吉）

兔子豁嘴

རི་བོང་གི་ཁ་ཤོ་བ།

ri bong gi kha sho ba

藏语安多方言民间故事。流传于青海省海南藏族自治州贵南县。讲述兔子豁嘴的缘由。狐狸寻食，随老虎得到了一顿野牛做美餐。次日，狐狸模仿老虎想一跃扑到山脚的野牛身上，不料摔在地上昏死了。兔子见状禁不住咧嘴大笑，也把嘴唇给笑豁了。劝诫世人要有同情心，禁忌嘲笑讥讽那些一时因言和失范而不幸陷于窘境的人；并劝告人们为人处世不可自不量力，必须谨言慎行。1991年班玛才旦讲述，马建国记录，郭晋渊翻译。32开纸2页，1000余字。藏文、汉文均收入《海南民间故事》，青海省海南藏族自治州民间文学三套集成办公室1992年7月编印。（才玛吉）

世道不公之因

འཇིག་རྟེན་དྲང་གཞག་མིན་དོན།

vjig rten khams vdra mnyam min pavi ngag rgyun

藏语安多方言民间故事。流传于青海省海南藏族自治州兴海县。讲述因一女造成世道不公的缘由。虫壳王子坚持帮助一老汉上山砍柴，王子同其老三女儿相爱成亲。受人指点，老三女儿识破虫壳王子真身，却过早烧了丈夫的虫壳，后又在撒灰时忘了丈夫教的辞令，导致贫富不均、世道不公。反映了人与动物和谐相处的真诚愿望和对人间贫富现象的朴素思考。1989年色拉措讲述，马建国记录，闹吾仁青翻译。32开纸5页，2000余字。藏文、汉文均收入《海南民间故事》，青海省海南藏族自治州民间文学三套集成办公室1992年7月编印。（才玛吉）

妖女和三姑娘

འདྲེ་མོ་དང་ཞི་མོ་གསུམ།

vdre mo dang zhi mo gsum

藏语安多方言民间故事。流传于青海省海南藏族自治州兴海县。讲述妖女杀害他人而得到报应的故事。妖女杀害老母后佯装回家，其阴谋被两位姐姐所识破。后妖女以糖果诱骗并强迫小女儿开门并在夜间将其杀害。两个姐姐得知后机智出逃，为甩开追赶的妖女，她俩祈祷老天爷设法解救，老天爷速降天梯，使两个姐姐脱离险境。妖女亦求老天爷赐梯而追杀两个姐姐，妖女也得到梯子，当其上梯追赶时，梯子突然中断使妖女坠崖而亡。表达了正义终能战胜邪恶的观念和对神灵的精神寄托。1991 年尕玛多杰讲述，马建国记录。32 开纸 3 页，500 余字。收入《海南民间故事》，青海省海南藏族自治州民间文学三套集成办公室 1992 年 7 月编印。（才玛吉）

狼和山羊

སྤྱང་ཀི་དང་ར་མ།

spyang ki dang ra ma

藏语安多方言民间故事。流传于青海省海南藏族自治州贵南县。讲述山羊机智对付恶狼的故事。绵羊、山羊和驴同住一家，某日灶中火灭，驴和绵羊相继去隔壁狼家讨火，结果丧身狼口，山羊识到它俩一去不返全是狼所为，便去向狼询问。当狼问其犄角、尾巴和路旁子各有什么用处时，山羊抓住对方心虚多疑的心理弱点，机智地回应，狼闻之惧而逃。路遇老虎并告知此事，老虎好奇，决定去看个究竟。狼对老虎说：“你个高腿长，跑起来比我快，我怕赶不上你。”于是老虎同狼拴尾疾行，到山羊处时只见山羊傲立在它们面前，并轻蔑地问狼道：“你说要带来的天下无敌就是它吗？”虎闻之惊恐而逃，狼被拖致死。表明了弱能胜强。班玛才旦讲述，马建国记录，郭晋渊翻译。32 开纸 3 页，1000 余字。藏文、汉文均收入《海南民间故事》，青海省海南藏族自治州民间文学三套集成办公室 1992 年 7 月编印。（才让吉）

恶狼和绵羊

སྤྱང་ཀི་དང་མ་མོ།

spayng ki dang ma mo

藏语安多方言民间故事。流传于青海省海南藏族自治州兴海县。讲述野兔帮助绵羊摆脱狼的威胁的故事。绵羊在朝圣路上遇见狼，狼决定回途将羊吃掉。野兔知道绵羊遭遇的生命危险后，与绵羊一同准备了纸张、木棍、绳子、白毡等物，最终智胜恶狼，将恶狼制服。表明弱者团结能以智取胜。1989 年色姆措讲述，马建国记录，郭晋渊翻译。32 开纸 2 页，1000 余字。藏文、汉文均收入《海南民间故事》，青海省海南藏族自治州民间文学三套集成办公室 1992 年 7 月编印。（才让吉）

两只老鼠

ཙི་གུ་གཉིས།

tsi gu blo ldan gnyis

藏语安多方言民间故事。流传于青海省海南藏族自治州共和县。讲述两只老鼠除掉大象并帮助国王退敌的故事。两只聪明的老鼠为保护自己的食物，在求王无助的情况下除掉了大象；后邻国与国王宣战，国王请求两只老鼠相助，众鼠破坏邻国仓库中的武器，逃过战事的国王把两只老鼠请至宫殿，使其受到爱护抚养。表达了人们追求宽容、互助共存的美好愿望。1991 年英洁讲述，更太措记录，郭晋渊翻译。32 开纸 3 页，2000 余字。藏文、汉文均收入《海南民间故事》，青海省海南藏族自治州民间文学三套集成办公室 1992 年 7 月编印。（才让吉）

骏马和狼

རྟ་མཆོག་དང་སྤྱང་ཀི

rta mchog dang spyang ki

藏语安多方言民间故事。流传于青海省海南藏族自治州兴海县。讲述一匹陷于泥潭的骏马智胜野狼的故事。一骏马陷于泥潭，被野狼发现而欲吃；骏马依靠聪明才智，让狼从泥潭解救并洗身，最后借口让狼看自己的蹄子为由，挫败对方的阴谋，置其于死地。表明智者即使身处险境，亦能临危不乱，以智取胜。1991 年拉才加讲述，马建国记录，郭晋渊翻译。32开纸2页，400余字。藏文、汉文均收入《海南民间故事》，青海省海南藏族自治州民间文学三套集成办公室编印。（才让吉）

兔子和鸽子

རི་བོང་དང་ཕུག་རོན།

ri bong dang phug ron

藏语安多方言民间故事。流传于青海省海南藏族自治州贵德县。讲述兔子同鸽子失和，最后双方灭亡的故事。鸽子设巢于锦鸡儿树，兔子也在树下筑屋，鸽子拉的屎总会撒到兔子头上，双方为此一直闹矛盾，最后双方请鹞子、野狼评理，进行裁决，但谁都不听双方离开锦鸡儿树的建议，气急的野狼最后把不听话的双方都吃掉了。表明互不相让，死钻牛角，只能两败俱伤。1991 年班玛加措讲述，更太措记录，郭晋渊翻译。32 开纸 3 页，500 余字。藏文、汉文均收入《海南民间故事》，青海省海南藏族自治州民间文学三套集成办公室 1992 年 7 月编印。（才让吉）

狼和兔子

སྤྱང་ཀི་དང་རི་བོང་།

spyng ki dang ri bong

藏语安多方言民间故事。流传于青海省海南藏族自治州贵德县。讲述牧人与兔子共同驱逐野狼的故事。牧民们经常杀食兔子，但对攻击杀害羊群的恶狼无所计施；兔子于心不忍，便在牧人同意以后不杀兔子的前提下，共同设计驱赶了恶狼。对藏人不食兔子肉的缘由做了形象的解释，表明万物相依相存。1991 年白玛尖措讲述，更太措记录。32 开纸 2 页，500 余字。收入《海南民间故事》，青海省海南藏族自治州民间文学三套集成办公室 1992 年 7 月编印。（才让吉）

熊和兔子

དྲེད་མོ་དང་རི་བོང་།

dred mo dang ri bong

藏语安多方言民间故事。流传于青海省海南藏族自治州兴海县。讲述熊妈妈害友惨遭报应和小兔子恩将仇报的故事。熊妈妈为谋生杀害了邻居兔子妈妈，为报仇，两只小兔子设法干掉了两只熊崽；熊妈妈知道后吃了一只小兔，另一只则逃脱。追逐途中，小兔子先后向牧羊人、牦牛人和牧马人求救，都未能得到解救，最后被好心的野牛将其藏在鼻孔里得以保护，并顶死母熊，小兔子此时咬住野牛心脏，想将救命者置于死地。表明害人实为害己，鞭挞了忘恩负义、恩将仇报的可耻行径。1991 年拉泽加讲述，马建国记录，郭晋渊翻译。32 开纸 3 页，1000 余字。藏、汉文均收入《海南民间故事》，青海省海南藏族自治州民间文学三套集成办公室 1992 年 7 月编印。（才让吉）

麻雀和老鼠

ཁང་བྱིའུ་དང་བྱི་བ།

khang byivu dang byi ba gnyis kyis gtugs bsher brgyab pavigtam rgyud

藏语安多方言民间故事。流传于青海省海南藏族自治州贵德县。讲述麻雀、老鼠失和而自取灭亡的故事。麻雀和老鼠居住在一起，一天为区区小事争吵，前去找猫主持公道，猫听得不耐烦，把双方都当作美食给吃了。表明了无理取闹会因小失大。1991 年才达讲述，更太措记录，郭晋渊翻译。32 开纸 2 页，300 余字。藏文、汉文均收入《海南民间故事》，青海省海南藏族自治州民间文学三套集成办公室 1992 年 7 月编印。（才让吉）

找熊崽

དྲེད་ཕྲུག་བཙལ་བ།

dred phrug btzal ba

藏语安多方言民间故事。流传于青海省海南藏族自治州贵德县。讲述兔子、喜鹊等帮助母熊找回熊崽的故事。母熊外出时，女鬼抓走熊崽，母熊哭着去寻找，路遇好心的兔子、喜鹊等的相助，从女鬼家救出了熊崽。赞美了善良、无私助人的美好社会公德。1991 年才达讲述，更太措记录，郭晋渊翻译。32 开纸 2 页，700 余字。藏文、汉文均收入《海南民间故事》，青海省海南藏族自治州民间文学三套集成办公室 1992 年 7 月编印。

（才让吉）

失宝

ནོར་བུ་ཤོར་བ།

nor bu shor ba

藏语安多方言民间故事。流传于青海省海南藏族自治州贵德县。讲述熊、蛙、老鼠同偷国宝又失去宝物的故事。熊、蛙和老鼠同心协力克服各种挫折窃取皇宫宝物，并带到河边，分赃时因各自心生贪念，互不相让，引起争吵。此时，恰有猎人走来，它们各自竞相逃命，宝物却落入猎人之手。讽刺了贪婪自私的行为。1991 年才达讲述，更太措记录，郭晋渊翻译。32 开纸 3 页，1000 余字。藏文、汉文均收入《海南民间故事》，

青海省海南藏族自治州民间文学三套集成办公室1992年7月编印。（才让吉）

流浪青年

གཞོན་ནུ་ལྡོམ་པོ།

gzhon nu ldom po

藏语安多方言民间故事。流传于青海省海南藏族自治州共和县。讲述一青年在动物伴侣帮助下同公主结为夫妻的故事。一流浪青年在路上陆续遇见狐狸、猴子、狼、喜鹊和乌鸦，他们成为朋友，结伴流浪。为了结束流浪生活，他们一起商议安家对策，并通过齐心谋划、一同施计，令国王同意招流浪儿为驸马，使他们都过上了幸福生活。表达了穷人想改变生活处境的愿望。1991年英洁讲述，更太措记录，郭晋渊翻译。32开纸4页，1000余字。藏文、汉文均收入《海南民间故事》，青海省海南藏族自治州民间文学三套集成办公室1992年7月编印。（才让吉）

兔子和单身汉

རི་བོང་དང་མྱི་རྐྱང་།

ri bong dang myi rkyang

藏语安多方言民间故事。流传于青海省海南藏族自治州贵南县。讲述兔子帮助单身汉娶得公主的故事。兔子很同情单身汉的处境，便鼓励他去国王家求婚，国王要求两家之间铺好红毡、白毡，又要栽树，这些都由兔子帮助单身汉顺利完成。通过几次周折，国王只好同意将公主下嫁给单身汉做妻子。表达了穷人努力改变自身命运和创造幸福生活的愿望。才卓玛讲述，马建国记录，郭晋渊翻译。32开纸3页，1000余字。藏文、汉文均收入《海南民间故事》，青海省海南藏族自治州民间文学三套集成办公室1992年7月编印。（才让吉）

母老虎与男孩

སྟག་མོ་དང་ཞི་ལི།

stag mo dang zhi li

藏语安多方言民间故事。流传于青海省海南藏族自治州兴海县。讲述母虎救助一男孩获得新生的故事。一男孩玩耍时不慎落到黄河，被一母虎相救，母虎带其到虎穴，将其同虎崽一起抚养。虎崽四肢发达时，母虎将男孩等一起带出虎穴，备马并送成群的牛羊，让男孩平安回家，男孩向一位知晓三世的圣人问其缘故，才知道那母虎是自己前世的妻子，它为了报答前世的恩爱之情，通过救助抚养，以示对其献爱心。反映了藏传佛教轮回思想。1991年扎西讲述，马建国记录，郭晋渊翻译。32开纸2页，400余字。藏文、汉文皆收入《海南民间故事》，青海省海南藏族自治州民间文学三套集成办公室1992年7月编印。（才让吉）

上下二王

སྟོད་སྨད་ཀྱི་རྒྱལ་པོ།

stod smad kyi rgyal bo

藏语安多方言民间故事。流传于青海省海南藏族自治州贵南县。讲述上部的傻王子迎娶下部公主的故事。上下二王王妃身孕，二王事先商定二妃若生下一男一女，将甲方公主长大后嫁给乙方王子。两王妃所生的果然是一男一女，由于上国王妃生下了一个拙口笨舌的男孩，其母为娶得下国公主，让王子带银子去学话，下国国君得知上国王子痴傻难语，准备给公主另找驸马，傻王子因邀赴宴，趁机说出所学的那几句话，奚落上茶的宫女，使之下不来台，那位宫女恼羞成怒，将其被羞辱之事禀报了国君。国君深感惊奇，当即改变主意将公主仍按原先达成的商定嫁给傻王子了，傻王子和王母依靠叔叔相助迎娶了下国公主。说明了功夫不负有心人的道理，勤奋、努力总会有收获。1991年夏吾讲述，更太措记录。32开纸5页，3000余字。收入《海南民间故事》，青海省海南藏族自治州民间文学三套集成办公室1992年7月编印。（才让吉）

王子与大臣

རྒྱལ་བུ་དང་བློན་པོ།

rgyl bu dang blon bo

藏语安多方言民间故事。流传于青海省海南藏族自治州。讲述一王子经过艰难挫折取得公主欢心的爱情故事。王子年岁十八，外出寻妃。陪同的两名奸臣企图陷害王子，施诡计将其关进了一个山洞，关闭王子的山洞通往龙宫，王子大难不死，被送回人间，在邻邦做牛倌，长期往来，赢得邻国公主的芳心，二人成亲，并回国继承了王位。当时国内发生瘟疫，当年陷害王子的那两名奸臣染疫而死。反映了善恶有报的因果报应的思想。1991年赛毛措讲述，马建国记录，郭晋渊翻译。32开纸4页，1000余字。藏文、汉文均收《海南民间故事》，青海省海南藏族自治州民间文学三套集成办公室1992年7月编印。（才让吉）

女仆之子

གཡོག་མོའི་བུ།

gyog movi bu

藏语安多方言民间故事。流传于青海省海南藏族自治州共和县。讲述一个女仆之子连闯难关，最后登上王位的故事。正直勇敢的女仆之子因得国王赏识，招来诸奸臣的妒忌；他靠自己的智慧、毅力和善方神灵的保佑，顺利抵达罗刹国，取来八瓣神花献给国王，先后两次依靠其结发妻子非凡的神通，给国君如期修成佛殿和御花园，并替国君去阴间探望其父王，又返回人间向国君禀报其父捎给国君的口信，如此一次次地挫败国王及奸臣将其置于死地的层层阴谋，结果国君恼羞成怒而暴死，女仆之子登上了王位。反映了正义战胜邪恶的道德观念。1991年英洁讲述，更太措记录，郭晋渊翻译。32开纸6页，4000余字。藏文、汉文均收入《海南民间故事》，青海省海南藏族自治州民间文学三套集成办公室1992年7月编印。

（才让吉）

胆大的小伙子

གཞོན་ནུ་སྙིང་ཆེན།

gzhon nu snying chen

藏语安多方言民间故事。流传于青海省海南藏族自治州兴海县。讲述一位有作为的穷人青年梦想成真，当上国王的故事。有一户很穷的人家只有母子二人，一次，儿子将梦见自己当上国王的事告诉了母亲，母亲听了很高兴，但此事不慎被国王得知后顿生将其置于死地的恶念，便命令小伙子朋往罗刹国为摘来奇妙之花，小伙子奉命上路，在善神的护佑下他顺利地采下奇花，并领着被神灵恩赐的仙女安全返回故国，仙女设计除灭了黑心的国王，小伙子登上了王位。表达了旧时穷苦百姓想改变自己生活命运的迫切愿望，鞭挞了封建统治阶级自私、贪婪的本性，害人实为害己、善恶必有报应的思想。1991年尕玛多杰讲述，马建国记录，郭晋渊翻译。32开纸3页，2000余字。藏文、汉文均收入《海南民间故事》，青海省海南藏族自治州民间文学三套集成办公室1992年7月编印。

（才让吉）

王子与牧羊女

རྒྱལ་བུ་དང་ལུག་རྫི་བུ་མོ།

rgyl bu dang lug rdsi bu mo

藏语安多方言民间故事。流传于青海省海南藏族自治州兴海县。讲述一王子与牧羊女之间的爱情故事。王子十八，总是找不到称心如意的心上人。一次在外散心，巧遇歌声优美、美貌动人的牧羊女，二人一见钟情。为了忠贞不渝的爱情，王子和牧羊女克服千辛万苦，排除各种障碍，最终结为伉俪。反映了勇于追求自由幸福和忠贞爱情的精神。赛毛措讲述，马建国记录并翻译。32开纸5页，2000余字。藏文、汉文均收入《海南民间故事》，青海省海南藏族自治州民间文学三套集成办公室1992年7月编印。（才让吉）

男孩与青蛙

ཞི་ལི་དང་སྦལ་བ།

zhi li dang sbal ba

藏语安多方言民间故事。流传于青海省海南藏族自治州贵德县。讲述青蛙帮助孤儿获得幸福生活的故事。一过早失去母亲的男孩拾回并医治了受伤的青蛙，后母教唆老夫将男孩和青蛙赶出家门，青蛙治愈回天，男孩则成为流浪的孤儿，一路受备受欺凌，最后来到王宫打杂，受到国王和王妃赏识，但又引起奸臣的嫉妒而受排挤。一日，青年点燃原先青蛙送的香，以祈求升天的青蛙保佑，缭绕的香烟使青蛙顿时随念起男孩的恩情，为报答其收养治病之恩，帮助男孩成为驸马并得了封地。表达了穷苦人家想改变生活处境的愿望。1991年万玛尖措讲述，更太措记录。32开纸9页，3000余字。收入《海南民间故事》，青海省海南藏族自治州民间文学三套集成办公室1992

年7月编印。（才让吉）

后娘的心

མ་ཡར་གྱི་སེམས།

ma yar gyi sems

藏语安多方言民间故事。流传于青海省海南藏族自治州贵南县。讲述一受害的公主被救回王宫的故事。失去母亲的大公主漂亮迷人，因而遭到妹妹和继母的陷害，幸好被派来处决她的大臣放生，后来被一老妇人收养。后在邻国的宴会上被父王得知公主受害的真相并接回王宫，处死了恶心的继母。表现了王室贵族的残忍和善良百姓乐于无私助人的美德。1991年才卓玛讲述，马建国记录，郭晋渊翻译。32开纸3页，1000余字。藏文、汉文均收入《海南民间故事》，青海省海南藏族自治州民间文学三套集成办公室1992年7月编印。（才让吉）

流浪汉

འཁྱམས་པོ།

vkhyams po

藏语安多方言民间故事。流传于青海省海南藏族自治州贵德县。讲述一孤儿勤劳勇敢，成长为部落头人的故事。一位流浪的孤儿到一个村子打工，由于样样活都能干得出色而受到人们的赞许，却遭到村民嫉妒，他以自己的诚实和勇敢最终赢得乡亲的信赖，被尊为部落头领。1990年文昌吉讲述，更太措记录，闹吾仁青翻译。32开纸4页，1000余字。藏文、汉文均收入《海南民间故事》，青海省海南藏族自治州民间文学三套集成办公室1992年7月编印。（才让吉）

三姊妹

བུ་མོ་སྤུན་གསུམ།

bu mo spun gsum

藏语安多方言民间故事。流传于青海省海南藏族自治州贵德县。讲述三姐妹的不同遭遇。三姐妹都想做王妃，结果三妹做王妃的愿望实现了，两个姐姐的梦想却没有实现，就嫉妒陷害小妹，将三妹的双胞胎孩子投水；三妹被苦行僧所救，逃过了两个姐姐的陷害，克服重重困难获得无价孔雀，并与父母团圆，三妹的两个姐姐最终遭到惩罚。反映了因果报应的思想。1990年项旦卓玛讲述，更太措记录，闹吾仁青翻译。32开纸9页，3000余字。藏文、汉文均收入《海南民间故事》，青海省海南藏族自治州民间文学三套集成办公室1992年7月编印。（才让吉）

贪心的苦果

ཧམ་སེམས་ཀྱི་སྡུག་འབྲས།

ham sems kyi sdug vbrs

藏语安多方言民间故事。流传于青海省海南藏族自治州贵南县。讲述贪财赔命的故事。有兄弟俩，老大富有，老二却很贫穷，只好给哥哥放马糊口。一日，弟弟在四处寻找他不慎丢失的马群时，在一圣人指点下偶尔获得一盘往右转能磨出金粉、往左转能磨出银粉的如意手磨，从此弟弟成了富汉，贪财的哥哥和嫂子一次次地向弟弟追问变富原因，他一直没说，嫂子不甘心，威逼哥哥依然追问其原因，弟弟无奈说出其因，然而哥哥不但未能如愿，反而受到圣人的惩罚，最后不幸被嫂子打死。表达了自觉克制贪婪和欲望的必要性。1990年斗科加讲述，周本加记录，郭晋渊翻译。32开纸4页，1000余字。藏文、汉文均收入《海南民间故事》，青海省海南藏族自治州民间文学三套集成办公室1992年7月编印。（才让吉）

姑娘和小马驹

རྟེའུ་དང་བུ་མོ།

rtevu dang bu mo

藏语安多方言民间故事。流传于青海省海南藏族自治州共和县。讲述小马驹搭救一姑娘不受罗刹伤害的故事。母女所在地常有罗刹出入，有一日，乘老母外出，罗刹佯装母亲敲门，打算吃掉小姑娘。临死之际，姑娘请求给跟自己同岁的马驹喂最后一次草，小马驹乘机将小姑娘救出，并将自己的身躯变为神殿、花园，最后杀死罗刹，造福整个村落。赞扬了无私助人、舍己救人的牺牲精神。1991年英洁讲述，更太措记录，郭晋渊翻译。32开纸3页，1000余字。藏文、汉文均收入《海南民间故事》，青海省海南藏族自治州民间

文学三套集成办公室编印。（才让吉）

有福气的姑娘

བུ་མོ་བསོད་ནམས་ཅན།
bu mo bsod nams can

藏语安多方言民间故事。流传于青海省海南藏族自治州贵德县。讲述一姑娘的伤心事变好事的经过。三姐妹在林中散心时，小妹的衣服无意中被挂在树枝上给撕破了，回家后两个姐姐向父母尽说小妹的不是，黑心的父母把小妹赶出了家门。后来小妹同一位鞋匠成亲，他们偶尔获得一罐金子，过了一段好日子，后决定搬到别出去住，天黑时来到一个村庄找到一间空房子住了进去，天亮时才发现房子竟然变成了豪华宫殿，他们成了这个宫殿的主人。反映了人对富裕生活的向往。1991年鲁措吉讲述，更太措记录，郭晋渊翻译。32开纸3页，1000余字。藏文、汉文均收入《海南民间故事》，青海省海南藏族自治州民间文学三套集成办公室1992年7月编印。（才让吉）

魔术师和大力士

སྒྱུ་མ་མཁན་དང་གྱད་མི།
sgyu ma mkhan dang gyad mi

藏语安多方言民间故事。流传于青海省海南藏族自治州贵南县。讲述一魔术大师羞辱国王的故事。大力士国王听说有一位很有名气的魔术师，他不信，决定将这位魔术大师请到宫中让他表演魔术，魔术师首先请求国王答应对他不怪罪为前提，魔术施展各种变幻莫测的魔术，百般羞辱这个嫉贤妒能的昏君，可国王不好发怒，只得原谅了魔术师。批判了嫉贤妒能的思想。1991年卓玛讲述，马建国记录，郭晋渊翻译。32开纸2页，900余字。藏文、汉文均收入《海南民间故事》，青海省海南藏族自治州民间文学三套集成办公室1992年7月编印。（才让吉）

智擒水神

ཆུ་ལྷ་བདའ་བ།
chu lha bdav ba

藏语安多方言民间故事。流传于青海省海南藏族自治州贵德县。讲述一巫师智擒水神的故事。尕加地方连年干旱无雨，请来一巫师捉拿不负责任的水神，并将其装入木箱扔进黄河里，木箱却逆流而上，被贵德麻巴地方一老妇捞出，接着某村发现并被供奉，从此，当地风调雨顺，常年丰收。表现行善的举动深受民众的赞扬。1991年朋毛讲述，南卡记录，郭晋渊翻译。32开纸2页，700余字。藏文、汉文均收入《海南民间故事》，青海省海南藏族自治州民间文学三套集成办公室1992年7月编印。（才让吉）

愿望实现

རེ་འདུན་གྲུབ་པ།
re vdun grub pa

藏语安多方言民间故事。流传于青海省海南藏族自治州。讲述一女得王子相救、相爱而脱离魔掌的故事。受恶魔蒙骗的老母，将姑娘嫁给伴装的货郎的魔鬼。姑娘日夜虔诵度母赞，猛励祈祷圣度母时刻保佑并予以解救，一日，王子在山中打猎时发现了这个美貌的姑娘，一见钟情，将她救出魔掌并娶为妻子。婚后姑娘回娘家探亲，老母已去世，度母显身安慰姑娘好好生活。表明信佛虔诚，身在危难时刻必定会保佑。1989年赛毛措讲述，马建国记录。32开纸3页，1000余字。收入《海南民间故事》，青海省海南藏族自治州民间文学三套集成办公室1992年7月编印。（才让吉）

度母的加持力

སྒྲོལ་མའི་བྱིན་རླབས།
sgrol mavi byin rlabs

藏语安多方言民间故事。流传于青海省海南藏族自治州贵德县。讲述一女遭遇厄难的故事。老夫妇经常念诵度母礼赞。一次女儿被老虎刁走，几经挣扎脱离虎口，则因天黑迷路。女儿祈求度母保佑，果然空中响起母亲诵度母的声音，闻声使女儿得以平安回家。宣扬了救苦救难度母的无量慈悲和加持力。1990年文昌吉讲述，更太措记录。32开纸2页，400余字。收入《海南民间故事》，青海省海南藏族自治州民间文学三套集成办公室1992年7月编印。（才让吉）

六个朝拜人

མཇལ་བ་དྲུག
mjal ba drug

藏语安多方言民间故事。流传于青海省海南藏族自治州贵德县。讲述六个朝拜者在朝圣途中的不同遭遇。朝圣途中，人们看见有马熊出没。傍晚，六名朝拜者中的四个人不听从好心人的劝阻，执意留在岩洞，不幸成为马熊的美餐；其余两弟兄则靠自己的机智和勇敢，战胜群熊并踏上朝拜之途，而且成就许多利乐无量众生的事业。表明固执己见会招致倒霉和不幸，而头脑清醒灵活且机智勇敢，则能化凶为吉、出奇制胜。1990 年文昌吉讲述，更太措记录。32 开纸 3 页，1000 余字。收入《海南民间故事》，青海省海南藏族自治州民间文学三套集成办公室 1992 年 7 月编印。（才让吉）

善报

བཟང་ལན།
drin lan la bzang lan

藏语安多方言民间故事。流传于青海省海南藏族自治州贵德县。讲述母熊劫持过路的医生并友善送回的故事。一名医生穿过大森林时，被一母熊劫持，带到林中请其医治三个受重伤的小熊。医生通过精心治疗使三个小熊恢复了建康，母熊送礼酬谢并将其送回原处。采用拟人手法反映了佛教因果报应的思想。1990 年文昌吉讲述，更太措记录，闹吾仁欠翻译。32 开纸 2 页，400 余字。藏文、汉文均收入《海南民间故事》，青海省海南藏族自治州民间文学三套集成办公室 1992 年 7 月编印。（才让吉）

老人和熊

རྒན་དང་གན་པོ།
rgan po dang dom

藏语安多方言民间故事。流传于青海省海南藏族自治州兴海县。讲述熊医治老人腿病的故事。去拉萨朝拜的老人腿部受了伤不能行走，同行的两位僧人把他扶到一泉眼处就走了。一只熊将老人拖到石窟，通过供食物、舔伤口并精心疗理，治好了腿伤，使其实现了朝拜之愿。赞扬了无私助人的美好社会道德。1991 年尕玛多杰讲述，马建国记录，郭晋渊翻译。32 开纸 2 页，400 余字。藏文、汉文均收入《海南民间故事》，青海省海南藏族自治州民间文学三套集成办公室 1992 年 7 月编印。（才让吉）

凝聚之力

འདུས་པའི་སྟོབས་ཤུགས།
vdus pavi stobs shugs

藏语安多方言民间故事。流传于青海省海南藏族自治州兴海县。讲述一男孩战胜魔鬼的故事。恶魔一夜杀害了全家，小男孩乘其不注意时逃脱，逃命途中由于得到通人性的鸡蛋、牛粪、石头、针、锥子以及剪子的帮助，将魔鬼置于死地而使之幸免于难。说明了弱者同心协力可战胜强者的道理。1991 年拉才加讲述，马建国记录。32 开纸 2 页，500 余字。收入《海南民间故事》，青海省海南藏族自治州民间文学三套集成办公室 1992 年 7 月编印。（才让吉）

制伏罗刹

སྲིན་པོ་བཏུལ་བ།
srin po vtul ba

藏语安多方言民间故事。流传于青海省海南藏族自治州贵德县。讲述一位英雄制服罗刹的故事。一年轻人同他人之妻私奔途中不幸被妖魔劫持而去。他在林中找到临死的爱人，并同恶魔争战得胜，被该地的人们尊为首领。反映了为忠贞爱情不畏邪恶、勇敢斗争、争取自由幸福的思想。1990 年文昌吉讲述，更太措记录，闹吾仁欠翻译。32 开纸 3 页，1000 余字。藏文、汉文均收入《海南民间故事》，青海省海南藏族自治州民间文学三套集成办公室 1992 年 7 月编印。（才让吉）

因果

རྒྱུ་འབྲས།
rgyu vbras

藏语安多方言民间故事。流传于青海省海南藏族自治州贵南县。讲述一吃人的老虎遭报应的故事。一只老虎经常出没村子，每天吃人。轮到吃一女子时，老太婆祈祷上师三宝尊：“若有因果报应，老虎会从房檐掉下。”那只老虎正在窗外听，恰巧一小偷跳进来，骑到老虎身上，老虎以为“因果”真的降临，仓皇逃命，撞树而丧命。1991 年夏吾讲述，更太措记录。32 开纸 2 页，300 余字。收入《海南民间故事》，青海省海南藏族自治州民间故事三套集成办公室 1992 年 7 月编印。（才让吉）

妖女

འདྲེ་མོ།

vdre mo

藏语安多方言民间故事。流传于青海省海南藏族自治州贵德县。讲述一男人制服吃人妖女的故事。一男士外出经商，回家途中遇见佯装妻子的妖女前来迎接。在野外过夜时，男子通过言谈识破妖女的阴谋诡计，设计制止了妖女吃人、吃马的行为，并将其枪杀。揭示了只有依靠智慧才能分清善恶的道理，同时赞扬了为民除害的见义勇为行为。1990 年文昌吉讲述，更太措记录，马建国翻译。32 开纸 3 页，900 余字。藏文、汉文均收入《海南民间故事》，青海省海南藏族自治州民间文学三套集成办公室 1992 年 7 月编印。（才让吉）

娶野兽为妻

གཅན་གཟན་ཆུང་མར་བླངས་པ།

gcan gzan chung mar blangs pa

藏语安多方言民间故事。流传于青海省海南藏族自治州贵德县。讲述一男子被迫与野兽生活的故事。一男子流浪前往拉萨途中，遇到一母熊，将其带入洞中，并请他做丈夫，男子明白母熊并无恶意，就与其成了亲，生一半人半熊之子。八年后，男子还是不能忍受人兽同伴的现实，决定逃离；母熊追来，把孩子分成两半，将上半人身留给自己后返回。表现了野兽的人性和残酷性。1990 年文昌吉讲述，更太措记录。32 开纸 2 页，500 余字。收入《海南民间故事》，青海省海南藏族自治州民间文学三套集成办公室 1992 年 7 月编印。（才让吉）

赛拉措和额拉措

གསེར་ལྷ་མཚོ་དང་དངུལ་ལྷ་མཚོ།

gser lha mtso dang dngul lha mtso

藏语安多方言民间故事。流传于青海省海南藏族自治州贵德县。讲述一公主受害的故事。两个公主幼年丧母，遭到女仆的欺凌和迫害。一次，女仆以让两个公主比赛金银木桶哪个漂在水上为由，将大公主推入湖中，小公主为其放羊。大公主沉入龙宫，国王得知详情后，将女仆埋进大坑，救出大公主。1991 年文昌吉讲述，更太措记录并翻译。32 开纸 6 页，3000 余字。藏文、汉文均收入《海南民间故事》，青海省海南藏族自治州民间文学三套集成办公室 1992 年 7 月编印。（才玛吉）

赛拉措和柔西老大娘

གསེར་ལྷ་མཚོ་དང་རྒན་མོ་རིག་བྱེད།

gser lha mtso dang rgn mo rig byed

藏语安多方言民间故事。流传于青海省海南藏族自治州。讲述一富家女子的坎坷人生经历。一富家闺女落入一直嫉妒她的女仆的圈套，外出流浪时却被选为王妃；心狠手辣的女仆再次设计，将其投入湖中，自己取代了王妃的位置。王妃的灵魂连续遭受女仆陷害，几经周折，女仆终于遭报应坠崖而死，公主与王子过上幸福生活。表明了害人者以害己告终的道理。1989 年赛毛措讲述，马建国记录并翻译。32 开纸 10 页，7000 余字。藏文、汉文均收入《海南民间故事》，青海省海南藏族自治州民间文学三套集成办公室 1992 年 7 月编印。

（才玛吉）

赛拉措和赛迟本

གསེར་ལྷ་མཚོ་དང་གསེར་ཁྲི་འབུམ།

gser lh mtso dang gser khri vbum

藏语安多方言民间故事。流传于青海省海南藏族自治州贵德县河东乡。讲述一对青年之间的爱情故事。赛拉措和赛迟本一起成长，青梅竹马，私订终身而遭到“黑心嫂子”的种种阻挠和陷害，虽终成眷属，但后相继转生为小鸟、连根树，最后转为织女和乞丐而得以团圆。反映对永恒爱情的热追求向往及为理想执着奋斗的精神。1990 年文昌吉讲述，更太措记录，闹吾仁青翻译。32 开纸 8 页，4000 余字。藏文、汉文均收入《海南民间故事》，青海省海南藏族自治州民间文学三套集成办公室 1992 年 7 月编印。（才玛吉）

无耻的父母

ཕ་མ་ཁྲེལ་མེད།

pha ma khrel med

藏语安多方言民间故事。流传于青海省海南藏族自治州兴海县。讲述黑心父母遭报应的故事。黑心父母不忍贫穷，抛弃儿子迁移他处；儿子四处流浪，途中制服妖女并获得财宝过上好日子，而他黑心的父母讨饭时遇见儿子，儿子款待，父母却遭报应被大笑而死。反映了因果报应思想。1991年拉才加讲述，马建国记录，郭晋渊翻译。32开纸3页，1000余字。藏文、汉文均收入《海南民间故事》，青海省海南藏族自治州民间文学三套集成办公室1992年7月编印。（才玛吉）

丑小伙和漂亮公主

གཞོན་ནུ་བཙོག་པོ་དང་ཀོང་ཇོ་མཛེས་མ།

gzhon nu btzog po dang kong jo mdses ma

藏语安多方言民间故事。流传于青海省海南藏族自治州。讲述丑小伙智娶漂亮公主的故事。丑小伙难娶妻子，就同父亲一起设计，让国王答应将公主下嫁，但只能在黑暗中与漂亮妻子生活，白天却不能相遇。丑小伙难以忍受这种生活，乃以天帝命其变丑为由，用自己的智慧赢得漂亮公主的芳心，过上了正常的生活。反映了穷苦人对美好生活的向往。1989年赛毛措讲述，马建国记录，郭晋渊翻译。32开纸3页，2000余字。藏文、汉文均收入《海南民间故事》，青海省海南藏族自治州民间文学三套集成办公室1992年7月编印。（才玛吉）

因果报应

རྒྱུ་འབྲས་འཁོར་བ།

rgyu vbrs vkhor ba

藏语安多方言民间故事。流传于青海省海南藏族自治州贵南县。讲述狼不知恩图报，被农夫智擒的故事。牧人擒狼，老僧赎命，狼却于饥饿时竟想吃老僧，他们之间由此引起有无因果报应之争，去找人请求公断，羊、马、狗说没有因果报应，后来一农夫以智重新将恶狼捆绑，同老僧离去。鞭挞了忘恩负义、恩将仇的可耻行径，同时反映了因果报应思想。1991年周拉讲述，更太措记录。32开纸5页，2000余字。收入《海南民间故事》，青海省海南藏族自治州民间文学三套集成办公室1992年7月编印。（才玛吉）

人变猴

མི་སྤྲེལ་དུ་གྱུར་བ།

mi sprel du gyur ba

藏语安多方言民间故事。流传于青海省海南藏族自治州同德县。讲述一个聪慧的女子智娶金坛子的故事。富翁的傻儿子因不懂事，第一次娶媳妇未能成婚，第二次找来一个聪明的乞丐女做媳妇，父亲留下一坛子黄金。金子存放于丈人之处，贪财的丈人想私吞这坛金子，儿媳以智谋让父亲如数交还黄金。表明取胜要靠智慧的重要性。1989年卓玛顿珠讲述，周本加记录，郭晋渊翻译。32开纸3页，3000余字。收入《海南民间故事》，青海省海南藏族自治州民间文学三套集成办公室1992年7月编印。（才玛吉）

聪明的大臣（一）

བློན་པོ་རིག་པ་ཅན།

blon po rig pa can

藏语安多方言民间故事。流传于青海省海南藏族自治州。讲述一个聪明的大臣智斗黑心王后的故事。王后妒忌一位杰出的大臣，想方设法在国王面前讲尽谗言，国王听从王后之言，准备将大臣处决，被诬陷的大臣施以计策，使自己免遭杀身之祸。鞭挞了奸佞之徒嫉贤妒能诬陷忠良的卑鄙行径，同时歌颂了忠臣聪明机智、临危不乱的非凡气度。佚名讲述，郭晋渊记录并翻译。32开纸2页，600余字。藏文、汉文均收入《海南民间故理事》，青海省海南藏族自治州民间文学三套集成办公室1992年7月编印。（才玛吉）

聪明的大臣（二）

བློན་པོ་རིག་པ་ཅན་གྱི་སྒྲུང་།

blon po rig pa can gyi sgrung

藏语安多方言民间故事。流传于青海省果洛藏族自治州玛沁县。讲述聪明的大臣以两次放屁为故事情节，播种各种宝物为笑料，给听众说明了人体排气是一种生理现象，不论职位高低，不论家景好坏，也不论身材高矮和相貌美丑，只要是吃五谷杂粮的，就会排气的道理。驳斥了在藏家帐房里放屁就会影响运气、就要搬家换地等说法。反映了在藏区多数人认为在公众场合放屁是一种不文明的行为之外，还有持不同观点者。1984年才宝讲述，旦继杰记录。16开纸16页，7000字。收入《果洛民间故事》，青海省果洛藏族自治州三套集成办公室1991年编印。（华贡杰）

龙王

ཀླུ་རྒྱལ།

klu rgyl

藏语安多方言民间故事。流传于青海省同德县。讲述贪财老僧欺骗信徒，被小僧揭穿的故事。一贪财僧人带弟子前往拉萨朝拜，一路跋山涉水，历经艰难，终于干粮殆尽。落日时分才看见前方有一户牧人家。这家牛羊满地，看似很富有，但经常疾病不断，主人想尽一切办法问医诊治或做经忏法事，却未见好转，此时遇见那僧徒二人，尽快将其迎进家中，祈求念诵除病之经。老僧紧闭双眼口中念念有词，过了一阵后说道，你家的病祸是因惹了龙王不高兴而引起的，需尽快祭祀龙王，除此以外别无他法。主人连连道是，准备了丰盛的饭食进行款待，待吃足喝饱后便开始念诵祭祀龙王之经。此时外面好像有人在喊主人，乘施主全家外出应答时，他俩乘机偷了主人挂在墙上的珊瑚项链。不料在念经过程中弟子因紧张而弄翻压扁了祀神用的龙王模型，因此他们用于弄虚作假的龙王未能显灵，在念经中又出现了不少问题。师傅恼羞成怒辱骂弟子不争气，弟子却揭露了师傅的贪心，施主知晓底细后把他俩赶出了家。故事对利用不正当宗教手段欺骗民众的行为进行了讽刺。2004年卓本加讲述，卓杰加记录。32开纸8页，3500余字。收入《同德民间故事歌谣汇集》，青海省海南藏族自治州同德县藏语文工作委员会办公室2003年编印。（卓杰加）

惯偷

རྐུན་མ་ནག་རིལ།

rkun ma nag ril

藏语安多方言民间故事。流传于青海省海南藏族自治州贵南县。讲述一名惯偷荣登王位的经过。三兄弟外出学艺，大哥成了木匠，二哥成了画匠，小弟却成了有名的小偷。父亲知道小儿子不务正业后，将其交给国王请求惩罚。小偷通过国王的严格考验并帮助国王偷来邻国的如意宝，国王为小偷过人的聪明才智所折服，将国政交给小偷治理，自己做大臣辅佐。1991年公保才让讲述，更太措记录。32开纸5页，2000余字。收入《海南民间故事》，青海省海南藏族自治州民间文学三套集成办公室1992年7月编印。（才玛吉）

傻子娘赞

སྐྱེས་བུ་སྙིང་མཚན།

skye bu snying mtsan

藏语安多方言民间故事。流传于青海省海南藏族自治州兴海县。讲述兄长杀弟的缘由。两兄弟生活在一起，弟弟娘赞是个傻瓜，傻弟总倒行逆施、胡作非为。一次他模仿打猎射死了嫂子，于是哥哥无奈之下把他带到林中，让其被恶狼活活地咬死。表明对亲人多行不义，同样会引起其仇怨，招来杀身之祸。1989年赛毛措讲述，马建国记录，郭晋渊翻译。32开纸4页，2000余字。藏文、汉文均收《海南民间故事》，青海省海南藏族自治州民间文学三套集成办公室1992年7月编印。（才玛吉）

兔子和男孩

རི་བོང་དང་བྱིས་པ།

ri bong dang byis pa

藏语安多方言民间故事。流传于青海省同德县。讲述妖怪恩将仇报最后被反捆的故事。一个善良的男孩救了一个五花大绑的妖怪，妖怪被松绑后说她要吃男孩，他俩虽先后找老马、老牛去评理，却评而无果。最后请一只兔子评断是非。兔子设计把妖怪领到原处绑起来，让男孩乘机逃走。批判了忘恩负义的可耻行径，反映了藏族人历来重视礼义廉耻及注重智慧的思想。对研究藏族人评判是非的意识有参考价值。2003年责加保讲，卡吉卓玛记录。32开纸3页，1000余字。收入《同德民间故事歌谣汇集》，青海省海南藏族自治州同德县藏语文工作委员会办公室2003年编印。

（卡吉卓玛）

擒拿野牛者玛尔哇

མར་པ་འབྲོང་འཛིན།

mar ba vbrong vdsin

藏语安多方言民间故事。流传于青海省同德县。讲述古代一大力士擒拿野牛的故事。古时一位叫玛尔哇的大力士带人上山打猎，途中遇到一头野牛，因无退路，他们靠非凡的勇气、超群的智慧和超人的力气擒拿了野牛。赞美了藏族人靠勇敢和智慧克敌制胜英雄气概。2003 年卓杰加讲述，普日哇记录。32 开纸 6 页，200 余字。收入《同德民间故事歌谣汇集》，青海省海南藏族自治州同德县藏语文工作委员会办公室 2003 年编印。

（普日哇）

白手修行僧

མཚམས་པ་ཕྱག་དཀར།

mtsams pa phyg dkar

藏语安多方言民间故事。流传于青海省同德县。讲述生活于行者周围的白母鹿得子登上王位的故事。一位修行僧出恭的地方，经常出没一只白母鹿，修行者圆寂后，白母鹿生了一个天使般的男孩，男孩长大后荣登王位，广做利乐无量众生善事。体现了念佛修行得善果的观念。2003 年德吉讲述，卓杰加记录。32 开纸 10 页，1000 余字。收入《同德民间故事歌谣汇集》，青海省海南藏族自治州同德县藏语文工作委员会 2003 年编印。

（卓杰加）

经忏僧瓦夏

ཨ་མཆོད་ཝ་ཤར།

a mchod wa shar

藏语安多方言民间故事。流传于青海省同德县。是一篇讽刺利用宗教手段弄虚作假的故事。一位经忏僧平时很繁忙，未能好好地饲养自己的马，因此马儿瘦如骨架，自己却体壮如牛，白胖胖的。有一天和往常一样，经忏僧把马拴在施主家门口后开始念经。有人见此情景后讽刺说“看这僧人肥如种牛，然其乘马却骨瘦如柴”，讽刺了旧时一些僧人好逸恶的恶习。2004 年卓本加讲述，卓杰加记录。32 开纸 7 页，3000 余字。收入《同德民间故事歌谣汇集》，青海省海南藏族自治州同德县藏语文工作委员会办公室 2003 年编印。

（卓杰加）

乌鸦

ཕོ་རོག

pho rog

藏语安多方言民间故事。流传于青海省贵南县。讲述乌鸦不知恩图报的故事。一猎人每次打猎，都从猎物中拿出一部分让乌鸦享用，直到其心满意足为止。一次，猎人斗野牛，筋疲力尽难将其制服时，请求乌鸦相助，乌鸦却不念旧恩，恬不知耻，以“双方谁胜负与我无关，只要我能得到眼部脂肪就行”为由，熟视无睹，袖手旁观。批判和揭露了对忘恩负义、恬不知耻的可耻行为。2000 年念智讲述并记录。16 开纸 10 页，24 行，7000 余字。今藏青海省海南藏族自治州贵南县过马营镇沙家村卓日念智处。

（喜饶旦代尔）

石蛙

རྡོའི་སྦལ་བ།

rdovi sbl ba

藏语安多方言民间故事。流传于青海省贵南县。讲述刻像同神祇的关系。石匠在一块石头上刻了一只青蛙，后来那只石刻青蛙为一位神仙所加持护养。奇怪的是，刻有青蛙一面朝向的地方总是很吉利，而没刻一面朝向的地方总出现不幸和倒霉之事。于是人们开始争相转动，抢夺刻有青蛙的一面，导致争执不断。一位神仙只好下令将其分成八片，平息了纷争，天龙八部乃由此产生。2002 年念智讲述并记录。16 开纸 2 页，20 行，1000 余字。今藏青海省海南藏族自治州贵南县过马营镇沙家村卓日念智处。

（喜饶旦代尔）

掏金人

གསེར་རྐོན།

gser rkon

藏语安多方言民间故事。流传于青海省贵南县。讲述三名掏金人各有所报的故事。三名掏金人各掏出了有人头大小的金子，他们议定一个人熬茶，一个人去找奶，一个人守金子。熬茶的人往茶里下毒，想毒死其他两人。守金人也想杀害两名同伙，私吞金块，把熬茶人害死后，因口渴喝茶而身亡。金子最后落入诚实的找奶者手中，他把金子分给了孤寡老人和贫苦百姓。反映了善恶有报应的思想，赞美了善良人俸给的优良品德。2002 年念智讲述并记录。16 开纸 2 页，30 行，1500 余字。今藏青海省海南藏族自治州贵南县过马营镇沙家村卓日念智处。（喜饶旦代尔）

辨忠奸

བློ་དཀར་མིན་བརྟག་པ།

blo dkar min brtag pa

藏语安多方言民间故事。流传于青海省贵南县。讲述一智者辨认忠奸的故事。老者有两个孙子，平时看时都很孝顺。一日，老者捉住两只鸟给两个孙子，吩咐他俩辨认好各自的鸟，并要求一个月后认出两只鸟所下的蛋，届时能识别鸟蛋者将认定为儿子。一个月后，两个孩子分别去寻找，一日，其中的一个拿一只蛋高高兴兴地回到家，另一个因未能认出蛋而哭着返回家。老者由此辨明了两个孩子的忠奸之别。反映了藏族人重视智辨真挚与虚伪的心理。2002 年念智讲述并记录。16 开纸 1 页，23 行，1000 余字。今藏青海省海南藏族自治州贵南县过马营镇沙家村卓日念智处。

（喜饶旦代尔）

土地神显神通

ས་བདག་གིས་རྫུ་འཕྲུལ་བསྟན་པ།

sa bdag gis rdsu vphrul bstn pa

藏语安多方言民间故事。流传于青海省贵南县。记述虔诚信徒感动土地神的故事。某村有一户，从来不愿供养三宝，更不肯救济贫苦百姓。一次，他们家的财产不幸被盗，之后伙房又不慎失火，家中大小都害了一场大病，牲畜又接连丢失了不少，后请一位贤师问卜，这位师傅明示：灾难全因吝啬所致。若以后始终如一虔诚集资净障就会无病无灾。从此，他们全家人虔信三宝、念佛修法，尽力承供僧伽，为贫苦百姓广施财物，因而事事吉顺、家道日盛。某夜，几个盗贼准备到富人家行窃。经过洋芋地时，洋芋竟然开口说“你们今晚要去行窃就会受到土地神的惩罚”，盗贼们吓得屁滚尿流，便仓皇逃去，之后他们都痛改前非，走上了正道。告诫富有人家平时慷慨解囊，为众生供养三宝、济贫救困，同时表明只要敬信三宝，三宝在任何时候都会赐福加持。2002 年念智讲述并记录。16 开纸 2 页，20 行，1000 余字。今藏青海省海南藏族自治州贵南县过马营镇沙家村卓日念智处。（喜饶旦代尔）

听信狐狸的话

ཝ་མོའི་ཁ་བཤད་ལ་རྒྱུག་པ།

wa movi kha bshad la rgyug pa

藏语安多方言民间故事。流传于青海省贵南县。讲述贪财动物自不量力而命丧九泉的故事。一只兔子、蜗牛和青蛙听信狐狸的谎言，去拦路抢劫一骑马的过客，结果蜗牛和青蛙被踩死，兔子也险些丧命，只好狼狈逃走。劝诫世人不可听信坏人的话，贪财丧命，同时讽刺了自不量力的愚蠢行为。2002 年念智讲述并记录。16 开纸 1 页，23 行，1000 余字。今藏青海省海南藏族自治州贵南县过马营镇沙家村卓日念智处。（喜饶旦代尔）

毁誓的兔子

རི་བོང་དམ་ཉམས།

ri bong dam nyams

藏语安多方言民间故事。流传于青海省贵南县。讲述兔子不守信得到报应的故事。一只兔子、孔雀和小羊羔同拜一位上师受戒学佛。孔雀、小羊羔如法严守戒律，虔心念佛修法，得到往生善趣的福报；兔子由于毁失戒律，结果耳朵变大，嘴唇豁开。表明一旦皈依三宝，必须虔诚不二；如果失戒毁誓，后果将不堪设想。2002 年念智讲述并记录。16 开纸 4 页，90 行，6000 余字。今藏青海省海南藏族自治州贵南县过马营镇沙家村卓日念智处。

（喜饶旦代尔）

小狼被除灭

སྤྱང་ཕྲུག་བསད་པ།

spyng phrug bsad pa

藏语安多方言民间故事。流传于青海省贵南

县。讲述狼崽欺骗牧人而被杀害的故事。小狼赢得主人家的信任，当上了牧羊者，看家狗总是不放心，提醒老母羊警觉。老母羊暗中观察狼崽的一举一动，当初也没有发现任何异常，后察觉到小羊羔一天天减少，经查实，方知晓皆为小狼所为，立即报告了主人。主人一怒之下除灭了小狼，老母羊和看家狗受到重奖。表明小人得势的危害性及对其警惕的重要性，同时反映了藏族人在日常生活中注重赏罚分明的思想。2002 年念智讲述并记录。16 开纸 3 页，60 行，4000 余字。今藏青海省海南藏族自治州贵南县过马营镇沙家村卓日念智处。

（喜饶旦代尔）

骄傲的结局

ང་རྒྱལ་གྱི་མཇུག་འབྲས།

nga rgyl gyi mjug vbrs

藏语安多方言民间故事。流传于青海省贵南县。讲述鲜艳的虚荣之花无人采的情形。运用拟人的修辞手法，描述赛钦花总是爱慕虚荣，炫耀自己的艳丽而贬低别的花朵。但医生上山采药，只采并不起眼的短穗兔儿草、裸茎金腰子，赛钦花恼羞成怒，枯萎而死。揭示了“谦受益，满招损”的道理。2002 年念智讲述并记录。16 开纸 2 页，50 行，3000 余字。今藏青海省海南藏族自治州贵南县过马营镇沙家村卓日念智处。

（喜饶旦代尔）

三口变狗

མི་གསུམ་ཁ་མཚུངས་ན། ར་ཁྱི་རུ་གཏོང་བ།

myi gsum kha mtsungs na ra khyi ru gtong ba

藏语安多方言民间故事。流传于青海省贵南县。讲述藏族民间典故“三口变狗”的由来。三个诡计多端的人看见一僧人牵着一只山羊走来，顿生诈骗山羊之念头。按预谋三个人分别等候在僧人必经之路的不同路段，佯装好奇地依次问那个僧人，您牵着这条狗去哪儿，最后，僧人以为施主骗了他，就把那只山羊当成狗放走了。等僧人走远后，三人得意忘形地宰了那只山羊。从此在藏族民间传出了“三人同语，山羊成狗”的典故，类似汉语的“十人成虎”或“众口铄金”。说明事物真相有时经众人之口会被歪曲，即有时真理会被众人说成谬论。即使是对众口之词，也不可不加分析地偏听偏信，应做深入细致的调查研究。2002 年念智讲述并记录。16 开纸 2 页，40 行，2500 余字。今藏青海省海南藏族自治州贵南县过马营镇沙家村卓日念智处。

（喜饶旦代尔）

扎西才让

བཀྲ་ཤིས་ཚེ་རིང་།

bkr shis tse ring

藏语安多方言幻想故事。流传于青海省北部藏区。讲述卧薪尝胆的道理。扎西才让其人从王子沦落为乞丐，在一位回族老人的关心、帮助下，卧薪尝胆，成为帝王之前所经历的人生坎坷。反映了多民族间的团结、友爱、互助的民族关系。对研究环湖地区多民族杂居历史及民族关系有参考价值。1996 年勒合旦加布讲述，才让夸记录整理。32 开纸 40 页，9000 余字。收入《海北藏族自治州民间文学丛书·故事》，青海民族出版社 2001 年藏文版。

（才让夸）

贼子变为功臣

རྐུན་མ་བློན་པོར་གྱུར་བ།

rkun ma blon por gyur ba

藏语安多方言叙述故事。流传于青海省北部藏区。讲述某个王爷和穷人的关系。有个穷人潜入王宫盗窃宫物时，恰巧救了王爷的性命，后成为王爷的大臣，共同为黎民百姓谋利益。1996 年勒合旦加布讲述，才让夸记录整理。32 开纸 8 页，2000 余字。收入《海北藏族自治州民间文学丛书·故事》，青海民族出版社 2001 年藏文版。

（才让夸）

骑虎王子

རྒྱལ་པོ་སྟག་བཞོན་པ།

rgyl bo stg bzhon pa

藏语安多方言幻想故事。流传于青海省北部藏区。讲述一个穷人的奇遇。某地有位喜欢骑老虎的王子突然失踪，这时，恰好有个穷人误骑老虎，骑虎难下，到处乱窜时被当地百姓所救，并当成他们的骑虎王子。几经周折后，其人正式成为该地方的王子，为百姓办了不少好事、实事。

1996年勒合旦加布讲述，才让夸记录整理。32开纸5页，1000余字。收入《海北藏族自治州民间文学丛书·故事》，青海民族出版社2001年藏文版。（才让夸）

吉布色热

ལྕི་འབུ་སེར་རིལ།

lci vbu ser ril

藏语安多方言幻想故事。流传于青海省北部藏区。讲述某地牧主有一位聪明能干的奴仆，叫吉布色热。他在长期放牧时，偶然间学会飞禽走兽、家畜等的语言，在与一对乌鸦的对话中，得知某个地方发生旱灾，水源干枯，百姓生活非常困难后便逃离牧主家，到该地方协助当地头人探索水源，为百姓解决抗旱缺水问题。当地百姓尊他为上等人，然而，该地头人百般刁难，欲其赶出自己的王国，但他一靠自己的聪明才智，二靠时来运转，终究被头人所接受。1996年勒合旦加布讲述，才让夸记录整理。32开纸7页，2000余字。收入《海北藏族自治州民间文学丛书·故事》，青海民族出版社2001年藏文版。（才让夸）

牧羊人罗旦

ལུག་རྫི་བློ་ལྡན།

Lug rdsi blo ldn

藏语安多方言幻想故事。流传于青海省北部藏区。主要讲述罗旦原本是某个地方头人的奴仆，专为其放羊。此头人因嫉妒罗旦的聪明才智，屡次三番地让他办一些非常人所能办的事情，欲将其置于死地。但是罗旦历经千辛，屡屡成功，每次都能死里逃生，头人的阴谋未能得逞。最后罗旦被逼上梁山，竖旗造反，将头人杀死后自己成为当地头人。1996年勒合旦加布讲述，才让夸记录整理。32开纸13页，3000字。收入《海北藏族自治州民间文学丛书·故事》，青海民族出版社2001年藏文版。（才让夸）

穷驸马

རྒྱལ་པོའི་མག་པ་དབུལ་པོ།

rgul bovi mag pa dbul bo

藏语安多方言幻想故事。流传于青海省北部藏区。讲述有个穷人的孩子，偶然治好某国公主的病，并成为该国驸马的故事。1996年勒合旦加布讲述，才让夸记录整理。32开纸9页，2000余字。收入《海北藏族自治州民间文学丛书·故事》，青海民族出版社2001年藏文版。（才让夸）

牧马人赞巴拉

རྟ་རྫི་ཛོམ་པ་ལ།

rt rdsi dsam pa la

藏语安多方言幻想故事。流传于青海省北部藏区。讲述阶级关系和人与动物的关系。赞巴拉为了摆脱当地头人的残暴，逃离家乡，流浪在外。在某地，他靠一只老鼠和一匹狼的大力帮助，夺取王位，成为统治者。1996年勒合旦加布讲述，才让夸记录整理。32开纸5页，1000余字。收入《海北藏族自治州民间文学丛书·故事》，青海民族出版社2001年藏文版。（才让夸）

拥宝王子

ནོར་བདག་རྒྱལ་པོ།

nor bdag rgyl bo

藏语安多方言叙述故事。流传于青海省北部藏区。讲述人与动物的关系。有个穷孩子，偶然得到一块稀世宝石，他用宝石救了一只老鼠、一条蛇和一个人的性命。被他救了命的人为了夺取他的宝石，潜入王宫奉承国王，将他打入死牢后抢走宝石。最后，此人在被他所救的老鼠和蛇的帮助下，治好了公主的病，成为驸马，并继承王位，为穷苦百姓办了很多好事，人们称他为拥宝王子。1996年勒合旦加布讲述，才让夸记录整理。32开纸9页，3000余字。收入《海北藏族自治州民间文学丛书·故事》，青海民族出版社2001年藏文版。（才让夸）

象牙手镯

བ་སོའི་ཆག་རྐང་བསྒྲིགས་པ།

ba sovi chag rkng bsgrigs pa

藏语安多方言叙述故事。流传于青海省北部藏区。讲述哥哥寻找弟弟的故事，反映亲情关系。一对同胞兄弟被父母遗弃。为了生存，兄弟俩将戴在哥哥手上的象牙手镯折成两半，各持一半，作为长大成人后相认的物证，之后两人各奔前程。数十年后，哥哥成为一富豪人家的养子，弟弟成为一地头人。哥哥想念弟弟，带着半个象牙手镯，到处寻找弟弟，最后兄弟俩相见时凭借半个象牙手镯来相认对方，二人欢聚一堂。1996 年勒合旦加布讲述，才让夸记录整理。32 开纸 7 页，1000 余字。收入《海北藏族自治州民间文学丛书·故事》，青海民族出版社 2001 年藏文版。（才让夸）

六弟兄

བུ་སྤུན་ཕྱུག་དྲུག
bu spun phyug drug

藏语安多方言幻想故事。流传于青海省北部藏区。讲述六个弟兄的不同遭遇。一位好母亲依靠自己的辛勤劳动，抚养六个儿子长大成人，成家立业后，前五个儿媳为了争夺家产将其残害致死。之后，她托梦给六儿媳，苦诉自己被残害的经过，老六两口子经过调查核实，掌握确凿证据后，与五位哥哥一起为死去的母亲报仇。1996 年才科讲述，才让夸记录整理。32 开纸 7 页，1000 余字。收入《海北藏族自治州民间文学丛书·故事》，青海民族出版社 2001 年藏文版。（才让夸）

柔赛其人

བུ་རིག་གསལ།
bu rig gsal

藏语安多方言幻想故事。流传于青海省北部藏区。讲述爱情关系。某地头人的奴仆柔赛和头人的小女儿自小青梅竹马，相亲相爱，长大后结为夫妻。但头人嫌柔赛出身贫寒，将女儿与其一起赶出家门。柔赛两口子依靠自己的辛勤劳动和聪明才智，在短短的十几年内脱贫致富，拥有万贯家产，超过头人。1996 年昂青讲述，才让夸记录整理。32 开纸 9 页，2000 余字。收入《海北藏族自治州民间文学丛书·故事》，青海民族出版社 2001 年藏文版。（才让夸）

报应（一）

ལས་རྒྱུ་འབྲས།
las rgyu vbrs

藏语安多方言幻想故事。流传于青海省北部藏区。讲述因果关系。有个富豪子弟好吃懒做，游手好闲，无所事事，其父为他娶一乞丐之女为妻，其女子善良贤惠、勤劳能干。但他总嫌妻子出身贫寒，不配做自己的内人。父亲死后，他听从别人的谗言挑唆，对妻子进行百般虐待，并将其赶出家门。时过不久，由于他的奢侈浪费，加之不善于经营，终究将万贯家产挥霍已尽。最后为了生存，只得寄人篱下，受尽人间凌辱的故事。1996 年才科讲述，才让夸记录整理。32 开纸 24 页，5000 余字。收入《海北藏族自治州民间文学丛书·故事》，青海民族出版社 2001 年藏文版。

（才让夸）

报应（二）

ལས་རྒྱུ་འབྲས།
las rgyu vbrs

汉语青海方言故事。流传于青海省海东市平安区古城、沙沟乡一带。讲述藏族兄弟俩父母双亡，瞎眼弟弟被狠心的兄嫂设圈套推下悬崖未死，后通过老虎、狐狸、兔子说话、传密信、瞎眼弟弟得救、眼复明、成家，贪心兄嫂照弟弟所说去取金子，被老虎吃掉，受到报应的故事。祝家存讲述，豆改杰记录。32 开纸 2 页，1200 字。收入《中国民间故事集成·平安县卷》，中国标准出版社 1991 年版。（谢盛邦）

兰木桑

ལམ་མི་བཟང་།
lam mi bzang

藏语安多方言幻想故事。流传于青海省北部藏区。讲述一位母亲的辛酸人生。一个名叫兰木桑的藏族青年到内地汉族地区求学，十年寒窗后，被朝廷录用，封为知县。其母亲思儿心切，沿路要饭到内地寻找儿子。母子相见时儿子因碍于面子不敢相认，其母住在两个孤儿家中。最后，知县和两个孤儿为了争夺母亲而举办赛马会，知县丧命于赛马场。1996年勒合旦加布讲述，才让夸记录整理。32开纸12页，2000余字。收入《海北藏族自治州民间文学丛书·故事》，青海民族出版社2001年藏文版。（才让夸）

北方猎人阿玛拉

བྱང་ཕྱོགས་བོའུ་རྒྱུ་ཨ་མ་ལ།

byng phyogs bovu rgyu a ma la

藏语安多方言幻想故事。流传于青海省北部藏区。讲述和为贵的道理。某地有两位大有名气的人：一位是个猎人，叫阿玛拉；另一位则是当地头人，叫奥大拉。阿玛拉在一次偶然的机会，救了一只老鼠、一条蛇和一只老鹰的命。小动物为了报答救命之恩，从奥大拉家中偷来一条价值连城的宝石项链送给了阿玛拉，阿玛拉将项链变卖后成为一大富翁。奥大拉怀疑偷项链的人是阿玛拉，一时两人之间发生了很多矛盾。在小动物的帮助下最后两人和睦相处。1996年勒合旦加布讲述，才让夸记录整理。32开纸20页，4000余字。收入《海北藏族自治州民间文学丛书·故事》，青海民族出版社2001年藏文版。（才让夸）

单身汉与七匹骐骥

མི་རྐྱང་དང་གྱི་ལིང་བདུན།

Mi rkyng dang gyi ling bdun

藏语安多方言幻想故事。流传于青海省北部藏区。讲述两位年轻人的爱情故事。某头人家有位聪明能干的奴仆，因为没有名字，大家叫他单身汉。一日，头人为三个女儿招选女婿。小女儿死活要招单身汉为自己的女婿，气得头人将两人赶出家门。头人家原有七匹骐骥，后都丢失。为了挑选好自己的接班人，头人要求三个女婿同时去找回被丢失的七匹骐骥，大女婿和二女婿未能找到。三女婿风餐露宿，几经周折后终于找回骐骥，献给了头人。头人将自己的地位、家产都传给了三女婿。1996年勒合旦加布讲述，才让夸记录整理。32开纸11页，2000余字。收入《海北藏族自治州民间文学丛书·故事》，青海民族出版社2001年藏文版。（才让夸）

野里滩

ཡུ་ལེ་ཐང་།

yu le thang

藏语安多方言叙述故事。流传于青海省北部藏区。讲述两个兄弟为父报仇的故事。有两弟兄为了给父亲报仇，历尽千难，最终把仇人杀死。将其家人、家产全部归自己所有，并把仇人的住地变为荒无人烟的地方。反映了当地群众反对冲突、战争，渴望和平、和睦的愿望。1996年昂青讲述，才让夸记录整理。32开纸8页，2000余字。收入《海北藏族自治州民间文学丛书·故事》，青海民族出版社2001年藏文版。（才让夸）

婢女桑德吉

གཡོག་མོ་གསང་བདག་སྐྱིད།

gyog mo gsang bdag skyid

藏语安多方言叙述故事。流传于青海省北部藏区。讲述丫鬟谋害主人的故事。桑德吉其女残害并冒充公主，嫁给某王子，欲享受荣华富贵。久而久之，其原形毕露，受到惩罚。1996年才科讲述，才让夸记录整理。32开纸9页，2000余字。收入《海北藏族自治州民间文学丛书·故事》，青海民族出版社2001年藏文版。（才让夸）

仁龙三兄弟

རི་ཀློང་སྤུན་གསུམ།

ri klong spun gsum

藏语安多方言叙述故事。流传于青海省北部藏区。讲述三个江湖侠客的故事。某地有个牧主，他为了霸占一个穷人的妻子，不择手段，经常百般刁难这个穷人。此地还有三个专为穷人抱打不平的江湖侠客，人称“仁龙三兄弟”。这个穷人在仁龙三兄弟的大力帮助下，屡屡打败牧主，最后取得胜利。1996年才科讲述，才让夸记录整理。32开纸11页，2000余字。收入《海北藏族自治州民间文学丛书·故事》，青海民族出版社2001年藏文版。（才让夸）

东西两国王

ཤར་ནུབ་ཀྱི་རྒྱལ་པོ་གཉིས།
shar nub kyi rgyl bo gnyis

藏语安多方言叙述故事。流传于青海省北部藏区。讲述两个国王的故事。某地有两个国王，人称东西国王。东国王有个王子，西国王有个公主。两人从小青梅竹马，形影不离。长大后，两相情愿，要结成夫妻，遭到两个国王的反对。为了获得婚姻自由，两个年轻人丢下荣华富贵，逃离王宫。两个国王派出人马，四处寻找，并答应两个年轻人的婚事，最终使有情人终成眷属。对研究环湖藏族婚姻心态有参考价值。1996年才科讲述，才让夸记录整理。32开纸12页，3000字。收入《海北藏族自治州民间文学丛书·故事》，青海民族出版社2001年藏文版。（才让夸）

老鼠复仇记

བསམ་པ་གཞན་ལ་གནག་ན་ཞར་དུ་རང་ལ་གནོད།
bsam pa gzhan la gnag na zhar du rang la gnod

藏语安多方言叙述故事。流传于青海省北部藏区。讲述三只动物的故事。一头大象和一只大鹏、一只老鼠一起居住在一棵千年老树周围。大象和大鹏凭借自己身强力壮，经常欺负老鼠，破坏老鼠的庭院建设，老鼠总是晓之以理，动之以情，尽力说服教育。可大象和大鹏总是听不进去，而且得寸进尺，变本加厉。最后，老鼠靠自己的智慧，杀死大象和大鹏。此后，几个商人为了争夺象牙，相互残害致死。道出了和为贵的道理，表达了人与自然和谐发展的愿望。1996年昂青讲述，才让夸记录整理。32开纸5页，1000余字。收入《海北藏族自治州民间文学丛书·故事》，青海民族出版社2001年藏文版。（才让夸）

龙王子之媳

ཀླུའི་མནའ་མ།
kluvi mnav ma

藏语安多方言神话故事。流传于青海省北部藏区。讲述一位善良媳妇的遭遇。某穷人家有三个女儿，生活十分贫寒，仅靠父亲伐木度日。三女儿为了减轻父亲的负担，自愿离开人间，嫁到龙宫去，在龙宫中享受荣华富贵并生有一子。数年后回到娘家看望老父亲，返回龙宫时被她的二姐所害。其儿子和丈夫最后为她报了仇。1996年更洛讲述，才让夸记录整理。32开纸12页，3000字。收入《海北藏族自治州民间文学丛书·故事》，青海民族出版社2001年藏文版。（才让夸）

佳杰东智

རྒྱལ་རྗེ་དོན་གྲུབ།
rgyl rje don grub

藏语安多方言幻想故事。流传于青海省北部藏区。讲述一位奴仆的人生。佳杰东智原为某头人的奴仆，他聪明过人，才能出众。头人嫉妒他的才能，经常想方设法地残害他。在被迫无奈之下，佳杰东智采取果断措施，取而代之。1996年才科讲述，才让夸记录整理。32开纸12页，2000余字。收入《海北藏族自治州民间文学丛书·故事》，青海民族出版社2001年藏文版。（才让夸）

绿发王子

རྒྱལ་པོ་གཡུ་ཡི་རལ་པ་ཅན།
rgyl bo gyu yi ral ba can

藏语安多方言幻想故事。流传于青海省北部藏区。讲述一位王子的坎坷人生。某人生来就长有一头绿发，并且指甲也是绿的，故人称绿发王子。一时，有个王爷想给三个公主招选驸马，邀请绿发王子前去。在赶赴王府的途中，绿发王子被仆人调换身份沦为奴仆。其仆人将自己的头发等染绿后，冒充他的主人，到王府准备参加招选驸马。绿发王子到王府后，每天伺候小公主，久而久之，两人之间产生感情。选招驸马时，小公主宁可下嫁给伺候她的假奴仆，被父王赶出王府。数年后，绿发王子靠他的才能，揭穿了假绿发王子的身份，并继承王位。1996年才科讲述，才让夸记录整理。32开纸22页，5000余字。收入《海北藏族自治州民间文学丛书·故事》，青海民族出版社2001年藏文版。（才让夸）

十月十七龙抬头

བཅུ་བའི་བཅུ་བདུན་ཉིན་འབྲུག་གྲགས་པ།

bcu bvi bcu bdun nyin vbrug grgs pa

藏语安多方言幻想故事。流传于青海省北部藏区。讲述某人助人为乐的故事。某人经常帮助他人，助人为乐、乐于奉献。当地头人的女儿看他人品极好，就要嫁给他。可头人说："谁想娶他的女儿，非在十月十七日那天打一声雷不可，否则就不答应。"一天，这个人偶然间救了一条龙的命，老龙为了报答他，打破常规，帮他在十月十七日那天，让上天打了三声雷，成全了他和头人家女儿终成眷属。反映了藏族青年男女渴望婚姻自由。对研究环湖藏区婚姻习俗有参考价值。1996年昂青讲述，才让夸记录整理。32开纸12页，2000余字。收入《海北藏族自治州民间文学丛书·故事》，青海民族出版社2001年藏文版。

（才让夸）

曲旦王子

ཆོས་ལྡན་རྒྱལ་བོ།

chos ldn rgyl bo

藏语安多方言幻想故事。流传于青海省北部藏区。讲述两位王子的故事。某国王有两个王子，大的叫曲旦王子，小的叫斗通王子。曲旦王子精通治国，爱民如子，生来具有王者风范；而斗通王子恰恰相反，但他为了争夺王位，串通朝内奸臣，把曲旦王子赶出国门。曲旦王子流浪在异国他乡时，被某邻国招选为驸马，并继承其国王之位；斗通王子继承自己王国的王位后，国家日益衰败、民不聊生，最后，被他国所灭。1996年勒合旦加布讲述，才让夸记录整理。16开纸11页，2000余字。收入《海北藏族自治州民间文学丛书·故事》，青海民族出版社2001年藏文版。

（才让夸）

小和尚降魔记

དཔོན་སྨྲེ་དམར།

dpon smre dmar

藏语安多方言叙述幻想故事。流传于青海省北部藏区。主要讲述一小和尚降妖除鬼的艰苦经历。有个小和尚在化缘时被某寺众僧请到寺里，晚上他历经千难，降妖除魔，为该寺除害。1996年勒合旦加布讲述，才让夸记录整理。32开纸6页，1000余字。收入《海北藏族自治州民间文学丛书·故事》，青海民族出版社2001年藏文版。

（才让夸）

忠吉姑娘

བུ་མོ་སྒྲོལ་སྐྱིད།

bu mo sgrol skyid

藏语安多方言幻想故事。流传于青海省北部藏区。主要讲述一位叫忠吉的苦命小女孩的一生。姑娘忠吉早期父母双亡，生活艰难曲折。成年后嫁给某王子，享受荣华富贵。1996年才科讲述，才让夸记录整理。32开纸7页，2000余字。收入《海北藏族自治州民间文学丛书·故事》，青海民族出版社2001年藏文版。

（才让夸）

猎人普华杰

འབྲོང་བདའ་འཕགས་པ་སྐྱབས།

vbrong bdav vphags pa skybs

藏语安多方言幻想故事。流传于青海省北部藏区。讲述猎人普华杰一生狩猎生活中的坎坷和欢乐，以及不平凡的遭遇等。1996年昂青讲述，才让夸记录整理。32开纸13页，3000余字。收入《海北藏族自治州民间文学丛书·故事》，青海民族出版社2001年藏文版。

（才让夸）

魔鬼寺院

བླ་འདྲེ་དགོན་བ།

bl vdre dgon ba

藏语安多方言神话故事。流传于青海省北部藏区。讲述玛卿山神降魔的故事。某寺寺主活佛在降伏一条臣蟒时受伤而死，死后转为魔鬼，在该寺院残害僧侣，最后由玛卿山神所降。1996年更洛讲述，才让夸记录整理。32开纸4页，1000字。收入《海北藏族自治州民间文学丛书·故事》，青海民族出版社2001年藏文版。

（才让夸）

两个无敌国王

མི་ཐུབ་འཕྲུལ་གྱི་རྒྱལ་པོ་གཉིས།

mi thub vphrul gyi rgyl bo gnyis

藏语安多方言神话故事。流传于青海省北部藏区。讲述两个能干的小伙除妖降魔，夺取王位的故事。某王宫里出现了一个妖女，害死国王。群臣无力降妖，最后有两个年轻人力战妖女，夺回并继承王位。1996 年才科讲述，才让夸记录整理。32 开纸 7 页，2000 余字。收入《海北藏族自治州民间文学丛书·故事》，青海民族出版社 2001 年藏文版。（才让夸）

隐身帽

མི་རིག་ཞྭ་ཐོ་ནག་རིས (རིལ།)

mi rig zhw tho nag ris

藏语安多方言神话故事。流传于青海省北部藏区。主要讲述一顶特殊帽子的故事。有两个年轻人在无意间得到一顶能隐身的帽子。后来，他俩依靠这顶帽子战胜妖魔，为民除害并继承王位。1996 年才科讲述，才让夸记录整理。32 开纸 8 页，2000 余字。收入《海北藏族自治州民间文学丛书·故事》，青海民族出版社 2001 年藏文版。

（才让夸）

王妃色杰卓玛

བཙུན་མོ་གཟུགས་ཀྱི་སྒྲོལ་མ།

btzun mo gzugs kyi sgrol ma

藏语安多方言神话故事。流传于青海省北部藏区。主要讲述仙女色杰卓玛下凡的故事。仙女色杰卓玛下凡嫁给一位国王，生有一男一女，回了天堂。国王接纳了一位新贵妃，这位贵妃为了争得权力，残害忠臣和前妃留下的两个孩子。而两个孩子正在走投无路时，仙女再次下凡，拯救两个孩子及国家，并将王位传给儿子。1996 年更洛讲述，才让夸记录整理。32 开纸 13 页，2000 余字。收入《海北藏族自治州民间文学丛书·故事》，青海民族出版社 2001 年藏文版。（才让夸）

虔诚的王子

སྲས་དད་པ་བརྟན་པོ།

srs dad pa brtn bo

藏语安多方言神话故事。流传于青海省北部藏区。主要讲述某王子，历经艰难救父王性命的故事。有个王子为解救父亲的性命，虔奉莲花大师，历尽千难，到魔鬼王国夺回一朵具有起死回生效能的奇特花，为父治病，广结善缘。1996 年才科讲述，才让夸记录整理。32 开纸 13 页，2000 余字。收入《海北藏族自治州民间文学丛书·故事》，青海民族出版社 2001 年藏文版。（才让夸）

百生金樽

གསེར་གྱི་གའུ་གཡུ་ལོང་མ།

gser gyi gvu gyu long ma

藏语安多方言神话故事。流传于青海省北部藏区。主要讲述一只金樽的故事。一个穷人的孩子在无意中救了东海龙王王子的性命后，得了一只金樽。想要什么，只要在金樽面前磕头许愿就能成为现实。他靠这只金樽一生享受荣华富贵。1996 年更洛讲述，才让夸记录整理。32 开纸 6 页，1000 余字。收入《海北藏族自治州民间文学丛书·故事》，青海民族出版社 2001 年藏文版。

（才让夸）

阿江巴拉

ཨ་སྤྱང་སྤ་ལ།

a spyng sp la

藏语安多方言神话故事。流传于青海省北部藏区。主要讲述阿江巴拉足智多谋并率部下，到魔界打仗凯旋的故事。1996 年昂青讲述，才让夸记录整理。32 开纸 6 页，1000 余字。收入《海北藏族自治州民间文学丛书·故事》，青海民族出版社 2001 年藏文版。（才让夸）

征税

ཁྲལ་བསྡུ།

khrl bsdu

藏语安多方言故事。流传于青海省祁连县。

以笑话的形式讲述当地头人们苛刻征收山税、水税、草地税、茶税、盐税、冒烟税等苛捐杂税的情况。还巧立名目以双耳税、四蹄税等，不论人畜，凡长有耳朵或蹄子的都要上税。1985 年措尼讲述，尚丁记录整理。32 开纸 1 页，300 字。收入《仓央尖措诗集》，青海人民出版社 1991 年藏文版。（才华扎西）

国王达哇东珠

རྒྱལ་པོ་ཟླ་བ་དོན་འགྲུབ།

rgyl po zl ba don vgrub

藏语安多方言民间故事。流传于青海省祁连县。讲述国王达哇东珠的一生。国王达哇东珠拥有百姓九千九百户和众多忠义贤臣。他和大臣们一心为百姓办了很多好事、实事，得到了百姓的尊重和爱戴，国力日益增强，成了当时最强大的王国。1985 年措尼演讲，朝果记录整理。32 开纸 1 页，300 字。（才让夸 才华扎西）

牛心山拱北

སྟོང་སོ་རི་བོ།

stong so ri bo

藏语安多方言传说。流传于青海省北部藏区。讲述牛心山拱北的建造历史。牛心山拱北是在成吉思汗第一次西征，版图扩大到中亚地区和南俄时，从阿拉伯、波斯诸国来的贤哲四十三人建造的。1982 年马丁讲述，马生林记录整理。32 开纸 1 页，300 余字。收入《祁连风情》稿本。（才华扎西）

银洞沟

དངུལ་དོང་ལུང་བ།

dngul dong lung ba

藏语安多方言传说。流传于青海省北部藏区。描述银洞沟的地理位置及形状。银沟洞位于默勒镇西南，口小肚宽，内漆黑如墨，灯不吹自灭等，神秘莫测。1982 年罗旦讲述，马生林记录、汉译整理。32 开纸 1 页，300 余字。收入《祁连风情》稿本。（才华扎西）

夏塘部落

ཞ་ཐང་ཚོ་བ།

zha thang tso ba

藏语安多方言传说。流传于青海省北部藏区。讲述夏塘部落的来历。夏塘部落原居青海东部巴燕阿什努一带，在夏塘头人的带领下迁至祁连。1982 年罗旦讲述，马生林记录，汉译整理。32 开纸 1 页，近 300 字。收入《祁连风情》稿本。

（才华扎西）

郭米部落

སྒོ་མེ་ཚོ་བ།

sgo me tso ba

藏语安多方言传说。流传于青海省北部藏区。讲述郭米部落的来历。郭米部落是在 1929 年，在郭米才项的带领下迁至祁连扎麻什，并由阿力克千户赠送骏马一匹、丝绸十件等礼物，获得定居权。1982 年罗旦讲述，马生林记录，汉译整理。32 开纸 1 页，300 余字。收入《祁连风情》稿本。（才华扎西）

多隆卧龙索松

རྡོ་ལུང་དབོ་ལུང་།

rdo lung dbo lung

藏语安多方言传说。流传于青海省北部藏区。讲述多隆卧龙索松的名称来历及意义。“卧龙”是蒙古语，意为三座，“索松”是“神山”。当地群众到节庆之日到三座神山去煨桑、诵经，祈祷神山保佑人畜兴旺、家家平安、草美水盛。1982 年罗旦讲述，马生林记录，汉译整理。32 开纸 1 页，300 余字。收入《祁连风情》稿本。（才华扎西）

峨堡城

མཁར་དམར།

mkhar dmar

藏语安多方言传说。流传于青海省北部藏区。讲述峨堡作为交通要道、军事要塞等的重要性及峨堡的位置、面积、海拔、造型。反映祁连县峨堡以前是东西地区之间交通、军事要道。1982 年

罗旦讲述，马生林记录、汉译整理。32 开纸 1 页，300 余字。收入《祁连风情》稿本。（才华扎西）

阿柔部落纵议

ཨ་རིག་ཚོ་བ།

a rig tso ba

藏族安多青海方言传说。流传于青海省北部藏区。讲述阿柔部落的来历。阿柔部落原居阿尼玛卿雪山以北、黄河以西的三角地带。清道光初年移居大通河流域。明清时译成阿里克或阿力克。1982 年罗旦讲述，马生林记录、汉译整理。32 开纸 1 页，300 余字。收入《祁连风情》稿本。

（才华扎西）

阿柔部落的起源（一）

ཨ་རིག་ཚོ་བའི་ཡོངས་ཁུངས། (1)

a rig tso bvi yongs khungs

藏语安多方言传说。流传于青海省北部藏区。阿柔部落的先辈游牧于黄河上游的阿尼玛卿雪山一带。有一天，人们转雪山的时候，看到雪山上自然形成的藏文，认为是一种吉祥的暗示，由此“阿柔”为部落名。对研究部落起源有参考价值。1982 年罗旦落藏讲述，马生林记录、汉译整理。32 开纸 1 页，300 余字。收入《祁连县志》，甘肃人民出版社 1994 年版。（才华扎西）

阿柔部落的起源（二）

ཨ་རིག་ཚོ་བའི་ཡོངས་ཁུངས། (2)

a rig tso bvi yongs khungs

藏语安多方言传说。流传于青海省北部藏区。在阿尼玛卿雪山下有户贫穷的藏族牧民，夫妻俩只养了一个女孩，她长大成年后生一男孩，在其前额有藏文样痣纹，取名桑杰，也称阿柔桑杰，长大后他做了部落首领，遂以阿柔为部落名。1982 年罗旦讲述，马生林记录、汉译整理。32 开纸 1 页，300 余字。收入《祁连风情》稿本。

（才华扎西）

阿柔部落的起源（三）

ཨ་རིག་ཚོ་བའི་ཡོངས་ཁུངས། (3)

a rig tso bvi yongs khungs

藏语安多方言传说。流传于青海省北部藏区。有一个部落头人到西藏朝圣时，看见一个泥佛舌头上有藏文，回到部落后，他把这个故事讲给大家听，渐渐地人们便称部落名为阿柔。对研究阿柔部落的起源有参考价值。1982 年罗旦讲述，马生林记录、汉译整理。32 开纸 1 页，300 余字。收入《祁连风情》稿本。（才华扎西）

阿柔部落迁至祁连后

ཨ་རིག་ཚོ་བ་ཆུ་ལེན་དུ་བསྣུར་རྗེས།

a rig tso ba chu len du bsnur rjes

藏语安多方言传说。流传于青海省祁连县。讲述阿柔部落迁至祁连后，与当地蒙古族保持良好的关系，藏族、蒙古族两族和睦相处、和衷共济的情况。1982 年罗旦讲述，马生林记录、汉译整理。32 开纸 1 页，300 余字。收入《祁连风情》稿本。（才华扎西）

隋炀帝在祁连

སེའེ་ཡང་རྒྱལ་པོ་ཆུ་ལེན་དུ་སླེབས་པ།

seve yang rgyl po chu len du slebs pa

藏语安多方言传说。流传于青海省北部藏区。讲述炀帝大业五年（609），隋炀帝亲率大军四十万在西宁陈兵讲武的情况。1982 年罗旦讲述，马生林记录、汉译整理。32 开纸 1 页，300 余字。收入《祁连风情》稿本。（才华扎西）

阿柔部落草场

ཨ་རིག་ཚོ་བའི་རྩྭ་ས།

a rig tso bai rtzy sa

藏语安多方言传说。流传于青海省北部藏区。讲述阿柔部落的牧居范围由清政府直接划定：草场范围东至狮子口盘坡，西至野牛沟，北靠走廊南山，南与默勒王接壤。1982 年罗旦讲述，马生林记录、汉译整理。32 开纸 1 页，300 余字。收入《祁连风情》稿本。（才华扎西）

阿柔部落千户

ཨ་རིག་ཚོ་བའི་སྟོང་དཔོན།

a rig tso bvi stong dpon

藏语安多方言传说。流传于青海省北部藏区。简介阿柔部落的四大千户曲呼旦、格布西、马日当、南卡才巷的统治情况。1982 年罗旦讲述，马生林记录、汉译整理。32 开纸 1 页，300 余字。收入《祁连风情》稿本。（才华扎西）

阿柔部落初到祁连的情况

ཨ་རིག་ཚོ་བ་ཆུ་ལེན་དུ་སླེབས་རྗེས།

a rig tso ba chu len du slebs rjes

藏语安多方言传说。流传于青海省北部藏区。讲述阿柔部落初到祁连时共有八个小部落：德芒、百户、百经、芒扎、陆芒、河日东、阿可落、壮特玛，约七百余户，一千五百多人。1982 年罗旦讲述，马生林记录、汉译整理。32 开纸 1 页，300 余字。收入《祁连风情》稿本。（才华扎西）

峨堡

མཁར་དམར།

mkhar dmar

藏语安多方言传说。流传于青海省北部藏区。讲述峨堡的名称来历。峨堡系蒙古族语，意为祭神的堆子。1982 年罗旦讲述，马生林记录、汉译整理。32 开纸 1 页，300 余字。收入《祁连风情》稿本。（才华扎西）

青海北大门——峨堡

མཚོ་སྔོན་གྱི་བྱང་སྒོ——མཁར་དམར།

mtso sngon gyi byng sgo—mkhar dmar

藏语安多方言传说。流传于青海省北部藏区。讲述峨堡位于祁连县东南部，地处巍峨挺拔，汉代以前就有羌人在此游牧。1982 年罗旦讲述，马生林记录、汉译整理。32 开纸 1 页，300 余字。收入《祁连风情》稿本。（才华扎西）

托茂人名称来历

ཐོག་དམག་ཅེས་པའི་མིང་གི་ཡོངས་ཁུངས།

thog dmag ces pvi ming gi yongs khungs

藏语安多方言传说。流传于青海省北部藏区。讲述托茂人的名称来历。据说，“托茂”是蒙古语，意为分散、流浪。现在的托茂是在清朝时期流浪到这里的。1982 年罗旦讲述，马生林记录、汉译整理。32 开纸 1 页，300 余字。收入《祁连风情》稿本。（才华扎西）

托茂人的风俗习惯

ཐོག་དམག་གི་ཡུལ་སྲོལ་གོམས་གཤིས།

thog dmag gi yul srol goms gshis

藏语安多方言传说。流传于青海省北部藏区。讲述托茂人的风俗习惯。托茂人的穿着同蒙古族相同，说蒙古语，但信仰伊斯兰教。主要散居在祁连县多隆、野牛沟乡。1982 年罗旦讲述，马生林记录、汉译整理。32 开纸 1 页，300 余字。收入《祁连风情》稿本。（才华扎西）

人类的来历

མིའི་རིགས་ཀྱི་ཡོངས་ཁུངས།

mivi rigs kyi yongs khungs

藏语安多方言故事。流传于青海省北部藏区。讲述人类的族源。在地球上只有植物，没有动物的时候，有一位善良的雄猴和雌猴结婚，生了很多子女，其子女们也相互结婚，于是就有了人类的族源。1982 年罗旦讲述，才华记录、汉译整理。16 开纸 1 页，300 余字。保存完好。稿存青海省祁连县政府才华家处。（才华扎西）

汉族历算的后部分

རྒྱ་ནག་ཆུ་རྩིས་ཀྱི་ཕྱི་དུམ།

rgy nag chu rtzis kyi phyi dum

藏语安多方言叙述故事。流传于青海省北部藏区。讲述藏、汉两个民族文化的兼容。曾有三个藏族僧人无意中捡到一部经书，经多年研究后才得知该书是汉族历算中的一部分，大部分已丢失。但三位僧人经多年研究、创新，进一步发展和丰富了该书内容。后该书成为现在藏族历算的基础。1996年昂青讲述，才让夸记录整理。32开纸8页，2000余字。对研究藏汉文化的融合及相互影响有参考价值。收入《海北藏族自治州民间文学丛书·故事》，青海民族出版社2001年藏文版。

（才让夸）

取经活佛唐僧

ཐང་གི་བླ་མ་རིག་པའི་རྡོ་རྗེ།

thang gi bl ma rig bvi rdo rje

藏语安多方言叙述故事。流传于青海省北部藏区。主要讲述唐僧原是一名弃儿，被观音菩萨所救后，成为内地第一个到印度取经僧人的故事。1996年卡保讲述，才让夸记录整理。32开纸23页，10 000余字。对研究藏汉文化相互吸纳有参考价值。收入《海北藏族自治州民间文学丛书·故事》，青海民族出版社2001年藏文版。（才让夸）

默勒扎干山头被砍的故事

མུ་རིའི་རྫ་རྒན་གྱི་མགོ་བཅད་པ།

mu rivi rds rgn gyi mgo bcad pa

藏语安多方言叙述故事。流传于青海省北部藏区。讲述秦始皇为了修好长城降地祇的故事。秦始皇修长城时，多次遭到海晏县境内一山神的破坏而失败。为了征服天下、修好长城，他派人砍断了海晏境内名叫默勒扎干山的山头，以此诏书三界，表明他的伟大决心。1996年更洛讲述，才让夸记录整理。32开纸4页，1000字。收入《海北藏族自治州民间文学丛书·故事》，青海民族出版社2001年藏文版。（才让夸）

噶尔东赞、青海湖及色庆山的传说

བློན་པོ་མགར། མཚོ་སྔོན་པོ། གསེར་ཆེན།

blon bo mgar mtso sngon bo gser chen ri

藏语安多方言历史故事。流传于青海省北部藏区。讲述藏王松赞干布大臣噶尔东赞，由于被朝中奸臣所害，在青海湖形成前跑到附近的色庆山避难的传说。1996年更洛讲述，才让夸记录整理。32开纸4页，1000字。收入《海北藏族自治州民间文学丛书·故事》，青海民族出版社2001年藏文版。

（才让夸）

兔子灭狼记

རི་བོང་གིས་སྤྱང་ཀི་བཏུལ་བ།

ri bong gis spyng ki btul ba

藏语安多方言动物故事。流传于青海省北部藏区。主要讲述一只兔子凭借自己的才能杀死一只坏狼的故事，告诫人们不能轻视弱者。1996年才科讲述，才让夸记录整理。32开纸2页，500余字。收入《海北藏族自治州民间文学丛书·故事》，青海民族出版社2001年藏文版。（才让夸）

坏兔子

རི་བོང་བསམ་ངན།

ri bong bsam nagn

藏语安多方言动物故事。流传于青海省北部藏区。主要讲述有一只兔子聪明能干，但它一生专干坏事，不做好事，聪明反被聪明误的故事。1996年昂青讲述，才让夸记录整理。32开纸7页，3000余字。收入《海北藏族自治州民间文学丛书·故事》，青海民族出版社2001年藏文版。

（才让夸）

智慧兔子

རི་བོང་བློ་ལྡན།

ri bong blo ldn

藏语安多方言动物与人的故事。流传于青海省北部藏区。主要讲述一只聪明能干的兔子帮助一个穷人成家立业的故事。1996年才科讲述，才让夸记录整理。32开纸3页，700余字。收入《海北藏族自治州民间文学丛书·故事》，青海民族出版社2001年藏文版。（才让夸）

兔子和小羔羊

རི་བོང་དང་ལུ་གུ།

ri bong dang lu gu

藏语安多方言动物故事。流传于青海省北部藏区。主要讲述一只兔子养了一只小羔羊，被一匹恶狼吃掉后，兔子靠自己的才能为小羔羊报仇的故事。1996年勒合旦加布讲述，才让夸记录整理。32开纸3页，700余字。收入《海北藏族自治州民间文学丛书·故事》，青海民族出版社2001年藏文版。（才让夸）

狡猾的兔子

གཡོ་སྒྱུ་ཅེ་བའི་རི་བོང་།

gyo sgyu che bvi ri bong

藏语安多方言故事。流传于青海省北部藏区。讲述聪明的兔子杀死一匹罪恶极大、诡计多端的狼的故事。1982年罗旦讲述，才华记录、汉译整理。16开纸1页，300余字。保存完好。今藏祁连县政府才华处。（才华扎西）

兔子降妖

རི་བོང་གིས་གདོན་འདྲེ་ཆམ་ལ་ཕབ་པ།

ri bong gis gdon vdre cham la phab pa

藏语安多方言故事。流传于青海省北部藏区。很早以前，不知从何方来的恶魔把持了默勒草原，它经常残害邻里，于是，聪明勇敢的兔子消灭恶魔，为大家除害。1982年罗旦讲述，才华记录、汉译整理。16开纸1页，300余字。保存完好。今藏祁连县政府才华处。（才华扎西）

骆驼和老山羊

ཛ་མོང་དང་ར་རྒན།

rng mong dang ra rgn

藏语安多方言传说。流传于青海省北部藏区。讲述骆驼和山羊各有长处，骆驼和山羊比本领，因各自的生理特点难分输赢的故事。反映人人都有自己的长处，也有自己的短处，相互间要取长补短。2003年罗旦讲述，关加记录、汉译整理。16开纸1页，300余字。保存完好。今藏祁连县政府才华处。（才华扎西）

羊尾鼠

ཙི་གུ་ར་ཛ།

tzi gu ra rng

藏语安多方言人与动物的故事。流传于青海省北部藏区。主要讲述一只叫羊尾鼠的老鼠凭借自己的聪明和“偷盗”本领，赡养一位老人的故事。一对夫妻无儿无女，老来散伙时，有几只山羊都跟着老头走了。老婆子只剩下一条羊尾巴。而那尾巴变成了一只老鼠，人称羊尾鼠，成为老人的膝下之子。它凭借自己高超的“偷盗”本领，盗来别人的东西，赡养老人。1996年勒合旦加布讲述，才让夸记录整理。32开纸3页，700余字。收入《海北藏族自治州民间文学丛书·故事》，青海民族出版社2001年藏文版。（才让夸）

两只虎仔和一个小伙子

སྟག་ཕྲུག་གཉིས་དང་བྱི་ལི་གཅིག

stg phrug gnyis dang byi li gcig

藏语安多方言人与动物的故事。流传于青海省北部藏区。讲述一个小伙子养了两只虎崽，后来他遇难时得到了两只虎崽帮助的故事。1996年更洛讲述，才让夸记录整理。32开纸6页，2000余字。收入《海北藏族自治州民间文学丛书·故事》，青海民族出版社2001年藏文版。（才让夸）

驴、狗、猫的故事

བོང་བུ། ཁྱི། བྱི་ལ།

bung bu khyi byi la

藏语安多方言动物故事。流传于青海省北部藏区。主要讲述一头驴、一条狗和一只猫老时被主人赶出家门的故事。一头老驴、一条老狗、一只老猫分别被各自的主人赶出家门。三只动物同病相怜，聚到一块儿生活。它们团结一致，赶走想害它们的一帮人，为自己夺取一处房屋，安度晚年。呼吁人们要善待动物，爱惜人与动物之间的感情。对研究环湖藏区爱护动物习俗和因果报应意识有参考价值。1996年更洛讲述，才让夸记录整理。32开纸2页，500余字。收入《海北藏族自治州民间文学丛书·故事》，青海民族出版社2001年藏文版。（才让夸）

悼念乌鸦

ཁྭ་ཏ་ཤི་ནས་ཤ་རྒྱུ་སྡུག་པ།

khw ta shi nas sha rgyu sdug pa

藏语安多方言动物故事。流传于青海省北部藏区。主要讲述一只乌鸦和一种叫“虾巨”（藏语，为一种爬行动物）的动物住在一起，乌鸦死后“虾巨”悼念乌鸦的故事。“虾巨”和乌鸦生活在一起。平常乌鸦外出放牧，“虾巨”在家做饭。有一天，乌鸦在家学着做饭时不慎被火烧死。“虾巨”为乌鸦哭丧，感动了其他许多动物，它们也纷纷为乌鸦的死进行悼念。表达了人与动物、自然共存的愿望。1996 年才科讲述，才让夸记录整理。32 开纸 2 页，500 余字。对研究藏族人民热爱和平、渴望和平的心理有参考价值。收入《海北藏族自治州民间文学丛书·故事》，青海民族出版社 2001 年藏文版。（才让夸）

羊妈妈

མ་མོ་གྱོ་མོ།

ma mo gyo mo

藏语安多方言动物故事。流传于青海省北部藏区。讲述一只小兔子救了一只羊妈妈的故事。一只羊妈妈的孩子夭折了。羊妈妈背着自己孩子的骨灰到拉萨的路上碰见一匹大狼，无法脱身时，一只小兔子装成动物王的使者，帮助它吓跑了大狼。羊妈妈平安地到达拉萨。1996 年才科讲述，才让夸记录整理。32 开纸 3 页，700 余字。收入《海北藏族自治州民间文学丛书·故事》，青海民族出版社 2001 年藏文版。（才让夸）

老马灭狼记

རྟ་ཡིས་སྤྱང་ཀི་བཏུལ་བ།

rt yis spyng ki btul ba

藏语安多方言动物故事。流传于青海省北部藏区。主要讲述一匹老马不慎掉进泥坑时碰上一匹大狼，老马靠自己的智慧，不仅让大狼将自己从泥坑中拉上来，而且最后还除掉了大狼的故事。1996 年才科讲述，才让夸记录整理。32 开纸 3 页，700 余字。收入《海北藏族自治州民间文学丛书·故事》，青海民族出版社 2001 年藏文版。（才让夸）

蝙蝠从鸟类中除名的故事

ཕ་ཝང་བྱ་གྲལ་ནས་ཕུད་པ།

pha wang by grl nas phul pa

藏语安多方言动物故事。流传于青海省北部藏区。主要讲述蝙蝠原属于鸟类，但它诡计多端，常常无理取闹，后被经众鸟决定从鸟类中除名的故事。1996 年昂青讲述，才让夸记录整理。32 开纸 2 页，400 余字。收入《海北藏族自治州民间文学丛书·故事》，青海民族出版社 2001 年藏文版。（才让夸）

兔子豁口

རི་བོང་གི་ཁ་ཤོ་བ།

ri bong gi kha sho ba

藏语安多方言动物故事。流传于青海省北部藏区。讲述兔子上嘴裂口的来历。兔子的上嘴上本身没裂口，它为了占有更多的吃食，用刀划了个口子，从此就没再愈合。1996 年才科讲述，才让夸记录整理。32 开纸 2 页，500 余字。收入《海北藏族自治州民间文学丛书·故事》，青海民族出版社 2001 年藏文版。（才让夸）

公鸡下蛋

ཕོ་བྱའི་སྒོ་ང་།

pho byvi sgo nga

藏语安多方言笑话故事。流传于青海省北部藏区。讲述一个相貌平平而才华出众的小伙子跟当地国王斗智并最后战胜国王的故事。有个国王命他的大臣们给他找来很多公鸡蛋，当大臣们束手无策时，丞相有个长相丑陋的儿子出了个好办法，解决了难题。与汉族故事“世不全”有很多相似之处，对研究藏汉文化有参考价值。1996 年勒合旦加布讲述，才让夸记录整理。32 开纸 6 页，1000 余字。收入《海北藏族自治州民间文学丛书·故事》，青海民族出版社 2001 年藏文版。（才让夸）

学经

སྒྲོལ་མ་ཁྲིད་པ།

sgrol ma khrid pa

藏语安多方言笑话故事。流传于青海省北部藏区。主要讲述一位老太太很想学念经，于是叫了一个调皮的小孩教她念经，小孩教了她几句自编的顺口溜，老太太靠那几句顺口溜吓跑两个贼的故事。1996 年勒合旦加布讲述，才让夸记录整理。32 开纸 1 页，200 余字。收入《海北藏族自治州民间文学丛书·故事》，青海民族出版社 2001 年藏文版。（才让夸）

赛马会上的“十三马”

རྟ་རྒྱུགས་འགྲན་ཚོགས་ཀྱི་རྟ་བཅུ་གསུམ།

rt rgyugs vgrn tsogs kyi rt bcu gsum

藏语安多方言民间故事。流传于青海省海东市乐都区北山一带。讲述北山藏族群众在赛马会上的名次取得第十三名，称为“尕柔聚森”的来由。16 开纸 1 页，100 余字。收入《中国民间文学集成青海分卷·乐都风情》，青海民族出版社 1998 年铅印本。（本巴）

三贤哲和霍尔多杰

མཁས་པ་མི་གསུམ་དང་ཧོར་རྡོ་རྗེ།

mkhas pa mi gsum dang xor rdo rje

藏语安多方言民间传说。流传于青海省海东市乐都区南山一带。讲述三贤者的故事。藏饶赛、约格琼、玛尔释迦牟尼“三圣”为避免朗达玛灭佛，来到夫兰央宗，就此修炼定居。而霍尔多杰通过跳欠活动除掉了朗达玛逃亡在此，住在小佛洞。“三圣”请他共同居住，他以开杀戒有违佛法而谢绝，后圆寂于当地。16 开纸 1 页，400 余字。收入《中国民间集成青海分卷·乐都风情》，青海民族出版社 1998 年铅印本。（本巴）

桑买和桑朵

སངས་མེད་དང་སངས་རྡོ།

sangs med dang sangs rdo

藏语安多方言民间传说。流传于青海省海东市乐都区北山一带。讲述一对夫妇离异后变成南北山神的传说。山神桑买和桑朵是一对恩爱夫妻，他们被念青唐古拉安排在今乐都北山，后来为一件小事，夫妻俩发生了争吵，桑买赌气地离开了北山，带着三个儿子来到南山，从此阿米桑朵和阿尹桑各自成为北山和南山的总神。佚名讲述，阿竹林记录、整理。16 开纸 1 页，300 字。收入《中国民间集成青海卷·乐都风情》，青海民族出版社 1998 年铅印本。（本巴）

瞿昙寺龙池传说

གྲོ་ཚང་རྡོ་རྗེ་འཆང་ཀླུ་རྫིང་གི་སྒྲུང་གཏམ།

gro tsang rdo rje vchang klu rdsing gi sgrung gtam

藏语安多方言民间传说。流传于青海省海东市乐都区南山一带。寺院传说。主要内容为，西藏山南噶举派高僧喇嘛，从海心山弘传佛法到乐都卓仓地区，在拉卡斯美郎选定瞿昙寺址，并在龙池之上建起了隆国殿。佚名讲述，谢尔杰记录、整理。16 开纸 1 页，400 字。收入《中国民间集成青海卷·乐都风情》，青海民族出版社 1998 年铅印本。（本巴）

拉伊退贼兵

གླུ་གཞས་ཀྱིས་ཇག་དམག་སྐྲད་པ།

giu gzhas kyis jag dmag skrd pa

藏语安多方言民间传说。流传于青海省海东乐都区北山一带。讲述明末清初，瞿昙寺受土匪、贼兵骚扰。一日，寺院被众匪包围，无计可施之时，当地群众灵机一动，高声唱起了“拉伊”，唱得人越来越多，曲调越来越雄壮优美，贼兵以为是计，仓皇退兵。梅巴仓讲述，谢承华记录。16 开纸3 页，3000字。收入《中国民间集成青海卷·乐都风情》，青海民族出版社 1998 年铅印本。（本巴）

红卡村传说

དཔོན་ཁ་སྡེ་བའི་ངག་རྒྱུན།

dpon kha sde bvi ngag rgyun

藏语安多方言民间传说。流传于青海省海东市乐都区北山一带。讲述在很早的时候，神龙降临在红卡寺接龙沟，从此该地风调雨顺、一切平安，为此当地藏族在此建起了一座黄教寺院。佚名讲述，尹守仁记录。16 开纸 1 页，300 字。收入《中国民间集成青海卷·乐都风情》，青海民族出版社 1998 年铅印本。（本巴）

拉龙贝吉多杰与丹斗寺

ལྷ་ལུང་དཔལ་རྡོ་དང་དན་ཏིག་ཤེལ་སྒོམ།

lxa lung dpal rdo dang dan tig shel dgon

藏语安多方言人物传说。流传于青海省海东市化隆回族自治县金源藏族乡。讲述吐蕃末代王朝朗达玛禁佛灭教，西藏僧侣拉龙贝多杰因不满，暗杀达玛赞普后逃之丹斗寺修行经过。1981 年三盘讲述，东智记录。32 开纸 3 页。收入《西藏佛教史略》，青海人民出版社 1982 年版。（东智）

犏牛可以挤奶吗

མཚོ་ལ་འོ་མ་བཞོ་རྒྱུ་ཡོད་དམ།

mdso la vo ma bzho rgyu yod dam

藏语安多方言机智人物故事。流传于青海省海东市化隆回族自治县金源藏族乡。讲述穷人阿克顿巴看不惯地主欺压剥削百姓，机智地对抗地主牧主的剥削。1966 年才旺讲述、记录。32 开纸 4 页。收入《阿克顿巴的故事》，四川民族出版社 1980 年版。（东智）

生下小锅的锅

སླང་ཆུང་བཙས་པའི་སླ་ང་།

slng chung btzas pvi sl nga

藏语安多方言故事。流传于青海省海东市化隆回族自治县金源藏族乡。讲述穷人顿巴以聪明灵活的头脑对付地主放高利贷，欺压百姓，为百姓出头的故事。1966 年才旺讲述、记录。32 开纸 5 页，收入《阿克顿巴的故事》，四川民族出版社 1980 年版。（东智）

莲花生弘法洲

སློབ་དཔོན་པད་མས་ཆོས་འཁོར་བསྐོར།

slob dpon pad mas chos vkhor bskor

藏语安多方言故事。流传于青海省海东市化隆回族自治县金源藏族乡。讲述支哈加宁玛寺创建和高僧讲经修行经过。1992 年桑杰等讲述，东智记录。16 开纸 1 页。收入《化隆回族自治县县志》，青海省地方志丛书 1993 年版。（东智）

尖扎嘛呢

གཙན་ཚའི་མ་ནི།

gcan tsvi ma ni

藏语安多方言故事。流传于青海省海东市化隆回族自治县金源藏族乡。讲述 14 世纪下半叶，宗喀巴大师之师傅曲吉端智仁庆的手转嘛呢存放于尖扎嘛呢水转筒中的历史。1990 年嘉措讲述，东智记录。32 开纸 2 页，今藏青海省海东市化隆回族自治县雄先藏族乡尖扎嘛呢康处。（东智）

宝贝佛诞生的传说

རྗེ་ཙོང་ཁ་བ་སྐུ་བྱོན་པའི་ངག་རྒྱུན།

rje tzong kha ba sku bku byon pvi ngag rgyun

汉语青海方言人物传说。流传于青海省海东市平安区石灰窑乡。以神话传说故事形式讲述藏传佛教格鲁派创始人宗喀巴（宝贝佛）诞生的经过。贾国寿讲述，魏占乾记录。32 开纸 2 页，600 字。收入《中国民间故事集成·平安县卷》，中国标准出版社 1991 年版。（谢盛邦）

夏宗寺陡壁上的柏树

ཤ་རྫོང་རི་ཁྲོད་ཀྱི་བྲག་ངོས་ཤུག་སྡོང་།

sha rdsong ri khrod kyi brg ngos shug sdong

汉语青海方言人物传说。流传于青海省海东市平安区寺台、石灰窑乡。讲述宗喀巴七岁出家到夏宗寺，削发为僧，大风将其剃落的头发刮到陡壁上，不久便长出了一棵柏树，其枝叶煨桑有焦发味的故事。反映了藏族人民信佛的朴素感情。仲省正讲述，丁秀萍记录。32 开纸 1 页，200 字。收入《中国民间故事集成·平安县卷》，中国标准出版社 1991 年版。（谢盛邦）

白马寺的传说

དམར་གཙང་བྲག་དགོན་པའི་བྱུང་བ་བརྗོད་པ།

dmr gtzng brg dgon pvi byung ba brjod ba

汉语青海方言寺院传说。流传于青海省海东市平安区、互助县一带。讲述小白马因遮住脸为自己的妈妈配种，发现后羞愧难当，跑到悬崖纵身跳进湟水，人们为了纪念小白马知廉耻的精神品质，而修建白马寺的传说故事。白马寺阿卡讲述，丁秀萍记录。32 开纸 1 页，500 字。收入《中国民间故事集成·平安县卷》，中国标准出版社 1991 年版。（谢盛邦）

阿嘉活佛讨玉玺

ཨ་ལགས་ཨ་གྱུ་ཚང་གིས་གཡང་ཏིའི་ཐམ་ག་སླར་འཕྲོག་པ།

a lags a gyv tsang gis gyang tiyitham ga slr vphrog pa

汉语青海方言传说。流传于青海省海东市平安区、西宁市湟中县一带。以叙事形式讲述明王朝传国玉玺被李自成丢到废井中，后流落到日本，嘉庆皇帝派塔尔寺寺主阿嘉活佛到日本凭高超武功比武取胜，讨回玉玺的故事。丹增桑若讲述，魏占乾记录。32 开 2 页，1000 字。收入《中国民间故事集成·平安县卷》，中国标准出版社 1991 年版。（谢盛邦）

宝贝佛进藏的传说

རྗེ་བློ་བཟང་གྲགས་པ་དབུས་གཙང་དུ་ཕེབས་སྐྱོད་མཛད་པ།

rje blo bzang grgs pa dbus gtzang du phebs skyod md sad pa

汉语青海方言人物传说。流传于青海省海东市平安区、西宁市湟中县一带。讲述藏传佛教格鲁派创始人宗喀巴诞生的时间、地点、来历及黄教在西藏传播、盛行的传说。贾国寿讲述，魏占乾记录。32 开纸 2 页，1000 字。收入《中国民间故事集成·平安县卷》，中国标准出版社 1991 年版。（谢盛邦）

家神的祭祀

ཁྱིམ་ལྷར་བཀུག་པའི་ཆོ་ག

khyim lxr bkug pvi cho ga

汉语青海方言传说。流传于青海省海东市平安区、西宁市湟中县一带。讲述佛教创始人释迦牟尼救苦救难，普度众生，抑恶扬善，感化吃人的九头妖改恶从善，最后善化成藏族家神的传说。贾国寿讲述，魏占乾记录。32 开纸 2 页，1000 字。收入《中国民间故事集成·平安县卷》，中国标准出版社 1991 年版。（谢盛邦）

吃“全吉”的来历

ཀུན་ཤིས་གསོལ་ཚིགས་རོལ་བའི་འབྱུང་ཁུངས།

kun shis gsol tsigs rol bvi vbyung khungs

汉语青海方言传说。流传于青海省海东市平安区、西宁市湟中县等地藏族地区一带。一种吃饭习俗。“全吉”是藏族习俗。每月十五日全村人老的和小的集中在一起吃一顿好吃的饭讨吉利，年轻力壮的成年人不能吃。该传说故事讲述多杰活佛降妖除魔，为民除害，行善干好，叫藏族村庄的老人、小孩吃“全吉”饭，讨吉利的故事。达仁增讲述，魏占乾记录。32开纸1页，500余字。收入《中国民间故事集成·平安县卷》，中国标准出版社 1991 年版。（谢盛邦）

日月山、青海湖、海心山的传说

རྡོ་ཉི་ཟླ་དང་མཚོ་སྔོན་པོ་མཚོ་སྙིང་།

rdo nyi zl dang mtso sngon po mtso snying

汉语青海方言故事。流传于青海省海东市平安区古城一带。讲述松赞干布派人向文成公主求亲，藏王使者果日旦巴比武获胜，议亲成功，迎娶，离间婚事，藏王发觉后挖去果日旦巴双眼，将其赶出西藏。屡修布达拉宫不成，果日旦巴知道其中的秘诀，藏王派人追赶，索取秘诀。果日旦巴为使藏王修不成宫殿，使魔术，设置路障，最后秘诀被人套走，路障变成了日月山、海心山、青海湖。表现了藏族人民的智慧和力量。尖参吉讲述，豆改杰记录。32 开纸 4 页，2600 字。收入《中国民间故事集成·平安县卷》，中国标准出版社 1991 年版。（谢盛邦）

祁宪邦担保塔尔寺

ལྕགས་བྱམས་འབུམ་གྱིས་སྐུ་འབུམ་དགོན་པ་བསྐྱབས་པ།

lcgs byms vbum gyis sku vbum dgon pa bskybs pa

汉语青海方言传说。流传于青海省海东市平安区祁家川一带。清雍正年间，朝廷派年羹尧平息罗布藏丹津叛乱，年羹尧中罗布藏丹津埋伏被围，土司祁宪邦出手相救。后年羹尧包围塔尔寺，滥杀无辜活佛、僧侣，土司祁宪邦于心不忍，出面担保，答应三年后塔尔寺僧众不得超过 3500

名，年羹尧答应条件，停止屠杀。三年后僧众如旧，年羹尧要杀土司，一名士兵顶替土司被杀，土司为答谢被杀士兵，对士兵家属许以土地相恤。贾国寿、贾有才讲述，魏占乾记录。32 张 2 页，1200 字。收入《中国民间故事集成·平安县卷》，中国标准出版社 1991 年版。（谢盛邦）

桑洛和娘洛

སངས་ལོ་དང་སྙིང་ལོ།

sangs lo dang shying lo

汉语青海方言故事传说。流传于青海省海东市平安区古城、沙沟一带。同父异母兄弟桑洛和娘洛外出挣了大钱，路遇强盗，桑洛被害。受尽继母折磨的桑洛妻子哲毛，历经艰辛寻夫尸，又遇魔鬼要吃她，同时魔鬼说出用她的胆可以救活桑洛，哲毛用计戳死魔鬼救活桑洛，桑洛两口和娘洛过上了幸福生活。表现了藏族人民正义、向善的品质。牟豆拉讲述，豆改杰记录。32 开纸 4 页，1800 字。收入《中国民间故事集成·平安县卷》，中国标准出版社 1991 年版。（谢盛邦）

小白龙

འབྲུག་དཀར་ཆུང་བ།

vbrug dkar chung ba

汉语青海方言故事。流传于青海省海东市平安区古城一带。以藏族青年角巴救养西海龙王之子——小白蛇为开端，从小白蛇讲明身份，龙王送宝、宝变姑娘、姑娘和角巴成婚到县官好色、夺妻、比神通、姑娘相救、最后杀死县官的曲折情节，讲述龙王报答角巴救小白龙的恩，赐宝（姑娘）成婚，战胜困难，杀死县官的动人故事。祝家存讲述，豆改杰记录。32 开纸 5 页，1600 字。收入《中国民间故事集成·平安县卷》，中国标准出版社 1991 年版。（谢盛邦）

却增的心

ཆོས་འཛིན་གྱི་སྲོག་གི་དབང་བོ།

chos vdsin gyi srog gi dbng bo

汉语青海方言故事。流传于青海省海东市祁家川藏族村庄一带。爱情故事。以曲折的情节讲述藏族青年却增和卓玛相爱，却增相思而死，托梦给卓玛救他的办法，卓玛历经艰辛，冒死取回了一颗跳动的心，使却增起死回生，最后，一对恋人终成眷属，相伴终身的故事。表现了藏族人民渴望自由，追求幸福美满生活的愿望。尕仍卓玛讲述，魏占乾记录。32 开 3 页，1300 字。收入《中国民间故事集成·平安县卷》，中国标准出版社 1991 年版。（谢盛邦）

寻找做人的道理

ཆ་ཚང་བའི་མི་ཞིག་ཏུ་འགྱུར་བའི་གནས་ལུགས་འཚོལ་བ།

cha tsang bvi mi zhig tu vgyur bvi gnas lugs vtsol

汉语青海方言故事。流传于青海省海东市平安区祁家川藏族村庄一带。讲述藏族贫苦小伙子拜登箭射老鹰救小白蛇，小白蛇变成白胡子老人，白胡子老人指迷津，拜登为民降妖做好事的曲折故事。表现了做人应当时时事事想着别人，不能光想自己的主题。才洛讲述，魏占乾记录。32 开 5 页，2500 字。收入《中国民间故事集成·平安县卷》，中国标准出版社 1991 年版。（谢盛邦）

白切增巴取金锅

དཔལ་སྐྱབས་འཛིན་པས་གསེར་སླང་ཁྱེར་ཡོང་བ།

dpal skybs vdsin pas gser slng khyer yong ba

汉语青海方言故事。流传于青海省海东市平安区祁家川、西宁市湟中县小南川一带。讲述被坏人迫害的白切增巴历经艰险取回金镐的故事。佛爷莲花生大师点化怀胎、出生的白切增巴聪明、勇敢，遭国王嫉妒，国王逼迫他到很远的女儿国取金锅、玉锤，他在莲花生大师的暗中保护下历经艰险取回金锅、玉锤，并娶丑陋的女儿国国王为妻，使其变为漂亮女人，烧死国王，白切增巴被尊为国王。贾国寿讲述，魏占乾记录。32 开纸 4 页，1200 字。收入《中国民间故事集成·3 卷》，中国标准出版社 1991 年版。（谢盛邦）

只阿德

བཀྲ་ཏེ།

bkr te

汉语青海方言故事。流传于青海省海东市平

安区沙沟、古城藏族村庄一带。讲述穷苦的只阿德受不了继母的欺凌折磨，告别心爱的妻子到西藏挣钱。他告诉妻子他九年后才回来。九年后只阿德挣上钱，赶着大量牛羊往家走的路上遇上“香图哇”，他用计谋和勇气杀死“香图哇”，回家把多数牛羊牲畜分给穷苦人。牟才华杰讲说，豆改杰记录。32 张 3 页，1300 字。收入《中国民间故事集成·平安县卷》，中国标准出版社 1991 年版。（谢盛邦）

喇钦贡巴饶赛

བླ་ཆེན་དགོངས་པ་རབ་གསལ།

bl chen bgongs pa rab gsal

藏语安多方言人物传说。流传于青海省海东市循化撒拉族自治县积石镇。讲述“下路弘传”的始祖喇钦贡巴饶赛的故事。952 年喇钦贡巴饶赛出生于黄河北岸的加入村。十五岁在丹斗从藏饶赛、约格琼、玛尔释迦牟尼三贤哲剃度出家。二十岁受比丘戒，由此潜心钻研佛经，博览佛教典籍，学识渊博精深。卫藏鲁梅等十位僧人闻讯至丹斗寺向其学经，学成后返藏，使佛教再度在卫藏复兴，史称“下路弘传”。喇钦被尊称为“下路弘传”的始祖。宗景佑三年（1035）圆寂，享年 84 岁。才让东智讲述，才旦夏茸记录、汉译整理。32 开纸 4 页，2500 余字。收入《循化撒拉族自治县志》，中华书局 2001 年版。（仁青加）

十世班禅的传说

པཎ་ཆེན་སྣང་བ་མཐའ་ཡས་ཆོས་ཀྱི་རྒྱལ་མཚན།

pan chen snng ba mthav yas chos kyi rgyl mtsan

藏语安多方言人物传说。流传于青海省海东市循化撒拉族自治县文都藏族乡。记述十世班禅出生及认定转世灵童的故事。1938 年冬日的一个清晨，布谷鸟鸣叫，缤纷的彩虹划破天空，十世班禅降临人世。他从小处事不凡，与伙伴们玩耍在石头上踩出脚印，能预见前来寻访九世班禅转世灵童的贵客光临；把上世用过的东西目熟手顺地挑出来；勤奋好学，聪颖过人，过目不忘。1988 年恒登讲述，韩占祥记录、汉译整理。32 开纸 4 页，2624 字。收入《中国民间文学集成青海省循化撒拉族自治县民间故事》第二辑，循化撒拉族自治县民间文学三套集成办公室 1991 年铅印本。（仁青加）

喜饶嘉措大师的传说

རྗེ་བཙུན་ཤེས་རབ་རྒྱ་མཚོ།

rje btzun shes rab rgy mtso

藏语安多方言人物传说。流传于青海省海东市循化撒拉族自治县道帏藏族乡。讲述喜饶嘉措不同的经历和传奇故事。喜饶嘉措出生时“先出脚、后出头，是个倒生的孩子，脚一着地便能站立起来”“本来燃到半夜就熄的两盏酥油灯，却燃到东方破晓。”幼年聪颖勤学过目不忘，提前完成学业。在南京大师居寓楼顶被日军轰炸，扔下五枚炸弹，却因大师诵经未能引燃爆炸。1989 年拉江讲述，才旦加记录、汉译整理。32 开纸 5 页，2916 字。收入《中国民间文学集成青海省循化撒拉族自治县民间故事》第二辑，循化撒拉族自治县民间文学三套集成办公室 1991 年铅印本。（仁青加）

才旦夏茸的故事

ཚེ་ཏན་ཞབས་དྲུང་འཇིགས་མེད་རིག་པའི་བློ་གྲོས།

tse tan zhabs drung vjigs med rig pvi blo gros

藏语安多方言人物传说。流传于青海省海东市循化撒拉族自治县积石镇。讲述才旦夏茸一生致力于藏族文化的弘扬发展，博学多识，著书立说誉满藏区的故事。才旦夏茸幼年被认定为转世灵童，入寺习经，拜晋美丹却嘉措等著名学者求学，学识广博，著书颇丰，专著达二十三卷。1985 年圆寂，终年七十五岁。1989 年杨金巴讲述，万么加记录、汉译整理。16 开纸 2 页，732 字。收入《循化撒拉族自治县志》，中华书局 2001 年版。（仁青加）

晋美丹却嘉措的传说

རྗེ་འཇིགས་མེད་དམ་ཆོས་རྒྱ་མཚོ།

rje vjigs med dam chos rgy mtso

藏语安多方言人物传说。流传于青海省海东市循化撒拉族自治县尕楞藏族乡。讲述晋美丹却嘉措出家入寺、学有所成著书立说的经历。清光绪二十三年（1898）出生于今黄南藏族自治州同仁市。五岁被认定为转世灵童，被迎到隆永堂坐床、学经。一生不避寒暑，刻苦攻读，通达经典要旨精髓，成为该地区有名的活佛。藏历火兔年（1927）始任隆务寺法台，大力弘扬法轮，为法殷勤，至世不懈。其著作多达十五部。藏历火狗年（1946）圆寂，享年四十九岁。1995 年切增讲述，仁青加记录、汉译整理。32 开纸 3 页，685 字。稿存于循化县民族宗教事务局。（仁青加）

彭措南杰的传说

ཕུན་ཚོགས་རྣམ་རྒྱལ།

phun tsogs rnm rgyl

藏语安多方言人物传说。流传于青海省海东市循化撒拉族自治县尕楞藏族乡。讲述出家入藏深造，获得学业返回青海出任药草台寺寺主的经历。明嘉靖七年（1566）彭措南杰出生于循化县尕楞藏族乡。万历七年（1579）去措卡，从三世达赖喇嘛出家，此后入藏深造于哲蚌寺，在桑浦寺获“十难论师”，人称“夏尔尕楞噶居”。返回青海后任佑宁寺法台，后来由瞿昙寺住持伯丹坚赞请到药草台寺主持寺务。其转世系统始成为药草台寺主，并以其出生地命名该系统佛号为“尕楞佛”。关却杰讲述，索南仁青记录整理。32 开纸 1 页，295 字。稿存于循化撒拉族自治县民族宗教事务局。（仁青加）

毛卡姬国王

རྒྱལ་པོ་མོ་ཁ་སྐྱིད།

rgyl bo mo kha skyid

藏语安多方言故事。流传于青海省海东市循化撒拉族自治县道帏藏族乡。讲述穷苦的母子俩得到神奇的鲜花惨遭磨难，后来过上幸福生活并惩罚国王的经过。母子俩将山上采到的花呈送国王，贪婪的毛卡姬国王逼迫穷苦的儿子到妖魔国寻找另一朵花，儿子克服种种磨难，平安返回过上了幸福美满的生活，而国王被洪水卷走身亡。桑杰讲述，索南航旦记录整理。32 开纸 7 页，3856 字。收入《中国民间文学集成青海省循化撒拉族自治县民间故事》第二辑，循化撒拉族自治县民间文学三套集成办公室 1991 年铅印本。（仁青加）

聪明的王妃

བཙུན་མོ་མཛངས་མ།

btzun mo mdsangs ma

藏语安多方言故事。流传于青海省海东市循化撒拉族自治县道帏藏族乡。讲述一王妃以讲故事教育感化国王，解除国王杀害妻子的暴行。有一个暴君娶了很多王妃，娶一个杀一个。一女子当上了最后一个王妃，她以讲故事教育感化国王，终于化险为夷，幸免于难，国君变成一个心地善良、不杀生害命的贤哲人士。鲁毛才让讲述，索南航旦记录整理。32 开纸 8 页，4128 字。收入《中国民间文学集成青海省循化撒拉族自治县民间故事》第二辑，循化撒拉族自治县民间文学三套集成办公室 1991 年铅印本。（仁青加）

索南端智国王

རྒྱལ་པོ་བསོད་ནམས་དོན་གྲུབ།

rgyl bo bsod nams don grub

藏语安多方言故事。流传于青海省海东市循化撒拉族自治县道帏藏族乡。讲述索南端智王子行善做好事遇到的种种阻力和艰辛。王子少年时就立志报效国家。得知天下黎民百姓穷困潦倒时想把国库捐献给穷人，当分完一半时其弟没收了国库钥匙。王子只好一人去大海捞宝珠，获得宝珠返回途中却又遭到弟弟的洗劫，逆境中意中人来相助，王子当上了国王，而弟弟则被流放荒野。桑杰讲述，索南航旦记录整理。32 开纸 9 页，4527 字。收入《中国民间文学集成青海省循化撒拉族自治县民间故事》第二辑，循化撒拉族自治县民间文学三套集成办公室 1991 年铅印本。

（仁青加）

三个大力士的故事

མཐུ་ཆེན་གསུམ་གྱི་གཏམ་རྒྱུད།

mthu chen gsum gyi gtm rgyud

藏语安多方言故事。流传于青海省海东市循化撒拉族自治县白庄乡。讲述老二、老三下毒手置老大普杰于死地，而老大得到大鹰的帮助获得幸福，两弟弟受罚的经过。胆小怕事、贪图便宜的兄弟俩下毒手与老大掉入妖魔国。老大心善，为民除害得到大鹰救助与亲人团聚；老二、老三两兄弟家破人亡。卓玛措讲述，仁青加记录。32开纸7页，4000余字。收入《青海藏文报》1990年10月。 （仁青加）

多吉和桑吉

རྡོ་རྗེ་དང་སངས་རྒྱས།

rdo rje dang sangs rgys

藏语安多方言故事。流传于青海省海东市循化撒拉族自治县白庄乡。讲述哥哥多吉和弟弟桑吉为母亲报仇的经过。有一个土司头人强占了村里的水窖，向百姓收取水税，不交纳水款不许背水。有一户母子三人，家境贫寒交不起水款，母亲要到十里外的山沟背河水，后母亲遇难。后来兄弟俩学会本领，从土司头人的一半家业划分给乡亲们，废除了水税，为母亲报了仇，从此全村人过上了幸福生活。才让吉讲述、整理。32开纸2页，700字。收入《中国民间文学集成青海省循化撒拉族自治县民间故事》第二辑，循化撒拉族自治县民间文学三套集成办公室1991年铅印本。 （仁青加）

活佛与白马

ཨ་ལགས་དང་ཅིབས་རྟ་དཀར་པོ།

a lags dang cibs rt dkar po

藏语安多方言故事。流传于青海省海东市循化撒拉族自治县文都藏族乡。讲述贪财的活佛骗取白马受罚的经过。与儿子相依为命的父亲，得不到儿子在前线打仗的音讯，请活佛算卦，活佛说："你儿子已不在人世了。"父亲就把自家的白马、鞍鞯一套及狐皮长袍一件，供养献给了活佛。儿子胜利归来的路上与活佛碰见，他认出活佛骑坐的白马是自家的，就叫活佛从马背上下来，自己骑上白马去见老父亲。才让吉讲述，端智加记录整理。32开纸4页，1800百字。收入《中国民间文学集成青海省循化撒拉族自治县民间故事》第二辑，循化撒拉族自治县民间文学三套集成办公室1991年铅印本。 （仁青加）

兔子和狼（一）

རི་བོང་དང་སྤྱང་ཁུ།

ri bong dang spyng khu

藏语安多方言故事。流传于青海省海东市循化撒拉族自治县岗察藏族乡。讲述聪明的兔子制服恶狼的动物故事。一只狼掉进一口井里，善良的兔子救了它，狼得救后反而欲吃掉兔子，机灵的兔子便与恶习未改的狼打赌，转败为胜脱离了危险。揭示了善有善报、恶有恶报的道理。索南卓玛讲述，仁青加记录。32开纸4页，2000字。刊载于《青海藏文报》1991年。 （仁青加）

兔子和狼（二）

ཨ་ཕ་རི་བོང་དང་ཨ་ཁུ་སྤྱང་ཀི

a pha ri bong dang a khu spyang ki

藏语安多方言童话故事。流传于青海省西宁市。通过兔子施计使狼丧命，启发孩童，如能善用智慧，虽自身弱小也可战胜强者。对研究藏族民间文学有参考价值。嘎藏记录。16开纸1页，600余字。收入青海《群众艺术》藏文版，1989年第4期。 （久迈 吴钰）

狗评公当

ཁྱིས་གཟུར་བཤད་པ།

khis gzur bshad pa

藏语安多方言故事。流传于青海省海东市循化撒拉族自治县尕楞藏族乡。讲述人和旱獭打官司，狗评理，人和旱獭违约狗受罚的经历。人们种的庄稼被旱獭吃光了，人们想办法消灭旱獭。人杀的旱獭越多，旱獭毁坏庄稼越厉害。相互报复没有尽头。人和旱獭想讲和。人和旱獭推荐让狗当仲裁。狗做出裁决：旱獭从此不再吃庄稼，人也不再打旱獭，并要求人和旱獭各自割下胳肢窝下的一块肉交换作凭据。后来人和旱獭违约，狗没有办法断清这场官司。双方都把罪过归在狗的头上，狗被人拉去拴在门口看门，只给剩饭吃。索南加讲述，韩占祥记录、汉译整理。32开纸4页，1900余字。收入《中国民间文学集成青海省循化撒拉族自治县民间故事》第二辑，循化撒拉族自治县民间文学三套集成办公室1991年铅

印本。（仁青加）

东日仙湖神仙洞的传说

སྟོང་རི་གཡུ་མཚོའི་ལྷ་ལུང་དཔལ་རྡོའི་སྒྲུབ་ཕུག

stong ri gyu mtsovi lx lung dpal rdovl sgrub phug

藏语安多方言传说。流传于青海省海东市循化撒拉族自治县孟达乡。讲述刺杀朗达玛的民族英雄拉浪华道避居神仙洞的经历。朗达玛焚毁佛经，吐蕃由此走向自成部落，无法统一的格局。拉浪华道无法目睹日益衰败的吐蕃江山，为民刺杀朗达玛后昼伏夜行，逃到东日仙湖山洞避居。后来人们怀念他，称其为神仙，他所居留的山洞由此得名为神仙洞。巴吾讲述，刘风兰记录整理。32开纸4页，1900余字。收入《中国民间文学集成青海省循化撒拉族自治县民间故事》第二辑，循化撒拉族自治县民间文学三套集成办公室1991年铅印本。（仁青加）

道帏“乔日丹”的传说

རྡོ་སྦིས་མཆོད་རྟེན་རང་བྱོན།

rdo sbis mchod rten rang byon

藏语安多方言传说。流传于青海省海东市循化撒拉族自治县道帏藏族乡。讲述道帏乡古塔的来历。据传，古印度阿育王治国理政，他粗暴野蛮、作恶多端，后来良知发现，开始省悟悔罪。到释迦佛求卦显示说：“你罪孽深重，要是能在一夜间造出一百零八座佛塔，可以刷洗你身上的晦气。”于是阿育王分赴各地修建佛塔，现存道帏古塔则是其中之一。曼巴闹吾讲述，韩福德记录，仁青加汉译整理。32开纸4页，2000余字。收入《中国民间文学集成青海省循化撒拉族自治县民间故事》第二辑1991年铅印本。（仁青加）

“外城内寺”的张沙寺院

ཕྱི་མཁར་ནང་དགོན་གྱི་ལྕང་ཤར་སྒར།

phyi mkhar nang dgon gyi lcng shar sgr

藏语安多方言传说。流传于青海省海东市循化撒拉族自治县道帏藏族乡。讲述清廷出资建造“外城内寺”的张沙寺院的来历。据传，张沙寺早期建在西藏加盛，后因教派斗争，于明熹宗年(1627)改迁于此。迁来时甘加女活佛罗藏切贞主持仿原寺重建，后来有个主持活佛卡加喇嘛格日（又名卡班智达，汉语称“卡十万”），为朝廷器重。为保护“卡十万”出资兴建外围城墙内立寺的张沙寺，派兵守护，并赐敕书及印鉴。交巴杰讲述，韩福德记录整理。32开纸3页，1700余字。收入《中国民间文学集成青海省循化撒拉族自治县民间故事》第二辑，循化撒拉族自治县民间文学三套集成办公室1991年铅印本。（仁青加）

远古天空无太阳

གནའ་དུས་དགུང་ན་ཉི་མ་མེད།

gnav dus dgung na nyi ma med

藏语安多方言民间故事。流传于青海省同仁市。讲述人类的起源。在远古时期人类体格的特点就是身体高大并能自然发光，后来不知什么原因人体逐渐变小。那时人类不需要种庄稼，吃着大自然赐予人类的四样东西，即水上的浮油、地上的浮油、野生的玉米和一种无籽果。人们互不侵犯，和睦相处，过着太平安乐的生活。娘先讲述，赵清阳记录整理。16开3页，2100余字。收入《黄南民间故事集》，青海省黄南藏族自治州民间文学集成办公室1990年编印。（完德先）

四季的来历

དུས་ཚིགས་བཞིའི་བྱུང་རིམ།

dus tsigs bzhivi byung rim

藏语安多方言民间故事。流传于青海省黄南藏族自治州泽库县。主要讲述四季的来历。很早很早以前，大地上并没有春夏秋冬之分，那时候到处草木茂盛，庄稼年年丰收，粮食多得简直没处装，后来，因为米面太多，人们不懂得爱惜食物，铺张浪费很多，甚至把面和成面团给小孩子擦屁股，牧民常用酥油泥锅台、泥牛羊圈，于是斯巴老人十分痛心。他把一年分为四季，让庄稼和草木半年生长、半年休息。从此，人们才知道爱惜米面，勤俭节约地过日子了。苏乎周讲述，赵清阳记录整理、翻译。32开1页，260余字。收入《黄南民间故事集》，青海省黄南藏族自治州民间文学集成办公室1990年编印。（完德先）

土地和国王的来历

ས་གཞི་དང་རྒྱལ་པོའི་བྱུང་རིམ།

sa gzhi dang rgyl bovi byung rim

藏语安多方言民间故事。流传于青海省黄南藏族自治州同仁市。很早以前，世界上到处是汪洋大海，无边无际。后来不知什么原因，海水怒涨，经过长时间的大动荡，海里露出许多礁石、沙子、黄土，逐渐连成一片形成大大小小的平地和山脉。大陆出现以后，不知又经过多少个万万年才有了人，人们自由地占有土地，有的人占得多，有的人占得少，后来大家为争土地而打架，闹得很不安宁。这时既聪明又能干的人为大家调解纠纷，划分土地，为此大伙选他当国王，此人叫沙戈尔加吾，是世界上开天辟地的第一个国王。赵清阳记录、整理翻译。32 开 2 页，430 余字。收入《黄南民间故事集》，青海省黄南藏族自治州民间文学集成办公室 1990 年编印。（完德先）

粮食的来历

འབྲུ་རིགས་ཀྱི་བྱུང་རིམ།

vbru rigs kyi byung rim

藏语安多方言民间故事。流传于青海省黄南藏族自治州同仁市。以神话传说的形式讲述人是从古猿进化的，猴子的最初食物是玉米，如故事里所讲的“天神赐给它们的，麦子和青稞”那样。经过漫长的劳动，猴子的尾巴短了，毛也脱了，就逐渐变成了人。经过世世代代的播种，世界上到处是玉米、麦子和青稞。夏吾才郎讲述，赵清阳记录、整理翻译。32 开 1 页，368 字。收入《黄南民间故事集》，青海省黄南藏族自治州民间文学集成办公室 1990 年编印。（完德先）

谁教人学会了种田

སྲིད་པས་རྨོ་འདེབས་ཀྱི་སྲོལ་བཏོད་པ།

srid pas rmo rdebs kyi srol btod pa

藏语安多方言民间故事。流传于青海省黄南藏族自治州泽库县。讲述斯巴老人种田吃粮过日子的故事。在很早以前，人和牲畜都靠吃草过生活。那时有个圣人叫斯巴，他看见人和牲畜一起吃草的现象，牲畜吃饱了肚子卧在地上睡觉休息，人则不然，收割了许多草储存起来，以备后用。于是，斯巴就教人学会了种田吃粮食过日子的本领。从那以后，牲畜世世代代靠吃草来生活，而人类世世代代靠种田吃粮食过日子。苏乎周讲述，赵清阳记录、整理翻译。32 开 1 页，198 字。收入《黄南民间故事集》，青海省黄南藏族自治州民间文学集成办公室 1990 年 6 月编印。（完德先）

人类的生育

མིའི་འགྲོ་བ་སྐྱེ་འཕེལ།

mivi vgro ba skye vphel

藏语安多方言民间故事。流传于青海省黄南藏族自治州泽库县。讲述除人类以外，其他动物都有发情交配期，是因为斯巴先忙着给马牛羊安排交配时间，还来不及给人类安排这方面的时间，一位女子急忙跑去催促斯巴老人先安排人类，斯巴老人看她着急，一气之下就说了那你们自己看着办吧。从此，世界上各种动物都有其交配的时间，只有人类不受时间限制，一年四季，日日夜夜、每时每刻都可以。苏乎周讲述，赵清阳记录、整理翻译。32 开 1 页，230 字。收入《黄南民间故事》，青海省黄南藏族自治州民间文学集成办公室 1990 年 6 月编印。（完德先）

马牛羊的产仔季节为何不同

རྟ་ནོར་ལུག་གསུམ་གྱི་ཕྲུ་གུ་བཏའ་བའི་དུས་ཚིགས་གཅིག་མཐུན་མིན་དོན་ཅི།

rt nor lug gsum gyi phru gu btav bvi dus tsigs gcig mthun min don ci

藏语安多方言民间故事。流传于青海省黄南藏族自治州泽库县。讲述在很早以前，各种产羔产驹并无四季之分，他们都在冬季繁殖后代。后来，气候变冷了，雪越下越大了，一到冬季，到处是冰天雪地，驹犊几乎全都冻死了，只有羔羊仔不怕冷冻，活下来跟着母羊到处跑。所以，斯巴安排了不同的产驹产犊季节。绵羊不怕冻，就让它在冬季产羔；牛马怕冻，就将它们的产犊时间安排在春季。苏乎周讲述，赵清阳记录、整理翻译。32 开 1 页，198 字。收入《黄南民间故事集》，青海省黄南藏族自治州民间文学集成办公室 1990 年 6 月编印。（完德先）

狗、猴和人的传说

ཁྱི་དང་སྤྲེའུ་མི་གསུམ་གྱི་ངག་རྒྱུན།

khyi dang sprevu mi gsum gyi nang rgyun

藏语安多方言民间故事。流传于青海省黄南藏族自治州同仁市。讲述人类的祖先是猴子。很早以前，世界上没有人，那时只有狗和猴，而且只有一只狗和一只猴，这两个动物进行交配，生下的猴子就变成了人。那时人没有粮食，全靠采摘树上的野果充饥。后来狗用嘴衔来一只麦穗，种在地里长出了许多麦子，使各处的人都知道并学会了种田吃饭。吉洛讲述，赵清阳记录、整理翻译。32开1页，183字。收入《黄南民间故事集》，青海省黄南藏族自治州民间文学集成办公室1990年6月编印。（完德先）

麦子逃跑的传说

གྲོ་ནས་ལུང་དུ་ཕྱིན་པའི་ངག་རྒྱུན།

gro nas nyung du phyin pvi ngag rgyun

藏语安多方言民间故事。流传于青海省黄南藏族自治州同仁市。故事结合麦子逃跑的传说主要讲述两个方面的内容：一是讲人们不懂得爱惜食物。很早以前，有个媳妇正在揉面做饭时，孩子拉了屎，她就顺便把面揪了一疙瘩给孩子擦屁股，麦子一看人们作践、糟蹋它，气坏了。在一天夜里便趁人们不防时逃走了。二是讲狗为什么在土疙瘩上撒尿。当麦子逃走的事被狗知道了，狗就拼命地追赶，快赶上时，被地上的土疙瘩绊了一跤，结果只追回三把麦穗。所以，狗对土疙瘩恨死了，为了报复，狗见土疙瘩就往上面洒尿，从不放过。夏吾才郎讲述，赵清阳记录、整理翻译。32开1页，230字。收入《黄南民间故事集》，青海省黄南藏族自治州民间文学集成办公室1990年6月编印。（完德先）

太阳和月亮的来历

ཉི་མ་དང་ཟླ་བའི་བྱུང་རིམ།

nyi ma dang zl bvi byung rim

藏语安多方言民间故事。流传于青海省同仁市。讲述在很早以前，地球上没有白昼，有个妇女生下三个女儿，她们居住的不远处有个妖怪想方设法地想吃掉这三个女儿时，大姐、二姐姐妹俩用自己的机智逃脱了妖怪的追逐，跑到玉皇大帝跟前诉说了人间没有光明，到处是黑暗的痛苦，恳求大帝开恩，赐予光明，搭救人间众生。于是，玉皇大帝同情她俩，给她俩各赐了一颗明珠，让她们各司其职：大姐俄贡玛掌管白天的灯，二姐热贡玛掌管黑夜的灯。从此就有了太阳和月亮，也有了白天和黑夜。德拉加讲述，赵清阳记录、整理翻译。32开3页，1610字。收入《黄南民间故事集》，青海省黄南藏族自治州民间文学集成办公室1990年6月编印。（完德先）

哈拉射日

འཕྱི་བས་ཉི་མ་གཏོར་བ།

vphyi bas nyi ma gtor ba

藏语安多方言民间故事。流传于青海省黄南藏族自治州。主要讲述很早以前世界上的霸王是哈拉（旱獭），它有一手百发百中的射箭技能。为了炫耀自己箭法的高明，哈拉把人当成活靶子，随便射杀，人类几乎绝了种。莲花生大师看到哈拉的残暴行为，用了一箭双雕的办法，先让哈拉射掉天上的八个太阳，然后砍下了哈拉的大拇指，又割下人胳肢窝里的两块肉，把哈拉的大拇指肉放在人的胳肢窝里，把人胳肢窝里的肉放在哈拉的胳肢窝里。所以直到现在，人的胳肢窝里长着一撮汗毛。卓玛措讲述，仁青、叶森记录、整理翻译。32开3页，265字。收入《黄南民间故事集》，青海省黄南藏族自治州民间文学集成办公室1990年6月编印。（完德先）

宗喀巴和他的老师

རྗེ་ཙོང་ཁ་པ་དང་ཁོའི་སློབ་དཔོན།

rje tzong kha pa dang khovi slob dpon

藏语安多方言民间故事。流传于青海省黄南藏族自治州铜仁市、尖扎县。讲述藏传佛教格鲁派的创始人宗喀巴大师及其经师且吉顿珠仁钦两师徒的一段经历。这两位对格鲁派教派的形成卓有成就的高僧，一生充满传奇色彩，给藏民族的记忆中曾留下了许多敬仰崇拜的奇事。德拉加讲述，赵清阳记录、整理翻译。32开7页，3335字。收入《黄南民间故事集》，青海省黄南藏族自治州民间文学集成办公室1990年6月编印。（完德先）

阿米拉杰的传说

ཨ་མྱེས་ལྷ་རྗེ་ཡི་ངག་རྒྱུན།

a myes lh rje yi ngag rgyun

藏语安多方言民间故事。流传于青海省黄南藏族自治州同仁市。讲述阿米拉杰的一生及同仁市隆务寺的起名。阿米拉杰是萨迦班智达和克吾直化尖参的高徒，精通佛学和医学。阿米拉杰奉萨迦公麻之命，不辞劳苦地来到阿木多地区传播佛教和藏医学知识，他的后代们继承他未竟的事业，致力于传播佛教，弘扬佛法，创建了隆务寺。因为阿米拉杰来自西藏年庆唐拉山下的隆务，阿米拉杰的后代们创建的寺院也就叫隆务公巴（藏语意为隆务寺）。环卡讲述，赵清阳记录、整理翻译。32 开 5 页，1448 字。收入《黄南民间故事集》，青海省黄南藏族自治州民间文学集成办公室 1990 年 6 月编印。

（完德先）

拉萨小和尚的传说

ལྷ་ས་བན་དེ་ཡི་ངག་རྒྱུན།

lh sa ban de yi ngag rgyun

藏语安多方言民间故事。流传于青海省黄南藏族自治州尖扎县。主要讲述尖扎县德庆寺的草场和庄稼每年遭冰雪袭击的缘故。相传在五六百年前，从拉萨来了一个小和尚，名叫拉毛鄂杭，他在尖扎格日建立一座蒙古包寺，寺院的势力逐渐扩大，使当地头人拉萨完德的权力一天比一天小，他与寺院发生了尖锐的矛盾，毒死了拉萨来的小和尚。后来，德庆寺的草场和庄稼，一到夏天就必定要遭冰雪的袭击。人们说，这是拉萨完德在报仇。彭次乎讲述，赵清阳记录、整理翻译。32 开 3 页，1166 字。收入《黄南民间故事集》，青海省黄南藏族自治州民间文学集成办公室 1990 年 6 月编印。

（完德先）

加吾（头人）的来历

རྒྱལ་བོ་དཔོན་པོའི་བྱུང་རིམ།

rgyl bo dpon povi byung rim

藏语安多方言民间故事。流传于青海省黄南藏族自治州同仁市加吾乡。结合当地民间流传的一段有趣传说，讲述加吾（头人）的来历。相传在很早以前，第一代加吾的阿妈在地里拔草，忽然南边的德合龙山上飘来一朵白云，云快飘到她跟前时，从云中走出一个骑着白马的英俊青年向她走来，她忽然只觉得迷迷糊糊、如痴如醉。待她醒来后，那青年不见了。从此，她身上有孕，不久就生了个儿子，后来当上了加吾地区的头人。加吾满仓群众讲述，赵清阳记录、整理翻译。32 开 1 页，178 字。收入《黄南民间故事集》，青海省黄南藏族自治州民间文学集成办公室 1990 年 6 月编印。

（完德先）

斩妖滩

ལྷ་འདུ་ཐང་།

Lh vdu thang

藏语安多方言民间故事。流传于青海省黄南藏族自治州同仁市江龙一带。讲述在江龙下面的隆务河东岸，住着两个吃人妖魔，吃得路断人稀，给人们带来了极大的灾难。莲花生大师为了拯救百姓，来到这里降斩妖魔。他经过反复较量，终于将二妖斩于交毛沟。从此，人们又把这个地方叫作拉得塘，意为斩妖的滩。南卜加讲述，赵清阳记录、整理翻译。32 开 1 页，198 字。收入《黄南民间故事集》，青海省黄南藏族自治州民间文学集成办公室 1990 年 6 月编印。

（完德先）

杀母的传说

ཡུམ་བསད་པའི་ངག་རྒྱུན།

yum bsad pvi ngag rgyun

藏语安多方言民间故事。流传于青海省黄南藏族自治州同仁市。讲述很久以前同仁加吾沙科有个很虔诚的佛教徒，每天在家念经，经常书写经文。他书写的时候他家的狗经常从门缝里钻进来寻食，他常用石头打过去把狗赶跑。有一天，母亲给他背水，他习惯性地随手拣起一块石头打过去意为赶狗，没料到当场把母亲打死了。事情发生后，他心中万分悲痛，后悔莫及，为了赎罪，他去山洞里念经修行，一直修行到完全成佛。南加讲述，赵清阳记录、整理翻译。记录篇幅 32 开 1 页，242 字。收入《黄南民间故事集》，青海省黄南藏族自治州民间文学集成办公室 1990 年 6 月编印。

（完德先）

苏乎日人的传说

སོག་རུ་སྡེ་བའི་མི་རྒྱུད་ཀྱི་ངག་རྒྱུན།

sog ru sde bvi mi rgyud kyi ngag rgyun

藏语安多方言民间故事。流传于青海省黄南藏族自治州同仁市。讲述苏乎日村位于隆务镇东南方向，依山傍水。相传村上最早的一个部落叫“达玛仓”（即达玛家族），达玛仓部落的人来自西藏苏乎央，那里有条河叫“苏乎曲”，当地还有一座叫“苏乎赞旦”的寺，住在当地的牧民叫“苏乎曲卡瓦”，意为苏乎曲河岸的人。苏乎是西藏苏乎央的地名，“日”是帐房，合起来就是苏乎央人的帐房。苏乎日人的由来可以追溯到松赞干布迎接文成公主时，那时西藏苏乎曲卡瓦一个名叫特美的人带领一批人马来到同仁向当地人借了一箭之地，占了地盘后留下四个人在这里安家，后来成为苏乎日村。娘本加讲述，赵清阳记录、整理翻译。32 开 1 页，528 字。收入《黄南民间故事集》，青海省黄南藏族自治州民间文学集成办公室 1990 年 6 月编印。

（完德先）

江龙公保加的传说

ལྕང་ལུང་མགོན་པོ་རྒྱལ་གྱི་ངག་རྒྱུན།

lcng lung mgon po rgyl gyi ngag rgyun

藏语安多方言民间故事。流传于青海省黄南藏族自治州同仁市。讲述同仁市宁玛派名寺琼公寺的创建者江龙公保加一生的事迹和他决意改恶从善的全过程。江龙公保加的前半生以打猎和当强盗为生。有一次他到山上去打猎，瞄准一只狐狸正要射击时，发现那只狐狸也正在准备捕捉一只黄鼠狼，而黄鼠狼也正准备捕捉一只老鼠。一个暗算着一个，而谁也没想到背后还有人正在暗算着自己。因此，他决意改恶从善，到江龙沟里一个叫“能智卜杰次乎三木丹相茸”的山洞里艰苦修行。后来他还云游拉萨等佛教圣地，广闻博见，拜访高僧，获得广博的佛教知识，成为当地宁玛派的名僧。他还修建了琼公寺，培养了众多教徒。南木加讲述，赵清阳记录，整理翻译。32 开 2 页，814 字。收入《黄南民间故事集》，青海省黄南藏族自治州民间文学集成办公室 1990 年 6 月编印。（完德先）

草原强盗的故事

རྩ་ཐང་གི་ཇག་རྐུན།

rtz thang gi jag rkun

藏语安多方言民间故事。流传于青海省黄南藏族自治州泽库县、河南蒙古族自治县草原地区。讲述从前在泽库官秀草原上有四个名声很大的强盗。一天他们来到靠近甘南的赛龙部落去抢劫牧民的马。到达目的地以后，他们不但没有抢到马还落到主人家的手中。但让人出乎意料的是，这些强盗并没有受到惩罚和制裁，反而受到主人家的热情宽待，包吃包住。更让人佩服的是还给他们每人一匹马、氆氇和绸子衣服，并诚心嘱咐说：“现在放你们回去，以后千万别再抢人、欺负老人和小部落，有困难来找我，我一定想办法帮你们。”主人用热情善意引导他们改恶从善。体现了藏族人民的诚实、善良、大仁大义、有错就改的良好精神。苏乎周讲述，赵清阳记录、整理翻译。32 开 2 页，836 字。收入《黄南民间故事集》，青海省黄南藏族自治州民间文学集成办公室编印。（完德先）

欧拉卜德俄洛

དངུལ་རྭའི་ཕུར་དེ་སྔོ་ལོ།

dngul rvi phur de sngo lo

藏语安多方言民间故事。流传于青海省黄南藏族自治州泽库、河南蒙古族自治县等地。讲述甘南草原上有一个欧拉卜德俄洛的强盗，名声很大，有一次河曲草原上另一个叫然洛乎顿玛的强盗，到他的地盘上抢劫了一群牛羊赶回时，欧拉德卜德俄洛得知后朝着他们方向，犹如一只鹫从天空俯冲下来，一刹那的时间，用他的矛把对手弄得手忙脚乱。苏乎周讲述，赵清阳记录、整理翻译。32 开页，426 字。收入《黄南民间故事集》，青海省黄南藏族自治州民间文学集成办公室 1990 年 6 月编印。（完德先）

格萨尔王在泽库的传说

གེ་སར་རྒྱལ་པོ་རྩེ་ཁོག་ཏུ་བྱུང་བའི་ངག་རྒྱུན།

ge sar rgyl bo rtze khog tu byung bvi ngag rgyun

藏语安多方言民间故事。流传于青海省黄南藏族自治州泽库、河曲草原地区。讲述格萨尔王在泽库的传说及某些地名的来历。相传在泽库这个地方，古时候也是著名的格萨尔王打仗和活动过的地方，一天格萨尔追杀有个叫玛毛的妖怪，妖怪到处逃命，逃到这个地方，去掉了肚子和肠肚油，后来人们把这个地方叫作“交才”（藏语意为肚油）。妖怪逃到老库乎这个地方，把肺丢掉在那里，人们把这个地方叫作“老库乎”（藏语意为肺子沟）。妖怪继续拼命地跑到河南县优干宁镇以东的一个山上，把心掉在那里，后来人们把这个地方叫作“玛毛娘”（藏语意为母羊心）等。苏乎周讲述，赵清阳记录、整理翻译。32开1页，462字。收入《黄南民间故事集》，青海省黄南藏族自治州民间文学集成办公室 1990 年 6 月编印。（完德先）

聪明儿媳

སྤྱང་གྲུང་ལྡན་པའི་མནའ་མ།

spyng grung ldn pvi mnav ma

藏语安多方言民间故事。流传于青海省黄南藏族自治州与甘肃甘南交接的地区。讲述藏王松赞干布和唐朝和亲后，大臣噶尔东赞被派往西安迎接文成公主进藏，因为大臣爱恋公主而背叛了国王，松赞干布知道此情后，大臣噶尔东赞被流放到青海大草原。大臣噶尔东赞的儿子林巴达拉斗在这个草原上遇到既美丽又聪明伶俐的姑娘索桑·益西拉姆，娶她为妻，噶尔东赞知道他儿媳的智慧非同一般，就三次试探与跟她斗智，结果成了她的手下败将，不得不服，因此，这个姑娘的名声流传于甘青交接处的大草原。元旦讲述，赵清阳记录、整理翻译。32 开 5 页，2336 字。收入《黄南民间故事集》，青海省黄南藏族自治州民间文学集成办公室 1990 年 6 月编印。（完德先）

不嫁人的公主

གཉེན་མི་སྒྲིག་པའི་སྲས་མོ།

gnyen mi sgrig pvi srs mo

藏语安多方言民间故事。流传于青海省黄南藏族自治州。讲述萨哈尔国的国王女儿拉萨梅朵玛达瓦不接受印度国王的求婚，而跟莲花生大师私通，国王暴怒之下把公主丢进了刺坑里受罪，莲花生大师被绑在檀香树上，泼了许多油，点燃焚烧，大师不但没有烧死，反倒活得好好的，还好像有些冷的感觉，国王知道真佛受到侮辱后，立即接到王宫居住，并把公主许配给了大师。印度国王知道公主已嫁给一个红教领袖后，便派使者威胁说：“你若不把公主嫁给我，我马上派军队抢公主，消灭你的国家。”萨哈尔国国王受到威胁时，莲花生大师用了比拉弓射箭的妙计，让印度国王吓得直冒冷汗，再也不敢说抢公主了。德拉加讲述，赵清阳记录、整理翻译。32 开 3 页，1326 字。收入《黄南民间故事集》，青海省黄南藏族自治州民间文学集成办公室 1990 年 6 月编印。（完德先）

小和尚和菩提树

བན྄་དེ་དང་དཔག་བསམ་ལྗོན་པ།

ban de dang dpag bsam ljon pa

藏语安多方言民间故事。流传于青海省黄南藏族自治州南部地区。讲述很久以前，某个寺院要盖大经堂，急需十万片菩提树树叶往佛像上裱。最后，寺院决定指派小和尚去印度取菩提树叶，并责令他在三个月内回来。他无法抗命，走了很长的路程，第三天的晚上，他来到了一个山洞下，碰见一条小蛇吐着火红的信子，正向洞口爬去，幼小的鸟惊恐地鸣叫起来，四处躲藏着。小和尚立即用石头打死了毒蛇。小鸟们的母亲为了回报小和尚的救命之恩，答应并从遥远的印度背回了十万片菩提树树叶，完成了寺院给他的神圣使命。从此许多人把小和尚作为传播佛教的伟人，并且为他塑了金身，以此来颂扬他运菩提树叶的功德。加毛吉讲述，赵清阳记录、整理翻译。32 开 5 页，2195 字。收入《黄南民间故事集》，青海省黄南藏族自治州民间文学集成办公室 1990 年 6 月编印。（完德先）

郭麻日人的传说

སྒོ་དམར་མི་རྒྱུད་བྱུང་ཚུལ་གྱི་ངག་རྒྱུན།

sgo dmar mi rgyud byung tsul gyi ngag rgyun

藏语安多方言民间故事。流传于青海省黄南藏族自治州同仁市年都乎乡。讲述在同仁川道隆务河西岸，有个叫郭麻日的大村，原来是同仁土族四寨子之一。郭麻日村名的来历：郭麻日城有东、南、西三个城门，城门是朱红色的。藏语把门叫“郭”，红色叫“麻”，意为红门。该村人的由来：据先民们介绍，土族是蒙古人的一部分，历史上有个蒙古王爷，到处打仗，他每打一个地方，就留一部分人马驻守，所以土语中有不少蒙古语。还有一种说法郭麻日庄子的人，父亲是贵德当切迁来的藏族，母亲是蒙古人。羊壮、完玛本等讲述，赵清阳记录、整理翻译。32开2页，968字。收入《黄南民间故事集》，青海省黄南藏族自治州民间文学集成办公室1990年6月编印。（完德先）

同仁神舞的传说

རེབ་གོང་ལྷ་རྩེད་ཀྱི་ངག་རྒྱུན།

reb gong lh rtzed kyi ngag rgyun

藏语安多方言民间故事。流传于青海省黄南藏族自治州同仁市扎毛等地。讲述在热贡的藏族农村，盛行一种历史悠久，为广大藏族群众所喜闻乐见的“拉什则”（藏语意为神舞）。每年正月和农历六月中旬，男女老少身穿节日盛装，喜气洋洋地去参加神舞演出活动。关于跳神舞的来历，还有一个美妙的传说：按照玉皇大帝的旨意，十三位战神打败了阿修罗的将士后，十二位地母仙女为了祝捷庆功盛会，表演了十分优美的神舞。后来十三位战神中的伏敌神转世到人间，把十二位仙女的神舞带到了扎毛这个地方。从此，人们把它当作高尚的娱乐活动，既娱神又娱人，人神同欢乐、共享受，世代传承，发扬光大，一直流传至今。同仁市扎毛群众讲述，赵清阳记录、整理翻译。32开2页，814字。收入《黄南民间故事集》，青海省黄南藏族自治州民间文学集成办公室1990年6月编印。（完德先）

浪加龙舞节的传说

གླིང་རྒྱའི་ཀླུ་རྩེད་དུས་ཆེན་གྱི་ངག་རྒྱུན།

gling rgyvi klu rtzed dus chen gyi ngag rgyun

藏语安多方言民间故事。流传于青海省黄南藏族自治州同仁市浪加村。讲述热贡除了神舞和军舞以外，还有很流行的龙舞，其代表村是浪加藏族部落。该村的藏族群众一到每年的农历六月下旬，就身穿节日盛装，参加表演群众性的跳龙舞活动。经过历代人的传承不断创新和发展，龙舞逐渐趋于完善，形成一整套完整的龙舞演出习俗，成为现在的十三个节日，成了全村群众共同祭神、祭龙和进行娱乐活动的六月龙舞节。丹真、宁干加等讲述，赵清阳记录、整理翻译。32开2页，587字。收入《黄南民间故事集》，青海省黄南藏族自治州民间文学集成办公室1990年6月编印。（完德先）

苏乎日歌舞盛会的传说

སོག་རུའི་གླུ་རོལ་ཆེན་མོའི་ངག་རྒྱུན།

sog ruvi glu rol chen movi ngag rgyun

藏语安多方言民间故事。流传于青海省黄南藏族自治州同仁市苏乎日村。讲述苏乎日歌舞盛会之来历。上溯藏王赤祖德赞执政时，吐蕃和大唐时有失和，吐蕃王派军队在甘青交界的甘家一带和大唐对垒。同仁一带是大后方，其中有个叫耶察的军事首领与苏乎日村上达玛藏措结一个姑娘结婚生了四个儿子。后来，双方军队在高僧的调解下，罢战讲和，军民都很高兴。当时人们认为是神在暗中相助，就在今循化大力加给达尔加山神敬茶上贡。在“达尔加央措”的小湖泊边表演了“神舞”“龙舞”“军舞”等。后来，耶察的妻子和儿子回到苏乎日以后，在每年农历六月就把这三种舞在全村进行表演以示庆贺。娘本加讲述，赵清阳记录、整理翻译。32开2页，770字。收入《黄南民间故事集》，青海省黄南藏族自治州民间文学集成办公室1990年6月编印。（完德先）

神鼓舞的传说

ལྷ་རྔ་བྱུང་ཚུལ་གྱི་ངག་རྒྱུན།

lh rng byung tsul gyi ngag rgyun

藏语安多方言民间故事。流传于青海省同仁市。讲述神鼓的来历。相传很早以前，羌族首领派人到西天取真经，他把经取回，经过通天河时，不慎把佛经浸在河中。由于取经人长途跋涉，身体过度疲倦，就在晾晒佛经的石头旁睡着了。等他醒来时，佛经全不见了，完全无奈之下他跑到河边放声哭喊，他的虔诚之心感动了菩萨，菩萨给他指点了屠羊制鼓，击鼓求经的明路，果然灵验了，佛经显在石上。终于能够把佛经献给羌人头领。后来人们为了纪念菩萨的恩德，用羊皮制了许多鼓，在祭神和喜庆之日边击鼓边跳舞唱歌，以此来赞颂菩萨和诸神保佑取经成功。天长日久，逐渐形成一种习俗。人们就把这种鼓叫作“神鼓”。赵清阳记录、整理翻译。32开1页，506字。收入《黄南民间故事集》，青海省黄南藏族自治州民间文学集成办公室1990年6月编印。（完德先）

同仁土族的语言传说

རེབ་གོང་ཧོར་རིགས་ཀྱི་སྐད་ཆའི་ངག་རྒྱུན།

reb gong hor rigs kyi skd chvi ngag rgyun

藏语安多方言民间故事。流传于青海省黄南藏族自治州同仁市年都乎乡。讲述土族语言的特点。同仁市川道地区的年都乎、郭麻日、尕沙日等村庄使用土族语言。他们语言比较特殊，既不同于土族的语言，又不同于当地藏族的语言。其语言中含有藏族、土族、汉族等几个兄弟民族的语言成分。交巴达吉讲述，赵清阳记录、整理翻译。32 开 1 页，352 字。收入《黄南民间故事集》，青海省黄南藏族自治州民间文学集成办公室 1990 年 6 月编印。（完德先）

猫到草原的传说

བྱི་ལ་རྩ་ཐང་དུ་ཐོན་པའི་ངག་རྒྱུན།

byi la rtz thang du thon pvi ngag rgyun

藏语安多方言民间故事。流传于青海省黄南藏族自治州河南蒙古族自治县。讲述猫到草原的来历。在牧区老鼠很多，它们既吃草又打洞，把草原破坏得不成样子。皇帝知道以后，觉得猫能够消灭老鼠，这样能够防止破坏草原。人们把皇帝的命令装到猫的耳垂背后，怕它天天睡大觉，又把一个钟表装到它的眼睛里，慢慢地牧民都开始喜欢养猫。洛克讲述，赵清阳记录、整理翻译。32 开 1 页，444 字。收入《黄南民间故事集》，青海省黄南藏族自治州民间文学集成办公室 1990 年 6 月编印。（完德先）

烟叶的来历

དུ་བ་ལོ་མའི་བྱུང་རིམ།

du ba lo mvi byung rim

藏语安多方言民间故事。流传于青海省黄南藏族自治州、甘肃省甘南藏族自治州等地。讲述烟叶的来历。在很早以前，有一对恩爱夫妻正在过甜蜜日子的时候，妻子忽然得病离开了人世，丈夫哭得死去活来，天天到妻子的坟墓前落泪悲痛万分。他那忠贞的爱情，感动了妻子的阴魂，在坟墓上长出一株又宽又大的宽心草。从此，丈夫便把它珍藏在身边，每当想起妻子时，就把它拿出来闻闻。天长日久，叶子干了，他把干叶子揉碎，装在烟斗里，点上火吸其烟，就有一种说不出的快乐，也会忘掉一切愁悲。疲劳的人吸了它，顿时忘记了疲劳。后面他把宽心草的一棵籽种在园子里，从此，便一传十十传百地传到了各地。德拉加讲述，赵清阳记录、整理翻译。32 开 2 页，748 字。收入《黄南民间故事集》，青海省黄南藏族自治州民间文学集成办公室 1990 年 6 月编印。（完德先）

回族的来历

ཧོས་ཧོས་མི་རིགས་ཀྱི་བྱུང་བ།

hos hos mi rigs kyi byung ba

藏语安多方言民间故事。流传于青海省、甘肃省交界地区。讲述相传在唐太宗执政时，有一天晚上他做了个噩梦，梦见有个龇牙咧嘴的恶人在追杀他，正在十分危机之时，来了一个缠头人，搭救了他。后来他召集文武大臣，派使者找那个缠头人，他们到了阿拉伯看见了很多缠头人，于是通过他们的领袖穆罕默德请了三个缠头人，他们来到中国后，不能满足他们的要求而从西安方向往回走。一直走到嘉谷关回回堡附近时被唐王李世民的派兵追赶，因为他们要往回去，半路上又被叫了回来，所以，后来人们叫他们回回。意为回去又回来了。从此，回族的由来就这样传下去了。周尚杰讲述，赵清阳记录、整理翻译。32 开 2 页，638 字。收入《黄南民间故事集》，青海省黄南藏族自治州民间文学集成办公室 1990 年 6 月编印。

（完德先）

保安族的来历

པའོ་ཨན་རིགས་ཀྱི་བྱུང་བ།

pvo an rigs kyi byung ba

藏语安多方言民间故事。流传于青海省黄南藏族自治州同仁市。讲述保安族的来历。据说，保安族的人们原先来自四川保宁府，他们来到西宁后，被西宁镇台安置到保安这个地方。由于宗教关系，矛盾日渐突出，当地藏族人提出改信佛教。于是，有些不愿改教的人就迁到了甘肃临夏的梅坡、大洞、干河滩等地住了下来。所以，从保安迁出去的人们就自称保安族。保安成了他们的发祥地。周尚杰讲述，赵清阳记录、整理翻译。32 开 1 页，424 字。收入《黄南民间故事集》，青海省黄南藏族自治州民间文学集成办公室 1990 年 6 月编印。（完德先）

撒拉族的传说

ཟ་ལར་མི་རིགས་ཀྱི་ངག་རྒྱུན།

za lar mi rigs kyi ngag rgyun

藏语安多方言民间故事。流传于青海省同仁市、海东市循化撒拉族自治县等地。讲述今循化撒拉族人的来历。据长辈们说，大约在六百年前，在中亚撒马尔罕地方有两个兄弟，和当地县官不和。后来他们带着家乡的水和土，离开了故乡。他们走过了许多艰难的路程，终于到达了今循化的“骆驼泉”这个地方，他们觉得这里和家乡的水土完全一样，就在这一带住了下来。后来，与当地的藏族姑娘结为夫妻。从此，撒拉族人在这里扎根落户，人丁兴旺，世代把当地藏族人尊为“阿舅”，与其和睦相处。周尚杰讲述，赵清阳记录、整理翻译。32 开 3 页，452 字。收入《黄南民间故事集》，青海省黄南藏族自治州民间文学集成办公室 1990 年 6 月编印。（完德先）

热贡画匠的传说

རེབ་གོང་ལྷ་བཟོའི་བྱུང་བ།

reb gong lh bzovi byung ba

藏语安多方言民间故事。流传于青海省黄南藏族自治州同仁市。讲述同仁土族四寨子自古以来就擅长作画、塑像、雕刻，历代艺人高手辈出。而热贡画师的渊源可追溯到隆务寺第一世夏日仓活佛时代，认为当时文殊菩萨从天撒下绘画、塑像、雕刻所需要的各种画笔颜料，从此，出现了人人会作画、家家有画匠的奇迹，而且各村各有各的专长和特点。下吾才让讲述，赵清阳记录、整理翻译。32 开 3 页，1276 字。收入《黄南民间故事集》，青海省黄南藏族自治州民间文学集成办公室 1990 年 6 月编印。（完德先）

孤儿树的传说

སྡོང་ཁེར་སྐྱེས་ཀྱི་ངག་རྒྱུན།

sdong kher skyes kyi ngag rgyun

藏语安多方言民间故事。流传于青海省黄南藏族自治州同仁市保安镇。相传在很早以前，在保安古城尕玛沟的东山坡上长满了茂密的松柏。那时当地有一户有钱的人家，家中有一个儿媳妇。公公和婆婆每天早早地把媳妇赶到山上去打柴，连干粮也不给。因此，她实在饿得没办法就去松柏跟前天天诉说自己的苦难，终于感动了山上的青松，山上的松柏感动得都跑到沟脑里去了，有一个小松树睡着了，就孤孤单单地留在尕玛沟。人们见它很可怜，就给它起了个名字叫“缠题树”，“缠”是当地土族语，意为孤儿。王通讲述，赵清阳记录、整理翻译。32 开 1 页，432 字。收入《黄南民间故事集》，青海省黄南藏族自治州民间文学集成办公室 1990 年 6 月编印。（完德先）

拉云和仁措的苦情

ལྷ་ཡོན་དང་རིན་མཚོའི་སྡུག་གླུ

lh yon dang rin mtsovi sdug glu

藏语安多方言民间故事。流传于青海省黄南藏族自治州同仁市年都乎乡。讲述月亮和太阳原来是一对情人，一个叫拉云，一个叫仁措。他们二人正准备结为夫妻时，各自父母不愿他俩成婚而被强迫性地嫁给了各自不爱的人，因此，拉云得了相思病，不久离开了人世，他的尸体放在一堆干柴上用火焚烧时，仁措也悲伤地跳进了火炕里。后来，在这个地方长了两棵银树，他们的父母见了很生气把树砍倒。于是他们没法待在人间，就变成月亮和太阳，成为永恒的夫妻。故事反驳了父母用权威强制性地逼迫成婚的传统观念。赞扬他俩坚贞不移地自由恋爱。楼玛讲述，赵清阳记录、整理翻译。32 开 2 页，792 字。收入《黄南民间故事集》，青海省黄南藏族自治州民间文学集成办公室 1990 年 6 月编印。（完德先）

浪加部落的来历

གླིང་རྒྱ་ཚོ་བའི་བྱུང་རིམ།

gling rgy tso bvi byung rim

藏语安多方言民间故事。流传于青海省黄南藏族自治州同仁市。讲述浪加部落的来历。在青海湖附近有两个叫“霍尔”和“浪”的藏族部落，因与别的部落在械斗中失败，其中“浪”部落有一个叫阿米当洪的人，来到今麻巴乡银扎木这个地方，与当地姑娘结为夫妻，生有两个儿子，两个儿子又生四子，发展成为浪加和麻巴好几个村庄，当初浪加和麻巴是一个部落。他们的头人叫干斯木，后来浪加人丁兴旺，就另立了一个部落，成为浪加部落。

关于他们的先民开辟这个地方的历史有多种传说，有的说他们的先民来自西藏，早在藏王松赞干布时代，一部分藏军东征，与大唐对垒，后来松赞干布娶了文成公主，与大唐和好，这些东征的军队屯田守边界，逐渐由军变民，住在浪加这个地方。完玛本讲述，赵清阳记录、整理翻译。32开1页，364字。收入《黄南民间故事集》，青海省黄南藏族自治州民间文学集成办公室1990年6月编印。（完德先）

桑耶寺的传说

བསམ་ཡས་དགོན་པའི་ངག་རྒྱུན།

bsam yas dgon pvi ngag rgyun

藏语安多方言民间故事。流传于青海省黄南藏族自治州同仁市。讲述桑耶寺的建造及内部结构。在吐蕃赞普赤松德赞时代，有一天，国王召集文武大臣商议国事，要求在藏地要有一样东西能够表现强大的象征。最后，国王和大臣们同意建一座佛寺，并将寺址选在海宝山。佛殿建成后，从印度的核康核格日请来一个名叫甲参吾的画匠，在佛殿里画了绘画、雕塑、佛像等。画出来的神像，既保持了佛画的特点，又吸收了藏人的模样，深受藏家人的欢迎，使佛教在西藏深深地扎下了根，流传至今。才项讲述，赵清阳记录、整理翻译。32开3页，934字。收入《黄南民间故事集》，青海省黄南藏族自治州民间文学集成办公室1990年6月编印。（完德先）

仙女湖

ལྷ་མོ་བླ་མཚོ།

lh mo bl mtso

藏语安多方言民间故事。流传于青海省黄南藏族自治州河南蒙古族自治县。讲述在河南县南部吉岗山北麓草原上有一个清澈见底、面平如镜的小湖泊，当地牧民称为拉毛喇措，意为仙女湖。相传在印度国王的一个儿子智美更登，由于喜欢施舍穷人，国王把他流放到一个叫德日哈雄的穷苦地方，让他饱尝人间贫寒之苦，知道爱惜财宝的重要性。在经过几天的跋山涉水、风餐露宿后，几乎被饿死、渴死。智美更登扶贫济穷的善良美德，深深地感动了大梵天王，天王就在通往德日哈雄的地方，幻化出一座美丽的城池，把智美更登迎进宫中充饥，等他离开城池时，城池不见了但却出现了一个面平如镜、美如蓝宝石的湖泊。这就是传说中仙女湖的来历。尕布藏讲述，赵清阳记录、整理翻译。32开2页，594字。收入《黄南民间故事》，青海省黄南藏族自治州民间文学集成办公室1990年6月编印。（完德先）

阿米夏琼和德合龙的传说

ཨ་མྱེས་བྱ་ཁྱུང་དང་སྟག་ལུང་གི་ངག་རྒྱུན།

a myes by khyung dang stg lung gi ngag rgyun

藏语安多方言民间故事。流传于青海省黄南藏族自治州同仁市。讲述同仁有几座有名的高山。一个叫德合龙大山，位于同仁隆务镇的东南边；另一个叫阿米夏琼，位于于隆务河西侧；还有一座叫阿玛觉毛的高山，在德合龙大山的东边。他们三个都是山神。德合龙和觉毛是一对恩爱夫妻，因为觉毛身材苗条、端庄秀丽，被夏琼暗恋还经常私通。后来被德合龙发现后，双方进行了一场恶战，结果各自伤势惨重，德合龙的肚子上中了一箭，时至今日不长草，常常有石头和沙子从山上滑滚下来。夏琼被德合龙狠狠地教训了一顿，一气之下转身向西去。由于用力过猛，扭伤了腰，再也转不过来了，从此它的脸一直朝向贵德，背朝同仁。娘先讲述，赵清阳记录、整理翻译。32开2页，638字。收入《黄南民间故事》，青海省黄南藏族自治州民间文学集成办公室1990年6月编印。（完德先）

扎陵湖和鄂陵湖的传说

མཚོ་སྐྱ་རེངས་དང་སྔོ་རེངས་གཉིས་ཀྱི་ངག་རྒྱུན།

mtso sky rengs dang sngo rengs gnyis gyi ngag rgyun

藏语安多方言民间故事。流传于青海省黄南藏族自治州同仁市、泽库县。讲述很早以前，有个叫龙钦塔日洼尖参的人，在草原深处高耸入云的山崖上中，选了个山洞，住在那里生活。在他的不远处有两处大海，一个叫德措，一个叫勒措（即今嘉陵湖和鄂陵湖）。每天中午海水发怒，泛起波涛巨浪、咆哮不已时，就从勒措湖中冒出一个骑白马的人，从德措湖中心冒出一个骑着黑牦牛的人，二人天天打仗，争雄不已。按照龙王的嘱托他用箭射死妖魔的牛，龙王为了感谢塔日洼尖参把自己的三女儿许配给他做妻。后来他们生了个儿子叫果德禾，果德禾娶了个媳妇叫吉禾毛。从此，他们的后代子孙满堂。据说如今果洛地方的人全是他的后代。三培讲述，赵清阳记录、整理翻译。32开6页，3082字。收入《黄南民间故事》，青海省黄南藏族自治州民间文学集成办公室1990年6月编印。（完德先）

神宝山名的来历

སྲིན་པོ་རི་སྒང་གི་མིང་བྱུང་ཚུལ།

srin po ri sgng gi ming byung tsul

藏语安多方言民间故事。流传于青海省黄南藏族自治州尖扎县。讲述神宝山名的来历。神宝山位于尖扎县的西部。神宝是藏语“森宝”的音译，其意为“魔王”。相传在很早以前，有三个吃人魔王，其中一个叫战德项秀的以吃人为生，吃得路断人稀，给百姓带来灾难。后来，莲花生大师降魔安神时，见战德项秀很有本事，又愿意改邪归正，就封它做了地方神，让他为百姓守护这个地方。从此，人们就把这个山叫“森宝山”。吉果他讲述，赵清阳记录、整理翻译。32开1页，445字。收入《黄南民间故事集》，青海省黄南藏族自治州民间文学集成办公室1990年6月编印。（完德先）

阿米措日盖湖的传说

ཨ་མྱེས་མཚོ་རྒན་གྱི་ངག་རྒྱུན།

a myes mtso rgn gyi ngag rgyun

藏语安多方言民间故事。流传于青海省黄南藏族自治州泽库县。讲述关于措日盖湖的来历，追溯到卡苏乎第一世活佛俄仁巴知卜仁波切时（约四百年前），他摇身一变，变成一条大鱼，把同仁曲库乎豪玉的海水一口吞进肚里，就在泽库草原阿米日吐出。从此，这里才有了阿米措日盖湖。阿米措日盖湖位于泽库县恰科日乡境内，面积达数百亩之广，是州内最大的一座天然湖泊。在湖的南岸，有一座小山岗，叫阿米日，湖即由此而得名叫“阿米措日盖”，藏语意即老爷山大海。在湖的西岸建有一处高大的龙的鄂博，湖的南岸山坡上建有一处高耸的神的鄂博，下有一眼旺盛的泉水，叫龙泉，是湖水的主要水源之一。每年的农历五月九日，牧民在湖的西南岸举行隆重的祭海活动。科吉讲述，1987年赵清阳记录、整理翻译。32开3页，1210字。收入《黄南民间故事集》，青海省黄南藏族自治州民间文学集成办公室1990年6月编印。（完德先）

青海湖的来历

མཚོ་སྔོན་པོའི་བྱུང་རིམ།

mtso sngon povi byung rim

藏语安多方言民间故事。流传于青海省黄南藏族自治州。讲述青海湖的来历。早在藏王松赞干布时期，派禄东赞到长安迎接文成公主进藏。禄东赞由于对国王的不忠而占有了文成公主。国王知道此情后，就挖了他的双眼，把他赶出西藏，由他儿子带着他到处流浪。有一天来到青海湖这个地方时，他们口渴又难受，让儿子去寻找水来解渴。并在临走时一再劝告不要忘记用白石头盖住泉口。但他的儿子却忘记了，导致泉水四处奔流，一下子就成了汪洋大海，并淹没了草原上的万户人家。所以，当时这海叫“措阿妈赤雪加毛”，藏语意为淹没万户人家的湖。吉果他讲述，1987年赵清阳记录、整理翻译。32开2页，792字。收入《黄南民间故事集》，青海省黄南藏族自治州民间文学集成办公室1990年6月编印。（完德先）

南宗寺和三尊者的传说

ཨ་ཆུང་གནམ་རྫོང་དང་མཁས་པ་མི་གསུམ་གྱི་ལོ་རྒྱུས།

a chung gnam rdsong dang mkhas pa mi gsum gyi lo rgyus

藏语安多方言民间故事。流传于青海省黄南藏族自治州尖扎县。讲述9世纪吐蕃王朝末代藏王朗达玛灭佛之后，三位传教喇嘛历经千辛万苦，逃往到今尖扎县康布拉阿琼南宗寺修行。这三位尊者重新点燃佛法，开始藏传佛教后弘期的新历史纪元。麻尼讲述，1987年赵清阳记录、整理翻译。32开4页，1782字。收入《黄南民间故事集》，青海省黄南藏族自治州民间文学集成办公室1990年6月编印。（完德先）

李家峡和松巴峡的传说

སྔོ་རྒྱ་འགག་དང་སུམ་པ་འགག་གི་ངག་རྒྱུན།

sngo rgy vgag dang sum pv vgag gi ngag rgyun

藏语安多方言民间故事。流传于青海省黄南藏族自治州尖扎县。讲述两个峡的由来：相传很早以前，黄河流到松巴，被一座大山挡住了去路，不久黄河水聚满了大大小小的沟岔，淹没了成千上万的人家和牛羊，给人们带来了极大的灾难。

后来，莲花生大师大发慈悲之心，挥舞宝剑，一剑斩断了阻挡黄河的大山，使黄河水奔腾东流。可是黄河水流到不远处又被一座叫乃旦木的大山挡住了去路，此山又被大师斩断。从此，出现了李家峡和松巴峡，位于尖扎县西部，两个都是因峡口岸的村庄的名字而得名。仁钦多吉讲述，1986 年赵清阳记录、整理翻译。32 开 2 页，188 字。收入《黄南民间故事集》，青海省黄南藏族自治州民间文学集成办公室 1990 年 6 月编印。（完德先）

世上男人多还是女人多

འཇིག་རྟེན་སྟེང་དུ་ཕོ་མོ་གང་མང་བ་ཡིན་ནམ།

vjig rten steng du pho mo gang mang ba yin nam

藏语安多方言民间故事。流传于青海省黄南藏族自治州同仁市。讲述国王为了满足王后的欲望，用一百种鸟儿的羽毛做件衣服，命令一百种鸟儿各派出一只鸟儿来王宫献羽毛，当天有九十九种鸟儿前来王宫听候国王的吩咐，只有啄木鸟姗姗来迟。国王责问以后，啄木鸟回答国王的问题，把尽听王后话的国王划到女人当中，使国王感到十分惭愧，把鸟儿全放了，把坏王后赶出宫去。故事讽刺了没有主见和轻信的国王，尽听女人的话而误了国家大事，残害无辜百姓。曹洛讲述，1984 年赵清阳记录、整理翻译。32 开 2 页，528 字。收入《黄南民间故事集》，青海省黄南藏族自治州民间文学集成办公室 1990 年 6 月编印。（完德先）

蚂蚁的腰为什么细细的

གྲོག་མའི་སྐེད་པ་ཞ་ཅང་ཕྲ་དོན་ཅི།

grog mvi sked pa xa cang phr don ci

藏语安多方言民间故事。流传于青海省黄南藏族自治州河曲草原。故事是一个动物传说。讲述蛤蟆、兔子和蚂蚁三个动物的身体特点。有一天蛤蟆、兔子、蚂蚁做了三个包子，其中两个包子被兔子吃了。最后一个包子蚂蚁和蛤蟆都想吃，兔子却叼上跑了，它俩谁都追不上兔子。一气之下蛤蟆跳进河里，结果身上激出好多疙瘩。蚂蚁边说气话边勒紧腰带，结果把腰给勒得很细很细，至今还是那样细。洛克讲述，1987 年赵清阳记录、整理翻译。32 开 1 页，175 字。收入《黄南民间故事集》，青海省黄南藏族自治州民间文学集成办公室 1990 年 6 月编印。（完德先）

善良的兔子

དགེ་སེམས་ཅན་གྱི་རི་བོང་།

dge sems can gyi ri bong

藏语安多方言民间故事。流传于青海省黄南藏族自治州尖扎县。讲述善良的兔子见打柴小伙子日子过得很贫苦，下决心要帮他摆脱贫穷处境。因此，兔子想尽一切办法让上头村富贵人家的美丽姑娘嫁给了穷小伙。从此，穷伙子过上幸福美满的生活。兔子为了试探穷伙子的真实面目，装病躺在床上看穷小伙如何报恩，穷小伙用最真诚、最实际的行动回报了恩人。故事赞扬了真实善良、感知感恩的人。扎果他讲述，1987 年赵清阳记录、整理翻译。32 开 3 页，364 字。收入《黄南民间故事集》，青海省黄南藏族自治州民间文学集成办公室 1990 年 6 月编印。（完德先）

宝匣子的故事

ནོར་བུ་སྒམ་ཆུང་གི་གཏམ་རྒྱུད།

nor bu sgm chung gi gtam rgyud

藏语安多方言民间故事。流传于青海省黄南藏族自治州尖扎县。故事讲述一个很富有的老两口有一个宝贝儿子。有一天，宝贝儿子拿着一个元宝在海边玩游时，几个人正要杀害一条大鱼，他急忙用一个元宝买下了那条鱼将其放回了大海，原来他放生的那条鱼就是龙王的儿子。龙王为了报答救命之恩，让他任意选龙王宝库中的无价之宝，他选了个宝匣子，原来宝匣子是龙王爷的三女儿的藏身匣子，从此，他拥有了幸福美满的家庭和荣华富贵的生活。提倡品性善良、道德高尚者的行为及善有善报的因果关系。万玛项旦讲述，1987 年赵清阳记录、整理翻译。32 开 6 页，2552 字。收入《黄南民间故事集》，青海省黄南藏族自治州民间文学集成办公室 1990 年 6 月编印。（完德先）

老鼠助战

བྱི་བའི་འཐབ་རོགས་བྱེད་པ།

byi bvi vthab rogs byed pa

藏语安多方言民间故事。流传于青海省黄南藏族自治州尖扎县。故事讲述很早以前，一群老鼠饿得都快要死了，它们向当地的一个富翁借了一万斤粮食。不久，有一个很强大的敌人要来侵犯大富翁的家园，老鼠们得知此事后用马粪蛋渡过黄河，把敌人的马鞍、肚带、后楸、马尾巴、马鬃和粮袋、刀与矛把子等全给咬得稀巴烂，让敌人无法打仗。将士们垂头丧气，不得不收兵回营。老鼠们保住了富翁的家园及财产。吉果他讲述，1987年赵清阳记录、整理翻译。32开2页，635字。收入《黄南民间故事集》，青海省黄南藏族自治州民间文学集成办公室1990年6月编印。（完德先）

嫉恶的兔子

ངན་པ་སྡང་བའི་རི་བོང་།

ngan pa sdng bvi ri bong

藏语安多方言民间故事。流传于青海省黄南藏族自治州。兔子为了保住绵羊的性命，让狼躲在冰层底下，告诉狼待羊群到河边饮水时，就可以突然从冰层底下跳出来，多捕几只羊。结果，狼中了兔子的计，在冰层底下活活地冻死了。表现了兔子的聪明才智。卓玛措讲述，1982年仁青、叶森记录、整理翻译。32开2页，550字。收入《黄南民间故事集》，青海省黄南藏族自治州民间文学集成办公室1990年6月编印。（完德先）

丑王子和美姑娘

རྒྱལ་སྲས་མི་སྡུག་པ་དང་སྡུག་པའི་བུ་མོ།

rgyl srs mi sdug pa dang sdug pvi bu mo

藏语安多方言民间故事。流传于青海省、甘肃省地区。讲述一个叫智美更登的国王，拥有五百个小国和四百九十九个妃子和一个王后。但他没有一个儿子，而正在发愁时，神王变成一个小完德（小和尚）给了国王能够生孩子的灵药，除王后外四百九十九个妃子全部吃下了灵药，结果四百九十九个妃子各自生了一个儿子，一个比一个长得俊俏。于是王后把从前丢掉的药找回来吃了以后，生了个很丑的儿子，王后害怕别人看见，把他藏到一个很隐蔽的房子里，暗中教他习功练武。后来，国家发生战争，王子用所学的本领消灭入侵本国的敌人。国王根据王子的要求，给他娶了个俊俏秀美的姑娘，姑娘嫌他长相丑，他觉得十分惭愧，准备跳崖寻死时，天神突然出现在他眼前，给了他“走日”的宝物，放在头上，他一下子变得比谁都俊秀了。从此，他成了人见人爱、臣民们无不敬佩的王子。德拉加讲述，1984年赵清阳记录、整理翻译。32开7页，3388字。收入《黄南民间故事集》，青海省黄南藏族自治州民间文学集成办公室1990年6月编印。（完德先）

奇妙的红果和泉水

ངོ་མཚར་ཆེ་བའི་ཀུ་ཤུ་དང་ཆུ་མིག

ngo mtsar che bvi ku shu dang chu mig

藏语安多方言民间故事。流传于青海省黄南藏族自治州尖扎县。有个老汉有四个儿子。他给每个儿子一样功能不一的东西，即能够隐身的帽子、走得飞快的鞋子、能腾飞的伞、能取元宝的匣子。其中四儿子用他的宝物把国王的公主抢回来，到树林里去过日子。但公主趁他不在时，带着他的宝物逃跑了。四儿子无奈之下只好用野果充饥，不幸吃了一种邪果，变成了一只乌鸦，使他更加惆怅不已。有一天，他到了一个深山沟里，喝了清清的泉水，忽然间自己变成原来的样子，而且更加英俊聪明。后来，他在老一位和尚的陪同下到王宫用邪果把国王、王后和公主都变成了乌鸦，等国王和王后同意公主嫁给自己时，用泉水再把他们变成人。从此与公主结为夫妻，靠一双勤劳的手和聪明才智，过上了幸福美满的生活。仁钦讲述，1987年赵清阳记录、整理翻译。32开4页，936字。收入《黄南民间故事集》，青海省黄南藏族自治州民间文学集成办公室1990年6月编印。（完德先）

放羊娃南本多吉

ལུག་རྫི་བྱིས་ཕྲུག་གནམ་འབུམ་རྡོ་རྗེ།

lug rdsi byis phrug gnam vbum rdo rje

藏语安多方言民间故事。流传于青海省黄南藏族自治州。从前有个叫南本多吉的青年，因无法上缴贡品和税款，就给国王放羊抵债。这个放羊娃诚实善良、勤劳勇敢，有个大富大贵的长相，因而被公主看中了，他也深爱公主。因此，他去国王跟前求婚，国王感到受到天大的侮辱。第二天国王告诉他，如果我的女儿要嫁给你，你要找到一个凤凰蛋、一斗黄金，冬天娶公主时，天上要响雷，还要推倒宫殿前挡住了太阳的那座石山。在他绝望之时，按照公主的嘱托，去南方找哈热喇嘛，哈热喇嘛见他可怜，指点了几样宝物的所在地。他把宝物拿回来给国王时，国王也只好无奈地把公主嫁给了放羊娃，他还继承了国王的王位。李加讲述，1987年赵清阳记录、整理翻译。32开9页，5456字。收入《黄南民间故事集》，青海省黄南藏族自治州民间文学集成办公室1990年6月编印。（完德先）

从红诺日

ཚོང་དཔོན་ནོར་བུ།

tsong dpon nor fu

藏语安多方言民间故事。流传于青海省黄南藏族自治州泽库县。从前有个商人叫诺日占斗，他聪明能干，对商业事务管理很精通，业绩也很突出，因此受到国王及一部分大臣的嫉妒。奸臣们为了消灭他，把他派往印度取金佛像，那是一条既遥远又艰险的路程，会在途中送命。他走后不久，妻子就生下一个儿子起名叫从红诺日，他像父亲一样聪明能干。国王知道后，告诉他，你父亲去取金佛十年没回来，可能到别处安家立业了，现在由你去取金佛。诺日知道国王的诡计后，靠自己的聪明才智，经过种种磨难，反败为胜，并最终当上了受百姓拥护的国王。苏乎周讲述，1987年赵清阳记录、整理翻译。32开14页，6776字。收入《黄南民间故事集》，青海省黄南藏族自治州民间文学集成办公室1990年6月编印。（完德先）

黑脸儿子

ངོ་གདོང་ནག་པའི་བུ་བཙའ།

ngo gdong nag pvi bu btzv

藏语安多方言民间故事。流传于青海省黄南藏族自治州尖扎县。从前有个国王手下有两个大臣，一个是忠臣，一个是奸臣。忠臣常说民间苦难，为民所想，经常和国王顶嘴。奸臣经常假献殷勤，虚情假意，想夺取国王的江山，因此，他在国王和忠臣之间挑拨离间，想除掉忠臣。国王听信奸臣的话，为了惩罚忠臣，故意让他在七天之内要拿来一个公鸡蛋和一桶公牛产的奶，否则要砍他的头。这时，忠臣的黑脸儿子发挥他的聪明才智，说明了公鸡不能下蛋、公牛不能产奶的理由，保住了父亲的性命。警告人们不要轻听小人的谗言。加羊讲述，1987年赵清阳记录、整理翻译。32开3页，1452字。收入《黄南民间故事集》，青海省黄南藏族自治州民间文学集成办公室1990年6月编印。（完德先）

打猎人和打柴姑娘

རྔོན་པ་དང་ཤིང་འཐུ་བུ་མོ།

rngon pa dang shing vthu bu mo

藏语安多方言民间神话故事。流传于青海省黄南藏族自治州尖扎县。从前有一对老夫妻，他们有一个十分漂亮的姑娘，姑娘对父母十分孝敬，每天上山打柴，把柴背到市场换回面和油盐来养活双亲。有一天她上山打柴，突然有一只老虎向她扑来，就在这十分危险的时刻，有一位英俊潇洒的年轻人用一支箭射死了老虎，救了她。从此，他们相亲相爱，结为一对恩爱夫妻。有一天，姑娘来到河边背水，将一只手镯掉进河里，被水冲走后正好被河边洗澡的年知合国王的大臣多杰看见了，他把镯子献给国王后，断定河水上游肯定有个美丽且有本事的姑娘，国王命令派去大臣寻找这位美丽姑娘。并把她抢到手做妃子，她的丈夫用他的“加洼”（藏语音译，指牧民提取酥油时所用的山羊皮口袋）把国王和大臣们的灵魂收入其中，变成呆子。国王的家人得知后，放回他的妻子，并给他自己的一半江山，他们过上了幸福美满的生活。下吾卡讲述，1987年赵清阳记录、整理翻译。32开2页，968字。收入《黄南民间故事集》，青海省黄南藏族自治州民间文学集成办公室1990年6月编印。（完德先）

国王要公牦牛产犊

རྒྱལ་པོས་གཡག་ལ་ཕྲུ་གུ་བཙའ་རུ་འཇུག་པ།

rgyl bos gyag la phru gu btzav ru vjug pa

藏语安多方言民间故事。流传于青海省黄南藏族自治州同仁市。古时候有位老汉有个精明能干的儿子。国王害怕他长大后夺取他的权力。因此，强制性地租一头公牦牛给老汉喂养，并让他每年内交租公牛产奶的酥油三十斤，还要公牛产犊，否则就要杀他的儿子。霸道的国王强行将老汉儿子推进河里，但没淹死，反而幸运地遇到了一个奇特木碗和一根棍子，木碗能供他饭，木棍能够抢一切东西，所以他用木棍抢了国王的一切财产、妃子、江山，并自己当上了国王。后来，他处处为百姓做好事，成了百姓深受爱戴的国王。增他加讲述，1984年赵清阳记录、整理翻译。32开5页，2380字。收入《黄南民间故事集》，青海省黄南藏族自治州民间文学集成办公室1990年6月编印。（完德先）

养蛇老汉

སྦྲུལ་གསོ་རྒན་པོ།

sbrul gso rgn po

藏语安多方言民间故事。流传于青海省黄南藏族自治州同仁市。讲述从前有一对很穷的老夫妇全靠打柴卖草过日子。有一天老汉到上山打柴，拾到一个蛇蛋。把它带回家当成自己的亲生儿子一样养着。转眼间蛇已成为一只巨蟒，天天吃邻居们的牛羊，闹得邻里之间发生矛盾。无奈之下老汉到蛇面前真诚坦白，让它远离此地，蛇为了报答主人的养育之恩，自杀身亡。老汉带着一种沉痛的心情把蛇尸放在一个匣子里供在堂上，第二天早晨打开一看在匣子里装满了许多金银财宝。从此，老两口过上幸福的生活。王通讲述，1989年赵清阳记录、整理翻译。32开3页，1386字。收入《黄南民间故事集》，青海省黄南藏族自治州民间文学集成办公室1990年6月编印。（完德先）

宝葫芦的故事

ནོར་བུ་ཀ་བེད་ཀྱི་གཏམ་རྒྱུད།

nor bu ka bed kyi gtam rgyud

藏语安多方言民间故事。流传于青海省黄南藏族自治州泽库县。讲述从前有兄弟二人，母亲死后分了家，只给弟弟留了一亩地并住在石洞里。弟弟的一亩地待到麦苗时，有一只乌鸦每天吃他的麦苗，因此，他向乌鸦苦诉他的难处时，乌鸦见他可怜，觉得这人心地善良，吃了他的麦苗也没有一句怨言，为了帮他，乌鸦叼来一个葫芦，扔到跟前说，它就能够满足您的一切要求。从此，弟弟享受了荣华富贵的生活，这时，无耻的哥哥来到他跟前，想让用他的全部土地换回这只宝葫芦，善良的弟弟拒绝不了哥哥的一再请求，就只好答应了。待哥哥享受这富裕的生活没过两天时葫芦就被乌鸦叼走了，哥哥成了一无所有的穷光蛋。万玛项旦讲述，1987年赵清阳记录、整理翻译。32开2页，836字。收入《黄南民间故事集》，青海省黄南藏族自治州民间文学集成办公室1990年6月编印。

（完德先）

取智慧剑的故事

ཤེས་རབ་ཀྱི་རལ་གྲི་ལེན་པའི་གཏམ་རྒྱུད།

shes rab kyi ral gri len pvi gtam rgyud

藏语安多方言民间故事。流传于青海省黄南藏族自治州同仁市。讲述从前有个既聪明又能干的穷小子，长大后，当了国王的羊倌。慢慢地国王看出他是个不简单的人物，觉得将来会有抢其宝座的危险，于是故意让他去大西洋摘一百朵奇异的花。那是一个妖魔鬼怪横行的地方，九死一生，羊倌正在这事发愁时，一位苦修僧赐给他一种宝剑，在这个法力无边的宝剑的相助下，他顺利地取回了一百朵奇异的花。国王还要置他于死地，又让他到阎王爷那里取一把智慧剑，这时在断头公主的魔法相助下，他最终打败了坏国王。是用幻想与想象来描写的奇特故事。楼玛讲述，1989年赵清阳记录、整理翻译。32开8页，3872字。收入《黄南民间故事集》，青海省黄南藏族自治州民间文学集成办公室1990年6月编印。（完德先）

鬼妻

མནའ་མ་འདྲེ་མོ།

mnav ma vdre mo

藏语安多方言民间故事。流传于青海省尖扎县。讲述大哥为了让弟弟早日成才，天天在家念书。有一天，弟弟趁大哥不在家跑出去，不幸被大哥抓住了，因他犯了家规而赶出了家门。于是，他一个人到处流浪，途中碰见一位美丽的姑娘，他们一见钟情，相互恩爱，很快成为一对夫妻。某天晚上到半夜时，丈夫无意中看到了自己的妻子把头取下来梳头，吓得他心惊肉跳，第二天他请一位道士来捉鬼，妻子跑回了原来的坟墓里。妻子离开后，他感受到自己多么需要妻子，日夜思念，后悔莫及，孤苦伶仃，十分悲伤。告诫人们所谓一日夫妻百日恩，要懂得珍惜缘分，更加要懂得珍惜现在。加羊讲述，1987年赵清阳记录、整理翻译。32开5页，2420字。收入《黄南民间故事集》，青海省黄南藏族自治州民间文学集成办公室1990年6月编印。（完德先）

国王变毛驴

རྒྱལ་བོ་བོང་བུར་གྱུར་བ།

rgyl bo bong bur gyur ba

藏语安多方言民间故事。流传于青海省黄南藏族自治州。讲述从前有个大臣的儿子穿了国王儿子的衣服而犯了法，被国王赶出他们的国土。当他来到一个边远的地方，遇见了一位女子，这女子再而三地请求他到她家去做客，并让他吃糌粑。这女子有一种人变驴的办法，吃了糌粑后，即用人皮打一下他人的头，人马上变成一只毛驴。大臣的儿子知道这个阴谋诡计后，提前调换了装糌粑的饭碗，就把这女子变成了毛驴。然后，他带着糌粑和人皮，来到自己的家乡，让国王和大臣们吃糌粑，并用人皮张打他们的头，他们当场变成毛驴，他还让奴仆们每天把毛驴赶到山上放牧吃草。德拉加讲述，1987 年赵清阳记录、整理翻译。32 开 4 页，1936 字。收入《黄南民间故事集》，青海省黄南藏族自治州民间文学集成办公室 1990 年 6 月编印。（完德先）

国王和鹦鹉

རྒྱལ་བོ་དང་ནེ་ཚོ།

rgyl bo dang ne tzo

藏语安多方言民间故事。流传于青海省黄南藏族自治州同仁市。讲述一只鹦鹉为了报答对它恩重如山的国王，决定到遥远的红海彼岸取来仙药送给国王，这个仙药不但让人能够长寿，还能够年轻美貌、聪明伶俐。鹦鹉冒着狂风暴雨取回了仙药到国王跟前时，因过度疲劳而即刻昏倒在地上。这时国王不但不知鹦鹉的一片苦心，还听从了恶心大臣的谗言，觉得仙药有毒，因而好心的鹦鹉受到了国王的惩罚，被活埋在毒树园。这时，又丑又笨的女奴因自己的长相丑陋，被母亲扔到毒树园，吃了人们所说的有毒树叶和毒仙果，不但没死还变得年轻美貌、聪明伶俐。国王知道此事后，后悔莫及，终生遗憾，内疚了一辈子。劝告人们不要听信小人的谗言，否则会恩将仇报，黑白颠倒。增他加讲述，1984 年赵清阳记录、整理翻译。32 开 4 页，1650 字。收入《黄南民间故事集》，青海省黄南藏族自治州民间文学集成办公室 1990 年 6 月编印。（完德先）

他太舒服了

ཁོ་རང་ཧ་ཅང་སྐྱིད་པོ་འདུག

kho rang xa cang skyid po vdug

藏语安多方言民间故事。流传于青海省黄南藏族自治州。讲述什么是幸福、什么是痛苦的故事。一个乞丐老人日子过得不但很穷苦，而且脖子上还长着一个疙瘩，但他不觉得苦，反而高兴地到处寻食。当他来到一个山沟，住在一个石洞里时，洞女见他可怜，赐给了他许多金银财宝，并把他身上长的疙瘩也取了下来，让乞丐老人过舒舒服服的日子。国王女婿听到这个消息非要到乞丐住过的石洞里同样寻找更大的财富，洞女见他身在福中不知福，把老人身上取下来的疙瘩放到他的脖子上，让他真正了解到痛苦的滋味。智果讲述，1986 年赵清阳记录、整理翻译。32 开 2 页，616 字。收入《黄南民间故事集》，青海省黄南藏族自治州民间文学集成办公室 1990 年 6 月编印。（完德先）

王子还魂记

རྒྱལ་སྲས་ཀྱི་རྣམ་ཤེས་ཕྱིར་ལོག་པ།

rgyl srs kyi rnm shes phyir log pa

藏语安多方言民间故事。流传于青海省地区。讲述从前有一位国王为了把自己的王位继承给王子，想让王子和大臣的儿子到外面去经历世间的苦乐，见见世面，学点实际本领。他们翻过了许多大山、森林和荒漠，终于来到一个修炼长生不老、移魂移尸变化自如密宗的地方。二人学到了换魂移尸的密宗佛经。他们返回途中看见一具大象尸体挡在人们行路的桥上，王子认为搬迁象尸，即能够为当地人做件好事，也是一种积德行善。于是，王子把自己的灵魂注入大象尸体，搬到山上。等他回来时，守着自己尸体的大臣儿子，将自己的灵魂早就注入王子的尸体，王子无奈之下，将把自己的灵魂注入鹦鹉尸体，当鹦鹉飞回到自己的宫殿中时，大臣的儿子霸占了自己的爱妻及全家，过着荣华富贵的生活。为了不让打草惊蛇，王子先飞到爱妻的怀里诉说臣子的欺骗行为和自己遭到的种种艰难过程。在爱妻的相助下终于揭露了大臣儿子的丑恶行为，并把他赶出宫外，恢复了王子的身份，过上了夫妻恩爱、国泰民安的幸福生活。智果讲述，1986年赵清阳记录。32开2页，616字。收入《黄

南民间故事集》，青海省黄南藏族自治州民间文学集成办公室 1990 年 6 月编印。（完德先）

不该早别的夫妻

བཟའ་ཚང་གཞན་ལས་སྔ་མི་རུང་།

bzav tsang gzhan las sng mi rung

藏语安多方言民间故事。流传于青海省黄南藏族自治州。讲述古时有个国王让三个儿子去学艺，老大、老二各有所学，唯独老三除了唱歌什么也没学会。于是，被国王撵出宫去讨饭，老三流浪到海边，用歌声吸引了龙王的三女儿，龙女邀请他去龙宫，他得到龙王赏赐的一朵花。离开龙宫后，他住到了山洞里。后来，他发现那朵花原来是龙女，于是两人结为夫妻。一天，三王子按照国王的命令，把自己的爱妻领到宫里，国王见儿媳长得十分迷人，就设计了三道难题，约定谁赢了龙女就归谁，三王子在龙女和岳父的帮助下，最终战胜了国王。过了一段时间，龙女嘱托王子去找岳父再要几件东西，但这东西不能急着去拿，可王子急不可待地就去了。他将要回来的求帮浪鼓、银铃和经书交给龙女时，龙女却飞上了云天。王子眼巴巴地看着远去的妻子，这才明白，原来自己不该急着到海边去要那三样东西啊！他心里无比惆怅、后悔。增他加讲述，1984 年赵清阳记录、整理翻译。32 开 8 页，5632 字。收入《黄南民间故事集》，青海省黄南藏族自治州民间文学集成办公室 1990 年 6 月编印。（完德先）

鹿女

ཡུ་མོའི་བུ་མོ།

yu movl bu mo

藏语安多方言民间故事。流传于青海省黄南藏族自治州。讲述从前有个国王，因为所种的牡丹被一头野猪糟蹋，于是派王子带队人马去捕杀这头野猪。王子追到一处深林，遇见了一位美若天仙的女子。原来她是一个鹿女，但她的美丽迷住了王子，王子苦苦地哀求她的养父（寺主）把女儿许配给他。王子答应寺主他的臣民们信佛行善的要求后，带着女子回到宫中，后生下一子。由于王子宠爱这个姑娘，引起了两位前妻的嫉妒，于是两人陷害了鹿女。趁王子出征不在时，她们派了一个大臣，将她押送到很远的深山老林，但是她们派去的刽子手却偷放了鹿女。后来鹿女遵从师父的嘱托，到各地为百姓传扬佛法行善仰恶，与王子重逢。而作恶多端的大臣和两位前妻受到了应有的惩罚。才让当智讲述，1989 年赵清阳记录、整理翻译。32 开 5 页，2180 字。收入《黄南民间故事集》，青海省黄南藏族自治州民间文学集成办公室 1990 年 6 月编印。（完德先）

阴曹地府找姐姐

ཕྱི་མའི་ཡུལ་ནས་ཨ་ཅེ་བཙལ་བ།

phyi mvi yul nas a ce btzal ba

藏语安多方言民间故事。流传于青海省黄南藏族自治州。讲述从前有姐弟二人相依为命，姐姐因不幸去世。有天在梦中弟弟去找姐姐，他找到了姐姐并跟着姐姐来到家里。待姐夫回来后，他们就带弟弟去玩，在游玩的途中，弟弟因为抵御不了美食的诱惑而死去，姐夫找回他的灵魂后，姐姐就送弟弟回去了。到了一处院落，他遇见了一个姑娘，与之结为夫妻。后来有个和尚来他家中布施，由于他的怠慢惹恼了和尚，和尚告诉他，他的妻子是个鬼，并设计杀死他妻子。妻子发现后，告诉了他实情，并帮他杀死了和尚，此后两人过上了幸福的生活，并生下一男一女，然而当他惊醒后，却发现只是一场梦而已。仁钦讲述，1989 年赵清阳记录、整理翻译。32 开 5 页，1980 字。收入《黄南民间故事集》，青海省黄南藏族自治州民间文学集成办公室 1990 年 6 月编印。（完德先）

母亲十七儿十八

མ་ལོ་བཅུ་བདུན་དང་བུ་ལོ་བཅོ་བརྒྱད།

ma lo bcu bdun dang bu lo bco brgyd

藏语安多方言民间故事。流传于青海省黄南藏族自治州。讲述很久以前，有一对夫妻，妻子不幸去世，妻子在死后托梦给丈夫说，让他在十七年后到四川一个叫高员外的人家找她，她就出生在那个家里。等到十七年后儿子也已满十八岁，这时候，丈夫如约去找妻子。高员外的家人了解了事情的来龙去脉后，就同意了两人的婚事，而充满忧郁的儿子也听了父亲的一再解释，就接纳了这个十七岁的母亲。德拉加讲述，1984 年赵清阳记录、整理翻译。32开2页，968字。收入《黄南民间故事集》，青海省黄南藏族自治州民间文学集成办公室1990年6月编印。（完德先）

善人和恶人

མི་སེམས་བཟང་དང་སེམས་ངན།

mi sems bzang dang sems ngan

藏语安多方言民间故事。流传于青海省黄南藏族自治州泽库县。讲述很早以前，一个善人和恶人争论心黑、心白究竟哪个好，结果善人输了，并被挖去了双眼。失明的善人在流浪的途中偶然听到野兽的谈话，从它们闲谈中得知，就在不远处的某个洞里有一种能够治好眼睛的宝水，善人得到了宝水治好了眼睛。并且把这宝水的秘密告诉了病痛的人们，人们为了感谢，向他送给了许多牛羊财产，他成了个富汉。恶人得知了这一消息后，挖了自己的双眼来到山洞口偷听野兽谈话，结果却被野兽吃了，从此，这个地方再也没人做恶人。桑杰措讲述，1987年赵清阳记录、整理翻译。32开2页，836字。收入《黄南民间故事集》，青海省黄南藏族自治州民间文学集成办公室1990年6月编印。（完德先）

一颗麦种

འབྲུ་རྡོག་གཅིག

vbru rdog gcig

藏语安多方言民间故事。流传于青海省黄南藏族自治州尖扎县。讲述从前有兄弟二人，弟弟种的麦子地里长出了一棵青稞，待它长高，发了好多叉禾，结了好几个穗头时，青稞被人偷走了。他跟着脚印，来到一个独家院，见上院里有一缸金子，下院里有一缸银子，有两个妖怪睡在锅里。待妖怪睡着后，弟弟用一块大石头压在锅盖上，然后用烈火烧死妖怪，把金子和银子背回家。嫂子知道了此事，让哥哥也去种麦子，结果长出了一株麦苗，长到出穗以后果然有人被偷了，他跟上脚印去找，找到了一个妖怪的家，见里面没人，就悄悄地爬到屋架上看动静。两个妖怪回来，闻到了生人味，就用沙子和石头把屋架上的大哥打下来了，并把他的鼻子挽成了九个结子，疼得无法忍受的大哥跑回家命令媳妇用斧头砍鼻子，结果不小心把头砍了。后来人们笑话他，谁叫他爱听媳妇的话。结果他日讲述，1987年赵清阳记录、整理翻译。32开2页，726字。收入《黄南民间故事集》，青海省黄南藏族自治州民间文学集成办公室1990年6月编印。（完德先）

公保和桑杰

མགོན་པོ་དང་སངས་རྒྱས།

mgon po dang sangs rgys

藏语安多方言民间故事。流传于青海省黄南藏族自治州。讲述穷人的孩子公保和头人的孩子桑杰经常在一起玩耍。在每次玩耍的过程中，公保天天能够拾到铜钱、银元和金币，而桑杰却遇到跛脚猫、跛脚狗和跛脚兔。桑杰非常生气想杀死这三种动物时，公保用他拾到的三种财物来赎回它们的生命。并把此事告诉了哥哥，没想到哥哥大发脾气埋怨弟弟，并将其赶出了家门。公保伤心地流浪到海边时，忽然见到干滩上一条小鱼张着嘴，晒得快要干死了，他赶紧把可怜的小鱼捧起来放进河水里，原来这是龙王的宝贝儿子，龙王为了报答其救命之恩，让公保在其金银财宝的宝库里任意挑选，因而他挑了个想要什么就能得到什么的如意宝，从此，过上了幸福美满的生活。仁青叶森讲述，1982年赵清阳记录、整理翻译。32开5页，4356字。收入《黄南民间故事集》，青海省黄南藏族自治州民间文学集成办公室1990年6月编印。（完德先）

狐狸、乌鸦和狼的故事

ཝ་མོ་དང་ཁ་ཏ་སྤྱང་ཀི་གསུམ་གྱི་གཏམ་རྒྱུད།

wa mo dang kha ta spyng ki gsum gyi gtam rgyud

藏语安多方言民间故事。流传于青海省黄南藏族自治州同仁市。讲述从前有一只狐狸正在和一只狼、一只乌鸦商量寻找食物时，看见不远处有个敬佛的人，拿着念珠、铜钹、干馍馍正向它们走过来。为了弄到馍馍，它们想出了一个的妙计，让狼藏在草丛中，乌鸦却装着寻食，狐狸则卧在路边上装病，行善念经者见一只皮毛漂亮的红狐狸，想把它打死弄张好皮子，做顶狐皮帽子，就穷追不舍。他觉得肩上的褡裢太碍事，干脆丢下它放开手脚去追狐狸。丢下东西后，狼用脖子挂着褡裢飞快地跑，乌鸦用嘴衔着念珠在空中飞，狐狸用最快的速度抛开行善者。很快地都到达他们事先约好的目的地，给乌鸦分了念珠，给狼分了铜鼓，而狐狸自己却分了干馍馍。娘先讲述，1986 年赵清阳记录、整理翻译。32 开 3 页，1078 字。收入《黄南民间故事集》，青海省黄南藏族自治州民间文学集成办公室 1990 年 6 月编印。（完德先）

青年和老虎的故事

ན་གཞོན་དང་སྟག་གི་གཏམ་རྒྱུད།

na gzhon dang stg gi gtam rgyud

藏语安多方言民间故事。流传于青海省黄南藏族自治州。讲述从前有个青年小伙外出谋生。他休息的小滩突然被河水淹没，幸好他抓住河里冲下来的一棵大树，随树漂流到被一个大石头挡在前面的河边，艰难地爬了上去，爬到一个洞里见到才生下不到三天的三只小老虎躺在地上，母老虎见他没有恶意，没在乎他。从此，他也只好跟老虎生活下去，因为周围都是悬崖他无法外出，只有等待。在他们相处了两个月后的一天，母老虎让他骑在自己背上使劲儿地跳出洞口，并将其背到一个十字路口，并为他指明通向村庄的路，就转身走了。没过几天，他听说村民把老虎挡在洞里，准备打死时，他赶紧跑回去挽救了老虎的性命。娘先讲述，1985 年赵清阳记录、整理翻译。32 开 3 页，1474 字。收入《黄南民间故事集》，青海省黄南藏族自治州民间文学集成办公室 1990 年 6 月编印。（完德先）

马和狼

རྟ་དང་སྤྱང་ཀི

rt dang spyng ki

藏语安多方言民间故事。流传于青海省黄南藏族自治州同仁市。讲述有一匹狼正在过路寻食，碰见一匹马掉进泥坑里，乘机想吃掉马时，马对狼提出临终前的三个要求：第一，把他从泥坑里拉出来才能吃；第二，用清水洗干净才能吃；第三，脚掌上刻几行经文后才可以吃。当狼办最后一件事时，马狠劲一蹄子，把狼的下颌骨踢得歪到右边去了，当下狼就死在地上一动不动。娘先讲述，1986 年赵清阳记录、整理翻译。32 开 2 页，618 字。收入《黄南民间故事集》，青海省黄南藏族自治州民间文学集成办公室 1990 年 6 月编印。

（完德先）

蝴蝶和蚯蚓对话

ཕྱེ་མ་ལེབ་དང་ས་འབུ་ནག་རིང་གི་གླེང་མོལ།

phye ma leb dang sa vbu nag ring gi gleng mol

藏语安多方言民间故事。流传于青海省黄南藏族自治州河南蒙古族自治县。讲述从前有一只很美丽的蝴蝶，总认为自己是世界上最美丽、打扮得最华丽的。它整天不停地到处飞呀飞，飞到各处去夸耀它的美丽。有一天它飞到一座山上，落在一朵花上休息时，有一条蚯蚓从下头向上爬。它们互相仔细地看了以后，蚯蚓带有讽刺性地说："原来是你呀，你真美丽，美丽得真让人不敢多看你一眼。"蝴蝶也客气地说："我怎么越看越分不清你的头尾呀！没头没尾的，怪吓人哟！"从此，它们再也不来往了。洛克讲述，1987 年赵清阳记录、整理翻译。32 开 1 页，286 字。收入《黄南民间故事集》，青海省黄南藏族自治州民间文学集成办公室 1990 年 6 月编印。（完德先）

青蛙和大乌鸦

སྦལ་བ་དང་ཕུག་རོན།

sbl ba dang phug ron

藏语安多方言民间故事。流传于青海省黄南藏族自治州。讲述从前在海边住着一只大乌鸦和曾被它救过命的青蛙。它们是无话不谈、心连心的好朋友。有天，青蛙到龙宫去玩耍时，忽然听到王后得了重病，只有大乌鸦的心才能解救她，谁要是能取来大乌鸦的心，龙王对它重重有赏。这事被青蛙听见后，它高兴地跑回来，等待大乌鸦的归来。青蛙以龙王邀请为由把乌鸦请到海边交给龙王时，聪明的乌鸦早就识破了青蛙的阴谋诡计，反过来骗它到海边狠劲儿地挖出了坏青蛙的心肝。增他加讲述，1988 年赵清阳记录、整理翻译。32 开 2 页，968 字。收入《黄南民间故事集》，青海省黄南藏族自治州民间文学集成办公室 1990 年 6 月编印。（完德先）

青蛙和黄天鹅

སྦལ་བ་དང་ངང་པ་སེར་པོ།

sbl ba dang ngang ba ser po

藏语安多方言民间故事。流传于青海省黄南藏族自治州。讲述从前有一只青蛙、黄天鹅和乌鸦生活在一起，它们是好朋友。到了秋天天气变冷了，黄天鹅和乌鸦准备要飞到天热的地方去过冬时，青蛙想出个妙计，让他们二位的脖子上架一根棍子，它用口咬住棍子吊在中间，让他们抬他去。当它们飞到美丽的城市上空，地上的人们都夸奖黄天鹅和乌鸦多么聪明时，青蛙骄傲地张口说了一声“这不是它们的办法”的一刹那，掉下去摔死在地上。增他加讲述，1987 年赵清阳记录、整理翻译。32 开 1 页，330 字。收入《黄南民间故事集》，青海省黄南藏族自治州民间文学集成办公室 1990 年 6 月编印。（完德先）

兔子称霸王

རི་བོང་རི་དྭགས་ཀྱི་རྒྱལ་བོར་བསྡད་པ།

ri bong ri dags kyi rgyl bor bsdd pa

藏语安多方言民间故事。流传于青海省黄南藏族自治州同仁市。讲述从前在一座山上狮子住在最高处，狼住在山腰，兔子住在山底。兔子总是不服气，想除掉这两个猛兽。于是兔子首先在狮子与狼之间进行挑拨离间，在狮子杀死狼以后，再到自傲自大的狮子跟前说：“狮子大哥，这世上还有一个比你更厉害的黑家伙。”于是狮子坐不住了，兔子把狮子引到海边上，指着狮子倒映在海面上的影子，狮子做什么动作它就跟着做，狮子气坏了直接跳到海里淹死了。从此，兔子住在了山的最高处。德拉加讲述，1989 年赵清阳记录、整理翻译。32 开 2 页，704 字。收入《黄南民间故事集》，青海省黄南藏族自治州民间文学集成办公室 1990 年 6 月编印。（完德先）

西哇加意尔选鸟王的故事

བྱི་བ་རྒྱ་ལུ་བྱ་རྒྱལ་དུ་འདོད་པའི་གཏམ་རྒྱུད།

byi ba rgy lu by rgyl du vdod pvi gtam rgyud

藏语安多方言民间故事。流传于青海省黄南藏族自治州。讲述从前有个叫西哇加意尔的小鸟自己想当鸟王。有一天，它召集周围的种种鸟儿，让大伙提出用抛骰子的方法来重新选鸟王，其中有个叫百灵鸟和另一个叫增么的小鸟反对选鸟王，因而破坏了加意尔的计划。所以，它记恨在心，趁它俩不在时，行凶报复，残害无辜鸟儿，破坏其他鸟儿的家园。真正的鸟王凤凰听了百姓（各种鸟儿）的控诉后，对西哇加意尔进行处罚，判它死刑。让鹞子来执行，加意尔凭着自己的狡猾杀死鹞子，并逃离了死亡，平安无事地飞回家。众鸟们见加意尔没死，联合将其驱逐出境，永远不许它再回来。从此以后，人们就再也看不见这种鸟儿了。德拉加讲述，1983 年赵清阳记录、整理翻译。32 开 7 页，388 字。收入《黄南民间故事集》，青海省黄南藏族自治州民间文学集成办公室 1990 年 6 月编印。（完德先）

兔儿子报仇

ཡོས་ཕྲུག་གིས་དགྲ་ཤ་ལེན་པ།

yos phrug gis dgr sha len pa

藏语安多方言民间故事。流传于青海省黄南藏族自治州泽库县。讲述从前一头母熊为了一口袋的蕨麻（人参果），杀死了自己的好朋友母兔。兔儿子知道此事后，就杀死了母熊的儿子，然后逃命。在逃命的过程中它骗了好多个生存者，母熊被野牛抵死，野牛被兔子杀死，商人被兔子骗去拿野牛的肉，喜鹊去扯商人的皮口袋放走喜鹊的儿子，狼去吃羊，老两口去掏窝里的狼的儿子，老两口的儿子被狼杀害，最后，老两口为了给儿子报仇杀死兔子时，也被兔子所骗，自相残杀。才让卓玛讲述，1987 年赵清阳记录、整理翻译。32 开 7 页，3224 字。收入《黄南民间故事集》，青海省黄南藏族自治州民间文学集成办公室 1990 年 6 月编印。（完德先）

一群虫子选“领袖”

སྲིན་འབུ་སྐོར་ཅིག་གིས་དཔོན་པོ་འདེམ་པ།

srin vbu skor cig gis dpon po vdem pa

藏语安多方言民间故事。流传于青海省黄南藏族自治州河曲草原。讲述从前有一群虫子在一起开会，要选一个“红保”。于是，牛虻、蜜蜂、蚯蚓、屎巴牛、红头毛虫都说了自己的特点，它们都应该具备当“红保”的条件。这时，不能达到条件的蚂蚁很生气地站起来边说边把腰带往紧里勒。结果把腰给勒得很细很细。大家劝它不要勒断腰。洛克讲述，1987 年赵清阳记录、整理翻译。32 开 2 页，534 字。收入《黄南民间故事集》，青海省黄南藏族自治州民间文学集成办公室 1990 年 6 月编印。（完德先）

牛虻杀老虎

ཤ་སྦྲང་གིས་སྟག་བསད་པ།
sha sbrng gis stg bsad pa

藏语安多方言民间故事。流传于青海省黄南藏族自治州同仁市。讲述从前在森林中，生活着老虎、牛虻和蜘蛛三兄弟，它们彼此亲密，相处得很好。后来老虎仗着自己力气大，逐渐骄傲起来，经常蛮横地欺负二位兄弟。在无法忍耐之下，牛虻跟老虎决战，结果老虎跳死在悬崖，负于牛虻。牛虻觉得自己了不起，连强大的老虎都能够杀死，在这个森林中自己是独一无二的了。于是，它得意地回到蜘蛛跟前傲慢地欺负蜘蛛，并想杀死它。结果落到蜘蛛网里被蜘蛛吃了。卡贝杰讲述，1987 年赵清阳记录、整理翻译。32 开 3 页，1432 字。收入《黄南民间故事集》，青海省黄南藏族自治州民间文学集成办公室 1990 年 6 月编印。（完德先）

兔子斗狮

རི་བོང་གིས་སེང་གེ་ལ་འགྲན་སློང་བ།
ri bong gis seng ge la vgrn slong ba

藏语安多方言民间故事。流传于青海省黄南藏族自治州同仁市。讲述从前有个兔子和狮子是好朋友。有一天狮子趁兔子不在时，就悄悄地吃了两个兔儿子。兔子知道是狮子搞的鬼，就找机会报复它。等到十五晚上，兔子把狮子骗到海边，说这里有比你还厉害的黑家伙。狮子见跟它一模一样的黑家伙在海里模仿它的动作，就怒火冲冲地扑进大海，想打死这个格外可怕的家伙。结果可怜的狮子被海水淹死了。夏吾才郎讲述，1989 年赵清阳记录、整理翻译。32 开 2 页，537 字。收入《黄南民间故事集》，青海省黄南藏族自治州民间文学集成办公室 1990 年 6 月编印。（完德先）

请狼做客

སྤྱང་ཀི་མགྲོན་པོར་བསུ་བ།
spyng ki mgron por bsu ba

藏语安多方言民间故事。流传于青海省黄南藏族自治州同仁市。讲述从前有个兔子和狼做邻居。有天狼趁兔子不在家时，把兔子养的羊羔吃了半个，留半个给兔子。待兔子回家见羊羔被吃掉时，兔子心里一目了然，只有狼才能干出这样缺德的事，就暗自决心报复狼。于是，兔子把剩下的半个羊羔肉煮上，又在屋里挖了个深坑，坑里放了许多带灰的火，坑口上铺了一条毛线毯子。一切准备好以后，就去请狼做客。让它坐在白线毯子上，热热乎乎地吃肉，结果狼掉进火坑里活活地被烧死了。夏吾才郎讲述，1989 年赵清阳记录、整理翻译。32 开 2 页，547 字。收入《黄南民间故事集》，青海省黄南藏族自治州民间文学集成办公室 1990 年 6 月编印。（完德先）

中国公主和印度王子

ཀྲུང་གོའི་སྲས་མོ་དང་རྒྱ་གར་རྒྱལ་སྲས།
krung govi srs mo dang rgy gar rgyl srs

藏语安多方言民间故事。流传于青海省黄南藏族自治州尖扎县。讲述很早以前，有个印度国王的儿子来到中国的汉族地区做生意时，遇到了中国皇帝的公主，他们一见钟情，深爱对方，恋恋不舍。不久，他们奉父王之命，各自回家了。分别以后，他们日夜思念对方。因此，印度王子再到中国去找公主团圆时，没想到公主的父母坚决反对，二人无法实现团圆梦。后来，公主的哥哥被他俩的真诚所感动，就帮助他们结为夫妻。从此，他们成了人人羡慕的恩爱夫妻。杨毛他讲述，1987 年赵清阳记录、整理翻译。32 开 4 页，439 字。收入《黄南民间故事集》，青海省黄南藏族自治州民间文学集成办公室 1990 年 6 月编印。（完德先）

卖韭菜的王子

ཀེའུ་ཚོད་བཙོང་བའི་སྐུ་སྲས།
kevu tsod btzong bvi sku srs

藏语安多方言民间故事。流传于青海省黄南藏族自治州。讲述从前有个国王，生下一个王子，脸比锅底还黑，简直是一个丑八怪。他娶了一个很美丽的公主，为了妻子不让看见自己的丑脸，他以敬佛为由，天天钻在黑房子里又念经又摇动法鼓。有一天他想试探妻子嫌不嫌这张丑脸，早早地起床扮作一个卖韭菜的买卖人，故意在他们的院子门口准备买韭菜时，公主看见又丑又黑的脸，恶心得跑回去了。王子感到很绝望而跳进海里，幸运的是，在海里却碰上了正在游玩的龙女。

龙女询问他跳海的原因，他如实地讲了一遍。龙女见他可怜，就给了他金护身符，戴在他胸前，一下子他就变成了英俊的男孩。从此，他光明正大地到爱妻跟前过上了幸福的生活。德拉加讲述，1984年赵清阳记录、整理翻译。32开5页，1980字。收入《黄南民间故事集》，青海省黄南藏族自治州民间文学集成办公室1990年6月编印。（完德先）

歌手

གླུ་བ།
glu ba

藏语安多方言民间故事。流传于青海省黄南藏族自治州。讲述从前有位很会唱的小伙。到处流浪连饭都混不上时，却遇见了一位心地善良、美若天仙的姑娘，姑娘见他诚实厚道，就和他结为夫妻。青年小伙对自己的妻子爱得连一分一秒都离不开她，哪怕梦里也都天天梦着爱妻。妻子见自己的丈夫这样钟爱自己，就请一位画师把她画在一张纸上，放在地的另一头，这样两头都能看见妻子。有一天，丈夫在地里干活，突然刮起一阵大风，把放在地头的画像给刮走了，一直刮到国王的果园里，国王见这等美若天仙的姑娘，就派大臣迎娶其做自己的妃子。爱妻被抢了以后，青年歌手当上了国王的马夫。在妻子的帮助下，他最后当上了国王，贤妻当了王后。二人整日为百姓操劳，抑恶扬善，扫除恶霸，扶贫济穷，国泰民安。德拉加讲述，1983年赵清阳记录、整理翻译。32开5页，2156字。收入《黄南民间故事集》，青海省黄南藏族自治州民间文学集成办公室1990年6月编印。（完德先）

聪明的小伙子

སྤྱང་གྲུང་འཛོམས་པའི་གསར་བུ།
spyng grung vdsoms pvi gsar bu

藏语安多方言民间故事。流传于青海省黄南藏族自治州同仁市。讲述从前国王没有儿子，只有一个女儿，不但长得美丽，还练得一手射箭的好武艺。国王按公主的意愿贴出榜文，招个称心如意的驸马，条件是不但人长得帅，而且会射箭且要百发百中的青年。一个聪明的小伙子听到这个消息后，他非常想当驸马，但不会射箭。他想出了个办法来，到河边上抓了一只大雁，把箭插进雁的屁股里，扔到正在花园赏花的公主跟前，公主以为这是很厉害的箭法，派人四处寻找射雁人。公主把青年带到国王跟前，请求招为驸马。国王再一次想了解小伙子的真本领，让他去山上打死那只挡人们行路的老虎。他到山上观察了好几天，发现老虎进洞时扭过头来屁股先往里钻。于是第二天老虎出洞后，他先钻进洞里藏起来，等老虎的屁股钻进来是狠劲儿地向老虎的屁股里插箭射死了老虎。禀报国王，国王又惊又喜地让他当了驸马。他射死老虎，为民除害的功德，被后人一直传为佳话。至于他射死老虎的秘密却始终不为国人所知。浪先讲述，1985年赵清阳记录、整理翻译。32开3页，1034字。收入《黄南民间故事集》，青海省黄南藏族自治州民间文学集成办公室1990年6月编印。（完德先）

美与丑

སྡུག་པ་དང་མི་སྡུག་པ།
sdug pa dang mi sdug pa

藏语安多方言民间故事。流传于青海省黄南藏族自治州同仁市。讲述从前有个很丑的公主找不到丈夫，国王很发愁，派大臣去找女婿。懒惰的大臣在路上遇见一位英俊的青年就将其骗到宫里，威逼他做公主的丈夫。公主经常流泪诚心恳求佛爷，让她变美，她的真诚终于感动了佛爷，赐她佛光使她一下子变美了。国王问佛爷让公主变美的原因，原来公主前世长得很美，当时到她家念经的几位僧人当中，一个长相很丑，她就心里歧视了那位僧人。于是，僧人用了法术，在公主下次出生时教她变得很丑。告诉人们人可以讥笑人的丑恶行为，但绝不可以讥笑人的外表相貌。因为丑恶的行为是人为的，丑陋的相貌却是天生的。才让多吉讲述，1986年赵清阳记录、整理翻译。32开2页，968字。收入《黄南民间故事集》，青海省黄南藏族自治州民间文学集成办公室1990年6月编印。（完德先）

老三的遭遇

སྤུན་གསུམ་པའི་ལས་སྐལ།
spun gsum pvi las skl

藏语安多方言民间故事。流传于青海省黄南

藏族自治州尖扎县。讲述有三个兄弟，父母去世后，他们到处要饭，因为生活所逼老大把老三丢下悬崖。不幸中的万幸是老三被一只老鹰救了，并教他鸟兽的语言。他和老鹰分别以后，走了大半天，终于来到一棵大杨树底下休息。忽然听见有个喜鹊对它的儿女们讲述这几天有好吃的原因，原来国王公主的耳朵里钻进一只羊蝇虱，国王不知道病因，每天请了许多喇嘛念经，所以得了许多食物。其实这个病不难治，只要抓一只蚂蚁，在它的腰上拴一条线，放进公主的耳朵里把羊蝇虱一拉出来就好了。听到秘密后，老三跑到宫殿里，按喜鹊说的那样救了公主的命，国王高兴极了，为了报答救命之恩，给他分了半个江山外，还把公主嫁给他做妻子。从此，老三过上了幸福的生活。完玛项丹讲述，1987年赵清阳记录、整理翻译。32开4页，1826字。收入《黄南民间故事集》，青海省黄南藏族自治州民间文学集成办公室1990年6月编印。（完德先）

一百差一头

ཕྱུག་ཁྱུ་བརྒྱ་ལ་གཅིག་གིས་མི་ལོང་བ།

phyug khyu bygy la gcig gis mi long ba

藏语安多方言民间故事。流传于青海省黄南藏族自治州同仁市。讲述从前有兄弟二人，老大从小放牧，老二从小念经。他们长大后，老大霸占了家产，并把弟弟赶出了家门。母亲见小儿子生活无依无靠，心里很疼，就跟小儿子一起生活。大儿子为了母亲的养育之恩给了母亲一头奶牛。老二再向老大要几头奶牛时，老大连给母亲的那头奶牛也拉回去了，这样，老大正好有一百头牛。弟弟一气之下，离开了此地，决心一定弄一群牛回来让哥哥瞧瞧。于是，他拿着一根树枝，到了一个十字路口，棍子扎在十字路中间，就选择去哪个方向，棍子哪也不倒，却钻进地里，他也跟着进地，简直到了另一派天地。那里满山都是马牛羊，却没有主人。因此，他高高兴兴地赶回来这些马牛羊，老大见弟弟富裕，跑来问发财经过，听了以后他也按照弟弟那样寻找发财之路时，不幸落到妖怪手上连命都丢掉了。智果讲述，1986年赵清阳记录、整理翻译。32开7页，388字。收入《黄南民间故事集》，青海省黄南藏族自治州民间文学集成办公室1990年6月编印。（完德先）

四个人告状

གཏུག་བཤེར་དུ་སོང་བའི་མི་བཞི།

gtug gsher du song bvi mi bzhi

藏语安多方言民间故事。流传于青海省黄南藏族自治州尖扎县。讲述从前有个兄弟二人，老大爱钱财，老弟特别能孝敬母亲。阿妈去世的那天老弟拾了一坛沙金，他就给大哥留了一羊蹄壳金子，其余就全做了阿妈的丧事费用。大哥回来后，嫌给他留的金子太少，到国王跟前评理。在去评理的路途中碰见找骆驼的和找媳妇的两个人，也跟弟弟发生争吵，于是他们四人一块到国王跟前评理。国王详细了解了事情的情况和过程后，除了弟弟外将其他三人关进牢房，聪明善良的弟弟得到了国王的重用。完玛项丹讲述，1987年赵清阳记录、整理翻译。32开4页，1914字。收入《黄南民间故事集》，青海省黄南藏族自治州民间文学集成办公室1990年6月编印。（完德先）

断案（一）

གྱོད་གཞི་ཐག་གཅོད་པ།

gyod gzhi thag gcod pa

藏语安多方言民间故事。流传于青海省黄南藏族自治州尖扎县。讲述从前一个穷光汉跟一个富主、马主、背水姑娘发生无意的争吵后，到国王面前告状。富主的犏牛丢失的原因是穷光汉把富主的牛还给时，富主家正在吃饭，他不好意思打扰，就把牛赶进牛圈悄悄地回去了。国王听了以后进行如下判决：一个长眼睛，却没看见牛，把眼睛给挖掉；一个长舌头，却没说话，把舌头给割掉。对于背水姑娘的案件，到了婆家就想娘家，到了娘家就想婆家，所谓身在福中不知福，觉得想头多，就把头给割掉。对于马主的马腿打折案件，一个说马主让我把马赶回来，我却用石头打断马腿，所以舌头给割掉，一个用了石头来赶回马，因而把手给砍了。由于听了国王这样的判决，他们这才懂得了相互忍让的道理。所以，他们四人和好地回去了。丹增讲述，1987年赵清阳记录、整理翻译。32开3页，1376字。收入《黄南民间故事集》，青海省黄南藏族自治州民间文学集成办公室1990年6月编印。（完德先）

断案（二）

གྱོད་ཐག་གཅོད་པ།
gyod thag gcod pa

藏族机智人物故事。流传于云南省德钦县。讲述一伙财主从名山朝佛回来，半路上遇上阿克顿巴。阿克顿巴用计让他们上了当。财主们一气之下，将他告到了官府。官家发现阿克顿巴家里很穷，赔不起什么东西，就让财主们第二天都到他家解一次大便，算是对他的惩罚。第二天，财主们来了，只见阿克顿巴站在门口，手里拿着一根棍棒对他们说："昨天官府断案很公正，我心服口服。可各位老爷得听清楚，官家断的是在这里只解大便，谁要是解大便时解出小便，我手里这根棍棒就不客气了。"财主们一听不对劲，一个个灰溜溜地走了。佚名讲述，齐耀祖翻译，郑考儒、侯开伦记录，秦家华整理。32开1页，540字。收入《迪庆民间故事集成》，云南民族出版社1997年版。（王燕萍）

九个儿子的心

ཕ་སེམས་བུ་ཐོག་དང་བུ་སེམས་རྡོ་ཐོག
pha sems bu thog dang bu sems rdo thog

藏语安多方言民间故事。流传于青海省黄南藏族自治州泽库县。讲述从前有两位知心朋友，一个叫先巴布藏，一个叫东知。先巴布藏有九个儿子，他为了养活九个儿子，一年四季赶着牦牛到汉地和拉萨做买卖，好不容易把九个儿子养成人。他们长大安顿后，先巴布藏也老了。这时九个儿子都嫌他老，不愿意养活他。所以，他的知心朋友东知想出个妙计来，让他的儿子做一个精致的黑匣子，里面装上石头用黄布来包扎。他请先巴布藏的九个儿子到家来，说，你们的父亲在我这儿托放了一个黑匣子，这是你们父亲上半生积蓄的一部分财产，从现在起，你们谁要对他好，最后这个财产就归谁了。从此，他们抢着给父母做好吃的，喝好喝的。就这样两年后先巴布藏去世了。当他们在众人面前打开匣子分财产时，里面装的却是一个又大又黑的大石头，他们一个个都羞得无处躲藏。三培讲述，1987年赵清阳记录、整理翻译。32开2页，748字。收入《黄南民间故事集》，青海省黄南藏族自治州民间文学集成办公室1990年6月编印。（完德先）

木雕的阿妈

ཤིང་ལ་བརྐོས་བའི་ཨ་མ།
shing la brkos bvi a ma

藏语安多方言民间故事。流传于青海省黄南藏族自治州尖扎县。故事讲述从前有个很没孝心的儿子，他每天对母亲不是打就是骂，母亲害怕他怕得就如鼠见了猫一样。有一天他去地里干活，见一只母喜鹊为了它的孩儿们忙得死去活来，一会儿叼来一条虫子，一会儿含来一口水，自己却劳累得大张口。见此情景他正在想连禽兽都能这样，莫说母亲养育自己有多么不容易。正在这时，母亲中午送饭来了，就赶紧去迎接母亲，没想到母亲以为中午饭送晚了，就往后跑，跑到地边的杨树上碰死了。他痛哭失声，后悔莫及。于是他把杨树砍到家里，刻了母亲的肖像，如同活母亲一样孝敬，早上穿衣，洗了脸，再敬茶敬饭，晚上盖被子还把炕煨得热热的。这情景被正在路过的一群天神看见后被感动了，当下消了前面的不孝之罪，将他封为天下第一孝子。从此他改恶从善，孝敬母亲的精神至今被人们传颂。完玛项丹讲述，1989年赵清阳记录、整理翻译。32开3页，1096字。收入《黄南民间故事集》，青海省黄南藏族自治州民间文学集成办公室1990年6月编印。（完德先）

瞎子哥哥

ཕུ་བོ་ལོང་བ།
phu bo long ba

藏语安多方言民间故事。流传于青海省黄南藏族自治州。讲述从前有兄弟二人，哥哥是瞎子，弟弟娶了个媳妇后，媳妇嫌哥哥在家光吃闲饭不干活。有一天，夫妻二人领哥哥去拜佛为由，将其扔下悬崖，幸好哥哥被架在半腰一个石台阶上，他摸了半天，摸到一个石洞里面爬去，正在这时，他忽然听见一只老虎、一只狼和一只狐狸三者的对话，它们各说了一个秘密。老虎的秘密是就在它们洞里的白土地，用它点眼睛，使瞎子立即恢复光明，并且能够治山下国王九个瞎儿子的眼睛。狐狸讲的是山背后住着一个很富的国王，但他们历代缺水，其实他们城外小山上，有个很大的石头，石头底下有一眼很旺的泉水。大哥听见这些后高兴地按照它们讲的办，果然成真了。于是，两个国王为了感谢他，依他的要求建了一座寺庙。在开光典礼那天，他碰见了一个要饭的人，原来那个人是他的弟弟。李加讲述，1986 年赵清阳记录、整理翻译。32 开 8 页，1628 字。收入《黄南民间故事集》，青海省黄南藏族自治州民间文学集成办公室 1990 年 6 月编印。（完德先）

成有和成没的故事

ཁྲེལ་ཡོད་དང་ཁྲེལ་མེད་གཉིས་ཀྱི་གཏམ་རྒྱུད།

khrel yod dang khrel med gnyis kyi gtam rgyud

藏语安多方言民间故事。流传于青海省黄南藏族自治州同仁市。讲述的内容较多，其中主要讲的是从前有结拜兄弟二人，一个叫成有，一个叫成没。有一天，两兄弟到山上砍柴时，看见公主仁青卓玛的血迹滴进了一个洞里，勇敢的成有到洞底下，从妖怪手中夺回了公主，让成没把公主仁青卓玛用绳子吊出洞口。这时，成没见到美若天仙的公主，把绳子往地上一丢，拉着公主走了，因而善良的成有被丢在洞底。后来成有在白龙王的帮助下，走到了洞口，并到国王跟前诉说了事情的真相，国王辨别后把罪恶滔天的成没立即斩首，将尸体扔进海里。从此，成有和公主结为夫妻，恩爱无比。夫妻双双共理国中大事，为百姓排忧解难，受到百姓的真心拥护。索南尖措讲述，1984 年赵清阳记录、整理翻译。32 开 10 页，817 字。收入《黄南民间故事集》，青海省黄南藏族自治州民间文学集成办公室 1990 年 6 月编印。（完德先）

弟弟骗哥哥

ནུ་བོའི་ཕུ་བོའི་མགོ་བསྐོར་བ།

nu bovi phu bovi mgo bskor ba

藏语安多方言民间故事。流传于青海省黄南藏族自治州同仁市。讲述从前有兄弟二人，哥哥很老实，有天弟弟把阿妈的尸体背到一个有钱人家的豌豆地里，做成偷豌豆的样子。主人发现有人偷吃自己的豌豆，边骂边用石头打过去，正好打中那女人的后背，当即翻倒在地上，动也没动。那时躲在暗处窥探的儿子走过来赔命要钱，主人真以为自己把那女人打死，就二话没说赔了一大笔人命钱，才私下里了结了案子。弟弟把死尸值钱的情况告诉哥哥。哥哥信以为真就把自己的妻子打死，然后将尸体背到外村叫卖，人们见他的情形都以为是疯子，谁也不搭理他，这时，他才知道受了弟弟的骗，他怒火冲冲地把弟弟的房子烧了，并把他赶到了一个很遥远的地方。从此，弟弟世代被人们笑骂。索兰加讲述。1984 年赵清阳记录、整理翻译。32 开 3 页，1342 字。收入《黄南民间故事集》，青海省黄南藏族自治州民间文学集成办公室 1990 年 6 月编印。（完德先）

王后生狗娃的故事

རྒྱལ་མོས་ཁྱི་ཕྲུག་བཙས་པའི་གཏམ་རྒྱུད།

rgyl mos khyi phrug btzas pvi gtam rgyud

藏语安多方言民间故事。流传于青海省黄南藏族自治州同仁市。讲述从前有个叫才玛吉的姑娘，进宫当了山里国王的小夫人，不久身怀有孕，恰恰国王外出巡游时，才玛吉临产了，生了二男一女。受到了大夫人和二夫人的忌妒，她们编造了一个美丽的谎言，小夫人生的二男一女换成三个狗娃子，把三个孩子放到瓮里，丢进一条大河，待国王回国询问此事时，大夫人用讽刺和讥笑的语言禀报小夫人生了三个狗娃子的全过程，把国王哄过去了，并把小夫人打进最下层的女奴中去做苦役。不幸中的万幸是三个孩子被一个修行者救出，并把他们抚养长大成人。二十年后的一天，在度母的帮助下，他们与父母相认，共叙骨肉离别之苦和今朝团圆的欢乐，两位狠心的夫人也得到了应有的惩罚，他们被活活地烧死在铁马背上。德拉加讲述。1984 年赵清阳记录、整理翻译。32 开 15 页，6930 字。收入《黄南民间故事集》，青海省黄南藏族自治州民间文学集成办公室 1990 年 6 月编印。（完德先）

装在木箱里的姑娘

ཤིང་སྒམ་ནང་དུ་བཞག་པའི་བུ་མོ།

shing sgm nang du bzgag pvi bu mo

藏语安多方言民间故事。流传于青海省黄南藏族自治州泽库县。讲述从前有个美丽的姑娘，被一个装作红概（民间对很有学问的宁玛派老僧侣的敬称）的坏人骗到手以后，装进一个木箱子里，埋在河边的沙子里头。然后就去骗他的妻子。这时正在射箭玩耍的两个王子发现沙子里头有一只木箱子，打开一看，里面却装的是十分美貌的年轻姑娘，姑娘一一叙述了她被害的前后过程。两位王子领姑娘到王宫住下，并向国王禀报了真实情况，于是，国王让两位王子赶快把两只老虎装进箱子埋在原地。那个红概把家里的事情安排妥当后，将木箱子背到他提前准备好的西房里，到半夜打开时，里面却跳出来两只老虎，把他吃得只剩下一个脑袋和两只脚。从此，姑娘当上了一位王子的夫人，过上了幸福的生活。周毛讲述。1987 年赵清阳记录、整理翻译。32 开 2 页，814 字。收入《黄南民间故事集》，青海省黄南藏族自治州民间文学集成办公室 1990 年 6 月编印。（完德先）

诺尔旦王后重返人间

ནོར་ལྡན་རྒྱལ་མོ་སླར་གསོན་བྱུང་བ།

nor ldn rgyl mo slr gson byung ba

藏语安多方言民间故事。流传于青海省黄南藏族自治州。讲述贤惠美德的诺尔旦王后，因得病而离开人世。不久，国王结婚，娶了个外表十分俊秀，内心却歹毒的新王后。这位新王后进宫后，慢慢地熟悉了王宫内情，并掌握了大权。新王后为了以免后患，准备秘密地处决国王的两儿一女。幸运的孩子们逃离了宫殿，到母亲的坟墓前诉说苦情。九泉之的下母亲听到孩儿们的哭泣，就悲痛落泪地给阎王爷诉说人间悲情，阎王爷依她的情况特殊，再说她的真正死期还未到，就让她变成一只喜鹊，重返人间。它飞到国王跟前，义正词严地诉说了坏王后几次残害三个孩子的罪恶。国王气急之下，把狠毒的坏王后活活地烧死在铜箱子里，并在她的骨灰上修一座塔，压在下面，使她永不翻身。李加讲述，1986 年赵清阳记录、整理翻译。32 开 11 页，4827 字。收入《黄南民间故事集》，青海省黄南藏族自治州民间文学集成办公室 1990 年 6 月编印。（完德先）

盗贼

ཇག་རྐུན།

jag rkhun

藏语安多方言民间故事。流传于青海省黄南藏族自治州。讲述从前有一家很穷苦的夫妻，生了三个儿子，他们长大后，被派外出去学点生活本领。三年内，他们外出去各学了点异样的本领。但老三学的是盗贼。父亲见老三学的本领不是个好行当，就想毁灭他。于是，父亲接二连三地让老三去偷最有难度、最有危险的东西。老三靠他的本领和机智，顺利地通过了父亲故意制造的三次难关。为了以免后患，无奈的父亲只好禀报国王老三的盗贼行为。国王觉得惊奇，就亲自试探老三的真正本领。国王试探后，觉得老三真有本事，且聪明机智，又是一个好心的人，就让他做国王的助理，协助国家大事。从此，他过上了幸福的生活。扎果塔讲述，1986 年赵清阳记录、整理翻译。32 开 8 页，476 字。收入《黄南民间故事集》，青海省黄南藏族自治州民间文学集成办公室 1990 年 6 月编印。（完德先）

桑杰

སངས་རྒྱས།

sangs rgys

藏语安多方言民间故事。流传于青海省黄南藏族自治州同仁市。讲述从前有个回乃亥国王，一定要娶藏族姑娘做王后，他找佛祖算卦，按照佛祖的指示，走了七个月的路程终于找到了那位姑娘。回乃亥国王用他的势力，强制性地把姑娘迎接宫中，姑娘日夜悲愁忧伤，不思茶饭。于是，回乃亥国王为了解愁姑娘的痛苦，按照姑娘的意愿，决定邀请藏族的佛祖，修造了一座十分讲究的佛堂，到了四月十四日那天，果然有五百个弟子腾云驾雾地来到回乃亥国王的王宫。晚上待他们入睡之后，国王在他们的住处以烧炕为由，想放火烧死他们。可怎么也点不着火，反而每个宝座都变成金宝座。国王这才相信了藏族佛祖的真正本领。从此，他和他的臣民们真正信仰了藏族的佛祖。这是一个佛教故事，具有明显的宗教色彩，反映了古代民族宗教信仰的变迁。智果讲述，1986 年赵清阳记录、整理翻译。32 开 2 页，457 字。收入《黄南民间故事集》，青海省黄南藏族自治州民间文学集成办公室 1990 年 6 月编印。（完德先）

狐狸与商人

ཝ་མོ་དང་ཚོང་བ།

wa mo dang tsong ba

藏语安多方言民间故事。流传于青海省黄南

藏族自治州同仁市。讲述一个卖糖的商人，背着满筐子糖去赶集做生意。同时，有一只狐狸出洞寻食，也上了路。最后，它们在一座山口相碰。想到碰见的一刹那，各自心里不觉暗暗高兴。因为商人见狐狸的毛色，肯定到集市里可以卖到很好的价钱，而狐狸见商人的糖就饿得直口流水。于是，它俩暗暗计谋划策。第二天早晨，狐狸来到商人经常经过的山口躺在那里装死，商人见一只狐狸死在那里，就高高兴兴地把它放到糖筐里背走了。背到集市里果然卖出个好价钱，买主正在欣赏美毛的狐狸时，狐狸突然爬起来一溜烟地逃跑了。买主要求商人赔偿，商人只好答应用糖顶替。可他回头取糖时，这才发现糖筐里一无所有，糖全被狐狸吃光了。卓玛措讲述，1982 年赵清阳记录、整理翻译。32 开 2 页，547 字。收入《黄南民间故事集》，青海省黄南藏族自治州民间文学集成办公室 1990 年 6 月编印。（完德先）

世不全的故事

སྲིད་ཁྱབ་ཀྱི་གཏམ་རྒྱུད།

sridj khyb kyi gtam rgyud

藏语安多方言民间故事。流传于青海省黄南藏族自治州。讲述从前有个叫世不全的人，聪明非凡，机智过人，因而受到几个奸臣的嫉妒。奸臣们怕国王以后重用世不全而降低自己的地位，挖空心思地给国王出鬼注意，国王也不问，青红皂白地就下了一道圣旨，让世不全的父亲在限期三十六天内，拿出公鸡蛋和公牛奶，为国王治病。限定期满，国王问世不全给他父亲的任务是否能完成时，世不全说前几天我父亲生了个孩子，他正在家坐月子。国王一听，越想越气他竟敢在光天化日之下欺哄本王，捉弄满朝文武百官。于是，国王让世不全戴上欺君之罪，准备将其斩首问罪时，世不全又接着说如果天下可以找到公牛奶和公鸡蛋，不是像男人生孩子一样可笑吗？如梦初醒般的国王这才知道自己已经上了奸臣的圈套，只得下令把出坏主意的奸臣发配到偏远的荒山野林里，让他们悔悟自己的罪过。加毛吉讲述，1982年仁青、叶森等翻译。32开2页，467字。收入《黄南民间故事集》，青海省黄南藏族自治州民间文学集成办公室 1990 年 6 月编印。（完德先）

说谎的人

རྫུན་ལབ་པའི་མི།

rdsun lab pvi mi

藏语安多方言民间故事。流传于青海省黄南藏族自治州。讲述从前有个很爱说谎话的人，到处去骗人。有一天，他在路上遇见一个阿卡，阿卡对他说："听说你说谎说得很好，你现在给我说一个谎怎么样？"他一本正经地说："我现在没工夫给你说谎，我母亲昨天死了。请你给我阿妈念个经。"阿卡信以为真，第二天到他家念经。阿卡到他家一看，他的阿妈活得好好的，这才知道自己经上了说谎人的当。就这样他连续骗了三个人，把他们骗得团团转。加毛吉讲述，1987 年赵清阳记录、整理翻译。32 开 2 页，947 字。收入《黄南民间故事集》，青海省黄南藏族自治州民间文学集成办公室 1990 年 6 月编印。（完德先）

阿格顿巴的故事

ཨ་ཁུ་སྟོན་པའི་སྒྲུང་།

a khu ston pvi sgrung

藏语安多方言民间故事。流传于青海省黄南藏族自治州。阿格顿巴的故事民间很流行，他的名字人们都很熟悉。本故事讲述阿格顿巴十三岁那年，西方有个牟头格喇嘛，他害了许多善良的僧人和百姓。阿格顿巴为了除掉这个黑心喇嘛，就装成讨饭的人，故意坐在他经常背水的那条小路上等待，老喇嘛正好需要一个打杂的小和尚，阿格顿巴混入了老喇嘛的日常生活。时隔已久，老喇嘛相信了这个小和尚。阿格顿巴乘老喇嘛松懈之机，就用两全其美的办法整死了他，并把他的全部财产捐给了当地百姓和穷苦的僧人。李加讲述，1986 年赵清阳记录、整理翻译。32 开 5 页，2158 字。收入《黄南民间故事集》，青海省黄南藏族自治州民间文学集成办公室 1990 年 6 月编印。（完德先）

三个兄弟找牛

སྤུན་གསུམ་གྱིས་གླང་རྒན་འཚོལ་བ།

spun gsum gyis glng rgn vtsol ba

藏语安多方言民间故事。流传于青海省黄南藏族自治州同仁市。讲述从前在黄河南部一个地方，住着一家人，有兄弟三人，他们家仅有的一头牛，一天突然被贼偷去不知下落。因而弟兄三人到处寻找，来到一处人家，猜准了他们家的牛是被偷的牛，但这家人不但不承认，反而闹得更厉害，于是，双方争吵不停，直告到当地头人跟前。头人用了三次绝妙的办法来，让被告在屋里用龙碗扣了一个东西叫他们弟兄三人来猜，结果三次都被猜准，头人钦佩弟兄三人的聪明才智，当面称赞他们是活神仙。于是从被告手上罚了五十两的元宝三十个，分给他们每人十个，作为对他们的奖赏，然后派一队人马把他们护送回家。索南加措讲述。1984 年赵清阳记录、整理翻译。32 开 3 页，1098 字。收入《黄南民间故事集》，青海省黄南藏族自治州民间文学集成办公室 1990 年 6 月编印。（完德先）

把大缸装进小缸

རྫ་ཆེན་རྫ་ཆུང་ནང་དུ་འཇོག་པ།

rds chen rds chung nang du vjog pa

藏语安多方言民间故事。流传于青海省黄南藏族自治州。讲述从前有个大财主，既要人多干活，又不想给人付工钱。有一天，一个很聪明的小伙子到财主家去打工。打工时，双方写了这样一个协议书：财主一年给小伙子三个银圆的工钱，并每样事都得干成，若一样干不成就扣十块，三样干不成，就得扣全年工钱。到了年底，打工的小伙子向财主要一年的工钱，吝啬的财主想出了个鬼办法，要求小伙子把大缸装进小缸，若办不成就得扣工钱。聪明的青年抓起大缸使劲儿地往小缸里一塞，把小缸给崩了个稀巴烂，小伙子的故弄是非被自认为聪明的财主看在眼里、记在心里，只好无可奈何地默默认输。郝华讲述，1989 年赵清阳记录、整理翻译。32 开 2 页，934 字。收入《黄南民间故事集》，青海省黄南藏族自治州民间文学集成办公室 1990 年 6 月编印。（完德先）

布德的故事

ཕོ་ངྲིའི་གཏམ་རྒྱུད།

pho ngxivi gtam rgyud

藏语安多方言民间故事。流传于青海省黄南藏族自治州南部地区。讲述从前有个贪心的头人，想霸占布德的毛驴，聪明的布德知道头人的心思，把他骗得个团团转，因而受到头人的多次复仇。布德靠他的聪明才智，一而再再而三地让头人成为他的手下败将，最后非常贪财的头人因太贪图别人的钱财而丢掉了自己的性命。故事讽刺和笑话了头人的愚昧无知及贪财的人物性格。加毛吉讲述，1982 年仁青、叶森记录翻译。32 开 5 页，2090 字。收入《黄南民间故事集》，青海省黄南藏族自治州民间文学集成办公室 1990 年 6 月编印。（完德先）

乌鸦和雄鹰比眼力

ཁ་ཏ་དང་གླག་རྒོད་གཉིས་ཀྱིས་མིག་དབང་འགྲན་པ།

kha ta dang glg rgod gnyis kyis mig dbang vgrn pa

藏语安多方言民间故事。流传于青海省黄南藏族自治州。讲述很久以前，有一只大乌鸦，它不服雄鹰的眼力。有一天到雄鹰处要求比眼力，它们飞向很高很高的天空看地面上的东西，雄鹰看见地面上有一条牛腿，乌鸦看见地面上有一碗白白的糌粑。乌鸦得意地以为自己战胜了雄鹰。于是它们飞回地面看各自所见的东西。待飞回地面仔细一看，那碗糌粑却是阿尼玛卿雪山，而雄鹰直飞向一条牛腿享用了一顿美味，乌鸦却悄悄地溜走了。公巴加讲述，1987 年赵清阳记录翻译。32 开 1 页，437 字。收入《黄南民间故事集》，青海省黄南藏族自治州民间文学集成办公室 1990 年 6 月编印。（完德先）

农夫和熊

ཞིང་པ་རྒན་པོ་དང་དོམ།

zhung pa rgn po dang dom

藏语安多方言民间故事。流传于青海省黄南藏族自治州尖扎县。讲述从前有个农夫到山上去打柴，在路途看见一头熊掉在深坑里，那熊见他走过来，请求把它从坑里救出来。农夫见它很可怜，就放下绳子去把它拉出来，想不到不知好歹的熊，不但不知恩反而恩将仇报，还把挖深坑的责任推到农夫身上想要吃了他。于是，它们一同到一只正在吃草的母羊和牦牛跟前说理。它们说，这世上不公平的事太多，若是不讲理，你就让它吃吧。农夫不服气，最后到兔子跟前说理。聪明的兔子说，这事太难了，要说清楚，我们还是先到深坑那里调查调查。首先熊下去模仿原样时，兔子却说："对了，你就永远这样站着吧。"从此，这头熊无论怎么哭叫，怎么哀求，再也没有人理它。完么项丹讲述，1987 年赵清阳记录、整理、翻译。32 开 2 页，427 字。收入《黄南民间故事集》，青海省黄南藏族自治州民间文学集成办公室 1990 年 6 月编印。（完德先）

毛驴和老虎

སྟག་དང་བོང་བུ།

stg dang bong bu

藏语安多方言民间故事。流传于青海省黄南藏族自治州。讲述从前有一头毛驴，一天跑进一座森林里放开嗓子“噢噢”地吼叫了几声。这时住在森林里面的老虎听见毛驴叫的声音很大，吓了一跳，它只见一个头很长、嘴很大，耳朵也很长的东西，昂首站在那里很有气派。心想，它声音这么大，个头这么高，嘴这么大，一定是一个很厉害的家伙。因此感到很害怕。老虎为了保护自己，跟毛驴结为好友，它们经常生活在一起。日子过了很久，老虎更害怕毛驴的厉害，它担心有一天自己会被毛驴给吃掉，晚上不敢和它睡在一起，就想办法离它远些。从此，它们各自睡在自己的窝里。有一天晚上毛驴睡到半夜里，张开大嘴“噢噢”地大叫，老虎以为出了什么事，就赶紧跑来问毛驴发生了什么事，毛驴却一副若无其事的样子，说“吃饱了肚子没事干随便叫着玩玩呗，你别这样大惊小怪”。于是，老虎回来继续睡它的觉。到天快亮时，毛驴又大叫起来。老虎以为是它吃饱了肚子叫着玩玩，就没有理会。第二天它跑去一看，毛驴被狼吃掉了，见此景，老虎真后悔早知道狼都能吃掉毛驴，为何当初自己没把它早早地吃掉呢！娘先讲述，1986 年赵清阳记录、整理翻译。32 开 2 页，397 字。收入《黄南民间故事集》，青海省黄南藏族自治州民间文学集成办公室 1990 年 6 月编印。（完德先）

老虎和兔子

སྟག་དང་རི་བོང་།

stg dang rl bong

藏语安多方言民间故事。流传于青海省黄南藏族自治州。讲述从前有一只老虎想在兔子面前要威风，把兔子领到一个塄坎口，塄坎下面有一眼泉水。它俩蹲在那里等待野牛到山下来喝水。等了半天发现山梁上尘土飞扬，只见一大群野牛朝山下的泉水边跑来。老虎抓住最好时机，猛然跑进野牛群，一下子就咬死了一头野牛，它们共同美美地吃了一顿新鲜肉。兔子吃饱了肉，越想越感到老虎有威风、有本事。它决心要学学老虎的威风给兔子们看看。第二天它领着一只小兔子来到那个塄坎口，等待野牛的到来。不久，野牛群来到泉水边喝水时，它按照老虎做的那样突然猛跑到一头野牛背上，野牛乱跑了几下就把它抖在地上，兔子被牛蹄子踏死在泥坑里。见此情景，小兔子们心想不能假装老虎，威风不能借用。娘先讲述，1986 年赵清阳记录、整理翻译。32 开 2 页，726 字。收入《黄南民间故事集》，青海省黄南藏族自治州民间文学集成办公室 1990 年 6 月编印。（完德先）

杀鸡取蛋

བྱ་མོ་བསད་ནས་གསེར་སྒོང་ལེན་པ།

by mo bsd nas gser sgong len pa

藏语安多方言民间故事。流传于青海省黄南藏族自治州。讲述从前在一个城市里，有个无儿无女的老奶奶，家里有只羽毛很美的母鸡。母鸡每月给主人产指头蛋那么大的一只金蛋。她把金蛋拿到市场上卖了，买回生活所需要的吃穿用品，她的生活过得很安康，即不穷又不富，还多少有些积存。时间一长，老奶奶的想法变了。原来她认为能过上不穷不福的日子就很幸运了，现在她却认为，这母鸡也太不像话了，一个月才下一个小小的金蛋，一年才下十二个，为啥不每天给下一个金蛋呢？因此，她想出了个办法，干脆把母鸡杀掉，从它肚子里取出全部的金蛋来。于是用极快的速度杀掉母鸡，扒开肚子看时，肚子里除塞满了肠肚和肝肺等，却找不出一个金蛋。老奶奶目瞪口呆地愣在那里。娘先讲述，1986 年赵清阳记录、整理翻译。32 开 1 页，374 字。收入《黄南民间故事集》，青海省黄南藏族自治州民间文学集成办公室 1990 年 6 月编印。（完德先）

铁树磨成针

ལྕགས་སྦུག་བརྡར་ནས་ཁབ་ཏུ་བསྒྱུར།

lcg sbug brdr nas khab tu bsgyur

藏语安多方言民间故事。流传于青海省黄南藏族自治州。讲述从前有个和尚，一心想见到观世菩萨。他连续两次，每隔十年在山洞里念佛经苦修行，也没见到菩萨。有一天，他到外边去转了转，看见一个人用一块布不停地擦一棵很大的铁树。他奇怪地到走到那人跟前问为什么，那人用坚定的信念告诉他，只要天天坚持不停地擦，总会有一天会把它擦成针的。于是，和尚感到很羞愧，回去又苦行了十年，还是不见效，因而他绝望得干脆不修行，到农村干农活，他走在路上碰见一只狗，后半身烂得肠子都看见了，苍蝇爬满了疮口。和尚见狗病得很可怜，就准备用自己的舌头为狗舔疮口治病，他的虔诚之心感动了菩萨，菩萨尽然出现在他的面前并指明了窍门。娘先讲述，1989 年赵清阳记录、整理翻译。32 开 2 页，682 字。收入《黄南民间故事集》，青海省黄南藏族自治州民间文学集成办公室 1990 年 6 月编印。（完德先）

可惜我现在已经死了

ཡིད་འཕངས་པ་ཞིག་ལ་ང་རང་ད་ལྟ་འདས་སོང་པ་ཡིན།

yld vphangs ba zhlg la nga rng da lt vdas song ba yln

藏语安多方言民间故事。流传于青海省黄南藏族自治州。讲述很久以前，有个很喜欢算卦的牧民，每次外出办什么事或家中要办什么大事之前，总要请卦师算上一卦。有一天他想到应该知道一下自己寿数，就请了个很有名的卦师为他算卦，卦师算上他的寿终日是到第三年的八月九日。到了第三年的那天他穿戴上好衣服，走到石崖底下躺在地上，等待死亡的来临。这时有一个牧民赶着一群驮牛走过来，有一头牦牛的驮子掉下来。由于那赶牛人的捆绑不得法怎么绑也绑不上。那位躺在地上等死的人，把这事清清楚楚地看在眼里，他心想：哎呀，可惜我现在已经死了，不然我一定要告诉他，这牛驮子可不是这个绑法呀！卡先加讲述，1974 年赵清阳记录、整理翻译。32 开 2 页，374 字。收入《黄南民间故事集》，青海省黄南藏族自治州民间文学集成办公室 1990 年 6 月编印。（完德先）

三个小人儿

མི་ཡ་མཚན་ཅན་གསུམ

mu ya mtsan chn gsum

藏语安多方言民间故事。流传于青海省黄南藏族自治州同仁市。讲述在一个小山村，有三个长得很怪的小人：一个的脖子细得像头发丝，叫头发脖子；一个的小腿细得像根筷子，叫筷子腿；一个的头骨薄得像鸡蛋皮，叫蛋皮头。有一天，他们三人商量着吃顿手抓肉。一个说宰头牛，可是三个人的力气小得没法把牛放倒，一个说宰只鸡吃，但是鸡跑得快又能飞，谁也抓不住它，最后决定抓只山羊宰了吃手抓肉。最后他们三个人宰了一只山羊后，分工各干一件事：头发脖子留在家里煮肉，另外两人出去拾柴和找野蒜。他们走后，头发脖子趁他们不在，便从锅里捞出一块肥肥的肉，狼吞虎咽地吃起来，狠劲儿地往下咽，咽到喉咙的中间，上不来下不去就给活活地噎死了。蛋皮头拾柴回来一看，头发脖子偷吃给噎死了，就高兴地在额上拍了几巴掌，不幸把前额给拍得稀巴烂，惨死在地上。筷子腿回来一看，他们两个都死在地上，心想现在这一锅肉全是我的了。他高兴地乱蹦乱跳，不小心跌断了细腿，活活地疼死了。娘先讲述，1985 年赵清阳记录、整理翻译。32 开 1 页，528 字。收入《黄南民间故事集》，青海省黄南藏族自治州民间文学集成办公室 1990 年 6 月编印。（完德先）

瞎子和跛子行窃

ཞ་ར་དང་གྱོལ་པོ་གཉིས་བརྐུས་ལ་སོང་བ།

zha ra dang gyol bo gnyls brkus la song ba

藏语安多方言民间故事。流传于青海省黄南藏族自治州尖扎县。讲述从前有个瞎子和跛子住在一起。有一天，他们决定去国王的宝库里偷几件宝物来，于是，二人到国王的宝库里，瞎子张口袋，跛子找好东西。跛子拿起一串铜钱挂在瞎子的脖子上，瞎子高兴地大嚷，跛子给了他一个耳光，并警告他不要说话，两人又说又打耳光，被国王听见了，国王到宝库里去捉贼。跛子见国王来抓贼，就赶紧跑了。可怜的瞎子看不见，还双手张着口袋，等着装宝贝。国王进来狠劲儿地打了他一个耳光，瞎子却说："怎么了，我没张好口袋吗？"多杰杭秀讲述，1988 年赵清阳记录、整理翻译。32 开 1 页，264 字。收入《黄南民间故事集》，青海省黄南藏族自治州民间文学集成办公室 1990 年 6 月编印。（完德先）

国王做贼

རྒྱལ་པོ་བརྐུས་ལ་སོང་བ།

rgyl bo brkus la song ba

藏语安多方言民间故事。流传于青海省黄南

藏族自治州。讲述从前有两个国王，即南方国王和东方国王。东方国王喜欢算卦，他的国家有一百零八个算命先生，一天，他召集全部算卦先生，让他们算下一年的运气，大部分算命先生算出国泰民安、吉祥如意。一位对国王十分忠诚的算命先生算出国王将在新的一年有大难，他要国王在腊月二十九日深夜去行窃，以攘其灾，不然定有生命危险。国王为了证实他算的是否准确，决定去行窃。二十九日晚，国王独自一人去南方国王府中，他忽然听见南方国王和儿子准备毒死东方国王，并灭其国，夺其民。于是，他回到自己的宫中，召集文武大臣，共谋国家大事，准备对付敌人的阴谋。第二天，东方国王等待南方国王的到来，南方国王带来许多好吃好喝的食物，并在里面下了毒，让东方国王品尝，早有准备的东方国王，以表达他的心意为借口，先让他们品尝，在东方国王的一再逼迫之下，南方国王父子只好喝了自己带来的毒酒，不一会儿便七窍流血，当场暴死。最后国王召集文武大臣和一百零八个算命先生，夸奖了那位说真话的算命先生，其余的则给了相应的惩罚。德拉加讲述，1985 年赵清阳记录、整理翻译。32 开 2 页，1238 字。收入《黄南民间故事集》，青海省黄南藏族自治州民间文学集成办公室 1990 年 6 月编印。（完德先）

算卦人

མོ་བ།

mo ba

藏语安多方言民间故事。流传于青海省黄南藏族自治州尖扎县。讲述从前有一双夫妻，媳妇好吃懒做，男的天天下地干活，她却趁男人走后，做些好吃的偷吃，但给男人胡乱做些饭吃，却说自己有病不想吃，还故意装病给男人看。久而久之，男人产生怀疑，一天下地干活，途中返回家看动静，发现妻子在家偷吃油搅团的情况后什么也没说就去干活了。晚上回来，他对妻子说："今天我要算个卦。"然后拿只旧锅扣在地上，又拿来斧头敲锅算卦，他说今天算卦算得好怪，怎么就说做了三碗油搅团，两碗吃了，一碗藏在柜子里。这样，把妻羞得面红耳赤，跑回娘家，到处说她丈夫卦算得准。这时，正好她娘家的母猪丢了，找不到后请女婿算卦，晚上女婿到处找猪找到后，第二天假装算出猪所在的地方后让家人去找，果然找到了。从此，他算卦的事到处被传说，有一天，国王宝库被盗，就派人请他算卦，他心里很怕，国王请他不得不去，就硬着头皮去了。为了好逃走，他住在大门洞里，但吓得不停地淌尿，而盗贼听说国王请了个算卦算得很灵的人，怕被算出来，就偷偷地到算卦人身边，将偷的东西都交出来了。他通过聪明办法把贼人抓起来了。这次他虽然运气好，但也把他吓坏了，从那以后，他再也不敢给人算卦了。完玛项旦讲述，1987 年赵清阳记录、整理翻译。32 开 3 页，1087 字。收入《黄南民间故事集》，青海省黄南藏族自治州民间文学集成办公室 1990 年 6 月编印。（完德先）

懒汉的奇遇

སྒྱིད་ལུག་གི་ཐོལ་བྱུང་ཐུག་འཕྲད།

sgyld lug gl thol byung thug vphrd

藏语安多方言民间故事。流传于青海省黄南藏族自治州。讲述一个小伙子，懒得什么都不想做。家里和地里的活全靠媳妇去做。有一天，媳妇叫丈夫出去转转，看能否带回点东西。丈夫说："那我明天上屋顶看看。"于是，媳妇把一团酥油放在房顶。第二天，懒丈夫上房顶转时发现有一团酥油，高兴地对妻子说："你的话真灵呀，今天到房顶转了转，就得了碗大的一团酥油。"媳妇说："要是你到远处走走，那一定得到更多的东西。"因而他下了决心到外出去转转，结果他所碰到的每样事情都不遂人心，但在一次意外的巧合中，他竟然成为国王的算命先生，从中得到了很多金银财宝，过上幸福的生活。德拉加讲述，1983 年赵清阳记录、整理、翻译。32 开 8 页，3782 字。收入《黄南民间故事集》，青海省黄南藏族自治州民间文学集成办公室 1990 年 6 月编印。（完德先）

达哇智华

ཟླ་བ་གྲགས་པ།

zl ba grgs pa

藏语安多方言民间故事。流传于青海省黄南藏族自治州。讲述有个出了名的懒汉达哇智华，家里只身一人，穷得连碗筷都没有，只有两间先人留下的破房子。他整天靠串门混饭吃。每天睡到干活时才起床，然后想着吃饭的去向，由于天天串着吃饭，有几户人家把他赶了出来。有一次，他借了一百斤青稞，怕被老鼠吃掉，就悬挂在睡觉的床头上，他每晚都盘算着这青稞的用途。娶媳妇、生儿子，给儿子取名，正当他妄想时，老鼠咬断绳子，青稞掉下来砸在胸口，使他再也没有喘上气。娘先讲述，1985 年赵清阳记录、整理翻译。32 开 2 页，736 字。收入《黄南民间故事集》，青海省黄南藏族自治州民间文学集成办公室 1990 年 6 月编印。（完德先）

打怪物

ཞི་ཀྱ་གསོད་པ།

zhl ka gsod pa

藏语安多方言民间故事。流传于青海省黄南藏族自治州同仁市。讲述早年有一个人用骡子驮着西瓜到边远山村去贩卖。中午休息时骡子吃了人家的一大片麦子，为了赔偿人家，他把一个西瓜放在被吃光的地里，到了下午，主人来到地边一看，见麦苗被吃，地中间放着一个圆溜溜的一道青一道白东西，觉得可怕，跑回村里叫上几个老汉去看，老汉们一看吓得不敢到跟前，又跑回村，集中全村人拿棍、拿刀去打，结果一刀把西瓜劈成两半，他们脸上充满了胜利的笑容。郝华讲述，1989 年赵清阳记录。32 开 1 页，946 字。收入《黄南民间故事集》，青海省黄南藏族自治州民间文学集成办公室 1990 年 6 月编印。（完德先）

父亲给儿子找麻烦

ཨ་ཕའི་བུ་ཕྲུག་རྣམས་ལ་དཀའ་ལས་བཟོས་པ།

a phvl bu phrug rnms la ducv ls bzos pa

藏语安多方言民间故事。流传于青海省黄南藏族自治州同仁市。讲述一个老汉，喜欢喝酒，有一年冬天喝醉了，儿子们把他抬到热炕上，端来火盘让他暖暖和和地睡下休息。半夜里，老汉腿一展，脚伸进火盆烧疼了。他生气地骂儿子们不孝顺他，儿子们说：“阿达你自己的脚烧了你自己不知吗？”老汉却说：“我醉了怎么知道，难道你们没闻见人肉味？”郝华讲述，1989 年赵清阳记录。32 开 1 页，946 字。收入《黄南民间故事集》，青海省黄南藏族自治州民间文学集成办公室 1990 年 6 月编印。（完德先）

四人照镜子

གཟུགས་བརྙན་འཆར་བའི་ངོ་བལྟ།

gzugu brnyn vchr bvl ngo olt

藏语安多方言民间故事。流传于青海省黄南藏族自治州同仁市。讲述一个老汉进城买东西，走进一家铺子，见一面镜子把货架上的各种货物全给照在上面，于是买回镜子对老伴说自己买回了个铺子。老阿奶和儿媳到跟前一看，镜子里不但没有铺子，而且多了个老阿奶和媳妇，因而他们吵起来了，邻居老汉为了劝和他们家过来劝架，到镜子前一看里面走出来个老汉，他说：“让你们请来的老汉给你们说去吧，我不理了。”王通讲述，1989 年赵清阳记录。32 开 1 页，452 字。收入《黄南民间故事集》，青海省黄南藏族自治州民间文学集成办公室 1990 年 6 月编印。（完德先）

打鬼

འདྲེ་འདུལ་བ།

vdre vduv ba

藏语安多方言民间故事。流传于青海省黄南藏族自治州同仁市。讲述在一个小山村，有个装神弄鬼的法师，有一天村上一个人病了，请来吃鬼法师吃鬼。法师说病人家坟上有个鬼在暗中害人，主人请法师把那鬼吃掉。病人隔壁的放牛娃知道此事后把牛赶到附近放牧，并暗中观察，发现法师将一个纸包埋在坟里，放牛娃等吃鬼大师走后将他埋在坟里的红糖吃完，放了一块牛粪，原样埋在坟里。晚上，那吃鬼大师装模作样了一会儿后，挖出事先埋的纸包塞到嘴里就吃，一吃就吐了出来，还说鬼已成精，说罢就跑了。郝华讲述，1989 年记录。32 开 1 页，427 字。收入《黄南民间故事集》，青海省黄南藏族自治州民间文学集成办公室 1990 年 6 月编印。（完德先）

美梦

སྟོང་འདང་།

stong vdng

藏语安多方言民间故事。流传于青海省黄南藏族自治州同仁市。讲述从前在一个小山村，有个很穷很穷的人，他常坐在背风向阳的地方晒太阳、讲笑话。有一天，有一个富人叫他把一桶油背到富人家门口，就给他五元钱。他把油背到富人家门口坐在地上休息，他边休息边幻想用五元钱发财娶老婆，盖新房甚至变成富人。他越想越高兴，就忘了跟前的油桶，把油给碰翻了。富人见油被倒在地上后，狠狠地揍了他一顿，并让他干了一年的苦活。娘先讲述，1989 年赵清阳记录并翻译。32 开 1 页，336 字。收入《黄南民间故事集》，青海省黄南藏族自治州民间文学集成办公室 1990 年 6 月编印。（完德先）

一个鸡蛋

བྱ་སྒོང་གཅིག

by sgong gchlg

藏语安多方言民间故事。流传于青海省黄南藏族自治州同仁市。讲述一对夫妻，日子过得很贫穷。有一天，邻居的母鸡跑来给他们下了一个蛋。男人拿起鸡蛋高兴地打起了小算盘，说用鸡蛋孵小鸡，母鸡再下蛋，一年下来有许多许多蛋，然后修房娶妻，他越说越兴奋，妻子越听越生气，一把从他手里夺过鸡蛋摔了个稀巴烂，这才唤醒了他的幻想。娘先讲述，1989 年赵清阳记录并翻译。32 开 1 页，336 字。收入《黄南民间故事集》，青海省黄南藏族自治州民间文学集成办公室 1990 年 6 月编印。（完德先）

好心的鸟儿

བྱ་སེམས་བཟང་།

by sems bzang

藏语安多方言民间故事。流传于青海省海西蒙古族藏族自治州天峻县。讲述主人公小男孩通过小鸟不惜牺牲自己生命的勇敢相助，最终战胜妖魔，并过上了美满富裕的生活。歌颂了舍己救人的道德品质。更登措讲述，乔永福记录、翻译。32 开纸 6 页，1900 余字。收入《青海藏族民间故事》，青海民族出版社 1984 年版；中国民间文学集成《海西民间故事》1990 年版。（华多太）

有情人

བཟའ་གྲོགས།

bzav grogs

藏语安多方言民间故事。流传于青海省海西蒙古族藏族自治州天峻县。讲述公主和王子的一番曲折姻缘经历中，他们急中生智为民除害，最后终于圆满团聚，过上了幸福的生活。说明了有情人终成眷属的道理。才让东智讲述，乔永福记录、翻译。32 开纸 7 页，4300 余字。收入《青海藏族民间故事》，青海民族出版社 1984 年版；中国民间文学集成《海西民间故事》1990 年版。

（华多太）

马夫娶公主

སྲས་མོ་དང་རྟ་རྫི།

srs mo dang rta rdsi

藏语安多方言民间故事。流传于青海省海西蒙古族藏族自治州天峻县。讲述一位国王在为公主招亲时公主无意选中家中马夫，国王看他出生卑微，对他进行百般刁难，马夫经过千辛万苦，在一位老妈妈的帮助下完成了国王提出的要求，最终与公主结为夫妇，并且过上了幸福的生活。国王也因嫉妒马夫而失去了王位。说明了在真正的爱情面前没有贫富贵贱之分的道理。多杰卓玛讲述，乔永福记录翻译。32 开纸 7 页，4100 余字。收入《青海藏族民间故事》，青海人民出版社 1984 年版；中国民间文学集成《海西民间故事》1990 年版。（华多太）

鹿的女儿

ཤ་བའི་བུ་མོ།

sha bovi bu mo

藏语安多方言民间故事。流传于青海省海西蒙古族藏族自治州天峻县。讲述一位给国王看花园的小伙子，因偷懒让猪把花园毁得一塌糊涂，为了逃避国王的惩罚他跑到森林，在那里遇见一位美丽可爱的姑娘。回来后为了使国王高兴，便把所见之事告诉了国王，国王便带人来到森林找到了姑娘并娶了她做妃子。回到王宫，王后对这个姑娘百般嫉恨和迫害，国王也不分黑白将其赶出了皇宫。事后国王知道真相后后悔不已。说明了邪不压正的道理。桑杰讲述，乔永福记录翻译。32 开纸 9 页，5100 余字。收入《青海藏族民间故事》，青海人民出版社 1984 年版；中国民间文学集成《海西民间故事》1990 年版。（华多太）

兔子、猴子和狐狸

རི་བོང་། སྤྲེལ་དང་ཝ་མོ།

ri bong sprel dang wa mo

藏语安多方言民间故事。流传于青海省海西蒙古族藏族自治州天峻县。讲述聪明的兔子用阴谋诡计使猴子和狐狸上当受骗，以及兔子的豁嘴、猴子的屁股和狐狸的红脊背这三种动物体态和毛色特征的由来。卓玛讲述，诺日仁青记录翻译。32 开纸 4 页，2100 余字。收入《藏族民间动物故事》，陕西人民出版社 1989 年版；中国民间文学集成《海西民间故事》1990 年版。（华多太）

白头鹰与秃鹫

རྒོད་ཐང་དཀར་དང་ཐང་ནག

rgod tang dkar dang thang nag

藏语安多方言民间故事。流传于青海省海西蒙古族藏族自治州天峻县。讲述秃鹫每日辛勤劳作，有一个温暖的家，而白头鹰却整天想入非非、好吃懒做，一事无成。告诉人们辛勤劳动使人富裕、懒惰使人贫穷的道理。多杰讲述，诺日仁青记录、翻译。32 开纸 3 页，1400 字。收入《藏族民间动物故事》，陕西人民出版社 1989 年版；中国民间文学集成《海西民间故事》1990 年版。

（华多太）

选鸟王

བྱ་རྒྱལ་འདེམས་པ།

by rgyl vdem pa

藏语安多方言民间故事。流传于青海省海西蒙古族藏族自治州天峻县。讲述众鸟在推选鸟王过程中，相互之间明争暗斗、意见不一，导致自相残害，其他动物又为矛盾冲突中的候选鸟王打抱不平，最终决定推举凤凰为鸟王。但是这只鸟王在瘸腿鸟受难时并没有尽到责任。反映了钩心斗角的权利关系。更登卓玛讲述，诺日仁青记录、翻译。32 开纸 6 页，4200 余字。收入《藏族民间动物故事》，陕西人民出版社 1989 年版；中国民间文学集成《海西民间故事》1990 年版。（华多太）

狼的故事

སྤྱང་ཀིའི་གཏམ་རྒྱུད།

spyng kivi gtam rgyud

藏语安多方言民间故事。流传于青海省海西蒙古族藏族自治州天峻县。讲述狼为了吃小羊，小羊使用妙计先让狼在花泉中洗手脚、漱口牙，花泉让狼去取羚羊的角等而引发的一连串经历，狼最终使自己惨死于马蹄之下的经过。揭露了狼时时都被其他动物讨厌。多杰讲述，诺日仁青记录、翻译。32 开纸 3 页，2100 字。收入《藏族民间动物故事》，陕西人民出版社 1989 年版；中国民间文学集成《海西民间故事》1990 年版。（华多太）

两只小熊

དྲེའུ་གཉིས།

drevu gnyis

藏语安多方言民间故事。流传于青海省海西蒙古族藏族自治州天峻县。讲述不听老人言，吃亏在眼前的教训。熊妈妈出门挖蕨麻前忠告两只小熊不要相互吵架，但是两只小熊不听妈妈吩咐争吃面饼，最后狡猾的狐狸乘虚而入，轻易得到了好吃的面饼。两只小熊只能饥肠辘辘地等待熊妈妈回来。卓玛措讲述，更恒卓玛记录，贲静波翻译。32 开纸 2 页，700 字。收入《藏族民间动物故事》，陕西人民出版社 1989 年版；中国民间文学集成《海西民间故事》1990 年版。（华多太）

兔子除害

རི་བོང་བློ་བཟང་།

ri bong blo bzang

藏语安多方言民间故事。流传于青海省海西蒙古族藏族自治州天峻县。讲述在森林里住着一群兔子和一只恶狼，恶狼经常兴恶作歹，害得兔子不能安生。于是兔王召集众兔子们开会惩治恶狼，兔子们争先恐后地要求为同胞报仇。最终聪明的小白兔奉命承担这个任务，通过各种巧妙的办法，最终制服了阴险毒辣的恶狼，除掉了众兔的祸根。揭露了狼作为动物界共害的事实。项秀讲述，诺日仁青记录、翻译。32 开纸 7 页，3500 余字。收入《藏族民间动物故事》，陕西人民出版社

社1989年版；中国民间文学集成《海西民间故事》1990年版。（华多太）

聪明的兔子（一）

རི་བོང་བློ་བཟང་།

ri bong blo bzang

藏语安多方言民间故事。流传于青海省海西蒙古族藏族自治州天峻县。讲述小兔子再三央求老虎不要吃掉自己，但是饥饿的老虎还是扑向小兔子，在这个力量悬殊却针缝相对的最后关头，聪明的小兔子想办法使老虎葬身于河中。说明了以小能够胜大的道理。李加讲述，诺日仁青记录、翻译。32开纸5页，1900余字。收入《藏族民间动物故事》，陕西人民出版社1989年版；中国民间文学集成《海西民间故事》1990年版。（华多太）

聪明的兔子（二）

རི་བོང་བློ་ལྡན།

ri bong blo ldn

藏语安多方言民间故事。流传于青海省果洛藏族自治州玛多县等地。讲述兔子、熊、狐狸、黑乌鸦等设计骗夺了一个过路和尚的行李背包，并由兔子分配其中财物的故事。表现了兔子的聪明与智慧。故事以拟人的手法巧妙地反映了藏民族崇尚智慧，主张通过智慧来获得财富的思想意识。2003年8月玛多县久谢才让讲述，久谢才让记录。16开纸64页。今藏青海省果洛藏族自治州玛多县民族语文办公室。（华旦 何向阳）

聪明的兔子（三）

བློ་ལྡན་རི་བོང་།

blo ldn ri bong

藏语安多方言民间故事。流传于青海省果洛藏族自治州。讲述一只母羊和羊羔去拉萨朝拜，碰到一只狼，通过一再相求，狼才答应它们回来的时候再把它们吃掉。去拉萨朝拜回来的路上它们碰到一智慧兔子，通过兔子的帮助它们终于战胜了饿狼，顺利到家。反映了去拉萨朝拜时的艰难险阻，在当时拉萨不仅路途遥远，还可能会碰到拦路强盗等，甚至还可能要付出生命。1990年拉吉讲述，华欠加记录。16开纸2页，882字。收入《果洛民间故事》，青海省果洛藏族自治州三套集成公室1991年编印。（华贡杰）

兔子救人

རི་བོང་བློ་བཟང་།

ri bong blo bzang

藏语安多方言民间故事。流传于青海省海西蒙古族藏族自治州天峻县。讲述老阿妈在山上打柴时遇到一只棕熊，在无可奈何的关键时刻，小兔子把老阿妈的袖口戴在自己头上装作猎人，用自己的智慧解救了老阿妈，杀死了熊。说明了以小能够胜大的道理。才让讲述，诺日仁青记录、翻译。32开纸3页，1400余字。收入《藏族民间动物故事》，陕西人民出版社1989年版；中国民间文学集成《海西民间故事》1990年版。（华多太）

兔子、绵羊和狼

རི་བོང། ལུག་དང་སྤྱང་ཀི།

ri bong，lug dang spyng ki

藏语安多方言民间故事。流传于青海省海西蒙古族藏族自治州天峻县。讲述绵羊为了表达对朋友小鸟的一片诚心，决定背其尸体到拉萨朝拜，途中又救出被猎人夹子夹住的老狼。但是老狼又恩将仇报，这时候聪明的小兔子用智慧使狼重新卡入猎人的夹子。说明了狼本性难改的道理。李毛才让讲述，诺日仁青记录翻译。32开纸5页，2900余字。收入《藏族民间动物故事》，陕西人民出版社1989年版；中国民间文学集成《海西民间故事》1990年版。（华多太）

害人终害己

ལས་རྒྱུ་འབྲས།

las rgyu vbrs

藏语安多方言民间故事。流传于青海省海西蒙古族藏族自治州天峻县。讲述闹吾加和更日项秀在朝拜拉萨的途中，更日项秀为了贪图闹吾加的钱财，残害朋友使其双目失明并抢夺其财物。闹吾加在牧人的帮助下在山洞旁的泉水里得到一件如意宝并重新见到了光明。更日项秀贪图钱财惨死于众熊之口。说明了"善有善报，恶有恶报"的道理。才让讲述，诺日仁青记录翻译。32 开纸 6 页，2200 余字。收入《藏族民间动物故事》，陕西人民出版社 1989 年版；中国民间文学集成《海西民间故事》1990 年版。（华多太）

白头小鸟

བྱེའུ་མགོ་དཀར།

byevu mgo dkar

藏语安多方言民间故事。流传于青海省海西蒙古族藏族自治州天峻县。讲述白头小鸟出去觅食时不幸遇到饥饿的鹞鹰，尽管鹞鹰张牙舞爪，聪明的白头小鸟以种种妙计最终击败了鹞鹰，使自己摆脱于险境。说明了以小能够胜大的道理。伊丹讲述，诺日仁青记录、翻译。32 开纸 4 页，2100 余字。收入《藏族民间动物故事》，陕西人民出版社 1989 年版；中国民间文学集成《海西民间故事》1990 年版。（华多太）

达热本

ཏྭ་རའི་འབུམ།

tva rvi vbum

藏语安多方言民间故事。流传于青海省海西蒙古族藏族自治州天峻县。讲述王子达热本生来舍己救人，救百姓于水火之中，不光把自己的财物、如意宝等分给百姓，还将自己的孩子、眼珠、妻子的一连串施舍给他人，救人民于水深火热之中的经历。最终王子在生死关头重新得到了曾经失去的一切。说明了行善之极必有善报。尕日本讲述，乔永福记录翻译。32 开纸 4 页，3600 余字。于 1990 年 7 月收入《海西民间歌谣》，青海省海西蒙古族藏族自治州民间文学集成办公室收入《海西民间故事》；中国民间文学集成《海西民间故事》1990 年版。（华多太）

三儿子东什君

རྒྱལ་སྲས་དོན་སྐྱོང་།

rgyl srs don skyong

藏语安多方言民间故事。流传于青海省海西蒙古族藏族自治州天峻县。讲述王子三兄弟分头寻找父王保命鸟。结果三弟找到了保命鸟，大哥、二哥由此嫉妒，生怕三弟得到王位，便利用各种手段暗中迫害三弟。但三弟东什君不仅幸免于难，还惩罚了大哥和二哥。说明了正义必将战胜邪恶。东智讲述，乔永福记录、翻译。32 开纸 5 页，3700 字。收入《青海藏族民间故事》，青海人民出版社 1989 年版；中国民间文学集成《海西民间故事》1990 年版。（华多太）

贪心的国王

རྒྱལ་པོ་ཧམ་པ་ཅན།

rgyl bo ham pa can

藏语安多方言民间故事。流传于青海省海西蒙古族藏族自治州天峻县。讲述暴君的贪婪与贫民的贫寒所引发的矛盾冲突。一贫民为了反对国王暴行，怜悯贫苦百姓，以自己的计谋多次从国王手中骗取财物，来救助饥寒交迫的黎民百姓，表达了人民对国王的不满情绪。更太吉讲述，乔永福记录、翻译。32 开纸 5 页，2900 余字。收入《青海藏族民间故事》，青海人民出版社 1984 年版；中国民间文学集成《海西民间故事》1990 年版。（华多太）

兔子和毛驴

བུང་བུ་དང་རི་བོང་།

bung bu dang ri bong

藏语安多方言民间故事。流传于青海省海西蒙古族藏族自治州天峻县。讲述兔子与毛驴是邻居，但毛驴视自己的身材高大，兔子称自己聪明，两人谁也不服谁，决定一决胜负。通过重重较量，最终在跳河比赛中兔子战胜了毛驴。说明了以小可以胜大的道理。东智讲述，诺日仁青记录、翻译。32 开纸 2 页，1300 字。收入《藏族民间动物故事》，陕西人民出版社 1989 年版；中国民间文学集成《海西民间故事》1990 年版。（华多太）

小狼、小豹和狐狸

སྤྱང་ཕྲུག གཟིག་ཕྲུག་དང་ཝ་མོ།

spyng phrug gzig phrug dang wa mo

藏语安多方言民间故事。流传于青海省海西蒙古族藏族自治州天峻县。讲述小狼和小豹猎获了一只小山羊，但由于分吃前半身和后半身而发生争执，狡猾的狐狸乘势而入吃掉了小山羊。小狼和小豹从中得到教训，最后同心协力，利用毒药计惩治了狐狸。说明了以我之长攻敌人之短的计谋。德毛吉讲述，诺日仁青记录、翻译。32开纸4页，2000字。收入《藏族民间动物故事》，陕西人民出版社1989年版；中国民间文学集成《海西民间故事》1990年版。（华多太）

香獐、大乌鸦和狼

གླ། ཕོ་རོག་དང་སྤྱང་ཀི།

gla pho rog dang spyng ki

藏语安多方言民间故事。流传于青海省海西蒙古族藏族自治州天峻县。讲述虽然香獐、大乌鸦和狼结拜为兄弟，香獐在被猎人夹子逮住的紧要关头狼却变了心，弃自己的兄弟于不顾。但大乌鸦利用让香獐假装死亡的妙计解救了香獐。狼却为此送了命，得到应有的报应。说明了居心不良最终自食其果。卓玛讲述，诺日仁青记录、翻译。32开纸3页，1700字。收入《藏族民间动物故事》，陕西人民出版社1989年版；中国民间文学集成《海西民间故事》1990年版。（华多太）

大乌鸦和青蛙

ཕོ་རོག་དང་སྦལ་བ།

pho rog dang sbl ba

藏语安多方言民间故事。流传于青海省海西蒙古族藏族自治州天峻县。讲述青蛙和大乌鸦虽然是邻里朋友，情同手足，但青蛙为了讨好海王，出卖和引诱大乌鸦来到海底，准备把大乌鸦的活心献给海王。大乌鸦在关键时刻利用反间计，不仅蒙骗青蛙解救了自己，并且还使其得到了应有的下场。说明了搬起手头砸自己的脚。更太吉讲述，诺日仁青记录、翻译。32开纸3页，1800字。收入《藏族民间动物故事》，陕西人民出版社1989年版；中国民间文学集成《海西民间故事》1990年版。（华多太）

小老鼠

ཙི་གུ་དང་སེང་གེ།

tzi gu dang seng ge

藏语安多方言民间故事。流传于青海省海西蒙古族藏族自治州天峻县。讲述平常狮子凭借自己在野兽中的霸主地位藐视小老鼠。狮子在猎人扣子中挣扎时小老鼠却意外地拯救了狮子。从此狮子改变了对小老鼠的看法。说明了最小的力量也不可轻视的道理。桑杰讲述，诺日仁青记录、翻译。32开纸2页，1300字。收入《藏族民间动物故事》，陕西人民出版社1989年版；中国民间文学集成《海西民间故事》1990年版。（华多太）

绿发人

གཡུའི་རལ་ཅན།

gyuvi ral can

藏语安多方言民间故事。流传于青海省海西蒙古族藏族自治州天峻县。讲述王子生病之后，国王想通过邀请绿发人做上门驸马，以缓解王子病情。让仆人拉恰果两兄弟去邀请绿发人。但他们二位想借此机会得到国王的财权，装扮成绿发人威胁绿发人改装成仆人。回宫之后二位仆人冒充绿发人成为王宫女婿，而真正的绿发人沦为仆人。最后国王获悉实情，分清了谁真谁假。说明了"善有善报，恶有恶报"的道理。桑洛讲述，桑俄尖措记录。32开纸12页，4200字。收入中国民间文学集成《海西民间故事》1990年版。（华多太）

智者与老牛

བུ་ཐབས་མཁས་དང་བ་ལང་གཅེར་བུ།

bu tabs mkhas dang ba lang gcer bu

藏语安多方言民间故事。流传于青海省海西蒙古族藏族自治州天峻县。讲述父母双亡的主人公太凯在心狠手辣的哥嫂家中过着暗无天日的生活。对太凯不休止的残酷虐待激怒了与其相依为命的老牛，最终通过老牛的帮助公太凯远离了哥嫂，过上了幸福的生活。说明了物极必反的道理。多杰讲述，才旦多杰记录。32开纸6页，2100字。收入中国民间文学集成《海西民间故事》1990年版。（华多太）

豁口峰

གེ་སར་རི་ཉག

ge sar ri nyag

藏语安多方言民间传说。流传于青海省海西

蒙古族藏族自治州乌兰县、都兰县等地。格萨尔事迹。由乌兰地区赛什克境内一座带有豁口的山峰而得名。讲述格萨尔为了保护弟兄财产，射死恶魔时用力过大而射穿山峰的故事。对研究格萨尔行迹有参考价值。占布拉讲述，安柯钦夫记录并翻译。8 开纸 1 页，336 字。收入《德令哈市志》，青海省海西蒙古族藏族自治州德令哈市地方志编纂委员会编印。（华多太）

棋盘桌

གེ་སར་འཇུག་གཞོང་།

ge sar vjug gzhong

藏语安多方言民间传说。流传于青海省海西蒙古族藏族自治州天峻县、乌兰县等地。格萨尔事迹。由乌兰地区牦牛山中的一座平顶山而得名。讲述格萨与其将军面临战争而依然从容不迫地削山、下棋，最终轻易战胜敌人的故事。对研究格萨尔行迹有参考价值。占布拉讲述，安柯钦夫记录并翻译。8 开纸 2 页，125 字。收入《德令哈市志》，青海省海西蒙古族藏族自治州德令哈市地方志编纂委员会编印。（华多太）

火石山

གེ་སར་མེ་རི།

ge sar me ri

藏语安多方言民间传说。流传于青海省海西蒙古族藏族自治州天峻县、乌兰县等地。格萨尔事迹。由都兰地区地界青藏公路两旁的红色石山而得名。讲述放牧的格萨尔在没有任何武器的情况下用火石抛击妖魔的故事。对研究格萨尔行迹有参考价值。占布拉讲述，安柯钦夫记录并翻译。8开纸2页，121 字。收入《德令哈市志》，青海省海西蒙古族藏族自治州德令哈市地方志编纂委员会编印。（华多太）

白石羊

གེ་སར་ར་མ།

ge sar ra ma

藏语安多方言民间传说。流传于青海省海西蒙古族藏族自治州天峻县、乌兰县等地。格萨尔事迹。由乌兰县柯柯盐湖西南群山中一块形似白山羊的巨石而得名。讲述格萨尔王的一只山羊被魔鬼追杀而最终变成石头的故事。对研究格萨尔行迹有参考价值。占布拉讲述，安柯钦夫记录并翻译。8 开纸 1 页，124 字。收入《德令哈市志》，青海省海西蒙古族藏族自治州德令哈市地方志编纂委员会编印。（华多太）

角力场

གེ་སར་འཇུ་རེས།

ge sar vju res

藏语安多方言民间传说。流传于青海省海西蒙古族藏族自治州都兰县、香日德镇等地。格萨尔事迹。由都兰县香日德镇宝力格图草原上的一口泉水而得名。讲述格萨尔王与女妖摔跤手殊死搏斗而使角力场上的沙石变成山泉的故事。对研究格萨尔行迹有参考价值。春花讲述，安柯钦夫记录并翻译。8 开纸 2 页，312 字。收入《德令哈市志》，青海省海西蒙古族藏族自治州德令哈市地方志编纂委员会编印。（华多太）

妖血坡

སྲིན་ཁྲག་རི་བོ།

srin khrg ri bo

藏语安多方言民间传说。流传于青海省海西蒙古族藏族自治州天峻县、乌兰县等地。格萨尔事迹。由都兰地区东面的一座红石山而得名。讲述格萨尔用抛石器击伤妖婆后妖血流遍山坡的故事。对研究格萨尔行迹有参考价值。春花和苏巴讲述，安柯钦夫记录并翻译。8 开纸 1 页，132 字。收入《德令哈市志》，青海省海西蒙古族藏族自治州德令哈市地方志编纂委员会编印。（华多太）

宝库山

གེ་སར་རི་མཛོད།

ge sar ri mdsod

藏语安多方言民间传说。流传于青海省海西蒙古族藏族自治州天峻县、乌兰县等地。格萨尔事迹。由乌兰县境内一座日照后能闪闪发光的山而得名。讲述一位老人在山上狩猎时发现此山山洞中藏有格萨尔武器宝藏的故事。对研究格萨尔行迹有参考价值。占布拉讲述，安柯钦夫记录并翻译。8 开纸 1 页，98 字。收入《德令哈市志》，青海省海西蒙古族藏族自治州德令哈市地方志编纂委员会编印。

（华多太）

骑黑骏马的活佛

གཙང་བ་རྟ་ནག་ཅན།

gtzang ba rt nag can

藏语安多方言民间故事。流传于青海省果洛藏族自治州玛多县等地。讲述藏哇一位骑黑马的活佛，因威望较高被众多百姓供养，活佛却因终日忙于烦琐之事未能及时超度众多亡灵，最终自己堕入地狱。此故事反映了众生平等的观念，如果受人供养而未能替人普度，即使活佛也逃脱不了因果循环。表现了藏族因果循环的宗教思想。对研究藏民族的宗教文化有参考价值。2003 年 8 月玛多县久谢才让讲述，久谢才让记录。16 开纸 89 页。今藏青海省果洛藏族自治州玛多县民族语文办公室。（华旦 何向阳）

狐狸、羊羔和狼

ཝ་དང་ལུ་གུ་སྤྱང་གི།

wa dang lu gu spyng gi

藏语安多方言民间故事。流传于青海省果洛藏族自治州玛多县等地。讲述狐狸、羊羔和狼和睦相处，过着和平的生活，但有一天凶恶的狼背信弃义，吃掉了羊羔，狐狸心中燃起仇恨的火焰，开始了对狼的报复。故事反映了藏族民众热爱和平，反对弱肉强食、相互仇杀的社会现象的意识。对研究藏民族主张和平、反对战争的思想有参考价值。2003 年 8 月玛多县久谢才让讲述，久谢才让记录。16 开纸 36 页。今藏青海省果洛藏族自治州玛多县民族语文办公室。（华旦 何向阳）

赛毛措

གསེར་མོ་མཚོ།

gser mo mtso

藏语安多方言民间故事。流传于青海省果洛藏族自治州玛多县等地。讲述赛毛措在贫穷艰苦的生活中，不畏困苦、辛勤劳动，终于战胜逆境，获得幸福的经历。故事反映了藏民族“幸福好似格桑花、雨露滋润花才美，要想得到幸福花，辛勤劳动洒汗水”的幸福观，表现了藏族人民不畏逆境，积极追求幸福生活的健康心态。对研究藏民族幸福观有参考价值。2003 年 8 月玛多县久谢才让讲述，久谢才让记录。16 开纸 90 页。今藏青海省果洛藏族自治州玛多县民族语文办公室。（华旦 何向阳）

聪慧

དྲན་གསལ།

drn gsal

藏语安多方言民间故事。流传于青海省果洛藏族自治州玛多县等地。讲述聪慧的奴仆凭借自己的智慧，战胜皇帝取得皇位的故事。故事反映了藏族对皇帝改权演变起伏的心态及功名利禄、荣华富贵如过眼云烟不会长久的思想。同时表现了藏族人民不威权势、崇尚智慧的心理状态。对研究藏族人民的权力观、价值观有参考价值。2003 年 8 月玛多县久谢才让讲述，久谢才让记录。16 开纸 14 页。今藏青海省果洛藏族自治州玛多县民族语文办公室。（华旦 何向阳）

青蛙和千金小姐

སྦལ་བ་དང་སྲས་མོ།

sbl ba dang srs mo

藏语安多方言民间故事。流传于青海省果洛藏族自治州玛多县等地。讲述一只青蛙凭借自己的聪明才智战胜高傲和充满歧视心态的皇帝，娶了皇帝女儿为妻。反映了藏民族众生平等、贫富同贵、崇尚智慧的意识。对研究藏族人民心理文化特征有参考价值。2003 年 8 月玛多县久谢才让讲述，久谢才让记录。16 开纸 14 页。今藏青海省果洛藏族自治州玛多县民族语文办公室。（华旦 何向阳）

胖和尚

ཨ་མཆོད་ལུག་ལུག

aa mchod lug lug

藏语安多方言民间故事。流传于青海省果洛藏族自治州玛多县等地。讲述胖和尚罪孽深重最终被魔鬼吃掉，后来他的四子除灭魔鬼，为父报仇的故事。说明了无论是出家和尚或是凡夫俗都必须弃恶扬善、勤学苦练，否则会除魔不成，反被魔吃。反映了藏族人民“众生皆一母缘，善恶终有报缘”的平等思想。表现了惧善者终有好报，行恶者都将灭亡的正义精神。2003 年 8 月玛多县久谢才让讲述，久谢才让记录。16 开纸 14 页。今藏青海省果洛藏族自治州玛多县民族语文办公室。

（华旦 何向阳）

大力士

འབྲོང་བརྒྱ་ཕྲག་ཁུར།

vbrong brgy phrg khur

藏语安多方言民间故事。流传于青海省果洛藏族自治州玛多县等地。讲述大力士肩扛百头野牛的神奇力量。反映了游牧民族在与大自然的斗争中渴望获得神奇力量和智慧的心愿。表现了以游牧、狩猎为生的古代藏族人民崇尚力量和智慧的思想意识。2003 年 8 月玛多县久谢才让讲述，久谢才让记录。16 开纸 19 页。今藏青海省果洛藏族自治州玛多县民族语文办公室。（华旦 何向阳）

长翼乌鸟

སྲིད་པའི་བྱ་ནག་གཤོག་རིང

srid pavi by nag gshog ring

藏语安多方言民间故事。流传于青海省果洛藏族自治州玛多县等地。讲述长翼乌鸟为了把智慧和力量传送给几个儿子想尽了多种办法，但最终只有小儿子获得了它的全部智慧和力量的故事。此故事以通过乌鸟传授智慧的神话，警示人们只有从大自然和社会实践中才能获得人类必需的智慧和力量，勉励人们要善于观察、勤于思考，表现了藏族人民主张从大自然和社会实践中获取知识的教育意识。2003 年 8 月玛多县久谢才让讲述，久谢才让记录。16 开纸 12 页。今藏青海省果洛藏族自治州玛多县民族语文办公室。（华旦 何向阳）

牝鹿的女儿

ཤ་ཡུ་མོའི་བུ་མོ།

sha yu movi bu mo

藏语安多方言民间故事。流传于青海省果洛藏族自治州玛多县等地。讲述牝鹿的女儿经历的不幸遭遇，以拟人的手法反映了“众生平等”“要爱护和同情一切生灵”的思想。2003 年 8 月玛多县久谢才让讲述，久谢才让记录。16 开纸 8 页。今藏青海省果洛藏族自治州玛多县民族语文办公室。

（华旦 何向阳）

看狗相

ཁྱི་གཟུགས་བརྟག་པ།

khyi gzugs brtg ba

藏语安多方言民间故事。流传于青海省果洛藏族自治州玛多县等地。讲述善于马相、识别马种好坏的相马人在将自己的相马知识传授给子女的过程中，重男轻女使然总是将儿子抱在怀里、将女儿托在背上，最终儿子只会瞧马形体，而女儿却学会了全部相马知识的经过。反映了藏民族中的重男轻女现象。表现了藏民族主张“众生平等、男女平等”的思想。2003 年 8 月玛多县久谢才让讲述，久谢才让记录。16 开纸 9 页。今藏青海省果洛藏族自治州玛多县民族语文办公室。（华旦 何向阳）

岗尕拉毛

གངས་དཀར་ལྷ་མོ།

gangs dkar lx mo

藏语安多方言民间故事。流传于青海省果洛藏族自治州玛多县等地。讲述代表纯洁与正义、善良的岗尕拉毛在人间与丑恶做斗争，消除人们心中隐存的罪恶的故事。反映了藏民族弘扬真、善、美，抨弃丑、恶、假的思想意识。对研究藏族人民的审美意识有参考价值。2003 年 8 月玛多县久谢才让讲述，久谢才让记录。16 开纸 4 页。今藏青海省果洛藏族自治州玛多县民族语文办公室。

（华旦 何向阳）

诚实的仆人

གཡོག་བདེན་པ།

gyog bden pa

藏语安多方言民间故事。流传于青海省果洛藏族自治州玛多县等地。讲述诚实的仆人通过自己的智慧夺取国王的权力和最珍贵的钻石的故事。反映了藏族人民崇尚智慧，主张“用智慧解放自己”的心理特征，同时也表现了藏民族用智慧评价人的地位的理念。对研究藏族人民的心理文化特征有参考价值。2003 年 8 月玛多县阿角讲述，

东宝记录。16 开纸 8 页。今藏青海省果洛藏族自治州玛多县民族语文办公室。（华旦 何向阳）

北方“恰克日乔罗”山

བྱང་རི་ཆ་འཁོར་ཆོ་ལོ།

byng ri cha vkhor cho lo

藏语安多方言民间故事。流传于青海省果洛藏族自治州玛多县等地。讲述一个四处漂泊、无家可归的流浪者，偶尔来到北方的“恰克日乔罗”山，被该山优美的景色和舒适的环境所吸引，从此依山而居的故事。反映了藏族人民寻求自然和谐的生存环境，向往幸福安定的生活方式的良好愿望。表现了人与自然相互作用、密不可分的环境意识。2003 年 8 月玛多县阿角讲述，才旦记录。16 开纸 6 页。今藏青海省果洛藏族自治州玛多县民族语文办公室。（华旦 何向阳）

为虎献身

སྟག་མོར་ལུས་སྦྱིན།

stg mor lus sbyin

藏语安多方言佛经故事。流传于青海省果洛藏族自治州玛多县等地。此为佛教典故《献身给虎》以安多方言流传的形式之一。讲述一位俱菩提心者遇见一只因饥饿濒临死亡的母虎，顿生慈悲，将自己的肉割下喂给母老虎的故事。表现了藏传佛教以慈悲众生、众生平等等为主的宗教思想境界，预示人民只有生菩提之心，以慈悲为怀，才能积累善业，修成正果，普度众生。对研究藏民族宗教思想有参考价值。2003 年 8 月玛多县久谢才让讲述，南加记录。16 开纸 18 页。今藏青海省果洛藏族自治州玛多县民族语文办公室。（华旦 何向阳）

三兄弟（一）

བུ་སྤུན་གསུམ།

bu spun gsum

藏语安多方言民间故事。流传于青海省果洛藏族自治州玛多县等地。讲述三兄弟在母亲的关怀和呵护下成长，长大后却忘恩负义，不孝敬、不赡养母亲，最终遭到报应，在流浪、讨乞的生活中洗涤自己的罪过的过程。反映了藏族人民对尊老爱幼之美德的崇敬，同时表现了佛教“善恶终有报”的思想，警示人们要弃恶从善、敬老爱幼。对研究藏民族道德规范有参考价值。2003 年 8 月玛多县久谢才让讲述，南加记录。16 开纸 49 页。今藏青海省果洛藏族自治州玛多县民族语文办公室。（华旦 何向阳）

三兄弟（二）

གཅེན་གཅུང་གསུམ།

gcen gcung gsum

藏语安多华锐方言民间故事。流传于甘肃省天祝藏族自治县大通河流域。“古时候，有个老人，他有三个儿子。老人临终时，将众生的积蓄分与他们，并嘱咐要安分守己，抛弃恶习，踏实勤奋地从劳动中获得幸福。老人的两个长子在老人去世后将老人的言教抛在脑后，整天好吃懒做，以偷盗骗取他人财物为生。这样挥霍完老人分给他们的钱财后，又贪小弟的财而被拒绝后想方设法剜去弟弟的眼睛并盗去其财。这样弟弟以乞为生，最后在一神鸟的帮助下（实为自己父亲的化身），治愈一公主和自己的眼睛，并成为国王。而两个哥哥被老国王的猎队打断胫骨，抛弃在荒山野林。”仓旺庆讲述，吾建尚笔录、汉译、整理。16 开 6 页。今藏甘肃省天祝藏族自治县古籍整理办公室。（刚乃旦才让 夏金山）

野兔母子

རི་བོང་མ་བུ་གཉིས

ri bong ma bu gnyis

藏语安多方言民间故事。流传于青海省果洛藏族自治州玛多县等地。讲述小兔的母亲被熊吃掉后，小兔用自己的聪明与智慧为母报仇的故事经历。反映了藏族民间故事以兔子作为智慧、善良象征的表现手法，同时表现了藏族人民崇尚智慧，主张以弃恶扬善、抵强扶弱为精神的思想。2003 年 8 月玛多县阿角讲述，旦巴记录。16 开纸 4 页。今藏青海省果洛藏族自治州玛多县民族语文办公室。（华旦 何向阳）

流浪者东智尼玛

འཁྱམ་པོ་དོན་གྲུབ་ཉི་མ།

vkhym po don grub nyi ma

藏语安多方言民间故事。流传于青海省果洛藏族自治州玛多县等地。讲述流浪者东智尼玛被主人（国王）增加繁重的税量，而自己全部财产被国王侵占，被迫流浪天涯，最终寻找到能呈现随心所欲之物的珍宝，过上幸福生活的故事。反映了在不平等社会剥削阶级对人民的压迫。表现了人们想望幸福生活的愿望。“能呈现随心所欲之物的宝贝”在藏族民间故事中多有描述，表现了人们对幸福生活的一种向往。对研究藏族人民的幸福观、人生观有参考价值。2003 年 8 月玛多县久谢才让讲述，才旦记录。16 开纸 4 页。今藏青海省果洛藏族自治州玛多县民族语文办公室。（华旦 何向阳）

阴坡的十七只母羊

སྲིབ་ཀྱི་མ་མོ་བཅུ་བདུན།

srib kyi ma mo bcu bdun

藏语安多方言民间故事。流传于青海省果洛藏族自治州玛多县等地。讲述贪得狡猾之人企图通过欺骗狡诈的手段骗取别人的财物，最终未能如愿，反而被人制服的故事。告诫人们要诚实做人，不可投机取巧、狡诈设骗。2003 年 8 月玛多县尼玛讲述，才旦记录。16 开纸 4 页。今藏青海省果洛藏族自治州玛多县民族语文办公室。（华旦 何向阳）

牧马人的智慧

རྒྱ་ནག་རྒྱལ་པོའི་བསྟན་པ་རྟ་རྫིས་འཕྲོག་ཅིང་རྟ་རྫིའི་བསྟན་པ་བོད་ལ་དར།

rgy nag rgyl povi bstn pa rt rdsis vphrog cing rt rdsivi bstn pa bod la dr

藏语安多方言民间故事。流传于青海省果洛藏族自治州玛多县等地。讲述牧马人获得汉族王的知识，并在藏民族中显示自己的聪明才智的经过。反映了人类“马背文化”时代牧马人的显赫地位和作用，表现了中国古代文明传播的痕迹。对研究“马背文明”时代藏族与汉族之间文化交流的历史痕迹有参考价值。2003 年 8 月玛多县旦曲讲述，华旦记录。16 开纸 4 页。今藏青海省果洛藏族自治州玛多县民族语文办公室。（华旦 何向阳）

金马与金鸟

གསེར་གྱི་རྟ་དང་གསེར་གྱི་བྱ།

gser gyi rt dang gser gyi by

藏语安多方言民间故事。流传于青海省果洛藏族自治州玛多县等地。讲述某国的国王为继传王位，让三个王子到一个海岛上拿回金马与金鸟，得胜者继承王位的故事。反映了藏族人民崇尚智慧，主张“天道酬勤、能者为王”的政治思想，表现了人们唯智慧的思想意识。对研究藏族心理文化特征有参考价值。2003 年 8 月玛多县才让加讲述，华旦记录。16 开纸 4 页。今藏青海省果洛藏族自治州玛多县民族语文办公室。（华旦 何向阳）

巧骗国王

རྒྱལ་པོར་གཤོབ་བཤད་པ།

rgyl por gshob bshad pa

藏语安多方言民间故事。流传于青海省果洛藏族自治州等地。聪明加热是一位极富天资的神童，其聪明的头脑和超人的智慧已在果洛地区家喻户晓，并被人们代代颂扬，成为佳话。有一日，聪明加热聪慧过人的美名传到国王的耳中，使恶怀满腹的国王心存不规，便想让聪明加热在众人中出丑，于是派人将其叫到国王的宫殿进行斗智。反映了聪明加热超人的才智和不危强暴的英雄气概。2003 年益西记录、整理。16 开纸 2 页，420 字。今藏青海省果洛藏族自治州古籍办公室。（柔谢昂毛）

智借马匹

ཕྱུག་པོར་རྟ་གཡར་བ།

phyug por rt gyar ba

藏语安多方言民间故事。流传于青海省果洛藏族自治州等地。讲述聪明加热为了借到马匹，抓住国王贪财的心理，巧妙用计，借得马匹的传奇故事。反映了聪明加热能辩善言、善于观察人的心理的特征。2003 年益西记录、整理。16 开纸 2 页，340 字。今藏青海省果洛藏族自治州古籍办公室。（柔谢昂毛）

智讨食物

ཐབས་ཀྱིས་ཟས་སློང་བ།

thabs kyis zas slong ba

藏语安多方言民间故事。流传于青海省果洛藏族自治州等地。讲述聪明加热路遇乞丐母子后，见其可怜，便领他们到国王家的宴席上，国王见状，想拿聪明加热逗乐，不料聪明加热巧思妙想与国王斗智，最终国王不仅没有斗过聪明加热，反而被聪明加热斗败，并向乞丐母子讨足了能使他们吃饱的食物。反映了聪明加热超人的智慧和济贫扶穷的高尚品德。2003 年益西记录、整理。16 开纸 3 页，410 字。今藏青海省果洛藏族自治州古籍办公室。（柔谢昂毛）

智借水壶

རྫ་མ་གཡར་བ།

rds ma gyar ba

藏语安多方言民间故事。流传于青海省果洛藏族自治州等地。讲述贪心的邻居经常心想在聪明加热处占些便宜的念头，聪明加热为了止住贪心邻居的非分之想，一日到邻居家中去借水壶，邻居为了占便宜，不由分说地就借给水壶，不想聪明加热巧用计谋，不仅没让邻居占得便宜，反而使其丧失心爱之物。反映了聪明加热非凡的智力和敏捷的思维能力。2003 年益西记录、整理。16 开纸 3 页，410 字。今藏青海省果洛藏族自治州古籍办公室。（柔谢昂毛）

买锅

སླ་ང་ཉོས་པ།

sl nga nyos pa

藏语安多方言民间故事。流传于青海省果洛藏族自治州等地。讲述有一日，聪明加热遇到一位买锅的商人，聪明加热想在其手中买口锅，但是商人见他是个小孩便不以为然，聪明加热见商人小看自己的样子，心里很不痛快，便用计拿走商人卖的一口锅的故事。反映了聪明加热既是一位聪明又是一位有强烈个性的孩子。2003 年益西记录、整理。16 开纸 3 页，280 字。今藏青海省果洛藏族自治州古籍办公室。（柔谢昂毛）

借羊肉

ཕྱུག་པོར་ཤ་གཡར་བ།

phyug por sha gyar ba

藏语安多方言民间故事。流传于青海省果洛藏族自治州等地。讲述有一日，聪明加热母亲前往其富足的表兄家欲借点羊肉以供他们母子食用，但表兄将其狠狠地臭骂并让其回家，聪明加热见自己母亲被人欺负，心中很不高兴，便心生一计，在表舅家智借羊肉的曲折故事。反映了聪明加热聪慧过人的天资和爱憎分明的个性。2003 年益西记录、整理。16 开纸 2 页，331 字。今藏青海省果洛藏族自治州古籍办公室。（柔谢昂毛）

智辨假喇嘛

བླ་མ་རྫུན་མ་བརྟགས་པ།

bl ma rdsun ma brtgs pa

藏语安多方言民间故事。流传于青海省果洛藏族自治州等地。讲述有一日，村里来了一位上师，在村子里讲经授法笼络人心，在村里很是得民心，聪明加热见状想试探一下上师，便用计辨师，最终得知上师是一位假上师的曲折故事。反映了聪明加热超人的才智和能言善辩的口才。2003 年益西记录、整理。16 开纸 2 页，290 字。今藏青海省果洛藏族自治州古籍办公室。（柔谢昂毛）

行盗

ཇག་པར་སོང་བ།

jag par song ba

藏语安多方言民间故事。流传于青海省果洛藏族自治州等地。讲述有一日，聪明加热同村里几位大人到远处行盗，他们将盗回的马匹赶至一地后休息时，放哨者突然发现有一群追赶者紧跟其后，大家紧张之余都没了主意，这时聪明加热心生一计，吩咐大家将马群中最差的马匹捆成一团，同时把自己也捆起来后，将其他马匹尽快赶走，等追赶者赶到聪明加热处问寻他们的马群的事儿时，聪明加热用巧妙的计策将追赶者骗过的故事。反映了聪明加热临危不惧的聪明才智。2003 年益西记录、整理。16 开纸 2 页，598 字。今藏青海省果洛藏族自治州古籍办公室。（柔谢昂毛）

热临敌不危的胆识。2003 年益西记录、整理。16 开纸 2 页，780 字。今藏青海省果洛藏族自治州古籍办公室。（柔谢昂毛）

计骗匪军

ཇག་དམག་མགོ་བསྐོར་བ།

jag dmag mgo bskor ba

藏语安多方言民间故事。流传于青海省果洛藏族自治州等地。讲述马家匪军皆属异教徒，他们在侵战果洛草原、掠杀当地民众期间，对藏民族信奉佛教的现象非常憎恨。有一日，聪明加热母子在家中偷偷地缝制经幡，突然一群匪军闯进聪明加热家中问其究竟，聪明加热便心起一计，用几句巧妙的言语将匪军蒙骗过去的传奇故事。反映了聪明加热临危不惧的胆识。2003 年益西记录、整理。16 开纸 2 页，150 字。今藏青海省果洛藏族自治州古籍办公室。（柔谢昂毛）

借马

རྟ་གཡར་བ།

rt gyar ba

藏语安多方言民间故事。流传于青海省果洛藏族自治州等地。讲述有一日，聪明加热想出一次远门，但自己家里没有马匹，无奈只得到村里牧主家借匹马，牧主见聪明加热有求于他，且见他用马心切，就心生邪念，想在其手中捞一把，没想到聪明加热巧用计谋与牧主斗智，最终从牧主手中无偿借得马匹的传奇故事。反映了聪明加热无比聪慧的才智。2003 年益西记录、整理。16 开纸 2 页，150 字。今藏青海省果洛藏族自治州古籍办公室。（柔谢昂毛）

智赶羊群

ར་མ་འདེད་དུ་སོང་བ།

ra ma vded du song ba

藏语安多方言民间故事。流传于青海省果洛藏族自治州等地。讲述马家匪军是一帮掠杀民众、贪图民财、无恶不作的匪帮，他们在侵占果洛地区时，掠夺民财，强抢民女、屠杀民众，丧尽天良。有一日，聪明加热母子的几只羊突然跑到匪军营地，若是让羊儿任其自由，将会成为匪军的美餐，若想去赶回来，别说羊连人命都可能不保，母亲正在危难之机，聪明加热心生一计，便去与匪兵周旋，最终获得羊儿的故事。反映了聪明加

智辨小偷（一）

རྐུན་མ་བརྟག་པ།

rkun ma brtg pa

藏语安多方言民间故事。流传于青海省果洛藏族自治州等地。讲述有一日，两人为一头牛而争吵，都说这头牛是自己家的，最终他们将事情告给官府，但官府一时也没办法判给谁，这时聪明加热来到现场，他在对牛和两位争吵者进行一番观察之后，便用一席巧妙的语言和计策帮助官府解决了争吵的故事。反映了聪明加热能言善辩的口才和灵活敏捷的反应能力。2003 年益西记录、整理。16 开纸 2 页，900 余字。今藏青海省果洛藏族自治州古籍办公室。（柔谢昂毛）

智辨小偷（二）

རྐུན་མ་བཟུང་བ།

rkun ma bzung ba

藏语安多方言民间故事。流传于青海省果洛藏族自治州等地。讲述有一日，有一群孩子在聪明加热家中玩耍，突然发现他们家中一尊珍贵佛像不见踪影，其母一一询问所有在场孩子，但孩子们都说没有见佛像，于是告诉聪明加热留意佛像下落，聪明加热则告诉母亲不要担心，只要她准备一些糖就行了，其他事由他处理，到了下午孩子们该回家时，聪明加热用了一个巧妙的计策便很快地将偷佛像者辨别出来。反映了聪明加热超人的思考及辨析能力。2003 年益西记录、整理。16 开纸 4 页，868 字。今藏青海省果洛藏族自治州古籍办公室。（柔谢昂毛）

智辨小偷（三）

རྐུན་མའི་མགོ་ན་བལ་ཞིག

rkun mavi mgo na bal zhig

藏语安多方言民间故事。流传于青海省果洛藏族自治州等地。讲述有一日，聪明加热与部分人一同到一家帮助剪羊毛，到下午时发现主人家剪羊

毛用的剪刀不见了，主人无法辨认小偷是谁，只得求助聪明加热，聪明加热得知此事后巧妙用计，将小偷辨认出来并让小偷在众目睽睽之下出丑的传奇故事。反映了聪明加热超人的智慧。2003年益西记录、整理。16开纸2页，405字。今藏青海省果洛藏族自治州古籍办公室。（柔谢昂毛）

智捉小偷

ཧམ་སེམས་ཅན་གྱི་ཕྱུག་པོ་བཟུང་བ།

xam sems can gyi phyug po bzung ba

藏语安多方言民间故事。流传于青海省果洛藏族自治州等地。讲述聪明加热如何制服经常想占别人便宜的富人的故事。有一日，聪明加热将富人邀至家中做客，富人得知聪明加热家中有一些元宝、银圆，便心中生起贪心，聪明加热见状心生计策，就与富人斗智斗谋，最终制服富人，保住钱财。反映了聪明加热非凡的智慧。2003年益西记录、整理。16开纸2页，920字。今藏青海省果洛藏族自治州古籍办公室。（柔谢昂毛）

智斗坏女人

བུད་མེད་ངན་པར་ངན་ལན་སྤྲད་པ།

bud med ngan par ngan lan sprd pa

藏语安多方言民间故事。流传于青海省果洛藏族自治州等地。讲述村里有一位女人经常欺负聪明加热母子，还经常在别人面前说他们母子的坏话，有一日聪明加热与这位坏女人在一地相遇，坏女人便想戏弄聪明加热一番，没想到聪明加热计上眉梢，与坏女人斗智斗勇，最后制服坏女人的故事。反映了聪明加热超常的智力和非凡的口才。2003年益西记录、整理。16开纸2页，750字。今藏青海省果洛藏族自治州古籍办公室。（柔谢昂毛）

卖马

རྟ་བཙོང་བ།

rt btzong ba

藏语安多方言民间故事。流传于青海省果洛藏族自治州等地。讲述贪心的富人一直对聪明加热母子的老马不怀好意，聪明加热发现事情之后，便把富人邀请到自己家中，并对之以尊贵客人相待，同时用各种美言赞誉富人，富人心里很是高兴，聪明加热趁富人高兴之机巧用计谋将家中老马卖给富人的传奇故事。反映了富人的贪财之心和聪明加热的聪明才智。2003年益西记录、整理。16开纸2页，750字。今藏青海省果洛藏族自治州古籍办公室。（柔谢昂毛）

与和尚争辩

གྲྭ་བར་རྩོད་ལན་བསླན་པ།

gr bar rtzod lan bsln pa

藏语安多方言民间故事。流传于青海省果洛藏族自治州等地。讲述庙里有位老和尚，因自己学了一些典故，总认为自己博学多闻、自命不凡，有一日，聪明加热与几个小伙伴在寺庙附近玩耍，不慎踩到老和尚写在地上的文字上，老和尚见状心中大怒，骂孩子们踩到他写的字上就等于踩在佛陀之身上，孩子们听到后毛骨悚然，一言不发，这时聪明加热心生一计，便与老和尚争辩，使老和尚哑口无言。反映了聪明加热灵活敏捷的反应能力。2003年益西记录、整理。16开纸2页，657字。今藏青海省果洛藏族自治州古籍办公室。（柔谢昂毛）

智斗匪首

ཇག་དཔོན་དང་རིག་པ་འགྲན་པ།

jag dpon dang rig pa vgrn pa

藏语安多方言民间故事。流传于青海省果洛藏族自治州等地。讲述马家匪首得知村里有一位聪明过人的小孩，便想好好地戏弄一下这孩子，就将聪明加热叫到自己的营地，给聪明加热出了一道难题，并当众宣布如果他要是不能当场解决就将他杀掉，若能解决就可平安回家，匪首暗想再聪明的人也无法解决他的问题，没想到聪明加热却巧用计谋解决了其问题。反映了马家匪军的残暴和聪明加热临危不惧的胆识。2003年益西记录、整理。16开纸3页，760字。今藏青海省果洛藏族自治州古籍办公室。（柔谢昂毛）

智辨是非

བུད་མེད་ལ་དཀར་འདོན་བྱས་པ།

bud med la dkar vdon bys pa

藏语安多方言民间故事。流传于青海省果洛藏族自治州等地。讲述有位妇女抱着自己的孩子远出时，路上看见不知被谁丢了一包酥油，妇女准备去捡上时，却被村里的富翁发现，于是富翁不仅没让妇女捡去酥油包，反而栽赃妇女偷了他家其他酥油，正当他们争执不息之际巧遇聪明加热，聪明加热听了两人的争词之后，便用巧妙的计谋辨清两人之间是非的故事。反映了聪明加热善于分析和辨别是非的能力。2003 年益西记录、整理。16 开纸 2 页，350 字。今藏青海省果洛藏族自治州古籍办公室。（柔谢昂毛）

智擒小偷（一）

རྐུན་མ་བཟུང་བ།

rkun ma bzung ba

藏语安多方言民间故事。流传于青海省果洛藏族自治州等地。讲述聪明加热与几位小朋友在友人家中玩耍，不想有位手脚不干净的小朋友偷吃了主人家的羊肉，正当主人盘问小朋友谁偷吃了他家的羊肉时，聪明加热用巧妙的计谋辨认出小偷的故事。反映了聪明加热无比聪明的头脑和辨别是非的能力。2003 年益西记录、整理。16 开纸 2 页，370 字。今藏青海省果洛藏族自治州古籍办公室。（柔谢昂毛）

智擒小偷（二）

རྐུན་མ་ཐབས་ཀྱིས་བཟུང་བ།

rkun ma thabs kyis bzung ba

藏语安多方言民间故事。流传于青海省果洛藏族自治州等地。讲述有一晚，正当聪明加热母子准备就晚餐时，突然家中进来一个小偷，聪明加热不慌不忙故作没发现的样子，与母亲大声地说了几句话，最终巧妙地将小偷擒住的故事。反映了聪明加热无与伦比的超人智慧。2003 年益西记录、整理。16 开纸 2 页，520 字。今藏青海省果洛藏族自治州古籍办公室。（柔谢昂毛）

智辨匪首

ཇག་དཔོན་མགོ་བསྐོར་བ།

jag dpon mgo bskor ba

藏语安多方言民间故事。流传于青海省果洛藏族自治州等地。讲述有一日，聪明加热独自一人在草滩上玩耍，突然遇到一群马家匪军，领首的马匪问聪明加热其为何人、此地为何地等问题，聪明加热如是回答，马匪得知此人为聪明加热后，不由得心生嫉妒，想与其进行斗智，不料聪明加热用巧妙的语言和计谋将这位匪首骗得无话可说。反映了聪明加热临危不惧的少年英雄气概。2003 年益西记录、整理。16 开纸 3 页，780 字。今藏青海省果洛藏族自治州古籍办公室。（柔谢昂毛）

灭匪

ཇག་དམག་ཐབས་ཀྱིས་བཏུལ་བ།

jag dmag thabs kyis btul ba

藏语安多方言民间故事。流传于青海省果洛藏族自治州等地。讲述村里来了一群马家匪军，在村里抢杀掠夺，无恶不作，乡亲们为了消灭马匪军商量对策，聪明加热得知消息后，巧用计谋与匪军进行周旋，最后与乡亲们一同消灭马家匪军的传奇故事。反映了聪明加热超人的智慧。2003 年益西记录、整理。16 开纸 4 页，890 字。今藏青海省果洛藏族自治州古籍办公室。（柔谢昂毛）

巧骗富翁

ཕྱུག་པོ་མགོ་བསྐོར་བ།

phyug po mgo bskor ba

藏语安多方言民间故事。流传于青海省果洛藏族自治州等地。讲述因富翁反对其儿子与贫穷的聪明加热作为小伙伴经常玩耍，聪明加热见到富翁儿子诚心想与其交朋友，但受到其父阻拦的消息后，巧用妙计骗得富翁，最终两人成为伙伴的故事。反映了聪明加热的智慧和非凡的口才。2003 年益西记录、整理。16 开纸 4 页，920 字。今藏青海省果洛藏族自治州古籍办公室。（柔谢昂毛）

智辨匪军

ཇག་དམག་ལ་མགོ་བསྐོར་བ།

jag dmag la mgo bskor ba

藏语安多方言民间故事。流传于青海省果洛藏族自治州等地。讲述有一日，聪明加在草滩上独自玩耍，突然来了一名匪兵，当匪兵见到聪明加热后，大声问道：“你在干什么？”聪明加热说了几句便很巧妙地骗过匪兵，同时骗得匪兵的马匹和步枪。反映了聪明加热非凡的智慧。2003 年益西记录、整理。16 开纸 3 页，300 字。今藏青海省果洛藏族自治州古籍办公室。（柔谢昂毛）

旗手将军

དམག་དཔོན་དར་འཛིན་པ།

dmag dpon dar vdsin pa

藏语安多方言民间故事。流传于青海省果洛藏族自治州等地。讲述马步芳先后多次派兵屠杀果洛人民，抢走无数牲畜，主持果洛地区军政事务的匪军旅长喇平福强抢民女、烧杀良民、掠夺民财、无恶不作，在忍无可忍的情况下久治县康干、康赛部落群众聚众数千人歼灭匪军的传奇故事。反映了马家军在果洛地区犯下的种种罪行和果洛人民不畏强暴的英雄气概。1999 年康世杰口述，记录、整理。16 开纸 3 页，970 字。今藏青海省果洛藏族自治州古籍办公室。（柔谢昂毛）

阿索总桑

ཨ་བཟོད་སྤྱི་བསང་།

aa bzod spyi bsang

藏语安多方言民间故事。流传于青海省果洛藏族自治州久治县阿索等地。集中颂扬了雪域藏区各路神山及神仙，特别赞颂了阿索地区著名的神山扎窝，同时向神山供奉祭品、口诵供词，以求神山神仙的保佑。反映了阿索人民对雪域神山及自乡神山的深深敬仰。1999 年康世杰口述，记录整理。16 开纸 9 页，1350 字。今藏青海省果洛藏族自治州古籍办公室。（柔谢昂毛）

洞中救牛

མཛོ་མོ་དོང་ནས་བླངས་པ།

mdso mo dong nas blngs ba

藏语安多方言民间故事。流传于青海省果洛藏族自治州久治县阿索等地。主要讲述有一日，聪明加热与一群小朋友在一起玩耍时，发现有头母牛掉在一个很深的洞里，善良的小朋友们想把牛从洞中救出来，就在这时聪明加热突然心生一计，将牛救出洞的传奇故事。反映了聪明加热非凡的智慧。2003 年益西记录、整理。16 开纸 2 页，380 字。今藏青海省果洛藏族自治州古籍办公室。

（柔谢昂毛）

快乐兄妹

སྐྱིད་ཀྱི་ལུ་གུ་མིང་སྲིང་།

skyid kyi lu gu ming sring

藏语安多方言民间故事。流传于青海省果洛藏族自治州玛多县。讲述兄妹俩面对艰难的生活景况，保持快乐的人生态度，最终战胜艰难险阻获得幸福生活的经历。反映了藏族人民直面残酷的人生和恶劣的环境，敢于用积极快乐的生命态度去战胜一切的精神风貌。2003 年 8 月玛多县旦巴讲述并记录。16 开纸 6 页，2000 余字。今藏青海省果洛藏族自治州班玛县民族语文办公室。

（华旦　何向阳）

多杰匠人和叶西拉毛

མགར་སྟོབས་རྒྱལ་དང་ཡེ་ཤེས་ལྷ་མོ།

mgar ba stobs rgyl dang ye shes lx mo

藏语安多方言民间故事。流传于青海省果洛藏族自治州玛多县。讲述多杰匠人和叶西拉毛二人的恋情遭到父母的反对，最后叶西拉毛为了爱情而自杀的过程。是藏族爱情主题民间故事中悲剧性故事之一。反映了藏族人民主张自由爱情的思想。表现了藏民族为爱情自由宁愿献身的精神。对研究藏族恋爱观、自由观有参考价值。2003 年 8 月玛多县洛主华旦讲唱，马周拉记录。16 开纸 5 页，2000 余字。今藏青海省果洛藏族自治州班玛县民族语文办公室。（华旦　何向阳）

怪羊角

ལུག་ར་མོན་ཐོ།

lug ra mon tho

藏语安多方言民间故事。流传于青海省果洛藏族自治州玛多县。怪羊角在藏族谚语中常称“生弯曲羊角为眼之敌，生懦弱外甥为舅之敌”。此故事讲述穷人获得一枝弯曲羊角，并用它来挖“人参果”发家致富的经历，告诫人们要勤劳致富。反映了古代藏民族对生产工具认识过程。对研究藏族人民掌握简单的生产工具的历程有参考价值。2003 年 9 月玛多县阿角讲述，旦巴记录。16 开 2 页，2000 余字。今藏青海省果洛藏族自治州班玛县民族语文办公室。 （华旦 何向阳）

金佛像

གསེར་སྐུ་ཉི་མ་འཕུར་ཤེས།

gser sku nyi ma vphur she

藏语安多方言民间故事。流传于青海省果洛藏族自治州玛多县。讲述一个国王嫉恨一位聪慧的男仆，为了让男仆为难并以此为借口治他的罪，故意让男仆去找寻传说中能飞翔的金佛像，男仆凭借自己的智慧和善良，在众神的护佑下，请来了金佛像，在佛的加持和众人的拥护下，男仆夺取了王位。反映了佛教传入藏区，并渗透到藏族社会政治的历史迹象，同时反映了藏族政教合一的政权形式之演变过程。表达了藏民族对智慧、善良等品行的崇尚和嫉恨凶恶之性的轻视之心理状态。2003 年 8 月玛多县阿角讲述，才旦记录。16 开 10 页，2000 余字。今藏青海省果洛藏族自治州班玛县民族语文办公室。 （华旦 何向阳）

富翁和穷人

ཕྱུག་པོ་དང་སྤྲང་པོ།

phyug po dang sprng po

藏语安多方言民间故事。流传于青海省果洛藏族自治州玛多县。讲述富翁虽然富甲一方，牛羊满山却品行不端贪德无厌，偷窃了穷人家的财物，被穷人抓获。反映了藏族人民注重德育，主张通过道德品质来管理社会事物的思想，表现了物质贫穷与精神贫穷同样悲惨的思想意识。2003 年 8 月玛多县久谢才让讲唱，才旦记录。16 开纸 69 页，2000 余字。今藏青海省果洛藏族自治州班玛县民族语文办公室。 （华旦 何向阳）

白须长发魔女

སྲིན་མོ་ཁ་སེར་རལ་པ་ཅན།

srin mo kha ser ral ba can

藏语安多方言民间故事。流传于青海省果洛藏族自治州玛多县。讲述国王受到白须长发魔女的袭击后发生的故事。国王遇到白须长发魔女的袭击后发生了一系列灾难，但都被国王一一化解。反映了藏族人民对佛教人生无常之说教的普遍和朴素认识。2003 年 8 月玛多县达杰讲唱，马周拉记录。16 开纸 6 页，2000 余字。今藏青海省果洛藏族自治州班玛县民族语文办公室。

（才让 何向阳）

角若相马王

ཅོག་རོ་རྟ་མཁན་རྒྱལ་པོ།

cog ro rt mkhan rgyl po

藏语安多方言民间故事。流传于青海省果洛藏族自治州玛多县。讲述相马之人通过常年观察马的形、神，学习相马术，最终登上王位的故事。2003 年 8 月玛多县阿角讲唱，才旦记录。16 开纸 11 页，2000 余字。今藏青海省果洛藏族自治州班玛县民族语文办公室。 （华旦 何向阳）

母子俩

མ་བུ་གཉིས།

ma bu gnyus

藏语安多方言民间故事。流传于青海省果洛藏族自治州玛多县。讲述母亲将自己的智慧传授给儿子，从而使儿子开始明事理、懂人情，开始更趋于成熟和勇敢。2003 年 8 月玛多县图保讲唱，图仁记录。16 开纸 11 页，2000 余字。今藏青海省果洛藏族自治州班玛县民族语文办公室。

（才让 何向阳）

欧毛措

དངུལ་མོ་མཚོ།

dngul mo mtso

藏语安多方言民间故事。流传于青海省果洛玛多县。讲述欧毛措对幸福生活的无限向往之情。反映了藏族人民积极向上的心理文化特征和对美好生活的无限崇敬之情。2003 年 8 月玛多县谢旦讲唱，洛旦记录。16 开纸 5 页。今藏青海省果洛藏族自治州班玛县民族语文办公室。

（才让 何向阳）

多杰和岗坚拉毛

རྡོ་རྗེ་དང་གངས་ཅན་ལྷ་མོ།

rdo rje dang gangs can lh mo

藏语安多方言民间故事。流传于青海省果洛藏族自治州玛多县。讲述多杰和岗坚拉毛突破传统的部落意识和等级思想相知相爱，最终被部落头人阻碍未能长相厮守的悲剧爱情。反映了藏族人民对感情的无比执着，同时表现了人们对传统部落意识和等级制度的憎恨。对研究藏族婚姻观、人生观及民族心理文化特征有参考价值。2003 年 8 月玛多县扎西讲唱，尼谢记录。16 开纸 18 页，2000 余字。今藏青海省果洛藏族自治州班玛县民族语文办公室。

（才让 何向阳）

有福气的国王

རྒྱལ་པོ་བསོད་ནམས་ཅན།

rgyl po bsod nams can

藏语安多方言民间故事。流传于青海省果洛藏族自治州玛多县。讲述国王为继传王位和财产而烦忧，最终由于自己的善良而把王位继承给自己的亲人的故事。反映了藏族人民对善良、智慧等品性的无限崇敬之情。表现了人们对“用智慧解放自己”这一佛语的颂扬和机遇与生天的命运相结合的思想意识。2003 年 8 月玛多县洛扎讲唱，扎西尼玛记录。16 开纸 10 页，2000 余字。今藏于青海省果洛藏族自治州班玛县民族语文办公室。

（才让 何向阳）

聪明的麻雀

བྱིའུ་མཆིལ་བའི་སྒྲུང་།

byivu mchil bavi sgrung

藏语安多方言民间故事。流传于青海省果洛藏族自治州。讲述麻雀通过自己的聪明才智战胜强大敌人鹞鹰的经过。从前，有一只拇指般大的麻雀遭到一只凶悍的鹞鹰的追击，小麻雀灵机一动钻入一个脱落的野牛角里躲避，并用自己聪明才智让鹞鹰递进一根空心草根，用草秆扎伤向牛角里窥视的鹞鹰之眼睛，使鹞鹰的眼睛充血发红，在牛角里高唱“拇指麻雀的智慧是真智慧，空心稻草的矛枪是真矛枪”，最终用自己的智慧战胜鹞鹰，使之锁骨折断而死。反映了藏族人民崇尚智慧，憎恨以强欺弱的侵略行为的思想状态，同时以拟人的手法表现了用智慧解放自我的思想意识。相传故事形成年代非常久远，属史书所记载的藏族古老故事之一。对研究藏族古代历史有参考价值。2003 年 8 月玛多县本洛讲唱，旦巴记录。16 开纸 8 页，2000 余字。今藏青海省果洛藏族自治州班玛县民族语文办公室。

（才让 何向阳）

猪头卦师（一）

མོ་སྟོན་ཕག་མགོ

mo ston phag mgo

藏语安多方言故事。流传于青海省果洛藏族自治州。此为藏族民间故事《猪头卜卦师》系列之一。故事讲述一个母亲通过各种方法对自己的懒儿子进行启明教育，最终使懒惫成性的儿子改变为勤奋好学、充满智慧的卦师的过程。反映了藏族人民对启蒙教育重要性的认识，表现了“经过严谨的启发性教育一些不良习惯和性格是完全可以改变”的教育思想。对研究藏族的教育方式有参考价值。2003 年玛多洛主讲述，旦巴记录。16 开纸，8 页。今藏青海省果洛藏族自治州玛多县民族语文办公室。

（华旦 何向阳）

猪头卦师（二）

ཕག་མགོ་མོ་བ།

phag mgo mo ba

藏语安多华锐方言民间故事。流传于甘肃

省天祝藏族自治县抓喜秀龙镇。主人公本来是一个懒得出奇的穷汉子，却接二连三地碰巧遭遇好运，如在野外见一头牛拉屎盖住了公主游玩掉在地下的“灵魂玉”后来这个牛粪被一个女人捡起贴在墙上，第二天国王寻找“灵魂玉”他要了一个猪头，装作会卜卦的样子，告知国王“灵魂玉”就在牛粪里，于是成了有名的猪头卜师。后来国王的大印丢失了，又派人来请他卜卦。他无可奈何，便怨恨自己先前不该撒谎，现在陷入困境是自作自受。恰好那偷印者正是前来请他进宫的国王的侍从，一个叫“自作”一个叫“自受”他们以为是猪头卦师点到自己，立刻告知大印的下落请求卜师相救，于是猪头卦师又交上了好运。多杰讲述，三智杰甫笔录、汉译、整理。32 开 3 页，1400 余字。今藏甘肃省天祝藏族自治县古籍整理办公室。 （刚乃旦才让 夏金山）

猪头卦师（三）

མོ་སྟོན་ཕག་མགོ།

mo ston phag mgo

藏族尸语故事。流传于云南省迪庆藏族自治州。尸体讲的第四个故事。讲述从前，一个懒汉受妻子的支使，外出寻找活计。国王的公主外出散步，把一颗称为“国家希望”的灵魂宝玉掉在他跟前。正当王宫为丢失宝玉而一片惊慌之时，懒汉装模作样地用猪头做法器占卜，为国王“找到”了宝玉。从此，人们都叫他猪头卦师。离这儿不远处有另一个王国，那里的一个女罗刹化身为一位美女，与这里的国王的七弟结为夫妻，另一个男罗刹则变为一头跟随美女的犏牛。两个罗刹兴风作浪，每年要吃掉一个王储。到最后，王室里只剩下重病缠身、奄奄一息的国王。猪头卦师受邀前来占卜，无意中听到两个罗刹的谈话，得知制服它们的秘密。他趁机杀死了两个恶魔，为民除了害。国王重赏了猪头卦师，并许诺今后与他没有君臣之分；而卦师的妻子也成了当地高贵的女性。王晓松、和建华译注。32 开 6 页，4200 余字。收入《尸语故事》，云南民族出版社 1999 年版。 （王晓松）

嘎拉王

རྒྱལ་པོ་ཀ་ལ་དབང་པོ།

rgyl po ka la dbang po

藏语安多方言故事。流传于青海省果洛藏族自治州。“偷取智慧”在藏族民间故事中多有反映。主要讲述王子贪图享乐不思进取，最终被勤奋好学的穷子偷走智力，夺取王权的经过。警示人们要学而不厌，不断提高自己的智力，否则勤奋好学着人的智力就会超越那些不思进取之人。2003 年玛多拉杰讲述，华旦记录。16 开纸，10 页。今藏青海省果洛藏族自治州玛多县民族语文办公室。

（华旦 何向阳）

绿姑娘

བུ་མོ་ལྗང་ཁྲ།

bu mo ljng khr

藏语安多方言故事。流传于青海省果洛藏族自治州。王子娶的女人是魔鬼，后来她的灵魂游入一位喇嘛的躯体中，从此她们成了仙女经过。故事喻示通过对灵魂的教育，善恶是可以转换的，既是魔鬼也可以脱胎换骨变成仙女。反映了藏族人民要求人们弃恶从善的愿望。2003 年 8 月玛多县阿角讲述，东宝记录。16 开纸 3 页。今藏青海省果洛藏族自治州玛多县民族语文办公室。（华旦 何向阳）

璁角黄羊

དགོ་བའི་གཡུ་ར།

dgo bavi gyu ra

藏语安多方言故事。流传于青海省果洛藏族自治州。讲述为了争夺神奇的璁玉黄羊角，发生两国之间战争的故事。反映了人们因贪得无厌而为争夺财富相互杀戮的愚昧行为，告诫人们要维护和平，不要为外在之物所左右。2003 年 8 月玛多县阿角讲述，桑杰记录。16 开纸 13 页。今藏青海省果洛藏族自治州玛多县民族语文办公室。 （华旦 何向阳）

神通棒

དབྱུག་པ་རྫུ་འཕྲུལ་ཅན།

dbyug pa rdsu vphrul can

藏语安多方言民间故事。流传于青海省果洛

藏族自治州。讲述乞丐家的父亲被国王折磨而死，三兄弟为报杀父之仇，离家学本领，得到神通棒，回乡复仇，三弟登上国王宝座，治国安邦的故事。反映了国王对百姓的残酷剥削和无情压迫以及百姓对追求幸福生活的渴望。1982 年德尔文·罗桑吾赛讲述并记录。16 开纸 30 页，9000 余字。今藏青海省果洛藏族自治州甘德县德尔文·罗桑吾赛处。（德尔文·罗桑吾赛 久旦）

乌鸦装傻，狐狸装死

ཝ་ཤི་ཁུལ་དང་ཕོ་རོག་གིས་འཐོག་ཁུལ།

wa shi khul dang pho rog gis vthog khul

藏语安多方言民间故事。流传于青海省果洛藏族自治州。讲述狐狸、狼、大乌鸦、兔子结为兄弟，兔子用智慧骗取一位老者的食物分配给大家，又在其中做了手脚，当真相大白时，聪明的兔子砸伤自己的上唇，重新得到了兄弟们的信任的故事。表现了小兔的聪慧机智，反映了藏族人民用自己的智慧辨析动物的能力。1982 年德尔文罗·桑吾赛讲述并记录。16 开纸 30 页，600 字。今藏青海省果洛藏族自治州甘德县德尔文·罗桑吾赛处。

（德尔文·罗桑吾赛 久旦）

十七只母羊

སྲིབ་ཀྱི་མ་མོ་བཅུ་བདུན།

srib kyi ma mo bcu bdun

藏语安多方言民间故事。流传于青海省果洛藏族自治州。讲述雀鸟有十七只母羊，乌鸦有一匹老马，相邻关系紧张，雀鸟以德报怨，与人为善。雀鸟死后，十七只羊把其尸体带往西藏，途中遭到野狼的袭击，恰好遇到智慧之兔而得救。说明了教育人们不管遇到什么事，邻里都要相帮衬，营造和谐。1982 年德尔文·罗桑吾赛讲述并记录。16 开纸 30 页，7000 余字。今藏青海省果洛藏族自治州甘德县德尔文罗·桑吾赛处。（德尔文·罗桑吾赛 久旦）

骑牛王

རྒྱལ་པོ་གཡག་བ་དམར་རིལ།

rgyl po gyag ba dmar ril

藏语安多方言民间故事。流传于青海省果洛藏族自治州。讲述从前有一位国王对手下极不信任，独自一人骑着一头枣红牦牛去收税。有一日，莲花生大师化身为当地活佛，告知此王来世他将投胎为饿鬼，从此国王强行修习行法，清净罪孽，最后变成善于执政、为民造福的好国王。说明了通过教育，人是可以改变的。1982 年德尔文·罗桑吾赛讲述并记录。16 开纸 30 页，7000 余字。今藏青海省果洛藏族自治州甘德县德尔文·罗桑吾赛处。

（德尔文·罗桑吾赛 久旦）

疯猪肉（一）

ཕག་སྨྱོན་གྲི་ཤིའི་ཤ

phag smyon gri shivi sha

藏语安多方言民间故事。流传于青海省果洛藏族自治州。讲述一位老太婆有一个聪明过人的孩子被苯教教主逼迫领走。小孩设计宰杀教主家的一头肥猪，并上街兜售喊道：“卖疯猪肉喽……”无人敢买，小孩告知教主无人买肉，教主不信，次日二人一同上街卖肉，小孩先喊“卖昨天的那个猪肉喽……”还是没有卖掉一两肉，他就这样用智慧巧斗苯教教主，后来母子团聚。故事表现了小孩的聪明智慧和与霸道横行之人做斗争的决心和勇气。1982 年德尔文·罗桑吾赛讲述并记录。16 开纸 30 页，5000 余字。今藏青海省果洛藏族自治州甘德县德尔文·罗桑吾赛处。

（德尔文·罗桑吾赛 久旦）

疯猪肉（二）

ཕག་སྐྱོན་གྱི་ཤ།

phag skyon gyi sha

藏语安多华锐方言民间故事。流传于甘肃省天祝藏族自治县抓喜秀龙镇。从前，有个头人养了一头猪。这头猪就像它的主人一样无法无天，经常窜进百姓的庄稼地里乱拱乱咬，由于它又能吃又能睡，长得又肥又壮。慑于头人的权势，百姓们谁也不敢对这头猪怎么样。猪糟蹋了自己的青稞麦地，毁坏了自家心爱的果园，大家也只得忍气吞声，哪敢去找头人讲理呢。有位小伙子叫华丹。他虽为头人的管家，却很有正义感。他想：猪本来就是让人吃的，怎能反倒让猪坑害百姓呢？我得想法将这头猪除掉，也给乡亲们出口气。

这天，华丹来到头人面前，甜言蜜语地说道：“尊敬的大老爷，听说近来市场上猪肉的行情不错，你养的这头猪吃百家粮，喝千家水，长得腰圆膘肥，在市场上一定能卖个好价钱。”头人是个见钱眼开的家伙。一听有利可图，他马上对华丹吩咐说：“快，快，你马上把猪杀了，亲自到市场去一趟，一定要多卖钱。”华丹把猪杀了，用毛驴驮着猪肉到集市去了。来到拉萨“八廓尔”一听这是疯猪肉，那些本来想买肉的人也想离他远远的。到该回家的时候，猪肉一点也没卖掉。华丹把猪肉驮在驴背上，来到头人家，沮丧着脸对他说：“老爷，我照你的吩咐，扛着猪肉在集市上从右往左转了三圈，又从左往右转了三圈，嗓子都喊肿了，可猪肉就是卖不出去。”一听这话，头人气得破口大骂：“你这个骗子，告诉我说猪肉可以卖大价钱。你，你一定是怕累，没到集市上去。明天我俩一块去，看你还有什么说的。”第二天，华丹和头人一起来到集市上。只听华丹在街上吆喝：“喂，快来买猪肉，快来买我昨天没卖出去的那种猪肉哟！”一见华丹仍是昨天那副样子，街上的人们嘀咕说：“别买！那是疯猪肉。”眼看太阳快下山了，肉上爬满了苍蝇，头人瞪着金鱼似的大眼要华丹想办法。华丹装着为老爷排忧解难的样子说：“唉，天气那么热，肉又卖不掉，我看老爷不如把猪油留给自己，剩下的肉干脆带回去让你的仆人、百姓吃一顿算了。这样给你也挣了面子，以后也不会有人说你小气了。”头人无可奈何，只好答应了。多杰讲述，三智杰甫笔录、汉译、整理。32开3页，1200余字。今藏甘肃省天祝藏族自治县古籍整理办公室。（刚乃旦才让 夏金山）

渔夫之子

ཉ་བའི་བུ།

nya bavi bu

藏语安多方言民间故事。流传于青海省果洛藏族自治州。讲述从前有个渔夫，父子以打鱼为生。一天父亲捉来一条金鱼被其子放生，人鱼结为朋友，次后其捉来的大鹏、狐狸飞禽走兽等一一被儿子放生，它们都成了渔夫儿子的好朋友，后来在朋友们的帮助下渔夫儿子成了国王的驸马，继而登上了国王之宝座。体现了藏民族热爱生命传说美德和善行结善果的美好愿望。1982年德尔文·罗桑吾赛讲述并记录。16开纸30页，3000余字。今藏青海省果洛藏族自治州甘德县德尔文·罗桑吾赛处。（德尔文·罗桑吾赛 久旦）

骑龙王的故事

འབྲུག་ཞོན་ནོར་བུ་རྒྱལ་མཚན།

vbrug zhon nor bu rgyl mtsan

藏语安多方言民间故事。流传于青海省果洛藏族自治州。讲述从前一位国王手下有个牧羊人，一天牧羊人做了一个奇特的梦，为实现梦想，他特意到大海彼岸的大法师面前求见问前程，途中得到一匹白龙马及龙宫的宝幢，而后成为驸马并登上王位的故事。反映了百姓对幸福生活的渴望。1982年德尔文·罗桑吾赛讲述并记录。16开纸30页，7100余字。今藏青海省果洛藏族自治州甘德县德尔文·罗桑吾赛处。

（德尔文·罗桑吾赛 久旦）

黑妖魔

བདུད་ཚར་བ་ནག་པོ།

bdud tsar ba nag po

藏语安多方言民间故事。流传于青海省果洛藏族自治州。讲述从前有位僧人解救了化身为青蛙的黑妖魔，蛙魔为了报答救命之恩，舍命将生死圣镜献给僧人。僧人用圣镜解救了众多禽鸟，最终成为执政法王。歌颂了僧人大慈大悲的高尚品德。反映了藏族人民对善有善报的思想。1982年德尔文·罗桑吾赛讲述并记录。16开纸30页，9892字。今藏青海省果洛藏族自治州甘德县德尔文·罗桑吾赛处。（德尔文·罗桑吾赛 久旦）

带木卡的国王

རྒྱལ་པོ་ཤིང་མཆར་ཅན།

rgyl bo shing mchar can

藏语安多方言民间故事。流传于青海省果洛藏族自治州。讲述一位带木卡的牧人以食品供养一位成道者，从此牧人能听懂飞禽走兽、妖魔鬼神之语，并靠此神力牧人解救了邻国王子、宫中龙女的性命，战胜了食人魔，成为两国的国王并执政行法。反映了人们只要虔诚供佛，就会得到佛力相助。1982年德尔文·罗桑吾赛讲述并记录。16 开纸 30 页，20 021 字。今藏青海省果洛藏族自治州甘德县德尔文·罗桑吾赛处。（德尔文·罗桑吾赛 久旦）

英豪愚夫

གླེན་པ་རྒོད་པོ།

glen pa rgod po

藏语安多方言民间故事。流传于青海省果洛藏族自治州。讲述兄弟二人得到因果报应的故事。兄狡诈阴险，弟智力有缺陷但力大如牛，兄暗算弟弟但没得逞，弟弟除魔降妖，解救了国王家小姐，得到神药，恢复了智力，并和小姐结为夫妇登上王位。赞颂了崇高忠厚的道德标准，也反映了佛教因果报应的思想。1982 年德尔文·罗桑吾赛讲述并记录。16 开纸 30 页，1820 字。今藏青海省果洛藏族自治州甘德县德尔文·罗桑吾赛处。

（德尔文·罗桑吾赛 久旦）

美丽的牝鹿之女

ཤ་ཡུ་མོའི་བུ་མོ་གཟུགས་མཛེས་མ།

sha yu movi bu mo gzugs mdses ma

藏语安多方言民间故事。流传于青海省果洛藏族自治州。讲述从前有位修行人，得到一个小鹿女并把她抚养成人，鹿女长大后被王子聘娶为妃，不久王子出宫，鹿女受到其他妃子和大臣的欺辱和折磨，王子回宫得知此事后除掉妖妃魔臣，从此鹿女和王子一同执政，为民造福。反映了善良与真理战胜邪恶的思想。1982 年德尔文·罗桑吾赛讲述并记录。16 开纸 30 页，3260 字。今藏青海省果洛藏族自治州甘德县德尔文·罗桑吾赛处。

（德尔文·罗桑吾赛 久旦）

须羊王

ར་ཙི་ཙིའི་རྒྱལ་པོ་ཨག་ཚོམ་ཅན།

ra tzi tzivi rgyl po ag tsom can

藏语安多方言民间故事。流传于青海省果洛藏族自治州。讲述人、兔子和须羊王团结战斗的故事。清净的擦那地区有一户人家，母子二人养了一只须羊王，有一次，一只兔子从狼口中解救了须羊王，于是母子二人与兔子结为朋友，在兔子的帮助下，经过一番苦战，母子二人又战胜了时常欺辱他们的邻居守财婆，过上了幸福生活。反映了精诚团结可战胜邪恶力量。1982 年德尔文·罗桑吾赛讲述并记录。16 开纸 30 页，30 000 余字。今藏青海省果洛藏族自治州甘德县德尔文·罗桑吾赛处。（德尔文·罗桑吾赛 久旦）

阿杜

ཨ་རྡོ།

aa rdo

藏语安多方言民间故事。流传于青海省果洛藏族自治州。讲述猎户阿杜一家三口以狩猎为生，某日大王下令禁猎，并把猎人阿杜之父驱逐他乡，数年后又传令追杀阿杜，阿杜被寻香公主解救，并用寻香宝剑战胜大王，和公主一同登上了王位。表现了阿杜的英勇善战和公主的聪明才智。1982 年德尔文·罗桑吾赛讲述并记录。16 开纸 30 页，30 280 字。今藏青海省果洛藏族自治州甘德县德尔文·罗桑吾赛处。（德尔文·罗桑吾赛 久旦）

牧马人昂华

རྟ་རྫི་ཨ་བོ་ངང་དཔལ།

rt rdsi aa bo ngang dpal

藏语安多方言民间故事。流传于青海省果洛藏族自治州。讲述牧马人昂华按遗愿把父亲的尸体埋葬于地神公主宝藏之顶，后来得到诸多金银珠宝，被称为富贵天王。他为民解脱贫困，名扬四海。反映了牧人祈求领头人为百姓解脱贫困的心愿。1982 年德尔文·罗桑吾赛讲述并记录。16 开纸 30 页，9000 余字。今藏青海省果洛藏族自治州甘德县德尔文·罗桑吾赛处。（德尔文·罗桑吾赛 久旦）

复眼王

རྒྱལ་པོ་སྤྱན་ཡོང་།

rgyl bo spyn yong

藏语安多方言民间故事。流传于青海省果洛藏族自治州。讲述一富翁有个祖传宝物，但婴儿屡屡夭折。后来按照一位成道者的预言，富翁将祖传宝物和生后不到七天的婴儿弃于深谷，因而存活。到儿子十三岁时，生活在谷底的儿子不小心丢失了宝物而双目失明，后来揪住一头牛的尾巴走到一家王宫，由小公主照看，大王得知后把他和公主一同赶出家门，恰好他找到了宝物，恢复了双目，和家人团聚并得到了王位。反映了善有善报之理。1982 年德尔文·罗桑吾赛讲述并记录。16 开纸 30 页，10 000 余字。今藏青海省果洛藏族自治州甘德县德尔文·罗桑吾赛处。

（德尔文·罗桑吾赛 久旦）

羊头魔王

སྲིན་པོ་ལུག་མགོ།

srin po lug mgo

藏语安多方言民间故事。流传于青海省果洛藏族自治州。讲述祈求婚姻幸福的女子被羊头魔王骗娶并藏于沙丘，王子率兵，消灭恶魔，弱女成了王妃的故事。反映了邪不胜正的道理。1982 年德尔文·罗桑吾赛讲述并记录。16 开纸 30 页，800 余字。今藏青海省果洛藏族自治州甘德县德尔文·罗桑吾赛处。（德尔文·罗桑吾赛 久旦）

巧嘴鹦鹉

བྱ་ནེ་ཙོ་རྫིག་རིས།

by ne tzo rdsig ris

藏语安多方言民间故事。流传于青海省果洛藏族自治州。讲述一父有九个儿子，九子出门，家中没有多食者，但食袋却一空而尽，儿子们起异心，埋怨父亲，一日父藏于食袋后看个究竟，只见一只鹦鹉来偷食，父亲把鹦鹉卖给一位大商人，还了百头牦牛。反映了当时社会商情及鹦鹉的价值。1982 年德尔文·罗桑吾赛讲述并记录。16 开纸 30 页，800 余字。今藏青海省果洛藏族自治州甘德县德尔文·罗桑吾赛处。（德尔文·罗桑吾赛 久旦）

玉发王子

རྒྱལ་ཕྲུག་གཡུའི་རལ་པ་ཅན།

rgyl phrug gyuvi ral ba

藏语安多方言民间故事。流传于青海省果洛藏族自治州。讲述由于自小有婚约，玉发王子成年后到另一国王家做女婿，途中大臣为了争王位预谋刺杀玉发王子，王子用智慧破敌的故事。反映了玉发王子的智慧和善战精神。1982 年德尔文·罗桑吾赛讲述并记录。16 开纸 30 页，10 000 余字。今藏青海省果洛藏族自治州甘德县德尔文·罗桑吾赛处。（德尔文·罗桑吾赛 久旦）

獒犬指套

ཁྱི་རྒན་མཛུག་ཤུབས།

khyi rgn mdsug shubs

藏语安多方言民间故事。流传于青海省果洛藏族自治州。讲述一位王子成为妖魔食物的一分子，王子化为獒犬形象，经过指套中装青稞等一番斗智，邻国公主成为獒犬的终身伴侣，后来獒王被妖魔捉去，公主不辞辛苦将獒犬王解救的故事。反映了公主的聪明才智和斗争精神。1982 年德尔文·罗桑吾赛讲述并记录。16 开纸 30 页，3000 余字。今藏青海省果洛藏族自治州甘德县德尔文·罗桑吾赛处。（德尔文·罗桑吾赛 久旦）

漏比虎狠

སྟག་ལས་ཟག་སྡུག་པ།

stg las zag sdug pa

藏语安多方言民间故事。流传于青海省果洛藏族自治州。讲述有一地区每年将一位小孩供给食人虎，这年轮到苍发老母之子，母亲备食时，给食袋里同时装入冰块，到晚上儿子想吃饼子往口袋里一摸，冰化为水而漏，儿子渴不能忍，曰“漏比虎狠”。躲在帐房外的食人虎听到后心里一怔，还有比我更狠的“漏”？想着准备回撤时，织女之儿恰好到此盗牛，把虎当成是一头牛骑在虎背，食人虎以为是“漏”便惊跑，一头撞到岩石上死去。反映了当时社会百姓生活的一个侧面，也反映事情存在巧合。1982 年德尔文·罗桑吾赛讲述并记录。16 开纸 30 页，2000 余字。今藏青海省果洛藏族自治州甘德县德尔文·罗桑吾赛处。

（德尔文·罗桑吾赛 久旦）

太阳神斯尔则大乐

དགུང་ཉི་མའི་གསེར་རྫ་ཏ་ལི།

dgung nyi mavi gser rds ta li

藏语安多方言民间故事。流传于青海省果洛

藏族自治州。讲述太阳神斯尔则大乐和盗客三兄弟上山打猎，盗客三兄弟把太阳神斯尔则大乐推向悬崖，并把其妻和家产据为己有，由于神的保佑，太阳神斯尔则大乐被一只雄鹰护救。最后太阳神铲除盗客三兄弟与家人团聚的故事。反映了恶有恶报之理。1982 年德尔文·罗桑吾赛讲述并记录。16 开纸 30 页，2000 余字。今藏青海省果洛藏族自治州甘德县德尔文·罗桑吾赛处。

（德尔文·罗桑吾赛 久旦）

持宝王子

རྒྱལ་སྲས་ནོར་བུ་འཛིན་པ།

rgyl srs nor bu vdsin pa

藏语安多方言民间故事。流传于青海省果洛藏族自治州。讲述从前有一个居妖的湖泊，每年夏天必须向湖妖贡投一位生肖为虎的男孩，否则湖水上涨带来水灾。是夏轮到持宝王子时，仆人之子替持宝王子自愿下湖，除去水妖。反映了仆人之子的英勇善战和对主人的无比忠诚。1982 年德尔文·罗桑吾赛讲述并记录。16 开纸 30 页，10 000 余字。今藏青海省果洛藏族自治州甘德县德尔文·罗桑吾赛处。（德尔文·罗桑吾赛 久旦）

阿札西卡

ཨ་བྲ་ཤི་ཁ།

aa br shi kha

藏语安多方言民间故事。流传于青海省果洛藏族自治州。讲述一个王子和他的好朋友经忏和尚一同到印度求学修法，回归途中经忏和尚嫉妒王子并将其暗杀，王子生前预料此事，遂写了“阿札西卡”四个字，国王得知王子遭暗杀之事，破解了“阿札西卡”的含义，把经忏和尚绳之以法。说明了天网恢恢，疏而不漏。1982 年德尔文·罗桑吾赛讲述并记录。16 开纸 30 页，1260 字。今藏青海省果洛藏族自治州甘德县德尔文·罗桑吾赛处。

（德尔文·罗桑吾赛 久旦）

如意青龙

འབྲུག་ཟེ་བ་བསམ་པའི་དོན་འགྲུབ།

vbrug ze ba bsam pavi don vgrub

藏语安多方言民间故事。流传于青海省果洛藏族自治州。讲述一个穷孩子，在放牧时捡到一个名为如意青龙的如意钵被国王没收，英勇善战的穷孩子历尽艰险从魔宫救出如意青龙，青龙助其登了王位的故事。反映了国王贪婪的丑相和孩子的英勇善战精神。1982 年德尔文·罗桑吾赛讲述并记录。16 开纸 30 页，2000 余字。今藏青海省果洛藏族自治州甘德县德尔文·罗桑吾赛处。

（德尔文·罗桑吾赛 久旦）

牝羊鸦女王

རྫ་མ་མོ་ཕོ་རོག་རྒྱལ་མོ།

rds ma mo pho rog rgyl mo

藏语安多方言民间故事。流传于青海省果洛藏族自治州。讲述一位王子得到活佛的法诀，娶了和年宝叶什则之子已有婚约的牝羊大乌鸦女王为妻的故事。反映了王子纯洁的感情。1982 年德尔文·罗桑吾赛讲述并记录。16 开纸 30 页，2000 余字。今藏青海省果洛藏族自治州甘德县德尔文·罗桑吾赛处。（德尔文·罗桑吾赛 久旦）

野人

མི་རྒོད་སྤུ་མ།

mi rgod spu ma

藏语安多方言民间故事。流传于青海省果洛藏族自治州。讲述一朝圣者在前往西藏的途中，由于腿部肿胀发炎滞留，偶遇一马妖追杀一个野人，朝圣者用红缨枪杀死马妖，解救了野人，野人报恩帮将他治愈。反映了藏人的慈悲心肠。1982 年德尔文·罗桑吾赛讲述并记录。16 开纸 30 页，900 余字。今藏青海省果洛藏族自治州甘德县德尔文·罗桑吾赛处。（德尔文·罗桑吾赛 久旦）

卡瑞白银卓玛

འཁར་རིའི་དངུལ་དཀར་སྒྲོལ་མ།

vkhar rivi dngul dkar sgrol ma

藏语安多方言民间故事。流传于青海省果洛藏族自治州。讲述从前有个猎人以捕杀野牛为生，有缘与卡瑞白银卓玛相遇，并受其指点，得到不少好处，但后来猎人不肯听取卡瑞白银卓玛的劝告，误杀了自己的亲生骨肉。描绘了猎人的贪婪和无知。1982年德尔文·罗桑吾赛讲述并记录。16开纸30页，1000余字。今藏青海省果洛藏族自治州甘德县德尔文·罗桑吾赛处。

（德尔文·罗桑吾赛　久旦）

羔尾

རེའུའི་རྔ་མ།

revuvi rng ma

藏语安多方言民间故事。流传于青海省果洛藏族自治州。讲述从前有位夫妇家境贫寒，家中只有十只山羊和一点青稞面，其妇被丈夫遗弃，只给其妻留下几只羔羊。一天，其妇模仿其夫把羔羊赶来饮水，不料羔羊跳进河里被水冲走，她连忙一抓只得了一只羔尾，回家后烤吃尾巴时，尾巴开口说："不要烤我，我会帮你的。"后来羔尾帮她做了很多事。反映了人们对幸福生活的渴望。1982年德尔文·罗桑吾赛讲述并记录。16开纸30页，8000余字。今藏青海省果洛藏族自治州甘德县德尔文·罗桑吾赛处。（德尔文·罗桑吾赛　久旦）

富女买苦

སྐྱིད་མོ་སྡུག་ཉོ་མཁན།

skyid mo sdug nyo mkhan

藏语安多方言民间故事。流传于青海省果洛藏族自治州。讲述两个姐妹的故事。姐姐嫁给富翁，妹妹留在家里养家糊口。一天，妹妹帮姐姐梳头回来时想带点食物，但姐姐都没给，妹妹回家途中睡在两座石峰中央，夜里听到"苦女买富"之声，次日清晨妹妹得到很多金银珠宝，姐姐听到此事也休法如睡在其中，夜里听到"富女买苦"之声，清晨得到的只是破旧衣物。反映了姐姐过分的贪婪、堕落。1982年德尔文·罗桑吾赛讲述并记录。16开纸30页，5000余字。今藏青海省果洛藏族自治州甘德县德尔文·罗桑吾赛处。

（德尔文·罗桑吾赛　久旦）

独眼妖之地

སྲིན་པོ་མིག་གཅིག་གི་ས་ཆ།

srin po mig gcig gi sa cha

藏语安多方言民间故事。流传于青海省果洛藏族自治州。讲述一个小孩上山放牧时被水中的一只怪物迷住，突然一阵雷声，怪物化龙腾飞之时龙尾把小孩甩到独眼妖之地，从此小孩变成妖魔伤害很多无辜生命，最后被一位喇嘛降伏的故事。反映了藏区关于龙的种种传说。1982年德尔文·罗桑吾赛讲述并记录。16开纸30页，500余字。今藏青海省果洛藏族自治州甘德县德尔文·罗桑吾赛处。（德尔文·罗桑吾赛　久旦）

财宝女王

རྒྱུ་སྙིང་རྒྱལ་མོ།

rgyu snying rgyl mo

藏语安多方言民间故事。流传于青海省果洛藏族自治州。讲述从前有个穷苦善良的小伙子遭到强盗的袭击，骑着一匹牝马的美丽少女救了他，两人结为夫妻，少女帮小伙子战胜了一切困难，最后得到一个官位，后来得知这位美女就是财宝女王。反映了财宝女王的勇气和智慧。1982年德尔文·罗桑吾赛讲述并记录。16开纸30页，896字。今藏青海省果洛藏族自治州甘德县德尔文·罗桑吾赛处。（德尔文·罗桑吾赛　久旦）

妖魔毒利布桑

བདུད་རྟོལ་ལི་སྤུ་ཟིང་།

bdud rtol li spu zing

藏语安多方言民间故事。流传于青海省果洛藏族自治州。讲述兄妹俩积攒的奶和酥油被妖魔毒利布桑吃光后，并杀死了其兄，其妹得到神的帮助把妖魔杀死，取出妖宝复生丸，救治哥哥过上了幸福生活。反映了妹妹的勇气和胆量。1982年德尔文·罗桑吾赛讲述并记录。16开纸30页，2000余字。今藏青海省果洛藏族自治州甘德县德尔文·罗桑吾赛处。（德尔文·罗桑吾赛　久旦）

阿吉岗岗

ཨ་ཅེ་རྐང་རྐང་།

aa ce rkng rkng

藏语安多方言民间故事。流传于青海省果洛藏族自治州。讲述三兄弟有一个小妹，父母在世时用骨髓将小妹养大，因此命名为阿吉岗岗。后来三兄弟娶了三个老婆，却都是妖女所变，一日因三兄弟给阿吉岗岗送去骨髓，引起三位妖女的嫉妒而害死了小妹。阿吉岗岗变为小鸟，经常在三兄弟处唱起嫂子们暗杀小妹之怨曲，最后三兄弟知道此事并除去三妖女。反映了天不藏奸的真理。1982年德尔文·罗桑吾赛讲述并记录。32开纸30页，5000余字。今藏青海省果洛藏族自治州甘德县德尔文·罗桑吾赛处。

（德尔文·罗桑吾赛　久旦）

顿查拉叶赤周尼玛本

ལྡོང་ཕྲ་ལ་ཡག་འཁྲིས་དྲུག་ཉི་མ་འབུམ།

ldong phr la yag vkhris drug nyi ma vbum

藏语安多方言民间故事。流传于青海省果洛藏族自治州。讲述顿查拉叶赤周尼玛本化为仆人搭拉德到一王宫做奴仆，国王有三位公主，仆人搭拉德相中了小公主端利忠，并和小公主结为夫妇，终成眷属。表达了有情人终成眷属的愿望。1982年德尔文·罗桑吾赛讲述并记录。16开纸30页，2000余字。今藏青海省果洛藏族自治州甘德县德尔文·罗桑吾赛处。（德尔文·罗桑吾赛　久旦）

兔妈妈

ཨ་མ་རོག་མ།

aa ma rog ma

藏语安多方言民间故事。流传于青海省果洛藏族自治州。讲述兔妈妈成了熊妈妈的美食后，小兔为报仇杀死了托罗小熊及熊妈妈的亲属好友的过程。反映了弱者也能战胜强者的道理。1982年德尔文·罗桑吾赛讲述并记录。16开纸30页，1000余字。今藏青海省果洛藏族自治州甘德县德尔文·罗桑吾赛处。（德尔文·罗桑吾赛　久旦）

克次尔协布

ཁུ་ཚུར་ཕྱེད་པོ།

khu tsur phyed po

藏语安多方言民间故事。流传于青海省果洛藏族自治州。讲述从前有个人只有半个拳头那么大，叫克次尔协布，大力傻子是他的邻居，他每天欺负克次尔协布，还杀死了克次尔协布的母亲，最后克次尔协布靠聪明和智慧战胜大力傻子。反映了克次尔协布的聪明机智。1982年德尔文·罗桑吾赛讲述并记录。16开纸30页，5000余字。今藏青海省果洛藏族自治州甘德县德尔文·罗桑吾赛处。（德尔文·罗桑吾赛　久旦）

黄羊裘皮者

རྒན་མོའི་ཞི་ལི་དགོ་སྟག་ཅན།

rgn movi zhi li dgo stzg can

藏语安多方言民间故事。流传于青海省果洛藏族自治州。讲述黄羊裘皮者上山打猎时看见君主家的神牛下牛崽的情景，君主找人打卦却没有神牛的下落，黄羊裘皮者假作预见，说了神牛的具体位置和下崽情况，得到眷众的承认，并登了王位。反映了黄羊裘皮者对幸福生活的渴望和对霸权的憎恨之情。1982年德尔文·罗桑吾赛讲述并记录。16开纸30页，10 000余字。今藏青海省果洛藏族自治州甘德县德尔文·罗桑吾赛处。

（德尔文·罗桑吾赛　久旦）

盲臣儿媳

དམུ་སྐེ་ལོང་བའི་མནའ་མ།

dmu ske long bavi mnav ma

藏语安多方言民间故事。流传于青海省果洛藏族自治州。讲述从前有个聪明过人的大臣，其子愚凡，大臣为儿子娶了一位聪慧的媳妇，过于聪明的大臣引起了国王的不安，故国王施计让这位大臣晒金子，使大臣双目失明。反映了官场险恶、出名之人易遭陷害的现象。1982年德尔文·罗桑吾赛讲述并记录。16开纸30页，10 000余字。今藏青海省果洛藏族自治州甘德县德尔文·罗桑吾赛处。

（德尔文·罗桑吾赛　久旦）

雀鸟

བྱེའུ་མཁྲིས་(མཆིལ)་བ།

byevu mkhres (mchil) ba

藏语安多方言民间故事。流传于青海省果洛藏族自治州。讲述一位放牧人的骰子掉进一个小洞，拇指小鸟取到骰子后，众鸟遵守诺言把拇指鸟当选为鸟王、把雀鸟奉为将军并派去捕杀野牛，雀鸟不服杀了拇指鸟，众鸟视雀鸟为敌，雀鸟靠智慧化险为夷，最后杀了鹞鹰得到众鸟的信任。反映了雀鸟的聪明机智和善战精神。1982 年德尔文·罗桑吾赛讲述并记录。16 开纸 30 页，7000 余字。今藏青海省果洛藏族自治州甘德县德尔文·罗桑吾赛处。（德尔文·罗桑吾赛 久旦）

花牛神

བ་ཁྲ་རིལ་ཁྱུང་སྐེ།

ba khr ril khyung ske

藏语安多方言民间故事。流传于青海省果洛藏族自治州。讲述两兄妹到河边饮马，哥被妖女捉去，花牛神奋力解救，花牛神死后哥哥完成花牛神的遗愿，后来见牛皮化为黑帐篷，白毛化羊，黑毛成牛，心脏化为美丽少女，兄妹俩从此过上了好日子。反映了兄妹俩对幸福生活的渴望。1982 年德尔文·罗桑吾赛讲述并记录。16 开纸 30 页，3000 余字。今藏青海省果洛藏族自治州甘德县德尔文·罗桑吾赛处。（德尔文·罗桑吾赛 久旦）

扁袖懒汉

ཕུ་རུང་གློ་ལེབ།

phu rung glo leb

藏语安多方言民间故事。流传于青海省果洛藏族自治州。讲述一扁袖懒汉昼夜睡懒觉不干活，母亲忙里忙外很辛苦，一日其母抱了一块酥油放在不远处，然后让扁袖懒汉起床出门，并嘱托儿子“多睡害身，多跑得财”之理，扁袖懒汉出门溜达了一圈，果然得到了酥油，后来扁袖懒汉每天出门干活，逐渐他家也成为富裕人家。反映了勤劳致富的思想。1982 年德尔文·罗桑吾赛讲述并记录。16 开纸 30 页，200 余字。今藏青海省果洛藏族自治州甘德县德尔文·罗桑吾赛处。（德尔文·罗桑吾赛 久旦）

英豪三兄弟

སྟོད་ཀྱི་རྒོད་པོ་སྤུན་གསུམ།

stod kyi rgod po spun gsum

藏语安多方言民间故事。流传于青海省果洛藏族自治州。讲述有个叫阿吾卡次尔杰的中年人，自谓力大无比，向百牛扛肩、铁链九断、指尖捅山英豪三兄弟挑战，最后不敌身亡，他的三个儿子成年后苦学本领报了杀父之仇，被称为新的英豪三兄弟。反映了传统社会冤冤相报现象。1982 年德尔文·罗桑吾赛讲述并记录。16 开纸 30 页，2000 余字。今藏青海省果洛藏族自治州甘德县德尔文·罗桑吾赛处。（德尔文·罗桑吾赛 久旦）

黑熊吐银

དོམ་ནག་དངུལ་སྐྱུག

dom nag dngul skyug

藏语安多方言民间故事。流传于青海省果洛藏族自治州。讲述吝啬富翁有个聪明的仆人，仆人利用黑熊吐银等谎言，得到富翁财物的故事。反映了对贪财鬼的讥讽。1982 年德尔文·罗桑吾赛讲述并记录。16 开纸 30 页，7000 余字。今藏青海省果洛藏族自治州甘德县德尔文·罗桑吾赛处。

（德尔文·罗桑吾赛 久旦）

松石王

རྒྱལ་པོ་གཡུ་རྡོ།

rgyl bo gyu rdo

藏语安多方言民间故事。流传于青海省果洛藏族自治州。讲述古有母子二人，儿子梦见和一位少女结为终身伴侣，梦中少女送他一枚戒指，梦醒戒指果然在，儿子执意寻梦，长达九年终找到梦中所见公主，儿子通过种种考验，终于得到国王的信任，最后登上王位。反映了儿子追求爱情的执着精神。1982 年德尔文·罗桑吾赛讲述并记录。16 开纸 30 页，10 000 余字。今藏青海省果洛藏族自治州甘德县德尔文·罗桑吾赛处。

（德尔文·罗桑吾赛 久旦）

北辰王子

རྒྱལ་པོ་སྐར་མ་དཔའ་བརྟན།

rgyl bo skr ma dpav brtn

藏语安多方言民间故事。流传于青海省果洛藏族自治州。讲述一个国王有三个王子，某日，妖臣蒙骗国王并准备杀害三个王子时，王后偷领三位王子逃到城外度日。母子历尽艰辛，小王子北辰英勇善战，机智过人，最后战胜了妖臣，小王子登了王位并称之为北辰王。反映了小王子的英勇善战精神。1982年德尔文·罗桑吾赛讲述并记录。16开纸30页，30 000余字。今藏青海省果洛藏族自治州甘德县德尔文·罗桑吾赛处。

（德尔文·罗桑吾赛　久旦）

断腿鸟

བྱེའུ་རྐང་ཆག

byevu rkng chag

藏语安多方言民间故事。流传于青海省果洛藏族自治州。讲述从前有个富户人家附近住着一个孤儿，孤儿耕田时看见一只断腿鸟，觉得很可怜并为其包扎疗伤，断腿鸟为了报答恩情将三颗芥籽洒在田中，次年结了很多大如牛身的芥籽，切开后里面涌出金水，从此孤儿家成了金库。后来富翁发现依样去做，毁了整个国家，最后孤儿用神宝恢复原国并成为国王。反映了富户人家为富不仁和无比贪婪。1982年德尔文·罗桑吾赛讲述并记录。32开纸30页，3000余字。今藏青海省果洛藏族自治州甘德县德尔文·罗桑吾赛处。（德尔文·罗桑吾赛　久旦）

美丽的神画

མཛེས་སྡུག་ལྷའི་ཐང་ཀ

mdses sdug lxvi thang ka

藏语安多方言民间故事。流传于青海省果洛藏族自治州。讲述一位善于刺绣的老母，花了三年的时间绣出一幅绝世神画，几位仙女为之动心，将神画带到仙境，失画后老母卧床不起，三个儿子去找神画，大儿子和二儿子途中得了一些财物后远走高飞，小儿子却不辞辛苦、锲而不舍地去寻找，终于找到神画，同时娶一位仙女为妻，过上了神仙般的日子。反映了小儿子对母亲的孝顺忠厚的美德。1982年德尔文·罗桑吾赛讲述并记录。16开纸30页，7000余字。今藏青海省果洛藏族自治州甘德县德尔文·罗桑吾赛处。（德尔文·罗桑吾赛　久旦）

大力小力

སྟོབས་ཆེན་སྟོབས་ཆུང་།

stobs chen stobs chung

藏语安多方言民间故事。流传于青海省果洛藏族自治州。讲述从前有个人自以为力大无比，找大力和小力比武，结果被小力甩断了腿，囚禁在山洞里，后来他两个儿子长大后战胜了大力、小力，并救出了父亲。反映了习武之人的苦练精神。1982年德尔文·罗桑吾赛讲述并记录。16开纸30页，1500余字。今藏青海省果洛藏族自治州甘德县德尔文·罗桑吾赛处。（德尔文·罗桑吾赛　久旦）

春日居吉阿让

དཔྱིད་ཉི་ཇོས་ཀྱི་ཨ་རིང་།

dpyid nyi jos kyi aa ring

藏语安多方言民间故事。流传于青海省果洛藏族自治州。讲述从前有母女二人，家中只有一点大米，母亲对女儿说："这点大米只好春日居·吉阿让回来才能吃。"一位老僧听到此事，等其母外出时，家里来到一位僧人，女儿将其误认为时春日居·吉阿让，便把仅有的一点大米就给了他。因积德资粮，母女家境好转过上了幸福的生活。反映了善有善报的佛教思想。1982年德尔文·罗桑吾赛讲述并记录。16开纸30页，1000余字。今藏青海省果洛藏族自治州甘德县德尔文·罗桑吾赛处。（德尔文·罗桑吾赛　久旦）

母亲受生于熊

ཨ་མའི་སྐྱེ་བའི་དྲེད་མོང་།

aa mavi skye bavi dred mong

藏语安多方言民间故事。流传于青海省果洛藏族自治州。讲述有位牧人落到强盗之手，遭到毒打，快要断气时被一只熊救活，并把他送回家，临别时熊掉下了很多眼泪，牧人将此事告诉了活佛，活佛告诉他这只熊是那位牧人已故母亲的受生。反映了佛教生死轮回的观念，赞颂了母爱的伟大。1982年德尔文·罗桑吾赛讲述并记录。16开纸30页，1000余字。今藏青海省果洛藏族自治州甘德县德尔文·罗桑吾赛处。（德尔文·罗桑吾赛　久旦）

人与动物交朋友

མི་དང་གཅན་གཟན་གྲོགས་བསྒྲིགས་པ།

mi dang gcan gzan grogs bsgrigs pa

藏语安多方言民间故事。流传于青海省果洛

藏族自治州。讲述一富翁拆散了一对真诚相爱的情人，小伙子在被赶走的途中遇到了猴子、乌鸦、狼、豹等，并与它们结为朋友，最后在诸位动物朋友的帮助下，他战胜了富翁，并得到了失去的情人。反映了有情人终成眷属的美好向往。1982年德尔文·罗桑吾赛讲述并记录。16开纸30页，2000余字。今藏青海省果洛藏族自治州甘德县德尔文·罗桑吾赛处。 （德尔文·罗桑吾赛 久旦）

白额鹞

བྱ་འོལ་ལི་ཐོད་དཀར།

by vol li thod dkar

藏语安多方言民间故事。流传于青海省果洛藏族自治州。讲述从前有个国王有三个王子，三位王子按父王之命，到魔域找白额鹞，此鸟一抖可得金沙，最后小王子得到白额鹞并登上王位。反映了小王子的智慧和勇气。1982年德尔文·罗桑吾赛讲述并记录。16开纸30页，3000余字。今藏青海省果洛藏族自治州甘德县德尔文·罗桑吾赛处。 （德尔文·罗桑吾赛 久旦）

高大吉祥龙

མཐོན་པོ་ཀླུའི་བཀྲ་ཤིས།

mthon po kluvi bkr shis

藏语安多方言民间故事。流传于青海省果洛藏族自治州。讲述母子二人过着安稳的日子，一次母亲被九头魔施术致卧床不起，如果得不到活野牛角、雌狮之奶和大鹏之羽就会丧命，儿子历尽艰险，找到稀物并打败妖魔救了母亲。反映了儿子勇敢、智慧和孝顺之心。1982年德尔文·罗桑吾赛讲述并记录。16开纸30页，7000余字。今藏青海省果洛藏族自治州甘德县德尔文·罗桑吾赛处。

（德尔文·罗桑吾赛 久旦）

秀格嘉洛

ཤིག་གི་སྐྱབས་ལོ།

shig gi skybs lo

藏语安多方言民间故事。流传于青海省果洛藏族自治州。讲述骑着黑色千里马的秀格嘉洛，英勇救出落难公主并和家人团聚的故事。反映了秀格嘉洛的英勇善战。1982年德尔文·罗桑吾赛讲述并记录。16开纸30页，2000余字。今藏青海省果洛藏族自治州甘德县德尔文·罗桑吾赛处。

（德尔文·罗桑吾赛 久旦）

古雅俄智卓玛

འགུ་ཡ་དངོས་གྲུབ་སྒྲོལ་མ།

vgu ya dngos grub sgrol ma

藏语安多方言民间故事。流传于青海省果洛藏族自治州。讲述富翁之子为了护救一只狗，一只猫和一条金鱼倾其财物，被其父驱赶门外，而金鱼是龙王之子化身，龙王感激其行为把龙女古雅许配给恩人。后来古雅被另一国王抢去，狗与猫帮助富翁之子夺回龙女古雅。反映了富翁之子的善良和勇敢。1982年德尔文·罗桑吾赛讲述并记录。16开纸30页，1518字。今藏青海省果洛藏族自治州甘德县德尔文·罗桑吾赛处。

（德尔文·罗桑吾赛 久旦）

龙女

ཀླུའི་བུ་མོ།

kluvi bu mo

藏语安多方言民间故事。流传于青海省果洛藏族自治州。讲述一位乞丐救了一只蛙身龙子，龙王为感其行把乞丐请到龙宫，送其三件稀世之宝并把龙女许配给他的故事。反映了该乞丐善良慈悲之心及对美满生活的渴望。1982年德尔文·罗桑吾赛讲述并记录。16开纸30页，1000余字。今藏青海省果洛藏族自治州甘德县德尔文·罗桑吾赛处。 （德尔文·罗桑吾赛 久旦）

羊头魔的对手

སྲིན་པོ་ལུག་མགོའི་དོ་ཡ།

srin po lug mgovi do ya

藏语安多方言民间故事。流传于青海省果洛藏族自治州。讲述王宫附近住有母子二人，生活很贫穷，儿子长大后变得很强健，一天可以捕杀百头野牦牛，国王恐他威胁到自己的王位而忐忑不安，并派羊头魔去除掉此人，最后这位强人打败羊头魔并夺取了王位。反映并讽刺了国王过于看重王位，不相信其臣民，导致失去王位的行为。1982年德尔文·罗桑吾赛讲述并记录。16开纸30页，2000余字。今藏青海省果洛藏族自治州甘德县德尔文·罗桑吾赛处。　　（德尔文·罗桑吾赛　久旦）

金角蜣螂

འབུ་ནག་གསེར་གྱི་ར་ཅན།

vbu nag gser gyi ra can

藏语安多方言民间故事。流传于青海省果洛藏族自治州玛沁县、甘德县一带。讲述国王家的女仆梦见自己的儿子到了二十五岁可得王位之事传遍王宫，国王得知后女仆之子被迫投河自尽，不料被一活佛搭救，并遇到金角蜣螂学了诸多法术，最后报复取得王位，与母亲团聚。反映并讥讽了国王的多疑和无知。1982年德尔文·罗桑吾赛讲述并记录。16开纸30页，5000余字。今藏青海省果洛藏族自治州甘德县德尔文·罗桑吾赛处。

（德尔文·罗桑吾赛　久旦）

珊瑚角鼠

ཨ་བྲ་བྱུ་རུའི་ར་ཅན།

aa br byu ruvi ra can

藏语安多方言民间故事。流传于青海省果洛藏族自治州。讲述有个穷男孩救了一只头上长有珊瑚犄角的无尾地鼠，地鼠为了报恩，把自己头上的珊瑚犄角送给恩人，从此男孩事事如意的故事。反映了百姓渴望幸福生活的想象。1982年德尔文·罗桑吾赛讲述并记录。16开纸30页，1200字。今藏青海省果洛藏族自治州甘德县德尔文·罗桑吾赛处。　　（德尔文·罗桑吾赛　久旦）

诚实的牧马人

རྫུན་མི་སྨྲ་བའི་རྟ་རྫི།

rdsun mi smr bavi rt rdsi

藏语安多方言民间故事。流传于青海省果洛藏族自治州。讲述国王家有个牧马人，从来不撒谎，邻国的国王不信，以国土作为赌注，牧马人的诚信使国王赢得了邻国国土，牧马人被封为大臣。歌颂了诚实守信的美德。1982年德尔文·罗桑吾赛讲述并记录。16开纸30页，1000余字。今藏青海省果洛藏族自治州甘德县德尔文·罗桑吾赛处。

（德尔文·罗桑吾赛　久旦）

羊头琥珀

ར་མགོའི་སྤོས་ཤེལ།

ra mgovi spos shel

藏语安多方言民间故事。流传于青海省果洛藏族自治州。讲述一小伙子受引诱跟着一群歹徒到外地盗物，自己一无所获，途遇到一女子逼迫出嫁并与之相识相爱，女子送给他羊头琥珀作为信物，小伙子为了赢得心爱之人，不辞艰辛，冒险相救，终于夺回其女，如愿以偿。反映了青年男女对自由婚姻的向往。1982年德尔文·罗桑吾赛讲述并记录。16开纸30页，1000余字。今藏青海省果洛藏族自治州甘德县德尔文·罗桑吾赛处。

（德尔文·罗桑吾赛　久旦）

灰草甲

རྩ་ཁྲབ་སྐྱ་རིས།

rtz khrb sky ris

藏语安多方言民间故事。流传于青海省果洛藏族自治州。讲述从前一夫妇生了一对龙胞胎，其母亲去世后父亲另娶抛弃双子，双子被一穿有灰草甲文武双全之人抚养并授文传武，最后龙胎兄弟除魔降妖夺得王位。反映了穿灰草甲人为社会上不公平现象打抱不平、见义勇为的精神。1982年德尔文·罗桑吾赛讲述并记录。16开纸30页，30 000余字。今藏青海省果洛藏族自治州甘德县德尔文·罗桑吾赛处。　　（德尔文·罗桑吾赛　久旦）

冶工的哑巴儿子

མགར་བའི་བུ་ལྐུག

mgar bavi bu lkug

藏语安多方言民间故事。流传于青海省果洛藏族自治州。讲述一位铁匠的儿子是个哑巴，父恼其哑欲除掉儿子，哑巴突然开口："不要杀我！我会报父母养育之恩的！"后来哑巴用智慧战胜国王取得王位。故事反映了哑巴儿子的聪明与智慧。1982年德尔文·罗桑吾赛讲述并记录。16开纸30页，8000余字。今藏青海省果洛藏族自治州甘德县德尔文·罗桑吾赛处。

（德尔文·罗桑吾赛 久旦）

国王铁木汗

རྒྱལ་པོ་ཐལ་མེར་རྒན།

rgyl po thal mer rgn

藏语安多方言民间故事。流传于青海省果洛藏族自治州。讲述国王铁木汗的仆工杀死了血眼妖女之神牛，妖女发怒吞吃了国王眷众，国王一同遇险王子除掉血眼妖女救出父皇的故事。反映了王子的善战和妖女的无情。1982 年德尔文·罗桑吾赛讲述并记录。16 开纸 30 页，2000 余字。今藏青海省果洛藏族自治州甘德县德尔文·罗桑吾赛处。（德尔文·罗桑吾赛 久旦）

扁尾魔羊

འདྲེ་ལུག་རྔ་ལེབ་

vdre lug rng leb

藏语安多方言民间故事。流传于青海省果洛藏族自治州。讲述从前有个穷小子遇到一群扁尾羊，觉得好奇尾随羊群到一个山洞，看见一位高大的独眼黑魔食人鬼，穷小子趁黑鬼睡觉的机会将其杀死并赶羊逃生，从此穷小子拥有了那群扁尾魔羊。反映了藏区扁尾魔羊品种的来历。1982 年德尔文·罗桑吾赛讲述并记录。16 开纸 30 页，800 余字。今藏青海省果洛藏族自治州甘德县德尔文·罗桑吾赛处。（德尔文·罗桑吾赛 久旦）

护法神达哇昂布

དཀོར་སྲུང་ཟླ་བའི་དབང་པོ།

dkor srung zl bavi dbang bo

藏语安多方言民间故事。流传于青海省果洛藏族自治州。讲述上师尼玛智巴有个信徒叫达哇昂布，上师对信徒再三叮嘱，从即日起三天之内不管出任何事，千万不能出门，如必须出门，袈裟则不能离身。第三天信徒因后妈去世出门办丧事，急忙中忘带袈裟瞬间变成厉鬼，伤害无辜生命，最后上师降伏其徒并被奉为护法神。1982 年德尔文·罗桑吾赛讲述并记录。16 开纸 30 页，1000 余字。今藏青海省果洛藏族自治州甘德县德尔文·罗桑吾赛处。（德尔文·罗桑吾赛 久旦）

棕褐鬼马

འདྲེ་རྟ་ཁམ་ར།

vdre rt kam ra

藏语安多方言民间故事。流传于青海省果洛藏族自治州。讲述从前有个牧户人家黄昏时分准备圈羊时，一位骑枣红马的中年男子前来借马，说三天后归还，等到三年后的第一天才来还马，给了牧户一袋财宝后就消失了，牧人领悟到原来鬼神的三天就是人间的三年。反映了藏区民间人间三年、鬼神三天的传说，也反映了相对时空的哲学思想。1982 年德尔文·罗桑吾赛讲述并记录。16 开纸 30 页，500 余字。今藏青海省果洛藏族自治州甘德县德尔文·罗桑吾赛处。（德尔文·罗桑吾赛 久旦）

与鬼相伴去拉萨

ལྷ་སར་འགྲོ་རོགས་ཀྱི་འདྲེ།

lx sar vgro rogs kyi vdre

藏语安多方言民间故事。流传于青海省果洛藏族自治州。讲述从前有两个人到拉萨朝圣，途中一人被蛇精所食，变为鬼，人鬼一同上路，人到拉萨朝拜神佛并得到护身结和金刚石，鬼在途中等候，回乡途中此鬼伤害无数生命，最后此人降伏鬼伴而流传于世。反映了邪不压正的道理。1982 年德尔文·罗桑吾赛讲述并记录。16 开纸 30 页，1200 余字。今藏青海省果洛藏族自治州甘德县德尔文·罗桑吾赛处。（德尔文·罗桑吾赛 久旦）

如意花钵

ཟས་ཅི་འདོད་ཀྱི་ཙ་ནེ་ཁྲ་ར་མ།

zas ci vdod kyi ca ne khr ra ma

藏语安多方言民间故事。流传于青海省果洛藏族自治州。讲述从前有两个兄弟，兄富裕，弟贫穷，一日兄设宴庆，未请弟，弟因心里难过而离家出走，在一个山洞里得到独眼魔的如意化钵解脱贫穷。兄贪婪为了得到神钵，假装成弟到山洞却遭到独眼魔的袭击。反映了兄的贪婪之心。1982 年德尔文·罗桑吾赛讲述并记录。16 开纸 30 页，1000 余字。今藏青海省果洛藏族自治州甘德县德尔文·罗

桑吾赛处。（德尔文·罗桑吾赛　久旦）

你才是鬼

འདྲེ་ང་མ་རེད།

vdre nga ma red

藏语安多方言民间故事。流传于青海省果洛藏族自治州。讲述从前有个人上山打猎，遇到一鬼，一起烧茶做饭，但无肉食，鬼说不要紧，我已经在一只羊蹄中扎了支骨钉，过两天羊就会因蹄腐烂而死，人着急地说："我等不及了！"说着便跑到羊群中抓了一只羊当场给弄死。鬼惊讶地说："鬼不是我，你才是真正的鬼……"反映了有时人比鬼还可怕，揭示了人性残暴的一面。1982年德尔文·罗桑吾赛讲述并记录。16开纸30页，500字。今藏青海省果洛藏族自治州甘德县德尔文·罗桑吾赛处。（德尔文·罗桑吾赛　久旦）

灰衣鬼

འདྲེ་སྣམ་ལ་སྐྱ་རིས།

vdre snm la sky ris

藏语安多方言民间故事。流传于青海省果洛藏族自治州。讲述从前有个乞丐之子在商团中落伍后与灰衣鬼勾结，为了报复加害商友们，此后灰衣鬼罪孽不断，被商仆的弟弟乃嘉杨谢巴之化身降伏。反映了乞丐之子的小气、狭隘和过分的报复心理。1982年德尔文·罗桑吾赛讲述并记录。16开纸30页，9000余字。今藏青海省果洛藏族自治州甘德县德尔文·罗桑吾赛处。

（德尔文·罗桑吾赛　久旦）

海心山闭修师

མཚོ་སྙིང་མཚམས་པ།

mtso snying mtsams pa

藏语安多方言民间故事。流传于青海省果洛藏族自治州。讲述师徒二人到海心山闭户静坐修行时，上师降服一起尸，众人敬献财物以表谢意，上师用众人之物修建了一座寺庙。反映了佛教修行者的法力功底和积德行为。1982年德尔文·罗桑吾赛讲述并记录。16开纸30页，1000余字。今藏青海省果洛藏族自治州甘德县德尔文·罗桑吾赛处。（德尔文·罗桑吾赛　久旦）

吱尔大鹏鸟

ཙི་རུ་བྱ་རྒྱལ་ཁྱུང་ཆེན།

tzi ru by rgyl khyung chen

藏语安多方言民间故事。流传于青海省果洛藏族自治州。讲述一仆工寻牛途中因饥饿，烤食羊肺时来了一个黑妖魔问他："像鸟肉一样吱尔吱尔作响的是何物？"仆工装作不怕的样子说："此乃吱尔大鹏鸟，是专门降服黑妖魔的。"妖魔听到此言转身就逃跑，仆工因此脱险。反映了仆工的机智与勇敢。1982年德尔文·罗桑吾赛讲述并记录。16开纸30页，600余字。今藏青海省果洛藏族自治州甘德县德尔文·罗桑吾赛处。

（德尔文·罗桑吾赛　久旦）

狂人加利

གཏུམ་དྲག་རྒྱ་ལི།

gtum drg rgy li

藏语安多方言民间故事。流传于青海省果洛藏族自治州。讲述从前有一个叫狂人加利的男子，他既不信神，也不怕鬼，更不信佛，其很多行为与佛法相悖，一日其独自一人到鬼谷寻牛时，产生幻觉将自己的肚皮划破，抓起肠子作食，临死之际感到后悔起了信佛的念头，但已追悔莫及。反映了促使人们信仰佛法、行善积德的思想。1982年德尔文·罗桑吾赛讲述并记录。16开纸30页，800余字。今藏青海省果洛藏族自治州甘德县德尔文·罗桑吾赛处。（德尔文·罗桑吾赛　久旦）

孩儿虽小有缘成王

བྱིས་པ་ཆུང་རུང་རྒྱལ་སར་ལས་ཀྱིས་བསྐོས།

byis pa chung rung rgyl sar las kyis bskos

藏语安多方言民间故事。流传于青海省果洛藏族自治州。讲述从前有个女王死后变成起尸鬼，夺取了王子及其眷属的性命，数年后一位年满十三岁的孩童降服起尸鬼当了国王。反映了传统社会王室家族内部争夺王位的阴险性和复杂性。1982年德尔文·罗桑吾赛讲述并记录。16开纸30页，1500余字。今藏青海省果洛藏族自治州甘德县德

尔文·罗桑吾赛处。（德尔文·罗桑吾赛 久旦）

夏拉忠与卓拉忠

བུ་ཤ་ལ་སྒྲོན་དང་བུ་མོ་གྲོ་ལ་སྒྲོན།
bu sha la sgron dang bu mo gro la sgron

藏语安多方言民间故事。流传于青海省果洛藏族自治州。讲述从前有个杀鹿能手叫夏拉忠，挖蕨麻能手叫卓拉忠，兄妹俩很能干，一日父亲起疑心将儿女赶出家门，后来兄妹俩得到护法神的宝库，过上了幸福生活。反映了兄妹俩的聪明和能干。1982年德尔文·罗桑吾赛讲述并记录。16开纸30页，1000余字。今藏青海省果洛藏族自治州甘德县德尔文·罗桑吾赛处。

（德尔文·罗桑吾赛 久旦）

石枪石马

རྡོ་བོའུ་རྡོ་རྟ།
rdo bovu rdo re

藏语安多方言民间故事。流传于青海省果洛藏族自治州。讲述从前有两个猎人捕猎，途中在一红崖地下歇息时，得到一支石枪和一匹石马，从此两人变成凶恶鬼，最后被一位得道者降服。反映了善恶有报的佛教思想。1982年德尔文·罗桑吾赛讲述并记录。16开纸30页，800余字。今藏青海省果洛藏族自治州甘德县德尔文·罗桑吾赛处。（德尔文·罗桑吾赛 久旦）

雪域上师罗珠热赛

གངས་རིའི་བླ་མ་བློ་གྲོས་རབ་གསལ།
gangs rivi bl ma blo gros rab gsal

藏语安多方言民间故事。流传于青海省果洛藏族自治州。讲述一对贫穷夫妇，丈夫死后变成起尸鬼，在人间作恶，其妇得知后迎请上师罗珠热赛，在降鬼的过程中由于助手失手，起尸鬼被销毁一半，残留的另一半至今仍在起尸作恶。反映了藏区仍有起尸的奇闻。1982年德尔文·罗桑吾赛讲述并记录。16开纸30页，4000余字。今藏青海省果洛藏族自治州甘德县德尔文·罗桑吾赛处。（德尔文·罗桑吾赛 久旦）

活人的右大腿

མི་གསོན་པོའི་བརླ་གཡས་པ།
mi gson povi brl gyas pa

藏语安多方言民间故事。流传于青海省果洛藏族自治州。讲述一人捕猎时住一旧房，半夜三更群鬼入门，次日凌晨，一条血淋淋的右大腿呈现于床旁，过了三年后，此人由于大腿干硬而突然死去。反映了藏区鬼怪故事的奇异性。1982年德尔文·罗桑吾赛讲述并记录。16开纸30页，3000余字。今藏青海省果洛藏族自治州甘德县德尔文·罗桑吾赛处。（德尔文·罗桑吾赛 久旦）

银发老妖

འདྲེ་རྒན་སེ་རིལ།
vdre rgn se ril

藏语安多方言民间故事。流传于青海省果洛藏族自治州。讲述父亲放牧归途中遇见银发老妖，并中了妖邪，儿子得知后，除去妖魔救了父命的故事。反映了儿子除魔驱邪的超强本领。1982年德尔文·罗桑吾赛讲述并记录。16开纸30页，4000余字。今藏青海省果洛藏族自治州甘德县德尔文·罗桑吾赛处。（德尔文·罗桑吾赛 久旦）

无依无怙

སྐྱབས་མེད་མགོན་མེད།
skybs med mgon med

藏语安多方言民间故事。流传于青海省果洛藏族自治州。讲述三位盗匪同住红崖脚下议道，一人曰“我皈依三宝”，一人道“我皈依红崖”，一人却说“我无依无怙”。此话被野鬼听到后当晚就把“无依无怙”之人给吃了。表述了人无依无怙，连鬼都放不过他，反映了世间种种不平的一个侧面。1982年德尔文·罗桑吾赛讲述并记录。16开纸30页，2000余字。今藏青海省果洛藏族自治州甘德县德尔文·罗桑吾赛处。（德尔文·罗桑吾赛 久旦）

骑红牛的鬼

འདྲེ་གཡག་བ་དམར་སྒྲིས།
vdre gyag ba dmar sgris

藏语安多方言民间故事。流传于青海省果洛

藏族自治州。讲述一位僧人漫游他乡时，与骑红牛的鬼结为好友，后来妖魔折磨僧人，做了很多害人的事，被僧人降服，并将其封为护法之神。反映了修法人的善良与法的威力。1982年德尔文·罗桑吾赛讲述并记录。16开纸30页，5000余字。今藏青海省果洛藏族自治州甘德县德尔文·罗桑吾赛处。（德尔文·罗桑吾赛 久旦）

鸟衣王子

རྒྱལ་བུ་བྱ་ཤུབས་ཅན།

rgyl bu by shubs can

藏语安多方言民间故事。流传于青海省果洛藏族自治州。讲述女仆出宫放牧，遇见一只丽鸟，女仆得知该鸟本为王子之身后，便自愿嫁给王子成了王妃，但因王子蒙受山妖所诅咒，只有每到十五之夜，才能与王妃相聚，于是王妃想方设法搭救王子，终于战胜妖魔，与王子度过幸福的一生。反映了王妃的坚贞爱情和英明机智。1982年德尔文·罗桑吾赛讲述并记录。16开纸30页，2000余字。今藏青海省果洛藏族自治州甘德县德尔文·罗桑吾赛处。（德尔文·罗桑吾赛 久旦）

长臂食人婆

གཙོ་མོ་ལག་རིང་མ།

gtzo mo lag ring ma

藏语安多方言民间故事。流传于青海省果洛藏族自治州。讲述一家只有母子二人，每当三更，老母亲骑一柜子出门，一日儿子藏进柜子看到母亲是个食人婆的真相，当食人婆设法吃掉儿子时，一位活佛搭救，并把长臂食人婆化为空行食肉者的供品。反映了“法”“魔”斗争的一个侧面。1982年德尔文·罗桑吾赛讲述并记录。16开纸30页，2000余字。今藏青海省果洛藏族自治州甘德县德尔文·罗桑吾赛处。（德尔文·罗桑吾赛 久旦）

红狼

སྤྱང་ཀི་དམར་པོ།

spyng ki dmar po

藏语安多方言民间故事。流传于青海省果洛藏族自治州。讲述一对夫妇前后生了三个孩子，但都没有保住，遂请来法师诵经打卦，法师预言如再有了孩子将把他扔向悬崖方可保子，后按法师旨意行事，虽然孩子变成了狼孩，但从此保住了孩子。反映了父母为保住孩子性命所做出的牺牲。1982年德尔文·罗桑吾赛讲述并记录。16开纸30页，300余字。今藏青海省果洛藏族自治州甘德县德尔文·罗桑吾赛处。（德尔文·罗桑吾赛 久旦）

逃脱于死神之手

འཆི་བདག་གི་ལག་ནས་ཐར་བ།

vchi bdag gi lag nas thar ba

藏语安多方言民间故事。流传于青海省果洛藏族自治州。讲述从前一对夫妇有九个孩子，每两年失去两个生命，依次父母及八个儿子的生命被死神夺走，第九个孩子被一位修道者解救，并被传授经文，精修佛法，成了当地最优秀的青年王子。反映了人们渴望解脱于非命。1982年德尔文·罗桑吾赛讲述并记录。16开纸30页，1000余字。今藏青海省果洛藏族自治州甘德县德尔文·罗桑吾赛处。（德尔文·罗桑吾赛 久旦）

九姊妹

དམ་སྲི་སྤུན་དགུ།

dam sri spun dgu

藏语安多方言民间故事。流传于青海省果洛藏族自治州。讲述有个商人行商途中遇见九位美女，商人做了宿业食子送给她们后，自己不由自主地投河身亡，变成起尸鬼危害民众，大家请了诸多喇嘛念咒降鬼，但无济于事，后来本地一位旧乘法师与花牦牛联合起来，降服了该起尸鬼的故事。反映了藏区曾有宿业食子不能乱送陌生人的传说。1982年德尔文·罗桑吾赛讲述并记录。16开纸30页，500余字。今藏青海省果洛藏族自治州甘德县德尔文·罗桑吾赛处。（德尔文·罗桑吾赛 久旦）

留在圈窝子的老婆婆

ཕྱི་དབོར་དུ་ལུས་པའི་རྒན་མོ།

phyi dbor du lus pavi rgn mo

藏语安多方言民间故事。流传于青海省果洛藏族自治州。讲述一户人家迁往夏窝子，老婆婆斩留守圈，吃晚饭时进来一个满头红发的怪物，坐在灶旁，老婆婆发现怪物怕火，并用火将怪物赶走，次日看见焚灰中有三颗药丸，老婆婆闻到药丸的香味后变成一位少女。反映了人们返老还童的祈望心理。1982 年德尔文・罗桑吾赛讲述并记录。16 开纸 30 页，800 余字。今藏青海省果洛藏族自治州甘德县德尔文・罗桑吾赛处。

（德尔文・罗桑吾赛　久旦）

海螺少女

བུ་མོ་དུང་མོ་མཚོ།

bu mo dung mo mtso

藏语安多方言民间故事。流传于青海省果洛藏族自治州。讲述一家有三个女儿，还有一头神牛，一次神牛丢失，大女儿和二女儿都相继去找神牛，却不见回家，小女儿只好出门寻姐找牛，发现神牛及二位姐都藏匿在一个鬼婆家中，小女设法救两个姐姐，终于将鬼婆弄死，一家人重新团聚。反映了百姓安康团圆的心愿。1982 年德尔文・罗桑吾赛讲述记录。16 开纸 30 页，2000 余字。今藏青海省果洛藏族自治州甘德县德尔文・罗桑吾赛处。　（德尔文・罗桑吾赛　久旦）

大鹏鸟

ནམ་མཁའི་བྱ་རྒྱལ་ཁྱུང་ཆེན།

nam mkhvi by rgyl khyung cher

藏语安多方言民间故事。流传于青海省果洛藏族自治州。讲述一只蚯蚓在雨过天晴之时出土，只见空中飞来一只蝴蝶，顿时遮住了阳光，蚯蚓急忙问道："你好啊！大鹏鸟。"蝴蝶也有些紧张，把蚯蚓当作蛇问候，后来彼此了解后，蚯蚓讥讽道："我以为是一只大鹏，原来是一只没里没外的蝴蝶嘛！"蝴蝶反回道："我本以为是条蛇，原来是条没头没尾的蚯蚓啊！"反映了藏族传统民间故事的风趣幽默感。1982 年德尔文・罗桑吾赛讲述并记录。16 开纸 30 页，1000 余字。今藏青海省果洛藏族自治州甘德县德尔文・罗桑吾赛处。

（德尔文・罗桑吾赛　久旦）

破罐子妈妈

ཨ་མ་རྫ་ཆག།

aa ma rbs chag

藏语安多方言民间故事。流传于青海省果洛藏族自治州。讲述破罐子妈妈有个儿子叫小不点儿，有个女儿叫小草，兄妹俩到一富户人家偷了一头牛，小草牵着牛，小不点儿赶在牛后面，途中牛拉了一泡牛粪，小不点儿被压在下面，小草被牛食进肚子。反映了藏族传统故事教育孩子们不能学坏行偷。1982 年德尔文・罗桑吾赛讲述并记录。16 开纸 30 页，500 余字。今藏青海省果洛藏族自治州甘德县德尔文・罗桑吾赛处。

（德尔文・罗桑吾赛　久旦）

食团换石锛

ལྡག་རིལ་རྡོ་སྟ།

ldg ril rdo st

藏语安多方言民间故事。流传于青海省果洛藏族自治州。讲述一糊涂人叫哈利，新婚之夜，哈利家中的老黄牛被盗，次日哈利在寻牛途中捡了一个玉钵，糊涂人用它换了一匹马，然后依次马换牛，牛换羊，羊换食团，食团换石锛，用石锛打死妻子的愚蠢行为。通过幽默的方式对糊涂人给予讽刺。1982 年德尔文・罗桑吾赛讲述并记录。16 开纸 30 页，500 余字。今藏青海省果洛藏族自治州甘德县德尔文・罗桑吾赛处。

（德尔文・罗桑吾赛　久旦）

蜜蜂的惩罚

སྦྲང་མའི་ཆད་པ།

sbrng mvi chad pa

藏语安多方言民间故事。流传于青海省果洛藏族自治州。讲述蜜蜂、蛐蛐、甲虫、燕子等相聚撮一顿，共同做了一锅汤，蜜蜂品尝了三次把汤喝完，朋友们很生气，手忙脚乱中蜂翅皮被撕成两半，从此蜜蜂的翅膀变成四瓣。侧面反映了协作共事、顾全大局的重要性。1982 年德尔文・罗桑吾赛讲述并记录。16 开纸 30 页，500 余字。今藏青海省果洛藏族自治州甘德县德尔文・罗桑吾赛处。　（德尔文・罗桑吾赛　久旦）

害子之父

བུ་སྲོག་འཕྲོག་པའི་ཕ།

bu srog vphrog pavi pha

藏语安多方言民间故事。流传于青海省果洛藏族自治州。讲述从前有对夫妇过于自私贪食，趁儿子放牧之机，煮了一个羊腿偷食，只给儿子留下关节刺骨，儿子吞食骨头堵住喉咙窒息而死。反映了过分贪婪悔害己害人。1982年德尔文·罗桑吾赛讲述并记录。16开纸30页，400余字。今藏青海省果洛藏族自治州甘德县德尔文·罗桑吾赛处。（德尔文·罗桑吾赛 久旦）

羊帽牛袄

མ་ཞྭ་འབྲི་སྟེག

ma mgo vbri stzeg

藏语安多方言民间故事。流传于青海省果洛藏族自治州。讲述从前有位僧人在诵经时，来了一个傲慢的小伙，当僧人夸他的狐皮帽、皮袄领等衣着，他便乘机大肆炫耀自己的服饰，受到众人的讥笑。反映了对不知轻重、自以为是者的讥讽。1982年德尔文·罗桑吾赛讲述并记录。16开纸30页，1000余字。今藏青海省果洛藏族自治州甘德县德尔文·罗桑吾赛处。（德尔文·罗桑吾赛 久旦）

《莲生传》下羊头桌

པདྨ་བཀའ་ཐང་མ་མོའི་ཁྲི་ལ་བཞུགས།

pad ma bkav thang ma movi khri la bzhugs

藏语安多方言民间故事。流传于青海省果洛藏族自治州。讲述从前个人家念颂《莲生传》经，户主偷了邻居家的一只羊，准备食用时，羊主登门寻羊，户主急忙把羊头盖住后放在经文下以作书台，躲过了险情，羊主走后，和尚幽默地说道：“《莲生传》下羊头桌，和尚头滴羊肠汤，今后莫做亏心事。”反映了偷羊人的尴尬和诵经和尚的幽默。1982年德尔文·罗桑吾赛讲述并记录。16开纸30页，1000余字。今藏青海省果洛藏族自治州甘德县德尔文·罗桑吾赛处。

（德尔文·罗桑吾赛 久旦）

好裁缝的顶针会跳跃

བཟོ་མཁས་པའི་ལྕིབས་མོ་དགོང་ལ་ཡར།

bzo mkhas pavi lcibs mo dgong la yar

藏语安多方言民间故事。流传于青海省果洛藏族自治州。讲述一位裁缝师在一牧户家缝衣，顾面子而没有吃饱，后来他趁家里人都出门之际，饱食了一顿青稞面，妇人发现青稞面箱中丢有裁缝师的顶针，裁缝师无奈地说了一句“好裁缝的顶针会跳跃”。嘲笑了裁缝师的虚伪。1982年德尔文·罗桑吾赛讲述并记录。16开纸30页，1000余字。今藏青海省果洛藏族自治州甘德县德尔文·罗桑吾赛处。（德尔文·罗桑吾赛 久旦）

老妇盼肉到天亮

རྒན་མོ་རྟོལ་ཤ་ནམ་ལངས།

rgn mo rtol sha nam langs

藏语安多方言民间故事。流传于青海省果洛藏族自治州。讲述一个富户人家附近住着一个老妇，邻居家宰了一头牛，老妇心想按常规今日邻居家一定会送她一份肉来，于是彻夜等待，黎明时老妇打了个盹儿，自己头上的帽子掉到膝盖上，老妇急忙喊道：“啊！我不需要这么大一块肉呀！”反映了富户人家的吝啬与不劳而获的空想。1982年德尔文·罗桑吾赛讲述并记录。16开纸30页，500字。今藏青海省果洛藏族自治州甘德县德尔文·罗桑吾赛处。（德尔文·罗桑吾赛 久旦）

罐首病魔

ནད་བདག་རྫ་མ་མགོ།

nad bdag rds ma mgo

藏语安多方言民间故事。流传于青海省果洛藏族自治州。讲述从前有对母子，其子咽喉肿胀，母亲每天祈祷儿子早日康复，并声称若有可能愿意用自己的性命换回儿子一条命。一夜，一小偷前来行窃，头戴瓦罐以蔽其形，母亲误认为病魔前来夺命，连忙喊道：“病人不是我，是他。”并指向儿子，儿子觉得好笑，猛烈一笑，脓肿破裂而愈。反映了其母言行不一。1982年德尔文·罗桑吾赛讲述并记录。16开纸30页，1000余字。今藏青海省果洛藏族自治州甘德县德尔文·罗桑吾赛处。（德尔文·罗桑吾赛 久旦）

齐心青蛙赛过兔

གྲོས་མཐུན་ན་སྦལ་བས་རི་བོང་དོས།

gros mthun na sbl bas ri bong dos

藏语安多方言民间故事。流传于青海省果洛藏族自治州。讲述一只青蛙和一只兔子同时捡到一袋奶子，二者谁互不相让，商议赛跑定夺，结果三只青蛙齐心协力赛过兔子得到奶子。反映了只要齐心协力、实干苦干，世无难事。1982 年德尔文·罗桑吾赛讲述并记录。16 开纸 30 页，300 字。今藏青海省果洛藏族自治州甘德县德尔文·罗桑吾赛处。（德尔文·罗桑吾赛 久旦）

宝贝变石

རིན་པོ་ཆེ་རྡོ་རུ་གྱུར་བ།

rin po che rdo ru gyur ba

藏语安多方言民间故事。流传于青海省果洛藏族自治州。讲述一父有三子，父亲年老后三个儿子谁也不愿意照顾父亲，后来在一位聪明人的启示下，三个儿子为了得到父亲的宝贝，争着照看，父死后此物居然是一块石头。反映了对遗弃父母的丑恶行为的讽刺与驳斥。1982 年德尔文·罗桑吾赛讲述并记录。16 开纸 30 页，1300 字。今藏青海省果洛藏族自治州甘德县德尔文·罗桑吾赛处。（德尔文·罗桑吾赛 久旦）

骗子顿巴

སྟོན་པ་མགོ་གཡོག

ston pa mgo gyog

藏语安多方言民间故事。流传于青海省果洛藏族自治州。讲述阿可顿巴到一尼姑寺去行骗的种种趣闻。反映了对那些不守教规戒律者的讽刺。1982 年德尔文·罗桑吾赛讲述并记录。16 开纸 30 页，1000 余字。今藏青海省果洛藏族自治州甘德县德尔文·罗桑吾赛处。（德尔文·罗桑吾赛 久旦）

撕破皮袄

སྟུག་རལ་གཤག་པ།

stzg ral gshag pa

藏语安多方言民间故事。流传于青海省果洛藏族自治州。讲述一池塘边青蛙、蛐蛐、甲虫聚在一起，争论谁是此地国王，此时突然跑来一匹野骡，吓得青蛙跳入池塘，蛐蛐躲入草丛，甲虫一爬不小心蹭破了皮。而后青蛙、蛐蛐问甲虫是否受了伤，甲虫傲慢地说："我一没跳下池塘，二没躲进草丛，和野骡搏斗了一下，只不过撕破了皮袄而已。"从此，甲虫成为王。反映了动物故事的风趣与幽默。1982年德尔文·罗桑吾赛讲述并记录。16开纸30页，500 余字。今藏青海省果洛藏族自治州甘德县德尔文·罗桑吾赛处。（德尔文·罗桑吾赛 久旦）

装作年青

རྒས་པས་གཞོན་རྟགས་བསྟན་པ།

rgs pas gzhon rtgs bstn pa

藏语安多方言民间故事。流传于青海省果洛藏族自治州。讲述一头大象认为自己年少时跨越过的河沟年老时也能越过，最后掉进河沟身亡的故事。反映了人的自不量力，不承认现实的行为。1982 年德尔文·罗桑吾赛讲述并记录。16 开纸 30 页，300 余字。今藏青海省果洛藏族自治州甘德县德尔文·罗桑吾赛处。（德尔文·罗桑吾赛 久旦）

兔子分食

རི་བོང་ཟས་བགོས།

ri bong zas bgos

藏语安多方言民间故事。流传于青海省果洛藏族自治州。讲述兔子、青蛙、蚂蚁做烙饼，兔子两次品尝便吃掉了两个烙饼，剩下第三个烙饼时，兔子说这是它本人那一份，就把三个烙饼全部给独吞了，青蛙极度愤怒变成了大扁嘴，蚂蚁极度饥饿把腰带一勒却成了细腰虫。反映了藏族人民细致的事物观察能力和丰富的想象力。1982 年德尔文·罗桑吾赛讲述并记录。16 开纸 30 页，500 余字。今藏青海省果洛藏族自治州甘德县德尔文·罗桑吾赛处。（德尔文·罗桑吾赛 久旦）

吐珠老人

རྒན་པོ་མུ་ཏིག་སྐྱུགས།

rgn po mu tig skyugs

藏语安多方言民间故事。流传于青海省果洛

藏族自治州。讲述吐珠老人在行商途中吹嘘自己的老婆对他诚心之事，伙伴不信，双方把老婆和家产作为赌注，结果吐珠老人输得精光。反映了赌博的危害性。1982年德尔文·罗桑吾赛讲述并记录。16开纸30页，1000余字。今藏青海省果洛藏族自治州甘德县德尔文·罗桑吾赛处。

（德尔文·罗桑吾赛　久旦）

妖女与乞丐

སྨན་མོ་དང་སྤྲང་བོ།

smn mo dang sprng bo

藏语安多方言民间故事。流传于青海省果洛藏族自治州。讲述从前有对贫穷母子，儿子随亲戚行商，途中儿子遇到一位相貌非凡的少女，二人彼此产生了感情，分手时少女送了诸多财宝，母子生活从此日益富裕。反映了对幸福生活的渴望。1982年德尔文·罗桑吾赛讲述并记录。16开纸30页，1000余字。今藏青海省果洛藏族自治州甘德县德尔文·罗桑吾赛处。（德尔文·罗桑吾赛　久旦）

箭手三兄弟

མདའ་བ་སྤུན་གསུམ།

mdov ba spun gsum

藏语安多方言民间故事。流传于青海省果洛藏族自治州。讲述箭手三兄弟人与妖之间产生感情的坎坷经历。反映了有情人终成眷属的愿望。1982年德尔文·罗桑吾赛讲述并记录。16开纸30页，1000余字。今藏青海省果洛藏族自治州甘德县德尔文·罗桑吾赛处。（德尔文·罗桑吾赛　久旦）

兔子与狐狸

རི་བོང་དང་ཝ་མོ།

ri bong dang wa mo

藏语安多方言民间故事。流传于青海省果洛藏族自治州。讲述兔子和狐狸常在圣泉边喝水，二者成了好朋友，一年四季兔子毛色不变，但狐狸变色，时而好看，时而难看，狐狸不解便问兔子，兔子说："我一年四季吃黄草，不杀生，毛色依然不变，但你杀生食虫，道德极坏，毛色随而改之。"狐狸生气地走了。反映了藏族民间善恶观的相对性。1982年德尔文·罗桑吾赛讲述并记录。32开纸30页，500余字。今藏青海省果洛藏族自治州甘德县德尔文·罗桑吾赛处。

（德尔文·罗桑吾赛　久旦）

七头牛是福

བ་བདུན་ཡོད་པ་གཡང་།

ba bdun yod pa gyang

藏语安多方言民间故事。流传于青海省果洛藏族自治州。讲述一夫妇有八头牛，丈夫是个好吃懒做之人。一日丈夫对妻子说"八头牛是祸，七头牛是福"，便宰杀了一头，接着又说"七头牛是祸，六头牛是福"，又宰了一头，依次八头全部被宰完，妻一怒之下离家出走。反映了好吃懒做者自食恶果。1982年德尔文·罗桑吾赛讲述并记录。16开纸30页，1000余字。今藏青海省果洛藏族自治州甘德县德尔文·罗桑吾赛处。

（德尔文·罗桑吾赛　久旦）

长剑客

གྲི་བ་རིང་མོ།

gri ba ring mo

藏语安多方言民间故事。流传于青海省果洛藏族自治州。讲述长剑客与同伙捕猎时，为捕捉受伤掉进山谷的小鹿而腰系绳索滑向谷底，突然绳索拽断坠谷而死，数日后，长剑客成鬼到人间作恶，其妻历尽艰难请来一位静修上师降服了此鬼。反映了人与鬼的不可调和性。1982年德尔文·罗桑吾赛讲述并记录。32开纸30页，5000余字。今藏青海省果洛藏族自治州甘德县德尔文·罗桑吾赛处。（德尔文·罗桑吾赛　久旦）

鬼

འདྲེ།

vdre

藏语安多方言民间故事。流传于青海省果洛藏族自治州。主要讲述一对人鬼同行赶路的时候，饥渴难忍，于是鬼提议到山上叼一只死羊来充饥，人则提出他出去附近村里偷一只活羊来吃掉，于是鬼说你们都说我们是"鬼"，其实你们才是真正的鬼。反映了人类在和善面孔的背后的邪恶本质。2003 年门堂多日桑口述，李加东智记录。32 开纸 2 页，260 字。今藏青海省果洛藏族自治州久治县民语办。（李加东智）

狡猾的狐狸（一）

གཡོ་སྒྱུ་ཅན་གྱི་ཝ་མོ།

gyo sgyu can gyi wa mo

藏语安多方言民间故事。流传于青海省果洛藏族自治州。主要讲述一只狡猾的狐狸为了得到一个去拉萨拜佛朝圣者的家什，施展诡计教唆猴子、狼、乌鸦等偷朝圣者的东西平分，偷取后狐狸却将有用的东西归己所有，把其他无用的东西全分给了猴子等同伙。最后，狐狸玩火自焚自割嘴唇。反映了无端的贪婪者必遭报应自食其果的道理。2003 年门堂多日桑口述，李加东智记录。32 开纸 3 页，380 字。今藏青海省果洛藏族自治州久治县民语办。（李加东智）

狡猾的狐狸（二）

གཡོ་རྒྱུ་ཆེ་བའི་ཝ་མོ

gyo rgyu che bvi wa mo

藏语安多方言民间童话故事。流传于青海省黄南藏族自治州泽库县。讲述狐狸、乌鸦和狼的故事，狡猾的狐狸首先跟乌鸦和狼合作，骗取了念经老人的褡裢，然后狡猾的狐狸经常赖皮，一次又一次地把没用的东西分给乌鸦和狼，把好吃的全部留给自己吃。乌鸦和狼知道后很生气，但在骗子高手狐狸的一连串的骗局之下，它们仍然“无可奈何地低头走了”，这样狐狸以骗子高手而闻名于整个草原。从此草原上经常以狐狸作为狡猾、骗子的象征。1998 年旦巴讲述，达科记录。16 开纸 3 页，1500 字。今藏青海省黄南藏族自治州泽库地区文教科技广电旅游局。（达科）

一个老人的故事

རྒན་པ་ཞིག་གི་ལོ་རྒྱུས།

rgn pa zhig gi lo rgyus

藏语安多方言故事。流传于青海省果洛藏族自治州。讲述一个老人自吹为捕猎好手，但在一次猎捕活动中连猎人最起码的常识都不具备，闹出令人捧腹的笑话。反映了那些不切实际、自吹自擂没有真才实学的人终究会贻笑大方的道理。2002 年才让昂毛讲述，叶忠、甘金龙记录。16 开纸 4 页，900 余字。收入《班玛县地方志》，青海省果洛藏族自治州班玛县县志编纂委员会 2004 年编印。（甘金龙）

两个母亲的遭遇

ཨ་མ་གཉིས་ཀྱི་གཏམ་རྒྱུད།

aa ma gnyis kyi gtam rgyud

藏语安多方言民间神话故事。流传于青海省果洛藏族自治州。描绘两位母亲同时去世入地府后的遭遇。两母的造化取决于其子女的行径，一母家境富裕，另一母家境贫寒，做苦力的女儿用劳动报酬省吃俭用点上了酥油灯，虔诚地念着度亡经，祈求菩萨保佑恩母升天，富裕家的儿子宰牛饮酒享乐，忘了恩母去世的悲痛，阎王根据两个母亲家人的善恶行为判富户之母亲下地狱、贫困之母亲升天堂。反映了穷不能丧志、富不可逆行，教育人们不能忘了养育自己的父母。2002 年才让昂毛讲述，叶忠、甘金龙记录。16 开纸 4 页，900 余字。收入《班玛县地方志》，青海省果洛藏族自治州班玛县县志编纂委员会 2004 年编印。

（甘金龙）

国王的故事

རྒྱལ་པོ་ཞིག་གི་ལོ་རྒྱུས།

rgyl po zhig gi lo rgyus

藏语安多方言民间故事。流传于青海省果洛藏族自治州。描绘国王封建落后的男女传统观引发的故事。国王以儿子是王位的继承者，女儿是终要出嫁之人一样，视儿女两样看待。到后来国家被占，国王入狱，儿子非但不思救文，反与敌国结为婚姻，当了驸马，寻欢作乐；女儿尽管受苦受累但无时不惦记父亲，省吃俭用地孝敬父亲，国王到此时方才醒悟。反映了封建社会重男轻女的落后思想及其危害性。2002 年达娃讲述，叶忠、甘金龙记录。16 开纸 3 页，760 字。收入《班玛县地方志》，青海省果洛藏族自治州班玛县县志编纂委员会 2004 年编印。（甘金龙）

兔子和猎人

རི་བོང་དང་རྔོན་པ།

ri bong dang rngon pa

藏语安多方言民间童话故事。流传于青海省果洛藏族自治州班玛县。讲述一个猎人救起一只受重伤的兔子回家，在他的精心治疗下，兔子痊愈，兔子为了报答猎人的救命之恩，用计谋骗走了残忍无道的国王，让猎人当上了国王，并协助猎人治理国家，兴国富民的故事。反映了人们期盼，好人有好报的美好愿望。2002 年达哇讲述，叶忠、甘金龙记录。16 开纸 5 页，1560 字。收入《班玛县志》，青海省果洛藏族自治州班玛县县志编纂委员会 2004 年编印。（甘金龙）

空行母甚卓玛央青的历史

མཁའ་འགྲོ་མ་དབྱངས་ཅན་གྱི་ལོ་རྒྱུས།

mkhav vgro ma dbyngs can gyi lo rgyus

藏语安多方言民间故事。流传于青海省果洛藏族自治州。讲述央青是一个多情、善良、贤惠的姑娘，被两个黑心肠的嫂嫂骗去湖边洗澡迫害致死，为掩盖其罪行，两位嫂子对其他人撒谎说央青跟一美男子私奔。多年后，在一个春暖花开的季节，三王子来到央青遭害的地方，在朦胧的睡意中，一位美丽的姑娘来到身边并向他诉苦，梦醒时一只小鸟告诉王子央青的灵魂至今留于此处，三王子托喇嘛做法使央青魂回躯内，与三王子回宫结良缘，两个大嫂暴病身亡。说明了正义必胜邪恶的道理。2002 年才让卓玛讲述，叶忠、甘金龙记录。16开纸4页，1570 字。收入《班玛县志》，青海省果洛藏族自治州班玛县县志编纂委员会 2004 年编印。（甘金龙）

养女的苦难

གསོས་བུ་ཞིག་གི་སྡུག་བསྔལ།

gsos bu zhig gi sdug bsngl

藏语安多方言民间故事。流传于青海省果洛藏族自治州。讲述一位八岁的孤女被一牧主收留，女孩小小年纪要为牧主家操持里外，衣不遮体、食不裹腹，忍饥挨饿、度日如年。一个冬日，牧主家的一头犏母牛丢失，狠心的牧主让小女孩跋山涉水去找，小女孩从日出找到日落月升，无畏而返。寒冬的夜晚，只有月亮、星星与小女孩相伴，小女孩在颤抖的哀告声中冻死在牧主家的门外。一个小姑娘悲惨的身世在牧区流传。反映了牧主制度的黑暗和劳苦大众的悲惨生活景象。2002 年才让卓玛讲述，叶忠、甘金龙记录。16 开纸 4 页，1234 字。收入青海省班玛县古籍资料。（甘金龙）

勤妻与懒丈夫

བརྩོན་འགྲུས་ཅན་གྱི་རྒན་མོ་དང་སྒྱིད་ལུགས་ཅན་གྱི་ཁྱོ་བོ།

brtzon vgrus can gyi rgn mo dang sgyid lugs can gyi khyo bo

藏语安多方言民间神话故事。流传于青海省果洛藏族自治州。讲述一对夫妇，其夫懒惰狡诈，骗宰家畜至只剩一头母牛时，勤劳善良的妻子无赖要求与其夫分分家产，她只要了母牛的一只乳头，靠将乳头贴在岩石上挤奶，打酥油度日，贪婪懒惰成性的丈夫在吃完牛肉后又乘妻外出劳作之机偷吃了乳头。妻归发现后悲愤出走，在一户人家遇见金银财宝，但她不贪财，诚心等待主人归来。原来主人是一群禽兽，畜类感其诚聘其好为它们司炊。此后走投无路的丈夫也来此地，被野兽吞食，因其心黑肉毒禽兽均被毒死，妇人得到全部财富，过上了好日子。反映了劳者必得好报、贪婪者误人误己的客观规律。2002 年仁青琼瓦讲述，甘金龙、叶忠记录。16 开纸 4 页，1766 字。收入青海省果洛藏族自治州班玛县古籍资料。（甘金龙）

国王与聪明大臣

རྒྱལ་པོ་དང་སྤྱང་གྲུང་ལྡན་པའི་བློན་པོ།

rgyl po dang spyng grung ldn pavi blon po

藏语安多方言民间故事。流传于青海省果洛藏族自治州。描述一大臣能干、忠君，国王因自己的治国才能不及大臣，忧虑王位落入大臣之手而设法谋害大臣，将其软禁，欺骗其臣众及对其家人说该大臣在为国王办事。大臣带话给家：“我在宫中过得很好。吃的是没有骨头的肉，喝的是没有茶叶的茶，天天骑着一匹枣红马，手中拿着羊下巴。”聪明的儿媳妇领悟到，没有茶叶的茶是水，没有骨头的肉是虱虮，日夜骑着的枣红马是刑具，羊下巴是镣铐，知道公公被国王囚禁，与大臣一起揭穿了国王的阴谋，救出大臣。赞美了大臣翁媳的聪明才智，讥讽了国王的狭小胸怀。2003 年旦保讲述，叶忠记录。16 开纸 4 页，1656 字。收入青海省果洛藏族自治州班玛县古籍资料。

（甘金龙）

魔术师

སྒྱུ་མ་མཁན།

sgyu ma mkhan

藏语安多方言民间故事。流传于青海省果洛藏族自治州。讲述从前有一个老汉非常贪心，凡是遇到别人财物、宝贝都设法搜为己有，一位魔术师得知后遂惩治此人，变宝马换其一半家产，使其贪财梦想破灭。嘲笑了贪心着人害人终害己的卑劣行径。2003 年旦保讲述，叶忠记录。16 开纸 3 页，960 字。收入青海省果洛藏族自治州班玛县古籍资料。

（甘金龙）

幸运的猎人

བསོད་ནམས་ཅན་གྱི་རྔོན་པ།

bsod nams can gyi rngon pa

藏语安多方言民间故事。流传于青海省果洛藏族自治州。讲述一个猎人在一次打猎的时候抓住了一只受伤的兔子，当他准备宰杀时，突出人言："请不要杀我，伤好后我一定报答您的救命之恩。"猎人产生怜惜与珍爱生命之情，救了兔子。从此猎人每日寻猎回归，总有喷香可口的饭菜留于帐内，猎人究其因发现兔子变成美少男在为他做饭，当猎人要求美少男一起打猎、放牧、生活时，少年说："不可，我本是龙宫太子，伤好之后要回龙宫，承蒙您救我，请您跟我去龙宫向父皇领赏，到时您只要守在炉边的花猫和屋角的顿子。"猎人按少年所说要了两样东西，回到家里，花猫变成美丽的少女，顿子变成想要什么就出什么的如意宝瓶，猎人过上了幸福、快乐的生活。反映了好心有好报、好人有好报的道理。2003 年旦保讲述，叶忠记录。16 开纸 5 页，1968 字。收入青海省果洛藏族自治州班玛县古籍资料。

（甘金龙）

雅日阿素

ཡ་རས་ཨ་བསོད།

ya ras aa bsod

藏语安多方言民间故事。流传于青海省果洛藏族自治州久治县。讲述富贵人家姐妹俩在准备宰杀绵羊时，心地善良、珍爱生命的穷人家孩子雅日阿素前来向她们劝说放弃杀生害命之事的故事。形象地反映了人与动物应和睦相处，每个人都要珍爱生命的道理。1987 年才三讲述，措吉多杰记录。16 开纸 3 页，1000 余字。收入《果洛民间故事》，青海省果洛藏族自治州三套集成办公室 1991 年编印。

（华贡杰）

旗手军官——角曲

དམག་དཔོན་དར་འཛིན་པ།

dmag dpon dar vdsin pa

藏语安多方言英雄故事。流传于青海省果洛藏族自治州久治县。讲述青海统治者马步芳军阀势力与果洛各部落之间发生武装冲突过程中留下的一个英雄故事。赞扬了以角曲为代表的部分果洛勇士为了抗征各种徭役赋税，英勇反抗，不怕牺牲，与马家军进行战斗，反击马家军残酷掠夺的英雄事迹。反映了果洛人为正义而战的崇高精神和不屈不挠的英雄气概。1987 年唐什杰讲述，唐什杰记录。16 开纸 2 页，1500 字。收入《果洛民间故事》，青海省果洛藏族自治州三套集成办公室 1991 年编印。

（华贡杰）

豁嘴兔子

བློ་ལྡན་རི་བོང་ཁ་ཤོ་དོན་ཅི།

blo ldn ri bong kha sho don ci

藏语安多方言动物故事。流传于青海省果洛藏族自治州玛沁县。讲述兔子、狐狸、狼和乌鸦等联合起来抢劫一名朝圣者的过程，表述了兔子的聪明伶俐、狐狸的狡猾懒惰、老狼贪得无厌、乌鸦轻信他言等本性。借动物之言行，反映人的懒、馋、占、贪、变等思想和行为，也反映了善有善报、恶有恶报的佛教因果思想。1986 年索才讲述，旦继杰记录。16 开纸 5 页，2200 字。收入《果洛民间故事》，青海省果洛藏族自治州三套集

成办公室 1991 年编印。（华贡杰）

小鸟多杰赤旦

བྱིའུ་ཆུང་རྡོ་རྗེ་འཕྲུལ་ལྡན།

byivu chung rdo rje vphrul ldn

藏语安多方言民间故事。流传于青海省果洛藏族自治州。讲述小鸟多杰赤旦以玩骰子的方法当上了小鸟首领，它们渴望像鸟类王国的国王大鹏、大臣鱼鹰一样对外有主权，对内依法治理，但由于它们身体弱小等原因，既要警惕虎视眈眈在空中盘旋的鹰雕，又要注意在地上徘徊对它们不怀好意的乌鸦，无法守住它们弱小群体而发生的种种有趣事件。反映了历史上在藏族社会中小部落生存环境之艰难等。1987 年索南德赞讲述，措吉多杰记录。16 开纸 12 页，5292 字。收入《果洛民间故事》，青海省果洛藏族自治州三套集成办公室 1991 年编印。（华贡杰）

青稞儿子（一）

བུ་ནས་འབྲུ།

bu nas vbru

藏语安多方言民间故事。流传于青海省果洛藏族自治州。讲述一位老妈妈没有亲生子女，经念经求佛后得来三粒青稞，吃下青稞生了一个胖儿子，但由于吃青稞时老妈妈对喇嘛讲的话半信半疑，因而儿子长到八九岁时离开老妈妈，经过一些磨难后，青稞儿子成家，才把老妈妈接到自己的家里，欢度晚年。以喜得儿子后又痛心地失去儿子的事例说明全心全意与半信半疑在结果上的差异。反映信仰要全心全意，否则不能如愿的佛教思想。1986 年旦加讲述，多杰扎西记录。16 开纸 12 页，5292 字。收入《果洛民间故事》，青海省果洛藏族自治州三套集成办公室 1991 年编印。（华贡杰）

青稞儿子（二）

བུ་ནས་འབྲུ།

bu nas vbru

藏语安多方言民间故事。流传于安多地区。讲述一对夫妇年过花甲，没有儿子，其天天为此而发愁。一天妻子拾了一粒神奇的青稞，她把青稞吃了，不到一年后生了一个儿子，名叫青稞儿子。青稞儿子长大后，知道自己没有兄弟，为此而离家出走，他遇到木匠儿子、石匠儿子，他们结为兄弟，娶太阳、月亮、星星的女儿为妻，最终家人团聚，过上美满生活。16 开纸 3 页，1000 余字。收入青海《群文天地》藏文版。

（侃本 吴钰）

好心人与坏心人

བསམ་དཀར་དང་བསམ་ནག

bsam dkar dang bsam nag

藏语安多方言民间故事。流传于青海省果洛藏族自治州。讲述一家有两弟兄，一个虔诚信佛，而另一个阴险狡诈。阴险的坏心人为了金钱算计自己的哥哥，而虔诚的好心人为了自己的弟弟不怕掉进虎穴，结果弟弟变成乞丐，哥哥成为拥有官位、财产、妻室的人。反映了人与人在世上最初的机会是平等的，只要抓住属于自己的机会，才能获得幸福；而贪得无厌，不仅得不到别人的东西，连本应属于自己的那部分也将会失去的道理。1987 年扎西尖措讲述，扎西尖措记录。16 开纸 9 页，3969 字。收入《果洛民间故事》，青海省果洛藏族自治州三套集成办公室 1991 年编印。

（华贡杰）

胖医生（一）

ལྷ་རྗེ་ཚོན་པོ།

lx rje tson po

藏语安多方言民间故事。流传于青海省果洛藏族自治州。讲述胖医生的三个儿子在父亲的灵柩前发誓为超度父亲的灵魂各自完成一件事。老大说：“我要背着父亲的尸体去拉萨。”老二说：“在父亲的忌日之前念诵嘛呢经一亿遍。”老三想了半天也不知做什么好，就随口说出：“我要在父亲的忌日之前，把夺去他生命的宿命鬼杀掉。”结果老大、老二实现了各自的承诺，老三为兑现自己的承诺付出了巨大努力，却仍无结果。反映了说话做事要三思而行，不能信口开河的道理。1987 年扎西旦巴讲述，措吉多杰记录。16 开纸 4 页，1764 字。收入《果洛民间故事》，青海省果洛藏族自治州三套集成办公室 1991 年编印。（华贡杰）

胖医生（二）

ལྷ་རྗེ་ཚོན་པོ།

lha rde tson po

藏语安多方言民间故事。流传于青海省西宁市。用神话的色彩叙述一个胖医生有三个儿子，在他快要去世的时候，就如何完成他们各自所承诺的事，灌输传统伦理道德和做人原则。措杰道杰记录。16 开纸 2 页，1000 余字。收入青海《群众艺术》藏文版，1996 年第 4 期。

（项智多杰 吴钰）

狼和老马

སྤྱང་ཀི་དང་རྟ་རྒན།

spyng ki dang rt rgn

藏语安多方言民间故事。流传于青海省果洛藏族自治州。讲述一匹老马不小心陷入泥坑，狼路过看见老马并将其拖出泥坑，准备美餐一顿时，老马不慌不忙、无所畏惧，以智慧予以对付，结果狼倒被马踢死。反映了遇事要沉着冷静，学会动脑子、用智慧才能战胜对方的道理。1987 年华欠加记录。16 开纸 2 页，882 字。收入《果洛民间故事》，青海省果洛藏族自治州三套集成办公室 1991 年编印。

（华贡杰）

兔子的故事（一）

རི་བོང་གི་སྒྲུང་།

ri bong gi sgrung

藏语安多方言民间故事。流传于青海省果洛藏族自治州。讲述小兔子为兔妈妈报仇杀死小熊后，遭到熊妈妈的追杀，小兔子东躲西藏，终于通过机智得到兽王老虎的帮助，脱逃了追杀，但小兔未能见好就收，反而接二连三地使坏，最后使自己在涂有胶水的岩石上送了命。反映了聪明和智慧要用到正路上，否则造成“聪明反被聪明误”的后果。1986 年旦待讲述，旦继杰记录。16 开纸 9 页，3969 字。收入《果洛民间故事》，青海省果洛藏族自治州三套集成办公室 1991 年编印。

（华贡杰）

兔子的故事（二）

རི་བོང་ཁ་ཤོར་བྱུང་ཚུལ།

ri bong kha shor byung tsul

藏语安多方言童话故事。流传于安多地区。讲述兔子为了独吞美食欺骗众友，致使后来不得不用石头砸自己的嘴巴。启发人们不能欺骗他人，必须以诚相待。对研究藏族民间文学有参考价值。端珠记录。16 开纸 3 页，1000 字。收入青海《群众艺术》藏文版，1988 年第 4 期。

（久迈 吴钰）

三胜神骡

དྲེལ་རྟ་རྐང་གསུམ།

drel rt rkng gsum

藏语安多方言民间故事。流传于青海省果洛藏族自治州。讲述穷人家的儿子和官家的儿子放羊时遇到下雨天，穷人家的儿子对官家的儿子说：“你淋雨了回家可以换缎面羔皮服，我淋了这件破袍子，回去什么都没有，所以能否让我到洞里避雨？”孩童无邪，就同意了。但回去后官家就不同意，多次找借口为难穷人家的孩子。穷人家的孩子心地善良，不说假话，得到好多好心人的帮助，克服一个个难题，取得一次次胜利。最后官家被得实在没有办法了，才用计谋把官家给烧了。说明了官不逼，民不反之道理。1986 年当周才让讲述，旦继杰记录。16 开纸 11 页，3969 字。收入《果洛民间故事》，青海省果洛藏族自治州三套集成办公室 1991 年编印。

（华贡杰）

马鸣神的故事

ལྷ་རྟ་མགྲིན་དམར་པོའི་སྐྱེ་བ།

lx rt mgrin dmar povi skye ba

藏语安多方言民间故事。流传于青海省果洛藏族自治州。讲述穷人家孩子去王宫讨回他们家祖祖辈辈给国王做长工的工钱，国王不仅不给工钱，还命令大臣把他赶出王宫大门，可孩子重得大臣们怎么也抬不起来，国王感到很奇怪，就派大臣去请教修行智者。修行智者说：“这孩子是马鸣神的化身。”大臣回去如实报告给大王，大王不仅不相信智者的话，还出难题要穷人家的孩子，如完成不了就要他的命，终于马鸣神的化身按着国王的要求一一做到了，没有难倒穷人家的孩子。说明了欠人情要还情，欠人钱要还钱，多占他人钱财连神都不答应，只有公平才有幸福的道理。1986年才让本讲述，旦继杰记录。16开纸24页，10584字。收入《果洛民间故事》，青海省果洛藏族自治州三套集成公室1991年编印。（华贡杰）

扎洛的故事

བུ་བཀྲ་ལོའི་གཏམ་རྒྱུད།

bu bkr lovi gtam rgyud

藏语安多方言民间故事。流传于青海省果洛藏族自治州。讲述后妈为了家产不落在丈夫前妻的儿子手中，想方设法地把丈夫前妻的子女赶出去家门的故事。扎洛虽然知道继母意图，在他出发参加商队前的种种迹象也表明他这次外出肯定一去不能复返，但迫于继母的压力，他不得不参加商队。扎洛痛苦而无奈地加入了商队，去购买他妹妹出嫁时用的嫁妆。扎洛和他的商队翻山越岭，千辛万苦，终于安全到达商城，他买了继母要他买的珊瑚玛瑙、金银首饰，布料绸缎，在返回的路上，他的商队的尾部遭到抢劫，扎洛不得不回去和劫匪谈判。但他怎么劝说，劫匪不仅不听，反而变本加厉。扎洛一怒之下用箭射死了一百零八个劫匪，其他劫匪望风丧胆，溃不成军。在追赶商队的路上，扎洛口干舍澡，无奈喝了牛啼骨中的一点积水。当他追到自己的商队时，他已无力再坚持，知道自己不行了，就把买的东西托付给商队带回家人，继母得知后又感激又感到非常后悔。故事反映了当时的交通不便，商业不发达，社会治安混乱以及在这样的环境条件下生活的艰难性。1984年桑太讲述，旦继杰记录。16开纸22页，9072字。收入《果洛民间故事》，青海省果洛藏族自治州三套集成公室1991年编印。（华贡杰）

忠告

མིའི་ཁ་མ་བླངས་ན་མིའི་གཞུག་མི་ཆོད།

mivi kha ma blngs na mivi gzhug mi chod

藏语安多方言民间故事。流传于青海省果洛藏族自治州玛沁县。讲述一位老人离开人世间时，把他一辈子所见所闻总结为三句话："一不要全信自己的妻子；二不要与富人的儿子做买卖；三不要与头人的儿子拜兄弟。"儿子为了验证父亲遗嘱的真伪，冒着生命危险去实践。首先，去试妻子，妻子与自己是青梅竹马，是自由结合的，可眼下没有孩子，他们都很想要个孩子，于是他把自己打算去偷邻村一户权贵人家的独生子的事情说给妻子并求妻子要为他保密。后来，又去与富户人家的儿子做了一笔生意，明知自己亏了很多，但还是做了那笔亏本买卖，好处是富户人家的儿子说了很多好听的话，从此两人成为买卖伙伴。此后又去找头人的儿子与他结为弟兄，并二人对天发誓有难同当。该做的事做完后，他放风说："那富贵人家的孩子是他弄死的。"当查到他家时，妻子把他给供了出来；当给他判罪时，富户人家的儿子过来无中生有说他欠了自己很多钱；当他求到自己的结拜兄弟时，头人的儿子不仅不帮忙，反而说他应受严惩。最后他把孩子还给人家后自己没事也就被放出来了，收获是父亲的遗言被应验了。反映了封建部落割据社会里人心向背及人心险恶的一个侧面。1986年才让讲述，旦继杰记录。16开纸4页，1764字。收入《果洛民间故事》，青海省果洛藏族自治州三套集成公室1991年编印。（华贡杰）

聪明人与愚人

བུ་བློ་རིག་ཅན་དང་བུ་བླུན་པོའི་སྒྲུང་།

bu blo rig can dang bu blun povi sgrung

藏语安多方言民间故事。流传于青海省果洛藏族自治州。讲述聪明儿和愚笨儿外出挣钱，路上遇到大雨，可他们只有一件雨衣，聪明儿为了得到雨衣，就让愚笨儿在雨中弄斧舞剑，显示勇气。愚笨儿在雨中弄斧舞剑时一只红靴子从天掉了下来。得知这靴子是国王家公主的靴子后，他俩答应国王去找公主。在一座山崖下他们在一个洞口找到公主的另一只靴子，聪明儿说："公主肯定在里面，你先进去把公主救出来，我在洞口拉你。"愚笨儿也没说什么，就进洞去了。经过千辛万苦把公主救出来，可聪明儿只把公主拉出洞口，设计将愚笨儿丢在洞里，愚笨儿只好回到魔洞里，看见一巨龙等被妖魔罗刹王关在里面，自己吃巨龙的唾液成为聪明人，于是救出巨龙，自己抓住龙尾上到魔洞口，最后惩罚了聪明儿，愚笨儿成为国王的驸马。反映了恶有恶报，善有善报的道理。1986年班多讲述，旦继杰记录。16开纸7页，3087字。收入《果洛民间故事》，青海省果洛藏族自治州三套集成公室1991年编印。（华贡杰）

智者三兄弟

བློ་བ་སྤུན་གསུམ།

blo ba spun gsum

藏语安多方言民间故事。流传于青海省果洛藏族自治州。讲述穷人家的孩子宰牛时，村子里来了智者三兄弟。智者三兄弟过着流浪乞讨生活，但他们人很聪明。他们中间的老大到穷人家讨块牛肉吃，穷人家的孩子心地善良，为人耿直，并且愿意帮助别人。见智者三兄弟中的老大来讨牛肉，割了一块最好的肉给他，大智者说："不可匆忙与人打赌。"过了一会儿，智者三兄弟中的老二又来讨牛肉，又割了一块肥肉给他。二智者说："不能让女人知道秘密。"这时老三又来讨牛肉，穷人的儿子还是给了他肉，三智者端着肉说："遇事要冷静些。"穷人的儿子停下手里的活，冥思苦想，可怎么也理解不了。一个冬天的一天，穷人的儿子去头人家串门，看见头人家的灶旁开了一朵鲜艳的花，他给头人家的女佣说了此事后，匆忙找头人告诉此事，头人怎么也不信冬天开花，说要打赌，结果女佣毁了那花，穷人的儿子输了，这时穷人的儿子才完全明白了智者三兄弟的话。说明了智慧是从实践中来，只有经过思考和实践，对比和反思，才能明白怎样做事，才能使自己处于不败之地的道理。1987年当周讲述，多杰扎西记录。16开纸13页，5733字。收入《果洛民间故事》，青海省果洛藏族自治州三套集成公室1991年编印。（华贡杰）

大小力士

སྟོབས་ཆེན་དང་སྟོབས་ཆུང་།

stobs chen dang stobs chung

藏语安多方言民间故事。流传于青海省果洛藏族自治州。讲述大小力士的父亲曾经输给了大力士，死于其手下，后来两个儿子长大成人后，问母亲我们的父亲是谁？母亲害怕儿子去复仇，怎么也不肯说。最后两个儿子想了个办法，在大雨里不让母亲进家门，非要母亲说出父亲是谁、他怎么死的。母亲无奈，只好一五一十地告诉他俩他们的父亲是怎么去比力的，牧羊人、牧牛人、牧马人怎样劝他，最后去大力士家比力，被大力士怎么摔死的等全部经过。大小力士并非等闲之辈，沿着父亲去的路线去寻找大力士比力。在路途同样遇到牧马人、牧牛人和牧羊人，他们也像劝他们的父亲一样劝大小力士，可大小力士不像他们的父亲，杀了马，宰了牛，剥了羊皮，吮死了大力士的母亲，最后叫大力士也送了命，从此他们兄弟成为大小力士，名扬四方。深刻反映了封建部落割据社会冤冤相报的社会现象，也反映了在封建部落割据社会里，勇者为王、弱者为奴的社会现象。1987年索南德赞讲述，居·格桑记录。16开纸6页，2646字。收入《果洛民间故事》，青海省果洛藏族自治州三套集成公室1991年编印。（华贡杰）

仆人达拉德里

གཡོག་བདའ་ལ་བདེ་ལུ།

gyog bdav la bde lu

藏语安多方言民间故事。流传于青海省果洛藏族自治州。讲述国王的三个女儿养有三头犏奶牛，老大赛里卓公主养的是金色犏奶牛，下牛犊后，仆人达拉德里问公主，坐在我身上挤奶还是坐在凳子上挤奶？赛力卓公主要坐在仆人身上挤奶，她在用新鲜牛奶祭天、祭地、祭神仙时，都一一落在仆人达拉德里的嘴里，可仆人说了公主不信，还恶语伤人。不久二公主里卓的银色犏奶牛也下了牛犊，仆人达拉德里如上问里卓，里卓说的和做的都和她姐姐完全一样。又过了几天，小公主东里卓的海螺色犏奶牛下了牛犊，仆人达拉德里如一如既往地问小公主，可小公主不像她的两个姐姐，说仆人也是人，我不坐在人上挤奶。当她祭神的牛奶落到仆人达拉德里嘴里时，公主还说好，就让达拉德里吃了。后来国王让她们选婿，大公主要嫁印度佛王，二公主要嫁白达霍国王，小公主说要下嫁给仆人达拉德里。国王很生气，没有给小公主他们任何嫁妆，赶出家门。但由于小公主心善，最后过上了幸福美满的生活。故事反映了人与人之间是平等的，人世间虽有财富上的贫富差别，但人格没有贵贱，只要尊重人，最终会得到幸福。1987年索南德赞讲述，措多记录。16开纸4页，1764字。收入《果洛民间故事》，青海省果洛藏族自治州三套集成公室1991年编印。

（华贡杰）

铁匠的哑巴儿子

མགར་བའི་བུ་ལྐུག

mgar bavi bu lkug

藏语安多方言故事。流传于青海省果洛藏族自治州。讲述王宫附近住的两位老人生养一个儿子，因为儿子不讲话，人们叫他铁匠的哑巴儿子。哑巴成人后，把自家赖以生存的一亩地和一头牛换了一匹骒马，骒马有驹三年不产，铁匠无奈，用刀破开骒马的肚子，取出来一匹三岁的宝马。铁匠想骑宝马，他的哑巴儿子说骑马可以但不可鞭策，父亲不听，骑上马后用鞭子一抽打，马飞上蓝天。国王听到此事后想方设法地想占有该宝马，由此施计以种种圈套想让铁匠的哑巴儿子钻，但未能如愿，最后通过决斗，哑巴儿子获胜而结终。反映了历史上藏族社会，谁有谋略和勇气谁就能创出一份事业。1990年华丹讲述，措吉多杰记录。16开纸6页，2546字。收入《果洛民间故事》，青海省果洛藏族自治州三套集成公室1991年编印。

（华贡杰）

赛杂达理

གསེར་རྫ་ད་ལི

gser rds da li

藏语安多方言故事。流传于青海省果洛藏族自治州。讲述无赖三兄弟和赛杂达理之间的交往过程中，无赖三兄弟渐渐显露出本来面目，他们设圈套让赛杂达理下到一处既不能下去，又不能上来的悬崖台阶上，将他置于死地，然后霸占了他的家产和妻子，终日靠赌博度日。过了九年零九个月，赛杂达理托靠雄鹰走出悬崖，暗中与自己的妻子联系，向无赖三兄弟报仇，夺回了自己的家产和妻室。通过赛杂达理受骗上当，经过艰辛的努力，才收回自己家产和妻室的经过，反映了结交朋友要听其言、观其行，需用慎重。1990年萨·索德讲述，措吉多杰记录。16开纸4页，1764字。收入《果洛民间故事》，青海省果洛藏族自治州三套集成公室1991年编印。（华贡杰）

狐学虎威

ཝ་སྟག་གིས་རྩལ་འགྲན་པ།

wa stg gis rtzl vgrn pa

藏语安多方言故事。流传于青海省果洛藏族自治州。讲述狐狸跟老虎去游玩，见到一头野牛，老虎威风凛凛地咬死了那头野牛。狐狸见到兔子，学老虎的样子，也要去咬死野牛，想给兔子示威，可结果狐牙紧夹在牛尾中，想放开也放不掉，把狐狸活活地拖死了。说明了干什么事情都要量力而行，若自不量力，吃亏的还是自己。1987年华吉讲述，旦继杰记录。16开纸3页，1323字。收入《果洛民间故事》，青海省果洛藏族自治州三套集成公室1991年编印。

（华贡杰）

天理

རྒྱུ་འབྲས།

rgyu vbrs

藏语安多方言故事。流传于青海省果洛藏族自治州。讲述朝圣者救了一只狼，可狼不仅不感谢朝圣者，反而要吃掉朝圣者。朝圣者无奈，要去评理。第一个碰到的是老牛，就让老牛评理，可牛说哪有什么天理，我年轻体壮的时候，背着你们人整天累死累活的，可现在看着我老了不中用了，就把我给抛弃了，天底下哪有什么天理可评？朝圣者不信，还要评理。第二个碰到的是老马，可老马说的也跟老牛差不多。最后碰到的是兔子，朝圣者对此没有抱太大希望，但还是请兔子评理。兔子说：“光听你们说不行。带我到实地去看一看，才能明白。”到了朝圣者救狼的地方，兔子又说：“我首先不相信朝圣者从这里能把一只狼救救出来，狼你先跳下去，看看它能否把你救出来？若能，理就好评。”狼上当再次跳进洞穴后，兔子却说：“狼兄，再也不要为争论而费力了，就在这儿等死吧！”兔子与朝圣者离它而去。说明了人与动物要和睦相处，特别要善待家畜，否则最后倒霉的是人自己。1987年叁保讲述，华欠加记录。1开纸页，882字。收入《果洛民间故事》，青海省果洛藏族自治州三套集成公室1991年编印。

（华贡杰）

国王与老鼠的故事

རྒྱལ་པོ་དང་ཙི་གུ།

rgyl po dang tzi gu

藏语安多方言故事。流传于青海省果洛藏族自治州。讲述国王有个老鼠朋友，为了老鼠的安全，有老鼠来做客时，国王命令把王宫里的猫全都给拴起来。有一次老鼠来求国王说，它们遭灾了，要借国王的粮食，国王不大相信老鼠能还给他们粮食，可看在朋友的面子，仍借给老鼠粮食十八间粮仓。老鼠把粮食搬完后，好几年杳无音讯，大家认为国王被老鼠骗了。正在议论纷纷时，老鼠前来通知国王，请国王打扫好粮仓，它要还粮食，没有几日，成千上万只老鼠运来粮食，把所借粮食如数归还，还向国王深表谢意，说它们最困难时借粮食给它们，渡过难关，以后国王有什么难处请告诉一声，一定会全力帮助等。几年后邻国入侵，国王无奈之际想到了老鼠朋友，求它们帮忙。于是一夜之间，鼠兵过河咬断、啃碎了敌兵所有的皮革、绳子等用具，敌兵因此不打自溃，退兵而去。国王也不含糊，给老鼠半壁江山，从此人鼠在一个国度共享生活。故事以幽默的方式表述了老鼠数量之多及所占地盘之大的缘由，反映了地球是人和动物共同的家园，只有和睦相处，才有大家安宁的日子。1987 年当周讲述，居・格桑记录。16 开纸 4 页，1323 字。收入《果洛民间故事》，青海省果洛藏族自治州三套集成公室 1991 年编印。（华贡杰）

能敌大象的老鼠

ཙི་གུ་མ་བུ།

tzi gu ma bu

藏语安多方言民间故事。流传于青海省果洛藏族自治州。讲述国王门前有一棵寄魂檀香树，树枝间有大鹏窝，树下有头大象，树根底下有几只老鼠。大鹏老把屎屙在老鼠洞口，大象常把洞口踩踏，老鼠把事情三次告到大王那里都没有得到解决，无奈只好以自己的方式去解决问题。母鼠乘大象睡觉之机从象鼻钻进肚里，狠咬其心脏，使大象疼痛难忍，一下撞倒了檀香树，摧毁了大鹏巢。反映了当权者不尽职尽责，处理不好邻里关系，弱势群体也会翻天。1987 年扎西旦巴讲述，措吉多杰记录。16 开纸 2 页，882 字。收入《果洛民间故事》，青海省果洛藏族自治州三套集成公室 1991 年编印。（华贡杰）

瘤子国王

རྒྱལ་པོ་ཝ་བ་ཅན།

rgyl po wa ba can

藏语安多方言故事。流传于青海省果洛藏族自治州。讲述国王的马倌寻找丢失的御马，无形中在鬼洞里由小鬼割去脸上的肉瘤，国王得知后，自以为开窍，去学马倌进鬼洞让鬼割去脸上的肉疱，结果不仅没有消除原来的肉疱，又长了拳头大的肉瘤，使国王哭笑不得。说明了什么事情都要依缘而行，自己没有缘，就不要免强行事，否则会事与愿违。1987 年扎西旦巴讲述，多杰扎西记录。16 开纸 3 页，1323 字。收入《果洛民间故事》，青海省果洛藏族自治州三套集成公室 1991 年编印。（华贡杰）

平平安安

བདེ་བདེ་འཇམ་འཇམ།

bde bde vjam vjam

藏语安多方言故事。流传于青海省果洛藏族自治州。讲述国王为国家培养继承人而找驸马，宫内不同层次、不同地位的人为了各自的目的，采取不同的方式和手段，争取自己人成为驸马，但都没有缘分。有一个穷人家的孩子，从小喜爱射箭，练得一手好箭法，可他为人忠厚老实，从来没有想过自己会成为驸马。有一次外号叫“辣椒”的大臣和他过不去，讽刺他说：“你从小射禽杀虫很有能耐，为什么不去应试驸马？”小伙子也不示弱地说：“我不想去，要是去了准能选中。”大臣说：“我敢打赌，如果你能选中驸马，我的官位、妻室儿女全给你。如果选不上你怎么办？”“如果选不上，我一辈子给你们家当佣人。”这样他们打了赌。在选拔时，穷人的孩子一箭把王宫的鸽子射了下来。大家议论纷纷，可也没有办法，穷人的孩子当上了驸马。反映了什么事情都要讲缘分，不属于你的你怎么努力也没有用；是属于你的，不管过程怎样，结果仍属于你。1983 年当周讲述，岗华记录。16 开纸 21 页，

9261字。收入《果洛民间故事选》，青海省果洛藏族自治州群众艺术馆1984年编印。（华贡杰）

夕阳西下，蜂入莲帐

རྒྱ་མཚོའི་ནང་གི་པདྨ་དེར་ཉི་མ་ནུབ་ཁར་བུང་བ་འཁོར།

rgy mtsovi nang gi padm der nyi ma nub khar bung ba vkhor

藏语安多方言民间故事。流传于青海省果洛藏族自治州。讲述有一个很富饶美丽的地方，国王和群臣特别喜欢到湖边去观湖，每当太阳落山后，莲花闭叶却左右摇摆不定，莲花为什么会自己摇动，谁也说不清。为了弄清楚，国王出告示谁能说清楚太阳落山后莲花为什么自己会摆动，国王就让出半壁江山给他。有一个放牛娃听到这个消息后得到老人的赐教，得知其中秘密，从而成名并获得了大奖。反映了知识就是力量的道理，同时反映出藏族民间故事中的印度文化痕迹。1983年扎东记录。16开纸4页，1764字。收入《果洛民间故事选》，青海省果洛藏族自治州群众艺术馆1984年编印。（华贡杰）

轻信别人，毁掉了自己

རྫུན་གཏམ་མ་དཔྱད་ན་རང་སྲོག་ཤོར།

rdsun gtam ma dpyd na rang srog shor

藏语安多方言民间故事。流传于青海省果洛藏族自治州。讲述老虎与小兔是朋友，经常走在一起，但老虎常欺负小兔，最后小兔施计除掉了老虎。说明了只要是朋友，要以诚相待，否则朋友也会翻脸的道理。1983年才旦讲述，多杰坚参、建新记录。16开纸1页，441字。收入《果洛民间故事选》，青海省果洛藏族自治州群众艺术馆1984年编印。（华贡杰）

一伙狐狸救姑娘

རིག་པ་ཅན་གྱི་ཝ་མོ།

rig pa can gyi wa mo

藏语安多方言民间故事。流传于青海省果洛藏族自治州。讲述母女二人的邻居是一个人面虎身的好色妖怪，他一心想霸占穷人家的女孩。有一天妖怪乘女孩的母亲去讨饭之机，抢走女孩。老母亲回来后不见女孩，怀疑妖怪所为，就去找妖怪。路上遇到狐狸、兔子等，它们愿意帮老妈妈救孩子，在他们的帮助下，母女二人战胜了妖怪，过上了幸福的生活。说明了大家只要齐心协力，没有战胜不了的敌人的道理。1983年才旦讲述，多杰坚参、建新记录。16开纸1页，441字。收入《果洛民间故事选》，青海省果洛藏族自治州群众艺术馆1984年编印。（华贡杰）

聪明的老马

བློ་རིག་ཅན་གྱི་རྟ་རྒན།

blo rig can gyi rt rgn

藏语安多方言民间故事。流传于青海省果洛藏族自治州。讲述有一匹马掉进泥坑里出不来，一只恶狼看见后很高兴，心里想这次吃定老马了。可它没有想到上了马的当，不仅没有吃上马肉不说，反而送了自己的命。说明了凡遇事要三思，不能轻易相信别人的道理。1983年才旦讲述，多杰坚参、建新记录。16开纸1页，441字。收入《果洛民间故事选》，青海省果洛藏族自治州群众艺术馆1984年编印。（华贡杰）

子俄呷和乌鸦

བྱ་རོག་གི་སྒྲུང་།

by rog gi sgrung

藏语安多方言民间故事。流传于青海省果洛藏族自治州。讲述子俄呷（藏语，意为牛羊五脏六腑之一）和乌鸦做朋友，子俄呷看家做饭；乌鸦牧羊。有一天，子俄呷为了给乌鸦做好饭，把自己的身子在锅里翻了几下，使汤有肉味后才出来。乌鸦放牧回来，吃到了肉味，但它不知道从哪里弄来的肉。第二天乌鸦假装去放羊，藏在一个角落里看个究竟，乌鸦看到后自以为明白了。第二天它让子俄呷去放牧，乌鸦自己在家做饭，学子俄呷跳进锅里翻了几身想出来，可没想到送了命。反映了人们相处要为对方多着想，不可存有无端的怀疑。1983年才旦讲述，多杰坚参、建新记录。16开纸1页，441字。收入《果洛民间故事选》，青海省果洛藏族自治州群众艺术馆1984年编印。（华贡杰）

黄河名称的由来（一）

རྨ་ཆུའི་གཏམ་རྒྱུད།

rm chuvi gtam rgyud

藏语安多方言民间传说。流传于青海省果洛藏族自治州。讲述黄河名称的由来。黄河二字藏语为“玛曲”，即早在吐蕃以前西藏就有个“玛”氏家族，玛氏家族庞大、人才辈出，闻名全藏，很久以前在黄河源头一带居住的藏族先民部落（或首领）玛氏为多，故河源一带称“玛域”，源自玛域的河称之为“玛曲”（“曲”为水或河之意），这就是“玛曲”二字的由来。1982 年班智讲述，才巴记录。32 开纸 2 页，900 字。故事梗概收入《果洛州志》，青海省果洛藏族自治州史志办 2002 年编印。原文今藏青海省果洛藏族自治州玛多县少数民族语文工作办公室。（格桑加措）

黄河名称的由来（二）

རྨ་ཆུའི་མིང་གི་བྱུང་བ་བརྗོད་པ།

rm chuvi ming gi byung ba brjod pa

藏语安多方言民间传说。流传于青海省果洛藏族自治州。讲述黄河藏语名称的由来。在远古时候，人们大都以狩猎为生，一位老猎人外出狩猎，被野兽咬伤，久治不愈，后用黄河水冲洗，伤口才痊愈，从此称这条河为“玛曲”。藏语“玛”有伤或疮之意，“曲”有河之意，“玛曲”即“治伤水”之意。1999 年尼多讲述，才让记录。32 开纸 6 页，千余字。故事梗概收入《果洛州志》，青海省果洛藏族自治州史志办 2002 年编印。原文今藏青海省果洛藏族自治州玛多县少数民族语文工作办公室。（格桑加措）

黄河名称的由来（三）

རྨ་ཆུའི་མིང་ཐོགས་ཚུལ་གྱི་ངག་རྒྱུན།

rm chuvi ming thogs tsul gyi ngag rgyun

藏语安多方言民间传说。流传于青海省果洛藏族自治州。黄河名称由来传说之一。讲述黄河藏语为“玛曲”，其名称由来与阿尼玛卿雪山山名有关。即阿尼玛卿雪山被视为藏区亘古九尊神山之一，名扬四方，无人不知。故流淌在玛卿山前的河流被称之为玛卿河——黄河。还有一种说法是“玛曲”的名称在先，故将其上游最高山脉取名为“玛曲”山，即黄河大山。1982 年班洛讲述，才巴记录。32 开纸 3 页，700 余字。记录稿今藏青海省果洛藏族自治州少数民族语文工作办公室。（格桑加措）

黄河名称的由来（四）

རྨ་ཆུ་ཞེས་པའི་མིང་ཐོགས་ཚུལ་གྱི་གཏམ་རྒྱུད།

rm chu zhes pavi ming thogs tsul gyi gtam rgyud

藏语安多方言民间传说。流传于青海省果洛藏族自治州。黄河二字藏语名称由来的传说之一。讲述黄河源头有许多海子湖泊，分布有序、色彩斑斓，就像孔雀展翅一样美丽，故源自此地的河流被称为“玛曲”，即“孔雀河”。（“玛”为“玛夏”即孔雀，“曲”为河）。1999 年才科讲述，才让记录。32 开纸 3 页，百余字。收入《果洛州志》，青海省果洛藏族自治州史志办 2002 年编印。原文今藏青海省果洛藏族自治州玛多县少数民族语文工作办公室。（格桑加措）

黄河与孔雀的传说

རྨ་ཆུ་དང་རྨ་བྱའི་སྐོར་གྱི་ངག་རྒྱུན།

rm chu dang rm byvi skor gyi ngag rgyun

藏语安多方言民间传说。流传于青海省果洛藏族自治州。有关讲述藏语黄河与孔雀名称由来及二者间关系的传说。讲述黄河藏语名称为“玛曲”，孔雀藏语名称为“玛夏”，相传在远古时期河源一带水草丰美、气候暖和湿润，常有孔雀落在河边洗濯觅食，故称黄河为“孔雀河”，或因孔雀常在黄河边，故称孔雀为“黄河鸟”。总之二者名称有联系，是互为条件、互为前提的。1999 年仁增讲述，才让记录。32 开纸 2 页，300 字。故事梗概收入《果洛州志》，青海省果洛藏族自治州史志办 2002 年编印。原文今藏青海省果洛藏族自治州玛多县少数民族语文工作办公室。（格桑加措）

三大湖泊传说简要

མཚོ་ཆེན་གསུམ་གྱི་གཏམ་བརྒྱུད་བསྡུས་པ།

mtso chen gsum gyi gtam brgyud bsdus pa

藏语安多方言民间传说。流传于青海省果洛藏族自治州玛多县。讲述青藏高原三江源头地区湖泊形成之传说。反映了藏族人民对自然的无限崇敬之情，同时表现了人们对自然湖泊形成的神话意识。对研究三江源头湖泊形成及生态环境有参考价值。2003 年吴建讲唱，东扎记录。16 开纸 20 页，2000 字。今藏青海省果洛藏族自治州班玛少数民族语文工作办公室。（才让、何向阳）

年宝玉则的传说

གཉན་པོ་གཡུ་རྩེ།
gnyan po gyu rtze

藏语安多方言传说。流传于青海省果洛藏族自治州。以年宝玉则神山和被认为果洛人的祖先的果洛·阿本作为背景，讲述在“人”与“神”之间发生的一个美丽感人又富有哲理的爱情传说，解释了果洛部族的形成和发展。1990 年摘录于果洛民间手抄本《果洛宗谱》，摘录篇幅 16 开纸 48 页，21 168 字。收入《果洛民间故事》，青海省果洛藏族自治州三套集成办公室 1991 年编印。（华贡杰）

关于黄河的传说

རྨ་ཆུའི་གཏམ་རྒྱུད་ཀྱི་སྐོར།
rm chuvi gtam rgyud kyi skor

藏语安多方言传说。流传于青海省果洛藏族自治州。讲述神界诸多尊神分位，阿尼玛卿被分到安多地区守卫，并建宫取妃，其中龙妃措曼国玛给阿尼玛卿雪山赠送了十三颗珍宝和金制供壶，阿尼玛卿从金壶里取出一把红色的金砂撒在河里，从此这条河称“曲吾色尔旦”，就是黄河。1987 年达克讲述，诺尔德记录。16 开纸 3 页，1323 字。收入《果洛民间故事》，青海省果洛藏族自治州三套集成公室 1991 年编印。（华贡杰）

扎陵湖和鄂陵湖

མཚོ་སྐྱ་རེངས་སྔོ་རེངས།
mtso sky rengs sngo rengs

藏语安多方言传说。流传于青海省果洛藏族自治州。讲述很早以前有两位身材特别高大魁梧的两个巨人，他们弟兄二人为了找到他们的母亲黄河，不怕艰难困苦，走了很长时间的路，途中走进大沙漠里，快要渴死时，被当地的牧民救活。两个巨人找到母亲黄河后，母亲嘱咐他们二人回去报答救他们的牧人。他们听了母亲的话，原路回到牧人救他们的地方，变成了两个美丽的湖泊，即扎陵湖和鄂陵湖，造福于当地牧民。两个湖由黄河贯串，好像是母亲在挽着那对巨人兄弟。反映了大自然无私地给人们奉献了自己全部，人类也要善待大自然。1983 年讲述，陈士濂记录。16 开纸 7 页，3087 字。收入《果洛民间故事选》，青海省果洛藏族自治州群众艺术馆 1984 年编印。

（华贡杰）

猫和老鼠

བྱི་ལ་དང་ཙི་གུ།
byi la dang tzi gu

藏语安多方言民间故事。流传于青海省西宁市。讲述猫为什么要吃老鼠。原本猫与老鼠是好邻居和好朋友，在十二生肖排辈时，只取前十二名，早晨老鼠忘了叫醒猫而成为第一名，自从那时起，猫就怀恨在心，一心想吃掉老鼠。表现了藏族人民对动物习性的了解、对社会现实的观察和探求科学的意识。贡才记录。16 开纸 1 页，600 余字。收入青海《群众艺术》藏文版，1992 年第 1 期。（项智多杰 吴钰）

国王当小偷

རྒྱལ་པོ་རྐུ་ལ་ཕེབས་པ།
rgyl bo rku la phebs pa

藏语安多方言民间故事。流传于青海省西宁市。讲述老臣洛桑让两个儿子学知识，洛赛擅长数学，洛赛通过自己的特长为国王治理财政，使国家摆脱经济危机，为民造福，愚弄贪财无知的国王。通过聪明的洛赛和愚蠢的国王的对比描述，歌颂了勤劳智慧的穷人，讽刺了愚笨贪献策的国王，表达了藏族人民自古以来具有科教兴国的意识。柔旦尖措记录。16 开纸 3 页，收入青海《群众艺术》藏文版，1992 年第 3 期。

（项智多杰 吴钰）

痴男子求婚

བུ་གླེན་པས་མནའ་མ་སློང་བ།
bu glen pas mnav ma slong ba

藏语安多方言民间故事。流传于青海省西宁市。讲述一个天性傻瓜的成年男子通过学习语言技巧后去求婚，但他的傻瓜天性却无法改变，求婚过程中丑态百出，留下很多笑柄，承受很多心理折磨，备受人间冷遇后，最终以失败而回归。表达了作为藏民族人民应具备智慧和语言表达才能。才改记录。16 开纸 2 页，1000 余字。收入青海《群众艺术》藏文版，1991 年第 4 期。

（项智多杰 吴钰）

禅师孙女

ནགས་སྒོམ་ཆེན་ཚ་མོ།
nags sgom chen tsa mo

藏语安多方言民间故事。流传于青海省西宁市。讲述禅师的孙女继承了禅师的道法标准和做人原则，充分利用禅所传授的智慧和应变才能、交往和公关能力，凭借自己的智慧历经艰难险阻，最后战胜困难，使国家脱离危机。反映了藏民族是一个追求知识和和平幸福的民族。达却加记录。16 开纸 7 页，4000 余字。收入青海《群众艺术》藏文版，1992 年第 3 期。（项智多杰 吴钰）

虎儿和豹儿

སྟག་སྐྱེས་དང་གཟིག་སྐྱེས།
stg skyes dang gzig skyes

藏语安多方言民间故事。流传于青海省西宁市。这则民间故事是通过虎儿王子和豹儿王子同心协力，歼灭敌人，共同扶持和治理家园的故事，说明了只要互相团结，共同奋斗，才能战胜敌人，维护家园的道理。教育一个国家的民众或部族、家族中的成员要团结一心，同心同德，才能所向无敌。多杰态洛记录。16 开纸 4 页，2000 余字。收入青海《群众艺术》藏文版，1992 年第 3 期。

（项智多杰 吴钰）

措拉桑姆王妃

བཙུན་མོ་མཚོ་ལྷ་བཟང་མོ།
btzun mo msto lha bzang mo

藏语安多方言民间故事。流传于青海省西宁市。讲述措拉桑姆王妃的参政与阴谋诡计使国事崩溃瓦解，民不聊生，反映了古代藏民族妇女的社会和政治地位，着重表现了断国事不听妇人言、妇女不参与政事的政治要求。卓玛本记录。16 开纸 3 页，1000 余字。收入青海《群众艺术》藏文版，1992 年第 3 期。（项智多杰 吴钰）

人和狼、兔子的故事

མི་དང་སྤྱང་ཀི་རི་བོང་གསུམ་གྱི་གཏམ་རྒྱུད།
mi dang spyng ki ri bong gsum gyi gtam rgyud

藏语安多方言民间故事。流传于青海省西宁市。动物故事或童话故事，多数内容为启蒙小孩智商或道德教育的范本，兔子的故事多数属于智慧性故事。本篇也是弱者利用智慧征服强者的故事。描写弱者东智按兔子的办法使狼置于死地，说明办事要靠智慧的道理。尕藏加记录。16 开纸 2 页，1000 余字。收入青海《群众艺术》藏文版，1991 年第 4 期。（项智多杰 吴钰）

瞎子和聋子婚配

ལོང་བ་དང་ལྐུགས་པའི་གཉེན་དོན།
long ba dang lkugs pavi dnyen don

藏语安多方言民间故事。流传于青海省西宁市。讲述聪明的扎西通过种种办法使瞎子和聋子结为夫妻，过上了幸福的生活，反映了不管世界上幸运或不幸的人都有享受亲情和爱情，幸福生活的同等权利，表现了藏族人民喜欢有智慧和爱心的人。朋毛东智记录。16 开纸 2 页，1000 余字。收入青海《群众艺术》藏文版，1992 年第 4 期。

（项智多杰 吴钰）

喜鹊和猫头鹰

སྐྱ་ཀ་དང་སྲིན་བྱའི་སྒྲུང་།
sky ka dang srin byvi sgrung

藏语安多方言民间故事。流传于青海省西宁

市。动物或童话故事，是教育孩子做人原则，启迪孩子智力的小故事。在人们的相互交流中会有许多值得吸取的经验和教训。通过喜鹊和猫头鹰的交流中，喜鹊收获不少。表达了人与人的交流非常重要。朋措记录。16开纸3页，2000余字。收入青海《群众艺术》藏文版，1992年第4期。

（项智多杰 吴钰）

金镯

གསེར་ནག་གི་གདུ་བུ།

gser nag gi gdu bu

藏语安多方言民间故事。流传于安多地区。讲述老奶奶救了猫、狗及龙女，他们以恩相报，自己也如愿以偿。表现了以善恶因果的佛教思想，教育人们善有善报，恶有恶报，树立戒恶扬善的道德准则。反映了藏民族是一个诚实而又喜欢助人为乐的民族，表达了藏族社会生活中的爱心和思想道德标准。仁青加记录。16开纸4页，收入青海《群众艺术》藏文版，1992年1期。

（项智多杰 吴钰）

四传说

བཤད་པ་རྣམ་བཞི།

bshad pa rnm bzhi

藏语安多方言民间传说。流传于青海省西宁市。这部传说有四个内容：第一传说是关于仙医为了众生，为了帮助格萨尔，从香巴拉来到人间的故事；第二则传说是关于商贾扎西救珠姆的故事；第三则传说是关于狮子的故事；第四则传说是关于老虎的故事。才旦记录。16开纸3页，3000余字。收入青海《群众艺术》藏文版，1992年第3期。

（项智多杰 吴钰）

兔子和熊

རི་ཕྲུག་དང་དྲེད་མོའི་སྒྲུང་།

ri phrug dang dred movi sgrung

藏语安多方言民间故事。流传于青海省西宁市。是一篇聪明反被聪明误的童话故事，其内容是小兔子为了报杀害父母之仇，依自己的聪明才智不仅杀死了熊和它的儿子，而且还杀死了狮子、野牛和老年夫妇的儿子，结果，它自己又陷入别人的计谋而死。解释了藏族人民因果报应的宗教观。扎西卓玛记录。16开纸5页，3000余字。收入青海《群文天地》藏文版，1998年第2期。

（才让本 吴钰）

卫藏民间故事六则

དབུས་གཙང་དམངས་ཁྲོད་ཀྱི་མཚར་གཏམ།

dbus gtzang dmangs khrod kyi mtsar gtam

藏语卫藏方言民间故事。流传于卫藏地区。集卫藏民间小故事六则，故事内容均为因果报应，戒恶劝善，启发智慧，提倡人道。1. 身着毛袋的客人；2. 打瞌睡的牧人；3. 爱吹牛的木匠；4. 偷羊；5. 聪明的乞丐；6. 愚人三兄弟。通过幽默的描写反映了藏族民间生活。若见多杰记录。16开纸2页，1000余字。收入青海《群众艺术》藏文版，1991年第2期。

（才让本 吴钰）

麻雀和燕子的故事

མཆི་བ་དང་ཁ་ལ་ཡུག་གི་གཏམ་རྒྱུད།

mci ba dang kha la yug gi gtam rgtud

藏语安多方言民间故事。流传于青海省西宁市。是教育孩子、灌输坚强信念的做人之道，启发孩子智力的童话。讲述麻雀面临危机却施计退走敌人的故事，说明人们需要智慧。从中也反映了藏族人民扶弱济贫、不屈不挠的精神。索南端珠、更加记录。16开纸2页，1000余字。收入青海《群众艺术》藏文版，1997年第3期。

（才让本 吴钰）

拉萨美朵

ལྷ་ས་མེ་ཏོག

lh sa me tog

藏语安多方言民间故事。流传于青海省西宁市。是一篇悲剧性的爱情神话故事，描述拉萨美朵的身世，表现了善良和坚强的人物性格以及美丽的容貌和温柔的内心，表达了争取自由和爱情的坎坷道路。加让李秀记录。16开纸3页，1000余字。收入青海《群众艺术》藏文版，1997年第1期。

（才让本 吴钰）

松鸡和沙鸡的故事

གོང་མོ་དང་སྲེག་པའི་གཏམ་རྒྱུད།

gong mo bang sreg pavi gtam rdyud

藏语安多方言童话故事。流传于青海省西宁市。松鸡趁早不辞劳苦地准备冬食，入冬后无忧无虑；而沙鸡整天无所事事，入冬后可怜无食。启发孩子“少壮不努力，老大徒伤悲”，凡事应从早做起，有备无患，不能懒惰。琼太加记录。16开纸2页，1000余字。收入青海《群众艺术》藏文版，1991年第2期。（才让本 吴钰）

阿尼夏琼与德龙山的故事

ཨ་མྱེས་བྱ་ཁྱུང་དང་སྟག་ལུང་བར་གྱི་གཏམ་རྒྱུད།

a myes by khyung dang stg lung bar gyi gtam rgyud

藏语安多方言神话故事。流传于安多热贡地区。阿尼夏琼和德龙山都是当地的有名雪山，都是主管一方平安的神山，也是当地信教群众祭拜的对象。主要阐述阿尼夏琼山与德龙山、阿妈珠穆山神之间的恋爱关系与感情纠纷，赋予神以人性反映现实生活。对研究藏族神话有参考价值。朋措记录。16开纸3页，3000余字。收入青海《群众艺术》藏文版，1994年第3期。（才让本 吴钰）

雄鸡和狐狸

ཨ་ཁུ་དེ་ཕོ་དང་གཡོ་ཅན་ཝ་མོ།

a khu de pho dang dyo can wa mo

藏语安多方言童话故事。流传于青海省果洛藏族自治州。内容为启发孩子智力，灌输人伦道德标准、做人原则、处世哲学等思想。讲述狡猾的狐狸为欺骗谷食野鸡，向野鸡甜言蜜语，野鸡识破狐狸的鬼胎，施计引走狐狸的故事。教育孩子不可做诈，聪明反被聪明误。斗拉加记录。16开纸2页，1000余字。收入青海《群众艺术》藏文版，1994年第2期。（才让本 吴钰）

国王的牧羊人和大译师仁青桑布

རྒྱལ་པོའི་ཕྱུགས་རྫི་དང་ལོ་ཆེན་རིན་བཟང་།

rgyl povi phyugs rdsi dang lo chen rin dzang

藏语安多方言民间故事。流传于青海省西宁市。赞颂大译师仁青桑布的一则神话传说。大译师仁青桑布是藏族历史上佛教后弘期赴印度留学深造学成，后来回阿里译佛传佛的著名译师。国王的牧人被妖魔解惑，谣骗众人伏法时，译师仁青桑布降魔明惑。角巴杰记录。16开纸2页，1000余字。收入青海《群众艺术》藏文版，1994年第2期。（才让本 吴钰）

年保玉则的故事

གཉན་པོ་གཡུ་རྩེའི་གཏམ་རྒྱུད།

gnyan po gyu rtzevi gtam rgyud

藏语安多方言民间故事。流传于青海省果洛藏族自治州。年保玉则为青海境内的一座著名山神，是苯教九大神氏中的一座，这则神话故事讲述果洛“本巴三族”的来源传说。年保玉则山脚下一位猎人救了山神之子白蛇之命，为了报恩，年保玉则将三个女儿嫁给猎人，生三子，分别为“旺欠本”“阿君本”“白玛本”，从中反映藏族人民历来热爱自然，保护生态，热爱生命。卡哇记录。16开纸2页，1000余字。收入青海《群众艺术》藏文版，1994年第1期。（才让本 吴钰）

山羊与狼

ར་མ་དང་སྤྱང་ཀི

ra ma bang spyng ki

藏语安多方言故事。流传于青海省西宁市。内容为启发孩子智力，灌输人伦道德标准、做人原则、处世哲学等思想。通过山羊与狼的对话，表露了小山羊在胆怯、焦虑的心态中利用自己的智慧，巧妙地战胜狡诈的狼。引申了真诚战胜虚伪的道德观念。尖吾记录。16开纸1页，600余字。收入青海《群众艺术》藏文版，1997年第2期。

（才让本 吴钰）

乞丐拉吉

སྤྲང་མོ་ལྷ་སྐྱིད།

sprng mo lha skyid

藏语安多方言民间故事。流传于青海省西宁市。阐述佛教思想中以清苦为乐，清净知足，提倡帮助和救助他人，多做善事，才能转苦为乐的因果报应关系。体现了藏族人民好人有好报的思想观念。仁青加记录。16 开纸 5 页，3000 余字。收入青海《群众艺术》藏文版，1992 年第 4 期。

（才让本 吴钰）

犀牛的故事

རི་དྭགས་བསེ་རུའི་གཏམ་རྒྱུད།

ri dwgs bse ruvi gtam rgyud

藏语安多方言民间故事。流传于青海省西宁市。讲述犀牛救了穷人之命，而穷人财迷心窍欲加害犀牛。以德报怨，此时犀牛消逝无踪，穷人也突然暴卒，以恶报善的故事反映了藏族人民弃恶扬善、知恩图报等道德标准。拉卡才让记录。16 开纸 2 页，1000 余字。收入青海《群众艺术》藏文版，1993 年第 4 期。（项智多杰 吴钰）

故事二则

སྒྲུང་ཐུང་ཚན་པ་གཉིས།

sgrung thung tsan pa gnyis

藏语安多方言民间故事。流传于青海省西宁市。集二则民间故事：一是噶尔大相怎样找到聪明能干的儿媳妇；大相对儿子提出了生活难题，儿子在解决难题过程中得到儿媳的帮助；二是神话，雕怎样成为白头。反映了藏族人民崇爱智慧，勇于探索大自然奥秘的心理特征。对研究藏族民俗有参考价值。气才让记录。16 开纸 2 页，1000 字。收入青海《群众艺术》藏文版，1997 年第 2 期。

（项智多杰 吴钰）

报养育之恩

དྲིན་ཤ་སློང་བ།

drin sha slong ba

藏语安多方言民间故事。流传于藏族农牧区。父母抚养孩子长大成人不容易，所以要提出聘礼以外还可提出各种名目的报答养育费用，如：姑娘出嫁向男方讨要聘礼和报母乳费等。本故事则描述了它的意义。讲述本则和姑娘甘措的婚事虽双方两家同意，但本则不学无术，无所事成，甘措之母为了使其重新做人，便向他讨要对甘措的养育之恩，本则恍然大悟，从此含辛茹苦，勤劳工作。果美端才记录。16 开纸 2 页，1000 余字。收入青海《群众艺术》藏文版，1997 年第 3 期。

（项智多杰 吴钰）

懒惰猎人

རྔོན་པ་ལེ་ལོ་ཅན།

rngon pa le lo can

藏语安多方言民间故事。流传于青海省西宁市。讲述猎人因为劳累当头大睡，不但未能获取猎物，反而猎枪被人盗走。说明若是懒惰，必将一事无成的道理，劝告人们勤奋努力，有志者事可成，懒惰者难生存。从中反映藏族人民的勤劳勇敢精神。本加记录。16 开纸 1 页，600 余字。收入青海《群众艺术》藏文版，1991 年第 2 期。

（项智多杰 吴钰）

拉丹之子娶妻

རྒྱལ་བུ་རབ་བརྟན་བཙུན་མོ་བཙལ་དུ་ཕྱིན་པ།

rgyl bu rab brtn btzun mo btzal du phyin pa

藏语安多方言民间故事。流传于青海省西宁市。讲述拉丹是个真诚聪明的王子，他不以门第为荣，美貌为先，考察新娘的道德品质。拉丹之子用计试探三位公主的性格，最终和诚实的小公主结成良缘。表明好人终究平安幸福，赞扬人与人之间真诚的可贵。龙姆才让记录。16 开纸 3 页，1000 余字。收入青海《群众艺术》藏文版，1998 年第 1 期。（项智多杰 吴钰）

杜鹃和乌鸦的来历

ཁུ་བྱུག་དང་ཁ་ཏའི་བྱུང་ཚུལ།

khu byug dang khw tavi byung tsul

藏语安多方言民间故事。流传于青海省西宁市。解释佛教因果思想和做人原则，说明善有善报、恶有恶报的神话故事。描写了老妇为了把她的义女赶出家门，实施了种种阴谋诡计，然而这些诡计让她的儿子变成了乌鸦，义女也变成了杜鹃。表明因果不为人们的意志为转移。才让吉记录。16 开纸 2 页，1000 余字。收入青海《群众艺术》藏文版，1998 年第 4 期。（项智多杰 吴钰）

色桑公子

གསེར་བཟང་རྒྱལ་པོའི་བུ།

gser bzang rgyl povi bu

藏语安多方言民间故事。流传于青海省西宁市。主要讲述赛藏王的儿子出生后，经过占卜显示，必须要让其流放，在流放途中，与一个老人的女儿相爱结婚，过着亲福生活的故事。灌输了佛教因果报应和做人原则。多布记录。16 开纸 1 页，600 余字。收入青海《群众艺术》藏文版，1996 年第 2 期。（项智多杰 吴钰）

骆驼喝水时为何东张西望

རྔ་མོང་ཆུ་ཁར་སླེབས་དུས་ཕྱོགས་བཞིར་རྒྱང་བལྟ་བྱེད་དོན་ཅི།

rng mong chu khar slebs dus phyogs bzhir rgyng blta byed don ci

藏语安多方言民间故事。流传于青海省西宁市。这是一则关于马和骆驼之间的寓言故事，讲述马用阴谋诡计与骆驼交换尾巴，约定在饮水时交换，所以骆驼在每次饮水时都高高抬起头东张西望。拉龙多杰记录。16 开纸 1 页，600 余字。收入青海《群众艺术》藏文版，1996 年第 2 期。

（项智多杰 吴钰）

镜子

མེ་ལོང་།

me long

藏语安多方言民间故事。流传于青海省西宁市。主要讲述一家人围绕着镜子而展开的一系列家庭风波，是家庭教育的一种寓言故事。才专吉记录。16 开纸 1 页，600 余字。收入青海《群众艺术》藏文版，1996 年第 3 期。（才让本 吴钰）

要与不要老人的故事

ལོ་ལོན་མི་མཁོ་ལོ་ལོན་མཁོ།

lo lon mi mkho lo lon mkho

藏语安多方言民间故事。流传于青海省西宁市。通过对一个暴君的行为和他的无知进行讽刺，对好心老人的聪明才智进行高度赞扬，表达了不要把老人视为社会的包袱，而要更好地孝顺、赡养老人，揭露了当时社会统治阶级对贫民的残酷和广大人民的苦难。久美才让和完德才让记录。16 开纸 2 页，1000 余字。收入青海《群众艺术》藏文版，1985 年第 1 期。（才让本 吴钰）

学者觅书

ཤེས་ཡོན་ཅན་གྱིས་དཔེ་ཆ་འཚོལ་བ།

shes yon can kyis dpe cha vtsol ba

藏语安多方言民间故事。流传于青海省西宁市。通过一位只顾读书而不理睬家务的懒惰学者的形象和行为与他妻子的聪明才智相比较，揭示了当时妇女的社会地位，告诫人们，脱离劳动的读书是无用的。尖参和吉毛记录。16 开纸 2 页，1000 余字。收入青海《群众艺术》藏文版，1984 年第 2 期。

（才让本 吴钰）

猫儿念经

བྱི་ལས་ཆོས་བཏོན་པ།

byi las chos bton pa

藏语安多方言短篇民间故事。流传于青海省西宁市。主题是抵御温柔陷阱的诱惑，一只猫对鼠群诱惑、欺诈，而鼠王靠自己的聪明才智战胜了狡猾的猫，揭露猫的诡计进行讽刺，说明了欺诈必得报应的因果关系。诺日才让记录。16 开纸 1 页，600 余字。收入青海《群众艺术》藏文版，1984 年第 2 期。（才让本 吴钰）

奶牛的恩惠

འབྲི་མོའི་དྲིན་སྒྲུང་།

vbri movi drin sgrung

藏语安多方言民间故事。流传于青海省西宁市。讲述善待同伴，善待恩人，知恩图报，热爱动物和生命。说明了要牢记或回报他人的恩惠而不能忘恩负义，深刻地揭示了要善待他人，不能恩将仇报的道理。才让南加记录。16 开纸 4 页，2000 余字。收入青海《群众艺术》藏文版，1984 年第 2 期。

（才让本 吴钰）

金鱼与渔夫

ཉ་པ་དང་གསེར་ཉ།

nya ba dang gser nyw

藏语安多方言神话民间故事。流传于青海省西宁市。讲述一对贫穷的渔夫在金鱼的帮助下拥有富裕、美满的、温馨的家，但由于老婆贪财如命，欲望膨胀，不懂知足，继续捕鱼痴心妄想想得到人生果而最终遭到厄运。从此在藏族民间流传了“权力犹如春梦，财物犹如朝露”的俗语。哈嘎多杰才让记录。16 开纸 12 页，7000 余字。收入青海《群众艺术》藏文版，1986 年第 4 期。

（才让本 吴钰）

民间故事三则

དམངས་ཁྲོད་གཏམ་རྒྱུད་ཁག་གསུམ།

dmangs khrod gtam rgyud khag gsum

藏语安多方言民间故事。流传于青海省西宁市。以讽刺自夸自我和骄傲自满，赞美智者谦虚友善、礼貌待人、团结邻里、帮助他人、助人为乐的精神，说明了做人要有好的品行的深刻道理。彭果记录。16 开纸 2 页，1000 余字。收入青海《群众艺术》藏文版，1986 年第 3 期。（才让本 吴钰）

一个坏心人

ངན་སེམས་ཅན་གྱི་བྲམ་ཟེ།

ngan sems can gyi brm ze

藏语安多方言民间故事。流传于青海省西宁市。讲述一位贪心的僧人欺骗了一对老夫妇，骗去其女儿、盗走其财物之后，王子得知此事，杀死僧人，娶其女儿为妃的故事。告诫藏族人不要相信迷信，要识别利用宗教行骗的僧人。角果才让记录。16 开纸 3 页，1000 余字。收入青海《群众艺术》藏文版，1986 年第 1 期。

（才让本 吴钰）

三兄弟学艺

སྤུན་གསུམ་ལག་རྩལ་བསླབ་ཏུ་སོང་བ།

spun gsum lag rtzl bslb tu song ba

藏语安多方言神话民间故事。流传于青海省西宁市。讲述三兄弟学艺，让最小的去学乐艺，但他因钱财的欠缺而半途而废，此时正好在龙女的一臂之力下成了一个完美无缺的富贵者与父母共度幸福的生活的幸运者。表述了要与亲人和睦相处的社会道德观。南色记录。16 开纸 8 页，5000 余字。收入青海《群众艺术》藏文版，1986 年第 4 期。

（才让本 吴钰）

智慧和气力（阿克登巴的故事）

བློ་གྲོས་དང་ཤེད་ཤུགས།

blo gros dang shed shugs

藏语安多方言民间故事。流传于青海省西宁市。是阿克登巴的智慧性故事之一。讲述阿克登巴对欺压百姓的霸主表示愤慨，进行斗争，怜悯百姓的悲惨命运，以自己的智慧战胜了敌人的入侵，保卫自己的生命和财产，同时也塑造了一个热爱民众的智者英雄形象。多杰才让记录。16 开纸 1 页，600 余字。收入青海《群众艺术》藏文版，1983 年第 4 期。（才让本 吴钰）

生活的一刹那

སྐད་ཅིག་འཚོ་བ་ཟེར་བའི་གཏམ་རྒྱུད།

skd cig vtso ba zer bavi gtam rgyud

藏语安多方言民间故事。流传于青海省西宁市。讲述一家三口人，在变化无常的坎坷生活中与命运抗争，实现人生和生活价值的故事。以享受财富与命运变迁的无常之理，抒发了“对智者进行鼓励和愚者进行批判”的理性精神。李秀尖措记录。16 开纸 5 页，3000 余字。收入青海《群众艺术》藏文版，1983 年第 4 期。

（才让本 吴钰）

天鹅与鸳鸯

བྱ་ངང་བ་དང་ངུར་བ།

by ngang ba dang ngur ba

藏语安多方言神话民间故事。流传于青海省西宁市。讲述很久以来，两位青年之间产生了所谓的情感，并设想共度一生时，无情的社会现实没能令他们如愿以偿还，美好的爱情遇到挫折因此而断送了两人的性命。批判和揭露了旧社会婚姻下不自由的传统习俗与危害。索南才让记录。16 开纸 13 页，8000 余字。收入青海《群众艺术》藏文版，1985 年第 4 期。（才让本 吴钰）

狡猾的海鸥

གཡོ་སྒྱུ་ཆེ་བའི་གཏམ་རྒྱུད།
gyo sgyu che bavi gtam rgyud

藏语安多方言动物民间故事。流传于青海省西宁市。讲述一个狡猾的海鸥欺骗了鱼群之后，又想诈骗螃蟹，但螃蟹得知海鸥想吞食它的诡计的故事。说明了善有善报，恶有恶报的因果道理。多尖华旦记录。16 开纸 2 页，1000 余字。收入青海《群众艺术》藏文版，1985 年第 1 期。

（才让本 吴钰）

懒夫妻

དགོད་གཏམ།
dgod gtam

藏语安多方言民间笑话故事。流传于青海省西宁市。讲述一对不洗脸、不洗锅的懒惰夫妇好吃懒做、不理家、不爱劳动、丑态百出的尴尬行为。说明了愚者自夸自大、不知耻辱。久美杰记录。16 开纸 1 页，600 余字。收入青海《群众艺术》藏文版，1984 年第 1 期。（才让本 吴钰）

警钟

དྲན་སྐུལ་གྱི་ཅོང་སྒྲ།
brn skul gyi cong sgr

藏语安多方言民间故事。流传于安多地区。讲述一个贪懒的人跟一个抢劫者结成朋友一起偷盗谋生时，遇见一位僧人，在僧人的精心教育下，他深感愧疚，从此变成了一个热爱劳动者的经历。说明了做人靠自己，勤恳劳动得来的幸福才是有价值的。才旦记录。16 开纸 3 页，1000 余字。收入青海《群众艺术》藏文版，1985 年第 2 期。

（才让本 吴钰）

兔子智伏老虎

རི་བོང་གིས་སྟག་བཏུལ་བ།
ri bong gis stg btul ba

藏语安多方言民间故事。流传于青海省西宁市。主要讲做人原则和启发智慧的内容，智高者能够战胜种种困难和恐惧，以理智的头脑分清敌友关系。富有教育性和箴言性，被群众视为智慧的楷模。16 开纸 3 页，1000 余字。收入青海《群众艺术》藏文版，1983 年第 4 期。

（才让本 吴钰）

辨别真假的故事

བདེན་རྫུན་བརྟགས་པའི་གཏམ་རྒྱུད།
bden rdsun brtgs pavi gtam rgyud

藏语安多方言民间故事。流传于青海省西宁市。一位僧人装作博学圣者，对人民进行欺骗和受贿，说明了要遵循善恶因果的报应佛学观点，做人要堂堂正正。启发智慧、灌输做人原则与规范、辨别真假。恰嘎多杰才让、久美才让记录。16 开纸 8 页，5000 余字。收入青海《群众艺术》藏文版，1985 年第 1 期。（才让本 吴钰）

青稞的来历

ནས་འབྲུ་སྔོན་མོའི་འཁྲུངས་རབས།
nas vbru vngon movi vkhrungs rabs

藏语安多方言民间故事。流传于青海省西宁市。讲述青稞种子的来源和播种过程，从上界天神、中界赞神、下界龙王等青稞种子传播的地方，反映了藏族古代的原始宗教苯教的宇宙三界的具体形象，对粮食作物的来历和生产过程朝进行描述，表现了藏族先民对自然奥秘的探索精神。索南昂旦记录。16 开纸 2 页，56 行。收入青海《群众艺术》藏文版，1990 年第 1 期。

（才让本 吴钰）

藏族笑话三则

བོད་ཀྱི་དགོད་སྒྲུང་ཚན་པ་གསུམ།
bod kyi dgod sgrung tsan pa gsum

藏语安多方言传说。流传于青海省西宁市。

讲述讽刺和鞭笞社会丑恶现象和背道义行为的小故事，揭露了假喇嘛贪图富贵、无情无义的可恶行为，同时，也讽嘲了受害者。彭果记录。16开纸2页，1000余字。收入青海《群众艺术》藏文版，1981年第6期。（才让本 吴钰）

笑话两则

དགོད་གཏམ་ཁག་གཉིས།

dgod gtam khag gnyis

藏语安多方言民间故事。流传于安多地区。讽刺了不学无术的吹牛大王、只说不干的嘴巴英雄的荒诞愿望和行为，语言表达带有鲜明的喜剧色彩。索南记录。16开纸4页，2000余字。收入青海《群众艺术》藏文版，1981年第3期。

（才让本 吴钰）

两个懒汉

ལེ་ལོ་ཅན་གྱི་མི་གཉིས།

le lo can gyi mi gnyis

藏语安多方言民间故事。流传于青海省西宁市。讲述两个懒汉不干实事，整日幻想美好生活的故事，讽刺了其想入非非，不干实事，结果两人自食恶果。吴钰记录。16开纸2页，1000余字。收入青海《群众艺术》藏文版，1985年第3期。

（才让本 吴钰）

两兄弟的故事

བུ་སྤུན་གཉིས་ཀྱི་སྒྲུང་།

bu spun gnyis kyi sgrung

藏语安多方言民间故事。流传于青海省西宁市。宣扬佛家因果报应、善有善报观念的民间故事。讲述有两个兄弟，老大做善事，而老二却无恶不作，因此他们的父母感到羞耻而千方百计地想置老二于死地，但是聪明的老二总是能躲过这一切。说明聪明的人不会被别人谋骗。更佩记录。16开纸1页，28行。收入青海《群众艺术》藏文版，1990年第4期。（才让本 吴钰）

从长计议

ལོ་བརྒྱའི་ཇུས་ཆེན།

lo brgyvi jus chen

藏语安多方言喜剧民间故事。流传于安多地区。通过描写木匠家里两个爱争吵的媳妇的行为来表现家庭生活的不和，说明妇女在封建社会的地位。告诫人们在家庭生活中团结一心、和睦相处，处理好家庭中的每个成员的关系。卓玛东珠记录。16开纸1页，600余字。收入青海《群众艺术》藏文版，1990年第3期。（才让本 吴钰）

狐狸和兔猴的故事

རི་བོང་དང་ཝ། སྤྲེལ། རྟ་བཅས་ཀྱི་གཏམ་རྒྱུད།

ri bong dang wa sprel rta bcas kyi gtam rgyud

藏语安多方言动物民间故事。流传于青海省西宁市。对于猴的智慧和狐狸身上的劣迹，兔子的外貌特征和性格一一做了形象的解释。故事通过拟化、优美语言使形象突出。多才旦记录。16开纸2页，1000余字。收入青海《群众艺术》藏文版，1990年第3期。（才让本 吴钰）

神羊母子

ལྷ་ལུག་མ་བུ་གསུམ།

lh lug ma bu gsum

藏语安多方言民间故事。流传于青海省西宁市。主要讲述一只很贪婪的狼想吃神羊三母子，但由于神羊三母子得到它们的伙伴鱼、羚羊等的帮助，运用它们的智慧，狼的图谋最终没有得成。告诫人们不可欺负弱者，面对强大的敌手，应该彼此团结，反抗其压迫。桑洁才仁记录。16开纸2页，1000余字。收入青海《群众艺术》藏文版，1984年第3期。（才让本 吴钰）

商人、毛驴、小偷

ཚོང་པ། བོང་བུ། རྐུན་མ།

tsong ba bong bu rkus ma

藏语安多方言民间故事。流传于青海省西宁市。几则喜剧性的民间文学小集。以讽刺喜剧形式描述小偷利用狡猾和智慧，偷走了商人的毛驴，表述了为人处世要善恶分明的做人原则。才华扎西记录。16 开纸 1 页，600 余字。收入青海《群众艺术》藏文版，1990 年第 1 期。

（才让本 吴钰）

骄傲的蚊子

ང་རྒྱལ་ཅན་གྱི་ཨང་ང་ཙི།

nga rgyal can gyi ang nga tzi

藏语安多方言民间故事。流传于青海省西宁市。讲述骄傲的蚊子恼怒了老虎，并置其于死地，它又去招惹蜘蛛，结果导致自己死亡，表达了凡做事不可过分，好自为之。智俊记录。16 开纸 1 页，600 余字。收入青海《群众艺术》藏文版，1990 年第 4 期。（才让本 吴钰）

碧玉湖的故事

གཡུ་སྔོན་ལྷ་མཚོ།

gnyu sngon lh mtso

藏语安多方言民间神话故事。流传于青海省西宁市。讲述两个居住在碧玉湖岸的老人，他们生了一个相貌丑陋的龙女，由于龙宫是最富裕的地方，她给了老人无穷的关怀和孝敬，而最后却回归了龙宫。说明了人不可过分贪婪。久西杰记录。16 开纸 9 页，5000 余字。收入青海《群众艺术》藏文版，1985 年第 4 期。（才让本 吴钰）

两个女人的命运

བུ་མོ་གཉིས་ཀྱི་ལས་སྐལ།

bu mo gnyis kyi las skal

藏语安多方言民间故事。流传于青海省西宁市。讲述继母爱自己的女儿，而虐待后夫的女儿，因此受到因果报应，批评继母虐待后夫子女的道德人伦。表达了再婚夫妇要平等对待双方孩子的伦理观。达娃桑布记录。16 开纸 4 页，2000 余字。收入青海《群众艺术》藏文版，1984 年第 3 期。

（才让本 吴钰）

少年领饰

བྱིས་པའི་འགུལ་རྒྱན།

byis pavi vgul rgyn

藏语安多方言民间故事。流传于安多地区。集民间寓言故事五则：1. 马驹落水告诉人们要有自知之明；2. 两个吝啬女，讽刺对自物吝啬却对他人之物贪望；3. 保护狮王；4. 炒熟的种子；5. 贪婪舅舅与骗子外甥的故事。对研究藏族民俗有参考价值。恰嘎多杰才让记录。16 开纸 3 页，1000 余字。收入青海《群众艺术》1991 年第 4 期。

（久迈 吴钰）

萨克多达山的传说

འབའ་སྟོད་ཀྱི་མཐོན་པོ་བཅུ་གསུམ་གྲས་ཀྱི་ཁུ་དོ་གདའི་གཏམ་རྒྱུད།

vbav stod kyi mthon bo bcu gsum gras kyi khu do gdavi gtam rgyud

藏语安多方言民间故事。流传于安多地区。山神阿妈拉欠怀孕时随情夫拉隆杂玛逃走，至萨克隆巴时孩子出生，便把婴儿托给萨克王后，逃至萨克山顶，而其夫阿尼玛沁也尾随追至。从中反映了藏族人民对自由恋爱与婚姻的极度渴望。对研究藏族神话有参考价值。索南本记录。16 开纸 1 页，600 余字。收入青海《群众艺术》藏文版，1994 年第 3 期。（久迈 吴钰）

财富的折磨

རྒྱུ་ནོར་གྱི་མནར་གཅོད།

rgyu nor gyi mnar gcod

藏语安多方言民间故事。流传于青海省西宁市。讲述商人扎西通过对磨坊中的女人的言行举止观察意识到有什么样的后果，表现了藏族知足的心态。讽刺贪财，劝诫人的生活欲望要有节制、知足者常乐，批评和嘲讽贪财者。对研究藏族人的习俗有参考价值。加让李秀记录。16 开纸 1 页，600 余字。收入青海《群众艺术》藏文版，1996 年第 3 期。（久迈 吴钰）

桑华加和雪低果的故事

སེམས་དཔའ་རྒྱལ་དང་གཞོན་སྟེའུ་མགོ

sems dpav rgyl dang gzhon stevu mgo

藏语安多方言民间故事。流传于青海省西宁市。描述乌鸦想吃青蛙的心计被青蛙知道后，通过自己的聪明才智脱离险境，捡得一条命的故事。表明藏族人民反对愚蠢，崇尚聪明才智的思想感情。普扎记录。16开纸3页，3000余字。收入青海《群众艺术》藏文版，1994年第4期。

（久迈 吴钰）

公主

རྒྱལ་པོའི་སྲས་མོ།

rgyal bovi sras mo

藏语安多方言神话故事。流传于青海省西宁市。讲述桑杰卓玛公主在继母虐待之下所遇的生活之磨难，表现了孤儿的不幸和祸后有福的传统观念。对研究藏族神话有参考价值。拉周记录。16开纸5页，3000余字。收入青海《群众艺术》藏文版，1991年第4期。（久迈 吴钰）

一山三兽

རི་མགོ་གཅིག་ན་རི་དྭགས་གསུམ།

ri mgo gcig na ri dwgs gsum

藏语安多方言童话故事。流传于青海省西宁市。讲述聪明伶俐的小兔用巧妙的办法打败狮子和老虎的故事，反映了藏族人民崇尚智慧的意识。对研究藏族民俗有参考价值。旺加拉干记录。16开纸1页，600余字。收入青海《群众艺术》藏文版，1996年第2期。（久迈 吴钰）

藏族茶和碗的传说

བོད་དུ་ཇ་དང་དཀར་ཡོལ་བྱུང་བའི་གཏམ་རྒྱུད།

bod du ja dang dkar yol byung bavi gtam rgyud

藏语安多方言民间传说。流传于青海省西宁市。讲述藏王都松莽布支时小鸟衔来茶枝，医好了藏王的泻病，藏王大悦，派人找此枝叶，遂从汉地引进美丽的茶具，即从汉地传进制碗工艺。对研究藏族历史有参考价值。赛君和帕姆多杰记录。16开纸2页，1000余字。收入青海《群众艺术》藏文版，1988年第1期。（久迈 吴钰）

鸟的故事

བྱ་སྒྲུང་བྱིའུ་སྒྲུང་།

by sgrung byivu sgrung

藏语康巴方言故事。流传于青海省玉树藏族自治州。在印度的一深山密林里，聚集了很多鸟类，它们共同商讨鸟类的命运，共同选举鸟类的首领，制定鸟类的章程，有福同享、有难同当，共同维护鸟类的家园。百日次成记录。16开纸8页，5000余字。收入青海《群文天地》藏文版，2003年第2期。（侃本 吴钰）

富人家的马倌

ཕྱུག་པོ་ཚང་གི་རྟ་རྫི།

phyug po tsang gi rt rdsi

藏语安多方言民间故事。流传于青海省西宁市。一马倌学会了动物语言，通过动物间的对话，他知道了王宫的公主得了一种可怕的病，以及久治不愈的根源。他照动物们谈话的办法，自告奋勇地到王宫为公主治病。功夫不负有心人，公主的病终于治好了，马倌还赢得了公主的芳心，二人终成眷属。拉毛杰记录。16开纸5页，300余字。收入青海《群文天地》藏文版，2003年第2期。

（侃本 吴钰）

绘画在藏区的渊源

བོད་དུ་རི་མོ་ཐོག་མར་བྱུང་བའི་གཏམ་རྒྱུད།

bod du ri mo thog mar byung bavi gtam rgyud

藏语安多方言传说。流传于安多地区。讲述从前有一位叫阿玫的牧羊人，在山上放牧之际，用石灰在石头上作画，画动物的模型，画山水风景，更爱画自己的意中人。他画得惟妙惟肖，人人都喜爱看他的石头作画，从此，绘画在藏区得以流传。加果记录。16开纸2页，1000余字。收入青海《群文天地》藏文版，2001年第1—2期。

（侃本 吴钰）

药酒的故事

སྨན་ཆང་བྱུང་བའི་གཏམ་རྒྱུད།

smn chang byung bavi gtam rgyud

藏语安多方言民间故事。流传于青海省西宁市。讲述很早年，有一位公主得了麻风病，御医多次医治无效后，国王将公主离群索居。王宫的酿酒师们嫌待遇太低，为了报复国王，故意将一条蛇抛入酒坛里。不知情的公主，不知不觉地喝了三年多时间，她的疾病也不知不觉地趋于好转，当人们发现公主喝了药酒的前因后果后，人们纷纷仿效喝药酒，从此药酒在社会上传开。加环记录。16 开纸 2 页，1000 余字。收入青海《群文天地》藏文版，2002 年第 2 期。（侃本 吴钰）

鲜为人知的两种藏俗

ཁ་བ་ཅན་གྱི་ལེགས་པའི་ལུགས་སྲོལ་གཉིས་ཀྱི་འབྱུང་གཏམ།

kha ba can gyi legs pavi lugs srol gnyis kyi vbyung gtam

藏语安多方言传说。流传于青海省海南藏族自治州。讲述两种藏俗：1. 从前，妇女们在挤奶时，往往有两种“晒”和“嘎”的病魔缠身奶牛，使奶牛又踢又跳，想献奶疼痛难忍，不献奶又疼痛难忍。人们一下无法找出其根源，而一妇女挤奶时，不经意间念度母经，奶牛一下子老实起来，从此，人们挤奶时有念诵度母经的习俗。2. 乞丐之子和富翁之女成婚，遭到双方父母的坚决反对，国王听说后，颁布一重要决定，从此后男女青年成婚，不论不当户对，都可以自由成亲。从此，自由成亲在藏区广为流传。周本加记录。16 开纸 2 页，1000 余字。收入青海《群文天地》藏文版，2001 年第 1—2 期。（侃本 吴钰）

男童与他的杏树

བུ་ཆུང་དང་ཁོའི་ཁམ་བུའི་སྡོང་པོ།

bu chung dang khovi kham buvi sdong bo

藏语安多方言故事。流传于安多地区。讲述从前，有一男孩从小在杏树下玩耍，春天到来了，他看着杏花很高兴；秋天，他吃着杏子过日子；冬天，他为杏叶飘落而难过。就这样年复一年、日复一日，男童也随着年龄的增长，已老态龙钟，但他对杏树的热情一点儿也没有改变。马尼东主记录。16 开纸 3 页，1000 余字。收入青海《群文天地》藏文版，2002 年第 2 期。（侃本 吴钰）

藏族混沌故事

བོད་ཀྱི་གདོད་མའི་གཏམ་རྒྱུད།

bod kyi gdod mavi gtam rgyud

藏语安多方言故事。流传于康巴地区。收录了流传在藏族民间关于宇宙形成的三个传说及人类起源的三个传说，共六个传说。侃本记录。16 开纸 2 页，1000 余字。收入青海《群众艺术》藏文版，1995 年第 4 期。（侃本 吴钰）

青海湖西王母故事

ཁྲི་ཤོར་རྒྱལ་མོའི་གཏམ་རྒྱུད།

khri shor rgyl movi gtam rgyud

藏语安多方言民间传说故事。流传于青海省西宁市。以神话故事形式描绘了青海湖的形成，特别是“祭湖”的原始来历。仁青才让记录。16 开纸 3 页，1000 余字。收入青海《群众艺术》1999 年第 2 期。（侃本 吴钰）

玛卿雪山的故事

རྨ་རྒྱལ་སྦོམ་རའི་བྱུང་བ་ངོ་མཚར་གཏམ་གྱི་མེ་ལོང་།

rm rgyl sbom ravi byung ba ngo mtsar gtam kyi me long

藏语安多方言民间故事。流传于青海省西宁市。讲述安多地区名不虚传的护法神之王——阿弥玛卿的爱情故事，并从中描绘了阿弥玛卿的婚姻以及其周围的地形形成等。彭措、斗果加记录。16 开纸 1 页，600 余字。收入青海《群众艺术》藏文版，1996 年第 3 期。（侃本 吴钰）

蚯蚓和萤火虫的故事

ས་འབུ་ནག་རིང་དང་སྲིད་འབུ་མེ་ཁྱེར་གྱི་གཏམ་རྒྱུད།

sa vbu nag ring bang srid vbu me khyer gyi gtam rgyud

藏语安多方言民间童话故事。流传于青海省西宁市。描述萤火虫是怎样骗取蚯蚓头上的“火”的情节。加果记录。16 开纸 1 页，600 余字。收入青海《群众艺术》藏文版，1996 年第 3 期。

（才加 吴钰）

兔子的命令

རི་བོང་གི་བཀའ་ཤོག

ri bong gi bkav shog

藏语安多方言民间童话故事。流传于青海省西宁市。描绘两只小羊羔陷入狼的威胁时，兔子依靠其智慧，最终挽救那两只小生命的情节。宣扬了兔子的聪明才智。侃召才让记录。16 开纸 1 页，600 余字。收入青海《群众艺术》藏文版，1996 年第 4 期。（才加 吴钰）

生活故事三则

འཚོ་བའི་གཏམ་རྒྱུད་ཐུང་དྲག་གསུམ།

vtso bavi gtam rgyud thung drg gsum

藏语安多方言民间故事。流传于安多地区。这是日常生活的三则小故事，主要内容有人为什么吃三顿饭、灶的产生、箭和弓的产生，等等。梅才让记录。16 开纸 2 页，1000 余字。收入青海《群众艺术》藏文版，1995 年第 1 期。

（才加 吴钰）

小鸟兄弟

བྱིའི་སྤུན་གཉིས།

byivi spun gnyis

藏语安多方言民间童话故事。流传于青海省西宁市。通过两只小鸟兄弟一死一活的故事情节，讲述孩子要从小开始培养自我保护能力的道理。龙智多杰记录。16 开纸 1 页，600 余字。收入青海《群众艺术》藏文版，1995 年第 1 期。

（才加 吴钰）

夏琼山和窦浪山的故事

སེ་ཀུ་བྱ་ཆུང་དང་སྟག་ལུང་གི་གཏམ་རྒྱུད།

se ku by chung dang stg lung gi gtam rgyud

藏语安多方言故事。流传于安多地区。发生在夏琼神山和窦浪山之间争取爱情的神话故事，通过两山间的爱情矛盾，陈述和解释了两山周围的地形地貌。关却乎记录。16 开纸 4 页，2000 字。收入青海《群众艺术》1995 年第 2 期。（才加 吴钰）

玛旁雍错是怎样形成的

མ་ཕམ་གཡུ་མཚོའི་གཏམ་རྒྱུད།

ma pham gyu mtsovi gtam rgyud

藏语安多方言民间故事。流传于安多地区。玛旁雍错是西藏的一个神湖，它的形成，民间说法不一。该故事的立场，就是玛旁雍错神湖是由大舍财王。吾尖才让记录。16 开纸 1 页，600 余字。收入青海《群众艺术》藏文版，1995 年第 3 期。

（才加 吴钰）

意嘎姑娘

བུ་མོ་ཡིད་དགའ།

bu mo yid dgav

藏语安多方言民间童话故事。流传于青海省西宁市。讲述村子里人都被名叫“哈”的妖魔吃完，只剩下一对夫妇，其后生下一女叫意嘎，意嘎长大得知村里发生的一切后，与少年玉舟、马熊、松鼠、鸽子等结为朋友，布置战术，最终战胜妖魔的情节。娘布记录。16 开纸 10 页，6000 余字。收入青海《群众艺术》藏文版，1996 年第 1 期。（才加 吴钰）

魔术师的故事

སྒྱུ་མ་མཁན་གྱི་གཏམ་རྒྱུད།

sgyu ma mkhan gyi gtam rgyud

藏语安多方言民间故事。流传于青海省西宁市。塑造了一位魔术师的为人形象。描写一位魔术师一年看到平民受灾时，利用魔术骗取国财，分发给平民的为人形象。东格尔扎西记录。16 开纸 3 页，1000 余字。收入青海《群众艺术》藏文版，1995 年第 3 期。（才加 吴钰）

玛卿神山传记

རྨ་ཆེན་སྦོམ་རའི་བྱུང་བ་ངོ་མཚར་གཏམ་གྱི་མེ་ལོང་།

rm chen sbom ravi byung ba ngo ktsar gtam gyi me long

藏语安多方间言故事。流传于安多地区。此文是叙述神山的传奇的一篇诗体故事，主要叙述了安多地区名不虚传的神山阿弥玛卿以及它与眷众俱的生动故事，这篇神山故事是目前发现的阿弥玛卿故事中，较为详细地陈述其故事的一篇诗歌。对研究藏族山水文化有参考价值。格日尖参记录。16开纸8页，1000余字。收入青海《群众艺术》藏文版，2000年第1期。（才加 吴钰）

达热达哇噶宝

རྟ་རེ་ཟླ་བ་དཀར་པོ།

rt re zla ba dkar po

藏语安多方言民间故事。流传于青海省西宁市。讲述了达热达哇噶宝是一名穷人，但是他有一个聪明过人的漂亮妻子，国王知道这个消息后，为了得到那个女人，专门为达热达哇噶宝安排了难于成功的三件大事，让他做出来，否则，就命令他不能与他妻子生活在一起。达热达哇噶宝依靠妻子的聪明才能，最终顺利渡过难关。说明了在善与恶的斗争中，最终胜利者往往是善者的道理。伟识达日甘记录。16开纸5页，3000余字。收入青海《群众艺术》藏文版，1999年第3期。（才加 吴钰）

马熊妈妈

ཨ་མ་དྲེད་མོང་།

a ma dred mong

藏语安多方言民间童话故事。流传于青海省黄南藏族自治州泽库县。讲述马熊妈妈和小兔子之间发生的你死我活的斗争。有一天兔妈妈被马熊妈妈害死，小兔子杀死小马熊为妈妈报了仇，凶恶的马熊妈妈非常生气开始追赶它，在小兔子逃命途中遇到各种好人和坏人，有的为它帮忙，有的帮马熊妈妈为难它，经过千辛万苦后小兔子终于战胜了马熊妈妈。表现了勤劳和智慧是战胜一切磨难的基础。1998年旦巴讲述，达科记录。16开纸3页，2000余字。今藏黄南藏族自治州泽库县文教科技广电旅游局。（达科）

格萨尔王脚印滩的民间传说

གེ་སར་ཞབས་རྗེས།

ge sar zhbas rjes

藏语安多方言民间传说。流传于青海省黄南藏族自治州泽库县。麦秀国家森林公园有个叫格萨尔脚印滩的草滩，传说格萨尔王在少年时代，曾经在此处教化众生、降伏恶魔。有一天，他遇上了一只祸害人类的大鹏鸟。为人类的幸福安康，他决定降伏这只大鹏鸟。这大鹏鸟非常凶恶残暴，不好对抗，跟它搏斗时格萨尔遇到了种种麻烦，聪明机智的格萨尔最后把它诱引到山沟里用神箭击毙，至今，这地方仍留有格萨尔王的脚印，流传着大鹏鹰的红岩石窝的美妙传说。1998年格日讲述，俄赛记录。16开纸2页，900余字。今藏青海省黄南藏族自治州泽库县文教科技广电旅游局。

（俄赛 达科）

腐烂湖迹的民间传说

མཚོ་རུལ

mtso rul

藏语安多方言民间传说。流传于青海省黄南藏族自治州泽库县。泽库县宗玛尔寺的对面山上有两潭大小、形状非常相似的湖泊，传说讲述这两潭湖泊的形成和湖名的来历。故事虽带神话色彩，但对研究当时农牧民受宗教影响的深度有参考价值。1998年格日讲述，俄赛记录。16开纸2页，900余字。今藏青海省黄南藏族自治州泽库县文教科技广电旅游局。（俄赛 达科）

阿姨茉禾曹山的民间传说

ཨ་ཡེ་སྨུག་འཚོ

a ye mug vtso

藏语安多方言民间传说。流传于青海省黄南藏族自治州泽库县。讲述阿姨茉禾曹的婆娘只有一个孩子，没有其他亲戚，孩子很小的时候被人害死，阿姨为了报这个仇，临死前祈祷下一生要变成一个恶魔，能掌握天气变化，给仇人的部落带来灾难。当她死了之后，同她所祈祷的那样变成了恶魔，在那仇人附近的沼泽里展示魔法掌握天气变化，给仇人的部落每年带来严重的灾害。部落知道此事后，村内的强汉们持枪到山上找住魔鬼的沼泽，向沼泽内扔脏东西或者往池里打枪，以威胁的手段让其降雨。这一习俗至今还存在。1998年格日讲述，俄赛记录。16开纸2页，900余字。今藏青海省黄南藏族自治州泽库县文教科技广电旅游局。（俄赛 达科）

拉热姑娘的民间传说

བུ་མོ་ལྷ་རིས

bu mo lh ris

藏语安多方言民间传说。流传于青海省黄南藏族自治州泽库县。麦秀国家森林公园里有一处叫“拉热姑娘成佛之地”的岩石洞，传说拉热姑娘从小是个爱做善事的一位好姑娘，在父母的强迫下嫁给了富人家后，受尽了令人难以承受的种种欺辱和虐待，后来她看破红尘，到拉萨当尼姑修行去了。许多年后，她在佛学上达到了一定的水平和成就，回到家乡的一座山顶上的一处山洞里修行，最后争得了佛果，肉体化作了虹体。1998 年格日讲述，俄赛记录。16 开纸 2 页，900 余字。今藏青海省黄南藏族自治州泽库县文教科技广电旅游局。

（俄赛 达科）

鸟王

བྱ་བརྒྱའི་དཔོན་པོ།

by brrgyvi dpon po

藏语安多方言民间童话故事。流传于青海省黄南藏族自治州泽库县。讲述有一天所有的鸟类代表集合在某一地方，商量选举鸟王的事宜，大家一致同意谁飞得最高，就选谁为鸟王，在飞翔比赛的时候，麻雀耍小聪明，趴在大雄鹰背上，比赛结束时，小麻雀喊自己飞得最高。自不量力的小麻雀坐了王位后为进行王事而闹出了各种各样的笑话。1998 年塔尔巴讲述，达科记录。16 开纸 3 页，2000 余字。今藏青海省黄南藏族自治州泽库县文教科技广电旅游局。

（俄赛 达科）

青蛙、兔子和蚂蚁

སྦལ་བ་དང་རི་བོང་། གྲོག་མ།

sbal ba dang ri bong grog ma

藏语安多方言民间童话故事。流传于青海省黄南藏族自治州泽库县。讲述兔子用卑鄙手段欺骗青蛙和蚂蚁的过程，告诉人们无论做什么事都要为人家着想，只求个人利益而不顾别人利益是一件羞耻的事情。1998 年华关加讲述，杨洛记录。16 开纸 3 页，2000 余字。今藏青海省黄南藏族自治州泽库县文教科技广电旅游局。

（杨洛 达科）

兔子和狮子（一）

རི་བོང་དང་སེང་གེ

ri bong dang seng ge

藏语安多方言民间童话故事。流传于青海省黄南藏族自治州泽库县。讲述兔子的聪明和狮子的骄傲自大，劝告人们无论有再大的本领，也不能骄傲自满，这样会毁了自己，同时说明了强中也有强中手的道理。1998 年华关加讲述，杨洛记录。16 开纸 3 页，2000 余字。今藏青海省黄南藏族自治州泽库县文教科技广电旅游局。

（杨洛 达科）

兔子和狮子（二）

རི་བོང་དང་སེང་གེ།

ri bong dang seng ge

藏语安多华锐方言民间故事。流传于甘肃省天祝藏族自治县抓喜秀龙镇。“很久以前，一只兔子和一头狮子住在一起，开始还能和睦相处，后来狮子自恃力大，十分骄傲。而兔子体力很小，常常受到狮子的欺侮，虽然无法容忍，但是一时还对付不了。所以，总想找个好的对付办法来。经过认真思考，掌握了狮子的特点，终于想出了个对付的办法。一次它对狮子恭维道：‘喂，老大哥！那里有个和你一模一样的动物。它曾经骄傲地这样说过‘谁能和我比体力就来比，不敢比就是我的奴仆。简至放肆极了’。狮子极其骄傲地问：‘它在哪儿？我和它比去！’于是，兔子把它带到一眼井边，指着井水说：‘就在那里面。’狮子爬到井口一看，见到水里自己的影子，以为就是自己的对手，愤怒极了。它耸起绿鬃，龇着獠牙，做出各种各样的愤怒姿态时，水中的‘狮子’也依样活动着。狮子出于骄傲和愤怒，索性向井里的影子扑去，终于被淹死了。”多杰讲述，三智杰甫笔录、汉译、整理。32 开 3 页，1200 余字。今藏甘肃省天祝藏族自治县古籍整理办公室。

（刚乃旦才让 夏金山）

魔女和三个姐妹

སྲིན་མོ་དང་བུ་མོ་སྤུན་གསུམ།

srin mo dang bu mo spun gsum

藏语安多方言民间童话故事。流传于青海省

黄南藏族自治州泽库县。故事通过讲述一个魔女欺骗并杀害三个善良姐妹的过程，呼吁人类要同心协力与人间邪恶做斗争，反对了人间的一切邪恶，特别是欺、压、强、骗。1998 年华关加讲述，杨洛记录。16 开纸 3 页，2000 余字。今藏青海省黄南藏族自治州泽库县文教科技广电旅游局。

（杨洛 达科）

马与狼

རྟ་དང་སྤྱང་ཀི

rt dang spyng ki

藏语安多方言民间童话故事。流传于青海省黄南藏族自治州泽库县。通过讲述一匹马靠自己的聪明才智打败一匹凶狼的过程，告诉人们无论做什么事情，都要动脑筋，小心谨慎，不能盲目行动的道理。1998 年华关加讲述，杨洛记录。16 开纸 3 页，2000 余字。今藏青海省黄南藏族自治州泽库县文教科技广电旅游局。（杨洛 达科）

湿牛粪

ལྕི་བ།

lci ba

藏语安多方言民间童话故事。流传于青海省黄南藏族自治州泽库县。讲述一块湿牛粪的能力和用处，说明世上所有事物都有各自的特点，而且紧急时刻有特殊作用。同时告诉人们无论是小人物还是大人物，各有各的长处的道理。1998 年华关加讲述，杨洛记录。16 开纸 3 页，2000 余字。今藏青海省藏族自治黄南藏族自治州泽库县文教科技广电旅游局。（杨洛 达科）

一匹狼和一只小兔

སྤྱང་ཀི་དང་རི་བོང་།

spyng ki dang ri bong

藏语安多方言民间童话故事。流传于青海省黄南藏族自治州泽库县。讲述一只小兔用聪明的脑筋打败一匹恶狼的过程，同时告诉人们人的能力是无法计量的，是随便不能轻视别人的，否则会一败涂地。1998 年华关加讲述，杨洛记录。16 开纸 3 页，2000 余字。今藏青海省黄南藏族自治州泽库县文教科技广电旅游局。（杨洛 达科）

兔子、狼和狐狸的故事

རི་བོང་དང་སྤྱང་ཀི། ཝ་མོ

ri bong dang spyng ki wa mo

藏语安多方言民间童话故事。流传于青海省黄南藏族自治州泽库县。通过讲述小兔子用卑鄙的手段欺骗了一匹狼和一只狐狸，最后露出真相后，为了找借口自己打伤自己的过程，告诉人们欺骗掩盖不了真相，最终会被揭露的道理。1998 年华关加讲述，杨洛记录。16 开纸 2 页，800 余字。今藏青海省黄南藏族自治州泽库县文教科技广电旅游局。（杨洛 达科）

狗与猫的故事

ཁྱི་དང་བྱི་ལའི་གཏམ་རྒྱུད

khyi dang byi lvi gtm rgyud

藏语安多方言民间童话故事。流传于青海省黄南藏族自治州泽库县。通过讲述一只猫欺骗一条狗而赢得虚名的故事，告诉人们要珍惜别人用汗血换来的劳动成果，同时反对了那些只顾虚名，不求真务实的人。1998 年华关加讲述，杨洛记录。16 开纸 2 页，800 余字。今藏青海省黄南藏族自治州泽库县文教科技广电旅游局。（杨洛 达科）

贪财王子

རྒྱལ་པོ་ཧེབ་རྐྱལ

rgyl bo heb rkyl

藏语安多方言民间童话故事。流传于青海省黄南藏族自治州泽库县。讲述一个贪财王子为了钱财毁灭全家的过程，告诉人们钱财是身外之物，不能为钱财卖命的道理。同时揭露了“人为财死”的恶劣现象。1998 年华关加讲述，杨洛记录。16 开纸 2 页，800 余字。今藏青海省黄南藏族自治州泽库县文教科技广电旅游局。（杨洛 达科）

夏德日

བྱ་འདར

by vdar

藏语安多方言民间传说。流传于青海省黄南藏族自治州泽库县。据说，夏德日是藏语“བྱ་འདར”的音译，意思是“颤鸟之地”。夏德日滩因海拔高，一到寒冬，天气非常冷，传说连空中飞翔的雄鹰都会冷得颤抖，由此得名。1998年华关加讲述，杨洛记录。16开纸2页，800余字。今藏黄南藏族自治州泽库县文教科技广电旅游局。

（杨洛 达科）

王加

བོན་བརྒྱ

bon brgy

藏语安多方言民间传说。流传于青海省黄南黄南藏族自治州州泽库县。据说，王加是藏语“བོན་བརྒྱ”的音译词，意思是“百户本教之徒”。相传王加部落的祖先是宗教内部发生矛盾而从远处迁移过来的一百个本教之徒，由此得名。它的形成还有个感动人心的故事。1998年华关加讲述，杨洛记录。16开纸2页，800余字。今藏青海省黄南藏族自治州泽库县文教科技广电旅游局。（杨洛 达科）

宁秀

ཉིན་ཤུག

myin shul

藏语安多方言民间传说。流传于青海省黄南藏族自治州泽库县。据说，泽库县宁秀地区一座山的阳面生长着一棵柏树，“ཉིན”是阳面，“ཤིག”是柏树，由此而形成“ཉིན་ཤུག”一词。1998年华关加讲述，杨洛记录。16开纸2页，800余字。今藏青海省黄南藏族自治州泽库县文教科技广电旅游局。（杨洛 达科）

多禾茂

རྡོ་དཀར་མོ

rdo dkar mo

藏语安多方言民间传说。流传于青海省黄南藏族自治州泽库县。据说，泽库县多禾茂地区是无边的大草滩，大草滩正中央有各种白色的大石灰，由此而形成“རྡོ་དཀར”一词。1998年华关加讲述，杨洛记录。16开纸2页，800余字。今藏青海省黄南藏族自治州泽库县文教科技广电旅游局。

（杨洛 达科）

药水神泉

སྨན་ཆུ།

smn chu

藏语安多华锐方言民间传说。流传于甘肃省天祝藏族自治县大通河流域。传说叙述了药水的纯净与神奇：在古老的华锐藏区小石门，曾有一百零八个神泉，泉泉有名堂，而且在明清时有高僧大德曾多次为之开光加持，分类鉴定并铭刻文字加以说明，那些泉是治胃病的，那些泉是治风湿病的，那些泉是治皮肤病的，那些泉又是治眼病的等等，治好许多人的病。近几年，经多次化验，水中含有多种微量元素，对人体有益。拉热庆讲述，扎西措笔录、汉译、整理。16开1页。今藏甘肃省天祝藏族自治县古籍整理办公室。（刚乃旦才让 夏金山）

扎喜秀龙滩

བཀྲ་ཤིས་ཕྱུག་ལུང་ཐང་།

bkr shes phyug lung thang

藏语安多华锐方言民间传说。流传于甘肃省天祝藏族自治县大通河流域。据传，清顺治九年（1652），五世达赖喇嘛罗桑嘉措，进京路过金强川，他看见这儿山清水秀，牛羊如云，感叹不已，遂问侍从，这是什么地方？侍从问了向导后说，这是嘉格戒。五世达赖感叹道，这样美丽富饶的地方，为什么叫此名呢？应该叫扎西秀龙，从此这一吉祥的名字便流传下来。拉热庆讲述，扎西措笔录、汉译、整理。16开1页。今藏甘肃省天祝藏族自治县古籍整理办公室。（刚乃旦才让 夏金山）

金沙峡

གསེར་རྐོ་འགག

gser rko vgag

藏语安多华锐方言民间传说。流传于甘肃省

天祝藏族自治县大通河流域。金沙峡，藏语称赛高格，意为采金峡，位于炭山岭镇南部，峡谷长十千米，那是清同治年间，攻占了连城、杀了鲁土司的回民起事队伍沿大通河而上，势不可挡。誓死保卫家乡，一场你死我活的战火便在这风景秀丽的金沙峡燃起。拉热庆讲述，扎西措笔录、汉译、整理。16 开 6 页。今藏甘肃省天祝藏族自治县古籍整理办公室。（刚乃旦才让 夏金山）

夏玛

ཞ་དམར་།

zha dmar

藏语安多华锐方言民间传说。流传于甘肃省天祝藏族自治县大通河流域。夏玛，汉语红帽之意，清代史书《安多政教史》这样记载：扎西才秀盘曾是西藏万户，他后裔中曾出了勤辛本玛的苯教得道者，他带领许多藏民，来到多表东北部，定居于山岭重叠，森林茂密的地区。后遇一位藏族美女遂成家，生下八个孩子，称为“智擦嘉”。蒙古王（即元初占领凉州的阔端王）请去占卜吉凶，大臣伊古照洛的女儿与其大儿子结为夫妻，生育了三个儿子。大儿子在帽子装了红樱，穿戴蒙古服装，被后人称“夏玛”。拉热庆讲述，扎西措笔录、汉译、整理。16 开 1 页。今藏甘肃省天祝藏族自治县古籍整理办公室。

（刚乃旦才让 夏金山）

石门山

བྲག་སྒོའི་ཆགས་ཚུལ།

brg sgovi chags tsul

藏语安多华锐方言民间传说。流传于甘肃省天祝藏族自治县大通河流域。很早很早以前，心狠手辣的魔地国王路赞，为了惩罚夏玛人对他日夜不休的咒骂，便搬来一座巨山投入此沟，妄想挡住河水，淹死全部人畜。大水慢慢上升，已漫过西滩，人们赶着牲畜往山上跑，水在后面猛追。就在这危急的时刻，此景正被前来北方降魔的雄大王格萨尔看得一清二楚，他愤怒极了，果断地抽出了七星降魔剑，在一声地动山摇的大喊中，只见一道闪电，接着“轰隆”一声，巨山已劈成两半，大水冲出石门，流入干涸的沙漠，那里变成了绿洲。众百姓得救了，从此过上了安居乐业的日子，后来，魔王被斩，百姓太平无事。拉热庆讲述，扎西措笔录、汉译、整理。16 开 2 页。今藏甘肃省天祝藏族自治县古籍整理办公室。

（刚乃旦才让 夏金山）

大峨博滩

སྤྱན་གཟིགས་ཐང་གི་དག་རྒྱུན།

spyn gzigs thang gin gag rgyun

藏语安多华锐方言民间传说。流传于甘肃省天祝藏族自治县大通河流域。在清康熙年间，为迎送青海互助郭隆寺第二世土观佛，在此举行了隆重的宗教仪式。从此，在活佛就座的地方建立了峨博，后在清乾隆时，著名大学者土观三世罗桑曲吉尼玛在此举行盛大的法事活动，吸引了成千上万的信教群众参加，据说，当大师诵经时，蓝天撒下五色的雨花，一弯彩虹出现在毛毛山顶，引来者更加惊叹虔诚。拉热庆讲述，扎西措笔录、汉译、整理。16 开 1 页。今藏甘肃省天祝藏族自治县古籍整理办公室。（刚乃旦才让 夏金山）

二郎池

གེ་སར་གྲུབ་མཚོ།

ge sar grub mtso

藏语安多华锐方言民间传说。流传于甘肃省天祝藏族自治县大通河流域。二郎池名源于天神二郎（当地藏族人认为是格萨尔大王）。据传，很久很久以前，天大旱，百草枯，水源竭，百姓不得已，终日向天神祈求降雨。正值二郎出巡发现，他悯怜百姓，顿生恻隐之善心，只听一声巨响，方天戟落地，尖头插地处，清水喷溢，瞬间成了一池，从池中冒出浓雾，升腾为云，不一阵降下雨，大地得救了。从此牛羊兴旺，五谷丰登。为了感激二郎神的功德，百姓便称池为二郎池。每年五月端阳节，在此煨桑祈求，向池内撒花，并唱歌跳舞，野炊游山，欢乐地度过这一天。拉热庆讲述，扎西措笔录、汉译、整理。16 开 2 页。今藏甘肃省天祝藏族自治县古籍整理办公室。

（刚乃旦才让 夏金山）

毛毛山

ཨ་མྱེས་དགེ་བསྙེན།

a myes dge bsnyen

藏语安多华锐方言民间传说。流传于甘肃省天祝藏族自治县大通河流域。毛毛山，藏语称阿尼格宁（山神名）。历史上曾叫不毛山、分水岭、木茂山。那是很早以前，天上出现了两个月亮，一个银白，一个金黄，夜晚如同白天，害得众生不得安宁，连草原、森林也开始衰败。连日的祈祷毫无结果，一千名僧人诵经作法，也无济于事。于是，在一名高僧的指点下，派人请青海湖海心山修炼的法师一海喇嘛，据说他有“捆索太阳”的法力，十分厉害。海喇嘛并没有来，他在海心山作法，刚好三天三夜，那轮金黄色月亮从天上掉下来，没入毛毛山。从此，毛毛山中有一轮金月亮的传说，一代一代地传到现在。拉热庆讲述，扎西措笔录、汉译、整理。16开3页。今藏甘肃省天祝藏族自治县古籍整理办公室。

（刚乃旦才让　夏金山）

雷公山

འབོམ་སྔོན་རི་བོ།

bom sngon ri bo

藏语安多华锐方言民间传说。流传于甘肃省天祝藏族自治县大通河流域。很早以前，雷公山的水池中潜住了妖魔，它呼风唤雨，气候反复无常，安远的老百姓十年九灾，日子过得非常艰难。有一年，从中原华山来了师徒二道人，人们诉说了苦楚，老道人决意降魔。后来经过师徒二人执着拼斗，并以师父的生命作代价赶走了妖魔，修起了镇妖的雷公祠。后来为了替师父报仇，徒弟回华山苦苦修炼了整整三年，并炼成威力无穷的镇妖砖，誓死与妖怪一战。但妖怪提前得到风声，害怕报复，脱下簸箕大的蛤蟆皮逃跑了。于是这徒弟便召集老百姓修建了雷公祠堂，把镇妖砖建在里面，使妖怪永远不敢到这里来横行霸道。从此人们每年到这里敬香火，祈祷、盼望好收成。拉热庆讲述，扎西措笔录、汉译、整理。16开3页。今藏甘肃省天祝藏族自治县古籍整理办公室。

（刚乃旦才让　夏金山）

章嘉圣柏

ལྕང་སྐྱའི་ལྷ་ཤུག

lcng skyvi lha shug

藏语安多华锐方言民间传说。流传于甘肃省天祝藏族自治县大通河流域。章嘉三世若贝多吉，于公元1717年农历正月初十诞生于今天祝旦玛细水河上游珠噶山下的一个藏族牧民家庭，其母在分娩时滴下脐血的地方长出了一棵柏树。后经人们精心护理茂盛无比，并称“章嘉圣柏”，在此后二百八十年的历史中，其神奇传说一代又一代，传到今天。拉热庆讲述，扎西措笔录、汉译、整理。16开1页。今藏甘肃省天祝藏族自治县古籍整理办公室。

（刚乃旦才让　夏金山）

打柴沟的由来

ཟླ་ཚེས་ཁུག

zl tses kgug

藏语安多华锐方言民间传说。流传于甘肃省天祝藏族自治县大通河流域。打柴沟这一地名在《清边纪略》等一些汉史中释为打烧柴的沟，其实这是藏语地名称“达才口”，转音为打柴沟，意为“形似月牙的滩”。在现在打柴沟镇西面有一小山丘，山根的滩形似月牙，遂得名为打柴沟。吾建尚搜集、汉译、整理。32开6页。收入《天祝藏族自治县藏汉地名录》（内部版）。

（刚乃旦才让　夏金山）

七辆草车

རྣམ་རྒྱལ་ཁལ་མ་ཞེས་པའི་མིང་གི་ཐོགས་ཚུལ།

rnm rgyl khal ma zhes pvi ming gi thogs tsul

藏语安多华锐方言民间传说。流传于甘肃省天祝藏族自治县大通河流域。相传很久以前，天梯山大佛寺以上的地方都是一片汪洋。有一日，一汉族青年在那里放牧时，突然从山中传出一个奇怪的声音，牧人仔细地听了听，好像在说“开门还是关门”。牧人听后异常恐惧，慌忙赶着牛羊跑到村庄并将这件事告诉了众人。他的妻子听后烙了一个饼子并告诉他当听到开门的时候，要把饼子分成两半。青年次日再到那儿放牧时又听到那个声音，急忙取出饼子分为两半。瞬间，所有的水从西边的岩石缝中外流。神山阿尼南杰赶忙派七辆车拉来草土准备填堵豁口时，自显强巴佛用手一指草土车均变为岩石一动不动，永久地停在那里了，上游的水全流走了，形成今天的大平滩。吾建尚搜集、汉译、整理。32 开 7 页。收入《天祝藏族自治县藏汉地名录》（内部版）。

（刚乃旦才让　夏金山）

霍纳样

ཧོར་ནགས་ཡངས།

hor nags yangs

藏语安多华锐方言民间传说。流传于甘肃省天祝藏族自治县大通河流域。霍纳样既是地名，又是藏族原始部落名称。把华锐的毛藏、祁连、旦玛、大红沟、哈溪、夏玛等地的藏族集聚地称为霍纳样。吾建尚搜集、汉译、整理。32 开 6 页。收入《天祝藏族自治县藏汉地名录》（内部版）。

（刚乃旦才让　夏金山）

彭错隆瓦

ཕུན་ཚོགས་ལུང་བ།

phun tsogs lung ba

藏语安多华锐方言民间传说。流传于甘肃省天祝藏族自治县大通河流域。清乾隆二十八年（1763），彭错隆瓦的一藏族牧人家的帐篷上升腾起绚丽的彩虹，种种祥瑞之兆呈现在村庄四周，一代宗师诞生了，这个婴儿便是佑宁寺第二世土观活佛的转世灵童、誉满四海的三世土观·罗桑却吉尼玛，是甘青八大驻京呼图克图之一。大师一生三次莅临故乡，传教弘法。其生地也因大师誉满寰宇而驰名。吾建尚搜集、汉译、整理。32 开 6 页。收入《白莲传》。（刚乃旦才让　夏金山）

庄浪河

འབྲོང་ལུང་།

vbrong lung

藏语安多华锐方言民间传说。流传于甘肃省天祝藏族自治县大通河流域。许多汉史称庄浪河为牦牛河等，庄浪为藏语，意为野牦牛沟。庄浪河源头在华锐祁连山脉。吾建尚搜集、汉译、整理。32 开 6 页。收入《天祝藏族自治县藏汉地名录》（内部版）。

（刚乃旦才让　夏金山）

古浪

དགོ་ལུང་།

dgo lung

藏语安多华锐方言民间传说。流传于甘肃省天祝藏族自治县大通河流域。古浪，现为甘肃省武威市辖一县。古浪为藏语，意为黄羊很多的山沟。吾建尚搜集、汉译、整理。16 开 6 页。收入《天祝藏族自治县藏汉地名录》（内部版）。

（刚乃旦才让　夏金山）

马牙雪山

ཨ་མྱེས་ཀ་རྡོད།

a myes ka drod

藏语安多华锐方言民间传说。流传于甘肃省天祝藏族自治县大通河流域。相传很早以前，白疙瘩山（马牙雪山）并不在这儿，在遥远的东方。最初的白疙瘩要比现在更加雄伟壮丽，高能触天，长则百里。有一天，一位妇女起床未洗漱披头散发便拿起柏枝、桑面等前去煨桑敬神，白疙瘩神猛看妇人像妖女来临，惊慌西逃，整个大地飞沙走石、天塌地崩。这种局势惊动了天帝，速派玛尔托神前去阻挡。现在白疙瘩山脉四周仍有许多滚下的岩石，玛尔托山也永远坐落在白疙瘩的前面。当然，那位披发煨桑的妇人也被飞石砸成肉酱。到现在老人们依然教导年轻人敬奉神灵时，要着装整洁，洗净双手。仓旺庆讲述，吾建尚笔录、汉译、整理。16 开 6 页。今藏甘肃省天祝藏族自治县古籍整理办公室。（刚乃旦才让　夏金山）

莫科佛

སྔོ་ཁོ་ཡོངས་འཛིན་གྱིས་ས་དཔྱད་པ།

sngo kho yongs vdsin gyis sa dpyd pa

藏语安多华锐方言民间传说。流传于甘肃省天祝藏族自治县大通河流域。莫科二世对地理学有很深的造诣，也精通历算。据说，有一次，他到达阿柔，那里很早以前有座寺院，后因战乱焚毁殆尽，年久无影。当地百姓想在原址重修寺院，但无人知道寺院原址在何处。他们听说从华锐来了一位大师本领很大，就前去请教。莫科佛经过多日判断，最终选定了两块风水宝地，寺院无论建在哪一块宝地都能昌盛弘法，但无法确定寺院的原址在哪里。活佛请护法神预示，夜间他梦见他选定的一块宝地上方彩虹高照。次日清晨，活佛登上一个小山丘时，看见夜间有彩虹的那块宝地上落着一群大乌鸦。大师大喜，这是祥兆，立即决定就在这里建寺。动工修建时，果然在那里发现了原寺院的墙基。仓旺庆讲述，吾建尚笔录、汉译、整理。16开9页。今藏甘肃省天祝藏族自治县古籍整理办公室。（刚乃旦才让 夏金山）

不能砍的树

གཅོད་མི་ཉན་པའི་ཤིང་།

gcod mi nyan pvi shing

藏语安多华锐方言民间传说。流传于甘肃省天祝藏族自治县大通河流域。华锐莫科的朵布丹山脚下，林木成片，各种树木生长在这里。这里有一个神奇传说，佑护着这片森林。无论谁砍这里的树都要遭到山神的惩罚，这些树都是山神的护卫。有一个人不信这个邪，拿着斧子前去砍树。他挑了一棵最大的树进行砍伐，当砍到一半时，树内流出了鲜血，砍树的人大惊，准备弃斧逃走时，双脚不听使唤，不一会儿，口吐鲜血死了。仓旺庆讲述，吾建尚笔录、汉译、整理。16开6页。今藏甘肃省天祝藏族自治县古籍整理办公室。

（刚乃旦才让 夏金山）

喜玛尔片

ཕྱེ་མར།

phye mar

藏语安多华锐方言民间传说。流传于甘肃省天祝藏族自治县大通河流域。过盛节时，藏家最常见的表示幸福吉祥、来年丰收且一种酥油花。华锐藏族为什么要在“喜玛尔”顶端镶嵌日月，而其他地方则没有呢？其实，这里还蕴藏着一个神奇而优美的历史传说。相传在唐朝时期，藏王松赞干布遣大臣禄东赞前往大唐求婚，唐朝也想和崛起的吐蕃建立友好外交关系，答应将聪明贤惠的文成公主嫁给松赞干布。公主离京时，国王陪嫁一副日月宝镜，此镜正面铭刻着长安秀丽的风景，背面刻有雄伟壮丽的皇宫。临走时，皇后告诫公主“你到遥远的雪域高原是为建立藏汉和睦友好的关系，如果思念故乡及亲人，就拿出宝镜看看”，公主遂离别父母、亲兄，离开长安，与禄东赞一同进藏。有一日，公主一行来到青海湖东边的山岗上，公主站在山顶上眺望，东边灯火灿烂，田野碧绿，一派繁荣景象；南面白雪皑皑，崇山峻岭，广阔的草原一望无垠，公主心中无限凄凉，不由得想起故乡的亲人，想取出宝镜观看时，只见宝镜变成了一堆红胶土。大臣禄东赞赶忙上前劝道：“你的父母心狠，没把你当成女儿看待，装给的日月宝镜竟然全是红土。”公主听后，觉得有理，便向茫茫雪域高原走去，其实是大臣禄东赞暗自调换了宝镜。从此，华锐藏族为了纪念公主，每年制作“喜玛尔”时，一定要在顶端镶嵌日月。仓旺庆讲述，吾建尚笔录、汉译、整理。16开18页。今藏甘肃省天祝藏族自治县古籍整理办公室。

（刚乃旦才让 夏金山）

大通河

འཇུ་ལག་ཆུ།

vju lag chu

藏语安多华锐方言民间传说。流传于甘肃省天祝藏族自治县大通河流域。传说很早以前大通河里有一个水怪，凶残无比，常年吃掉两岸百姓的牲畜，谁也没有办法。有一天，一位头戴黑帽的高僧来到这里，听到老百姓的痛苦后决定为民除害。他用一只牛和一匹马做诱饵，将水怪骗上岸来后除了水怪后人们才知道这位高僧是嘎玛派第四代宗师若贝多杰。后来这里地方平安，年年丰收。仓旺庆讲述，吾建尚笔录、汉译、整理。16开4页。今藏甘肃省天祝藏族自治县古籍整理办公室。（刚乃旦才让 夏金山）

白土坡寺的开光

ཨོར་གཙོ་དགོན་ལ་རབ་གནས་མཛད་པ།

aor gtzo dgon la rab gnas mdsad pa

藏语安多华锐方言民间传说。流传于甘肃省天祝藏族自治县大通河流域。很早以前，华锐的白土坡寺刚建成时，寺院的堪布做了一个梦，梦见一位成就师会为寺开光。次日便派两位僧人到路上前去应请，两天后，派去的两位僧人回来禀报说尊者不曾路过，只有一位近似乞丐的普通僧人路过此地。堪布听后说："让你们恭候的僧人正是此人，快去应请回来。"两位僧人追到红沟寺才遇见尊者，呈上邀请书请求尊者回寺开光。尊者说："贫僧忙于朝圣，不能再回去，请二为回去告诉堪布，寺院开光之日集会诵经，我做开光仪式"。开光那天堪布登上法座，主持集会诵经时，大殿上彩云缭绕，殿内落下青稞，看到此景，众僧大为惊奇，无不吐舌称赞，原来尊者在几十里外的百灵寺为该寺做了开光仪式。后来这位尊者在当地百姓的再三请求下，做了白土坡寺和毛藏寺的寺主，他就是大成就师第一世察科佛。仓旺庆讲述，吾建尚笔录、汉译、整理。16 开 6 页。今藏甘肃省天祝藏族自治县古籍整理办公室。　（刚乃旦才让　夏金山）

果洛和白牦牛

མགོ་ལོག་དང་འབྲི་དཀར།

mgo log dang vbri dkar

藏语安多华锐方言民间传说。流传于甘肃省天祝藏族自治县大通河流域。很早以前，有位青年来到果洛地区的年保玉则匝日神山附近，碰到了一只鹰叼了一条小白蛇（其实是山神的小儿子），年轻人请求鹰把白蛇丢给他，这样就救下了山神的王子。后到，山神年保玉则匝日要答谢年轻人，问他要什么东西，年轻人说要山神的女儿做妻子。于是山神的三女儿便化为白牦牛来见这个年轻人，年轻人用缠有彩带的棍子碰了一下白牦牛，白牦牛立刻变成了一位美丽的姑娘，成了年轻人的妻子。婚后，年轻人无意中杀死了和他家牦牛经常嬉戏的一头牦牛，并打了放生在山中禁杀的神牦牛，把妻子气得跑回山宫里去了。她给他留下了一个孩子，孩子长大后，娶妻生了三个儿子，后来就繁衍成今天的上、中、下三果洛。华尔贡讲述，吾建尚笔录、汉译、整理。16 开 6 页。今藏甘肃省天祝藏族自治县古籍整理办公室。

（刚乃旦才让　夏金山）

华秀和白牦牛

དཔའ་ཕྱུག་དང་ནོར་དཀར།

dpav phyug dang nor dkar

藏语安多华锐方言民间传说。流传于甘肃省天祝藏族自治县大通河流域。古时候，在华锐的祖先华秀还驻牧在阿尼玛卿山脚下的时候，经常受到邻近的一个大部落的欺负，牛羊被抢、草原被占，在这样的情况下，华秀和阿秀兄弟俩去祈求山神指路。当时，一个身穿白战袍的山神骑着白色骏马，随着一朵五彩云向东飘去，华秀辞别了阿秀，带领着自己部落的人马向山神走了的地方出发，到达一个峡口时，体大力壮的黑牦牛只是"哞哞"地哀叫，不肯前行。正在这时，从阿尼玛卿雪山深处跑来一头雪白的牦牛，在一声吼叫中奔向前方，牦牛群跟随白牦牛向前奔去。出了峡口，人们看到白牦牛正和一条黑色的巨怪酣斗，斗得天昏地暗。终于，黑色巨怪被白牦牛用巨角挑起，黑牦牛也死了，只剩下一头三岁的小母牛犊不停哀叫。白牦牛用嘴巴舔着小牛犊，一会儿黑牛变成了白牛。华秀和众人在白牦牛的带领下到达了马牙雪山脚下，便在此地定居了下来。仓旺庆讲述，吾建尚笔录、汉译、整理。16 开 6 页。今藏甘肃省天祝藏族自治县古籍整理办公室。

（刚乃旦才让　夏金山）

倒趟河

རིག་མོ་གཞོང་ཆུ་བོའི་གཏམ་རྒྱུད།

rig mo gzhong chu bovi gtam rgyud

藏语安多华锐方言民间传说。流传于甘肃省天祝藏族自治县大通河流域。禄东赞在迎娶文成公主返藏途中，为试探公主的诚心故意说了一些赞布的坏话，到达西藏后被处以挖眼睛的极刑并发配安多，途中其侄忘了他的警告，误将海口打开，并忘盖海口导致海水蔓延危及众生，龙布挂东赞为使苍生免遭灾难，祈祷上苍，使出移山倒海之术，搬来须弥山顶堵海口，海水遂逆向流淌，故将此河命名为"倒趟河"。拉热庆讲述，索南本笔录、汉译、整理。16 开 3 页。今藏甘肃省天祝藏族自治县古籍整理办公室。

（刚乃旦才让　夏金山）

新娘出嫁时为何要用袖子掩住鼻子

བག་མ་གནས་ལ་འགྲོ་སྐབས་སྣ་ཕུ་བྱེད་དོན་ཅི་ཡིན།

bag ma gnas la vgro skbs sn phu byed don ci yin

藏语安多华锐方言民间传说。流传于甘肃省天祝藏族自治县大通河流域。华锐的姑娘出嫁时，要用袖筒捂着自己的鼻子，这是为什么呢？传说吐蕃时期松赞干布派大臣禄东赞为迎亲使者娶来了文成公主为王妃，青藏高原四季严寒，人们需要用大量的动物肉来补充能量，长期食用肉食人身上自然有一股膻味，公主难闻其味，便用袖子掩鼻。所以华锐藏人为纪念公主进藏这一事件，至今姑娘出嫁时都要用袖子掩住鼻子。切措吉讲述，吾建尚笔录、汉译、整理。16 开 3 页。今藏甘肃省天祝藏族自治县古籍整理办公室。（刚乃旦才让　夏金山）

藏族沐浴节

རི་ཞིའི་ཆབ་ཞུགས།

ri shivi chab zhugs

藏语安多华锐方言民间传说。流传于甘肃省天祝藏族自治县抓喜秀龙镇。每到夏末秋初的晚上，拉萨东南地上空，新出现一颗十分明亮的星星。这时，藏族人民就开始了一年一度的沐浴节。传说那颗星星只出现七个晚上。传说很久很久以前，草原上出了一个很有名的医生，他的名字叫宇托云旦贡布。他的医术十分高明，什么疑难杂症都能治。因此藏王赤松德赞请他去做御医，专管给藏王和妃子们治病。但是，宇托进宫以后，心中仍旧忘不了草原上的百姓。他经常借外出采药的工夫，给百姓治病。有一年，可怕的瘟疫流行，许多牧民卧床不起，有的被夺去了生命。这时，宇托奔跑在辽阔的草原上，为一家家患病的牧民治病。他从雪山和老林里采来各种药物，谁吃了病就会好起来。不知有多少濒临死亡的病人，恢复了健康。草原上到处传颂着宇托医生的名字，人们称他为‘药王’。 不幸的是，宇托医生去世了。他去世以后，草原上又遭到了可怕的瘟疫，比前一次更严重，许多人死了。生命垂危的牧民只好跪在地上，向苍天祈祷，希望天国保佑。 说来也巧，一天，一个被病魔折磨得九死一生的妇女，突然做了一个梦，梦中宇托医生对她说：“明天晚上，当东南天空出现一颗明亮的星星的时候，你可以下到吉曲河里去洗澡，洗澡以后病就会好起来。”果然，这个妇女在吉曲河中洗澡以后，疾病立刻消除了。 这件新鲜事传开以后，所有的病人都来到河中洗澡。凡是洗澡的病人，都消除了疾病，恢复了健康。 人们说，这颗奇特的星星就是宇托医生变的。宇托医生在天国看到草原人民又遭受瘟疫袭击，他又不能来到人间来给人民治病，于是把自己化作一颗星星，借星光把河水变成药水，让人们在河水中洗澡以祛除疾病。因为天帝只给宇托七天时间，这颗星星也就只出现七天。从此，藏族人民就把这七天定为沐浴节，各地的牧民们每年这个时间，都到附近的河水里洗澡。据说洗澡以后，人就健康愉快，不生疾病。多杰讲述，三智杰甫笔录、汉译、整理。32 开 3 页，1200 余字。今藏甘肃省天祝藏族自治县古籍整理办公室。（刚乃旦才让　夏金山）

禄东赞

བློན་པོ་མགར་སྟོང་བཙན།

blon po kgar stong btzan

藏语安多华锐方言民间传说。流传于甘肃省天祝藏族自治县抓喜秀龙一带。禄东赞被派去迎娶唐朝公主，他用自己的聪明才智技压群雄取得了最终胜利，并将公主顺利地迎娶回来。多杰讲述，三智杰甫笔录、汉译、整理。32 开 3 页，1200 余字。今藏甘肃省天祝藏族自治县古籍整理办公室。（刚乃旦才让　夏金山）

白牦牛的传说

ནོར་དཀར།

nor dkar

藏语安多华锐方言民间故事。流传于甘肃省天祝藏族自治县抓喜秀龙一带。古时候，华锐人的祖先华秀居住在西方遥远的巴颜喀拉大雪山下，牛羊众多，草原就显得不够用了。华秀和哥哥阿秀商量，去寻找新的草场。于是华秀告别哥哥，祈祷山神给他和部落指出一条路。这时，一个身穿战袍、骑着白骏马的神灵出现在天空中，他在半空中随一朵五彩云向东方飘动。华秀便告别故乡，带领部落的男女老少赶着大群牛羊向彩云飘去的方向出发。当部落和牛羊快要走出一个石峡时，那些黑色的牦牛们叫出了一阵阵非常痛苦悲切的声音，人们都知道这些牲畜和人一样，对故土难舍难分。当时，整个牛群叫成一片，谁也不愿前行。牧民们见此情景，也禁不住泪流满面，放声大哭。正在这时，从身后那巍峨的雪山深处出现了一头白牦牛，它像雪一样洁白，十分漂亮、威武，就像一团洁白的云。白牦牛大吼着，向石峡口奔去。说来也怪，看见了白牦牛，其他牛停止了哀叫，随着白牦牛一齐向峡口奔去。整个部落便又开始前行。当人们尾随着牛群走出峡口时，眼前却一片惨景。其他的牦牛全倒下了，那头白牦牛正和一只黑色巨怪角斗，斗得沙石飞扬、天昏地暗。人们非常惊恐和紧张，都在为白牦牛担心。突然，黑色巨怪惨叫一声，不知去向。白牦牛用它的勇猛和尖利的犄角战胜了巨怪。一头受伤的小牛不停地哀叫，白牦牛看见了，走过去用舌头一下又一下地舔着那可怜的小牛，舔着舔着，黑色的小牛突然变得通身雪白。这时，天空中传来骏马的嘶鸣，大家仰头看时，那穿白袍的神灵重新出现在头顶。痛苦绝望的华秀和部落的牧民们，便又继续前行了。走啊走，不知经过多少艰难险阻，也不知走了多远，走了多长时间。有一天，天空中的山神和白马突然降下地面，人们面前便横亘起一座雄伟壮丽的雪山，这就是马牙雪山。华秀对大家说，这雪山下就是我们的家乡！大家便不再前进，永远在这儿定居下来。这儿草场广袤，草盛林茂，溪水潺潺，山泉叮咚，确实是一块驻牧的好地方。从此，华秀和他的部落便很幸福地生活在这里，那喝了马牙雪山泉水的牦牛更白了，一群又一群，像天上飘荡的白色云朵，从此天祝便成了白牦牛的故乡。多杰讲述，三智杰甫笔录、汉译、整理。32 开 4 页，2300 余字。今藏甘肃省天祝藏族自治县古籍整理办公室。

（刚乃旦才让　夏金山）

傻子拜佛

གླེན་པས་ཕྱག་མཇལ་བྱེད་པ།

glen pas phyg mjal byed pa

藏语安多华锐方言民间故事。流传于甘肃省天祝藏族自治县大通河流域。有一傻子，手持拐杖到拉萨朝佛。到拉萨后，进佛堂时，握着拐杖进去。进去后，他将拐杖横插在腰间并在每个佛像前都放了一颗金子。最后只剩一丁点时欲出门，因拐杖横挡在门框上，不论怎样出力都出不去。他非常生气，转身面对佛像骂道：“我将全身的金子全部供于你，还不让我走。”便抡起拐杖打佛像。随后生气地提着拐杖顺利出门。仓旺庆讲述，吾建尚笔录、汉译、整理。16 开 4 页。今藏甘肃省天祝藏族自治县古籍整理办公室。

（刚乃旦才让　夏金山）

华锐咒师

དཔའ་རིས་སྔགས་པ།

dpav ris snggs pa

藏语安多华锐方言民间故事。流传于甘肃省天祝藏族自治县大通河流域。很早以前，据说华锐有成就的咒师很多，他们各个身怀绝技，法力无边，誉满全藏。这时在青海贵德一带的一位大咒师名叫强巴，因患顽疾，无药可医，他的弟子们想尽办法都无效。大师看到弟子们为他这般辛苦遂说：“若要医好我的病，非请华锐的大咒师不可。”弟子们想，到华锐路途遥遥，行走数月后才可抵达，但为了自己上师的病他们决定前去恭请。数月后他们到达华锐大通河流域的巴扎一带，经过多方打听寻找到当地声誉最高、得道最深的咒师阿卡扎巴。他们将经过告诉阿卡扎巴并恭请他前往为他们的上师做法事，大师应允前往。去后众人一看，只见他衣着褴褛，满面污垢，众人私下纷纷议论，这个人能有什么法术医治我等的上师。他们不款待阿卡扎巴，阿卡扎巴知道他们的意图，在吃糌粑时，用糌粑团捏了朵玛，用法力医治了他们上师的病。并将一团糌粑吹后放在桌下，只见那些人各个肚子疼痛，争先恐后地抢上厕所。他们的上师强巴来到门前看到这种状况，骂起弟子们来：“定是你们没好好款待大师，大师应用法力，才使你等变成现在这种样子，还不向上师请求原谅！”阿卡扎巴笑了笑，取走桌下的糌粑团，放在嘴里津津有味地吃了下去。强巴走到阿卡扎巴前敬献了哈达，二人高兴地交谈起来。众人看后才知阿卡扎巴的本领，再也不敢小看。以后华锐咒师的盛誉传遍全藏。仓旺庆讲述，吾建尚笔录、汉译、整理。16 开 6 页。今藏甘肃省天祝藏族自治县古籍整理办公室。

（刚乃旦才让　夏金山）

鸡喝水时为什么会抬头望天

བྱས་ཆུ་འཐུང་དུས་གནམ་ལ་ལྟ་དོན་ཅི་ཡིན།

bys chu vthung dus gnam la lt don ci yin

藏语安多华锐方言民间故事。流传于甘肃省天祝藏族自治县大通河流域。据说鸡的祖先有一天在喝水时，天上突然掉下一块巨石，砸中鸡头成肿块后再也未消，才形成鸡冠的。后来鸡在喝水时总是提心吊胆，怕再掉下石块砸中自己，所以喝一口水，便抬头向天上看一下。华丹讲述，吾建尚笔录、汉译、整理。16开6页。今藏甘肃省天祝藏族自治县古籍整理办公室。

（刚乃旦才让　夏金山）

九月法事

དགུ་བའི་ཆོས་ཐོག

dgu bvi chos thog

藏语安多华锐方言民间故事。流传于甘肃省天祝藏族自治县大通河流域。从前，这儿有一户大户人家，因吝啬从没到过寺院发放布施，历任法台都未能说服。后来新任法台活佛发誓在他的任期内要让吝啬的富户做一次本寺规模最大的法事活动。夏天他以收布施为由来到富户家。此时正直挤奶时节，主人把活佛让到炕上就座，端来奶茶，款待活佛。主妇在滚奶，因火势太猛，奶溢了出来，主妇忙拿勺子勺奶，不幸放了个屁，主人羞得满面通红，而活佛心想机会来了，便高兴地说道："主人家锅中的奶沸腾四溢，主妇的屁声如雷隆隆，这是好兆头，说明主人家的牛羊满圈，五谷丰登。"虽拿出哈达献于主人，要求做今年本寺规模最大的九月法事活动。主妇羞愧弃勺而逃，主人只好答应活佛的法事。活佛到寺后，众僧盘问，活佛摇头笑笑，从未言语。仓旺庆讲述，吾建尚笔录、汉译、整理。16开7页。今藏甘肃省天祝藏族自治县古籍整理办公室。

（刚乃旦才让　夏金山）

牧狼

ཨ་བུས་སྤྱང་གི་བཀག་པ།

a bus spyng ki bkag pa

藏语安多华锐方言民间故事。流传于甘肃省天祝藏族自治县大通河流域。从前，在某一个时代，汉地野狼成群，危及黎民百姓的正常生活，致使整个国家都处于极度慌乱之中，遂请藏人前去狩猎，后经一翻血肉争战，改变了原来的局面。仓旺庆讲述，吾建尚笔录、汉译整理。16开6页。今藏甘肃省天祝藏族自治县古籍整理办公室。

（刚乃旦才让　夏金山）

偷茶

ཇ་ལེབ་ནག་རེས་མ།

ja leb nag res ma

藏语安多华锐方言民间故事。流传于甘肃省天祝藏族自治县大通河流域。很早以前，有一个商人驮着几驮茶来到莫科卖，一天夜间留宿到一户人家。晚饭后，主人心生恶念，与妻用暗语说："今夜我们有活干，要给黑犏牛打耳光。"商人听后笑了笑，也用藏语开玩笑说："小心黑犏牛惊后伤人。"夫妇二人听后异常惊奇，妇人说："这个内地商人也懂藏语。"男人羞愧难当，低头不语，女人风一样地往外逃去。仓旺庆讲述，吾建尚笔录、汉译、整理。16开6页。今藏甘肃省天祝藏族自治县古籍整理办公室。（刚乃旦才让　夏金山）

小木人

སྟག་པའི་བུ་ཅུང་།

stg pvi bu cung

藏语安多华锐方言民间故事。流传于甘肃省天祝藏族自治县大通河流域。据说，很早以前在藏区，有一种密法，就是将一小木人安置在自己的领口然后修习，成功后它能预告将要发生的事或别人对自己的议论，所以这种密法深受那些不出家专为别人祈福的法师们的喜爱，某地有一个叫贡嘎诺布的人，他修成此法，起初他心怀虔诚，不求财务，专心为人祈福。这样在当地深得信赖，每次做完法事人们都抬给他丰盛的布施。这样过了许多年后，他积累了许多财富，成为当地的首富，这使他忘记根本，开始注重布施的多少。有一次，本村一孩童得了一种怪病，求医花尽了所有积蓄并没有一点效果，便求法师做法祈福。开始他用各种借口拒绝前往他家为小孩做法。由于再三请求他不得不去，但他知道小孩家不能给他多少布施，心想我要什么呢？小木人告诉他小孩家有三只羊，除外没有一样值钱的东西。法师听后说道："我身体不适，医生说要多吃有营养的东西，比如说羊肉之类的。"此人为了给小孩治病，答应他将那几只羊全给他。法师无比高兴，立即前往做法。后来小孩的病也好了，可法师患了疟疾医治无效而死。死后因贪财掉入地狱，变为饿鬼，口细如针，腹大如盆。仓旺庆讲述，吾建尚笔录、汉译、整理。16开10页。今藏甘肃省天祝藏族自治县古籍整理办公室。（刚乃旦才让 夏金山）

赛斯雅

སེར་རྫིད་གཡག

ser rtzid gyad

藏语安多华锐方言民间故事。流传于甘肃省天祝藏族自治县大通河流域。很早以前，赛什斯有个力大无穷、残忍凶暴的强盗，名字叫赛斯雅。他每年都远征一次，带领他的几千手下，途经莫科、巴扎等地抢夺牛羊。每次返回途经天堂寺时，他也抢夺寺院的财物。寺院内有一个异常朴素的老阿卡，赛斯雅每次抢夺寺院的财物时，他都会警告或劝诫赛斯雅放下屠刀，立地成佛。赛斯雅从来没有听进去，依然打劫。这样，数年后，赛斯雅有一次到阿柔，抢夺了许多的牛羊和财物，返回又到达天堂寺，他又抢夺寺院财物。老僧人仍然劝诫他，不要作恶，皈依佛法，不然将会受到惩罚。赛斯雅嗤之以鼻说道："假如我头倒入坑内，口吐白乳而死，才说明你法力无边，不然我相信你有什么能力让我行善，你的法力能咒我死的话，来世我一定做个好人。"说完带领人马走了。途经大小科旦，到牧民家抢夺牛羊，并喝了许多的牛奶。到达扎克塘（即今天炭山岭石阶子滩），这里有一个大坑，里面杂草丛生。突然从草丛里飞出一只野鸡，赛斯雅的坐骑受惊，将赛斯雅从马上摔下来，正好倒栽入坑中，口吐白乳而死。这真是老僧多次劝说无效，施法除恶的结果。从此，这里再没有强盗出没。仓旺庆讲述，吾建尚笔录、汉译、整理。16开6页。今藏甘肃省天祝藏族自治县古籍整理办公室。

（刚乃旦才让 夏金山）

鹧鸪鸟的故事（一）

བྱ་སྲེག་པའི་གཏམ་རྒྱུད།

by sreg pvi gtam rgyud

藏语安多华锐方言民间故事。流传于甘肃省天祝藏族自治县大通河流域。讲述弱小而善良的鹧鸪鸟从血的教训中认识了狐狸的本性，它不畏强暴用自己的聪明才智雪耻前辱。昂志嘉讲述，扎西措笔录、汉译、整理。16开2页。今藏甘肃省天祝藏族自治县古籍整理办公室。

（刚乃旦才让 夏金山）

鹧鸪鸟的故事（二）

བྱ་ཝུག་པའི་གཏམ་རྒྱུད།

byh vug pvi gtam rgyud

藏语安多华锐方言民间故事。流传于甘肃省天祝藏族自治县抓喜秀龙镇。讲述一只弱小而善良的鹧鸪鸟，从血的教训中，认识了狐狸的本性，发挥自己的聪明才智，报仇雪恨。多杰讲述，三智杰甫笔录、汉译、整理。32开3页，1200余字。今藏甘肃省天祝藏族自治县古籍整理办公室。

（刚乃旦才让 夏金山）

茶和盐的故事

ཇ་དང་ཚ་ཡི་གཏམ་རྒྱུད།

ja dang tsa yi gtam rgyud

藏语安多华锐方言民间故事。流传于甘肃省天祝藏族自治县大通河流域。讲述从前两位部落头人的子女相爱发誓永不分离，但双方的父母因家仇，一心要拆散这对恋人，后来男青年变成了盐、女青年变成了茶，其后人们喝酥油茶时，茶和盐融为一体，他们的父母再也无法阻挠。拉热庆讲述，扎西措笔录、汉译、整理。16开2页。今藏甘肃省天祝藏族自治县古籍整理办公室。

（刚乃旦才让 夏金山）

指生女

བུ་མོ་མཐེབ་སྐྱེ་མ།

bu mo mtheb skye ma

藏语安多华锐方言民间故事。流传于甘肃省

天祝藏族自治县大通河流域。讲述古时候，有一位老妈妈她没儿没女孤苦伶仃地生活着，后来她的手指肿痛干活时不小心碰断了手指，从中跳出一只青蛙，她很害怕想把青蛙打死，但因青蛙苦苦哀求便收其为自己的女儿。老妈妈经常到野外放牧，回来时总会有香喷喷的食物等待她，老妈妈感到很奇怪，于是留心躲在门外观看，发现那只青蛙脱了蛙皮变成一位美丽的姑娘在为老妈妈做饭，老妈妈立即跑过去把那张蛙皮放入灶火中焚烧干净，姑娘无法变回青蛙，只好和这位老妈妈一块幸福地生活。拉热庆讲述，索南本笔录、汉译、整理。16 开 3 页。今藏甘肃省天祝藏族自治县古籍整理办公室。（刚乃旦才让 夏金山）

正直的小儿子

ཕ་བཟང་བུ་ཆུང་།

pha bzang bu chung

藏语安多华锐方言民间故事。流传于甘肃省天祝藏族自治县大通河流域。讲述有三位亲兄弟告别父母远离故土谋生求财，三年后约定相见。三年后两位哥哥因挥霍钱财空身而回，看到弟弟收获丰盈，两位哥哥见财起意将弟弟推下深坑后回家。后来由于坑中藏身的龙的帮助弟弟得以脱生，并偷听神仙的秘密帮助当地百姓找到水源解决干旱而获得大批财物，最后带着美丽的新娘和珠宝回家，与父母过上了幸福的生活。拉热庆讲述，索南本笔录、汉译、整理。16 开 3 页。今藏甘肃省天祝藏族自治县古籍整理办公室。（刚乃旦才让 夏金山）

三只小羊

ལུ་གུ་གསུམ་གྱི་གཏམ་རྒྱུད།

lu gu gsum gyi gtam rgyud

藏语安多华锐方言民间故事。流传于甘肃省天祝藏族自治县大通河流域。讲述从前有三只小羊，为了防止狼的侵害决定修房子，一只小羊因懒惰用茅草盖了一间草房子，另一只小羊盖了一间木房子，最小的小羊用砖瓦盖了一间砖房子，当狼来时草房子和木房子都被狼摧毁，那两只小羊差点被狼吃掉，幸亏跑得快躲到砖房内没被狼吃掉，最后它们在砖房里用开水把狼给烫死了。拉热庆讲述，索南本笔录、汉译、整理。16 开 3 页。今藏甘肃省天祝藏族自治县古籍整理办公室。（刚乃旦才让 夏金山）

骏马和骆驼

རྟ་ཕོ་དང་རྔ་མོང་གི་གཏམ་རྒྱུད།

rt pho dang rng mong gi dtam rgyud

藏语安多华锐方言民间故事。流传于甘肃省天祝藏族自治县大通河流域。讲述骏马在一次赛跑中获得第一名时对来庆贺的骆驼进行了一番羞辱，后来在沙漠中不幸迷了路，正在走投无路时恰好遇到骆驼，在骆驼的帮助下走出沙漠，且受到骆驼的严厉批评最终改过自新。拉热庆讲述，索南本笔录、汉译、整理。16 开 3 页。今藏甘肃省天祝藏族自治县古籍整理办公室。（刚乃旦才让 夏金山）

麻雀的遗言

མཆིལ་བ་ཞིག་གི་ཁ་ཆེམས།

mchil ba zhig gi kha chems

藏语安多华锐方言民间故事。流传于甘肃省天祝藏族自治县大通河流域。讲述有只麻雀不幸被人捕获装在鸟笼里喂养，养鸟人无论怎样喂它它都不吃，养鸟人很生气说麻雀不知好歹，麻雀说‘没有了自由靠别人喂养而生活是我们鸟类的悲哀，靠自己的勤劳在大自然生活才是我们的幸福和欢乐’。说完话后就死在鸟笼里了。拉热庆讲述，索南本笔录、汉译、整理。16 开 1 页。今藏甘肃省天祝藏族自治县古籍整理办公室。（刚乃旦才让 夏金山）

狗和狐狸

སྒོ་ཁྱི་དང་ཝ་མོའི་གཏམ་རྒྱུད།

sgo khyi dang wa movi gtam rgyud

藏语安多华锐方言民间故事。流传于甘肃省天祝藏族自治县大通河流域。讲述有只狐狸到一户人家偷吃鸡时遇到看门狗，狗假装亲热和它套近乎，狐狸认为狗是愚蠢地想骗吃骗喝，最后狗利用狐狸爱占便宜的心理稳住了狐狸，接着利用拿肉招待狐狸的机会叫来主人用铁笼抓住了狐狸。拉热庆讲述，索南本笔录、汉译、整理。16 开 1 页。今藏甘肃省天祝藏族自治县古籍整理办公室。（刚乃旦才让 夏金山）

若有丰盛的食物与富人家的孩子一样

ཟ་རྒྱུ་འཐུང་རྒྱུ་ཡོད་ན་ཕྱུག་པའི་བུ་དང་ཁྱད་མེད།

za ryu vthung rhyu yod na phyug pvi bu dang khyd med

藏语安多华锐方言民间故事。流传于甘肃省天祝藏族自治县大通河流域。讲述从前有个孤苦伶仃的孩子，以乞讨为生。有一天，他来到一户富人家的门前乞食，富人家给了他吃剩下的饭菜，这户人家比较慷慨，他每天都来这里要饭。他看到富户家的孩子骑着一匹高头大马，每天出去讨要农牧佃户家的租费，异常羡慕，心想自己的命真苦，不但沦落为孤儿，还要看别人的脸色要饭，菩萨保佑，来生别再成为乞丐。有一天这家富户要举行盛大宴庆，剩饭剩菜也较多，为讨吉利，富户家给了他很多食物和酒，他吃足喝饱后整个晚上处于兴奋之中，开始苦思冥想，为何自己落为乞丐，而别人要比自己强，天快亮时，得出结论：要通过自己的双手去辛勤劳动才能获得财富。切措吉讲述，吾建尚笔录、汉译、整理。16 开 3 页。今藏甘肃省天祝藏族自治县古籍整理办公室。

（刚乃旦才让　夏金山）

为什么忌讳敲打锅底和碗口呢

དཀར་ཁ་དང་ཟངས་ཞབས་རྡུང་མི་ཉན་པའི་རྒྱུ་མཚན་ཅི་ཡིན།

dkar kha dang zings zhabs rdung mi nyan pvi rgyu mtsan ci yin

藏语安多华锐方言民间故事。流传于甘肃省天祝藏族自治县大通河流域。讲述传说远古时期，五谷都是从秸秆根部结穗，每年五谷丰登，库满为患，国王非常苦恼，这么多的粮食要放到哪里去，整天敲打锅底碗口，苦想良策。这件事被粮食神知道后，非常生气，决定少产粮食，就从秸秆的根部捋到第一节处，但粮食仍然丰收，人们不会珍惜而大量浪费，国王仍然整天不断敲打锅底碗口苦想良策。粮食神看到这情况，又决定从秸秆的第一节捋到第二节处。但粮食过多，浪费现象根本没有制止。这一次粮食神很生气，决定惩罚人类，让庄稼颗粒无收。这件事被狗发现，它请求粮食神给自己留点吃的，不然它们会在人类前灭绝。粮食神看到狗很可怜，决定在粮食秸秆顶端留五寸左右的麦穗给狗吃。所以现在麦穗的大小是从那个时候由狗求粮食神后留下的。后来各种灾害不断，人类吃完了库存的粮食后，开始抢吃狗的食物，是狗的食物救济了人类，从此人类开始养狗，老人们常常告诫人们，一定要好好喂狗，忌讳敲打锅底和碗口。切措吉讲述，吾建尚笔录、汉译、整理。16 开 3 页。今藏甘肃省天祝藏族自治县古籍整理办公室。

（刚乃旦才让　夏金山）

胆量改变命运

སྤོབས་པ་ཡིས་ལས་དབང་བསྒྱུར་བ།

spobs pa yis las dbang bsgyur ba

藏语安多华锐方言民间故事。流传于甘肃省天祝藏族自治县大通河流域。讲述从前有两个人隔篱笆而居，一个富有而力大无穷却胆小如鼠，另一人贫困潦倒、瘦骨嶙峋却胆大过人。有一天晚上，一个没有皮肉只有骨头的鬼突然撞进富人家里，富人吓得半死不活。第二天晚上，这个鬼又冲进隔壁的穷人家里请求穷人帮忙。穷人很痛快地答应了鬼的请求。一路上穷人和鬼边走边谈，鬼无意识地说出了人死后怎样收气的办法和技术，并掌握到鬼致命的弱点——怕青稞。穷人告诉鬼人最怕的是人头大的金子和银子，若砸过来就会立即丧命，鬼很高兴掌握了人类致命的弱点，他放心地将收气口袋让这个穷人背上。当走到一块青稞地边时，穷人钻进庄稼地里，捋上青稞打鬼，鬼疼痛难忍，拿出人头大的金子和银子砸过来。一会儿，鬼被青稞粒打断了一条腿，收气袋也没带仓皇逃跑。当胆大的穷人带着金银和收气袋返回时，遇到了富人的妻子和女儿，女儿痛苦不堪地告诉他父亲昨晚已经被吓死了。穷人带着皮袋以试一试的态度按鬼说的方法用收气袋收气。富人果然复活了。最后穷人成了富人的乘龙快婿。才华加讲述，乃旦才让笔录、汉译、整理。16 开 2 页。今藏甘肃省天祝藏族自治县古籍整理办公室。

（刚乃旦才让　夏金山）

酥油税

མར་ཁྲལ།

mar khrl

藏语安多华锐方言民间故事。流传于甘肃省天祝藏族自治县抓喜秀龙镇。讲述山南人民把酥油都交给山南王，弄得自己连酥油都没有。一天，聪明的尼却桑布见山南王在阳台上散步，便大声吆喝一头小驴子说："你这鬼东西，把奶吸光我们拿什么去交给山南王呀？"山南王听见了，便骂尼却桑布："难道你不知道吃了驴子酥油，人会变成傻瓜吗？"尼却桑布说："实在没有办法，没有牛羊的酥油了，只好交驴的酥油，以前交的就是这种酥油。"于是，山南王命令把"驴子"酥油扔出去，尼却桑布趁机叫来众乡亲，把新鲜的牛奶酥油统统捡了回来。多杰讲述，三智杰甫笔录、汉译、整理。32 开 3 页，1200 余字。今藏甘肃省天祝藏族自治县古籍整理办公室。

（刚乃旦才让 夏金山）

青稞种子的来历

ནས་འབྲུ་སྔོན་མོའི་འཁྲུངས་རབས།

nas vbru sngon movi vkhrungs rabs

藏语安多华锐方言民间故事。流传于甘肃省天祝藏族自治县抓喜秀龙镇。讲述从前有一个王子，他在山神的帮助下，从蛇王那里盗取珍贵的青稞种子，但自己不幸被蛇王施魔术变成了一只狗。这只狗带着青稞种子来到一户人家，并得到了这家姑娘的爱情，恢复了人身。他们辛勤耕耘，从此人们才有了青稞。多杰讲述，三智杰甫笔录、汉译、整理。32 开 3 页，1200 余字。今藏甘肃省天祝藏族自治县古籍整理办公室。 （刚乃旦才让 夏金山）

旃檀炭

ཙནྡན་སོལ་བར་གྱུར།

tza n dan sol bar gyur

藏语安多华锐方言民间故事。流传于甘肃省天祝藏族自治县抓喜秀龙镇。讲述从前，有一个愚蠢的人，他有一些很贵重的牛头山白旃檀。一次他拿到市场上去卖，一整天也没碰到一个买主。晚上住在旅店里，和同他住在一起的一个卖炭翁闲谈中就把自己没有卖掉旃檀的事，告诉了对方。第二天一早，他们又各自出门卖自己的旃檀和木炭去了。晚上两人又同宿这一旅店，他见到卖炭翁的木炭出售一空，自己的白旃檀仍然没有卖出，不由得心里焦急起来。突然，他灵机一动想出一个办法，他想旃檀烧成木炭不就可以卖出去了吗？于是，就按自己的主意把旃檀烧成木炭后，果真很快就卖了出去。这人暗自欢喜起来，心想这下可算占了便宜了。多杰讲述，三智杰甫笔录、汉译、整理。32 开 3 页，1200 余字。今藏甘肃省天祝藏族自治县古籍整理办公室。

（刚乃旦才让 夏金山）

天鹅和乌龟

ངང་པ་དང་རུས་སྦལ།

ngang ba dang tus sbl

藏语安多华锐方言民间故事。流传于甘肃省天祝藏族自治县抓喜秀龙镇。从前，一只乌龟和一对天鹅长期栖息在同一个池塘里。一次，遇到长达十二年之久的大旱，池塘已经干涸。依靠池塘生存的天鹅、乌龟该怎么办呢？传说世界初成之时，一切动物都会说话，于是，两只天鹅就商量起这事来。"咱们该移到别的池塘去了！"乌龟听到这话祈求说："二位朋友！你们走时，千万别把我抛在这里啊！如果我叼着树棍，你俩叼着树根的两端，不就把我也抬走了吗！"天鹅听他说得有理，吩咐道："若是那样，你可千万不能说话啊！"乌龟满口答应。于是两只天鹅就把乌龟带上了天空向前飞去，路过山间时，山头上的牧童们见了惊奇地喊道："瞧！天鹅把乌龟带走了！"又飞到一个村庄，地上的小孩们又是那样嚷嚷着。这时乌龟骄傲得忍耐不住了，刚要说"这不是天鹅的本领好，而是我的主意高"这句话时，一张口就从天空掉到地上摔死了。多杰讲述，三智杰甫笔录、汉译、整理。32 开 3 页，1200 余字。今藏甘肃省天祝藏族自治县古籍整理办公室。

（刚乃旦才让 夏金山）

婆罗门男子

བྲམ་ཟེའི་བུ།

brm zevi bu

藏语安多华锐方言民间故事。流传于甘肃省天祝藏族自治县抓喜秀龙镇。一位年轻的婆罗门，买了一只准备祭祀的山羊。在他牵着山羊回家的路上，被那里的五个强盗发现了，心里便暗算起来：我们从他手中把这山羊夺来好了。于是，他们分头抢先到了前面途中的几个适当地点，等候着婆罗门的到来。婆罗门在途中遇到第一个土匪时，那个土匪自言自语地说："嗬！真新鲜，世界上竟有牵着狗的婆罗门哪！”他没理睬这个。又向前走去，遇到第二个土匪，他也和第一个土匪说的一样。婆罗门都没有理会这些。遇到第三个土匪，也是前面那种说法。这就使他思想上产生了动摇。他把自己的山羊打量了打量，又牵上向前走去。遇到第四个土匪，也是前面的那种说法。这时他对山羊的疑惑又加深了一步，就把山羊又仔细地观察了一番，发现在狗头上根本不可能有角，而只有山羊才可具有的唯一特征——牴角和胡须都还存在，他这才放心地又向前走去。最后，第五个土匪见了他，又是那种说法。那个婆罗门的心思才彻底地怀疑起来：这只山羊怎么别人看去都说是狗，莫非真是罗刹变的，专门吃我的供施品？不然，为什么别人都说是狗呢？想到这里，便抛弃了他手中的山羊，独自一人回去了。那五个土匪，先后用巧计顺利地把山羊骗到了手。多杰讲述，三智杰甫笔录、汉译、整理。32 开 3 页，1200 余字。今藏甘肃省天祝藏族自治县古籍整理办公室。

（刚乃旦才让 夏金山）

背篓

སླེ་བོ།

sle bo

藏语安多华锐方言民间故事。流传于甘肃省天祝藏族自治县抓喜秀龙镇。从前，有一个叫吉仓的村子，村里有一户人家，家里有四口人，老爷爷、阿爸、阿妈和孙子。老爷爷一辈子操劳家事，到现在头发白了，嘴里的牙也掉了，满脸皱纹，显出苍老的样子，因为没有力气干活，所以只能在儿子和儿媳的照料下生活。儿子和儿媳把老人看作是甩不了的包袱一样，只给其剩饭吃，旧衣服穿。老人不但经常食不果腹、衣不蔽体，而且还要受到儿媳的咒骂。孙子看到这个情况，对老人非常同情，经常把自己的一份食物分出一半来给老人吃。这样过了好久。夫妻俩悄悄地商量把老人赶到一个很远的地方去。丈夫说：“把他送到一个远得回不来的地方，在那里或许会遇上好心的人。”妻子问道：“村子里的人们问起的话该怎样回答呀？”丈夫说：“就说老人到别的地方过快活日子去了。”夫妻两个就这样商定了。第二天天刚擦黑，夫妻俩就急着要将老爷爷装到一个背篓里。老爷爷知道不是好事，就连忙问道“你们俩这是要做什么？”“我俩实在是养活不了你了，所以要把你送到别的地方去，在那里你肯定能过上快活日子。”说着，就将老爷爷装进了背篓里。老爷爷知道是在骗自己，就骂道：“畜生！不要脸的畜生！你们就是这样报答父亲的养育之恩的吗？”孙子看到父亲走得快看不见了，就大声喊道：“阿爸，你把爷爷扔下后别忘了把背篓带回来。”阿爸听到后，不解地问道：“你用背篓干什么？”孙子仍旧站在那里，爽直地回答道：“等你老了的时候，我也要像这样把你背走，到时候我也需要这个背篓。”阿爸听到这话，小腿直打哆嗦，于是就含着泪将爷爷背了回来。多杰讲述，三智杰甫笔录、汉译、整理。32 开 3 页，1200 余字。今藏甘肃省天祝藏族自治县古籍整理办公室。

（刚乃旦才让 夏金山）

出家人和屠户

རབ་བྱུང་པ་དང་ཤན་པ།

rab byung pa dang shan pa

藏语安多华锐方言民间故事。流传于甘肃省天祝藏族自治县抓喜秀龙镇。扎西和才让是好朋友。扎西是出家人，住在寺院里。才让是屠户，住在村子里。才让做了很长时间的屠户。冬天的时候，需要羊肉和干肉的人们就雇他宰杀牲畜。杀一个牲畜他就能得到一个铜圆。才让用这些钱来买他和扎西需要的食物和其他东西。有一天，才让路过一个老婆婆住的帐篷时，老婆婆要他宰杀一只羊。才让看到那只羊瘦得骨头都快把皮给捅破了，就说道：“这只羊瘦得跟狐狸一样，我不想杀它。”老婆婆说：“杀羊是你的本行，快按我说的做。”才让不想争辩，就打了草放在那只羊的面前，还拿来了水，但是那只羊既不吃也不喝。才让拿着刀子在石头上磨的时候，突然想起一件事，就把刀放在石头边上，转身进了帐篷。等他出来的时候发现刀不见了，原来是那只羊把刀给藏了起来。才让找了半天才找到。才让这才意识到羊和人一样是有感情的。他后悔自己因为钱的缘故而杀了很多的动物。他知道杀生是作孽的行为，就把那只羊解开后赶到附近的山上去了。想起一生中所杀的牲畜，才让伤心得想自杀，就从悬崖上跳了下去。但是他没有掉到崖底，而是在空中飞了起来——他成了佛！扎西听到这件事后生气地想：他一辈子为了钱而杀生，现在竟然成了佛。如果我也从崖顶跳下去的话，肯定会成为比他大的佛。于是他就从悬崖上跳了下去，掉在地上摔死了。多杰讲述，三智杰甫笔录、汉译、整理。32 开 3 页，1200 余字。今藏甘肃省天祝藏族自治县古籍整理办公室。（刚乃旦才让 夏全山）

狗是怎样变成家畜的

ཁྱི་ནི་ཅི་ལྟར་སྒོ་སྲུང་དུ་གྱུར་བ།

khyi ni ci ltr sgo srung du gyur ba

藏语安多华锐方言民间故事。流传于甘肃省天祝藏族自治县抓喜秀龙镇。狗还没有成为家畜时，一直有个想法：找一个靠得住的朋友，永远在一起过日子。为此，它巡游各地，遍访大贤。头一回，它碰见一只狼。狼问狗："喂，你到哪儿去呀？"狗说："想去找个伙伴，跟它过一辈子！"狼说："那好，你就跟我一块走吧。"它们一道走了，晚间在山洞里，狗汪汪地叫了起来，狼赶忙说："别叫，别叫，看豺来吃掉我们！"狗想：这样看来，豺一定比狼强。第二天，狗去找豺交朋友。晚间和豺住在一块，狗又汪汪地叫起来，豺不让叫："别叫，别叫，看熊来吃掉我们！"狗想：这样看来熊比豺强。第三天，狗去找熊交朋友。晚间它们住在一块，狗又汪汪地叫起来，熊也不让叫："别叫，别叫，看人来捉住我们！"狗想：这样看来，人一定比熊强。第四天，狗去找人交朋友。晚上，狗在人家里，也汪汪地叫起来，人没有让它不叫，还对它说："太好了，你晚上叫叫，可以帮我看家，这下我能好好地睡一会儿了。"狗觉得人的本领大，又很看重它，心里有说不出的高兴，就在人的家里住下，再也不走了。人每天管它几顿吃的，它给人好好地看家。从此，狗就变成家畜了。多杰讲述，三智杰甫笔录、汉译、整理。32 开 3 页，1200 余字。今藏甘肃省天祝藏族自治县古籍整理办公室。（刚乃旦才让 夏全山）

狗与青稞种子的来历

ཁྱི་དང་ནས་ཀྱི་གཏམ་རྒྱུད།

khyi dang nas kyi dtam rgyud

藏语安多华锐方言民间故事。流传于甘肃省天祝藏族自治县抓喜秀龙镇。很早以前有一个拉布国，地域辽阔，人口也不少。可是没有粮食，人们吃的是牛羊肉，喝的是牛羊奶，只有王宫里才有一棵果树，也只有国王和大臣们才能吃上一点水果。王子阿初决心去山神日乌达那里找粮食种子，让全国的人都能吃上粮食。去日乌达的路有九千里，有九十九座山、九十九条河。阿初王子赶到日乌达时，随行的二十名武士有的被野人杀死，有的被毒蛇猛兽咬死，只剩下王子一个人。胡子像瀑布一样从山顶垂到河水中的山神日乌达并没有种子，种子在凶狠、吝啬的蛇王那里，许多人去它那里讨粮食都被罚成狗被吃掉了。山神劝王子不要去，可阿初王子决心已定，不容悔改。蛇王的洞府里很难进去，有卫士把守。阿初王子多次行动均遭失败。后来他用身上穿的庞衫拧成绳子，爬到蛇王洞对面的大树上，顺着绳子荡到洞里，他终于看到了黄澄澄的青稞。可是蛇王的卫士发现了他，双方展开搏斗。阿初用腰刀砍死了几个卫士，拔腿就跑，却不料撞上了从海里回来的蛇王。蛇王哈哈一笑，伸手指向阿初，天空突然变得电闪雷鸣，雷电击再阿初身上，阿初王子变成了黄毛狗。阿初顾不上这些，他遵照山神日乌达的嘱咐，口含"风珠"，拼命奔逃。尽管蛇王得雷电还在闪、还在响，但没有追上他，因为口含"风珠"，跑起来像风一样快。阿初王子盗来了青稞，并得到了善良的俄美姑娘的爱情，恢复了人身。于是从娄若到布拉国的几千里地面上都长满了青稞，几千里地面上的人都吃上了青稞磨的糌粑。由于许多人看见是一只黄毛狗撒下青稞种子，长出了黄金一样的粮食，以为是神派狗送来了青稞种子，因而每年收完青稞，吃新青稞面做的糌粑时，总要先捏一团喂狗，这一风俗一直流传到今天。多杰讲述，三智杰甫笔录、汉译、整理。32 开 4 页，1600 余字。今藏甘肃省天祝藏族自治县古籍整理办公室。（刚乃旦才让 夏全山）

不开口的姑娘

ཁ་མི་གྲགས་པའི་བུ་མོ།

kha mi grgs pvi bu mo

藏语安多华锐方言民间故事。流传于甘肃省天祝藏族自治县抓喜秀龙镇。从前山沟里住着一个美丽的姑娘，她对男人从来不说一句话。王子、财主儿子和小乞丐三人在一起打赌，看谁有本领能取得她的欢心，让她开口讲话。王子和财主的儿子先去，尽管他们衣着华丽，携带着各式各样的珍宝，还在姑娘面前唱歌跳舞，姑娘还是不开口。后来小乞丐向一个老阿妈打听她的身世，老阿妈告诉他，姑娘不想讲话是由于她还记得自己前几世的悲惨经历。她最早转生成为老虎，丈夫和两只虎崽被猎人打死了，她愤怒地扑向猎人，也被打死。随后转生成鹧鸪鸟，牧童放火烧鸟窝，把小鹧鸪和她烧死了，丈夫把翅膀浸在水里再飞回来灭火，也被烧死。第三世他投生成百灵鸟，在财主家的地里做窝下蛋，孩子刚出壳，丈夫出外觅食，财主给地里灌水，她和孩子们又被淹死在水里。她想起这些事无限哀痛，所以不愿意同男人讲话。小乞丐来到姑娘面前，姑娘还是睬也不睬地把门关上。他便用姑娘前世丈夫的口吻哭诉起过去的苦难经历来，姑娘的心终于被打动了，按照当初三人打赌时的承诺，王子给了小乞丐半壁江山，财主的儿子给了他许多财宝。多杰讲述，三智杰甫笔录、汉译、整理。32 开 5 页，3200 余字。今藏甘肃省天祝藏族自治县古籍整理办公室。

（刚乃旦才让 夏金山）

兄弟齐心

མཐུན་པ་སྤུན་དྲུག

mthun pa spun drug

藏语安多华锐方言民间故事。流传于甘肃省天祝藏族自治县抓喜秀龙镇。出生在猎人、铁匠、卦师、医生、画匠、木匠之家的六个孩子结为义兄弟。他们都随父亲学会了本行的手艺，结伴出外游历世界，约定三年后重聚。其中猎人的儿子进山娶上了一位聪明美丽的妻子。可是不久妻子就被国王抢走，她坚贞不屈，国王又把猎人抓来，绑上石头扔进河底。三年后，五兄弟聚会，不见猎人儿子，再看他栽下的“生命树”也枯萎了，便知道他遭遇不幸。于是卦师儿子算卦，得知他被国王沉于河底。弟兄们一道前往把他打捞上来，医生儿子用灵丹妙药让他起死回生。随后他们又商议出一个营救他妻子的巧妙办法，由木匠的儿子仿照金翅大鹏鸟的样子做一只大木鸟，画匠的儿子给它涂上油彩，铁匠的儿子在它肚子里装上能够起落飞行的机关，猎人的儿子乘坐在它身上飞到王宫的屋顶上，终于把妻子从残暴的国王手中救了出来。多杰讲述，三智杰甫笔录、汉译、整理。32 开 4 页，1700 余字。今藏甘肃省天祝藏族自治县古籍整理办公室。

（刚乃旦才让 夏金山）

三个魔鬼

གདོན་འདྲེ་གསུམ།

gdon vdre gsum

藏语安多华锐方言民间故事。流传于甘肃省天祝藏族自治县抓喜秀龙镇。王妃从小魔鬼缺少右耳朵的标记认出了他们，偷偷地告诉了国王。国王派人在大厅下面挖了个深坑，邀请他们到大厅吃饭。一进房门，三个魔鬼都掉进了深坑，国王连忙命人填土，在上面还盖了九层的黑塔、白塔和青塔。多杰讲述，三智杰甫笔录、汉译、整理。32 开 2 页，900 余字。今藏甘肃省天祝藏族自治县古籍整理办公室。

（刚乃旦才让 夏金山）

真赛

དྲན་གསལ།

drn gsal

藏语安多华锐方言民间故事。流传于甘肃省天祝藏族自治县抓喜秀龙镇。国王和一个叫“真赛”的穷人打赌，他赌输了，不仅不按照当初所讲的将财产分一半给穷人，反过来还要把穷人抓起来治罪，真赛心里又气又急，于是把灵魂玉狠命地往地下一摔，摔得粉碎。那王爷也跟着坐立不稳，口中吐血，一头栽到地上死去。后来，真赛就被推举为当地的王爷。多杰讲述，三智杰甫笔录、汉译、整理。32 开 2 页，1000 余字。今藏甘肃省天祝藏族自治县古籍整理办公室。

（刚乃旦才让 夏金山）

农夫和暴君

ཞིང་པ་དང་རྒྱལ་པོ་གདུག་རྩུབ་ཅན།

zhing ba dang rgyl bog dug rtzub can

藏语安多华锐方言民间故事。流传于甘肃省天祝藏族自治县抓喜秀龙镇。从前有一个农夫，因缴不起差税和租子，被国王封了家门，他无家可归，只得出外流浪。他在野外露宿，无意中捡到了魔鬼丢下的金杯“如意盒”，想吃什么就有什么。随后在旅途中，遇到了一个和他处境相同的流浪汉，那汉子手中有一根能自行旋转，缠住敌人脖子的“旋杖”；接着又遇上了一个扛铁锤的人，“这个铁锤在地下敲打九下，就会出现九层铁的宫殿”；最后遇到一个背山羊皮的流浪汉，“这山羊皮一抖就会下雨，使劲抖就会下暴雨”。他们四个结成同甘共苦的兄弟，前去找那个坏国王报仇。这四个人在国王宫殿后面用铁锤敲出一座九层宫殿。国王见了大怒，下令用火烧。穷人抖动羊皮，下起倾盆大雨，把士兵全冲走了。国王更加恼怒，亲自拿起弓箭要射杀农夫，他们抛出“旋杖”，便把国王的脖子缠住杀死了。多杰讲述，三智杰甫笔录、汉译、整理。32 开 3 页，1500 余字。今藏甘肃省天祝藏族自治县古籍整理办公室。

（刚乃旦才让　夏金山）

聪明的猎人

རྔོན་པ་རིག་གསལ།

rngon pa rig gsal

藏语安多华锐方言民间故事。流传于甘肃省天祝藏族自治县抓喜秀龙镇。讲述从前有个机智勇敢的猎手，运用自己的聪明才智，采取灵活有效的方法，惩治了唯利是图的国王。多杰讲述，三智杰甫笔录、汉译、整理。32 开 1 页，700 余字。今藏甘肃省天祝藏族自治县古籍整理办公室。

（刚乃旦才让　夏金山）

才拉的故事

གཞོན་ནུ་ཚེ་ལྷ།

gzhon nut se lh

藏语安多华锐方言民间故事。流传于甘肃省天祝藏族自治县抓喜秀龙镇。讲述从前有个国王年事已高，所以担心起自己的财产继承等一系列大问题来，当然他最为担心的还是自己死后去人天堂还是地狱的问题，聪明的年轻人才拉巧妙地运用言辞使这位国王大出洋相。多杰讲述，三智杰甫笔录、汉译、整理。32 开 3 页，1400 余字。今藏甘肃省天祝藏族自治县古籍整理办公室。

（刚乃旦才让　夏金山）

聪明的华秀

ཨ་ཁུ་དཔའ་ཕྱུག

a khu dpav phyug

藏语安多华锐方言民间故事。流传于甘肃省天祝藏族自治县抓喜秀龙镇。讲述一天有一位贵官骑着高大大马，威风凛凛地从聪明的华秀家门口经过，还找他的麻烦以展示自己的聪明。他给华秀出了道难题，只要华秀能骗他下马就行，才拉利用这位贵官好色的特点，轻而易举地将贵官骗下马来。多杰讲述，三智杰甫笔录、汉译、整理。32 开 1 页，700 余字。今藏甘肃省天祝藏族自治县古籍整理办公室。（刚乃旦才让　夏金山）

老爷与狗

ཕྱུག་པོ་དང་ཁྱི།

phyug po dang khyi

藏语安多华锐方言民间故事。流传于甘肃省天祝藏族自治县抓喜秀龙镇。讲述聪明过人的才拉利用老爷喜狗的嗜好，不懂装懂地谈论狗，还学狗叫，不过叫得不伦不类，老爷在情急之下脱口学狗叫起来。多杰讲述，三智杰甫笔录、汉译、整理。32 开 2 页，800 余字。今藏甘肃省天祝藏族自治县古籍整理办公室。（刚乃旦才让　夏金山）

新婚的老爷

ཨ་ཁུ་མགོ་དཔོན་གྱི་གཉེན་སྟོན།

a khu mgo dpon gyi gnyen ston

藏语安多华锐方言民间故事。流传于甘肃省天祝藏族自治县抓喜秀龙镇。讲述六十多岁的老爷还要做一次新郎，强悍聪明的年轻人多杰才让在宴席上大闹特闹，还巧妙地惩治了这位老不死的新郎官。多杰讲述，三智杰甫笔录、汉译、整理。32 开 2 页，900 余字。今藏甘肃省天祝藏族自治县古籍整理办公室。（刚乃旦才让　夏金山）

老爷见龙王

སྐུ་དྲག་གིས་ཀླུ་རྒྱལ་མཇལ་བ།

sku drg gis klu rgyl mjal ba

藏语安多华锐方言民间故事。流传于甘肃省

天祝藏族自治县抓喜秀龙镇。讲述心狠手辣的老爷将多杰才让吊在索桥，准备在半夜砍断绳索。就在这当隙，多杰才让以练功为诱饵，将一名近旁的喜武恶棍骗来将其替代。后来又利用财宝骗老爷说自己见了龙王，等等，结果这位呆老爷大上其当，将自己吊在索桥上还迫不及待地命手下砍断绳索，结果妄送了性命。多杰讲述，三智杰甫笔录、汉译、整理。32 开 3 页，1500 余字。今藏甘肃省天祝藏族自治县古籍整理办公室。

（刚乃旦才让　夏金山）

铁棒喇嘛

ཨ་ཁུ་དགེ་སྐོས།

a khu dge skos

藏语安多华锐方言民间故事。流传于甘肃省天祝藏族自治县抓喜秀龙镇。讲述蛮横无理的铁棒喇嘛在路上有意刁难多杰才让，多杰才让利用知己知彼的方法，顺利地将铁棒喇嘛的高头大马及华丽穿戴应有尽有地骗去。多杰讲述，三智杰甫笔录、汉译、整理。32 开 2 页，800 余字。今藏甘肃省天祝藏族自治县古籍整理办公室。

（刚乃旦才让　夏金山）

歹毒的仁青

རིན་ཆེན་སྙིང་ནག

rin chen snying nag

藏语安多华锐方言民间故事。流传于甘肃省天祝藏族自治县抓喜秀龙镇。讲述大牧主仁青心肠歹毒威逼牧民纳租，为民着想的勇敢青年才拉，利用仁青的贪婪本性，将其骗到强悍铁棒喇嘛的珠林寺唱山歌，结果仁青受到了一次狠狠的教训。多杰讲述，三智杰甫笔录、汉译、整理。32 开 2 页，700 余字。今藏甘肃省天祝藏族自治县古籍整理办公室。（刚乃旦才让　夏金山）

吹捧

ངོ་བསྟོད།

ngo bstod

藏语安多华锐方言民间故事。流传于甘肃省天祝藏族自治县抓喜秀龙镇。讲述聪明的多杰来给一家爱讲排场的主人家当奴仆，在宴会上主人让多杰多吹吹自己，多杰当面胡吹不已，在主人大声质问时，他又将其巧妙地揭穿，结果让主人大出洋相。多杰讲述，三智杰甫笔录、汉译、整理。32 开 1 页，600 余字。今藏甘肃省天祝藏族自治县古籍整理办公室。（刚乃旦才让　夏金山）

贪心的喇嘛

བླ་མ་ཧེམ་སེམས་ཅན།

bl ma hem sems can

藏语安多华锐方言民间故事。流传于甘肃省天祝藏族自治县抓喜秀龙镇。讲述寺院有一名奸猾贪财的大喇嘛，多杰巧妙地运用言辞在珠多寺骗吃骗喝，骗大喇嘛说自己有黄金要放布施给珠多寺，大喇嘛一路追问下去结果是多杰自己做的一个大梦。多杰讲述，三智杰甫笔录、汉译、整理。32 开 3 页，1300 余字。今藏甘肃省天祝藏族自治县古籍整理办公室。（刚乃旦才让　夏金山）

贪心的商人

ཚོང་པ་ཧེམ་སེམས་ཅན།

tsong ba hem sems can

藏语安多华锐方言民间故事。流传于甘肃省天祝藏族自治县抓喜秀龙镇。讲述有一天，聪明的多杰帮助村里的乡亲在河边晾染了色的布料，因为那是家家户户的布料，看上去五颜六色，极为丰富。临近中午时，因乡亲们的信任，就让多杰一个人留在河边看管，这时有一个贪财的商人经过，见一个穷小子看这么一大批布，就奇怪地问，多杰说自己屁股底下的石头是一块宝石，迷信的商人就信以为真地买下了那一块宝石，结果大上其当不说，还尝尽了苦头。多杰讲述，三智杰甫笔录、汉译、整理。32 开 3 页，1400 余字。今藏甘肃省天祝藏族自治县古籍整理办公室。

（刚乃旦才让　夏金山）

招财宝的躯体

རྒྱུ་ནོར་བསླུ་བའི་ཕུང་པོ།

rgyu nor bslu bvi phung bo

藏语安多华锐方言民间故事。流传于甘肃省

天祝藏族自治县抓喜秀龙镇。讲述有一天有一家人死了一个小孩，聪明人龙措就装神弄鬼地吓跑了所有做道场的喇嘛，又反过去安慰主人家说自己可以背走孩子的尸体。他就利用孩子的尸体到富人家去找麻烦，富人上当果然出手打人，没想到弄出个莫须有的人命来，富人只好自认倒霉，赔偿了许多财宝。多杰讲述，三智杰甫笔录、汉译、整理。32 开 2 页，900 余字。今藏甘肃省天祝藏族自治县古籍整理办公室。（刚乃旦才让 夏金山）

扎西的宝石

བཀྲ་ཤིས་ཀྱི་ནོར་བུ།

bkr shis kyi nor bu

藏语安多华锐方言民间故事。流传于甘肃省天祝藏族自治县抓喜秀龙镇。讲述穷人扎西在山上捡了一块宝石，不料让贪财的头人知道了，头人带着一帮人夺走了宝石还说山是他家的领地，后来聪明人郎杰知道了这件事，就跑去跟头人说，既然是他的山，就让他自己的山神做决定，郎杰巧妙地利用山谷的回音，让山神把宝石还给了穷人扎西。多杰讲述，三智杰甫笔录、汉译、整理。32 开 3 页，1500 余字。今藏甘肃省天祝藏族自治县古籍整理办公室。（刚乃旦才让 夏金山）

秘方

གསང་བའི་སྨན་ཐོ།

gsang bvi smn tho

藏语安多华锐方言民间故事。流传于甘肃省天祝藏族自治县抓喜秀龙镇。讲述残暴的国王要娶年轻貌美的一位公主，为了自己与公主般配，国王下令找返老还童的秘方。聪明人郎杰听到这个消息后，运用自己的聪明才智，把这个残暴的国王送进了冰冷的河里。多杰讲述，三智杰甫笔录、汉译、整理。32 开 4 页，1600 余字。今藏甘肃省天祝藏族自治县古籍整理办公室。（刚乃旦才让 夏金山）

小牛与小孩

བེའུ་དང་བྱིས་པ།

bevu dang byis pa

藏语安多华锐方言民间故事。流传于甘肃省天祝藏族自治县抓喜秀龙镇。讲述聪明的多杰在一个为富不仁的领主那里偷了一只小牛，并把它装在袋子里，不巧与领主在半路上相撞，多杰就当袋子里的小牛是自己的孩子百般哄说，领主信以为真。后来领主发现少了一只小牛，就去问多杰的孩子，孩子的回答是多杰设计好的，这让领主费尽心机不说，还有点摸不着头脑。多杰讲述，三智杰甫笔录、汉译、整理。32 开 3 页，1300 余字。今藏甘肃省天祝藏族自治县古籍整理办公室。

（刚乃旦才让 夏金山）

财主的公牛

ཕྱུག་པོའི་གཡག

phyug povi gyag

藏语安多华锐方言民间故事。流传于甘肃省天祝藏族自治县抓喜秀龙镇。讲述从前有一个凶狠残暴的领主，想方设法地去欺霸他领地的百姓，有一天他想到一个自认为绝妙的办法，给了穷苦人罗桑一头公牛，却要他每天挤一桶牛奶出来。聪明人多杰得知后，给罗桑出了个主意，于是罗桑打发自己的孩子去跟领主说自己怀孕了还有生命垂危，领主惊讶地说："男人怎么会怀孕呢？"过而一想也就明白过来了，男人怀孕了有生命危险，公牛要是能挤出奶来说不定也会出现问题，而后乖乖地将自己的公牛牵了回去。多杰讲述，三智杰甫笔录、汉译、整理。32 开 3 页，1400 余字。今藏甘肃省天祝藏族自治县古籍整理办公室。

（刚乃旦才让 夏金山）

聪明的多杰

རྡོ་རྗེ།

rdo rje

藏语安多华锐方言民间故事。流传于甘肃省天祝藏族自治县抓喜秀龙镇。讲述从前有一个领主，残暴凶狠，他为了镇压他家的农奴，特地用坚硬如铁的紫檀木做成一根大刑棍，动不动就用它来毒打人们。聪明人多杰得知这个消息后，扮成一富人用石块将其骗走，并惩治了这位领主。多杰讲述，三智杰甫笔录、汉译、整理。32 开 2 页，800 余字。今藏甘肃省天祝藏族自治县古籍整理办公室。（刚乃旦才让 夏金山）

笨蛋

གླེན་པ།

glen pa

藏语安多华锐方言民间故事。流传于甘肃省天祝藏族自治县抓喜秀龙镇。讲述从前有一个头人，自命不凡，常常爱在别人面前卖弄自己的小聪明，甚至用“聪明”去欺压人们。聪明人多杰得知这个消息后，就用他自己的小聪明惩治了他。多杰讲述，三智杰甫笔录、汉译、整理。32开2页，700余字。今藏甘肃省天祝藏族自治县古籍整理办公室。（刚乃旦才让 夏金山）

机智的洛桑

བློ་བཟང་།

blo bzang

藏语安多华锐方言民间故事。流传于甘肃省天祝藏族自治县抓喜秀龙镇。讲述从前有一个贪财的掌柜，客人在他的店里吃了一只鸡，因一时付不上钱而要求迟缓几日，掌柜的满口答应。当这位客人来结账时，他要的大得惊人，一下子难住了客人。聪明人多杰得知后，替客人想了个办法，巧妙地用言辞让掌柜的难以自圆其说。多杰讲述，三智杰甫笔录、汉译、整理。32开2页，600余字。今藏甘肃省天祝藏族自治县古籍整理办公室。（刚乃旦才让 夏金山）

会入地的肥牛

ས་འོག་ཏུ་འཛུལ་ཐུབ་པའི་བ་གླང་།

sa vog tu vdsul thub pvi ba glng

藏语安多华锐方言民间故事。流传于甘肃省天祝藏族自治县抓喜秀龙镇。讲述从前有一位贪财的领主，聪明人才让想到一个办法来惩治他。有一天才让跑到这位领主家去借一头牛，领主于是提出非常苛刻的要求，才让一一允诺下来。当天晚上他将这头肥牛宰杀后分给村里人吃。第二天早早地他将牛尾的半截埋进领主家的门中，还用力地拉，领主发现后问他干什么，他便苦着脸回答说牛钻进地里了，领主急急忙忙地跑来一拉牛尾，便拉出半截子牛尾来，领主只好自认倒霉。多杰讲述，三智杰甫笔录、汉译、整理。32开2页，700余字。今藏甘肃省天祝藏族自治县古籍整理办公室。（刚乃旦才让 夏金山）

贪财的领主

དཔོན་པོ་ཟ་རྔམ་ཅན།

dpon po za rngm can

藏语安多华锐方言民间故事。流传于甘肃省天祝藏族自治县抓喜秀龙镇。讲述有一个贪财的领主一心想发家致富，才让得知后便从乡亲们那里凑足了一百多头驮牛，并驮上土沙大摇大摆地从领主家门口经过，贪财的领主一看这么多驮牛还驮着那么多东西，一时急红了眼，便向才让苦苦相求。才让便告诉他说这是佛爷给穷人们的。于是领主按才让所说的装扮成穷人，奔往才让所说的地方向佛爷求布施。接着才让装扮成佛爷将其狠狠地惩治了一次。多杰讲述，三智杰甫笔录、汉译、整理。32开2页，900余字。今藏甘肃省天祝藏族自治县古籍整理办公室。（刚乃旦才让 夏金山）

聪明的才让

བློ་ལྡན་ཚེ་རིང་།

blo ldn tse ring

藏语安多华锐方言民间故事。流传于甘肃省天祝藏族自治县抓喜秀龙镇。讲述高利贷者次仁多杰，借给了为民谋利的好心人才让两驮子粮食，秋后要十倍偿还，才让运用藏语中谐音，在次仁多杰做寿的那天用歌舞还了他的“债”，次仁多杰还蒙在鼓里。到了秋后他去要账时，被才让一句话打发走了。多杰讲述，三智杰甫笔录、汉译、整理。32开3页，1300余字。今藏甘肃省天祝藏族自治县古籍整理办公室。（刚乃旦才让 夏金山）

巧夺宝物

ནོར་བུ་འཕྲོག་པ།

nor bu vphrog pa

藏语安多华锐方言民间故事。流传于甘肃省天祝藏族自治县抓喜秀龙镇。讲述才让在皇宫里当差时，有一次他回乡看到家乡人民的贫穷潦倒于心不忍，于是他想到一个法子，让村民们包好三块冰敲鼓打锣地向皇宫进发。然后他自己偷偷地溜进皇宫禀报国王说，皇宫外有邻国人来比宝。国王一听大怒，吩咐手下拿出自己的宝物来比。宝物刚被抬出就被村民一哄抢光。多杰讲述，三智杰甫笔录、汉译、整理。32 开 3 页，1400 余字。今藏甘肃省天祝藏族自治县古籍整理办公室。

（刚乃旦才让 夏金山）

才让的机智

ཚེ་རིང་གི་ཤེས་རབ།

tse ring gi shes rab

藏语安多华锐方言民间故事。流传于甘肃省天祝藏族自治县抓喜秀龙镇。讲述聪明人才让到一家贪财的领主去打短工，他与领主商定一次吃一小碗糌粑，一年领一口袋糌粑。才让吃时将糌粑反复“筑墙”似的垒得高高的，这样过了几天领主觉得有点不划算要辞掉才让，只能给他送一口袋糌粑让他回家。多杰讲述，三智杰甫笔录、汉译、整理。32 开 2 页，1000 余字。今藏甘肃省天祝藏族自治县古籍整理办公室。

（刚乃旦才让 夏金山）

种植黄金

གསེར་བཏབ་པ།

gser btab pa

藏语安多华锐方言民间故事。流传于甘肃省天祝藏族自治县抓喜秀龙镇。讲述从前有一个贪婪的国王，时年有逢大旱，庄稼颗粒无收。村民都来找聪明人才让想办法，才让就让村民们凑足四两黄金说他自有办法。村民们将信将疑地凑足四两黄金交付给了他。才让就拿这些黄金跑到国王宫殿门前将黄金埋起来，第二天一大早他在土里挖呀挖，国王奇怪地前去询问，才让一本正经地告诉他说自己昨天种植了黄金，而现在正在赶收，国王将信将疑地看着他劳作，结果发现才让果然正从土地里挖出几两黄金。贪财的国王一下子冲昏了头脑，将国库的一半黄金都埋到地里去，结果一大早就被有备而来的村民们偷偷地挖走了。多杰讲述，三智杰甫笔录、汉译、整理。32 开 3 页，1400 余字。今藏甘肃省天祝藏族自治县古籍整理办公室。

（刚乃旦才让 夏金山）

宝物变成石头

ནོར་བུ་རྡོ་རུ་གྱུར་བ།

nor bu rdo ru gyur ba

藏语安多华锐方言民间故事。流传于甘肃省天祝藏族自治县抓喜秀龙镇。讲述聪明人才让有一件祖传宝物，领主对它蓄谋已久。一天领主连哄带骗将才让的这件宝物给骗走，说是借用几日。过了几天才让去索要时，领主将他带到一棵大树底下去挖，结果挖出一块大石头来。才让深知这是领主的诡计，但也无奈。过了几日领主官运亨通，要小别几日，觉得才让老实，便将自己的三个孩子托付给才让。过了几日领主回来看孩子时却发现自己的三个孩子变成了三只猴子，在他质问时才让却不紧不慢地回答说宝物能变成石头，孩子怎么不会变成猴子呢？领主无言以对，只好乖乖地将宝物物归原主。多杰讲述，三智杰甫笔录、汉译、整理。32 开 3 页，1100 余字。今藏甘肃省天祝藏族自治县古籍整理办公室。

（刚乃旦才让 夏金山）

穷人才旺

དབུལ་པོ་ཚེ་དབང་།

dbul pot se dbang

藏语安多华锐方言民间故事。流传于甘肃省天祝藏族自治县抓喜秀龙镇。讲述民间英雄人物才旺前去惩治一个为富不仁又贪得无厌的大头领，这位大头领欺霸一方已有数年。才旺刚一到他便打发下人前来索要供奉，一看发现才旺家穷得只剩下两只生蛋的老母鸡，狗腿子们便威逼他每天上交三个蛋出来，才旺一一允诺。第二天他拿着蛋到大头领家去上供，结果他巧妙地利用大头领言辞的漏洞不但没有上供，还顺便骗走了大头领家的两只小母鸡。多杰讲述，三智杰甫笔录、汉译、整理。32 开 3 页，1300 余字。今藏甘肃省天祝藏族自治县古籍整理办公室。

（刚乃旦才让 夏金山）

偷食的佛像

ལྷ་སྐུས་ཚམ་པ་བརྐུས།

lh skus tsm pa brkus

藏语安多华锐方言民间故事。流传于甘肃省天祝藏族自治县抓喜秀龙镇。讲述一天有个信佛投机商人驮着糌粑到拉萨去贩卖，聪明人才旺得知后，便也找了些草木将其燃烧成灰，也装进口袋里一同去拉萨。中途于一所无人看管的旧寺庙过夜。到了半夜才旺将自己的灰木倒进沟里，再乘着投机商人酣睡之机，又将他的糌粑装进自己的口袋，还顺便在寺庙佛像的嘴上抹上一层糌粑。第二天投机商一醒来发现自己的糌粑全不见了，惊呼之下发现佛像嘴上抹有糌粑，这个迷信的投机商完全认为神佛因无人供奉而偷吃了他的糌粑，说偷吃又觉得自己对神佛有点不敬，只好垂头丧气地返回家中。多杰讲述，三智杰甫笔录、汉译、整理。32 开 3 页，1500 余字。今藏甘肃省天祝藏族自治县古籍整理办公室。（刚乃旦才让 夏金山）

三不会的雇工

སླ་བ་རིག་བཟང་།

gl ba rig bzang

藏语安多华锐方言民间故事。流传于甘肃省天祝藏族自治县抓喜秀龙镇。讲述聪明人多杰与领主谈做雇工的条件，说他一不会儿给山剃头，二不会背大海，三不能把一年积下来的活一天干完，除此三项其他都行。如果领主要半途辞退自己，就得付出一年工钱。愚蠢的领主同意了他的条件。结果，叫他上山砍柴，他不干说这是“给山剃头”；叫他下河背水，他也不干说这是“背大海”；叫他运粪，他说这是“一年积下来的活一天干完”，他干不了。这下把领主气昏了，但半途辞退得付一年工钱，无可奈何，领主只得让他白白拿走一年工钱。多杰讲述，三智杰甫笔录、汉译、整理。32 开 3 页，1400 余字。今藏甘肃省天祝藏族自治县古籍整理办公室。（刚乃旦才让 夏金山）

鸟语

བྱིའུ་སྐད་གོ་བ།

byivu skd go ba

藏语安多华锐方言民间故事。流传于甘肃省天祝藏族自治县抓喜秀龙镇。讲述从前有一个国王因丢失了一件名叫拉毛的宝物而心急如焚，为此王后也得了一种很难治愈的病。聪明人才索南加听到这个消息后，便自告奋勇地去找医治的妙方。后来他编造自己懂得鸟语这样的办法，让国王将财物分发到穷苦百姓手中，至于王后，病了不到半年的时间便一命呜呼了。多杰讲述，三智杰甫笔录、汉译、整理。32 开 2 页，700 余字。今藏甘肃省天祝藏族自治县古籍整理办公室。

（刚乃旦才让 夏金山）

夺心姑娘

ཡིད་འཕྲོག་བུ་མོ།

yid aphog bo ko

藏语安多华锐方言民间神话。流传于甘肃省天祝藏族自治县大通河流域一带。一个美丽的姑娘和王子相爱，但由于门第关系他们难成眷属。后来王子死了，但他的灵魂常来与姑娘相聚，而姑娘历经千难万险，又从“死域”手中把王子的心夺了回来，从而王子得以复活，二人终于团聚。民间艺人拉热庆讲述，扎西措笔录、汉译、整理。16 开 3 页。今藏甘肃省天祝藏族自治县古籍整理办公室。（刚乃旦才让 夏金山）

珠穆朗玛

ཇོ་མོ་གླང་མ།

jo mo glng ma

藏语安多华锐方言民间神话。流传于甘肃省天祝藏族自治县抓西秀龙一带。在很早很早以前，珠穆朗玛所在地是一片无边无际的大海，海涛卷起波浪，搏击着长满松柏、铁杉和棕榈的海岸，发出“哗哗”的响声。森林之上，重山叠翠，云雾缭绕。森林里长满各种奇花异草，成群的斑鹿和羚羊在奔跑，三五成群的犀牛迈着蹒跚的步伐，悠闲地在湖边饮水。杜鹃、画眉和百灵鸟在树梢头跳来跳去，欢乐地唱着动听的歌曲。兔子无忧无虑地在嫩绿茂盛的草地上奔跑。有一天，海里突然来了条巨大的五头毒龙，把森林捣得乱七八糟，又搅起万丈浪花，摧毁了花草树木。生活在这里的飞禽走兽都预感到灾难临头了。它们往东边跳，东边森林倾倒、草地淹没；它们又涌到西边，西边也是狂涛恶浪，打得谁也喘不过气来，正当飞禽走兽们走投无路的时候，突然，大海的上空飘来了五朵彩云，变成五部慧空行母，她们来到了海边，施展无边法力，降服了五头毒龙。妖魔被征服了，大海也风平浪静，生活在这里的鹿、羚、猴、兔、鸟，对仙女顶礼膜拜，感谢她们的救命之恩。众空行想告辞回天庭，怎奈众生苦苦地哀求，要求她们留在此间为众生谋利。于是五仙女发慈悲之心，同意留下来与众生共享太平之日。五位仙女喝令大海退去，于是，东边变成茂密的森林，西边是万顷良田，南边是花草茂盛的花园，北边是无边无际的牧场。那五位仙女变成了喜马拉雅山脉的五座主峰，即祥寿仙女峰、翠颜仙女峰、贞慧仙女峰、冠咏仙女峰、施仁仙女峰，屹立在西南部边缘之上，守卫着这幸福的乐园；翠颜仙女峰便是珠穆朗玛，为今天的世界最高峰，当地人民都亲热地称之为“神女峰。”民间艺人多杰讲述，索南本笔录、汉译、整理。32开5页，2100余字。今藏甘肃省天祝藏族自治县古籍整理办公室。（刚乃旦才让 夏金山）

大地和人类的诞生

སྲིད་པ་ཆགས་ལུགས།

srid pa cags lugs

藏族创世神话。流传于云南省香格里拉市。讲述最初的地球是支在鳌背上的，最初的人是由公猴和女妖生下的六个孩子繁衍而来的。后来地球上的人逐渐多了起来，人们就想像天神一样种庄稼填肚子。大雁从天上给人们带来了种子。人们先是到高山上去种庄稼。他们用马鹿来犁地，可马鹿犁不好，所以庄稼的收成不好。不久他们又来到海边，用两条金鱼来犁地，庄稼照样长不好。最后人们来到平地上，找来两头犏牛帮忙犁地，这样就长出了茂盛的庄稼。佚名讲述，谷子搜集，郑孝儒、曾有琥记录。32开2页，900字。收入《迪庆民间故事集成》，云南民族出版社1997年版。（阿追）

人类的起源

འགྲོ་བ་མིའི་རིགས་བྱུང་ཚུལ།

vgro ba mivi rigs byung tsul

藏族创世神话。流传于云南省德钦县部分地区。讲述几百万年前，公猿猴帕珠吾项秋奉神的旨意，和妖婆玛扎生姆结为夫妻，生下五百只小猿猴。这五百只猿猴便成了人类的祖先。起初，这些猿猴没有吃的东西，快要饿死了。帕珠吾项秋从帕巴·洛格仙仁神那里要来青稞、大麦和荞子等五种粮食，分给自己的儿女。有的猿猴把分得的粮食全吃光了，有的留下一些，种在地里。种在地里的粮食成熟后，那些没留下种子的猿猴也来争着收割。双方发生了冲突，伤亡很多。一个叫磨归的老猿猴平息了这场冲突，并把粮食种植技术流传下来。猿猴们认为磨归智慧超群，便选其为王。就这样，磨归成了人类原始群体的第一个首领。佚名讲述，斯那农布搜集。32开2页，1010字。收入《迪庆民间故事集成》，云南民族出版社1997年版。（阿追）

女山神（一）

མོ་ལྷ་གཞི་བདག

mo lh gzhi bdag

藏族自然神话。流传于云南省香格里拉市。讲述巴丹拉姆山神从拉萨来到纳格拉寨，经常骑一匹三只脚骡子在寨中巡逻，保护那里的人畜山川。有一天，从异乡来了一伙土匪。因为寨里无人敢反抗，他们的胆子越来越大，后来竟公开抢劫。巴丹拉姆出面了。她召集寨里的男丁，大家齐心协力打败了匪徒。至今，人们经过巴丹拉姆山时，都要下马脱帽，烧香磕头，以表示对女山神的敬重。青独儿、仓巴阿寺、芩克·归曲讲述，译権娃·应巴记录。32开2页，858字。收入《迪庆民间故事集成》，云南民族出版社1997年版。（阿追）

女山神（二）

མོ་ལྷ་གཞི་བདག

mo lh gzhi bdag

藏族自然神话。流传于云南省香格里拉市。讲述岗拉和翁水本是很好的朋友，在一次抵抗外来匪徒的战斗中，双双战死了，死后分别成了两寨的山神。岗拉山神和翁水山神依然像生前一样相处融洽。巴丹拉姆山神是一位美丽多情的女神，与岗拉和翁水两位山神都有过节，为了报复，便在他们之间挑起矛盾。两个男山神为了巴丹拉姆争风吃醋，竟然起了纷争。最后巴丹拉姆扬长而去，再也没去理睬他们。青独儿、仓巴阿寺、芩克·归曲讲述，译権娃·应巴记录。32开2页，

601 字。收入《迪庆民间故事集成》，云南民族出版社 1997 年版。（阿追）

人的手指为什么长短不齐

མཛུབ་གུ་ལྔ་པོ་རིང་ཐུང་ཤོར་བའི་གཏམ།

mdsub gu lng po ring thung shor bvi gtam

藏族起源神话。流传于云南省迪庆藏族自治州。讲述很久以前，有位老奶奶早上起床时，发现脚下生了一个大脓包，便拿刀把它割开，从里面滚出一个肉团来。不一会儿，肉团裂开，蹦出一只小青蛙。老奶奶收留了小青蛙，给它取名“巴松”。巴松长大后很能干，家里没茶，它就驮来茶叶；家里没盐，它又弄来盐巴。一年一度的赛马节到了，它躲着老奶奶蜕下蛙皮，变成一个英俊的小伙子，并在赛马会上夺得第一名。老奶奶知道真相后，想让巴松留在自己身边，便想把蛙皮烧掉。她把这一想法告诉了巴松，巴松叫她在村对面五座山中的中间那座山上烧蛙皮。可老奶奶刚走到第一座山的山脚下，就把蛙皮烧掉了。于是，后来人的手指变得长短不齐。达史拉姆讲述，和顺昌搜集。32 开 4 页，2100 字。收入《迪庆藏族民间故事》，云南人民出版社 1987 年版。

（海涛）

文成公主

རྒྱ་བཟའ་གོང་ཇོ།

rgy bzav gong jo

藏族人物传说。流传于云南省迪庆藏族自治州。讲述噶尔东赞奉松赞干布之命，到长安（今西安）向文成公主求婚。他来到京城，发现其他国的使臣早已汇聚皇宫，纷纷把本国的珍宝奉献给唐皇，希望取得他的欢心，将文成公主许配给本国国君。噶尔东赞迟迟得不到唐皇的召见。第七天早上，他得知唐皇坐着马车出宫，便强行来到驾前，奉上七枚金钱，并把藏王如何仰慕唐皇的威仪、如何想与公主结为姻缘一一向唐皇细说，再把一件宝石做的铠甲献给了唐皇。可唐皇并不为所动，出了三道难题想难倒噶尔东赞。噶尔东赞早有准备，他每回答完一道难题，就拿出一封藏王的求亲信给唐皇看。可唐皇还是不答应藏王的求婚。第二天，他再次出题试图难倒藏王的使臣，噶尔东赞机智地做出回答。最后唐皇只得答应将文成公主许配给松赞干布。佚名讲述。32 开 15 页，6000 字。收入《藏剧故事集》，西藏人民出版社 1980 年版。

（林涛）

江萨翁妮的传说

འཇང་བཟའ་འོད་ངི།

vjang bzav vod ngi

藏族人物传说。流传于云南省德钦县部分藏族地区。讲述很早以前，鲁布干拉到汉地迎娶美丽的姑娘江萨翁妮做妻子。迎亲队伍回来经过香格里拉市尼西乡的时候，姑娘教会了当地人跳情舞。当她来到奔子栏乡时，梦见自己的双亲患病去世。第二天她便头缠黑带，身穿白裙子。从此，奔子栏的藏族妇女便有了头缠黑色长带、身穿白色裙子的服饰。迎亲队伍翻过白茫雪山，来到阿东河畔。江萨翁妮向河中撒下从汉地带来的青松籽。于是若干年后阿东河两岸青松叠翠，四季常青。路过一个雪山下的小村子时，江萨翁妮发现自己怀孕了，后人就把这个村子叫作“甲功”（怀孕的地方）。九个月后，江萨翁妮生下一女孩。人们把生小孩的地方叫“南木贡”。不久，小女孩夭折在西藏的石中村，当地人在她的坟前修了庙。从此，到那里烧香的人络绎不绝。据说江萨翁妮就是文成公主。佚名讲述，小托丁搜集、记录。32 开 4 页，1600 字。收入《迪庆民间故事集成》，云南民族出版社 1997 年版。（阿追）

布桑容

བུ་བཟང་རོང་།

bu bzang rong

藏族人物传说。流传于云南省香格里拉市。讲述很久以前，在格咱乡的翁水寨里，有个很聪慧的小孩，全寨人都叫他“布桑”。有一段时间，有人去放羊时，连人带羊都被一只叫协呛的凶鸟叼走。布桑就用计杀掉了协呛。这事让寨主知道了。他对布桑的聪慧嫉妒在心，担心他会威胁到自己的地位，所以想除掉他。有一次，寨主借口布桑纵火烧了神山，惹怒了山神，叫人捉住他，并要砍下他的头祭献山神。经过众乡亲的据理力争，寨主才答应不杀布桑，把他放进木箱随江水漂走。

后人就把将布桑放进木箱的地方叫作“布桑容”。据说，那只木箱漂到丽江的石鼓一带，被一对年老的夫妇捞起。小布桑被他们收养起来，最后成了第一代木天王。培楚讲述，松诺农布采录。16开2页，1900字。收入《中国民间故事集成·云南卷》（上），中国ISBN中心2003年版。（海涛）

纳归格堆觉的传说·山歌平纷争

འགོ་ནག་སྟོབས་རྒྱལ་གྱི་གཏམ་རྒྱུད།

vgo nag stobs rgyl gyi gtam rgyud

藏族人物传说。流传于云南省香格里拉市。讲述很久以前，萨主是一个富饶的牧场，巴累、毕润、东旺三寨的人都把牛羊赶到这里放牧，三寨人相安无事。不知从什么时候开始，三寨人为争牧场而吵了起来，互不相让。最后还是帮东旺寨头人牧马的纳归格堆觉用山歌平息了这场纷争。大家决定就按他说的办：畜棚必须盖在本寨的山上，萨主牧场为三寨共有。鲁茸邓主、东旺讲述，泽丹娃·建华搜集。32开2页，930字。收入《迪庆民间故事集成》，云南民族出版社1997年版。

（海涛）

纳归格堆觉的传说·石文作界

འགོ་ནག་སྟོབས་རྒྱལ་གྱི་གཏམ་རྒྱུད།

vgo nag stobs rgyl gyi gtam rgyud

藏族人物传说。流传于云南省香格里拉市。讲述有一年，有两个寨子为争夺神山而争吵不休，最后闹到土司那里。土司特意请纳归格堆觉来处理这一争端。纳归格堆觉在一位老人的授意下，让大家去找一块石碑，说这样或许能找到解决问题的办法。两寨的百姓分头去找。后来有人在三岔路口的一棵大松柏树下找到一块石碑。石碑上刻有藏文，内容是：此三岔路口为两寨的分界处，神山应为两寨共有。两寨的百姓照此协商，争端最终得到妥善的解决。鲁茸邓主、东旺讲述，泽丹娃·建华搜集。32开2页，560字。收入《迪庆民间故事集成》，云南民族出版社1997年版。

（海涛）

纳归格堆觉的传说·献计解危

འགོ་ནག་སྟོབས་རྒྱལ་གྱི་གཏམ་རྒྱུད།

vgo nag stobs rgyl gyi gtam rgyud

藏族人物传说。流传于云南省香格里拉市。讲述齐里纳杰土司为建塘的百姓做了不少好事，却遭到奸贼的诬陷。木天王不调查事实的真相，要齐里纳杰到丽江认罪。正当齐里纳杰一筹莫展之时，纳归格堆觉主动请缨，要代他去木王府。他让土司给他准备一袋钥匙，到了丽江后大肆宣扬说木天王要摆宴招待所有的来客。周围的乞丐听说此事，都跟在纳归格堆觉身后，准备参加宴会。他们来到木王府后，纳归格堆觉把一袋钥匙倒在木天王面前，并告诉他：“建塘的百姓都锁好了大门，陪自己的土司前往木王府认罪，大部队正在后面赶路，我们这些人只是来打个前站。现在请您安排一下食宿。”木天王吩咐手下招待这帮人。他看看跟随纳归格堆觉来的这群人，狼吞虎咽，眨眼工夫就把桌上的饭菜扫了个精光，便又惊又怕，当即下令烧了诬告齐里纳杰的状纸，宣布他无罪，并要纳归格堆觉马上带人返回建塘。齐里纳杰的一场危机得以化解。鲁茸邓主、东旺讲述，泽丹娃·建华搜集。32开2页，1300字。收入《迪庆民间故事集成》，云南民族出版社1997年版。

（海涛）

师君三尊的传说

མཁན་སློབ་ཆོས་གསུམ།

mkhan slob chos gsum

藏族人物传说。流传于云南省迪庆藏族自治州。讲述古时候，尼泊尔有一位妇女，膝下有七个儿子，其中有屠夫、捕蛇者，也有捕鱼人、猎户。七兄弟无恶不作，积下无数孽债。这位母亲为了拯救七个儿子的灵魂，发誓要修建一座佛塔。可在建造佛塔的过程中，她不幸去世了。她死后，大儿子继续建塔；大儿子死后，二儿子接着建；二儿子死后，老三又接上了……如此前赴后继，有一天佛塔终于建成了，它就是后来闻名世界的尼泊尔塔。佛塔竣工时，七兄弟中只有三个在世。其中一个还愿道：“我下一世为人，一定要弘扬佛法。”另一位说：“如果你弘扬佛法，我为你降魔。”最后一位说：“如果你俩弘扬佛法，我为你们主持佛法仪轨。”最终，立誓弘扬佛法者转世为赤松德赞王，立誓降魔者转世为莲花生大师，立誓主持仪轨者转世为堪布寂护大师。他们就是后人尊称的“师君三尊”。佚名讲述，王晓松搜集、记录。32 开 1 页，457 字。收入《雪域佛光》，云南人民出版社 2000 年版。（和树军）

端阳赛马节的传说

སྣྲོན་ཟའི་ཚེས་ལྔའི་རྟ་རྒྱུགས་དུས་ཆེན།

snron zvi tses lngvi rt rgyugs dus chen

藏族风俗传说。流传于云南省香格里拉市部分地区。讲述很久以前，青年都丹那主为了给自己的乡亲们争口气，在五凤山上夜以继日地驯马练射。后来在拉萨的赛马会上，他以优异成绩获得第一，不仅为家乡争得了荣誉，还使藏王免除了建塘的税粮。他死后，建塘人民为了纪念这位英雄，在五凤山上修了一座亭子。每年的农历五月初五，附近的人们来这里举行隆重的赛马会。久而久之，端阳赛马节就流传了下来。佚名讲述，泽丹娃搜集。32 开 4 页，2000 字。收入《迪庆民间故事集成》，云南民族出版社 1997 年版。（阿追）

藏族歌舞的传说

བོད་རིགས་གླུ་གར་གྱི་གཏམ།

bod rigs glu gar gyi dtam

藏族风俗传说。流传于云南省香格里拉市。讲述很久以前，有个藏王为了建王宫，招来许多藏族男女。繁忙的劳动让大家喘不过气来。但每当经过清澈的格桑湖边，大伙儿又激发起兴致，有的对着湖水打扮自己，有的甩衣袖，有的踢腿，有的还模仿水声唱起歌来。他们全身的劳累似乎都被湖水涤尽了。久而久之，他们甩袖踢腿的动作变成了优美的舞蹈，模仿水的声音变成了动听的歌曲。在王宫落成之日，这群藏族男女给藏王表演了自创的歌与舞。藏王十分喜欢，规定每年的这一天藏民都要给他献歌献舞。佚名讲述，禾雨搜集。32 开 4 页，2200 字。收入《迪庆民间故事集成》，云南民族出版社 1997 年版。（阿追）

塔城热巴舞的来历

མཐའ་ཆུ་རལ་པ་དར་ཚུལ།

mtav chu ral pa dar tsul

藏族风俗传说。流传于云南省维西傈僳族自治县。讲述很久以前，一个叫直务的青年来到拉萨帮助建盖布达拉宫。住在山上的一个魔王由于得不到人们的供奉，恼羞成怒，每天晚上派一个小妖把人们白天建好的房子推倒，还毒死善良的工匠。为了斗败魔王，直务请来高僧阿拉果觉。阿拉果觉原想以理感化魔王，可魔王始终不改邪念，甚至当众为非作歹。阿拉果觉只得施法将它斩杀，剥下魔皮制成拨浪鼓“宝冬龙”，再用魔王的肋骨做成鼓棒“擀杖”。人们一边用擀杖敲着宝冬龙，一边跳起舞来。后人就把这种舞蹈叫作“肋巴舞”。阿拉果觉的高徒达摩松金将肋巴舞传到了维西的塔城乡。有人又称这种舞蹈为“热巴舞”。署登讲述，查拉独儿采录。32 开 7 页，3500 字。收入《迪庆民间故事集成》，云南民族出版社 1997 年版。（阿追）

召拉的传说

བྲོ་ལྷའི་གཏམ་རྒྱུད།

bro lhvi gtam rgyud

藏族风俗传说。流传于云南省香格里拉市。讲述古时候，人间没有歌声和舞蹈。发现鸟兽虫鱼都能用歌和舞来表达自己的喜怒哀乐，一位叫召拉的人也跟着它们学。召拉的执着精神感动了神仙，神仙就把仙家的歌舞教给他。从此召拉就四处传歌送舞，让悠扬的笛声萦绕在美丽的金沙江两岸，让“叮咚”的三弦回荡在富饶的河谷之间。后来，藏人把能歌善舞的歌手都叫“召拉”。孙诺邓主、农布讲述，旺堆整理。32 开 2 页，1200 余字。收入《中甸县民间故事》，云南民族出版社 1990 年版。（王晓松）

马尾系彩线的由来

རྟ་རྔ་ཚོན་སྐུད་འདོགས་ཚུལ།

rt rng tson skud vdogs tsul

藏族风俗传说。流传于云南省香格里拉市。

讲述有一次，格萨尔王和他的大臣巴雪堂前往魔地降魔。巴雪堂因无法忍受恐惧和艰辛，中途退却了，格萨尔王独自骑着神驹江司通继续前行。一天，前面的两座大山正在互相碰撞，格萨尔王很难通过。他抓住两山退让的瞬间，果断地骑着神驹一跃而过。可神驹的一截尾巴还是被两山夹断了。制服了恶魔后，格萨尔王不忍心让自己心爱的坐骑断尾前行，就解下身上的彩带，撕成线，扎在它的尾巴上。从此以后，赶马人就喜欢在马尾上系上彩线，一直流传至今。孙诺顿珠讲述，旺堆整理。32 开 3 页，2492 字。收入《迪庆民间故事集成》，云南民族出版社 1997 年版。

（和春燕）

为什么不能在森林中吹笛子

ནགས་གསེབ་དུ་གླིང་འབུད་མི་བྱེད་པ།

ngas gseb du gling vbud mi byed pa

藏族风俗传说。流传于云南省香格里拉市部分地区。讲述知史丹青既是一个放牧人，又是一个能歌善舞的歌手。有一天他放牧时，他像往常一样吹起方孔竹笛给牛羊听，结果引来了一头老熊。老熊将他左衣袖牢牢抓住。知史丹青用右手拔出腰间的小刀，割断了左衣袖，并将断袖与帽子套在一根树桩上，才骗过了老熊，侥幸脱险。后来，人们只在远离山林的地方吹笛子。青独儿讲述，泽丹娃翻译。32 开 2 页，806 字。收入《中甸县民间故事》，云南民族出版社 1990 年版。

（王晓松）

卖马为什么不卖笼头

རྟ་འཚོང་དུས་རྟ་མཐུར་མི་འཚོང་པའི་དོན།

rt vtsong dus rt mthur mi vtsong pvi don

藏族风俗传说。流传于云南省香格里拉市。讲述从前有两兄弟，哥哥聪明而刁钻，弟弟诚实而忠厚。一天，村里来了九位专门传授幻术的师傅。哥哥担心弟弟不能自食其力，就让他去学。一次，他在给弟弟送生活用品的时候，发现幻术并不难学，就偷偷地学了一些。急功近利的他用刚学到的本领让自己变了一匹龙驹马，让弟弟给马套上笼头，拉到集市上去卖。九位师傅在集市上见到了龙驹马，知道它是自己徒弟的哥哥变的，笼头是其致命点，就花高价买下了它，准备好好地教训这位聪明有余的家伙。哥哥并不改悔，还想加害这些师傅。最终他自食恶果，被师傅们打死了。从此，藏族民间就兴起卖马不卖笼头的习俗。佚名讲述，李玉胜搜集。32 开 2 页，1148 字。收入《迪庆民间故事集成》，云南民族出版社 1997 年版。

（和春燕）

奶子河的传说

འོ་མ་མཚོ་ཁའི་གཏམ་རྒྱུད།

vo ma mtso khvi gtam rgyud

藏族风物传说。流传于云南省香格里拉市。讲述古时候，拉萨有位部落首领，他的女儿一心向往东方美丽的草原。姑娘长大后拒绝了大人许配的亲事，被父亲锁在王宫里。一天，她借口朝拜神佛，来到布达拉宫墙下的一口水池旁。她见池水洁净得像刚挤出的乳汁，便又有了见识东方草原的强烈愿望。趁人不备，她一头扎进了池中，化身为水，向东方草原流去。姑娘穿过了无数雪山峡谷，终于来到了建塘，见到自己心仪的地方。草原上的人们清早起来，发现面前多了一条小河，河水像雪白的乳汁一样缓缓流淌。他们亲切地称它为“妩满曲”——奶子的河。史批讲述，泽丹娃整理。32 开 2 页，1000 余字。收入《迪庆藏族民间故事》，云南人民出版社 1987 年版。（海涛）

奶子河的由来

འོ་མ་མཚོ་ཁའི་གཏམ་རྒྱུད།

vo ma mtso khvi gtam rgyud

藏族风物传说。流传于云南省香格里拉市。讲述六世达赖仓央嘉错转世到理塘，刚出生就有神通。当时拉藏汗想将自己的一个亲戚定为五世达赖的转世灵童，便派人加害仓央嘉错。母亲带着幼小的仓央嘉错出外逃避灾祸。他们来到香格里拉，居住在“卡日”山脚下。母子俩在此居住期间，常有牧人给他们送来鲜奶。仓央嘉错每次只喝下半碗，把剩余的半碗倒入山脚下的一条河中。后来，整条河都变成乳白色，像乳汁一样，“奶子河”便因此得名。佚名讲述，王晓松搜集、记录。32 开 1 页，252 字。收入《雪域佛光》，云南人民出版社 2000 年版。（和树军）

旺曲的传说

འོ་ཆུའི་གཏམ་རྒྱུད།

vo ma mtso khvi gtam rgyud

藏族风物传说。流传于云南省香格里拉市。讲述拉萨城里曾有一位王子，深受藏王的喜爱。后来藏王娶了东山妖魔的女儿做妃子，并很宠爱她。这位后妃仇恨一切好人，因而不断地在藏王面前讲王子的坏话。于是藏王和后妃一起折磨王子。王子受不了无穷无尽的折磨，便逃出王宫，向东南方向走去。有一天，他来到位于香格里拉市西北面的一座雪山上，遇到一位喇嘛，喇嘛端出一碗奶水给他喝。王子谢过喇嘛，接过牛奶边下山边喝。来到雪山脚下，他觉得喝饱了，就将剩下的半碗牛奶倒进旁边的小河里，并坐下念了几句咒语。从此，这条小河的沿岸水草丰茂，母牛、母羊吃了这里的草，产的奶特别多。人们便将它叫作“旺曲”（奶子河）。春初讲述，旺堆整理。32 开 1 页，442 字。收入《中甸县民间故事》，云南民族出版社 1990 年版。（王晓松）

飞来石

འཕུར་རྡོ།

vphur rdo

藏族风物传说。流传于云南省香格里拉市部分地区。讲述有一天，菩萨独玛松间骑着毛驴来到柯那村，见这里山清水秀，便停下来让毛驴啃吃田埂上的青草，自己拄着竹竿进村去试探人心。村里有一位叫独巴的人，非常吝啬。他不仅冷落菩萨本人，还将他的毛驴宰杀了。菩萨一气之下，把独巴变成毛驴一样的怪物，自己骑上一块石头飞走了。后来，这块石头飞回来了，人们叫它飞来石。熊国良讲述，鲍丽辉搜集。32 开 2 页，945 字。收入《迪庆民间故事集成》，云南民族出版社 1997 年版。（阿追）

祖师洞的传说

ཕ་དམ་པ་སངས་རྒྱས་ཀྱི་སྒྲུབ་ཕུག

pha dam pa sngas rgys kyi sgrub phug

藏族风物传说。流传于云南省迪庆藏族自治州。讲述达摩祖师出生在印度。长大后他为了解救母亲的灵魂，曾经遍游中国弘扬佛法。他来到鹤庆，发现母亲的亡灵化为一只小虫，夹在当地一个铁匠的犁头模子中。铁匠往模子中注入铁水，小虫被烫死了。模子冷却后，小虫又复活过来。达摩祖师以免费做一年帮工为代价，从铁匠手里拿走模子，解救了母亲。后来他来到一个叫其宗的村庄，见此地景色优美，便留了下来。其宗村东面有一座高山，山顶有一座巨崖，达摩祖师便来此面壁修行。最后，他上身化为火，下身化为水，升至极乐境界。后人将他面壁修行的那个山洞叫作“达摩祖师洞”。王浩、王治讲述，王晓松搜集、记录。32 开 1 页，744 字。收入《雪域佛光》，云南人民出版社 2000 年版。（和树军）

青稞种的由来

ནས་ཀྱི་ས་བོན་བྱུང་ཚུལ།

nas kyi sa bon byung tsul

藏族风物传说。流传于云南省香格里拉市。讲述很久以前，建塘住着一户人家，户主叫尼玛。他的女儿央楚年轻漂亮，女婿巴丹强健勇敢。当时还没有青稞，尼玛一家仅靠种植苦荞和蔓菁度日。一天，巴丹上山狩猎，射中了一只衔着青稞籽的大雁。从此以后，建塘的人们就能吃上香喷喷的青稞糌粑。每到春播时节，成群结队的大雁总要飞到这里，藏家人总是虔诚地欢迎它们，爱护它们。央宗讲述，泽丹娃搜集。32 开 2 页，1036 字。收入《迪庆民间故事集成》，云南民族出版社 1997 年版。（和春燕）

十二属相的来历

ལོ་འཁོར་བཅུ་གཉིས་ཀྱི་གཏམ།

lo vkhor bcu gngis kyi gtam

藏族风俗传说。主要流传于云南省德钦县。讲述有一天，所有的动物聚集在一起，为谁的年纪大争执不休。老鼠便建议，到大江里比赛，谁先游到江对岸就说明谁的经历多、见识广，它的年纪也最大。动物们都同意。比赛时，狡猾的老鼠钻进大象的鼻子，第一个游到江对岸。大象却被它吸干脑髓，快到江岸时便死了，被江水冲走。跟着老鼠上岸的依次是牛、虎、兔、龙、蛇、马、羊、猴、鸡、狗、猪。后来，人们就根据这一比赛结果，制定人的生辰属相，记载历史年代。永枝仁庆、扎史讲述，斯那农布搜集。32 开 2 页，756 字。收入《迪庆民间故事集成》，云南民族出版社 1997 年版。（和春燕）

鱼的来历

ཉ་ཡི་གཏམ་རྒྱུད།
nga yi gtam rgyud

藏族风物传说。流传于云南省香格里拉市。讲述很久以前，藏族木匠祖师康主来到河边喝水，发现河两岸的人都住在岩洞里，且没有吃的。正好有一片树叶顺水漂来，启发了他。他抓起一把木片撒进河里，并祝福道："请带上我的墨迹和斧痕，到河的两岸向人们传授技艺。"话声刚落，木片就都变成了鱼。附近的人们将鱼捞上岸，发现它们身上刻有各种木匠工具的花纹，肚子里画有各式图案。人们于是学会了制造各式木匠工具，从此结束了住山洞、树洞的历史，开始住进自建的房屋。那主七林讲述，齐世勋整理。32 开 1 页，500 字。收入《中甸县民间故事》，云南民族出版社 1990 年版。（王晓松）

留老大在家的由来

བུ་ཆེ་བས་ཁྱིམ་སྐྱོང་དགོས་པའི་གཏམ།
bu che bas khyim skyong dgos pvi gtam

藏族风俗传说。流传于云南省香格里拉市。讲述很久以前，猫、豹子和老虎是亲兄弟。三兄弟长大后，父母想考考它们的本事，便给了七天时间，让它们自己到外面寻找食物。七天后，老三老虎拖来一只马鹿，老二豹子叼来一只獐子，老大猫抓来一只老鼠。听完三兄弟讲完自己的狩猎经历后，父母认为，虽然大儿子带来的猎物最小，但对人类的贡献最大，于是就留它在身边。后来，在藏族家庭中，凡是排行老大，不论男女，也不论本事大小，都留在家中掌家，赡养双亲。这个习俗一直流传至今。孙诺宝珠讲述，齐世勋记录。32 开 2 页，1300 字。收入《中甸县民间故事》，云南民族出版社 1990 年版。（王晓松）

香巴拉的传说

ཤམ་བྷ་ལའི་གཏམ་རྒྱུད།
xham bh lvi gtam rgyud

藏族风物传说。流传于云南省迪庆藏族自治州。讲述很早以前，来自天界的光明神降临大地，来到一个被双层雪山环抱、有八个宝莲花瓣状区域的国度，与早在那里的一位女神不期而遇。后来两位神仙结成夫妻，生下了儿女，在这个国度上安居乐业。从此，他们的后代——人就生息繁衍起来。当时甘泉美味布满地面，任人享用。结果人吃得太多，身体胖了起来，自身的光芒逐渐消失了，地球陷入一片黑暗之中。在神佛的帮助下，地面上重新升起太阳和月亮，有了白昼和黑夜，并划分出了年与月。藏人把两位神仙相遇的地方叫"俄莫隆仁"，印度语称之为"香巴拉"。佚名讲述，王晓松搜集、记录。32 开 2 页，472 字。收入《雪域佛光》，云南人民出版社 2000 年版。（和树军）

中甸为什么叫建塘朵农布斯叉

རྒྱལ་ཐང་ནོར་བུ་ས་ཆ་ཟེར་བའི་གཏམ།
rgyl thung nor bu sa cha zer bvi gtam

藏族风物传说。流传于云南省香格里拉市。讲述从前有个叫农布的拉萨人，让神驹驮上当地的土特产品来到中甸（今香格里拉）。他发现这里山清水秀、如诗如画，就定居下来。后来他又迁居到其他地方，临走时他的神驹连踢三下。这样，小草坝的三面被踢成了三座悬崖。他本人将带来的小圆锅架在三块石头上，并向天祈祷一番后远走他乡。不知过了多少年，小圆锅慢慢膨胀，变成了今天的宗供山，山下的岩缝中流淌着一股山泉，汇集成湖。再后来，从外地搬来一个龙王，住在宗供山脚下的湖里。它凿穿湖底，湖水泄光，显露出广阔的草原。后人就把这里叫建塘。因这里农田肥沃，物产丰富，它又被叫作朵农布斯叉。松盈巴讲述，松诺农布翻译。32 开 3 页，1560 字。收入《中甸县民间故事》，云南民族出版社 1990 年版。（王晓松）

女娲娘娘

འཇིག་རྟེན་ལྷ་མོ།

vjig rtin lx mo

藏族自然神话。流传于云南省香格里拉市部分地区。讲述女娲用泥土造出人以后，领着这些泥巴娃娃到森林里玩。娃娃们长大后，她把他们配成对，再让他们分散在四面八方。洪水泛滥时，她又忙着去补天。她先用泥巴去补，可天还是漏水；再用木头去补，木头也被水冲掉。女娲正在着急的时候，大虾鱼咬断自己的四只脚，让她拿去补天，才把洪水堵住。后来，女娲又到大山上、海底下找来五彩石，用它们补天既光滑，又好看。天补好后，女娲就死了。后人为了纪念她，专门建造一座女娲宫。佚名讲述，马祥龙记录，谷子整理。32 开 3 页，1480 字。收入《迪庆民间故事集成》，云南民族出版社 1997 年版。（阿追）

嗒姿布令巴

བུ་གླེན་པ།

bu glen pa

藏族幻想故事。流传于云南省香格里拉市。讲述很久以前，有个孤儿，靠给杰布牧马为生，杰布给他取名为嗒姿布令巴。一天，一位去拉萨的总兵路过杰布所在的寨子，骗走了嗒姿布令巴用来放牧的神驹。嗒姿布令巴四处寻找。路上，他救了龙子，龙王送给他一个宝盆。他向宝盆要了一幢楼房，在湖边住了下来。三年后，总兵从拉萨回来，见到神奇的宝盆后，就用神驹换走了它。为了报答嗒姿布令巴的救命之恩，百兽联合起来，从总兵家夺回了宝盆，还给了嗒姿布令巴。总兵失去宝盆后，他的其他宝贝在一夜之间也跑光了。后来他又想了一套谎话去骗老实的嗒姿布令巴，可他万万所没想到，自己在过河时掉进河里淹死了。江楚吹批、鲁茸邓主讲述，斯那立产整理。32 开 8 页，6000 余字。收入《中甸县民间故事》，云南民族出版社 1990 年版。（王晓松）

帕色取宝

ཕག་བཤད་ཀྱིས་ནོར་ལེན་པ།

pha bsad kyis nor len pa

藏族幻想故事。流传于云南省香格里拉市。讲述有一个靠杀猪为生的藏族小伙子，人们叫他帕色。一天，七星大佛告诉他，如果他能遵守五条戒律，就会得到佛的照顾。从此以后，帕色不再替人杀猪，而靠打短工过日子。藏历新年，国王派人请帕色杀猪。帕色不从，被关进了牢房。不久国王派他到东方一个遥远的国家取宝。一路上帕色牢记佛的旨意，在小红虎、大雕、神鸟和东方国王家牧人的帮助下，凭机智和勇敢取得了宝贝，同时娶回三个媳妇。国王对帕色嫉妒得很，想出三条毒计准备杀掉他。帕色凭借三个媳妇手中的宝匣，将计就计，反而将国王杀了。他当上了国王，带领自己的国民过上了幸福的生活。丁金培楚讲述，林涛记录。32 开 7 页，5000 余字。收入《中甸县民间故事》，云南民族出版社 1990 年版。（王晓松）

县雀波

བྱམས་ཆོས་པོ།

byms chos po

藏族幻想故事。流传于云南省香格里拉市部分地区。讲述从前有个很有本领的奴隶，叫县雀波，他唱的歌能感动天地万物。他还有一把神奇的宝刀，砍树时，只需将刀锋对准树林，成片的树木就会倒下来，堆成几垛。他只需将柴放在牛背上，吆喝着牛回家。这事传到了奴隶主的耳朵里。他为了验证消息的真假，就让大女儿与小女儿跟着县雀波一起上山砍柴。后来两位姑娘告诉父亲，那神奇的事情是真的。县雀波知道奴隶主在打他宝刀的主意后，一天趁外出放牧的机会，拿上宝刀，牵着牛群，飞上了天空。丁金培楚讲述，林涛记录。32 开 3 页，1500 字。收入《中甸县民间故事》，云南民族出版社 1990 年版。（王晓松）

罗宁姆与格丹

བློ་སྙིང་མོ་དང་སྐལ་ལྡན།

blo snying mo dang skl ldn

藏族幻想故事。流传于云南省香格里拉市部分地区。讲述岩洞里住着山羊妈妈和它的女儿腊宁姆，以及绵羊妈妈和它的女儿罗宁姆。它们起初相处得很和睦。绵羊妈妈死后，山羊妈妈就开始虐待罗宁姆。一天，罗宁姆到山上放牧，心里感到委屈就唱起了歌。悠扬的歌声引来一个叫格丹的英俊小伙子。后来在农历五月十五的选妻会上，格丹就选中了罗宁姆。山羊妈妈又气又急，它以腊宁姆生病为由，将罗宁姆骗回家害死了。它还叫女儿冒充罗宁姆，做了格丹的妻子。其实，罗宁姆并没有死，她被神仙救了，重新回到格丹身边。真相大白后，腊宁姆跳楼身亡。和漆里、尼玛讲述，松诺农布、泽丹娃记录。32 开 12 页，8500 余字。收入《中甸县民间故事》，云南民族出版社 1990 年版。

（王晓松）

夜明珠与金炒盘

མཚན་མོའི་མུ་ཏིག་དང་གསེར་བརྔོས་སྡེར།

mtshan moai muj tig dgng gser brngos sder

藏族幻想故事。流传于云南省德钦县。讲述很久以前，一个魔鬼窃取了草原藏国的王位。为了得到海底龙王的夜明珠和金炒盘，它把人们都赶下海。有一天，孤儿久白玛吾巴也被逼着跳海取宝。他在仙女的帮助下，从龙王那里得到了夜明珠和金炒盘。魔鬼得知后，迫不及待地要他献出宝物。久白玛吾巴将计就计，让魔鬼和它的喽啰们坐上金炒盘。他念着咒语，金炒盘徐徐升上了天空。不久人们听见一阵爆豆似的响声，盘中的那些家伙蹦起好几丈高，从空中跌落下来。可恶的魔鬼被摔死了，百姓们欣喜若狂，大家一致推举久白玛吾巴为新的藏王。后来在久白玛吾巴的带领下，藏民们过着安居乐业的生活。佚名讲述，斌节、吴瑰搜集、记录。32 开 4 页，2500 字。收入《迪庆民间故事集成》，云南民族出版社 1997 年版。

（格桑邓珠）

七粒青稞

ནས་འབྲུ་བདུན།

nas vbru bdun

藏族幻想故事。流传于云南省德钦县。讲述从前有一对母女相依为命。她们家附近有个妖怪，想将姑娘吃掉。有一次妖怪变成一个孤苦的老人，要母亲让女儿给它做伴。母亲觉得孤零零的老人可怜，也就答应了。临走时，她把祖先留下的七件宝物送给女儿，让她护身。有一天，妖怪准备吃掉姑娘。姑娘掏出七粒青稞一撒，又拿出梳子、佛珠等整死了妖怪。她回到家，与母亲团圆。后来她们靠七粒青稞的保佑，日子越过越好。佚名讲述，松银巴搜集，侯开伦记录，杨世光整理。32 开 2 页，1218 字。收入《迪庆民间故事集成》，云南民族出版社 1997 年版。

（格桑邓珠）

大海取宝

རྒྱ་མཚོ་རུ་ནོར་བུ་ལེན་པ།

rgy mtso ru nor bu len pa

藏族幻想故事。流传于云南省德钦县。讲述为了拯救苦难的百姓，雪域藏地色吉王国的国王派王子格登和土登率领五百人，东渡大海去取黄、红、白、绿四种宝珠。在东渡的途中，土登王子贪恋财宝和美色，因而一无所获，而格登王子则顺利地取回了四种宝珠。返乡途中，土登为了贪功，起了歹心。他杀死老船员，弄瞎了格登的双眼，夺走宝珠后只身返回藏地。然而，他的谎言没能瞒住父王，国王通过信鸽在遥远的地方找到了格登。格登的眼睛靠信鸽神奇的眼泪得以重见光明。他与刚娶来的公主返回了自己的国家。真相大白后，格登劝说父王宽恕了土登的罪过。从此色吉王国的佛教得以兴旺，百姓过上了安居乐业的生活。吉争讲述，斯那农布整理。32 开 9 页，4376 字。收入《迪庆民间故事集成》，云南民族出版社 1997 年版。

（格桑邓珠）

善良的都吉

སེམས་བཟང་ཅན་གྱི་རྡོ་རྗེ།

sems bzang can gyi rdo rje

藏族幻想故事。流传于云南省香格里拉市。讲述都吉在上学的路上救了一只青蛙，并一直照顾它。不久，他考上了拉萨的一所学堂。临走时，青蛙送给他一颗宝珠，并要他用这颗宝珠救活鹰、老鼠和蛇，但叮嘱他千万不要理睬干死尸。可途中都吉不但用这颗宝珠救活了鹰、老鼠和蛇，也救活了干死尸。干死尸把都吉困在井里，并冒充他到拉萨做了大官。后来，都吉被一位背水的姑娘搭救。他一路乞讨来到拉萨，向藏王陈述实情。藏王受干死尸的蒙骗，将都吉关进牢里。最后还是鹰、老鼠和蛇帮都吉讨回了公道。真相大白后，藏王将干死尸关进了大牢，让都吉做了大臣。丁金培楚讲述，林涛记录。32 开 4 页，3000 字。

收入《中甸县民间故事》，云南民族出版社 1990 年版。

（王晓松）

一只鞋子的姻缘

ལྷམ་ཡ་གཅིག་གི་གཉེན་འབྲེལ།

lhm ya gcig gi gnyen vbrel

藏族幻想故事。流传于云南省德钦县。讲述有一天旦巴上山砍柴时，突然乌云密布，一团黑云向他头上飘来。他从中隐约看见一个怪物，便举起斧头向天空砍去，从天上掉下一只靴子。旦巴捡起它，背着柴回到家里。他把那只靴子挂在自家的门口。不久，国王派来寻找女儿的侍从路过，认出旦巴家门口挂的正是公主的靴子。原来，那天旦巴遇上的黑云里面藏有妖怪和抢来的公主，他的那一斧头碰巧把妖怪的脚砍伤了，并削断了公主的靴带，公主的靴子便掉了下来。旦巴知道实情后，马上带着侍从们顺着血迹找到了妖洞。旦巴闯入妖洞，杀死了妖怪，救出了公主。两人一见钟情。后来，旦巴娶了公主，并当上了国王。他让全体国民都过上了好日子。佚名讲述，泽旺仁增搜集。32 开 15 页，11 760 字。收入《迪庆民间故事集成》，云南民族出版社 1997 年版。

（格桑邓珠）

茶盐恋

ཇ་ཚྭའི་དུངས་འདང་།

ja tswvi dungs vdang

藏族幻想故事。流传于云南省香格里拉市、德钦县。讲述很久以前，一条河的两岸住着“辖”和“怒”两个部落。可不知从什么时候开始，两个部落结下了冤仇，两岸的人们也不再往来。后来，辖部落女土司的女儿美梅措和怒部落土司的儿子文顿巴相爱了。这引起了女土司的不满，她让儿子射死了文顿巴。文顿巴火葬那天，美梅措纵身跳进火坑殉情。女土司又捉来蛇和青蛙，把两人的骨灰分开，分别埋在河的两岸。美梅措和文顿巴的灵魂分别变成了茶和盐。藏胞是离不开茶和盐的，他们将茶放在盐水里煮，再打制成热气腾腾、香气扑鼻的酥油茶。女土司再也无法把美梅措和文顿巴分开了。而今每当人们端起酥油茶时，便想起那一对勇敢而坚定的恋人。白桂花讲述，佟锦华整理。32 开 9 页，6300 字。收入《迪庆藏族民间故事》，云南人民出版社 1987 年版。

（和春燕）

白天鹅的故事

ངང་དཀར་གྱི་གཏམ་རྒྱུད།

ngang dkar gyi gtam rgyud

藏族幻想故事。流传于云南省德钦县部分地区。讲述有一天，顿主上山狩猎，见到一只黑雕和白天鹅在搏斗。眼看白天鹅就要被雕抓走，他一箭射死了老雕，救下了白天鹅。其实这美丽的白天鹅就是龙王的女儿变的。后来顿主在一位老太婆的点拨下，经受了龙王的考验。他用三年时间穿破了铁鞋子，又用三年时间穿破了白铜鞋子，再用三年时间穿破了黄铜鞋子，这才领着白天鹅回到了家乡。从此以后，每当顿主和母亲外出回来，就会发现家里已打扫得干干净净，桌上也摆好了香喷喷的饭菜。不久顿主发现，所有这一切都是白天鹅化身为一位美丽的姑娘所为。不久顿主和白天鹅姑娘幸福地生活在一起。斯那都烈讲述，斯那农布搜集。32 开 3 页，1600 字。收入《迪庆民间故事集成》，云南民族出版社 1997 年版。

（格桑邓珠）

雅隆王与草原公主

ཡར་ལུང་རྒྱལ་པོ་དང་རྩྭ་ཐང་སྲས་མོ།

yar lung rgyl po dang rtzw thang ses mo

藏族幻想故事。流传于云南省德钦县部分地区。讲述古时候，雅隆王国的色格朗琼国王娶了草原公主，引起金子和银子两位仙女的嫉妒。后来她们先是将国王的一对儿女扔进雅隆河，然后又用猪崽换走草原公主生下的男婴，并诬陷她生下了怪胎。被蒙蔽的雅隆王把草原公主当作恶鬼绑在木筏上，推下了雅隆河。王子和公主被丢下河后，被神水珠清托到下游一对打鱼的汉族夫妇船前。这对夫妇收养了他们。十八年后，神山白雪太子叫大鹏鸟驮着王子和公主飞到雅隆王国，让真相大白于天下。他为了镇恶扶善，把金子仙女和银子仙女变成两条污水河，让它们永远横卧在没有人烟的荒原上。王子、公主和草原王后终于得以相见，一家人重新团聚。从此，雅隆王国日益昌盛，百姓安居乐业。佚名讲述，和德康、泽旺仁增搜集。32 开 9 页，6000 字。收入《迪庆民间故事集成》，云南民族出版社 1997 年版。

（格桑邓珠）

祥巴和龙女

བྱམས་པ་དང་ཀླུ་མོ།

byms pa dang klu mo

藏族幻想故事。流传于云南省迪庆藏族自治州。讲述一天，祥巴到湖边放牧，发现湖中有一黑一白两条蛇在搏斗。他打死了黑蛇，救了白蛇。其实这条白蛇是龙子变的。龙王为了感谢祥巴，把龙宫里的一条黄狗送给他。这黄狗就是龙子的姐姐。龙女来到祥巴家，家里没人时，便化身成人，帮祥巴做饭，操持家务。不久这一秘密让祥巴发现了，他和龙女结为夫妻。后来，皇帝抢走了龙女。为了让妻子回到自己身边，祥巴用九年时间练成一个出色的卖艺人。当第十个藏历新年到来的时候，他来到皇宫跳舞，深受皇室成员的欢迎。为博得龙女的欢心，皇帝和祥巴交换了服装。当皇帝将自己扮成流浪艺人跳得正起劲时，龙女叫不明真相的侍从把他砍死了。祥巴和龙女终于团圆了。夫妻俩把皇宫里的财产分给了乡亲们。佚名讲述，曹达伟搜集整理。32 开 11 页，7400 字。收入《迪庆藏族民间故事》，云南人民出版社 1987 年版。

（海涛）

雁姑娘

བུ་མོ་བྱ་ལོང་།

bu mo by long

藏族幻想故事。流传于云南省迪庆藏族自治州。讲述很久以前有一匹神奇的飞马，能带人找到美丽的雁姑娘。有一个孤儿为了找到雁姑娘，在一个天高云淡的日子带上弩箭，朝着飞马经常出没的地方走去。经过无数的艰难险阻，他终于找到了飞马。按照飞马的指点，孤儿在一个开满鲜花的山谷里找到了从天边飞来洗澡的雁姑娘。他偷走了她的衣服。雁姑娘就做了他的妻子。国王知道了这事后，亲自带着一伙差役来抓孤儿，企图霸占雁姑娘。雁姑娘向国王提出两个条件：一是用野兽的奶汁装满一个深宽各一丈的土坑；二是找来一对白发苍苍的夫妇，把他们丢进奶汁里。国王做到了。同时奇迹出现了，被扔进土坑的两位老人不仅没有被淹死，反而变得年轻。国王也想返老还童，以讨雁姑娘的欢心，就迫不及待地跳进奶汁里，结果被淹死了。李秀珍讲述，白章富整理。32 开 5 页，3000 字。收入《迪庆藏族民间故事》，云南人民出版社 1987 年版。（海涛）

卖草姑娘

རྩྭ་འཚོང་བུ་མོ།

rtzw vtsong bu mo

藏族幻想故事。流传于云南省德钦县部分地区。讲述从前有两姐妹，姐姐懒惰，阴险狠毒，而妹妹勤劳，心地善良。妹妹每天起早贪黑割草到国王家换回谷子，把谷子舂成米，煮好饭在锅里留给父母，自己却煮些谷糠躲在屋背后吃。姐姐偷吃了米饭，反而栽赃陷害妹妹。不明真相的父母把小女儿痛骂一顿。后来，好心的妹妹受神的指点，做了国王的妻子。可她思念远方的亲人，结婚三天后便急着赶回家去伺候父母。可父母再次受大女儿的挑拨，对新王妃怀恨在心。王妃向他们跪拜问安时，被打死了。国王一气之下处死了妻子的家人。在神的授意下，他天天求佛，七天七夜后终于救活了王妃。阿主玛讲述，斯那农布搜集、记录。32 开 3 页，1800 字。收入《迪庆民间故事集成》，云南民族出版社 1997 年版。

（格桑邓珠）

盲人的奇遇

ལོང་པས་ལས་བསོད།

long pas las bsod

藏族幻想故事。流传于云南省迪庆藏族自治州。讲述从前有两个人，一个叫丁巴丁朵，一个叫巴鬼凶松。丁巴丁朵老实，人人都夸，这引起了巴鬼凶松的嫉恨。两人约定，只要有三个人说他们中的一个好，另一个就要挖掉自己的眼睛。人们迫于巴鬼凶松的威胁，违心地称赞他。这样，丁巴丁朵变成了盲人。一次他在山洞过夜，无意中了听见了野兽在闲谈。他按照老虎所说，用野花擦洗自己的眼睛，果然重见光明。他到了一个村子，为人们引来了长流不断的山泉水。后来他揭下国王的告示，按豹子说的方法治好了公主的耳病。国王把公主嫁给了他。巴鬼凶松得知后，便让丁巴丁朵打瞎他的眼睛。他也摸到那个山洞，想偷听动物谈话的内容，没想到被动物发觉。心地狠毒的巴鬼凶松便被野兽吃了个精光，连骨头也没剩一根。佚名讲述，吉称搜集、整理。32 开 4 页，2300 字。收入《迪庆藏族民间故事》，云南人民出版社 1987 年版。（海涛）

卓玛与南瓜

སྒྲོལ་མ་དང་ནན་ཀ

sgrol ma dang nan ka

藏族幻想故事。流传于云南省迪庆藏族自治州。讲述姐姐央宗懒惰贪财，妹妹卓玛勤劳善良。父母去世后，央宗跟一个爱财如命的男人结了婚，夫妻俩常常虐待卓玛，最后竟将她赶出了家门。在乡亲们的帮助下，卓玛得以生存下来。有一次一只受伤的小鸟落在她的面前，她精心为它包扎好伤口后，把它放走了。过了一些日子，那只小鸟又飞了回来，把嘴里的一粒南瓜籽丢在卓玛的衣服上又飞走了。卓玛把南瓜籽种在菜地里，不久一个南瓜长得像巨石一样大。卓玛把瓜划成两半，只见里面一半是金子，一半是银子。她的生活便富裕起来。央宗从卓玛那里得知了全过程后，也种下了小鸟衔来的南瓜子。南瓜长成后，她划开一看，只见一位白发老人站在里面，向她讨债。夫妇俩以为遇着鬼了，一下子吓死了。尼玛讲述，赵坎整理。32 开 3 页，1700 字。收入《迪庆藏族民间故事》，云南人民出版社 1987 年版。（海涛）

沙子变黄金

བྱེ་མ་གསེར་རུ་འགྱུར་པ།

bye ma gser ru vgyur pa

藏族幻想故事。流传于云南省迪庆藏族自治州。讲述有两口子，男的是老实人，女的则贪财过了头，常常打着不劳而获的主意。她整天逼丈夫出去偷别人家的东西。丈夫被逼得没法，只好到河边背了一袋沙子回家。他神秘地告诉妻子：“这一袋都是金子，是从国王的宝库里偷来的。”妻子打开一看，里面真的装满了金子。丈夫觉得奇怪，便对妻子说：“其实我背来的只是河边的沙子，可为什么现在会变成金子呢？看来，不拿别人的一针一线，靠自己的辛苦劳动，再穷，老天爷也会保佑的。”妻子听后醒悟过来，从此也像丈夫一样诚实勤快。阿东尼玛讲述，赵士久整理。32 开 2 页，1000 字。收入《迪庆藏族民间故事》，云南人民出版社 1987 年版。（海涛）

复活的伙伴

སླར་སོས་པའི་ཆུང་རོགས།

slur sos pvi chong rogs

藏族幻想故事。流传于云南省迪庆藏族自治州部分地区。讲述很久以前，一个厚道人和一个狡猾人结伴到拉萨去做生意。厚道人有七驮货物，而狡猾人两手空空，就连路上吃的都靠厚道人供给。他对同伴不仅没有感激之心，而且想谋财害命，途中将他推下河。厚道人被人救上来后，被一个寺庙的庙主收留。他受庙主的点拨，偷听到了虎、豹和熊的谈话。他按动物们所说，拿到很多金银财宝，成了远近闻名的富人。有一天狡猾人乞讨来到他家门口。厚道人不计前嫌，用好酒好肉招待他。狡猾人得知厚道人致富的经过后，也想一夜暴富。他自己跳入河中，可河水一下子就把他吞没了。这个谋财害命、见利忘义的家伙从此永远在人间消失了。陆勇华讲述，和顺荣整理。32 开 4 页，2000 字。收入《迪庆藏族民间故事》，云南人民出版社 1987 年版。（海涛）

三个孤儿

དྭ་ཕྲུག་གསུམ།

daw phrug gsum

藏族幻想故事。流传于云南省迪庆藏族自治州。讲述有三个孤儿在去异乡的路上相遇。他们结拜为兄弟，一同踏上寻找幸福之路。路上，老三、老二先后被妖怪所变的美女迷惑，半途而废。老大只好孤身一人上路。他凭着智慧和勇敢，先后获得了能日行千里的神鞭和能变出万物的宝碟，并凭借神鞭的魔力，从魔鬼的洞穴中救出了两个弟弟。三兄弟终于重逢，回到了家乡。后来他们起早摸黑地干活，日子过得一天比一天好，并都娶了称心如意的妻子，过上了安居乐业的幸福生活。哲古讲述，尼玛扎西搜集、整理。32 开 7 页，

4600字。收入《迪庆藏族民间故事》，云南人民出版社1987年版。（海涛）

七颗麦子的皇帝

གྲོ་འབྲུ་བདུན་གྱི་རྒྱལ་པོ།

gro vbru bdun gyi rgyl po

藏族幻想故事。流传于云南省香格里拉市部分地区。讲述从前有母子俩，住在山边，很穷，只有两亩地。一只兔子每天来偷地里的粮食吃，被小伙子逮住了，要杀它。兔子说："不要杀我，我对你们会有好处的。你们说没有粮食吃，那我去看看到底有没有。"母子俩便打开柜子给它看，里面真的空空如也，只从柜底漏出七粒麦子。兔子便对妇人说："你儿子是七粒麦子的皇帝。"后来它帮小伙子娶了皇帝的女儿。从此以后，一家三口和兔子幸福地生活在一起。佚名讲述，雷震坤翻译，曾有琥记录。32开2页，1200字。收入《迪庆藏族民间故事》，云南人民出版社1987年版。（海涛）

樵郎做了国王

འབུད་ཤིང་འཐུ་མཁན་རྒྱལ་པོར་གྱུར་པ།

vbud shing vthu mkhan rgyl por gyur pa

藏族幻想故事。流传于云南省迪庆藏族自治州。讲述古时候有个孤儿，人称樵郎。他觉得很寂寞，就捉了一只青蛙做伴。没有多久，青蛙死了。孤儿按照青蛙的吩咐，取下它的胸骨去见国王。一路上，他用青蛙的胸骨先后救活了蛇、耗子和黄蜂。可是他没听青蛙的劝告，救活了一个人。结果这人打了他一顿，还抢走了青蛙的胸骨。正当孤儿伤心的时候，被他救过的蛇来到他面前，引他见到了国王。他治好了国王的病，国王便把他留在宫里。有一天，国王让他指挥军队前去打仗。他听从耗子和黄蜂的话，让士兵都拿着木棍迎战。开战前，耗子成群地出动，把敌军的火药、枪管都咬烂了。敌军摆开阵势后，一群黄蜂又飞了过来，蜇伤了敌方士兵的眼睛。敌军乱作一团，孤儿趁机率兵抡起木棍猛劈，最后取得了胜利。归来后国王把皇位让给了这位樵郎。佚名讲述，班建军搜集、整理。32开4页，2000字。收入《迪庆藏族民间故事》，云南人民出版社1987年版。（海涛）

扎西与龙女

བཀྲ་ཤིས་དང་ཀླུ་མོ།

bkr shis dang klu mo

藏族幻想故事。流传于云南省香格里拉市部分地区。讲述很久以前，在丹巴龙村住着一户人家。长子拉批和他的媳妇春儿为人贪婪狠毒，他们找了一个借口，将父母和弟弟扎西赶出家门。扎西在荒原上盖了一间木楞房，与父母生活在一起。就在他二十岁那年，村里闹虎精灾。他为民除害，将虎精们赶到了深山里。在除虎精的过程中，扎西无意间搭救了被虎精抢来的龙女。龙王为了感谢他，将女儿许配给了他。与龙女结婚后，扎西从虎精洞里背回了很多金子，过上了幸福的生活。拉批听说后，便独自钻进了虎精洞，结果被虎精撕成了碎块。拉萨邓主、将遭明批讲述，泽丹娃、李力能翻译、记录。32开8页，5300余字。收入《中甸县民间故事》，云南民族出版社1990年版。（王晓松）

兄弟俩

ཕུ་ནུ་གཉིས།

phu nu gnyis

藏族幻想故事。流传于云南省香格里拉市。讲述很久以前，一对穷夫妇好不容易将两个儿子拉扯成人后，要他们出去闯一闯，并叮嘱他们，做诚实的人，珍惜时光，出去后互相帮助。弟兄俩走了好多天，都没有找到活计。一天，他们来到一处松树林做午饭吃，弟弟烧火，哥哥找水。哥哥发现一土锅金水后，就将弟弟打发走，自己跑到金水旁。这时金水变成了奶水，他一口气将它喝光了。一会儿他肚子疼起来，只好留在树洞里过夜。其实这锅金水是老虎、狼和豹子的财产。三个野兽发现金水不见后，便到处找，最后在树洞里找到哥哥，将他吃了。三年后，弟弟挣了一大笔钱，他来到树林里想和哥哥相会。他没等到人，却在树洞口发现了一堆金子和人骨头，且树枝上挂着破布片，很像哥哥的衣服。弟弟回到家，还是不见哥哥，这时才知他的下落。他又跑到树林，把哥哥的骨头捡回来安葬了。夏举定主讲述，林涛记录。32开3页，1600字。收入《中甸县民间故事》，云南民族出版社1990年版。（王晓松）

两颗珍宝

མུ་ཏིག་ཆ་གཅིག

mu tig cha gcig

藏族幻想故事。流传于云南省香格里拉市。讲述召阿吾不到六十岁老伴便去世了，膝下有一儿一女。后来，女儿给追嫁到遥远的地方去了，只有儿子留在他身边。召阿吾给儿子找了一个媳妇，叫给咱。为了得到老公公珍藏多年的两颗珍宝，给咱刚进门时十分孝顺。五年后，因为迟迟得不到珍宝，她开始虐待老公公。召阿吾忍受不了，便捎口信向女儿给追求援。给追收到父亲的信后，匆匆赶回家中。父女二人见了一面，召阿吾便去世了。给追最后得到了两颗珍宝。可给咱一直不死心，她到仙人洞去找珍宝，结果被豹子咬死了。给追按照父亲的遗愿，将两颗珍宝分别献给了骑黑马的青年英雄和能歌善舞的女召拉。这两人后来分别成为建塘宗和纳格拉村的山神。央批、格茸讲述，泽丹娃、旺堆记录。32 开 3 页，2100 余字。收入《中甸县民间故事》，云南民族出版社 1990 年版。（王晓松）

《尸语故事》缘起

གླེང་གཞི

gleng gzhi

《尸语故事》是一个故事集，早在 10 世纪以前就在藏族地区流传。一个王子去背一具获得了宗教成就的尸体。在背尸的过程中，尸体要给他讲一个故事。如果他出声，尸体就会立即飞回去。王子经常禁不住出声，所以不得不一次又一次地来回背尸体，尸体就讲了一个又一个故事。缘起部分讲述印度中部住着两位王子，兄长在七位幻术师那里学幻术，学了七年，可一事无成。一个偶然的机会，他弟弟掌握了幻术的秘诀，把自己变成了幻术马。为了保住幻术的秘密，幻术师们不惜高价想把幻术马买下来后杀掉。几经周折，幻术马变成一只鸽子，飞进龙树大师的怀里，方得以逃生。龙树大师为了救小王子，不得不伤及七条人命。他心中很是不快。为了赎罪和报恩，小王子听从龙树大师的吩咐，到一个叫清凉园的坟里去背一具获得了宗教成就的尸体。王晓松、和建华译注。收入《尸语故事》，32 开，3 页，2100 余字。云南民族出版社 1999 年版。（王晓松）

富人的儿子

ཕྱུག་པོའི་བུ

phyug povi bu

藏族尸语故事。流传于云南省迪庆藏族自治州。尸体讲的第一个故事。讲述富人的儿子和五个伙伴外出谋生。他们每人在谷尾种下一棵树，并约定六年后在此相遇，若谁种的树枯死了，就沿那个人走的路线去寻找他。后来富人的儿子遇到一个老太婆，并与她的女儿结为夫妻。而国王看中了他妻子，就把他压在石头下弄死。六年后，当初的伙伴在约定的日子相聚，独不见富人之子，而他种下的树也已枯死。五个伙伴一路寻找，最后救活了富人之子，还从国王那里救回了他的妻子。没想到，五个伙伴企图独占他的妻子，竟把她活活地扯死了。王晓松、和建华译注。32 开 4 页，2465 字。收入《尸语故事》，云南民族出版社 1999 年版。（王晓松）

王子和乞丐

རྒྱལ་བུ་དང་སྤྲང་པོའི་བུ

rgyl bu dang sprng povi bu

藏族尸语故事。流传于云南省迪庆藏族自治州。尸体讲的第二个故事。讲述在一个王国的谷口有一个大水池，由两只龙蛙把守。每一年，当地都要送两个人去充当龙蛙的食物，否则它们就不放水。有一年王子主动代替父王，和他的乞丐好友来到水池边，准备将自己献给龙蛙吃。无意间王子听懂了龙蛙间的谈话，得知了它们的秘密。他和乞丐朋友用棍打死了它们。王子吞下金蛙，乞丐吃掉玉蛙，从此王子会吐金，乞丐会吐玉。两人相约游走异乡。路上他们凭自己的智慧得到了神奇的隐形帽和飞鞋。后来，两人来到一个正在选国王的国家，王子当选为国王，乞丐成了大臣，前任国王的一个女儿则成了新王妃。不久乞丐大臣戴着隐形帽，无意中得到了寺庙里有超常魔力的画像。王晓松、和建华译注。32 开 5 页，3277 字。收入《尸语故事》，云南民族出版社 1999 年版。（王晓松）

花嘴小牛

ཡ་རུ་ཁ་ཁྲ།
ya ru kha khr

藏族尸语故事。流传于云南省迪庆藏族自治州。尸体讲的第三个故事。讲述从前，在一个叫长谷的地方，一头母黄牛产下一头长着人身牛头和长尾的小牛。为了躲避主人的追杀，小牛逃进了森林。在森林里，它先后遇见了黑色人、蓝色人和白色人。那三个人都叫小牛为造物神玛桑。后来，小牛和他们结伴到一个荒谷，并在那里定居下来。每天他们由三位出去打猎，剩下的一位守家。轮到玛桑留守时，它用计杀死了偷吃乳酪和酥油的老妖婆，并从它那里得到了神奇的宝物。三位伙伴见到宝物后起了坏心，想霸占它。死里逃生的玛桑原谅了那三个人的过错，走上了报答父母养育之恩的返乡之路。不久它在为天神除掉黑暗女魔的搏杀中，被女魔抛来的一块燃烧的石头击中腰部，化成了北斗七星。王晓松、和建华译注。32 开 5 页，3277 字。收入《尸语故事》，云南民族出版社 1999 年版。

（王晓松）

尼玛维赛弟兄

ཉི་མ་འོད་ཟེར་སྤུན་གཉིས།
nyi ma vod zer spun gnyis

藏族尸语故事。流传于云南省迪庆藏族自治州。尸体讲的第五个故事。讲述尼玛维赛与达瓦维赛是同父异母兄弟。后妃为了让自己的亲生儿子达瓦维赛继承王位，便欲谋害尼玛维赛。好心的达瓦维赛把这个消息告诉了哥哥。他们两人逃出了王宫。逃亡途中，弟弟渴死在山谷边，哥哥做了岩洞里老仙人的儿子。在离岩洞不远的谷尾，龙王每年都要吃一个属虎的孩子，才肯给百姓放水灌田。当地的国王就把属虎的尼玛维赛抓进宫去，准备献给龙王。国王的女儿却对尼玛维赛一见钟情，发誓要为他殉情。两人被推下龙潭的时候，他们真挚的爱情打动了龙王。龙王将他俩托到水边。这对年轻人不但从水中逃了出来，而且让泉水流进了百姓的农田。后来，老仙人救活了达瓦维赛。当地的国王知道了兄弟两人的身世后，派人护送他们返回他们从小居住的王宫，让父子团聚。后妃的阴谋败露了，她口吐鲜血，倒地而亡。王晓松、和建华译注。32 开 4 页，3000 字。收入《尸语故事》，云南民族出版社 1999 年版。

（王晓松）

吹坚惩治国王

འཕྲུལ་ཅན་གྱི་རྒྱལ་པོ་བཏུལ་བ།
vphrul can gyi rgyl po btul pa

藏族尸语故事。流传于云南省迪庆藏族自治州。尸体讲的第六个故事。讲述在一个被誉为“米乡”的地方，有一个叫吹坚的人。他为人高傲、行为无度，谁都不放在眼里。他的所作所为使国王非常恼怒，最后不得不驱逐他。在漫漫荒原，吹坚无意中从魔鬼那里得到一个能变出肉和食品的神奇金碗。靠着这个金碗，他一路上夺得了神棍、魔锤、魔袄等宝物。他拿着这些宝物，返回乡里狠狠地报复了国王。王晓松、和建华译注。32 开 3 页，1600 字。收入《尸语故事》，云南民族出版社 1999 年版。

（王晓松）

鸡衣结勒

བྱ་ཤུགས་རྒྱལ་ལེ།
by shugs rgyl le

藏族尸语故事。流传于云南省迪庆藏族自治州。尸体讲的第七个故事。讲述有一个姑娘丢失了一头水牛，她去问大白公鸡。公鸡对她说：“如果你做我的妻子，我就告诉你水牛在哪里。”姑娘答应了。不久，当地的寺院举办庆典，要热闹十三天。姑娘发现前来参加庆典的男子中，有一个骑青马的小伙子最英俊。其实那个叫鸡衣结勒的小伙子就是大白公鸡变的。为了能得到小伙子干净的身子，姑娘受老太婆的点拨，在节日的最后一天，趁他上街之际，把他脱下的鸡皮烧了。没想到，姑娘烧掉的就是鸡衣结勒的灵魂。没有了灵魂，鸡衣结勒就被鬼抓走了，做了取水奴。姑娘很快就缝了一件鸡衣，用它赎意中人的灵魂，不一会儿鸡衣结勒就真的出现在她家的楼梯口。王晓松、和建华译注。32 开 3 页，1740 字。收入《尸语故事》，云南民族出版社 1999 年版。

（王晓松）

画师和木匠

རི་མོ་མཁན་དང་ཤིང་བཟོ་མཁན།

ri mo mkhan dang shing bzo mkhan

藏族尸语故事。流传于云南省迪庆藏族自治州。尸体讲的第八个故事。讲述国王手下有个画师和木匠，他们两人之间有许多过节。一天，画师拜谒国王，呈上一封先王的手书。手书的大意是：欲在天界建一座寺院，速派手下木匠前来；木匠上天的方法，可由画师指点。于是，国王命木匠入宫。木匠知道自己遭了画师的暗算，就向国王要求，将自家房屋旁的田地选为升天场所。国王同意了。木匠回到家，立即在自家屋内朝田中央挖了一条暗道。七天后，按画师的指点，人们在木匠的田地里搭起了一个巨大的火坛。木匠在熊熊烈火中顺利地“升入”天界。一个月过去了，一直躲在家中的木匠带上先王写给儿子的“回信”，去拜谒国王。“回信”的大意是：木匠新修的寺院现急需一个画师来画画，派遣的方式可同前次一样。结果，画师被火坛中熊熊的大火烧焦了。王晓松、和建华译注。32 开 3 页，2000 字。收入《尸语故事》，云南民族出版社 1999 年版。

（王晓松）

姑娘取回王子心

བུ་མོ་སྙིང་འཛིན།

bu mo snying vdsin

藏族尸语故事。流传于云南省迪庆藏族自治州。尸体讲的第九个故事。讲述在一个叫布让培的王国里，王子娶了南方一个国王的公主，但他并不爱她。他喜欢的是另一位姑娘，经常到她那里过夜。一天，王子在宫中得了暴病，不久便死了。姑娘按他生前所说，在大象园生下了一个男婴。每月阴历十五月圆之时，王子的灵魂都会来到姑娘身边陪上一夜，清晨便又不见了踪影。为了能够与意中人长相厮守，在又一个十五夜，姑娘按照王子的嘱咐，往东南方向走去。一路上，她拿出一皮袋米酒送给正在喝铁水的母女俩，给两只打斗中的羊羔两团酒糟饼，给一群手执武器的汉子每人一块肉，给两个阎王每人一块上好的血团。然后她走进一个黑暗的屋子，拿走了桌上那颗说“别取走我”的心脏。当她跑回王宫，自己的爱人——那个英俊的王子已站在眼前。王晓松、和建华译注。32 开 3 页，2300 字。收入《尸语故事》，云南民族出版社 1999 年版。（王晓松）

夫妻俩

བཟའ་མི་གཉིས།

bzav mi gnyis

藏族尸语故事。流传于云南省迪庆藏族自治州。尸体讲的第十个故事。讲述从前，在一个叫作“俄满觉”的地方，有兄弟俩。哥哥心胸狭窄，常常虐待弟弟，后来竟将他赶出家门。一次偶然的机会，他得到一笔财富，一夜暴富起来。他欲大摆宴席款待邻居和亲戚，但没有邀请弟弟。弟弟十分气愤，便潜进哥哥的仓库里，准备偷一些自己必需的东西。不料，他发现嫂嫂趁哥哥熟睡之际，带着备好的酒肉赶往坟场，看望她以前的僵尸情人。僵尸一口咬断了竹筷，咬断了这女人的舌头，还咬破了她的鼻尖。歹毒的嫂嫂却栽赃陷害自己的丈夫，一口咬定是他所为，要国王依法惩处。就在哥哥即将被处死的时候，弟弟向国王陈述了自己所见。国王派人查明此事后，赦免了哥哥，将恶妇人判了死罪。王晓松、和建华译注。32 开 3 页，1943 字。收入《尸语故事》，云南民族出版社 1999 年版。（王晓松）

姑娘赛准

བུ་མོ་གསེར་སྒྲོལ།

bu mo gser sgrol

藏族尸语故事。流传于云南省迪庆藏族自治州。尸体讲的第十一个故事。讲述从前，有一个穷人无意间听到两位老人的谈话内容，便钻进观音的塑像里。第二天，两位老人前来向观音祷告，穷人装观音的口气说话，由此得到老人家的女儿和一块玉石。在回家的路上，穷人心想自己欺骗了老人，得赶紧想个办法瞒住家人和乡里人。于是他把姑娘装进箱子埋在沙里，回家装模作样地做法事骗人。他走后，一位王子路过此地。他挖出箱子，救出了姑娘，而把老虎放了进去。那穷人做完法事后，美滋滋地挖出箱子，将它背了回去。箱子一打开，跳出来一只猛虎，把他咬得半死不活。而姑娘最后成了王妃。王晓松、和建华

译注。32 开 4 页，2600 余字。收入《尸语故事》，云南民族出版社 1999 年版。（王晓松）

孩子见识王

བྱིས་པའི་བློ་ཅན།

byis pvi blo can

藏族尸语故事。流传于云南省迪庆藏族自治州。尸体讲的第十二个故事。讲述赛海王宫内的国王被人称作“孩子见识王”。一天，臣民郑赛与他立下偷走魂玉的誓约。国王派人将魂玉系在柱子上，并关好所有的大门，令人严密守护。十五日中午，郑赛用酒灌醉了马倌们，午夜时借助“垂也虐尼”（一种药物，能使人头昏），把骑在马上的马倌们牵到远处。然后他走进厨房，把草帽套在睡得正香的女仆头上，把三块小石子放进她们的上衣里。接着他走进大厅，把垂也虐尼套在熟睡的国王头上，并把守护人的头发结在一起。当王宫里的人发现他时，要么被绳拴在一起，无法脱身；要么因酒醉没醒。王宫乱作一团，郑赛很顺利地拿到了魂玉。国王气急败坏，要处死他。郑赛一怒之下，将魂玉砸碎了。国王立即七窍出血，倒地而亡。王晓松、和建华译注。32 开 2 页，1200 字。收入《尸语故事》，云南民族出版社 1999 年版。（王晓松）

婆罗门之子

བྲམ་ཟེའུ་ཁྱིའུ་རྒྱལ་པོར་གྱུར་པ།

brm zivu khyivi rgyl por gyur pa

藏族尸语故事。流传于云南省迪庆藏族自治州。尸体讲的第十三个故事。讲述婆罗门之子将田产变卖，换成三驮毛布，然后赶着一匹毛驴远走他乡。途中，他分别用三驮毛布换下了被孩子们捉到的老鼠、猴子、小熊，并把它们放生。于是他变得一无所有，不得不溜进王宫偷东西，不想被宫卫逮住装进木箱，扔进了水中。危难时刻，被他放生的老鼠、猴子、小熊前来相救。他还得到了一块如意宝物。如意宝物帮他在河边建起了一座富丽堂皇的城堡，并让他选了梵天的一位神女做妻子。从此他生儿育女，过上了幸福的生活。（故事讲到这里，尸体因王子的感言而在离龙树大师不远的地方第十三次飞走了。龙树对王子说：“你因十三次背了成就尸，此生将成为一个无人可以抗衡的显赫国王。”）王晓松、和建华译注。32 开 5 页，3400 字。收入《尸语故事》，云南民族出版社 1999 年版。（王晓松）

格茸培楚智斗恶鬼

སྐལ་བཟང་ཕུན་ཚོགས་ཀྱིས་འདྲེ་འདུལ་པ།

skl bzang phun tsogs kyis vdre vdul pa

藏族英雄故事。流传于云南省香格里拉市部分地区。讲述从前，在一个山洞里住着一位恶鬼，搅得人们不得安宁。上村人格茸培楚决定与它斗智。这天，他杀了三头小猪，假说是自己的三个娃娃，请鬼来做客。鬼信以为真，也宰杀了三个小鬼回请他。三天后，格茸培楚又请鬼来做客。这次他杀了一头大猪，假说是他妻子的肉，让鬼饱餐了一顿。几天后，鬼也杀了自己的妻子再次回请格茸培楚。不久，格茸培楚将猪尿泡系在自己的脖子上，假装成大脖子病人。等恶鬼到了他家后，便拔刀插进装猪尿泡的瘿袋里，用碗盛好涌出的血、肉、油，端给鬼吃。鬼信以为真，三天后，它回请格茸培楚时，也拿刀向自己的脖子刺去。只听见它怪叫一声，再也不能动弹了。从此世上就没有了鬼。昂吾提丹讲述，泽丹娃搜集。32 开 3 页，1400 字。收入《迪庆民间故事集成》，云南民族出版社 1997 年版。（格桑邓珠）

阿尖拉吉王子除魔

རྒྱལ་པོ་ལྷ་སྐྱིད་ཀྱིས་བདུད་འདུལ།

rgyl po lh skyid kyis bdud vdul

藏族英雄故事。流传于云南省德钦县。讲述从前，有个魔女变成一位美貌的姑娘，嫁给刚刚失去妻子的国王烈希。她发现烈希治国有方，又有一对聪明能干的儿女，便心生妒忌，想让他绝后，使王国衰落。有一天，魔女称病要吃掉国王的两个孩子。公主英娜和王子阿尖拉吉机智地逃出了王宫，流落异乡。姐弟俩曾一度失散，后又在异乡团圆。不久烈希也被魔女弄瞎双眼，逐出王宫。公主和王子毅然返回家乡，除掉了魔女。百姓推举阿尖拉吉当了新国王。后来姐弟俩又找回了双目失明且沦为乞丐的父亲。从此当地又充满了欣欣向荣的景象。汪吉讲述，赵四九、李力能搜集、记录。32 开 7 页，4000 字。收入《迪庆民间故事集成》，云南民族出版社 1997 年版。

（格桑邓珠）

英雄拉龙·博吉都杰

དཔའ་བོ་ལྷ་ལུང་དཔལ་གྱི་རྡོ་རྗེ།

dpav bo lh lung dpal gyi rdo rje

藏族英雄故事。流传于云南省德钦县。讲述从前，四兄弟建成了一座宝塔。在宝塔竣工之日，曾出过力的老公牛因没人为它向天祷告，而心生邪念。它向天发誓，要成为一个毁坏宝塔的魔王。老公牛的祷告被老四听见了。老四也向天祈祷，愿成为降伏魔王为民除害的英雄。多年以后，老公牛成了一个名叫龙代玛的国王。他下令毁掉王国里所有的佛寺宝塔，烧毁一切经书籍典，杀掉信奉佛法和所有识字的人。当年的老四这时成了拉龙·博吉都杰。当他听说龙代玛在人间的恶行后，凭勇敢和智慧除掉了他。从此以后，这个王国的百姓在拉龙·博吉都杰的带领下，过上了平安、幸福的生活。李兆吉讲述，泽旺仁增记录。32 开 6 页，4544 字。收入《迪庆民间故事集成》，云南民族出版社 1997 年版。（格桑邓珠）

班玛降龙

པད་མས་ཀླུ་འདུལ།

pad mas klu vdul

藏族英雄故事。流传于云南省香格里拉市。讲述班玛背着老母亲逃荒，有一天来到一个叫建塘的地方。当地的杰布得知班玛属龙时，便要求他做出牺牲，将自己献给龙神。原来，每隔十二年，碧塔海里的巨龙就要吞吃一个属龙的男子，否则就会兴风作浪，发水淹没建塘坝子。班玛答应了杰布的请求，只身来到碧塔海边。他无意间听到了青蛙和蛇的谈话，得知了制服恶龙的秘密。他将杜鹃花瓣和花椒粉倒进湖里，然后趁巨龙爬上岸之时，用宝剑砍死了它，同时吞下了蛇头。从此班玛吐的口水就变成了金子。不久他周游四方，途中用计将盗贼偷来的宝袋、飞鞋和隐身帽据为己有。后来他回到了母亲的身边，做了建塘的真杰布。他靠吐金子扶持贫民，凭三件宝物和宝剑保护乡民。青拉都儿讲述，泽丹娃记录。32 开 5 页，2800 字。收入《迪庆民间故事集成》，云南民族出版社 1997 年版。

（王晓松）

无私的王子

རྒྱལ་སྲས་བྱང་སེམས་ཅན།

rgyl srs byng sems can

藏族生活故事。流传于云南省迪庆藏族自治州。讲述有父子俩，性情各不相同：父亲是国王，暴躁凶狠，经常欺压百姓；儿子却性情温和，体贴他人。一天，王子趁父亲外出的机会，将自己的财物分给了穷人。父亲回来后，毒打他一顿，并将其赶出家门。从此，王子领着妻子和三个儿子开始了流浪生活。一路上他有求必应，分别将自己的牦牛、三个儿子、妻子送给了需要帮助的人，最后将自己的眼睛都挖出来送给一位双目失明的老人。其实，这一切都是百姓为了考验王子而布的局，因此王子失去的一切重新回到他的身边，百姓纷纷到国王面前称赞他。国王后悔了，派人接儿子回宫，并将皇宫的钥匙交给了他。从此，皇宫的一切事务都由王子管理。孙诺农布讲述，普裟整理。32 开 4 页，2200 字。收入《迪庆藏族民间故事》，云南人民出版社 1987 年版。（海涛）

藏王的故事

བཙན་པོའི་ལོ་རྒྱུས།

btzan povi lo rgyus

藏族生活故事。流传于云南省德钦、贡山两县。讲述德越和德珠是一对同父异母的王子。德珠的母亲想立亲生儿子做王储，就想杀死德越。德珠将这一消息告诉了哥哥，并与他连夜逃出了王宫。到了一个缺水的地方，德珠渴死了。哥哥对天祈雨，不想半夜真的下了大雨，德珠活回来了。可德珠不见了哥哥，只能跟着猴子采野果吃。不久他就变成了猴子。原来德越被一个和尚收为徒弟。后藏有一个风俗：每年洪水泛滥时，当地人要丢一个属龙的小孩到江中。这年后藏王派人抓走了属龙的德越。公主见德越长得英俊，舍不得他，便对父王说：“这是我的丈夫，不准丢到江中。”后藏王没法，把德越留了下来。后来，德越做了新后藏王。德珠变成猴子后，还会说话。新王登基时，和德珠说过话的猎人便去王宫报告了这一消息。几经周折，兄弟相认，德珠又变成人。从此，哥哥做了后藏王，弟弟做了前藏王。佚名讲述，杨秉礼、杨开应记录。32开2页，1100字。收入《迪庆藏族民间故事》，云南人民出版社1987年版。（海涛）

哑巴和聪明人

ལྐུགས་པ་དང་རིག་པ་ཅན།

lkugs pa dang rig pa can

藏族生活故事。流传于云南省德钦县部分地区。讲述有两家人，河东那家的儿子是哑巴，河西那家的儿子是聪明人，他们的年龄相当。一天，哑巴和聪明人一起上山打猎，打到了一只马鹿。他们剖开马鹿，从胃里跳出几只青蛙。聪明人吓得脸色突变，他告诉哑巴，只有把父亲杀了才能免除灾祸。哑巴回家后，不忍杀父，并将此事用手比画着告诉了父亲。父亲告诉他，从马鹿胃里跳出来的青蛙是一服长生不老药。哑巴将此事告诉聪明人时，聪明人已把自己的父亲杀了。聪明人毫不后悔，想到吃下青蛙后可以长生不老，心里便美滋滋的。他担心那几个青蛙跑掉，便连夜上山。跑到半路已是午夜时分，前面一片漆黑。聪明人突然一脚踩空，从悬崖上摔了下去。小吾堆讲述，和顺荣整理。32开3页，1700字。收入《迪庆藏族民间故事》，云南人民出版社1987年版。（海涛）

跳锚

ལྕགས་མདུང་ཐོག་ལྡང་བ།

lcgs mdung thog ldng ba

藏族生活故事。流传于云南省迪庆藏族自治州。讲述很久以前，有兄妹四个，哥哥叫毕得格。毕得格外出做生意后，大妹、二妹为了多分得家产，合谋把嫂子萨多斯害死了。哥哥返回家，大妹、二妹又先后送上毒酒，想害死他。三妹心好，给哥哥送上了甘甜的泉水。哥哥喝了九大碗，跟着三妹来到妻子的坟头。其实萨多斯遇害时，嘴里含着宝珠，所以不久得以复活。后来大妹、二妹前来向哥嫂讨饶，毕得格说："我们来看天意吧，前面小河里插着一支锚，谁跳得过它，就留在家里；谁跳不过去，就出去寻找新的幸福！"结果，大妹、二妹都被扎死在铁锚上，只有三妹和毕得格夫妇顺利地跳了过去。从此，三人和睦地生活在一起。佚名讲述，李兆吉搜集，阳关记录、整理。32开3页，1500字。收入《迪庆藏族民间故事》，云南人民出版社1987年版。（海涛）

沾不得

ཐུག་མི་ཉན།

thug mi nyan

藏族生活故事。流传于云南省香格里拉市部分地区。讲述有一天，坏心眼的县太爷想出了一个花招，他对各村的头目说："今天我请客，每村发一堆鲜牛肉，请你们按照自己管辖村寨的数目领取。"贪心又虚伪的格咱铺村的头目领了五份，而狡猾善辩的纳格拉村的头目只领了一份。当大家都领完牛肉时，县太爷又说："你们按所领的份数交纳青稞酒和酥油，多领的多缴，少领的少缴。"那些领得多的头目心中暗暗叫苦，而最后缴税的还是老百姓。格咱铺村三十户人家，却要缴五份的税；而纳格拉村有一百来户人家，只需缴一份的税。顿珠讲述，泽丹记录。32开2页，900字。收入《中甸县民间故事》，云南民族出版社1990年版。（王晓松）

猎人上天的故事

རྔོན་པ་སངས་རྒྱས་པའི་གཏམ།

rngon pa sangs rgys pvi gtam

藏族生活故事。流传于云南省迪庆藏族自治州。讲述从前有一位猎人，每次打到猎物，都要送一只腿给本村的一位喇嘛。喇嘛吃完了猎物的肉，就将骨头扔出窗外。一天，猎人看见喇嘛扔掉的骨头堆齐了窗口，猛然意识到自己杀了太多的生灵。他无法原谅自己的罪过，便来到一处悬崖边，纵身跳了下去，打算结束自己的一生。忽然，一只雄鹰将他托起来，带他飞向了天际。猎人上天的消息很快传遍了全村。喇嘛听到这一奇闻后，私下暗想，连杀生无数的猎人都能升天，自己修行念经如此长久，当然应能升入天界。于是，他效仿猎人走向悬崖，毫不犹豫地跳了下去，一命呜呼。佚名讲述，王晓松搜集、记录。32开1页，400字。收入《雪域佛光》，云南人民出版社2000年版。（和树军）

狡诈的妻子

ཆུང་མ་གཡོ་ཁྲམ་ཅན།

chung ma gyo khrm can

藏族生活故事。流传于云南省香格里拉市部分地区。讲述从前在丹巴龙村有一户人家，男人仓巴常常因做法事帮人超度灵魂，需住在外面，于是妻子经常在晚上约别的男人来幽会。有一天，丈夫前脚走出门，妻子赶紧招来了老相好。不想，仓巴和他的师弟有事回来了。淫妇只好叫相好躲在门背后，自己把口袋翻过来套在丈夫的头上，这样便遮住了他的视线。吃过晚餐后，仓巴和师弟摆了一盘棋，他抓白子，师弟抓黑子。仓巴念念有词地放下第一子："登先堵黑子门。"师弟跟着放下第一子，说："淫妇门后藏奸夫。"仓巴放下第二子后问："你说的奇事出在什么地方？"师弟答："正是师兄头戴白口袋。"眼看就要坏事了，淫妇不等师弟放下第二子，就拨乱了棋局。拉茸邓主讲述，泽丹娃记译。32开2页，1000字。收入《中甸县民间故事》，云南民族出版社1990年版。

（王晓松）

说话的树

ཁ་གྲགས་པའི་སྡོང་རྡན།

kha drgs pvi sding rdn

藏族生活故事。流传于云南省香格里拉市。讲述从前有两个朋友，一个聪明，一个笨。一天，他们在空心树下拾到一块黄灿灿的金子。聪明人想独吞，便趁朋友回去取茶的工夫，把金子藏了起来，然后反咬一口说是他拿走了金子。笨朋友坚决不承认，聪明人又想了一计：让自己的父亲头天偷偷躲进树洞里，待第二天两人来给树神焚香求判时，老头子冒充树神逼笨朋友就范。可事与愿违，笨朋友一怒之下，要劈倒大树。藏在大树里的老人吓慌了，急忙从树洞里跳出来。聪明人只得羞愧地说出了实情。佚名讲述，松巴银搜集，杨世光整理。32开2页，1080余字。收入《迪庆藏族民间故事》，云南人民出版社1987年版。

（海涛）

儿子变猴子

བྱིས་པ་སྤྲེའུ་འགྱུར་པ།

byis pa sprevu vgyur pa

藏族生活故事。流传于云南省香格里拉市。讲述有两个朋友，一个刁滑，一个厚道。一次他们去打猎，在路上拾到一瓶沙金。刁滑人想独占，就偷偷拿走了瓶里的沙金，把普通的沙子装了进去。厚道人开始想不明白是怎么回事，待一位老奶奶将自己看到的一切告诉了他后，他才恍然大悟。为了教训刁滑人，厚道人就按老奶奶所说，请朋友的两个儿子来家做客。吃过饭后，他把两人藏在后屋。刁滑人老不见自己的孩子回来，就到朋友家来找。他一喊儿子的名字，从屋后跑出两个猴子。他百思不得其解。厚道人说："是呀，儿子怎么会变成猴子呢？我们的沙金又怎么会变成沙子呢？"刁滑人见事已败露，只好承认偷了金子。松银巴讲述，阳关整理。32开2页，870字。收入《迪庆藏族民间故事》，云南人民出版社1987年版。

（海涛）

吹单老汉选儿媳

རྒན་ཆོས་ལྡན་གྱི་ཆུང་མ་གདམ་པ།

rgn chos ldn gyi chung ma gdam pa

藏族生活故事。流传于云南省香格里拉市部分地区。讲述从前，纳格拉村有个很财迷的老人，叫吹单，他家是村里最富裕的一户。他听说翁水寨主比自己富有，便托人到翁水家给儿子提亲。翁水寨主应下了这门亲事，因为他听说吹单的儿子十分出色，自己的女儿也很喜欢他。两家人选吉日举办了婚礼。可自从办喜事那天起，吹单便愁眉不展，原来他嫌儿媳妇带来的嫁妆太少，便处处刁难她。后来在家人的劝说下，他开了窍，并向儿媳妇认了错。从此，一家人和睦地生活在一起。阿斯称克讲述，泽丹娃记录。32开4页，220余字。收入《中甸县民间故事》，云南民族出版社1990年版。

（王晓松）

梦卜

རྨི་མོ།

rmi mo

藏族生活故事。流传于云南省德钦县。讲述

有夫妇两人，男的叫咱斯顶汝。一天，妻子做了七个馍馍，以为丈夫睡着了，就自言自语地说："他三个，我三个，剩下一个我吃掉。"咱斯顶汝听见了她的话，便借梦说出了她的秘密。后来大家都认为他会梦卜。有一人家丢了一头母猪，就请他去做梦打卦，他只好硬着头皮应承下来。他每天晚上不睡觉，出去找猪，结果真的找到了。原来母猪躲在外面生了八头小猪。第二天，他告诉失猪人说，自己梦见他家的母猪在某处，还生了八头小猪。失主一找果然如此。咱斯顶汝的名声更大了。国王的算命先生走失了，他听说咱斯顶汝会梦卜，便派大臣把他接进宫里。又是阴差阳错地，咱斯顶汝竟然在宫里找到了那位算命先生。国王以为咱斯顶汝是个神人，就把江山分给了他一半。佚名讲述，李兆吉翻译，李荣文记录。32开2页，1200余字。收入《迪庆民间故事集成》，云南民族出版社1997年版。（海涛）

金磨换马

གསེར་མཆིག་རྟ་ལ་བརྗེས་པ།

gser mchig rt la brjes pa

藏族生活故事。流传于云南省香格里拉市。讲述有一人从很远的地方背来一扇金磨，另一人骑马迎面走来。背磨的人看骑马的人如此悠闲，很羡慕，于是两人就交换了礼物。时间一长，背磨的人对骑马的人感到厌倦了。有一天，他听到悠扬的笛声后，就用自己的马和吹笛人交换了笛子。可他拿到笛子后怎么也吹不出有节奏的曲调来。不久，他听见了少女悠扬的歌声，又想学唱歌，便向少女提出，用笛子和她交换歌声。他囫囵吞枣地学了几遍后，就道谢走了。他一边走一边唱，一不小心，踩在一个坑里，仰面朝天跌了下去。等他爬起来，歌词竟全忘了。他后悔莫及，自言自语地说："金磨换马，马换笛子，笛子换歌，歌一忘（完），唉，全完了！"佚名讲述，李寿英记录。32开2页，1000余字。收入《迪庆民间故事集成》，云南民族出版社1997年版。（海涛）

狡辩胜诉

ངམ་རྩོད་ཀྱིས་རྒྱལ་ཁ།

ham rtzod kyis rgyl kha

藏族生活故事。流传于云南省香格里拉市。

讲述来自外乡的年轻人骑着一匹烈马，经过一块荒地。烈马闯进了蒿枝里，被突然飞起的野鸡惊吓，一脚踩空，连人带马一起掉进了丹巴龙河淹死了。年轻人的父亲是一个能说会道的人，他跑到衙门告了荒地的主人一状，提出的理由是：如果地主勤快一些，不让良田荒芜，就不会引来野鸡在蒿枝丛中做窝，当然自己的儿子也就不会遇上这场灾难；假如天下的百姓都像这块荒地的主人那样懒惰，让良田荒芜，官府哪里来的粮食，天下不是一塌糊涂吗？地主是个木讷人，不会讲话。县太爷也不想与强人作对，便收拾起老实人："你让良田荒芜，引来野鸡，最终导致人命。年轻人的半条命由蒿枝和野鸡赔；你有过失，不过念你老实，只要赔半条命的钱给他的老父。另外你还应承担诉讼费。"拉茸顿珠讲述，泽丹娃记录。32开1页，580字。收入《中甸县民间故事》，云南民族出版社1990年版。（王晓松）

仓巴的小鼓

མཚམས་པའི་ཪྔ་ཆུང་།

mtsams pvi rng chung

藏族生活故事。流传于云南省香格里拉市部分地区。讲述一次仓巴帮人念经驱鬼，因喝醉倒在回家的路上睡着了。酒醒之后，他把祭祀用的小鼓遗失在路边。就在同一天，邻居家的奶牛走失了，女主人四处寻找未果，却在家中找到一面小鼓。第二天一早，仓巴去找小鼓，见自己丢鼓的地方躺着一头奶牛，就将它吆回了家中。两邻居发现自己的东西在对方的家中后，便互相责骂，争吵不休，最终对簿公堂。县太爷它耶裁定："鼓没长脚，是恶女人偷走的；牛长脚，是自己走进仓巴家的。为了赔偿仓巴的名誉损失费，将牛判归他所有。"其实牛主人哪里知道，在宣判前，仓巴与它耶早已讲好了条件：若赢了这场官司，愿把奶牛的一半价钱送给县太爷。拉茸邓主讲述，苏诺农布、泽丹娃记录。32开2页，988字。收入《中甸县民间故事》，云南民族出版社1990年版。（王晓松）

扎青的笑

བཀྲ་ཆེན་གྱི་འཛུམ་མདངས།

bkr chen gyi vdsum mdangs

藏族生活故事。流传于云南省香格里拉市部

分地区。讲述来自异乡的牧人扎青是个虔诚的佛教徒，他整天总是笑个不停。有天晚上，他做了一个怪梦，醒后百思不得其解。第二天，他便去求神问佛。喇嘛告诉他，若再笑三次，就没命了。从此，扎青就再也不敢笑了。有一次他来到一座雪山脚下，看见一群猴子在穿越冰川，就忍不住笑出了声。不久他来到一道箐沟里的磨坊前，发现老熊与磨盘在搏斗，便忍不住又笑了起来。过了几天，他到了牧场，看到狗群间发生内战，便“哈哈哈”地大笑起来。扎青并没有马上死去。他很纳闷，便走进了先前求神问佛的那座寺庙。又是那位喇嘛告诉他，因为他把牛羊都献给了寺庙，他们每天念经求佛帮他渡过了这一难关。可从此扎青再也不信喇嘛的话了，他想起猴子所说：“会念经书的不一定是佛爷。佛爷念经卜卦无非是叫你多贡献些财物给他。”春宗讲述，齐世勋记录。32 开 4 页，2000 字。收入《迪庆民间故事集成》，云南民族出版社 1997 年版。（王晓松）

比丘和小沙弥

དགེ་སློང་དང་དགེ་བསྙེན།

dge slong dang dge bsnyen

藏族生活故事。流传于云南省香格里拉市。讲述从前，一座寺庙里住着比丘和小沙弥。一天，一个猎人送给他俩一只乌鸡。比丘十分高兴，便叫小沙弥将乌鸡洗干净后，自己添加虫草放在火上炖，另外煮了一罐青稞酒，想美美地吃上一顿。正好这天下午有个富翁请比丘去念经禳灾。比丘既想吃山珍喝美酒，又不愿放过到手的白银和供物。临走之时，他告诉小沙弥，锅里煮的是天上的神鸡，为了防止它飞走，在自己回来之前千万别揭开锅盖。然后他又指着酒说：“这罐里装有红色毒酒，只有等我回来念过解毒经后才能喝，否则会送命。”聪明的小沙弥早识破了比丘的诡计，他将鸡也吃了，酒也喝了。比丘回到寺里，小沙弥告诉他：“神鸡已飞到天上，只留下了一堆骨头。因怕您生气，我只好拼命地喝红色毒酒，想一死了之，谁知到现在还活着。”比丘只能眼睁睁地看着地上的鸡骨头和空了的酒罐，气得说不出一句话来。阿夺岭克讲述，泽丹娃记录。32 开 2 页，728 字。收入《迪庆民间故事集成》，云南民族出版社 1997 年版。（王晓松）

后悔

འགྱོད་སེམས།

vgyod sems

藏族生活故事。流传于云南省香格里拉市。讲述父子二人赶着一匹马，到外地去做生意。在一条崎岖的山道上，马受了一群突然飞起的小鸟的惊吓，掉进河里，只剩下半截缰绳握在儿子手中。父亲怒气冲冲地从儿子手中夺过缰绳，在山道上比了又比，量了又量，并不断埋怨道：“如果你按我刚才说的从这里过，就不会出事了。”儿子很不服气地说：“我看最重要的是立即做一副结实的马辔头。”父亲大声吼道：“你懂个屁！现在最重要的是去买一匹看不见惊鸟、听不到鸟声、不会挣断缰绳的好马。”格桑克玛讲述，刘群记录。32 开 1 页，416 字。收入《中甸县民间故事》，云南民族出版社 1990 年版。（王晓松）

吉祥

བཀྲ་ཤིས།

bkr shis

藏族生活故事。流传于云南省香格里拉市。讲述从前，有一个农民爱下扣子扣野兽。每逢上山捕猎，他口不离“吉祥”二字，并嘱咐儿子也仿效勿误。一次父子二人又去打猎，扣子不慎打在父亲的眼眶上，鲜血直流。他们只好赶紧回家。村里人看见他们，都问打到了什么山珍。儿子哭丧着脸说：“吉祥的扣子打在吉祥的父亲的吉祥的眼上，我们吉祥的父子俩只好选定了这吉祥的日子空身回来。”佚名讲述，泽丹娃搜集、整理。32 开 2 页，700 字。收入《迪庆藏族民间故事》，云南人民出版社 1987 年版。（海涛）

两个小喇嘛

བན་ཕྲུག་གཉིས།

ban phug gnyis

藏族生活故事。流传于云南省香格里拉市。讲述从前，一座寺庙里住着两个小喇嘛，一胖一瘦。他俩常年在庙里念经、拜佛，靠人们留下的祭品生存。不知什么缘故，有一段时间到庙里烧香的人渐渐少了，两人的生活越来越贫困。有一天，他们熬了一锅粥，瘦喇嘛想独喝，就把一口痰吐在锅里，然后对胖喇嘛说：“我是个不知脏的喇嘛，你呢？”胖喇嘛火了：“我是一个慷慨大方、不知吝啬的喇嘛。”说完，把粥锅扔出了门外。佚名讲述，泽丹娃搜集、整理。32 开 1 页，270 字。收入《迪庆藏族民间故事》，云南人民出版社 1987 年版。（海涛）

俞丹和布哩

ཡོན་ཏན་དང་བུ་གླེན།

yon tan dang bu glen

藏族生活故事。流传于云南省香格里拉市。讲述有天早晨，一个三岔路口躺着一具马鹿的尸体，附近两寨的精壮男儿们正为如何分配鹿肉而争吵不休。吕阿吾的儿子作为公证人，做了如下判决：“马鹿的肉两寨各一半，中间的脊骨是公证人的份。鹿茸各寨取走一角，鹿血泡酒由两寨共饮。”自此以后，人们都称他为“俞丹”。过了不久，一座独木桥的正中躺着一只被箭射死的疯狗，河两岸的人正在互相推诿，俞丹便上前调停。他又把上次说过的话原样照说了一遍，人们就把狗的全尸送给了他。当地人又给他送了一个新的名字——“布哩”。春扎拉培讲述，泽丹娃记录。32 开 2 页，1500 字。收入《中甸县民间故事》，云南民族出版社 1990 年版。（王晓松）

弟兄情

ཕུ་ནུ་ཡི་འདང་།

phu nu yi vdang

藏族生活故事。流传于云南省香格里拉市部分地区。讲述江楚云丹和江楚顿珠是同父异母兄弟。父亲死后，后妈将江楚云丹逼出家门。不久弟弟江楚顿珠翻山越岭寻找哥哥，最后在一座高山上发现了他的尸体。他要救活哥哥。花了三年时间，用杜鹃树叶做成水槽，从雪山上引来一股清泉流到哥哥的嘴里。江楚顿珠救活了哥哥。后来他参加了杰布的队伍，在歼灭敌人时立了大功，几年后竟然当了新杰布。但他一直未忘记山上的哥哥，派了好几批人去找他。最后他发现哥哥与猴子生活在山洞中，性情也发生了很大变化。弟弟经过精心调理，将哥哥感化了过来。老杰布知道兄弟俩的故事后，把大女儿嫁给哥哥，二女儿嫁给弟弟。从此以后兄弟俩天天在一起，过着幸福的日子。阿尼称克讲述，勒安旺堆记录、翻译。32 开 4 页，2900 余字。收入《中甸县民间故事》，云南民族出版社 1990 年版。（王晓松）

格桑洛顶与东鲁祝玛

སྐལ་བཟང་བློ་བརྟན་དང་དུང་ལོ་སྒྲོལ་མ།

skl bzang blo brtn dang dung lo sgrol ma

藏族生活故事。流传于云南省德钦县。讲述很久以前，国王的三个女儿去河边背水，遇见一个流浪汉躺在地上。老大和老二鄙视地从他身上跨过，只有三公主东鲁祝玛礼貌地从他的身旁绕了过去。后来在三位公主的订婚仪式上，大公主和二公主分别把礼品放在汉地国王和印度国王怀里，而东鲁祝玛阴差阳错地将礼物放进了那位流浪汉怀中。一气之下，国王将三女儿赶出了家门。两天后，三姐妹同时回家看望父母。老大和老二带来的礼物是松明子，东鲁祝玛却要母亲拿簸箕来装自己带来的东西。当她将礼物倒进簸箕时，全家人都惊呆了：他们看见满满一簸箕黄灿灿的金子。原来，那位流浪汉就是格桑洛顶国王。佚名讲述，降巴搜集。32 开 5 页，3920 字。收入《迪庆民间故事集成》，云南民族出版社 1997 年版。（格桑邓珠）

烧土罐的儿子

རྫ་མཁན་གྱི་བུ།

rds mkhan gyi bu

藏族生活故事。流传于云南省德钦县。讲述澜沧江畔曾有个远近闻名的烧土罐的小伙子。沿江藏民家不管是烧茶的茶罐，还是煮肉的土罐，无一不是他烧制的。然而在人们的心目中，他却是一个地位卑微的手艺人。他已过而立之年还没有成亲。后来在爱神白度母的帮助下，他冒充天神下丹的仙子，和国王的女儿成了亲。新婚之夜，小伙子在梦中吐出真言，暴露了自己的身份。为了验证他到底是不是天上的神仙，国王让他先后去捉天上的飞鸟、地上的野豹。阴差阳错地，小伙子都如愿以偿，完成了任务。从那以后，“仙子”仍然每天夜里都说自己是烧土罐的。不过，公主只当是他梦呓，再也没产生过怀疑。石底向茸讲述，斯那卓玛记录。16开3页，2280字。收入《中国民间故事集成·云南卷》（下），中国ISBN中心2003年版。 （海涛）

卓瓦力士

བུ་སྒྱོ་བ།

bu sgyo ba

藏族生活故事。流传于云南省德钦县部分地区。讲述从前，一对夫妇生下一个男婴，取名达瓦。这孩子食量惊人，原来一家人吃的饭仅够他一人吃。母亲怨儿子饭量大，就叫他卓瓦。后来，夫妇二人听信了谣言，想除掉儿子。一天，父亲诱使卓瓦一起上山打猎，把他独自丢弃在荒山密林里，自己则顺原路溜回家。若干年后，夫妇俩年迈体弱，生活日渐窘迫。无奈之下，老父亲进山打猎，无意中他来到和儿子分手的地方，只见那里修建了一座草棚，四周挂满了肉串，棚中的枕垫全是虎皮、豹皮做的。原来这就是卓瓦的居所。父子相认，悲喜交加。从此以后，卓瓦重新得到了父母的疼爱和乡亲们的拥戴。佚名讲述，巴桑康主采录。16开3页，2166字。收入《中国民间故事集成·云南卷》（下），中国ISBN中心2003年版。 （海涛）

拉茸捕獐

བློ་བཟང་གིས་གླ་རྔོན་པ།

blo bzang gis gl rngon pa

藏族生活故事。流传于云南省香格里拉市部分地区。讲述一天，猎人来到雪山，坐在高坡上观察野兽的动静。他一不小心，让鼻烟盒滚入山谷，砸在一只过路獐子的鼻梁上。盒盖打开后，獐子当场被鼻烟呛死了。猎人巧获獐子的奇闻传开了。他的邻居拉茸便不惜高价买了一个镶银的杜鹃花树做的鼻烟盒。他上了雪山，也想“守株待獐”，结果一连几天都一无所获。垂头丧气的拉茸便向猎户求教，猎户告诉他：“我一生捕获的野兽难以数计，但像鼻烟呛死獐子之类只不过是偶尔的奇事。你要学捕獐的绝招，先得练一手弹无虚发的枪法，在长期的狩猎实践中摸清各种野兽的活动规律。像你这样一味生搬硬套，侥幸取巧，怎么能猎到獐子呢？”春宗讲述，齐世勋记录。32开2页，900字。收入《中甸县民间故事》，云南民族出版社1990年版。 （王晓松）

拉姆织彩带

ལྷ་མོས་ཚོན་ཐག་འཐག་པ།

lh mos tson thag vthag pa

藏族生活故事。流传于云南省香格里拉市部分地区。讲述拉耶村有个姑娘叫拉姆，她想织出一根彩虹般的带子，以显示自己的手艺。冬天到了，拉姆取出彩线织了几梭子，这时寒风挟着雪花袭来，她便将梭子挂在柱子上，到火塘边取暖去了。春天到了，她取下已开了头的彩带织了几梭子，便感到四肢无力，就在暖暖的春风中睡了一觉。夏天到了，她又取下彩带织了几梭子，可惜天气炎热，蚊虫叮咬，便将织了一截的彩带卷好挂在柱子上。秋天到了，她再次取下彩带，织了两三梭子，就只听见“吧嗒嗒，吧嗒嗒”的声音，原来彩带被虫蛀断了。一年过去，拉姆一事无成。春宗讲述，泽丹娃记译。32开2页，900余字。收入《中甸县民间故事》，云南民族出版社1990年版。 （王晓松）

勒桑与勒朵

ལས་བཟང་དང་ལས་སྡུག

las bzang dang las sdug

藏族生活故事。流传于云南省香格里拉市。讲述勒桑和勒朵是两姐妹。父母去世后，勒桑求神问佛得知自己手不沾黄土，终生有享不尽的荣华富贵；而妹妹却苦海茫茫，灾难不断，终日要与贫穷相伴。后来，两姐妹分了家。勒桑自认为命相好，便整天游手好闲，好吃懒做。勒朵却起早贪黑在田地里劳作，回家后忙着饲养牲畜。冬天到了，又冷又饿的勒桑还躺在床上，等待着好运的降临。幸亏妹妹及时赶到，她才算捡回了一条命。后来，姐姐跟着勒朵来到田里，辛勤地劳动，也换来了丰收的果实。从此姐妹俩都过上了富裕的生活。阿旺讲述，七林增楚记录。32开3页，2300字。收入《中甸县民间故事》，云南民族出版社1990年版。 （王晓松）

犹豫的猎人

རྔོན་པ་ཐེ་ཚོམ་ཅན།

rngon pa the tsom can

藏族生活故事。流传于云南省迪庆藏族自治州。讲述猎人下的扣子逮住了一只大公獐。准备宰杀时，他想：若砍在脖子上，脑皮就不能做烟袋；若砍在腰上，腰皮就做不了干巴，看来只能砍无用的脚。他将刀狠狠地砍了下去，结果砍断了獐子脚上的套绳，獐子猛跳起来，箭一般地跑进密林里去了，猎人沮丧地瘫倒在地上。佚名讲述，旺堆搜集、整理。32 开 2 页，620 字。收入《迪庆藏族民间故事》，云南人民出版社 1987 年版。

（海涛）

智惩财主

ཕྱུག་བདག་ལ་ཉེས་ཆད་བཅད་པ།

phyug bdag la nyes chad bxad pa

藏族机智人物故事。流传于云南省德钦县部分地区。讲述从前有一个财主，经常欺诈穷人，老百姓对他恨之入骨。阿克顿巴早就想治治他。有一天，阿克顿巴骑着毛驴来到财主家，先用计打死了他家的奶牛。在两人喝酥油茶的时候，他对财主说："我的毛驴撞死了你家的牛。"趁财主的老婆跑到牛厩查看之时，阿克顿巴打死了财主，在他的嘴里塞满自己带来的糌粑，并把他的一只手放进糌粑袋中。财主的老婆回来了，阿克顿巴告诉她，财主偷吃他的糌粑，被呛死了。财主的老婆信以为真，立刻号啕大哭起来。斯那品初讲述，斯那农布搜集。32 开 2 页，960 字。收入《迪庆民间故事集成》，云南民族出版社 1997 年版。

（王燕萍）

四不会

ལས་མི་ཤེས་པ་སྣ་བཞི།

las mi shes pa sn bzhi

藏族机智人物故事。流传于云南省德钦县部分地区。讲述抢收抢种的季节到了，财主挨家挨户地摊派徭役。他来到阿克顿巴家，阿克顿巴说："老爷，我可以给您服役，可有四件事我是不会的：一是不会削带刺的箭，二是不会跟着双的走，三是不会把您家的东西往外运，四是不会修筑万里长城。"财主同意不让他干这些事。这样，凡是财主叫收青稞、往地里施肥、耕地播种、去田里围篱笆等四样活计，阿克顿巴都一一拒绝。财主这才知道上了阿克顿巴的当，但哑巴吃黄连，只得按照许下的诺言付给他报酬。格茸讲述，斯那泽仁搜集，斯那农布整理。32 开 2 页，832 字。收入《迪庆民间故事集成》，云南民族出版社 1997 年版。

（王晓松）

天着火了

གནམ་མེ་རུ་ཤོར་པ།

gnam me ru shor pa

藏族机智人物故事。流传于云南省德钦县部分地区。讲述阿克顿巴来到一个村庄，碰见一位妇女头顶一簸箕小米。这位妇女听说阿克顿巴智慧超群，能让人受骗上当，便缠着他，想看看他的本事到底有多大。阿克顿巴一再表示要走，可这位妇女总是纠缠不休。阿克顿巴装着惊奇的样子说："大姐，你别逼我了，看你逼得连天上都着火了！"妇女慌忙抬头看天，天上哪有什么火，只是她头上顶着的一簸箕小米撒了一地。她看着阿克顿巴笑眯眯地走了，才知道上了他的当。格茸讲述，斯那农布整理。32 开 1 页，319 字。收入《迪庆民间故事集成》，云南民族出版社 1997 年版。

（王燕萍）

狗咬佛锅

ཁྱིས་ལྷན་ཁོག་ལ་སོ་བརྒྱབ་པ།

khyis lhn khog la so brgyb pa

藏族机智人物故事。流传于云南省德钦县。讲述为了搜刮财物，寺庙里的喇嘛把十四尊佛像融化掉，铸成一口铜锅，骗信徒说，在锅里面化油点灯还愿，可保今生消灾免难，来世荣华富贵。藏民们便将家里的酥油大都送到寺里还愿，喂肥了喇嘛。为了治治这些骗人的喇嘛，阿克顿巴来到寺庙，声称家中老母去世，要念经做道场，请喇嘛借佛锅熬油点灯。他把铜锅背回家后，在里面钻了许多洞。过几天还锅时，他故意经过寺里养狗的地方。当恶狗扑上来时，他躲进铜锅里大声呼救。喇嘛们赶来撵开恶狗，发现佛锅已被它

"咬"了好几个洞。百姓们听说佛锅被狗咬破了，便认为它并不神灵，也就不再送酥油来点灯还愿了。佚名讲述，李兆吉、解世毅搜集。32 开 1 页，440 字。收入《迪庆民间故事集成》，云南民族出版社 1997 年版。（王晓松）

七天"活佛"

ཉིན་བདུན་གྱི་བླ་མ།

nyin hdun gyi bl ma

藏族机智人物故事。流传于云南省德钦县。讲述大寺里有位活佛，据说很有法道，人们只要在他那里修行七天，就能升天，当地人都尊称他为"刹登活佛"。的确，前去修行的人都没有再回来的，大家都确信他们升到天界去了。阿克顿巴凭借自己的机智与聪慧，当众戳穿了刹登活佛谋财害命的"升天"法术。人们一怒之下，一齐动手，把刹登活佛打死了。佚名讲述，李兆吉、解世毅搜集。32 开 1 页，420 字。收入《迪庆民间故事集成》，云南民族出版社 1997 年版。（王燕萍）

做法事

ཆོས་སྤྱོད།

chos spyod

藏族机智人物故事。流传于云南省德钦县。讲述一天，几个喇嘛在路上闲逛，遇到阿克顿巴，便围过去，想故意刁难他。他们说："听说你很会哄人，今天就哄哄我们吧。"阿克顿巴回答："尊贵的佛门弟子们，我阿克顿巴怎敢哄你们？再说，我母亲刚才死了，当务之急是请你们念经超度她老人家。"说完便匆匆地往家赶。几位喇嘛相信了，追上他说："法事我们做得好，明天一早我们会到你家去的。可明天你就得哄哄我们，不然你得拿出二十斗青稞赔给我们，若赔不起就得到寺庙干一年活。"阿克顿巴答应了。第二天，喇嘛们来到阿克顿巴家，发现他母亲几年以前已经过世，根本没有丧事办，才知道上了他的当。佚名讲述，邓虹搜集，吴瑰整理。32 开 2 页，1073 字。收入《迪庆民间故事集成》，云南民族出版社 1997 年版。

（王燕萍）

阿克顿巴

ཨ་ཁུ་སྟོན་པ།

a khu ston pa

藏族机智人物故事。流传于云南省香格里拉市。讲述一天，阿克顿巴想请庵里的尼姑吃饭，但家里没有粮食，便向土司借几袋青稞糌粑。他向土司保证，到时还给他家"柱"（藏语，既指小麦，又指锅庄舞）。土司心想，借出去青稞，还回来小麦，很划算，便一口答应了。等到新粮上市，土司却不见阿克顿巴还粮，就派人去催。阿克顿巴便领着几个青年来到土司家跳起了锅庄舞。土司抓住他的袖子吼道："快还我粮食！"阿克顿巴停住脚，说："老爷，刚才我已经还清！"土司这才知道上了阿克顿巴的当，气得半天说不出话来。孙诺讲述，兰文亮、和吉昌整理。32 开 3 页，1200 字。收入《迪庆藏族民间故事》，云南人民出版社 1987 年版。（海涛）

驴与牯牛

བོང་བུ་དང་བ་ལང་།

bong bu dgng ba lang

藏族机智人物故事。流传于云南省迪庆藏族自治州。讲述从前有个贪婪又吝啬的财主，他养了一头很凶的牯牛，经常把别人家的牲畜斗死。他非但不赔，还强占别人的牲畜。阿克顿巴知道后，就想了个法子准备治治他。这天，他赶着一头驴来到财主家，说来借牛厩关驴。财主见有利可图，就满口应允。半夜，阿克顿巴把牯牛拉出去杀了，将牛肉分给大家后，把牛尾巴插在山上的岩石缝里。第二天一大早，他对财主说，驴把牯牛吓得钻进岩缝里去了。财主不信，阿克顿巴便带他去看岩石缝里的牛尾巴。他才气得无话可说。佚名讲述，齐耀祖翻译，郑孝儒、侯开伦、秦家华搜集、整理。32 开 2 页，700 字。收入《迪庆藏族民间故事》，云南人民出版社 1987 年版。（海涛）

天神收礼

ལྷའི་ལེགས་སྐྱེས།

lhvi legs skyies

藏族机智人物故事。流传于云南省迪庆藏族

自治州。讲述从前有个财主，经常搜刮老百姓的财产，积攒了很多金银。有一天阿克顿巴来到他家说："天神即将降临这个地方。我们要把所有的金银财宝拿出来，摆到对面山上供奉。天神看了，就会赐给人们更多的吉祥富贵。"贪心的财主想得到更多的财产，就同意阿克顿巴把他的金银财产搬到山上去。半路上阿克顿巴把金银都分给了穷人，然后把很多冰块摆放在对面的山上。财主来搬回自己的金银时，发现地上只有一汪水，便责问阿克顿巴。阿克顿巴告诉他说："是天神收走了你家的金银。"财主听了无话可说，他还在等着天神的恩赐呢！佚名讲述，齐耀祖翻译，郑孝儒、侯开伦、秦家华搜集、整理。32 开 1 页，460 字。收入《迪庆藏族民间故事》，云南人民出版社 1987 年版。

（海涛）

顶针

རྩེ་ཁབ།

rtse khab

藏族机智人物故事。流传于云南省迪庆藏族自治州。讲述阿克顿巴见财主家忙着缝制皮口袋，便去打听。原来财主要用它们去市场上赚大钱。阿克顿巴对财主说："老爷，你怎么不想想，一张牛皮能做几个皮口袋要是把它做成皮顶针，赚的钱不知要多几倍呢。"财主果真上了当。人们都使用铁顶针，谁还买他的皮顶针呢？财主家几十张牛皮就这样白白浪费了。佚名讲述，雷震坤翻译，曾有琥、秦家华搜集、整理。32 开 1 页，270 字。收入《迪庆藏族民间故事》，云南人民出版社 1987 年版。

（海涛）

土锅

ས་ཁོག

sa khog

藏族机智人物故事。流传于云南省迪庆藏族自治州。讲述一天，阿克顿巴在地上挖了个坑，支上土锅，然后在下面烧起火来。锅里的水烧开后，他又用土把坑的四周填上。恰好有个财主经过这里，他以为土锅不用生火就可以烧开水，把它当作宝物，强行要用自己的马换走它。后来他知道上当了，便返回来找阿克顿巴。可阿克顿巴早就骑着他的马，走得很远了。佚名讲述，雷震坤翻译，曾有琥、秦家华搜集、整理。32 开 1 页，324 字。收入《迪庆藏族民间故事》，云南人民出版社 1987 年版。

（海涛）

分粑粑

བག་ལེབ་བགོ་བ།

bag leb bgo ba

藏族机智人物故事。流传于云南省迪庆藏族自治州。讲述阿克顿巴和四个人结伴同行。吃饭时，五个人商量怎么分随身带的四个粑粑。阿克顿巴说："这好办，你们每人给我一半。"其他四个人还以为他很公正，便满口同意。可最后阿克顿巴吃了两个粑粑。佚名讲述，雷震坤翻译，曾有琥、秦家华搜集、整理。32 开 1 页，200 字。收入《迪庆藏族民间故事》，云南人民出版社 1987 年版。

（海涛）

雇工达瓦

གླ་བ་ཟླ་བ།

gl ba zl ba

藏族机智人物故事。流传于云南省迪庆藏族自治州。讲述从前有弟兄两人，老大叫尼玛，老二叫达瓦。他们从小就无依无靠，靠乞讨度日。长大后，尼玛到土司家当佣工。狡猾的土司和他定下一个规矩：要是骂人，非但取不到报酬，还得挨一顿痛打。过了几天，土司故意惹怒尼玛，尼玛按捺不住，把所定的规矩忘了，狠狠地骂了几句。土司便痛打他一顿，并将他两手空空赶回家。达瓦见哥哥受欺侮，决计报复土司。他也来到土司家当佣工，土司照样和他定了上述规矩。后来，达瓦不仅卖了土司的粮食，还卖了他的羊和马。土司想骂他，又怕犯了规矩，只能哑巴吃黄连。最后，达瓦还把土司痛打了一顿，土司只得忍气吞声。佚名讲述，徐祖德搜集、整理。32 开 4 页，2160 字。收入《迪庆藏族民间故事》，云南人民出版社 1987 年版。

（海涛）

小山羊此智

ར་ཆུང་།

ra chung

藏族动物故事。流传于云南省德钦县部分地区。讲述很久以前，绵羊和山羊是亲姐妹。它们各自生了一个女孩，小山羊取名“此智”。为了独占家中的财产，狡诈的老绵羊害死了老山羊。此后它对此智百般欺凌，每天叫它上山去放牧。死后的老山羊变成一头老黄牛，把此智带到水草丰盛的地方放牧。在那里，树上的鸟儿为此智拾柴，地下的蚂蚁帮此智拾粪，母牛的奶会流进她的土罐里，母牛的粪也会变成金黄色的酥油。小绵羊知道后，很嫉妒此智，便和母亲一起把老黄牛杀了。在国王的选亲仪式上，此智穿着老黄牛的肠肚变成的花鞋，披着老黄牛皮变成的五光十色的衣袍，由喜鹊领路，来到了选亲场，被选中了。就在人们庆贺此智姑娘被选作国王的儿媳之时，老绵羊绝望地倒在地上死了。阿妈永宗讲述，此里尼玛搜集。32 开 4 页，2500 字。收入《迪庆民间故事集成》，云南民族出版社 1997 年版。（海涛）

蝙蝠为王

ཝུག་པ་རྒྱལ་པོར་བསྐོས་པ།

vug pa rgyl por bskos pa

藏族动物故事。流传于云南省德钦县部分地区。讲述在鸟的王国里，孔雀和锦鸡因长得美丽而被双双选为国王。后来，它们感到力不从心，便召集所有的鸟类开会，重新选举国王。在会上，众鸟听了蝙蝠的演讲，都被它的机智、才能所折服，大家一致选它当了新国王。日青扎史讲述，松金译仁、斯那农布采录。16 开 1 页，874 字。收入《中国民间故事集成·云南卷》（下），中国 ISBN 中心 2003 年版。（海涛）

画眉和斑鸠

འཇོལ་མོ་དང་དི་དི་གུ་གུ

vjol mo dang di di gu gu

藏族动物故事。流传于云南省德钦县部分地区。讲述有一天画眉和斑鸠进行做窝比赛。画眉认真细致地用草编织着，编到一半时，斑鸠就飞来高叫道：“我早就做好了。认输了吧，别再编了，快去觅食。”画眉觉得奇怪，便飞去看个究竟。斑鸠的窝由几根枯树枝胡乱地搭在一起，里面还下了一枚蛋。画眉想教训斑鸠一顿，便把它的窝摔下树。斑鸠回来，不见了自己的窝和蛋，知道是画眉捣的鬼，便马上飞去追。可它终究没有追上，且一路受气，想不通其他鸟类为什么都护着画眉。从此以后，它就独自住在那烂窝里，痛苦地叫着：“嘟嘟……寒冷，嘟嘟……孤独。”佚名讲述，巴桑康珠搜集。32 开 3 页，2000 字。收入《迪庆民间故事集成》，云南民族出版社 1997 年版。（海涛）

猴子和蝗虫

སྤྲེལ་དང་ཝུར་པ།

sprel dang vur pa

藏族动物故事。流传于云南省德钦县部分地区。讲述从前，一群猴子经常到田间寻找食物，少不了要欺负小小的蝗虫。蝗虫受尽欺压，决心要与猴王决一死战。一天，猴群又拿着木棒来打蝗虫。蝗虫便跳到猴子的额头，当另一个猴子拿起木棒狠狠地打下时，蝗虫飞身一跃，闪到一边。木棒结束了猴子的性命。这样，猴子打来打去，打的都是自己的同伴。最后猴群死伤大半。从此以后，猴子最怕蝗虫，一见到它们，就远远地躲开。佚名讲述，巴桑康珠搜集。32 开 1 页，550 字。收入《迪庆民间故事集成》，云南民族出版社 1997 年版。（海涛）

狐狸狩猎

ཝ་རྔོན་པ།

wa rngon pa

藏族动物故事。流传于云南省德钦县部分地区。讲述狐狸听说狩猎有无限的乐趣，就带着弓箭上山了。它碰上了老虎，便上前请教狩猎的要领。不久老虎在一座山顶遇到野牛，便扑上去一口就把它咬死了。狐狸见了便想：原来狩猎如此简单！第二天，它约兔子去狩猎，来到前一天老虎到过的山顶。狐狸让兔子望风，自己学着老虎的样子到一旁装睡觉去了。恰好有一只野牛从山腰经过，兔子及时告诉了狐狸。狐狸一听，像老虎一样径直向野牛扑去，想一口咬死它。野牛一抬脚，踢在狐狸的额上，将它踢下山去。等兔子赶到时，刚刚还趾高气扬的狐狸早已断气了。斯那都烈讲述，斯那农布搜集、整理。32 开 2 页，812 字。收入《迪庆民间故事集成》，云南民族出版社 1997 年版。（海涛）

乌鸦羽毛变黑的缘由

བྱ་རོག་ནག་པོ་ཡིན་པའི་གཏམ།

by rog nag po yin pvi gtam

藏族动物故事。流传于云南省德钦县部分地区。讲述一天，乌鸦、鹫鹰和孔雀互相帮着梳妆打扮。开始是乌鸦和鹫鹰为孔雀效劳，它们调了七色颜料，精心地把孔雀装扮得花枝招展。后来轮到孔雀和鹫鹰为乌鸦服务，它们先给乌鸦涂上黑颜料，正准备给它涂点其他色彩时，林子里有人做佛事，传来阵阵鼓声和唢呐声。乌鸦馋得等不及了，匆匆飞去林中捡吃人们敬佛时散落在地上的供品“德玛”。从此以后，它就变成全身黑了。仁庆扎史讲述，松金泽仁、斯那农布翻译、整理。32 开 1 页，450 字。收入《迪庆民间故事集成》，云南民族出版社 1997 年版。（海涛）

智斗老熊

བློས་དོམ་བཏུལ་བ།

blos dom btul ba

藏族动物故事。流传于云南省德钦县部分地区。讲述小白兔一连几次差点儿被老熊吃掉，便想惩罚一下老熊。一天它在一座山坡上把又大又圆的马蜂窝当作鼓轻轻地敲。老熊来了，就帮它敲“鼓”，把“鼓”敲得稀巴烂。被惹怒的马蜂蜇得老熊遍体鳞伤。老熊又痛又气，便将小白兔追到盐湖边。它看见小白兔在湖里洗澡，便在岸上等着抓它。当时天气炎热，它又听信小白兔的话，跟着跳到湖中洗澡。被马蜂蜇伤的伤口在盐的刺激下，更是“雪上加霜”，老熊痛得在盐湖里直打滚。上岸后它顺着脚印在一条峡谷里追上了小白兔。小白兔当时正抓着野葡萄藤悠闲地荡秋千。笨拙的老熊再一次听信了它的话，抓住藤条荡起来。可还没荡到峡谷对面，野葡萄藤就断了，老熊被“荡”下悬崖。斯那都烈讲述，斯那农布搜集、整理。32 开 4 页，2700 字。收入《迪庆民间故事集成》，云南民族出版社 1997 年版。（海涛）

老虎与“驾驾”

སྟག་དང་རི་བོང་དཀར་པོ།

stg dang ri bong dkar po

藏族动物故事。流传于云南省德钦县。讲述小白兔出来找食，遇到一只想吃它的老虎。它急中生智，对老虎说，假如它能制服更厉害的“驾驾”，自己心甘情愿地做它的“美餐”。老虎果然上当。小白兔领着它来到山顶上的湖边。老虎向水中一看，只见里面有个和自己一模一样的怪物，以为那就是兔子所说的“驾驾”。它对着湖水神气地抖了抖身子，水里的怪物也做了同样的动作。老虎又向湖里瞪眼龇牙，湖里的怪物也不甘示弱。小白兔在一旁说着风凉话：“原来虎大哥还是怕‘驾驾’，不然怎么光在岸上要威风呢！”老虎被激怒了，便跑到山顶，大吼三声，然后像箭一样冲下来，跳进湖心。佚名讲述，曹达伟搜集、整理。32 开 2 页，1300 字。收入《迪庆民间故事集成》，云南民族出版社 1997 年版。（海涛）

小白兔、灰猴子和花狐狸

རི་བོང་དཀར་པོ་དང་སྤྲེའུ་ཝ་ཁྲ།

ri bong dkar po dang sprevu wa khr

藏族动物故事。流传于云南省香格里拉市藏族聚居区。讲述小白兔、灰猴子和花狐狸起初是很要好的朋友。花狐狸喜欢占小便宜，常常愚弄另外两位，致使它们上当受骗。它做梦都想当大王，天天盘算着要将两位朋友当仆人指使。小白兔和灰猴子对花狐狸的所作所为非常生气，有一次合伙教训了它一下，让它被白马又拖又踢，从此变成了灰狐狸。灰猴子在一旁大笑，结果手一松从树上掉了下来，屁股给摔烂了，变成了红屁股；小白兔的嘴也笑得合不上，永远地裂开着。佚名讲述，知史记录。32 开 2 页，728 字。收入《迪庆藏族民间故事》，云南人民出版社 1987 年版。

（王晓松）

天鸡下凡

གནམ་གྱི་བྱ་ཕོ་བསླེབས་པ།
gnam gyi by pho bslebs pa

藏族动物故事。流传于云南省香格里拉市。讲述古时候，天上的仙人派公鸡到人间盗取火种。公鸡下凡后被漂亮的母鸡给迷住了，便和它成了家。从此以后，母鸡下的蛋就可以孵出小鸡。仙人等了好久不见公鸡回来，便低头向人间看去。他知道了真相后十分生气，两次抓住公鸡头上的冠，要把它拎回到天上。公鸡挣扎着大声叫道："喔喔喔，地热万，地热万。"天仙不好强求，就放了手，从此公鸡就永远地留在人间。定金培楚讲述，林涛记录。32开2页，650字。收入《中甸县民间故事》，云南民族出版社1990年版。

（王晓松）

鹦鹉为什么会说话

ནེ་ཙོའི་སྐད་ཆ་བཤད་ཤེས་དོན
ne tzovi skd cha bshad shes don

藏族动物故事。流传于云南省德钦县。讲述藏区的一个小村庄里有两个年轻人。一个家里很富有，叫桑珠；另一个是穷人家的儿子，名扎西。两人结伴出门做生意，扎西赚了钱，桑珠却赔了本。在返乡的路上，他们经过一个村子，一条蟒蛇正在吃村民，扎西前去与它搏斗。桑珠却见利忘义，杀死了扎西，带着他的财产回到家乡。善良的扎西变成一只鹦鹉，飞回到阿妈的怀里，向她述说了自己被害的经过。后来它就陪在母亲的身边，成为她的好助手。不久一位军人买走了这只鹦鹉，带着它南征北战。它为主人立下了汗马功劳。平金安讲述，赵四九搜集。32开8页，5600字。收入《迪庆民间故事集成》，云南民族出版社1997年版。（和春燕）

兔子惩罚狐狸

རི་བོང་གིས་ཝ་བཏུལ་པ།
ri bong gis wa btul pa

藏族动物故事。流传于云南省香格里拉市部分地区。讲述为了教训一下狐狸，兔子假意和它交上朋友。一天，它们来到一个农户家借宿，主人让它们到经堂里睡觉。兔子看见那里放着一只木箱，里面装有麻籽，便告诉狐狸，自己睡着了会发出"咔嚓嚓，咔嚓嚓"的鼾声，说完便躺在木箱旁，狐狸则睡到神龛下面。等狐狸睡熟了，兔子便嚼起了麻籽。主人听到响声，便破口大骂起来。睡得迷迷糊糊的狐狸则说："是撮纳（肛门）的鼾声。"天亮后，主人到经堂里焚香火，一看木箱里的麻籽被吃光了，且满地都是大小便，屋里臭气熏天。由于夜里他听见了狐狸的话，便肯定是它干的，所以抓住它便打，逼着它吞下兔子的屎，舔完兔子的小便。拉茸土美讲述，泽丹娃搜集、记录。32开2页，1200字。收入《中甸县民间故事》，云南民族出版社1990年版。

（王晓松）

兔子与老人

རི་བོང་དང་མི་རྒན།
ri bong dang mi rgn

藏族动物故事。流传于云南省香格里拉市。讲述一只兔子偷吃青稞，被老爷爷逮住了。兔子乞求他放了自己，并许诺会给他带来无尽的财富。老爷爷同意了。后来兔子烧死山下的一个妖魔，把它的房子和财产都给了老人和他的孙子。从此它和祖孙俩就住在妖魔的屋里。过了一些日子，兔子为了试探祖孙俩是否真心对它，便假装生病。虽然老爷爷给它买了许多好吃的东西，但它的"病"却日益加重。一天，兔子变成一位活佛，告诉老爷爷，只有把他孙子的心煮给兔子吃，兔子的病才会好。老爷爷听罢，毫不犹豫，拔出刀子准备去掏自己孙子的心。兔子见老爷爷待自己确实是一片真心，便阻止了他，并说出了事情的原委。爷孙俩都开心地笑了。丁金培楚讲述，林涛记录。32开3页，2200字。收入《中甸县民间故事》，云南民族出版社1990年版。（王晓松）

猫的由来

བྱི་ལའི་གཏམ་རྒྱུད།
byi lvi gtam rgyud

藏族动物故事。流传于云南省香格里拉市部分地区。讲述在一座寺庙里，活佛对小和尚们管得很严。有一次，一个小和尚犯了戒律，被撵出庙门。小和尚没有办法，只好在远离村寨的一个岩洞里修行。他夏天靠菌类充饥，秋天靠摘野果填肚皮；到了冬天，找不到任何东西充饥。有两个上山砍柴的妇女经过岩洞，她们的谈话提醒了小和尚。从此以后，他天天捕捉老鼠，这样既为人间除了害，又可以吃鼠肉充饥。他一直活到一百零一岁。后来，天神知道了这事，便让小和尚的灵魂升天。谁知灵魂升到半空时，发现人间还有鼠害，便向天神请求重返人间。天神见小和尚意诚志坚，就让他转世为猫返回到人间，终日捕鼠。知诗定主讲述，齐世勋记录。32 开 3 页，1600 字。收入《中甸县民间故事》，云南民族出版社 1990 年版。

（王晓松）

黑颈鹤头顶上人发的来历

ཁྲུང་ཁྲུང་གི་འགོ་རུ་མི་སྐྲ་ཡོད་པའི་གཏམ་རྒྱུད།

khrung khrung gi vgo ru mi skr yod pvi gtam rgyud

藏族动物故事。流传于云南省香格里拉市。讲述古时候，在香格里拉地区，每当播种或收获季节，黑颈鹤就飞到地里啄食青稞。人们恨透了它们。一天，一个小伙子撒完青稞种后，在地里安了一个扣子，第二天便扣到一只黑颈鹤。黑颈鹤哀求他放了自己，并发誓：从今往后，在当地播种前，它就飞往北方的降楚湖；等秋天青稞入仓后，它再飞回来。小伙子见它说得很诚恳，就将自己的几根头发插在它的头上，说：“只要人发还在你的头上，你永远都不能违背自己的诺言。”黑颈鹤点点头飞走了。从此以后，黑颈鹤头顶上就多了几根人发。齐旺堆讲述，刘群整理。32 开 1 页，550 字。收入《中甸县民间故事》，云南民族出版社 1990 年版。

（王晓松）

野鸡和兔子

དེ་ཕོ་དང་རི་བོང་།

de pho dang ri bong

藏族动物故事。流传于云南省香格里拉市部分地区。讲述一天，老两口在地里干活，将干粮放在田埂上。兔子看见了，就领着野鸡来到田边。它让野鸡歇在树上，自己装成受伤的样子来到老人面前。老两口放下木槌去抓兔子。兔子边跳边等，把他们引到远处，让野鸡飞到田埂上饱餐一顿。然后野鸡让兔子站在远处，自己飞到老太婆头上站住，“咕咕”地叫开了。老头子发现干粮不见了，而地上尽是野鸡的脚印，便举起木槌朝它打去。野鸡赶忙飞开，木槌正好砸在老太婆头上。老太婆倒在地上动弹不得。兔子忍不住大笑起来，这一笑竟笑豁了嘴。定主讲述，林涛记录。32 开 2 页，900 字。收入《中甸县民间故事》，云南民族出版社 1990 年版。

（王晓松）

蝙蝠与国王

ཕ་ཝང་དང་རྒྱལ་པོ།

pha wang dang rgyl po

藏族动物故事。流传于云南省德钦县部分地区。讲述很久以前，纳帕海边的草原上百花争艳，百鸟啁啾。鸟的叫声打扰了附近王妃的晨觉，她大为不满。国王便下令所有的鸟来朝拜，准备割掉它们的舌头。到了上朝时间，一只叫吉八玛的蝙蝠姗姗来迟，它来后慢条斯理地替百鸟申辩。国王听后，觉得有理，且念百鸟初犯，就赦免了它们。百鸟从此再也不敢唱歌了。后来，还是吉八玛用三寸不烂之舌说服国王，百鸟们又可以放声歌唱了。此里讲述，高宏张、冯远华整理。32 开 4 页，2300 字。收入《迪庆藏族民间故事》，云南人民出版社 1987 年版。

（海涛）

兔子和老虎

རི་བོང་དང་སྟག

ri bong dang stg

藏族动物故事。流传于云南省德钦县。讲述兔子又遇上了曾经要吃自己的那只老虎，便急中生智地对它说：“你的尾巴歪了一点，影响你的威仪，我可以帮你修正过来。”老虎心想，反正兔子肯定跑不了，帮自己修好了尾巴再吃它也不迟，便同意了。兔子支使老虎找来四根铁棒、四根绳子、一百捆草、一百捆柴。它把四根铁棒固定在四个角，中间垫上一百捆柴、一百捆草，让老虎睡在柴草上面，再把老虎的四肢分别拴在四根铁棒上。待一切安排停当后，兔子点燃柴草，把老虎烧死了。佚名讲述，秦家华整理。32 开 3 页，1400 字。收入《迪庆藏族民间故事》，云南人民出版社 1987 年版。

（海涛）

老虎、和尚与兔子

སྟག་ བཙུན་པ་དང་རི་བོང་།

stg btzun pa dang ri bong

藏族动物故事。流传于云南省德钦县部分地区。讲述一天，老虎跳到正在伐木的穷人面前，要吃他。穷人发现它的尾巴放在用楔子撑开的树缝里，便想办法把楔子拿开，结果老虎的尾巴被树死死地夹住了。几天过去，一位和尚路过，救出老虎。可老虎恩将仇报，反而要吃掉他。和尚绝望地诅咒它：“你会得到报应的。”老虎不知道“报应”是什么东西，就要他领着自己去找。和尚和老虎来到兔子跟前，聪明的兔子利用老虎狂妄自大的弱点，让它重新将尾巴夹在那条树缝里。后来老虎才知道中了兔子的计。兔子高傲地对老虎说：“这就是你应得的报应！”知诗培楚讲述，兰文亮整理。32 开 4 页，2400 余字。收入《迪庆藏族民间故事》，云南人民出版社 1987 年版。

（海涛）

第十张兽皮

རི་དྭགས་པགས་པ་བཅུ་པ།

ri dwgs pags pa bcu pa

藏族动物故事。流传于云南省迪庆藏族自治州。讲述一只灰狼盘踞在一座山顶上，过往的小动物都被它吃了。一天，小白兔看见母羊领着小羊边走边哭，便上前询问。原来是灰狼要吃掉山羊母子。为了惩治恶霸，小白兔从桦树上剥下九张皮，放在小羊身上，自己则骑着母羊，来到灰狼面前。灰狼一见山羊母子，便扑上来要吃它们。小白兔不慌不忙地从母羊背上跳下来，把小羊背上的九张桦树皮数了数，然后对灰狼说：“你来得正是时候，山神大王让我准备十张兽皮，我已剥得九张，正在为第十张——一张狼皮发愁，你倒找上门来了，好哇！”灰狼看看九张“兽皮”，再看看小白兔气势汹汹的样子，以为它真是受山神大王差遣，便吓慌了，拔腿就逃。佚名讲述，知史搜集、整理。32 开 2 页，650 字。收入《迪庆藏族民间故事》，云南人民出版社 1987 年版。

（海涛）

老虎抽烟

སྟག་དུ་འཐེན།

stg du vthen

藏族动物故事。流传于云南省迪庆藏族自治州。讲述老虎见猎人抽烟，很好奇，便也想学。聪明的猎人从肩上取下火枪，对它说：“你身子这么大，只能吸大烟锅。你把它含住，我来给你点火。”说着，就把火枪口插到老虎嘴里，并点燃火药引线。“轰”的一声，老虎被打死了。夏居定主讲述，林涛整理。32 开 1 页，540 字。收入《迪庆藏族民间故事》，云南人民出版社 1987 年版。

（海涛）

猫头鹰讲经

འུག་པས་ཆོས་བཤད་པ།

vug pas chos bshad pa

藏族动物故事。流传于云南省德钦县部分地区。讲述在柏树林中住着一只猫头鹰，年老体笨，耳目不灵，找不到食物，经常饿肚子。最后它想出了一个办法：以讲经来诱捉几只鸟来补补身子。它来到画眉鸟住的山上。画眉鸟起初还蒙在鼓里，便毕恭毕敬地听猫头鹰讲解经文。它们越听越不对头，当觉察到猫头鹰在耍花招施毒计时，便悄悄地飞走了。猫头鹰终究没有吃到画眉鸟，被活活地饿死了。佚名讲述，肖托丁搜集。32 开 2 页，800 字。收入《迪庆民间故事集成》，云南民族出版社 1997 年版。

（海涛）

乌鸦与雕竞技

བྱ་རོག་དང་གླག་རྩོད།

by rog dang glg rtzod

藏族动物故事。流传于云南省香格里拉市。讲述老雕是百鸟中的大哥，乌鸦对它不服，便提出要与它比本事。第二天一大早，乌鸦便约上老雕，比比谁的视力好，还请群鸟来作证。它问老雕，遥远的山垭口上有何物？遥远的深河里有何物？遥远的草原尽头有何物？其实，它在头天晚上就安排好了，可它做梦也没有想到，站在山垭口的岩羊听说老雕要来，一大早便躲进岩洞里了；它叫猴子在天亮前丢进河里的猪头也已沉到河底，只有几撮猪毛漂在水里；它派去睡在草原尽头的百灵鸟知道老雕要来，吓得远远地躲到丛林中。结果，乌鸦在自己安排的三场比赛中都输了。它只得退出百鸟的行列，喝下自酿的苦酒。昂伍提星讲述，刘群搜集。32开2页，972字。收入《迪庆民间故事集成》，云南民族出版社1997年版。

（王晓松）

爱浮夸的母鸡

འུད་བསྟོད་དགའ་བའི་བྱ་མོ།

vud bstod dgav bvi by mo

藏族动物故事。流传于云南省德钦县部分地区。讲述一群鸭子在河里自由地游着。一只花母鸡跳跃着走过小桥，来到河边，鸭子们招呼它来河中戏水。“不！不！我不是在水中游泳的凡者。”花母鸡一边答，一边对群鸭夸起口来：“我爷爷是飞禽之王，能一刻不停地飞行一天，可以一口气飞过大海。”“那你爸爸呢？”一只白鸭问。“我爸爸他……哦……”母鸡更加高傲地说：“我爸爸曾在大雪天里飞行了七十七天，飞得比云高，还说见到了月亮上的小白兔呢！”花母鸡越吹越得意，没看见河水正上涨。不一会儿小桥被水冲走了，群鸭都游到岸上。花母鸡在惊叫中落下水。群鸭感到奇怪：“这位飞行冠军的女儿怎么就不会飞过来呢？”佚名讲述，巴桑康珠搜集、整理。32开2页，600字。收入《迪庆民间故事集成》，云南民族出版社1997年版。

（海涛）

乌龟与狐狸

རུས་སྦལ་དང་ཝ་མོ།

rus sbl dang wa mo

藏族动物故事。流传于云南省德钦县部分地区。讲述有一天，高山上的一个湖突然干涸了，里面留下一只可怜的乌龟。几只狐狸发现后，马上围拢过来，想吃掉它。乌龟对狐狸们说：“假如想吃掉我，只有把我背到有水的湖边，边泡边啃。这样既能洗掉我皮上的毒素，又能将我的皮肤泡软，你们啃起来既不费力又不会中毒。”狐狸们认为反正这笨东西跑不掉，就把它抬到另一个湖边，推进了水中。乌龟马上游走了。狐狸们哀叹道：“人们都说我们狡猾，看来世上比我们聪明的还多着呢。”此里农布讲述，赵四九搜集、整理。32开1页，450字。收入《迪庆民间故事集成》，云南民族出版社1997年版。

（海涛）

自食其果

རང་བྱས་རང་མྱོང་།

rang bys rang myong

藏族动物故事。流传于云南省德钦县部分地区。讲述一头大象和一只黄鼠狼分别住在湖的东西两岸，亲如兄弟。后来，由于受了湖边神柏树变的美女的挑拨，它们变成不共戴天的仇敌。有一次，双方厮杀起来，两败俱伤，先后死去。不久来了七个强盗，发现死象后，便都想独吞象肉。他们暗自互相投毒，想害死对方，结果七个人都先后中毒身亡。过了几天，来了一只狐狸，它想先吃完强盗们留下的剩肉后，再慢慢地吃四只象腿。结果，没吃上几口，它也中毒而亡。接着来了一个喇嘛。他见此情景，便双手合十说道：“石头缝里会长出毒草，朋友当中会有人调唆，如果轻易听信别人的话，后果就像大象和黄鼠狼；饿狗的心思在骨头上，强盗的心思在钱财上，若想谋财害命，就请看那认钱不认人的七具尸体；坐享其成，唯利是图，并想贪图更多的，请看狐狸那永不知足的嘴巴。”斯那品初讲述，斯那农布搜集、整理。32开2页，1400字。收入《迪庆民间故事集成》，云南民族出版社1997年版。（海涛）

狐狸的报应

ཝ་མོའི་རྣམ་སྨིན།

wa movi rnm smin

藏族动物故事。流传于云南省德钦县部分地区。讲述在茂密的树林里有一只狐狸和一只雪鸡。每天，雪鸡带着它的七只小鸡在林中觅食。一天，狐狸来到雪鸡家，用柔情蜜语感动了雪鸡。它们拜天祭地，发誓要同甘共苦，至死不分离。几天以后，狐狸告诉雪鸡，远方有一片草场，那里水肥草嫩，可自己不能展翅高飞，只好让它辛苦一趟，家中的小鸡自己可照料。雪鸡真的放心地飞走了。当它飞回家时，七个小鸡已被狐狸吃掉了。它只好默默地寻找报仇的机会。不久雪鸡对狐狸说，它发现在一座漂亮的房子里挂着许多鲜肉。

狐狸不知是计，急忙跑到那座房里，结果被猎人下的扣子夹住了。斯那此称讲述，泽仁尼玛搜集、整理。32 开 2 页，1000 字。收入《迪庆民间故事集成》，云南民族出版社 1997 年版。（海涛）

大象和老鼠

གླང་ཆེན་དང་བྱི་བ།

glng chen dang byi ba

藏族动物故事。流传于云南省德钦县部分地区。讲述很久以前，梅里雪山下的澜沧江西岸，居住着一头德高望重的老象。一天下大雨，江水猛涨，桥被冲断，过桥为自己婴儿找食的母老鼠过不了河，急得哭泣不止。对面的小鼠也饿得乱成一团。老象让母老鼠钻进自己的耳朵里，把它送到了对岸。又有一天，老象如往日一样晒太阳，却陷进沙滩里起不来了，只好等死。母老鼠听说后，便带着小鼠们在它身旁扒出一个大坑，让它顺着大坑的坡度站了起来，救了它的命。从此，大象和老鼠彼此成了救命恩人，所以民间留下这样的谚语："善心善事有善报，老鼠知恩救大象。"吉称讲述，此仁尼玛搜集。32 开 1 页，550 字。收入《迪庆民间故事集成》，云南民族出版社 1997 年版。（海涛）

骄傲的大象

ང་རྒྱལ་ཆེ་བའི་གླང་ཆེན།

nga rgyl che bvi glng chen

藏族动物故事。流传于云南省香格里拉市。讲述在大象去湖里饮水的路上，有几个球状蜂窝和几堆蚂蚁窝。大象每次经过时，都用长鼻子敲戳蜂窝，用脚踩蚂蚁窝。长期以来，蜜蜂和蚂蚁都得不到安宁，于是决计报复。有一次趁大象饮水，蚂蚁涌进它的鼻子里，蜜蜂集结到它的眼里和太阳穴上，又蜇又叮。不一会儿，大象摔下悬崖，折断了腰脊，血流满地。临死时，它告诫后来者说："欺弱小者以我为鉴。"昂吾提单讲述，泽丹娃搜集。32 开 1 页，320 字。收入《迪庆民间故事集成》，云南民族出版社 1997 年版。（海涛）

黄鼠狼掘洞自灭

རང་སྲོག་རང་གིས་བཅད་པའི་སྲེ་མོང་།

Brang srog rang gis bcad pvi sre mong

藏族动物故事。流传于云南省香格里拉市。讲述一只黄鼠狼住在湖边的小洞里，为了偷懒，它想把湖水引到洞里来。经过一段时间辛勤的劳动，它终于把沟挖通了。可湖水涌进洞来，把它淹死了。它临死时说："我自讨苦吃，掘洞自灭。"昂吾提单讲述，泽丹娃搜集。32 开 1 页，180 字。收入《迪庆民间故事集成》，云南民族出版社 1997 年版。（海涛）

谚语

在世贪心不足，去世一切事成

མ་རྙེད་མ་འདང་ཟེར་མཁན་མི།། ཚེ་ལས་འདས་དུས་དོན་ཀུན་གྲུབ།།

Ma rnyed ma vdang zer mkhan mi

tshe las vdas dus don kun grub

藏语安多方言谚语。流行于甘南境内黄河、洮河、大夏河流域地区。规劝人们树立良好的道德观、生活观，如何做人，尤其强调人的品行、道德的重要性；阐明了“富贵不能淫”的深刻哲理。罗赛搜集、整理，索南龙珠汉译。今藏甘南藏族自治州政协原副主席罗赛处。 （道杰吉）

粗鲁的人，矛盾不断

མི་ལ་མི་འཕྲོད་རྩིང་སྤྱོད་ཅན།། འཁོན་འཁོན་ཐོག་ཐོག་རྒྱུན་མི་ཆད།།

mi la mi vphrod rtsing spyod can

vkhon vkhon thog thog rgyun mi chad

藏语安多方言谚语。流行于甘南境内黄河、洮河、大夏河流域地区。揭露了现实生活中那些蛮横无理、蛮不讲理的人在人际交往中容易处处碰壁，处处受挫，招惹是非。因此，在为人处事方面应当冷静沉着，永远保持沉稳，谦虚谨慎。罗赛搜集、整理，索南龙珠汉译。今藏甘南藏族自治州政协原副主席罗赛处。 （道杰吉）

杀人盗马的魁首，哪有逃脱之路

མི་བསད་རྟ་དེད་ལག་དམར་ནི།། ཁྱོས་གཏུག་ངས་གཏུག་ཐར་ལམ་མེད།།

mi bsad rta ded lag dmar ni

khyos gtug ngas gtug thar lam med

藏语安多方言谚语。流行于甘南境内黄河、洮河、大夏河流域地区。法网恢恢，疏而不漏。那些作恶多端、逍遥法外的罪魁祸首最终还是难逃法律制裁，必将绳之以法；可谓逃得了和尚，逃不了庙。抓获理应严惩不贷。罗赛搜集、整理，索南龙珠汉译。今藏甘南藏族自治州政协原副主席罗赛处。 （道杰吉）

饥饿的地方，食物比金贵

མུ་གེ་བྱུང་བའི་ས་ཆ་ན།། ཁ་ཟས་རིན་ཆེན་གསེར་ལས་དཀོན།།

Mu ge byung bavi sa cha na

Kha zas rin chen gser las dkon

藏语安多方言谚语。流行于甘南境内黄河、洮河、大夏河流域地区。阐述了浪费可耻、节约光荣这一道理，食乃是生存之本，高度赞美了勤俭持家的高尚品德，教导人们要用自己辛勤的双手来创造幸福美好的生活。罗赛搜集、整理，索南龙珠汉译。今藏甘南藏族自治州政协原副主席罗赛处。 （道杰吉）

独人独马，何去自由

མི་རྐྱང་རྟ་ཁེར་འདུག་མི།། གར་རྒྱུག་གར་འགྲོ་བདག་པོ་མེད།།

mi rkyang rta kher vdug mi

gar rgyug gar vgro bdag po med

藏语安多方言谚语。流行于甘南境内黄河、洮河、大夏河流域地区。讽刺了那些只顾个人利益，不顾他人死活，没有良知、自私自利之人；告诫人们要有大公无私、公而忘私的精神；切忌事不关己，高高挂起。罗赛搜集、整理，索南龙珠汉译。今藏甘南藏族自治州政协原副主席罗赛处。 （道杰吉）

宝贵人身，不可玷污

མི་ལུས་རིན་ཆེན་རྟེན་བཟང་འདི།། ཡར་འགོམ་མར་འགོམ་བྱ་མི་རུང་།།

mi sus rin chen rten bzang vdi

yar vgom mar vgom bya mi rung

藏语安多方言谚语。流行于甘南境内黄河、洮河、大夏河流域地区。告诫人们，人生在世应当洁身自好，洁己爱人；不去同流合污，随波逐流，方能得到别人的尊重和爱戴。罗赛搜集、整理，索南龙珠汉译。今藏甘南藏族自治州政协原副主席罗赛处。 （道杰吉）

一帮瞎子，一群聋子

མིག་མེད་པའི་ལོང་བ་ཐང་གང་།། གཏམ་མི་ཤེས་ལྐུགས་པ་ཁྱུ་གཅིག །

Mig med pavi long ba thang gang

Gtam mi shes lkugs pa khyu gcig

藏语安多方言谚语。流行于甘南境内黄河、洮河、大夏河流域地区。从佛教的转世观出发认为，每个人无论其容貌的美丑，还是其身材的高低都属于生命的范畴，应该加以珍惜保护。提倡乐善好施、积德造福。罗赛搜集、整理，索南龙珠汉译。今藏甘南藏族自治州政协原副主席罗赛处。（道杰吉）

轻浮的人喜欢穿花色的衣裳，若没有智谋犹如上色的木版

མི་མཆོར་མཆོར་ལྭ་བ་འཆོར་འཆོར་དགའ།།

ཤེས་དགོན་ན་ཤིང་ལོ་ཚོན་བརྒྱབ་འདྲ།།

mi mchor mchor lwa ba vchor vchor dgav

shes dgon na shing lo tshon brgyab vdr

藏语安多方言谚语。流行于甘南境内黄河、洮河、大夏河流域地区。揭露了那些自命清高、自以为是之人注重外表华美，实则胸无点墨、华而不实、目不识丁，却故作风雅，真可谓虚有其表，实在是滑稽可笑。罗赛搜集、整理，索南龙珠汉译。今藏甘南藏族自治州政协原副主席罗赛处。（道杰吉）

女戴珊瑚饰，男自会穿绸衣

མ་བུ་མོས་གཡུ་བྱུར་ལན་ཚར་རིང་མོ་བཏགས་ན།།

ཕོ་གཞོན་ནུད་དར་ཟབ་སྣ་ལྔའི་གོས་ལོས་གོན།།

Ma bu mos gyu byur lan tshar ring mo btags na

Pho gzhon nud dar zab sna lngavi gos los gon

藏语安多方言谚语。流行于甘南境内黄河、洮河、大夏河流域地区。记述藏族自古以来传统的生活习俗，反映出藏族互助互爱、乐善好施、宽容豪放的优秀传统美德。罗赛搜集、整理，索南龙珠汉译。今藏甘南藏族自治州政协原副主席罗赛处。（道杰吉）

众人心意，难一致

མི་བརྒྱ་འདུས་པའི་འདོད་མོས་ལ།།

མགྲིན་གཅིག་དབྱངས་གཅིག་འབྱུང་བ་དཀའ།།

mi brgya vdus pavi vdod mos la

mgrin gcig dbyangs gcig vbyung ba dkav

藏语安多方言谚语。流行于甘南境内黄河、洮河、大夏河流域地区。每个人都有各自的想法和意见，故很难让所有的人都满意。有力论证了意见分歧，很难达成一致，莫衷一是。罗赛搜集、整理，索南龙珠汉译。今藏甘南藏族自治州政协原副主席罗赛处。（道杰吉）

别吃毒叶，别穿草衣

མ་ཟ་དུག་གི་ལོ་མ།། མ་གོན་འཇག་མའི་སྟོད་གོས།།

Ma za dug gi lo ma ma gon vjag mavi stod gos

藏语安多方言谚语。流行于甘南境内黄河、洮河、大夏河流域地区。通过描述自然界各种植物的特性，反映了人们在生产、生活方面总结出来的经验，阐明了对不同对象采取不同使用方法或禁止的这一普遍规律。罗赛搜集、整理，索南龙珠汉译。今藏甘南藏族自治州政协原副主席罗赛处。（道杰吉）

姑娘戴妆饰，小伙佩武器

མ་བུ་མོས་རྒྱན་ཆ་འདོགས་འདོགས།། ཕོ་སྟག་ཤར་མཚོན་གྱིས་སྤྲས་སྤྲས།།

Ma bu mos rgyan cha vdogs vdogs

Pho stag shar mtshon gyis spras spras

藏语安多方言谚语。流行于甘南境内黄河、洮河、大夏河流域地区。一方面记录姑娘爱美的天性，另一方面阐明不同事物在不同地方所发挥的特殊作用，充分体现了藏族人民的审美情趣、审美标准。罗赛搜集、整理，索南龙珠汉译。今藏甘南藏族自治州政协原副主席罗赛处。（道杰吉）

人心难测，猪食难定

མི་ལ་འདོད་འདོད་དྲན་དྲན་ངེས་མེད།། ཕག་ལ་དེ་ཟ་འདི་ཟ་ཚོད་མེད།།

mi la vdod vdod dran dran nges med

phag la de za vdi za thsod med

藏语安多方言谚语。流行于甘南境内黄河、

洮河、大夏河流域地区。讲述我们要认识恶人，恶人是一些诡计多端、奸猾狡诈、假装善良、贪图安逸、狂妄自大的不良之徒，都是一些浑身都是缺点的人，我们应谨慎交友，远离恶人，与其做伴就会痛苦一生。罗赛搜集、整理，索南龙珠汉译。今藏甘南藏族自治州政协原副主席罗赛处。（道杰吉）

人有勇谋，阎王也会赏面

མི་ལ་དཔའ་རྩལ་ཤུགས་གསུམ་ལྡན་པས་ན།།
སྡིག་གཅོད་གཤིན་རྗེ་ཡིན་ཀྱང་ངོ་དགའ་དཔེ།།
mi la dpav rtsal shugs gsum ldan pas na
sdig gcod gshin rje yin kyang ngo dgav dpe

藏语安多方言谚语。流行于甘南境内黄河、洮河、大夏河流域地区。阐述藏民族不仅普遍地忠君，同时也十分崇敬英武之人，从而形成一种崇尚勇武的民族性格，也流露出对那些为民族利益而英勇拼搏、不惜牺牲生命的英雄人物的赞美之情。罗赛搜集、整理，索南龙珠汉译。今藏甘南藏族自治州政协原副主席罗赛处。（道杰吉）

空梦当真，尿尿大腿

རྨི་ལམ་བདེན་བདེན་ཟེར་ཟེར།། གཅིན་པ་བརླ་ཐོག་བཏང་བཏང་།།
Rmi lam bden bden zer zer
Gcin pa brla thog btang btang

藏语安多方言谚语。流行于甘南境内黄河、洮河、大夏河流域地区。揭露现实生活中那些极度沉迷于虚妄之中的人。告诫人们要想使梦想变为现实，必须脚踏实地，付出艰辛的劳动，不能痴心妄想，切忌空想、幻想。罗赛搜集、整理，索南龙珠汉译。今藏甘南藏族自治州政协原副主席罗赛处。（道杰吉）

云雾弥漫，雨水不停

སྨུག་པ་ལ་འཐིབས་ལུང་འཐིབས།། ཆར་བ་ལ་འབབ་ལུང་འབབ།།
smug pa la vthibs lung vthibs
char ba la vbab sung vbab

藏语安多方言谚语。流行于甘南境内黄河、洮河、大夏河流域地区。是劳动人们智慧和经验的总结，是人民群众在日常生活中通过看云得知天气状况并经验积累。具有高度的概括性。罗赛搜集、整理，索南龙珠汉译。今藏甘南藏族自治州政协原副主席罗赛处。（道杰吉）

人所说未必全是话，鸟所觅未必全是虫

མིས་བཤད་བཤད་ཚིག་མ་རེད།། བྱས་རྒུམ་རྒུམ་འབུ་མ་རེད།།
mis bshad bshad tshig ma red byas
rgum rgum vbu ma red

藏语安多方言谚语。流行于甘南境内黄河、洮河、大夏河流域地区。从表面看，是由衷之诚地教育人们去恶向善，实际是批判了暗藏在社会中奸诈的一面，阐明了人生立身的道理，以提倡社会美德，抑制社会的阴暗面。罗赛搜集、整理，索南龙珠汉译。今藏甘南藏族自治州政协原副主席罗赛处。（道杰吉）

单人难生存，单树难燃起

མི་གཅིག་འཚོ་དཀའ།། ཤིང་གཅིག་འབར་དཀའ།།
mi gcig vtsho dkav shing gcig vbar dkav

藏语安多方言谚语。流行于甘南境内黄河、洮河、大夏河流域地区。道明在现实生活中万事万物都不是孤立存在的，而是一事物同另事物之间相互联系、相互影响而产生的。罗赛搜集、整理，索南龙珠汉译。今藏甘南藏族自治州政协原副主席罗赛处。（道杰吉）

人不需要的是口舌，树不需要的是节子

མི་ལ་མི་དགོས་ཁ་མཆུ་རེད།། ཤིང་ལ་མི་དགོས་འཛེར་པ་རེད།།
mi la mi dgos kha mchu red
shing la mi dgos vdzer pa red

藏语安多方言谚语。流行于甘南境内黄河、洮河、大夏河流域地区。谁人愿犯口舌？节子多的树木谁用？这则谚语告诉我们在为人处事和说话办事时要讲分寸，把握不住分寸就如同长满节子的树木，处处碰壁，处处受阻。罗赛搜集、整理，索南龙珠汉译。今藏甘南藏族自治州政协原副主席罗赛处。（道杰吉）

常做恶事，终得报应

མི་ལ་གནོད་པའི་ལས་བྱས་ན།། མཐའ་མ་རང་གི་མགོ་ལ་འཁོར།།

mi la gnod pavi las byas na

mthav ma rang gi mgo la vkhor

藏语安多方言谚语。流行于甘南境内黄河、洮河、大夏河流域地区。行善得善报，行恶得恶报。经常干坏事，一定会遭报应。告诫人们要善意对待他人，帮助别人；否则罪孽深重，天理难容。罗赛搜集、整理，索南龙珠汉译。今藏甘南藏族自治州政协原副主席罗赛处。（道杰吉）

他人的缺点如河边的石，自己的缺点如兔子的脚

མི་སྐྱོན་ཆུ་འགྲམ་རྡོ་རེད།། རང་སྐྱོན་རི་བོང་རྭ་རེད།།

mi skyon chu vgram rdo red

rang skyon ri bong rwa red

藏语安多方言谚语。流行于甘南境内黄河、洮河、大夏河流域地区。强调说嫉妒与憎恨是愚人的本性，聪明而高尚的人从来都不妒忌他人，而往往同情和帮助他人，而又下贱的小人总是把妒忌和憎恨的目光投向他人，专觅别人短处，却看不到自己身上的毛病。罗赛搜集、整理，索南龙珠汉译。今藏甘南藏族自治州政协原副主席罗赛处。（道杰吉）

养不三不四的人，不如养条流浪狗

མི་ཧ་མེ་ཧོ་མེ་སྐྱོང་བ་ལས།། ཁྱི་ལྡ་མེ་ལྡོམ་མེ་གསོས་ནས་དགའ།།

mi ha me ho me skyong ba las

khyi lda me ldom me gsos nas dgav

藏语安多方言谚语。流行于甘南境内黄河、洮河、大夏河流域地区。高度歌颂了藏族淳朴、忠厚的伦理道德，严厉驳斥了那些言而无信、背信弃义、诡计多端、无才无德，善于欺诈别人的丑恶小人嘴脸。罗赛搜集、整理，索南龙珠汉译。今藏甘南藏族自治州政协原副主席罗赛处。

（道杰吉）

黑暗终被光明所驱

སྨག་མུན་པ་འཐིབ་ཚོད་མ་ཟིན་ན།།

ཤར་སྐར་ཆེན་འོད་ཀྱིས་འཇོམ་ཉེན་ཡོད།།

Smag mun pa vhtib tshod ma zen na

Shar skar chen sod kyis vjom nyen yod

藏语安多方言谚语。流行于甘南境内黄河、洮河、大夏河流域地区。以开明人士的胸怀希望广大藏族人民安居乐业，提醒人们要以“先天下之忧而忧，后天下之乐而乐”。罗赛搜集、整理，索南龙珠汉译。今藏甘南藏族自治州政协原副主席罗赛处。（道杰吉）

女无主见，即使有也不持久

མ་བུ་མོའི་བློ་ཕུགས་མེད།། བློ་ཧ་ཅང་ཡོད་ན་ཇ་ཐུན་ཞིག།

Ma bu movi blo phugs med

Blo ha cang yod na ja thun zhig

藏语安多方言谚语。流行于甘南境内黄河、洮河、大夏河流域地区。告诉我们人要有细微而娇嫩、坚强而勇敢、不屈不挠的个性尊严，用自己的细想、信念的力量去战胜感情和感情冲动。罗赛搜集、整理，索南龙珠汉译。今藏甘南藏族自治州政协原副主席罗赛处。（道杰吉）

人品如金子，言语要丝滑

མི་གཞི་མཛོ་མོའི་མར་ལ་དཔེ།།

སྐད་ཆ་རྒྱ་མོའི་དར་ལ་དཔེ།།

mi gzhi mdzo movi mar la dpe

skad cha rgya movi dar la dpe

藏语安多方言谚语。流行于甘南境内黄河、洮河、大夏河流域地区。告诉我们真正人的本质是在自己的道德活动中反映出来的，道德乃人的最大财富，“善言相睦是为人的根基”；教导我们善于把自己的高尚情感奉献给他人，为他人带来欢乐。罗赛搜集、整理，索南龙珠汉译。今藏甘南藏族自治州政协原副主席罗赛处。（道杰吉）

大人物的心思和沙丘，过了一夜变一样

མི་ཆེན་བློ་དང་བྱེ་མའི་རི༎ ཉིན་མཚན་རྒྱུ་ན་དྲན་པ་རེ༎

mi chen blo dang bye mavi ri

nyin mtshan rgyu na dran pa re

藏语安多方言谚语。流行于甘南境内黄河、洮河、大夏河流域地区。讲述高高在上的官吏或财主不要说遇到大风大浪的摔打，即使一点小事也会斤斤计较。出尔反尔，喜怒无常，颠颠倒倒，如同小秤，物品重量稍有差别，马上就会显出高低不平的样子。他们“见人说人话，见鬼说鬼话”，面对上级点头哈腰，对下级或与自己相当的人则是昂首阔步，目中无人。罗赛搜集、整理，索南龙珠汉译。今藏甘南藏族自治州政协原副主席罗赛处。（道杰吉）

当姑娘嫁错郎时，会有兴高采烈样

སྨན་བུ་མོ་གནས་འདེམས་འཆུག་ཁ་ལ༎ ཡིད་དུང་རེ་པ་ཞིག་འོང་རབ་ཡོད༎

Sman bu mo gnas vdems vchug kha la

Yid dung re pa zhig vong rab yod

藏语安多方言谚语。流行于甘南境内黄河、洮河、大夏河流域地区。表明藏族人们对真善美的热情歌颂和赞美，辛辣地嘲讽和指斥丑恶，充分体现了藏族人民的审美情趣和审美标准。罗赛搜集、整理，索南龙珠汉译。今藏甘南藏族自治州政协原副主席罗赛处。（道杰吉）

人到死期还不死，会看见神仙的尸体；人到老时还不聋，会听见虱子打呼噜

མི་འཆི་མ་སྔ་ན་ལྷ་འདས་པའི་རོ་མཐོང་༎

རྣ་འོན་པ་མ་སྔ་ན་ཤིག་གཉིད་པའི་སྔུར་ཐོས༎

mi vchi ma snga na lha vdas pavi ro mthong rna vo

n pa ma snga na shig gnyid pavi sngur thos

藏语安多方言谚语。流行于甘南境内黄河、洮河、大夏河流域地区。通过生与死的论述来剖析人类社会生活中的各种矛盾和问题；运用胜败、优劣、强弱、利弊等的对比，揭示事物发展的客观规律。罗赛搜集、整理，索南龙珠汉译。今藏甘南藏族自治州政协原副主席罗赛处。（道杰吉）

母亲被饿死，子女却高傲

མ་མུ་གེས་ཤི་བའི་བུ་མོ་དེ༎ སེམས་སྣང་བ་ཨ་སྔོན་དགུང་ལས་མཐོ༎

Ma mu ges shi bavi bu mo de

Sems snang ba a sngon dgung las mtho

藏语安多方言谚语。流行于甘南境内黄河、洮河、大夏河流域地区。教导人们如何做人，尤其强调人的品行道德，规劝人们树立良好道德观，尽管如今丰衣足食、具足财产，也莫忘了当年的贫寒日子。罗赛搜集、整理，索南龙珠汉译。今藏甘南藏族自治州政协原副主席罗赛处。（道杰吉）

人品如白丝，人心如大海

མི་གཞི་དཀར་པོའི་དར་ལ་བྱས༎ མི་ཁོག་རྒྱ་མཚོའི་ཁྱོན་ལ་གྲུབ༎

mi gzhi dkar povi dar la byas

mi khog rgya mtshovi khyon la grub

藏语安多方言谚语。流行于甘南境内黄河、洮河、大夏河流域地区。说明宽宏大量是一种美德，它是由修养和自信同情和仁爱组成的，一个宽宏大量的人的心扉比大海还要宽广、无边。罗赛搜集、整理，索南龙珠汉译。今藏甘南藏族自治州政协原副主席罗赛处。（道杰吉）

千军将领名气大，没有勇气是一样

དམག་ཁྲ་བོའི་དཔོན་པོ་རྒྱང་གྲགས་ཆེ༎ སྙིང་སྟོབས་མེད་ན་འདྲ་འདྲ་ཡིན༎

Dmag khra bovi dpon po rgyang grags che

Snying stobs med na vdra vdra yin

藏语安多方言谚语。流行于甘南境内黄河、洮河、大夏河流域地区。不仅以高标准指出了人的本质优劣，也把气壮如牛、胆小如鼠的怯懦庸夫的思想行为刻画得如见其形、如闻其声。罗赛搜集、整理，索南龙珠汉译。今藏甘南藏族自治州政协原副主席罗赛处。（道杰吉）

众人中的智者，遇何事都有智谋

མི་མང་པོའི་ནང་གི་ཤེས་རྒྱ་ཅན༎ བྱ་གང་ལ་ཐུག་ན་བཀོད་པ་ཅན༎

mi mang povi nang gi shes rgya can

bya gang la thug na bkod pa can

藏语安多方言谚语。流行于甘南境内黄河、洮河、大夏河流域地区。讲述智者能够对事物进

行观察、独立思维，愚者却总是随声附和。能够独立思考，并以理智抉择事物的人，一言一行，稳重严谨，不论何事，都会首先加以观察分析，通盘考虑清楚后才做决定。即便附和他人也是“择其善者而从之，其不善者而改之”。罗赛搜集、整理，索南龙珠汉译。今藏甘南藏族自治州政协原副主席罗赛处。

（道杰吉）

不吃香甜糌粑，如喝大茶不饱

མར་རྩམ་པས་བྲོ་བ་མ་ཕུད་ན།། ཕོ་མི་བརྒྱགས་ཇ་ལོ་ནག་ཁུ་རེད།།

Mar rtsam pas bro ba ma phud na

Pho mi brgyags ja lo nag khu red

藏语安多方言谚语。流行于甘南境内黄河、洮河、大夏河流域地区。真实地记录置身在高原的藏民族的饮食情趣和生活习俗，反映出凡事都有遵循的规则。罗赛搜集、整理，索南龙珠汉译。今藏甘南藏族自治州政协原副主席罗赛处。

（道杰吉）

汉藏之间有智者，没有功绩是虚名

མི་མཁས་པ་རྒྱ་བོད་བར་ན་གྲགས།།

དོན་མཁས་པའི་ལག་རྟགས་མེད་ན་རྫུན།།

mi mkhas pa rgya bod bar na grags

don mkhas pavi lag rtags med na rdzun

藏语安多方言谚语。流行于甘南境内黄河、洮河、大夏河流域地区。讲述虽智者名扬天下，但光有名气无成果就像愚者常常把学问挂在嘴上、麦秸漂在水面上一样，名存实亡。罗赛搜集、整理，索南龙珠汉译。今藏甘南藏族自治州政协原副主席罗赛处。

（道杰吉）

眼睛虽大却在眉毛下，骏马虽美却满腹草

མིག་ཆེ་ཡང་རྫི་མའི་ཞབས་རེད།། རྟ་ཡག་ཀྱང་ཁོག་པ་རྩྭ་རེད།།

Mig che yang rdzi mavi zhabs red

Rta yag kyang khog pa rtswa red

藏语安多方言谚语。流行于甘南境内黄河、洮河、大夏河流域地区。讲述任何人再有本事也只能两足立地、头顶苍天，外表再美腹内同样也积粪便，同样，双眸虽大虽美也在眉毛之下，骏马满腹也是草。罗赛搜集、整理，索南龙珠汉译。今藏甘南藏族自治州政协原副主席罗赛处。

（道杰吉）

心机多的人没朋友，不长草的地方没禽兽

མི་དོགས་པ་ཅན་ལ་རོགས་པ་མེད།། ས་རྩི་ཤིང་མ་སྐྱེས་འཁོར་ནི་མེད།།

mi dogs pa can la rogs pa med

sa rtsi shing ma skyes vkhor ni med

藏语安多方言谚语。流行于甘南境内黄河、洮河、大夏河流域地区。说明和是自尊自爱，和是胸怀坦白，和是人来人往。心机多端之人无法融入群体，也无人与他为伴，同样草木不生的戈壁怎会出没珍禽异兽？从中告诫人们与人为善德的重要性。罗赛搜集、整理，索南龙珠汉译。今藏甘南藏族自治州政协原副主席罗赛处。

（道杰吉）

虽为同母所生，但男子尊为活佛，女子却驱逐异乡

མ་གཅིག་གི་མཆེད་པའི་ཤ་ཁྲག་ཡིན་རུང་།།

བླ་མ་བཀྱགས་ནས་ཡར་ལ་བཞག། བུ་མོ་བཀར་ནས་ས་མཐར་བདའ།།

Ma gcig gi mched pavi sha khrag yin rung

Bla ma bkyags nas yar la bzhag

Bu mo bkar nas sa mthar bdav

藏语安多方言谚语。流行于甘南境内黄河、洮河、大夏河流域地区。表达了藏族妇女对男女平等的深切愿望，虽是同母所生的兄妹，却有着如此之大的不同待遇和地位。在藏族社会尤其在牧区男尊女卑的思想禁锢着人们的头脑，妇女几乎没什么社会地位和尊严可言。罗赛搜集、整理，索南龙珠汉译。今藏甘南藏族自治州政协原副主席罗赛处。

（道杰吉）

同为草类却不一，吉祥草能缀宝瓶

རྩྭ་སྐྱེ་སྐྱེ་ཚང་མ་མི་འདྲ་སྟེ།། རྩྭ་ཀུ་ཤ་བུམ་པའི་ཁ་རྒྱན་ཉན།།

Rtswa skye skye tshang ma mi vdra ste

Rtswa ku sha bum pavi kha rgyan nyan

藏语安多方言谚语。流行于以大夏河、黄河、洮河流域为主的甘南地区。说明同一类事物包含多样品种，它们之间有着质地、花色、形状等的区别，因此也在生活中分别扮演着不同的角色。

罗赛搜集、整理，索南龙珠汉译。今藏甘南藏族自治州政协原副主席罗赛处。 （喇有勇）

厉魔和饿鬼出没的地方，强盗和浪子争夺的地方

བཙན་མ་མོ་གཉིས་ཀྱི་རྐྱུག་ལམ།། ཇག་འཁྱམ་པོ་གཉིས་ཀྱི་འཐབ་ལམ།།

Btsan ma mo gnyis kyi rkyug lam

Jag vkhyam po gnyis kyi vthab lam

藏语安多方言谚语。流行于甘南境内大夏河、黄河、洮河流域地区。意为世上道路千千万，要选择一条适合自己的正确道路对一生来说显得尤为重要，人要学会和懂得走什么样的路，否则与魔鬼出没和玩世不恭的强盗浪子所走的路没什么两样，警示人们千万别误入歧途，迈好人生的每一步。罗赛搜集、整理，索南龙珠汉译。今藏甘南藏族自治州政协原副主席罗赛处。 （喇有勇）

孤沙草点缀金瓶，银铃铛衬托上师

རྠྭ་ཀུ་ཤ་བུམ་པའི་ཁ་ན་མཛེས།། དངུལ་དྲིལ་བུ་བླ་མའི་ཕྱག་ན་མཛེས།།

Rthwa ku sha bum pavi kha na mdzes

Dngul dril bu bla mavi phyag na mdzes

藏语安多方言谚语。流行于以大夏河、黄河、洮河流域为主的甘南地区。说明各种质地不同、形态各异的事物在社会实践的大舞台上分别扮演着不同的银白色，它们虽不引人瞩目，但只要用得恰当，做到人尽其才、物尽其用，定能折射出它应有的美丽，发挥出无限的价值。罗赛搜集、整理，索南龙珠汉译。今藏甘南藏族自治州政协原副主席罗赛处。 （喇有勇）

视为贵客让上座，却拉着麻袋往下走

གཙོ་བོ་བྱས་ནས་ཡར་ལ་བཞག་ན།། གཙོ་སྒྱེ་དྲུད་ནས་མར་ལ་ཡོང་།།

Gtso bo byas nas yar la bzhag na

Gtso sgye drud nas mar la yong

藏语安多方言谚语。流行于以大夏河、黄河、洮河流域为主的甘南地区。说明受到了别人的尊敬，同样也要尊敬别人，在收获成功喜悦受人尊重的同时，保持清醒的头脑，懂得替人着想，换位思考，勇于奉献，要摆正自己的位置，不可将别人的尊敬视为骄傲的资本，最终成为被唾弃的对象。罗赛搜集、整理，索南龙珠汉译。今藏甘南藏族自治州政协原副主席罗赛处。 （喇有勇）

根深的树，枝叶多；有势的人，胆子大

རྩད་པ་ཅན་གྱི་སྡོང་བོར་རྭ་ལག་མང་།།

རྒྱབ་རྩ་མཐུག་པོའི་མི་ལ་སྤོབས་པ་ཆེ།།

Rtsad pa can gyi sdong bor rwa lag mang

Rgyab rtsa mthug povi mi la spobs pa che

藏语安多方言谚语。流行于以大夏河、黄河、洮河流域为主的甘南地区。说明自然界生长的大树只有根深才能叶茂，只有根深才能蒂固，人世间有胆识的人必定有其坚强的依靠和有力的社会背景，他们的胆量和作为仰仗着这些条件。罗赛搜集、整理，索南龙珠汉译。今藏甘南藏族自治州政协原副主席罗赛处。 （喇有勇）

勤奋能使山钻洞，智慧能使飞上天

བརྩོན་འགྲུས་ཀྱི་རི་ཕུག་ཐུབ་ན།། ཤེས་རབ་ཀྱིས་ནམ་མཁའ་འཕུར་ལོས་ཐུབ།།

Brtson vgrus kyi ri phug thub na

Shes rab kyis nam mkhav vphur los thub

藏语安多方言谚语。流行于以大夏河、黄河、洮河流域为主的甘南地区。说明勤奋和智慧是一对孪生姊妹，要想成功，必须二者兼备，只要具备滴水穿石般坚韧不拔的精神，乘着勤奋的骏马，高举智慧的宝剑，定能战胜一切困难，所向披靡，达到成功的彼岸。罗赛搜集、整理，索南龙珠汉译。今藏甘南藏族自治州政协原副主席罗赛处。

（喇有勇）

老鼠的家眷越来越少，小猫的威风越来越大

ཙི་གུའི་འཁོར་ཚོགས་ཇེ་ཉུང་རེད།། ཞི་མིའི་གཟི་བརྗིད་ཇེ་ཆེ་རེད།།

Tsi guvi akhor tshogs je nyung red

Zhi mivi gzi brjid je che red

藏语安多方言谚语。流行于以大夏河、黄河、洮河流域为主的甘南地区。说明正气上扬，邪气难驻。老鼠的世界逐步瓦解，猫的威风还能不大吗？只要消除一切丑陋和罪恶的东西，维护良好的生产、生活秩序，营造优良的社会环境，祥和、美好、善良永远会占据主导地位。罗赛搜集、整理，索南龙珠汉译。今藏甘南藏族自治州政协原

副主席罗赛处。（喇有勇）

不吃草，怎能会有牛粪

རྩྭ་མ་ཟོས་ན།། ལྕི་བ་གཏོང་རྒྱུ་མེད།།

Rtswa ma zos na lci ba gtong rgyu med

藏语安多方言谚语。流行于以大夏河、黄河、洮河流域为主的甘南地区。说明没有努力奉献就没有收获，不经历风雨，无法见彩虹。 凡事讲求奉献和投入，才能得到想要的结果。说明了付出和回报这一通俗的辩证关系。罗赛搜集、整理，索南龙珠汉译。今藏甘南藏族自治州政协原副主席罗赛处。（喇有勇）

吃光了糌粑，袋子空荡荡

རྩམ་པ་ཟ་ཚུགས།། རྩམ་ཁུག་སྤྲུགས་ཚུགས།།

Rtsam pa za tshugs rtsam khug sprugs tshugs

藏语安多方言谚语。流行于以大夏河、黄河、洮河流域为主的甘南地区。说明人的行为各异，对某一事物做出的反应和对待的态度也不尽相同，从吃糌粑的样子和抖袋子的姿势中可以看出对待困难、解决问题的态度和决心，阐述了透过事物的表面现象看本质的道理。罗赛搜集、整理，索南龙珠汉译。今藏甘南藏族自治州政协原副主席罗赛处。（喇有勇）

糌粑是自己吃的，袋子却套在别人的脖子上

རྩམ་པ་རང་གིས་ཟོས།། རྩམ་ཁུག་མི་ལ་བསྐོན།།

Rtsam pa rang gis zos rtsam khug mi la bskon

藏语安多方言谚语。流行于以大夏河、黄河、洮河流域为主的甘南地区。说明自己干了坏事，造成了不良后果，却强加在他人身上，让别人承担责任，揭露了嫁祸于人、栽赃陷害他人的卑劣行为。罗赛搜集、整理，索南龙珠汉译。今藏甘南藏族自治州政协原副主席罗赛处。（喇有勇）

是干净的，是冲洗的

གཙང་མ་ཡང་མ་ཡིན།། རྒྱུ་མ་ཁ་བཤལ་ཡིན།།

Gtsang ma yang ma yin rgyu ma kha bshal yin

藏语安多方言谚语。流行于以大夏河、黄河、洮河流域为主的甘南地区。说明最美的莫过于毫无私心杂念的心灵，最干净的莫过于涮洗干净的肠子，为人处事要做到清清白白、堂堂正正，不要让心灵受到玷污，眼睛受到蒙蔽。罗赛搜集、整理，索南龙珠汉译。今藏甘南藏族自治州政协原副主席罗赛处。（喇有勇）

要解开死结，需要棕色的羚角

རྩིད་ཐིག་མདུད་པ་བཤིག་སྤྱད་ལ།། གཙོད་པོའི་རྭ་ཅོ་སྨུག་པོ་མཁོ།།

Rtsid thig mdud pa bshig spyad la

Gtsod povi rwa co smug po mkho

藏语安多方言谚语。流行于以大夏河、黄河、洮河流域为主的甘南地区。社会活动中有各种各样的问题和困难，同时也有解决和克服这些问题和困难的途径和办法，只要正视面对的问题和困难，采取恰当的办法和手段，有针对性地去解决，一切困难和问题将会迎刃而解。罗赛搜集、整理，索南龙珠汉译。今藏甘南藏族自治州政协原副主席罗赛处。（喇有勇）

是采百草的茎梢，是能生百男的药袋

རྩ་བརྒྱ་འདུས་པའི་རྩེ་མོ།། བུ་བརྒྱ་འཁྲུངས་པའི་སྨན་ཁུག །

Rtsa brgya vdus pavi rtse mo

Bu brgya vkhrungs pavi sman khug

藏语安多方言谚语。流行于以大夏河、黄河、洮河流域为主的甘南地区。草原上各种草生长均靠茎梢而焕发出勃勃生机，茎梢是百草生长的象征，它的生长除了阳光、雨露、大自然的恩宠外，还要靠顽强向上的精神；孕育千百万个生命的是母亲腹中呵护胎儿的胎衣，它虽不起眼，却十分神圣重要。罗赛搜集、整理，索南龙珠汉译。今藏甘南藏族自治州政协原副主席罗赛处。

（喇有勇）

不知肮脏如狗，不会说话如猪

གཙང་བཙོག་མེད་པར་ཁྱི་འདུག་འདུག ། ཨ་ལན་མེད་པར་ཕག་འགྲོ་འགྲོ།།

Gtsang btsog med par khyi vdug vdug

a lan med par phag vgro vgro

藏语安多方言谚语。流行于以大夏河、黄河、洮河流域为主的甘南地区。做人要明辨是非、爱

憎分明、正直向上、清清白白，不要像不知肮脏的狗和只知吃睡的懒惰猪一样生存。用形象的比喻警示人们积极向上，树立正确的人生观。罗赛搜集、整理，索南龙珠汉译。今藏甘南藏族自治州政协原副主席罗赛处。（喇有勇）

干净上腔中的心脏，不净下腔中的肚子

གཙང་ཡ་ཁོག་ནང་གི་སེམས་བུ།། རྫབ་མ་ཁོག་ནང་གི་གྲོད་པུ།།

Gtsang ya khog nang gi sems bu

Rdzab ma khog nang gi grod pu

藏语安多方言谚语。流行于以大夏河、黄河、洮河流域为主的甘南地区。做人就要像胸膛中圣洁而十分重要的心脏一样，切不可像下腹内的肚子一样包容污秽，说明了同样在一个体内的脏器，所发挥作用不一，同样是人，但做人的标准和境界不一样的道理。罗赛搜集、整理，索南龙珠汉译。今藏甘南藏族自治州政协原副主席罗赛处。

（喇有勇）

不会卖，卖了春天的马驹；
不会买，买来秋天的老马

བཙོང་མ་ཤེས་དཔྱིད་ཀའི་ཐོ་རུ་བཙོངས།། ཉོ་མ་ཤེས་སྟོན་ཁའི་རྟ་རྒན་ཉོས།།

Btsong ma shes dpyid kavi tho ru btsongs

Nyo ma shes ston khavi rta rgan nyos

藏语安多方言谚语。流行于以大夏河、黄河、洮河流域为主的甘南地区。到了春天草原万物复苏，生机盎然，小马驹将迎来它茁壮成长的大好时机，此时卖掉得不偿失。到了秋后，即将迎来寒冬，草场退化，买来老马，必将引起生存危机。按客观规律办事，避免造成不必要的损失，是牧民群众的经验之谈。罗赛搜集、整理，索南龙珠汉译。今藏甘南藏族自治州政协原副主席罗赛处。

（喇有勇）

练气功的称高手，不会掌握变疯子

རྩ་རླུང་སྦྱངས་པའི་མཚན་ལ་གྲུབ་ཆེན་ཐོག །
རླུང་མགོ་མ་ནོན་མིང་ལ་སྨྱོན་པ་ཟེར།།

Rtsa rlung sbyangs pavi ntshan la grub chen thog

Rlung mgo ma non ming la smyon pa zer

藏语安多方言谚语。流行于以大夏河、黄河、洮河流域为主的甘南地区。苦练气功成道者称之为高手，走火入魔犹如疯子一般，做任何事情按其规律和程序循序渐进才能取得成功，违背和超越规律和程序则达不到预期的目的，一事无成。罗赛搜集、整理，索南龙珠汉译。今藏甘南藏族自治州政协原副主席罗赛处。（喇有勇）

所有的植物往上长，乌鸦的身体往横长

རྩྭ་རྩི་ཤིང་ཚང་མ་གྱེན་ལ་སྐྱེ།། ཐན་ཁྭ་ཏའི་རོ་ཐག་འཁྱོག་ནས་སྐྱེ།།

Rtswa rtsi shing tshang ma gyen la skye

Than khwa tavi ro thag vkhyog nas skye

藏语安多方言谚语。流行于以大夏河、黄河、洮河流域为主的甘南地区。积极向上的，必定是合乎自然法则的，也是众所认可的。小草虽小却能昂头向上生长，招人喜爱，乌鸦虽能飞翔；却生得一副丑陋而可恶的嘴脸，使人厌恶。罗赛搜集、整理，索南龙珠汉译。今藏甘南藏族自治州政协原副主席罗赛处。（喇有勇）

利刀刃上冒火，厉橛尖上冒烟

བཙན་རལ་གྲིའི་ཁ་ནས་མེ་འབར་ནི།།
གཉན་ཕུར་བུའི་མགོ་ནས་དུ་བ་ཡོང་ནི།།

Btsan ral grivi kha nas me vbar ni

Gnyan phur buvi mgo nas du ba yong ni

藏语安多方言谚语。流行于以大夏河、黄河、洮河流域为主的甘南地区。威严能使罪恶颤抖，正义终究压倒邪恶，将威严和邪恶形象地喻为宝剑利刃上的火光和橛子上的气焰，强调了弘扬正气的重要性。罗赛搜集、整理，索南龙珠汉译。今藏甘南藏族自治州政协原副主席罗赛处。

（喇有勇）

没有节制厉如雷，不会收敛如死狗

བཙན་ཚོད་མ་ཐུག་པར་འབྲུག་གྲག་གྲག། ལམ་ལ་མ་སོང་བར་ཁྱི་འཆི་འཆི།།

Btsan tshod ma thug par vbrug grag grag

Lam la ma song bar khyi vchi vchi

藏语安多方言谚语。流行于以大夏河、黄河、洮河流域为主的甘南地区。在未遇到强敌前慷慨激昂，声讨声犹如雷声，一旦征战出发时却像死狗一样畏首畏尾、退缩不前，讽刺只说不干、胆

小怕事的行为。罗赛搜集、整理，索南龙珠汉译。今藏甘南藏族自治州政协原副主席罗赛处。

（喇有勇）

如酥油坨子般的情感不能溶，如绳子打结般的诺言不能松

བརྩེ་སེམས་མར་ལོ་དཀར་བོ་ཞུ་མི་ཉན།།
ཞེ་མཐུན་ཚིག་གི་མདུད་པ་ལྷོད་མི་ཉན།།

Brtse sems mar lo dkar bo zhu mi nyan
Zhe mthun tshig gi mdud pa lhod mi nyan

藏语安多方言谚语。流行于以大夏河、黄河、洮河流域为主的甘南地区。做人要有善心和爱心，要懂得知恩感恩，豁达大度，诚实守信，在对待情感问题上也是如此，信守诺言，终身厮守，永不放弃。罗赛搜集、整理，索南龙珠汉译。今藏甘南藏族自治州政协原副主席罗赛处。

（喇有勇）

吃嫩草的营养能从臀部看出，吃肥肉的营养能从脸上看出

རྩྭ་འཇག་སྔོན་ཟོས་པའི་བཅུད་དེ་ཕོངས་ན་རིག །
ཤ་ཚོན་པོ་ཟོས་པའི་བཅུད་དེ་ངོ་ན་རིག །

Rtswa vjag sngon zos pavi bcud de phongs na rig
Sha tshon po zos pavi bcud de ngo na rig

藏语安多方言谚语。流行于以大夏河、黄河、洮河流域为主的甘南地区。牲畜吃了鲜嫩的绿草会膘肥体壮，显现在强壮的体格上；人吃了肥美的手抓羊肉，汲取了充足的营养，会显现在充满活力的脸庞上。罗赛搜集、整理，索南龙珠汉译。今藏甘南藏族自治州政协原副主席罗赛处。

（喇有勇）

在咒师修行的洞口跳舞，在三角橛子的顶上抽烟

བཙན་སྔགས་པའི་སྒྲུབ་ཁང་སྒོ་ནས་གར་འཁྲབ།།
གཉན་ཕུར་བུ་རྩེ་གསུམ་མགོ་ནས་དུ་འཐེན།།

Btsan snggs pavi sgrub khang sgo nas gar vkhrab
Gnyan phur bu rtse gsum mgo nas du vthen

藏语安多方言谚语。流行于以大夏河、黄河、洮河流域为主的甘南地区。身处险境无惧无畏，明知山有虎，偏向虎山行，对待危险和困难，从容面对，沉着应战，表现出敢在咒师修行的禁地跳舞和在橛子尖上抽烟的超常勇气和胆略。罗赛搜集、整理，索南龙珠汉译。今藏甘南藏族自治州政协原副主席罗赛处。

（喇有勇）

烧干草，火苗飘飘；骑牦牛，衣襟飘飘

རྩྭ་སྐྱ་མེ་ལ་བུས་ན་མེ་ལྕེའི་ལྷབ་ལྷབ།།
བཞོན་པ་གཡག་གི་བྱས་ན་གོས་མཐའ་ལྷབ་ལྷབ།།

Rtswa skya me la bus na me lcevi lhab lhab
Bzhon pa gyag gi byas na gos mthav lhab lhab

藏语安多方言谚语。流行于以大夏河、黄河、洮河流域为主的甘南地区。干草燃烧起来火苗很大，但火力不强；骑着牦牛赶路晃晃悠悠，但速度不快。意为无论干什么事情一定要方法得当，讲究实效，千万不可图形式，走过场。罗赛搜集、整理，索南龙珠汉译。今藏甘南藏族自治州政协原副主席罗赛处。

（喇有勇）

你没有横渡大江的能力，我没有口咬大山的本领

གཙང་བོ་འདོམ་ལ་འཇལ་བའི་ལག་རྩལ་ཁྱོད་མེད་ཀི།།
རི་རབ་ཁམ་དུ་ཟ་བའི་ལྟོ་རྩལ་ང་ཅི་ཡོད།།

Gtsang bo vdom la vjal bavi lag rtsal khyod med ki
Ri rab kham du za bavi lto rtsal nga ci yod

藏语安多方言谚语。流行于以大夏河、黄河、洮河流域为主的甘南地区。特别的事情必须要由特定的人在特定的环境地点去完成，否则达不到应有的效果。罗赛搜集、整理，索南龙珠汉译。今藏甘南藏族自治州政协原副主席罗赛处。

（喇有勇）

没有不靠水草的牲畜，没有不爱吃喝的官人

རྩྭ་ཆུ་གཉིས་ལ་མི་དད་པའི་རི་དྭགས་མེད།།
ཟ་འཐུང་གཉིས་ལ་མི་དགའ་བའི་བླ་དཔོན་མེད།།

Rtswa chu gnyis la mi dad pavi ri dwags med
Za vthung gnyis la mi dgav bavi bla dpon med

藏语安多方言谚语。流行于以大夏河、黄河、洮河流域为主的甘南地区。留恋丰美的水草是一切食草动物的天性，沉迷于吃喝之中是达官贵人

的本质，形象地比喻将上层官僚不顾群众疾苦吃喝享乐的嘴脸揭露得淋漓尽致，表达了人民的呼声。罗赛搜集、整理，索南龙珠汉译。今藏甘南藏族自治州政协原副主席罗赛处。（喇有勇）

短命的老鼠摸猫爪子，短命的佣人睡国王妃

ཙི་གུ་ཚེ་ཟད་ཀྱིས་བྱི་ལའི་སྡེར་ཁར་སྤར་འབྲད།།
གཡོག་པོ་ཚེ་ཟད་ཀྱིས་རྒྱལ་པོའི་ལྕམ་མོར་ལག་བསླང་།།
Tsi gu tshe zad kyis byi lavi sder khar spar vbrad
Gyog po tshe zad kyis rgyal povi lcam mor lag bslang

藏语安多方言谚语。流行于以大夏河、黄河、洮河流域为主的甘南地区。老鼠和猫是天敌，仆人和王妃是不同阶层的两类人。猫戏弄老鼠，仆人调戏王妃，必将引火上身搭上身家性命。罗赛搜集、整理，索南龙珠汉译。今藏甘南藏族自治州政协原副主席罗赛处。（喇有勇）

向强者诉苦求食，向弱者指手欺负

བཙན་པོའི་སྒོ་ཁར་མེད་མུག་བཏོན་ནས་ལག་བསྲེངས།།
གཉོམ་ཆུང་སྒོ་ཁར་གྲུ་མོ་ཀེར་ནས་རྐང་བརྡབས།།
Btsan povi sgo khar med mug bton nas lag bsrengs
Gnyom chung sgo khar gru mo ker nas rkang brdabs

藏语安多方言谚语。流行于以大夏河、黄河、洮河流域为主的甘南地区。有些人见人说人话，见鬼说鬼话，在强者面前低三下四，装出一副可怜的奴性，在弱者面前举手跺脚，大发威风，讽刺了一些人的两面派行为。罗赛搜集、整理，索南龙珠汉译。今藏甘南藏族自治州政协原副主席罗赛处。（喇有勇）

吃草梢的是绵羊，拔草根的是骏马

རྩྭ་འཇག་མའི་རྩི་མགོ་བཏོག་ནས་ཟ་ནོ་གཡང་དཀར་ལུག །
རྩྭའི་རྩྭ་རྟིང་བརྫིས་ནས་བསྣོགས་ནོ་འདོ་རིག་རྟ།།
Rtswa vjag mavi rtsi mgo btog nas za no gyang dkar lug
Rtswvi rtswa rting brdzis nas bsnogs no vdo rig rta

藏语安多方言谚语。流行于以大夏河、黄河、洮河流域为主的甘南地区。通过绵羊吃草基梢和马吃草往往用力过猛将草连根拔起一起吃掉的细微动作，阐述了两种牲畜不同的生存习性。罗赛搜集、整理，索南龙珠汉译。今藏甘南藏族自治州政协原副主席罗赛处。（喇有勇）

没有可争的财，没有可报的仇

རྩོད་རྒྱུ་ཡོད་པའི་རྒྱུ་མེད།། གླེང་རྒྱུ་ཡོད་པའི་གྱོད་མེད།།
Rtsod rgyu yod pavi rgyu med gleng rgyu yod pavi gyod med

藏语安多方言谚语。流行于以大夏河、黄河、洮河流域为主的甘南地区。既没有可争的财产，也没有辩不明的是非，做人要大度容忍，切不可无事生非，对一些事争论不休，互伤和气。罗赛搜集、整理，索南龙珠汉译。今藏甘南藏族自治州政协原副主席罗赛处。（喇有勇）

根未被虫害，梢未被霜冻

རྩ་བ་འབུ་ཡིས་མ་ཟོས།། རྩེ་མོ་སད་ཀྱིས་མ་ཁྱེར།།
Rtsa ba vbu yis ma zos rtse mo sad kyis ma khyer

藏语安多方言谚语。流行于以大夏河、黄河、洮河流域为主的甘南地区。对一件没有受到任何伤害的事物横加指责毫无必要，犹如对没有受到虫害和被霜摧残的小草妄加评论一般，没有丝毫的意义。罗赛搜集、整理，索南龙珠汉译。今藏甘南藏族自治州政协原副主席罗赛处。（喇有勇）

狐狸的皮毛，姑娘的头饰

ཚིག་ཟན་ཝ་མོའི་གྲ་ལྤགས་དེ།། ན་ཆུང་བུ་མོའི་མགོ་ཡི་རྒྱན།།
Tsig zan wa movi gra lpags de na chung bu movi mgo yi rgyan

藏语安多方言谚语。流行于以大夏河、黄河、洮河流域为主的甘南地区。狐狸狡猾，令人厌恶，被视为不祥之物，然而用它的皮毛制成少女的帽子，却成为姑娘头上一道靓丽的风景。意为再无能的人或再无价的事物也有其闪光的一面和可利用的价值。罗赛搜集、整理，索南龙珠汉译。今藏甘南藏族自治州政协原副主席罗赛处。（喇有勇）

了争端要调解人，补缺口要补丁

རྩོད་གླེང་འདུམ་ན་གཟུ་བ་མཁོ།། དྲལ་ཁ་བཙེམ་ན་ལྷན་པ་མཁོ།།

Rtsod gleng vdum na gzu ba mkho dral kha btsem na lhan pa mkho

藏语安多方言谚语。流行于以大夏河、黄河、洮河流域为主的甘南地区。要解决各执一词的纠纷、争端需要公正的中人来调解了断，修补破损的缺口就必须要用补丁，强调了解决矛盾和问题的措施和方法。罗赛搜集、整理，索南龙珠汉译。今藏甘南藏族自治州政协原副主席罗赛处。

（喇有勇）

是厉鬼就到山顶，是魔鬼就到沟口

བཙན་ཡིན་ན་རི་གསུམ་རྩེ་ལ་སོང་།། བདུད་ཡིན་ན་ལོང་གསུམ་མདོ་ལ་སོང་།།

Btsan yin na ri gsum rtse la song bdud yin na long gsum mdo la song

藏语安多方言谚语。流行于以大夏河、黄河、洮河流域为主的甘南地区。无论是强者还是弱者都有展示自己的不同舞台，只是所扮演的角色和所发挥的作用不同，要体现真正的价值就去开辟适合自己的战场，体现价值。罗赛搜集、整理，索南龙珠汉译。今藏甘南藏族自治州政协原副主席罗赛处。

（喇有勇）

富饶之地众人爱，诚实之人众人和

རྩྭ་ཆུ་འཛོམས་པའི་ས་ལ་ཀུན་དགའ།།
གཤིས་རྒྱུད་དྲང་བའི་མི་ལ་ཀུན་མཐུན།།

Rtswa chu vdzoms pavi sa la kun dgav
Gshis rgyud drang bavi mi la kun mthun

藏语安多方言谚语。流行于以大夏河、黄河、洮河流域为主的甘南地区。为人要诚实守信、善良、正直、富有爱心，具备了这些优良品质就会被大家认同、接纳、拥护、爱戴，犹如水草丰美的地方人见人爱。罗赛搜集、整理，索南龙珠汉译。今藏甘南藏族自治州政协原副主席罗赛处。

（喇有勇）

吸寒风如吃糌粑，冒雪霜如披毡衣

བཙག་བསེར་བུ་རྩམ་སྐྱ་འགམ་འགམ།། གངས་བ་མོ་ཕྱིང་སྐྱ་གོན་གོན།།

Btsag bser bu rtsam skya vgam vgam gangs ba mo phying sky gon gon

藏语安多方言谚语。流行于以大夏河、黄河、洮河流域为主的甘南地区。恶劣的气候环境造就了高原人不怕艰难险阻的坚强性格，歌颂了草原人民乐观豁达、面对困难永不低头的精神品质。罗赛搜集、整理，索南龙珠汉译。今藏甘南藏族自治州政协原副主席罗赛处。（喇有勇）

厉鬼下棋的地方，恶魔跳舞的地方

བཙན་གྱིས་ཤ་རྡེལ་བཀྲམས་ས།། མ་མོས་བྲོ་གར་འཁྲབ་ས།།

Btsan gyis sha rdel bkrams sa ma mos bro gar vkhrb sa

藏语安多方言谚语。流行于以大夏河、黄河、洮河流域为主的甘南地区。只有厉鬼和恶魔在此地出没自如，下棋、跳舞，意为此地神秘可怕，常人不敢在这个地方取土挖石和大兴土木，否则会带来不祥或灭顶之灾。具有浓厚的宗教背景和一些迷信色彩。罗赛搜集、整理，索南龙珠汉译。今藏甘南藏族自治州政协原副主席罗赛处。

（喇有勇）

顶高如雪山，根深如大海

རྩེ་མོ་གངས་རིར་སྙེག་འདྲ།། རྩ་བ་རྒྱ་མཚོར་ཟུག་འདྲ།།

Rtse mo gangs rir snyeg vdra rtsa ba rgya mtshor zug vdra

藏语安多方言谚语。流行于以大夏河、黄河、洮河流域为主的甘南地区。在雪域高原高莫过于雪山，深莫过于大海，以高耸的雪山和深邃的大海来比喻某一事情难做的程度或某个人的学问和能耐之大。罗赛搜集、整理，索南龙珠汉译。今藏甘南藏族自治州政协原副主席罗赛处。

（喇有勇）

丰美草丛中也有毒草

རྩྭ་ཉལ་ལེབ་མའི་ནང་ན།། དུག་རྩྭ་ལྡུམ་ལིང་ངེ་མ།།

Rtswa nyal leb mavi nang na dug rtswa ldum ling nge ma

藏语安多方言谚语。流行于以大夏河、黄河、

洮河流域为主的甘南地区。在广袤的草原上、在丰美的草丛中也杂生着一些毒草，比喻社会的多样化和文化的多元化，有好人也有坏人，有精华也有糟粕，警示人们要以实事求是和一分为二的态度看待一切事物。罗赛搜集、整理，索南龙珠汉译。今藏甘南藏族自治州政协原副主席罗赛处。

（喇有勇）

花草茂密的地方，江河奔流的地方

རྩྭ་ཡར་སྐྱེས་རྫོང་གི་མཐུག་ས་ཡིན།། ཆུ་མར་བཞུར་གཏིང་གི་ཟབ་ས་ཡིན།།

Rtswa yar skyes rdzong gi mthug sa yin

Chu mar bzhur gting gi zab sa yin

藏语安多方言谚语。流行于以大夏河、黄河、洮河流域为主的甘南地区。丰美的草丛依靠着大地的肥沃，日夜不奔流的大根河小溪终究汇入大海，用通俗的语言和浅显易懂的道理告诫人们尊重规律，顺应历史的发展。罗赛搜集、整理，索南龙珠汉译。今藏甘南藏族自治州政协原副主席罗赛处。

（喇有勇）

玉鬃的狮子，在雪山顶上称霸

རྩལ་ལྡན་སེང་གེ་གཡུ་རལ་ཅན།། གངས་རི་དཀར་པོའི་རྩེ་ན་རྒྱལ།།

Rtsal ldan seng ge gyu ral can

gangs ri dkar bovi rtse na rgyal

藏语安多方言谚语。流行于以大夏河、黄河、洮河流域为主的甘南地区。威猛的雄狮在雪山顶上能显示其勇猛和威严，离开了雪山，狮子的威风也就打折扣，指人或者事物在特定的环境里发挥特殊的作用，离开了这种客观条件，主观的努力也不会收到良好的效果。罗赛搜集、整理，索南龙珠汉译。今藏甘南藏族自治州政协原副主席罗赛处。

（喇有勇）

老鼠挖尽墙脚，也不会磨尽鼠爪

ཙི་གུས་རྩིག་སྟེང་བྲད་བྲད་ཀྱང་།། ཙི་གུའི་སྡེར་མོ་ཟད་རབ་མེད།།

Tsi gus rtsig steng brad brad kyang

Tsi guvi sder mo zad rab med

藏语安多方言谚语。流行于以大夏河、黄河、洮河流域为主的甘南地区。世上千奇百怪的事物都有其特点和生活、生长的习性，生命不息，它的能力永不枯竭，犹如老鼠为了生存奋力握洞，但它的爪子不会被磨损一样。罗赛搜集、整理，索南龙珠汉译。今藏甘南藏族自治州政协原副主席罗赛处。

（喇有勇）

缩身静坐是猫的姿势，那是作孽的征兆

ཙོག་ཙོག་ཞུམ་བུའི་སྡོད་སྟངས་རེད།། སྡིག་པ་བསགས་པའི་སྔ་ལྟས་རེད།།

Tsog tsog zhum buvi sdod stangs red

Sdig pa bsags pavi snga ltas red

藏语安多方言谚语。流行于以大夏河、黄河、洮河流域为主的甘南地区。猫抓老鼠是猫的本性，猫缩身静坐是在等待捕捉老鼠的时机，暗藏着杀机，从佛教一切生命均平等的理论来看，这是作孽的征兆。罗赛搜集、整理，索南龙珠汉译。今藏甘南藏族自治州政协原副主席罗赛处。

（喇有勇）

鼠进洞，猫竖耳

ཙི་ཙི་ཨི་ཁུང་ནང་ལ་འཛུལ།། ཞུམ་བུ་རྣ་ཅོག་ཀྲོང་ངེར་ལངས།།

Tsi tsi ai khung nang la vdzul zhum

bu rna cog krong nger langs

藏语安多方言谚语。流行于以大夏河、黄河、洮河流域为主的甘南地区。风吹草动、大鱼吃小鱼是自然界的法则，老鼠钻进洞，猫儿虎视眈眈，形象地把猫和老鼠这对天敌的细微动作表现得淋漓尽致，讽刺了弱肉强食的现象。罗赛搜集、整理，索南龙珠汉译。今藏甘南藏族自治州政协原副主席罗赛处。

（喇有勇）

遇见强者求情，遇见弱者欺凌

བཙན་པོར་ཐུག་དུས་ཞུ་བ་བྱེད།། གཉོམ་ཆུང་རིག་དུས་གཙེ་བ་བྱེད།།

Btsan por thug dus zhu ba byed gnym chung rig dus

gtse ba byed

藏语安多方言谚语。流行于以大夏河、黄河、洮河流域为主的甘南地区。山外有山，人上有人，强中自有强中手，切不可以强欺弱，弱肉强食，讽刺了那些见了强者点头哈腰、阿谀奉承、溜须拍马，见到弱势抬手奋脚、强横无理的卑鄙小人。罗赛搜集、整理，索南龙珠汉译。今藏甘南藏族自治州政协原副主席罗赛处。

（喇有勇）

文章夸张多，读者不相信

རྩོམ་ལ་སྒྲོ་འདོགས་མང་ན།། ཀློག་མཁན་ཡིད་མི་ཆེས།།

Rtsom la sgro vdogs mang na klog mkhan yid mi ches

藏语安多方言谚语。流行于以大夏河、黄河、洮河流域为主的甘南地区。做人或干任何事情都要诚实守信，以诚信为本，保持一颗感恩的心踏踏实实地做人做事，不可做浮浪子弟，如辞藻华丽、毫无实际意义的文章一般最终被人唾弃。罗赛搜集、整理，索南龙珠汉译。今藏甘南藏族自治州政协原副主席罗赛处。（喇有勇）

茇草被风吹，牲畜心情好

རྩྭ་འཇག་མའི་ཇ་ཡུག་ལྡེམ་དུས།། ཟོག་དུད་འགྲོའི་སྣང་བ་གསོ་དུས།།

Rtswa vjag mavi ja yug ldem dus

zog dud vgrovi snang ba gso dus

藏语安多方言谚语。流行于以大夏河、黄河、洮河流域为主的甘南地区。做任何事情，一旦具备了良好的客观条件和办事创业的最佳环境，就会使人心情愉悦，有所追求，犹如草原风调雨顺、生机勃勃、水草丰美、牲畜撒欢一般。罗赛搜集、整理，索南龙珠汉译。今藏甘南藏族自治州政协原副主席罗赛处。（喇有勇）

水草丰美的草原上，独居的牧家幸福

རྩྭ་ཆུ་འཛོམས་པའི་སྤང་ལྗོངས་སུ།། འབྲོག་ཁྱིམ་ཁེར་འགྲོ་ཁེར་འདུག་སྐྱིད།།

Rtswa chu vdzoms pavi spang ljongs su

Vbrog khym kher vgro kher vdug skyid

藏语安多方言谚语。流行于以大夏河、黄河、洮河流域为主的甘南地区。水和草是游牧藏族的命根子，逐水草原而居是千百年来不变的主题，藏族人民热爱草原、热爱家乡，有了丰美的水草，就有了这个民族生活的希望，表达了藏族牧人不甘寂寞、奋发向上、热爱生活的美好心境。罗赛搜集、整理，索南龙珠汉译。今藏甘南藏族自治州政协原副主席罗赛处。（喇有勇）

强者的脚步声大，弱者的腿在颤抖

བཙན་པོའི་ཞབས་ལྕགས་སྟིག་སྟིག ། གཉོམ་ཆུང་སྒྱིད་པ་འདར་འདར།།

Btsan povi zhabs lcags stig stig

gnyom chung sgyid pa vdar vdar

藏语安多方言谚语。流行于以大夏河、黄河、洮河流域为主的甘南地区。正义终究压倒邪恶，当正义的阳光照射时，丑恶将被驱散，少数不和谐的音符定会被强者坚强有力的脚步声替代。罗赛搜集、整理，索南龙珠汉译。今藏甘南藏族自治州政协原副主席罗赛处。（喇有勇）

蛮横人不收敛，想在活人身上挖洞

བཙན་པོའི་བཙན་ཚོད་མ་ཟིན་ན།། མི་གསོན་པོའི་སྟེང་ནས་དུང་བརྐོ།

Btsan povi btsan tshod ma zin na

mi gson povi steng nas dung brko

藏语安多方言谚语。流行于以大夏河、黄河、洮河流域为主的甘南地区。做人要厚道，以德服人，即使是一个强者也要收敛自己的行为，检点自己的品行，切不可做出有悖于社会和人类的事情。罗赛搜集、整理，索南龙珠汉译。今藏甘南藏族自治州政协原副主席罗赛处。（喇有勇）

技能比狮子强，力气比大象大

རྩལ་དྲུག་ཕོ་ཐོང་སེང་ལས་ཆེ།། སྟོབས་བརྗིད་གླང་ཆེན་སྣ་རིང་ཡན།།

Rtsal drug pho thong seng las che

Stobs brjid glang chen sna ring yan

藏语安多方言谚语。流行于以大夏河、黄河、洮河流域为主的甘南地区。把力大无比、技艺高超的人形象地比喻为兽中之王狮子和大力士大象，常常用来赞扬英雄人物和威武之士。罗赛搜集、整理，索南龙珠汉译。今藏甘南藏族自治州政协原副主席罗赛处。（喇有勇）

干草被风吹走，寒风进入体内

རྩྭ་སྐམ་པོ་ཤོག་ཤོག་རླུང་གིས་བསྐྱོད།།
གྲང་ངར་ངར་རྒྱབ་ཀྱི་ལྭ་གསེང་འཛུལ།།

Rtswa skam po shog shog rlung gis bskyod

Grang ngr ngar rgyab kyi lwa gseng vdzul

藏语安多方言谚语。流行于以大夏河、黄河、

洮河流域为主的甘南地区。高原恶劣的气候和凛冽的寒风把草秆和人吹得瑟瑟发抖，从中反映了高原人不畏艰辛、乐观生活的精神风貌。罗赛搜集、整理，索南龙珠汉译。今藏甘南藏族自治州政协原副主席罗赛处。（喇有勇）

空了糌粑袋子，双手伸到何处都是空荡荡

རྩམ་ཁུག་སྟོང་བས་ལག་ཤུབ་བྱས།། གར་བསྙབས་ན་སྐྱ་སིབ་སིབ།།

Rtsam khug stong bas lag shub byas

gar bsnyabs na skya sib sib

藏语安多方言谚语。流行于以大夏河、黄河、洮河流域为主的甘南地区。人无论干什么事都要有自己目标和志向，切不可盲目从事，如果不具备干事的目标和决心，就想把手伸进空糌粑袋子，不但一无所获，并且满手沾满糌粑粉。罗赛搜集、整理，索南龙珠汉译。今藏甘南藏族自治州政协原副主席罗赛处。（喇有勇）

践草胜过吃草，浑水胜过喝水

རྩྭ་ཟོས་པ་ལས་ནི་བརྫིས་པས་སྡུག ། ཆུ་བཏུངས་པ་ལས་ནི་རྙོགས་པས་སྡུག །

Rtswa zos pa las ni brdzis pas sdug

Chu btungs pa las ni rnyigs pas sdug

藏语安多方言谚语。流行于以大夏河、黄河、洮河流域为主的甘南地区。牲畜吃草不可怕，可怕的是践踏草场，使草原荒芜；痛饮小溪不可怕，可怕的是污染水源，糟蹋河水。呼吁人们善待自然界的一草一木、一山一水，保护赖以生存的环境。罗赛搜集、整理，索南龙珠汉译。今藏甘南藏族自治州政协原副主席罗赛处。（喇有勇）

根本上师有爱心，世间老人善断事

རྩ་བའི་བླ་མར་བརྩེ་བའི་འདུ་ཤེས་ཡོད།།

འཇིག་རྟེན་རྒན་པོར་དཔྱད་པའི་འདུ་ཤེས་ཡོད།།

Rtsa bavi bla mar brtse bavi vdu shes yod

Vjig rten rgan por dpyad pavi vdu shis yod

藏语安多方言谚语。流行于以大夏河、黄河、洮河流域为主的甘南地区。人们要在社会实践中扮演好各自的角色，尽好自己的义务，对人和任何事物要有爱心，要敢于承担社会责任，犹如根本上师具备爱心，世间老人要具备明断是非的能力。罗赛搜集、整理，索南龙珠汉译。今藏甘南藏族自治州政协原副主席罗赛处。（喇有勇）

种无根的树，不会有果实；诉无据的状，不会有结果

རྩད་པ་མེད་ནས་སེའུ་སྡོང་བཏབ་ཀྱང་འབྲས་བུ་མེད།།

གཞི་རྩ་མེད་ནས་གྱོད་ངན་གླེང་ཡང་སྙིང་པོ་མེད།།

Rtsad pa med nas sevu sdong btab kyang vbras bu med

Gzhi rtsa med nas gyod ngan gleng yang snying bo med

藏语安多方言谚语。流行于以大夏河、黄河、洮河流域为主的甘南地区。干任何事情过程和手段很重要，但结果更显重要，奉劝人们不要做无果之事，否则将一无所获，一事无成。罗赛搜集、整理，索南龙珠汉译。今藏甘南藏族自治州政协原副主席罗赛处。（喇有勇）

精算卦的智人能从卦上知事，通百事的老人能从心中辨事

རྩིས་པ་ཤེས་ལྡན་ཅན་གྱིས་བརྩི་བྱ་གཞུང་ནས་ཤར།།

རྒན་པོ་བློ་རིག་ཅན་གྱིས་དཔྱད་གསུམ་ཁོག་ནས་ཤར།།

Rtsis pa shes ldan can gyis brtsi bya gzhung nas shar

Rgan po blo rig can gyis dpyd gsum khog nas shar

藏语安多方言谚语。流行于以大夏河、黄河、洮河流域为主的甘南地区。善于算卦的人能从卦盘上知道所卜之事，阅历丰富，通晓百事的老人能从心中辨别是非功过，说明人们对待事物的态度和解决问题的方法不一。罗赛搜集、整理，索南龙珠汉译。今藏甘南藏族自治州政协原副主席罗赛处。（喇有勇）

草丛中有能治百病的药，树丛中有能成矛柄的杆

རྩྭ་ཡར་སྐྱེས་ནང་ན་ནད་བརྒྱ་འཇོམ་པའི་སྨན་མཆོག་ཡོད།།

ཤིང་ཡར་སྐྱེས་ནང་ན་དཔའ་བོ་མཁོ་བའི་མདུང་ཡུ་ཡོད།།

Rtswa yar skyes nang na nad brgya vjom

pavi sman mchog yod

Shing yar skes nang na dpav bo mkho bavi mdung yu yod

藏语安多方言谚语。流行于以大夏河、黄河、洮河流域为主的甘南地区。指出不管是那种事物都有好的一面和对人有益的东西，而这种好的一

面，是值得人们去观察、去发现的。比如，草药和矛柄都要人自身去寻找。罗赛搜集、整理，索南龙珠汉译。今藏甘南藏族自治州政协原副主席罗赛处。（喇有勇）

出售没人要，再买买不起

འཚོང་ན་དགོས་མི་མེད། ཉོས་ན་ཁུག་མི་མེད།

Vtshong na dgos mi med nyos na khug mi med

藏语安多方言谚语。流行于以大夏河、黄河、洮河流域为主的甘南地区。指出非常珍贵、非常稀少的东西想买时买不回，讲述既珍贵又不适合人们的需求的道理。罗赛搜集、整理，索南龙珠汉译。今藏甘南藏族自治州政协原副主席罗赛处。

（喇有勇）

送货上门没价钱，挑拨离间合不来

ཚོང་རྒྱ་སྒོར་ཁྱེར་ན་མི་འགྲིམ། སྡེ་ནོགས་ནོགས་བྱས་ན་མི་འཆམ།

Tshong rgya sgor khyer na mi vgrim

Sde nogs nogs byas na mi vcham

藏语安多方言谚语。流行于以大夏河、黄河、洮河流域为主的甘南地区。凡做一件事都有一个时机、环境和界限，如果不按照这样做，那就不随自己的意愿，也不会如愿以偿，反而起反作用。罗赛搜集、整理，索南龙珠汉译。今藏甘南藏族自治州政协原副主席罗赛处。（喇有勇）

死后的继承人，爬山时的手杖

ཚེ་ཕྱི་མ་འགྲོ་གི་ཤུལ་བསྲུང་། ལ་རིང་མོ་རྒྱག་གི་ལག་རྟེན།

Tshe phyi ma vgro gi shul bsrung

La ring mo rgyag gi lag rten

藏语安多方言谚语。流行于以大夏河、黄河、洮河流域为主的甘南地区。人到了一定的年龄就要死掉，但他们后人要继承家业，比如爬山要有手杖一样，得有一个依靠的东西。罗赛搜集、整理，索南龙珠汉译。今藏甘南藏族自治州政协原副主席罗赛处。（喇有勇）

嘴上的话要落到意上，石上的骨髓要放到嘴里

ཚིག་ཁ་ཐོག་ན་ཡོད་པ་དོན་ཐོག། རྐང་རྡོ་ཐོག་ན་ཡོད་པ་ལྕེ་ཐོག།

Tshig kha thog na yod pa don thog

Rkang rdo thog na yod pa lce thg

藏语安多方言谚语。流行于以大夏河、黄河、洮河流域为主的甘南地区。做一件事不能凭嘴说了算，而要以实际行动落到实处，比如石砸的骨髓能放到嘴里，能尝出新鲜的味道来。罗赛搜集、整理，索南龙珠汉译。今藏甘南藏族自治州政协原副主席罗赛处。（喇有勇）

袖口中商价格，领口里议事情

ཚོང་ཕུ་རུང་ནང་གི་གཏམས། ཚིག་གོང་བའི་ནང་ནས་གྲོས།

tshong phu rung nang gi gtams tshig gong bavi nang nas gros

藏语安多方言谚语。流行于以大夏河、黄河、洮河流域为主的甘南地区。在一件事情上做的和说的都是两码事，比喻心里想的和手中做的不一致。罗赛搜集、整理，索南龙珠汉译。今藏甘南藏族自治州政协原副主席罗赛处。（喇有勇）

有根的话有听头，有奶的牛有挤头

ཚིག་མདོ་རྩ་ཅན་ལ་ཉན་རྒྱུ་ཡོད། བ་ནུ་མ་ཅན་ལ་བཞོ་རྒྱུ་ཡོད།

Tshig mdo rtsa can la nyan rgyu yod

Ba nu ma can la bzho rgyu yod

藏语安多方言谚语。流行于以大夏河、黄河、洮河流域为主的甘南地区。说话要有根据，这是古往来人们做事所下的箴言，也就是指有根据、有道理的说话总是人们公认的，比如有奶的牛总是人们双手欢喜的。罗赛搜集、整理，索南龙珠汉译。今藏甘南藏族自治州政协原副主席罗赛处。

（喇有勇）

说千言要有意义，渡浑水要渡口

ཚིག་བརྒྱད་བརྒྱ་བཤད་ན་དོན་དགོས། ཆུ་རྙོག་པ་བརྒལ་ན་རབ་དགོས།

Rtsig brgyad brgya bshad na don dgos

Chu rnyog pa brgal na rab dgos

藏语安多方言谚语。流行于以大夏河、黄河、洮河流域为主的甘南地区。人们常说：话不能多，

而在于理，那理在于有无道理，比如渡混水必定要渡过渡江口。罗赛搜集、整理，索南龙珠汉译。今藏甘南藏族自治州政协原副主席罗赛处。

（喇有勇）

所说的话生厌倦，所做的事生畏惧

ཚིག་བཤད་ནོ་ཞེན་པ་གཏིང་ནས་ལོག །
དོན་ལས་ནོ་ཞེ་སྡང་གཏིང་ནས་སྐྱེས།།

Tsig bshad no zhen pa gting nas log
Don las no zhe sdang gting nas skyes

藏语安多方言谚语。流行于以大夏河、黄河、洮河流域为主的甘南地区。无根据的话及非常难听的诲言，是人们厌倦的，如做事一样，无价值、无意义的任何事，对人们的生产、生活，社会积极向上的事业上起不了作用，也是不赞成的。罗赛搜集、整理，索南龙珠汉译。今藏甘南藏族自治州政协原副主席罗赛处。（喇有勇）

生牦牛的气，鞭打马的头

ཚིག་པ་གཡག་ལ་ཟས་ནས།། མགོ་ལྕག་རྟ་ལ་འཕེན་གིན།།

Tshig pa gyag la zas nas mgo lcag rta la vphen gin

藏语安多方言谚语。流行于以大夏河、黄河、洮河流域为主的甘南地区。比喻表面上骂这个人，实际上骂那个人，指桑骂槐。罗赛搜集、整理，索南龙珠汉译。今藏甘南藏族自治州政协原副主席罗赛处。（喇有勇）

利刀在皮鞘中，英雄在破衣中

མཚོན་རྣོན་པོ་ཀོ་ཤུབས་ནང་ན་ཡོད།། བུ་དཔའ་བོ་སློག་ཐེད་ནང་ན་ཡོད།།

Mtshon rnon po ko shubs nang na yod
Bu dpav bo slog thed nang na yod

藏语安多方言谚语。流行于以大夏河、黄河、洮河流域为主的甘南地区。比喻好的人或好的物件，都在于它所处的环境里，不能乱扔在一边，就像英雄人物，是由时代、环境造就的。罗赛搜集、整理，索南龙珠汉译。今藏甘南藏族自治州政协原副主席罗赛处。（喇有勇）

话说来说去没完没了，石翻来滚去事不尽

ཚིག་ཕར་བཤད་ཚུར་བཤད་འཛད་མཐའ་མེད།།
རྡོ་ཕར་རྫོགས་ཚུར་རྫོགས་ལས་མཐའ་མེད།།

Tshig phar bshad tshur bshad vdzad mthav med
Rdo phar rdzogs tshur rdzogs las mthav med

藏语安多方言谚语。流行于以大夏河、黄河、洮河流域为主的甘南地区。比喻同一样的事或同一样的话，说上千百句，做了千百次，都是同一个样，没有新颖和创新。罗赛搜集、整理，索南龙珠汉译。今藏甘南藏族自治州政协原副主席罗赛处。（喇有勇）

念诵长寿经象征康泰，抛掷朵儿玛喻示寿终

ཚེ་དབང་ཚེ་གྲུབ་གསུང་དུས་ཚེ་ལྡན་རེད།།
ལན་ཆགས་གཏོར་མ་འཕངས་དུས་ཚེ་ཟད་རེད།།

Tshe dbang tshe grub gsung dus tshe ldan red
Lan chags gtor ma vphangs dus tshe zad red

藏语安多方言谚语。流行于以大夏河、黄河、洮河流域为主的甘南地区。指做好事有好报，做坏事有报应，就像念寿经肯定寿命长，抛债食福气短一样。罗赛搜集、整理，索南龙珠汉译。今藏甘南藏族自治州政协原副主席罗赛处。

（喇有勇）

话无足遍地传，风无翼满空飞

ཚིག་རྐང་བ་མེད་ལ་བརྒྱ་སྡེར་འུར་རུ་རུ།།
རླུང་གཤོག་པ་མེད་ལ་ནམ་མཁའ་ཤུར་རུ་རུ།།

Tshig rkang ba med la brgya sder vur ru ru
Rlung gshog pa med la nam mkhav shur ru ru

藏语安多方言谚语。流行于以大夏河、黄河、洮河流域为主的甘南地区。指好事不出门，坏事出千里，就像谣言到处传，风沙满地吹一样。罗赛搜集、整理，索南龙珠汉译。今藏甘南藏族自治州政协原副主席罗赛处。（喇有勇）

耳听话脸皮红，手拿食用鼻闻

ཚིགས་རྣ་བའི་གོ་དུས་ངོ་མདངས་དམར་བོ་ལོག །
ཟས་ལག་ཏུ་བཞག་དུས་དྲི་མ་སྣ་བས་སྣོམ།།

Tshigs rna bavi go dus ngo mdangs dmar bo log
Zas lag tu bzhag dus dri ma sna bas snom

藏语安多方言谚语。流行于以大夏河、黄河、洮河流域为主的甘南地区。指不拘小节，承受不起各种考验，人眼前是一个样，人背后是一个样。罗赛搜集、整理，索南龙珠汉译。今藏甘南藏族自治州政协原副主席罗赛处。（喇有勇）

商贾坐船渡海，那是欲得珠宝故

ཚོང་དཔོན་ནོར་བུས་རྒྱ་མཚོར་གྲུ་གཟིངས་སྐྱོད།།
རིན་ཆེན་གཡུ་བྱུར་མུ་ཏིག་འདོད་པས་དེད།།

Tshong dpon nor bus rgya mtshor gru gzings skyod
Rin chen gyu byur mu tig vdod pas ded

藏语安多方言谚语。流行于以大夏河、黄河、洮河流域为主的甘南地区。比喻为达到某一种目的而不顾一切，就像得到珠宝，不远千里坐船渡海去寻找。罗赛搜集、整理，索南龙珠汉译。今藏甘南藏族自治州政协原副主席罗赛处。（喇有勇）

话不忘藏心中，马不丢缰绳拴

ཚིག་མི་བརྗེད་གངས་དཀར་སེམས་ལ་འཛིན།།
རྟ་མི་བོར་སུམ་སྒྲོག་དམ་ལ་འདོགས།།

Tshig mi brjed gangs dkar sems la vdzin
Rta mi bor sum sgrog dam la vdogs

藏语安多方言谚语。流行于以大夏河、黄河、洮河流域为主的甘南地区。比喻做一件事要提前准备就绪，以防万一，就像所说的话记在心上，所牵的马要拴好。罗赛搜集、整理，索南龙珠汉译。今藏甘南藏族自治州政协原副主席罗赛处。

（喇有勇）

用话较量是骗术，用手较量是愚蠢

ཚིག་གིས་སྤེལ་ག་བྱས་ན་གཡོ་ཁྲམ།། ལག་གིས་འཇུ་རེས་བྱས་ན་གླེན་པ།།

Tshig gis spel ga byas na gyo khrm
Lag gis vju res bysa na glen pa

藏语安多方言谚语。流行于以大夏河、黄河、洮河流域为主的甘南地区。比喻说和做是两码事，说了不等于做，做了不等于说了，在两者之间要弄清是非，容易上当受骗。罗赛搜集、整理，索南龙珠汉译。今藏甘南藏族自治州政协原副主席罗赛处。（喇有勇）

难说对三句话的智者，难养活三口人的富者

ཚིག་གསུམ་མགོ་རྔ་མི་མཚུངས་བའི་མཁས་པ།།
བཟའ་གསུམ་མགོ་རྔ་མི་སུམ་པའི་ཕྱུག་པོ།།

Tshig gsum mgo rnga mi mtshungs bavi mkhas pa
Bzav gsum mgo rnga mi sum pavi phyug po

藏语安多方言谚语。流行于以大夏河、黄河、洮河流域为主的甘南地区。指对无真才实学的文人和无钱财的富人贪图虚名、装模作样的一种贬义说法。罗赛搜集、整理，索南龙珠汉译。今藏甘南藏族自治州政协原副主席罗赛处。（喇有勇）

没挥刀四敌自降，没敲鼓鬼神自来

མཚོན་མ་གཡུག་དགྲ་བཞི་རང་འདུལ།། རྔ་མ་བརྡུངས་ལྷ་སྲིན་རང་འཁོར།།

Mtshon ma gyug dgra bzhi rang vdul
Rnga ma brdungs lha srin rang vkhor

藏语安多方言谚语。流行于以大夏河、黄河、洮河流域为主的甘南地区。比喻神力无敌，扭转乾坤，英勇善战，独霸一方的独裁者，所有的一切都围绕他转。罗赛搜集、整理，索南龙珠汉译。今藏甘南藏族自治州政协原副主席罗赛处。

（喇有勇）

没有回话反流汗水，没有胜敌反打老婆

ཚིག་ཁ་ནས་མ་འབྱོར་ལན་ལ་རྔུལ་ཆུ་བཞུར།།
དགྲ་ལམ་ནས་མ་ཐུབ་ལན་ལ་ཆུང་མ་གཉོག །

Tshig kha nas ma vbyor lan la rngul chu bzhur
Dgra lam nas ma thub lan la chung ma gnyog

藏语安多方言谚语。流行于以大夏河、黄河、洮河流域为主的甘南地区。遇着敌人献媚迎亲，遇到亲人怒发冲冠的懦夫，装腔作势，是对吃里扒外的小人的一种取笑。罗赛搜集、整理，索南龙珠汉译。今藏甘南藏族自治州政协原副主席罗赛处。（喇有勇）

敬仰塑贤哲，话语造国王

ཚུལ་ཁྲིམ་ལྡན་པ་སྨོན་པས་གྲུབ།། རྒྱལ་པོ་རྣམས་ནི་ཚིག་གིས་གྲུབ།།

Tshul khrim ldan pa smon pas grub

Rgyal po rnams ni tshig gis grub

藏语安多方言谚语。流行于以大夏河、黄河、洮河流域为主的甘南地区。对圣贤高贵者的赞扬和歌颂，比如，国王一言九鼎、不出二话、遵照执行。罗赛搜集、整理，索南龙珠汉译。今藏甘南藏族自治州政协原副主席罗赛处。（喇有勇）

用词如天宽，用意如草细

ཚིག་གི་གོ་བ་ནམ་མཁའི་མཐོངས་ལྟར་ཡངས།།

དོན་གྱི་ཞིབ་ཆ་ཀུ་ཤའི་རྩེ་ལྟར་ཕྲ།།

Tshig gi go ba nam mkhavi mthongs ltar yangs

Don gyi zhib cha ku shavi rtse ltar phra

藏语安多方言谚语。流行于以大夏河、黄河、洮河流域为主的甘南地区。文章言语思想深奥、宽广、条理清晰，思路敏捷，逻辑性强，值得有智之士去效仿。罗赛搜集、整理，索南龙珠汉译。今藏甘南藏族自治州政协原副主席罗赛处。

（喇有勇）

对话没得比，对剑没得胜

ཚིག་གིས་བཤད་ནས་མ་དོ།། མཚོན་གྱིས་འཐབ་ནས་མ་ཐུབ།།

Tshig gis bshad nas ma do

Mtshon gyis vthab nas ma thub

藏语安多方言谚语。流行于以大夏河、黄河、洮河流域为主的甘南地区。讲理、动武都比不过人家，一败涂地，无成功余地。罗赛搜集、整理，索南龙珠汉译。今藏甘南藏族自治州政协原副主席罗赛处。（喇有勇）

海涨鱼来，地好人居

མཚོ་རྒྱས་ན་ཉ་འཁོར།། ས་བཟང་ན་སྡེ་ཆགས།།

Mtsho rgyas na nya vkhor sa bzang na sde chags

藏语安多方言谚语。流行于以大夏河、黄河、洮河流域为主的甘南地区。指人与自然的和谐共处，生态文明的最高境界。罗赛搜集、整理，索南龙珠汉译。今藏甘南藏族自治州政协原副主席罗赛处。（喇有勇）

欲吃肥要利刀，欲取烫要钳子

ཚོན་པོ་ཟ་ན་རྣོན་པོ་དགོས།། ཚ་མོ་ལེན་ན་སྐམ་པ་དགོས།།

tshon po za na rnon po dgos

tsha mo len na skam pa dgos

藏语安多方言谚语。流行于以大夏河、黄河、洮河流域为主的甘南地区。意寓欲善其工而必先利其器，切不可乱施器论谋略。罗赛搜集、整理，索南龙珠汉译。今藏甘南藏族自治州政协原副主席罗赛处。（喇有勇）

话不变发了誓，意不变立下牌

ཚིག་མི་འགྱུར་བའི་མནའ་བགགས།། དོན་མི་འགྱུར་བའི་རྟགས་བྱིན།།

tshig mi vkyur bavi mnav bgags

don mi vgyur bavi rtags byin

藏语安多方言谚语。流行于以大夏河、黄河、洮河流域为主的甘南地区。为使言出必行、言行一致，故而重誓以偿诺，立碑以督行。罗赛搜集、整理，索南龙珠汉译。今藏甘南藏族自治州政协原副主席罗赛处。（喇有勇）

事后莫悔，梦境莫记

ཚར་བའི་ལས་ལ་མ་འགྱོད།། རྨི་ལམ་ཡིད་ལ་མ་འཛིན།།

Tshar bavi las la ma vgyod rmi lam yid la ma vdzin

藏语安多方言谚语。流行于以大夏河、黄河、洮河流域为主的甘南地区。意为时过境迁，事后莫悔，梦境勿记心，此皆为无因之果、无本之木、无源之水，既于事无补，又与己无益。罗赛搜集、整理，索南龙珠汉译。今藏甘南藏族自治州政协原副主席罗赛处。（喇有勇）

听信谎言，贪吃食物

ཚིག་མི་བདེན་ཁ་ལ་ཉན།། ཚོད་མ་ཟིན་ཟས་ལ་ རྔམས།།

Tshig mi bden kha la nyan tshod ma zin zas la rngams

藏语安多方言谚语。流行于以大夏河、黄河、洮河流域为主的甘南地区。听信谎言，就似无度贪食，皆因利欲熏心，欲壑难填之故，警戒世人敛欲淡利。方可言行大方有度，不易听信谎言误入歧途。罗赛搜集、整理，索南龙珠汉译。今藏甘南藏族自治州政协原副主席罗赛处。

（喇有勇）

言语矛盾，引来祸端

ཚིག་དོན་གཉིས་ཀྱི་ནོར་ལྡོག་གིས། རུ་སྡེ་གཉིས་ལ་ནང་གྱོད་བསླངས།།

Tshig don gnyis kyi nor ldog gis

Ru sde gnyis la nang gyod bslangs

藏语安多方言谚语。流行于以大夏河、黄河、洮河流域为主的甘南地区。词不达意、曲解词意、言不由衷，致使事与愿违，酿成恶果，不堪回首。告诫人们处事做人应严谨慎重，切忌心浮气躁，胡乱作为。罗赛搜集、整理，索南龙珠汉译。今藏甘南藏族自治州政协原副主席罗赛处。

（喇有勇）

此生没露英雄招，后世还能谁知道

ཚེ་འདི་རུ་དཔའ་རྟགས་མ་སྟོན་ན།། ཚེ་ཕྱི་མའི་ཡུལ་ནས་སུ་ལ་གསལ།།

Tshe vdi ru dpav rtags ma yod na

Tshe phyi mavi yul nas su la gsal

藏语安多方言谚语。流行于以大夏河、黄河、洮河流域为主的甘南地区。意寓遇事应当当机立断，不可优柔寡断，否则将追悔莫及，无以弥补。罗赛搜集、整理，索南龙珠汉译。今藏甘南藏族自治州政协原副主席罗赛处。（喇有勇）

不勤饲养难有家畜，不勤学习难有知识

འཚོ་སྐྱོང་མི་དགའ་སྒོ་ཕྱུགས་མེད།། རྩོལ་བ་མི་དགའ་རིག་གཞུང་མེད།།

Vtsho skyong mi dgav sgo phyugs med

Rtsol ba mi dgav rig gzhung med

藏语安多方言谚语。流行于以大夏河、黄河、洮河流域为主的甘南地区。意寓勤劳方可致富，懒惰诸事无成。只有勤劳的人才可享乐收获和成功的喜悦。罗赛搜集、整理，索南龙珠汉译。今藏甘南藏族自治州政协原副主席罗赛处。

（喇有勇）

寿尽，裁缝难补；性恶，铁匠难铸

ཚེ་ཟད་ན་བཟོ་བོས་མཐུད་རྒྱུ་མེད།། གཤིས་ངན་ན་མགར་བས་བརྡུང་རྒྱུ་མེད།།

Tshe zad na bzo pos mthud rgyu med

Gshis ngan na mgar bas brdung rgyu med

藏语安多方言谚语。流行于以大夏河、黄河、洮河流域为主的甘南地区。意寓诸事应极早善始慎重，事后无以弥补，难以救药。罗赛搜集、整理，索南龙珠汉译。今藏甘南藏族自治州政协原副主席罗赛处。（喇有勇）

有意义的言辞要对结，有骨气的肉要对结

ཚིག་རྩ་བ་ཅན་པོ་ཐོ་གཏུག། ཤ་རུས་པ་ཅན་པོ་ལྷུ་བསྒྲིགས།།

Tshig rtsa ba can po tho gtug

Sha rus pa can po lhu bsgrigs

藏语安多方言谚语。流行于以大夏河、黄河、洮河流域为主的甘南地区。精妙的言辞是由于能恰当措辞表意，筋肉方可使骨节稳固不脱。意寓做事做人皆应恰当，正确分析判断掌握人事的关键，才能呈现出智愚、成败。罗赛搜集、整理，索南龙珠汉译。今藏甘南藏族自治州政协原副主席罗赛处。（喇有勇）

一个指头难撑住天，蚂蚁的尿湿不了地

མཛུབ་གུ་གཅིག་གིས་གནམ་མི་ཐེགས།། འབུ་གྲོག་མའི་གཅིན་གྱི་ས་མི་བངས།།

Mdzub gu gcig gis gnam mi thegs

Vbu grog mavi gcin gyi sa mi bangs

藏语安多方言谚语。流行于以大夏河、黄河、洮河流域为主的甘南地区。一个指头的力量和一只蚂蚁的能力是微不足道的，而给我们的启发是做什么事情单靠个人的力量是不够的，只有依靠集体的力量才能成就大的事业。罗赛搜集、整理，索南龙珠汉译。今藏甘南藏族自治州政协原副主席罗赛处。（喇有勇）

让犏牛背驮，用意犏牛知

མཛོ་ཁྱུང་དཀར་ཡོད་ནས་ཁལ་ཁུར་བསྐོར།།
ཁལ་ཁུར་ལུགས་ཅི་ཡིན་མཛོ་བོས་ཤེས།།

Mdzo khyng dkar yod nas khal khur bskor

Khal khur lugs ci yin mdzo bos shes

藏语安多方言谚语。流行于以大夏河、黄河、

洮河流域为主的甘南地区。做任何事情只有亲力亲为才能掌握其中的诀窍，从而熟能生巧。罗赛搜集、整理，索南龙珠汉译。今藏甘南藏族自治州政协原副主席罗赛处。（喇有勇）

岩山顶上喊了一声，绵羊的心思托给谁

རྫ་བྲག་དཀར་རྩེ་ནས་ཀི་ཞིག་འཐོབ།།
ལུག་གཡང་དཀར་བློ་གཏད་སུ་ལ་བཅོལ།།
Rdza brag dkar rtse nas ki zhig vthob
Lug gyang dkar blo gtad su la bcol

藏语安多方言谚语。流行于以大夏河、黄河、洮河流域为主的甘南地区。绵羊的心思没有可以寄托的，比喻寄人篱下，身不由己。罗赛搜集、整理，索南龙珠汉译。今藏甘南藏族自治州政协原副主席罗赛处。（喇有勇）

是九头奶牛的主人，四季都有酸奶喝

མཛོ་མོ་དགུ་ཡི་བདག་མོ་ཡིན།། དབྱར་ཞོ་དགུན་ཞོ་ཆད་མ་མྱོང་།།
Mdzo mo dgu yi bdag mo yin
Dbyar zho dgun zho chad ma myong

藏语安多方言谚语。流行于以大夏河、黄河、洮河流域为主的甘南地区。对于牧人而言，要想常喝酸奶就必须有几头奶牛，从而联想到改善民生关键在“造面功能”上下功夫。罗赛搜集、整理，索南龙珠汉译。今藏甘南藏族自治州政协原副主席罗赛处。（喇有勇）

牦牛野性十足，是因草山险峻

རྫ་ཟ་རེ་ཟུར་རེ་འབྲོང་གི་རྫ།། འབྲོང་རྭ་ཁ་རྩུབ་པ་དེ་ཡི་དོན།།
Rdza za re zur re vbrong gi rdza
Vbrong rwa kha rtsub pa de yi din

藏语安多方言谚语。流行于以大夏河、黄河、洮河流域为主的甘南地区。什么样的外部环境造就什么样的内部事物，对于事物的发展变化外部环境起着关键的主要作用。罗赛搜集、整理，索南龙珠汉译。今藏甘南藏族自治州政协原副主席罗赛处。（喇有勇）

白雪镶着岩山顶，明月镶着白塔顶

རྫ་རི་ལྷུན་པོའི་ཡང་རྩེ་གངས་ཀྱིས་བརྒྱན།།
མཆོད་རྟེན་དཀར་པོའི་དབུ་རྩེ་ཉི་ཟླས་བརྒྱན།།
Rdza ri lhun povi yang rtse gangs kyis brgyan
Mchod rten dkar povi dbu rtse nyi zlas brgyan

藏语安多方言谚语。流行于以大夏河、黄河、洮河流域为主的甘南地区。自然界的万物事物存在形成的千奇百态都是由自然规律所定。罗赛搜集、整理，索南龙珠汉译。今藏甘南藏族自治州政协原副主席罗赛处。（喇有勇）

高山顶上积雪，大海之上起雾

རྫ་གང་མཐོའི་མགོ་ནས་སྤྲིན་པ་འཛིན།། མཚོ་གང་ཆེའི་ཁ་རུ་རླངས་པ་ཐུལ།།
Rdza gang mthovi mgo nas sprin pa vdzin
Mtsho gang chevi kha ru rlangs pa thul

藏语安多方言谚语。流行于以大夏河、黄河、洮河流域为主的甘南地区。贪图一时享受却终究一事无成，历经磨难才能成为人上人。罗赛搜集、整理，索南龙珠汉译。今藏甘南藏族自治州政协原副主席罗赛处。（喇有勇）

收到姑娘的来信，小伙的心思被牵引

མཛའ་མོའི་སྐུར་ཡིག་འཕྲོད་འཕྲོད་ནས།། སྟག་ཤར་བློ་ཁ་སྲབ་བཞིན་དཀྱུས།།
Mdzav movi skur yig vphrod vphod nas
Stag shar blo kha srab bzhin dkyus

藏语安多方言谚语。流行于以大夏河、黄河、洮河流域为主的甘南地区。爱情使人没有了主意，失去了理智。罗赛搜集、整理，索南龙珠汉译。今藏甘南藏族自治州政协原副主席罗赛处。（喇有勇）

最高的山峰里有经幡，那是幸运腾达的仪轨

རྫ་གང་མཐོའི་རྩེ་རྒྱན་དར་ལྕོག། ལས་རླུང་རྟ་དར་བའི་རིམ་གྲོ།།
Rdza gang mthovi rtse rgyan dar lcog
Las rlung rta dar bavi rim gro

藏语安多方言谚语。流行于以大夏河、黄河、洮河流域为主的甘南地区。山顶上的经幡是信仰者的人生寄托。罗赛搜集、整理，索南龙珠汉译。今藏甘南藏族自治州政协原副主席罗赛处。

（喇有勇）

山口的风向直，晨晚都不冷

རྫ་སྨུག་པོའི་རླུང་ལམ་དྲང་སོང་ན།།
ཉིན་སེར་པོ་དགོང་འཇམ་ནངས་འཇམ་རེད།།
Rdza smug povi rlung lam drang song na
Nyin ser po dgong vjam nangs vjam red

藏语安多方言谚语。流行于以大夏河、黄河、洮河流域为主的甘南地区。做任何事情只要方法得当，掌握好要领就能取得成功。罗赛搜集、整理，索南龙珠汉译。今藏甘南藏族自治州政协原副主席罗赛处。（喇有勇）

别听信美女的谎言，别心贪酸酸的啤酒

མཛེས་མའི་གཡོ་གཏམ་ཚིག་ལ་ཡིད་མ་ཆེས།།
ལྦུ་ཆང་སྐྱུར་པོའི་རིགས་ལ་ཡིད་མ་ཆགས།།
Mdzes mavi gyo gtam tshig la yid ma ches
Lbu chang skyur povi rigs la yid ma chags

藏语安多方言谚语。流行于以大夏河、黄河、洮河流域为主的甘南地区。美色和啤酒不可过于沉迷，会使人迷失人生的方向。罗赛搜集、整理，索南龙珠汉译。今藏甘南藏族自治州政协原副主席罗赛处。（喇有勇）

说谎的舌头如风中的幡，诅咒的样子如吸血的鬼

རྫུན་ཁ་ལྕེ་རླུང་ཁའི་དར་ལྕོག་འདྲ།།
མཐུ་དམོད་མོ་བཤད་ལུགས་འདྲེ་མོ་འདྲ།།
Rdzun kha lce rlung khavi dar lcog vdr
Mthu dmod mo bshad lugs vdre mo vdr

藏语安多方言谚语。流行于以大夏河、黄河、洮河流域为主的甘南地区。谎言虽然不胫而走，传遍千里，但终究会被揭穿。罗赛搜集、整理，索南龙珠汉译。今藏甘南藏族自治州政协原副主席罗赛处。（喇有勇）

不是犏牛挤草圈，而是骡子架马车

མཛོ་རྒན་རྩྭ་ར་ནང་ལ་འཚང་འཚང་བྱས་པ་མིན།།
དྲེའུ་རྒན་ཤིང་རྟའི་བར་ལ་བཅུག་བཅུག་བྱས་པ་ཡིན།།
Mdzo rgan rtswa ra nang la vtshang vtshang byas pa min
Drevu rgan shing rtavi bar la bcug bcug byas pa yin

藏语安多方言谚语。流行于以大夏河、黄河、洮河流域为主的甘南地区。处世被动的局面只能违心顺应。罗赛搜集、整理，索南龙珠汉译。今藏甘南藏族自治州政协原副主席罗赛处。

（喇有勇）

岩山坡上虽无野牛，也有拉弓的地方；崎岖的路上虽无敌人，也有放哨的地方

རྫ་ཁྲ་ཡག་ངོས་ན་འབྲོང་མོ་མེད་ཀྱང་གཞུ་མོ་འགུགས་ས།།
ལམ་སྐྱ་མོའི་ནང་ན་དགྲ་བོ་མེད་ཀྱང་སོ་བ་བྱེད་ས།།
Rdza khra yag ngos na vbrong mo med kyang gzhu mo vgugs sa
Lam sya movi nang ma dgra bo med kyang so ba byed s

藏语安多方言谚语。流行于以大夏河、黄河、洮河流域为主的甘南地区。要学会居安思危，防患于未然。罗赛搜集、整理，索南龙珠汉译。今藏甘南藏族自治州政协原副主席罗赛处。

（喇有勇）

有密药的医生需要病人，有秘咒的巫师需要施主

རྫས་གདམས་ངག་ཅན་གྱི་སྨན་པར་ནད་པ་དགོས།།
མཐུ་མན་ངག་ཅན་གྱི་སྔགས་པར་ཡོན་བདག་དགོས།།
Rdzas gdams ngag can gyi sman par nad pa dgos
Mthu man ngag can gyi sngags par yon bdag dgos

藏语安多方言谚语。流行于以大夏河、黄河、洮河流域为主的甘南地区。世间万物都是相对应却又相互依存的。罗赛搜集、整理，索南龙珠汉译。今藏甘南藏族自治州政协原副主席罗赛处。

（喇有勇）

犏牛是牲畜的装饰，毛驴是马群的祸害

མཛོ་ཁྱུང་དཀར་གཡང་ལ་ནོར་ཁྱུའི་བརྒྱན།། བོང་ག་མ་རྣ་རིང་རྟ་ཁྱུའི་ཐན།།
Mdzo khyung dkar gyang la nor khuvi brgyan
Bong ga ma rna ring rta khuvi than

藏语安多方言谚语。流行于以大夏河、黄河、洮河流域为主的甘南地区。万事万物的优劣、强弱是它由自身的性质所决定的。罗赛搜集、整理，索南龙珠汉译。今藏甘南藏族自治州政协原副主席罗赛处。（喇有勇）

岩洞里冬眠的黄鼠爪根油腻，土洞里冬眠的野猫腹腔干净

རྫ་བྲག་ཁུང་དགུན་ཉལ་དྲེད་མོའི་སྡེར་རྩ་སྣུམ།།
སྤང་ས་ཁུང་དགུན་ཉལ་བྱི་ལའི་བྱང་ཁོག་གཙང་།།

Rdza brag khung dgun nyal dred movi sder rtsa snum
Spang sa khung dgun nyal byi lavi byang khog gtsang

藏语安多方言谚语。流行于以大夏河、黄河、洮河流域为主的甘南地区。意指看起相似的二者，却有着本质的区别。罗赛搜集、整理，索南龙珠汉译。今藏甘南藏族自治州政协原副主席罗赛处。

（喇有勇）

不是惜狐而是惜皮，不是惜马而是惜鞍

ཝ་མ་བསམ་གྲ་བསམས།། རྟ་མ་བསམ་སྒ་བསམས།།

Wa ma bsam gra bsams rtam ma bsam sga bsams

藏语安多方言谚语。流行于以大夏河、黄河、洮河流域为主的甘南地区。意指表里不一，心怀诡计。罗赛搜集、整理，索南龙珠汉译。今藏甘南藏族自治州政协原副主席罗赛处。（喇有勇）

若具狐皮的毛色，便有老虎的本领

ཝ་དམར་ཡག་གི་རྫི་ཡོད་ན།། སྟག་དམར་ཡག་གི་རྩལ་འཛོམས།།

Wa dmar yag gi rdzi yod na stag
dmar yag gi rtsal vdzoms

藏语安多方言谚语。流行于以大夏河、黄河、洮河流域为主的甘南地区。有单一的威风是不够的，更要有相应的本领。罗赛搜集、整理，索南龙珠汉译。今藏甘南藏族自治州政协原副主席罗赛处。

（喇有勇）

若狐有露宿的胆，狗有吃骨的本领

ཝ་མོ་རི་ལ་ཉུལ་བའི་སྙིང་ཡོད་ན།། ཁྱི་རྒན་རུས་པ་འཆའ་བའི་སོ་ཡོད།།

Wa mo ri la nyul bavi snying yod na
Khyi rgan rus pa vchav bavi so yod

藏语安多方言谚语。流行于以大夏河、黄河、洮河流域为主的甘南地区。意指你有策略，我有对策。罗赛搜集、整理，索南龙珠汉译。今藏甘南藏族自治州政协原副主席罗赛处。（喇有勇）

狐皮帽羔皮帽都是帽，头戴什么帽子在自己

ཝ་ཞྭ་ཚར་ཞྭ་ཞྭ་མོའི་རིགས།། མགོ་ལ་ཅི་གྱོན་རང་གིས་ལག །

Wa zhwa tshar zhwa zhwa movi rigs
Mgo la ci gyon rang gs lag

藏语安多方言谚语。流行于以大夏河、黄河、洮河流域为主的甘南地区。意指最终主意自己拿。罗赛搜集、整理，索南龙珠汉译。今藏甘南藏族自治州政协原副主席罗赛处。（喇有勇）

别拿对付狐狸的办法对付老虎

ཝ་མོ་གད་ལ་ཁྲིད་ཁྲིད་དེ།། དམར་ཡག་སྟག་ལ་འགྲོ་ས་མེད།།

Wa mo gad la khrid khrid de dmar
yag stag la vgro sa mea

藏语安多方言谚语。流行于以大夏河、黄河、洮河流域为主的甘南地区。意指小聪明行不通。罗赛搜集、整理，索南龙珠汉译。今藏甘南藏族自治州政协原副主席罗赛处。（喇有勇）

狐斜尾，狗斜鼻

ཝ་མོ་ཤུད་ཤུད་རྔ་མ་རང་ཤུད།། ཁྱི་མོ་ཤུད་ཤུད་གདོང་བ་རང་ཤུད།།

Wa mo shud shud rnga ma rang shud
Khyi mo shud shud gdong ba rang shud

藏语安多方言谚语。流行于以大夏河、黄河、洮河流域为主的甘南地区。意指上梁不正下梁歪。罗赛搜集、整理，索南龙珠汉译。今藏甘南藏族自治州政协原副主席罗赛处。（喇有勇）

狐、鹿、猴，不可叫；虎、豹、猿，不可争

ཝ་ཤྭ་བ་དབྲེ་གསུམ་ངུ་ས་མེད།། གཅན་སྟག་གཟིག་དྲེད་གསུམ་རྩོད་ས་མེད།།

Wa shwa ba dbre gsum ngu sa med
Gcan stag gzig dred gsum rtsod sa med

藏语安多方言谚语。流行于以大夏河、黄河、洮河流域为主的甘南地区。意指不分强弱，一视同仁。罗赛搜集、整理，索南龙珠汉译。今藏甘南藏族自治州政协原副主席罗赛处。（喇有勇）

如狐之背，如熊之心

ཝ་དམར་ཡག་གི་སོག་པའི་མེ་ལོང་ཡིན།།
དོམ་ནག་ནག་གི་སྙིང་ཁའི་དཀར་ཐིག་ཡིན།།
Wa dmar yag gi sog pavi me long yin
Dom nag nag gi snying khavi dkar thig yin

藏语安多方言谚语。流行于以大夏河、黄河、洮河流域为主的甘南地区。意指万众之中的佼佼者。罗赛搜集、整理，索南龙珠汉译。今藏甘南藏族自治州政协原副主席罗赛处。（喇有勇）

狐嚎，被魔欺；狗叫，被小偷欺

ཝ་མི་བརྒྱལ་ཁ་མེད་འདྲེ་མོས་རྣ་རྩ་གཏག །
ཁྱི་མི་ཟུག་ཁ་མེད་རྐུན་མས་ཐོད་ཚུལ་བྱས།།
Wa mi brgyal kha med vdre mos rna rtsa gtag
Khyi mi zug kha med rkun mas thod tshul byas

藏语安多方言谚语。流行于以大夏河、黄河、洮河流域为主的甘南地区。意指身不由己。罗赛搜集、整理，索南龙珠汉译。今藏甘南藏族自治州政协原副主席罗赛处。（喇有勇）

狐狸群中唯一的老虎，黄牛群中唯一的犏牛

ཝ་མོ་ཁྱུ་གཅིག་གི་ནང་ན་དམར་ཡག་སྟག་གཅིག །
བ་གླང་ཁྱུ་གཅིག་ནང་ན་ཁྱུང་དཀར་མཛོ་གཅིག །
Wa mo khyu gcig gi nang na dmar yag stag gcig
Ba glang khyu gcig nang na khyung dkar mdzo gcig

藏语安多方言谚语。流行于以大夏河、黄河、洮河流域为主的甘南地区。意指鸡群之鹤。罗赛搜集、整理，索南龙珠汉译。今藏甘南藏族自治州政协原副主席罗赛处。（喇有勇）

狐狸虽跑，却想进洞；强盗虽笑，却想抢财

ཝོ་མོ་བྲོས་ཀྱང་ཕྱི་བལྟས་མང་ན་ཁུང་འཛུལ་འདོད།།
ཁྲམ་པ་འཛུམ་ཡང་ཟུར་བལྟས་མང་ན་རྒྱུ་ནོམ་བཅོམ་འདོད།།
Wo mo bros kyang phyi bltas mang na khung vdzul vdod
Khram pa vdzum yang zur bltas mang na rgyu nom bcom vdod

藏语安多方言谚语。流行于以大夏河、黄河、洮河流域为主的甘南地区。意指听其言更观其行。罗赛搜集、整理，索南龙珠汉译。今藏甘南藏族自治州政协原副主席罗赛处。（喇有勇）

破帽拿在手，破鞋夹在腋

ཞྭ་ཆད་ལག ། ལྷམ་ཆད་མཆན།།
Zhwa chad lag lham chad mchan

藏语安多方言谚语。流行于以大夏河、黄河、洮河流域为主的甘南地区。描绘了贫苦百姓为着生计而奔波劳作的难堪状态。罗赛搜集、整理，索南龙珠汉译。今藏甘南藏族自治州政协原副主席罗赛处。（扎扎 林跃勇）

立家易，养家难

གཞི་འཛུགས་རྒྱུ་སླ།། ཤུལ་སྐྱོང་རྒྱུ་དཀའ།།
Gzhi vdzugs rgyu sla shul skyong rgyu dkva

藏语安多方言谚语。流行于以大夏河、黄河、洮河流域为主的甘南地区。通过“易”与“难”的鲜明对比，说明了创业发展的艰难。罗赛搜集、整理，索南龙珠汉译。今藏甘南藏族自治州政协原副主席罗赛处。（扎扎 林跃勇）

美食迷嘴，美色迷眼

ཞིམ་པོས་ཁ་བྲིད།། ཁྲ་ཁྲས་མིག་འཁྲུལ།།
Zhim pos kha brid khra khras mig vkhrul

藏语安多方言谚语。流行于以大夏河、黄河、洮河流域为主的甘南地区。告诫人们，看似美好的事物，往往会使人丧失善恶取舍的理智和判断是非的能力。罗赛搜集、整理，索南龙珠汉译。今藏甘南藏族自治州政协原副主席罗赛处。（扎扎 林跃勇）

以他人之事鉴己，以自己之事思他

གཞན་དཔེ་རང་ལ་ཞོག ། རང་དཔེ་གཞན་ལ་སྟོན།།
Gzhan dpe rang la zhog rang dpe gzhan la ston

藏语安多方言谚语。流行于以大夏河、黄河、洮河流域为主的甘南地区。指出为人处事的准则：经常与他人行为对照，找出自己的不足；经常检点自己的行为，避免危害他人利益。罗赛搜集、整理，索南龙珠汉译。今藏甘南藏族自治州政协原副主席罗赛处。（扎扎 林跃勇）

瞎子没有找到的是眼睛，聋子没有找到的是耳朵

ཞར་པས་མ་རྙེད་ནོ་མིག་རེད།། འོན་པས་མ་རྙེད་ནོ་རྣ་རེད།།

Zhar pas ma rnyed no mig red von

pas ma rnyed no rna red

藏语安多方言谚语。流行于以大夏河、黄河、洮河流域为主的甘南地区。说明如若不能辨别是非，往往会使自身陷于尴尬境地。罗赛搜集、整理，索南龙珠汉译。今藏甘南藏族自治州政协原副主席罗赛处。（扎扎 林跃勇）

发酵好的酸奶可敬给上师，没发酵的奶子只能给乞丐

ཞོ་ཆགས་ན་བླ་མའི་གསོལ་ཞོ།། ཞོ་མ་ཆགས་སྤྲང་བོའི་ད་ར།།

zho chags na bla mavi gsol zho zho ma

chags sprang boavi da ra

藏语安多方言谚语。流行于以大夏河、黄河、洮河流域为主的甘南地区。喻指事情办好或办坏的两种不同结局。罗赛搜集、整理，索南龙珠汉译。今藏甘南藏族自治州政协原副主席罗赛处。

（扎扎 林跃勇）

借猫不抓老鼠，借衣不可存放

ཞི་མི་གཡར་མས་ཙི་གུ་མི་སོད།། གོས་ལྭ་གཡར་མ་བསོག་པ་མི་ཉན།།

Zhi mi gyar mas tsi gu mi sod

Gos lwa gyar ma bsog pa mi nyan

藏语安多方言谚语。流行于以大夏河、黄河、洮河流域为主的甘南地区。通过比喻，提醒人们做事要靠自己，不能过度依赖外人。罗赛搜集、整理，索南龙珠汉译。今藏甘南藏族自治州政协原副主席罗赛处。（扎扎 林跃勇）

数日如数串，疼痛如针刺

ཞག་ཉི་མ་ཨ་ལུང་བརྩི་བརྩི།། གཟེར་ན་ཟུག་ཕུར་བ་རྡེབ་རྡེབ།།

Zhag nyi ma a lung brtsi brtsi

Gzer na zug phur ba rdeb rdeb

藏语安多方言谚语。流行于以大夏河、黄河、洮河流域为主的甘南地区。时时盘算来日无多的人，生活会倍感痛苦。罗赛搜集、整理，索南龙珠汉译。今藏甘南藏族自治州政协原副主席罗赛处。

（扎扎 林跃勇）

不可躲避的死亡，不可阻挡的黄河

གཞོལ་མེད་ཀྱི་འཇིག་རྟེན་འཆི་བ།། འགོག་མེད་ཀྱི་རྨ་ཆུ་སྔོན་མོ།།

Gzhol med kyi vjig rten vchi ba

Vgog med kyi rma chu sngon mo

藏语安多方言谚语。流行于以大夏河、黄河、洮河流域为主的甘南地区。自然规律不可抗拒，必须要以平和之心态看待某些事物的结局。罗赛搜集、整理，索南龙珠汉译。今藏甘南藏族自治州政协原副主席罗赛处。（扎扎 林跃勇）

积日累月是年，积累颗粒满仓

ཞག་ཟླ་བ་བསོགས་ནས་ལོ་ཐོབ།། ནས་འབྲུ་རྡོག་བསོགས་ནས་མཛོད་གང་།།

Zhag zla ba bsogs nas lo thob

nas vbru rdog bsogs nas mdzod gang

藏语安多方言谚语。流行于以大夏河、黄河、洮河流域为主的甘南地区。表明只有踏踏实实做事，一步一个脚印，再能成就最终功业。罗赛搜集、整理，索南龙珠汉译。今藏甘南藏族自治州政协原副主席罗赛处。（扎扎 林跃勇）

他事出谋自事蠢，大事丢弃小事捡

གཞན་ལ་མཁས་ཀྱང་རང་ལ་བླུན།། དོན་ཆེན་དོར་ནས་དོན་ཆུང་འཐུ།།

Gzhan la mkhas kyang rang la blun

Deo chen dor nas don chung vthu

藏语安多方言谚语。流行于以大夏河、黄河、洮河流域为主的甘南地区。讥讽那些夸夸其谈、不去务实、不知轻重的人。罗赛搜集、整理，索南龙珠汉译。今藏甘南藏族自治州政协原副主席罗赛处。（扎扎 林跃勇）

好舅的外甥，鹏鸟的幼崽

ཞང་སྐྱེས་རྒྱུད་ཅན་གྱི་བུ་ཚ།། ཁྱུང་གཤོག་རྩལ་ཅན་གྱི་གཞོན་ནུ།།

Zhang skyes rgyud can gyi bu tsha

Khyung gshog rtsal can gyi gzhon nu

藏语安多方言谚语。流行于以大夏河、黄河、洮河流域为主的甘南地区。指出为人楷模的尊长，

可以调教出有出息的后辈。罗赛搜集、整理，索南龙珠汉译。今藏甘南藏族自治州政协原副主席罗赛处。（扎扎 林跃勇）

母牛有恩，能常喝酸奶；
绵羊有恩，能常吃鲜肉

ཞོ་ཁ་ནས་མི་ཆད་མཛོ་མོ་གཙོ།། ཤ་ཁ་ནས་མི་ཆད་གཡང་དཀར་གཙོ།།

Zho kha nas mi chad mdzo mo gtso

Sha kha nas mi chad gyang dkar gtso

藏语安多方言谚语。流行于以大夏河、黄河、洮河流域为主的甘南地区。表现了“万事皆有恩”的朴素思想，提醒人们饮水思源。罗赛搜集、整理，索南龙珠汉译。今藏甘南藏族自治州政协原副主席罗赛处。（扎扎 林跃勇）

装束齐全的客人，要用茶酒设宴

ཞྭ་གོས་ལྷམ་གསུམ་འཛོམས་པའི་མགྲོན་པོ།།

ཇ་ཆང་འོ་ཞོ་བཤམས་པའི་སྟོན་མོ།།

Zhwa gos lham gsum vdzoms pavi mgron po

Ja chang vo zho bshams pavi ston mo

藏语安多方言谚语。流行于以大夏河、黄河、洮河流域为主的甘南地区。对于装束整洁的客人，要给予相应的礼遇。罗赛搜集、整理，索南龙珠汉译。今藏甘南藏族自治州政协原副主席罗赛处。（扎扎 林跃勇）

有了讽刺他人的小拇指，
更要照见自丑的明镜

གཞན་མཚང་སྟོན་པའི་མཛུབ་མོ་ཡོད་ན།།

རང་མཚང་ལྟ་སྤྱད་ཀྱི་མེ་ལོང་ལོས་དགོས།།

Gzhan mtshang ston pavi mdzub mo yod na

Rang mtshang lta spyad kyi me long los dgos

藏语安多方言谚语。流行于以大夏河、黄河、洮河流域为主的甘南地区。告诫人们，不能只看见别人的缺点，也要找出自己的毛病。罗赛搜集、整理，索南龙珠汉译。今藏甘南藏族自治州政协原副主席罗赛处。（扎扎 林跃勇）

长辈们要像大鹏展翅，慈悲的药丸要赠赐

ཞང་ཚང་འདྲའི་གཤོག་རུ་ཞིག་རྒྱོང་དགོས།།

སྙིང་བརྗེ་བའི་རིལ་བུ་ཞིག་འབབ་དགོས།།

Zhang tsang vdravi gshog ru zhig rgyong dgos

Snying brje bavi ril bu zhig vbab dgos

藏语安多方言谚语。流行于以大夏河、黄河、洮河流域为主的甘南地区。意指长辈们要关心爱护自己的后辈，要为他们的成长付出必需的代价。罗赛搜集、整理，索南龙珠汉译。今藏甘南藏族自治州政协原副主席罗赛处。

（扎扎 林跃勇）

他乡虽如仙境也有愁，自乡虽如山洞也有乐

གཞན་ཡུལ་ལྷ་གནས་ཡིན་ཀྱང་སྡུག། རང་ཡུལ་བྲག་ཕུག་ཡིན་ཀྱང་སྐྱིད།།

Gzhan yul lha gnas yin kyang sdug

Rang yul brag phug yin kyang skyid

藏语安多方言谚语。流行于以大夏河、黄河、洮河流域为主的甘南地区。同“金窝银窝不如自己的草窝”，表现了浓郁的恋乡情结。罗赛搜集、整理，索南龙珠汉译。今藏甘南藏族自治州政协原副主席罗赛处。（扎扎 林跃勇）

虽不能成为头戴黄帽的僧人，
却也要成为手持矛柄的将士

ཞྭ་སེར་བོ་མནབ་པའི་གྲྭ་བ་མ་ཉན་ཡང་།།

མདུང་འདོམ་དགུའི་ཡུ་བ་འཛིན་ནི་ཨེ་ཉན།།

Zhwa ser bo mnab pavi grwa ba ma nyan yang

Mdung vdom dguvi yu ba vdzin ni ae nyan

藏语安多方言谚语。流行于以大夏河、黄河、洮河流域为主的甘南地区。表现了以“僧人”和“将士”为荣的观念。罗赛搜集、整理，索南龙珠汉译。今藏甘南藏族自治州政协原副主席罗赛处。

（扎扎 林跃勇）

吃了酸奶喝茶犹如狗撕皮，吃了肉喝酸奶犹如山顶积雪

ཞོ་གཞུག་ཟ་འཐུང་ན་སློག་རུལ་ཁྱིས་གཏེད་འདྲ།།
ཤ་གཞུག་ཞོ་འཐུང་ན་རྫ་རི་གངས་ཀྱིས་བཟུང་འདྲ།།

Zho gzhug za vthung na slog rul khyis gted vdra
Sha gzhug zho vthung na rdza ri gangs kyis bzung vdra

藏语安多方言谚语。流行于以大夏河、黄河、洮河流域为主的甘南地区。总结饮食经验，说明两种不当的饮食行为对于身体所要产生的危害，告诫人们要注意食物搭配，避免因食物相克而造成不良后果。罗赛搜集、整理，索南龙珠汉译，贡保旺杰校订。今藏甘南藏族自治州政协原副主席罗赛处。

（扎扎 林跃勇）

舅家的狗没有尾巴也要尊重，自己的伴侣是乞丐也要照顾

ཞང་ཁྱི་ཇ་ལོ་ཡིན་ཡང་མགོར་འཁུར་དགོས།།
གཉེན་ཡ་སྤྲང་པོ་ཡིན་ཡང་གྲལ་འཁོད་དགོས།།

Zhang khying lo yin yang mgor vkhur dgos
Gnyen ya sprang po yin yang gral vkhod dgos

藏语安多方言谚语。流行于以大夏河、黄河、洮河流域为主的甘南地区。奉劝人们，对于周围的尊长要敬重，对于身边的弱者要关心。罗赛搜集、整理，索南龙珠汉译。今藏甘南藏族自治州政协原副主席罗赛处。

（扎扎 林跃勇）

他人之斧没砍自头，却已屎尿满裤子

གཞན་གྱི་སྟ་རེས་རང་གི་བླ་སྲོག་མ་བཅད་གོང་།།
སྐྲག་ནས་གཅིན་སྐྱག་རྐང་སྣམ་ནང་ལ་ཤོར།།

Gzhan gyi sta res rang gi bl srog ma bcad gong
Skrag nas gcin skyag rkang snam nang la shor

藏语安多方言谚语。流行于以大夏河、黄河、洮河流域为主的甘南地区。讥刺那些遇事之时胆小如鼠、毫无气节的懦弱之人。罗赛搜集、整理，索南龙珠汉译。今藏甘南藏族自治州政协原副主席罗赛处。

（扎扎 林跃勇）

美食设宴，哈达敬献

ཞིམ་མངར་ཟས་ཀྱི་སྟོན་མོ།། བཀྲ་ཤིས་དར་གྱི་མཇལ་ཁ།།

Zhim mngar zas kyi ston mo bkra shis dar gyi mjal kh

藏语安多方言谚语。流行于以大夏河、黄河、洮河流域为主的甘南地区。表现了甘南藏族人接待宾客的热情与大方。罗赛搜集、整理，索南龙珠汉译。今藏甘南藏族自治州政协原副主席罗赛处。

（扎扎 林跃勇）

虽然头戴一顶堂皇长帽，却背负着磐石般的是非

ཞྭ་སྣེ་རིང་བ་ཞིག་མགོ་ལ་གྱོན།། གྱོད་པ་བོང་ཙམ་ཞིག་རྒྱབ་ལ་ཁུར།།

Zhwa sne ring ba zhig mgo la gyon
Gyod pha bong tsam zhig rgyab la khur

藏语安多方言谚语。流行于以大夏河、黄河、洮河流域为主的甘南地区。形象地刻画出那些劣迹斑斑却又衣冠楚楚、道貌岸然的小人的无耻嘴脸，提醒大家看人切勿被冠冕堂皇的外表所迷惑。罗赛搜集、整理，索南龙珠汉译。今藏甘南藏族自治州政协原副主席罗赛处。

（扎扎 林跃勇）

坐垫图案是白色莲花，茶碗图案是吉祥八宝

བཞུགས་གདན་པད་མ་དཀར་པོ་ཡིན།།
བཞེས་ཅན་བཀྲ་ཤིས་རྟགས་བརྒྱད་ཡིན།།

Bzhugs gdan pad ma dkar po yin
Bzhes can bkra shis rtags brgyad yin

藏语安多方言谚语。流行于以大夏河、黄河、洮河流域为主的甘南地区。以敬仰羡慕的口吻赞美活佛阶层的高雅生活。罗赛搜集、整理，索南龙珠汉译。今藏甘南藏族自治州政协原副主席罗赛处。

（扎扎 林跃勇）

在家的父叔能放心，在外的男儿能成事

བཞུགས་པ་ཕ་ཁུའི་བློ་བདེ།། བྱོན་པ་སྐྱེས་བུས་དོན་གྲུབ།།

bzhugs pa pha khuvi blo bde byon pa skyes bus don grub

藏语安多方言谚语。流行于以大夏河、黄河、洮河流域为主的甘南地区。意指家里的事务若由长辈操劳主持，在外闯荡的后辈就可一心一意地成就大事。同“家有一老，如有一宝。”罗赛搜

集、整理，索南龙珠汉译。今藏甘南藏族自治州政协原副主席罗赛处。（扎扎　林跃勇）

满面笑容，满腹喜悦

ཞལ་ངོར་འཛུམ་མདངས་འབོལ། བྱང་ཁོག་དགའ་སྤྲོས་འཁེངས།

zhal ngor vdzum mdangs vbol byang khog dgav spros vkhengs

藏语安多方言谚语。流行于以大夏河、黄河、洮河流域为主的甘南地区。形容一件事情成功或生活安康如意带给人的身心愉悦。罗赛搜集、整理，索南龙珠汉译。今藏甘南藏族自治州政协原副主席罗赛处。（扎扎　林跃勇）

绿苗若无果，成为畜口食

ཞིང་སྔོ་ལྗང་འབྲས་བུ་མ་སྨིན་ན། ལྗང་ལོ་འདབ་དུད་འགྲོའི་ཁ་ཟས་ཡིན།

zhing sngo ljang vbras bu ma smin na ljang lo vdab dud vgrovi kha zas yin

藏语安多方言谚语。流行于以大夏河、黄河、洮河流域为主的甘南地区。在生产生活中，做事不可半途而废，而要一鼓作气、善始善终，否则难以得到预期效果。罗赛搜集、整理，索南龙珠汉译。今藏甘南藏族自治州政协原副主席罗赛处。（扎扎　林跃勇）

场面壮观宏大，少年讲话胆怯

བཞུགས་པའི་ཁྲོམ་པ་འཇིགས་ཆེ། བཤད་མཁན་བུ་ལོ་སྙིང་ཆུང་།

Bzhugs pavi khrom pa vjigs che bshad mkhan bu lo snying chung

藏语安多方言谚语。流行于以大夏河、黄河、洮河流域为主的甘南地区。在成长的各个阶段，就要经历多种场面，要经受多种考验，由此才可逐渐走向成熟。罗赛搜集、整理，索南龙珠汉译。今藏甘南藏族自治州政协原副主席罗赛处。（扎扎　林跃勇）

扁扁的嘴巴，圆圆的话语

ཞལ་ཀྱུ་ལི་མ་བོས་ངོས་ནས། གསུང་རིལ་བུ་མ་ཞིག་འབུད་རྒྱུ།

Zhal kyu li ma bos ngos nas gsung ril bu ma zhig vbud rgyu

藏语安多方言谚语。流行于以大夏河、黄河、洮河流域为主的甘南地区。提醒人们，不可信赖那些油嘴滑舌、任意编造的人。罗赛搜集、整理，索南龙珠汉译。今藏甘南藏族自治州政协原副主席罗赛处。（扎扎　林跃勇）

不可拆老帐篷，不可断烟火

གཞི་སྦྲ་རྒན་བལྟབ་ན་མི་ཆོག། དོ་དུ་བ་ཆད་ན་མི་ཆོག།

gzhi sbra rgan bltab na mi chog do du ba chad na mi chog

藏语安多方言谚语。流行于以大夏河、黄河、洮河流域为主的甘南地区。告诫人们做事要循规蹈矩，不可丢弃固有传统。罗赛搜集、整理，索南龙珠汉译。今藏甘南藏族自治州政协原副主席罗赛处。（扎扎　林跃勇）

幸福地过了三夜，尼姑造积了罪孽

ཞག་གསུམ་སྐྱིད་ལ་བསྐྱལ་སོང་། སྡིག་པ་ཨ་ནེས་བསགས་སོང་།

zhag gsum skyid la bskyal song sdig pa a nes bsags song

藏语安多方言谚语。流行于以大夏河、黄河、洮河流域为主的甘南地区。告诫僧尼不可迷恋红尘、自甘沉沦，以免玷污清修。罗赛搜集、整理，索南龙珠汉译。今藏甘南藏族自治州政协原副主席罗赛处。（扎扎　林跃勇）

少年多事会招来皮肉之痛，牦牛不从驭使会招来鼻痛

གཞོན་པ་བྱ་བ་མང་ན་རང་སྡུག་ཉོ། གཡག་རྒོད་སྣ་ལོ་མེད་ན་ན་ཚ་ཉོ།

Gzhon pa bya ba mang na rang sdug nyo Gyag rgod sna lo med na na tsha nyo

藏语安多方言谚语。流行于以大夏河、黄河、洮河流域为主的甘南地区。劝导年轻人不要无端招惹是非而要听从尊长的号令，不然会给自己带来伤痛。罗赛搜集、整理，索南龙珠汉译。今藏甘南藏族自治州政协原副主席罗赛处。（扎扎　林跃勇）

没有底子的容器难盛奶，清水如何搅动不会得酥油

ཞབས་རྡོབ་སྣོད་ལ་འོ་མ་མི་ཆགས།། ཆུ་འཁྱགས་དཀྲུག་པས་མར་ལོ་མི་འོང་།།

Zhabs rdob snod la vo ma mi chags

Chu vkhyags dkrug pas mar lo mi vong

藏语安多方言谚语。流行于以大夏河、黄河、洮河流域为主的甘南地区。喻指做事要从客观实际出发。罗赛搜集、整理，索南龙珠汉译。今藏甘南藏族自治州政协原副主席罗赛处。

（扎扎 林跃勇）

口中所出是佛法，腚中所出是香气

ཞལ་ནས་གསུང་གསུང་དམ་ཆོས།། རྐུབ་ནས་ཕུད་ཕུད་དྲི་བསུང་།།

zhal nas gsung gsung dam chos rkub nas

phud phud dri bsung

藏语安多方言谚语。流行于以大夏河、黄河、洮河流域为主的甘南地区。用夸张的手法表现出对高僧大德的极度赞美之情。罗赛搜集、整理，索南龙珠汉译。今藏甘南藏族自治州政协原副主席罗赛处。（扎扎 林跃勇）

别喝坏酸奶，别交恶朋友

ཞོ་སྐྱུར་སབ་བེ་སོབ་བེ་མ་ཐུངས།། གྲོགས་ངན་གླ་བེ་གླེན་བེ་མ་འགྲོགས།།

zho skyur sab be sob be ma thngs

grogs ngan gla be glen be ma vgrogs

藏语安多方言谚语。流行于以大夏河、黄河、洮河流域为主的甘南地区。说明跟着愚蠢的人做事会使自己变得愚笨，就像喝了太酸的酸奶会使自己牙酸、胃酸一样。罗赛搜集、整理，索南龙珠汉译。今藏甘南藏族自治州政协原副主席罗赛处。（扎扎 林跃勇）

见他人吃饭咽口水，却将自食藏进锅里

གཞན་ཟས་རིག་ན་ལྐོག་མ་འགུལ།། རང་ཟས་རིག་དུས་སྣོད་དུ་བསྐུངས།།

gzhan zas rig na lkog ma vgul rang zas rig

dus snod du bskungs

藏语安多方言谚语。流行于以大夏河、黄河、洮河流域为主的甘南地区。讥刺贪婪吝啬之徒。罗赛搜集、整理，索南龙珠汉译。今藏甘南藏族自治州政协原副主席罗赛处。（扎扎 林跃勇）

贪吃他人之饭，吝啬自己之食

གཞན་ཟས་ཟ་དུས་ལྷ་ཟ་ལྷུབ་ཟ།། རང་ཟས་ཟ་དུས་སྣ་བཏོགས་སྣེ་བཏོགས།།

Gzhan zas za dus lha za lhub za

Rang zas za dus sn btogs sne btogs

藏语安多方言谚语。流行于以大夏河、黄河、洮河流域为主的甘南地区。鞭挞私欲膨胀、从不顾他人利益之辈。罗赛搜集、整理，索南龙珠汉译。今藏甘南藏族自治州政协原副主席罗赛处。

（扎扎 林跃勇）

对人别说丝毫伤害话，批评自己要像雨水刷

གཞན་ལ་སྡུག་སྡུག་གཏམ་ངན་ཏིལ་ཙམ་མ་བཤད།།
རང་ལ་སྐྱོན་ཚིག་རྒོལ་གཏམ་དྲག་ཆར་འབབ་འབབ།།

Gzhan la sdug sdug gtam ngan til tsam ma bshad

Rang la skyon tshig rgol gtam drag char vbab vbab

藏语安多方言谚语。流行于以大夏河、黄河、洮河流域为主的甘南地区。意指做人要严以律己、宽以待人。罗赛搜集、整理，索南龙珠汉译。今藏甘南藏族自治州政协原副主席罗赛处。

（扎扎 林跃勇）

有了看他人的眼睛，也要有照自己的镜子

གཞན་ལ་ལྟ་བའི་མིག་ཡོད་ཀྱང་།། རང་ལ་བལྟ་ན་མེ་ལོང་དགོས།།

gzhan la lta bavi mig yod kyang

rang la blta na me long dgos

藏语安多方言谚语。流行于以大夏河、黄河、洮河流域为主的甘南地区。喻示既要与观察别人的能耐，同时也要检查自己的境界。罗赛搜集、整理，索南龙珠汉译。今藏甘南藏族自治州政协原副主席罗赛处。（扎扎 林跃勇）

青稞糌粑的味道，不品尝不知道

ཟས་སྦྲང་དཀར་རྩམ་པའི་བྲོ་བ་འདི།། ཁར་མ་ཟོས་གོང་ལ་མ་ཤེས་ཚལ།།

Zas sbrang dkar rtsam pavi bro ba vdi

Khar ma zos gong la ma shes tsal

藏语安多方言谚语。流行于以大夏河、黄河、洮河流域为主的甘南地区。喻示要知事物的真相，

只有亲身实践才能掌握，才能做出鉴别。罗赛搜集、整理，索南龙珠汉译。今藏甘南藏族自治州政协原副主席罗赛处。（扎扎 林跃勇）

好不嘉奖会丧失信心，坏不严惩会无法无天

བཟང་བོར་བཟང་གིས་མ་བརྗོད་ན་བཟང་བོ་ཁོ་འཆད།།
ངན་པར་ངན་རྟགས་མ་བསྟན་ན་ངན་པ་ངོར་སྡང་།།

Bzang bor bzang gis ma brjod na bzang bo kho vchad
Ngan par ngan rtags ma bstan na ngan pa ngor sdang

藏语安多方言谚语。流行于以大夏河、黄河、洮河流域为主的甘南地区。提示必须奖惩分明，才会使良行延续，恶行得以遏制。罗赛搜集、整理，索南龙珠汉译。今藏甘南藏族自治州政协原副主席罗赛处。（扎扎 林跃勇）

劣畜养在门外也能带来口福，恶人养在家中只能带来祸害

ཟོག་ངན་པ་སྒོ་ནས་གསོས་ན་ཁ་ལ་ཚིལ་འགོ །
མི་ངན་པ་ཁྱིམ་ནས་གསོས་ན་མགོ་ལ་སྡུག་འཇོག །

Zog ngan pa sgo nas gsos na kha la tshil vgo
mi ngan pa khyim nas gsos na mgo la sdug vjog

藏语安多方言谚语。流行于以大夏河、黄河、洮河流域为主的甘南地区。告诫人们要认清事物在本质上的区别，否则就会产生危害。罗赛搜集、整理，索南龙珠汉译。今藏甘南藏族自治州政协原副主席罗赛处。（扎扎 林跃勇）

没有食物，即便是官人也会瘫在床上；没有饲草，即便是骏马也会瘦成皮

ཟས་མེད་ན་དཔོན་པོ་ཡིན་ཀྱང་ཉལ་སར་ལྷུང་།།
རྩྭ་མེད་ན་གྱི་ལིང་ཡིན་ཀྱང་ཀོ་བའི་ལོག །

Zas med na dpon po yin kyang nyal sar lhung
Rtsrwa med na gyi ling yin kyang ko bavi log

藏语安多方言谚语。流行于以大夏河、黄河、洮河流域为主的甘南地区。喻指做事要具备必要条件，不然就会一事无成。罗赛搜集、整理，索南龙珠汉译。今藏甘南藏族自治州政协原副主席罗赛处。（扎扎 林跃勇）

食物不消化，六腑中定有一病；纠纷不易解，双方心中定有一仇

ཟས་མི་ཞུ་སྤྱད་པོ་སྣོད་དྲུག་ནང་ན་སྐྱོན་ཞིག་ཡོད།།
རྒྱོད་མི་འགྲིག་སྤྱད་པོ་ཕན་ཚུན་སེམས་ན་སྡུག་ཞིག་ཡོད།།

Zas mi zhu spyad po snod drug nang na skyon zhig yod
Gyod mi vgrig spyad po phan tshun sems na sdug zhig yod

藏语安多方言谚语。流行于以大夏河、黄河、洮河流域为主的甘南地区。意指办事咬住根本所在，问题才能迎刃而解。罗赛搜集、整理，索南龙珠汉译。今藏甘南藏族自治州政协原副主席罗赛处。（扎扎 林跃勇）

吃多了糌粑也会伤胃，说多了父母也会伤心

ཟ་ཆེ་ན་སྦྲང་དཀར་རྩམ་པ་ཡིན་ཡང་ཕོ་བར་སྡུག །
བཤད་ཆེ་ན་དྲིན་ཅན་ཕ་མ་ཡིན་ཡང་སེམས་ལ་སྡུག །

Za che na sbrang dkar rtsam pa yin yang pho bar sdug
Bshad che drin can pha ma yin yang sems la sdug

藏语安多方言谚语。流行于以大夏河、黄河、洮河流域为主的甘南地区。说明做任何事情都不能过度，以免伤人害己。罗赛搜集、整理，索南龙珠汉译。今藏甘南藏族自治州政协原副主席罗赛处。（扎扎 林跃勇）

袋中有粮要有系带，心中有话要有分寸

ཟས་ཁུག་མའི་ནང་ན་ཡོད་པ་ཁ་ཐིག་དགོས།།
གཏམ་ཁོག་པའི་ནང་ན་ཡོད་པ་ཚོད་ཟིན་དགོས།།

Zas khug mavi nang na yod pa kha thig dgos
Gtam khog pavi nang na yod pa tshod zin dgos

藏语安多方言谚语。流行于以大夏河、黄河、洮河流域为主的甘南地区。告诫人们说话要留有余地，做事要掌握分寸。罗赛搜集、整理，索南龙珠汉译。今藏甘南藏族自治州政协原副主席罗赛处。（扎扎 林跃勇）

抓住则烫手，放手则碎罐

བཟུང་ན་ལག་པ་བསྲེག །ཕུད་ན་རྫ་མ་གཅོག །

bzung na lag pa bsreg phud na rdza ma gcog

藏语安多方言谚语。流行于以大夏河、黄河、

洮河流域为主的甘南地区。喻指对某些事物不能过度关切，但也不能放任自流，否则就会造成不良后果。罗赛搜集、整理，索南龙珠汉译。今藏甘南藏族自治州政协原副主席罗赛处。

（扎扎　林跃勇）

儿女多的家庭父亲去世，如掀起蚂蚁窝的石板

བཟའ་མང་གི་ཕ་རྒན་ཤི། །གྲོག་ཚང་ཁའི་རྡོ་ལེབ་བཀོག །

bzav mang gi pha rgan shi grog

tshang khavi rdo leb bkog

藏语安多方言谚语。流行于以大夏河、黄河、洮河流域为主的甘南地区。说明父亲在一个家庭中的重要性，若其去世，会使儿女失去依靠而四散飘零。罗赛搜集、整理，索南龙珠汉译。今藏甘南藏族自治州政协原副主席罗赛处。（扎扎　林跃勇）

美食是一顿，流言传千代

ཟས་ཞིམ་པོ་ཇ་ཐེབས་གཅིག །གཏམ་མི་ཁ་བསྐལ་བ་སྟོང་།།

zas zhim po ja thebs gcig gtam mi kha bskal ba stong

藏语安多方言谚语。流行于以大夏河、黄河、洮河流域为主的甘南地区。提醒人们不要只顾眼前利益，而要关顾身后评说。罗赛搜集、整理，索南龙珠汉译。今藏甘南藏族自治州政协原副主席罗赛处。（扎扎　林跃勇）

直立行走的人，没知识就如牛

གཟུགས་རྐང་བས་འགྲོ་བའི་མི།། ཤེས་མེད་ན་བ་ལང་འདྲ།།

gzugs rkang bas vgro bavi mi shes med na ba lang vdr

藏语安多方言谚语。流行于以大夏河、黄河、洮河流域为主的甘南地区。指出了知识的重要性，表明人和动物之间的一个重要区别，就在于能否不断获取、积累、应用知识。罗赛搜集、整理，索南龙珠汉译。今藏甘南藏族自治州政协原副主席罗赛处。（扎扎　林跃勇）

对六字真言有信心，在山顶定会立经幡

གཟུངས་ཡིག་དྲུག་དད་མོས་ལོས་ཆེ།། མཐོ་རི་རྩེར་དར་ལྕོག་ལོས་སྒྲེངས།།

Gzungs yig drug dad mos los che

Mtho ri rtser dar lcog los sgrengs

藏语安多方言谚语。流行于以大夏河、黄河、洮河流域为主的甘南地区。说明对信仰虔诚的人，定会遵依规矩办事。罗赛搜集、整理，索南龙珠汉译。今藏甘南藏族自治州政协原副主席罗赛处。

（扎扎　林跃勇）

身不变如银铸佛像，语不变如金刚佛母

གཟུགས་འགྱུར་བ་མེད་པ་དངུལ་གྱི་ཐུབ་མཆོག །

གསུང་འགྱུར་བ་མེད་པ་རྒྱལ་བའི་ཡུམ་ཆེན།།

Gzugs vgyur ba med pa dngul gyi thub mchog

Gsung vgyur ba med pa rgyal pavi yum chen

藏语安多方言谚语。流行于以大夏河、黄河、洮河流域为主的甘南地区。意指有德行的人立场坚定，从不动摇，说话算数，从不变更。罗赛搜集、整理，索南龙珠汉译。今藏甘南藏族自治州政协原副主席罗赛处。（扎扎　林跃勇）

听言可知好人的心直，观行可知恶人的肠曲

བཟང་པོའི་ཤེས་རྒྱུད་དྲང་བ་བཤད་ན་ཤེས།།

ངན་པའི་སེམས་རྒྱུད་འཁྱོགས་པོ་བལྟས་ན་གསལ།།

Bzang bovi shes gyud drang ba bshad na shes

Ngan pavi sems rgyud vkhyogs po bltsa na gsal

藏语安多方言谚语。流行于以大夏河、黄河、洮河流域为主的甘南地区。指出判断好人坏人的途径：好人通常心直口快，坏人通常行事诡秘。罗赛搜集、整理，索南龙珠汉译。今藏甘南藏族自治州政协原副主席罗赛处。（扎扎　林跃勇）

有形的敌人，无形的灾祸

གཟུགས་ཅན་གྱི་དགྲ། །གཟུགས་མེད་ཀྱི་བགེགས།།

gzugs can gyi dgra gzugs med kyi bgegs

藏语安多方言谚语。流行于以大夏河、黄河、洮河流域为主的甘南地区。提醒人们有形的敌人好对付，无形的灾祸难防备。罗赛搜集、整理，索南龙珠汉译。今藏甘南藏族自治州政协原副主

席罗赛处。（扎扎 林跃勇）

调解者没能调解前，有权者独断做决定

གཟུ་བས་གཟུ་ཐག་མ་ཆོད་གོང༌།། དབང་ཆེན་གྱིས་དབང་ཐག་བཅད་སོང༌།།

Gzu bas gzu thag ma chod gong

Dbang chen gyis dbang thag bcad song

藏语安多方言谚语。流行于以大夏河、黄河、洮河流域为主的甘南地区。抨击了有权有势人对社会事务的专横跋扈与独断专行。罗赛搜集、整理，索南龙珠汉译。今藏甘南藏族自治州政协原副主席罗赛处。（扎扎 林跃勇）

好吃的不好吃的都要品尝，中听的不中听的都要聆听

ཟས་བཟང་ངན་གཉིས་ཀ་ཟ་དགོས།། ཚིག་བཟང་ངན་གཉིས་ཀ་གོ་དགོས།།

Zas bzang ngan gnyis ka za dgos

Tshig bzang ngan gnyis ka go dgos

藏语安多方言谚语。流行于以大夏河、黄河、洮河流域为主的甘南地区。劝诫要通过实践鉴别事物的好坏，通过"兼听"明白事理。罗赛搜集、整理，索南龙珠汉译。今藏甘南藏族自治州政协原副主席罗赛处。（扎扎 林跃勇）

坐在绸缎毯子上的活佛，若没有加持力是可悲

ཟ་འོག་དར་གྱི་འབོག་གདན་སྟེང༌།། བཞུགས་བླ་མ་བྱིན་རླབས་མེད་ན་སྡུག །

Za vog dar gyi vbog gdan steng

Bzhugs bla ma byin rlabs med na sdug

藏语安多方言谚语。流行于以大夏河、黄河、洮河流域为主的甘南地区。喻指没有能力或达不到某种境界，就不要占据尊贵地位。罗赛搜集、整理，索南龙珠汉译。今藏甘南藏族自治州政协原副主席罗赛处。（扎扎 林跃勇）

没有中间人难做成生意，没有调解人难解决争端

གཟུ་བ་མེད་ལ་གྱོད་མི་འགྲིག། བར་བ་མེད་ལ་ཚོང་མི་ཡོང༌།།

Gzu ba med la gyod mi vgrig

Bar ma med la tshong mi yong

藏语安多方言谚语。流行于以大夏河、黄河、洮河流域为主的甘南地区。指出"调解人"是解决争端的关键所在，就如生意场上的"中间人"。罗赛搜集、整理，索南龙珠汉译。今藏甘南藏族自治州政协原副主席罗赛处。（扎扎 林跃勇）

相貌似画，衣似天然

གཟུགས་སྐྱེས་པ་མི་འདྲ་བྲིས་པ་འདྲ།། གོས་བཟོས་པ་མི་འདྲ་གྲུབ་པ་འདྲ།།

Gzugs skyes pa mi vdra bris pa vdra

Gos bzos pa mi vdra grub pa vdra

藏语安多方言谚语。流行于以大夏河、黄河、洮河流域为主的甘南地区。抒发对衣饰自然、相貌美丽的女子的赞美之情。罗赛搜集、整理，索南龙珠汉译。今藏甘南藏族自治州政协原副主席罗赛处。（扎扎 林跃勇）

不停地吃会吃完，不断地做会成事

ཟོས་ཀྱིན་བསྡད་ན་ཚར་འགྲོ། ལས་ཀྱིན་བསྡད་ན་འགྲུབ་འགྲོ།

Zos kyin bsdad na tshar vgro

Las kyin bsdad na vgrub vgro

藏语安多方言谚语。流行于以大夏河、黄河、洮河流域为主的甘南地区。说明"坐吃山空"，只有不停地劳作才会成就一番事业的道理。罗赛搜集、整理，索南龙珠汉译。今藏甘南藏族自治州政协原副主席罗赛处。（扎扎 林跃勇）

夫妻不和变成魔，牲畜无草逛野外

བཟའ་ཁ་སེམས་མ་མཐུན་འདྲེའི་ལིག །
ཕྱུགས་གཟན་རྩྭ་མ་འབྱོར་རོར་འཁྱམས།།

Bzav kha sems ma mthun vdreavi lig

Phyugs gzan rtswa ma vbyor ror vkhyams

藏语安多方言谚语。流行于以大夏河、黄河、洮河流域为主的甘南地区。家庭存在的根基在夫妻和睦，如若不和，彼此就会争斗，最终导致家庭破裂，使双方都无所归依。罗赛搜集、整理，索南龙珠汉译。今藏甘南藏族自治州政协原副主席罗赛处。（扎扎 林跃勇）

鲜食送给客人和老人，好衣送给少年和女人

ཟས་ཀྱི་མགོ་མ་མགྲོན་དང་རྒན་ལ་འབུལ།།
གོས་ཀྱི་ཡག་ཕྱོགས་གཞོན་དང་མོ་ལ་སྟེར།།
Zas kyi mgo ma mgron dang rgan la vbul
Gos kyi yag phyogs gzhon dang mo la ster

藏语安多方言谚语。流行于以大夏河、黄河、洮河流域为主的甘南地区。表现了藏族民众敬客敬老、关照妇孺的传统美德。罗赛搜集、整理，索南龙珠汉译。今藏甘南藏族自治州政协原副主席罗赛处。（扎扎 林跃勇）

养马时节省饲料，赛马时定会吃亏

གཟན་ཆས་གྲོན་ཆུང་རྟ་གསོས་ན།། བང་རྩལ་འགྲན་ཉིན་ཕམ་ཁ་ཉོ།།
Gzan chas gron chung rta gsos na
Bang rtsal vgran nyin pham kha nyo

藏语安多方言谚语。流行于以大夏河、黄河、洮河流域为主的甘南地区。说明舍不得付出，就不会得到收获。罗赛搜集、整理，索南龙珠汉译。今藏甘南藏族自治州政协原副主席罗赛处。

（扎扎 林跃勇）

要吃美味佳肴，只好身躯受苦

ཟས་ཁ་སྣུམ་ལག་སྣུམ་ཁར་རེག་ཆེད།།
ལུས་ངལ་བར་མ་བརྟེན་ཐབས་གཞན་དཀོན།།
Zas kha snum lag snum khar reg ched
Lus ngal bar ma brten thabs gzhan dkon

藏语安多方言谚语。流行于以大夏河、黄河、洮河流域为主的甘南地区。喻指为了达到美好的目标，必须付出相应的代价。罗赛搜集、整理，索南龙珠汉译。今藏甘南藏族自治州政协原副主席罗赛处。（扎扎 林跃勇）

吃的只有山羊舌头，说的则比羊毛还多

ཟ་རྒྱུ་ར་མའི་ལྕེ་ལས་མེད།། བཤད་རྒྱུ་ར་མའི་སྤུ་གྲངས་མང་།།
Za rgyu ra mavi lce las med
Bshad rgyu ra mavi spu grangs mang

藏语安多方言谚语。流行于以大夏河、黄河、洮河流域为主的甘南地区。讽刺那些腹中空空却喜欢在众人面前喋喋不休的人。罗赛搜集、整理，索南龙珠汉译。今藏甘南藏族自治州政协原副主席罗赛处。（扎扎 林跃勇）

畜种不好没有好价钱，马膘不好没有好速度

ཟོག་རྒྱུད་ངན་བཙོང་ན་གོང་མེད།། རྟ་ཤ་མེད་བཞིན་ན་བང་མེད།།
Zog rgyud ngan btsong na gong med rta
sha med bzhin na bang med

藏语安多方言谚语。流行于以大夏河、黄河、洮河流域为主的甘南地区。喻示任何事物，根基不好就不会产生好结果。罗赛搜集、整理，索南龙珠汉译。今藏甘南藏族自治州政协原副主席罗赛处。（扎扎 林跃勇）

平民担当调解人，有权者也要听从

གཟུ་ཕྱིང་ཞྭ་ཅན་གྱིས་བརྒྱབ་པ་དེ།། མགོ་ལ་ཐོད་ཅན་གྱི་བཤིག་རྒྱུ་མེད།།
Gzu phying zhwa can gyis brgyab pa de
Mgo la thod can gyi bshig rgyu med

藏语安多方言谚语。流行于以大夏河、黄河、洮河流域为主的甘南地区。说明真理不在于你是否是当权者还是平头百姓，所有调解人在矛盾纠纷中享有不容置疑的权威作用。罗赛搜集、整理，索南龙珠汉译。今藏甘南藏族自治州政协原副主席罗赛处。（扎扎 林跃勇）

好人即使变穷，品行依旧绵软；
坏人若是变富，品行变如牛角

བཟང་བོ་གུད་ན་དར་ལས་འཇམ།། ངན་པ་དར་ན་ར་ལས་གྱོང་།།
Bzang bo gud na dar las vjam
Ngan pa dar na rwa las gyong

藏语安多方言谚语。流行于以大夏河、黄河、洮河流域为主的甘南地区。好人即使变穷，他的善良品性也不会因之产生变化；而坏人变富后，他的品性就会更加恶劣，心肠更硬。罗赛搜集、整理，索南龙珠汉译。今藏甘南藏族自治州政协原副主席罗赛处。（扎扎 林跃勇）

九月的雄鹿独嗥，十月的雌獐群吼

ཟླ་དགུ་བའི་ཤྭ་ཕོ་ཁེར་ངུ།། ཟླ་བཅུ་བའི་སྤྱང་མོ་ལྷན་ངུ།།

Zla dgu bavi shwa pho kher ngu

Zla bcu bavi spyang mo lhan ngu

藏语安多方言谚语。流行于以大夏河、黄河、洮河流域为主的甘南地区。在不同的季节环境，不同的事物就有不同的表现状态。罗赛搜集、整理，索南龙珠汉译。今藏甘南藏族自治州政协原副主席罗赛处。

（扎扎 林跃勇）

请客不回请，有财也没用

ཟས་ལ་ལན་པོ་མ་བྱུང་ན།། ཕོ་ལ་རྒྱུ་ཆེ་མ་ཆེ་མེད།།

zas la lan po ma byung na

pho la rgyu che ma che med

藏语安多方言谚语。流行于以大夏河、黄河、洮河流域为主的甘南地区。只占别人便宜而却不愿回报的人，即使积累了很多财富，也会在众人面前抬不起头来。罗赛搜集、整理，索南龙珠汉译。今藏甘南藏族自治州政协原副主席罗赛处。

（扎扎 林跃勇）

欲吃的喉门开，红舌头如着魔

ཟ་འདོད་ཨོག་མའི་ཁ་ཕྱེ།། དམར་ཆུང་ལྕེ་ལ་གདོན་ཞུགས།།

za vdod aog mavi kha phye dmar

chung lce la gdon zhugs

藏语安多方言谚语。流行于以大夏河、黄河、洮河流域为主的甘南地区。警示若是欲望之门一旦开启，就会身不由己。罗赛搜集、整理，索南龙珠汉译。今藏甘南藏族自治州政协原副主席罗赛处。

（扎扎 林跃勇）

食物在自手时不吃，饥饿唇裂时已晚

ཟས་རང་ལག་ཡོད་དུས་མི་ཟ།། ལྟོག་ཁ་སྐམ་ཟེར་དུས་འཕྱི་ལེ།།

zas rang la g yod dus mi za ltog

kha skam zer dus vphyi le

藏语安多方言谚语。流行于以大夏河、黄河、洮河流域为主的甘南地区。喻示机会来临时，若不牢牢抓住，就会因失去机会而后悔不已。罗赛搜集、整理，索南龙珠汉译。今藏甘南藏族自治州政协原副主席罗赛处。

（扎扎 林跃勇）

细雨绵绵，彩虹鲜亮

ཟིམ་པའི་སྦྲང་ཆར་སི་ལི་ལི།། འཇའ་ཚོན་རི་མོ་ཡ་ལ་ལ།།

zim pavi sbrang char si li li vjav tshon ri mo ya la la

藏语安多方言谚语。流行于以大夏河、黄河、洮河流域为主的甘南地区。描绘草原上细雨降临时绵绵如织浸润天地、雨过天晴后绚丽的彩虹横空而起的景色。罗赛搜集、整理，索南龙珠汉译。今藏甘南藏族自治州政协原副主席罗赛处。

（扎扎 林跃勇）

对情人有骨肉情，心不变如同石刻

བཟང་བྱམས་པར་ཤ་ཞེན་རུས་ཞེན།། བློ་འགྱུར་མེད་རྡོ་ཐོག་རི་མོ།།

bzang byams par sha zhen rus zhen blo

vgyur med rdo thog ri mo

藏语安多方言谚语。流行于以大夏河、黄河、洮河流域为主的甘南地区。表达了对情人视为亲人而永不变心的信念。罗赛搜集、整理，索南龙珠汉译。今藏甘南藏族自治州政协原副主席罗赛处。

（扎扎 林跃勇）

四月的布谷在林中叫，五月的鲜花在平原开

ཟླ་བཞི་བའི་ཁུ་བྱུག་ནགས་ནས་གྲགས།།

སྤང་ཡངས་ལྗོངས་མེ་ཏོག་ཐང་ནས་གད།།

Zla bzhi bavi khu byug nags nas grags

Spang yangs ljongs me tog thang nas gad

藏语安多方言谚语。流行于以大夏河、黄河、洮河流域为主的甘南地区。描绘春天草原上生机勃勃的景象。罗赛搜集、整理，索南龙珠汉译。今藏甘南藏族自治州政协原副主席罗赛处。

（扎扎 林跃勇）

一家老少聚一起，里外都如摆宴席

བཟའ་རྒན་གཞོན་ཁྱིམ་གཅིག་འཛོམས་ན།། རྟགས་སྟོན་མོ་ཕྱི་སྐྱིད་ནང་སྐྱིད།།

Bzav rgan gzhon khyim gcig vdzoms na

Rtags ston mo phyi skyid nang skyid

藏语安多方言谚语。流行于以大夏河、黄河、洮河流域为主的甘南地区。描写家人团聚时欢快

热闹的场景。罗赛搜集、整理，索南龙珠汉译。今藏甘南藏族自治州政协原副主席罗赛处。

（扎扎 林跃勇）

吃三口敬三下，说三句成三事

ཟས་ཁམ་གསུམ་ཟོས་ན་མཆོད་གསུམ་འཕེན།།

གཏམ་ཚིག་གསུམ་བཤད་ན་དོན་གསུམ་འགྲུབ།།

Zas kham gsum zos na mchod gsum vphen

Gtam tshig gsum bshad na don gsum vgrub

藏语安多方言谚语。流行于以大夏河、黄河、洮河流域为主的甘南地区。喻指敬重“三宝”的人，通常就能说到做到。罗赛搜集、整理，索南龙珠汉译。今藏甘南藏族自治州政协原副主席罗赛处。

（扎扎 林跃勇）

铜像上金光焕发，酥油灯闪闪发亮

ཟངས་སྐུ་བྱིན་ཅན་སེར་གྱུག་གྱུག། གཟིམ་མེད་ཚེ་འབར་འོད་ལམ་ལམ།།

Zings dky byin can ser gyug gyug

Gzim med tshe vbar vod lam lam

藏语安多方言谚语。流行于以大夏河、黄河、洮河流域为主的甘南地区。描绘寺院殿堂里佛像熠熠生辉、香火旺盛的景象。罗赛搜集、整理，索南龙珠汉译。今藏甘南藏族自治州政协原副主席罗赛处。

（扎扎 林跃勇）

吃多喉咙大，舔多嘴唇红

ཟས་ཟོས་ཟོས་མིད་པ་བྱང་མ་བཏང་།།

ཁ་བརྡག་བརྡག་མཆུ་སྒྲོས་དམར་པོ་བཏང་།།

Zas zos zos mid pa byang ma btang

Kha brdag brdag mchu sgros dmar po btang

藏语安多方言谚语。流行于以大夏河、黄河、洮河流域为主的甘南地区。喻指占有愈多，贪欲愈大。罗赛搜集、整理，索南龙珠汉译。今藏甘南藏族自治州政协原副主席罗赛处。

（扎扎 林跃勇）

聋子闻万事，瞎子见万物

འོན་པས་མི་གོ་དགུ་གོ། ཞར་བས་མི་རིག་དགུ་རིག།

von pas mi go dgu go zhar bas mi rig dgu rig

藏语安多方言谚语。流行于以大夏河、黄河、洮河流域为主的甘南地区。喻指只要用心专一，就会突破固有的限制，达到常人所不及的目标。罗赛搜集、整理，索南龙珠汉译。今藏甘南藏族自治州政协原副主席罗赛处。

（扎扎 林跃勇）

说话重复，手摸脚印

འར་བཤད་སྟེང་ལ་འོར་བཤད།། ཕྱི་ལམ་སྟེང་ལ་ལག་ཉུག།

var bshad steng la vor bshad

phyi lam steng la lag nyug

藏语安多方言谚语。流行于以大夏河、黄河、洮河流域为主的甘南地区。指出一种令人厌嫌的行为，即翻来覆去地表达同一个意思，犹如用手摸着自己的脚印在原地打转。罗赛搜集、整理，索南龙珠汉译。今藏甘南藏族自治州政协原副主席罗赛处。

（扎扎 林跃勇）

跌一次跟头，长一次智慧

འོབས་སུ་ཐེངས་གཅིག་ལྷུང་ན།། བློ་རིག་ཐེངས་གཅིག་འཕེལ།།

vobs su thengs gcig lhung na blo rig thengs gcig vphel

藏语安多方言谚语。流行于以大夏河、黄河、洮河流域为主的甘南地区。意指遭受一次挫折，就会增长一次见识。罗赛搜集、整理，索南龙珠汉译。今藏甘南藏族自治州政协原副主席罗赛处。

（扎扎 林跃勇）

话语重复称愚蠢，独自独言称傲慢

འར་བཤད་འོར་བཤད་མང་ན་གླེན་པ་ཟེར།།

ཁར་བཤད་ཁེར་བཤད་བྱས་ན་ཁེངས་དྲེགས་ཟེར།།

Var bshad vor bshad mang na glen pa zer

Khar bshad kher bshad byas na khengs dregs zer

藏语安多方言谚语。流行于以大夏河、黄河、洮河流域为主的甘南地区。说明反复表达同一个意思是愚蠢的行为，独自说话、不许别人表达不同意见是傲慢的行为。罗赛搜集、整理，索南龙珠汉译。今藏甘南藏族自治州政协原副主席罗赛处。

（扎扎 林跃勇）

鹞子吃鼠将鼠毙于空，燕子吃虫将虫追于空

འོལ་བས་བྲ་ཙིག་བཟའ་ན་ཚེ་སྲོག་དགུང་ནས་གཅོད།
ཁུག་རྟས་འབུ་སྲིན་བཟའ་ན་བར་སྣང་དབྱིངས་ནས་འཛིན།
Vol bas bra tsig bzav na tshe srog dgung nas gcod
Khug rtas vbu srin bzav na bar snang dbyings nas vdzin

藏语安多方言谚语。流行于以大夏河、黄河、洮河流域为主的甘南地区。世间万物，各有各的做事方法，各有各的生存本领。罗赛搜集、整理，索南龙珠汉译。今藏甘南藏族自治州政协原副主席罗赛处。（扎扎 林跃勇）

青龙的吼声，对孔雀悦耳

གཡུ་འབྲུག་སྔོན་མོའི་ངར་སྐད་དེ།། རྨ་བྱ་སྔོན་མོའི་སྙིང་ལ་སྙན།།
Gyu vbrug sngon movi ngar skad de
Rma bya sngo movi snying la snyan

藏语安多方言谚语。流行于以大夏河、黄河、洮河流域为主的甘南地区。描绘春雷响起时万物愉悦的状态。罗赛搜集、整理，索南龙珠汉译。今藏甘南藏族自治州政协原副主席罗赛处。

（扎扎 林跃勇）

养牛在自家，癞痢染全村

གཡག་ལེ་རང་གིས་བཟུང་།། རྔོ་ཤུ་སྡེ་བའི་ལས།།
gyag le rang gis bzung rngo shu sde bavi las

藏语安多方言谚语。流行于以大夏河、黄河、洮河流域为主的甘南地区。批评有些人的自私自利行为，因个人利益而损害集体利益。罗赛搜集、整理，索南龙珠汉译。今藏甘南藏族自治州政协原副主席罗赛处。（扎扎 林跃勇）

用谎言冒充智者，用毒药安慰自己

གཡོ་གཏམ་བསྒྲགས་ནས་མཁས་གྲལ་འཚང་།།
དུག་རྫས་འགམས་ནས་སྣང་གསོ་བྱེད།།
Gyo gtam bsgrags nas mkhas gral vtshang
Dug rdzas vgams nas snang gso byed

藏语安多方言谚语。流行于以大夏河、黄河、洮河流域为主的甘南地区。依靠谎话假冒智者的人只会害己害人。罗赛搜集、整理，索南龙珠汉译。今藏甘南藏族自治州政协原副主席罗赛处。（扎扎 林跃勇）

飞翔的高空各异，着落的岩台各异

ཡར་འཕུར་སའི་དགུང་སྔོན་ཁ་ཁ།། མར་འབབ་སའི་བྲག་ཐེམ་སོ་སོ།།
Yar vphur savi dgung sngon kha kha
Mar vbab savi brag them so so

藏语安多方言谚语。流行于以大夏河、黄河、洮河流域为主的甘南地区。喻指生长的环境不同，其结局也各有差异。罗赛搜集、整理，索南龙珠汉译。今藏甘南藏族自治州政协原副主席罗赛处。

（扎扎 林跃勇）

上说佛教历史，下说世界形成

ཡས་གཏམ་དམ་པ་ཆོས་ཀྱི་འབྱུང་ཁུངས།།
མས་གཏམ་སྲིད་པ་འཁོར་བའི་ལོ་རྒྱུས།།
Yas gtam dam pa chos kyi vdbyung khungs
Mas gtam srid pa vkhor bavi lo rgyus

藏语安多方言谚语。流行于以大夏河、黄河、洮河流域为主的甘南地区。称赞学者知识渊博、讲说透彻。罗赛搜集、整理，索南龙珠汉译。今藏甘南藏族自治州政协原副主席罗赛处。（扎扎 林跃勇）

上进人家欢声多，不和之家争吵多

ཡ་རབ་ཚང་ལ་ཧབ་ཆ་མང་།། མ་རབ་ཚང་ལ་འཁོན་འཛིང་མང་།།
Ya rab tshang la hab cha mang
Ma rab tshang la vkhon vdzing mang

藏语安多方言谚语。流行于以大夏河、黄河、洮河流域为主的甘南地区。表明上进会给人带来欢乐和幸福，而不和只会带来争吵和不幸。罗赛搜集、整理，索南龙珠汉译。今藏甘南藏族自治州政协原副主席罗赛处。（扎扎 林跃勇）

长相美丑是父母遗传，洗漱勤懒却在于自己

ཡག་ཡོད་མེད་ཕ་མའི་རྒྱུད་རེད།། ངོ་བཅུ་བཤལ་རང་གི་ལག་རེད།།
Yag yod med pha ma vi rgyud red
Ngo bcu bshal rang gi lag red

藏语安多方言谚语。流行于以大夏河、黄河、洮河流域为主的甘南地区。意指长相的美丑不是自己可以决定的，但心灵的美丑却掌握在自

己手里。罗赛搜集、整理，索南龙珠汉译。今藏甘南藏族自治州政协原副主席罗赛处。

（扎扎　林跃勇）

比较可见美丑，辨别可知真假

ཡག་བཙོག་གཉིས་ཀ་གཤིབ་ན་ཤེས།། བདེན་རྫུན་གཉིས་ཀ་དཔྱད་ན་ཤེས།།

Yag btsog gnyis ka gshib na shes

Bden rdzun gnyis ka dpyad na shes

藏语安多方言谚语。流行于以大夏河、黄河、洮河流域为主的甘南地区。提出了分析事物时“对比”和“鉴别”的重要性。罗赛搜集、整理，索南龙珠汉译。今藏甘南藏族自治州政协原副主席罗赛处。（扎扎　林跃勇）

有牛鼻打眼的习俗，却无马鼻打眼的习俗

གཡག་སྣ་ཕུག་གི་དཔེ་ཡོད།། རྟ་སྣ་ཕུག་གི་དཔེ་མེད།།

gyag sna phug gi dpe yod rta sna phug gi dpe med

藏语安多方言谚语。流行于以大夏河、黄河、洮河流域为主的甘南地区。喻指特定的习俗源自特定的事物和特别的需要。罗赛搜集、整理，索南龙珠汉译。今藏甘南藏族自治州政协原副主席罗赛处。（扎扎　林跃勇）

手扶门把，脚踩门槛

ཡར་ལ་སྒོ་ཕྱར་ལག་པས་བཀྱགས།། མར་ལ་སྒོ་གདན་རྡོག་པས་མནན།།

Yar la sgo phyar lag pas bkyags

Mar la sgo gdan rdog pas mnan

藏语安多方言谚语。流行于以大夏河、黄河、洮河流域为主的甘南地区。描写人在做事时进退两难的境地。罗赛搜集、整理，索南龙珠汉译。今藏甘南藏族自治州政协原副主席罗赛处。

（扎扎　林跃勇）

野牛在山路上磨尽了蹄子，绵羊在树林中掉尽了长毛

གཡག་འཕྲང་ལམ་དེད་ནས་རྨིག་རྩེ་ཟད།།

ལུག་ནགས་ལམ་དེད་ནས་བལ་ཁ་ཟད།།

Gyag vphrang lam ded nas rmig rtse zad

Lug nags lam ded nas bal kha zad

藏语安多方言谚语。流行于以大夏河、黄河、洮河流域为主的甘南地区。谚语喻指历尽千辛万难。罗赛搜集、整理，索南龙珠汉译。今藏甘南藏族自治州政协原副主席罗赛处。（扎扎　林跃勇）

牛未杀说牛皮的价，马未盗谈如何分赃

གཡག་མ་བཤས་ཀོ་ཚད་ཐང་ལ་འཐེན།།

རྟ་མ་དེད་བགོ་བཤའ་རི་ནས་བརྒྱབ།།

Guag ma bshas ko tshad thang la vthen

Rta ma ded bgo bshav ri nas brgyab

藏语安多方言谚语。流行于以大夏河、黄河、洮河流域为主的甘南地区。意指有些人尚未付诸行动，却事先妄谈结果。罗赛搜集、整理，索南龙珠汉译。今藏甘南藏族自治州政协原副主席罗赛处。（扎扎　林跃勇）

严父显威武，慈母显微笑

ཡབ་དཔའ་བོའི་གར་སྟབས་ཤིགས་སེ་ཤིག །

ཡུམ་དཔའ་མོའི་འཛུམ་མདངས་ཡུལ་ལི་ལི།།

Yab dpav bovi gar stabs shigs se shig

Yum dpav movi vdzum mdangs yul li li

藏语安多方言谚语。流行于以大夏河、黄河、洮河流域为主的甘南地区。父亲和母亲在家庭中扮演不同角色，只有宽严并济，儿女才会有出息。罗赛搜集、整理，索南龙珠汉译。今藏甘南藏族自治州政协原副主席罗赛处。（扎扎　林跃勇）

绵羊肥时要宰杀，五谷熟时要收割

གཡང་དཀར་ལུག་གི་རྐེད་པ་ཚོ་གི་ཟེར་དུས་གྲི་ཆུང་རན།།

འབྲུ་དྲུག་ནས་ཀྱི་སྙེ་མ་སྨིན་གི་ཟེར་དུས་ཟོར་བ་རན།།

Gyang dkar lug gi rked pa tsho gi zer dus gri chung ran

Vbru drug nas kyi snye ma smin gi zer dus zor ba ran

藏语安多方言谚语。流行于以大夏河、黄河、洮河流域为主的甘南地区。喻指要顺应事态的发展，及时采取后续行动，收获应有的成果。罗赛搜集、整理，索南龙珠汉译。今藏甘南藏族自治州政协原副主席罗赛处。（扎扎　林跃勇）

所写藏文有无头字和有头字，所说藏语要看是否符合文法

ཡིག་དཀར་ནག་གི་འབྲི་གཟུགས་དབུ་ཡོད་དང་དབུ་མེད།།
གསུང་ཀ་ཁ་སུམ་ཅུའི་འབྱོར་ལུགས་ཁུངས་དག་དང་མི་དག །
Yig dkar nag gi vbri gzugs dbu yod dang dbu med
Dsung ka kha sum cuvi vbyor lugs
khungs dag dang mi dag

藏语安多方言谚语。流行于以大夏河、黄河、洮河流域为主的甘南地区。意指要区分事物的不同特点，掌握其各自规律。罗赛搜集、整理，索南龙珠汉译。今藏甘南藏族自治州政协原副主席罗赛处。（扎扎 林跃勇）

对上面容如仙般美，对下脸色如魔般怒

ཡར་ལ་འཁོར་ན་མཛེས་སྡུག་ལྷ་ཡི་བཞིན།།
མར་ལ་འཁོར་ན་འཇིགས་རུང་གདོན་གྱི་གདོང་།།
Yar la vkhor na mdzes sdug lha yi bzhin
Mar la vkhor na vjigs rung gdon gyi gdong

藏语安多方言谚语。流行于以大夏河、黄河、洮河流域为主的甘南地区。谴责有些人对上级媚态十足，而对下级严酷无比。罗赛搜集、整理，索南龙珠汉译。今藏甘南藏族自治州政协原副主席罗赛处。（扎扎 林跃勇）

富时施舍马也别贪心，穷时施舍羊也别灰心

ཡོད་དུས་རྟ་བོ་སྦྱིན་ན་ཧེབ་མ་ལང་།། མེད་དུས་ར་མ་སྦྱིན་ན་ཁོ་མ་ཆད།།
Yod dus rta bo sbyin na heb ma lang
Med dus ra ma sbyin na kho ma chad

藏语安多方言谚语。流行于以大夏河、黄河、洮河流域为主的甘南地区。告诫人们富裕时要施舍大量财物，却不能有“捞本”的念头，贫穷时尽管只施舍了少量财物，却也不能丧失信心。罗赛搜集、整理，索南龙珠汉译。今藏甘南藏族自治州政协原副主席罗赛处。（扎扎 林跃勇）

好习如云散，恶习如烟蒙

ཡ་རབས་ཀྱི་ཆར་སྤྲིན་དབྱིངས་སུ་ཡལ།།
མ་རབས་ཀྱི་དུད་སྦྲིན་མཁའ་རུ་འཕྱུར།།
Ya rabs kyi char sbrin dbyings su yal
Ma rabs kyi dud sbrin mkhav ru vphyur

藏语安多方言谚语。流行于以大夏河、黄河、洮河流域为主的甘南地区。指出好习惯容易丢失，而坏习惯难以根除。罗赛搜集、整理，索南龙珠汉译。今藏甘南藏族自治州政协原副主席罗赛处。（扎扎 林跃勇）

左邻的男人如乌鸦叫，右舍的女人如喜鹊叫

ཡ་ཁྱིམ་སྐྱེས་པ་ཁྭ་ཏ་གྲག་གྲག ། མ་ཁྱིམ་ཆུང་མ་སྐྱ་ཀ་གྲག་གྲག །
Ya khyim skyes pa khwa ta grag grag
Ma khyim chung ma sky ka grag grag

藏语安多方言谚语。流行于以大夏河、黄河、洮河流域为主的甘南地区。表现了对喧嚣环境的厌恶和对宁静祥和环境的向往。罗赛搜集、整理，索南龙珠汉译。今藏甘南藏族自治州政协原副主席罗赛处。（扎扎 林跃勇）

是家畜的主人，是房屋的主人

གཡང་ར་བ་སྒོ་བཞིའི་བདག་པོ།། མཁར་ཁང་བ་གྲུ་བཞིའི་ནང་འདུག །
Gyang ra ba sgo bzhivi bdag po
Mkhar khang ba gru bzhivi nang vdug

藏语安多方言谚语。流行于以大夏河、黄河、洮河流域为主的甘南地区。意指人是世间万物的主宰和创造者。罗赛搜集、整理，索南龙珠汉译。今藏甘南藏族自治州政协原副主席罗赛处。（扎扎 林跃勇）

抬起头来没法看，张开嘴来没法笑

ཡ་ཐོད་བཀྱགས་ན་ལྟ་སྲོལ་མེད།། ཡ་མཆུ་བཀྱགས་ནས་དགོད་སྲོལ་མེད།།
Ya thod bkyags na lta srol med
Ya mchu bkyags nas dgod srol med

藏语安多方言谚语。流行于以大夏河、黄河、洮河流域为主的甘南地区。表现了由于某种原因的束缚，使人无法达到目的的状态。罗赛搜集、整理，索南龙珠汉译。今藏甘南藏族自治州政协

原副主席罗赛处。（扎扎 林跃勇）

借的多是富者，问的多是智者

གཡར་མཁན་མང་བ་ཕྱུགས་པོའི་རྟགས།།

འདྲི་མཁན་མང་བ་མཁས་པའི་རྟགས།།

Gyar mkhan mang ba phyugs povi rtags

Vdri mkhan mang ba mkhas pavi rtags

藏语安多方言谚语。流行于以大夏河、黄河、洮河流域为主的甘南地区。说明有智慧的人是众人的依靠，犹如富裕者是贫穷者的依靠。罗赛搜集、整理，索南龙珠汉译。今藏甘南藏族自治州政协原副主席罗赛处。（扎扎 林跃勇）

绵羊长膘时，猎人会磨刀

གཡང་དཀར་ལུག་ལ་ཤ་རྒྱས་དུས།། རྔོན་པ་ཁ་ཆེས་གྲི་བརྡར་དཔེ།།

Gyang dkar luga la sha rgyas dus

Rngon pa kha ches gri brdar dpe

藏语安多方言谚语。流行于以大夏河、黄河、洮河流域为主的甘南地区。喻指事物发展到一定状态时，会引起外界的反应。罗赛搜集、整理，索南龙珠汉译。今藏甘南藏族自治州政协原副主席罗赛处。（扎扎 林跃勇）

长期松懈读写，智者也会变愚

ཡི་གེ་འབྲི་ཀློག་བསྐྱུར་བསྐྱུར་ན།། དང་མ་མཁས་ཀྱང་རྗེས་སུ་བླུན།།

Yi ge vbri klog bskyur bskyur na

Dang ma mkhas kyang rjes su blun

藏语安多方言谚语。流行于以大夏河、黄河、洮河流域为主的甘南地区。指出持之以恒对于学习或做事的重要性。罗赛搜集、整理，索南龙珠汉译。今藏甘南藏族自治州政协原副主席罗赛处。（扎扎 林跃勇）

右面磨皮，左面擦油

གཡས་ནས་རྐྱལ་ཤུས་བྱས།། གཡོན་ནས་སྣུམ་བྱུག་བྱས།།

gyas nas rkyal shus byas gyon nas snum byug byas

藏语安多方言谚语。流行于以大夏河、黄河、洮河流域为主的甘南地区。喻指做事相互矛盾、阴差阳错。罗赛搜集、整理，索南龙珠汉译。今藏甘南藏族自治州政协原副主席罗赛处。（扎扎 林跃勇）

有点积蓄装富人，没有积蓄行乞食

ཡོད་དུས་ཕྱུག་པོ་འདུག་འདུག། མེད་དུས་སྤྲང་པོ་འཁྱམས་འཁྱམས།།

yod dus phyug po vdug vdug med dus sprang bo vkhy ams vkhyams

藏语安多方言谚语。流行于以大夏河、黄河、洮河流域为主的甘南地区。鞭挞有些人稍有钱财便招摇显摆，一无所有时却以乞讨为生。罗赛搜集、整理，索南龙珠汉译。今藏甘南藏族自治州政协原副主席罗赛处。（扎扎 林跃勇）

国王满面微笑坐宝座，王妃引吭高歌显艳情

ཡབ་རྒྱལ་པོ་ཁྲི་བཞུགས་འཛུམ་དམུལ་ལེ་ཡུམ་རྒྱལ་མོས་གླུ་སྙན་ལྷང་ལྷང་

Yab rgyal bo khri bzhugs vdzum dmul le

Yum rgyal mos glu snyan lhang lhang

藏语安多方言谚语。流行于以大夏河、黄河、洮河流域为主的甘南地区。描绘统治者纵情享乐的浮华生活。罗赛搜集、整理，索南龙珠汉译。今藏甘南藏族自治州政协原副主席罗赛处。（扎扎 林跃勇）

没有知识的小人，神神秘秘说蠢话

ཡོན་ཏན་མེད་པའི་མི་ཡིན་ན། གབ་བེ་གོབ་བེར་གླེན་གཏམ་སྨྲ།།

yon tan med pavi mi yin na gab be

gob ber glen gtam smra

藏语安多方言谚语。流行于以大夏河、黄河、洮河流域为主的甘南地区。某些腹中空空的人，总是喜欢在众人面前故弄玄虚，以此显示自己多学多识。罗赛搜集、整理，索南龙珠汉译。今藏甘南藏族自治州政协原副主席罗赛处。（扎扎 林跃勇）

右边的虎皮囊中装满箭，左边的豹皮壳中装入弓

གཡས་སྟག་དོང་ཁྲ་མོ་མདས་གང་།། གཡོན་གཟིག་ཤུབས་ནང་དུ་གཞུ་བཅུག །

Gyas stag dong khra mo mdas gang

Gyon gzig shubs nang du gzhu bcug

藏语安多方言谚语。流行于以大夏河、黄河、

洮河流域为主的甘南地区。描绘整装待发的藏区勇士形象。罗赛搜集、整理，索南龙珠汉译。今藏甘南藏族自治州政协原副主席罗赛处。

（扎扎 林跃勇）

敢跟雷鸣比声音，敢跟大鹏比飞技

གཡུ་འབྲུག་སྔོན་མོའི་སྐད་ཡ།། བྱ་རྒྱལ་ཁྱུང་གི་འཕུར་ཡ།།

Gyu vbrug sngon movi skad ya

Bya rgyal khyung gi vphur ya

藏语安多方言谚语。流行于以大夏河、黄河、洮河流域为主的甘南地区。表明了勇于面对一切挑战的大无畏精神。罗赛搜集、整理，索南龙珠汉译。今藏甘南藏族自治州政协原副主席罗赛处。

（扎扎 林跃勇）

过于雷鸣，会遭旱灾

གཡུག་འབྲུག་སྐད་ཀྱིས་ཁམས་གསུམ་འུར།།

ཚོད་མ་ཟིན་འབྲུག་ལྕེ་ཐན་པས་ཚིག །

Gyug vbrug skad kyis khams gsum vur

Tshod ma zin vbrug lce tsan pas tshig

藏语安多方言谚语。流行于以大夏河、黄河、洮河流域为主的甘南地区。总结自然现象，喻指过于声张或计划定得超出实际，不仅于事无补，反而会引来灾祸。罗赛搜集、整理，索南龙珠汉译。今藏甘南藏族自治州政协原副主席罗赛处。

（扎扎 林跃勇）

毛驴嘶鸣，欲与雷比

གཡུ་འབྲུག་སྔོན་མོའི་ངར་སྐད་ལ།། དྲི་ཟ་བོང་བའི་སྐད་ཀྱིས་འགྲན།།

Gyu vbrug sngon movi ngar skad la

Dri za bong bavi skad kyis vgran

藏语安多方言谚语。流行于以大夏河、黄河、洮河流域为主的甘南地区。寓意脱离实际，自不量力。罗赛搜集、整理，索南龙珠汉译。今藏甘南藏族自治州政协原副主席罗赛处。

（扎扎 林跃勇）

显阔绰穿红裤，显贫穷横补补丁

ཡོད་མདོག་དོར་མ་རྒྱ་ཚོས་གྱོན།། མེད་མདོག་ལྷན་པ་འཕྲེད་ལ་བརྒྱབ།།

Yod mdog dor ma rgya tshos gyon

Med mdog lhan pa vphred la brgyab

藏语安多方言谚语。流行于以大夏河、黄河、洮河流域为主的甘南地区。以“显富”和“显贫”者显著的特征，讥刺其过度夸张。罗赛搜集、整理，索南龙珠汉译。今藏甘南藏族自治州政协原副主席罗赛处。（扎扎 林跃勇）

虽说有胆却是一群孤儿，虽说无胆却是一帮英雄

ཡོད་ཟེར་ཀྱང་དྭ་ཕྲུག་ལུང་གང་།། མེད་ཟེར་ཀྱང་རྒོད་པོ་ཁྱུ་གཅིག །

Yod zer kyang dwa phrug lung gang

Med zer kyang rgod po khyu gcig

藏语安多方言谚语。流行于以大夏河、黄河、洮河流域为主的甘南地区。指出孤儿无所依靠，英雄都有胆。罗赛搜集、整理，索南龙珠汉译。今藏甘南藏族自治州政协原副主席罗赛处。

（扎扎 林跃勇）

有福气的人睡着，富运也会自来

གཡང་བདག་ཉལ་བསྡད་ན།། གཡང་ཟོག་རང་འཁོར་རྒྱག །

gyang bdag nyal bsdad na gyang zog rang vkhor rgyag

藏语安多方言谚语。流行于以大夏河、黄河、洮河流域为主的甘南地区。表达了藏族人的宿命观，认为“福气”“福运”是天赐的，用不着特意去寻求。罗赛搜集、整理，索南龙珠汉译。今藏甘南藏族自治州政协原副主席罗赛处。（扎扎 林跃勇）

不知好人坏人的区别，就看端递食物的姿态

ཡ་རབས་མ་རབས་མི་ཤེས་ན།། ཟས་དང་ཟ་མ་སྟེར་ལུགས་ལྟོས།།

ta rabs ma rabs mi shes na zas dang za ma ster lugs ltos

藏语安多方言谚语。流行于以大夏河、黄河、洮河流域为主的甘南地区。提供了一种鉴别好人坏人的方法：从人物的动作、神态观察其心态，从而可以做出正确判断。罗赛搜集、整理，索南龙珠汉译。今藏甘南藏族自治州政协原副主席罗赛处。（扎扎 林跃勇）

上部强盗窃马，下部毛贼偷绳

རུ་ཡ་གུའི་ཇག་པ་རྟ་འདེད།། མདའ་མ་གུའི་རྐུན་མ་ཐག་ཁུར།།

Ru ya guvi jag pa rta vded

Mdav ma guvi rkun ma thag khur

藏语安多方言谚语。流行于以大夏河、黄河、洮河流域为主的甘南地区。不同地域的民众，其行事常常大相径庭，强悍者只做大事，胆小者只做小事。罗赛搜集、整理，索南龙珠汉译。今藏甘南藏族自治州政协原副主席罗赛处。

（扎扎 林跃勇）

随便应和的人多，做实事的人少

ཡ་ཡ་ཡིན་ཡིན་ཟེར་མཁན་མང་།། ལས་ཐག་ཐག་བསྒྲུབ་པ་ཁ་ཁེར་ཙམ།།

Ya ya yin yin zer mkhan mang

Las thag thag bsgrub pa kha kher rsam

藏语安多方言谚语。流行于以大夏河、黄河、洮河流域为主的甘南地区。意指随波逐流者多，有主见、有作为者少。罗赛搜集、整理，索南龙珠汉译。今藏甘南藏族自治州政协原副主席罗赛处。

（扎扎 林跃勇）

知识换不了钱，盲僧念不了经

ཡོན་ཏན་ཕར་བཙོང་གིས་གོང་མི་ཁུག།

བན་དེ་ཆོས་མེད་ཀྱིས་འདོན་མི་ཁྲིན།།

Yon tan phar btsong gis gong mi khug

Ban de chos med kyis vdon mi brin

藏语安多方言谚语。流行于以大夏河、黄河、洮河流域为主的甘南地区。说明尽管知识不能用来换取钱财，但缺乏了知识，人们做事就会像盲僧无法念经一般遇到诸多阻碍。罗赛搜集、整理，索南龙珠汉译。今藏甘南藏族自治州政协原副主席罗赛处。（扎扎 林跃勇）

赛牦牛要鞭打胯骨，赛马要蹬马镫

གཡག་རྒྱུག་ལ་གྲུག་རྡུང་དགོས།། རྟ་རྒྱུག་ལ་ཡོབ་རྡེབ་དགོས།།

gyag rgyg la grug rdung dgos rta rgyug la yob rdeb dgos

藏语安多方言谚语。流行于以大夏河、黄河、洮河流域为主的甘南地区。喻指对不同的事物要采取不同的方法加以解决。罗赛搜集、整理，索南龙珠汉译。今藏甘南藏族自治州政协原副主席罗赛处。

（扎扎 林跃勇）

羊羔肚子不可搓，若搓就会容易裂

ར་ཆུང་གྲོད་པུ་སྤུར་ཉན་མེད།། སྤུར་རྒྱུ་ཟེར་དུས་ཐེད་ནི་ཡིན།།

Ra chung grod pu spur nyan med

Spur rgyu zer dus thed ni yin

藏语安多方言谚语。流行于以大夏河、黄河、洮河流域为主的甘南地区。在牧区，成年羊宰杀后其肚子经手工处理后，可以用作装藏酥油的袋子，而羊羔的肚子因为尚未长足不能作为容器。意指如同使用羊肚的道理，同一类事物还要掌握常识，区别看待、区别利用，否则就会适得其反、弄巧成拙。罗赛搜集、整理，索南龙珠汉译。今藏甘南藏族自治州政协原副主席罗赛处。

（敏文贵 扎扎）

自己未做罪孽事，不怕去阴间地府

རང་སེམས་ན་དམྱལ་བ་མེད་ན།། བར་དོ་ན་འཇིགས་སྐྲག་ཅིར་ཡོད།།

rang sems na dmyal ba med na bar

do na vjigs skrag cir yod

藏语安多方言谚语。流行于以大夏河、黄河、洮河流域为主的甘南地区。说明自己襟怀坦白、无愧于人，就能理直气壮，尽可直起腰板走路。同“不做亏心事，不怕半夜鬼敲门”。罗赛搜集、整理，索南龙珠汉译。今藏甘南藏族自治州政协原副主席罗赛处。（敏文贵 扎扎）

看见高山想头人，头人无忧又奈何

རི་མཐོན་པོ་རིག་ན་དཔོན་པོ་དྲན།། དཔོན་རྒྱུ་འབྲས་མེད་ན་དྲན་ནས་ཅི།།

Ri mthon po rig na dpon po dran

Dpon rgyu vbras med na dran nas ci

藏语安多方言谚语。流行于以大夏河、黄河、洮河流域为主的甘南地区。反映了忠诚、朴实的普通百姓在遇到不公正对待时的心理状态。在他们的心目中父母官就像巍峨的高山，应该有博大的胸怀，是公正无私的。罗赛搜集、整理，索南龙珠汉译。今藏甘南藏族自治州政协原副主席罗赛处。

（敏文贵 扎扎）

角间的白毛没凌乱，河间的石头不动摇

ར་བར་གྱི་རྫི་དཀར་བརྙོག་མེད།། ཆུ་དཀྱིལ་གྱི་ཕ་བོང་བསྒུལ་མེད།།

Rwa bar gyi rdzi dkar brnog med

Chu dkyil gyi pha bong bsgul med

藏语安多方言谚语。流行于以大夏河、黄河、洮河流域为主的甘南地区。高原上的牦牛在物种衍变过程中形成适应高寒多变气候条件的黑色，能够更多地吸收阳光，存储热量，成就了耐寒的体格。有一部分牦牛两角之间的额头上有一撮白毛，牧民们以其大小、形状来辨认区别。谚语犹说铁定的事实不容改变。罗赛搜集、整理，索南龙珠汉译。今藏甘南藏族自治州政协原副主席罗赛处。（敏文贵 扎扎）

在尸体上跑马，向死人怀里伸手

རོ་ཐོག་ལ་རྟ་བརྒྱུགས་བྱས།། རོ་རུམ་ལ་ལག་པ་བསྡུས།།

ro thog la rta brgyugs byas ro rum la lag pa bsdus

藏语安多方言谚语。流行于以大夏河、黄河、洮河流域为主的甘南地区。信仰佛教的藏族人崇尚“死者唯大”，不管在任何情况下，已经死去的人应该使他安宁，并得到妥善安葬。意在提倡人道。谴责无情无义、乘人之危、人道沦丧者。罗赛搜集、整理，索南龙珠汉译。今藏甘南藏族自治州政协原副主席罗赛处。（敏文贵 扎扎）

虽然牧羊的地盘不一样，但是生火冒烟的天空却一样

རུ་འབབ་སའི་ལུང་བ་མི་གཅིག་རུང་།།

དུ་འགྲོ་ས་ནམ་མཁའ་གཅིག་འདྲ་རེད།།

Ru vbab savi lung ba mi gcig rung

Du vgro sa nam mkhav gcig vdra red

藏语安多方言谚语。流行于以大夏河、黄河、洮河流域为主的甘南地区。反映了牧人像草原一样博大的胸怀，他们虽然逐水草而牧各奔一方，但是他们有着同处一片蓝天下的聚心力而心心相连。罗赛搜集、整理，索南龙珠汉译。今藏甘南藏族自治州政协原副主席罗赛处。（敏文贵 扎扎）

割腿肉贴额上，剪尾巴接鬃毛

བརླ་ཤ་བཅད་ནས་ཐོད་པར་གླན།། རྔ་མ་བཅད་ནས་རྔོག་མར་སྦྱར།།

Brla sha bcad nas thod par glan

Rnga ma bcad nas rngog mar sbyar

藏语安多方言谚语。流行于以大夏河、黄河、洮河流域为主的甘南地区。批判那些只顾眼前利益，不计后果，“拆东墙补西墙”的做法，到头来伤及的是自己。罗赛搜集、整理，索南龙珠汉译。今藏甘南藏族自治州政协原副主席罗赛处。

（敏文贵 扎扎）

自己的嘴贵似金，管不好就会变成要命的斧子

རང་ཁ་གསེར་གྱི་སྒོར་མོ།། རང་སྲོག་གཅོད་པའི་སྟ་རེ།།

rang kha gser gyi sgor mo rang srog gcod pavi sta re

藏语安多方言谚语。流行于以大夏河、黄河、洮河流域为主的甘南地区。告诫人们慎言谨语，管好自己金贵的嘴巴，免得祸从口出，伤及自己的生命。罗赛搜集、整理，索南龙珠汉译。今藏甘南藏族自治州政协原副主席罗赛处。

（敏文贵 扎扎）

自作自受，铁橛钉心

རང་གི་བྱས་པ་རང་།། ལྕགས་ཀྱི་ཕུར་བུ་སྙིང་།།

Rang gi byas pa rang Lcags kyi phur bu snying

藏语安多方言谚语。流行于以大夏河、黄河、洮河流域为主的甘南地区。讽刺某人自己做了错事，结果害了自己，以至于使自己始终处于懊悔、自责的痛苦之中不能自拔，如铁橛钉心一般忍受煎熬。罗赛搜集、整理，索南龙珠汉译。今藏甘南藏族自治州政协原副主席罗赛处。

（敏文贵 扎扎）

自己无谋略，他人不可信

རང་ལ་བློ་མེད་ན།། གཞན་ལ་བློ་མི་ཐུབ།།

tang la blo med na gzhan la blo mi thub

藏语安多方言谚语。流行于以大夏河、黄河、洮河流域为主的甘南地区。无谋之人遇事便没了主张，不能正确应对，却不相信他人的主意，以

致坐失处事良机，造成不必要的后果。以此告诫人们多听别人的意见，“兼听则明”。罗赛搜集、整理，索南龙珠汉译。今藏甘南藏族自治州政协原副主席罗赛处。（敏文贵 扎扎）

能顾得住自头就不错，别往佛头上挂肉

རང་མགོ་བདག་ཐུབ་ན།། ལྷ་མགོར་ཤ་འདོགས་མི་མཛའ།།

rang mgo bdag thub na lha mgor sha vdogs mi mdzav

藏语安多方言谚语。流行于以大夏河、黄河、洮河流域为主的甘南地区。“顾头”在藏语中即自顾的意思。佛头上挂肉是一种诙谐的说法，既亵渎神灵又多此一举。告诫人们自保其身，不要超出自己的能力去做一些吃力不讨好的事情。罗赛搜集、整理，索南龙珠汉译。今藏甘南藏族自治州政协原副主席罗赛处。（敏文贵 扎扎）

只要能成自己的事，装扮虽丑也不要紧

རང་དོན་ལམ་ལ་སོང་ན།། ཆ་ལུགས་བཙོག་ན་བཙོག།

rang don lam la song na cha lugs btsog na btsog

藏语安多方言谚语。流行于以大夏河、黄河、洮河流域为主的甘南地区。揭示一种策略，即为了自己的利益可以不顾仪表，可以装扮得可怜一点，以博得对方的同情心，最终达到自己的目的。罗赛搜集、整理，索南龙珠汉译。今藏甘南藏族自治州政协原副主席罗赛处。（敏文贵 扎扎）

亲人成了魔鬼，护神成了杀手

རང་མི་འདྲེ་རུ་ལོག། སྲུང་མ་གཤེད་མར་ལོག།

rang mi vdre ru log srung ma gshed mar log

藏语安多方言谚语。流行于以大夏河、黄河、洮河流域为主的甘南地区。表现对“背时”的一种无奈：当某人遇到很尴尬的事情时，自己的亲人都来落井下石，魔鬼一样加害于自己，连自家最可信赖的保护神反而也成了要命的杀手。罗赛搜集、整理，索南龙珠汉译。今藏甘南藏族自治州政协原副主席罗赛处。（敏文贵 扎扎）

看见情人家的狗，心里也生欢喜

རོགས་དགའ་ས་ཚང་གི་སྒོ་ཁའི།། ཁྱི་རྒྱ་ལུ་རིག་ན་སེམས་དགའ།།

Rogs dgav sa tshang gi sgo khavi

Khyi rgya lu rig na sems dgav

藏语安多方言谚语。流行于以大夏河、黄河、洮河流域为主的甘南地区。一则类似于情歌的谚语，“爱屋及乌”，看见自己所钟爱的情人家门前的狗，心里都顿觉欢喜。表达了对情人一种刻骨铭心的情感。罗赛搜集、整理，索南龙珠汉译。今藏甘南藏族自治州政协原副主席罗赛处。

（敏文贵 扎扎）

岭山滚石难抓住，河堤决口难塞堵

རི་གཟར་བའི་རྦབ་བསྒྲིལ་ན་འཛིན་དཀའ།།

ཆུ་ཆེན་པོའི་རྐ་ཤོར་ན་འགོག་དཀའ།།

Ri gzar bavi rbab bsgril na vdzin dkav

Chu chen povi rka shor na vgog dkav

藏语安多方言谚语。流行于以大夏河、黄河、洮河流域为主的甘南地区。用两件人力难以补救的现象为喻，告诫人们做任何事情都要未雨绸缪，事情发生以后就难以弥补，后悔也就晚了。罗赛搜集、整理，索南龙珠汉译。今藏甘南藏族自治州政协原副主席罗赛处。（敏文贵 扎扎）

生吃山羊肉唤起旧病，新发的纠纷引起愤怒

ར་ཤ་རློན་པས་དུག་རོ་རྙིང་བ་བསླང་།།

འཁོན་འཛིང་གསར་བས་སྙིང་རླུང་སྟོད་ལ་འཚང་།།

Ra sha rlon pas dug ro rnying ba bslang

Vkhon vdzing gsar bas snying rlung stod la vtshang

藏语安多方言谚语。流行于以大夏河、黄河、洮河流域为主的甘南地区。高原上的山羊体小灵活，喜在人迹罕至的悬崖绝壁间觅食。因此其肉类似野味，性温且能量特高，食之不易消化，对消化系统和顽癣等疾病极具诱发力。谚语犹说引起了新仇旧恨。罗赛搜集、整理，索南龙珠汉译。今藏甘南藏族自治州政协原副主席罗赛处。

（敏文贵 扎扎）

锋利的刀口上挥拳，高大的山上撞头

རལ་གྲི་རྣོན་པོའི་ཁ་ལ་ཁུ་ཚུར་བརྡེགས།།
རི་རབ་ཆེན་པོའི་སྟེང་ལ་སྦྱི་བོས་བརྡུངས།།
Ral gri rnon povi kha la khu tshur brdegs
Ri rab chen povi steng la sbyi bos brdungs

藏语安多方言谚语。流行于以大夏河、黄河、洮河流域为主的甘南地区。讽刺愚昧、莽撞的行为。不回避明显的危险，莽撞地去显示自己的勇敢，无异于自取灭亡。罗赛搜集、整理，索南龙珠汉译。今藏甘南藏族自治州政协原副主席罗赛处。

（敏文贵 扎扎）

欲和情人好，要和妻子离；想要卖乘马，别再供献护法神

རོགས་འགྲོག་འདོད་ན་ཆུང་མ་མ་མཐུན།།
རྟ་བཙོང་འདོད་ན་སྲུང་མར་མ་འཐེན།།
Rogs vgrog vdod na chung ma ma mthun
Rta btsong vdod na srung mar ma vthen

藏语安多方言谚语。流行于以大夏河、黄河、洮河流域为主的甘南地区。以生活中难以抉择的两件事例为喻，揭示了“鱼和熊掌不能兼得”的道理。罗赛搜集、整理，索南龙珠汉译。今藏甘南藏族自治州政协原副主席罗赛处。

（敏文贵 扎扎）

虽然自己的毛驴跑得快，也难追上他人的快马

རང་གི་བོང་བུའི་གོམ་པ་མགྱོགས་ཀྱང་།།
གཞན་གྱི་རྟ་བོའི་བརྒྱུགས་ཡ་ཅིར་ཡོང་།།
Rang gi bong buvi gom pa mgyogs kyan
Gzhan gyi rta bovi brgyugs ya cir yong

藏语安多方言谚语。流行于以大夏河、黄河、洮河流域为主的甘南地区。告诫人们不可在基本条件不相等的情况下盲目攀比，毛驴和快马有体质上的差异，如果认识不到根本上的区别，注定会失败。罗赛搜集、整理，索南龙珠汉译。今藏甘南藏族自治州政协原副主席罗赛处。

（敏文贵 扎扎）

碰到自己的事，敢蒙上师的头；自己变富有，敢忘父母恩

རང་དོན་ཐུག་ཚེ་བླ་མ་ཡིན་ཡང་དབུ་བསྐོར།།
ནོམ་གྱིས་ཚིམས་ན་ཕ་མ་ཡིན་ཡང་དྲིན་བརྗེད།།
Rang don thug tshe bla ma yin yang dbu bskor
Nom gyis tshims na pha ma yin yang drin brjed

藏语安多方言谚语。流行于以大夏河、黄河、洮河流域为主的甘南地区。谴责那些唯利是图、不择手段、坑蒙拐骗、不分对象的小人和见钱眼开、为富不仁的忘恩负义者。罗赛搜集、整理，索南龙珠汉译。今藏甘南藏族自治州政协原副主席罗赛处。

（敏文贵 扎扎）

大山的精华是岩石、森林和水；骏马的精华是走、跑和毛色

རི་རྒྱལ་ལྷུན་པོའི་ཉིང་བཅུད་ཆུ་བྲག་ནགས་གསུམ།།
འདོ་དྲུག་རྟ་བོའི་ཉིང་བཅུད་གོམ་རྒྱུག་སྤུ་གསུམ།།
Ri rgyal lhun povi nying bcud chu brag nags gsum
Vdo drug rta bovi nying bcud gom rgyug spu gsum

藏语安多方言谚语。流行于以大夏河、黄河、洮河流域为主的甘南地区。高度总结了大山具备灵气的要素和检验骏马的标准，看山相马如此，用之于人，同样也应该看其是否具备相应的基本条件。罗赛搜集、整理，索南龙珠汉译。今藏甘南藏族自治州政协原副主席罗赛处。

（敏文贵 扎扎）

神山顶上云雾绕，神湖之上蒸气升

རི་གནས་བདག་ཅན་དེར་ཆུ་སྨུག་མགོ་ནས་འཛིན།།
མཚོ་གནས་བདག་ཅན་དེར་རླངས་པ་ཁ་ནས་འཛིན།།
Ri gnas bdag can der chu smug mgo nas vdzin
Mtsho gnas bdag can der rlangs pa kha nas vddzin

藏语安多方言谚语。流行于以大夏河、黄河、洮河流域为主的甘南地区。似在形容自然现象，其用意在于标榜城府深、不轻易显山露水的智者或真正有学问的人。罗赛搜集、整理，索南龙珠汉译。今藏甘南藏族自治州政协原副主席罗赛处。

（敏文贵 扎扎）

要想害人害己，请朝天撒尿

རང་གིས་རང་ལ་ངན་བྱེད་ན།། ཁ་གནམ་ལ་འཁོར་ནས་གཅིན་ཐོངས།།

Rang gis rang la ngan byed na

Kha gnam la vkhor nas gcin thongs

藏语安多方言谚语。流行于以大夏河、黄河、洮河流域为主的甘南地区。男士仰面朝天撒尿，势必淋自己一头一脸，自毁形象。谚语用诙谐的语言说明在现实生活中，确有这样愚蠢的人，说话行事欠思考，往往如同朝天撒尿，自己将自己玷污，还惹一身骚味儿。罗赛搜集、整理，索南龙珠汉译。今藏甘南藏族自治州政协原副主席罗赛处。

（敏文贵 扎扎）

比起被有角的顶撞，无角者的痛撞更厉害

ར་ཅན་གྱིས་བརྡུངས་བར་བལྟས་ན།། ཡུ་ལུ་ཡིས་བསྣོལ་པ་སྡུག་གི།

Rwa can gyis brdungs bar bltas na

Yu lu yis bsnol pa sdug gi

藏语安多方言谚语。流行于以大夏河、黄河、洮河流域为主的甘南地区。被有角的牛羊顶撞，伤在皮外；被无角的蹂躏伤其筋骨乃至内脏。谚语以此为喻，说明被利器所伤，伤及皮肉，而软刀子宰人才是最可怕、最不易防的。罗赛搜集、整理，索南龙珠汉译。今藏甘南藏族自治州政协原副主席罗赛处。

（敏文贵 扎扎）

有期望的事情却没有自己的份，在地势险恶的地方却黑了天

རེ་བཞག་ས་ནས་སྐལ་བཅད།། ས་རྩུབ་ས་ནས་ནམ་རུབ།།

re bzhag sa nas skal bcad sa rtsub sa nas nam rub

藏语安多方言谚语。流行于以大夏河、黄河、洮河流域为主的甘南地区。形容某人背时之时的尴尬境况。同“屋漏偏遭连夜雨，月黑偏遇险峻路”。罗赛搜集、整理，索南龙珠汉译。今藏甘南藏族自治州政协原副主席罗赛处。

（敏文贵 扎扎）

金制宝鞍备在兔子背，大象的皮子盖在猫身上

རིན་ཆེན་གསེར་སྒ་རི་བོང་ལ་བསྟད།། གླང་ཆེན་པགས་པ་ཞི་མི་ལ་བཀབ།།

Rin chen gser sga ri bong la bstad

Glang chen pags pa zhi mi la bkab

藏语安多方言谚语。流行于以大夏河、黄河、洮河流域为主的甘南地区。形容极度奢侈或装备不当。骏马配好鞍是人所共知的，而将金鞍备在弱小的兔子背上，给猫盖上稀贵的象皮，显然不合常理。罗赛搜集、整理，索南龙珠汉译。今藏甘南藏族自治州政协原副主席罗赛处。

（敏文贵 扎扎）

即便是骨头缝里没东西了，肋条弯曲处也得烤出油来

རུས་པའི་གསེང་ན་ཧ་མེད་ཀྱང་།། རྩིབ་གུའི་སྒུར་ཁ་མེ་ལྡེ་དགོས།།

Rus pavi gseng na ha med kyang

Rtsib guvi sgur kha me lde dgos

藏语安多方言谚语。流行于以大夏河、黄河、洮河流域为主的甘南地区。出自牧人日常生活中吃肉啃骨头时的说法。比喻做事要坚持到底，即便看似没什么希望，也要想方设法地寻求解决问题的办法。罗赛搜集、整理，索南龙珠汉译。今藏甘南藏族自治州政协原副主席罗赛处。

（敏文贵 扎扎）

遇见山羊喊爸爸，要上厕所喊妈妈

ར་མ་རིག་ན་ཨ་ཕ་འབོད།། སྤྱོད་ལ་འདུག་ན་ཨ་མ་འབོད།།

ra ma rig na a pha vbod spyod la vdug na a ma vbod

藏语安多方言谚语。流行于以大夏河、黄河、洮河流域为主的甘南地区。以小孩子幼稚的动作和表现揶揄某些人极具依赖心的不良习惯。凡事都依靠别人，自己能做的事也要依赖别人去做，其实是一种懒惰的表现。罗赛搜集、整理，索南龙珠汉译。今藏甘南藏族自治州政协原副主席罗赛处。

（敏文贵 扎扎）

懦夫无的放矢，殃及朋友不知何处送命

རུལ་མ་གར་བརྒྱག་མེད་པས།། རོགས་པ་གར་ཤི་མི་ཤེས།།

rul ma gar brgyag med pas rogs pa gar shi mi shes

藏语安多方言谚语。流行于以大夏河、黄河、洮河流域为主的甘南地区。与无勇懦夫结伴参战，因其心理素质欠佳，临敌时就会乱了方寸，敌我不辨。其结果是不能保护和侧应战友，自己随时殒命不说，也会使战友面临危险境地。告诫人们要谨慎交友。罗赛搜集、整理，索南龙珠汉译。今藏甘南藏族自治州政协原副主席罗赛处。

（敏文贵 扎扎）

挂着血迹未干的山羊头，却还说不吃山羊肉

ར་ཤ་མི་ཟ་ཟེར།། ར་མགོ་རློན་བཏོགས་བྱས།།

ra sha mi za zer ra mgo rlon btogs byas

藏语安多方言谚语。流行于以大夏河、黄河、洮河流域为主的甘南地区。讽刺某人虚伪、矫揉造作，自命清高。这种人虚伪至对别人隐瞒或夸大自己的饮食质量，以显示自己富有和清高。罗赛搜集、整理，索南龙珠汉译。今藏甘南藏族自治州政协原副主席罗赛处。（敏文贵 扎扎）

丢了兔子，还犯了戒

རི་བོང་རི་བོང་ཤོར།། སྡོམ་པ་སྡོམ་པ་ཤོར།།

ri bong ri bong shor sdom pa sdom pa shor

藏语安多方言谚语。流行于以大夏河、黄河、洮河流域为主的甘南地区。从寓言故事摘取的谚语，运用十分广泛，同“赔了夫人又折兵”。罗赛搜集、整理，索南龙珠汉译。今藏甘南藏族自治州政协原副主席罗赛处。（敏文贵 扎扎）

打在角尖，痛在角根

རྭ་མགོ་ལ་བརྒྱབ་ན།། རྭ་རྟིང་ལ་གནོད།།

rwa mgo la brgyab na rwa rting la gnod

藏语安多方言谚语。流行于以大夏河、黄河、洮河流域为主的甘南地区。指牛羊等长角的牲畜被牧人打到其角上的感受。比喻某种行为或某件事没有直接伤及当事人，间接、迂回的伤害却比直接的伤害更难以承受。罗赛搜集、整理，索南龙珠汉译。今藏甘南藏族自治州政协原副主席罗赛处。

（敏文贵 扎扎）

没有主张不算人，头耳不美不算马

རང་ཚུགས་མེད་ན་མི་མིན།། མགོ་རྣ་མེད་ན་རྟ་མིན།།

rang tshugs med na mi min mgo rna med na rta min

藏语安多方言谚语。流行于以大夏河、黄河、洮河流域为主的甘南地区。马是牧人最钟爱的骑乘工具，拥有一匹好马是牧人的骄傲。若看马的外形，当属头耳至关重要，两耳竖起，头形端正就可视为有灵气；反之两耳耷拉、头大嘴长便是劣马。以此为喻，一个人如果没有独立思考的能力、没有主见，人云亦云，就算不得正常的人了。罗赛搜集、整理，索南龙珠汉译。今藏甘南藏族自治州政协原副主席罗赛处。（敏文贵 扎扎）

难理自己事，爱管他人事

རང་མགོ་མི་ཐོན་ནི།། མི་མགོ་ཤ་སྟག་བྱེད།།

rang mgo mi thon ni mi mgo sha stag byed

藏语安多方言谚语。流行于以大夏河、黄河、洮河流域为主的甘南地区。自己的事情尚且不能首尾相顾，却去管别人的事，显然是一种自作聪明、自我表现的做派。再说连自己的事情都做不好，能为别人做什么呢！罗赛搜集、整理，索南龙珠汉译。今藏甘南藏族自治州政协原副主席罗赛处。

（敏文贵 扎扎）

兔子被猎鹰捉起，只能祈求上苍

རི་བོང་གླག་གིས་ཁུར་ན།། འབོད་ས་ཨ་མྱེས་གནམ་རེད།།

ri bong glag gis khur na vbod sa a myes gnam red

藏语安多方言谚语。流行于以大夏河、黄河、洮河流域为主的甘南地区。这是一种绝望的感叹，就像兔子被猎鹰捉起在空中，这时已经没有生还落地的可能，所以只能祈求上苍保佑，出现奇迹。罗赛搜集、整理，索南龙珠汉译。今藏甘南藏族自治州政协原副主席罗赛处。

（敏文贵 扎扎）

高山之上有日月，国王之上有国师

རི་བོའི་ཡན་གྱི་ཉི་ཟླ།། རྒྱལ་བོའི་ཡན་གྱི་བླ་མཆོད།།

ri bovi yan gyi nyi zla rgyal bovi yan gyi bla mchod

藏语安多方言谚语。流行于以大夏河、黄河、洮河流域为主的甘南地区。产生于古代佛教兴盛时的吐蕃王朝时期。国王将国师（或称供奉上师）奉至于至高无上的地位，一切国事都听命于国师的占卜或旨意，因此产生此类谚语。喻“天外有天，山外有山”之意。罗赛搜集、整理，索南龙珠汉译。今藏甘南藏族自治州政协原副主席罗赛处。

（敏文贵 扎扎）

牧人丢了羊，丈夫让妻饿

ར་རྫི་མ་ཐུབ་ནས་ར་མ་འབོར།། ཐབ་མགོ་མ་ནོན་ནས་ཆུང་མ་ལྟོགས།།

Ra rdzi ma thub nas ra ma vbor

Thab mgo ma non nas chung ma ltogs

藏语安多方言谚语。流行于以大夏河、黄河、洮河流域为主的甘南地区。以日常生产生活中易见的现象为喻，告诫人们要各司其职。牧人得严于其职守，兢兢业业，谨慎放牧；丈夫需安分守己，勤于家务，免得使妻儿挨饿。罗赛搜集、整理，索南龙珠汉译。今藏甘南藏族自治州政协原副主席罗赛处。（敏文贵 扎扎）

高山对视，波浪对撞

རི་ཆེན་གྱི་ཐོད་པ་གཏུགས།། ཆུ་ཆེན་གྱི་གཉེར་མ་གཏུགས།།

ri chen gyi thod pa gtugs chu chen gyi gnyer ma gtugs

藏语安多方言谚语。流行于以大夏河、黄河、洮河流域为主的甘南地区。形容地形之险峻。山高且峡窄，两山对峙，水流湍急且河流纵横。罗赛搜集、整理，索南龙珠汉译。今藏甘南藏族自治州政协原副主席罗赛处。（敏文贵 扎扎）

掖藏自丑的蠢材，说他人的缺点却是智者

རང་སྐྱོན་གསང་བའི་གླེན་པ།། གཞན་སྐྱོན་བཤད་པའི་མཁས་པ།།

rang skyon gsang bavi glen pa gzhan skyon

bshad pavi mkhas pa

藏语安多方言谚语。流行于以大夏河、黄河、洮河流域为主的甘南地区。千方百计隐瞒自己丑行和错误的人，说起别人的缺点却口若悬河、滔滔不绝，辛辣地讽刺这种人貌似智者，其实是无知蠢材。罗赛搜集、整理，索南龙珠汉译。今藏甘南藏族自治州政协原副主席罗赛处。

（敏文贵 扎扎）

轻风从南吹，发丝往上飘

རླུང་སྐྱི་བསེར་མི་གཡུག་ལྷོ་ནས་གཡུགས།།
མགོའི་ཅོ་ཏོ་མི་འཁུར་གནམ་ལ་ཁུར།།

Rlung skyi bser mi gyug lho nas gyugs

Mgovi co to mi vkhur gnam la khur

藏语安多方言谚语。流行于以大夏河、黄河、洮河流域为主的甘南地区。以优美的韵句娓娓道来，相当于开场白或发话词。大意是任何事情都有它的起因、根源，没有南风的吹拂，发丝不会无缘无故地飘动。罗赛搜集、整理，索南龙珠汉译。今藏甘南藏族自治州政协原副主席罗赛处。

（敏文贵 扎扎）

自身若逢不到贵人相救，情人何以从羊角上脱险

རང་རིན་པོ་ཆེ་ཡིས་མ་སྐྱོབས་ན།། རོགས་ར་མ་མགོ་ཡིས་ཅི་ལ་བསྐྱོབ།།

Rang rin po che yis ma skyobs na

Rogs ra ma mgo yis ci la bskoyb

藏语安多方言谚语。流行于以大夏河、黄河、洮河流域为主的甘南地区。出自一则寓言故事，说一对情侣同时落难，女友被一只凶恶的山羊挑在角上，万分危急。男友也身陷枯井，不能自救。形容一个人尚且身处险境自顾不暇，若无救星相救，已没有能力去救别人于危难。罗赛搜集、整理，索南龙珠汉译。今藏甘南藏族自治州政协原副主席罗赛处。（敏文贵 扎扎）

亲生父母成尊贵，对子孙无分别

རུས་འབྲེལ་ཕ་མ་རིན་པོ་ཆེ།། བུ་དང་ཚ་བོའི་ཁྱད་པར་མེད།།

rus vbrel pha ma rin po che bu dang

tsha bovi khyad par med

藏语安多方言谚语。流行于以大夏河、黄河、洮河流域为主的甘南地区。高度颂扬父母的伟大和对自己儿女的无私。尊贵的父母出于舐犊之情

的本能和爱心，对待自己的儿女子孙不偏心，无亲疏之分。罗赛搜集、整理，索南龙珠汉译。今藏甘南藏族自治州政协原副主席罗赛处。

（敏文贵 扎扎）

撬动大山的杠杆，搅动大海的桨楫

རི་རབ་སྒུལ་བའི་འཇའ་ཤིང་།། རྒྱ་མཚོ་དཀྲུགས་པའི་གཟིངས་ཁེམ།།

ri rab sgul bavi vjav shing rgy mtsho

dkrugs pavi gzings khem

藏语安多方言谚语。流行于以大夏河、黄河、洮河流域为主的甘南地区。很夸张地形容某个人或某件工具，在某一件事情上起到了关键性的作用。如同撬动大山的杠杆、搅动大海的桨楫，几乎具备超自然的神力。罗赛搜集、整理，索南龙珠汉译。今藏甘南藏族自治州政协原副主席罗赛处。

（敏文贵 扎扎）

自律严明，他律松弛

རང་གི་རང་བཀྱིགས་ན་རིལ་ལུ་མི་ལུ།། མིས་མི་བཀྱིགས་ན་ལྷ་དེ་ལྷོད་དེ།།

Rang gi rang bkyigs na ril lu mi lu

Mis mi bkyigs na lha de lhod de

藏语安多方言谚语。流行于以大夏河、黄河、洮河流域为主的甘南地区。一个人要是能够自觉地严于律己，行动就会循规蹈矩，言语也会彬彬有礼，在社会生活中就是一个遵纪守法的好公民；如果被人强迫守纪遵律，反而会产生逆反心理，而疏于自律。罗赛搜集、整理，索南龙珠汉译。今藏甘南藏族自治州政协原副主席罗赛处。

（敏文贵 扎扎）

自己的孩子，自己的护神

རང་ལ་སྐྱེས་པའི་བུ་ཕྲུག། མི་ཏོག་ཕོག་པའི་ལྷ་སྐལ།།

tang la skyes pavi bu phrug mi tog phog pavi lha lkal

藏语安多方言谚语。流行于以大夏河、黄河、洮河流域为主的甘南地区。意为自己的孩子怎么看怎么好，揭示了人类爱子护子的本性。同“看庄稼，别人的好；看孩子，自己的好”。罗赛搜集、整理，索南龙珠汉译。今藏甘南藏族自治州政协原副主席罗赛处。（敏文贵 扎扎）

没有双角一样的两牛，没有行为一致的两人

རུ་ཁ་གཅིག་པའི་ཟོག་དཀོན།། སྤྱོད་པ་གཅིག་པའི་མི་དཀོན།།

rw kha gcig pavi zog dkon spyod pa

gcig pavi mi dkon

藏语安多方言谚语。流行于以大夏河、黄河、洮河流域为主的甘南地区。藏语俗语有“百牛百样角”的说法，所有长角的牛乍看其角，基本相似，其实每头牛的角都各有特点，根本就没有完全相似的角。由此引申到人，阐明每个人都有各人的性格特征，所以也就没有行为相同的人。罗赛搜集、整理，索南龙珠汉译。今藏甘南藏族自治州政协原副主席罗赛处。（敏文贵 扎扎）

在外没有不可战胜的敌人，在家却有不可对付的妻子

རི་ན་མི་ཐུབ་པའི་དགྲ་བོ་མེད།། ཡུལ་ན་མི་ཐུབ་པའི་ཆུང་མ་ཡོད།།

Ri na mi thub pavi dgra bo med

Yul na mu thub pavi chung ma yod

藏语安多方言谚语。流行于以大夏河、黄河、洮河流域为主的甘南地区。感叹在外即便是遇到再强大的敌人也有办法对付，可是在家若遇妻子刁难，却不能应对自如，甚至束手无策了。同“唯女子与小人难养”。罗赛搜集、整理，索南龙珠汉译。今藏甘南藏族自治州政协原副主席罗赛处。

（敏文贵 扎扎）

擦自心，护自身

རང་སེམས་ལ་དཔྱད་དགོས།། རང་ལུས་ལ་གཅེས་དགོས།།

rang sems la dpyad dgos rang lus la gces dgos

藏语安多方言谚语。流行于以大夏河、黄河、洮河流域为主的甘南地区。告诫人们要经常扪心自问，随时自察、自律，以规范自己的行为，并且要爱惜自己的身体，以健康的心态和体魄面对生活。罗赛搜集、整理，索南龙珠汉译。今藏甘南藏族自治州政协原副主席罗赛处。

（敏文贵 扎扎）

山被雾绕易塌方，虎在乘凉是找死

རི་སྨུག་པས་བཟུང་བ་ཉིལ་བར་བསམས།།
སྟག་བསིལ་ཉལ་བྱས་པ་ཤི་བར་བསམས།།
Ri smug pas bzung ba nyil bar bsams
Stag bsil nyal byas pa shi bar bsams

藏语安多方言谚语。流行于以大夏河、黄河、洮河流域为主的甘南地区。常年被云遮雾罩的山，由于过多地吸收水分，山体土质疏松，容易形成塌方或泄流；老虎乘凉时容易睡着，此时易遭到猎人的袭击。告诫人们身处险境，应当时时提防，不可麻痹大意。罗赛搜集、整理，索南龙珠汉译。今藏甘南藏族自治州政协原副主席罗赛处。

（敏文贵　扎扎）

套绳难擒清风，大石难压江河

རླུང་བསེར་བུ་ཞགས་པས་མི་ཟིན།། ཆུ་གཙང་པོ་རྡོ་ཡིས་མི་ནོན།།
rlung bser bu zhags pas mi zin chu
gtsang bo rdo yis mi non

藏语安多方言谚语。流行于以大夏河、黄河、洮河流域为主的甘南地区。以根本不可实现的事实为喻，告诫人们不可违背自然规律，劳民伤财、盲目地去干一些根本不可能实现的事情。罗赛搜集、整理，索南龙珠汉译。今藏甘南藏族自治州政协原副主席罗赛处。（敏文贵　扎扎）

果核念珠捻不得，观音菩萨动不得

རེག་མི་ཉན་རག་ཤའི་ཕྲེང་བ།། ཐུག་མི་ཉན་ཐུགས་རྗེ་ཆེན་པོ།།
reg mi nyan rag shavi phreng ba
thug mi nyan thugs rje chen po

藏语安多方言谚语。流行于以大夏河、黄河、洮河流域为主的甘南地区。以名词和动词的谐音构成，顺理成章，说出来朗朗上口，且易记。用于阻止某人的行为或动作。罗赛搜集、整理，索南龙珠汉译。今藏甘南藏族自治州政协原副主席罗赛处。（敏文贵　扎扎）

黄金铸宝座，绸缎铺地毯

རིན་ཆེན་གསེར་གྱི་ཁྲི་བརྩེགས།། ཟ་འོག་དར་གྱི་གདན་བཏིངས།།
rin chen gser gyi khri brtsegs za
vog dar gyi gdan btings

藏语安多方言谚语。流行于以大夏河、黄河、洮河流域为主的甘南地区。用贵重的黄金铸就宝座、用绸缎铺地是极度奢侈的装饰，这显然不是人人可以享受到的。以夸张的口吻炫耀自己的富有或显赫地位。罗赛搜集、整理，索南龙珠汉译。今藏甘南藏族自治州政协原副主席罗赛处。

（敏文贵　扎扎）

一膀之身不勤快，美味食物难到口

རང་ལུས་འདོམ་གང་མ་ཚེགས་ན།། ཞིམ་མངར་ཟས་ནི་ཁར་མི་རེག །
rang lus vdom gang ma tshegs na zhim
mngar zas ni khar mi reg

藏语安多方言谚语。流行于以大夏河、黄河、洮河流域为主的甘南地区。藏语有“自身一膀长”之说，一膀即两臂伸直的长度，一个人的个头就是自己的一膀。告诫人们必须勤快劳作，克服懒惰，勤勤恳恳做事，认认真真操持家务。否则就不会有“天上掉馅饼”的好事。罗赛搜集、整理，索南龙珠汉译。今藏甘南藏族自治州政协原副主席罗赛处。（敏文贵　扎扎）

形象、年华和财富，如同金饰、宝串和丝绸

རིགས་གཟུགས་ལང་ཚོ་འབྱོར་བ་གསུམ།།
གསེར་རྒྱན་གཟི་ཕྲེང་དར་གོས་འདྲ།།
Rigs gzugs lang tsho vbyor ba gsum
Gser rgyan gzi phreng dar gos vdra

藏语安多方言谚语。流行于以大夏河、黄河、洮河流域为主的甘南地区。一个人的形象就如同黄金饰品，装饰得体，就显得雍容华贵，反之则会成为累赘；年华如同珊瑚玛瑙等串就的宝串项链，贵重且令人喜爱，保护好了是向别人炫耀的资本，保护不好就容易失去；财富是绸缎，穿在身上是身外之物，还容易破损。罗赛搜集、整理，索南龙珠汉译。今藏甘南藏族自治州政协原副主席罗赛处。（敏文贵　扎扎）

山羊角做不成刀剑手柄，湿柳木不成佛塔命柱

ར་མའི་རྭ་ཅོ་གྲི་རིང་ཡུ་བ་མི་ཉན།། ལྕང་མ་རློན་པ་ལྷ་རྟེན་སྲོག་ཤིང་མི་ཉན།།

Ra mavi rwa co gri ring yu ba mi nyan

Lcang ma rlon pa lha rten srog shing mi nyan

藏语安多方言谚语。流行于以大夏河、黄河、洮河流域为主的甘南地区。山羊角质地欠佳且直径不足为材，湿柳木容易变形弯曲。借以形容无能之辈不可重用。罗赛搜集、整理，索南龙珠汉译。今藏甘南藏族自治州政协原副主席罗赛处。

（敏文贵 扎扎）

你有昂贵珠宝镶嵌的佛盒，我有精致果核串就的耳环

རིན་ཆེན་ཁྲ་ཚོམ་བརྒྱན་པའི་གཝུ་ཁྱོད་ཡོད་ན།།
ཨ་དབྲིས་འབྲུམ་འཛར་ཀྱི་རྣ་རྒྱན་གོར་མོ་ང་ཡོད།།

Rin chen khra tshom brgyan pavi gvu khyod yod na

a dbris vbrum vdzar kyi rna rgyan gor mo nga yod

藏语安多方言谚语。流行于以大夏河、黄河、洮河流域为主的甘南地区。这是一则显示说话者才华的谚语，用修饰句排比的谚语说出来朗朗上口，意即你有昂贵的东西，但我也有不比你逊色的。罗赛搜集、整理，索南龙珠汉译。今藏甘南藏族自治州政协原副主席罗赛处。

（敏文贵 扎扎）

引得众人注目，唤得众人闻听

རིག་རིག་གི་མིག་རྩར།། གོ་གོའི་རྣ་རྩར།།

rig rig gi mig rtsar go govi rna rtsar

藏语安多方言谚语。流行于以大夏河、黄河、洮河流域为主的甘南地区。讽刺某人喜欢在众人面前炫耀自己，并大声说话，以引起大家的注意，即自我表现欲极强。罗赛搜集、整理，索南龙珠汉译。今藏甘南藏族自治州政协原副主席罗赛处。

（敏文贵 扎扎）

自事抛一边，像狗争骨头

རང་བྱུས་ཡལ་དུ་བོར།། ཁྱི་ཡིས་རུས་པ་བརྩད།།

rang jus yal du bor khyi yis rus pa brtsad

藏语安多方言谚语。流行于以大夏河、黄河、洮河流域为主的甘南地区。讽刺有些人将自己的正事搁在一边，而热衷于无谓的纷争，就如同恶狗为一节臭骨头，争得吠声满巷，甚至撕咬得两败俱伤。罗赛搜集、整理，索南龙珠汉译。今藏甘南藏族自治州政协原副主席罗赛处。

（敏文贵 扎扎）

有足够的长度，有足够的驮力

རིང་མོ་འཁོར་ས་ཡོད།། ལྗིད་མོ་འགེལ་ས་ཡོད།།

ring mo vkhor sa yod ljid mo vgel sa yod

藏语安多方言谚语。流行于以大夏河、黄河、洮河流域为主的甘南地区。意为说你给我长的，我有能力扛着走；你给我重的，我有能力驮着走。是有能力、有自信的表现。同“拿得起放得下”。罗赛搜集、整理，索南龙珠汉译。今藏甘南藏族自治州政协原副主席罗赛处。（敏文贵 扎扎）

大山有变绿之日，小鸟有鸣叫之时

རི་རབ་ལ་སྔོ་རྒྱུ་ཡོད།། བྱ་བྱིའུ་ལ་གྲག་རྒྱུ་ཡོད།།

ri rab la sngo rgyu yod by byivu la geag rgyu yod

藏语安多方言谚语。流行于以大夏河、黄河、洮河流域为主的甘南地区。这是一则在遇到困难的时候予以勉励的谚语。说明在冬日冰雪覆盖大地的时候，要看到在不久冰雪就会融化，春天的到来指日可待。罗赛搜集、整理，索南龙珠汉译。今藏甘南藏族自治州政协原副主席罗赛处。

（敏文贵 扎扎）

自备骏马和干粮，自己的冤仇自己解决

རང་རྟ་རང་བྲོ་ཡིན།། རང་གྱོད་ཁེར་བཤད་ཡིན།།

rang rta rang bro yin rang gyd kher bshad yin

藏语安多方言谚语。流行于以大夏河、黄河、洮河流域为主的甘南地区。在旧时，国家法律不健全，在边远的牧区，更是无法可依。这则谚语便是当时社会法律不及的写照，人与人之间发生纠纷，就得靠自己去调和、解决。罗赛搜集、整理，索南龙珠汉译。今藏甘南藏族自治州政协原副主席罗赛处。（敏文贵 扎扎）

女懒腹大，男懒敌厉

རུལ་མའི་སྣོད་བསློག་ཇེ་ཆེ།། སྡར་མའི་དགྲ་ཡ་ཇེ་བཙན།།

rul mavi snod bslog je che sdar mavi dgra ya je btsan

藏语安多方言谚语。流行于以大夏河、黄河、洮河流域为主的甘南地区。抨击懒妇人在家不认真操持家务，懒惰成性，却好吃贪食，就会养成好吃懒做的恶习，食量也就会日益增大；懦夫在外招惹是非，肆意蓄敌，却无勇气正确面对，敌人也就越来越厉害。罗赛搜集、整理，索南龙珠汉译。今藏甘南藏族自治州政协原副主席罗赛处。

（敏文贵 扎扎）

在飞鸟翱翔的天空之上，不承想却有厉风如刀

རླུང་བྱ་ལམ་གོང་མའི་ཡན་ན།། རླུང་སྤུ་གྲི་ཡོད་པ་མ་ཤེས།།

rlung bya lam gong mavi yan na rlung spu gri yod pa ma shes

藏语安多方言谚语。流行于以大夏河、黄河、洮河流域为主的甘南地区。寓意“高处不胜寒”。看似飞鸟在高空自由自在地飞翔，但它们也时时处在危险的境地，因为若遇厉风就会有折翅之虞。罗赛搜集、整理，索南龙珠汉译。今藏甘南藏族自治州政协原副主席罗赛处。（敏文贵 扎扎）

懒妇做事无头绪，早春天气无常规

རུལ་མའི་བྱ་ལ་མགོ་རྔ་མེད།། སོས་ཀའི་གནམ་ངོ་ནམ་འཁྲུག་མེད།།

rul mavi bya la mgo rnga med sos kavi gnam ngo nam vkhrug med

藏语安多方言谚语。流行于以大夏河、黄河、洮河流域为主的甘南地区。懒妇平时就懒得动手做事，所以一旦逼迫做事就手忙脚乱，毫无头绪。春天的气候变化无常，阴晴瞬时即变。谚语以此为喻告诫人们，不可依赖懒妇似的人做事，也不可因循守旧，时态变化似春天的天气，要顺应变化。罗赛搜集、整理，索南龙珠汉译。今藏甘南藏族自治州政协原副主席罗赛处。（敏文贵 扎扎）

山羊难踢碎陶罐，老鼠难到达北疆

ར་མ་འཕག་ན་རྫ་མ་མི་ཆོག ། ཙི་གུ་བརྒྱུག་ནས་བྱང་ལམ་མི་ཆོད།།

Ra ma vphag na rdza ma mi chog

Tsi gu brgyug nas byang lam mi chod

藏语安多方言谚语。流行于以大夏河、黄河、洮河流域为主的甘南地区。以蔑视的口吻讽刺对方，凭对方的能力或体质，即便是尽其所能，也很难达到其目的。罗赛搜集、整理，索南龙珠汉译。今藏甘南藏族自治州政协原副主席罗赛处。

（敏文贵 扎扎）

自己能堵自嘴，上师难封众口

རང་ཁ་ལག་པས་ཁེབས་རུང་།། སྡེ་ཁ་བླ་མས་མི་ཆོད།།

rang kha lag pas khebs rung sde kha bla mas mi chod

藏语安多方言谚语。流行于以大夏河、黄河、洮河流域为主的甘南地区。对于佛教信徒来说，活佛或上师是至高无上的，听命于活佛、上师是最起码的信仰基础。谚语却说“活佛、上师也难封众人之口”，说明社会舆论不可封锁或压制，只能正确引导，否则就会适得其反。罗赛搜集、整理，索南龙珠汉译。今藏甘南藏族自治州政协原副主席罗赛处。（敏文贵 扎扎）

没有搬起大山的本领，没有喝干大海的本领

རི་རབ་པང་དུ་འཛིན་པའི་རྩལ་མེད།།
རྒྱ་མཚོ་ཧུབ་ཏུ་བརྔུབས་པའི་སྟོབས་མེད།།

Ri rab pang du vdzin pavi rtsal med

Rgya mtsho hub tu brngubs pavi stobs med

藏语安多方言谚语。流行于以大夏河、黄河、洮河流域为主的甘南地区。以夸张的语气将人力不可实现的事情摆在闻听者面前，然后便可急转话锋，摆出自己完全有能力去做能够实现的事情。罗赛搜集、整理，索南龙珠汉译。今藏甘南藏族自治州政协原副主席罗赛处。

（敏文贵 扎扎）

堆积如山，汇集如海

རི་རབ་འདྲ་ཞིག་བརྩིགས།། རྒྱ་མཚོ་འདྲ་ཞིག་འཁྱིལ།།

ri rab vdra zhig brtsigs rgya mtsho vdra zhig vkhyil

藏语安多方言谚语。流行于以大夏河、黄河、

洮河流域为主的甘南地区。世界上高莫过于大山，浩瀚莫过于大海，以高山大海形容事物的程度，是一种夸张的手法，在现实说教中引用这类谚语，颇具感染力。罗赛搜集、整理，索南龙珠汉译。今藏甘南藏族自治州政协原副主席罗赛处。

（敏文贵 扎扎）

如九山对峙，如九湖相连

རི་དགུ་ཐོད་པ་ཐུག་འདྲ།། མཚོ་དགུ་རྔ་མ་སྦྲེལ་འདྲ།།

ri dgu thod pa thug vdra mtsho dgu rnga ma sbrel vdra

藏语安多方言谚语。流行于以大夏河、黄河、洮河流域为主的甘南地区。形容山水、地形，众山对峙林立，山与山相拥相峙；湖泊相连，湖与湖首尾相接。罗赛搜集、整理，索南龙珠汉译。今藏甘南藏族自治州政协原副主席罗赛处。

（敏文贵 扎扎）

山里有一城，城王叫狐狸

རི་ཁུག་ཁ་རུ་རྫོང་ཞིག་ཡོད།། རྫོང་དཔོན་ཨ་ལྕེ་ཝ་མོ་ཟེར།།

ri khug kha ru rdzong zhig yod rdzong

dpon a lce wa mo zer

藏语安多方言谚语。流行于以大夏河、黄河、洮河流域为主的甘南地区。批评狂妄自大的行为表现，同“山中无老虎，猴子称霸王。”罗赛搜集、整理，索南龙珠汉译。今藏甘南藏族自治州政协原副主席罗赛处。

（敏文贵 扎扎）

野狼出没的地方，绵羊难逃一死

རི་ཟུར་སྤྱང་མོའི་འདུར་ལམ་ན།། གཡང་མོ་བྲོས་ནས་ཐར་ས་མེད།།

ri zur spyang movi vdur lam na

gyang mo bros nas thar sa med

藏语安多方言谚语。流行于以大夏河、黄河、洮河流域为主的甘南地区。经常身处危险境地，有朝一日灾难就会降临。谚语将险境形容为窄狭沟谷野狼经常出没之处，而将身处险境的人比喻为羔羊，其危险程度可想而知。罗赛搜集、整理，索南龙珠汉译。今藏甘南藏族自治州政协原副主席罗赛处。

（敏文贵 扎扎）

山沟里抛施食，鼓和鼓槌都得带齐

རི་ཁུགས་གཏོར་རྒྱག་བསླེབ་པ་ལ།། རྔ་དང་རྔ་དབྱུག་ཆབས་སུ་དགོས།།

Ri khugs gtor rgyag bsleb pa la

Rnga dang rnga dbyug chabs su dgos

藏语安多方言谚语。流行于以大夏河、黄河、洮河流域为主的甘南地区。到荒野山沟去抛施食（一种宗教仪式，用糌粑捏成三角形并绘彩，抛出以飨孤魂野鬼、饿鬼），鼓、槌皆为法器。如果忘带某一样，就无法进行仪式。形容干什么事情都要提前准备好相应的工具。罗赛搜集、整理，索南龙珠汉译。今藏甘南藏族自治州政协原副主席罗赛处。

（敏文贵 扎扎）

山欲绿，等春日

རི་བོ་ལྗང་ཤོས་འདོད་པ་ལ།། དབྱར་ཟླ་གསུམ་གྱི་དྲོད་རེད།།

ri bo ljang shos vdod pa dbyar zla gsum gyi drod red

藏语安多方言谚语。流行于以大夏河、黄河、洮河流域为主的甘南地区。阐述做任何事情都要待机而动，要有信心，时机成熟，自然就可达到事半功倍的效果。如同山野春发，时机一到就会绿茵满目。罗赛搜集、整理，索南龙珠汉译。今藏甘南藏族自治州政协原副主席罗赛处。

（敏文贵 扎扎）

到了平坦的山路高呼，到了陡峭的山路叹气

རི་འཇམ་སར་སླེབས་དུས་ཀི་ཧི་ཧི།། གྱེན་གཟར་སར་སླེབས་དུས་ཨ་ལ་ལ།།

Ri vjam sar slebs dus ki hi hi

Gyen gzar sar slebs dus a la la

藏语安多方言谚语。流行于以大夏河、黄河、洮河流域为主的甘南地区。谚语巧妙地揶揄那些遇到顺境就得意忘形，遇到困难垂头丧气的人。罗赛搜集、整理，索南龙珠汉译。今藏甘南藏族自治州政协原副主席罗赛处。

（敏文贵 扎扎）

能砍雄鹿的茸，能捞海中的宝

ར་ཆེན་ཤྭ་ཕོའི་མགོ་ནས་ཁྲག་ར་གཅོད།།

གཏིང་ཟབ་རྒྱ་མཚོའི་ནང་གི་ནོར་བུ་ལེན།།

Rwa chen shwa phovi mgo nas khrag rwa gcod

Gting zab rgyammtshovi nang gi nor bu len

藏语安多方言谚语。流行于以大夏河、黄河、

洮河流域为主的甘南地区。以豪迈、无所畏惧的语气表述各人的豪情壮志。罗赛搜集、整理，索南龙珠汉译。今藏甘南藏族自治州政协原副主席罗赛处。（敏文贵 扎扎）

自己不当父母难知父母的苦，自己不挨饿难知食物的味

རང་ཕ་མར་མ་ལོག་ཕ་མའི་སྡུག་མི་ཤེས།།
ཕོ་ལྟོགས་སྐོམ་མ་ཡོང་ཟས་ཀྱི་བཅུད་མི་ཤེས།།

Rang pha mar ma log pha mavi sdug mi shes
Pho ltogs skom ma yong zas kyi bcud mi shes

藏语安多方言谚语。流行于以大夏河、黄河、洮河流域为主的甘南地区。富有生活哲理，意喻不忘父母的养育之恩，珍惜粮食的来之不易。罗赛搜集、整理，索南龙珠汉译。今藏甘南藏族自治州政协原副主席罗赛处。（敏文贵 扎扎）

自己酿的酒即使酸也要喝，阎王不管是男是女都要见

རང་གི་བཟོས་པའི་ཆང་སྐྱུར་རོ་ཡིན་ཡང་འཐུང་དགོས།།
འཆི་བདག་གཤིན་རྗེའི་འཇིགས་པ་ཕོ་མོ་སུར་ཐུག་ཀྱང་འཁུར་དགོས།།

Rang gi bzos pavi chang skyur ro yin yang vthung dgos
Vchi bdag gshin rjevi vjigs pa pho mo sur thug kyang vkhur dgos

藏语安多方言谚语。流行于以大夏河、黄河、洮河流域为主的甘南地区。意喻做事要有责任心，不可违背自然规律。罗赛搜集、整理，索南龙珠汉译。今藏甘南藏族自治州政协原副主席罗赛处。（敏文贵 扎扎）

一山三顶，一树三枝

རི་རྩ་བ་གཅིག་ལ་རྩེ་མོ་གསུམ།། ཤིང་ཤུག་པ་སྐྱེས་ལ་ར་ལག་གསུམ།།

ri rtsa ba gcig la rtse mo gsum
shing shug pa skyes la rwa lag gsum

藏语安多方言谚语。流行于以大夏河、黄河、洮河流域为主的甘南地区。以自然物为喻，用最简单的道理，说明事物都有其多元性，富含哲理。罗赛搜集、整理，索南龙珠汉译。今藏甘南藏族自治州政协原副主席罗赛处。（敏文贵 扎扎）

山坡台地是香獐的安卧之地，卧久了可能会变成它的坟地

རི་ལྡེབས་ལྡེབས་གླ་བ་ཉལ་ས་ཡིན།། ཉལ་དྲགས་ན་གླ་བ་ཤི་སར་འགྱུར།།

Ri ldebs ldebs gla ba nyal sa yin
Nyal drags na gla ba shi sar vgyur

藏语安多方言谚语。流行于以大夏河、黄河、洮河流域为主的甘南地区。香獐在一处地方栖息久了，就会留下痕迹，易被猎人发现。以此为喻，说明干隐瞒众人的事，终久会被人觉察。罗赛搜集、整理，索南龙珠汉译。今藏甘南藏族自治州政协原副主席罗赛处。（敏文贵 扎扎）

上山修行感孤独，巷间游荡思死亡

རི་ཁྲོད་འགྲིམས་ནས་སེམས་པ་སྐྱོ།། གྲོང་ལ་འཁྱམ་ནས་འཆི་བ་དྲན།།

Ri khrod vgrims nas sems pa skyo
Grong la vkhyam nas vchi ba dran

藏语安多方言谚语。流行于以大夏河、黄河、洮河流域为主的甘南地区。形容某人做事没有耐心，朝秦暮楚，干啥都觉得累，到头来一事无成。罗赛搜集、整理，索南龙珠汉译。今藏甘南藏族自治州政协原副主席罗赛处。（敏文贵 扎扎）

享福者指甲长，贫苦者发髻长

སྐྱིད་ལ་སེན་མོ་རིང་།། སྡུག་ལ་ཅོ་ཏོ་རིང་།།

skyid la sen mo ring dug la co to ring

安多藏语甘南牧区方言谚语。流行于以大夏河、黄河、洮河流域为主的甘南地区。那些上等阶层的游手好闲者脱产生产劳动，且以留长指甲为美，象征着他们的特权地位；那些处于下等阶层的贫苦百姓为了求得生存，成年累月忙于挥汗劳作，没有起码的卫生条件和修饰闲情，显得垢头蓬面。从人的外形、修饰方面真实反映了旧时代广大藏区的封建社会情形。罗赛搜集、整理，索南龙珠汉译。今藏甘南藏族自治州政协原副主席罗赛处。（华锐 · 东智）

徒步旅行时需一匹马，喝茯茶时需一头奶牛

རྐང་ཐང་ལ་ལྷུང་དུས་རྟ་བོ་མཁོ། ཇ་ནག་ཁུ་འཐུང་དུས་མཛོ་མོ་མཁོ།

Rkang thang la lhung dus rta bo mkho

Ja nag khu athung dus mdzo mo mkho

藏语甘南牧区方言谚语。流行于以黄河、洮河流域为主的甘南地区。骏马、牦牛是生活在雪域高原的藏族人民生产、生活中不可缺少的工具。在赞美它们对人类贡献的同时，透露出了一种知恩图报的思想。罗赛搜集、整理，索南龙珠汉译。今藏甘南藏族自治州政协原副主席罗赛处。

（华锐·东智）

有草果的地方，老人不易中风

ཀོ་ལོ་སྙོད་པ་ཡོད་ས་ན། རྒན་རྒོན་རླུང་གིས་ཁྱེར་པ་མེད།

ko lo snyod pa yod sa na rgan rgon

rlung gis khyer pa med

安多藏语甘南牧区方言谚语。流行于以大夏河流域为主的甘南地区。草果在藏族生活中广泛应用，是一种较为珍贵的药材，很早以前，藏医对其特性有一定的科学研究。谚语记述了草果在藏族人民生活中的特殊用途。罗赛搜集、整理，索南龙珠汉译。今藏甘南藏族自治州政协原副主席罗赛处。

（华锐·东智）

等拿来临终药丸，老父早已离去

སྐྱེ་བདུན་རིལ་བུ་ཐོན་རེག་ལ། ཨ་ཕའི་སྐྱེ་བ་ཟད་འགྲོ་གིན།

skye bdun ril bu thon reg la a phavi

skye ba zad vgro gin

安多藏语甘南牧区方言谚语。流行于以黄河、洮河流域为主的甘南地区。阐述了药丸在救死扶伤时的特殊功效，表达了人们对生死无常和生离死别的无奈。山有蜿蜒起伏，路有曲折坎坷；人有悲欢离合，月有阴晴圆缺。透露出了因失去慈父的一种悲痛情感。罗赛搜集、整理，索南龙珠汉译。今藏甘南藏族自治州政协原副主席罗赛处。

（华锐·东智）

欲吃骨髓指头夹在石头间，欲吃嫩草狐狸落入猎人网

རྐང་ཟ་འདོད་ཀྱི་མཛུབ་གུ་རྡོ་བར་གཅུར།

གཟན་ཟ་འདོད་ཀྱི་ཝ་མོ་རྙི་ཡིས་བཟུང་།

Rkang za vdod kyi mdzub gu rdo bar gcur

Gzan za vdod kyi wa mo rnyi yis bzuan

安多藏语甘南牧区方言谚语。流行于以黄河、洮河流域为主的甘南地区。真实地记录了藏族的饮食情趣、生活习俗和生活环境，反映出了一种诸事应遵循规则、适可而止的积极思想。罗赛搜集、整理，索南龙珠汉译。今藏甘南藏族自治州政协原副主席罗赛处。

（华锐·东智）

野骡在平原展示速度，野牛自然会在高山示角

རྐྱང་དར་མའི་གོམ་དྲུག་ཐང་ནས་ངོམ་ན།

འབྲོང་བྲེ་ལོའི་རུ་ཐུར་རྫ་ནས་ལོས་ངོམ།

Rkyang dar mavi gom drug thang mas ngom na

vbrong bre lovi ru thur rpza nas los ngom

安多藏语甘南牧区方言谚语。流行于以黄河流域为主的甘南地区。描述了藏区特殊和谐的生态环境，通过自然界动物各自生存的特性。不仅是人们在长期的实践中对生产生活的总结，而且是对日常生活进行了细微观察的结晶，反映出了一种简单的辩证思想。罗赛搜集、整理，索南龙珠汉译。今藏甘南藏族自治州政协原副主席罗赛处。

（华锐·东智）

好汉之言终生不变，小人之言出尔反尔

སྐྱེ་པོ་རབ་སྐྱེས་ཉིན་བཤད་ན་འཆི་ཉིན་ཡོད།

སྐྱེ་པོ་ངན་ཁ་ཉིན་བཤད་ན་དེ་རིང་མེད།

Skye pho skyes nyin bshad na vchi nyin yod

Skye pho ngan kha nyin bshad na de ring med

安多藏语甘南牧区方言谚语。流行于以大夏河、黄河、洮河流域为主的甘南地区。强调和突出做人的主旨，描述了心目中的好汉和小人的根本区别与界限。教诲人们要亲近和敬仰好汉，远离和扬弃小人。罗赛搜集、整理，索南龙珠汉译。今藏甘南藏族自治州政协原副主席罗赛处。

（华锐·东智）

转经要多转，念经要多念

སྐོར་བ་འགྲོ་ན་འོར་འགྲོ།། མ་ཎི་འདོན་ན་འོར་འདོན།།

skor ba vgro na vor vgro ma ni vdon na vor vdon

安多藏语甘南牧区方言谚语。流行于以大夏河流域为主的甘南地区。转经、念经是信仰藏传佛教的藏族人民不可缺少的日常宗教行为之一。谚语不但反映出了藏族对佛的极其虔诚之心，而且教诲人们只有修习佛法，追求来生之幸福，才是人们最美好的归宿；同时也阐明了持之以恒的必要性和重要性。罗赛搜集、整理，索南龙珠汉译。今藏甘南藏族自治州政协原副主席罗赛处。

（华锐·东智）

生地虽相同，死地却各异

སྐྱེ་ས་གཅིག་རུང་།། འཆི་ས་མི་གཅིག།

Ske sa gcig rung vchi sa mi gcig

安多藏语甘南牧区方言谚语。流行于以大夏河、黄河、洮河流域为主的甘南地区。以人们的生死为始终，总结了生活和处世的经验，自然形象地揭示出了事物的辩证因果关系，早已成为安多广大劳动人民生活中的经验。罗赛搜集、整理，索南龙珠汉译。今藏甘南藏族自治州政协原副主席罗赛处。（华锐·东智）

生时如老虎，死时在刀下

སྐྱེས་སྐྱེས་སྟག་གི་སྐྱེས།། ཤི་ཤི་གྲི་རུ་ཤི།

Skyes skys stag gi skyes shi shi gri ru shi

安多藏语甘南牧区方言谚语。流行于以大夏河、黄河、洮河流域为主的甘南地区。通过生与死的论述，来剖析人类社会生活中的各种矛盾和问题；借助正确的理智来思考和解决这些矛盾，并运用胜败、优劣、强弱、利弊等的对比，揭示事物发展的客观规律。罗赛搜集、整理，索南龙珠汉译。今藏甘南藏族自治州政协原副主席罗赛处。

（华锐·东智）

跟随好汉有口福，跟随小人有耳福

སྐྱེ་ཕོ་རབ་ལ་འགྲོགས་ན་མི་ཟ་དགུ་ཟ།།
སྐྱེ་ཕོ་ངན་ལ་འགྲོགས་ན་མི་གོ་དགུ་གོ།

Skye pho rab la vgrogs na mi za dgu za

Skye pho ngan vgrogs na mi go dgu go

安多藏语甘南牧区方言谚语。流行于以黄河、洮河流域为主的甘南地区。大千世界美丑交错、好坏难辨，人与人之间的关系更是错综复杂。也就是说近朱者赤，近墨者黑，从善成善，随盗成盗。谚语针对这样的现实，突出了好汉德高望重的高尚情操，驳斥了那些言行不一、好坏不分、忘恩负义、居心叵测、卑鄙无耻的小人的肮脏心灵。罗赛搜集、整理，索南龙珠汉译。今藏甘南藏族自治州政协原副主席罗赛处。（华锐·东智）

弯路上有一骑士，听说他是盗马者

སྐྱ་མོའི་ལམ་ན་སྐྱ་མི་ཞིག། ལ་ལོ་འདེད་ནོ་ཁྱོད་ཡིན་ཟེར།།

skya movi lam na skya mi zhig la lo

vded no khyod yin zer

安多藏语甘南牧区方言谚语。流行于以大夏河流域为主的甘南地区。教导人们如何处世、如何做人。尤其强调人的品行道德的重要性，规劝人们树立良好道德观、生活观。劝导人们通过自己辛勤的劳动，来换得幸福生活。罗赛搜集、整理，索南龙珠汉译。今藏甘南藏族自治州政协原副主席罗赛处。（华锐·东智）

话多易乱，线长易断

སྐད་ཆ་མང་ན་ཉོག་འགྲོ། སྐུད་པ་རིང་ན་ཆད་འགྲོ།

skad cha mang na nyog vgro skud pa ring na chad vgro

安多藏语甘南牧区方言谚语。流行于以黄河、洮河流域为主的甘南地区。运用对比的手法，加以概括事物的本质。这种极为概括精练的谚语，深刻地揭示出了事物的本质，耐人寻味，发人深思。劝导人们做事要谦虚谨慎、保持立志，值得学习倡导。罗赛搜集、整理，索南龙珠汉译。今藏甘南藏族自治州政协原副主席罗赛处。（华锐·东智）

生长红杰达树的地方，人马不易中邪

ཀྱལ་ཏ་དམར་པོ་ཡོད་ས་ན།། བུ་རྟ་བཙན་ཁས་ཁྱེར་པ་མེད།།

kyal ta dmar po yod sa na bu rta

btsan khas khyer pa med

安多藏语甘南牧区方言谚语。流行于以大夏河流域为主的甘南地区。记述生活经验，反映出了一定的宗教思想。从中可以看到藏民族的生活经验、处世哲学等，也可以看到其社会制度、风俗习惯、生产方法等发展变化的历史痕迹。罗赛搜集、整理，索南龙珠汉译。今藏甘南藏族自治州政协原副主席罗赛处。（华锐·东智）

有福同享，有难同当

སྐྱིད་ལ་ལྷན་སྐྱེས།། སྡུག་ལ་མཉམ་རྒས།།

Skyid la lhan skyes sdug la mnyam rgas

安多藏语甘南牧区方言谚语。流行于以大夏河、黄河、洮河流域为主的甘南地区。藏民族素以热情好客、真挚纯朴而著称于世。他们一贯主张对人要真诚相待。这句谚语体现了藏族人民真挚好客的特点和提倡对人要以诚相待，反对以利相交的恶习，生动地刻画了藏民族纯朴、公正、善良、乐观的本性。罗赛搜集、整理，索南龙珠汉译。今藏甘南藏族自治州政协原副主席罗赛处。

（华锐·东智）

可曾听说身世，可曾听说传奇

སྐྱེས་པའི་ལོ་རྒྱུས་ཨེ་གོ།། འཁྱུངས་པའི་ལོ་རབས་ཨེ་ཤེས།།

skyes pavi lo rgyus ae go vkhyungs pavi lo rabs ae shes

安多藏语甘南牧区方言谚语。流行于以大夏河流域为主的甘南地区。熟悉了解社会，并按照实际情况，遵循历史发展的规律。紧紧抓住一部分社会生活的实质和关键，有的放矢地对准那些对社会起决定性作用的伟人，威足服人，而吐一言可以匡俗振民的奇才绝学。罗赛搜集、整理，索南龙珠汉译。今藏甘南藏族自治州政协原副主席罗赛处。（华锐·东智）

抓领不抓脖，抓穗不抓帽

སྐེ་ནས་མི་འཛིན་གོང་བས་བཟུང་།། ཞྭ་ནས་མི་འཛིན་ཅ་ལས་བཟུང་།།

ske nas mi vpzin gong bas bzung zhwa

nas mi vpzin ca las bzung

安多藏语甘南牧区方言谚语。流行于以大夏河、黄河、洮河流域为主的甘南地区。看一个问题，要合理、全面、深入地观察，一定要抓住问题的实质与要害，以点带面。谚语立论锋利，观点鲜明，说理精辟，合乎逻辑，细致入微，引人入胜，讲论道义，教育深刻。罗赛搜集、整理，索南龙珠汉译。今藏甘南藏族自治州政协原副主席罗赛处。（华锐·东智）

乘马被人偷，爱妻被人拐

གང་གི་འདོ་བ་རྐུན་མས་ཁྱེར།། ཁྱིམ་གྱི་ཆུང་མ་མི་ཁར་བརྒྱུགས།།

Rkang gi vdo ba rkun mas khyer

Khyim gyi chung ma mi khar brgyugs

安多藏语甘南牧区方言谚语。流行于以大夏河、黄河、洮河流域为主的甘南地区。鼓励好人好事，抵制坏人坏事。如果使人们彻底知晓做何事为荣，做何事为耻，才能废止陈规陋习。提倡新风新尚，使人们竞为好人，争做好事。由衷地教育人们去恶向善，以提倡社会美德，抑制社会的阴暗面。罗赛搜集、整理，索南龙珠汉译。今藏甘南藏族自治州政协原副主席罗赛处。

（华锐·东智）

有生就有死，有兴就有衰

སྐྱེ་བའི་ལན་ལ་འཆི་བ།། དར་བའི་ལན་ལ་རྒུད་པ།།

skye bavi lan la vchi ba dar bavi lan la rgud pa

安多藏语甘南牧区方言谚语。流行于以黄河、洮河流域为主的甘南地区。山有蜿蜒起伏，路有曲折坎坷；人有悲欢离合，月有阴晴圆缺。不管是王是帝，或是士绅巨子，或是平民百姓，无论何人，在漫长的人生中不可能什么事都会一帆风顺、如愿以偿，总是会遇到这样那样的挫折和不幸。谚语真实地诠释了这一客观实际。罗赛搜集、整理，索南龙珠汉译。今藏甘南藏族自治州政协原副主席罗赛处。（华锐·东智）

说话的方式多种多样，理解的方式也各不相同

སྐད་ཆ་བཤད་སྲོལ་རྣམ་པ་སྣ་ཚོགས་ཡོད།།
གོ་བ་ལེན་སྲོལ་རྣམ་པ་སྣ་ཚོགས་འཆར།།

Skad cha bshad srol rnam pa sna tshogs yod
Go ba len srol rnam pa sna tshogs vchar

安多藏语甘南牧区方言谚语。流行于以大夏河、黄河、洮河流域为主的甘南地区。谚语深刻地解释了不同角度对不同问题的具体认识的辩证关系。它将深刻的内容用浓缩、简洁的语言表达出来，具有高度的概括性，起到发人深省的作用。罗赛搜集、整理，索南龙珠汉译。今藏甘南藏族自治州政协原副主席罗赛处。（华锐・东智）

出生时自己不知情，死去时村人不知情

སྐྱེས་པ་རང་གིས་མ་གོ།། ཤི་བ་སྡེ་བས་མ་གོ།།

skyes pa rang gis ma go shi ba sde bas ma go

安多藏语甘南牧区方言谚语。流行于以黄河、洮河流域为主的甘南地区。在表面上虽然描述了一个人淡淡、清贫的一生，但从另一方面又直接揭露了社会上许多的人情淡薄、世态炎凉、言行不符、伪善欺世的丑恶面目。罗赛搜集、整理，索南龙珠汉译。今藏甘南藏族自治州政协原副主席罗赛处。（华锐・东智）

身之花瓣，语之加持

སྐུ་ཡི་པད་འདབ།། གསུང་གི་དངོས་གྲུབ།།

sku yi pad vdab gsung gi dngos grub

安多藏语甘南牧区方言谚语。流行于以大夏河、黄河、洮河流域为主的甘南地区。语言并非虚掩之物，它忠实地反映了藏民族的文化，折射着社会和人们的意识。“善言相睦是为人的根基”“话语虽无刀刃，能把人心上的油脂挖去”，这些谚语解释了语言在生活当中的重要性，揭示事情的真相和本质。主张用哲理去说服对方，最终达到明辨是非的目的。罗赛搜集、整理，索南龙珠汉译。今藏甘南藏族自治州政协原副主席罗赛处。（华锐・东智）

好汉们逛游外乡，不能成事也应负债

སྐྱེ་ཕོ་རབ་ས་མཐའ་ཉུལ་ན།། དོན་གཅིག་མེད་ཀྱང་དོམ་ཞིག་ཡོད།།

skye pho rab sa mthav nyul na don
gcig med kyang dom zhig yod

安多藏语甘南牧区方言谚语。流行于以洮河流域为主的甘南地区。赞美了劳动，歌颂了勤奋，同时也揭示了“有志者事竟成”的真理。罗赛搜集、整理，索南龙珠汉译。今藏甘南藏族自治州政协原副主席罗赛处。（华锐・东智）

生有先后之序，死无先后定断

སྐྱེ་བ་སྔ་གཞུག་ཡོད་ན།། འཆི་བ་སྔ་གཞུག་མེད།།

dkye ba snga gzhug yod na vchi ba snga gzhug med

安多藏语甘南牧区方言谚语。流行于以大夏河、黄河、洮河流域为主的甘南地区。不但具有佛理的深奥意趣，表达了人们对生死无常和生离死别的无奈，而且又贴近常人的普通生活，在一定程度上解释了事物发展的必然规律。罗赛搜集、整理，索南龙珠汉译。今藏甘南藏族自治州政协原副主席罗赛处。（华锐・东智）

诉说苦难有头人，分辨善恶有上师

སྐྱིད་སྡུག་ཞུ་སའི་དཔོན་པོ།། དགེ་སྡིག་ཞུ་སའི་བླ་མ།།

skyid sdug zhu savi dpon po dge sdig zhu savi bla ma

安多藏语甘南牧区方言谚语。流行于以大夏河流域为主的甘南地区。良臣在位，尊之荣之。因此，希望为官、为师之人忠诚老实、公正廉洁、心地善良、品学兼优的人担任一定的领导职务，方能建功立业、造福百姓。一针见血地点明了人们心目中所希望的头人、上师标准，而且反映出创造幸福的强烈愿望。罗赛搜集、整理，索南龙珠汉译。今藏甘南藏族自治州政协原副主席罗赛处。

（华锐・东智）

享福时骑马并行，有难时持矛并战

སྐྱིད་ཀྱི་རྟ་ཕོ་མཉམ་གཞིབས།། སྡུག་གི་མདུང་མོ་མཉམ་འཛིན།།

skyid kyi rta pho mnyam gshibs sdug gi
mdung mo mnyam vpzin

安多藏语甘南牧区方言谚语。流行于以大夏

河、黄河、洮河流域为主的甘南地区。悖法则弱，合则强盛、分则衰败；同心同德、同甘共苦才能众志成城，团结友爱是智慧和力量的源泉。所蕴含的对立统一的辩证思想闪烁着哲学智慧的光芒。罗赛搜集、整理，索南龙珠汉译。今藏甘南藏族自治州政协原副主席罗赛处。（华锐·东智）

身世知道否，罪孽已清否

སྐྱེས་པའི་ལོ་རྒྱུས་ཨེ་གོ།། བསད་པའི་སྡིག་གྲིབ་ཨེ་ཤེས།།

skyes pavi lo rgyus ae go bsad pavi sdig grig ae shes

安多藏语甘南牧区方言谚语。流行于以大夏河流域为主的甘南地区。包含着反对暴虐、倡行仁政、恪守道德、弘扬佛法、安抚民心、团结互助、和睦相处等思想。从这里可以看出藏族谚语巧妙地将宗教伦理道德观，特别是藏传佛教伦理道德观融入藏族社会伦理道德之中，流露出以善为德、慷慨布施的伦理辩证思想。罗赛搜集、整理，索南龙珠汉译。今藏甘南藏族自治州政协原副主席罗赛处。（华锐·东智）

过于兴奋把帽抛向空中，过于悲伤把鞋扔进河里

སྐྱིད་ཆེ་བས་མགོ་ཞྭ་རླུང་ལ་བསྐུར།། སྡུག་ཆེ་བས་ཨ་ཀྲད་ཆུ་ལ་བསྐུར།།

Skyid che bas mgo zhwa rlung la bskur

Sdug che bas a krad chu la bskur

安多藏语甘南牧区方言谚语。流行于以大夏河、黄河、洮河流域为主的甘南地区。以精美简炼的语言，通过对人们心里喜怒哀乐的分析，热情地歌颂和赞美真善美，辛辣地嘲讽和驳斥假恶丑，充分体现了藏族人民的审美情趣、审美理想和审美标准，洋溢着生活的激情，飞溅着诗意的火花。罗赛搜集、整理，索南龙珠汉译。今藏甘南藏族自治州政协原副主席罗赛处。

（华锐·东智）

富足时要低头，苦难时要抬头

སྐྱིད་ཀྱི་མགོ་འཕང་དམའ་དགོས།། སྡུག་གི་མགོ་འཕང་མཐོ་དགོས།།

skyid kyi mgo vphang dmav dgos sdug gi mgo vphang mtho dgos

安多藏语甘南牧区方言谚语。流行于以黄河、洮河流域为主的甘南地区。赞美了富者不贪图享乐、不谋自己幸福、不计个人得失的远大理想和抱负，同时也赞美了贫者在金钱、财宝面前不动心的高尚品质，阐明了“富贵不能淫”的深刻哲理，教诲世人要懂得荣誉之伟大、金钱之渺小的道理。罗赛搜集、整理，索南龙珠汉译。今藏甘南藏族自治州政协原副主席罗赛处。

（华锐·东智）

享福时骑马胯部疼，受苦时背篓歌声美

སྐྱིད་རྟ་བོའི་གོང་ནས་ཨོང་ཤ་ན།། སྡུག་ཁུར་བོའི་འོག་གི་གླུ་ཆུང་སྐྱིད།།

Skyid rta bovi gong nas aong sha na

Sdug khur bovi vog gi glu chung skyid

安多藏语甘南牧区方言谚语。流行于以大夏河流域为主的甘南地区。谚语注意观察现实，抓住生活中的细节特点，把什么是富、什么是苦刻画得栩栩如生。给人们讲明了先甜后苦、无苦无甜、先因后果的道理。告诫人们不能“好了伤疤忘了疼”。罗赛搜集、整理，索南龙珠汉译。今藏甘南藏族自治州政协原副主席罗赛处。

（华锐·东智）

生法相同，死法各异

སྐྱེ་སྲོལ་གཅིག་ཀྱང་།། འཆི་སྲོལ་མི་གཅིག །

Skye srol gcig kyang vchi srol mi gcig

安多藏语甘南牧区方言谚语。流行于以黄河、洮河流域为主的甘南地区。通过对人们生与死的描述，道出了生活的现实。告诫人们世间任何事情都在千变万化，任何事情都有前因后果；做事必须三思而后行，不可盲目行事、麻痹大意。罗赛搜集、整理，索南龙珠汉译。今藏甘南藏族自治州政协原副主席罗赛处。（华锐·东智）

害怕了喊母亲，挨饿了偷糌粑

སྐྲག་ན་ཨ་མ་འབོད།། ལྟོགས་ན་རྩམ་ཁུག་བརྐུ།།

skrag na a ma vbod ni ltogs na rtsam khug brku ni

安多藏语甘南牧区方言谚语。流行于以大夏河、黄河、洮河流域为主的甘南地区。从藏族人民的生活实际出发，一方面热情歌颂了父母对儿女体贴的照料，另一方面高度赞美了糌粑对藏族

人民的伟大贡献，同时真实地记录了藏民族传统的生活习俗。罗赛搜集、整理，索南龙珠汉译。今藏甘南藏族自治州政协原副主席罗赛处。

（华锐・东智）

富裕时帐篷不必过大，贫困时木碗不必过小

སྐྱིད་ཀྱི་མགོ་སྦྲ་མ་ཆེ། སྡུག་གི་ཟ་ཕོར་མ་ཆུང་།

skyid kyi mgo sbra ma che sdug gi za phor ma chung

安多藏语甘南牧区方言谚语。流行于以大夏河、黄河、洮河流域为主的甘南地区。谚语教导人们在富裕和贫困时如何处世、如何做人，尤其强调人的品行、道德的重要性。规劝人们树立良好道德观、生活观，阐明了“富贵不能淫”的深刻哲理和艰苦奋斗、勤俭持家的必要性。罗赛搜集、整理，索南龙珠汉译。今藏甘南藏族自治州政协原副主席罗赛处。（华锐・东智）

不是徒步者缺干粮，就是骑马者受饥饿

རྐང་ཐང་བྲོ་ཆད་མ་རེད། སྐྱ་མི་བྲོ་ཆད་རེད།

rkang thang bro chad ma red skya mi bro chad red

安多藏语甘南牧区方言谚语。流行于以大夏河、黄河、洮河流域为主的甘南地区。不付出辛勤的劳动，哪来甜蜜的果实？批判了好吃懒做、贪图享受的社会丑恶现象，歌颂了勤劳勇敢、吃苦耐劳的伟大精神。阐明了岂能“不劳而获”的道理。罗赛搜集、整理，索南龙珠汉译。今藏甘南藏族自治州政协原副主席罗赛处。

（华锐・东智）

生老病死，自古世道

སྐྱེ་རྒས་ན་འཆི་ཡོད་པ། སྲིད་པ་ཆགས་པའི་གནས་ལུགས།

skye rgas na vchi yod pa srid pa chags pavi gnas lugs

安多藏语甘南牧区方言谚语。流行于以大夏河、流域为主的甘南地区。通过实际地阐述世间凡人最终的结局，完全从佛教观点出发，说明了人生无常、万事难料的道理，表明了对生离死别的无奈。阐明了事物发展的必然规律。罗赛搜集、整理，索南龙珠汉译。今藏甘南藏族自治州政协原副主席罗赛处。（华锐・东智）

幸福在天边，苦难空中见

སྐྱིད་གནམ་གྱི་བཞིན་ན། སྡུག་བར་ལམ་ནས་རིག་གི

skyid gnam gyi bzhin na sdug bar lam nas rig gi

安多藏语甘南牧区方言谚语。流行于以大夏河、黄河、洮河流域为主的甘南地区。谚语以广阔的蓝天作为背景，不但描述了自然变化的特征，而且用一种常见的自然现象来反映深刻的道理，揭示事物辩证因果关系：一切事情都在矛盾中生存发展。罗赛搜集、整理，索南龙珠汉译。今藏甘南藏族自治州政协原副主席罗赛处。

（华锐・东智）

生时光身而来，死时光身而去

སྐྱེ་བའི་ཉིན་མོར་ཁེར་ཡོང་། ཤི་བའི་ཉིན་མོར་ཁེར་འགྲོ།

skye bavi nyin mor kher yong shi bavi nyin mor kher vgro

安多藏语甘南牧区方言谚语。流行于以大夏河、黄河、洮河流域为主的甘南地区。以朴实的语言，强烈地再现了藏传佛教生不能带来、死不能带去的浓厚的宗教思想。罗赛搜集、整理，索南龙珠汉译。今藏甘南藏族自治州政协原副主席罗赛处。（华锐・东智）

有好嗓音高腔吟歌，无好嗓音鼻孔哼气

སྐད་ཡོད་ན་བཀྱགས་ནས་གླུ་ལེན། སྐད་མེད་ན་སྣ་ན་ཧིན་འགུག

skad yod na bkyags nas glu len skad med na sna na hin vgug

安多藏语甘南牧区方言谚语。流行于以黄河流域为主的甘南地区。藏民族素以热情好客、真挚纯朴，能歌善舞而著称于世，人们一贯主张对待生活要积极乐观。体现了藏族人民对待生活和为人处世的态度和本性，生动地刻画了藏民族纯朴、天真、善良、乐观的宽阔胸怀。罗赛搜集、整理，索南龙珠汉译。今藏甘南藏族自治州政协原副主席罗赛处。（华锐・东智）

好汉不怕冰寒中睡，野牛爱将毛尖对寒风

སྐྱེ་ཕོ་རབ་ཀྱིས་ཉལ་མོ་ཆུ་ལ་བསྟེན།།
འབྲོང་བྲེ་བསེར་གྱིས་སྤུ་ཁ་རླུང་ལ་བསྟེན།།
Skye pho rab kyis nyal mo chu la bsten
Vbrong bre bser gyis spu kha rlung la bsten

安多藏语甘南牧区方言谚语。流行于以大夏河、黄河、洮河流域为主的甘南地区。赞美了英雄的本色：志度弘远，心怀抱负的贤士在遭到困难不幸、遭遇困境时而不灰心丧气，一蹶不振、怨天尤人、诿过于人；而是更加振奋精神，冷静沉着地面对现实，把逆境作为成功之阶梯，重新振作，最终功成名就，流芳后世。罗赛搜集、整理，索南龙珠汉译。今藏甘南藏族自治州政协原副主席罗赛处。（华锐·东智）

不遇噩运不知辛苦，没有疼痛不知苦难

རྐྱེན་ངན་མ་ཡོང་ན་དཀའ་ངལ་མི་ཤེས།།
ཟུག་གཟེར་མ་ཡོང་ན་སྡུག་བསྔལ་མི་ཤེས།།
Rkyen ngan ma yong na dkav ngal mi shes
Zug gzer ma yong na sdug bsngal mi shes

安多藏语甘南牧区方言谚语。流行于以黄河、洮河流域为主的甘南地区。任何工作都需要付出艰辛的劳动，只要克服阻力，知难而进，才能获得成功。谚语从正面论述了生活之艰难，勉励人们要发扬坚持不懈、持之以恒的精神。含蓄地阐明了“幸福是从劳动中得来”的这一深邃道理。罗赛搜集、整理，索南龙珠汉译。今藏甘南藏族自治州政协原副主席罗赛处。（华锐·东智）

好汉的气概在内，公驴的标志在外

སྐྱེ་ཕོ་རབ་ཀྱི་ཕོ་དབང་ཁོག་ཏུ་འཛུལ།། བོང་སྐྱ་རེངས་ཀྱི་ཕོ་རྟགས་ཕྱི་ན་སྣར།།
Skye pho rab kyi pho dbang khog tu vpzul
Bong skya rengs kyi pho rtags phyi na snar

安多藏语甘南牧区方言谚语。流行于以大夏河、黄河、洮河流域为主的甘南地区。谚语注意观察现实生活，抓住生活中的细节特点，高度赞美了谦虚谨慎、胸怀大志、学识渊博的智者。同时又对骄傲自大、华而不实、脆而不坚愚者的虚伪本性予以嘲讽。把智者和愚者刻画得栩栩如生，给人们讲明了“虚心使人进步，骄傲使人落后”的道理。罗赛搜集、整理，索南龙珠汉译。今藏甘南藏族自治州政协原副主席罗赛处。（华锐·东智）

绳线细处断，河水弯处溢

སྐུད་པ་ཕྲ་སས་ཆད།། ཆུ་རྐ་གཟར་སས་འཆོར།།
skud pa phra sas chad chu rka gzar sas vchor

安多藏语甘南牧区方言谚语。流行于以黄河、洮河流域为主的甘南地区。紧密结合生活现实实际，善于运用对比的手法，加以概括事物的本质。深刻地揭示出了渺小、脆弱的本质，耐人寻味，发人深思。罗赛搜集、整理，索南龙珠汉译。今藏甘南藏族自治州政协原副主席罗赛处。（华锐·东智）

出生时人未觉，年老时己未晓

སྐྱེས་ནི་སྡེ་བས་མ་གོ།། རྒས་ནི་རང་གི་མ་ཚོར།།
skyes ni sde bas ma go rgas ni rang gi ma tshor

安多藏语甘南牧区方言谚语。流行于以大夏河、黄河、洮河流域为主的甘南地区。人的一生在宇宙的长河中只是短短的一瞬间，谚语阐明了时间的重要性，道出了所谓“一寸光阴一寸金，寸金难买寸光阴”“莫等闲，白了少年头”的深刻哲理。罗赛搜集、整理，索南龙珠汉译。今藏甘南藏族自治州政协原副主席罗赛处。（华锐·东智）

一个上士之谋略，要比三个中士强

སྐྱེ་ཕོ་རབ་གཅིག་གི་བློ་སྡེ་ནས། སྐྱེ་ཕོ་འབྲང་གསུམ་གྱི་གྲོས་བསྡུར་དཀའ།།
Skye pho rab gcig gi blo nas
Skye pho vbrang gsum gyi gros bsdur dkav

安多藏语甘南牧区方言谚语。流行于以大夏河、黄河、洮河流域为主的甘南地区。藏传佛教把人分为上士、中士和下士三个等次，通过赞美上士的智慧，贬低中士的无能，阐明了“三个臭皮匠，顶个诸葛亮”的深邃道理。罗赛搜集、整理，索南龙珠汉译。今藏甘南藏族自治州政协原副主席罗赛处。（华锐·东智）

腰带、鞋带请系紧，要与情侣相般配

རྐེད་རགས་ལྷམ་འགྱོགས་བསྡོམ་ནི་བྱོས།། རང་གི་རོགས་ལ་དོ་ནི་བྱོས།།

Rked rags lham vgyogs bsdom ni byos

Rang gi rogs la do ni byos

安多藏语甘南牧区方言谚语。流行于以大夏河、黄河、洮河流域为主的甘南地区。通过阐述腰带、鞋带在人们现实生活中的重要性，以它们相依为命的关系，表明对美好的未来生活的渴求。以此反映了爱情是建立在双双深厚的感情基础之上这一常礼，具有一定的意义。罗赛搜集、整理，索南龙珠汉译。今藏甘南藏族自治州政协原副主席罗赛处。（华锐·东智）

干皮用油对付，干脂却没法使用

ཀོ་གྱོང་ཞག་གིས་ཐུབ་ལ།། ཞག་གྱོང་ཅང་གིས་མི་ཐུབ།།

ko gyong zhag gi thub la zhag gyong cang gis mi thub

安多藏语甘南牧区方言谚语。流行于以大夏河、黄河流域为主的甘南地区。谚语同人民的现实生活紧密地联系在一起，并按照实际情况，紧紧抓住一部分社会生活的实质和关键，有的放矢地对准那些顽固腐朽的丑恶社会现象进行批判，成为人们智慧和力量的训诫，从而对社会的各个方面起到了一定的裨益作用。罗赛搜集、整理，索南龙珠汉译。今藏甘南藏族自治州政协原副主席罗赛处。（华锐·东智）

有罪者未被定罪，无罪者何必失色

སྐྱོན་ཅན་སྐྱོན་གྱིས་མ་ཐོགས་ན།། སྐྱོན་མེད་ཁ་ངོ་ཤོར་དོན་མེད།།

Skyon can skyon gyis ma thogs na

Skyon med kha ngo shor don med

安多藏语甘南牧区方言谚语。流行于以大夏河流域为主的甘南地区。集中反映了安多藏族人民对压迫的英勇斗争，对封建束缚和残酷剥削的义愤，尖锐地揭露了当权者的那种欲壑难填、贪得无厌、自私自利、居心叵测、卑鄙无耻的肮脏心灵。罗赛搜集、整理，索南龙珠汉译。今藏甘南藏族自治州政协原副主席罗赛处。（华锐·东智）

有罪者因孽受罚，无罪者因狂言触犯

སྐྱོན་ཅན་སྐྱིན་གྱི་ཐོག། སྐྱོན་མེད་ཚོག་གི་ཐོག།

skyon can skyin gyi thog skyon med tshog gi thog

安多藏语甘南牧区方言谚语。流行于以大夏河、黄河、洮河流域为主的甘南地区。固执己见、一意孤行，就会导致失败、悔之不及。充分说明遵纪守法的重要性，并且极其形象地告诫人们要保持谦虚的美德。它忠实地反映了一个民族的文化，折射着社会和人们的思想意识。罗赛搜集、整理，索南龙珠汉译。今藏甘南藏族自治州政协原副主席罗赛处。（华锐·东智）

立柱要稳固根基，架梁要对叉梁头

ཀ་བཞི་བརྩེངས་ན་ཀ་རྡོ་བརྟན་དགོས།།

གདུང་བརྒྱད་འཇོག་ན་འཕལ་ག་འཕོད་དགོས།།

Ka bzhi brtsengs na ka rdo brtan dgos

Gdung brgyad vjog na vphal ga vphod dgos

安多藏语甘南牧区方言谚语。流行于以洮河流域为主的甘南地区。结合生活现实，阐明了做事不能违背常理和客观规律的重要性；否则，相马失之瘦，相士失之贫，其后果不堪设想。一针见血地表明了遵循自然法则的必要性，入骨三分。罗赛搜集、整理，索南龙珠汉译。今藏甘南藏族自治州政协原副主席罗赛处。（华锐·东智）

众所周知不宜重复，自己不懂不宜辨说

ཀུན་ཤེས་ཚིག་ལ་འོར་བཤད་མི་མཛའ།།

མི་ཤེས་ཆོས་ལ་ལོང་བརྗོད་མི་མཛའ།།

Krn shes tshig la vor bshad mi mdzav

mi shes chos la long brjod mi mdzav

安多藏语甘南牧区方言谚语。流行于以大夏河、黄河、洮河流域为主的甘南地区。近朱者赤，近墨者黑，从善成善，随盗成盗。谚语提醒人们：耳不邪听，目不妄视，居必择处，慎其所立。谚语对社会高度负责，苦口婆心，由衷地教育人们去恶向善，诚辞恳切地讲述人生立身的道理，以提倡社会美德，抑制社会的阴暗面。罗赛搜集、整理，索南龙珠汉译。今藏甘南藏族自治州政协原副主席罗赛处。（华锐·东智）

珍宝想偷的贼多，美女想看的人多

དཀོན་པའི་ནོར་ལ་དགྲ་བོ་མང་།། མཛེས་མའི་ལུས་ལ་ལྟ་ནི་མང་།།

dkon pavi nor la dgra bo mang mdzes

mavi lus la lta ni mang

安多藏语甘南牧区方言谚语。流行于以黄河、洮河流域为主的甘南地区。一方面反映了现实生活中存在的真实的一面，另一方面极力批判了恃势骄横、肆行无忌、放浪自由的嘴脸。鼓励好人好事，抵制坏人坏事；提倡新风新尚，使人们竞为好人，争做好事。罗赛搜集、整理，索南龙珠汉译。今藏甘南藏族自治州政协原副主席罗赛处。

（华锐·东智）

若是遍知上师，不必重复禀报；若是全知学者，不必重复修习

ཀུན་མཁྱེན་བླ་མ་ཡིན་ན་འོར་ཞུ་མི་དགོས།།

ཀུན་ཤེས་མཁས་པ་ཡིན་ན་འོར་བསླབ་མི་དགོས།།

Kun mkhyen bla ma yin na vor zhu mi dgos

Kun shes mkhas pzvi yin na vor bslab mi dgos

安多藏语甘南牧区方言谚语。流行于以大夏河、黄河、洮河流域为主的甘南地区。告诫人们尊崇那些行为温和、心地善良、爱民如子、明辨是非、奉行佛法的贤明君主；推崇知识渊博的学者和赞颂品德高尚的智者。认为尊重知高德厚的学者，就是热爱知识的表现，把学习知识提高文化素质，作为社会伦理道德的一个重要方面而加以提倡和赞美。罗赛搜集、整理，索南龙珠汉译。今藏甘南藏族自治州政协原副主席罗赛处。

（华锐·东智）

庙里的老僧已八旬，却听幼童讲供品

དཀོར་གཉེར་བན་རྒན་ལོ་བརྒྱ་ལོན།། ལོ་གསུམ་བྱིས་པས་རྟེན་བཤད་ཉན།།

Dkor gnyer ban rgan lo brgya lon

Lo gsum byis pas rten bshad nyan

安多藏语甘南牧区方言谚语。流行于以大夏河流域为主的甘南地区。深刻地批评了那些在学业上只图安逸、不求上进、虚度年华、不肯吃苦的愚者的懒惰行为。提倡发奋学习、努力上进，反对懒惰行为，教诲人们要亲近和敬仰智者，远离和扬弃愚者。罗赛搜集、整理，索南龙珠汉译。今藏甘南藏族自治州政协原副主席罗赛处。

（华锐·东智）

宝身在上供奉，珍珠般言语从口出

སྐུ་རིན་པོ་ཆེ་བོ་གོང་ན་བརྟེན།། གསུང་མུ་ཏིག་འདྲ་བོ་ཞལ་ནས་གསུངས།།

Sku rin po che bo gong na brten

Gsung mu tig vdra bo zhal nas gsungs

安多藏语甘南牧区方言谚语。流行于以大夏河、黄河、洮河流域为主的甘南地区。语言是历史的沉淀，能以它独具的性质帮助人们认识一个民族的过去；语言又是人与人之间进行交往的工具，它也直接关照现代生活。言为心声，一个美的心灵，需要美的语言。藏族人说话彬彬有礼，谚语强调了生活中语言的重要性。罗赛搜集、整理，索南龙珠汉译。今藏甘南藏族自治州政协原副主席罗赛处。

（华锐·东智）

自己没份伸脖子，头都挤不进却钻身子

སྐལ་མེད་ས་སྐེ་སྤྲིངས།། མགོ་མི་ཆུད་སར་ལུས་བཙངས།།

skal med sa ske springs mgo mi chud sar lus btsangs

安多藏语甘南牧区方言谚语。流行于以黄河、洮河流域为主的甘南地区。阐明了“富贵不能淫”的深刻哲理，教诲世人要懂得荣誉之伟大、金钱之渺小的道理。尖锐地揭露了贪婪者欲壑难填、贪得无厌、自私自利的丑恶行径，告诫人们要培养高尚道德和健康情操，同时也揭示了“劳动创造一切”的真理。罗赛搜集、整理，索南龙珠汉译。今藏甘南藏族自治州政协原副主席罗赛处。

（华锐·东智）

你可带走如日般的幸福，要留下如山般的福泽

སྐྱིད་ཉི་མ་འདྲ་བོ་ཁྱོས་ཁྱེར།། གཡང་རི་རབ་འདྲ་བོ་ཤུལ་བསྐྱུར།།

Skyid nyi ma vdra bo khyos khyer

Gyang ri rab vdra bo shul bskyur

安多藏语甘南牧区方言谚语。流行于以黄河、洮河流域为主的甘南地区。人们向往美好的生活，相信通过自己辛勤的劳动，能换得幸福的生活。谚语赞美了劳动，歌颂了勤俭。凝聚着藏族人民互相帮助、爱憎之情和独特的道德审美情趣。罗

赛搜集、整理，索南龙珠汉译。今藏甘南藏族自治州政协原副主席罗赛处。（华锐·东智）

鲁魔之食是鲁，鸟王之食是禽兽

ཀླུ་བདུད་རྡོ་རྗེའི་ཁ་ཟས་ཀླུ་ཡིན།། ཐང་དཀར་རྒོད་པོའི་ཁ་ཟས་ཤ་ཡིན།།

Klu bdud rdo rjevi kha zas klu yin

Thang gkar rgod povi kha zas sha yin

安多藏语甘南牧区方言谚语。流行于以大夏河、黄河、洮河流域为主的甘南地区。比较真实地记录了自然万物的生存法则，在阐明了世间自然形成的食物链的同时，反映出了一定的宗教思想。罗赛搜集、整理，索南龙珠汉译。今藏甘南藏族自治州政协原副主席罗赛处。（华锐·东智）

饥饿时要有充食，讲理时要有巧舌

བཀྲེས་ན་ཚིམ་པའི་ཟས།། བཤད་ན་རྣོ་བའི་ལྕེ།།

bkres na tshim pavi zas bshad na rno bavi lce

安多藏语甘南牧区方言谚语。流行于以大夏河、黄河流域为主的甘南地区。藏族谚语光彩照人，充满智慧之光。犹如草原盛开的花朵，姹紫嫣红，令人耳目一新。藏族把一个人的辩论能力和掌握谚语的多寡视为其才智高低的标准。谚语高度赞美了善于辞令、口若悬河，善于使用谚语，在言谈时如同清泉汩汩、滔滔不绝的智者。罗赛搜集、整理，索南龙珠汉译。今藏甘南藏族自治州政协原副主席罗赛处。（华锐·东智）

腰间刀柄镶银，狐皮帽檐吊穗

སྐེད་གྲི་ཆུང་ཡུ་བ་དངུལ་གྱིས་བརྒྱན།། མགོ་ཝ་དམར་ཞྭ་མོར་ཅ་ལས་བརྒྱན།།

Sked gri chung yu ba dngul gyis brgyan

Mgo wa dmar zhwa mor ca las brgyan

安多藏语甘南牧区方言谚语。流行于以大夏河、黄河、洮河流域为主的甘南地区。通过记述藏族人民的服饰及装饰的特点，反映出藏族人民发现美、创造美、使用美的乐观生活情趣。罗赛搜集、整理，索南龙珠汉译。今藏甘南藏族自治州政协原副主席罗赛处。（华锐·东智）

不是幸福獐子跳崖自尽，而是无奈睡窝满雨水

སྐྱིད་ཆེ་ནས་གླ་བོ་མཐའ་ལྕེབས་པ་མིན།།
རྡུགས་ཐུག་ནས་ཉལ་ཁུང་ཆུས་བཀང་ཡིན།།

Skyid che nas gla bo mthav lcebs pa min

Rdugs thug nas nyal khung chus bkang yin

安多藏语甘南牧区方言谚语。流行于以大夏河、黄河、洮河流域为主的甘南地区。看其表面是在痛诉广大劳动人民却过着贫居陋巷、褴褛衣衫、饥饱未匀、面黄肌瘦、似人似鬼的人间地狱生活，甚至恶化到水火不容的局面；而实际上以尖刻的语言批判了那些好吃懒做的懒惰行为。罗赛搜集、整理，索南龙珠汉译。今藏甘南藏族自治州政协原副主席罗赛处。（华锐·东智）

是洁白的就不要被污染的，是笔直的就不要弯曲的

དཀར་པོ་ཡིན་ན་མ་ནོགས།། དྲང་མོ་ཡིན་ན་མ་འཁྱོག །།

dkar po yin na ma nogs ni drang mo

yin na ma vkhyog ni

安多藏语甘南牧区方言谚语。流行于以大夏河、黄河、洮河流域为主的甘南地区。高度赞美了坚持真理、坚强不屈、出淤泥而不染的高贵品德，极力批判了在权臣贵族、高官厚禄的达官显宦者面前贡谀献媚，全无廉耻的小人。罗赛搜集、整理，索南龙珠汉译。今藏甘南藏族自治州政协原副主席罗赛处。（华锐·东智）

享福时不要太猖笑，苦难时不要太悲伤

སྐྱིད་ཆེ་བའི་ཉིན་ལ་མ་དགོད།། སྡུག་ཆེ་བའི་ཉིན་ལ་མ་ངུ།།

skyid che bavi nyin la ma dgod sdug

che bavi nyin la ma ngu

安多藏语甘南牧区方言谚语。流行于以黄河、洮河流域为主的甘南地区。指明富与贵，虽以功绩致之，必由道德守之，决不能贵而无礼，富而骄肆。虽是金枝玉叶，比常人更应该谦虚谨慎、随时小心、得宠思辱、居安思危；否则恃势骄横、肆行无忌、放浪自由，及其行为过分，则与匹夫、常人无两样。罗赛搜集、整理，索南龙珠汉译。

今藏甘南藏族自治州政协原副主席罗赛处。

（华锐·东智）

享福的要学会克制，苦难的要学会承受

སྐྱིད་ཆེ་བའི་ཉིན་ལ་ཚོད་ཟིན་དགོས།།
སྡུག་ཆེ་བའི་ཉིན་ལ་གཅར་ཐེག་དགོས།།

Dkyid che bavi nyin la tshod zin dgos

Sdug che bavi nyin la gcar theg dgos

安多藏语甘南牧区方言谚语。流行于以大夏河、黄河、洮河流域为主的甘南地区。在生活中没有一成不变的拥有和幸福，人人生下来都免不了吃苦受难。人有悲欢离合，月有阴晴圆缺。无论何人，在漫长的人生中不可能什么事都会如愿以偿，总是会遇到这样那样的挫折和不幸，如何面对它、处理好它才是问题的关键。罗赛搜集、整理，索南龙珠汉译。今藏甘南藏族自治州政协原副主席罗赛处。

（华锐·东智）

编辫子之妙龄，学拼音之少年

སྐྲ་ལན་བུ་བཀར་ནས་སླས་དུས།། ཀ་སུམ་ཅུའི་དབུ་ཆུང་འབྲི་དུས།།

skra lan bu bkar nas slas dus ka sum

cuvi dbu chung vbri dus

安多藏语甘南牧区方言谚语。流行于以大夏河、黄河流域为主的甘南地区。一方面记录了安多藏族古老传统的梳妆习俗，另一方面阐明了从小学习文化知识的重要性。罗赛搜集、整理，索南龙珠汉译。今藏甘南藏族自治州政协原副主席罗赛处。

（华锐·东智）

不用害怕，大哥在身后；不用挨饿，糌粑在怀中

སྐྲག་མི་དགོས་ཕུ་བོ་རྒྱབ་ན་ལངས།། ལྟོགས་མི་དགོས་རྩམ་ཁུག་རུམ་ན་ཡོད།།

Skrag mi dgos phu bo rgyab na langs

Ltogs mi dgos rtsam khug rum na yod

安多藏语甘南牧区方言谚语。流行于以大夏河、黄河、洮河流域为主的甘南地区。用诗一般的语言正面赞扬了真善美，虽然使用笔墨不多，但其艺术效果显著。它既具有佛理中慈悲为怀、互帮互助的深奥意趣，又贴近常人的普通生活，具有一定的实践性和群众性。罗赛搜集、整理，索南龙珠汉译。今藏甘南藏族自治州政协原副主席罗赛处。

（华锐·东智）

头发和眉毛浓为好，心灵和动机善为好

སྐྲ་དག་སྨིན་མ་སྨུག་ན་བཟང་།། སེམས་དང་བསམ་པ་དཀར་ན་བཟང་།།

skra dag smin ma smug na bzang sems dang

bsam pa dkar na bzang

安多藏语甘南牧区方言谚语。流行于以黄河、洮河流域为主的甘南地区。在安多藏族的一首谚语中讲：“哈达不需很长，只求洁白质纯。”从中不难看出，人们的审美心理中把“白色”视为洁净、诚挚、正直、高尚、忠诚、磊落的品德象征和寄托，体现了本民族独特的思维方式、文化模式。谚语阐明了品德高尚者的伟大，尤其强调人的品行、道德的重要性。罗赛搜集、整理，索南龙珠汉译。今藏甘南藏族自治州政协原副主席罗赛处。

（华锐·东智）

毛驴知晓晨时，肯不肯驮物难说

སྐད་ཆེན་སྐྱ་རེང་བོང་བུ་ཚོས།། ཁལ་ཁུར་ཁལ་ལྡོག་ངེས་མེད་བྱེད།།

Skad chen skya reng bong bu tshos

Khal khur khal ldog nges med byed

安多藏语甘南牧区方言谚语。流行于以洮河流域为主的甘南地区。一方面真实地反映了安多藏区不同的生产方式和生存环境，另一方面深刻阐述了人们长期在生产生活中积累的共同经验，揭示了事物发展的一般规律。罗赛搜集、整理，索南龙珠汉译。今藏甘南藏族自治州政协原副主席罗赛处。

（华锐·东智）

大众无公法，自己无自律

ཀུན་ལ་སྤྱི་ཁྲིམས་མེད།། རང་ལ་སྒེར་སྲོལ་མེད།།

kun la spyi khrims med rang la sger srol med

安多藏语甘南牧区方言谚语。流行于以大夏河、黄河、洮河流域为主的甘南地区。良好的法规能够培养出有用的人才，恶劣的强暴行为能使出现国之乱臣、家之败子，这虽不是绝对的，但也是普遍的现象。阐明了建立法律的重要性，同时也说明了“上枉下曲，上乱下逆”的深刻道理。罗赛搜集、整理，索南龙珠汉译。今藏甘南藏族

自治州政协原副主席罗赛处。（华锐·东智）

奖励小偷，放生野狼

རྐུན་མར་དཔའ་དར།། སྤྱང་ཀིར་ཚེ་ཐར།།

rkun mar dpav dar spyang kir tshe thar

安多藏语甘南牧区方言谚语。流行于以大夏河、黄河流域为主的甘南地区。从表面看，是在由衷地教育人们去恶向善；而实际是在批判了暗藏在社会中奸诈的一面，诚辞恳切地阐明了人生立身的道理，以提倡社会美德，抑制社会的阴暗面。罗赛搜集、整理，索南龙珠汉译。今藏甘南藏族自治州政协原副主席罗赛处。（华锐·东智）

喜鹊想吃就吃吧，乌鸦想吃就吃吧

སྐྱ་ཀའི་ཟ་ན་སྐྱ་ཀས་ཟོ།། ཁྭ་ཏའི་ཟ་ན་ཁྭ་ཏས་ཟོ།།

skya kavi za na skya kas zo khwa tavi za na khwa tas zo

安多藏语甘南牧区方言谚语。流行于以洮河流域为主的甘南地区。通过描述自然界动物的生活栖息与自由空间，反映出了渴望自由美好生活的愿望，体现了追求民主和自由的思想。罗赛搜集、整理，索南龙珠汉译。今藏甘南藏族自治州政协原副主席罗赛处。（华锐·东智）

生相一般，却被转世；身材虽矮，却得人生

སྐྱེ་ལོ་ངན་ཡང་སྤྲུལ་སྐུ།། གཟུགས་པོ་ཐུང་ཡང་སྐྱེ་འགྲོ།།

skye lo ngan yang sprul sku gzugs po thung yang skye vgro

安多藏语甘南牧区方言谚语。流行于以大夏河、黄河流域为主的甘南地区。谚语完全从佛教的转世、化身观点出发，认为每个人无论其容貌的美丑，还是其身材的高低都属于生命的范畴，应该加以珍惜保护。提倡乐善好施、积德造福，宗教色彩非常浓厚。罗赛搜集、整理，索南龙珠汉译。今藏甘南藏族自治州政协原副主席罗赛处。

（华锐·东智）

身似青龙被云饰，言语洪亮赛雷鸣

སྐུ་གཡུ་འབྲུག་སྤྲིན་གྱིས་བརྒྱན་འདྲ།།
གསུང་གྲགས་སྙན་འབྲུག་ལ་འགྲན་འདྲ།།

Dku gyu vbrug sprin gyis brgyan vdra
Gsung grags snyan vbrug la vgran vdra

安多藏语甘南牧区方言谚语。流行于以大夏河、黄河、洮河流域为主的甘南地区。对藏族人民来说，由于他们世代过着游牧生活，其他审美欣赏是有限的，更多是在言谈中娱悦自己，运用自己的言辞去揭示事情的真相和本质，用哲理去说服对方。谚语赞美了善于辞令、能言善辩的智者。罗赛搜集、整理，索南龙珠汉译。今藏甘南藏族自治州政协原副主席罗赛处。（华锐·东智）

同为父兄女，财富均相仿

སྐྱ་ལོ་སྔོ་གྲོ་ལོ་གསུམ།། རྒྱུ་ཆེ་ཆུང་མེད་པའི་བུ་མོ་སྤུན།།

skya lo sngo gro lo gsum rgyu che chung med pavi bu mo spun

安多藏语甘南牧区方言谚语。流行于以大夏河、黄河、洮河流域为主的甘南地区。祸福无门，唯人所招；贫富贵贱，功业所成。人生的贫富贵贱、愚智善恶是靠后天的努力进取与否使然，并非定乎自然；祸福吉凶也是人为之而成之，非人不为而成之之理。阐明了“劳动创造财富”的真理。罗赛搜集、整理，索南龙珠汉译。今藏甘南藏族自治州政协原副主席罗赛处。（华锐·东智）

享不了福的公鹿乱叫，受不了苦的夜鹰乱鸣

སྐྱིད་མི་ཐེག་ངུ་འབོད་ཤྭ་ཕོས་བྱེད།།
སྡུག་མི་ཐེག་མཚན་དགོད་འུག་པས་བྱེད།།

Skyid mi theg ngu vbod shwa phos byrd
Sdug mi theg mtshan dgod vug pas byed

安多藏语甘南牧区方言谚语。流行于以大夏河、黄河流域为主的甘南地区。通过阐述自然界动物的生活状况，说明了辛勤劳动、自食其力的重要性，批判了懒惰，赞美了勤劳。罗赛搜集、整理，索南龙珠汉译。今藏甘南藏族自治州政协原副主席罗赛处。（华锐·东智）

野骡不成坐骑，野马不成家畜

རྐྱང་གྭ་མས་ཞོན་རྟ་མི་ཉན།། འབྲོང་བྲེ་མོས་སྒོ་ཟོག་མི་ཉན།།

rkyang gwa mas zhon rta mi nyan vbrong bre mos sgo zog mi nyan

安多藏语甘南牧区方言谚语。流行于以大夏河、黄河流域为主的甘南地区。真实地解释了自然界部分野兽的脾性，说明了它们与人类的疏远程度。通过这种现象自然进行了善恶对照，阐明了“本性难改”普遍现象。罗赛搜集、整理，索南龙珠汉译。今藏甘南藏族自治州政协原副主席罗赛处。（华锐·东智）

无份者探头，无权者变脸

སྐལ་མེད་ཀྱིས་སྐེ་སྒྱིང་བྱས།། དབང་མེད་ཀྱིས་ངོ་མདངས་འཆོར།།

skal med kyis ske sgying byas dbang med kyis ngo mdangs vchor

安多藏语甘南牧区方言谚语。流行于以大夏河、黄河流域为主的甘南地区。通过描述、对照不同贪婪者的思想和表现，更加突出其善恶好坏的本来面目。在对两种不同愚昧人士的批判和相比之下，他们在贤者面前自然相形见绌。罗赛搜集、整理，索南龙珠汉译。今藏甘南藏族自治州政协原副主席罗赛处。（华锐·东智）

向往淑女做伴侣，想者多而得者少

སྐྱེས་ཡག་བུ་མོའི་ཚེ་གྲོགས་དེ།། བསམ་མི་མང་ཡང་ལོན་ནི་དཀོན།།

skyes yag bu movi tshe grogs de bsam mi mang yang lon ni dkon

安多藏语甘南牧区方言谚语。流行于以大夏河、黄河、洮河流域为主的甘南地区。一方面赞美了美丽的女子，另一方面以有力的言辞彻底批判了那些朝三暮四、见异思迁的思想行为，提倡对爱情要真诚，对生活要负责。罗赛搜集、整理，索南龙珠汉译。今藏甘南藏族自治州政协原副主席罗赛处。（华锐·东智）

欲富辛勤耕耘者，劳作多而收获少

སྐྱིད་འདོད་འཁོར་བའི་སོ་ནམ་དེ།། སྒྲུབ་མི་མང་ཡང་ཐོབ་མི་དཀོན།།

Skyid vdod vkhor bavi so nam de Sgrub mi mang yang thob mi dkon

安多藏语甘南牧区方言谚语。流行于以大夏河洮河流域为主的甘南地区。在高度赞美用双手创造幸福者的同时，一方面道出了靠天吃饭的人们对变化多端自然的无奈；另一方面也深刻批驳了不劳而获的剥削阶级，对劳动人民抱有极大的同情心。罗赛搜集、整理，索南龙珠汉译。今藏甘南藏族自治州政协原副主席罗赛处。

（华锐·东智）

圣旨如门，玉玺如斗

བཀའ་ཤོག་སྒོ་འདྲ་འདྲ།། ཐམ་ག་བྲེ་འདྲ་འདྲ།།

bkav shog sgo vdra vdra tham ga bre vdra vdra

安多藏语甘南牧区方言谚语。流行于以大夏河、黄河、洮河流域为主的甘南地区。以尖刻的语言批驳了当权者的丑恶嘴脸，流露出为政以德、为政以智、以法治国、慷慨布施的伦理辩证思想。告诫人们要憎恨横征暴敛、贪得无厌、以权欺人的暴君，尊崇行为温和心地善良、爱民如子、明辨是非的贤明君主。罗赛搜集、整理，索南龙珠汉译。今藏甘南藏族自治州政协原副主席罗赛处。

（华锐·东智）

幸福的日子越长越好，苦难的黑夜越短越好

སྐྱིད་ཀྱི་ཉི་མ་ཇེ་རིང་།། སྡུག་གི་མཚན་མོ་ཇེ་ཐུང་།།

skyid kyi nyi ma je ring sdug gi mtshan mo je thung

安多藏语甘南牧区方言谚语。流行于以大夏河、黄河、洮河流域为主的甘南地区。谚语高瞻远瞩，以开明人士的胸怀希望广大藏族人民安居乐业、百废俱兴。突出了智者德高望重的高尚情操，提醒人们要以“先天下之忧而忧，后天下之乐而乐”。罗赛搜集、整理，索南龙珠汉译。今藏甘南藏族自治州政协原副主席罗赛处。

（华锐·东智）

幸福的时候要会享福，受苦的时候要会承受

སྐྱིད་ཀྱི་ཉིན་མར་སྐྱིད་ཐེག་དགོས།། སྡུག་གི་ཉི་མར་སྡུག་ཐེག་དགོས།།

Skyid kyi nyin mar skyid theg dgos

Sdug gi nyi mar sdug theg dgos

安多藏语甘南牧区方言谚语。流行于以大夏河、黄河、洮河流域为主的甘南地区。指明任何事物总是会转化的，此一时彼一时，物以时迁，事无常定，不可能一成不变。问题的关键是自己要有充足的心理准备和解决问题的不同能力。罗赛搜集、整理，索南龙珠汉译。今藏甘南藏族自治州政协原副主席罗赛处。（华锐・东智）

即使上师成百个，自己却要一宝贝

ཀུན་མཁྱེན་བླ་མ་བརྒྱ་ཡོད་ཀྱང་།། རང་ལ་ནོར་བུ་གཅིག་ལས་ཆོག །

kun mkhyen bla ma brgya yod kyang

rang la nor bu gcig las chog

安多藏语甘南牧区方言谚语。流行于以大夏河、黄河、洮河流域为主的甘南地区。敬奉三宝，人生唯苦、皈佛解脱、诸恶莫为、慷慨施舍、忍辱无争等思想观念深深扎根于藏民族的心灵。利用宗教人生观和世界观来解释了人们的思想意识。罗赛搜集、整理，索南龙珠汉译。今藏甘南藏族自治州政协原副主席罗赛处。（华锐・东智）

喜别人悲伤贫穷，怒别人幸福富有

སྐྱིད་ན་མི་དགའ་སྡུག་ན་དགའ།། འབྱོར་ན་མི་དགའ་སྤྲང་ན་དགའ།།

skyid na mi dgav sdug na dgav vbyor na

mi dgav sprang na dgav

安多藏语甘南牧区方言谚语。流行于以大夏河、黄河流域为主的甘南地区。驳斥了言行不一、居心叵测、卑鄙无耻的愚者的肮脏心灵。把愚人无情无义、不讲道德的卑劣行为暴露在了光天化日之下。从中揭示了为人处世时应以真相待的道理。罗赛搜集、整理，索南龙珠汉译。今藏甘南藏族自治州政协原副主席罗赛处。（华锐・东智）

嗓音美者唱调具三腔，上调下调由他自选

སྐད་སྙན་མོའི་གླུ་ལ་འགུག་ལུགས་གསུམ།།

ངག་ཡར་འགུག་མར་འགུག་གླུ་བའི་དབང་།།

Skad snyan movi glu la vgug lugs gsum

Ngag yar vgug mar vgug glu bavi dbang

安多藏语甘南牧区方言谚语。流行于以大夏河、黄河流域为主的甘南地区。碧蓝的天空、宽阔的草原、幽静的环境给藏族人民创造了无限美好的生活时空。特殊环境造就了他们特殊的灵感，给予了他们嘹亮的歌喉。谚语真实地记录了藏族人民乐天、开朗、豪放的心理特点。罗赛搜集、整理，索南龙珠汉译。今藏甘南藏族自治州政协原副主席罗赛处。（华锐・东智）

卦者不晓何时遭殃，死神临头自己无觉

རྐྱེན་ནམ་ཡོང་མོ་བས་མི་ཤེས།། དུས་ནམ་འཆི་རང་གིས་མི་ཤེས།།

rkyen nam yong mo bas mi shes dus

nam vchi rang gis mi shes

安多藏语甘南牧区方言谚语。流行于以大夏河、黄河流域为主的甘南地区。谚语贴近社会生活中人们的实际，说明了人生无常、万事难料的道理，反映了对生离死别的无奈，同时阐明了事物时时都处在运动和变化当中的辩证规律。罗赛搜集、整理，索南龙珠汉译。今藏甘南藏族自治州政协原副主席罗赛处。（华锐・东智）

野马跟野马走，灰马跟青马走

རྐྱང་ཕྲུག་གི་རྗེས་རག་ཕྲུག་གིས་དེད།། སྒྲོ་རིལ་གྱི་རྗེས་སྔོ་རིལ་གྱིས་དེད།།

Rkyang phrug gi rjes gag phrug gis ded

Gro ril gyi rjes sngo ril gyis ded

安多藏语甘南牧区方言谚语。流行于以大夏河、黄河流域为主的甘南地区。笔锋直接插入所述事情的要害，一针见血地把事物的本质和特性揭穿得现形露骨、一目了然。如此巧譬善喻，不但阐明了好与坏的区别，而且指出了人的本质优劣取决于其思想的好坏和立场与否，欲言之事，直言不讳，一语破的，正中要害。罗赛搜集、整理，索南龙珠汉译。今藏甘南藏族自治州政协原副主席罗赛处。（华锐・东智）

虽不是降生的前列，却会是死者的后列

སྐྱེས་སྐྱེས་ཀྱི་སྔ་བ་མིན་རུང་།། ཤི་ཤི་བའི་འཕོ་མ་ལོས་ཡིན།།

skyes skyes kyi snga ba min rung shi shi

bavi vpho ma los yin

安多藏语甘南牧区方言谚语。流行于以大夏河、黄河、洮河流域为主的甘南地区。紧密联系生活实际，说明了人生一世诸事难料，生生死死，因果无常。阐明了万事万物都在不停地运动和变化当中的道理。罗赛搜集、整理，索南龙珠汉译。今藏甘南藏族自治州政协原副主席罗赛处。

（华锐 · 东智）

善法要有好开头，良田要长好青稞

དཀར་པོ་ཆོས་ཀྱི་དབུ་ཡག་གི་ཆུགས།།

སྨུག་པོ་ཞིང་སར་ནས་འཁྲུངས་ཀྱི་ཆུགས།།

Dkar bo chos kyi dbu yag gi chugs

Smug po zhing sar nas vkhrungs kyi chugs

安多藏语甘南牧区方言谚语。流行于以大夏河、洮河流域为主的甘南地区。倡导大凡为政者应守法不失，为政之道、重在富民，洁身自好、清正廉明，君王为政、务在举贤，这样才如同良田可为民造福，深刻阐明了从政观念的重要性和造福子民的必要性。这首谚语比喻贴切，所蕴含的对立统一的辩证思想闪烁着哲学智慧的光芒。罗赛搜集、整理，索南龙珠汉译。今藏甘南藏族自治州政协原副主席罗赛处。

（华锐 · 东智）

为了投胎杀一生，还想找个翘尾者

སྐྱེ་བ་རིག་རྒྱུ་སྐེ་གཅིག་གཅིལ།། རྔ་མ་ལིང་ཅན་ཕྱག་གཅིག་འཚལ།།

Skye ba rig rgyu ske gcig gcil

Rnga ma ling can phyag gcig vtshal

安多藏语甘南牧区方言谚语。流行于以大夏河、黄河、洮河流域为主的甘南地区。从宗教的角度解释了藏传佛教“灵魂转世”学说对藏族人民思想意识的深刻影响，鼓舞人们积极向上，不要受命于幻想的束缚。罗赛搜集、整理，索南龙珠汉译。今藏甘南藏族自治州政协原副主席罗赛处。

（华锐 · 东智）

腚中出气，鼻中拉鼾

རྐུབ་ཚོས་ནས་ཕྱེན་ཡོང་།། སྣ་ནང་ནས་སྐུང་དྲངས།།

rkub tshos nas phyen yong sna nang nas skung drangs

安多藏语甘南牧区方言谚语。流行于以黄河、洮河流域为主的甘南地区。通过丰富的联想，批判了因不遵循事物发展的自然规律而导致的最终结果。这种现象在现实生活中虽然荒唐可笑，也不符存在，但应以此为戒，倡导人们谦虚谨慎、积极向上，切勿妄自尊大。罗赛搜集、整理，索南龙珠汉译。今藏甘南藏族自治州政协原副主席罗赛处。

（华锐 · 东智）

幸福时同吃山上的草，苦难时同喝沟里的水

སྐྱིད་ལ་ཁའི་རྩྭ་མཉམ་བཟའ།། སྡུག་ཀོ་མོག་ཆུ་མཉམ་འཐུང་།།

skyid la khavi rtswa mnyam bzav sdug ko

mog chu mnyam vthung

安多藏语甘南牧区方言谚语。流行于以大夏河、黄河、洮河流域为主的甘南地区。谚语中充满了辛勤劳动、崇尚道德、乐善好施，同甘共苦、互帮互助、造福于人的思想，高度赞美了“有难同当，有福共享”的高尚品德。罗赛搜集、整理，索南龙珠汉译。今藏甘南藏族自治州政协原副主席罗赛处。

（华锐 · 东智）

虽没鞣好皮革，却闻过腥味；虽没战胜敌人，却见过血滴

ཀོ་བ་མཉེད་ནས་མ་ཐུལ་ཀྱང་ཞག་དྲི་སྣ་ལ་བྲོ།།

དགྲ་བོ་འཐབ་པས་མ་ཐུབ་ཀྱང་ཁྲག་ཐིག་མིག་གིས་རིག །།

Ko ba mnyed nas ma thul kyang zhag dri sna la bro

Dgra bo vthab pas ma thub kyang khrag thig mig gis rig

安多藏语甘南牧区方言谚语。流行于以大夏河、黄河、洮河流域为主的甘南地区。通过对藏族地区人民生活、生产习俗的描述，从简单的生活情趣中透露出了这样一个道理：不是所有的事都一成不变，一个弱者也有成为强者的时候。罗赛搜集、整理，索南龙珠汉译。今藏甘南藏族自治州政协原副主席罗赛处。

（华锐 · 东智）

刀箭矛饰郎儿身，金银珠宝饰女身

སྐྱེ་ཕོ་རབ་ཀྱི་གོ་ཆ་མདའ་མདུང་གྲི་གསུམ།།
མ་བུ་མོའི་བཤོར་ཆ་རྩེ་ལི་སུམ་བསྒྲིགས།།

Skye pho rab kyi go cha mdav mdung gri gsum
Ma bu movi bshor cha rtse li sum bsgrigs

安多藏语甘南牧区方言谚语。流行于以大夏河、黄河流域为主的甘南地区。一方面真实地记录了藏族传统的服饰文化，另一方面阐明了不同事物在不同地方所发挥的特殊作用，充分体现了藏族人民的审美情趣、审美理想和审美标准。罗赛搜集、整理，索南龙珠汉译。今藏甘南藏族自治州政协原副主席罗赛处。（华锐·东智）

善法如何兴盛我不知，牛羊如何兴旺你不知

དཀར་པོ་ཆོས་ཀྱི་དར་ལུགས་ངས་མི་ཤེས།།
ཕྱུགས་ཀྱི་གཡང་ལྷ་འཁོར་ལུགས་ཁྱོས་མི་ཤེས།།

Dkar po chos kyi dar lugs ngas mi shes
Phyugs kyi gyang lha vkhor lugs khyos mi shes

安多藏语甘南牧区方言谚语。流行于以大夏河、黄河、洮河流域为主的甘南地区。阐明了合理的法规对一个社会的极其重要性，同时反映出人民向往安居乐业的美好生活，它将丰富的内容用浓缩、简洁的语言表达出来，具有高度的概括性，起到发人深省的作用。罗赛搜集、整理，索南龙珠汉译。今藏甘南藏族自治州政协原副主席罗赛处。（华锐·东智）

引吭高歌者是布谷鸟儿，低头悲伤者是牧场姑娘

སྐད་སྙན་མོ་སྒྲོག་ནོ་ཁུ་བྱུག་སྔོན་ཆུང་རེད།།
ཞེན་གཏིང་ནས་སྐྱོ་ནི་རུ་གཞོངས་བུ་མོ་ཡིན།།

Skad snyan mo sgrog no khu byug sngon chung red
Zhen gting nas skyo ni ru gzhongs bu mo yin

安多藏语甘南牧区方言谚语。流行于以大夏河、黄河、洮河流域为主的甘南地区。将高歌的布谷鸟与悲伤的姑娘进行对比，反差强烈，在歌颂自由的同时，对忧愁和苦闷者给予了同情。罗赛搜集、整理，索南龙珠汉译。今藏甘南藏族自治州政协原副主席罗赛处。（华锐·东智）

该白的地方犹如雪山明亮，该红的地方犹如红岩壮观

དཀར་ས་ན་དཀར་བ་གངས་དཀར་གྱི་རི་འདྲ།།
དམར་ས་ན་དམར་བ་བྲག་དམར་གྱི་རྔམས་འདྲ།།

Dkar sa na dkar ba gangs dkar gyi ri vdra
Dmar sa na dmar ba brag dmar gyi rngams vdra

安多藏语甘南牧区方言谚语。流行于以大夏河、黄河流域为主的甘南地区。不但记录了藏民族对自然界颜色的喜爱，而且反映出了藏族在实用颜色方面不同于其他民族的审美观点、审美意识和审美情趣。罗赛搜集、整理，索南龙珠汉译。今藏甘南藏族自治州政协原副主席罗赛处。

（华锐·东智）

藤条松才会燃，荆棘压则能燃

སྐྱེར་བ་ཕོ་རོག་ཡིན་པས་སྒོང་ན་འབར།།
ཚེར་མ་རྒྱལ་སྒོང་ཡིན་པས་མནན་ན་འབར།།

Skyer ba pho rog yin pas sgong na vbar
Tsher ma rgyal sgong yin pas mnan na vbar

安多藏语甘南牧区方言谚语。流行于以大夏河、洮河流域为主的甘南地区。通过描述自然界各种植物的特性，反映了人们在生产、生活方面总结出来的经验，阐明了对不同对象采取不同使用方法的普遍规律。罗赛搜集、整理，索南龙珠汉译。今藏甘南藏族自治州政协原副主席罗赛处。

（华锐·东智）

踩脚的地方用手摸，终身的伴侣自己觅

རྐང་བ་སྤོར་ས་ལག་པས་ཉུག། རང་ཐག་བཅད་ནས་གཉེན་ཟླ་བཙལ།།

Rkang ba spor sa lag pas nyug
Rang thag bcad nas gnyen zla btsal

安多藏语甘南牧区方言谚语。流行于以大夏河、黄河、洮河流域为主的甘南地区。用深刻的道理，说明了寻找心心相印伴侣的重要性，在歌颂自由、幸福、美满、可靠、信任爱情的同时，又非常婉转地批驳了过去藏族社会中的封建思想、封建家长制对青年人美满爱情的干扰和阻挠。罗赛搜集、整理，索南龙珠汉译。今藏甘南藏族自治州政协原副主席罗赛处。（华锐·东智）

脚踩不到马镫，手抓不住缰绳

རྐང་བས་ཡོབ་ཆེན་མི་ནོན།། ལག་པས་སྲབ་མདའ་མི་ཟིན།།

rkang bas yob chen mi non lag pas srab mdav mi zin

安多藏语甘南牧区方言谚语。流行于以大夏河、黄河流域为主的甘南地区。紧密结合藏民族以游牧为主的生产、生活方式，通过对具体现象的联想比喻，反映出了一个人极其坎坷的生活经历，阐明了“前无古人，后无来者”的深刻含义。罗赛搜集、整理，索南龙珠汉译。今藏甘南藏族自治州政协原副主席罗赛处。（华锐·东智）

雪域藏地自有德理，高山顶上自有积雪

སྐུ་རྒྱལ་བོད་ལ་དཔེ་ཡོད།། རི་རྒྱལ་རྩེ་ན་གངས་ཡོད།།

sku rgyal bod la dpe yod ri rgyal rtse na gangs yod

安多藏语甘南牧区方言谚语。流行于以大夏河、黄河流域为主的甘南地区。以藏区高山顶上洁白、纯质的积雪来渲染、衬托出藏族自古以来传统的社会公德、生活美德，热情赞美了藏族忠厚的伦理道德和淳朴的民俗风情。罗赛搜集、整理，索南龙珠汉译。今藏甘南藏族自治州政协原副主席罗赛处。（华锐·东智）

具吉祥八宝的吉日，具七宝成双的吉日

བཀྲ་ཤིས་རྟགས་བརྒྱད་ཀྱི་རྟགས་ཚང་ཉིན།།
ནོར་བུ་ཆ་བདུན་གྱི་ཆ་མཚུངས་ཉིན།།

Bkra shis rtags brgyad kyi rtags tshang nyin

Mor bu cha bdun gyi cha mtshungs nyin

安多藏语甘南牧区方言谚语。流行于以大夏河、黄河、洮河流域为主的甘南地区。吉祥八宝和七珍宝以其特殊的宗教性，在藏族人民生活中处于极其重要的地位。通过歌颂它们的神圣与伟大，期盼普天下百姓吉祥平安、安居乐业，充满了民主和谐的思想。罗赛搜集、整理，索南龙珠汉译。今藏甘南藏族自治州政协原副主席罗赛处。

（华锐·东智）

幸福犹如喜鹊成群，苦难犹如乌鸦成群

སྐྱིད་ལ་སྐྱ་ཀ་ཁྲ་མོ་ཁྲ་མཉམ་མེ།། སྡུག་ལ་ཕོ་རོག་ནག་མོ་ནག་མཉམ་མེ།།

Skyid la skya ka khra mo khra mnyam me

Sdug la pho rog nag mo nag mnyam me

安多藏语甘南牧区方言谚语。流行于以洮河流域为主的甘南地区。在藏族地区的民间，喜鹊代表喜庆，乌鸦代表邪恶，通过正反两方面的描述对比，深刻阐述和说明了“好了伤疤，忘了疼”的道理，倡导人们在生活中应勤俭持家、谦虚谨慎。罗赛搜集、整理，索南龙珠汉译。今藏甘南藏族自治州政协原副主席罗赛处。（华锐·东智）

有三宝可以磕头的地方，有恶业可以赎罪的地方

དཀར་བོ་ཆོས་ཀྱི་ཐོད་པ་གཏུགས་ས།། ནག་པོ་ལས་ཀྱི་སྡུག་བསྔལ་ཞུ་ས།།

Dkar bo chos kyi thod pa gtugs sa

Nag po las kyi sdug bsngal zhu sa

安多藏语甘南牧区方言谚语。流行于以大夏河、黄河流域为主的甘南地区。把藏族淳朴的民俗和虔诚的宗教信仰、忠厚的伦理道德等相联系，特别是把藏传佛教伦理道德观融入藏族社会伦理道德之中，流露出敬奉三宝、皈佛解脱、诸恶莫为、积德行善等思想观念。罗赛搜集、整理，索南龙珠汉译。今藏甘南藏族自治州政协原副主席罗赛处。

（华锐·东智）

身躯安坐着像须弥山一样稳固，言语从心中说出来如雷声一样不停

སྐུ་ལྷུན་པོ་གཡོ་མེད་གོང་ནས་བཞུགས།།
གསུང་འབྲུག་སྒྲ་འགག་མེད་ཐུགས་ནས་གསུང་།།

Sku lhun po gyo med gong nas bzhugs

Gsung vbrug sgra vgag med thugs nas gsung

安多藏语甘南牧区方言谚语。流行于以大夏河、黄河、洮河流域为主的甘南地区。一方面倡导人们在生活中要谦虚谨慎，不狂妄自大，另一方面应用对比、夸张手法，热情赞美了善于辞令、机智灵活、明辨是非，深思熟虑、处事果断的智者。罗赛搜集、整理，索南龙珠汉译。今藏甘南藏族自治州政协原副主席罗赛处。（华锐·东智）

你搭起了深蓝的帐篷，我自会送来完整的羊肉

ཀླུ་སྦྲ་མཐིང་ཤོག་སྨྱུག་པོ་ཁྱེད་ཀྱིས་བརྒྱངས་ན༎
གཡང་དཀར་ལུག་གི་ཤ་བུག་ངེད་ཀྱིས་ལོས་འཇོག །
Klu sbra mthing shog smyug po khyed kyis brgyangs na
Gyang dkar lug gi sha bug nged kyis los vjog

安多藏语甘南牧区方言谚语。流行于以大夏河、黄河流域为主的甘南地区。一方面记述了藏族自古以来传统的生产方式和生活习俗，而且反映出了藏族互助互爱、乐善好施、宽容豪放的优秀传统美德。罗赛搜集、整理，索南龙珠汉译。今藏甘南藏族自治州政协原副主席罗赛处。

（华锐·东智）

上士的言语犹如雄鹰，越飞越高且提防大风

སྐྱེ་ཕོ་རབ་ཀྱིས་གཏམ་བཤད་ན༎
རྒོད་ཐང་དཀར་གྱིས་ནམ་འཕང་བསྟོད་འདྲ༎
འཕུར་གྱིན་འཕུར་གྱིན་ཇེ་མཐོ་ཡིན་ཀྱང་༎
རླུང་སྤུ་གྲི་མི་ཐུག་གི་ཡིད་ཟོན་ཡོད༎
Skye pho rab kyis gtam bshad na
rgod thang dkar gyis nam vphang bstod vdra
Vphur gyin vphur gyin je mtho yin kyang
Rlung spu gri mi thug gi yid zon yod

安多藏语甘南牧区方言谚语。流行于以大夏河、黄河流域为主的甘南地区。用展翅的雄鹰来比喻谦虚谨慎、胸怀大志、学识渊博的智者，并予以赞扬，提醒人们器重人才、尊重人才的重要性。劝告人们要善于发现智者，并要尊敬和爱戴智者。罗赛搜集、整理，索南龙珠汉译。今藏甘南藏族自治州政协原副主席罗赛处。

（华锐·东智）

中士的言语犹如岩雕，越飞越低且翅膀不着地

སྐྱེ་ཕོ་འབྲིང་གིས་གཏམ་བཤད་ན༎ གླག་རོག་པོས་རི་གསེང་གཏུབས་འདྲ༎
འཕུར་གྱིན་འཕུར་གྱིན་ཇེ་དམའ་ཡིན་ཀྱང་༎
གཤོག་རྩེ་བྲག་ལ་མི་ཐུག་གི་ཡིད་ཟོན་ཡོད༎
Skye pho vbring gis gtam bshad na
Glag rog pos ri gseng gtubs vdra
Vphur gyin vphur gyin je dmav yin kyang
Gshog rtse brag la mi thug gi yid zon yod

安多藏语甘南牧区方言谚语。流行于以大夏河、黄河流域为主的甘南地区。把中士的言语比喻成低飞的大雕，在此点明学者之所以重要，是因为其所掌握的知识是稀世之宝，理所当然地尊重他，尊重他以知识创造财富的勇气。罗赛搜集、整理，索南龙珠汉译。今藏甘南藏族自治州政协原副主席罗赛处。

（华锐·东智）

身如高山般庄严，语如春笛般悠扬，心如金轮般明亮

སྐུ་གཟི་བརྗིད་རི་རྒྱལ་ལྷུན་པོ༎ གསུང་དབྱངས་སྙན་དཔྱིད་ཀྱི་གླིང་བུ༎
ཐུགས་འོད་གསལ་གསེར་གྱི་འཁོར་ལོ༎
Sku gzi brjid ri rgyal lhun po
gsung dbyangs snyan dpyid kyi gling bu
Thugs vod gsal gser gyi vkhor lo

安多藏语甘南牧区方言谚语。流行于以大夏河、黄河、洮河流域为主的甘南地区。谆谆告诫人们为人处世要心底坦荡，身、语、意合为一体，绝不能自私自利，不顾别人，甚至损人利己，祸国殃民。如果想要做一个行为仪表德高望重的正人君子，就要有正直清廉、胸怀高洁、奉公守法、公私交济、先人后己的正确态度和抱负。罗赛搜集、整理，索南龙珠汉译。今藏甘南藏族自治州政协原副主席罗赛处。

（华锐·东智）

上士的六遇特点：遇敌有胆略，遇友善歌舞，遇伴有爱心，遇事通方法，遇事能利他，遇财会积累

སྐྱེ་ཕོ་རབས་ཅིག་ལ་འཛོམས་དྲུག ། དགྲ་ནག་པོར་བསྐོར་ན་དཔའ་ཡོད༎
ནང་ཕུ་ནུར་བསྐོར་ན་བརྩེ་ཡོད༎ ཁྱིམ་བཟའ་ཚང་བསྐོར་ན་བྱམས་ཡོད༎
དོན་ཆེན་པོར་བསྐོར་ན་ཐབས་ཡོད༎ རྒྱུ་ནོམ་པར་བསྐོར་ན་བསོགས་ཡོད༎
skye pho rabs cig la vdzoms drug
dgra nag por bskor na dpav yod
nang phu nur bskor na brtse yod
khyim bzav tshang bskor na byamg yod
Don chen por bskor na thabs yod
Rgyu nom par bskor na bsogs yod

安多藏语甘南牧区方言谚语。流行于以大夏河、黄河、洮河流域为主的甘南地区。所谓智者遇事冷静、机智灵活、调查研究、明辨是非、深思熟虑、处事果断。歌颂了在紧急关头挺身而出、临危不惧、化险为夷、谨慎处事、爱民如子的超越本领和高尚品德。告诫人们要尊重知识，尊重人才，崇尚美德。罗赛搜集、整理，索南龙珠汉译。今藏甘南藏族自治州政协原副主

席罗赛处。（华锐·东智）

太富裕了不会使人高兴，太贫穷了不会使人号哭

སྐྱིད་ཆེ་ན་དགོད་རྒྱུ་མི་འོང་།། སྡུག་ཆེ་ན་ངུ་རྒྱུ་མི་འོང་།།

skyid che na dgod rgyu mi vong

sdug che na ngu rgyu mi vong

安多藏语甘南牧区方言谚语。流行于以大夏河、黄河、洮河流域为主的甘南地区。阐明祸福无门，唯人所招；贫富贵贱，功业所成。此一时彼一时，物以时迁，事无常定，不可能一成不变。教育人们要正确面对现实，积极对待生活。罗赛搜集、整理，索南龙珠汉译。今藏甘南藏族自治州政协原副主席罗赛处。（华锐·东智）

若是不干渴，就想不起泉水

སྐོམ་པ་གདུངས་པའི་མ་དེད་ན།། སྔོན་མོའི་ཆུ་དེ་ཡིད་མི་དྲན།།

skom pa gdungs pavi ma ded na sngon

movi chu de yid mi dean

安多藏语甘南牧区方言谚语。流行于以大夏河、黄河、洮河流域为主的甘南地区。热情地歌颂和赞美真善美，辛辣地嘲讽和驳斥假恶丑，充分体现了藏族人民的审美情趣、审美理想、审美标准和传统思想美德。阐明了“吃水不忘挖井人”的深刻道理。罗赛搜集、整理，索南龙珠汉译。今藏甘南藏族自治州政协原副主席罗赛处。

（华锐·东智）

恶人坏处均具备，好似动物的蜂窝胃，不比细的口反而细，不比窄道反而窄，不比大内腔反而大，外表太光滑，内部太粗糙，而且有臭味

སྐྱེ་ཕོ་ངན་ཞིག་ལ་ཅི་ཚང་།། ཤ་གྲོད་པུ་ཞིག་ལ་དེ་ཚང་།།
མི་དོག་ནས་ཁ་དོག། མི་ཕྲ་ནས་སྐེ་ཕྲ།།
མི་ཆེ་ནས་པོ་ཆེ།། ཕྱི་ལ་འཇམ་ནི་རེད།།ནང་ལ་རྩུབ་ནི་རེད།།
དེའི་མི་ཚད་རྩོ་དྲི་བྲོ་ནི་རེད།།

skye pho angn zhig la ci tshang sha

gro pu zhig la de tshang

mi dog nas kha dog mi phra nas ske phra mi che na

s pho che phyi la vjam ni red nang la rtsub ni

ded devi mi tshad rtso dri bro ni red

安多藏语甘南牧区方言谚语。流行于以大夏河、黄河、洮河流域为主的甘南地区。对骄傲自大、华而不实、脆而不坚愚者的虚伪本性给予了讽刺和嘲笑。衷心告诫人们要始终表里如一，坚持忠诚老实的做人本质。抒发大胆、语言泼辣、含蓄蕴藉。罗赛搜集、整理，索南龙珠汉译。今藏甘南藏族自治州政协原副主席罗赛处。（华锐·东智）

恶人之言，犹如鸽子觅食，盘旋几圈才落地，低头几次才觅食，缩了几下才咽食，还要提防不伤咽喉

སྐྱེ་ཕོ་ངན་གྱིས་གཏམ་བཤད་ན།། བྱ་ཕུག་རོན་གྱིས་རྒུམ་འབུ་ཐུས་འདྲ།།
འཁོར་འཁོར་ནས་འབབ་དགོས།། སྒུར་སྒུར་ནས་འཐུ་དགོས།།
བསྒོང་བསྒོང་བྱས་ནས་མིད་དགོས།། མིད་ཐག་མི་འཕུད་པའི་ཡིད་ཟོན་ཡོད།།

Skye pho ngan gyis gtam bshad na

Bya phug ron gyis rgum vbu thus vdra

vkhor vkhor nas vbab dgos sgur sgur nas vthu dgos

Bsgong bsgong byas nas mid dgos

mid thag mi vphud pavi yid zon yod

安多藏语甘南牧区方言谚语。流行于以大夏河、洮河流域为主的甘南地区。通过对动物饮食细节的描述，讽刺了怯懦无能、闻风丧胆、愚蠢笨拙的愚人丑态。婉转地揭露了许多社会上的人情淡薄、世态炎凉、言行不附、伪善欺世的丑恶面目。提醒人们不管做什么事都要有胆量，胆量是成功的要素，胆大才能有所作为。罗赛搜集、整理，索南龙珠汉译。今藏甘南藏族自治州政协原副主席罗赛处。（华锐·东智）

恶人的六大缺点：遇敌退后，遇财眼花，临死还挑拨，指出错误心抖，言之无理，做事无主见

སྐྱེ་ཕོ་ངན་ཞིག་ལ་སྐྱོན་དྲུག། དགྲ་ནག་པོས་བཅར་ན་ཕྱིར་འབྲོ།།
ནོམ་དངོས་རྫས་རིག་ན་མིག་འཕྲུལ།། ལུས་འཆི་ཁར་ད་དུང་གྱོད་བཟོ།།
སྐྱོན་ངོ་ལ་བཞག་ན་སྙིང་འདར།། ཚིག་ཁ་ནས་བཤད་ནོ་དོན་མེད།།
ལས་ཇི་བྱེད་མི་ལ་དབང་ཤོར།།

skye pho ngan zhig la skyon drug dgra nag

pos bcar na phyir vbro

nom dngos rdzas rig na mig vphrul lus vchi

khar da dung gyod bzo

skyon ngo la bzhag na snying vdar tshig kha

nas bshad no don med

Las ji byed mi la dbang shor

安多藏语甘南牧区方言谚语。流行于以大夏河、

安多藏语甘南牧区方言谚语。流行于以黄河、

洮河流域为主的甘南地区。一方面批评了愚者愚昧无知，遇事惊慌失措，且居心叵测、卑鄙无耻的肮脏心灵；一方面赞扬了智者在紧急关头挺身而出、临危不惧、化险为夷、深谋远虑、谨慎处事的超越本领。罗赛搜集、整理，索南龙珠汉译。今藏甘南藏族自治州政协原副主席罗赛处。

（华锐·东智）

在世各个如老虎，死时各个在异乡

སྐྱེས་སྐྱེས་ཐམས་ཅད་སྟག་འདྲ་འཁྲུངས༎ ཤི་ཤི་ཐམས་ཅད་ས་མཐའ་ཤི༎

Skyes skyes thams cad stag vdra vkhrungs

Shi shi thams cad sa mthav shi

安多藏语甘南牧区方言谚语。流行于以大夏河、黄河、洮河流域为主的甘南地区。谚语高瞻远瞩，真知灼见，对藏族的历史和社会明察秋毫。强烈谴责了过去地方豪强土酋纠集各自兵力，不时兵锋交加、兵荒马乱、战火弥漫、民不聊生，对人民的生命财产带来严重危害的现实。罗赛搜集、整理，索南龙珠汉译。今藏甘南藏族自治州政协原副主席罗赛处。（华锐·东智）

有喜事要邀请，有丧事要探望

སྐྱིད་ཀྱི་སྟོན་མོར་འབོད་དགོས༎ སྡུག་གི་སྐར་མར་འགྲོ་དགོས༎

skyid kyi ston mor vbod dgos sdug gi

skar mar vgro dgos

安多藏语甘南牧区方言谚语。流行于以大夏河、黄河、洮河流域为主的甘南地区。教导人们如何处世、如何做人，尤其强调人的品行、道德的重要性。规劝人们树立互帮互助的良好道德观。从中可以看到藏民族的处世哲学、审美观和风俗习惯等发展变化的历史痕迹。罗赛搜集、整理，索南龙珠汉译。今藏甘南藏族自治州政协原副主席罗赛处。（华锐·东智）

贪吃超荐小僧侣，满腹燃起欲望火

དཀོར་ཟས་དཀོར་ཆུར་རྔམ་པའི་བན་དེ༎

རྒྱུད་ན་ཉོན་མོངས་དུག་གསུམ་མེ་འབར༎

Dkor zas dkor chur rngam pavi ban de

Rgyud na nyon mongs dug gsum me vbar

安多藏语甘南牧区方言谚语。流行于以大夏河、黄河流域为主的甘南地区。用尖刻的语言讽刺了僧侣阶层中那些好吃懒做、“做一天和尚撞一天钟”的懒惰行为，揭露了当时部分僧侣贪得无厌、不遵清规、不务正业、背信弃义的不良现象。罗赛搜集、整理，索南龙珠汉译。今藏甘南藏族自治州政协原副主席罗赛处。（华锐·东智）

糖蜜虽然好吃，却不能靠其度日

ཀ་ར་བུ་རམ་ཁ་ལ་ཞིམ་ཡང་༎ དུས་རྒྱུན་འཚོ་བའི་ཟས་མི་ཉན༎

Ka ra bu ram kha la zhim yang

Dus rgyun vtsho bavi zas mi nyan

安多藏语甘南牧区方言谚语。流行于以大夏河、黄河、洮河流域为主的甘南地区。告诫人们不要以眼前虚无的利益而诱惑，幸福的生活还是要靠自己勤劳的双手来创造。深刻阐明了“欲穷千里目，更上一层楼”的道理。罗赛搜集、整理，索南龙珠汉译。今藏甘南藏族自治州政协原副主席罗赛处。（华锐·东智）

北斗七个星，“道洛”七个格

སྐར་མ་སྨེ་བདུན་ཁ་གྲངས་བདུན༎ དོ་ལོ་རྐང་གཅིག་ཤོ་མིག་བདུན༎

skar ma sme bdun kha grangs bdun do lo

rkang gcig sho mig bdun

安多藏语甘南牧区方言谚语。流行于以大夏河、黄河、洮河流域为主的甘南地区。通过北斗七星，和“道洛”（藏区民间流行的一种棋子）的联系对比，找出了它们的共同点。一方面反映了藏族朴实的宇宙观，另一方面阐明了事物发展中的必然联系。罗赛搜集、整理，索南龙珠汉译。今藏甘南藏族自治州政协原副主席罗赛处。

（华锐·东智）

梳头要用梳子梳，编辫要用镜子照

སྐྲ་སྨུག་པོ་ཤད་ན་སོ་མང་མཁོ༎ སྐྲ་སླས་དུས་ཆུ་ཤེལ་མེ་ལོང་མཁོ༎

Skra smug po shad na so mang mkho

Skra slas dus chu shel me long mkho

安多藏语甘南牧区方言谚语。流行于以大夏河、洮河流域为主的甘南地区。通过记述生活中乔装打扮的具体过程，不但说明了藏族妇女爱美的天性，而且阐明了不同事物在不同环境所起的特殊作用。罗赛搜集、整理，索南龙珠汉译。今藏甘南藏族自治州政协原副主席罗赛处。

（华锐·东智）

脖子在衣领中嫌短，手臂在袖子中隐没

རྐེ་གོང་བའི་ནང་ནས་ཐུང་རྒྱུ།། ལག་ཕུ་ཐུང་ནང་ནས་ཞ་རྒྱུ།།

Rke gong bavi nang nas thung rgyu

Lag phu thung nang nas zha rgyu

安多藏语甘南牧区方言谚语。流行于以大夏河、黄河流域为主的甘南地区。真实地记录了藏族传统的服饰文化习俗，通过对极不符合标准身材的描述，反映出了藏民族在特殊的生活环境下，形成的独特审美观念和审美标准，以此解读了什么是“一事无成”的道理。罗赛搜集、整理，索南龙珠汉译。今藏甘南藏族自治州政协原副主席罗赛处。

（华锐·东智）

喜鹊叫是来客征兆，乌鸦叫是遇灾征兆

སྐྱ་ཀ་གྲག་ན་མགྲོན་པོ།། ཁྭ་ཏ་གྲག་ན་ཐན་ངོ།།

skya ka grag na mgron po khwa ta grag na than ngo

安多藏语甘南牧区方言谚语。流行于以大夏河、洮河流域为主的甘南地区。通过正反两面的对比，一方面热情地歌颂了真善美，贬低了假恶丑；另一方面也反映出了藏族人民在千百年的历史进程中吸取的生活经验。罗赛搜集、整理，索南龙珠汉译。今藏甘南藏族自治州政协原副主席罗赛处。

（华锐·东智）

出生时没有奶水抚养，临死时无须酒肉招待

སྐྱེས་ཉིན་འོ་མའི་འཚོ་སྐྱོང་མེད་པ་ལ།།
འཆི་ཁར་ཇ་ཐུག་མགྲོན་ཆང་དགོས་མེད།།

Skyes nyin vo mavi vtsho skyong med pa la

Vchi khar ja thug mgron chang dgos med

安多藏语甘南牧区方言谚语。流行于以大夏河、黄河、洮河流域为主的甘南地区。通过生与死时不同生活状况和现象的描述，不但强调要重视实际生活，而且贬低了奢侈腐化的丧葬礼仪，阐明了在现实生活中孝敬父母的重要性。罗赛搜集、整理，索南龙珠汉译。今藏甘南藏族自治州政协原副主席罗赛处。

（华锐·东智）

与人和睦虽重要，处处模仿是愚蠢

ཀུན་དང་མཐུན་ན་རྩ་བ་ཡིན་མོད་ཀྱང་།།
མཐོང་ཚད་ལད་མོ་བྱས་ན་ཀླད་མེད་ཡིན།།

Kun dang mthun na rtsa ba yin mod kyang

Mthong tshad lad mo byas na klad med yin

安多藏语甘南牧区方言谚语。流行于以大夏河、黄河、洮河流域为主的甘南地区。推崇知识渊博的学者和赞颂品德高尚的智者，认为尊重知高德厚的学者，就是热爱知识的表现。把品学兼有、团结和睦，学习知识提高文化素质，作为社会伦理道德的一个重要方面来而加以提倡和赞美。罗赛搜集、整理，索南龙珠汉译。今藏甘南藏族自治州政协原副主席罗赛处。

（华锐·东智）

懂得多种语言是好事，忘记母语则可耻

སྐད་རིགས་ཐམས་ཅད་ཤེས་ན་བཟང་མོད་ཀྱང་།།
རང་གི་ཕ་སྐད་བརྗེད་ན་ངོ་རེ་ཚ།།

Skad rigs thams cad shes na bzang mod kyang

Rang gi pha skad brjed na ngo re tsha

安多藏语甘南牧区方言谚语。流行于以大夏河、黄河、洮河流域为主的甘南地区。语言是人类文化的结晶，而忘了自己的语言就丢弃了根本。谚语一方面高度赞美了具有丰富阅历、渊博知识的学者，另一方面强调了民族文化的尊严。罗赛搜集、整理，索南龙珠汉译。今藏甘南藏族自治州政协原副主席罗赛处。

（华锐·东智）

家中满子孙，院中满牛羊

ཀོ་ཁ་བུ་ཡིས་གང་།། སྒོ་ཁ་རྒྱུ་ཡིས་གང་།།

ko kha bu yis gang sgo kha rgyu yis gang

安多藏语甘南牧区方言谚语。流行于以大夏河、黄河流域为主的甘南地区。子孙满堂是一个家族荣耀的象征，牛羊满圈是一个家庭生活幸福的标志。谚语以藏族传统的观念，解释了人们期盼幸福生活的美好愿望。罗赛搜集、整理，索南龙珠汉译。今藏甘南藏族自治州政协原副主席罗赛处。

（华锐·东智）

身美享誉四方，语美吸引人心

སྐུ་མཛེས་པས་རྒྱལ་ཁམས་སྤྲོ།། གསུང་སྙན་མོས་ཡིད་དབང་འགུགས།།

sku mdzes pas rgyal khams spro gsung snyan

mos yid dbang vgugs

安多藏语甘南牧区方言谚语。流行于以大夏河、黄河、洮河流域为主的甘南地区。“慢慢熬出来的茶味道好，慢慢讲出来的话意思明”，这些语言的精妙，不仅在于比喻形象和辞藻华美，而且在于它们寓意的深刻，浓缩着丰富的人性内容。谚语不仅热情赞美了美丽，而且高度赞扬了知识渊博、善于辞令的智者。罗赛搜集、整理，索南龙珠汉译。今藏甘南藏族自治州政协原副主席罗赛处。（华锐·东智）

官僚们撒谎，加罪于奴隶

སྐྱག་རྫུན་དཔོན་པོས་བཤད་ནས།། ཉེས་པ་གཡོག་པོར་འགེལ་བ།།

skyag rdzun dpon pos bshad nas nyes pa gyog por vgel ba

安多藏语甘南牧区方言谚语。流行于以大夏河、黄河、洮河流域为主的甘南地区。严厉谴责了昏君庸臣利用手中掌握的权利，独断专行、残酷无道、耀武扬威、无法无天的卑劣行径。谚语具有一定的民主思想，极力反对统治者残酷压迫、横征暴敛的罪行；对那些操弄大权、刑赏由己的贪官污吏敲响了警钟。罗赛搜集、整理，索南龙珠汉译。今藏甘南藏族自治州政协原副主席罗赛处。

（华锐·东智）

身不受冻自备氆氇，口不干渴自备滚烫茶酒

སྐུ་མི་སྐྱོ་སྣམ་ཕྲུག་ལྭ་བ་ཡོད།། ཞལ་མི་སྐྱོ་ཇ་ཆང་དྲོན་པོ་ཡོད།།

Sku mi skyo snam phrug lwa ba yod

Zhal mi skyo ja chang dron po yod

安多藏语甘南牧区方言谚语。流行于以大夏河、黄河流域为主的甘南地区。表面上通过通俗的语言记述了藏民族的服饰及饮食习俗；实际上却赞美了受施不忘报、受益不忘恩、知恩图报的智者的高尚情操，批判了反复无常、不记恩德、恩将仇报的卑劣行为。罗赛搜集、整理，索南龙珠汉译。今藏甘南藏族自治州政协原副主席罗赛处。

（华锐·东智）

头发眉毛黑，是因恨敌人；牙齿心灵白，是因疼亲人

སྐྲ་སྨིན་མ་ནག་པ་དགྲ་ལ་ནག། སོ་སུམ་ཅུ་དཀར་བ་གཉེན་ལ་དཀར།།

Skra smin ma nag pa dgra la nag

So sum cu dkar ba gnyen la dkar

安多藏语甘南牧区方言谚语。流行于以大夏河、黄河、洮河流域为主的甘南地区。阐明了爱憎分明、明辨是非、弃恶仰善的阶级立场，教导人们如何处世、如何做人，尤其强调了人的品行和道德的重要性。罗赛搜集、整理，索南龙珠汉译。今藏甘南藏族自治州政协原副主席罗赛处。

（华锐·东智）

白绵绵犹如祖父的胡须，黑黝黝犹如恶魔的头发

སྐྱ་སོབ་སོབ་ཨ་མེའི་ཚོམ་འདྲ་འདྲ།། ནག་སིག་སིག་བདུད་མོའི་སྐྲ་འདྲ་འདྲ།།

Skya sob sob a mevi tshom vdra vdra

Nag sig sig bdrd movi skra vdra vdra

安多藏语甘南牧区方言谚语。流行于以大夏河、黄河、洮河流域为主的甘南地区。通过白黑正反两种颜色的强烈对比，以白色代表吉祥、黑色代表邪恶来热情赞美了胸怀坦荡、品德高尚的智者，驳斥了居心叵测、卑鄙无耻的愚者。罗赛搜集、整理，索南龙珠汉译。今藏甘南藏族自治州政协原副主席罗赛处。（华锐·东智）

晒幸福的暖阳时，刮起灾祸的旋风

སྐྱིད་སྐྱིད་ཉི་མར་ལྡེ་བའི་དུས།། སྡུག་སྡུག་རླུང་དམར་གཡབ་མོ་འཚུབ།།

Skyid skyid nyi mar lde bavi drs

Sdug sdug rlung dmar gyab mo vtshub

安多藏语甘南牧区方言谚语。流行于以大夏河、黄河、洮河流域为主的甘南地区。通过描述现实生活中常见的自然现象，阐明了世间诸事纷繁复杂、坎坷难料的道理，倡导人们要智慧理智，始终保持清醒的头脑。罗赛搜集、整理，索南龙珠汉译。今藏甘南藏族自治州政协原副主席罗赛处。

（华锐·东智）

飞速箭刺穿狐狸头，贪吃人要了绵羊命

སྐྱེན་སྐྱེན་མདའ་མོ་ཝ་མོའི་ཐོད།། བཟའ་བཟའ་གཡང་མོ་འཚེར་མོའི་ཤ།།

Skyen skyen mdav mo wa movi thod

Bzav bzav gyang mo vtsher movi sha

安多藏语甘南牧区方言谚语。流行于以大夏河、黄河流域为主的甘南地区。严厉地批评了在生活中好吃懒做、只图安逸、不求上进、不肯吃苦愚者的懒惰行为。同时十分含蓄地阐明了“世上无难事，只要肯登攀”“有志者，事竟成”的深邃道理。罗赛搜集、整理，索南龙珠汉译。今藏甘南藏族自治州政协原副主席罗赛处。

（华锐·东智）

搀扶向上，松开掉下

སྐྱོར་སྐྱོར་ནས་ཡར་སྤུངས་ན།། སོབ་སོབ་བྱས་མར་བྱི་འགྲོ།།

skyor skyor nas yar spungs na sob sob byas mar byi vgro

安多藏语甘南牧区方言谚语。流行于以大夏河、黄河、洮河流域为主的甘南地区。用生动的语言描述了一个极其软弱或者是一个病态的形象，利用生活中的这种典型，深刻批判了现实当中那些的既无思想又无主见的软骨头“阿斗”。罗赛搜集、整理，索南龙珠汉译。今藏甘南藏族自治州政协原副主席罗赛处。（华锐·东智）

遇甘遇苦要施舍，或病或死要修行

སྐྱིད་རུང་སྡུག་རུང་རྒྱུན་དུ་བྱ་བཏང་གིས།།

ན་རུང་འཆི་རུང་རྒྱུན་དུ་རི་ཁྲོད་འགྲིམས།།

Skyid rung sdug rung rgyun du bya btang gis

Na rung vchi rung rgyun du ri khrod vgrims

安多藏语甘南牧区方言谚语。流行于以大夏河、黄河流域为主的甘南地区。完全从佛教的观点出发，倡导人们无论富穷都要乐善好施，具有浓郁的宗教思想。教诲人们只有修习佛法，追求来生之幸福，才是人们最美好的归宿。罗赛搜集、整理，索南龙珠汉译。今藏甘南藏族自治州政协原副主席罗赛处。（华锐·东智）

偏脚攀岩山难抬水

རྐང་ལེབ་ལེབ་ཅན་དེ་བྲག་འཛེགས་ན།།

སྣོད་ཁ་འདའི་ནང་དུ་ཆུ་འཛིན་དཀའ།།

Rkang leb leb can de brag vdzegs na

Snod kha vdavi nang du chu vdzin dkav

安多藏语甘南牧区方言谚语。流行于以大夏河、黄河、洮河流域为主的甘南地区。紧密结合生产、生活和劳动实际，说明了基础和根基的重要性，阐明了一心不能二用的深刻道理。罗赛搜集、整理，索南龙珠汉译。今藏甘南藏族自治州政协原副主席罗赛处。（华锐·东智）

苦难临头，帮忙领情

དཀའ་སྡུག་མི་འགོར་ལྷུང་ན།། རོགས་ལས་ཁ་ཡོད་ངོ་ཡོད།།

dkav sdug mi vgor lhung na rogs las kha yod ngo yod

安多藏语甘南牧区方言谚语。流行于以大夏河、黄河、洮河流域为主的甘南地区。一方面反映了藏族自古以来互助互爱、和睦友善、团结进取的传统美德，另一方面积极提倡人们弃恶仰善、乐善好施，具有一定的进步思想和同情心理。罗赛搜集、整理，索南龙珠汉译。今藏甘南藏族自治州政协原副主席罗赛处。（华锐·东智）

父母不善教养，子女外出流荡

སྐྱོང་མི་ཤེས་པ་མའི་བུ་ཕྲུག། མཐར་ས་མཐར་སྡེ་མཐའ་འཁྱམས་འགྲོ།།

Skyong mi shes pha mavi bu phrug

Mthar sa mthar sde mthav vkhyams vgro

安多藏语甘南牧区方言谚语。流行于以大夏河、黄河、洮河流域为主的甘南地区。父母的言行举止，孩子耳濡目染。如果家庭教育严格，就使子孙后代受到好的影响；反之，子女就有可能沾染不良习气，成为社会渣滓。说明家庭教育的重要性，阐明了“子不教，父之过”的深邃道理。罗赛搜集、整理，索南龙珠汉译。今藏甘南藏族自治州政协原副主席罗赛处。（华锐·东智）

大脑神经遇魔，众人毁坏佛像

ཀླད་པ་གདོན་གྱིས་བསྒྲིབས་ཉིན་མོ། ལྷ་སྐུ་ཁྱོས་བཅག་ངས་བཅག་བྱ།

klad pa gdon gyis bsgribs nyin mo

lha sku khyos bcag ngas bcag bya

安多藏语甘南牧区方言谚语。流行于以大夏河、黄河、洮河流域为主的甘南地区。提醒人们无论在何种情况下，不要绝对地、片面地看待某一事物的好坏，或左、或右的思想会导致不实的结果。阐明了事物正反两面的对立和统一关系。罗赛搜集、整理，索南龙珠汉译。今藏甘南藏族自治州政协原副主席罗赛处。（华锐·东智）

经过弯曲山路，才能朝拜圣地

རྐང་ལམ་འཁྱ་གེ་འཁྱོག་གེ་བརྒྱུད། དགའ་ལྡན་རི་བོའི་བྱིན་གནས་མཇལ།

Rkang lam vkhya ge vkhyog ge brgyud

Dgav ldan ri bovi byin gnas mjal

安多藏语甘南牧区方言谚语。流行于以大夏河、黄河、洮河流域为主的甘南地区。通过对朝拜圣地艰辛的描述，反映出了生活的艰难。倡导人们在生活中要发扬不怕困难、迎难而上、锐意进取的奋斗精神，阐明了“先苦后甜”的道理。罗赛搜集、整理，索南龙珠汉译。今藏甘南藏族自治州政协原副主席罗赛处。（华锐·东智）

没能分清黑白，没能解开死结

དཀར་ནག་གི་དབྱེ་བ་མ་ཕྱེས། ཐག་ནག་གི་མདུད་པ་མ་བཀྲོལ།

dkar nag gi dbye ba ma phyes thag nag gi mdud pa ma bkrol

安多藏语甘南牧区方言谚语。流行于以大夏河、黄河、洮河流域为主的甘南地区。通过批判分不开真善美丑，揭不开心中疑惑的小心眼，赞美了能够明辨是非、心底开阔智者的伟大胸怀。罗赛搜集、整理，索南龙珠汉译。今藏甘南藏族自治州政协原副主席罗赛处。（华锐·东智）

人如鹦鹉，其言无可信

སྐྱེས་བུ་ནེ་ཙོ་ལྟ་བུ་ལས། གང་ལབ་ལབ་ལ་ཡིད་མ་རྟོན།

skyes bu ne tso lta bu las gang lab lab la yid ma rton

安多藏语甘南牧区方言谚语。流行于以大夏河、黄河、洮河流域为主的甘南地区。高度歌颂了藏族淳朴的民俗和忠厚的伦理道德，严厉驳斥了言而无信、背信弃义、诡计多端、无才无德，善于欺诈别人的丑恶小人嘴脸。罗赛搜集、整理，索南龙珠汉译。今藏甘南藏族自治州政协原副主席罗赛处。（华锐·东智）

想要到达平原，必经曲曲弯路

སྐྱིད་པའི་བདེ་ཐང་ཐོན་བསམ་ན། ཀྱ་གེ་ཀྱོག་གེ་ལམ་བརྒྱུད་དགོས།

skyid pavi bde thang thon bsam na

kya ge kyog ge lam brgyud dgos

安多藏语甘南牧区方言谚语。流行于以洮河流域为主的甘南地区。高度概括了生活中的经验，说明了无论做什么事都要发扬拼搏吃苦的精神，阐明了先苦后甜的道理。罗赛搜集、整理，索南龙珠汉译。今藏甘南藏族自治州政协原副主席罗赛处。（华锐·东智）

领份子你争我争，追欠债你推我推

སྐལ་ལེན་དུས་ཁྱོད་ཐོན་ང་ཐོན། དོམ་འདེད་དུས་ང་མིན་ཁྱོད་མིན།

skal len dus khyod thon nga thon

dom vded dus nga min khyod min

安多藏语甘南牧区方言谚语。流行于以甘南藏区为主的甘、青、川交接地区。紧密结合生活现实，不但刻画出了部分人在金钱面前表现出的“守财奴”形象，而且批判了爱财如命、贪得无厌、自私自利，损害他人利益的丑恶行径。罗赛搜集、整理，索南龙珠汉译。今藏甘南藏族自治州政协原副主席罗赛处。（华锐·东智）

喜鹊窝里，岂有鸷鸟

སྐྱ་ཀ་ཁྲ་མོའི་ཚང་གཅིག་ན། མ་ཁྲ་བུ་ནག་ཡོད་དོན་མེད།

skya ka khra movi tshang gcig na ma

khra bu nag yod don med

安多藏语甘南牧区方言谚语。流行于以大夏河、黄河、洮河流域为主的甘南地区。批驳了心怀恶意、居心叵测、挑拨离间恶人的丑恶行为，教导人们要团结一致、众志成城、互助互爱。同“本是同根生，相煎何太急”。罗赛搜集、整理，索南龙珠汉译。今藏甘南藏族自治州政协原副主

席罗赛处。（华锐・东智）

行走崎岖路，谨慎脚下步

རྐང་ལམ་ཕྲ་མོར་འགྲོ་དུས།། ཡར་འཁྱོག་མར་འཁྱོག་མཉམ་བཞོག ||

rkang lam phra mor vgro dus yar vkhyog mar vkhyog mnyam bzhog

安多藏语甘南牧区方言谚语。流行于以大夏河、洮河流域为主的甘南地区。通过一个十分简单的例子说明遇事要沉着冷静、机智灵活、调查研究、明辨是非、深思熟虑、处事果断。告诫人们不管做任何事情都必须三思而后行，不可盲目行事、麻痹大意。罗赛搜集、整理，索南龙珠汉译。今藏甘南藏族自治州政协原副主席罗赛处。

（华锐・东智）

音颤的歌不好听，手颤的画不好看

སྐད་འདར་བའི་གླུ་ལ་སྙན་མོ་མེད།། ལག་འདར་བའི་བྲིས་ལ་ཡག་པ་མེད།།

Skad vdar bavi glu la snyan mo med

Lag vdar bavi bris la yag pa med

安多藏语甘南牧区方言谚语。流行于以甘南藏区为主的甘、青、川交接地区。运用对比的手法，加以概括事物的本质，忠告人们向智者那样谦虚谨慎，扎扎实实地学习知识，绝不能半途而废、自欺欺人。深刻地揭示了事物的本质，耐人寻味，发人深思。罗赛搜集、整理，索南龙珠汉译。今藏甘南藏族自治州政协原副主席罗赛处。

（华锐・东智）

甘苦未分众人受，行善行恶各自担

སྐྱིད་སྡུག་མ་བགོས་ཐུན་མོང་རེད།། དགེ་སྡིག་ཁ་ཁ་སོ་སོ་རེད།།

skyid sdug ma bgos thun mong red dge sdig kha kha so so red

安多藏语甘南牧区方言谚语。流行于以大夏河、黄河、洮河流域为主的甘南地区。劝导人们不要一味地贪图享乐，阐明了“富贵不能淫”的深刻哲理，教诲世人要培养高尚道德和健康情操，懂得善之伟大、恶之渺小的道理。罗赛搜集、整理，索南龙珠汉译。今藏甘南藏族自治州政协原副主席罗赛处。（华锐・东智）

福分是佛爷的恩慈，穷苦是自己的命运

སྐྱིད་སྐྱིད་ལྷ་ཡི་སྐུ་དྲིན།། སྡུག་སྡུག་རང་གི་ལས་དབང་།།

skyid skyid lha yi sku drin sdug sdug rang gi las dbang

安多藏语甘南牧区方言谚语。流行于以大夏河、黄河流域为主的甘南地区。从佛教的观点出发，认为一些人之所以成为富者，是因为他们一生潜心修法的结果，是佛的恩慈；而另一些人之所以成为穷者，是因为他们前生没有潜心修法，是命中注定。教诲人们要通过修习佛法来追求幸福生活。罗赛搜集、整理，索南龙珠汉译。今藏甘南藏族自治州政协原副主席罗赛处。

（华锐・东智）

可曾见过不祥之兆彗星，可曾听过岩山坍塌之吼

སྐར་ངན་དུ་བ་མཇུག་རིང་ཤར་བ་ཨེ་རིག །

ཁྲ་སྟོད་རོག་པོའི་རྫ་རི་ཉིལ་བ་ཨེ་གོ།

Skar ngan du ba mjug ring shar ba ae gig

Khra stod rog povi rdza ri nyio ba ae go

安多藏语甘南牧区方言谚语。流行于以洮河流域为主的甘南地区。通过阐述自然现象和自然变化，不但说明了宇宙天体运行的客观规律，而且批驳了目光短浅、见识寡愚、愚昧无智弱智者的无能表现。罗赛搜集、整理，索南龙珠汉译。今藏甘南藏族自治州政协原副主席罗赛处。

（华锐・东智）

女贼秘密藏不住，男偷轻脚咚咚响

རྐུན་མོས་གསང་ཡང་ཝུར་ཝུར་ཝུར།། རྐུན་པོས་འཇབ་ཀྱང་ཏུག་ཏུག་ཏུག །

Rkiun mos gsang yang vur vur vur

Rkun pos vjab kyang tug tug tug

安多藏语甘南牧区方言谚语。流行于以甘南藏区为主的甘、青、川接壤地区。通过人们生活中的常例，批判了投机倒把的不轨行为，反映了事物的本质，解释了“本性难移”的普遍道理。罗赛搜集、整理，索南龙珠汉译。今藏甘南藏族自治州政协原副主席罗赛处。（华锐・东智）

豪杰要有好身世，大人要有其标志

སྐྱེས་པའི་མི་ལ་གྲགས་པའི་གཏམ་དགོས།།
ཆེ་བའི་མི་གལ་མཐོ་བའི་རྟགས་དགོས།།

Skyes pavi mi la grags pavi gtam dgos

Che bavi mi gal mtho bavi rtags dgos

安多藏语甘南牧区方言谚语。流行于以大夏河、黄河、洮河流域为主的甘南地区。按照社会实际情况，遵循历史发展的规律，紧紧抓住一部分社会生活的实质和关键，有的放矢地对准对社会起决定作用的人士，应多方面考虑民族和人民的利益，反映出了共同创造幸福的强烈愿望。罗赛搜集、整理，索南龙珠汉译。今藏甘南藏族自治州政协原副主席罗赛处。（华锐・东智）

没有辛勤劳作，哪有幸福家园

དཀའ་བའི་ལས་ཤིག་མ་ལས་ན།། གཞི་ཁྱིམ་ཕྱི་ནང་གང་ནས་སུམ།།

Dkav bavi las shig ma las na

Gzhi khyim phyi nang gang nas sum

安多藏语甘南牧区方言谚语。流行于以大夏河、黄河、洮河流域为主的甘南地区。提倡劳动，反对懒惰，教诲人们要想生活幸福，就要付出艰辛的劳动，只要克服阻力，知难而进，才能获得成功。三天打鱼，两天晒网，只能是一日暴而十日寒，深刻阐明了“劳动创造一切”的道理。罗赛搜集、整理，索南龙珠汉译。今藏甘南藏族自治州政协原副主席罗赛处。（华锐・东智）

生为利乐社稷，死则名留青史

སྐྱེ་ཟེར་ན་སྲིད་སྡེ་དགའ་ནི་ཞིག ། ཤི་ཟེར་ན་འཇིག་རྟེན་སྨོན་ནི་ཞིག །

Skye zer na srid sde dgav ni zhig

Shi zer na ajig rten smon ni zhig

安多藏语甘南牧区方言谚语。流行于以甘南藏区为主的甘、青、川接壤地区。良臣在位，尊之荣之；奸恶篡位，鸣鼓而攻。君主和官吏的好坏，直接取决于其思想、知识、智略的优劣强弱。因此，希望为官之人要忠诚老实、公正廉洁、心地善良、品学兼优，这样方能建功立业、造福百姓。从而让世人歌颂，名垂青史。罗赛搜集、整理，索南龙珠汉译。今藏甘南藏族自治州政协原副主席罗赛处。（华锐・东智）

享福不知福，骑马胯裆疼

སྐྱིད་ཀྱི་སྐྱིད་ཚོད་མ་ཟིན་ན།། རྟ་འདོ་བའི་གོང་ནས་ཨོང་ཤ་ན།།

Skyid kyi skyid tshod ma zin na

Rta vdo bavi gong nas aong sha na

安多藏语甘南牧区方言谚语。流行于以大夏河、黄河流域为主的甘南地区。批评了在生活中只图安逸、不求节俭、不肯吃苦的懒惰行为，教导人们彻底知晓何事为荣，做何事为耻。主张抛弃陈规陋习，提倡勤俭节约，懂得“先苦后甜”的道理。罗赛搜集、整理，索南龙珠汉译。今藏甘南藏族自治州政协原副主席罗赛处。

（华锐・东智）

早晨出彩霞，难得见阳光

སྐྱ་རེངས་རྩེ་ལ་སྤྲིན་གསར་ལངས་དུས།། ཉི་འོད་མི་མཐོང་ཐག་གིས་ཆོད་ཟེར།།

Skya rengs rtse la sprin gsar langs dus

Nyi vod mi mthong thag gis chod zer

安多藏语甘南牧区方言谚语。流行于以大夏河、黄河、洮河流域为主的甘南地区。紧密联系生活实际，通过描述自然界的普遍规律，总结出了生产生活中的一般经验。告诫人们在工作和生活中要积极进取、努力拼搏、居安思危。罗赛搜集、整理，索南龙珠汉译。今藏甘南藏族自治州政协原副主席罗赛处。（华锐・东智）

生悲是种感觉，流泪亦是露珠

སྐྱོ་བ་སྐྱེས་ཀྱང་སྣང་བ་ཡིན།། མཆི་མ་ཟགས་ཀྱང་ཆུ་ཟིལ་རེད།།

Skyo ba skyes kyang snang ba yin

Mchi ma zags kyang chu zel red

安多藏语甘南牧区方言谚语。流行于以大夏河、黄河、洮河流域为主的甘南地区。不管是帝王，或是平民，无论何人，总是会遇到这样那样的挫折和不幸。问题的关键是在遭遇困境时不要灰心丧气、一蹶不振、怨天尤人，而是要更加振奋精神，冷静沉着地面对现实，这样即使生活坎坷，但也能够体现出自己生存的价值。罗赛搜集、整理，索南龙珠汉译。今藏甘南藏族自治州政协原副主席罗赛处。（华锐・东智）

说话要依据，持械要把柄

སྐད་ཆ་ལ་འབྱུང་ཁུངས་དགོས།། མཚོན་ཆ་ལ་ཡུ་བ་དགོས།།

skad cha la vbyung khungs dgos mtshon

cha la yu ba dgos

安多藏语甘南牧区方言谚语。流行于以大夏河、黄河、洮河流域为主的甘南地区。把说话的根据和持枪的托子比喻成为谦虚谨慎、胸怀大志、学识渊博的智者，并予以赞扬，反对骄傲自大、华而不实、脆而不坚。给人们讲明了“无源之水，无本之木”的道理。罗赛搜集、整理，索南龙珠汉译。今藏甘南藏族自治州政协原副主席罗赛处。（华锐·东智）

吃的给上三把炭灰，喝的给上一盆洗碗水

སྐྱ་ཐལ་བ་སྤར་གསུམ་ཟ་རྒྱུ་སྟེར།། སྣོད་བཤལ་ཆུ་ཁྱི་ཡི་ཕོར་གང་ལྡུད།།

Skya thal ba spar gsum za rgyu ster

Snod bshal chu khyi yi phor gang ldud

安多藏语甘南牧区方言谚语。流行于以洮河流域为主的甘南地区。赞美了劳动，歌颂了勤俭，并讴歌了藏族人民艰苦朴素、勤劳善良的优秀品德。谚语凝聚着藏族人民独特的道德审美情趣，人们向往美好的生活，相信通过自己辛勤的劳动，能换得幸福的生活。罗赛搜集、整理，索南龙珠汉译。今藏甘南藏族自治州政协原副主席罗赛处。（华锐·东智）

大勇之言犹如太阳，能够照遍四面八方

སྐྱེས་ཕོ་རབ་གཏམ་དེ་ཉི་མ་འདྲ།། འདི་མི་དགོས་འཛམ་གླིང་གསལ་ལེ་ཡོད།།

Skyes pho rab gtam de nyi ma vdra

Vdei mi dgos vdzam gling gsal le yod

安多藏语甘南牧区方言谚语。流行于以甘南地区为主的甘、青、川交接地带。赞赏了智者由于善于调查研究、机智灵活、明辨是非、深思熟虑，遇事处事果断，临危不惧、化险为夷、谨慎处事的超越本领，劝告人们要善于发现智者，要尊敬和爱戴智者并向他们学习。罗赛搜集、整理，索南龙珠汉译。今藏甘南藏族自治州政协原副主席罗赛处。（华锐·东智）

头发像长长的柳条，容颜似十五的月亮

སྐྲ་ཤར་ཤར་རྫོང་ལྕང་ལོ་མ།། ཞལ་དཀར་དཀར་བཅོ་ལྔའི་ཟླ་བ།།

Skra shar shar rdzong lcang lo ma

Zhal dkar dkar bco lngavi zla ba

安多藏语甘南牧区方言谚语。流行于以大夏河、黄河、洮河流域为主的甘南地区。通过形象生动的比喻，描述了花季少女苗条的身材和娇媚的容颜，热情赞美了人间美的存在，反映了藏族人民爱美的天性。罗赛搜集、整理，索南龙珠汉译。今藏甘南藏族自治州政协原副主席罗赛处。（华锐·东智）

锄草般拔掉头发，下雨般泪流满面

སྐྲ་ལོ་ལྡུམ་བུ་འབལ་འབལ།། མཆི་མ་དྲག་ཆར་འབབ་འབབ།།

Skra lo ldum bu vbal vbal

Mchi ma drag char vbab vbab

安多藏语甘南牧区方言谚语。流行于以大夏河、洮河流域为主的甘南地区。描述了一个痛恨一事或悔恨无际痛苦者的形象，教导人们不管做任何事情都必须三思而后行，不可盲目行事、麻痹大意，否则会一时造成千古恨。愚昧无知、盲目从事，必然会招来无穷后患。罗赛搜集、整理，索南龙珠汉译。今藏甘南藏族自治州政协原副主席罗赛处。（华锐·东智）

对战神不祭祀好供品，谁来护持三尺男儿身

སྐྱེས་དགྲ་མ་ཕུད་ཀྱིས་མ་མཆོད་ན།།

ལུས་འདོམ་གང་སྐྱབས་གནས་སུ་ལ་བཅོལ།།

Skyes dgra ma phud kyis ma mchod na

Lus vdom gang skyabs gnas su la bcol

安多藏语甘南牧区方言谚语。流行于以大夏河、黄河流域为主的甘南地区。藏族人认为，只要不断地敬奉各种神灵，它们在紧急关头就会挺身而出，将危险化险为夷。从另一个侧面赞扬了智者在紧急关头临危不惧、化险谨慎处事的超越本领。罗赛搜集、整理，索南龙珠汉译。今藏甘南藏族自治州政协原副主席罗赛处。（华锐·东智）

被脚磨掉的图案，最好用手去重画

རྐང་བས་བསུབས་པའི་རི་མོ་དེ།། ལག་པས་སླར་ཡང་བྲིས་ན་བཟང་།།

rkang bas bsubs pavi ri mo de lag pas

slar yang bris na bzang

安多藏语甘南牧区方言谚语。流行于以大夏河、黄河、洮河流域为主的甘南地区。通过生活中经常发生的事例来剖析了人类社会生活中的各种矛盾和问题，提出要借助正确和健康的理智来思考和解决这些矛盾，揭示事物发展的客观规律。反映出了崇尚知识、辛勤劳动、造福于人的思想。罗赛搜集、整理，索南龙珠汉译。今藏甘南藏族自治州政协原副主席罗赛处。（华锐·东智）

启明星还未刺探，小白鹅没有到出窝期

སྐར་ཆེན་གྱི་བྱ་ར་མ་ཐོན།། བྱ་ངང་དཀར་ཚང་ནས་མ་ལངས།།

skar chen gyi bya ra ma thon

bya ngang dkar tshang nas ma langs

安多藏语甘南牧区方言谚语。流行于以大夏河、黄河、洮河流域为主的甘南地区。在一定程度上反映出了时间就是生命、应时而宜或“善有善报，恶有恶报，不是不报，时间未到”的时间概念和因果报应观念，强调了时间的重要性。罗赛搜集、整理，索南龙珠汉译。今藏甘南藏族自治州政协原副主席罗赛处。（华锐·东智）

日月转动要有规则，不然会被罗睺吞没

སྐྱིད་ཉི་ཟླ་རྒྱུ་ཚོད་མ་ཟིན་ན།། གཟའ་སྒྲ་གཅན་དུག་རླངས་འཕོག་ཉེན་ཡོད།།

Skyid nyi zla rgyu tshod ma zin na

Gzav sgr gcan dug rlangs vphog nyen yod

安多藏语甘南牧区方言谚语。流行于以拉卜楞地区为主的甘南地区。处理任何都有其必然的依存法则，讲究分寸是为人处世的自然尺度。从一个高度达到了形与神的统一、意与境的统一、情与景的统一、个别与一般的统一。教导人们处事要讲究分寸、谦虚谨慎，不能违背客观规律。罗赛搜集、整理，索南龙珠汉译。今藏甘南藏族自治州政协原副主席罗赛处。（华锐·东智）

好勇士开场发言，先供奉茶酒迎享

སྐྱེ་ཕོ་རབ་ཅིག་ལ་གཏམ་སྒོ་འབྱེད།། ཇ་ཆང་གཉིས་ཀྱིས་སྣ་འདྲེན་བྱོད།།

Skye pho rab cig la gtam sgo vbyed

Ja chang gnyis kyis sn vdren byod

安多藏语甘南牧区方言谚语。流行于以大夏河、黄河、洮河流域为主的甘南地区。人们所要尊敬的是英勇善战、德才兼备、超然远览的英雄之士，而不是徒有虚名、纸上谈兵、不谙世事的懦夫。凡有益于人类的进步，造福于社会的人就要受到人们尊敬和肯定；凡有害于人类的进步，阻碍社会发展的人就要受到人们的鄙弃和否定。罗赛搜集、整理，索南龙珠汉译。今藏甘南藏族自治州政协原副主席罗赛处。（华锐·东智）

盼望十五明月已久，点点繁星发起疑心

དཀར་གསལ་ཟླ་བ་བསྒུགས་བསྒུགས་ནས།། སྐར་ཆུང་མུན་སེལ་རྣམ་རྟོག་ཟ།།

Dkar gsal zla ba bsgugs bsgugs nas

Skar chung mun sel rnam rtog za

安多藏语甘南牧区方言谚语。流行于以大夏河、黄河、洮河流域为主的甘南地区。反映了经受苦难的劳动人民，希望从黑暗的束缚中解脱出来，把人身等各方面的自由归自己所有。揭示了过去藏族社会的阶级矛盾，充满了渴望自由、和平和民主的思想。罗赛搜集、整理，索南龙珠汉译。今藏甘南藏族自治州政协原副主席罗赛处。

（华锐·东智）

要有利众之心，要有和友之言

ཀུན་ལ་ཕན་པའི་སེམས་དགོས།། གྲོགས་ལ་མཐུན་པའི་ཚིག་དགོས།།

kun la phan pavi sems dgos grogs la

mthun pavi tshig dgos

安多藏语甘南牧区方言谚语。流行于以大夏河、黄河、洮河流域为主的甘南地区。藏族谚语说：“善言相睦是为人的根基”“一言失口无法收回，利箭射出不再回来。”谚语忠实地反映了一个民族的文化，折射着社会和人们和谐团结的强大意识。同心同德才能众志成城，团结友爱是智慧和力量的源泉。罗赛搜集、整理，索南龙珠汉译。今藏甘南藏族自治州政协原副主席罗赛处。

（华锐·东智）

灰白黎明如腰带，若无腰带成懒汉

སྐྱ་རེངས་སྐྱ་མོ་གནམ་གྱི་སྐེད་རགས་རེད།།
གནམ་ལ་སྐེད་རགས་མེད་ན་སྦོ་ལུག་རེད།།

Skya rengs skya mo gnam gyi sked rags red

Gnam la sked rags med na sbo lug red

安多藏语甘南牧区方言谚语。流行于以大夏河、黄河流域为主的甘南地区。通过服饰着装表现反映了一个人的意识行为，从一个侧面批评了那些在生活中只图安逸、不求上进、虚度年华、不肯吃苦的懒惰行为。罗赛搜集、整理，索南龙珠汉译。今藏甘南藏族自治州政协原副主席罗赛处。

（华锐·东智）

洁白的荷花，月光下绽放

དཀར་ཞིང་མཛེས་པའི་ཀུ་མུ་ད།། ཟླ་ཟེར་ཕོག་དུས་ཟུམ་ཟུམ་བཞད།།

dkar zhing mdzes pavi ku mu da zla zer phog dus zu m zum bzhad

安多藏语甘南牧区方言谚语。流行于以大夏河、黄河、洮河流域为主的甘南地区。通过对荷花自然特性的描述，阐明了事物生存乃至发展的客观规律。简单的语言却带有朴素的唯物主义思想。罗赛搜集、整理，索南龙珠汉译。今藏甘南藏族自治州政协原副主席罗赛处。（华锐·东智）

事前劝说是教诲，事后教训引纠纷

ཁ་ཚིག་སྔོན་དུ་ཐོན་ན་ཁ་ལ་ཡིན།། ཁ་ཚག་རྗེས་སུ་བྱས་ན་ཁ་གྱོད་ཡིན།།

Kha tshig sngon du thon na kha la yin

Kha tshag rjes su byas na kha gyod yin

安多藏语甘南牧区方言谚语。流行于以大夏河、黄河、洮河流域为主的甘南地区。近朱者赤，近墨者黑，从善成善，随盗成盗。家庭教育是极其重要，良好的家规能够培养出有用人才，恶劣的家规能使出现国之乱臣、家之败子，这虽不是绝对的，但也是普遍的现象。谚语说明了事前教育的必要性和重要性。罗赛搜集、整理，索南龙珠汉译。今藏甘南藏族自治州政协原副主席罗赛处。

（华锐·东智）

凭空嘴没用处，凭气息消不了雪

ཁ་ཡག་སྐམ་པོས་གོ་མི་ཆོད།། ཁ་རླངས་དྲོན་པོས་ཁངས་མི་བཞུ།།

kha yag skam pos go mi chod kha rlangs dron pos khangs mi bzhu

安多藏语甘南牧区方言谚语。流行于以大夏河、黄河、洮河流域为主的甘南地区。教导人们无论做什么事，都要坚持发扬勤劳勇敢和严谨实干的精神，不能凭借虚幻来对待现实生活，凭借空虚来设想未来。罗赛搜集、整理，索南龙珠汉译。今藏甘南藏族自治州政协原副主席罗赛处。

（华锐·东智）

家中无病人是幸福，家外无欠债是富有

ཁྱིམ་ན་ནད་པ་མེད་ན་ཕྱུག་པོ་ཡིན།། སྒོ་ན་དོམ་པ་མེད་ན་ཕྱུག་པོ་ཡིན།།

Khyim na nad pa med na phyug po yin

Sgo na dom pa med na phyug po yin

安多藏语甘南牧区方言谚语。流行于以黄河、洮河流域为主的甘南地区。不仅说明了时常健康的重要性，而且阐明艰苦奋斗、勤俭持家的必要性。谚语中充满了生活气息和民主思想，渴望世人生活幸福、身体健康、无忧无虑地面对快乐。罗赛搜集、整理，索南龙珠汉译。今藏甘南藏族自治州政协原副主席罗赛处。（华锐·东智）

豪言壮语者无数，真抓实干者甚少

ཁ་བཙན་པོ་ཅན་ལ་མི་བརྒྱ་ཡོད།། དོན་དམ་པ་སྒྲུབ་མཁན་མི་གཅིག་ཡིན།།

Kha btaan po can la mi brgya yod

Don dam pa sgrub mkhan mi gcig yin

安多藏语甘南牧区方言谚语。流行于以甘南藏区为主的甘、青、川交接地区。批判了表现在生活和工作中那些好吃懒做、投机取巧、华而不实、贪图安逸的生活作风和工作态度，倡导人们要发奋学习、努力上进，阐明了“有志者，事竟成”这一深邃道理。罗赛搜集、整理，索南龙珠汉译。今藏甘南藏族自治州政协原副主席罗赛处。

（华锐·东智）

需时无非富人，战时无非英雄

མཁོ་དུས་མེད་ན་ཕྱུག་པོ་མིན།། འཐབ་དུས་མེད་ན་དཔའ་བོ་མིན།།

mkho dus med na phyug po min vthab dus med na dpav vo min

安多藏语甘南牧区方言谚语。流行于以大夏河、洮河流域为主的甘南地区。一方面反映了藏族人民勤劳节俭、热情好客的传统美德，另一方面指出和匡正了英雄的本色，说明了关键时候拿出真感情、真本领的必要性和重要性。罗赛搜集、整理，索南龙珠汉译。今藏甘南藏族自治州政协原副主席罗赛处。（华锐・东智）

别信说什么，就看做什么

ཁས་ཅི་བཤད་ལ་མ་བལྟ།། ལག་གིས་ཅི་ལས་ལ་ལྟོས།།

khas ci bshad la ma blta lag gis ci las la ltos

安多藏语甘南牧区方言谚语。流行于以大夏河、黄河、洮河流域为主的甘南地区。谚语告诫人们，一切工作都要扶助于实际行动，不能只是停留在嘴上夸夸其谈、浮夸虚伪、华而不实，一针见血地把事物的本质和特性揭穿得现形露骨、一目了然。罗赛搜集、整理，索南龙珠汉译。今藏甘南藏族自治州政协原副主席罗赛处。

（华锐・东智）

小偷不让狗瞌睡，清风不让狐狸瞌睡

ཁྱི་ཉལ་གི་རྐུན་མས་མ་བཅུག། ཝ་ཉལ་གི་བསེར་བུས་མ་བཅུག།

khyi nyal gi rkun mas ma bcug wa nyal gi bser bus ma bcug

安多藏语甘南牧区方言谚语。流行于以黄河、洮河流域为主的甘南地区。通过描述社会生活中经常出现的一些具体问题，经过正反两面事物的鲜明对照，更加突出其善恶好坏的本来面目，使其优劣丑美显得天壤之别、相差甚远。倡导人们要通过自己勤劳的双手来创造幸福美好的生活。罗赛搜集、整理，索南龙珠汉译。今藏甘南藏族自治州政协原副主席罗赛处。（华锐・东智）

狗吃饱对着星星狂叫，女人吃饱对着土块狂笑

ཁྱི་བརྒྱགས་ན་གནམ་གྱི་སྐར་མར་ཟུག། མོ་བརྒྱགས་ན་ས་ཡི་སྤོ་ཐོར་དགོད།།

Khyi brgyags na gnam gyi skar mar zug

Mo brgyags na sa yi spo thor dgod

安多藏语甘南牧区方言谚语。流行于以大夏河、洮河流域为主的甘南地区。教导人们在生活中不能贪图一时的快乐和享受，不能只顾眼前利益，而是要以长远目标出发，面对真实的生活做好充分的打算。罗赛搜集、整理，索南龙珠汉译。今藏甘南藏族自治州政协原副主席罗赛处。

（华锐・东智）

贤者错是一寸，愚者错是一丈

མཁས་པའི་འཆུགས་ན་འདོམ་གང་།། གླེན་པའི་འཆུགས་ན་མཐོ་གང་།།

mkhas pavi vchugs na vdom gang glen pavi vchugs na mtho gang

安多藏语甘南牧区方言谚语。流行于以大夏河、黄河、洮河流域为主的甘南地区。贤者博学广闻、博通诸经，才思敏捷，所以既然有错也是微乎其微；而愚者学术荒疏，夜郎自大、趾高气扬、妄自尊大，所以经常错误漏洞百出、差之千里。谚语将这两种人的行为举止刻画得细致生动、有声有色，如见其人、如闻其声。罗赛搜集、整理，索南龙珠汉译。今藏甘南藏族自治州政协原副主席罗赛处。（华锐・东智）

狗的尾巴，只能翘过胯部

ཁྱི་རྒན་བདའ་ལིའི་རྔ་མ་འདི།། འཕོངས་ཚང་ཡན་ལ་ཚོན་མ་མྱོང་།།

Khyi rgan bdav livi rnga ma vdi

Vphongs tshang yan la tshon ma myong

安多藏语甘南牧区方言谚语。流行于以大夏河、黄河、洮河流域为主的甘南地区。把抽象的事物喻为现实化，费解的难题释为通俗化。把那些怯懦无能、徒有虚名、不及世事、愚蠢笨拙的愚人丑态刻画得淋漓尽致。比喻巧妙，活灵活现。罗赛搜集、整理，索南龙珠汉译。今藏甘南藏族自治州政协原副主席罗赛处。（华锐・东智）

说话要算数，针线要缝实

ཁ་བཤད་དོན་ལ་གནས་དགོས།། ཁབ་ཤུལ་སྐུད་པས་འཚོལ་དགོས།།

kha bshad don la gnas dgos khab shul skud pas vtshol dgos

安多藏语甘南牧区方言谚语。流行于以大夏河、黄河、洮河流域为主的甘南地区。智者有广博的学问、深厚的修养以及崇高的道德，待人接物忠诚可靠。因为世间的许多大事之所以遭到失败，让人唾弃，追根溯源，常常都是由于思想言论马虎大意，行为举止不诚实可靠。罗赛搜集、整理，索南龙珠汉译。今藏甘南藏族自治州政协原副主席罗赛处。

（华锐・东智）

言出有理百人听，谋事有策成大事

ཁའི་ཚིག་རྐང་བདེ་ན་མི་བརྒྱས་ཉན།། དོན་ཁོག་རྒྱ་ཆེ་ན་དོན་ཆེན་འགྲུབ།།

Khavi tshig rkang bde na mi brgyas nyan Don khog rgya che na don chen vgrub

安多藏语甘南牧区方言谚语。流行于以大夏河、黄河、洮河流域为主的甘南地区。强调了诚实智慧、任贤忠贞的重要性，提醒人们，尊重那些才学兼优、造福于人类的学者，尊重他们就是以其知识来创造财富造福百姓。罗赛搜集、整理，索南龙珠汉译。今藏甘南藏族自治州政协原副主席罗赛处。

（华锐・东智）

借口在找野驴上，心意是在骏马上

ཁ་གཡར་ས་ཁ་དཀར་རྐྱང་།། དོན་འཕེན་ས་འདོ་རིག་རྟ།།

kha gyar sa kha dkar rkyang don vphen sa vdo rig rta

安多藏语甘南牧区方言谚语。流行于以甘南广大藏区为主的甘、青、川接壤地区。谚语与汉语中常说的是同一个道理，比喻表面上骂这个人或干这种事，而实际上是在策划另一件事。同“指桑骂槐”“声东击西”“指山说磨”“旁敲侧击”“借题发挥”等。罗赛搜集、整理，索南龙珠汉译。今藏甘南藏族自治州政协原副主席罗赛处。

（华锐・东智）

嘴少农粮丰，人多汤面淡

ཁ་ཉུང་ན་བྱིའུ་ཚོ།། མི་མང་ན་ཐུག་པ་གཤེར།།

kha nyung na byivu tsho mi mang na thug pa gsher

安多藏语甘南牧区方言谚语。流行于以大夏河、黄河、洮河流域为主的甘南地区。表面上看谚语似乎是在描述人多的害处，甚至达到了供不应求的地步，实际上却阐明了“人多力量大”和“众人拾柴火焰高”的道理。罗赛搜集、整理，索南龙珠汉译。今藏甘南藏族自治州政协原副主席罗赛处。

（华锐・东智）

越加越要加，大辈说了又说

ཁ་ནོན་སྟེང་ལ་ཡང་ནོན།། ཨ་བོས་ཚིག་ལ་ཡང་བཤད།།

kha non steng la yang non a bos tshig la yang bshad

安多藏语甘南牧区方言谚语。流行于以大夏河、黄河、洮河流域为主的甘南地区。表面上似描述困难重重，寸步难行，实际上是在告诉和鼓励人们：智者即便身处逆境，屡遭挫折，仍是不屈不挠，以智慧的力量使自己变得更加顽强。罗赛搜集、整理，索南龙珠汉译。今藏甘南藏族自治州政协原副主席罗赛处。

（华锐・东智）

红舌不沾水，圆蹄不碰石

ཁ་ལྕེ་དམར་པོ་ཆུ་མི་དགོས།། རྐང་རྨིག་ཀོར་མོ་རྡོ་མི་ཐོགས།།

kha lce dmar po chu mi dgos rkang rmig kor mo rdo mi thogs

安多藏语甘南牧区方言谚语。流行于以大夏河、黄河流域为主的甘南地区。联系自然，生动有趣；紧密结合生活实际，通过对生产、生活经验的总结，告诉人们一些在现实中普遍存在的道理。罗赛搜集、整理，索南龙珠汉译。今藏甘南藏族自治州政协原副主席罗赛处。

（华锐・东智）

家妻不贤，家畜无膘

ཁྱིམ་གྱི་ཆུང་མ་བཟང་མེད་ཀི། སྒོ་ཁའི་འདོ་བ་ཤ་མེད་ཀི།

khyim gyi chung ma bzang med ki sgo khavi vdo ba sha med ki

安多藏语甘南牧区方言谚语。流行于以大夏河、黄河、洮河流域为主的甘南地区。充满了勤奋劳动、勤俭持家的思想，反映了藏族人民不怕艰苦、敢于吃苦、勤劳朴实的传统美德，阐明了“劳动创造一切”的道理。罗赛搜集、整理，索南龙珠汉译。今藏甘南藏族自治州政协原副主席罗赛处。

（华锐 · 东智）

嘴不停胡言乱语，手不停乱抓乱抠

ཁ་སོས་དལ་མེད་ལ་ཉོག་ཉོག་གི་ལབ་གླེང་།།

ལག་སོས་དལ་མེད་ལ་མཛུབ་མོས་ས་འབྲད།།

Kha sos dal med la nyog nyog gi lab gleng

Lag sos dal med la mdzub mos sa vbrad

安多藏语甘南牧区方言谚语。流行于以大夏河、黄河、洮河流域为主的甘南地区。讽刺了怯懦无能、闻风丧胆、愚蠢笨拙的愚人丑态，提醒人们不管做什么事都要有智慧和胆量。罗赛搜集、整理，索南龙珠汉译。今藏甘南藏族自治州政协原副主席罗赛处。

（华锐 · 东智）

小偷来了狗不得不叫，恶魔到了狐狸不得不嚎

ཁྱི་མི་ཟུག་ཀ་མེད་རྐུན་མས་ཐོད་ཚུལ་བྱས།།

ཝ་མི་བརྒྱལ་ཀ་མེད་འདྲེ་མོས་རྣ་རྩ་གཏགས།།

Khyi mi zug ka med rkun mas thod tshul byas

Wa mi brgyal ka med vdre mos rna rtsa gtags

安多藏语甘南牧区方言谚语。流行于以黄河、洮河流域为主的甘南地区。通过细致的观察，以生活中经常出现的普遍现象，反映出凡事都有起因，都有最终结果，遇到险阻必须迎难而上、知难而进，阐明了“世上无难事，只要肯登攀”“有志者，事竟成”这一深邃道理。罗赛搜集、整理，索南龙珠汉译。今藏甘南藏族自治州政协原副主席罗赛处。

（华锐 · 东智）

胡须上结霜，头发里生虱

ཁའི་ཁ་སྤུ་ནང་ལ་བད་བཞག ། མགོའི་ཅོ་ཏོའི་ནང་ལ་ཤིག་འཚངས།།

khavi kha spu nang la bad bzhag

mgovi co tovi nang la shig vtshangs

安多藏语甘南牧区方言谚语。流行于以大夏河、黄河、洮河流域为主的甘南地区。描述人民水深火热的生活，充满了民主进步的思想，严厉谴责了昏君庸臣、巨恶奸敦者，利用手中掌握的权利残酷剥削、横征暴敛、独断专行、残酷无道、耀武扬威、无法无天的卑劣行径。罗赛搜集、整理，索南龙珠汉译。今藏甘南藏族自治州政协原副主席罗赛处。

（华锐 · 东智）

嘴手间的筷子，男女间的孩子

ཁ་ལག་བར་གྱི་ཐུར་མ།། ཕོ་མོའི་བར་གྱི་བུ་ཕྲུག

kha lag bar gyi thur ma pho movi bar gyi bu phrug

安多藏语甘南牧区方言谚语。流行于以大夏河、黄河、洮河流域为主的甘南地区。高度赞美了在生活中互帮互助、团结和睦、公而忘私、平易近人智者的高尚品德。突出了智者德高望重的高尚情操，提醒人们要以“先天下之忧而忧，后天下之乐而乐”。罗赛搜集、整理，索南龙珠汉译。今藏甘南藏族自治州政协原副主席罗赛处。

（华锐 · 东智）

称狗为狮子，呼青蛙为龙王

ཁྱི་མིང་ལ་སེང་གེ་བཏགས།། སྦལ་བ་ལ་ཀླུ་སྐྱབས་བཏགས།།

khyi ming la seng ge btags sbal ba la klu skyabs btags

安多藏语甘南牧区方言谚语。流行于以大夏河、黄河、洮河流域为主的甘南地区。深刻揭露了仗势欺人、浑水摸鱼、徒有虚名伪君子的丑恶嘴脸。讲明了“虚心使人进步，骄傲使人落后”的道理，忠告人们要实事求是、谦虚谨慎，绝不能自欺欺人。罗赛搜集、整理，索南龙珠汉译。今藏甘南藏族自治州政协原副主席罗赛处。

（华锐 · 东智）

嘴里没进一小撮，险些头上挨一箭

ཁ་ལ་ཤིག་ཙམ་མ་ཡོང་གོང་།། མགོ་ལ་མདའ་ཞིག་འཛེར་ཉེན་འོང་།།

kha la shig tsam ma yong gong mgo la

mdav zhig vdzer nyen vong

安多藏语甘南牧区方言谚语。流行于以大夏河、黄河、洮河流域为主的甘南地区。以比较尖刻的语言谴责了只会贪图享受，只顾自己利益，不管别人生死而最终只是自食其果的小人行为，阐明了“便宜是害，萝卜是菜”的道理。罗赛搜集、整理，索南龙珠汉译。今藏甘南藏族自治州

政协原副主席罗赛处。（华锐·东智）

不在说的先后，而在气的长短

ཁའི་སྔ་གཞུག་མ་རེད། དབུགས་ཀྱི་མཐོ་དམན་རེད།

khavi snga gzhug ma red dbugs kyi mtho dman red

安多藏语甘南牧区方言谚语。流行于以大夏河、黄河、洮河流域为主的甘南地区。通过对智者和愚人的论述，并非简单地谈论智者和愚人的智商或者他们处理事情的能力，而是通过他们来剖析人类社会生活中的各种矛盾和问题，借助正确和健康的理智来思考和解决这些矛盾，并运用胜败、优劣、强弱、利弊等的对比，揭示事物发展的客观规律。罗赛搜集、整理，索南龙珠汉译。今藏甘南藏族自治州政协原副主席罗赛处。

（华锐·东智）

爱说闲话的嘴里，别出无尽的狂言

ཁ་ཚོད་མེད་ཀྱི་ནང་ནས། ཚིག་ཚོད་མེད་མ་བཤད།

kha tshod med kyi nang nas tshig tshod med ma bshad

安多藏语甘南牧区方言谚语。流行于以大夏河、黄河、洮河流域为主的甘南地区。针对生活现实，强调人与人之间的关系一定要和睦相处、紧密团结、亲如一家、和蔼相待。批判了无情无义、不讲道德的伪君子，揭示了为人处世，以礼相待的道理。罗赛搜集、整理，索南龙珠汉译。今藏甘南藏族自治州政协原副主席罗赛处。

（华锐·东智）

两狗间扔了骨头，两村间引了挑拨

ཁྱི་འཛིང་བར་ལ་རུས་སྒོང་འཕངས། རུ་སྡེའི་བར་ལ་ཁ་རྫུན་བསྐྱལ།

Khyi vdzing bar la rus sgong vphangs

Ru sdevi bar la kha rdzun bskyal

安多藏语甘南牧区方言谚语。流行于以大夏河、黄河流域为主的甘南地区。针对人世间阿谀敲诈、挑拨离间这一社会现实，愤怒地谴责了那些居心叵测、卑鄙无耻的肮脏心灵。强调人与人之间的关系一定要和睦相处、紧密团结、和蔼相待。罗赛搜集、整理，索南龙珠汉译。今藏甘南藏族自治州政协原副主席罗赛处。（华锐·东智）

在家中是掌柜，对母亲示威风

ཁྱིམ་ཚང་ནང་གི་དཔོན་པོ། ཨ་མའི་སྟེང་གི་དཔའ་བོ།

khym tshang nang gi dpon po a mavi steng gi dpav bo

安多藏语甘南牧区方言谚语。流行于以大夏河、黄河、洮河流域为主的甘南地区。形象生动、活灵活现地描述出了一个欺软怕硬的软骨头形象，进一步验证了“在外是狗，在家是虎”这句藏族谚语。罗赛搜集、整理，索南龙珠汉译。今藏甘南藏族自治州政协原副主席罗赛处。

（华锐·东智）

说话要表里如一，分份要没有大小

ཁ་ཁོག་མེད་པའི་གཏམ་བཤད་དགོས། ཆེ་ཆུང་མེད་པའི་སྐལ་བགོ་དགོས།

Kha khog med pavi gtam bshad dgos

Che chung med pavi skal bgo dgos

安多藏语甘南牧区方言谚语。流行于以大夏河、黄河、洮河流域为主的甘南地区。谚语批判了做事无标准、无规则的愚蠢行为，告诫人们不管做任何事情都必须从实际出发，必须三思而后行，不可盲目行事、麻痹大意，一定要有责任和原则。罗赛搜集、整理，索南龙珠汉译。今藏甘南藏族自治州政协原副主席罗赛处。

（华锐·东智）

家里没有一斤粮，门外却显阔富样

ཁྱིམ་ན་རྒྱ་གང་མེད་ལ། སྒོ་ནས་རྒྱ་འགྱིང་བྱས།

khym na rgya gang med la sgo nas rgya vgying byas

安多藏语甘南牧区方言谚语。流行于以白龙江、洮河流域为主的甘南地区。谚语注意观察现实生活，抓住生活中的细节特点，把一位愚者刻画得栩栩如生，深刻揭露了骄傲自大、华而不实、脆而不坚愚者的虚伪本性，并予嘲讽。教导人们要实事求是，绝不能自欺欺人。罗赛搜集、整理，索南龙珠汉译。今藏甘南藏族自治州政协原副主席罗赛处。（华锐·东智）

老狗老马老山羊，不曾作恶却被众人骂

ཁྱི་རྒན་རྟ་རྒན་ར་རྒན་གསུམ།། ངན་བྱས་ནི་མེད་ཀྱང་ཀུན་གྱིས་དམོད།།

Khyi rgan rta rgan ra rgan gsum

Ngan byas ni med kyang kun gyis dmod

安多藏语甘南牧区方言谚语。流行于以大夏河、黄河、洮河流域为主的甘南地区。教导人们如何处世，如何做人。尤其强调人的品行、道德的重要性，规劝人们树立良好道德观、生活观。生动活泼、有声有色，充满了生活情趣。罗赛搜集、整理，索南龙珠汉译。今藏甘南藏族自治州政协原副主席罗赛处。（华锐・东智）

善说者为百人官，巧手者为百人侍

ཁ་བདེ་ན་མི་བརྒྱའི་དཔོན་པོ་ཡིན།། ལག་བདེ་ན་མི་བརྒྱའི་གཡོག་པོ་ཡིན།།

kha bde na mi brgyavi dpon po yin

lag bde na mi brgyavi gyog po yin

安多藏语甘南牧区方言谚语。流行于以大夏河、黄河、洮河流域为主的甘南地区。一方面热情赞美了那些“吐一言可以匡俗振民”的奇才绝学，一议可以固邦兴国的大学者，另一方面赞美了劳动，歌颂了勤快，并赞美了劳动人民勤劳朴实的高尚品德。罗赛搜集、整理，索南龙珠汉译。今藏甘南藏族自治州政协原副主席罗赛处。

（华锐・东智）

是黑色乌鸦的罪孽，却把喜鹊弄成了花色

ཁྭ་ཏ་ནག་པོའི་སྡིག་སྒྲིབ་ཀྱིས།། སྐྱ་ཀ་ཁྲ་མོ་ཁྲ་ཁྲའི་ལིག །

khwa ta nag povi sdig sgrib kyis skya ka

khra mo khra khravi lig

安多藏语甘南牧区方言谚语。流行于以白龙江、洮河流域为主的甘南地区。倡导人们不要嫁祸于人，要亲近善人，远离恶人；同心同德、众志成城，团结友爱、互助互帮才是做人的本质，也是智慧和力量的源泉。罗赛搜集、整理，索南龙珠汉译。今藏甘南藏族自治州政协原副主席罗赛处。（华锐・东智）

出口之言，脱缰之马

ཁ་ནས་བཤད་བཏང་ནས་ཚིག ། ལག་ནས་ཤོར་སོང་ནས་རྟ།།

kha nas bshad btang nas tshig lag nas shor song nas rta

安多藏语甘南牧区方言谚语。流行于以大夏河、黄河流域为主的甘南地区。已经出口的语言无法收回，已经脱缰的野马无法约束。谚语积极劝导人们在生活中要谦虚谨慎，要言而有信，不可自以为是、妄自尊大，阐明了“话未出口先考虑，鸟未展翅先鼓翼”的道理。罗赛搜集、整理，索南龙珠汉译。今藏甘南藏族自治州政协原副主席罗赛处。

（华锐・东智）

征服三界的君主，超度亡灵的上师

ཁམས་གསུམ་དབང་དུ་སྡུད་པའི་རྒྱལ་པོ།།

ཕྱི་མར་རྣམ་ཤེས་འདྲེན་པའི་བླ་མ།།

Khams gsum dbang du sdud pavi rgyal po

Phyi mar rnam shes vdren pavi bla ma

安多藏语甘南牧区方言谚语。流行于以大夏河、黄河、洮河流域为主的甘南地区。良臣在位，尊之荣之；博学之士，敬而尊之。谚语一方面赞美了忠诚老实、公正廉洁、心地善良、品学兼优的君主，另一方面也歌颂了那些虚怀若谷、乐善好施的高僧大德。罗赛搜集、整理，索南龙珠汉译。今藏甘南藏族自治州政协原副主席罗赛处。

（华锐・东智）

许下的诺言，怀中的干粮

ཁས་བླངས་པའི་ཁུར་བོ།། རུམ་གྱི་བླངས་པའི་བྲོ་ཁ།།

khas blangs pavi khur bo rum gyi blangs pavi bro kha

安多藏语甘南牧区方言谚语。流行于以白龙江、洮河流域为主的甘南地区。世间诸事皆非单纯地存在，而是互相关联，犹如锁链一环紧扣一环。若做事麻痹大意、胡言乱语，“一棋不慎，满盘皆输”，往往会影响到许多大事情的实施，就像怀中的干粮不能丢失一样重要。阐明了“一言既出，驷马难追”的道理。罗赛搜集、整理，索南龙珠汉译。今藏甘南藏族自治州政协原副主席罗赛处。

（华锐・东智）

有嘴没说话的权利，有眼没看的权利

ཁ་ཡོད་ནས་བཤད་དབང་མེད།། མིག་ཡོད་ནས་ཅེར་དབང་མེད།།

kha yod nas bshad dbang med mig yod nas cer dbang med

安多藏语甘南牧区方言谚语。流行于以大夏河、黄河、洮河流域为主的甘南地区。谴责了过去藏族社会的封建势力对广大百姓的残酷压迫和对人身自由的约束管制，严厉批判了那些“只许州官放火，不许百姓点灯”的霸道行为。罗赛搜集、整理，索南龙珠汉译。今藏甘南藏族自治州政协原副主席罗赛处。（华锐·东智）

心灵思辨敏，嘴巧言词通

ཁོག་མཁས་ན་དཔྱད་པ་ངར།། ཁ་མཁས་ན་ཚིག་རྐང་བདེ།།

khog mkhas na dpyad pa ngar kha mkhas na tshig rkang bde

安多藏语甘南牧区方言谚语。流行于以大夏河、黄河、洮河流域为主的甘南地区。真正的智者是一切学问的宝库，他们精勤收集众多善说，犹如大海是一切江河之库，所以百川都要汇入大海一样。说明如果具有广博精深的智慧，任何事情都可顺理成章。罗赛搜集、整理，索南龙珠汉译。今藏甘南藏族自治州政协原副主席罗赛处。

（华锐·东智）

巧嘴不是智者，灵心才是智者

ཁ་མཁས་ན་མཁས་པ་མིན།། ཁོག་མཁས་ན་མཁས་པ་ཡིན།།

kha mkhas na mkhas pa min khog mkhas na mkhas pa yin

安多藏语甘南牧区方言谚语。流行于以大夏河、黄河、洮河流域为主的甘南地区。批驳了在生活和工作中只是夸夸其谈、华而不实、弄虚作假、鲁钝无学、胸无点墨又刚愎武断伪君子的肮脏嘴脸，阐明了心灵美的重要性。罗赛搜集、整理，索南龙珠汉译。今藏甘南藏族自治州政协原副主席罗赛处。（华锐·东智）

勿向口是心非者求智略，勿向满腹谎言者问问题

ཁ་འཇམ་ཁོག་བཙོག་ཅན་ལ་བློ་མ་འདྲི།།
ངན་པ་རྫུན་ཚིག་ཅན་ལ་གཏམ་མ་འདྲི།།

Kha vjam khog btsog can la blo ma vdri

Ngan pa rdzun tshig can la gtam ma vdri

安多藏语甘南牧区方言谚语。流行于以大夏河、黄河、洮河流域为主的甘南地区。极力批判了口是心非、满腹谎言的伪君子，教导人们在生活中应当远离小人，依靠和亲近功德圆满的正士，结交智慧而正直平凡的人。罗赛搜集、整理，索南龙珠汉译。今藏甘南藏族自治州政协原副主席罗赛处。（华锐·东智）

乌鸦养子越养越黑，喜鹊养子越养越花

ཁྭ་ཏས་བུ་གསོས་ནས་ཇེ་ནག། སྐྱ་ཀས་བུ་གསོས་ནས་ཇེ་ཁྲ།།

khea tas bu gsos nas je nag skya kas bu gsos nas je khra

安多藏语甘南牧区方言谚语。流行于以白龙江、洮河流域为主的甘南地区。近朱者赤，近墨者黑，从善成善，随盗成盗。通过自然界动物的生长特点，从常见的自然现象中说明了“种瓜得瓜，种豆得豆”的深邃哲理。罗赛搜集、整理，索南龙珠汉译。今藏甘南藏族自治州政协原副主席罗赛处。（华锐·东智）

老狗卧在门口，巧碰滚来食物

ཁྱི་རྒན་སྒོ་ཁར་ཉུལ་ནི།། རྩམ་སྒོང་སྒོ་ཁར་འགྲིལ་ནི།།

khyi rgan sgo khar nyul ni rtsam sgong sgo khar vgil ni

安多藏语甘南牧区方言谚语。流行于以大夏河、黄河、洮河流域为主的甘南地区。聪明的人能依靠智慧来保护自己，虽然有许多艰难险阻甚至穷苦潦倒也不苟且偷生。谚语告诫人们智慧和勤劳是人类精神领域中的瑰宝，缺乏勤劳和智慧的灵魂是僵死的灵魂，但若以学问来加以充实，它就能恢复生机，犹如雨水浇灌的土地。罗赛搜集、整理，索南龙珠汉译。今藏甘南藏族自治州政协原副主席罗赛处。（华锐·东智）

嘴里虽不会吐一词，肚中却能消铁

ཁ་ནས་ཚིག་མི་འཁྱོལ་ཀྱང་།། ཁོག་ནས་ལྕགས་ཆོད་ལ།།

kha nas tshig mi vkhyol kyang khog nas lcags chod la

安多藏语甘南牧区方言谚语。流行于以大夏河、黄河、洮河流域为主的甘南地区。在生活中，人与人之间因一些小小的摩擦而生起是非争端时，一般的人对这些束手无策，只有智者才能理智地予以平息，或化干戈为玉帛，或调停争端，求同存异。谚语不但强调了知识的重要性，而且阐明了“宰相肚里能乘船”的道理。罗赛搜集、整理，索南龙珠汉译。今藏甘南藏族自治州政协原副主席罗赛处。（华锐·东智）

嘴巴不闲，食物不进

ཁ་དལ་རྒྱུ་མེད།། ཁོག་འབེབ་རྒྱུ་མེད།།

kha dal rgyu med khog vbeb rgyu med

安多藏语甘南牧区方言谚语。流行于以大夏河、黄河、洮河流域为主的甘南地区。生动地描述了一个愚者的形象，提醒人们如果让愚者去办事情，非但不能成功，反而会毁坏自己。愚笨人做事情的结局不仅将事情败坏，而且还毁坏自己和他人，其结果定是两败俱伤，甚至会“不进食”而丢掉性命。罗赛搜集、整理，索南龙珠汉译。今藏甘南藏族自治州政协原副主席罗赛处。

（华锐·东智）

嘴紧祸少

ཁ་རིན་པོ་ཆེ།། ལུས་བདེ་རུ་ཆུགས།།

kha rin po che lus bde ru chugs

安多藏语甘南牧区方言谚语。流行于以大夏河、黄河流域为主的甘南地区。教导人们刚正不阿、心底坦荡的智者常以己心度他腹，思善择善，即使有时中人奸计而身陷危谷，但于大的事情上却能坚定不移地走自己的路、做自己该做的事，绝不含糊。罗赛搜集、整理，索南龙珠汉译。今藏甘南藏族自治州政协原副主席罗赛处。

（华锐·东智）

嘴巧词句缀修辞，手巧能鳄鱼变画纹

ཁ་བདེ་ན་རིན་ཆེན་ཚིག་ལ་མགོ་རྒྱན་འདོགས།།
ལག་བདེ་ན་ཆུ་སྲིན་ཛ་མ་པ་ཏྲ་འབྲི།།

Kha bde na rin chen tshig la mgo rgyan vdogs
Lag bde na chu srin rnga ma pa tra vbri

安多藏语甘南牧区方言谚语。流行于以大夏河、黄河、洮河流域为主的甘南地区。聪明的人精勤学习所有知识，且深入究竟地通达一门，依靠这一门学问也就能通晓一切世间事。愚者虽然见多识广，但未能精通其中一门，即如满天的星光却不能照明一样。阐明了“熟能生巧”的哲理。罗赛搜集、整理，索南龙珠汉译。今藏甘南藏族自治州政协原副主席罗赛处。（华锐·东智）

具贤正善的上师少，断贪嗔痴的官人少

མཁས་བཙུན་བཟང་གསུམ་འཛོམས་པའི་བླ་མ་དཀོན།།
ཉོན་མོངས་དུག་གསུམ་སེལ་པའི་དཔོན་པོ་དཀོན།།

Mkhas btsun bzang gsum vdzoms pavi bla ma dkon
Nyon mongs dug gsum sel pavi dpon po dkon

安多藏语甘南牧区方言谚语。流行于以大夏河、黄河流域为主的甘南地区。告诫人们作为上师必须博学广闻，否则他就会走向衰败。一个贤明的君主若能依法执政，那么他的国家必定会兴旺发达。如果上师、君主既不依佛法也不依世间法规治理国家，则此国定会逐渐衰败。罗赛搜集、整理，索南龙珠汉译。今藏甘南藏族自治州政协原副主席罗赛处。（华锐·东智）

巧嘴者来堵嘴，有势者来掠抢

ཁ་ཅན་ཡོང་ནས་ཁ་སུབ་བྱས།། དབང་ཅན་ཡོང་ནས་ལག་ནས་འཕྲོག །

Kha can yong nas kha sub byas
Dbang can yong nas lag nas bphrog

安多藏语甘南牧区方言谚语。流行于以大夏河、黄河流域为主的甘南地区。以尖刻的语词强烈谴责了口是心非、心怀叵测，善于挑拨离间、以强食弱、欺软怕硬的小人和残暴者的丑恶嘴脸、恶劣行为。教导人们要同情弱者，抵制强暴。罗赛搜集、整理，索南龙珠汉译。今藏甘南藏族自治州政协原副主席罗赛处。（华锐·东智）

血肿要干枯，脓肿要刺破

ཁྲག་སྐྲན་སྐམ་དགོས།། རྣག་སྐྲན་གཏར་དགོས།།

Khrag skran skam dgos rnag skran dtar dgos

安多藏语甘南牧区方言谚语。流行于以甘南地区为主的甘、青、川交界地区。紧密结合生活实际，通过对现实生活中普遍现象的描述，反映出了事物的本质，解释了事物在发展过程中的规律。罗赛搜集、整理，索南龙珠汉译。今藏甘南藏族自治州政协原副主席罗赛处。（华锐·东智）

嘴上的功夫能把大象吞食，手上的功夫却抓不了一只蚯蚓

ཁ་ནས་བཤད་ན་གླང་ཆེན་ཡིན་ཡང་མིད་འཇོག །
ལག་ལ་བཞག་ན་འབུ་ཀྱོག་ཡིན་ཡང་ཤོར་འགྲོ།

Kha nas bshad na glang chen yin yang mid vjog
Lag la bzhag na vbu kyog yin yang shor vgro

安多藏语甘南牧区方言谚语。流行于以大夏河、黄河、洮河流域为主的甘南地区。过分狂妄自大的人，将会接连不断地遭受诸多痛苦。正如狮子极其傲慢的缘故，而被狡猾的狐狸利用，让它背大象的尸体。在嫉妒和傲慢恶魔的毒害下，人会显得狂妄自大、目空一切，由此便会遭受诸多痛苦。告诫人们要从实际出发，实事求是。罗赛搜集、整理，索南龙珠汉译。今藏甘南藏族自治州政协原副主席罗赛处。（华锐·东智）

嘴里好运骏马奔腾，饮食财源鲜奶滚滚

ཁ་ལས་རླུང་རྟ་རྟ་རྒོད་རྒྱུག་རྒྱུག ། ཁ་ཟས་ལོངས་སྤྱོད་འོ་མ་འཕྱུར་འཕྱུར།།

Kha las rlung rta rta rgod rgyug rgyug
Kha zas longs spyod vo ma bphyur vphyur

安多藏语甘南牧区方言谚语。流行于以大夏河、黄河流域为主的甘南地区。反映藏族勤劳善良、同甘共苦、互助互爱的传统美德，同时阐明广大人民群众渴望幸福美满、吉祥安康生活的美好愿望。罗赛搜集、整理，索南龙珠汉译。今藏甘南藏族自治州政协原副主席罗赛处。

（华锐·东智）

灵快母狗能自养，灵快野兔能自救

ཁྱི་མོ་མགྱོགས་པས་རང་ཁ་གསོས།། རི་བོང་མགྱོགས་པས་རང་སྲོག་བསྐྱབས།།

Khyi mo mgyogs pas rang kha gsos
Ri bong mgyogs pas rang srog bskyabs

安多藏语甘南牧区方言谚语。流行于以大夏河、黄河、洮河流域为主的甘南地区。反映藏族人民勤劳质朴、勤俭持家的高尚品德，高度赞美劳动者的美德，教导人们要用自己辛勤的双手来创造幸福美好的生活。罗赛搜集、整理，索南龙珠汉译。今藏甘南藏族自治州政协原副主席罗赛处。

（华锐·东智）

一口别出两样话，一心别想两样计

ཁ་གཅིག་གི་ནང་ནས་ཚིག་གཉིས་མ་བཤད།།
སེམས་གཅིག་གི་ནང་ནས་བློ་གཉིས་མ་དྲན།།

Kha gcig gi nang nas tshig gnyis ma bshad
Sems gcig gi nang nas blo gnyis ma dran

安多藏语甘南牧区方言谚语。流行于以大夏河、黄河、洮河流域为主的甘南地区。严厉谴责了全身心地投入尔虞我诈、钩心斗角的肮脏行为。他们已被恶魔厚利诱导，必堕恶道，是愚笨至极的做法，常常是“聪明反被聪明误”。罗赛搜集、整理，索南龙珠汉译。今藏甘南藏族自治州政协原副主席罗赛处。（华锐·东智）

无门之嘴，别出空话

ཁ་སྒོ་མེད་ནང་ནས།། ཚིག་མདོ་མེད་མ་བཤད།།

Kha sgo med nang nas Tshig mdo med ma bshad

安多藏语甘南牧区方言谚语。流行于以大夏河、黄河、洮河流域为主的甘南地区。说明了这样一个道理：一个无学问的愚者若想以谎言诱惑他人，说过一次妄语，此后就是他讲实话别人也会产生怀疑。其结果是自己常常遭到别人诽谤或被他人欺骗，诱哄他人即是欺骗自己。一些愚笨的人不懂得此理，有事无事经常用谎言欺诱他人，并引以为乐。罗赛搜集、整理，索南龙珠汉译。今藏甘南藏族自治州政协原副主席罗赛处。

（华锐·东智）

别信任那无耻之徒，别存食于乞丐之手

ཁྲེལ་མེད་ལ་བློ་མ་གཏོད༎ སྦྲང་བོ་ལ་ཟས་མ་བཅོལ༎

khrel med la blo ma gtod sbrang bo la zas ma bcol

安多藏语甘南牧区方言谚语。流行于以大夏河、黄河、洮河流域为主的甘南地区。无耻狡诈的恶者做事时不择手段，他们察言观色，利用花言巧语，最终达到邪恶的目。乞丐享受布施，食物唾手可得，无须勤作。严厉批驳了恶劣狡猾、心无廉耻的思想行为。罗赛搜集、整理，索南龙珠汉译。今藏甘南藏族自治州政协原副主席罗赛处。

（华锐·东智）

运气要好，心口要和

ཁ་ལས་རླུང་རྟ་དར་དགོས༎ ཁ་སེམས་ཁོག་པ་མཐུན་དགོས༎

kha las rlung rta dar dgos kha sems khog pa mthun dgos

安多藏语甘南牧区方言谚语。流行于以大夏河、黄河、洮河流域为主的甘南地区。记述藏族古老传统的文化，强调心平气和、一心一意的重要性，教导人们要精诚团结、众志成城，阐明了“心宽才能体胖”的道理。罗赛搜集、整理，索南龙珠汉译。今藏甘南藏族自治州政协原副主席罗赛处。

（华锐·东智）

同一张嘴里要有两头舌，同一颗心里谋两种计

ཁ་གཅིག་གི་ནང་ནས་ལྕེ་གཉིས་གཡུག །
སེམས་གཅིག་གི་ནང་ནས་བློ་གཉིས་དྲན༎

Kha gcig gi nang nas lce gnyis gyug
Sems gcig gi nang nas blo gnyis dran

安多藏语甘南牧区方言谚语。流行于以大夏河、黄河、洮河流域为主的甘南地区。揭露心怀鬼胎小人的本质：在心里思维盘算一件事情，而嘴上却另说一件事情，这样的人就称为狡猾者，也是愚笨的人伪装智者的伎俩。企图蒙骗别人以期达到自己预定的目的，即狡猾者的本性。“口是心非”的狡诈者装腔作势害人不成反害己，阐明了“聪明反被聪明误”的道理。罗赛搜集、整理，索南龙珠汉译。今藏甘南藏族自治州政协原副主席罗赛处。

（华锐·东智）

奖励强盗，放生野狼

ཁྲམ་པ་དཔའ་དར་བྱིན༎ སྤྱང་ཀི་ཚེ་ཐར་བཏང་༎

khram pa dpav dar byin spyang ki tshe thar btang

安多藏语甘南牧区方言谚语。流行于以拉卜楞地区为主的甘南地区。极力地批判了利用手中掌握的权力，独断专行、残酷无道、耀武扬威、无法无天，祸国殃民、背信弃义、违背客观规律办事的君主和官吏的卑劣行径。罗赛搜集、整理，索南龙珠汉译。今藏甘南藏族自治州政协原副主席罗赛处。

（华锐·东智）

若用真言对话像人，若用木棍示威则像狗

ཁོག་ཚིག་བཤད་ན་མི་དང་འདྲ༎ དབྱུག་པ་བསྟན་ན་ཁྱི་དང་འདྲ༎

khog tshig bshad na mi dang vdra
dbyug pa bstan na khyi dang vdra

安多藏语甘南牧区方言谚语。流行于以白龙江、洮河流域为主的甘南地区。智者看到某些卑劣勾当、恶劣言行惑导众生身陷危谷之时，便以良言相劝，只要改恶向善、恭敬忏悔，怒气即会烟消云散，决不用棍棒来向对方示威。谚语赞美了智者，鞭策了愚者。罗赛搜集、整理，索南龙珠汉译。今藏甘南藏族自治州政协原副主席罗赛处。

（华锐·东智）

口出的狂言，传遍了山野

ཁ་ཤེད་ཕུད་ནས་སྟོང་གཏམ་གཤེ༎ ཚིག་སྟོང་རྫ་མགོ་རི་མགོར་འཁྱམས༎

Kha shed phud nas stong gtam gshe
Tshig stong rdza mgo ri mgor vkhyams

安多藏语甘南牧区方言谚语。流行于以大夏河、黄河、洮河流域为主的甘南地区。傲慢会使人变得无知，无止境的贪欲则会使人变得寡廉鲜耻。如果自傲而轻人、自信而自满，即已将自己封闭，不向外面吸收可贵的精神食粮；这种人除了自己以外，眼中看不见别人，久而久之臭名远扬，最后成为人人唾弃的愚人。罗赛搜集、整理，索南龙珠汉译。今藏甘南藏族自治州政协原副主席罗赛处。

（华锐·东智）

狗在山沟里偷偷地死去，
盘羊却会在悬崖壮观地死去

ཁྱི་ཤི་གད་པར་ལྐོག་འཆི།། གནའ་ཤི་བྲག་གཟར་ངོས་འཆི།།

khyi shi gad par lkog vchi gnav shi brag gzar ngos vchi

安多藏语甘南牧区方言谚语。流行于以白龙江、洮河流域为主的甘南地区。通过观察和描写自然界动物的生活气息，说明生存的环境不同就有不同的生死方式。一方面说明了环境对生存者所起的重要作用，另一方面阐明了不同事物发展演变后的不同规律。罗赛搜集、整理，索南龙珠汉译。今藏甘南藏族自治州政协原副主席罗赛处。

（华锐・东智）

利益和好处给别人，损失和困难自己担

ཁེ་དང་རྒྱལ་ཁ་གཞན་ལ་ཤོར།། གྱོང་དང་ཕམ་ཁ་རང་གི་ཁུར།།

Khe dang rgyal kha gzhan la shor

Gyong dang pham kha rang gi khur

安多藏语甘南牧区方言谚语。流行于以大夏河、黄河、洮河流域为主的甘南地区。赞美受施不忘报、受益不忘恩、受欺不怒、公而忘私、平易近人的智者的高尚品德，突出伟大者不计个人得失的高尚情操，提醒人们要以“先天下之忧而忧，后天下之乐而乐”。从中揭示了为人处世以礼相待的道理。罗赛搜集、整理，索南龙珠汉译。今藏甘南藏族自治州政协原副主席罗赛处。

（华锐・东智）

闲谈耗费时光，指头尖上杀野牛

ཁ་ལབ་འཐེན་ནས་ཉི་མ་ཕུད།། སེན་མོའི་ཐོག་ནས་འབྲོང་གཡག་གསོད།།

Kha lab vthen nas nyi ma phud

Sen movi thog nas vbrong gyag gsod

安多藏语甘南牧区方言谚语。流行于以大夏河、黄河、洮河流域为主的甘南地区。批判了懒惰者终日无济于事、虚度时光、无所作为的可耻行为，教导人们要珍惜时光、奋发图强，阐明了“一寸光阴一寸金，寸金难买寸光阴”的深刻道理。罗赛搜集、整理，索南龙珠汉译。今藏甘南藏族自治州政协原副主席罗赛处。（华锐・东智）

贤者会同贤者显尊贵，愚者闭嘴无言显美德

མཁས་པ་མཁས་པའི་དྲུང་ན་མཛེས།། གླེན་པས་ཁ་བཙུམ་བསྡད་ན་མཛེས།།

Mkhas pa mkhas pavi frung na mdzes

Glen pas kha btsum bsdad na mdzes

安多藏语甘南牧区方言谚语。流行于以大夏河、黄河、洮河流域为主的甘南地区。在处理一件事情的时候，如果智者与智者相处共事，则能如虎添翼，显出超人的能力。愚者虽然一无所知，但少言寡语、心平气和、口无狂言也是一种美德。阐明了任何事情都有两面性和“伟大寓于平凡之中”的深邃道理。罗赛搜集、整理，索南龙珠汉译。今藏甘南藏族自治州政协原副主席罗赛处。

（华锐・东智）

一口气温度的持续时间，被鸟翅遮的时间

ཁ་རླངས་ཞིག་གི་དྲོ་ཚད།། བྱ་གྲིབ་ཞིག་གི་འཁྱག་ཚད།།

Kha rlangs zhig gi dro tshad

Bya grib zhig gi vkhyag tshad

安多藏语甘南牧区方言谚语。流行于以大夏河、黄河、洮河流域为主的甘南地区。通过对世间客观存在的现象的描述，反映了事物生存的客观规律。罗赛搜集、整理，索南龙珠汉译。今藏甘南藏族自治州政协原副主席罗赛处。

（华锐・东智）

利益给你，损失我担

ཁེ་དང་རྒྱལ་ཁ་ཁྱོད་བྱོས།། གྱོང་དང་ཕམ་ཁ་ངས་འཁུར།།

khe dang rgyal kha khyod byos gyong dang pham kha ngas vkhur

安多藏语甘南牧区方言谚语。流行于以大夏河、黄河、洮河流域为主的甘南地区。把团结互助、和睦相处，敬老尊长、知恩图报、清心寡欲、知足常乐等作为社会伦理道德的一个重要方面而加以提倡和赞美。教导人们要发扬大公无私、舍己救人的传统美德。罗赛搜集、整理，索南龙珠汉译。今藏甘南藏族自治州政协原副主席罗赛处。

（华锐・东智）

你不该从陡峭的山观看，我不该在阴沉的山谈论

ཁོས་ཁྲ་ཡག་རྫ་ནས་ལྟ་དོན་མེད།། ངས་སྨུག་ཆུང་རི་ནས་གླེ་དོན་མེད།།

Khos khra yag rdza nas lta don med

Ngas smug chung ri nas gle don med

安多藏语甘南牧区方言谚语。流行于以白龙江、洮河流域为主的甘南地区。通过对险峻恶劣自然现象的描述，说明了人们处境的恐惧，阐述了安居才能乐业的道理，同时倡导人们要尽力避免灾难，不要做无意义的事。罗赛搜集、整理，索南龙珠汉译。今藏甘南藏族自治州政协原副主席罗赛处。（华锐・东智）

砌四角墙要根基牢，吃五味菜要肠胃好

མཁར་གྲུ་བཞི་བརྩིགས་ན་རྒྱང་རྩ་བརྟན་དགོས།།
ཟས་སྣ་ལྔ་ཟོས་ན་འབྱུང་བཞི་བདེ་དགོས།།

Mkhar gru bzhi brtsigs na gyang rtsa brtan dgos

Zas sna lnga zos na vbyung bzhi bde dgos

安多藏语甘南牧区方言谚语。流行于以白龙江、洮河流域为主的甘南地区。一方面教导人们做任何事情时坚实的基础是成败的关键，另一方面也强调了从实际出发、实事求是的重要性，阐明了“万丈高楼平地起”和以“量力而行”的辩证关系。罗赛搜集、整理，索南龙珠汉译。今藏甘南藏族自治州政协原副主席罗赛处。（华锐・东智）

狗不吃的食物扔一旁，不悦耳的话在背后论

ཁྱིམ་མི་ཟ་བའི་ཟས་ལག་ལ་གཡུག །
མིས་མི་འདོད་པའི་ཚིག་ལྐོག་ནས་བཤད།།

Khyim mi za bavi zas lag la gyug

Mis mi vdod pavi tshig lkog nas bshad

安多藏语甘南牧区方言谚语。流行于以甘南广大藏区为主的甘、青、川交界地区。教育人们要远离挑拨离间、口是心非的小人，热情地歌颂和赞美了真善美，辛辣地嘲讽和驳斥了假恶丑，充分体现了藏族人民的审美情趣、审美理想和审美标准。罗赛搜集、整理，索南龙珠汉译。今藏甘南藏族自治州政协原副主席罗赛处。（华锐・东智）

红舌不沾水，刀口血不干

ཁ་ལྕེ་དམར་པོ་ཆུ་མི་འགོ།། གྲི་ཆུང་ཁ་ནས་ཁྲག་མི་སྐམ།།

kha lce dmar bo chu mi vgo ni

gri chung kha nas khrag mi skam ni

安多藏语甘南牧区方言谚语。流行于以大夏河、黄河、洮河流域为主的甘南地区。通过联想生活实际，从简单的事例中阐明了事物在产生、发展和演变过程中相互联系、互相制约和“你中有我，我中有你”的普遍现象。罗赛搜集、整理，索南龙珠汉译。今藏甘南藏族自治州政协原副主席罗赛处。（华锐・东智）

嘴不灵说错话，手不灵出差错

ཁ་མ་བདེ་ན་ཚིག་གིས་རྫོད།། ལག་མ་བདེ་ན་རང་ཐུང་འཆོར།།

Kha ma bde na tshig gis rdzod

Lag ma bde na rang thung vchor

安多藏语甘南牧区方言谚语。流行于以大夏河、黄河、洮河流域为主的甘南地区。强调了劳动、学习和智慧的重要性，在贬低一无所知、孤陋寡闻愚者的同时，高度赞美了学识渊博的智者。罗赛搜集、整理，索南龙珠汉译。今藏甘南藏族自治州政协原副主席罗赛处。（华锐・东智）

家中所有东西是旧的，口中讲出的都是空的

ཁྱིམ་ན་ཡོད་ཡོད་པོ་རྙིང་བ་རེད།། ཁ་ནས་བཤད་བཤད་པོ་སྟོང་བ་རེད།།

Khym na yod yod po rnying ba red

Kha nas bshad bshad po stong ba red

安多藏语甘南牧区方言谚语。流行于以大夏河、黄河、洮河流域为主的甘南地区。一方面严厉讽刺了好吃懒做、贫困潦倒懒惰者的丑恶嘴脸，另一方面极力谴责了妄自尊大、华而不实的伪君子的虚伪本质。阐明了“一无所有”的深刻内涵。罗赛搜集、整理，索南龙珠汉译。今藏甘南藏族自治州政协原副主席罗赛处。（华锐・东智）

受惊流不出泪水，悲伤分不清喜怒

འཁུམས་པས་སེམས་ན་གཙང་པོ་སྐམ།། སྨྲེང་བས་སེམས་དབྱར་དགུན་མེད།།

Vkhums pas sems na gtsang bo skam

Smreng bas sems dbyar dgun med

安多藏语甘南牧区方言谚语。流行于以大夏

河、黄河、洮河流域为主的甘南地区。通过细致地观察生活现象，总结出了人们喜怒哀乐时的不同反应和心理状态。同时，说明了世间诸多事情产生、发展和演变的普遍规律。罗赛搜集、整理，索南龙珠汉译。今藏甘南藏族自治州政协原副主席罗赛处。（华锐·东智）

没找着立足的家，没找着立桩的地

འཁོར་བ་འཛིན་སའི་གནས་མ་རྙེད།། ཕུར་བ་གདབ་སའི་ས་མ་རྙེད།།

Vkhor ba vdzin savi gnas ma rnyed

Phur ba gdab savi sa ma rnyed

安多藏语甘南牧区方言谚语。流行于以大夏河、白龙江、洮河流域为主的甘南地区。教诲人们无论做何事都需要付出艰辛的劳动。从反面论述了生活的艰辛，勉励人们发扬勤学不倦、持之以恒的精神。阐明了“有志者，事竟成”的道理。罗赛搜集、整理，索南龙珠汉译。今藏甘南藏族自治州政协原副主席罗赛处。（华锐·东智）

有背垫宝座上的上师在讲法，有花纹坐垫上的头人在训话

ཁྲི་རྒྱབ་ཡོལ་ཅན་གྱི་སྟེང་བླ་མ་བཞུགས་ནས་ཆོས་གསུང་།།

གདན་ཐིག་ལེ་ཅན་གྱི་སྟེང་དཔོན་པོ་བསྡད་ནས་གཏམ་གཤེ།།

Khri rgyab yol can gyi steng bla ma bzhugs nas chos gsung

Gdan thig le can gyi steng dpon po bsdad nas gtam gshe

安多藏语甘南牧区方言谚语。流行于以大夏河、黄河流域为主的甘南地区。在揭露和批判腐化堕落生活的同时，提醒劳动人民毋受统治者的任意支配，争取自由，不信天命，独立自主。谚语智谋远虑，真知灼见，充满了要求和谐民主的思想，对历史和社会现象洞若观火、明察秋毫。罗赛搜集、整理，索南龙珠汉译。今藏甘南藏族自治州政协原副主席罗赛处。（华锐·东智）

若说你骑青龙上了天，我会心起忌讳把灰泼

ཁྱོས་གཡུ་འབྲུག་ཞོན་ནས་དགུང་ལ་འཕུར་ཟེར་ན།།

ང་རྣམ་རྟོག་ལངས་ནས་ཐལ་བ་ལོས་གཙུབ།།

Khyos gyu vbrug zhon nas dgung la vphur zer na

Nga rnam rtog langs nas thal ba los gtsub

安多藏语甘南牧区方言谚语。流行于以大夏河、黄河流域为主的甘南地区。一方面讥笑了夸夸其谈、华而不实、自吹自擂的傲慢者的行为，另一方面也谴责了嫉妒憎恨、反复无常的小人的丑恶，教导人们要谦虚谨慎、和谐文明。罗赛搜集、整理，索南龙珠汉译。今藏甘南藏族自治州政协原副主席罗赛处。（华锐·东智）

直言相劝一脸怒，暗里贿赂眉飞笑

ཁ་སེམས་ཕུད་ནས་བཤད་ན་ངོ་མདངས་གཞོབ་འཐུལ་ལེ།།

ཕུ་ཐུང་ལྐོག་དངུལ་བསྟན་ན་ངོ་མདངས་འཛུམ་དམལ་ལེ།།

Kha sems phud nas bshad na ngo mdangs gzhob vthul le

Phu thung lkog dthul bstan na ngo mdangs vdzum dmal le

安多藏语甘南牧区方言谚语。流行于以大夏河、黄河、洮河流域为主的甘南地区。具有极强的哲理，一针见血地批驳了喜欢阿谀奉承、贪污盗窃、投机倒把贪婪者的丑恶嘴脸，深刻阐明了“良药苦口利于病，忠言逆耳利于行”的深邃道理。罗赛搜集、整理，索南龙珠汉译。今藏甘南藏族自治州政协原副主席罗赛处。（华锐·东智）

贤者言如穿珍珠，越穿越长越美丽

མཁས་པས་གཏམ་བཤད་ན་མུ་ཏིག་དར་སྐུད་རྒྱུན་འདྲ།།

རྒྱུན་ཀིན་རྒྱུན་ཀིན་ཇེ་རིང་ར་ཇེ་ཡག །

Mkhas pas gtam bshad na mu tig dar skud rgyun vdra

Rgyun kin rgyun kin je ring ra je yag

安多藏语甘南牧区方言谚语。流行于以大夏河、黄河、洮河流域为主的甘南地区。贤者具有智慧和崇高的人格，以及广利群生的大悲心，这样的人一旦为官，必定能对国家的建设、社会的发展做出巨大贡献，又能使百姓安居乐业，会使所在的境域增添吉祥，自然会使国富民强、幸福安康，可谓“上益于国，下利于民”。罗赛搜集、整理，索南龙珠汉译。今藏甘南藏族自治州政协原副主席罗赛处。（华锐·东智）

商贩赶驴般会遇好运，父母养子般照料会走运

ཁེ་བས་བོང་རྒན་འདེད་འདེད་བྱས་ན་ཁ་དྲོ་མང་།།
ཕ་མས་བུ་ཕྲུག་སྐྱོང་སྐྱོང་བྱས་ན་མ་བཟང་མང་།།

Khe bas bong rgan vded vded byas na kha dro mang
Pha mas bu phrug skyong skyong byas na ma bzang mang

安多藏语甘南牧区方言谚语。流行于以大夏河、黄河、洮河流域为主的甘南地区。常言道：“命穷福薄，烧开水粘锅。”谚语在批判不劳而获，不主动掌握自己命运者的同时，高度赞美了劳动者的勤劳。阐明了“劳动创造一切”的道理。罗赛搜集、整理，索南龙珠汉译。今藏甘南藏族自治州政协原副主席罗赛处。（华锐·东智）

好心相劝三句话，诚心献给白哈达

ཁ་སེམས་དཀར་བོས་ཚིག་གསུམ་བཤད།། ཁ་དག་ལྷ་རྫས་དཀར་པོ་འཐེན།།

Kha sems dkar bos tshig gsum bshad
Kha dag lha rdzas dkar po vthen

安多藏语甘南牧区方言谚语。流行于以白龙江、黄河、洮河流域为主的甘南地区。描述了一个智者虚怀若谷、朴实善良、诚挚洁白的高尚品质，侧面批判了妄自尊大、骄傲自满愚者的可耻行为，反映了藏族人们和谐相处、以诚相待、同甘共苦、同舟共济的优良传统美德。罗赛搜集、整理，索南龙珠汉译。今藏甘南藏族自治州政协原副主席罗赛处。（华锐·东智）

白雪从天而降，高山变成雪峰

ཁ་བ་དཀར་བོ་དགུང་ནས་བབས།། གངས་དཀར་རི་བོར་སྟོད་པ་འཐེན།།

kha ba dkar bo dgung nas babs gangs
dkar ri bor stod pa vthen

安多藏语甘南牧区方言谚语。流行于以大夏河、黄河、洮河流域为主的甘南地区。通过对自然现象“白”的描述，赞美了品德高尚的智者，反映了藏族人民团结一致、互帮互助、众志成城的传统美德。罗赛搜集、整理，索南龙珠汉译。今藏甘南藏族自治州政协原副主席罗赛处。

（华锐·东智）

甜言暖人心，针线能缝衣

ཁ་ཚིག་སྐམ་པོས་མི་སེམས་གསོ།། ཁབ་དང་སྐུད་པས་འཚེམ་བུ་འགྲུབ།།

Kha tshig skam pos mi sems gso
Khab dang skud pas vtshem bu vgrub

安多藏语甘南牧区方言谚语。流行于以白龙江、洮河流域为主的甘南地区。深刻地驳斥了社会上善于用花言巧语欺骗伪装和巴结奉承别人的虚伪者的丑恶嘴脸，同时教导人们生活中要远离小人、亲近伟人。罗赛搜集、整理，索南龙珠汉译。今藏甘南藏族自治州政协原副主席罗赛处。

（华锐·东智）

兔唇赐称为宝主，青蛙美名为龙主

ཁ་ཤོའི་མིང་ལ་གཡང་སྐྱབས་བཏགས།། སྦལ་བའི་མིང་ལ་ཀླུ་སྐྱབས་བཏགས།།

Kha shovi ming la gyang skyabs btags
Sbal bavi ming la klu skyabs btags

安多藏语甘南牧区方言谚语。流行于以大夏河、黄河、洮河流域为主的甘南地区。一方面阐明了社会上普遍认可的“少说话威信高”的道理，另一方面极力批判了华而不实、虚假浮夸且善于伪装小人的嘴脸，阐明了“打肿脸充胖子”的深刻含义。罗赛搜集、整理，索南龙珠汉译。今藏甘南藏族自治州政协原副主席罗赛处。

（华锐·东智）

独贤吞弥尊者，独勇格萨尔王

མཁས་ཁེར་ཐེག་སློབ་དཔོན་ཐོན་མི་རེད།།
དཔའ་ཁེར་ཐེག་གེ་སར་རྒྱལ་བོ་རེད།།

Mkhas kher theg slob dpon thon mi red
Dpav kher theg ge sar rgyal bo red

安多藏语甘南牧区方言谚语。流行于以大夏河、黄河、洮河流域为主的甘南地区。谚语直接介入了主题，高度赞美了藏文字的创造者吞弥尊者的智慧和英雄格萨尔王对藏族社会的伟大贡献。赞美了智者，歌颂了英雄。罗赛搜集、整理，索南龙珠汉译。今藏甘南藏族自治州政协原副主席罗赛处。（华锐·东智）

邻里间的隔墙要砌高，亲戚间的距离要拉远

ཁྱིམ་མཚེའི་བར་གྱང་མཐོ་དགོས།། ཉེ་རང་ཁ་ཐག་རིང་དགོས།།

Khym mtshevi bar gyang mtho dgos

Nye rang kha thag ring dgos

安多藏语甘南牧区方言谚语。流行于以大夏河、黄河、洮河流域为主的甘南地区。深刻批驳了社会上人与人、邻居与邻居、亲戚与亲戚之间相互嫉恨、诽谤的丑恶现象，教导人们要紧密团结、互帮互爱、诚实忠诚、众志成城。罗赛搜集、整理，索南龙珠汉译。今藏甘南藏族自治州政协原副主席罗赛处。（华锐·东智）

启开洁白牙门，唱出悦耳歌声

ཁའི་དུང་སོ་སུམ་ཅུའི་མདུད་པ་བཀྲོལ།།

ངག་སྙན་མོའི་དབྱངས་རྟ་ཚིག་གསུམ་བསྒྲིག །

Khavi dung so sum cuvi mdud pa bkrol

Ngag snyan movi dbyangs rta tshig gsum bsgrig

安多藏语甘南牧区方言谚语。流行于以大夏河、黄河、洮河流域为主的甘南地区。高度赞美了乐者给人带来的愉快与愉悦，反映出了藏族人民天性乐观向上、豪迈开放、积极处世的本质。罗赛搜集、整理，索南龙珠汉译。今藏甘南藏族自治州政协原副主席罗赛处。（华锐·东智）

嘴甜如蜜，心黑如魔

ཁ་ཡག་པོ་བུ་རམ་སྦྲང་རྩི་ཡི་ཆར་འབེབས།།

ཁོག་ནག་པོ་གཡོ་སྒྱུ་ཁྲན་གསུམ་གྱི་བྲི་བརྡུངས།།

Kha yag po bu ram sbrang rtsi yi char vbebs

Khog nag po gyo sgyu khran gsum gyi bri brdungs

安多藏语甘南牧区方言谚语。流行于以大夏河、黄河、洮河流域为主的甘南地区。驳斥了言行不一、好坏不分、忘恩负义、居心叵测、卑鄙无耻的愚者的肮脏心灵，把愚人反复无常、不记恩德、恩将仇报的卑劣行为暴露在了光天化日之下。这类无情无义、不讲道德的伪君子与韩愈先生的《中山狼传》中“狼难改吃人的本性”一脉相通。告诫人们与恶人相处时，应当谨慎从事。罗赛搜集、整理，索南龙珠汉译。今藏甘南藏族自治州政协原副主席罗赛处。（华锐·东智）

吃的是兔肉，穿的是鼠皮

ཁར་ཟ་རྒྱུ་རི་བོང་ཤ་ཁྲག། རྒྱབ་སློག་པ་ཨ་བྲའི་པགས་ཆུང་།།

Khar za rgyu ri bong sha khrag

Rgyab slog pa a bravi pags chung

安多藏语甘南牧区方言谚语。流行于以白龙江、洮河流域为主的甘南地区。谚语紧紧抓住一部分社会生活的实质和关键，有的放矢地对准社会丑恶现象进行了讽刺，深刻地批判了在日常生活中因不遵循常理而违背客观规律办事的不轨行为。罗赛搜集、整理，索南龙珠汉译。今藏甘南藏族自治州政协原副主席罗赛处。（华锐·东智）

鹰眼所见，兔耳所闻

ཁྲ་ཆུང་མིག་གིས་མཐོང་ཚད།། རི་བོང་རྣ་བའི་གོ་ཚད།།

khra chung mig gis mthong tshad ring

bo rna bavi go tshad

安多藏语甘南牧区方言谚语。流行于以大夏河、黄河、洮河流域为主的甘南地区。高度赞美了遇事冷静、机智灵活、调查研究、明辨是非、深思熟虑的智者，教导人们凡事要深入实际、进行调查研究的必要性和重要性。罗赛搜集、整理，索南龙珠汉译。今藏甘南藏族自治州政协原副主席罗赛处。（华锐·东智）

你若能顶天立旗，我就能敲鼓挥舞

ཁོས་དར་པོ་ཆེ་དགུང་ལ་འཕྱར་ཐུབ་ན།།

ངས་རྔ་བོ་ཆེ་སྐོར་བརྡུང་བྱེད་ལོས་ཐུབ།།

Khos dar po che dgung la vphar thub na

Ngas rnga bo che skor brdung byed los thub

安多藏语甘南牧区方言谚语。流行于以大夏河、黄河、洮河流域为主的甘南地区。教导人们要发扬团结一致、自强不息、众志成城、克服困难的顽强精神，阐明了“团结就是力量”的深邃道理。罗赛搜集、整理，索南龙珠汉译。今藏甘南藏族自治州政协原副主席罗赛处。

（华锐·东智）

家中的妻子心狠，门口的狗没食吃

ཁྱིམ་གྱི་ཆུང་མ་གདུག་རྩུབ་ཆེ།། སྒོ་ཁའི་ཁྱི་མོའི་ཟས་སྐལ་བཅད།།

Khyim gyi chung ma gdug rtsub che

Sgo khavi khyi movi sas skal bcad

安多藏语甘南牧区方言谚语。流行于以大夏河、白龙江、洮河流域为主的甘南地区。谚语注意观察现实生活，抓住生活中的细节特点，把愚恶者和懒惰者刻画得栩栩如生，鼓舞人们要继承发扬辛勤劳动、崇尚道德、乐善好施、积德造福的传统美德。罗赛搜集、整理，索南龙珠汉译。今藏甘南藏族自治州政协原副主席罗赛处。

（华锐·东智）

还未进婆家门，便觉知其吝啬

ཁྱིམ་གྲུ་བཞི་མིག་གིས་མ་རིག་གོང་།།

སྒོའི་གཡོག་མོས་སེར་སྣ་དགོས་སྣང་ཤར།།

Khyim gru bzhi mig gis ma rig gong

Sgovi gyog mos ser sna dgos snang shar

安多藏语甘南牧区方言谚语。流行于以大夏河、黄河、洮河流域为主的甘南地区。一针见血地刻画了一个守奴才和吝啬鬼的具体形象，告诫人们要发扬诸恶莫为、因果无欺、各德行善、慷慨施舍，忍辱无争等思想品德，阐明了“未见其人而闻其声”的深刻道理。罗赛搜集、整理，索南龙珠汉译。今藏甘南藏族自治州政协原副主席罗赛处。

（华锐·东智）

知耻的朋友极少，直言的商人极少

ཁྲེལ་ཡོད་པའི་གྲོགས་པོ་དཀོན།། གཏམ་དྲང་བཤད་ཚོང་བ་དཀོན།།

Khrel yod pavi grogs po dkon

Gtam drang bshad tshong ba dkon

安多藏语甘南牧区方言谚语。流行于以大夏河、白龙江、洮河流域为主的甘南地区。通过对耻者和奸的论述，并非简单地谈论他们为人处世的方法，而是通过所塑造的不同形象来剖析人类社会生活中的各种矛盾和问题，教导人们借助正确和健康的理智来思考和解决这些矛盾。罗赛搜集、整理，索南龙珠汉译。今藏甘南藏族自治州政协原副主席罗赛处。

（华锐·东智）

妻子怒火冲天，满屋是碰撞声

ཁྱིམ་གྱི་ཆུང་མ་ཞེ་སྡང་འབར།། ཟངས་ཐོམ་བུ་གཉིས་ཀྱིས་སྒྲ་རྔ་བརྡུང་།།

Khyim gyi chung ma zhe sdang vbar

Zangs thom bu gnyis kyis sgra rnga brdung

安多藏语甘南牧区方言谚语。流行于以白龙江、洮河流域为主的甘南地区。强烈地谴责了一些愚者的丑恶嘴脸，倡导人们在生活中要和睦相处、团结友爱、自勉自立。谚语含蓄蕴藉，一往情深；比喻精彩，深入浅出。罗赛搜集、整理，索南龙珠汉译。今藏甘南藏族自治州政协原副主席罗赛处。

（华锐·东智）

嘴如布谷动听，心如弩弓弯曲

ཁས་བཤད་ན་ཁུ་བྱུག་གྲགས་འདྲ།། ཞེ་བསམ་པ་གཞུ་མོ་འཁྱོག་འདྲ།།

Khas bshad na khu byug grags vdra

Zhe bsam pa gzhu mo vkhyog vdra

安多藏语甘南牧区方言谚语。流行于以大夏河、白龙江、洮河流域为主的甘南地区。驳斥了言行不一、居心叵测、卑鄙无耻的恶者的肮脏心灵，告诫人们在生活中要真诚，对人要以诚相待，反对以利相交的恶习。罗赛搜集、整理，索南龙珠汉译。今藏甘南藏族自治州政协原副主席罗赛处。

（华锐·东智）

巧嘴能起死回生，手笨却一事无成

ཁས་བཤད་ན་ལྷ་གསོན།། ལག་ལས་ན་སྣབས་ལུག །

Khas bshad na lha gson

Lag las na snabs lug

安多藏语甘南牧区方言谚语。流行于以大夏河、黄河、洮河流域为主的甘南地区。阐明了“眼高手低”和“外强中干”的深刻含义。谚语不但新奇有趣，而且用简单通俗的语言来反映深刻的道理，凝聚着藏族人民的勤劳善良、聪明智慧的道德审美情趣。罗赛搜集、整理，索南龙珠汉译。今藏甘南藏族自治州政协原副主席罗赛处。

（华锐·东智）

能吐口成药，反藏腹成毒

ཁས་ཕུད་ན་སྨན་ཡིན།། ཁོག་ལ་བཅུག་ན་དུག་ཡིན།།

khas phud na sman yin khog la bcug na dug yin

安多藏语甘南牧区方言谚语。流行于以大夏河、黄河、洮河流域为主的甘南地区。反映和照射出了藏族人民诚实善良、胸怀宽阔、心底坦荡、直言不讳、正直纯洁的本质，赞美了真善美，贬低了假恶丑。罗赛搜集、整理，索南龙珠汉译。今藏甘南藏族自治州政协原副主席罗赛处。

（华锐・东智）

口是心非，颠倒黑白

ཁ་ཚིག་བར་ནས་བློ་གཉིས་དྲན།། ཁ་ལག་བར་ནས་མགོ་མཇུག་བརྗེས།།

Kha tshig bar nas blo gnyis dran

Kha lag bar nas mgo mjug brjes

安多藏语甘南牧区方言谚语。流行于以大夏河、黄河、洮河流域为主的甘南地区。直接揭露了言行不一、伪善欺世的丑恶面目，由衷地教育人们去恶向善；恳切地讲述人生立身的道理，以提倡社会美德，抑制社会的阴暗面。罗赛搜集、整理，索南龙珠汉译。今藏甘南藏族自治州政协原副主席罗赛处。

（华锐・东智）

藏在腹里是肿瘤，吐在言中成气体

ཁོག་ནས་བཟུང་ན་སྐྲངས་པ་རེད།། ཁ་ནས་ཕུད་ན་རླངས་པ་རེད།།

Khog nas bzung na skrangs pa red

Kha nas phud na rlangs pa red

安多藏语甘南牧区方言谚语。流行于以大夏河、黄河、白龙江、洮河流域为主的甘南地区。教导人们要胸怀坦荡、真挚无私，赞美了智者的伟大，贬低了愚者的渺小。谚语立论锋利、说理精辟、细致入微、教育深刻。罗赛搜集、整理，索南龙珠汉译。今藏甘南藏族自治州政协原副主席罗赛处。

（华锐・东智）

你若能画不弯曲的线，我就能上没深浅的色

ཁྱོས་ཡོ་གཟུར་མེད་པའི་ཐིག་འཐེན་ཐུབ་ན།།

ངས་སྲབ་མཐུག་མེད་པའི་ཚོན་གཏོང་ལོས་ཐུབ།།

Khyos yo gzur med pavi thig vthen thub na

Ngas srab mthug med pavi tshon gtong los thub

安多藏语甘南牧区方言谚语。流行于以大夏河、黄河、洮河流域为主的甘南地区。反映了藏族人民敢于拼搏、敢于进取的刻苦精神。含蓄地阐明了“世上无难事，只要肯登攀”的道理。罗赛搜集、整理，索南龙珠汉译。今藏甘南藏族自治州政协原副主席罗赛处。

（华锐・东智）

身长针般的刺猬，死在河水结冰处

ཁབ་ལྟར་སྤུ་གཟེངས་སྒང་ཆུང་དེ།། ཆུ་ནག་འཁྱགས་པའི་འགྲམ་ན་ཕམ།།

Khab ltar spu gzengs sgang chung de

Chu nag vkyags pavi vgram na pham

安多藏语甘南牧区方言谚语。流行于以白龙江、洮河流域为主的甘南地区。常言道：“此一时，彼一时。”世间万物不停地在变化交替，没有相对，也没有绝对。谚语阐明了事物不是静止的，而是在不断地运动、变化和发展当中的哲理。罗赛搜集、整理，索南龙珠汉译。今藏甘南藏族自治州政协原副主席罗赛处。

（华锐・东智）

狂狗不让山沟宁静，恶人不让村庄平静

ཁྱི་ངན་པས་ལུང་བ་ཀུ་ཅོ་འགེངས།། མི་ངན་པས་རུ་སྡེ་ཕུང་ལ་སྦྱོར།།

Khyi ngan pas lung ba ku co vgengs

mi ngan pas ru sde phung la sbyor

安多藏语甘南牧区方言谚语。流行于以大夏河、黄河、洮河流域为主的甘南地区。世间的人，有忠厚耿直者，也有奸诈狡猾者。忠厚耿直的是良朋益友，口是心非的奸诈小人则应加倍提防。谚语热情赞美了善良，极力批判了狡诈。罗赛搜集、整理，索南龙珠汉译。今藏甘南藏族自治州政协原副主席罗赛处。

（华锐・东智）

嘴甜的如小喜鹊，事无成半路产蛋

ཁ་མཁས་ནི་སྐྱག་ཆུང་ཁྲ་མོ།། དོན་མི་སྒུར་སྒོ་ང་ལམ་འཇོག །

kha mkhas ni skyag chung khra mo don mi dur sgo nga lam vjog

安多藏语甘南牧区方言谚语。流行于以大夏河、白龙江、洮河流域为主的甘南地区。喜鹊不但体态优美，而且声音悦耳动听。狡猾的骗子极擅伪装，说出的话也非常甜蜜，常常把自己装扮成老实、诚恳的样子。谚语说明了“画龙画虎难画骨，知人知面不知心”的深邃道理。罗赛搜集、整理，索南龙珠汉译。今藏甘南藏族自治州政协原副主席罗赛处。（华锐·东智）

张嘴能见到内心，闭眼能见到阎王

ཁ་གདངས་ན་ཁོག་པ་རིག་རྒྱུ་ཡོད།། མིག་བཙུམ་ན་གཤིན་རྗེ་མཐོང་རྒྱུ་ཡོད།།

Kha gdangs na khog pa rig rgyu yod

Mig btsum na gshin rje mthong rgyu yod

安多藏语甘南牧区方言谚语。流行于以大夏河、黄河、洮河流域为主的甘南地区。谚语给世人说明了这样一个道理：有些人虚伪狡诈、华而不实，一言既出别人就能揭穿他的谎言，就像是一个死了的人去见阎王那样简单明了。罗赛搜集、整理，索南龙珠汉译。今藏甘南藏族自治州政协原副主席罗赛处。（华锐·东智）

口水鼻涕当甘露，生虱生虮为妙果

ཁ་ཆུ་སྣབས་ཆུ་བདུད་རྩི་འདོད།། ཤིག་དང་སྲོ་མ་དངོས་གྲུབ་ཟེར།།

Kha chu snabs chu bdud rtsi vdod

Shig dang sro ma dngos grub zer

安多藏语甘南牧区方言谚语。流行于以拉卜楞地区为主的甘南地区。祸福无门，唯人所招；贫富贵贱，功业所成。谚语抓住问题的实质，以点带面，刻画了一个极其愚者的形象，阐明了“不以为耻，反以为荣”的深刻道理。罗赛搜集、整理，索南龙珠汉译。今藏甘南藏族自治州政协原副主席罗赛处。（华锐·东智）

心机如矛尖，话语如飞幡

ཁོག་མཁས་མདུང་མོའི་དབལ་རྩེ།། ཤ་བཤད་མཛེས་པའི་བ་དན།།

Khog mkhas mdung movi dbal rtse

Sha bshad mdzes pavi ba dan

安多藏语甘南牧区方言谚语。流行于以大夏河、黄河、洮河流域为主的甘南地区。骗人和害人都是因自私自利的心理所驱使而采取的一种愚痴卑劣的伎俩。谎言无论包装得多么富丽堂皇，但其本性毕竟是虚假的，终究会有真相大白的一天，“骗得了一时却骗不了一世”也正是这个道理。罗赛搜集、整理，索南龙珠汉译。今藏甘南藏族自治州政协原副主席罗赛处。（华锐·东智）

家长没智谋，主妇没头脑

ཁྱིམ་བདག་ལ་ཤེས་རྒྱ་མེད།། བདག་མོ་ལ་ཀླད་པ་མེད།།

khyim bdag la shes rgya med bdag mo la klad pa med

安多藏语甘南牧区方言谚语。流行于以大夏河、黄河、洮河流域为主的甘南地区。说明了获得的智慧是消除人类愚昧无知的宗旨，精辟地论述了学习的重要性。谚语直叙夹议，简朴清纯、直言不讳，把一个智弱庸夫刻画得如见其形、如闻其声。罗赛搜集、整理，索南龙珠汉译。今藏甘南藏族自治州政协原副主席罗赛处。

（华锐·东智）

愚夫身边，泼妇掌权

ཁྱིམ་བདག་གླེན་པ་ཀླད་མེད་ཀྱི་རྩིབ་ན།།
ཆུང་མ་རྭ་མཆུ་དུག་ལྕེ་ཅན་གྲགས་ཆེ།།

Khyim bdag glen pa klad med kyi rtsib na

Chung ma rwa mchu dug lce can grags che

安多藏语甘南牧区方言谚语。流行于以大夏河、黄河、洮河流域为主的甘南地区。说明了无论一个国家，还是一个家庭，有强必有弱，有弱必有强，只有弱强并存，才能发展延续的道理；阐明了“事物在矛盾中生存发展”的深刻哲理。罗赛搜集、整理，索南龙珠汉译。今藏甘南藏族自治州政协原副主席罗赛处。（华锐·东智）

跟随无耻的人和鞋帮，只会变得越低矮

ཁྲེལ་མེད་གྲོགས་དང་ལྷམ་ཡུ་གཉིས།། འདྲིས་ན་ཇེ་དམའ་ཇེ་དམའ་ཡིན།།

Khrel med grogs dang lham yu gnyis

Vdris na je dmav je dmav yin

安多藏语甘南牧区方言谚语。流行于以大夏河、黄河、洮河流域为主的甘南地区。阐明了“近朱者赤，近墨者黑”和“从善成善，随盗成盗”的道理。当你对一件事情一筹莫展的时候，如果去请教一位智者，肯定能得到一个满意的解决方案；若是请教一位愚者，则非但不能解决问题，反而会让你感到更迷惑。罗赛搜集、整理，索南龙珠汉译。今藏甘南藏族自治州政协原副主席罗赛处。

（华锐·东智）

利嘴者重诵《金刚经》，利智者能征服三界

ཁ་མཁས་པས་རྡོ་རྗེ་གཅོད་པ་འོར་འདོན།།

བློ་རིག་རྒྱ་ཆེ་བས་ཁམས་གསུམ་ཟིལ་གནོན།།

Kha mkhas pas rdo rje gcod pa vor vdon

Blo rig rgya che bas khams gsum zil gnon

安多藏语甘南牧区方言谚语。流行于以大夏河、黄河、洮河流域为主的甘南地区。谚语告诉人们：具足智慧和福报的人，仅凭一人的力量就能完成一切事业，战胜一切敌人。教诲世人要懂得智慧之伟大、愚昧之渺小的道理。罗赛搜集、整理，索南龙珠汉译。今藏甘南藏族自治州政协原副主席罗赛处。

（华锐·东智）

狗头放在盘中称福气，恶人坐在垫上自称神

ཁྱི་མགོ་སྡེར་ནང་བཞག་ནས་གཡང་ཡིན་ཟེར།།

མི་ངན་གདན་ཐོག་འཁོད་ན་ལྷ་ཡིན་ཟེར།།

Khyi mgo sder nang bzhag nas gyang yin zer

mi ngan gdan thog vkhod na lha yin zer

安多藏语甘南牧区方言谚语。流行于以大夏河、黄河流域为主的甘南地区。一个厚颜无耻的人，卖的是狗肉，却在门口挂的是羊头给人看，以假乱真。一旦得势或赢得别人的信任，他就开始实施阴谋诡计，引诱、欺骗、伤害别人以达目的。罗赛搜集、整理，索南龙珠汉译。今藏甘南藏族自治州政协原副主席罗赛处。（华锐·东智）

三户的头人，三羊的主人

ཁྱིམ་ཚང་གསུམ་གྱི་དཔོན་པོ།། ར་མ་གསུམ་གྱི་ཕྱུག་པོ།།

Khyim tshang gsum gyi dpon po

Ra ma gsum gyi phyug po

安多藏语甘南牧区方言谚语。流行于以大夏河、黄河流域为主的甘南地区。用尖刻言辞批判和讽刺了虚而不实、外强中干的虚伪嘴脸，教育人们要实事求是，深刻阐明了“打肿脸充胖子”的道理。罗赛搜集、整理，索南龙珠汉译。今藏甘南藏族自治州政协原副主席罗赛处。

（华锐·东智）

雄鹰你在空中翱，野狼我在山里叫

ཁྱོད་བྱ་རྒོད་དགུང་ནས་འཁོར་ན།། ང་སྤྱང་མོས་རླུང་རྫི་ལོས་ལེན།།

Khyod bya rgod dgung nas vkhor na

Nga sbyang mos rlung rdzi los len

安多藏语甘南牧区方言谚语。流行于以大夏河、白龙江、洮河流域为主的甘南地区。通过交代自然界各种动物的不同处所，说明了任何事物都有其发展和生存的自然环境，与人们常说的“穷山恶水出刁民”是一个道理。罗赛搜集、整理，索南龙珠汉译。今藏甘南藏族自治州政协原副主席罗赛处。

（华锐·东智）

远方闻悉智者，库中才见宝物

མཁས་པའི་ཡོན་ཏན་མཐའ་ནས་གོ།། བསོགས་པའི་རྒྱུ་ནོམ་མཛོད་དུ་རིག །

Mkhas pavi yon tan mthav nas go

Bsogs pavi rgyu nom mdzod du rig

安多藏语甘南牧区方言谚语。流行于以大夏河、黄河、洮河流域为主的甘南地区。聪明的人勤奋学习所有知识，且依靠学问通晓一切世间事，所以大事小事都处理得井井有条。谚语在热情歌颂智者的同时，高度赞美了艰苦奋斗、勤俭持家的高尚品德，阐明了“积石成山，滴水成海”的深邃道理。罗赛搜集、整理，索南龙珠汉译。今藏甘南藏族自治州政协原副主席罗赛处。

（华锐·东智）

嘴成吹火筒，眼成秤杆子

ཁ་ཁོལ་མོ་ལོག ། མིག་རྒྱ་མའི་ལོག །

kha khol mo log mig rgya mavi log

安多藏语甘南牧区方言谚语。流行于以大夏河、黄河流域为主的甘南地区。智者把学问默默地藏在心底，正如宝石自然会沉没到水底。即便样样精通，还常常向他人学习各类知识，经过自我消化成为自己真正的学问。他们深藏不露、谦虚谨慎，深知“山外有山，人外有人”的道理。罗赛搜集、整理，索南龙珠汉译。今藏甘南藏族自治州政协原副主席罗赛处。（华锐・东智）

房址长杂草，坟墓生青苔

མཁར་ཤུལ་ལ་ལྡུམ་བུ་སྐྱེས།། དུར་ས་ལ་འཇག་རྩྭ་སྐྱེས།།

mkhar shul la ldum bu skyes dur sa la vjag qtswa skyes

安多藏语甘南牧区方言谚语。流行于以白龙江、洮河流域为主的甘南地区。藏族格言说“愚者懒惰不学习，蒙时只为贪安逸，务农经商两不通，十有九家都受穷”，谚语批评了那些在生活上只图安逸、不求上进、虚度年华、不肯吃苦的愚者的懒惰行为。罗赛搜集、整理，索南龙珠汉译。今藏甘南藏族自治州政协原副主席罗赛处。

（华锐・东智）

嘴是纠纷的引子，手是招祸的根子

ཁ་གྲུ་བཞི་གྱོད་ཀྱི་སྣ་འདྲེན།། ལག་མི་ཚུགས་འགོང་བོ་རང་འཁོར།།

Kha gru bzhi gyod sna vdren

Lag mi tshugs vgong bo rang vkhor

安多藏语甘南牧区方言谚语。流行于以大夏河、黄河、洮河流域为主的甘南地区。如果让愚者去说情办事，会带来种种灾难和痛苦，非但不能成功，反而会毁坏自己和损伤他人，其结果定是两败俱伤。阐明了智慧的重要性和谦虚谨慎的必要性。罗赛搜集、整理，索南龙珠汉译。今藏甘南藏族自治州政协原副主席罗赛处。

（华锐・东智）

问话出词，天黑显星

ཁ་གློག་ན་ཚིག་སྣེ་སྒོར་འབུད།། ནམ་རུབ་ན་སྐར་མ་མིག་གིས་རིག །

Kha klog na tshig sne sgor vbud

Nam rub na skar ma mig gis rig

安多藏语甘南牧区方言谚语。流行于以黄河、白龙江、洮河流域为主的甘南地区。问后自然有回答，正如天黑了必然要出星星一样是出自自然规律。说明了无论干任何事情，都有其必然的结果，以朴实的言辞阐明了深刻的道理。罗赛搜集、整理，索南龙珠汉译。今藏甘南藏族自治州政协原副主席罗赛处。（华锐・东智）

野驴当新娘的坐骑，布谷鸟当喜宴的歌手

ཁ་དཀར་རྐྱང་གི་བག་རྟ་བྱས།། ཁུ་བྱུག་སྔོན་མོ་གླུ་བ་བོས།།

Kha dkar rkyang gi bag rta byas

Khu byug sngon mo glu ba bos

安多藏语甘南牧区方言谚语。流行于以大夏河、黄河流域为主的甘南地区。以潇洒超脱的思维和热情洋溢的情感歌颂了人间美满幸福的爱情生活，反映了藏族人民天生乐观、积极向上的民族个性。谚语联想丰富，感情质朴。罗赛搜集、整理，索南龙珠汉译。今藏甘南藏族自治州政协原副主席罗赛处。（华锐・东智）

手口不闲，头受惩罚

ཁ་ལག་པ་གཉིས་ཀ་གདུག་བཟོད་མེད།།
མགོར་དགུ་ཚན་དགུ་ཡིས་འཇལ་སྐྱིན་ལྷུང་།།

Kha lag pa gnyis ka gdug bzod med

Mgor dgu tshan dgu yis vjal skyin lhung

安多藏语甘南牧区方言谚语。流行于以大夏河、黄河、洮河流域为主的甘南地区。无论做何事都有其成功的一面，也有其负面的影响，辩证地阐明了事物正反两方面的作用和因果关系。罗赛搜集、整理，索南龙珠汉译。今藏甘南藏族自治州政协原副主席罗赛处。（华锐・东智）

嘴唇似花瓣，说话要有依据

ཁ་སྐྱེས་པད་མ་འདབ་བརྒྱད༎ གཏམ་བཤད་མགོ་ལོང་ཡོད་ནི་ཡིན༎

kha skyes pad ma vdab brgyad gtam

bshad mgo long yod ni yin

安多藏语甘南牧区方言谚语。流行于以大夏河、白龙江、洮河流域为主的甘南地区。描述一个美丽可爱的青春少女，在爱美的同时又在追求美。以较为普通的现象不但阐明每个人自己“资本”的必要性，而且强调知识、美德的重要性。罗赛搜集、整理，索南龙珠汉译。今藏甘南藏族自治州政协原副主席罗赛处。（华锐·东智）

娇生惯养者要求无边，铺张浪费者饭菜无味

ཁ་རྒྱ་མགོ་རྒྱ་བཏང་ན་ཅི་བཤད་ལ་མཐའ་མེད༎

ཅི་ཟ་འདི་ཟ་ན་ཟོས་རིགས་ལ་དྲི་མེད༎

Kha rgya mgo rgya btang na ci bshad la mthav med

ci za vdi za na sos rigs la dri med

安多藏语甘南牧区方言谚语。流行于以大夏河、黄河、洮河流域为主的甘南地区。赞美了劳动，歌颂了勤俭，并严厉指责了好吃懒做的愚者的行为，同时也揭示了“劳动创造一切”的真理。用简单通俗的话来反映深刻的道理，具有足够的分量，能给人深刻的印象，回味无穷。罗赛搜集、整理，索南龙珠汉译。今藏甘南藏族自治州政协原副主席罗赛处。（华锐·东智）

若不克己闲话无边，若不知耻废事无尽

ཁ་མཚམས་ཚིག་མཚམས་མ་བཟུང་ན་ཅི་བཤད་ལ་མཐའ་མེད༎

ཁ་འཁྱམས་མགོ་འཁྱམས་ལ་སོང་ན་ཅི་བྱེད་ལ་གནས་མེད༎

Kha mtshams tshig mtshams ma bzung

na ci bshad la mthav med

Kha vkyams mgo vkhyams la song

na ci byed la gnas med

安多藏语甘南牧区方言谚语。流行于以大夏河、黄河、洮河流域为主的甘南地区。强调了团结、知耻的重要性，揭露了人与人之间挑拨离间、制造是非，相互恶语伤害社会现象，讽刺了不知廉耻、惹是生非、厚颜无耻者的丑恶嘴脸。罗赛搜集、整理，索南龙珠汉译。今藏甘南藏族自治州政协原副主席罗赛处。（华锐·东智）

家中的琐事，由家长定夺

ཁྱིམ་འཁོར་བའི་ནང་ན་ལས་དོན་གསུམ༎

དོན་ཡར་ལས་མར་ལས་ཁྱིམ་བདག་དབང་༎

Khyim vkhor bavi nang na las don gsum

Don yar las mar las khyim bdag dbang

安多藏语甘南牧区方言谚语。流行于以大夏河、黄河、洮河流域为主的甘南地区。高度赞美了藏族社会尊老爱幼、勤俭持家等古老传统的习俗礼仪。另外，从一个侧面批判了强词夺理、目无别人、自不量力、傲慢专横的思想行为。罗赛搜集、整理，索南龙珠汉译。今藏甘南藏族自治州政协原副主席罗赛处。（华锐·东智）

白唇鹿头上能长角时，野牦牛腹下当然能长毛

ཁྱོད་ཤྭ་བ་ཁ་སྐྱའི་མགོ་ལ་ཁྲག་རྭ་སྐྱེས་ཆོག་ན༎

ང་བྲེ་སེར་འབྲོང་གི་སྦོ་ལ་རྩིད་པ་སྐྱེ་ལོས་ཆོག །

Khyod shwa ba kha dkyavi mgo la

khrag rwa skyes chog na

Nga bre ser vbrong gi sbo la rtsid pa skye los chog

安多藏语甘南牧区方言谚语。流行于以大夏河、黄河流域为主的甘南地区。通过描述自然界动物的生理特点，总结出了事物产生和发展的必然规律。凡事都有其客观规律，教导人们做事时应该遵循辩证规律，不能妄自尊大、好高骛远。罗赛搜集、整理，索南龙珠汉译。今藏甘南藏族自治州政协原副主席罗赛处。（华锐·东智）

野骡展姿在平原，盘羊展姿在岩山

ཁ་དཀར་རྐྱང་གིས་གོམ་ལག་ངོམ་ས་ཐང་༎

གནའ་བ་རོག་པོས་རྨིག་བཞི་ངོམ་ས་བྲག །

Kha dkar rkyang gis gom lag ngom sa thang

Gnav ba rog pos rmig bzhi ngom sa brag

安多藏语甘南牧区方言谚语。流行于以黄河、白龙江、洮河流域为主的甘南地区。描述了各种动物在自然界中的不同生存环境和生活方式，揭示了事物生存的辩证关系，强调了遵循自然规律的重要性。罗赛搜集、整理，索南龙珠汉译。今藏甘南藏族自治州政协原副主席罗赛处。

（华锐·东智）

你若有治百病的洁白丸，我就有驱百邪的红药丸

ཁུང་ནད་ཀུན་འཇོམས་ཀྱི་རིལ་དཀར་ཁྱོད་ཡོད་ན།།
གཉན་ནད་ཀུན་འཇོམས་ཀྱི་རིལ་དམར་ང་ཡོད།།

Khung nad kun vjoms kyi ril dkar khyod yod na

Gnyan nad kun vjoms kyi ril dmar ng yod

安多藏语甘南牧区方言谚语。流行于以大夏河、黄河流域为主的甘南地区。谚语紧密联系生活实际，通过对生活现象的描述，反映了人们积极向上、奋勇拼搏的思想，表现了人们战天斗地、克服艰难险阻的可贵精神。罗赛搜集、整理，索南龙珠汉译。今藏甘南藏族自治州政协原副主席罗赛处。

（华锐·东智）

你若能做糌粑供品，我就能镶酥油花环

ཁྱོས་རྩམ་པ་དཀར་བོའི་ཕྱེ་མར་ཡར་ལ་བསྟོད་ཐུབ་ན།།
ངས་འབྲི་མར་སེར་བོའི་མར་རྒྱན་རྩེ་ལ་འདོགས་ཐུབ།།

Khyos rtsam pa dkar bovi phye mar la bstod thub na

Ngas vbri mar ser bovi mar rgyan rtse la vdogs thub

安多藏语甘南牧区方言谚语。流行于以大夏河、黄河流域为主的甘南地区。从表象看，谚语真实地记录了藏族人民古老传统的宗教信仰习俗；从实质看，谚语表现了藏族人民能够战胜一切困难的决心，教导人们要发扬自强不息、敢于拼搏的奋斗精神。罗赛搜集、整理，索南龙珠汉译。今藏甘南藏族自治州政协原副主席罗赛处。

（华锐·东智）

花花绿绿变了眼，美味佳肴改了口

ཁྲ་ཁྲ་རིག་རིག་བསྟན་ནས་མིག་འཕྲུལ།། ཞིམ་པོ་མངར་མོ་བླུ་ནས་ཁ་འཕྲུལ།།

Khra khra rig rig bstan nas mig vphrul

Zhim po mngar mo blu nas kha vphrul

安多藏语甘南牧区方言谚语。流行于以大夏河、黄河、洮河流域为主的甘南地区。世人面对困难时知难，而面对幸福时往往容易腐化、堕落。谚语言简意赅、含义深刻，一针见血地揭示出了人的天性与本质，阐明了“好了伤疤忘了疼”“人往高处走，水往低处流”的深刻道理。罗赛搜集、整理，索南龙珠汉译。今藏甘南藏族自治州政协原副主席罗赛处。

（华锐·东智）

别用嘴鼻骂人，别用言词伤人

ཁ་སྡུག་རྣ་སྡུག་མ་གནང་།། ཁ་གསོད་ཚིག་གསོད་མ་བྱེད།།

kha sdug rna sdug ma gnang kha

gsod tshig gsod ma byed

安多藏语甘南牧区方言谚语。流行于以大夏河、黄河、洮河流域为主的甘南地区。以短小精悍的独特形式，通过藏族人民对审美观的赏析，热情地歌颂和赞美了真善美，辛辣地嘲讽和驳斥了假恶丑，充分体现了藏族人民的团结互助、诸恶莫为的审美情趣、审美理想和审美标准。罗赛搜集、整理，索南龙珠汉译。今藏甘南藏族自治州政协原副主席罗赛处。

（华锐·东智）

家空灶凉

ཁྱིམ་སྟོང་བ་ཕུད།། ཐབ་འཁྱགས་པའི་བཏང་།།

khyim stong ba phud thab vkyags pavi btang

安多藏语甘南牧区方言谚语。流行于以大夏河、黄河、白龙江、洮河流域为主的甘南地区。针对妻离子散、家破人亡、家空灶凉这样的现实，强调人与人之间的关系一定要和睦相处、紧密团结、亲如一家、和蔼相待。谚语正面赞扬，反面批评，使用笔墨不多，艺术效果显著。罗赛搜集、整理，索南龙珠汉译。今藏甘南藏族自治州政协原副主席罗赛处。

（华锐·东智）

不到封嘴还说，不到闭目还看

ཁ་མ་བཙེམ་བར་དུ་བཤད་རྒྱུ།། མིག་མ་བཙུམ་བར་དུ་ལྟ་རྒྱུ།།

kha ma btsem bar du bshad rgyu mig ma

btsum bar du lta rgyu

安多藏语甘南牧区方言谚语。流行于以大夏河、黄河、洮河流域为主的甘南地区。尖锐地揭露了愚者欲壑难填、贪得无厌的行径，告诫人们要自尊自爱，自觉培养高尚道德和健康情操，向智者学习。罗赛搜集、整理，索南龙珠汉译。今藏甘南藏族自治州政协原副主席罗赛处。

（华锐·东智）

受苦者在山，享福者在家

ཁ་ཅན་པོ་རི་ན་ཡོད།། དབང་ཅན་པོ་ཡུལ་ན་ཡོད།།

kha can po ri na yod dbang can po yul na yod

安多藏语甘南牧区方言谚语。流行于以大夏河、黄河、白龙江、洮河流域为主的甘南地区。在热情赞美劳动，歌颂勤俭的同时，严厉谴责昏君庸臣利用手中掌握的权利独断专行、残酷无道、横征暴敛、无法无天的卑劣行径。罗赛搜集、整理，索南龙珠汉译。今藏甘南藏族自治州政协原副主席罗赛处。

（华锐·东智）

和其如神，伤其如蛇

ཁ་མ་གཙེ་ན་ལྷ་ཕྲུག་དཀར་པོ།། ཁ་གཙེས་ན་དུག་སྦྲུལ་ནག་པོ།།

Kha ma gtse na lha phrug dkar po

Kha gtses na dug sbrul nag po

安多藏语甘南牧区方言谚语。流行于以大夏河、白龙江、洮河流域为主的甘南地区。谚语直接揭露了社会上人情淡薄、世态炎凉的现象，强调了人与人之间和谐相处的重要性，阐明了“以和为贵”的深刻道理。罗赛搜集、整理，索南龙珠汉译。今藏甘南藏族自治州政协原副主席罗赛处。

（华锐·东智）

遍智学者在外，经验老人在家

མཁས་པ་ཀུན་ཤེས་བྱེས་ན་ཡོད།། ལོ་ལོན་བསམ་ཤེས་ཁྱིམ་ན་ཡོད།།

Mkhas pa kun shes byes na yod

Lo lon bsam shes khyim na yod

安多藏语甘南牧区方言谚语。流行于以大夏河、黄河、洮河流域为主的甘南地区。智者因为有知识，所以无论到哪里都受欢迎；而愚人周身是缺点，无论到哪里都遭讨厌。反映了智者处处受人崇敬，而对愚者往往会敬而远之的社会现象。教诲人们要亲近和敬仰智者，远离和扬弃愚者。罗赛搜集、整理，索南龙珠汉译。今藏甘南藏族自治州政协原副主席罗赛处。

（华锐·东智）

满院都是亲戚，帮谁都是骨肉

ཁྱིམ་གོ་ར་གང་བོ་ཉེ་རིང་རེད།། ཁ་གང་ལ་བསློར་ན་ཤ་ཁྲག་རེད།།

Khyim go ra gang bo nye ring red

Kha gang la bslor na sha khrag ted

安多藏语甘南牧区方言谚语。流行于以大夏河、黄河、白龙江、洮河流域为主的甘南地区。谚语中洋溢着生活的激情，包含着团结友好、辛勤劳动、崇尚道德、乐善好施、造福于人的思想。从中揭示了为人处世以礼相待的道理。罗赛搜集、整理，索南龙珠汉译。今藏甘南藏族自治州政协原副主席罗赛处。

（华锐·东智）

四面城邦，里外少壮

མཁར་གྲོང་བརྒྱད་ཅུ་བསྐོར་ནས་ཡོད།། གཞོན་ནུ་བརྒྱད་ཅུ་ངོམ་རྒྱུ་ཡོད།།

Mkhar grong brhyad cu bskor nas yod

Gzhon nu brgyad cu ngom rgyu yod

安多藏语甘南牧区方言谚语。流行于以大夏河、黄河、洮河流域为主的甘南地区。教导人们不管做什么事都要有坚实的基础，坚实的基础是诸多事情成功的要素，这样才能有所作为。罗赛搜集、整理，索南龙珠汉译。今藏甘南藏族自治州政协原副主席罗赛处。

（华锐·东智）

有权者谋事，谋事中捞财

ཁ་དབང་ནང་ནས་གྲོས་དབང་བྱས།། གྲོས་དབང་ནང་ནས་སྤར་ཆོད་བྱས།།

Kha dbang nang nas gros dbang byas

Gros dbang nang nas spar chod byas

安多藏语甘南牧区方言谚语。流行于以大夏河、黄河、白龙江、洮河流域为主的甘南地区。谚语极力反对统治者残酷压迫、贪污腐化、横征暴敛的罪行，对佞邪谗贼、威福自由、操弄大权的贪官污吏敲响了震耳欲聋的警钟。同时也提醒劳动人民毋受统治者的任意支配，不信天命，争取自由，独立自主。罗赛搜集、整理，索南龙珠汉译。今藏甘南藏族自治州政协原副主席罗赛处。

（华锐·东智）

欲言者，先看众人的脸色

ཁ་གང་གི་ནང་ནས་གཏམ་བཤད་ན།། གྲལ་གང་བོའི་ངོ་མདངས་འཚོ་དགོས།།

Kha gang gi nang nas gtam bshad na

Gral gang bovi ngo mdangs vtsho dgos

安多藏语甘南牧区方言谚语。流行于以大夏河、黄河、洮河流域为主的甘南地区。同人民的现实生活紧密地联系在一起，说明了谦虚谨慎的重要性，阐明了“虚心使人进步，骄傲使人落后”的道理。罗赛搜集、整理，索南龙珠汉译。今藏甘南藏族自治州政协原副主席罗赛处。

（华锐·东智）

何地生寸草，该地要容纳

ཁོབས་གང་གི་ནང་ནས་རྩྭ་སྐྱེས་ན།། ཁོངས་གང་གི་ས་ཡི་འེབ་དགོས།།

Khobs gang gi nang nas rtswa skyes na

Khongs gang gi sa yi veb dgos

安多藏语甘南牧区方言谚语。流行于以大夏河、黄河、流域为主的甘南地区。深刻阐明了“劳动创造一切”的道理。谚语既具有客观生活中的深奥意趣，又贴近常人的普通生活，具有一定的实践性和群众性。罗赛搜集、整理，索南龙珠汉译。今藏甘南藏族自治州政协原副主席罗赛处。

（华锐·东智）

嘴中无语如门上锁，心中无谋如愚昧羊

ཁ་ན་ཆོས་མེད་ན་རྒྱ་སྒོའི་ཟྭ་འདྲ།། སེམས་ན་འཆར་མེད་ན་གླེན་པ་ལུག་འདྲ།།

Kha na chos med na rgya sgovi zwa vdra

Sems na vchar med na glen pa lug vdra

安多藏语甘南牧区方言谚语。流行于以大夏河、黄河、洮河流域为主的甘南地区。智者具有丰富的社会实践经验和渊博的文化知识，而愚者恰恰相反。谚语批评了在生活和学业上只图安逸、不求上进、虚度年华、不肯吃苦的愚者的懒惰行为。通过恰当的比喻把智者和愚者这两类截然不同人物的形象刻画得栩栩如生。罗赛搜集、整理，索南龙珠汉译。今藏甘南藏族自治州政协原副主席罗赛处。

（华锐·东智）

命令从天而降，石头从后砸头

ཁ་གནམ་གྱིས་གྲགས་ནས་ཐག་བཅད།། རྡོ་ལྟག་ནས་ལྷུང་ནས་མགོ་བཅགས།།

Kha gnam gyis grags nas thag bcad

Rdo ltag nas lhung nas mgo bcags

安多藏语甘南牧区方言谚语。流行于以大夏河、黄河、洮河流域为主的甘南地区。大千世界万事难料，美丑交错好坏难辨，人与人之间的关系更是错综复杂。针对这样的现实，强调人与人之间的关系一定要和睦相处、紧密团结，说明了“祸从天降”的含义。罗赛搜集、整理，索南龙珠汉译。今藏甘南藏族自治州政协原副主席罗赛处。

（华锐·东智）

家中的父母红光满面，院内院外牛羊成群

ཁྱིམ་པ་མ་ཁ་ཞག་ཆིག་གེ།། སྒོ་ཕྱི་ནང་ཁུ་ཞག་ལྡེམ་མེ།།

khyim pha ma kha zhag chig ge sgo phyi nang khu z hag ldem me

安多藏语甘南牧区方言谚语。流行于以大夏河、黄河流域为主的甘南地区。人们向往美好的生活，而美好的生活只能通过自己辛勤的劳动，才能换得幸福的生活。谚语赞美了劳动，歌颂了勤俭，并赞美了劳动人民最本质的品德。同时也揭示了“劳动创造一切”的真理。罗赛搜集、整理，索南龙珠汉译。今藏甘南藏族自治州政协原副主席罗赛处。

（华锐·东智）

没有不满，没有记仇

ཁ་བསྐང་བ་མོ་ཡོད་ན།། ཞེ་བསྐང་དོགས་པ་ཡོད་ན།།

kha bskang ba mo yod na zhe bskang dogs pa yod na

安多藏语甘南牧区方言谚语。流行于以大夏河、黄河、洮河流域为主的甘南地区。谚语体现了藏族人民真挚好客、团结友好的特点和提倡对人要以诚相待，反对以利相交的恶习。生动地刻画了藏民族纯朴、公正、善良、乐观的本性，充分说明团结的重要性和实践出真知的道理，并且极其形象地告诫人们要保持谦虚的美德。罗赛搜集、整理，索南龙珠汉译。今藏甘南藏族自治州政协原副主席罗赛处。

（华锐·东智）

有智者见后，有眼者见前

མཁས་པ་ཡིན་ན་གཞུག ། མིག་ཅན་ཡིན་ན་སྔུན།།

mkhas pa yin na gzhug mig can yin na sngun

安多藏语甘南牧区方言谚语。流行于以大夏河、黄河、白龙江、洮河流域为主的甘南地区。谚语阐明了这样一个道理：智慧是人类精神领域中的瑰宝，缺乏智慧的灵魂是僵死的灵魂，但若以学问来加以充实，它就能恢复生机。罗赛搜集、整理，索南龙珠汉译。今藏甘南藏族自治州政协原副主席罗赛处。

（华锐·东智）

两家和睦成事，男女和好成亲

ཁྱིམ་ཚང་གཉིས་ཀྱིས་དོན་གྲུབ། གཞོན་ནུ་གཉིས་ཀྱིས་གཉེན་མཐུན།།

Khyim tshang gnyis kyis don grub

Gzhon nu gnyis kyis gnyen mthun

安多藏语甘南牧区方言谚语。流行于以大夏河、黄河、白龙江、洮河流域为主的甘南地区。常言道：“天上无云不下雨，地下无媒不成亲。”通过人们最常见的生活事例，不但热情地赞美了爱情、婚姻，而且突出了其在生活中产生的重要作用。罗赛搜集、整理，索南龙珠汉译。今藏甘南藏族自治州政协原副主席罗赛处。

（华锐·东智）

争嘴要有限度，走路要知路况

ཁ་ཤགས་རྩོད་ན་བཙན་ཚོད་ཟིན་དགོས།།

ལམ་ལ་འགྲོ་ན་བདེ་གཟར་བལྟ་དགོས།།

Kha shags rtsod na btsan tshod zin dgos

lam la vgro na bde gzar blta dgos

安多藏语甘南牧区方言谚语。流行于以大夏河、黄河、洮河流域为主的甘南地区。忠心告诫人们无论做任何事情都要有适度，必须坚持一个标准。从中反映出了藏族人民淳朴的民俗民风和忠厚的伦理道德。罗赛搜集、整理，索南龙珠汉译。今藏甘南藏族自治州政协原副主席罗赛处。

（华锐·东智）

事先别说刺耳恶语，事后别说是非教诲

ཁ་ཆེས་སྙིང་ཆེས་མ་གཏོང་སྔོན་ཡིན།། ཁ་མནན་ཚིག་མནན་མ་རྒྱག་ཕྱི་ཡིན།།

Kha ches snying ches ma gtong sngon yin

Kha mnan tshig mnan ma rgyag phi yin

安多藏语甘南牧区方言谚语。流行于以大夏河、黄河、洮河流域为主的甘南地区。谚语并非简单地批判了小人丑恶的一面，而是通过塑造一个小人的形象来剖析人类社会生活中的各种矛盾和问题，教导人们要借助正确和健康的理智来思考和解决这些矛盾。罗赛搜集、整理，索南龙珠汉译。今藏甘南藏族自治州政协原副主席罗赛处。

（华锐·东智）

张嘴说话要有一身衣，立身走路要有一匹马

ཁ་བཀང་ལ་བླངས་པར་གོས་ཞིག་སྟོན་དགོས།།

གཟུགས་གྱེན་ལ་ལངས་པར་རྟ་ཞིག་སྟོན་དགོས།།

Kha bkang la blangs par gos zhig ston dgos

Gzugs gyen la langs par rta zhig ston dgos

安多藏语甘南牧区方言谚语。流行于以大夏河、黄河流域为主的甘南地区。反映了藏族人民的审美标准和审美观念，说明了做事前必须具备某些条件的重要性，阐明了“万丈高楼平地起”的深邃道理。罗赛搜集、整理，索南龙珠汉译。今藏甘南藏族自治州政协原副主席罗赛处。

（华锐·东智）

贤者在愚者中如虎，愚者在贤者中如狗

མཁས་པ་གླེན་པའི་ཁྲོད་ན་སྟག་འདྲ།།

གླེན་པ་མཁས་པའི་འདབས་ན་ཁྱི་འདྲ།།

Mkhas pa glen pavi krod na stag vdra

Glen pa mkhas pavi vdabs na khyi vdra

安多藏语甘南牧区方言谚语。流行于以大夏河、黄河、白龙江、洮河流域为主的甘南地区。一方面通过塑造智者和愚人的不同形象来剖析人类社会生活中的各种矛盾和问题，并运用胜败、优劣、强弱、利弊等对比，揭示了事物发展的客观规律；另一方面又从明理为智、迂腐为愚，智者高大、愚人渺小等方面阐明了智者和愚者的根本区别。罗赛搜集、整理，索南龙珠汉译。今藏甘南藏族自治州政协原副主席罗赛处。

（华锐·东智）

你在衣边镶水獭皮，我自会在衣领镶豹皮

ཁྱོས་ཆུ་སྲམ་ཁ་སྐྱའི་གྲ་ཁ་འདབས་ཁར་བརྩེགས་ན།།
ངས་གཟིག་ལྤགས་ཐིག་ལེ་དགུ་ཁྲའི་གོང་བ་ལོས་བརྩེགས།།

Khyos chu sram kha dkyavi gra kha vdabs khar brtsegs na

Ngas gzig lpags thig le dgu khravi gong ba los brtsegs

安多藏语甘南牧区方言谚语。流行于以大夏河、黄河、白龙江、洮河流域为主的甘南地区。在真实记录藏族古老传统服饰习俗的同时，反映了藏族人民的审美标准和审美观念，教导人们要发扬发奋图强、自力更生、战胜自然的精神，通过自己勤劳的双手创造美好生活。罗赛搜集、整理，索南龙珠汉译。今藏甘南藏族自治州政协原副主席罗赛处。

（华锐·东智）

你我无可比，犹如狗和狮

ཁྱོས་དང་ཝུ་གཉིས་འགྲན་རྒྱུ་མེད།། ཁྱི་དང་སེང་གེ་བཤིབ་རྒྱུ་མེད།།

khyos dang vu gnyis vgran rgyu med

khyi dang seng ge bshib rgyu med

安多藏语甘南牧区方言谚语。流行于以大夏河、黄河、洮河流域为主的甘南地区。在表面上似乎描述了一个极其狂妄者的形象，而实际给人们阐明了这样一个道理：智者即便身处逆境，屡遭挫折，仍是不屈不挠，以智慧使自己变得更加顽强，犹如兽王雄狮；而愚钝懦弱的人，遇到违缘总是叫苦不迭、怨天尤人，犹如乱叫的狂狗。以坚强不屈的特征恰当地比喻了智者所拥有的殊胜品质。罗赛搜集、整理，索南龙珠汉译。今藏甘南藏族自治州政协原副主席罗赛处。

（华锐·东智）

长尾哈巴狗，岂能比老虎

ཁྱི་བདའ་ལུ་རྒྱ་བོ་རྔ་རིང་བོ།། སྟག་འཛུམ་དྲུག་འགྲན་པར་ངོ་རེ་ཚ།།

Khyi bdav lu rgya bo rnga ring bo

Stag vdzum drug vgran par ngo re tsha

安多藏语甘南牧区方言谚语。流行于以大夏河、黄河、白龙江洮河流域为主的甘南地区。通过形象生动的比喻，告诉了人们一个道理：奸诈的人虽然说话委婉动听，但那只是为了一己私利，并非真心对人恭敬。就像是附近的小狗，虽然具有长长的尾巴，但它根本不具备老虎的勇猛。罗赛搜集、整理，索南龙珠汉译。今藏甘南藏族自治州政协原副主席罗赛处。

（华锐·东智）

黑肠难用白奶洗

ཁྱོས་རྫུན་གྱི་པོ་ཐོ་ནག་རིལ་ཏེ།། ཐུལ་དཀར་འོ་མས་བཀྲུས་ན་འདག་རྒྱུ་མེད།།

Khyos rdzun gyi po tho nag ril te

Thul dkar vo moas bkrus na vdag rgyu med

安多藏语甘南牧区方言谚语。流行于以大夏河、黄河、白龙江、洮河流域为主的甘南地区。狡猾的骗子极擅伪装，说出的话也非常甜蜜，在未经观察、了解之前千万不要轻易地相信他们。比如孔雀不但体态优美，而且声音悦耳动听，然而它所食用的都是毒物。阐明了“画龙画虎难画骨，知人知面不知心”。罗赛搜集、整理，索南龙珠汉译。今藏甘南藏族自治州政协原副主席罗赛处。

（华锐·东智）

布谷鸟虽生在南方，悦耳的声音却在藏地

ཁུ་བྱུག་མོན་དུ་སྐྱེས་ནའང་།། ཅ་ཅོ་ལྷོ་ཏའི་ཡུལ་ན་སྙན།།

Khu byug mon du skyes navng

Ca co lho tavi yul na snyan

安多藏语甘南牧区方言谚语。流行于以白龙江、洮河流域为主的甘南地区。说明了事物发展、变化的客观规律，也阐明了“千里马常有，而伯乐不常有”的道理，劝告人们要善于发现智者，并要尊敬和爱戴智者。罗赛搜集、整理，索南龙珠汉译。今藏甘南藏族自治州政协原副主席罗赛处。

（华锐·东智）

留下遗嘱不死，多么愧对阎王

ཁ་ཆེམས་བཞག་ནས་མ་ཤི་ན།། འཆི་བདག་བདུད་ལ་ངོ་རེ་ཚ།།

kha chems bzhag nas ma shi na vchi

bdag bdud ls ngo re tsha

安多藏语甘南牧区方言谚语。流行于以大夏河、黄河、白龙江、洮河流域为主的甘南地区。一方面赞美了受施不忘报、受益不忘恩、受欺不怒、公而忘私、平易近人的高尚品德，另一方面驳斥了言行不一、好坏不分、忘恩负义、居心叵测、卑鄙无耻的愚者的肮脏心灵。把狡诈者反复

无常、不记恩德、恩将仇报的卑劣行为暴露在了光天化日之下。罗赛搜集、整理，索南龙珠汉译。今藏甘南藏族自治州政协原副主席罗赛处。

（华锐·东智）

喝哑巴的酒，不如喝达拉水

ཁ་ལྐུགས་ཀྱི་ཆང་རག་ལས།། ལུང་ཁུགས་ཀྱི་ད་ར་ཞིམ།།

kha lkugs kyi chang rag las lung khugs kyi da ra zhim

安多藏语甘南牧区方言谚语。流行于以大夏河、黄河流域为主的甘南地区。教诲人们要想取得丰硕的成果，就像下海取宝一样，需要付出艰辛的劳动。只要克服阻力，知难而进，才能获得成功。含蓄地阐明了“世上无难事，只要肯登攀”“有志者，事竟成”的深邃道理。谚语充满了藏民族的生活气息和生活意味。罗赛搜集、整理，索南龙珠汉译。今藏甘南藏族自治州政协原副主席罗赛处。

（华锐·东智）

墙角经幡，刮风就飘

ཁང་ཟུར་དར་ལྕོག་སྣེ་ལྔ།། རླུང་གང་ནས་བརྒྱབ་ཀྱང་གཡོ།།

khang zur dar lcog sne lnga rlung gang nas brgyab kyang gyo

安多藏语甘南牧区方言谚语。流行于以大夏河、黄河、白龙江、洮河流域为主的甘南地区。讽刺了那些怯懦无能、闻风丧胆、骄傲自大、华而不实、脆而不坚、愚蠢笨拙的弱者本性。高度赞美了谦虚谨慎、胸怀大志、学识渊博的智者，并予以赞扬。罗赛搜集、整理，索南龙珠汉译。今藏甘南藏族自治州政协原副主席罗赛处。

（华锐·东智）

比起多债的富人，无忧的乞丐幸福

ཁྲལ་འཇལ་མང་བའི་ཕྱུག་པོ་ལས།། སེམས་ཐག་ཆོད་པའི་སྤྲང་པོ་སྐྱིད།།

Khral vjal mang bavi phyug po las Sems thag chod pavi sprang po skyid

安多藏语甘南牧区方言谚语。流行于以大夏河、黄河、白龙江、洮河流域为主的甘南地区。品行恶劣的人尽管以各种手段获得了财富，然而他的行为却会变得更卑劣可恶。其贪心也会剧烈地膨胀，嗔恨心也会更加厉害。恶人的本性即是罪恶的根源，财富反倒成为助桀为虐的动力，其最终的结果不如乞丐。罗赛搜集、整理，索南龙珠汉译。今藏甘南藏族自治州政协原副主席罗赛处。

（华锐·东智）

巧言者判事端，舌辩五花八门

ཁ་མཁས་གྱོད་གིའི་བཤད་ལུགས་ལ།།
ཚིག་འགུག་འབུལ་ལམ་བཅོ་བརྒྱད་ཚང་།།

Kha mkhas gyod givi bshad lugs la

Tshig vgug vbul lam bco brhyad tshang

安多藏语甘南牧区方言谚语。流行于以大夏河、黄河、白龙江、洮河流域为主的甘南地区。智者能以智慧理解运用知识，办事井井有条。然而愚者却恰恰相反，他们鲁钝无学、胸无点墨又刚愎武断，在没有知识的痴暗中，浑浑噩噩地生活。只有真正的智者，才能了知深奥的道理。罗赛搜集、整理，索南龙珠汉译。今藏甘南藏族自治州政协原副主席罗赛处。

（华锐·东智）

口水流不尽，老夫喝醉相

ཁ་ནས་ཁ་ཆུ་འཛར་འཛར་དེ།། འཕུང་རྒན་ཆང་གིས་བཟི་བའི་རྟགས།།

kha nas kha chu vdzar vdzar de vphung rgan chang gis bzi bavi rtags

安多藏语甘南牧区方言谚语。流行于以大夏河、黄河、洮河流域为主的甘南地区。谚语深刻阐明了一种思想：愚蠢的人看其表象已是够可怜了，如果他又性情憨直，那就更加可悲。这些憨愚的人不但伤害了自己的形象，而且给别人留下了耻笑的把柄，正所谓“赔了夫人又折兵”。罗赛搜集、整理，索南龙珠汉译。今藏甘南藏族自治州政协原副主席罗赛处。

（华锐·东智）

贤者之先，上师之尊

མཁས་པ་རྣམས་ཀྱི་སྔོན་མ་རེད།། བླ་མ་ཀུན་གྱི་ཐོག་མ་རེད།།

mkhas pa rnams kyi sngon red bla ma kun gyi thog ma ted

安多藏语甘南牧区方言谚语。流行于以大夏河、黄河、洮河流域为主的甘南地区。强调了知识的重要，同时把寻觅人才的艰难比喻成商人寻找珍宝一样，困难重重，提醒人们器重人才、尊重人才的重要性。教诲人们要亲近和敬仰智者，远离和扬弃愚者。阐明了“千里马常有，而伯乐不常有”的哲理。罗赛搜集、整理，索南龙珠汉译。今藏甘南藏族自治州政协原副主席罗赛处。

（华锐・东智）

嘴甜如蜜，心黑如炭

ཁས་བུ་རམ་སྦྲང་རྩིའི་ཆར་བ་འབེབས།། ཁོག་སོལ་ནག་མ་མའི་མིག་འབྲུ།།

Khas bu ram sbrang rtsevi char ba vbebs

Khog sol nag ma mavi mig vbru

安多藏语甘南牧区方言谚语。流行于以白龙江、洮河流域为主的甘南地区。忠告世人：在与人交往、共事之时，一定要善加观察，以智慧抉择。因为世间上的人，有忠厚耿直者，也有奸诈狡猾者。对于口是心非的奸诈小人，则应加倍小心，因为他们丑恶的心灵上披着一层善良的外衣；他们的语言甜美动听，宛如一把涂抹蜂蜜的利刃，当听者津津有味地品尝甜言蜜语时，也正面临着被利刃刺伤的危险。罗赛搜集、整理，索南龙珠汉译。今藏甘南藏族自治州政协原副主席罗赛处。（华锐・东智）

空话如气，动手成金

ཁ་བཤད་ཁ་ཡི་ཁ་རླངས།། ལག་ལེན་གསེར་གྱི་ཐིག་པ།།

kha bshad kha yi kha rlangs lag len gser gyi thig pa

安多藏语甘南牧区方言谚语。流行于以大夏河、黄河、洮河流域为主的甘南地区。有智慧的人做任何事情都要经过周密的观察与思考，虽然有能力，却从不会以自我为中心，而是谦虚谨慎地待人处事，以求完善。就算办成一些微乎其微的小事，虽已胸有成竹，也仍然要将有关人员集中起来，互相协商，博取良言，以最佳方案实施。罗赛搜集、整理，索南龙珠汉译。今藏甘南藏族自治州政协原副主席罗赛处。（华锐・东智）

巧言者有理，巧手者有用

ཁ་མཁས་པས་ག་ནས་བཤད་བཤད།། ལག་མཁས་པས་ག་རེ་བཟོ་བཟོ།།

Kha mkhas pas ga nas bshad bshad

Lag mkhas pas ga re bzo bzo

安多藏语甘南牧区方言谚语。流行于以大夏河、黄河、白龙江、洮河流域为主的甘南地区。有智有才有德的人，外表看来不异于众人，而在平凡之中却蕴藏着不同于众人的思想境界和胸怀，他们谦虚圆融，正所谓“大智若愚，大巧若拙”。智者常把聪明才智隐藏于笨拙之中，言行谦虚而不露锋芒，宁可随俗而不自命清高，时刻受到人们的欢迎和赞美。罗赛搜集、整理，索南龙珠汉译。今藏甘南藏族自治州政协原副主席罗赛处。

（华锐・东智）

切莫拿来山上的经幡，山神会跟随而来

འཁྱེར་མི་ཉན་རི་མགོའི་དར་ལྕོག་རེད།།

འཁྱེར་ཟེར་ན་ཡུལ་ལྷས་རྗེས་འབྲང་ཡོང་།།

Vkhyer mi nyan ri mgovi dar lcog red

Vkher zer na yul lhas rjes vbrang yong

安多藏语甘南牧区方言谚语。流行于以大夏河、黄河、白龙江、洮河流域为主的甘南地区。谚语完全从宗教的角度出发，以真实的语言记录了藏族古老传统的宗教信仰习俗。从一个侧面阐明了做任何事情都不能违背客观规律的辩证思想。罗赛搜集、整理，索南龙珠汉译。今藏甘南藏族自治州政协原副主席罗赛处。（华锐・东智）

尼泊尔做的禅杖，听说是七扭八拐

མཁར་སིལ་བལ་པོས་བརྡུངས་ན།། ཁ་ཀྱོག་སྣ་ཀྱོག་མེད་ཟེར།།

mkhar sil bal pos brdungs na kha

kyog sna kyog med zer

安多藏语甘南牧区方言谚语。流行于以大夏河、黄河流域为主的甘南地区。辩证地阐明了无理无据的道理：愚痴傲慢的人总是夸夸其谈，轻视诺言，在众人面前，他们讲话不经大脑考虑，张口闭口说大话，随意发愿，从不衡量自己的能力。教导人们通常对于自己力所能及的事应尽力办成，但对那些鞭长莫及自知没有把握的事，首先不去做方是明智之举。罗赛搜集、整理，索南龙珠汉译。今藏甘南藏族自治州政协原副主席罗赛处。

（华锐・东智）

要绒在牦牛身上，但珍贵的却在羚羊身上

ཁུ་ལུ་དགོས་ན་ཕྱུགས་ཟོག་ལ་ཡོད།། རིན་ཆེན་ཁུ་ལུ་གཙོད་པོའི་ལུས་ན་ཡོད།།

Khu lu dgos na phygs zog la yod

Rin chen khu lu gtsod phovi lus na yod

安多藏语甘南牧区方言谚语。流行于黄河、白龙江、洮河流域为主的甘南地区。用浓缩简洁的语言表达出了深刻的道理，劝告人们要善于发现智者，并要尊敬和爱戴智者。阐明了“山外有山，人上有人”的深刻道理。谚语具有高度的概括性，发人深省，具有很强的哲理。罗赛搜集、整理，索南龙珠汉译。今藏甘南藏族自治州政协原副主席罗赛处。（华锐・东智）

吵架说谎女比男强，走在峭壁羊比马快

ཁ་ཁྲམ་ཁ་རྫུན་བཤད་ན་ཕོ་ལས་མོ་རྒོད།།

རྒྱུག་ཁ་བྲག་ལ་གཏད་ན་རྟ་ལས་ར་མགྱོགས།།

Kha khram kha rdzun bshad na pho las mo rgod

Rgyug kha brag la gtad na rta las ra mgyogs

安多藏语甘南牧区方言谚语。流行于以大夏河、白龙江、洮河流域为主的甘南地区。阐明了人和事物总是会转化的，此一时彼一时，物以时迁，事无常定，不可能一成不变的深刻道理。把人们时常能够看到的生活现象描写得有血有肉、栩栩如生，通过现象说明了事物的本质。罗赛搜集、整理，索南龙珠汉译。今藏甘南藏族自治州政协原副主席罗赛处。（华锐・东智）

坏人难恶语，小偷难强盗

ཁ་ངན་པས་ཕོག་ཐུག་འགྲོ་ས་མེད།། ལག་ངན་པས་ཇག་རྐུན་བྱེད་ས་མེད།།

Kha ngan pas phog thug vgro sa med

Lag ngan pas jag rkun byed sa med

安多藏语甘南牧区方言谚语。流行于以大夏河、黄河、白龙江、洮河流域为主的甘南地区。一个诡计多端、心怀不轨的狡猾者以恶劣的发心、卑鄙的行为谋取私利，如果短期内做一些坏事，暂时可能不被人发现，然而最终必定会遭到毁灭。“做贼瞒不过乡里，偷食瞒不过牙齿”，干的坏事多了就容易露出马脚，最终什么也干不了，正所谓“久走夜路必遇鬼”。罗赛搜集、整理，索南龙珠汉译。今藏甘南藏族自治州政协原副主席罗赛处。

（华锐・东智）

虽在动嘴说话，意却藏在心底

ཁ་ཚེག་ཚེག་པགས་པའི་འཐེན་ཕྱོགས་རེད།།

དོན་སྙིང་པོ་སེམས་ཀྱི་གཏིང་ན་ཡོད།།

Kha tsheg tsheg pags pavi vthen phyogs red

Don snying bo sems kyi gting na yod

安多藏语甘南牧区方言谚语。流行于以大夏河、黄河、白龙江、洮河流域为主的甘南地区。谚语阐明了这样一个道理：智者洞察世间、辨别是非，了如明镜；观察每一个人都是善恶分明，准确无误。他们察人断事时，仅依智慧来做评判。有智慧的人虽然在别人面前不说大话，但在他的内心深处却已有正确取舍。罗赛搜集、整理，索南龙珠汉译。今藏甘南藏族自治州政协原副主席罗赛处。（华锐・东智）

观众多如星辰，男女歌手满座

ཁྲོམ་འདུ་ཚོགས་སྐར་ཚོགས་ཤར་འདྲ་འཛོམས།།

གྲགས་གླུ་བ་གླུ་མ་གྲལ་གང་འགྲིགས།།

Khrom vdu tshogs skar tshogs shar vdra vdzoms

Grags glu ba glu ma gral gang vgrigs

安多藏语甘南牧区方言谚语。流行于以大夏河、黄河、洮河流域为主的甘南地区。真实地记录和描述了欢天喜地的喜庆场面，反映了藏族人民乐观、开朗和洒脱的天性。罗赛搜集、整理，索南龙珠汉译。今藏甘南藏族自治州政协原副主席罗赛处。（华锐・东智）

若是喜欢歪曲的话，就像羚角所做弓

འཁྱོག་ལ་དགའ་ན་འཁྱོག་གཏམ་ཡིན།། ར་རྒོད་གཞུ་མོ་འཁྱོག་པའི་དཔེ།།

Vkhyog la dgav na vkhyog gtam yin

Ra rgod gzhu mo vkhyog pavi dpe

安多藏语甘南牧区方言谚语。流行于以大夏河、黄河、白龙江、洮河流域为主的甘南地区。通过形象生动的比喻，阐明了一个道理：无论做什么事都要讲究一个彻头彻尾、细致周到、严肃认真，不能敷衍了事、半途而废。罗赛搜集、整理，索南龙珠汉译。今藏甘南藏族自治州政协原副主席罗赛处。（华锐・东智）

可恶的毒蛇，吃亏在黑土里

ཁྱོད་ལྕེ་གཉིས་དུག་གི་སྦྲུལ་ནག་སྟེ།། ས་ནག་པོ་མཆིན་པའི་གཏིང་ན་ཕམ།།

Khyod lce gnyis dug gi sbrul nag ste

Sa nag po mchin pavi gting na pham

安多藏语甘南牧区方言谚语。流行于以白龙江、洮河流域为主的甘南地区。谚语把恶人比喻成毒蛇并给予了极力谴责。告诫人们世间上劣等的物品虽然很多，但却没有恶劣的人可恶，其余坏的东西可以改造，而要想将劣者改造好，除非他像毒蛇死去。罗赛搜集、整理，索南龙珠汉译。今藏甘南藏族自治州政协原副主席罗赛处。

（华锐·东智）

有宝座的主人，有绸缎的富商

ཁྲི་གོ་ས་ཅན་གྱི་བདག་པོ།། གོས་རིན་ཐང་ཅན་གྱི་ནང་རྫོངས།།

khri go sa can gyi bdag po gos rin

thang can gyi nang rdzongs

安多藏语甘南牧区方言谚语。流行于以大夏河、黄河、洮河流域为主的甘南地区。记录了藏族人民的生活和宗教习俗，将宗教文化融入谚语文化之中。一方面极力推崇了权势与高贵，另一方面也有藐视权贵之含义。罗赛搜集、整理，索南龙珠汉译。今藏甘南藏族自治州政协原副主席罗赛处。

（华锐·东智）

谦虚之人，知足者也

ཁེངས་པ་སྐྱུང་སྐྱུང་བྱེད་མཁན།། འཁང་སེམས་མེད་པའི་མི་ཡིན།།

Khengs pa skyung skyung byed mkhan

Vkhang sems med pavi mi yin

安多藏语甘南牧区方言谚语。流行于以大夏河、黄河、洮河流域为主的甘南地区。聪明的人精勤学习所有知识，依靠学问能通晓一切世间事，如满天的星光在照明别人，而不知足的人整天忙碌于平凡琐事，贪求名利，却又不明事理，往往是聪明反被聪明误。深刻阐明了“知足者常乐”的深邃道理。罗赛搜集、整理，索南龙珠汉译。今藏甘南藏族自治州政协原副主席罗赛处。

（华锐·东智）

心善如毛，耿直如箭

ཁ་དཀར་ཁོག་དཀར་བལ་དཀར་འདྲ།། ཞེ་དྲང་གཞུང་དྲང་མདའ་མོ་འདྲ།།

Kha dkar khog dkar bal dkar vdra

Zhe drang gzhung drang mdav mo vdra

安多藏语甘南牧区方言谚语。流行于以大夏河、黄河、白龙江、洮河流域为主的甘南地区。高度赞美了耿直者的崇高品德：耿直者能够对事物进行观察、独立思维，并以理智抉择事物的人，一言一行，稳重严谨，不论何事都会首先加以观察分析，通盘考虑清楚后才做出果断决定。罗赛搜集、整理，索南龙珠汉译。今藏甘南藏族自治州政协原副主席罗赛处。

（华锐·东智）

甜嘴生人言，切莫信其真

ཁ་ཀྱོག་ཀྱོག་རྒྱུས་མེད་མི་དེའི།། གཏམ་བཤད་བཤད་བདེན་པར་མ་འཛིན།།

Kha kyog kyog rgyus med mi devi

Gtam bshad bshad bden par ma vdzin

安多藏语甘南牧区方言谚语。流行于以大夏河、黄河、白龙江、洮河流域为主的甘南地区。俗话说：“画龙画虎难画骨，知人知面不知心。”狡猾的骗子极擅伪装，说出的话也非常甜蜜，在未经观察、了解之前千万不要轻易相信他们。教导人们逢人遇事都要认真观察。罗赛搜集、整理，索南龙珠汉译。今藏甘南藏族自治州政协原副主席罗赛处。

（华锐·东智）

唠叨使儿女离家，食断使家狗流浪

ཁ་ཚེགས་ཆེ་ན་བུ་ཕྲུག་ཡིན་ཡང་བྲོ།། ལྟོ་ཟས་ཆད་ན་སྒོ་ཁྱི་ཡིན་ཡང་ལྡོམ།།

Kha tshegs che na bu phrug yin yang bro

Lto zas chad na sgo khyi yin yang ldom

安多藏语甘南牧区方言谚语。流行于以大夏河、黄河、洮河流域为主的甘南地区。谚语阐明了一个道理：德行高超的智者拥有各种功德，具足各种优点，诸如温和慈悲、表里如一，言行一致，无论哪方面都值得世人夸赞、学习。愚者浑身上下却被诸多过患充满，做任何事都受人指责、嗤笑，最终的结果是妻离子散。罗赛搜集、整理，索南龙珠汉译。今藏甘南藏族自治州政协原副主席罗赛处。

（华锐·东智）

不要怀恶心，不要做恶事

ཁ་ངན་ཁོག་ངན་མི་ལ་མ་སེམས།། ཁ་བརྣག་སེམས་བརྣག་མི་ལ་མ་བྱོས།།

Kha ngan khog ngan mi la ma sems

Kha brnag sems brnag mi la ma byod

安多藏语甘南牧区方言谚语。流行于以大夏河、黄河、白龙江、洮河流域为主的甘南地区。固执蛮横的愚者常常毁害自己和他人，他们总以自私自利为出发点，待人粗暴无礼，所做都是越轨之事。虽然一门心思追求享乐，但其行为往往给自己带来痛苦，同时也给他人引来灾难。极力劝导人们要除恶扬善。罗赛搜集、整理，索南龙珠汉译。今藏甘南藏族自治州政协原副主席罗赛处。

（华锐·东智）

喜欢阿谀奉承者，行为不正诡计多

ཁ་བསྟོད་ངོ་བསྟོད་དགའ་བའི་མིར།། འཆལ་སྤྱོད་རྣམ་པ་སྣ་ཚོགས་འབྱུང་།།

Kha bstod ngo bstod dgav bavi mir

Vchal spyod rnam pa sna tshogs vbyung

安多藏语甘南牧区方言谚语。流行于以大夏河、黄河、白龙江、洮河流域为主的甘南地区。谚语不仅彻底揭露了有钱有势道真话、无钱无势语不真的社会恶俗，而且强烈谴责了在家累千金、门外城市的富贵人面前低头哈腰、全无廉耻的小人。对于为己私欲，而在权臣贵族、高官厚禄的官宦者面前贡谀献媚，以固其恩宠的小人给予了唾弃。罗赛搜集、整理，索南龙珠汉译。今藏甘南藏族自治州政协原副主席罗赛处。

（华锐·东智）

集会议事之日，舌剑唇枪众夸赞

ཁྲོམ་གྲོས་ར་འཚོགས་པའི་ཉིན་མོ་ལ།། མི་ཁ་བདེ་ལྕེ་བདེ་ཀུན་གྱིས་བསྟོད།།

Khrom gros ra vtshogs pavi nyin mo la

mi kha bde lce bde kun gyis bstod

安多藏语甘南牧区方言谚语。流行于以大夏河、黄河、洮河流域为主的甘南地区。藏族把一个人的辩论能力和掌握谚语的多寡视为其才智高低的标准。他们的言辞光彩照人，充满着智慧之光：他们娴于辞令，善于使用谚语，在讲话时如同清泉汩汩，滔滔不绝，犹如草原盛开的花朵，姹紫嫣红，令人耳目一新。罗赛搜集、整理，索南龙珠汉译。今藏甘南藏族自治州政协原副主席罗赛处。

（华锐·东智）

杂货盈利无非议

ཁ་མེད་སྣ་མེད་ཚོང་ཟོག་འགའ།། བྲིན་པའི་ཉིན་དེར་ཁེ་རྒྱག་མེད།།

Kha med sna med tshong zog vgav

Brin pavi nyin der khe rgyag med

安多藏语甘南牧区方言谚语。流行于以大夏河、黄河、白龙江、洮河流域为主的甘南地区。从简单的细节中总结出了深刻的道理，以此阐明了“滴水成海”“千里之行，始于足下”的道理。罗赛搜集、整理，索南龙珠汉译。今藏甘南藏族自治州政协原副主席罗赛处。

（华锐·东智）

不起眼的金盒子，却成发财的宝物

ཁ་མེད་མིག་མེད་གསེར་གྱི་སྒམ་བུ།། མིག་ལ་མི་མཛེས་ལག་འབེབས་ཆེན་པོ།།

Kha med mig med gser gyi sgam bu

Mig la mi mdzes lag vbebs chen po

安多藏语甘南牧区方言谚语。流行于以大夏河、黄河、洮河流域为主的甘南地区。谚语告诉世人一个道理：智者有广博的学问、深厚的修养以及崇高的道德，处世遇事待人接物既注意大处又谨慎于小处，一个人的思想言论马虎大意的人很难看出他的美德。阐明了“千里马常有，而伯乐不常有”的道理。罗赛搜集、整理，索南龙珠汉译。今藏甘南藏族自治州政协原副主席罗赛处。

（华锐·东智）

对凶恶的法官，百姓明夸暗骂

ཁྲིམས་དཔོན་ཁ་རྫིག་ངོ་རྫིག་ཅན།། སྡེ་མིས་མངོན་བསྟོད་ལྐོག་སླུ་མང་།།

Khrims dpon kha rdzig ngo rdzig can

Sde mis mngon bstod lkog slu nang

安多藏语甘南牧区方言谚语。流行于以大夏河、黄河、白龙江、洮河流域为主的甘南地区。批驳了贪者贪赃枉法、自私自利的丑恶嘴脸。教诲世人要培养高尚道德和健康情操，要懂得荣誉之伟大、金钱之渺小的道理。罗赛搜集、整理，索南龙珠汉译。今藏甘南藏族自治州政协原副主席罗赛处。

（华锐·东智）

朋友多是自己的装饰，非言多是朋友的敌人

ཁ་ཡ་ན་ཟླ་མང་ན་རང་གི་རྒྱན།། བཤད་རྒྱུ་ཤོར་རྒྱུ་མང་ན་གྲོགས་པོའི་བདུད།།

Kha ya na zla mang na rang gi rgyan

Bshad rgyu shor rgyu mang na grogs povi bdud

安多藏语甘南牧区方言谚语。流行于以大夏河、黄河、洮河流域为主的甘南地区。常言道："朋友多了路好走"，但在现实生活中有些薄情寡义的人，把依靠别人的恩德所得到的利益拿来装门面诈显自己高强。这类人薄情寡义，往往会把从恩人处得到的利益看成是自己的福报。俗语"饮水思源"也是这个道理。罗赛搜集、整理，索南龙珠汉译。今藏甘南藏族自治州政协原副主席罗赛处。（华锐・东智）

甜言蜜语合人心，情投意合聚一起

ཁ་ཡག་ཚིག་ཡག་མི་ལ་འཕྲོད།། ཁ་འཇམ་ཞེ་མཐུན་འགྲོག་ལ་དགའ།།

Kha yag tshig yag mi la vphrod

Kha vjam zhe mthun vgrog la dgav

安多藏语甘南牧区方言谚语。流行于以大夏河、黄河、洮河流域为主的甘南地区。谚语告诫人们能说有利语言的人很少，而受听良言的人则更少。俗言："良药苦口利于病，忠言逆耳利于行。"耳中经常听到一些不中听的话语，心中经常想一些不顺心的事情，这才是磨炼自己德行的磨刀石。罗赛搜集、整理，索南龙珠汉译。今藏甘南藏族自治州政协原副主席罗赛处。

（华锐・东智）

跟随铺张浪费者，自己终究会倒霉

ཁ་གཡེང་ལག་གཡེང་བྱ་མཁན་དེར།། བློ་དད་བཅངས་ན་རང་མཚང་ཉོ།།

Kha gyeng lag gyeng bya mkhan der

Blo dad bcangs na rang mtshang nyo

安多藏语甘南牧区方言谚语。流行于以大夏河、黄河、洮河流域为主的甘南地区。谚语紧密结合生活实际，不但反映出了藏民族自力更生、艰苦朴素、勤俭持家、珍惜劳动的传统美德，而且阐明了"种瓜得瓜，种豆得豆"的深刻道理。罗赛搜集、整理，索南龙珠汉译。今藏甘南藏族自治州政协原副主席罗赛处。（华锐・东智）

扁嘴尖舌者，说起话来不分上下

ཁ་ལེབ་ལེབ་ལྕེ་ཆུང་ནར་ནར།། གཏམ་གཏམས་ན་ཁྱོད་མཁས་ང་མཁས།།

Kha leb leb lce chung nar nar

Gtam gtsms na khyod mkhas nga mkhas

安多藏语甘南牧区方言谚语。流行于以大夏河、黄河、白龙江、洮河流域为主的甘南地区。深刻地批判了华而不实的人：有些无耻愚笨的人，偶尔凭花言巧语得到一些势力，同时极易滋长傲慢情绪，甚至妄夸海口，轻许诺言，尽显目空一切的狂傲本色，一旦机缘失去，他们必定会衰败。"满招损，谦受益"讲的也是这个道理。罗赛搜集、整理，索南龙珠汉译。今藏甘南藏族自治州政协原副主席罗赛处。（华锐・东智）

用谋治家能招财，用爱养子能成才

ཁྱིམ་ཐབས་ཀྱིས་བསྐྱངས་ན་རྒྱུ་འཁོར།།

བུ་བྱམས་ཀྱིས་བསྐྱངས་ན་མི་འཁྱོངས།།

Khyim thabs kyis bskyang na rgyu vkhor

Bu byams kyis bskyangs na mi vkhyongs

安多藏语甘南牧区方言谚语。流行于以大夏河、黄河、白龙江、洮河流域为主的甘南地区。说明了一个道理：凡事无因无缘是不可能发生的，因和果都有贤劣之分，若未详加观察妄下结论，稍不悦便起嗔恨心，以致做出丧失理智的行为，最终不但会伤害自己，而且会伤害别人。阐明了用爱教育人的重要性。罗赛搜集、整理，索南龙珠汉译。今藏甘南藏族自治州政协原副主席罗赛处。

（华锐・东智）

怒如马头明王，斗如林中老虎

ཁྲོས་ན་ཁྲོ་བོ་རྟ་མགྲིན་ཡིན།། འཛིངས་ན་རྒྱ་སྟག་དམར་པོ་ཡིན།།

Khros na khro bo rta mgrin yin

Vdzings na rgya stag dmar bo yin

安多藏语甘南牧区方言谚语。流行于以大夏河、黄河流域为主的甘南地区。从宗教的角度出发，极力教导人们："诸恶莫做，众善奉行，自净其意，是诸佛教。"即教导佛弟子乃至众人舍弃一切恶业，奉行一切善业的根本，同时还要善于调节自己的心。世间终极的善法亦莫过于佛法，故一个善良的人应以此作为准绳。罗赛搜集、整理，

索南龙珠汉译。今藏甘南藏族自治州政协原副主席罗赛处。（华锐·东智）

鼻气口沫似腾雾，舌尖灵变似雷吼

ཁ་རླངས་སྣ་རླངས་སྨུག་པ་ཐུལ།། ལྕེ་ལུ་གློག་དམར་བོ་ཡིན།།

Kha rlangs sna rlangs smug pa thul

Lce lu glog dmar bo yin

安多藏语甘南牧区方言谚语。流行于以大夏河、黄河、白龙江、洮河流域为主的甘南地区。谚语并不是要教人如何傲慢、如何霸道，而是告诫人们：为人处事，应具足稳重的性情，不可喜怒于行色。看看那些事业有成的伟人，在事业遭衰损时，毫不气馁，不断总结经验教训，默默奋进；当事业成功之时，不骄不傲，更上一层楼。罗赛搜集、整理，索南龙珠汉译。今藏甘南藏族自治州政协原副主席罗赛处。（华锐·东智）

生老婆的气，打门口的狗

ཁྱིམ་བཟའ་བའི་སྟེང་ལ་སྙིང་ནག་ན།། ཕྱི་སྒོ་ཁྱིའི་སྟེང་ལ་རྡོ་རྒྱག་དཔེ།།

Khyim bzav bavi steng la snying nag na

Phyi sgo khyivi steng la rdo rgyag dpe

安多藏语甘南牧区方言谚语。流行于以大夏河、黄河、白龙江、洮河流域为主的甘南地区。谚语告诫人们：一般的人，喜怒哀乐都会在言行上表露无遗，他们的行为举止野蛮粗暴，这样的人极难成就事业，就像狂吠乱咬的恶狗一样，既伤害了人，自己也成不了大事。罗赛搜集、整理，索南龙珠汉译。今藏甘南藏族自治州政协原副主席罗赛处。（华锐·东智）

独来独往者，难找终身伴

ཁེར་ཟ་ཁེར་འཐུང་དགའ་བོ་དེར།།

མཉམ་འཚོ་རུང་བའི་གཏན་གྲོགས་དཀའ།།

Kher za kher vthung dgav bo der

Mnyam vtsho rung bavi gtan grogs dkav

安多藏语甘南牧区方言谚语。流行于以大夏河、黄河、洮河流域为主的甘南地区。从表面上看，谚语阐明了“朋友多了路好走”的道理，实际上在极力教育人们“问百人，通百事，问遍千家成行家”。世间的学问广博精深，各行各业的智士能人也遍布于世界各地，所以一个人无论多么有才能也不可骄傲自满，应具有大海纳百川的宽广胸襟，谦虚地学人之长，求教于其他的智者。罗赛搜集、整理，索南龙珠汉译。今藏甘南藏族自治州政协原副主席罗赛处。（华锐·东智）

具三德之人，是世间之眼

མཁས་བཙུན་བཟང་གསུམ་ལྡན་པ་ཡི།། སྐྱེ་བུ་དེ་ནི་འཇིག་རྟེན་མིག །

Mkhas btsun bzang gsum ldan pa yi

Skye bu de ni vjig rttn mig

安多藏语甘南牧区方言谚语。流行于以大夏河、黄河、洮河流域为主的甘南地区。谚语巧妙地将藏传佛教伦理道德观融入藏族社会伦理道德之中，流露出为政以德、为政以智、以法治国、慷慨布施的伦理辩证思想。告诫人们尊崇行为温和心地善良、爱民如子、明辨是非、奉行佛法的贤明君主；推崇知识渊博的学者和赞颂品德高尚的智者，把学习知识提高文化素质作为社会伦理道德的一个重要方面而提倡和赞美。罗赛搜集、整理，索南龙珠汉译。今藏甘南藏族自治州政协原副主席罗赛处。（华锐·东智）

做懒散的活，吃无味的饭

འཁལ་ལེ་འཁོལ་ལེ་ལས་ལས་ན།། ངན་ནེ་ངོན་ནེའི་ཟས་ལས་མེད།།

vkhal le vkhol le las las na ngan ne

ngon nevi zas las med

安多藏语甘南牧区方言谚语。流行于以大夏河、黄河、白龙江、洮河流域为主的甘南地区。谚语告诉世人：一些懒惰愚痴、不学无术的人，他们的品行恶劣，学问、功德都不具足，往往只会招来人们的嘲讽。他们所做的一切都显得那么苍白无力，宛如一个饥饿的乞丐装出富翁般的傲慢。罗赛搜集、整理，索南龙珠汉译。今藏甘南藏族自治州政协原副主席罗赛处。（华锐·东智）

当众抓获的小偷，你打我大难逃一死

ཁྲོམ་དཀྱིལ་རྐུན་པོ་བཟུང་བ་དག །

ཁྱོས་བརྡུངས་ངས་བརྡུངས་ཚེ་ཐར་དཀའ།།

Khrom dkyil rkun po bzung ba dag

Khyos brdungs ngas brdungs tshe thar dkav

安多藏语甘南牧区方言谚语。流行于以大夏河、黄河、洮河流域为主的甘南地区。一个诡计多端极为狡猾、心怀不轨的人以恶劣卑鄙的行为谋取私利，如果短期内暂时可能不被人发现，然而最终必定会遭到众人对他的严厉惩罚，导致毁灭自己。“做贼瞒不过乡里，偷食瞒不过牙齿”，干的坏事多了就容易露出马脚，正所谓“常在河边走，哪有不湿脚”。罗赛搜集、整理，索南龙珠汉译。今藏甘南藏族自治州政协原副主席罗赛处。

（华锐·东智）

你挑我选之物，是众人所需之物

ཁྱོས་འདེམས་ངས་འདེམས་བྱེད་པའི་རྫས།། ཀུན་ལ་མཁོ་ཤོས་ཆེ་རྟགས་རེད།།

Khyos vdems ngas vdems byed pavi rdzas

Kun la mkho shos che rtags red

安多藏语甘南牧区方言谚语。流行于以大夏河、黄河、洮河流域为主的甘南地区。谚语在表面上虽然在赞美事物，其实在歌颂伟人的高尚品德。德行高超的智者拥有各种功德，具足各种优点，诸如持戒清净、智慧圆满、学识渊博、乐善好施，其表里如一、言行一致，无论哪方面都值得世人夸赞、学习。罗赛搜集、整理，索南龙珠汉译。今藏甘南藏族自治州政协原副主席罗赛处。

（华锐·东智）

知面不知心

ཁྲ་ཁྲས་ཁྲས་པགས་པའི་འཐེན་ཕྱོགས།། དགའ་མི་དགའ་སྙིང་གི་རྩ་བ།།

Khra khras khras pags pavi vthen phyogs

Dgav mi dgav snying gi rtsa ba

安多藏语甘南牧区方言谚语。流行于以大夏河、黄河、白龙江、洮河流域为主的甘南地区。狡猾的骗子极擅伪装，说出的话也非常甜蜜，在未经观察了解之前千万不要轻易相信他们。他们的行为如同正人君子，语言也要经过一道特殊的工序，一出口就能使听者心花怒花，戒心全无。谚语阐明了“画龙画虎难画骨，知人知面不知心。”的道理。罗赛搜集、整理，索南龙珠汉译。今藏甘南藏族自治州政协原副主席罗赛处。

（华锐·东智）

开口见心底，闭眼见冥王

ཁ་གདངས་ན་ཁོག་པ་རིག ། མིག་བཙུམ་ན་གཤིན་རྗེ་མཐོང་།།

Kha gdangs na khog pa rig

Mig btsum na gshin rje mthong

安多藏语甘南牧区方言谚语。流行于以白龙江、洮河流域为主的甘南地区。愚痴傲慢的人总是夸夸其谈、轻视诺言，在众人面前，他们讲话不经大脑考虑，张口闭口说大话，随意发愿，从不衡量自己的能力，就像是人死了必须见阎王爷那样，别人一眼就能识破他的诡计。罗赛搜集、整理，索南龙珠汉译。今藏甘南藏族自治州政协原副主席罗赛处。

（华锐·东智）

从未嘶过嘴巴，从未傲挺胸部

ཁ་ཡིས་ཞར་ཞར་བྱེད་མ་མྱོང་།། བྲང་ཤ་དགྱེ་དགྱེ་བྱས་མ་མྱོང་།།

Kha yis zhar zhar byed ma myong

Brang sha dgye dgye byas ma myong

安多藏语甘南牧区方言谚语。流行于以大夏河、黄河、洮河流域为主的甘南地区。智者洞察世间、辨别是非，了如明镜；虽然在别人面前不夸夸其谈，骄傲自满，但他观察每一个人都是善恶分明，准确无误。在批判愚者行为的同时，极力赞美了知识渊博的大德。罗赛搜集、整理，索南龙珠汉译。今藏甘南藏族自治州政协原副主席罗赛处。

（华锐·东智）

别向狗抛石，别向人挑逗

ཁྱི་སར་རྡོ་ལོག་མ་ཐུག་ངར་མ་མ།། ཕོ་སར་གྱོད་འཁོན་མ་ཐུག་ངར་མ་མ།།

Khyi sar rdo log ma thug ngar ma ma

Pho sar gyod vkhon ma thug ngr ma ma

安多藏语甘南牧区方言谚语。流行于以大夏河、黄河、白龙江、洮河流域为主的甘南地区。性情恶劣者是污秽，也是危害社会的毒虫，他们的灵魂与行动是“丑”的。衡量一个人的好坏首先在于品格，崇高的品格上才能显出他的高贵。谚语教导人们：品质越恶劣的人越容易被人抛弃，而品质端正、性情贤善之人则倍受欢迎尊崇、被人重用。罗赛搜集、整理，索南龙珠汉译。今藏甘南藏族自治州政协原副主席罗赛处。

（华锐·东智）

独行驮牛爱吃草，小心野狼暗伤你

ཁལ་མ་ཁེར་འགྲོ་རྩྭ་ལ་དགའ། སྤྱང་ཀུན་སྣ་ནས་འཇུ་དོགས་ཡོད།

Khal ma kher vgro rtswa la dgav

Spyang rkun sna nas vju dogs yod

安多藏语甘南牧区方言谚语。流行于以大夏河、黄河流域为主的甘南地区。放逸是一切过错的根源，世间的许多过错、各类事故往往都源于放逸。谚语告诫人们：待人处事，若不谨慎仔细，常时粗心大意；不观察取舍，草率行事，轻信别人，最终会损害集体的利益，毁坏自他。罗赛搜集、整理，索南龙珠汉译。今藏甘南藏族自治州政协原副主席罗赛处。（华锐·东智）

鹰抓小鸟显本领，却对鹞子无奈何

ཁྲ་ཧོར་བས་བྱིའུ་ཆུང་བཅུམ་བཅུམ་རྩལ།
གླག་རོག་མོའི་སྟེང་ལ་འབེབ་དབང་མེད།

Khra hor bas byivu chung bcum bcum rtsal

Glag rog movi steng la vbeb dbang med

安多藏语甘南牧区方言谚语。流行于以大夏河、黄河、洮河流域为主的甘南地区。行寸进尺，得陇望蜀，世上不知足者大有人在，有的为了得到某种荣誉、利益而不择手段，往往是欺软怕硬、丑态百出，最后使自己一步步地走向罪恶毁灭的深渊。教导人们应知“贪心不足蛇吞象”的道理。罗赛搜集、整理，索南龙珠汉译。今藏甘南藏族自治州政协原副主席罗赛处。

（华锐·东智）

恶狗越养越温顺，懦夫越养越凶狠

ཁྱི་རྒྱུད་ངན་གསོས་ན་ཇེ་འཇམ་ཇེ་འཇམ།
མི་ཐ་ཆད་གསོས་ན་ཇེ་ངན་ཇེ་ངན།

Khyi rgyud ngan gsos na je vjam je vjam

mi tha chad gsos na je ngan je ngan

安多藏语甘南牧区方言谚语。流行于以大夏河、黄河、洮河流域为主的甘南地区。恶劣的人无论怎样改造，其性情也不会变为贤善。好比煤炭，本性为黑色，无论对它怎样改造、洗涤，其颜色也无法变成雪一样白。对劣者讲世间道理不能令其改恶从善，他的性情、人格、品质、言行无一不是恶，此类人生来粗野凶恶、欺凌众生，无慈悲良善之心。罗赛搜集、整理，索南龙珠汉译。今藏甘南藏族自治州政协原副主席罗赛处。

（华锐·东智）

无纪官人放荡，无知差使乱跑

ཁྲིམས་མེད་དཔོན་པོ་འཁོར་རོ་རོ། ཤེས་མེད་བློན་པོ་ཀྱི་ལི་ལི།

khrims med dpon po vkhor ro ro

shes med blon po kyi li li

安多藏语甘南牧区方言谚语。流行于以大夏河、黄河、洮河流域为主的甘南地区。智者有广博的学问、深厚的修养以及崇高的道德，处世遇事待人接物既注意大处、谨慎于小处，又能抓住事物的本质。谚语贬低了渺小与无知，赞美了伟大与智慧。罗赛搜集、整理，索南龙珠汉译。今藏甘南藏族自治州政协原副主席罗赛处。

（华锐·东智）

破房处处漏雨，泼妇巧舌唠叨

ཁང་ངན་ཆར་གྱིས་འཐིག་འཐིག་བྱས། མོ་ངན་ཁ་ལྕེ་ཐག་ཐག་ཉལ།

khang ngan char gyis vthig vthig byas

mo ngan kha lce thag thag nyal

安多藏语甘南牧区方言谚语。流行于以大夏河、黄河、白龙江、洮河流域为主的甘南地区。谚语极力批评了在生活中只图安逸，不求上进、虚度年华、不肯吃苦的懒惰行为。提倡发奋图强、努力上进，反对懒惰散漫。罗赛搜集、整理，索南龙珠汉译。今藏甘南藏族自治州政协原副主席罗赛处。（华锐·东智）

四面围狗的小偷，惊慌失措气喘喘

ཁྱི་ཁ་དགུ་བསློར་ན་རྐུན་མ་ཡིན། རྐུན་མས་སྣ་སུད་ཁྱི་ལི་ལི།

khyi kha dgu bslor na rkun ma yin

rkun mas sna sud khyi li li

安多藏语甘南牧区方言谚语。流行于以大夏河、黄河、白龙江、洮河流域为主的甘南地区。每一个人都是自己的主人，向善与否也有一定的权利。倘若自己愚痴恶劣不辨取舍，一味恶意地残害他人，视生命如儿戏，亡命至极，烧杀抢掠、无恶不作，对因果毫无畏惧，结果就像是被猎狗四面围困，生命危急。罗赛搜集、整理，索南龙珠汉译。

今藏甘南藏族自治州政协原副主席罗赛处。

（华锐・东智）

害人无止境，如日被云吞噬

ཁྱོད་བཙན་པོ་བཙན་ཚོད་མ་ཟིན་ན།། བཙན་ཉི་ཟླ་སྤྲིན་ནག་ཁོག་ནས་སྒྲིབ།།

Khyod bsan po btsan tshod ma zin na

Btsan nyi zla sprin nag khog nas sgrib

安多藏语甘南牧区方言谚语。流行于以大夏河、黄河、白龙江、洮河流域为主的甘南地区。世间人利欲熏心，不信因果，一言一行皆以自己为中心，对自己的生活十分执着。锦衣玉食、杀生害命、强抢豪夺、驰骋沙场、绞尽脑汁都是为了给自己谋利益，这样的人最终的结果就像是太阳被乌云吞噬。罗赛搜集、整理，索南龙珠汉译。今藏甘南藏族自治州政协原副主席罗赛处。

（华锐・东智）

积针铸锥，积锥铸刀

ཁབ་བསོགས་པའི་འབིགས་བརྡུངས།། འབིགས་བསོགས་པའི་གྲི་བརྡུངས།།

khab bsogs pavi vbigs brdungs vbigs

bsogs pavi gri bsdungs

安多藏语甘南牧区方言谚语。流行于以大夏河、黄河、白龙江、洮河流域为主的甘南地区。反映了人们向往美好的生活，相信通过自己辛勤的劳动能换得幸福生活的愿望。赞美了劳动，歌颂了勤俭，并赞美了劳动人民最本质的品德，同时也揭示了“劳动创造一切”的真理。罗赛搜集、整理，索南龙珠汉译。今藏甘南藏族自治州政协原副主席罗赛处。

（华锐・东智）

小狗拉不住，受惊了藏尾巴

ཁྱི་སར་འཐེན་ན་ཐག་རྒྱང་གང་།། འཇིགས་ཆེ་ན་རྔ་མ་སྒྱིད་ཁུང་འདྲེན།།

khyi sar vthen na thag rgyang gang

vjigs che na rnga ma sgyid khung vdren

安多藏语甘南牧区方言谚语。流行于以大夏河、黄河、白龙江、洮河流域为主的甘南地区。告诫人们在一般情况下，大多数恶人都是顽固不化难以改变，就如同一泻千丈的瀑布无法阻挡。但是每当他们遇到更大的威胁时，又表现得极其脆弱，必然形成“泥菩萨过河，自身难保”的惨局。罗赛搜集、整理，索南龙珠汉译。今藏甘南藏族自治州政协原副主席罗赛处。

（华锐・东智）

吃剩饭无法度日，靠谎言无法生活

འཁྱ་གེ་འཁྱག་གེ་འཐུང་ནས་ཉི་མ་མི་འགྲོ།།

ན་གེ་ནོག་གེ་བཤད་ནས་མི་ཚེ་མི་ཕུད།།

Vkhya ge vkhyag ge vthung nas nyi ma mi vgro

Na ge nog ge bshad nas mi tshe mi phud

安多藏语甘南牧区方言谚语。流行于以大夏河、黄河、洮河流域为主的甘南地区。老奸巨猾、权巧善诈之人，经常公开地说谎言欺骗对方。他们的言语动听、表情诚恳，不仅在背地里损害众生，而且自己生活得也不踏实。这些把戏早晚会被戳穿，正所谓“骗得了鬼却骗不了神”，最终他们没有一个完美的结局。罗赛搜集、整理，索南龙珠汉译。今藏甘南藏族自治州政协原副主席罗赛处。

（华锐・东智）

狗装狮，愚装贤

ཁྱི་མོ་སེང་གེ་ཕེར་ཕེར།། བླུན་པོ་མཁས་པར་འགྲན་འགྲན།།

khyi mo seng ge pher pher blun po

mkhas par vgran vgran

安多藏语甘南牧区方言谚语。流行于以大夏河、黄河、白龙江、洮河流域为主的甘南地区。极力讽刺了善于伪装、不自量力、骄傲自大、华而不实、脆而不坚的愚者的虚伪本性，并予嘲讽。劝告人们要善于发现智者，并要尊敬和爱戴智者。罗赛搜集、整理，索南龙珠汉译。今藏甘南藏族自治州政协原副主席罗赛处。

（华锐・东智）

言多没意义，想多不成事

ཁ་མང་བའི་གཏམ་ལ་འཇུ་ཐག་མེད།།

བློ་མང་བོས་དོན་བྱ་འགྲུབ་ཐབས་མེད།།

Kha mang bavi gtam la vju thag med

Blo mang bos don bya vgrub thabs med

安多藏语甘南牧区方言谚语。流行于以大夏河、黄河、白龙江、洮河流域为主的甘南地区。尖锐地批判了夸夸其谈、想入非非的幻想者的虚伪本质，教导人们无论做什么事情都要辅助于行动，凭空幻想永远是海市蜃楼。阐明了“纸上谈兵”的深刻含义。罗赛搜集、整理，索南龙珠汉译。今藏甘南藏族自治州政协原副主席罗赛处。

（华锐・东智）

狗饱了乱叫，人饱了乱说

ཁྱི་བརྒྱགས་ན་མི་ཟུག་དགུ་ཟུག ། མི་བརྒྱགས་ན་མི་བཤད་དགུ་བཤད།།

Khyi brgyags na mi zug dgu zug

mi brgyags na mi bshad dgu bshad

安多藏语甘南牧区方言谚语。流行于以大夏河、黄河、白龙江、洮河流域为主的甘南地区。通过对现实生活中普遍现象的描述，极力批判了不守规矩、惹是生非无聊者的恶习，同“无事找事”“不打自招”。罗赛搜集、整理，索南龙珠汉译。今藏甘南藏族自治州政协原副主席罗赛处。

（华锐・东智）

狼狈为奸者，说啥都有理

ཁྲམ་པ་ཁྲམ་མོའི་འདྲེ་གཏམ་སྟེ།། ཟེར་སྲོལ་བརྗོད་སྲོལ་གཉིས་ཀ་ཡོད།།

Khram pa khram movi vdre gtam ste

Zer srol brjod srol gnyis ka yod

安多藏语甘南牧区方言谚语。流行于以大夏河、黄河、白龙江、洮河流域为主的甘南地区。尖锐地揭露了狡猾者卑鄙无耻、强词夺理、贪得无厌、自私自利的行径，告诫人们要培养高尚的道德和健康的情操。罗赛搜集、整理，索南龙珠汉译。今藏甘南藏族自治州政协原副主席罗赛处。

（华锐・东智）

即使狗无牙也会咬，即使牛犊也会顶

ཁྱི་སོ་མེད་ཡིན་ཡང་འབལ་ཤར་ཤར།། གཡག་ཡུ་ཡིན་ཡང་བརྡུང་ཤར་ཤར།།

Khyi so med yin yang vbal shar shar

Gyag yu yin yang brdung shar shar

安多藏语甘南牧区方言谚语。流行于以大夏河、黄河、洮河流域为主的甘南地区。说明了一个道理：过分狂妄自大的人，在嫉妒和傲慢恶魔的毒害下会显得更加狂妄自大、目空一切，由此便会遭受诸多痛苦；明明知道自己的力量再无法满足贪心，但仍然要枉费心思，这即世人所呵斥的“贪得无厌”。罗赛搜集、整理，索南龙珠汉译。今藏甘南藏族自治州政协原副主席罗赛处。

（华锐・东智）

冬眠的鼢鼠，处处会积食

ཁ་ཟས་ཡར་བསོགས་མར་བསོགས་མཁན།།

དགུན་ཉལ་བྱི་ལོང་སྣ་དམར་བཟང་།།

Kha zas yar bsogs mar bsogs mkhan

Dgun nyal byi long sna dmar bzang

安多藏语甘南牧区方言谚语。流行于以大夏河、黄河、洮河流域为主的甘南地区。教导人们幸福美好的生活，需要辛勤的劳动。在赞美劳动歌颂勤劳的同时，赞美了劳动人民最本质的品德，同时也揭示了“劳动创造一切”的真理。该谚语是藏民族经验的果实、智慧的结晶，凝聚着藏族人民的爱憎之情和独特的道德审美情趣。罗赛搜集、整理，索南龙珠汉译。今藏甘南藏族自治州政协原副主席罗赛处。

（华锐・东智）

嘴巴固执者非英雄，把握射箭者为智者

ཁས་ཨུ་ཚུགས་མཐའ་སྐྱེས་རྒོད་པོ་མིན།།

མདའ་རྟིང་མ་ཚོད་བཟུང་མཁས་པ་ཡིན།།

Khas au tshugs mthav skyes rgod po min

Mdav rting ma tshod bzung mkhas pa yin

安多藏语甘南牧区方言谚语。流行于以大夏河、黄河、白龙江、洮河流域为主的甘南地区。热情歌颂了谦虚谨慎、胸怀大志、学识渊博的智者。同时遣责了骄傲自大、华而不实、脆而不坚的愚者的虚伪本性。谚语注意观察现实生活，抓住生活中的细节特点，把智者和愚者刻画得栩栩如生，给人们讲明了“虚心使人进步，骄傲使人落后”的道理。罗赛搜集、整理，索南龙珠汉译。今藏甘南藏族自治州政协原副主席罗赛处。

（华锐・东智）

甜言者非全是终身伴侣，软绵的不一定都是绸缎

ཁ་ཡག་ཐམས་ཅད་ཚེ་རོགས་མིན།། འཇམ་པོ་ཐམས་ཅད་དར་ཟབ་མིན།།

Kha yag thams cad tshe rogs min

Vjam po thams cad dar zab min

安多藏语甘南牧区方言谚语。流行于以大夏河、黄河、洮河流域为主的甘南地区。阐明了一

个道理：在与人交往、共事之时，一定要善加观察，以智慧抉择。因为世间上的人，有忠厚耿直者，也有奸诈狡猾者。忠厚耿直的人自是良朋益友，可以放心地和他们交往；对于口是心非的奸诈小人，则应加倍小心，因为他们丑恶的心灵上披着一层善良的外衣，宛如一把涂抹蜂蜜的利刃，面临着被利刃刺伤的危险。罗赛搜集、整理，索南龙珠汉译。今藏甘南藏族自治州政协原副主席罗赛处。（华锐·东智）

大鹏展翅翱翔，天空虽无边但且无惧

ཁྱུང་དར་མའི་ལོ་ལ་ནམ་ཕངས་གཅོད།། གནམ་ཁ་ཞེང་ཆེ་རུང་ཡ་མི་ང་།།

Khyung dar mavi lo la nam phangs gcod

Gnam kha zheng che rung ya mi nga

安多藏语甘南牧区方言谚语。流行于以大夏河、黄河、洮河流域为主的甘南地区。一方面高度赞美了足智多谋、不怕艰难险阻的人；另一方面批判了没有智慧的人，他们仅凭匹夫之勇，再顽强也不能办成大事，更不能令事业兴盛。罗赛搜集、整理，索南龙珠汉译。今藏甘南藏族自治州政协原副主席罗赛处。（华锐·东智）

好话无济于事，盐水不能解渴

ཁ་ཡག་བཤད་ན་གོ་མི་ཆོད།། ཚྭ་ཁུ་འཐུང་ན་སྐོམ་མི་སོད།།

kha yag bshad na go mi chod tshwa khu

vthung na skom mi sod

安多藏语甘南牧区方言谚语。流行于以大夏河、黄河、白龙江、洮河流域为主的甘南地区。能说有利语言的人很少，而听受良言的人就更少了，许多人因为爱听甜言蜜语而惨遭失败。谚语深刻阐明了“良药苦口利于病，忠言逆耳利于行”的道理。罗赛搜集、整理，索南龙珠汉译。今藏甘南藏族自治州政协原副主席罗赛处。

（华锐·东智）

下雪日不要乱跑，喝酒时不要乱说

ཁ་བབས་པའི་ཉིན་ལ་འདུར་རྒྱུག་མ་མང་།།

ཆང་འཐུང་བའི་ཉིན་ལ་སྐད་ཆ་མ་མང་།།

Kha babs pavi nyin la vdur rgyug ma mang

Chang vthung bavi nyin la skad cha ma mang

安多藏语甘南牧区方言谚语。流行于以大夏河、黄河、洮河流域为主的甘南地区。教育人们无论做什么事都要谦虚谨慎、不骄不躁。比如，酒后因思维混乱本来不应该向外宣说的事情就会在别人面前乱讲，泄露秘密，无论是虚假还是真实，对此都应加倍小心，否则会伤害别人，从而惹祸上身。罗赛搜集、整理，索南龙珠汉译。今藏甘南藏族自治州政协原副主席罗赛处。

（华锐·东智）

家宝是财富，人宝是知识

ཁྱིམ་གྱི་རིན་ཆེན་རྒྱུ་ནོམ་ཡིན།། མི་ཡི་རིན་ཆེན་ཡོན་ཏན་ཡིན།།

khyim gyi rin chen rgyu nom yin

mi yi rin chen yon tan yin

安多藏语甘南牧区方言谚语。流行于以大夏河、黄河、洮河流域为主的甘南地区。智慧是人类精神领域中的瑰宝，缺乏智慧的灵魂是僵死的灵魂，但若以学问来加以充实，它就能恢复生机，犹如雨水浇灌的土地而勃勃生机。谚语以真切的语言热情歌颂了智者的伟大。罗赛搜集、整理，索南龙珠汉译。今藏甘南藏族自治州政协原副主席罗赛处。（华锐·东智）

破家是恶人臭嘴倒霉处，破屋是坏盆坏锅存放处

ཁྱིམ་ངན་མི་ངན་ཁ་ངན་བརྫོ་ས་རེད།།

ཁང་ངན་སྣོད་ངན་ཟས་ངན་གསོགས་ས་རེད།།

Khyim ngan mi ngan kha ngan brdzo sa red

Khang ngan snod ngan zas ngan gsogs sa red

安多藏语甘南牧区方言谚语。流行于以大夏河、黄河、白龙江、洮河流域为主的甘南地区。俗话说：“利剑割体疮犹合，恶语伤人恨难消。”身体上的伤痕可以治疗恢复，但被恶语攻击后，在心灵深处留下的创伤却是无形而难于恢复、难以愈合的。谚语阐明了“良言一句三冬暖，恶语伤人六月寒”的深邃道理。罗赛搜集、整理，索南龙珠汉译。今藏甘南藏族自治州政协原副主席罗赛处。（华锐·东智）

见识短的家长，常与邻居吵闹

ཁྱིམ་བདག་ཐོས་མེད་མཐོང་མེད།། ཁྱིམ་མཚེས་ཡར་འཛིང་མར་འཛིང་།།

Khyim bdag thos med mthong

Khyim btshes yar vdzing mar vdzing

安多藏语甘南牧区方言谚语。流行于以大夏河、黄河、洮河流域为主的甘南地区。从正面批驳了无知，从反面赞美了智者。有智之士对自己的前途有长远的目光，做一切事、对待任何人都谦虚谨慎、友好和善、忍苦耐劳。这样的人，即便现在身为奴仆，而将来必定会平步青云、出人头地。罗赛搜集、整理，索南龙珠汉译。今藏甘南藏族自治州政协原副主席罗赛处。

（华锐·东智）

黑狗熊狂叫，想吓跑豹子

ཁྱི་ནག་དོམ་བུའི་ངུ་ཟུག་དེས།། ཤ་གཟན་གཟིག་རྒོད་ཨེ་འབྲོ་བསམ།།

Khyi nag dom buvi ngu zug des

Sha gzan gzig rgod ae vbro bsam

安多藏语甘南牧区方言谚语。流行于以大夏河、黄河、洮河流域为主的甘南地区。狐假虎威地骗人和害人都是因自私自利的心所驱使而采取的一种愚痴卑劣的伎俩。一个人不管是骗别人还是骗自己，骗来骗去，最后倒霉的还是自己。无论把自己伪装得多么富丽堂皇，但其本性毕竟是虚假的，终究会使真相大白于天下，“骗得了一时却骗不了一世”也正是这个道理。罗赛搜集、整理，索南龙珠汉译。今藏甘南藏族自治州政协原副主席罗赛处。

（华锐·东智）

家中多子，定能伏敌

ཁྱིམ་གཅིག་ན་བུ་སྤུན་མང་བ་དེ།། དགྲ་ནག་པོ་འདུལ་བའི་ཐོ་བ་རེད།།

Khyim gcig na bu spun mang ba de

Dgra nag po vdul bavi tho ba red

安多藏语甘南牧区方言谚语。流行于以大夏河、黄河、洮河流域为主的甘南地区。常言道：“上阵父子兵，打架亲兄弟。”谚语强调了男子在特殊场所所起的特殊作用，阐明了“人多力量大”的深刻道理。罗赛搜集、整理，索南龙珠汉译。今藏甘南藏族自治州政协原副主席罗赛处。

（华锐·东智）

家中牛多，酸奶牛奶汇如海

ཁྱིམ་གཅིག་ན་མཛོ་མོ་མང་བ་དེ།། ཞོ་འོ་མ་རྒྱ་མཚོ་འཁྱིལ་བ་རེད།།

Khyim gcig na mdzo mo mang ba de

Zho vo ma rgya mtsho vkhyil ba red

安多藏语甘南牧区方言谚语。流行于以大夏河、黄河、洮河流域为主的甘南地区。谚语紧密结合生活实际，教导人们要想过上幸福美好的生活，必须付出辛勤的劳动。不但赞美了劳动和勤俭，而且热情歌颂了劳动人民勤劳的品德，揭示了“劳动创造一切”的真理。罗赛搜集、整理，索南龙珠汉译。今藏甘南藏族自治州政协原副主席罗赛处。

（华锐·东智）

家中女多，口角是非不断

ཁྱིམ་གཅིག་ན་བུད་མེད་མང་བ་དེ།། གྱོད་ཁ་མཆུ་གཉིས་ཀྱི་སྣ་འདྲེན་རེད།།

Khyim gcig na bud med mang ba de

Gyod kha mchu gnyis kyi sna vdren red

安多藏语甘南牧区方言谚语。流行于以大夏河、黄河、白龙江、洮河流域为主的甘南地区。极力批判了有些妇女因缺乏知识而惹是生非，同“头发长了见识短”。谚语贴近常人的普通生活，具有一定的实践性和群众性。罗赛搜集、整理，索南龙珠汉译。今藏甘南藏族自治州政协原副主席罗赛处。

（华锐·东智）

家中多人做主，乃是散家之兆

ཁྱིམ་གཅིག་ན་དབང་ཆེན་མང་བ།། ཁྱིམ་བཟའ་ཚང་འཐོར་བའི་སྔ་ལྟས།།

Khyim gcig na dbang chen mang ba

Khyim bzav tshang vthor bavi snga ltas

安多藏语甘南牧区方言谚语。流行于以大夏河、黄河、洮河流域为主的甘南地区。常言道：“七个士兵，八个官。”谚语不但说明了“主子”多的危害性，而且用最诚挚的语言教育人们只有集思广益、群策群力，才能做好各项工作；反之，如果脱离群众、固执己见、一意孤行，就会导致失败，悔之不及，表现了一定的民主思想。罗赛搜集、整理，索南龙珠汉译。今藏甘南藏族自治州政协原副主席罗赛处。

（华锐·东智）

嘴如狂风刮，舌如经幡飘

ཁ་དོན་མེད་རླུང་བཞིན་ཨུ་རུ་རུ།། ལྕེ་དར་ལྕོག་བཞིན་དུ་ལྷབས་སེ་ལྷབས།།

Kha don med rlung bzhin vu ru ru

Lce dar lcog bzhin du lhabs se lhabs

安多藏语甘南牧区方言谚语。流行于以大夏河、黄河流域为主的甘南地区。强烈地谴责了华而不实、夸夸其谈者的傲慢行为，认为在嫉妒和傲慢恶魔的毒害下，人会显得狂妄自大、目空一切，过分狂妄自大的人，最终会接连不断地遭受诸多痛苦。罗赛搜集、整理，索南龙珠汉译。今藏甘南藏族自治州政协原副主席罗赛处。

（华锐·东智）

人群中瘸子难行，上师前聋子难懂

ཁྲོམ་ཆེན་པོའི་ནང་དུ་ཞ་བོ་རྡུགས།། ཕ་བླ་མའི་མདུན་དུ་འོན་པ་རྡུགས།།

Khrom chen povi nang du zha bo rdugs

Pha bla mavi mdun du von pa rdugs

安多藏语甘南牧区方言谚语。流行于以大夏河、黄河、白龙江、洮河流域为主的甘南地区。藏族格言说得好：“智者能除诸过患，然而愚者非如是，大鹏能啄有毒蛇，乌鸦不能如是行。”这首谚语极力同情了弱者，他们如同鸱鸮，当阳光普照时却成了盲眼。罗赛搜集、整理，索南龙珠汉译。今藏甘南藏族自治州政协原副主席罗赛处。

（华锐·东智）

悔从心中生，心底怎平静

ཁ་འགྱོད་ཞེ་ནས་སྐྱེས།། ཞེ་འགྱོད་གཏིང་ནས་འཁྲིག །

kha vgyod zhe nas skyes zhe vgyod gting nas vkhrig

安多藏语甘南牧区方言谚语。流行于以大夏河、黄河、洮河流域为主的甘南地区。一些本性恶劣的人很容易与人结仇，心里总是牢牢地记挂着仇恨，他们以恶毒的心来观待一切众生，甚至会认为世上无好人。谚语教导人们要以善待人，强调了心平气和的重要性。罗赛搜集、整理，索南龙珠汉译。今藏甘南藏族自治州政协原副主席罗赛处。

（华锐·东智）

说是非的嘴，是祸害之根

ཁ་གྲུ་བཞི་གཏམ་གྱི་སྒོ་མོ།། དཔྱད་བཏང་ན་གྱོད་ཀྱི་ཕ་མཁར།།

Kha gru bzhi gtam gyi sgo mo

Dpyad btang na gyod kyi pha mkhar

安多藏语甘南牧区方言谚语。流行于以大夏河、黄河、洮河流域为主的甘南地区。强调了团结的重要性，告诫人们经常挑拨离间、喜欢搞分裂、搬弄是非的人，最亲密的好友也会离他而去，如同河水长时冲刷的地方，再坚硬的岩石也会出现裂缝。罗赛搜集、整理，索南龙珠汉译。今藏甘南藏族自治州政协原副主席罗赛处。

（华锐·东智）

口如虎斑美，意如狐胆怯

ཁ་སྟག་མོ་གྲ་ཡག ། དོན་ཝ་མོ་སྡར་མ།།

kha stag mo gra yag don wa mo sdar ma

安多藏语甘南牧区方言谚语。流行于以大夏河、黄河、白龙江、洮河流域为主的甘南地区。恶人总是借口利众生，但其真实行持的却是罪恶的事，这种即假装利益众生的狡诈行为，心里塞满了“害人利己”的恶念。谚语强烈谴责了假恶丑，极力赞美了真善美。罗赛搜集、整理，索南龙珠汉译。今藏甘南藏族自治州政协原副主席罗赛处。

（华锐·东智）

当面是三楞桩，转身是二面鼓

ཁ་ཕར་འཁོར་ཏ་རུ་ངོ་གཉིས།། ཁ་ཚུར་འཁོར་ཕུར་བུ་ཟུར་གསུམ།།

Kha phar vkhor ta ru ngo gnyis

Kha tshur vkhor phur bu zur gsum

安多藏语甘南牧区方言谚语。流行于以大夏河、黄河、洮河流域为主的甘南地区。“知恩不报非君子”是做人的基本美德，然而生活中有些人往往是口是心非、言行不一、道德败坏，始终在充当“变色龙。”同“当面一套，背后一套”。罗赛搜集、整理，索南龙珠汉译。今藏甘南藏族自治州政协原副主席罗赛处。

（华锐·东智）

闻春鸟之声，知其明朝远飞

ཁུ་བྱུག་སྐད་སྙན་འགག་ཚུལ་ལ།། བལྟས་ན་སང་འགྲོ་ནངས་འགྲོ་རེད།།

Khu byug skad snyan vgag tshul la

Bltas na sang vgro nangs vgro red

安多藏语甘南牧区方言谚语。流行于以大夏河、黄河、洮河流域为主的甘南地区。通过生活中常见的现象，一方面赞美了聪明的人精勤学习所有知识，且深入究竟地通达一切，依靠学问也就能通晓一切世间事；另一方面谴责了愚者未能精通一门学问，如满天的星光却不能照明一样。罗赛搜集、整理，索南龙珠汉译。今藏甘南藏族自治州政协原副主席罗赛处。（华锐·东智）

独食香甜，独活受苦

ཁེར་ཟོས་སྐྱིད།། ཁེར་ལས་སྡུག །

kher zos skyid kher las sdug

安多藏语甘南牧区方言谚语。流行于以大夏河、黄河、白龙江、洮河流域为主的甘南地区。愚蠢的人把贪欲当作安乐，实际上一切贪欲之行为都是痛苦的根源，然而人的贪欲无止境，且对贪的要求越来越高，衣食受用，权势地位乃至贪色无有餍足。又因贪永无满足、无有穷尽，故愚者的欲望也是不断地增长，随之必定要感受诸多痛苦。罗赛搜集、整理，索南龙珠汉译。今藏甘南藏族自治州政协原副主席罗赛处。

（华锐·东智）

拔嘴皮如拔鹿皮，捶胸膛如击锣鼓

ཁ་ཤ་གླ་ལྤགས་འཐེན་འཐེན།། བྲང་ཁུང་འཁར་རྔ་རྡུང་རྡུང་།།

Kha sha gla lpags vthen vthen

Brang khung vkhar rnga rdung rdung

安多藏语甘南牧区方言谚语。流行于以大夏河、黄河、白龙江、洮河流域为主的甘南地区。愚痴傲慢的人总是夸夸其谈，在众人面前张口闭口说大话，从不衡量自己的能力。俗话说：“朋友再多不嫌多，敌人一个也觉多。”人生在世不遇怨敌是不可能的，但若处处与人结仇、时时与人埋怨，导致敌众友寡则危机四伏，最后后悔得就是砸破胸膛也无济于事。罗赛搜集、整理，索南龙珠汉译。今藏甘南藏族自治州政协原副主席罗赛处。

（华锐·东智）

盗贼想着马，野狼念着羊

འཁྱམས་པ་རྟ་ནང་།། སྤྱང་ཀི་ལུག་ནང་།།

vkhyams pa rta nang spyang ki lug nang

安多藏语甘南牧区方言谚语。流行于以大夏河、黄河、洮河流域为主的甘南地区。诡计多端、行为不正极为狡猾的人，始终想以恶劣卑鄙的行为来谋取私利、损伤他人，这种人就像是野狼念着羊一样野蛮、残忍。谚语揭露了恶人的本质，阐明了“本性难移”的道理。罗赛搜集、整理，索南龙珠汉译。今藏甘南藏族自治州政协原副主席罗赛处。

（华锐·东智）

明处送糖果，暗处欲害人

ཁ་ལ་ཀ་ར་བསྐུས།། མཆན་ཁུང་ཙུ་གི་དགོག །

kha la ka ra bskus mchan khung tsu gi dgog

安多藏语甘南牧区方言谚语。流行于以大夏河、黄河、白龙江、洮河流域为主的甘南地区。忠告世人狡猾的人善于实行诸多的罪恶之事，他们用甜言美语、诳言妄语明目张胆地欺哄他人。同“糖衣炮弹”“袖中藏刀”。罗赛搜集、整理，索南龙珠汉译。今藏甘南藏族自治州政协原副主席罗赛处。

（华锐·东智）

房屋如病人，住户如医生

ཁང་པ་ནད་པ།། ཁང་བདག་སྨན་པ།།

khang ba nad pa khang bdag sman pa

安多藏语甘南牧区方言谚语。流行于以大夏河、黄河、洮河流域为主的甘南地区。提倡勤奋刻苦，努力上进，反对懒惰行为。只有付出艰辛的劳动，克服阻力、知难而进，才能获得幸福美好的生活。含蓄地阐明了“世上无难事，只要肯登攀”这一深邃道理。罗赛搜集、整理，索南龙珠汉译。今藏甘南藏族自治州政协原副主席罗赛处。

（华锐·东智）

邻里虽坏要长相处，客人虽好却留短暂

ཁྱིམ་མཚེས་ངན་ཀྱང་འདུག་ནོ་རེད།། མགྲོན་པོ་བཟང་ཡང་འགྲོ་ནོ་རེད།།

Khyim mtshes ngan kyang vdug no red

Mgron po bzang yang vgro no red

安多藏语甘南牧区方言谚语。流行于以大夏河、黄河、洮河流域为主的甘南地区。种种因缘使自己与某些人变成了亲戚朋友，又因种种因缘，自己与亲友之间产生了矛盾。谚语教导人们处理此类事情自己首先要保持冷静的头脑，必须要掌握好亲密与远近之间的合理尺度。罗赛搜集、整理，索南龙珠汉译。今藏甘南藏族自治州政协原副主席罗赛处。（华锐·东智）

鹰吃鸟，鸟吃虫

ཁྲ་བྱིའུ་ཐུབ་ཀྱིས་བྱིའུ་བསད།། བྱིའུ་འབུ་ཐུབ་ཀྱིས་འབུ་བསད།།

khra byivu thub kyis byivu bsad

byivu vbu thub kyis vbu bsad

安多藏语甘南牧区方言谚语。流行于以大夏河、黄河、白龙江、洮河流域为主的甘南地区。极力批判和揭露了以强食弱、欺大压小、残酷无道的丑恶社会现象。同“大鱼吃小鱼，小鱼吃虾米”“皮鞋踏麻鞋，麻鞋踏草鞋”。罗赛搜集、整理，索南龙珠汉译。今藏甘南藏族自治州政协原副主席罗赛处。（华锐·东智）

生活犹如坐针尖，祸害困苦无止境

འཁོར་བ་ཁབ་ཀྱི་རྩེ་མོར་གནས།། མེད་མུག་འཁྲུག་རྩོད་ཐན་ལྟས་མང་།།

Vkhor ba khab kyi rtse mor gnas

Med mug vkhrug rtsod than ltas mang

安多藏语甘南牧区方言谚语。流行于以大夏河、黄河、白龙江、洮河流域为主的甘南地区。以出世的思想剖析了人生的艰难与坎坷，认为山有蜿蜒起伏，路有曲折坎坷。在生活中无论何人都免不了吃苦受难；在漫长的人生中不可能什么事都会一帆风顺、如愿以偿，总是会遇到这样那样的挫折和不幸。罗赛搜集、整理，索南龙珠汉译。今藏甘南藏族自治州政协原副主席罗赛处。（华锐·东智）

空口不成事，冷水不熟肉

ཁ་ལབ་བརྒྱབས་ནས་དོན་མི་གྲུབ།། ཆུ་འཁྱག་ནང་ནས་ཤ་མི་ཚོས།།

Kha lab brgyabs nas don mi grub

Chu vkhyag nang nas sha mi tshos

安多藏语甘南牧区方言谚语。流行于以大夏河、黄河、洮河流域为主的甘南地区。告诫人们做一件事时，无论大小，凡所承办之事，都应该脚踏实地地做。只凭夸夸其谈、纸上谈兵就像是冷水煮不熟肉一样，结果只能是以失败而告终。罗赛搜集、整理，索南龙珠汉译。今藏甘南藏族自治州政协原副主席罗赛处。（华锐·东智）

你敲打的鼓声音大，我呼唤的神威力大

ཁྱོས་བརྡུངས་པའི་རྔ་ལ་སྒྲ་ཆེ་ཡང་།། ངས་བོས་པའི་སྲུང་མ་མཐུ་ཡང་ཆེ།།

Khyos brdungs pavi rnga la sgra che yang

Ngas bos pavi srung ma mthu yang che

安多藏语甘南牧区方言谚语。流行于以大夏河、黄河流域为主的甘南地区。诚挚地告诫人们生活中应该团结友爱、和谐相处、众志成城，如果曾经结下过深仇大恨，但也不能“牛说牛大，角说角高”。过分的嫉恨如同翻滚的火焰，遇到大水也会使之熄灭。阐明了“害人之心不可有”的道理。罗赛搜集、整理，索南龙珠汉译。今藏甘南藏族自治州政协原副主席罗赛处。（华锐·东智）

野牛你的脖子粗，老虎我的嘴巴大

ཁྱོད་བྲེ་བསེར་འབྲོང་གི་སྐེ་སྦོམ་ན།། ང་དམར་ཡག་སྟག་གི་ཁ་ལོས་ཆེ།།

Khyod bre bser vbrong gi ske sbom na

Nga dmar yag stag gi kha los che

安多藏语甘南牧区方言谚语。流行于以大夏河、黄河、白龙江、洮河流域为主的甘南地区。要想降伏学识高于己，能力高于己或身体比自己强壮的对手，自己就该努力学习各种本领；自吹自擂、投机取巧不可能战胜对方，赤手空拳、冒冒失失地前去不仅事情会败落，而且自己也可能反被敌人杀害。谚语强调了具有自强不息精神和战天斗地本领的重要性。罗赛搜集、整理，索南龙珠汉译。今藏甘南藏族自治州政协原副主席罗赛处。（华锐·东智）

从远道而来的长鬐母马，是引来祸害的根源

འཁྱར་ཟོག་རྒོད་མ་རྔོག་རིང་མ།། ལྟས་ངན་གྱོད་ཀྱི་སྣ་འདྲེན་རེད།།

Vkhyar zog rgod ma rngog ring ma

Ltas ngan gyod kyi sna vdren red

安多藏语甘南牧区方言谚语。流行于以大夏河、黄河、白龙江、洮河流域为主的甘南地区。正直忠厚是做人的美德，如果眼前遇到一些小的利益就去争抢，最终结果是为自己招来了祸源。俗语云："脚正不怕鞋歪，身正不怕影斜。"不贪私利的人走遍天下都会吉祥安乐，而没有智慧、不知观察取舍的人，一味地追求贪婪，反而会酿成大祸，毁坏自己和他人。罗赛搜集、整理，索南龙珠汉译。今藏甘南藏族自治州政协原副主席罗赛处。（华锐·东智）

嘴甜心黑者比敌坏，不加提防毁自身

ཁ་དཀར་བསམ་ནག་དགྲ་ལས་སྡུག། དོགས་ཟོན་མ་བྱས་རང་ཉིད་འཕུང་།།

Kha dkar bsam nag dgra las sdug

Dogs zon ma byas rang nyid vphung

安多藏语甘南牧区方言谚语。流行于以大夏河、黄河、白龙江、洮河流域为主的甘南地区。忠心地告诫人们如果毫无取舍地依靠卑劣的恶人，受其恶劣习气的熏染终会伤害自己。好比依赖小渠水生活的鱼儿，终将被撒弃在田地上。俗话说："害人之心不可有，防人之心不可无。"一旦发现自己交往的朋友在作风、道德、人品、智慧等方面会引导自己走下坡路，就应逐渐远离。罗赛搜集、整理，索南龙珠汉译。今藏甘南藏族自治州政协原副主席罗赛处。（华锐·东智）

老鹰面前，无放生鸟

ཁྲ་ཧོར་བའི་གདོང་ནས་བྱེའུ་ཕྲུག་ཁྱུ།།
གསོན་ཕུར་ལ་བཏང་ན་གཤོག་དྲུག་མེན།།

Khra hor bavi gdong nas byevu phrug khyu

Gson phur la btang na na gshog drug men

安多藏语甘南牧区方言谚语。流行于以大夏河、黄河流域为主的甘南地区。邪恶的朋友以及残暴的君主有谁肯去亲近？邪恶的朋友自私心重、唯利是图，为自己的利益不择手段，不惜"卖友求荣"。此类事例从古至今层出不穷，与他们相交危险重重，好像是在老鹰面前放生，不但达不到行善的目的，反而加害了生灵。罗赛搜集、整理，索南龙珠汉译。今藏甘南藏族自治州政协原副主席罗赛处。（华锐·东智）

家狗兴奋舌舔主，侍女高兴对主笑

ཁྱི་མོ་དགའ་ན་མི་ལ་ལྡག་ལྡག། གཡོག་མོ་དགའ་ན་མི་ལ་འཛུམ་འཛུམ།།

Khyi mo dgav na mi la ldag ldag

Gyog mo dgav na mi la vdzum vdzum

安多藏语甘南牧区方言谚语。流行于以大夏河、黄河、白龙江、洮河流域为主的甘南地区。一方面赞美了心地善良、虚怀若谷坦荡者的高尚品德，另一方面揭露了社会上人情淡薄、世态炎凉、言行不附、伪善欺世的丑恶现象。罗赛搜集、整理，索南龙珠汉译。今藏甘南藏族自治州政协原副主席罗赛处。（华锐·东智）

死狗长了毛，恶人掌了权

ཁྱི་རོ་རློན་པར་སྤུ་ཐོག། མི་ངན་བྱི་ལུར་དབང་ཐེམས།།

khyi ro rlon par spu thog mi ngan byi lur dbang thems

安多藏语甘南牧区方言谚语。流行于以大夏河、黄河、白龙江、洮河流域为主的甘南地区。良臣在位，尊之荣之；奸恶当权，鸣鼓而攻。谚语认为君主和官吏的好坏，直接取决于其思想、知识、智略的优劣强弱。希望为官择人，忠诚老实、公正廉洁、心地善良、品学兼优，这样的人担任一定的领导职务，方能建功立业、造福百姓。罗赛搜集、整理，索南龙珠汉译。今藏甘南藏族自治州政协原副主席罗赛处。（华锐·东智）

嘴虽大却在鼻下，帽虽大却在穗下

ཁ་ཆེ་རུང་སྣའི་ཞབས་རེད།། ཞྭ་ཆེ་རུང་ཏོག་གི་ཞབས་རེད།།

Kha che rung snavi zhabs red

Zhwa che rung tog gi zhabs red

安多藏语甘南牧区方言谚语。流行于以大夏河、黄河、白龙江、洮河流域为主的甘南地区。通过生动形象的比喻，阐明了"山外有山，人外有人"这一深邃道理，教导人们要发扬"虚心使人进步，骄傲使人落后"的精神。谚语思维开拓，联想丰富，趣味通俗。罗赛搜集、整理，索南龙珠汉

译。今藏甘南藏族自治州政协原副主席罗赛处。

（华锐·东智）

抢夺敌人的牲畜，抚养自己的父母

འཁྱེར་དུས་དགྲ་ཟོག་ཁྱེར་ཁྱེར།། སྐྱོང་དུས་ཕ་མ་གཉོར་གཉོར།།

Vkhyer dus dgra zog khyer khyer

Skyong du pha ma gnyor gnyor

安多藏语甘南牧区方言谚语。流行于以大夏河、黄河、白龙江、洮河流域为主的甘南地区。由衷地教育人们要尊老爱幼、去恶向善；言及反复，诚辞恳切地讲述人生立身的道理，以提倡社会美德，抑制社会的阴暗面。罗赛搜集、整理，索南龙珠汉译。今藏甘南藏族自治州政协原副主席罗赛处。

（华锐·东智）

你的马群若能在阳面吃草，我的羊群就能在阴面喝水

ཁྱོས་རྟ་ཁྱུ་ལུང་བའི་གཡས་སུ་བསྐོར་ནས་རྩྭ་ཟ་ཆོག་ན།།

ངས་ལུག་ཁྱུ་ལུང་བའི་གཡོན་དུ་བསྐོར་ནས་ཆུ་འཐུང་ལོས་ཆོག །

Khyos rta khyu lung bavi gyas su bskor

nas rtswa za chog na

Ngas lug khyu lung bavi gyon du bslor nas

chu vthung los chiog

安多藏语甘南牧区方言谚语。流行于以大夏河、黄河流域为主的甘南地区。教导人们不能向困难低头，要发扬吃苦耐劳、坚韧不拔、自强不息的奋斗精神。谚语立论锋利，观点鲜明，说理精辟，合乎逻辑，内容深刻。罗赛搜集、整理，索南龙珠汉译。今藏甘南藏族自治州政协原副主席罗赛处。

（华锐·东智）

怒嘴在颤抖，头如牛尾摇，眼如雷电闪

ཁ་མི་དགའ་ཤ་འགུལ་ལྷོག་ལྷོག ། སྐྲ་མི་དགའ་རྔ་ཡབ་གཡུགས་གཡུགས།།

མིག་མི་དགའ་གློག་དམར་འཁྲིགས་འཁྲིགས།།

kha mi dgav sha vgul lhog lhog skra mi

dgav rnga yab gyugs gyugs

Mig mi dgav glog dmar vkhrigs vkhrigs

安多藏语甘南牧区方言谚语。流行于以大夏河、黄河、洮河流域为主的甘南地区。谚语强烈地谴责了愤怒粗暴者的行为，明确指出以粗暴的行为才能降伏性情粗暴的人，好比拔除痈疽毒疮，必须用火烧、刀割的方法，若以和缓的方式治疗将会使毒疮更进一步恶化。罗赛搜集、整理，索南龙珠汉译。今藏甘南藏族自治州政协原副主席罗赛处。

（华锐·东智）

没能糊口剪掉袖子当和尚，不会经文面色苍白躲墙角

ཁ་མ་སོས་ཕུ་ཐུང་བཅད་ནས་གྲྭ་སར་འགྲིམས།།

ཆོས་མ་ཤེས་ངོ་མདངས་ཤོར་ནས་གྱང་རྩར་གླེབས།།

Kha ma sos phu thung bcad nas grwa sar vgrims

Chos ma shes ngo mdangs shor nas gyang rtsar glebs

安多藏语甘南牧区方言谚语。流行于以大夏河、黄河流域为主的甘南地区。忠告人们假若只图安逸、好吃懒做，鲁钝无学、胸无点墨，不求上进、虚度年华，最终结果是贫苦潦倒、自欺欺人。从反面阐明了“先苦后甜”和“有志者，事竟成”这一深邃道理。罗赛搜集、整理，索南龙珠汉译。今藏甘南藏族自治州政协原副主席罗赛处。

（华锐·东智）

智者推理，愚者瞎编

མཁས་པས་དཔེ་ཡོད་བདེན་ཡོད་རིག་པས་བསྒྲུབས།།

བླུན་པོས་ཁུངས་མེད་ལུགས་མེད་མགོ་ཆག་བསྒྲིགས།།

Mkhas pas dpe yod bden yod rig pas bsgrubs

Blun pos khungs med lugs med mgo chag bsgrigs

安多藏语甘南牧区方言谚语。流行于以大夏河、黄河、白龙江、洮河流域为主的甘南地区。热情赞美了智者，强烈谴责了愚者。认为智者能以智慧来处理一切事务，然而鲁钝无学、胸无点墨又刚愎武断的愚者却恰恰相反，他们如同鸱鸮，当阳光普照时却成了盲眼。只有真正的智者，才能了知深奥知识的意义，而四处瞎骗的人，最终结果是枉费心机，徒劳无益。罗赛搜集、整理，索南龙珠汉译。今藏甘南藏族自治州政协原副主席罗赛处。

（华锐·东智）

口中所言有多处可疑点，手中所画有多处见鬼影

ཁ་བཤད་གཏམ་གྱི་ནང་ན་དོགས་པ་ཟ་བའི་ཚིག་སྣེ་མང་།།
ལག་བྲིས་རི་མོའི་ངོས་ན་རྣམ་རྟོག་ཟ་བའི་འདྲེ་གཟུགས་རིག།

Kha bshad gtam gyi nang na dogs pa za bavi tshig sne mang

Lag bris ri movi ngos na rnam rtog za bavi vdre gzugs rig

安多藏语甘南牧区方言谚语。流行于以大夏河、黄河、白龙江、洮河流域为主的甘南地区。恶劣的人性情、人格、品质、言行无一不是恶，无论怎样改造，其性情也不会变为贤善。好比煤炭，本性为黑色，对它怎样改造、洗涤，其颜色也无法变成雪一样白。此类人生来粗野凶恶，时常残害欺凌众生，就像是恶魔不会有慈悲良善之心。罗赛搜集、整理，索南龙珠汉译。今藏甘南藏族自治州政协原副主席罗赛处。（华锐·东智）

好邻居比亲戚强，好侍从比儿女好

ཁྱིམ་མཚེ་བཟང་བོ་ཤ་ཉེའི་ཡན།། གཡོག་པོ་བཟང་བོ་འཁོར་བའི་གཞི།།

Khyim mtshes bzang bo sha nyevi yan

Gyog po bzang bo vkhor bavi gzhi

安多藏语甘南牧区方言谚语。流行于以大夏河、黄河、洮河流域为主的甘南地区。热情地歌颂和赞美了真善美，辛辣地嘲讽和驳斥了假恶丑。教导人们要团结和睦、同心同德、众志成城，反映了团结友爱是智慧和力量源泉的伦理思想，充分体现了藏族人民的审美理想和审美标准。罗赛搜集、整理，索南龙珠汉译。今藏甘南藏族自治州政协原副主席罗赛处。（华锐·东智）

茶碗碎了无口角，夜梦虽好无收获

ཁ་ཕོར་ཆག་ན་ཁ་གྱོད་མེད།། རྨི་ལམ་ཡག་ན་འབབ་སྒོ་མེད།།

kha phor chag na kha gyod med rmi lam yag na vbab sgo med

安多藏语甘南牧区方言谚语。流行于以大夏河、黄河、白龙江、洮河流域为主的甘南地区。世间诸人大都梦想获得财富，贪图享用，而谚语警告诸人即使是贪图财富，在获取之时也应该遵守法规。国有国法，家有家规，在这些法规允许的范围内可努力精勤地去追求，即所谓“君子爱财，取之有道”。罗赛搜集、整理，索南龙珠汉译。今藏甘南藏族自治州政协原副主席罗赛处。

（华锐·东智）

狗跑要吃饱，赛马要养护

ཁྱི་མོ་བརྒྱུག་ཙ་ལྟོ་ཁ་གང་དགོས།། རྟ་ཕོ་གཤིབ་ཁ་ཉར་ཚེགས་ཐོན་དགོས།།

Khyi mo brgyug tsa lto kha gang dgos

Rta pho gshib kha nyar tshegs thon dgos

安多藏语甘南牧区方言谚语。流行于以大夏河、黄河、洮河流域为主的甘南地区。紧密结合藏族人民的生活实际，从一些日常的生活和生产中总结出了丰富的经验，深刻阐述了勤劳的重要，赞美了劳动的伟大，阐明了“人无远谋，必有后患”的深邃道理。罗赛搜集、整理，索南龙珠汉译。今藏甘南藏族自治州政协原副主席罗赛处。

（华锐·东智）

让你辣嘴的是辣椒和蒜苗，让你害羞的是相约的情人

ཁ་ཚ་ནོ་ལ་ཙོའུ་སྒོག་པ་རེད།། ངོ་ཚ་ས་ཨ་རོགས་སོ་མོ་རེད།།

kha tsha no la covu sgog pa red nga tsha sa a rogs so mo red

安多藏语甘南牧区方言谚语。流行于以大夏河、黄河、白龙江、洮河流域为主的甘南地区。谚语中肯地告诫世人：“种瓜得瓜，种豆得豆”，一切事情的产生和变化都有其客观原因，所以，凡事都要追究它的根源，否则就是“无源之水，无本之木”。罗赛搜集、整理，索南龙珠汉译。今藏甘南藏族自治州政协原副主席罗赛处。

（华锐·东智）

辣嘴流鼻涕，伤心流眼泪

ཁ་ཚ་ནས་ལས་ལ་སྣ་ངུས།། སེམས་སྨྲེང་ནས་ལས་ལ་མིག་ངུས།།

kha tsha nas las la sna ngus sems smreng nas las la mig ngus

安多藏语甘南牧区方言谚语。流行于以大夏河、黄河、白龙江、洮河流域为主的甘南地区。教导人们看一个问题，要合理全面，深入细致，要抓住问题的实质与关键。谚语不但新奇有趣，

而且它是用简单通俗的话来反映深刻的道理，解释了事物的本质。罗赛搜集、整理，索南龙珠汉译。今藏甘南藏族自治州政协原副主席罗赛处。

（华锐·东智）

阳光暖世界，月光驱黑暗

དགུང་ཉི་མའི་འོད་ཀྱིས་རྒྱལ་ཁམས་དྲོད།།
དུང་ཟླ་བའི་འོད་ཀྱིས་མུན་པ་སེལ།།

Dgung nyi mavi vod kyis rgyal khams drod

Dung zla bavi vod kyis mun pa sel

安多藏语甘南牧区方言谚语。流行于以大夏河、黄河、白龙江、洮河流域为主的甘南地区。一方面准确揭示了自然规律，另一方面在热情赞美真善美的同时，贬低了假恶丑。罗赛搜集、整理，索南龙珠汉译。今藏甘南藏族自治州政协原副主席罗赛处。

（华锐·东智）

能赚钱会把儿女卖掉，对其信任想掏脑门

གོང་ཁུག་ན་མཆན་གི་བུ་ཡང་བཙོང་།།
མགོ་ལག་ལ་བཞག་ན་ཀླད་པའང་འདྲུ།།

Gong khug na mchan gi bu yang btsong

Mgo lag la bzhag na klad pavng vdru

安多藏语甘南牧区方言谚语。流行于以大夏河、黄河、白龙江、洮河流域为主的甘南地区。强烈地谴责了贪图享乐、自私自利、只顾个人得失小人的丑恶嘴脸，同时赞美了智者在金钱、财宝面前不动心的高尚品质，阐明了“富贵不能淫”的深刻哲理，教诲世人要懂得荣誉伟大、金钱渺小的道理。罗赛搜集、整理，索南龙珠汉译。今藏甘南藏族自治州政协原副主席罗赛处。

（华锐·东智）

爱慕之意要常说，疼痛之处要常摸

དགའ་ས་བོ་བཤད་ཀིན་འདུག་དགོས།། ན་ས་བོ་རེག་གིན་འདུག་དགོས།།

dgav sa bo bshad kin vdug dgos na sa

bo reg gin vdug dgos

安多藏语甘南牧区方言谚语。流行于以大夏河、黄河、白龙江、洮河流域为主的甘南地区。在热情赞美弃恶扬善、舍己为公、不谋私利美德的同时，从另一个方面揭露了许多社会上的人情淡薄、世态炎凉、言行不附、伪善欺世的丑恶面目。罗赛搜集、整理，索南龙珠汉译。今藏甘南藏族自治州政协原副主席罗赛处。

（华锐·东智）

没不贪财的人，没不贪吃的猪

རྒྱུ་ནོར་ལ་མི་སྲེད་པའི་མགོ་ནག་མེད།། ལྟོ་ཟས་ལ་མི་སྲེད་པའི་མགོ་ནག་མེད།།

rgyu nor la mi sred pavi mgo nag med

lto zas la mi sred pavi mgo nag med

安多藏语甘南牧区方言谚语。流行于以大夏河、黄河流域为主的甘南地区。一针见血地指出了事物的本质，对社会高度负责，苦口婆心、由衷地教育人们去恶向善，诚辞恳切地讲述人生立身的道理，以提倡社会美德，抑制社会阴暗面。罗赛搜集、整理，索南龙珠汉译。今藏甘南藏族自治州政协原副主席罗赛处。

（华锐·东智）

老刀伤自手，恶狗咬家人

གྲི་ངན་ལག་པའི་སྟེང་ལ་རྣོ།། ཁྱི་ངན་བཟའ་མིའི་ཐོག་ལ་བཙན།།

Gri ngan lag pavi steng la rno

Khyi ngan bzav mivi thog la btsan

安多藏语甘南牧区方言谚语。流行于以大夏河、黄河、白龙江、洮河流域为主的甘南地区。阐明了一个道理：智慧浅薄的劣者或胆小怕事的懦夫都是愚人，他们本性愚蠢，遇事不能以理抉择，行事不会全面有序地进行，总是逼着公鸡下蛋，赶着鸭子上架。这样的人不能办成一件大事，正所谓“成事不足，败事有余”。罗赛搜集、整理，索南龙珠汉译。今藏甘南藏族自治州政协原副主席罗赛处。

（华锐·东智）

刀在鞘中生锈，马在圈中落膘

གྲི་གྲི་ཤུབས་ནང་ནས་བཙའ་ཆགས།། རྟ་གསོ་རའི་ནང་ནས་ཤ་ལྷུང་།།

Gri gri shubs nang nas btsav chags

Rta gso ravi nang nas sha lhung

安多藏语甘南牧区方言谚语。流行于以大夏河、黄河、洮河流域为主的甘南地区。在批判了“愚者懒惰不学习，蒙时只为贪安逸，务农经商两不通，十有九家都受穷”行为的同时，赞美了勤劳智慧的劳动人民，深刻阐明了劳动的必要性和

重要性。罗赛搜集、整理，索南龙珠汉译。今藏甘南藏族自治州政协原副主席罗赛处。

（华锐·东智）

百人不胜，一人不败

བརྒྱ་པོ་མི་རྒྱལ་བ་ཞིག ། གཅིག་པོ་མི་ཕམ་པ་ཞིག །

brgya bo mi rgyal ba zhig gcig po mi pham ba zhig

安多藏语甘南牧区方言谚语。流行于以大夏河、黄河、白龙江、洮河流域为主的甘南地区。高度赞美了具有自强不息、战天斗地、勤奋刻苦、自食其力、众志成城的积极拼搏精神，阐明了“比上不足，比下有余”的深刻道理。罗赛搜集、整理，索南龙珠汉译。今藏甘南藏族自治州政协原副主席罗赛处。

（华锐·东智）

嘴行善业，手行恶业

དགེ་བ་ཁ་ངེས།། སྡིག་པ་ལག་ངེས།།

dge ba kha nges sdig pa lag nges

安多藏语甘南牧区方言谚语。流行于以大夏河、黄河、洮河流域为主的甘南地区。强烈地谴责了口是心非、言行不一，“前面一套，背后一套”“人前说人话，鬼前说鬼话”的丑恶行为。罗赛搜集、整理，索南龙珠汉译。今藏甘南藏族自治州政协原副主席罗赛处。

（华锐·东智）

头下能容身，胸下能容心

མགོ་འོག་ལ་ལུས་ཆུད།། བྲང་འོག་ལ་སེམས་ཆུད།།

mgo vog la lus chud brang vog la sems chud

安多藏语甘南牧区方言谚语。流行于以大夏河、黄河、白龙江、洮河流域为主的甘南地区。通过生动的比喻、丰富的联想，含蓄地阐明了“大腹能容天下难容之事”和“有志者，事竟成”的深邃道理。罗赛搜集、整理，索南龙珠汉译。今藏甘南藏族自治州政协原副主席罗赛处。

（华锐·东智）

人的苦乐由天定，家的冷暖自己定

མགོ་ནག་སྐྱིད་སྡུག་གནམ་གྱི་ལག ། གོ་ཁ་དྲོན་པོ་རང་གི་ལག །

mgo nag skyid sdug gnam gyi lag go

kha dron po rang gi lag

安多藏语甘南牧区方言谚语。流行于以大夏河、黄河、白龙江、洮河流域为主的甘南地区。一方面从宗教因缘关系的角度，解释了人们不同的生活状况，另一方面又以积极的思想鼓舞人们勤奋劳动、勤俭持家，热情赞美了劳动的光荣。罗赛搜集、整理，索南龙珠汉译。今藏甘南藏族自治州政协原副主席罗赛处。

（华锐·东智）

判案言厉欲和，天空雷鸣欲晴

གྱོད་ཁ་བཙན་ཆེ་ན་འགྲིག་འདོད་རེད།།

འབྲུག་ངར་སྐད་ཆེ་ན་ཐང་འདོད་རེད།།

Gyod kha btsan che na vgrig vdod red

Vbrug ngar skad che na thang vded red

安多藏语甘南牧区方言谚语。流行于以大夏河、黄河、白龙江、洮河流域为主的甘南地区。智者能够以丰富的智慧、有根有据的理由使对方折服，使局面和谐，就像是阵阵雷鸣，虽然天空乌云密布，但最终还是晴空万里。罗赛搜集、整理，索南龙珠汉译。今藏甘南藏族自治州政协原副主席罗赛处。

（华锐·东智）

陷害无法弥补，挖地不知深浅

གླང་ནག་པོ་བཏབ་ན་ལན་མེད།། ས་ནག་པོ་བརློས་ན་གཏིངས་མེད།།

glang nag po btab na lan med sa nag

po brlos na gtings med

安多藏语甘南牧区方言谚语。流行于以大夏河、黄河、白龙江、洮河流域为主的甘南地区。随便用恶毒的语言和行为陷害人就像是挖地不知道深浅一样，这种伤害对心灵的创伤无法弥补。谚语强调人与人之间的关系一定要和睦相处、紧密团结、亲如一家、和蔼相待，强烈谴责了卑鄙无耻的愚者的肮脏心灵。罗赛搜集、整理，索南龙珠汉译。今藏甘南藏族自治州政协原副主席罗赛处。

（华锐·东智）

心中若无骏马，袖中不藏缰绳

གངས་དཀར་སེམས་ན་རྟ་མེད་ན།། ཕུ་རུང་ནང་ལ་སྲབ་ཅིར་འདྲེན།།

gangs dkar sems na rta med na phu

rung nang la srab cir vdren

安多藏语甘南牧区方言谚语。流行于以大夏河、黄河、洮河流域为主的甘南地区。智者洞察世间、辨别是非，了如明镜；有智慧的人虽然看上去非常平静，但在的内心深处却藏有预料和处理事情的本领，有折服别人的道理。他们察人断事时，仅依智慧来做评判，所以，对任何事情都有一个准确的处理方法。罗赛搜集、整理，索南龙珠汉译。今藏甘南藏族自治州政协原副主席罗赛处。

（华锐·东智）

会走像狐狸，会坐像兔子

འགྲོ་ཤེས་ཀྱི་ཝ་མོ་ཡོང་ཡོང་།། འདུག་ཤེས་ཀྱི་རི་བོང་ཚོག་ཚོག །

vgro shes kyi wa mo yong yong vdug shes

kyi ri bong tsog tsog

安多藏语甘南牧区方言谚语。流行于以大夏河、黄河、洮河流域为主的甘南地区。一个人即使有高深的智慧、深渊的谋略，如性情恶劣也会被人舍弃。性情恶劣者是危害社会的毒虫，他们的灵魂与行动是“丑”的。衡量一个人的好坏学识和智慧固然也很重要，但首先在于品格，必须在崇高的品格上才能显出他的高贵。罗赛搜集、整理，索南龙珠汉译。今藏甘南藏族自治州政协原副主席罗赛处。

（华锐·东智）

汉人不和争地位，藏人不和争家室

རྒྱ་མི་འགྲིག་པ་འོང་ཅོག་རྩོད།། བོད་མི་འགྲིག་པ་སྣང་བ་རྩོད།།

rgya mi vgrig pa vong cog rtsod bod

mi vgrig pa snang ba rtsod

安多藏语甘南牧区方言谚语。流行于以大夏河、黄河、白龙江、洮河流域为主的甘南地区。尖锐地批判了社会和家庭中存在的丑恶现象。罗赛搜集、整理，索南龙珠汉译。今藏甘南藏族自治州政协原副主席罗赛处。

（华锐·东智）

林中有只乌鸦，听说是偷糌粑的

རྒྱ་རྫོང་ནགས་ན་ཁྭ་ཏ་ཞིག། ཙམ་ཁུག་གཏེད་ནོ་ཁྱོད་ཡིན་ཟེར།།

Rgya rdzong nags na khwa ta zhig

Rtsam khug gted no khyod yin zer

安多藏语甘南牧区方言谚语。流行于以大夏河、黄河、白龙江、洮河流域为主的甘南地区。谚语暗示恶劣的人无论怎样改造，其恶性不会变为贤善。好比乌鸦，本身为黑色，无论对它怎样洗涤，其颜色也无法变成雪一样白。他们的性情、人格、品质、言行无一不是恶，“本来面目”无法改造。此类人生来粗野凶恶，常时残害、欺凌众生，无有慈悲良善之心。罗赛搜集、整理，索南龙珠汉译。今藏甘南藏族自治州政协原副主席罗赛处。

（华锐·东智）

门口马背备脏鞍，家中妻子一身垢

སྒོ་ཁའི་རྟ་བོ་སྒ་རག་ཅན།། ཁྱིམ་གྱི་ཆུང་མ་གུ་རག་ཅན།།

sgo khavi rta bo sga rag can khyim gyi

chung ma gu rag can

安多藏语甘南牧区方言谚语。流行于以大夏河、黄河、白龙江、洮河流域为主的甘南地区。懒惰的人只把享受当作安乐，实际上只会贪图享受之行为都是痛苦的根源。谚语刻画和极力批判了懒惰者的丑恶形象，教导人们要勤奋劳动，用自己勤劳的双手创造幸福美好的生活。罗赛搜集、整理，索南龙珠汉译。今藏甘南藏族自治州政协原副主席罗赛处。

（华锐·东智）

一个敌人嫌多，百个朋友嫌少

དགྲ་ཡ་གཅིག་མང་ཙམ་ཡིན།། གྲོགས་པོ་བརྒྱ་ཉུང་ཙམ་ཡིན།།

dgra ya gcig mang tsam yin grogs po

brgya nyung tsam yin

安多藏语甘南牧区方言谚语。流行于以大夏河、黄河、洮河流域为主的甘南地区。俗话说：“朋友再多不嫌多，敌人一个也觉多。”人生在世不遇怨敌是不可能的，但若处处与人结仇、时时与人埋怨，导致敌众友寡则危机四伏。此时便如已陷荆棘丛生的危谷一般，学习、生活、事业都将四面碰壁，最终损毁自己。罗赛搜集、整理，索南龙珠汉译。今藏甘南藏族自治州政协原副主

席罗赛处。　　（华锐·东智）

人靠牲畜，牲畜靠草

མགོ་ནག་འཁོར་ས་གསུས་སྟོངས།། གསུས་སྟོངས་འཁོར་ས་རི་རབ།།

mgo nag vkhor sa gsus stongs gsus stongs vkhor sa ri gab

安多藏语甘南牧区方言谚语。流行于以大夏河、黄河、白龙江、洮河流域为主的甘南地区。紧密结合藏族人民的生活现实，一方面说明了藏族自古以来传统的生产和生活方式，另一方面强调了勤劳、勤奋的重要性，阐明了“劳动创造一切”的道理。罗赛搜集、整理，索南龙珠汉译。今藏甘南藏族自治州政协原副主席罗赛处。

（华锐·东智）

饱了不吃血肠皮，饿了不留小肠结

བརྒྱག་ན་གཡོད་ཤུན་མི་ཟ།། ལྟོགས་ན་རྒྱུ་མདུད་མི་བསྐྱུར།།

brgyag na gyod shun mi za ltogs na rgyu mdud mi bskyur

安多藏语甘南牧区方言谚语。流行于以大夏河、黄河流域为主的甘南地区。说明了勤俭持家、艰苦奋斗的必要性和重要性，阐明了什么是“好了伤疤忘了疼”的深邃道理。罗赛搜集、整理，索南龙珠汉译。今藏甘南藏族自治州政协原副主席罗赛处。　　（华锐·东智）

敌和阎王没怜悯，鬼和厉魔没对手

དགྲ་འཆི་བདག་གཉིས་ལ་སྙིང་རྗེ་མེད།། འདྲེ་སྲིན་པོ་གཉིས་ལ་ངོ་ཡ་མེད།།

dgra vchi bdag gnyis la snying rje med vdre srin po gnyis la ngo ya med

安多藏语甘南牧区方言谚语。流行于以大夏河、黄河、洮河流域为主的甘南地区。从人们生存的复杂环境入手，说明了人在自然界中的渺小和生活中的重重困难，教导人们要发扬自强不息、战天斗地的大无畏精神。罗赛搜集、整理，索南龙珠汉译。今藏甘南藏族自治州政协原副主席罗赛处。　　（华锐·东智）

百话之基，千言之意

བརྒྱ་བཤད་ཚིག་གི་གཞི།། སྟོང་བཤད་ཚིག་གི་མདོ།།

brgya bshad tshig gi gzhi stong bshad tshig gi mdo

安多藏语甘南牧区方言谚语。流行于以大夏河、黄河、白龙江、洮河流域为主的甘南地区。强调了知识的重要性，热情赞美了能够利用智慧来为人处世、处理事务智者的伟大与高明，说明了“万丈高楼平地起”的深刻内涵。罗赛搜集、整理，索南龙珠汉译。今藏甘南藏族自治州政协原副主席罗赛处。

（华锐·东智）

碰蒜泥沾蒜味，交坏友沾恶习

སྒོག་པ་ཐུག་ན་སྒོག་དྲི་བྲོ།། ངན་པ་འགྲོས་ན་སྤྱོད་ངན་འགོ།།

sgog pa thug na sgog dri bro ngan pa vgros na spyod ngan vgo

安多藏语甘南牧区方言谚语。流行于以大夏河、黄河、白龙江、洮河流域为主的甘南地区。常言道：“近朱者赤，近墨者黑。”“从善成善，随盗成盗。”谚语提醒人们耳不听邪，目不视妄，由衷地教育人们去恶向善，提倡社会美德，抑制社会的阴暗面。罗赛搜集、整理，索南龙珠汉译。今藏甘南藏族自治州政协原副主席罗赛处。

（华锐·东智）

国君坐不稳，乞丐睡不好

རྒྱལ་པོའི་རྒྱལ་ས་མ་བརྟན་ན།། སྦྲང་པོའི་ཉལ་ས་ག་ལ་བདེ།།

rgyal povi rgyal sa ma brtan na sbrang bovi nyal sa ga la bde

安多藏语甘南牧区方言谚语。流行于以大夏河、黄河、洮河流域为主的甘南地区。严厉谴责昏君庸臣、巨恶奸敦者利用手中掌握的权利独断专行、残酷无道、耀武扬威、无法无天的卑劣行径，衷心祝愿国泰民安、天下昌盛、万民乐业。罗赛搜集、整理，索南龙珠汉译。今藏甘南藏族自治州政协原副主席罗赛处。　　（华锐·东智）

百羊不易撒在山坡，千羊不应圈在谷沟

བརྒྱ་ལུག་རི་ངོ་ལ་མ་ཁྲོམས།། སྟོང་ལུག་ཁུགས་གཞོངས་ལ་མ་སློར།།

Brgya lug ri ngo la ma khroms

Stong lug khugs gzhongs la ma slor

安多藏语甘南牧区方言谚语。流行于以大夏河、黄河、洮河流域为主的甘南地区。谚语是对藏民族千百年来以畜牧业为主的生产生活方式经验的总结，深刻阐明了“因地制宜”的道理。罗赛搜集、整理，索南龙珠汉译。今藏甘南藏族自治州政协原副主席罗赛处。（华锐·东智）

老虎的花斑，男人的拳头

རྒྱ་སྟག་གི་རི་མོ།། ཕོ་སར་གྱི་ཁུ་ཚུར།།

rgya stag gi ri mo pho sar gyi khu tshur

安多藏语甘南牧区方言谚语。流行于以大夏河、黄河、白龙江、洮河流域为主的甘南地区。花斑是老虎威风的象征，拳头是男人力量的象征。谚语在热情赞美英雄的同时，积极歌颂了力量的伟大。罗赛搜集、整理，索南龙珠汉译。今藏甘南藏族自治州政协原副主席罗赛处。

（华锐·东智）

吃饱觉得肉有膻味，饿了觉得膻有肉味

བརྒྱགས་ན་ཤ་ལ་རྩོ་དྲི་བྲོ།། ལྟོགས་ན་རྩོ་ལ་ཤ་དྲི་བྲོ།།

brgyags na sha la rtso dri bro

ltogs na rtso la sha dri bro

安多藏语甘南牧区方言谚语。流行于以大夏河、黄河、洮河流域为主的甘南地区。谚语从正面批判了铺张浪费的奢侈行为，论述了生活之艰难，勉励人们要勤俭持家、发扬艰苦奋斗的可贵精神。阐明了“有了一顿，没了抱棍”的道理。罗赛搜集、整理，索南龙珠汉译。今藏甘南藏族自治州政协原副主席罗赛处。（华锐·东智）

不要蕨麻米饭，偏要清浊酸汤

གྲོ་མར་ཁུ་བྱིན་ན་མི་དགོས་ཟེར།། ཕྱུར་ཁུ་སྔོ་རྒྱང་བླུད་ནས་ཨེ་ཡོད་ཟེར།།

Gro mar khu byin na mi dgos zer

Phyur khu sngo rgyang blud nas ae yod zer

安多藏语甘南牧区方言谚语。流行于以大夏河、黄河流域为主的甘南地区。世间之人，性格各异，脾性难料。从表面上看，谚语是在解释这一客观的存在，但实际上是用比较尖刻的语言批驳了行为古怪、与众不合的人士。同“狗肉不上桌”。罗赛搜集、整理，索南龙珠汉译。今藏甘南藏族自治州政协原副主席罗赛处。

（华锐·东智）

需要时称为金刚，不需要时称为邪器

དགོས་པའི་ཉིན་མོར་རྡོ་རྗེ།། མི་དགོས་པའི་ཉིན་མོར་གདོན་རྫས།།

Dgos pavi nyin mor rdo rje

mi dgo pavi nyin mor gdon rdzas

安多藏语甘南牧区方言谚语。流行于以大夏河、黄河、白龙江、洮河流域为主的甘南地区。直接从宗教的角度出发，突出地解释了宝物与邪器的不同地位，从中揭示和阐明了“人走情散，熄火饭凉”的深刻道理。罗赛搜集、整理，索南龙珠汉译。今藏甘南藏族自治州政协原副主席罗赛处。（华锐·东智）

不会走路脚碰石，不会坐卧沼泥污

འགྲོ་མ་ཤེས་ན་གོམ་པ་རྡོ་ཐོགས།།

འདུག་མ་ཤེས་ན་འདབས་ཁ་འཁྱགས་འབྱར།།

Vgro ma shes na gom pa rdo thogs

Vdug ma shes vdabs kha vkhyags vbyar

安多藏语甘南牧区方言谚语。流行于以大夏河、黄河、白龙江、洮河流域为主的甘南地区。如果让愚者去办事情，非但不能成功，反而会毁坏自己。因此，办事择人千万不能委任愚者，否则会带来种种灾难和痛苦，愚者办事时缺乏智慧，其结果定是两败俱伤。罗赛搜集、整理，索南龙珠汉译。今藏甘南藏族自治州政协原副主席罗赛处。

（华锐·东智）

从嘴皮底下溜走，从记忆深处遗忘

གྲོ་ཁ་ནང་ལ་བཞག་པ་སྣ་ནང་ནས་ཕུད།།

ཚིག་སེམས་ནང་ལ་བཞག་པ་ཡིད་ནས་བོར།།

Gro kha nang la bzhag pa sna nang nas phud

Tshig sems nang la bzhag pa yid nas bor

安多藏语甘南牧区方言谚语。流行于以大夏河、黄河、洮河流域为主的甘南地区。谚语强调了一个人具备良好的品德、威信和荣誉的必

要性和重要性，阐明了“得民心者得天下”的深邃道理。罗赛搜集、整理，索南龙珠汉译。今藏甘南藏族自治州政协原副主席罗赛处。

（华锐·东智）

无财听不到兄弟间的私语，马劣听不到同伴间的对话

རྒྱུ་མེད་ན་ཕུ་ནུའི་གསང་ཚིག་མི་གོ། རྟ་ངན་ན་རོགས་ཀྱི་ཁ་བརྡ་མི་གོ།

Rgyu med na phu nuvi gsang tshig mi go

Rta ngan na rogs kyi kha brda mi go

安多藏语甘南牧区方言谚语。流行于以大夏河、黄河、洮河流域为主的甘南地区。愚者唯一承受的是积累财产所带来的痛苦，自始至终都得不到积累财产的快乐，正所谓“人为财死，鸟为食亡”。罗赛搜集、整理，索南龙珠汉译。今藏甘南藏族自治州政协原副主席罗赛处。

（华锐·东智）

医生不知病，咒师不知魔

རྒྱུ་མ་གླང་འཐབ་བྱུང་པ་སྨན་པས་མ་ཤེས།།

གཤེད་མ་ལུས་ལ་ཞུགས་པ་སྔགས་པས་མ་ཚོར།།

Rgyu ma glang vthab byung pa sman pas ma shes

Gshed ma lus la zhugs pa sngags pas ma tshor

安多藏语甘南牧区方言谚语。流行于以大夏河、黄河、洮河流域为主的甘南地区。以尖刻的言辞极力批判了在工作和生活中不求上进、得过且过、不学无术懒惰者的丑恶嘴脸，这两种愚人就像是“乌龟恋王八，苍蝇恋粪堆”一样会得到世人的唾弃。罗赛搜集、整理，索南龙珠汉译。今藏甘南藏族自治州政协原副主席罗赛处。

（华锐·东智）

头置鹿角装雄鹿，腚擦糌粑装盘羊

མགོ་རུ་ཐུར་བཙུགས་ནས་ཤྭ་གྲལ་ལ་བརྒྱུགས།།

ཨོང་རྩམ་སྐྱ་བསྐུས་ནས་དགོ་གྲལ་ལ་བརྒྱུགས།།

Mgo ru thur btsugs nas shwa gral la brgyugs

Aong rtsam skya bskus nas dgo gral la brgyugs

安多藏语甘南牧区方言谚语。流行于以大夏河、黄河、白龙江、洮河流域为主的甘南地区。人世间存在好坏、善恶与美丑的诸多差别。有智慧的人慈颜善目、乐善好施，所作所为能为他人着想；愚笨的劣者因缺乏智慧，善于伪装，不懂得辨别善恶，更不会取舍抉择，其恶行所导致的尽是损人不利己的后果。罗赛搜集、整理，索南龙珠汉译。今藏甘南藏族自治州政协原副主席罗赛处。

（华锐·东智）

头疼是长痛，拔牙是短痛

མགོ་ན་ཚིགས།། སོ་འབལ་ཚིགས།།

Mgo na tshigs so vbal tshigs

安多藏语甘南牧区方言谚语。流行于以大夏河、黄河、洮河流域为主的甘南地区。运用比喻的修辞手法，把所述内容揭示得透彻明了，给人以清亮而透明的感受。通过现实生活，引出“长痛不如短痛”作为比喻，说明将来永久的幸福是由目前暂时的受苦而得来的，讲述了一劳永逸、暂费永宁的为人处世的道理。罗赛搜集、整理，索南龙珠汉译。今藏甘南藏族自治州政协原副主席罗赛处。

（华锐·东智）

夕阳无暖，有暖无时

དགོང་ཕྱི་དྲོའི་ཉི་མ་དྲོད་མེད།། དྲོད་ཡོད་ཀྱང་བསྲོ་ཁོམ་གནས་མེད།།

Dgong phyi drovi nyi ma drod med

Drod yod kyang bsro khom gnas med

安多藏语甘南牧区方言谚语。流行于以大夏河、黄河、白龙江、洮河流域为主的甘南地区。以短暂的夕阳为喻体，说明了人生的短暂，教育人们要珍惜时间，积极进取。阐明了“一寸光阴一寸金，寸金难买寸光阴”的深邃道理。罗赛搜集、整理，索南龙珠汉译。今藏甘南藏族自治州政协原副主席罗赛处。

（华锐·东智）

衣服新的好，伴侣旧的好

གོས་གོན་སོ་མ་ཡག། མི་འགྲོགས་རྙིང་པ་བཟང་།།

gos gon so ma yag mi bgrogs rnying ba bzang

安多藏语甘南牧区方言谚语。流行于以大夏河、黄河、白龙江、洮河流域为主的甘南地区。紧密结合生活实际，不但说明了人需打扮才显美丽，突出了藏族人民爱美的天性，而且深刻阐明了结发夫妻情谊久的道理。罗赛搜集、整理，索南龙珠汉译。今藏甘南藏族自治州政协原副主席

罗赛处。（华锐·东智）

蚂蚁乱窜动，手脚黏松脂

གྲོག་མ་རྒྱུག་འདུར་རྒོད་ན།། རྐང་ལག་ཐང་ཆུ་འབྱར།།

grog ma rgyug vdur rgod na rkang lag thang chu vbyar

安多藏语甘南牧区方言谚语。流行于以大夏河、黄河、洮河流域为主的甘南地区。通过人们日常生活中惯见的现象，批判了不忠诚老实、不安分守己的人，教导人们做事时不能违背客观规律，否则会给自己招来后患。罗赛搜集、整理，索南龙珠汉译。今藏甘南藏族自治州政协原副主席罗赛处。（华锐·东智）

怎追也没赶上情人，怎笑也没赢得人心

བརྒྱུགས་བརྒྱུགས་ནས་རོགས་རྗེས་མ་ཆོད།། བགད་བགད་ནས་མི་ངོ་མ་ལོན།།

brgyugs brgyugs nas rogs rjes ma chod

bgad bgad nas mi ngo ma lon

安多藏语甘南牧区方言谚语。流行于以大夏河、黄河、洮河流域为主的甘南地区。谚语成功地塑造了一个品行、道德极为不端的人物形象，这种人因事前惹是生非，不团结别人，而事后无论如何巴结别人，其结果还是双手空空。阐明了“人心换人心”的道理。罗赛搜集、整理，索南龙珠汉译。今藏甘南藏族自治州政协原副主席罗赛处。（华锐·东智）

遇敌嘴唇颤，遇友怒眼视

དགྲ་ལ་ཐུག་ན་ཁའི་ཁྲ་སིག་སིག། ནང་ལ་ཐུག་ན་མིག་གདང་ཅེར་རེ་རེ།།

Dgra la thug na khavi khra sig sig

Nang la thug na mig gdang cer re re

安多藏语甘南牧区方言谚语。流行于以大夏河、黄河、白龙江、洮河流域为主的甘南地区。大千世界美丑交错、好坏难辨，人与人之间的关系错综复杂。针对这样的现实，强调人与人之间一定要和睦相处、紧密团结、和蔼相待。深刻批判了敌我不分、欺软怕硬的伪君子的丑恶嘴脸。罗赛搜集、整理，索南龙珠汉译。今藏甘南藏族自治州政协原副主席罗赛处。（华锐·东智）

宁是阳光无暖，不是瞎子无眼

རྒྱ་ཞ་རའི་མིག་གི་སྐྱོན་མིན་ན།། དགུང་ཉི་མ་ཚ་བ་མེད་པར་སྣང་།།

Rgya zha ravi mig gi skyon min na

Dgung nyi ma tsha med par snang

安多藏语甘南牧区方言谚语。流行于以大夏河、黄河、洮河流域为主的甘南地区。瞎子虽然亲眼看不到世间的繁华，但至少能感受到太阳的温暖。提醒人们要树立“先天下之忧而忧，后天下之乐而乐”的思想，揭示了为人处世以礼相待的道理。罗赛搜集、整理，索南龙珠汉译。今藏甘南藏族自治州政协原副主席罗赛处。

（华锐·东智）

五谷丰登了，鸟儿自有食

རྒྱལ་ཁམས་ལ་ལོ་ཡག་ན།། བྱིའུ་ཏི་ལ་རྒམ་རྒུམ་ཡོད།།

rgyal khams la lo yag na byivu ti la rgam rgum yod

安多藏语甘南牧区方言谚语。流行于以大夏河、黄河、白龙江、洮河流域为主的甘南地区。告诫人们美好幸福的生活是通过自己辛勤的劳动来换得，在赞美劳动、歌颂勤俭的同时，揭示了“劳动创造一切”的真理。罗赛搜集、整理，索南龙珠汉译。今藏甘南藏族自治州政协原副主席罗赛处。（华锐·东智）

发根白，牙根脱

མགོ་རིལ་བོའི་རྭ་རྩ་སེ་སོང་།། སོ་སུམ་ཅུའི་སོ་གྲལ་འཐོར་སོང་།།

mgo ril bovi rwa rtsa se song so sum

cuvi so gral vthor song

安多藏语甘南牧区方言谚语。流行于以大夏河、黄河、白龙江、洮河流域为主的甘南地区。生老病死是人生的必然规律，谚语从这一基点出发，一方面解释了人生，另一方面也阐述了事物发展变化的客观规律。罗赛搜集、整理，索南龙珠汉译。今藏甘南藏族自治州政协原副主席罗赛处。

（华锐·东智）

没有腰带无法穿袍，没有供品没法诵经

གོས་སྐ་རགས་མེད་ན་གོན་སྲོལ་མེད།།
ཆོས་མཆོད་པ་མེད་ན་འདོན་སྲོལ་མེད།།

Gos ska rags med na gon srol med

Chos mchod pa med na vdon srol mad

安多藏语甘南牧区方言谚语。流行于以大夏河、黄河、洮河流域为主的甘南地区。一方面记述了藏民族的宗教习俗，另一方面通过形象生动的比喻阐明了完成诸事时具备先决条件的必要性和重要性。罗赛搜集、整理，索南龙珠汉译。今藏甘南藏族自治州政协原副主席罗赛处。

（华锐·东智）

灶前暖老人话多，炕舒适会做好梦

གོ་ཁ་དྲོད་ན་རྒན་མོ་མཁས།། མལ་ས་བདེ་ན་རྨི་ལམ་ཡག །

go kha drod na rgan mo mkhas mal

sa bde na rmi lam yag

安多藏语甘南牧区方言谚语。流行于以大夏河、黄河、白龙江、洮河流域为主的甘南地区。通过生活中的实际事例，在热情赞美了勤劳持家、拼搏奋进、奋发图强高尚美德的同时，歌颂了劳动的伟大。罗赛搜集、整理，索南龙珠汉译。今藏甘南藏族自治州政协原副主席罗赛处。

（华锐·东智）

投靠的敌人要善待，背叛的亲人要鞭打

དགྲ་ཚུར་ཁུག་གི་ཁ་ལ་མར་བསྐུས།། བློ་ཕར་འཁོར་མགོ་ལ་སྦྲེ་ཁོབས།།

Dgra tshur khug gi kha la mar bskus

Blo phar vkhor mgo la sbre khobs

安多藏语甘南牧区方言谚语。流行于以大夏河、黄河、白龙江、洮河流域为主的甘南地区。常言道："朋友多了路好走"。谚语一方面在倡导团结的重要性，另一方面在极力教育人们要互助互爱、友好善待、和睦共处、众志成城。罗赛搜集、整理，索南龙珠汉译。今藏甘南藏族自治州政协原副主席罗赛处。

（华锐·东智）

来客不起，见肉动心

མགྲོན་སྒོ་ཁ་ཐོན་དུས་ཚོག་གེར་འདུག ། ཤ་ཚང་ར་བཞག་ན་ལྷོད་དེ་འདུག །

Mgron sgo kha thon dus tsog ger vdug

Sha tshang ra bzhag na lhod de vdug

安多藏语甘南牧区方言谚语。流行于以大夏河、黄河、白龙江、洮河流域为主的甘南地区。藏族格言道："平日不为别人着想，他的行为牲畜一样；专门寻找自己的吃喝，难道牲畜不也是这样？"从中道出人们勤劳、诚实、节俭的饮食道德观。平时人讲究饮食不是为了仅仅满足自己的食欲，而是为了尊客敬友。罗赛搜集、整理，索南龙珠汉译。今藏甘南藏族自治州政协原副主席罗赛处。

（华锐·东智）

新娘寡言，切莫指责

གོ་ཁའི་བུ་མོ་གྲག་མེད་མ།། མི་གྲག་ཟེར་ནས་མ་བདའ་ཨང་།།

go khavi bu mo grag med ma mi grag zer

nas ma bdav ang

安多藏语甘南牧区方言谚语。流行于以大夏河、黄河、洮河流域为主的甘南地区。常言道："新来的媳妇，摸不着头脑。"谚语通过现实生活中的这种现象，揭示了实事求是、一切从实际出发的必要性和重要性。罗赛搜集、整理，索南龙珠汉译。今藏甘南藏族自治州政协原副主席罗赛处。

（华锐·东智）

随着狐朋狗友，陪着寡妇哭丧

འགྲོས་འགྲོས་བརྒྱ་ལ་འགྲོས་རོགས།། ཡུགས་ས་མ་ལ་ངུ་རོགས།།

vgros vgros brgya la vgros rogs yugs sa ma la ngu rogs

安多藏语甘南牧区方言谚语。流行于以大夏河、黄河、白龙江、洮河流域为主的甘南地区。谚语给世人指出了如何交朋友的标准，告诫人们为人处事应当小心谨慎，不可让口是心非、心怀叵测的人扰乱天下，从而落得个"陪寡妇哭丧"的悲惨结局。罗赛搜集、整理，索南龙珠汉译。今藏甘南藏族自治州政协原副主席罗赛处。

（华锐·东智）

对人要以言相劝，对狼要立杆防范

གོ་བ་ཅན་ལ་ཚིག་བཤད།། རི་སྤྱང་སྔོན་མོར་ཐོ་བརྩེངས།།

go ba can la tshig bshad ri spyang sngon mor tho brtsengs

安多藏语甘南牧区方言谚语。流行于以大夏河、黄河、白龙江、洮河流域为主的甘南地区。要团结一切可以团结的力量，争取中间派，打击最顽固的敌人。在一定条件下，善于使用计谋，能使敌我矛盾转化为人民内部矛盾，争取扩大自己的势力，以削弱敌人的力量。罗赛搜集、整理，索南龙珠汉译。今藏甘南藏族自治州政协原副主席罗赛处。 （华锐·东智）

秤杆要公平，说话要理直

རྒྱུ་འབྲས་ཀྱི་རྒྱ་ལོང་གྱེན་ལ་འཐེན།། ལུགས་མཐུན་གྱི་སྐད་ཆ་དྲང་མོར་ཤོད།།

Rgyu vbras kyi rgya long gyen la vthen

Lugs mthun gyi skad cha drang mor shod

安多藏语甘南牧区方言谚语。流行于以大夏河、黄河、白龙江、洮河流域为主的甘南地区。以高阔的视野和几乎完美的人格力量论述了道德、修养赋予人类心灵的力量，把诚信、智慧、忠贞、谦和的品德寄予藏人自身修养的准则中，使知识的力量与理性的精神得以高扬。罗赛搜集、整理，索南龙珠汉译。今藏甘南藏族自治州政协原副主席罗赛处。 （华锐·东智）

要知人间苦难，要懂世间习俗

མགོ་ནག་མིའི་སྐྱིད་སྡུག་རིག་དགོས།། སྲིད་པ་སྤྱིའི་ཆགས་ལུགས་ཤེས་དགོས།།

Mgo nag mivi skyid sdug rig dgos

Srid pa spyivi chags lugs shes dgos

安多藏语甘南牧区方言谚语。流行于以大夏河、黄河、白龙江、洮河流域为主的甘南地区。谚语教导人们生活中没有哪种处境没有苦，人人生下来都免不了吃苦受难。智者贤士在遭到困难或不幸时，不灰心丧气、一蹶不振、怨天尤人，而是更加振奋精神，冷静沉着地面对现实，这样的人必定会功成名遂、流芳后世。罗赛搜集、整理，索南龙珠汉译。今藏甘南藏族自治州政协原副主席罗赛处。 （华锐·东智）

何方幸福就是故土，何处吃饱就是家乡

མགོ་ནག་གང་སྐྱིད་ཕ་ཡུལ་ཟེར།། གསུས་ལྟོང་གང་བརྒྱགས་ཕ་ས་ཟེར།།

Mgo nag gang skyid pha yul zer

Gsus ltong gang brgyags pha sa zer

安多藏语甘南牧区方言谚语。流行于以大夏河、黄河、白龙江、洮河流域为主的甘南地区。谚语衷心地告诉世人只要时常用勤劳的双手辛勤地劳动，无论到哪里都有幸福美好的生活。同“好男儿志在四方”。罗赛搜集、整理，索南龙珠汉译。今藏甘南藏族自治州政协原副主席罗赛处。 （华锐·东智）

小礼能让人高兴，语气会让人伤心

དགའ་སྤྱད་ལ་སྒོག་རིལ།། སྡུག་སྤྱད་ལ་ཚིག་ཟུར།།

Dgav spyad la sgog ril sdug spyad la tshig zur

安多藏语甘南牧区方言谚语。流行于以大夏河、黄河、白龙江、洮河流域为主的甘南地区。“良言一句三冬暖，恶语伤人六月寒。”谚语强调人与人之间的关系一定要和睦相处、紧密团结、亲如一家、和蔼相待。不但批判了言行不一、口是心非小人的嘴脸，而且赞美了受施不忘报、受益不忘恩、平易近人的智者的高尚品德。罗赛搜集、整理，索南龙珠汉译。今藏甘南藏族自治州政协原副主席罗赛处。 （华锐·东智）

高兴时合不上嘴，悲伤时抬不起头

དགའ་དུས་ཁ་མི་བསུམ།། སྡུག་དུས་མགོ་མི་ཆོག །

Dgav dus kha mi bsum sdug dus mgo mi chog

安多藏语甘南牧区方言谚语。流行于以大夏河、黄河、白龙江、洮河流域为主的甘南地区。通过描述一个情绪非常复杂的事例，教导人们在千变万化的大千世界中，无论做什么事情都要始终保持谦虚谨慎、不骄不躁的奋斗精神。罗赛搜集、整理，索南龙珠汉译。今藏甘南藏族自治州政协原副主席罗赛处。 （华锐·东智）

虽然野马有速度，但管用的还是家马

འགྲོ་གོམ་པ་ཁ་དཀར་རྐྱང་།། དོན་དོད་པ་འདོ་རིག་རྟ།།

Vgro gom pa kha dkar rkyang don dod pa vdo rig rta

安多藏语甘南牧区方言谚语。流行于以大夏河、黄河、白龙江、洮河流域为主的甘南地区。紧密结合生活实际，通过现象一方面赞美了善良，批判了虚假，另一方面教导人们要注重实际、实事求是。罗赛搜集、整理，索南龙珠汉译。今藏甘南藏族自治州政协原副主席罗赛处。

（华锐·东智）

有一个敌人算多，有百个朋友算少

དགྲ་ཡ་གཅིག་མང་ཚམ།། གྲོགས་པོ་བརྒྱ་ཉུང་ཚམ།།

Dgra ya gcig mang tsam grogs po brgya nyung tsam

安多藏语甘南牧区方言谚语。流行于以大夏河、黄河、白龙江、洮河流域为主的甘南地区。极力教导人们要竭诚团结、和睦相处、众志成城，驳斥了言行不一、好坏不分、忘恩负义的肮脏心灵。罗赛搜集、整理，索南龙珠汉译。今藏甘南藏族自治州政协原副主席罗赛处。

（华锐·东智）

门口的祥马有人骑，院中的奶牛有人挤

སྒོ་ཁའི་རྟ་བོ་གཡང་ར་ཅན་བཞོན་ནི།།
ལྷས་རའི་འབྲི་མོ་ལག་འདོགས་ཅན་བཞོ་ནི།།

Sgo khavi rta bo gyang ra can bzhon ni
Lhas ravi vbri mo lag vdogs can bzho ni

安多藏语甘南牧区方言谚语。流行于以大夏河、黄河、白龙江、洮河流域为主的甘南地区。总结了藏族人民生活的经验：马不骑不灵活，牛不挤奶要断奶，从中揭示了凡事必须遵循其客观规律，否则会给自己带来不必要的损失的道理。罗赛搜集、整理，索南龙珠汉译。今藏甘南藏族自治州政协原副主席罗赛处。（华锐·东智）

八十老人已无勇，即使有也没战机

བརྒྱད་ཅུའི་རྒན་པོ་དཔའ་ཁོམ་མེད།། དཔའ་ཁོམ་ཡོད་ཀྱང་འཐབ་ཁོམ་མེད།།

Brgyad chuvi rgan po dpav khom med
Dpav khom yod kyang vthab khom med

安多藏语甘南牧区方言谚语。流行于以大夏河、黄河、白龙江、洮河流域为主的甘南地区。教育人们一寸光阴一寸金，无论做什么事情都要抓住机遇，阐明了时间的重要性和不错时机的必要性。罗赛搜集、整理，索南龙珠汉译。今藏甘南藏族自治州政协原副主席罗赛处。

（华锐·东智）

战时要有好兄弟，妻子要有好厨灶

མགོ་རྨོག་དཀར་མཐུན་པའི་ཕུ་ནུ་དགོས།།
ཁྱིམ་ཆུང་མ་མཐུན་པའི་ཐབ་ཀ་དགོས།།

Mgo rmog dkar mthun pavi phu nu dgos
Khyim chung ma mthun pavi thab ka dgos

安多藏语甘南牧区方言谚语。流行于以大夏河、黄河、洮河流域为主的甘南地区。常言道：“战场需要父子兵，众人拾柴火焰高。”谚语强调了团结的重要性，教导人们要团结一致、众志成城。罗赛搜集、整理，索南龙珠汉译。今藏甘南藏族自治州政协原副主席罗赛处。（华锐·东智）

獐宁死也不弃窝，鹿宁弃窝不舍命

གླ་ཕོ་དུང་མཆེ་ཅན་གྱིས་སྲོག་ཤོར་ན་རི་མི་བསྐྱུར།། ཤྭ་བ་ཁྲག་རྭ་ཅན་གྱིས་རི་ཤོར་ན་སྲོག་མི་ཕུད།།

Gla pho dung mche can gyis srog shor na ri mi bskyur
Shwa ba khrg rwa can gyis ri shor na srog mi phud

安多藏语甘南牧区方言谚语。流行于以大夏河、黄河、白龙江、洮河流域为主的甘南地区。表面上赞美了视死如归、可歌可泣的一种高贵品质，实际上是客观反映了不同事物的本质特征。罗赛搜集、整理，索南龙珠汉译。今藏甘南藏族自治州政协原副主席罗赛处。（华锐·东智）

人到六十没力气，马到八岁没速度

རྒན་ལོ་ན་དྲུག་ཅུ་ཐོན་དུས་ཤེད་མེད།།

རྟ་ན་སོ་བརྒྱད་པ་ཐོན་དུས་མགྱོགས་མེད།།

Rgan lo na drug cu thon dus shed med

Rta na so brgyad pa thon dus mgyogs med

安多藏语甘南牧区方言谚语。流行于以大夏河、黄河、白龙江、洮河流域为主的甘南地区。深刻地总结出了生活的经验，阐明了生老病死的客观规律和时间的重要性。罗赛搜集、整理，索南龙珠汉译。今藏甘南藏族自治州政协原副主席罗赛处。（华锐・东智）

冬天再暖要下雪，夏天再凉要下雨

དགུན་གསུམ་ཁ་བ་དྲོད་ན་འབེབས།།

དབྱར་གསུམ་ཆར་བ་འཁྱགས་ན་འབེབས།།

Dgun gsum kha ba drod na vbebs

Dbyar gsum char ba vkhyags na vbebs

安多藏语甘南牧区方言谚语。流行于以大夏河、黄河、洮河流域为主的甘南地区。通过深入细致地观察研究，总结出了自然界运动变化的自然规律。罗赛搜集、整理，索南龙珠汉译。今藏甘南藏族自治州政协原副主席罗赛处。

（华锐・东智）

不穿旧衣感觉好，不吃剩饭肚子饱

གོས་སྣོད་ཚགས་མི་གོན་སྣང་བ་སྐྱིད།། ཟས་སྣོད་ཚགས་མི་ཟ་ཕོ་བ་འགྲངས།།

Gos snod tshags mi gon snang ba skyid

Zas snod tshags mi za pho ba vgrangs

安多藏语甘南牧区方言谚语。流行于以大夏河、黄河、白龙江、洮河流域为主的甘南地区。自然地解释出了人的天性或本质，教导人们在积极创造美好幸福生活的同时，也需要发扬自力更生、艰苦奋斗的精神。罗赛搜集、整理，索南龙珠汉译。今藏甘南藏族自治州政协原副主席罗赛处。

（华锐・东智）

僧人到禅杖响，乞丐到狗乱叫

དགེ་སློང་ཐོན་ས་ན་འཁར་གསིལ་ཡི་སི་ལི་ལི།།

སྤྲང་པོ་ཐོན་ས་ན་ཁྱི་སྐད་ཀྱི་ཁྲོབ་ལྡིར་ལྡིར།།

Dge slong thon sa na vkhar gsil yi si li li

Sprang po thon sa na khyi skad kyi khrb ldir ldir

安多藏语甘南牧区方言谚语。流行于以大夏河、黄河、洮河流域为主的甘南地区。谚语中的僧人代表了智慧，而乞丐则代表了智慧的反面愚昧，深刻阐明了“老鼠过街人人喊打”的深邃道理。罗赛搜集、整理，索南龙珠汉译。今藏甘南藏族自治州政协原副主席罗赛处。（华锐・东智）

手贴脸要唱歌，袖遮口要偷笑

མགོའི་འགྲམ་པ་ལག་པས་བསྐྱོར་ནས་གླུ་ལེན།།

ཁ་ཕུ་ཐུང་གིས་བསུམས་ནས་ཁུངས་དགོད་འཆོར།།

Mgovi vgram pa lag pas bskyor nas glu len

Kha phu thung gis bsums nas khungs dgod vchor

安多藏语甘南牧区方言谚语。流行于以大夏河、黄河、洮河流域为主的甘南地区。谚语紧密结合藏族人民的生活，通过细致的观察，总结出了人们一些普遍的生活规律。以此为借，阐明了“东岗日头西岗雨”的道理。罗赛搜集、整理，索南龙珠汉译。今藏甘南藏族自治州政协原副主席罗赛处。（华锐・东智）

不知来源的是风，不知流向的是水

གར་ཡོང་མི་ཤེས་པ་སྐི་བསེར་རླུང་།། གར་འགྲོ་མི་ཤེས་པ་གཙང་བོའི་ཆུ།།

Gar yong mi shes pa ski bser rlung

Gar vgro mi shes pa gtsang bovi chu

安多藏语甘南牧区方言谚语。流行于以大夏河、黄河、洮河流域为主的甘南地区。谚语通过变化莫测的自然现象，驳斥了言行不一、好坏不分、忘恩负义、居心叵测、卑鄙无耻的肮脏心灵，从中揭示出了为人处世要真诚老实和以礼相待的道理。罗赛搜集、整理，索南龙珠汉译。今藏甘南藏族自治州政协原副主席罗赛处。

（华锐・东智）

老虎般的冬天跳跃而来，父母般的夏天偷偷而来

དགུན་རྒྱ་སྟག་འདྲ་པོ་མཆོང་ནས་ཡོང་།།
དབྱར་ཕ་མ་འདྲ་པོ་འཇབ་ནས་ཡོང་།།

Dgun rgya stag vdra po mchong nas yong
Dbyar pha ma vdra bo vjab nas yang

安多藏语甘南牧区方言谚语。流行于以大夏河、黄河、白龙江、洮河流域为主的甘南地区。通过形象生动的比喻，渴望人间太平，充满温暖。在批判虚假与恶丑的同时，极力赞美了善良与真诚。罗赛搜集、整理，索南龙珠汉译。今藏甘南藏族自治州政协原副主席罗赛处。（华锐·东智）

恶狗门口凶，逆子对母苛

སྒོ་ཁྱི་ངན་པ་སྒོ་ཟུར་བཙན།། བུ་ཕྲུག་ངན་པ་མ་ཐོག་བཙན།།

sgo khyi ngan pa sgo zur btsan bu phrug
ngan pa ma thog btsan

安多藏语甘南牧区方言谚语。流行于以大夏河、黄河、白龙江、洮河流域为主的甘南地区。藏族谚语说："门上的狗门上害。"通过这一现象，揭露了欺软怕硬、"成事不足，败事有余"的软弱者的丑恶嘴脸。罗赛搜集、整理，索南龙珠汉译。今藏甘南藏族自治州政协原副主席罗赛处。

（华锐·东智）

平时劳作有收成，经常运动身体强

འགའ་འགུལ་བྱས་ན་རྒམ་རྒུམ་ཡོད།། གཟུགས་བཞི་འགུལ་ན་རྩེང་ཁོག་སོས།།

Vgav vgul byas na rgam rgum yod
Gzugs bzhi vgul na rtseng khog sos

安多藏语甘南牧区方言谚语。流行于以大夏河、黄河、白龙江、洮河流域为主的甘南地区。一方面说明了勤俭持家、艰苦奋斗的必要性，另一方面阐明了持之以恒、顽强拼搏的重要性。罗赛搜集、整理，索南龙珠汉译。今藏甘南藏族自治州政协原副主席罗赛处。（华锐·东智）

因果的天秤要直，众生的苦乐要见

རྒྱུ་འབྲས་ཀྱི་རྒྱ་མ་དྲང་དགོས།། མགོ་ནག་གི་སྐྱིད་སྡུག་རིག་དགོས།།

Rgyu vbras kyi rgya ma drang dgos
Mgo nag gi skyid sdug rig dgos

安多藏语甘南牧区方言谚语。流行于以大夏河、黄河、白龙江、洮河流域为主的甘南地区。完全以宗教的视野或角度论述了人类心灵的力量即具备道德、修养的重要性，教育人们要诚信、忠贞、谦和、忍让、团结和慈悲。罗赛搜集、整理，索南龙珠汉译。今藏甘南藏族自治州政协原副主席罗赛处。（华锐·东智）

饱了乱想，饿了乱走

བརྒྱགས་ན་མི་བསམས་ས་མེད།། ལྟོགས་ན་མི་ཐོན་ས་མེད།།

brgyags na mi bsams sa med ltogs na mi thon sa med

安多藏语甘南牧区方言谚语。流行于以大夏河、黄河、白龙江、洮河流域为主的甘南地区。谚语通过观察生活现象，描述了一个地道的懒惰者的形象，教育人们要勤奋刻苦、艰苦奋斗，通过自己勤劳的双手创造幸福美好的生活。罗赛搜集、整理，索南龙珠汉译。今藏甘南藏族自治州政协原副主席罗赛处。（华锐·东智）

有财是兄妹，无财是侍女

རྒྱུ་ཡོད་ན་བུ་མོ་བུ་སྤུན་རེད།། རྒྱུ་མེད་ན་བུ་མོ་དཔོན་གཡོག་རེད།།

rgyu yod na bu mo bu spun red
rgyu med na bu mo dpon gyog red

安多藏语甘南牧区方言谚语。流行于以大夏河、黄河、白龙江、洮河流域为主的甘南地区。恶劣的人尽管以各种手段获得了财富，然而他的行为却会变得更卑劣可恶，其贪心也会剧烈地膨胀，嗔恨心也会更加厉害。恶人的本性即是罪恶的根源，财富反倒成为助桀为虐的动力。如此恶性循环，自始至终都是恶，使他们越陷越深，直至六亲不认。罗赛搜集、整理，索南龙珠汉译。今藏甘南藏族自治州政协原副主席罗赛处。

（华锐·东智）

勤学智慧愈明，杀生罪孽愈重

བརྒྱངས་པའི་རིག་པ་ཇེ་གསལ།། བསད་པའི་སྡིག་སྒལ་བ་ཇེ་ཆེ།།

Brgyangs pavi rig pa je gsal

Bsad pavi sdig sgal ba je che

安多藏语甘南牧区方言谚语。流行于以大夏河、黄河、白龙江、洮河流域为主的甘南地区。作为一个人，最重要的是应具足智慧，而愚蠢的人，不知寻求增长智慧的方法，也不懂得观察取舍，待人处事也自然不会抉择利弊，更不会顾及四周四邻乃至众生的危害和利益。只要对自己有好处，他们就会不顾一切地胡作非为。罗赛搜集、整理，索南龙珠汉译。今藏甘南藏族自治州政协原副主席罗赛处。（华锐·东智）

刀不磨不利，人不学无智

གྲི་ཆུང་ཡོད་ཀྱང་མ་བརྡར་ན་མི་ཆོད།། རིག་པ་རྣོ་ཡང་མ་སློབ་ན་མི་མཁས།།

Gri chung yod kyang ma brdar na mi chod

Rig pa rno yang ma slob na mi mkhas

安多藏语甘南牧区方言谚语。流行于以大夏河、黄河、白龙江、洮河流域为主的甘南地区。俗话说：“问百人，通百事，问遍千家成行家。”世间的学问广博精深，各行各业的智士能人也遍布于世界各地，应谦虚地学人之长，求教于其他的智者。古人说：“不实心不成事，不虚心不知事。”如果贪求安乐享受就不会功成名就，那些贪图微小逸乐的人，绝不可能得到究竟的大安乐。罗赛搜集、整理，索南龙珠汉译。今藏甘南藏族自治州政协原副主席罗赛处。（华锐·东智）

为了解复仇缘，必需黑色牦牛

གྱོད་ཀྱི་མདུད་པ་བཤིག་སྤྱད་ལ།། གྱོང་གི་གཡག་ལེ་ནག་རིལ་མཁོ།།

Gyod kyi mdud pa bshig spyas la

Gyong gi gyag le nag ril mkho

安多藏语甘南牧区方言谚语。流行于以大夏河、黄河、白龙江、洮河流域为主的甘南地区。有些愚笨的人，偶尔凭运气会得到一些势力，同时极易滋长傲慢情绪，甚至妄夸海口，轻许诺言，尽显目空一切的狂傲本色，一旦机缘失去，他们必定会衰败。同“满招损，谦受益”。罗赛搜集、整理，索南龙珠汉译。今藏甘南藏族自治州政协原副主席罗赛处。（华锐·东智）

客到门前当友待，盘中有食共分享

མགྲོན་སྒོ་ཁར་སླེབས་ན་གྲོགས་སུ་བརྩི།། ཟས་སྣོད་དུ་ཡོད་ན་མཉམ་དུ་ཟ།།

Mgron sgo khar slebs na grogs su brtsi

Zas snod du yod na mnysm du za

安多藏语甘南牧区方言谚语。流行于以大夏河、黄河、白龙江、洮河流域为主的甘南地区。谚语极力教导世人对待客人要真诚友好，只顾自己吃喝享乐、不管他人幸福的人，仅仅是外在的身体形状与牲畜不同，其本质却属于只求吃喝的牛马一类。罗赛搜集、整理，索南龙珠汉译。今藏甘南藏族自治州政协原副主席罗赛处。

（华锐·东智）

具财勤诵财运经，孩子沾秽勤洗礼

རྒྱུ་ནོར་འཛོམས་དུས་གཡང་འབོད་དགོས།།

བྱིས་པ་མཆོས་ན་བྱབས་ཁྲུས་དགོས།།

Rgyu nor vdzoms dus gyang vbod dgos

Byis pa nnod na byabs hrus dgos

安多藏语甘南牧区方言谚语。流行于以大夏河、黄河、白龙江、洮河流域为主的甘南地区。有胜善知识在身旁，就算是愚者，若恭敬承侍、一心依止，则终有一天会得到智慧，行为也会变得高尚。如同一位善巧的驯养师耐心细致地教导鹦鹉，渐渐地亦可以说“你好”等简单的语言。罗赛搜集、整理，索南龙珠汉译。今藏甘南藏族自治州政协原副主席罗赛处。

（华锐·东智）

冬不刮风不冷，春不刮风不融

དགུན་མ་གཡུགས་ན་མི་འཁྱགས།། དཔྱིད་མ་གཡུགས་ན་མི་བཞུ།།

dgun ma gyugs na mi vkhyags dpyid ma gyugs na mi bzhu

安多藏语甘南牧区方言谚语。流行于以大夏河、黄河、白龙江、洮河流域为主的甘南地区。假若想制服损害自己的怨敌，自己首先应该具备能力功德，如是才能彻底焚毁敌人，同时自己也能增长福分。深刻阐明了具备起码条件的重要性。罗赛搜集、整理，索南龙珠汉译。今藏甘南藏族

自治州政协原副主席罗赛处。　　　　（华锐·东智）

虽有儿死时却不见影，虽有狗来贼时却不拦贼

རྒྱུད་བུ་ཕྲུག་ཡོད་ཀྱང་ཤི་ཉིན་མི་རེ།།
ཁྱི་ལྟོ་ཡིས་སོས་ཀྱང་རྐུན་མ་མི་ཁོགས།།

Rgyud bu phrug yod kyang shi nyin mi re
Khyi lto yis sos kyang rkun ma mi khogs

安多藏语甘南牧区方言谚语。流行于以大夏河、黄河、白龙江、洮河流域为主的甘南地区。教导人们在世间人际关系微妙复杂，万事万物唯有在平衡中运行才能维持长久。金无足赤，人无完人，凡所交往的人，谁都有优点，谁也都有缺点。罗赛搜集、整理，索南龙珠汉译。今藏甘南藏族自治州政协原副主席罗赛处。（华锐·东智）

见影觉见鬼，见妻生厌恶

གྲིབ་མ་རིག་ན་འདྲེ་སྣང་ཤར།། རང་བཟའ་རིག་ན་རྣམ་རྟོག་ཟེས།།

Grib ma rig na vdre snang shar
Rang bzav rig na rnam rtog zes

安多藏语甘南牧区方言谚语。流行于以大夏河、黄河、白龙江、洮河流域为主的甘南地区。劝导人们语言、行为刺痛的伤口是极难愈合的，等自己说错了话或做错了事以后才去观察、反省、后悔，那时对自己诅咒责骂也无济于事了，因此主张人们凡事之先应观察自己的语言和行为。罗赛搜集、整理，索南龙珠汉译。今藏甘南藏族自治州政协原副主席罗赛处。　　　　（华锐·东智）

身着盔甲的勇士，发戴珍珠的美女

མགོ་ཁྲབ་རྨོག་རུ་དར་འཛོམས་པའི་དཔའ་བོ།།
སྐྲ་ལན་བུར་མུ་ཏིག་བརྟར་པའི་མཛེས་མ།།

Mgo khrab rmog ru dar vdzoma pavi dpav bo
Skra lan bur mu tig brtar pavi mdzes ma

安多藏语甘南牧区方言谚语。流行于以大夏河、黄河、白龙江、洮河流域为主的甘南地区。在高度赞美勇敢、无畏和英雄的同时，极力歌颂了美丽。同“英雄配美女”。罗赛搜集、整理，索南龙珠汉译。今藏甘南藏族自治州政协原副主席罗赛处。　　　　（华锐·东智）

叔叔具财有脸面，姨娘具食有干劲

རྒྱུ་ཡོད་ན་ཨ་ཁུ་ངོ་ཆེ།། ཟས་ཡོད་ན་སྲུ་མོ་གཡུག་ཆེ།།

rgyu yod na a khu ngo che zas yod
na sru mo gyug che

安多藏语甘南牧区方言谚语。流行于以大夏河、黄河、白龙江、洮河流域为主的甘南地区。历史以来，财富是人们极力追求的目标之一，所以有人说“有钱能使鬼推磨”。谚语在强调财富重要的同时，赞美了劳动的光荣。罗赛搜集、整理，索南龙珠汉译。今藏甘南藏族自治州政协原副主席罗赛处。　　　　（华锐·东智）

衣没领没法穿，话没意没法做

གོས་གོང་བ་མེད་ན་གོན་དཀའ།། ཚིག་མདོ་རྩ་མེད་ན་ལས་དཀའ།།

Gos gong ba med na gon dkav
Tshig mdo rtsa med na las dkav

安多藏语甘南牧区方言谚语。流行于以大夏河、黄河、白龙江、洮河流域为主的甘南地区。通过生活当中的事例，说明了“有理有据”的重要性，阐明了“无源之水，无本之木”的道理。罗赛搜集、整理，索南龙珠汉译。今藏甘南藏族自治州政协原副主席罗赛处。　　　　（华锐·东智）

议如圈，定如线

གྲོས་ཨ་ལོང་འདྲ་ཞིག་བསྡུ།། ཐག་ཐིག་སྐུད་འདྲ་ཞིག་འཐེན།།

gros a long vdr zhig bsdu thag thig skud vdr zhig vthen

安多藏语甘南牧区方言谚语。流行于以大夏河、黄河、白龙江、洮河流域为主的甘南地区。说明遇到比较复杂而难以处理的事情，不可过分自信、独断专行，而要谋之贵众：问及庶人、询于刍荛，走群众路线，才能克服一切困难，取得胜利。反之，如果脱离群众，固执己见，一意孤行，就会导致失败，悔之不及。罗赛搜集、整理，索南龙珠汉译。今藏甘南藏族自治州政协原副主席罗赛处。　　　　（华锐·东智）

惩罚在先，杀头在后

རྒྱུ་ནོམ་པའི་ཉེས་ཆད་སྔོན། སྲོག་དམར་པོའི་ཉེས་ཆད་གཞུག།

Rgyu nom pavi nyes chad sngon

Srog dmar povi nyes chad gzhug

安多藏语甘南牧区方言谚语。流行于以大夏河、黄河、白龙江、洮河流域为主的甘南地区。谚语提醒人们耳不邪听、目不妄视，居必择处、游必就士，所以防邪僻而近中正，慎其所立。由衷地教育人们去恶向善；言及反复，诚辞恳切地讲述人生立身的道理，以提倡社会美德，抑制社会的阴暗面，提高民族声誉，挽救民族危机。罗赛搜集、整理，索南龙珠汉译。今藏甘南藏族自治州政协原副主席罗赛处。（华锐·东智）

离敌人虽近，但却没挥刀的方法

དགྲ་འཐབ་པའི་ཁ་ཐག་ཉེ་ཡང་།། མཚོན་ངར་མ་གཡུག་སྟབས་མ་འགྲིག།

Dgra vthab pavi kha thag nye yang

Mtshon ngar ma gyug stabs ma vgrig

安多藏语甘南牧区方言谚语。流行于以大夏河、黄河、白龙江、洮河流域为主的甘南地区。充分反映了虽不是英勇善战的武士，也未参加过任何战役，但是，在天昏地暗、红日无光的黑暗年代，人民遭受百般的侮辱、残酷的折磨，而希望以正义的战争消灭罪恶滔天的非正义战争，使四海乂安、百姓安康。罗赛搜集、整理，索南龙珠汉译。今藏甘南藏族自治州政协原副主席罗赛处。

（华锐·东智）

天空的鸟儿自有飞法，地上的树木自有长法

དགུང་སྔོན་བྱ་ཁྱུ་རེ་ལ་འཕུར་ཕྱོགས་རེ།།
དོག་མོའི་རྐང་ཐུང་རེ་ལ་སྐྱེ་ཕྱོགས་རེ།།

Dgung sngon bya khyu re la vphur phyogs re

Dog movi rkang thung re la skye phyogs re

安多藏语甘南牧区方言谚语。流行于以大夏河、黄河、白龙江、洮河流域为主的甘南地区。将丰富的内容用浓缩、简洁的语言表达出来，具有高度的概括性，起到发人深省的作用。阐明了“万事皆规律”的深邃道理。其表现形式生动活泼，有声有色，诙谐有趣，说理有力，具有很强的哲理深刻。罗赛搜集、整理，索南龙珠汉译。今藏甘南藏族自治州政协原副主席罗赛处。

（华锐·东智）

有财父如碗，无财碗也破

རྒྱུ་ཡོད་ན་ཨ་ཕ་དཀར་ཡོལ།། རྒྱུ་མེད་ན་དཀར་ཡོལ་ཆག་པོ།།

rgyu yod na a pha dkar yol rgyu med

na dkar yol chag po

安多藏语甘南牧区方言谚语。流行于以大夏河、黄河、白龙江、洮河流域为主的甘南地区。谚语赞美了劳动，歌颂了勤俭，并赞美了劳动人民最本质的品德。同时也揭示了“劳动创造一切”的真理，阐明了“富贵不能淫”的深刻哲理，教诲世人要懂得荣誉之伟大、金钱之渺小的道理。罗赛搜集、整理，索南龙珠汉译。今藏甘南藏族自治州政协原副主席罗赛处。（华锐·东智）

人有不同的想法，马有不同的跑法

མགོ་ནག་མི་རེ་ལ་བསམ་ཚུལ་རེ་རེ།། འདོ་རིག་རྟ་རེ་ལ་རྒྱུག་ཚུལ་རེ་རེ།།

Mgo nag mi re la bsam tshul re re

Vdo rig rta re la rgyug tshul re re

安多藏语甘南牧区方言谚语。流行于以大夏河、黄河、白龙江、洮河流域为主的甘南地区。从谚语中可以看到一个民族的智慧处世哲学、审美观和其他特点，也可以看到一个民族的社会制度、风俗习惯、生产方法等发展变化的历史痕迹。深刻阐明了“母有二子，本性各异”的道理。罗赛搜集、整理，索南龙珠汉译。今藏甘南藏族自治州政协原副主席罗赛处。（华锐·东智）

山岩也有脱落时，飞鸟也有掉地时

རྒས་པ་རྒས་པ་རྡོ་རྗེ་བྲག་ཡོད།། ལྷུང་བ་ལྷུང་བ་ནམ་མཁའི་བྱ་ལ་ཡོད།།

Rgas pa rgas pa rdo rje brag yod

Lhung ba lhung ba nam mkhavi bya la yod

安多藏语甘南牧区方言谚语。流行于以大夏河、黄河、白龙江、洮河流域为主的甘南地区。运用对比的手法，加以概括事物的本质。深刻地揭示出了事物的本质，耐人寻味，发人深思。罗赛搜集、整理，索南龙珠汉译。今藏甘南藏族自治州政协原副主席罗赛处。（华锐·东智）

词句不顺的语言没有说服力，议事不和的村庄没有凝聚力

གྲོས་ཐ་ཐོར་སྡི་བ་ཤུགས་མེད།། ཚིག་ཐ་ཐོར་གཏམ་ལ་མདོ་མེད།།

Gros tha thor sdi ba shugs med

Tshig tha thor gtam la mdo med

安多藏语甘南牧区方言谚语。流行于以大夏河、黄河、白龙江、洮河流域为主的甘南地区。提出广采博纳、运用智慧、同心同德才能众志成城，团结友爱是智慧和力量的源泉等伦理思想。包含辛勤劳动、崇尚道德、乐善好施、造福于人的思想。罗赛搜集、整理，索南龙珠汉译。今藏甘南藏族自治州政协原副主席罗赛处。

（华锐・东智）

遇敌泄密，遇财卖官

དགྲ་ནག་པོས་བཅར་ན་ཚིག་འཚོར།། ནོམ་དངོས་རྫས་རིག་ན་དབང་འཚོང་།།

Dgra nag pos bcar na tshig vtshor

Nom dngos rdzas rig na dbang vtshong

安多藏语甘南牧区方言谚语。流行于以大夏河、黄河、白龙江、洮河流域为主的甘南地区。谚语与政治有着紧密的联系，它远襟睿略、真知灼见，对于历史和社会洞若观火、明察秋毫。罗赛搜集、整理，索南龙珠汉译。今藏甘南藏族自治州政协原副主席罗赛处。（华锐・东智）

歼敌要勇，做事要谋

དགྲ་ནག་པོར་བསྐོར་ན་དཔའ་མཁོ།། དོན་ཆེན་པོར་བསྐོར་ན་ཐབས་མཁོ།།

Dgra nag por bskor na dpav mkho

Don chen por bskor na thabs mkho

安多藏语甘南牧区方言谚语。流行于以大夏河、黄河、洮河流域为主的甘南地区。如果知已知彼、足智多谋、通权达变、视时而动，就可以以少击多、出奇制胜；如果不知彼不知已，不了解敌我悬殊，有勇无谋、外强中干，貌以强大、内实愚蠢，那么，战则不胜，守则不固，攻则不克，终致灭亡。罗赛搜集、整理，索南龙珠汉译。今藏甘南藏族自治州政协原副主席罗赛处。

（华锐・东智）

没无门之房，没无口之沟

སྒོ་མེད་པའི་ཁང་བ་མེད།། མདོ་མེད་པའི་ལུང་བ་མེད།།

sgo med pavi khang ba med mdo med pavi lung ba med

安多藏语甘南牧区方言谚语。流行于以大夏河、黄河、白龙江、洮河流域为主的甘南地区。无论做什么事情都不能违背世规，只要自己不做亏心事，行得正、走得直，就不怕别人说短论长。同“心里没冷病，不怕冷言侵”。罗赛搜集、整理，索南龙珠汉译。今藏甘南藏族自治州政协原副主席罗赛处。（华锐・东智）

乐时赠牛送马，悲时争吃抢食

དགའ་ཉིན་མཛོ་རྟ་རིན་མི་ལེན།། སྡུག་ཉིན་ཟ་ཁ་ཅན་ཁ་རྩོད།།

Dgav nyin mdzo rta rin mi len

Sdug nyin za kha can kha rtsod

安多藏语甘南牧区方言谚语。流行于以大夏河、黄河、白龙江、洮河流域为主的甘南地区。劝导世人：愚蠢的人把贪欲当作时尚与安乐，实际上只追求贪欲是痛苦的根源。罗赛搜集、整理，索南龙珠汉译。今藏甘南藏族自治州政协原副主席罗赛处。（华锐・东智）

智谋和心声用嘴说，口水和鼻涕用手擦

བློ་སེམས་གཉིས་ཀ་ཁ་ནས་ཕུད།། ཁ་ཆུ་སྣ་ཅུ་ལག་པས་ཕྱིས།།

glo sems gnyis ka kha nas phud kha chu

sna cu lag pas phyis

安多藏语甘南牧区方言谚语。流行于以大夏河、黄河、白龙江、洮河流域为主的甘南地区。有智慧的人光明正大、一身正气，经常以智慧来教化对方，绝不会迈步愚人苟且偷生的道路，比如燕子，无论怎样口渴，也绝不会吸吮落在地面的脏水。罗赛搜集、整理，索南龙珠汉译。今藏甘南藏族自治州政协原副主席罗赛处。

（华锐・东智）

争端的起因难定，黄水的来源难指

གྱོད་ཁ་ཁ་མཆུ་གཉིས་ཀྱི་མགོ་ཁུངས་གཏུགས་མེད།།
རྔག་ཆུ་སེར་གཉིས་ཀྱི་གཞི་མ་སྟོན་རྒྱུ་མེད།།

Gyod kha kha mchu gnyis kyi mgo khungs gtugs med
Rnag chu ser gnyis kyi gzhi ma ston rgyu med

安多藏语甘南牧区方言谚语。流行于以大夏河、黄河、洮河流域为主的甘南地区。以辩证的观点揭示了事物的本质，极力教育人们要发扬以和为贵的高尚品德。由于一切法皆具无常本性的缘故，有些事情看起来是祸实际却是福，有者看起来是福实则是祸，真是“塞翁失马，焉知非福”。罗赛搜集、整理，索南龙珠汉译。今藏甘南藏族自治州政协原副主席罗赛处。（华锐·东智）

愚者言如猪掉泥泽，愈动愈脏

གླེན་པས་གཏམ་བཤད་ན་ཕག་རྒན་འདམ་དུང་ལ་ལྷུང་འདྲ།།
དཀྲུག་གིན་དཀྲུག་གིན་ཇེ་སྙོག་དང་ཇེ་རྫབ།།

Glen pas gtam bshad na phag rgan vdam dung la lhung vdra
Dkrug gin dkrug gin je snyog dang je rdzab

安多藏语甘南牧区方言谚语。流行于以大夏河、黄河、洮河流域为主的甘南地区。猪在人的眼中是最愚笨的动物，所以人们常把没有智慧的人比喻为猪。作为一个人，最重要的是应具足智慧，而愚蠢的人不知寻求增长智慧的方法，也不懂得观察取舍，待人处事也自然不会抉择利弊。罗赛搜集、整理，索南龙珠汉译。今藏甘南藏族自治州政协原副主席罗赛处。（华锐·东智）

遇敌双手合掌，遇友傲慢无理

དགྲ་ལ་འཕྲད་ན་ཐལ་མོ་སྦྱོར།། གཉེན་ལ་འཕྲད་ན་ང་རྒྱལ་སྨྲ།།

Dgra la bphrad na thal mo sbyor
Gnyen la vphrad na nga rgyal smra

安多藏语甘南牧区方言谚语。流行于以大夏河、黄河、洮河流域为主的甘南地区。若以傲慢来对待他人，实际是在欺骗自己。一些愚笨的人不懂得此理，不分青红皂白，不分敌人朋友，如云：“妄语之过污身黑，如何洗涤亦难净。”罗赛搜集、整理，索南龙珠汉译。今藏甘南藏族自治州政协原副主席罗赛处。（华锐·东智）

骗人要方法，吹牛要对词

མགོ་གཡོགས་ན་གཡོག་སྲོལ་འགྲིག་དགོས།།
ལབ་རྒྱག་ན་ཚིག་རྐང་འཕྲོད་དགོས།།

Mgo gyogs na gyog srol vgrig dgos
Lab rgyag na tshig rkang vphrod dgos

安多藏语甘南牧区方言谚语。流行于以大夏河、黄河、洮河流域为主的甘南地区。有些愚笨的人，偶尔凭谎言会得以成功，同时极易滋长傲慢情绪，甚至妄夸海口、轻许诺言，尽显目空一切的狂傲本色，常言“满招损，谦受益”讲的也是这个道理。罗赛搜集、整理，索南龙珠汉译。今藏甘南藏族自治州政协原副主席罗赛处。

（华锐·东智）

八旬老人寿命尽，无牙老马瘦如柴

བརྒྱད་ཅུའི་རྒད་པོ་ལོ་ཡིས་ཐུབ།། འདོ་བ་སོ་ཆད་ཤ་རུས་ཟད།།

brgyad cuvi rgad po lo yis thub vdo ba so chad sha rus zad

安多藏语甘南牧区方言谚语。流行于以大夏河、黄河、白龙江、洮河流域为主的甘南地区。谚语通过人生有生到老的现象，深刻揭示了自然万物产生发展、运动变化的客观规律。罗赛搜集、整理，索南龙珠汉译。今藏甘南藏族自治州政协原副主席罗赛处。（华锐·东智）

无财的人没脸面，无膘的马没速度

རྒྱུ་མེད་པའི་བུ་ཆུང་ངོ་ངན།། ཤ་མེད་པའི་འདོ་བ་བང་ཆུང་།།

Rgyu med pavi bu chung ngo ngan
Sha med pavi vdo ba bang chung

安多藏语甘南牧区方言谚语。流行于以大夏河、黄河、洮河流域为主的甘南地区。从正面论述了学习之艰难，勉励人们勤学不倦，只有这样才能取得硕果，并赞美了劳动人民最本质的品德。罗赛搜集、整理，索南龙珠汉译。今藏甘南藏族自治州政协原副主席罗赛处。（华锐·东智）

背后无帮心中无谋，手中无财嘴里无言

རྒྱབ་ན་དཔུང་མེད་ཁོག་ན་ཤེས་མེད།། ལག་ན་ནོམ་མེད་ཁ་ན་གཏམ་མེད།།

Rgyab na dpung med khog na shes med

Lag na nom med kha na gtam med

安多藏语甘南牧区方言谚语。流行于以大夏河、黄河、洮河流域为主的甘南地区。谚语正面赞美了智慧，反面批判了贪财者得寸进尺、得陇望蜀。世上不知足者大有人在，应知“欲壑难填”及“贪心不足蛇吞象”的道理。罗赛搜集、整理，索南龙珠汉译。今藏甘南藏族自治州政协原副主席罗赛处。

（华锐·东智）

头上的黑大帐篷如海，帐内的驮子堆积如山

མགོར་ཕུབ་པའི་སྦྲ་རྒན་མཚོ་ཡིན།། ཁྱིམ་དོ་བོ་བརྩིགས་པ་བྲག་ཡིན།།

Mgor phub pavi sbra rgan mtsho yin

Khyim do bo brtsigs pa brag yin

安多藏语甘南牧区方言谚语。流行于以大夏河、黄河、洮河流域为主的甘南地区。谚语极力批判了统治者腐朽堕落的生活状况，对佞邪谗贼、威福自由、操弄大权、刑赏由己的贪官污吏敲响了震耳欲聋的警钟。罗赛搜集、整理，索南龙珠汉译。今藏甘南藏族自治州政协原副主席罗赛处。

（华锐·东智）

母马若有耐力，平坦草原无边

རྒོད་རྒན་མ་ལ་བང་ཡོད་ན།། ཨ་ཆེན་ཐང་ལ་མཐའ་མེད།།

rgod rgan ma la bang yod na a

chen thang la mthav med

安多藏语甘南牧区方言谚语。流行于以大夏河、黄河、洮河流域为主的甘南地区。谚语紧密结合生活实际，通过自然的联想，深刻地表达出了“世上无难事，只要肯登攀”和“有志者，事竟成”这一深邃道理。罗赛搜集、整理，索南龙珠汉译。今藏甘南藏族自治州政协原副主席罗赛处。

（华锐·东智）

惩敌之锤，养儿之母

དགྲ་མགོ་བརྡུང་བའི་ཐོ་བ།། ཕུ་ནུ་སྐྱོང་བའི་ཕ་མ།།

dgra mgo brdung bavi tho ba phu nu

skyong bavi pha ma

安多藏语甘南牧区方言谚语。流行于以大夏河、黄河、白龙江、洮河流域为主的甘南地区。谚语爱憎分明，情意浓浓，主张给敌人要彻底的打击，给予亲人无比的关爱。罗赛搜集、整理，索南龙珠汉译。今藏甘南藏族自治州政协原副主席罗赛处。

（华锐·东智）

禅师应坐山洞，商人应走大街

སྒོམ་པ་བཞུགས་ས་བྲག་ཕུགས་གནས།། ཚོང་པ་འགྲོ་ས་སྲང་ཕུགས་ལམ།།

Sgom pa bzhugs sa brag phugs gnas

Tshong pa vgro sa srang phugs lam

安多藏语甘南牧区方言谚语。流行于以大夏河、黄河、白龙江、洮河流域为主的甘南地区。通过观察生活，分别写出了不同人们的生活规律。通过这种区分，阐明了人生一世各有千秋的生活情趣。罗赛搜集、整理，索南龙珠汉译。今藏甘南藏族自治州政协原副主席罗赛处。

（华锐·东智）

脱落头发戴帽遮，脱落牙齿手捂嘴

མགོའི་སྐྲ་བཤུད་ན་ཞྭ་མོས་ཀླུབས།། ཁའི་སོ་ལྷུང་ན་ལག་པས་ཁོབས།།

Mgovi skra bshud na zhwa mos klubs

Khavi so lhung na lag pas khobs

安多藏语甘南牧区方言谚语。流行于以大夏河、黄河、白龙江、洮河流域为主的甘南地区。通过仔细观察生活中出现的具体问题，提出了解决问题的具体办法。深刻阐明了“源与本”“缘与果”的辩证关系。罗赛搜集、整理，索南龙珠汉译。今藏甘南藏族自治州政协原副主席罗赛处。

（华锐·东智）

定断百事者，领头百人者

གྲོས་བརྒྱའི་ཁོ་ཐག་གཅོད་མི།། མི་རྒྱའི་མགོ་བོ་སྡུད་མི།།

gros brgyavi kho thag gcod mi mi rgyavi

mgo bo sdud mi

安多藏语甘南牧区方言谚语。流行于以大夏河、黄河、洮河流域为主的甘南地区。教导人们在处理一件事情的时候，如果两个具有智慧的人共同商议，肯定能得出新见解、新主张。智者与智者相处共事，则能如虎添翼，显出超人的能力。高度赞美了智者殊胜的智慧。罗赛搜集、整理，索南龙珠汉译。今藏甘南藏族自治州政协原副主席罗赛处。

（华锐·东智）

王法如火，官心如弓

རྒྱལ་ཁྲིམས་དམར་པོ་མེ་ལས་ཚ།། རྒྱ་བློ་ཁུག་པ་གཞུ་ལས་འཁོག །

Rgyal khrims dmar po me las tsha

Rgya blo khug pa gzhu las vkhog

安多藏语甘南牧区方言谚语。流行于以大夏河、黄河、洮河流域为主的甘南地区。严厉谴责了昏君庸臣、巨恶奸敦者，利用手中掌握的权力，独断专行、残酷无道、耀武扬威、无法无天的卑劣行径。罗赛搜集、整理，索南龙珠汉译。今藏甘南藏族自治州政协原副主席罗赛处。

（华锐・东智）

吃敌肉，喝敌血

དགྲ་ཤ་དམར་ཟ་བྱེད།། དགྲ་ཁྲག་སྐོམ་དུས་འཐུང་།།

dgra sha dmar za byed dgra khrag skom dus vthung

安多藏语甘南牧区方言谚语。流行于以大夏河、黄河、洮河流域为主的甘南地区。谚语体现着进步的政治方向，具有坚强的斗志和深远的思想，深刻阐明了藏族人民爱憎分明的阶级立场。罗赛搜集、整理，索南龙珠汉译。今藏甘南藏族自治州政协原副主席罗赛处。（华锐・东智）

你没见过雪山之主，你没听过英雄史诗

གངས་དཀར་བོས་བརྒྱན་པའི་རི་རྒྱལ་ཁྱོས་མ་རིག །

སྙན་གྲགས་པའི་གླུ་སྒྲུང་ཁྱོས་མི་ཤེས།།

Gangs dkar bos brgyan pavi ri rgyal khyos ma rig

Snyan grags pavi glu sgrung khyos mi shes

安多藏语甘南牧区方言谚语。流行于以大夏河、黄河、洮河流域为主的甘南地区。一方面热情歌颂了吐一言可以匡俗振民的官吏和绝学奇才，德望冠时而动一议可以固邦兴国的大学者；另一方面赞美了为民锄奸的英雄豪杰。罗赛搜集、整理，索南龙珠汉译。今藏甘南藏族自治州政协原副主席罗赛处。（华锐・东智）

公道对谁也宽，死路对谁也窄

རྒྱལ་པོའི་དཀར་ལམ་ཁྱོད་ཡངས་ན་ང་ལ་ཡངས།།

གཤིན་རྗེས་འཕྲང་ལམ་ང་དོག་ན་ཁྱོད་ལ་དོག །

Rgyal povi dkar lam khyd yangs na nga la yangs

Gshin rjes vphrang lam nga dog na khyod na dog

安多藏语甘南牧区方言谚语。流行于以大夏河、黄河、白龙江、洮河流域为主的甘南地区。谚语讲明了一个道理：无论做什么事，每个人的机遇都是同等的，只不过每个人去努力的程度或抓机遇的能力不同罢了。罗赛搜集、整理，索南龙珠汉译。今藏甘南藏族自治州政协原副主席罗赛处。

（华锐・东智）

铁匠说明后天完工是谎，债主说明后天还债是谎

མགར་པས་སང་བརྡུང་གནང་བརྡུང་རྫུན།།

དོམ་པས་སང་སྟེར་ནངས་སྟེར་རྫུན།།

Mgar pas sang brdung gnang brdung rdzun

Dom pas sang ster nangs ster rdzun

安多藏语甘南牧区方言谚语。流行于以大夏河、黄河、白龙江、洮河流域为主的甘南地区。劣者在欺骗别人的时不择手段，先用言所哄即是骗子们惯用、众人最容易上当的一种方式。他们从嘴里喷出各种符合对方心理的花言巧语，一次又一次不懈地努力，直至达到邪恶目的为止。罗赛搜集、整理，索南龙珠汉译。今藏甘南藏族自治州政协原副主席罗赛处。（华锐・东智）

走时买不回千里马，冷时找不到温暖衣

གྲང་ན་བཙལ་བས་མ་རྙེད་པ་དྲོ་འཇམ་གོས།།

འགྲོ་ན་ཉོས་བས་མ་ཁུག་པ་མགྱོགས་པ་རྟ།།

Grang na btsal bas ma rnyed pa dro vjam gos

Vgro na nyos bas ma khug pa mgyogs pa rta

安多藏语甘南牧区方言谚语。流行于以大夏河、黄河、洮河流域为主的甘南地区。勤劳者有深厚的修养，处世遇事待人接物既注意大处，又谨慎于小处。因为世间的许多大事之所以遭到失败，追根溯源，常常都是由于懒惰而引起的。一个人的思想行动马虎大意，往往会误大事，最终导致不可想象的过患之理。罗赛搜集、整理，索南龙珠汉译。今藏甘南藏族自治州政协原副主席罗赛处。

（华锐・东智）

华丽衣裳自己穿，腐烂食物送他人

གོས་རི་མོ་ཅན་པོ་རང་གིས་གོན།། ཟས་དྲི་མ་ཅན་པོ་གཞན་ལ་བྱིན།།

Gos ri mo can po rang gis gon

Zas dri ma can po gzhan la byin

安多藏语甘南牧区方言谚语。流行于以大夏

河、黄河、洮河流域为主的甘南地区。谚语极力批判了贪爱财富的庸俗之辈，告诫人们贪欲猛厉的人无论对财产名誉还是权势地位都非常贪着，而且贪得无厌永无满足之时。罗赛搜集、整理，索南龙珠汉译。今藏甘南藏族自治州政协原副主席罗赛处。（华锐·东智）

拖长纠纷害子女，黄牛尾长难度春

གྱོད་ཇ་མ་རིང་ན་བུ་ཚ་གནོད།། བ་ཇ་མ་རིང་ན་དཔྱིད་དུས་གནོད།།

Gyod rnga ma ring na bu tsha gnod

Ba rnga ma ringt na dpyid dus gnod

安多藏语甘南牧区方言谚语。流行于以大夏河、黄河、洮河流域为主的甘南地区。通过生活常识忠告世人：经常挑拨离间、搬弄是非、搞分裂的人，甚至最亲密的好友也会离他而去，结果无益于己，反害自己。如同河水冲刷的地方，再坚硬的岩石也会出现裂缝。罗赛搜集、整理，索南龙珠汉译。今藏甘南藏族自治州政协原副主席罗赛处。（华锐·东智）

欲走勤养马，欲智勤学习

འགྲོ་འདོད་ན་རྟ་བོ་དམར་ཆས་སྦྱིན།།

མཁས་འདོད་ན་རིག་པའི་གནས་ལྔ་སློབས།།

Bgro vdod na rta bo dmar chas sbyin

Mkhas vdod na rig pavi gnas lnga slobs

安多藏语甘南牧区方言谚语。流行于以大夏河、黄河、洮河流域为主的甘南地区。教诲人们要经常学习知识，并且要付出艰辛的努力。只有这样，才能取得硕果，成为智者。含蓄地阐明了“世上无难事，只要肯登攀”的深邃道理。罗赛搜集、整理，索南龙珠汉译。今藏甘南藏族自治州政协原副主席罗赛处。（华锐·东智）

难胜一人却想敌千人，难懂一事却想说百事

དགྲ་གཅིག་མི་ཐུབ་སྟོང་ལ་འགྲན།། དོན་གཅིག་མི་ཤེས་སྨྲ་བ་མང་།།

Dgra gcig mi thub stong la vgran

Don gcig mi shes smra ba mang

安多藏语甘南牧区方言谚语。流行于以大夏河、黄河、白龙江、洮河流域为主的甘南地区。有智有才有德的人，外表看来不异于众人，而在平凡之中却蕴藏着不同于众人的思想境界和胸怀，他们谦虚圆融，正所谓“大智若愚，大巧若拙”。而愚笨的人狂妄自大，既骄傲又自卑，虽然逞强好胜却又常常败事毁己。罗赛搜集、整理，索南龙珠汉译。今藏甘南藏族自治州政协原副主席罗赛处。（华锐·东智）

乐时如水乳交融，悲时如复仇雪恨

དགའ་ཉིན་འོ་ཆུ་འདྲེས་འདྲེས།། སྡུག་ཉིན་དགྲ་ཤ་རྩོད་རྩོད།།

Dgav nyin vo chu vdres vdres

Sdug nyin dgra sha rtsod rtsod

安多藏语甘南牧区方言谚语。流行于以大夏河、黄河、白龙江、洮河流域为主的甘南地区。通过叙述生活当中常见的现象，成功地描述了一个变化极其多端愚者的形象，告诫人们要谦虚谨慎、不骄不躁。罗赛搜集、整理，索南龙珠汉译。今藏甘南藏族自治州政协原副主席罗赛处。

（华锐·东智）

没摇头神已附体，没疼痛孩子已出生

མགོ་མ་གཡུག་ལ་ལྷ་བབས།། གཟེར་མ་བུད་ལ་བུ་སྐྱེས།།

mgo ma gyug la lha babs gzer ma bud la bu skyes

安多藏语甘南牧区方言谚语。流行于以大夏河、黄河、洮河流域为主的甘南地区。以智慧的思维，阐明了“莫须有”的深刻道理。谚语紧密结合生活实际，联想丰富，思维独特。罗赛搜集、整理，索南龙珠汉译。今藏甘南藏族自治州政协原副主席罗赛处。（华锐·东智）

针尖虽小却锋利，火花虽微却危险

རྒྱ་ཁབ་ཆུང་ཡང་རྩེ་མོ་རྣོ།། མེ་སྟེག་ཆུང་ཡང་ཉེན་ཁ་ཆེ།།

Rgya khab chung yang rtse mo rno

Me steg chung yang nyen kha che

安多藏语甘南牧区方言谚语。流行于以大夏河、黄河、白龙江、洮河流域为主的甘南地区。尽管有的人性情极其善良，但若常常被人折磨，至其忍无可忍之时，他也会进行有力的反击，甚至不惜生命，他也会生起嗔心图谋报复。犹如檀香的性质本是清凉，如果不断地使之互相摩擦，它也会燃烧起来，如言“逼急的兔子会咬人”。罗

赛搜集、整理，索南龙珠汉译。今藏甘南藏族自治州政协原副主席罗赛处。（华锐 · 东智）

远闻是头熊，近看是条狗

རྒྱང་ཐོས་པའི་དོམ་ནག་སྨྱོན་པ།། འགྲམ་གཅར་བའི་ཁྱི་རྒན་ཧོན་ལོག །

Rgyang thos pavi dom nag smyon pa

Vgram gcar bavi khyi rgan hon log

安多藏语甘南牧区方言谚语。流行于以大夏河、黄河、洮河流域为主的甘南地区。古人说：“耳听为虚，眼见为实。”对任何人最初还不了解时，无法肯定他是敌人或是朋友。谚语教导人们：世间万事万物都具有复杂性和多变性，首先应对其进行观察和分析，认清一个事物后才能正确地加以运用。罗赛搜集、整理，索南龙珠汉译。今藏甘南藏族自治州政协原副主席罗赛处。

（华锐 · 东智）

晨光照山顶，懒妇擦眼屎

དགུང་ཉི་མའི་གསེར་ཞྭ་རི་རྩེར་གྱོན།། མ་རུལ་མའི་མིག་སྐྱག་ལག་པས་ཕྱིས།།

Dgung nyi mavi gser zhwa ri rtser gyon

Ma rul mavi mig skyag lag pas phyis

安多藏语甘南牧区方言谚语。流行于以大夏河、黄河、洮河流域为主的甘南地区。谚语深入生活，把一个懒惰者的形象刻画得栩栩如生，尖锐地批评了在生活中只图安逸、不求上进，虚度年华、不肯吃苦懒惰的丑恶行为。罗赛搜集、整理，索南龙珠汉译。今藏甘南藏族自治州政协原副主席罗赛处。（华锐 · 东智）

王法犹如金制轭，遵时轻而犯时重

རྒྱལ་ཁྲིམས་གསེར་གྱི་གཉའ་ཤིང་།། ཁུར་ན་ཡང་ཞིང་ཕོག་ན་ལྗིད།།

Rgyal khrims gser gyi gnyav shing

Khur na yang zhing phog na ljid

安多藏语甘南牧区方言谚语。流行于以大夏河、黄河、洮河流域为主的甘南地区。谚语提醒人们要有“先天下之忧而忧，后天下之乐而乐”的思想，教导人们为人处世时要遵纪守法、以礼相待，阐明了在法律面前人人平等的道理。罗赛搜集、整理，索南龙珠汉译。今藏甘南藏族自治州政协原副主席罗赛处。（华锐 · 东智）

贫寨灰尘向空飞，贫寺僧尼四处浪

གྲོང་ངན་ཐལ་བ་དགུང་ལ་འཕྱུར།། དགོན་ཆག་བན་དེ་བྱེས་ལ་བྲོས།།

Grong ngan thal ba dgung la vphyur

Dgon chag ban de byes la bros

安多藏语甘南牧区方言谚语。流行于以大夏河、黄河、洮河流域为主的甘南地区。谚语注意观察现实生活，抓住生活中的细节特点，把懒惰者刻画得栩栩如生，教导人们要勤俭持家、勤奋劳动，要懂得劳动创造幸福的道理。罗赛搜集、整理，索南龙珠汉译。今藏甘南藏族自治州政协原副主席罗赛处。（华锐 · 东智）

赛时马跑山，战时弓弦断

རྒྱུག་རན་དུས་འདོ་བ་རི་ལ་ཤོར།། འཐབ་རན་དུས་གཞུ་ཐིག་ལག་ནང་ཆད།།

Rgyug ran dus vdo ba ri la shor

Vthab ran dus gzhu thig lag nang chad

安多藏语甘南牧区方言谚语。流行于以大夏河、黄河、洮河流域为主的甘南地区。深刻阐明了不吃苦耐劳，不刻苦钻研的结果。自古迄今未有三天打鱼、两天晒网、一日暴而十日寒，甚至饱食终日、无所用心、贪图安逸享受，不肯下功夫、不肯受苦、不肯吃苦而成为七步八斗、泰山北斗的大学者之术。罗赛搜集、整理，索南龙珠汉译。今藏甘南藏族自治州政协原副主席罗赛处。

（华锐 · 东智）

众人大门朝东，疯子大门朝西

རྒྱལ་ཁམས་རྒྱ་སྒོ་ཤར་ལ་བསྐོར།། སྨྱོན་པས་རྒྱ་སྒོ་ནུབ་ལ་བསྐོར།།

Rgyal khams rgya sgo shar la bskor

Smyon pas rgya sgo nub la bskor

安多藏语甘南牧区方言谚语。流行于以大夏河、黄河、洮河流域为主的甘南地区。深刻批判了不入习俗、违背客观规律的行为和“行十善者寡，造十恶者众”的恶劣社会风气。主张人们要树立正确的世界观和人生观。罗赛搜集、整理，索南龙珠汉译。今藏甘南藏族自治州政协原副主席罗赛处。（华锐 · 东智）

见财动肠，见敌软腿

རྒྱུ་རིག་ན་ལྐོག་མ་འགུལ། དགྲ་རིག་ན་ཕོངས་ནུར་བྱས།

rgyu rig na lkog ma vgul dgra rig na phongs nur byas

安多藏语甘南牧区方言谚语。流行于以大夏河、黄河、白龙江、洮河流域为主的甘南地区。谚语尖锐地批驳了贪图享乐、只谋自己幸福、计较个人得失及贪得无厌、自私自利、见钱眼开的恶劣品质，阐明了“富贵不能淫”的深刻哲理，教诲世人要懂得荣誉之伟大、金钱之渺小的道理。罗赛搜集、整理，索南龙珠汉译。今藏甘南藏族自治州政协原副主席罗赛处。（华锐・东智）

不与骏马赛跑，不为金钱争执

མགྱོགས་པའི་བང་ཁ་མི་གཤིགས། སྨར་མོའི་རྒྱལ་ཁ་མི་རྩོད།

mgyogs pavi bang kha mi gshigs smar movi rgyal kha mi rtsod

安多藏语甘南牧区方言谚语。流行于以大夏河、黄河、洮河流域为主的甘南地区。人世间存在好坏、善恶与美丑的诸多差别。劣者无恶不作，其恶行所导致的尽是损人不利己的后果。劝导人们要善于辨别善恶，懂得取舍抉择。罗赛搜集、整理，索南龙珠汉译。今藏甘南藏族自治州政协原副主席罗赛处。（华锐・东智）

冬结寒冰，春来自融

དགུན་གསུམ་འཁྱགས་པའི་གྲང་ངར། མི་བསྡུ་ཀ་མེད་དྲོད་ཟླས་དེད།

Dgun gsum vkhyags pavi grang ngar mi bsdu ka med drod zlas ded

安多藏语甘南牧区方言谚语。流行于以大夏河、黄河、洮河流域为主的甘南地区。通过自然现象揭示了“功到自然成”的深邃道理，具有丰富的内容和高度的概括性。罗赛搜集、整理，索南龙珠汉译。今藏甘南藏族自治州政协原副主席罗赛处。（华锐・东智）

林中树木虽弯，木匠画线却直

རྒྱ་རྫོང་ནགས་ཀྱི་ཤིང་འཁྱོག་ཀྱང་། ཤིང་བཟོ་རྒན་པོའི་ཐིག་དྲང་།

Rgya rdzong nags kyi shing vkhyog kyang hing bzo rgan povi thig drang

安多藏语甘南牧区方言谚语。流行于以大夏河、黄河、白龙江、洮河流域为主的甘南地区。教导人们如何处世、如何做人。尤其强调人的品行、道德的重要性，规劝人们树立良好道德观和生活观。谚语形式生动活泼，有声有色，诙谐有趣，说理有力，具有很强的哲理性。罗赛搜集、整理，索南龙珠汉译。今藏甘南藏族自治州政协原副主席罗赛处。（华锐・东智）

汉人驻扎一晚筑座城，藏人驻扎一年闹纠纷

རྒྱ་ཞག་གཅིག་འདུག་སར་མཁར་བརྩིག །
བོད་ལོ་གཅིག་འདུག་སར་གྱོད་བསླང་།

Rgya zhag gcig vdug sar mkhar brtsig
Bod lo gcig vdug sar gyod bslang

安多藏语甘南牧区方言谚语。流行于以大夏河、黄河、洮河流域为主的甘南地区。一针见血地批判了那些钩心斗角、愚蠢笨拙的愚人丑态，阐明了“飞蛾扑火”的道理。谚语具有很强的哲理性、时代性、地域性和民族性。罗赛搜集、整理，索南龙珠汉译。今藏甘南藏族自治州政协原副主席罗赛处。（华锐・东智）

鹰头当宝临灾害，门口拴驴吼叫不断

གོལ་མགོ་གཡང་རྟེན་བྱས་ན་གོད་ཁ་རྒྱུན་མི་ཆད།
བོང་བུ་སྒོ་ཁར་བཏགས་ན་ཨོ་འབོག་རྒྱུན་མི་ཆད།

Gol mgo gyang rten byas na god kha rgyun mi chad
Bong bu sgo khar btags na ao vbog rgyun mi chad

安多藏语甘南牧区方言谚语。流行于以大夏河、黄河、白龙江、洮河流域为主的甘南地区。劝导人们看一个问题，要合理、全面、深入地观察，抓住问题的实质，以点带面。谚语立论锋利，观点鲜明，细致入微，讲论道义，教育深刻。罗赛搜集、整理，索南龙珠汉译。今藏甘南藏族自治州政协原副主席罗赛处。（华锐・东智）

靠马度日久变穷，靠妇谋事终毁夫

རྒྱུ་ཕུག་རྟ་ལ་གཏད་ན་ནམ་ཞིག་སྤྲང་བའི་རྟགས།
བློ་ཕུགས་མོ་ལ་གཏད་ན་ནམ་ཞིག་རང་ཆོས་འཆོར།

Rgyu phug rta la gtad na nam zhig sprang bavi rtags
Blo phugs mo la gtad na nam zhig rang chos vchor

安多藏语甘南牧区方言谚语。流行于以大夏河、黄河、洮河流域为主的甘南地区。忠心地告

诫人们：固执懒惰却常常毁害自己和他人。因为只是一门心思追求享乐，所以其行为往往给自己带来痛苦，同时也给他人引来灾难。罗赛搜集、整理，索南龙珠汉译。今藏甘南藏族自治州政协原副主席罗赛处。（华锐·东智）

锯齿般粗暴，野兽般凶残

གྱོང་བོ་སོག་ལེ་ལྟ་བུའི་སྤྱོད་ཅན།།
གཅན་གཟན་གཏུམ་པོ་འདྲ་བའི་གདུག་རྩུབ་ཅན།།

Gyong bo sog le lta buvi spyod can
Gcan gzan gtum po vdra bavi gdug rtsub can

安多藏语甘南牧区方言谚语。流行于以大夏河、黄河、白龙江、洮河流域为主的甘南地区。德行高超的智者拥有各种功德，具足各种优点，其表里如一、言行一致，无论哪方面都值得世人夸赞、学习。而把愚者视为野兽，谁接触它都会引来各种祸患。罗赛搜集、整理，索南龙珠汉译。今藏甘南藏族自治州政协原副主席罗赛处。

（华锐·东智）

头未熟要吃舌，话未出要猜意

མགོ་མ་ཚོས་གོང་དུ་ལྕེ་ལ་བརྙབ།། ཚིག་མ་གོ་གོང་དུ་དོན་ལ་དཔྱད།།

Mgo mo tshos gong du lce la brnyab
Tshig ma go gong du don la dpyad

安多藏语甘南牧区方言谚语。流行于以大夏河、黄河、洮河流域为主的甘南地区。教导人们：办成一件事，其结果很难了知，但有的可以推测。高度赞美了智者遇事冷静、机智灵活、调查研究、明辨是非、深思熟虑、处事果断的超群本领。罗赛搜集、整理，索南龙珠汉译。今藏甘南藏族自治州政协原副主席罗赛处。

（华锐·东智）

吃雇饭的佣人，没事也要站着

གླ་ཟས་ཟོས་པའི་གླ་བ།། ལས་རྒྱུ་མེད་རུང་ལང་ས་སྡོད།།

Gla zas zos pavi gla ba
Las rgyu med rung lang sa sdod

安多藏语甘南牧区方言谚语。流行于以大夏河、黄河、洮河流域为主的甘南地区。教诲世人：某些富贵的人，金银满库、粮食满仓，他既舍不得自己或家人、亲戚等享用，也舍不得供养布施，这样的人完全不懂得财富的价值。人们追求财富的目的不仅使自己生活得幸福美满，而且要布施和利益他人。罗赛搜集、整理，索南龙珠汉译。今藏甘南藏族自治州政协原副主席罗赛处。

（华锐·东智）

背山是柏树林，柴火不靠人

རྒྱབ་རིར་ལྷ་ཤིང་ཤུག་པ་སྐྱེས།། བུད་ཤིང་མི་ལ་མི་རེའི་ཡིད་ཟོན་ཡོད།།

Rgyab rir lha shing shug pa skyes
Bud shing mi la mi revi yid zon yod

安多藏语甘南牧区方言谚语。流行于以大夏河、黄河、白龙江、洮河流域为主的甘南地区。人们向往美好的生活，相信只有通过自己辛勤的劳动，才能换得幸福的生活。谚语不但赞美了劳动，歌颂了勤俭，而且赞美了劳动人民勤劳善良的优秀品德。罗赛搜集、整理，索南龙珠汉译。今藏甘南藏族自治州政协原副主席罗赛处。

（华锐·东智）

雪山顶上展姿的，唯有雪山狮子

གངས་རིའི་རྩེ་ན་འཇིགས་རྔམ་པ།། གངས་སེང་དཀར་མོའི་མིན་པས་མེད།།

Gangs rivi rtse na vjigs rngam pa
Gangs seng dkar movi min pas med

安多藏语甘南牧区方言谚语。流行于以大夏河、黄河、洮河流域为主的甘南地区。集中反映了藏族人民战天斗地的英勇精神和反对封建束缚的坚强决心。是藏民族世世代代集体经验和智慧的结晶，具有很强的时代性、地域性和民族性。罗赛搜集、整理，索南龙珠汉译。今藏甘南藏族自治州政协原副主席罗赛处。（华锐·东智）

腊月寒风比刀利，亲人埋怨比矛利

དགུན་བོད་ལོའི་ལྷགས་པ་གྲི་ལས་རྣོ།།
ཁྱིམ་གཉེན་ཟླས་རྣ་སྡིགས་མདུང་ལས་རྣོ།།

Dgun bod lovi lhags pa gri las rno
Khyim gnyen zlas rna sdigs mdung las rno

安多藏语甘南牧区方言谚语。流行于以大夏河、黄河、洮河流域为主的甘南地区。许多人受到的迫害，往往都是来自自己的眷属和随从。身边品性较恶劣的眷属、侍从，因太亲近和了解的缘故，往往见不到他的功德，总是妄自尊大，为满足私欲，挖空心思地损害他人，所以，内部造成的损害比外部的还要惨烈。罗赛搜集、整理，索南龙珠汉译。今藏甘南藏族自治州政协原副主席罗赛处。

（华锐·东智）

赛马赌博，赌注为满山牛羊

རྒྱུག་རྟ་མགོ་དོག་མོ་ས་ལ་གཏད།། བསྐུག་ཕྱུགས་ཟོག་རི་རབ་ངོས་སུ་གྲམ།།

Rgyug rta mgo dog mo sa la gtad

Bskug phyugs zog ri rab ngos su gram

安多藏语甘南牧区方言谚语。流行于以大夏河、黄河、白龙江、洮河流域为主的甘南地区。通过对审美观的赏析，以短小精悍的独特形式、精美简练的语言，热情地歌颂和赞美了真善美，辛辣地嘲讽和驳斥了假恶丑，充分体现了藏族人民的审美情趣和审美标准。罗赛搜集、整理，索南龙珠汉译。今藏甘南藏族自治州政协原副主席罗赛处。

（华锐·东智）

用钱换来的妻子，心如泡沫不稳

རྒྱུ་སྟོབས་ཀྱིས་ཉོས་པའི་ཆུང་མ།། སེམས་མི་བརྟན་ཆུ་ཁའི་ལྦུ་བ།།

Rgyu stobs kyis nyos pavi chung ma

Sems mi brtan chu khavi lbu ba

安多藏语甘南牧区方言谚语。流行于以大夏河、黄河、洮河流域为主的甘南地区。为了使广大人民幸福美满、安居乐业、家庭生活稳定，谚语直接揭露了社会上许多的爱财如命、人情淡薄、伪善欺世的丑恶面目，深刻阐明了金钱不是万能的工具。罗赛搜集、整理，索南龙珠汉译。今藏甘南藏族自治州政协原副主席罗赛处。

（华锐·东智）

没食物的狼爱杀羊，坐不住的人爱惹祸

རྒྱག་མི་ཐེག་སྤྱང་ཐོང་ཤ་ལ་ངེར།། འདུག་མི་ཐུབ་བཙན་པོའི་མགོ་རུ་རེག །

Rgyag mi theg spyang thong sha la nger

Vdug mi thub btsan povi mgo ru reg

安多藏语甘南牧区方言谚语。流行于以大夏河、黄河、洮河流域为主的甘南地区。借助狼恶劣的本性，由衷地教育人们去恶向善；言及反复，诚辞恳切地讲述人生立身的道理，以提倡社会美德，抑制社会的阴暗面。罗赛搜集、整理，索南龙珠汉译。今藏甘南藏族自治州政协原副主席罗赛处。

（华锐·东智）

象虽大却怕老鼠，狮虽厉却怕蚂蚁

གླང་ཆེན་ཆེ་རུང་ཙི་གུར་སྐྲག །གངས་སེང་བཙན་རུང་གྲོག་མར་སྐྲག །

Glang chen che rung tsi gur skrag

Gangs seng btsan rung grog mar skrag

安多藏语甘南牧区方言谚语。流行于以大夏河、黄河、白龙江、洮河流域为主的甘南地区。没有智慧的人即便看上去仪表堂堂，但在各方面都不善巧，尤其是缺少正确的辨别能力，很容易被敌人制服；正如具有势力的大象虽然体形庞大，但却惧怕一只老鼠一样。罗赛搜集、整理，索南龙珠汉译。今藏甘南藏族自治州政协原副主席罗赛处。

（华锐·东智）

阳光下有轻风，月亮上有影子

དགུང་ཉི་མའི་འོག་ན་བསེར་བུ།། དུང་ཟླ་བའི་དངོས་ན་མུན་པ།།

dgung nyi mavi vog na bser bu

dung zla bavi dngos na mun pa

安多藏语甘南牧区方言谚语。流行于以大夏河、黄河、白龙江、洮河流域为主的甘南地区。任何事物总是会转化的，此一时彼一时，物以时迁，事无常定，不可能一成不变。考察一件事，也要从转化的角度去分析，由此至彼、由里及外，要比较全面地分析了解。罗赛搜集、整理，索南龙珠汉译。今藏甘南藏族自治州政协原副主席罗赛处。

（华锐·东智）

野狼无衣，却有口福

རྒྱབ་གོས་མེད་ཀྱི་རི་སྤྱང་སྔོན་མོ་དེ།། གོས་མེད་ཀྱང་ཁ་སྐྱིད་རྒྱག་ནི་ཡིན།།

Rgyab gos med kyi ri spyang sngn mo de

Gos med kyang kha skyid rgyag ni yin

安多藏语甘南牧区方言谚语。流行于以大夏河、黄河、白龙江、洮河流域为主的甘南地区。任何事物总是在变化发展的，物以时迁，不可能一成不变。就像是食物，它虽是养活人的东西，但吃错或过量，就可能伤害身体；毒药虽是致人

以死命之物，但是，如果知道它的配法和用途，也可以成为治病的良药。罗赛搜集、整理，索南龙珠汉译。今藏甘南藏族自治州政协原副主席罗赛处。

（华锐·东智）

手要串念珠，头要磕长头

བགྲང་མ་ཧི་ཡིན།། ཕྱག་ཐོད་པ་ཡིན།།

bgrang ma ni yin phyag thod pa yin

安多藏语甘南牧区方言谚语。流行于以大夏河、黄河流域为主的甘南地区。谚语力图用宗教理论来解释佛法无量、敬奉三宝，人生唯苦、皈佛解脱，诸恶莫为、因果无欺，各德行善、慷慨施舍，忍辱无争等思想观念，将宗教教义融入谚语文化之中。罗赛搜集、整理，索南龙珠汉译。今藏甘南藏族自治州政协原副主席罗赛处。

（华锐·东智）

进门坐家中，意思来说媒

སྒོ་ཁའི་བུད་ནས་གོ་ཁའི་ཙོག་དོན།། ཁྱིམ་གྱི་བུ་མོ་སློང་གི་ཚིག་དོན།།

Sgo khavi bud nas go khavi tsog don

Khyim gyi bu mo slong gi tshig don

安多藏语甘南牧区方言谚语。流行于以大夏河、黄河、白龙江、洮河流域为主的甘南地区。藏族谚语说得好："天上无云不下雨，地上无媒不成亲。"这首谚语不但揭示了事物在变化发展当中的客观规律，而且真实地记录了藏民族的传统文化。罗赛搜集、整理，索南龙珠汉译。今藏甘南藏族自治州政协原副主席罗赛处。（华锐·东智）

虽非四四方方，却也视为方块

རྒྱ་ཁྱོན་གྲུ་བཞི་མ་མིན་ཡང་།། སྨུག་ཆུང་ཁ་གང་མ་ལོས་ཡིན།།

Rgya khyon gru bzhi ma min yang

Smug chung kha gang ma los yin

安多藏语甘南牧区方言谚语。流行于以大夏河、黄河、白龙江、洮河流域为主的甘南地区。谚语把完美看作是由多种因素构成的综合体，从而提出了衡量的标准。通过对审美观的赏析，热情地歌颂和赞美了真善美，辛辣地嘲讽和驳斥了假恶丑，充分体现了藏族人民的审美情趣和审美标准。罗赛搜集、整理，索南龙珠汉译。今藏甘南藏族自治州政协原副主席罗赛处。

（华锐·东智）

重要话要重复，会使朋友上进

གལ་བོ་ཆེ་ལ་ཡར་གཏམ།། གྲོགས་པོ་འགྲོས་ན་ཡར་བསྐུལ།།

gal bo che la yar gtam grogs po vgros na yar bskul

安多藏语甘南牧区方言谚语。流行于以大夏河、黄河、洮河流域为主的甘南地区。强调人与人之间的关系一定要和睦相处、紧密团结、互帮互助、和蔼相待。赞美了受施不忘报、受益不忘恩、受欺不怒、公而忘私、平易近人的智者的高尚品德。罗赛搜集、整理，索南龙珠汉译。今藏甘南藏族自治州政协原副主席罗赛处。

（华锐·东智）

不合礼，不合俗

རྒྱལ་ཁམས་ལ་མི་དར་ནི།། འཇིག་རྟེན་ལ་མི་དཔེ་ནི།།

rgyal khams la mi dar ni vjig rten la mi dpe ni

安多藏语甘南牧区方言谚语。流行于以大夏河、黄河、洮河流域为主的甘南地区。卑劣的人往往"揽功于己，诿过于他"。无论做什么事都不符礼、不入俗，争先恐后地施展各种"外交手段"，或捧他人以抬高自己，或阿谀奉承为得到些利益，或诈显其能渲染他人而论作己功，或事先邀功以夺名声。罗赛搜集、整理，索南龙珠汉译。今藏甘南藏族自治州政协原副主席罗赛处。

（华锐·东智）

血缘之源，骨肉之亲

རྒྱུད་བུ་ཕྲུག་གི་སྐྱེ་ཁོངས་ཡིན།། ཤ་དམར་བོའི་ཆད་ཁོངས་ཡིན།།

Rgyud bu phrug gi skye khongs yin

Sha dmar bovi chad khongs yin

安多藏语甘南牧区方言谚语。流行于以大夏河、黄河、白龙江、洮河流域为主的甘南地区。谚语突出了智者德高望重的高尚情操，提醒人们要发扬"先天下之忧而忧，后天下之乐而乐"的精神，倡导人们为人处世时要以礼相待。罗赛搜集、整理，索南龙珠汉译。今藏甘南藏族自治州政协原副主席罗赛处。（华锐·东智）

遵公理，随习俗

རྒྱལ་ཁམས་སྤྱི་ལུགས་ལ་བསྟུན།། བོད་ཀྱིས་གནས་སྲོལ་ལ་མཐུན།།

Rgyal khams spyi lugs la bstun ni

Bod kyis gnas srol la mthun ni

安多藏语甘南牧区方言谚语。流行于以大夏河、黄河、洮河流域为主的甘南地区。谚语告诫人们：没有道德、不管他人死活的人，除了吃喝玩耍以外没有其他希求。他们短暂的一生中，唯有拼命乱来，满足自己的吃喝享乐，从不会给他人和社会做点贡献，他们无羞无耻的自利行为，常被众人唾弃。罗赛搜集、整理，索南龙珠汉译。今藏甘南藏族自治州政协原副主席罗赛处。

（华锐·东智）

不变议和如石刻，不变言词如铁铸

གྲོས་མི་འགྱུར་རྡོ་ཐོག་རི་མོ།། ཚིག་མི་འགྱུར་ཁྲོ་ལྕགས་བླུགས་མ།།

Gros mi vgyur rdo thog ri mo

Tshig mi vgyur khro lcags blugs ma

安多藏语甘南牧区方言谚语。流行于以大夏河、黄河、洮河流域为主的甘南地区。谚语主题鲜明，语言通俗，不光以高标准指出了人的本质优劣，取决于其思想的好坏和立场的坚定与否，而且将君子与小人这两种人的思想表现描写得惟肖惟妙，感染力极强。罗赛搜集、整理，索南龙珠汉译。今藏甘南藏族自治州政协原副主席罗赛处。

（华锐·东智）

动物要吃草，前后都要顾到

མགོ་རྣ་མཆོག་ཅན་གྱིས་རྩྭ་ཟ་ན།། སྔ་ཕྱི་གཉི་ག་རིག་དགོས།།

Mgo rna mchog can gyis rtswa za na

Snga phyi gnyi ga rig dgos

安多藏语甘南牧区方言谚语。流行于以大夏河、黄河、白龙江、洮河流域为主的甘南地区。通过一个简单的例子赞赏了智者由于遇事冷静、机智灵活、明辨是非、深思熟虑，所以没招来后患。另一方面批评了愚者由于遇事惊慌失措、愚昧无知、盲目从事，从而后患无穷。告诫人们：不管做任何事情都必须三思而后行，不可盲目行事、麻痹大意。罗赛搜集、整理，索南龙珠汉译。今藏甘南藏族自治州政协原副主席罗赛处。

（华锐·东智）

行程的快慢与马有关，儿女的好坏与母亲有关

འགྲོ་འདུག་གསུམ་བཟང་ངན་རྟ།། མོ་གོ་རྒས་བཟང་ངན་མ།།

Vgro vdug gsum bzang ngan rta

Mo go rgas bzang ngan ma

安多藏语甘南牧区方言谚语。流行于以大夏河、黄河、洮河流域为主的甘南地区。父母的言行举止，孩子耳濡目染，渐渐受到影响而形成习惯。如果家庭的行止良善，就使子孙后代受到好的影响，容易形成良好的道德品质和行为习惯，同时对社会也能起到良好的作用，并能成为有用之才；反之“上枉下曲，上乱下逆”。罗赛搜集、整理，索南龙珠汉译。今藏甘南藏族自治州政协原副主席罗赛处。

（华锐·东智）

上师官吏随从三人议事和，父亲母亲孩子三人心气和

གོང་བླ་དཔོན་གཡོག་གསུམ་གྲོས་མཐུན།། ཁྱིམ་ཕ་མ་བུ་གསུམ་ཁ་མཐུན།།

Gong bla dpon gyog gsum gros mthun

Khyim pha ma bu gsum kha mthun

安多藏语甘南牧区方言谚语。流行于以大夏河、黄河、洮河流域为主的甘南地区。藏民族素以热情好客、真挚纯朴而著称于世，一贯主张对人要真诚相待。谚语体现了藏族人民真挚好客的特点，提倡对人要以诚相待，反对以利相交的恶习，生动地刻画了藏民族纯朴、公正、善良、乐观的本性，并且极其形象地告诫人们要保持谦虚的美德。罗赛搜集、整理，索南龙珠汉译。今藏甘南藏族自治州政协原副主席罗赛处。

（华锐·东智）

不能背叛的是根本上师，不能忘记的是父母遗嘱

འགལ་མི་ཉན་པ་རྩ་བའི་བླ་མ།། བརྗེད་མི་ཉན་པ་ཕ་མའི་ཁ་ཆེམས།།

Vgal mi nyan pa rtsa bavi bla ma

Brjed mi nyan pa pha mavi kha chems

安多藏语甘南牧区方言谚语。流行于以大夏河、黄河、洮河流域为主的甘南地区。谚语的伦理观包含倡行仁政、尊重知识、恪守道德，弘扬佛法、团结互助、和睦相处、敬老尊长、知恩图报、清心寡欲、知足常乐等。巧妙地将宗教伦理

道德观，特别是藏传佛教伦理道德观融入藏族社会伦理道德之中。罗赛搜集、整理，索南龙珠汉译。今藏甘南藏族自治州政协原副主席罗赛处。

（华锐·东智）

三界天王你若有长寿铠，
披风怙主我就有护身箭

གྲུབ་པ་རྒྱལ་མོའི་ཚེ་མདའ་ཁྱེད་ལ་ཡོད་ན།།
བེར་ནག་མགོན་པོའི་ལྷ་མདའ་ངེད་ལ་ཡོད།།

Grub pa rgyal movi tshe mdav khyed la yod na

Ber nag mgon povi lha mdav nged la yod

安多藏语甘南牧区方言谚语。流行于以大夏河、黄河、洮河流域为主的甘南地区。一方面赞扬了智者在紧急关头临危不惧、化险为夷、谨慎处事的超越本领，另一方面讽刺了怯懦无能、闻风丧胆、愚蠢笨拙的愚人丑态。提醒人们不管做什么事都要有胆量，胆量是成功的要素，胆大才能有所作为。罗赛搜集、整理，索南龙珠汉译。今藏甘南藏族自治州政协原副主席罗赛处。

（华锐·东智）

战时手快胜敌是英雄，讲时前后一致是贤者

དགྲ་འཐབ་ཉིན་ལག་མྱུར་ལྡན་ན་དཔའ་རྟགས་ཟེར།།
གཏམ་འཆད་ཉིན་མགོ་རྔ་ཚངས་ན་མཁས་རྟགས་ཟེར།།

Dgra vthab nyin lag myur ldan na dpav rtags zer

Gtam vchad nyin mgo rnga tshangs na mkhas rtags zer

安多藏语甘南牧区方言谚语。流行于以大夏河、黄河、洮河流域为主的甘南地区。有些英勇善战的人，即便得到权势，如果没有智慧，不懂得善巧，也很难令事业兴盛。刚正不阿、言行一致之智者常以己心度他腹，思善择善。罗赛搜集、整理，索南龙珠汉译。今藏甘南藏族自治州政协原副主席罗赛处。（华锐·东智）

衣上花纹要对称，箭上羽毛要对称

གོས་སྣ་ལྔའི་ཁ་དོག་འགྲིག་གི་ཆུགས།།
མདའ་ལི་མའི་གཤོག་སྒྲོ་འཕྲོད་ཀི་ཆུགས།།

Gos sna lngavi kha dog vgrig gi chugs

Mdav li mavi gshog sgro vphrod ki chugs

安多藏语甘南牧区方言谚语。流行于以大夏河、黄河、白龙江、洮河流域为主的甘南地区。大千世界美丑交错、好坏难辨，人与人之间的关系更是错综复杂。谚语不但倡导为人处世时要以礼相待、言行一致，而且还驳斥言行不一、好坏不分、卑鄙无耻的愚者的肮脏心灵。罗赛搜集、整理，索南龙珠汉译。今藏甘南藏族自治州政协原副主席罗赛处。（华锐·东智）

好客带来好口福，好马带来好运气

མགྲོན་བཟང་བོའི་ཁ་ཞོར་སྐྱིད།། རྟ་བཟང་བོའི་གོམ་ལག་གཡང་།།

mgron bzang bovi kha zhor skyid rta

bzang bovi gom lag gyang

安多藏语甘南牧区方言谚语。流行于以大夏河、黄河、白龙江、洮河流域为主的甘南地区。谚语中可以看到藏民族的处世哲学、审美观，也可以看到藏民族的社会制度、风俗习惯、生产方式等发展变化的历史痕迹。体现了藏族人民真挚好客、以诚相待的淳朴思想。罗赛搜集、整理，索南龙珠汉译。今藏甘南藏族自治州政协原副主席罗赛处。（华锐·东智）

自身和解纠纷能除根，自身和睦成亲无后悔

གྱོང་རང་སྟངས་འགྲིག་ན་ཤུལ་རྩོད་མེད།།
གཉེན་རང་སྟངས་འགྲིག་ན་ཤུལ་འགྱོད་མེད།།

Gyong rang stangs vgrig na shul rtsod med

Gnyen rang stangs vgrig na shul vgyod med

安多藏语甘南牧区方言谚语。流行于以大夏河、黄河、洮河流域为主的甘南地区。一些人面对不共戴天的怨敌时，怒火中烧、双拳紧握、横眉冷对。这样的人就像狂吠乱叫的恶狗一样，既害不了人，也成不了事。谚语提倡人们要化解仇恨，紧密团结，众志成城。罗赛搜集、整理，索南龙珠汉译。今藏甘南藏族自治州政协原副主席罗赛处。（华锐·东智）

没有汉人般移山本领，没有藏人般演说本领

རྒྱ་བྱས་ནས་བྲག་རི་ཞིག་མ་མྱོང་།། གཏམ་བཤད་ནས་མཚོ་མོ་སྐེམ་མ་མྱོང་།།

Rgya byas nas brag ri zhig ma myong

Gtam bshad nas mtsho mo skem ma myong

安多藏语甘南牧区方言谚语。流行于以大夏

河、黄河、白龙江、洮河流域为主的甘南地区。谚语提倡不断地发奋学习，努力上进，反对懒惰行为。教诲人们要想学到知识，就像下海取宝一样，需要付出艰辛的劳动。从反面论述了学习之艰难。罗赛搜集、整理，索南龙珠汉译。今藏甘南藏族自治州政协原副主席罗赛处。

（华锐·东智）

老人口中言，有理暖人心

རྒན་པོའི་ཁ་ནས་གཏམ་ཚིག ། གནས་ལུགས་ཡོད་ན་སེམས་མགུ།།

Rgan povi kha nas gtam tshig

Gnas lugs yod na sems mgu

安多藏语甘南牧区方言谚语。流行于以大夏河、黄河、洮河流域为主的甘南地区。谚语教导人们：自己的所作所为尽量和善良者保持一致，和睦相处，切不可与说是道非、背离道义的低劣士夫亲密无间。罗赛搜集、整理，索南龙珠汉译。今藏甘南藏族自治州政协原副主席罗赛处。

（华锐·东智）

要有格萨般的勇，要有珠姆般的美

གླིང་གེ་སར་འདྲ་བའི་དཔའ་རྩལ་དགོས།།

མ་འབྲུག་མོ་འདྲ་བའི་མོ་སྒོ་དགོས།།

Gling ge sar vdra bavi dpav rtsal dgos

Ma vbrug mo vdra bavi mo sgo dgos

安多藏语甘南牧区方言谚语。流行于以大夏河、黄河、洮河流域为主的甘南地区。通过对藏族审美观的赏析，热情地歌颂和赞美了真善美，辛辣地嘲讽和驳斥了假恶丑。不但充分体现了藏族人民的审美情趣和审美标准，而且还生动地刻画了藏民族勇敢纯朴、善良乐观的本性。罗赛搜集、整理，索南龙珠汉译。今藏甘南藏族自治州政协原副主席罗赛处。（华锐·东智）

花斑老虎，林中称霸

རྒྱ་སྟག་འཛུམ་ཁྲའི་རི་མོ་ཅན།། ཙན་དན་ནགས་ཀྱི་དཀྱིལ་ན་རྒྱས།།

Rgya stag vdzum khravi ri mo can

Tsan dan nags kyi dyil na rgyas

安多藏语甘南牧区方言谚语。流行于以大夏河、黄河、白龙江、洮河流域为主的甘南地区。谚语告诫世人：愚痴、傲慢哪怕权势再大也很容易失败，所以，傲慢是人生的大敌。相反谦虚便成了良朋益友，依靠它可以增长许多知识，办成一切事业。罗赛搜集、整理，索南龙珠汉译。今藏甘南藏族自治州政协原副主席罗赛处。

（华锐·东智）

愚人捡到珠宝不识货，愚才见到卵石也磕头

གླེན་པའི་ལག་ལ་ནོར་བུ་བཞག་ན་བཙོག་བལྟ།།

ཁྲམ་པའི་ལག་ལ་རྡོ་སྒོང་རྙེད་ན་ཕྱག་འཚལ།།

Glen pavi lag la nor bu bzhag na btsog blta

Khram pavi lag la rdo sgong rnyed na phyag vtshal

安多藏语甘南牧区方言谚语。流行于以大夏河、黄河、洮河流域为主的甘南地区。这些利欲熏心的愚人，以各种恶劣行径终究未能填满无底的欲坑，反而堕入更加痛苦的火坑。谚语教诲世人要懂得荣誉之伟大、金钱之渺小的道理。罗赛搜集、整理，索南龙珠汉译。今藏甘南藏族自治州政协原副主席罗赛处。（华锐·东智）

吃面时笑声不断，种地时愁眉苦脸

གྲོ་ཆག་འཇོག་དུས་ངུ་བྲོ།། གྲོ་ཐུག་འཐུང་དུས་དགོད་ཤོར།།

Gro chag vjog dus ngu bro

Gro thug vthung dus dgod shor

安多藏语甘南牧区方言谚语。流行于以大夏河、黄河、白龙江、洮河流域为主的甘南地区。愚人与愚人相处有共性，他们会以各种庸俗懒惰方式玩耍戏乐，对于诸多低级趣味的消遣、卑劣的行为并不觉得羞耻，反以为是当今最时髦的风尚。谚语批判了懒惰，赞美了勤劳。罗赛搜集、整理，索南龙珠汉译。今藏甘南藏族自治州政协原副主席罗赛处。（华锐·东智）

贡唐山箭垛之下，修行者脚步匆匆

གུང་ཐང་ལ་མོའི་ལ་རྩེ་རུ།། གྲུབ་ཐོབ་རྐང་བ་ཀྱོག་གེ་ཀྱོག །

Gung thang la movi la rtse ru

Grub thob rkang ba kyog ge kyog

安多藏语甘南牧区方言谚语。流行于以大夏河、黄河、洮河流域为主的甘南地区。谚语的伦理观包含着弘扬佛法、安抚民心、团结互助、

和睦相处等思想。巧妙地将宗教伦理道德观，特别是藏传佛教伦理道德观融入藏族社会伦理道德之中。罗赛搜集、整理，索南龙珠汉译。今藏甘南藏族自治州政协原副主席罗赛处。

（华锐·东智）

野狼匍匐的姿态，狐狸请别见笑

སྒུར་སྒུར་སྤྱང་ཀིའི་འགྲོ་སྟངས་ལ།། ཨ་ཅེ་ཝ་མོ་དགོད་མ་གནང་།།

Sgur sgur spyang kivi vgro stangs la

a ce wa mo dgod ma gnang

安多藏语甘南牧区方言谚语。流行于以大夏河、黄河、白龙江、洮河流域为主的甘南地区。有些以不正当的手段来谋生的人，却反而蔑视正直的人，就好像低劣的老猴抓住了人，反而嘲笑他没有长尾巴。他们不以为耻，反以为荣而得意忘形。罗赛搜集、整理，索南龙珠汉译。今藏甘南藏族自治州政协原副主席罗赛处。

（华锐·东智）

獐皮从腿剥，羊皮从头剥

རྒོ་ལྤགས་རྐང་ནས་བཤུས།། ར་ལྤགས་མགོ་ནས་བཤུས།།

rgo lpags rkang nas bshus ra lpags mgo nas bshus

安多藏语甘南牧区方言谚语。流行于以大夏河、黄河、洮河流域为主的甘南地区。运用对比的手法，深刻概括和揭示出事物的本质，耐人寻味，发人深思。不仅可以增强表达效果，加强感染力和说服力，而且将丰富的生活经验和精深的思想见解浓缩在简短的谚语之中。罗赛搜集、整理，索南龙珠汉译。今藏甘南藏族自治州政协原副主席罗赛处。

（华锐·东智）

修禅临死修，此事观上师

སྒོམ་ཞིག་རྒྱག་ན་འཆི་ཁར་རྒྱོབས།། ཚད་ལྡན་བླ་མ་དེ་དུས་སྒོམ།།

Sgom zhig rgyag na vchi khar rgyobs

Tshad ldan bla ma de dus sgom

安多藏语甘南牧区方言谚语。流行于以大夏河、黄河、洮河流域为主的甘南地区。分分秒秒组成的“岁月时轮”无始无终地流转不息，它创造了五光十色的天地万物。有生就必然要死，而生命就在呼吸之间。所以，此身行持的善业，无论是念经、顶礼、布施、持戒、忍辱，其业绩定能流传百世，往生极乐净土。罗赛搜集、整理，索南龙珠汉译。今藏甘南藏族自治州政协原副主席罗赛处。

（华锐·东智）

家畜兴旺，财源滚滚

སྒོ་ཕྱུགས་རྐང་སྒྲ་ཐ་ར་ར།། དངུལ་གྱི་ཨ་ལོང་ཁྲོལ་ལོ་ལོ།།

Sgo phyugs rkang sgra tha ra ra

Dngul gyi a long khrol lo lo

安多藏语甘南牧区方言谚语。流行于以大夏河、黄河、洮河流域为主的甘南地区。人们向往美好的生活，相信通过自己辛勤的劳动，能换得幸福的生活。谚语不但赞美了劳动，歌颂了勤俭，而且赞美了劳动人民勤劳勇敢的品德，同时也揭示了“劳动创造一切”的真理。罗赛搜集、整理，索南龙珠汉译。今藏甘南藏族自治州政协原副主席罗赛处。

（华锐·东智）

欲富骑马闯天下，无缘却把马饿死

རྒྱུ་འདོད་ནས་བྱང་ལམ་ཐད་དུ་བརྒྱུད།། ལས་མ་གསག་འདོ་བ་མུ་གེས་ཤི།།

Rgyu vdod nas byang lam thad du brgyud

Las ma gsag vdo ba mu ges shi

安多藏语甘南牧区方言谚语。流行于以大夏河、黄河、洮河流域为主的甘南地区。在赛马场上，骏马各有千秋，都显英武、神俊、强健。若欲了知天下事必须精心饲养、耐心调理，如果只会自己享受，骏马则无缘与你离去。谚语阐明了劳动的光荣。罗赛搜集、整理，索南龙珠汉译。今藏甘南藏族自治州政协原副主席罗赛处。

（华锐·东智）

八仙过海，各显神通

གྲུབ་ཐོབ་བརྒྱད་ཀྱིས་མཚོ་བརྒལ།། རང་རང་སོ་སོའི་རྫུ་འཕྲུལ་ངོམས།།

Grub thob brgyad kyis mtsho brgal

Rang rang so sovi rdzu vphrul ngom

安多藏语甘南牧区方言谚语。流行于以大夏河、黄河、洮河流域为主的甘南地区。常言：“万事开头难，习惯成自然。”无论哪一件事情，只要去做，习惯以后就不会有丝毫的困难，就像是传说中的八路神仙，他们都有超人的本领。世间上的事困难重重，但却只能难住意志力薄弱胆小怕事又不精进的人，须知自暴自弃是人生最大的失败。罗赛搜集、整理，索南龙珠汉译。今藏甘南藏族自治州政协原副主席罗赛处。

（华锐·东智）

来敌刀枪迎，来客酒肉迎

དགྲ་བྱུང་ན་མདའ་གྲི་མདུང་གིས་བསུ།། གཉེན་བྱུང་ན་ཤ་ཐུད་ཀྱིས་བསུ།།

Dgra byung na mdav gri mdung gis bsu

Gnyen byung na sha thud kyis bsu

安多藏语甘南牧区方言谚语。流行于以大夏河、黄河、洮河流域为主的甘南地区。任何一个人，若对仇恨的敌人、亲朋好友的爱恨不坚定，那么会有谁认为你是一个完美的人呢？这如同空中的彩虹，虽然绚丽美妙，但其华而不实，要想拿它当作装饰物，即是一种愚痴的妄想。罗赛搜集、整理，索南龙珠汉译。今藏甘南藏族自治州政协原副主席罗赛处。（华锐·东智）

僧人端碗来诵经，没有斋饭变脸色

གྲྭ་བས་ཁ་ཕོར་ཁྱེར་ནས་ཚོགས་ལ་སླེབས།།

ཚོགས་པར་ཇ་ཐུག་མེད་པའི་ངོ་མདངས་ཤོར།།

Grwa bas kha phor khyer nas tshogs la slebs

Tshogs par ja thug med pavi ngo mdangs shor

安多藏语甘南牧区方言谚语。流行于以大夏河、黄河、白龙江、洮河流域为主的甘南地区。施舍一切财物圆满布施的功德后，别人若对他起嗔恨之心。当受施者感到满足时，他也随之生喜，是故广行布施是一切修法的根本，因为众生的根机千差万别，所以在布施之时，有些受施者非但不满足，反而会生起嫉妒之心，以致百般刁难。罗赛搜集、整理，索南龙珠汉译。今藏甘南藏族自治州政协原副主席罗赛处。（华锐·东智）

二十八宿中日月明，光辉强弱凭远近

རྒྱུ་སྐར་ཉེར་བརྒྱད་ནང་གི་ཉི་ཟླ་གསལ།།

གཟི་འོད་བཟང་ངན་ཐག་གི་ཉེ་རིང་རེད།།

Rgyu skar nyer brgyad nang gi nyi zla gsal

Gzi vod bzang ngan thag gi nye ring ted

安多藏语甘南牧区方言谚语。流行于以大夏河、黄河、洮河流域为主的甘南地区。以日月的光明暗示了道理：有智有才有德的人，他们心量宽宏、胸襟开阔、光明磊落。外表看来不异于众人，而在平凡之中却蕴藏着不同于众人的思想境界和胸怀，他们谦虚圆融，正所谓“大智若愚，大巧若拙”。罗赛搜集、整理，索南龙珠汉译。今藏甘南藏族自治州政协原副主席罗赛处。

（华锐·东智）

无故判罪难承受，大河挡路难渡过

གྱོད་བཙན་པོ་མགོར་བཞག་ན་འདུག་ཐབས་དཀོན།།

ཆུ་ཆེན་པོས་ལམ་བཀག་ན་འབུད་ཐབས་དཀོན།།

Gyod btsan po mgor bzhag na vdug thabs dkon

Chu chen pos lam bkag na vbud thabs dkon

安多藏语甘南牧区方言谚语。流行于以大夏河、黄河、白龙江、洮河流域为主的甘南地区。考虑到了民族和人民的利益，提出了人民最关心的问题。闪烁着鹤立鸡群、举止出俗的进步思想。谚语远襟睿略、真知灼见，对于历史和社会洞若观火、明察秋毫。罗赛搜集、整理，索南龙珠汉译。今藏甘南藏族自治州政协原副主席罗赛处。

（华锐·东智）

石上刻出不朽的字，真理之像将永存

འགྱུར་བ་མེད་པའི་རྡོ་ལ་ཡི་གེ་བརྐོས།།

བདེན་པའི་རྟགས་ལ་འབྱུང་བཞི་ཁམས་ན་གནས།།

Vgyur ba med pavi rdo la yi ge brkos

Bden pavi rtags la vbyung bzhi khams na gnas

安多藏语甘南牧区方言谚语。流行于以大夏河、黄河、洮河流域为主的甘南地区。从藏族传统文化的角度出发，一方面高度赞美了藏族石刻文化的魅力，另一方面又热情歌颂了学识渊博、智慧超群、德高望重、人人敬仰高僧大德的高尚品德。罗赛搜集、整理，索南龙珠汉译。今藏甘南藏族自治州政协原副主席罗赛处。

（华锐·东智）

不说欺人言，不担无辜罪

གླེང་ཕར་ལ་མི་འགལ་བདེན་པའི་ཚིག །
གྱོད་ཚུར་འགལ་མི་བསྐྱུར་ནན་མོའི་གཏམ།།

Gleng phar la mi vgal bden pavi tshig
Gyod tshur vgal mi bskyur nan movi gtam

安多藏语甘南牧区方言谚语。流行于以大夏河、黄河、洮河流域为主的甘南地区。愚者缺少智慧，不能辨别取舍善恶，而且自私自利的心很重。所以从愚者口里吐出的诳语很难说对谁有利、对谁有害。有可能利益自己而伤害他人；有可能自他双方都受伤害；也有可能只伤害到自己。相反，智者通过观察以智慧抉择后说出的语言就是真实不虚。罗赛搜集、整理，索南龙珠汉译。今藏甘南藏族自治州政协原副主席罗赛处。（华锐·东智）

衣无领不成衣，话无根是谎言

གོས་གོང་བ་མེད་ན་བཟོ་འཕྲོ།། གཏམ་ཕུགས་སོ་མེད་ན་རྫུན་གཏམ།།

gos gong ba med na bzo vphro gtam
phugs so mid na rdzn gtam

安多藏语甘南牧区方言谚语。流行于以大夏河、黄河、洮河流域为主的甘南地区。愚者浅慧少学，不明因果，不辨善恶，往往黑白颠倒，对善事不愿做，对善知识不恭敬、不依止；对恶事笑脸相迎，做亦无悔。对待恶人则是一拍即合，亲上加亲，到头来是非难辨，罪业递增，只会变得更蠢、更恶。罗赛搜集、整理，索南龙珠汉译。今藏甘南藏族自治州政协原副主席罗赛处。

（华锐·东智）

走到不愿走的死亡之门，见到不愿见的阎王爷

འགྲོ་མི་དགོས་དམྱལ་བའི་སྒོ་ཁར་སོང་།།
ཐུག་མི་དགོས་གཤིན་རྗེ་རྒྱལ་བོར་ཐུག །

Vgro mi dgos dmyal bavi sgo khar song
Thug mi dgos gshin rje rgyal bor thug

安多藏语甘南牧区方言谚语。流行于以大夏河、黄河、洮河流域为主的甘南地区。人生在世终有一死，但死的方式、死缘及死的时间却不定。今生今世虽然长期与人共同享受安乐，一旦到了离别的时候极其痛苦。人总会不由自主地死亡，如果执着此生是恒常不灭的本性，那他真正是在毁灭自己。罗赛搜集、整理，索南龙珠汉译。今藏甘南藏族自治州政协原副主席罗赛处。

（华锐·东智）

不辨事理之人，难以调解纠纷

གྱོད་གཞིའི་བདེན་རྫུན་དབྱེ་བ་འགར་མི་ལ།།
རྒྱུ་འབྲས་བརྩི་བའི་གཟུ་བ་མེད་ན་དཀའ།།

Gyod gzhivi bden rdzun dbye ba vgar mi la
Rgyu vbras brtsi bavi gzu ba med na dkav

安多藏语甘南牧区方言谚语。流行于以大夏河、黄河、洮河流域为主的甘南地区。凡事无因无缘是不可能发生的，因和果都有贤劣之分，若未详加观察妄下结论，稍不悦意便起嗔恨心，以致做出丧失理智的行为，最终害他且伤己。因为他们这些人本身没有辨别取舍的能力，即便遇到一些小麻烦也是纠缠不清，又怎能善决大是大非呢？罗赛搜集、整理，索南龙珠汉译。今藏甘南藏族自治州政协原副主席罗赛处。

（华锐·东智）

待客不热情之地，主妇面色冷清

མགྲོན་རྩིས་མེད་པའི་ས་ཆ་དེའི།། བདག་མོ་ཁ་འཁྱག་ངོ་འཁྱག་སྣང་།།

Mgron rtsis med pavi sa cha devi
Bdag mo kha vkhyag ngo vkhyag snang

安多藏语甘南牧区方言谚语。流行于以大夏河、黄河、白龙江、洮河流域为主的甘南地区。愚者只会记住他对别人的付出，而自己落难时得到的大恩小惠，皆抛于脑后。不知恩且不说，即便知恩也不知回报，更有甚者恩将仇报，即是“过河拆桥，上楼撤梯”之人。就像农夫和蛇的故事一样，农夫救活了冻僵的毒蛇，最后反被蛇咬而中毒身亡。罗赛搜集、整理，索南龙珠汉译。今藏甘南藏族自治州政协原副主席罗赛处。

（华锐·东智）

低头道歉，设宴款待

མགོ་པང་དུ་བཞག་ནས་འཛུལ་ནི།། ཤ་མདུན་དུ་བཞག་ནས་མགྲོན་ནི།།

Mgo pang du bzhag nas vdzul ni
Sha mdun du bzhag nas mgron ni

安多藏语甘南牧区方言谚语。流行于以大夏

河、黄河、洮河流域为主的甘南地区。藏民族素以热情好客、真挚纯朴而著称于世，他们一贯主张对人要真诚相待。谚语体现了藏族人民真挚好客、淳朴善良的高尚品德，深刻阐明了“做人要厚道”的道理。罗赛搜集、整理，索南龙珠汉译。今藏甘南藏族自治州政协原副主席罗赛处。

（华锐·东智）

有刀要配好鞘，有马要立稳桩

གྲི་ཡོད་ན་གྲི་ཤུབས་ཡག་དགོས།། རྟ་ཡོད་ན་འདོག་ཕུར་སྲ་དགོས།།

Gri yod na gri shubs yag dgos

Rta yod na vdog phur sra dgos

安多藏语甘南牧区方言谚语。流行于以大夏河、黄河、洮河流域为主的甘南地区。教导人们不要好高骛远，注重从小事做起，深刻阐明了“志存高远，脚踏实地”“一屋不扫何以扫天下”“勿以善小而不为，勿以恶小而为之”和“千里之行始于足下”的真谛。罗赛搜集、整理，索南龙珠汉译。今藏甘南藏族自治州政协原副主席罗赛处。

（华锐·东智）

富足小城之中，贪官无法无天

རྒྱ་གྲོང་ཁྲ་མོའི་བཞི་དཀྱིལ་དུ།། ཁྲིམས་མེད་དཔོན་པོ་འཁོར་རོ་རོ།།

Rgya grong khra movi bzhi dkyil du

Khrims med dpon po vkhor ro ro

安多藏语甘南牧区方言谚语。流行于以大夏河、黄河、白龙江、洮河流域为主的甘南地区。认为大凡为政守法不失，为政之道重在富民，洁身自好、清正廉明，君王为政务在举贤等，从一个侧面阐述了藏族文化中的从政观念。谚语中所蕴含对立统一的辩证思想，闪烁着哲学智慧的光芒。罗赛搜集、整理，索南龙珠汉译。今藏甘南藏族自治州政协原副主席罗赛处。（华锐·东智）

国家司法不公，百姓受尽苦难

རྒྱལ་པོའི་ཁྲིམས་ལ་དྲང་བདེན་མེད་ན།།

ཉམ་ཆུང་འབངས་མིར་སྐྱོན་མེད་སྐྱོན་དཀྲིས།།

Rgyal povi khrims la drang bden med na

Nyam chung vbangs mir skyon med skyon dkris

安多藏语甘南牧区方言谚语。流行于以大夏河、黄河、白龙江、洮河流域为主的甘南地区。普天之下虽然有很多国王，但真正能依靠法律治理国家的君主却极为稀少。如同天上的神仙虽然有很多，但却没有一个能比得上太阳和月亮的光明。俗话说：“没有规矩不成方圆。”为了百姓的安定，每一个国家都会建立一系列必要的法律制度。若任凭恶人恶事泛滥成灾，定将祸国殃民。罗赛搜集、整理，索南龙珠汉译。今藏甘南藏族自治州政协原副主席罗赛处。（华锐·东智）

没教养的夫妇爱炫耀，恶语伤人却哈哈笑

མགོ་མེད་བཟའ་བ་དགེ་དགེ་དགའ།། གཞན་ལ་གཏམ་ངན་ཧ་ཧ་ཟེར།།

mgo med bzav ba dge dge dgav

gzhan la gtam ngan ha ha zer

安多藏语甘南牧区方言谚语。流行于以大夏河、黄河、洮河流域为主的甘南地区。智者能够对事物进行观察、独立思维，愚者却总是随声附和。能够独立思考，并以理智抉择事物的人，一言一行稳重严谨，不论何事，都会首先通盘考虑清楚后才做决定。即便附和他人也是“择其善者而从之，其不善者而改之”，而愚者做事盲目，说话没有准谱，听风就是雨，指鹿为马亦点头。罗赛搜集、整理，索南龙珠汉译。今藏甘南藏族自治州政协原副主席罗赛处。（华锐·东智）

遇事要远见，遇险要智谋

གལ་ལ་ཐུག་དུས་མིག་རྒྱང་རིང་དགོས།།

གནད་ལ་འཕྲད་དུས་ཐབས་ཤེས་མང་དགོས།།

Gal la thug dus mig rgyang ring dgos

Gnad la vphrad dus thabs shes mang dgos

安多藏语甘南牧区方言谚语。流行于以大夏河、黄河、洮河流域为主的甘南地区。具足智慧的人无论做什么事，都要观察自己的福德而行动。做任何事情都需要观察研究，如云“智者自己能观察，愚者总是随他行”，又云“智者事前先观察，愚者事后再观察”。罗赛搜集、整理，索南龙珠汉译。今藏甘南藏族自治州政协原副主席罗赛处。

（华锐·东智）

与同路者要友好，与同吃者要分享

འགྲོ་རོགས་འདུག་རོགས་ལ་མཐུན་དགོས།།
ཟ་རོགས་འཐུང་རོགས་ལ་སྟེར་དགོས།།

Vgro rogs vdug rogs la mthun dgos

Za rogs vthung rogs la ster dgos

安多藏语甘南牧区方言谚语。流行于以大夏河、黄河、洮河流域为主的甘南地区。任何人若不知道回报恩德，那么这个人首先已经是在害自己了，如同修炼害人的咒术，在损害别人之前就会先伤害自己。知恩报恩是做人的基本美德，世法与佛法皆尤为提倡，并反复强调。罗赛搜集、整理，索南龙珠汉译。今藏甘南藏族自治州政协原副主席罗赛处。（华锐·东智）

议事如大河倾泻，断事如砸碎核桃

གྲོས་མགོ་ཆུ་ཆེན་འབབ་འབབ།། གྲོས་ཐག་སྟར་ག་གཅོག་གཅོག །

gros mgo chu chen vbab vbab

gros thag star ga gcog gcog

安多藏语甘南牧区方言谚语。流行于以大夏河、黄河、白龙江、洮河流域为主的甘南地区。谚语强调了果断、智慧的重要性。如果知己知彼，足智多谋，通权达变，视时而动，就可以以少击多，出奇制胜；如果不知彼不知己，不了解敌我悬殊，有勇无谋，外强中干，貌以强大，内实愚蠢。那么，战则不胜，守则不固，攻则不克，终致灭亡。罗赛搜集、整理，索南龙珠汉译。今藏甘南藏族自治州政协原副主席罗赛处。

（华锐·东智）

大事先议，小事后做

གྲོས་རྒན་མགོ་ནས་ཐོན།། གྲོས་མཐའ་འདབས་ན་བསྒྲིལ།།

gros rgan mgo nas thon gros mthav vdabs na bsgril

安多藏语甘南牧区方言谚语。流行于以大夏河、黄河、洮河流域为主的甘南地区。真正有智慧的人，在行事之前总会仔细观察并抉择方案和途径。如果事先没有以智慧来观察，就算运气十足，无意当中办成了一些事情，人们也不会把他当作智者。如果是做了手脚拉他人垫背给自己脸上贴金而欺世盗名，则太过卑劣无耻了。罗赛搜集、整理，索南龙珠汉译。今藏甘南藏族自治州政协原副主席罗赛处。（华锐·东智）

客人心情好，主人乐呵呵

མགྲོན་པོའི་སེམས་ཁ་བདེ་ཕྱམ་ཕྱམ།།
མགྲོན་བདག་གནས་ཚང་དགའ་ལྷང་ལྷང་།།

Mgron povi sems kha bde phyam phyam

Mgron bdag gnas tshang dgav lhang lhang

安多藏语甘南牧区方言谚语。流行于以大夏河、黄河、洮河流域为主的甘南地区。藏民族素以热情好客、真挚纯朴而著称于世，他们一贯主张对人要真诚相待，反对以利相交。谚语充分体现了藏族人民真挚好客的优良品德，生动地刻画了藏民族纯朴善良、团结和睦的传统美德。罗赛搜集、整理，索南龙珠汉译。今藏甘南藏族自治州政协原副主席罗赛处。（华锐·东智）

拿太阳性命者，非日食莫属

དགུང་ཨ་སྔོན་ཉི་ཟླའི་སྲོག་ལེན་ལ།། གཟའ་ཁྲ་རྒོད་མིན་པ་སུ་ཡང་མེད།།

Dgung a sngon nyi zlavi srog len la

Gzav khra rgod min pa su yang med

安多藏语甘南牧区方言谚语。流行于以大夏河、黄河、洮河流域为主的甘南地区。古人言："精诚所至，金石为开。"不管做什么事情，若能坚定信念，具足勇往直前、百折不挠的精神，那么在遭受权势高强或巨大神力之人的危害时也能化险为夷，甚至将其制伏。罗赛搜集、整理，索南龙珠汉译。今藏甘南藏族自治州政协原副主席罗赛处。（华锐·东智）

有谋如日亮，无谋如夜漆

གྲོས་ཡོད་ཉི་མ་ཤར་ཤར།། གཏམ་མེད་མུན་པ་འཁྲིགས་འཁྲིགས།།

Gros yod nyi ma shar shar

Gtam med mun pa vkhrigs vkhrigs

安多藏语甘南牧区方言谚语。流行于以大夏河、黄河、洮河流域为主的甘南地区。愚者大多安于闲散放逸的生活，碌碌无为。谚语强调了学习知识的重要性，认为只有通过学习才能造就完美的人生，它就像一艘帆船，带领人们从狭隘的地方驰向无限广阔的生活海洋。罗赛搜集、整理，索南龙珠汉译。今藏甘南藏族自治州政协原副主

席罗赛处。 （华锐·东智）

小舟难渡大海

རྒྱ་མཚོའི་ཆུ་ཡི་ཕ་མཐའ་ལ།། གྲུ་ཆུང་སྐྱ་བས་འཁྱོལ་ས་མེད།།

Rgya mtshovi chu yi pha mthav la

Gru chung skya bas vkhyol sa med

安多藏语甘南牧区方言谚语。流行于以大夏河、黄河、白龙江、洮河流域为主的甘南地区。滔滔江河始于涓流，点点滴滴的雨水都会汇入江河，最终归入大海。“大海即是江河库，是故百川流大海”，智者即如大海一般博大精深，蕴藏着丰富的学识，而且求取无厌；而愚者就像小舟，无法渡过这智慧和无边的海洋。罗赛搜集、整理，索南龙珠汉译。今藏甘南藏族自治州政协原副主席罗赛处。 （华锐·东智）

调解是非事，难找公正人

གྱོད་དང་ཁ་མཆུ་བསྡུབ་པ་ལ།། ནོར་མེད་འཕྱུག་མེད་གཟུ་ཐབས་དཀོན།།

Gyod dang kha mchu bsdub pa la

Nor med vphyug med gzu thabs dkon

安多藏语甘南牧区方言谚语。流行于以大夏河、黄河、洮河流域为主的甘南地区。智者在办理事务时，无论什么样的问题都要通过周密的观察和思考后才能实行，不可听信奸人片面之词。他人认为好的，不一定是好的；他人认为是恶的也不一定是恶的。若依靠某种关系，不观察、仅以他人的谣言而将自己身边的人才或良友舍弃，这样不可能调节是非。罗赛搜集、整理，索南龙珠汉译。今藏甘南藏族自治州政协原副主席罗赛处。

（华锐·东智）

头盔不坚，难近敌城

མགོ་རྨོག་དཀར་བྱང་ཤ་མ་མཐུག་ན།།
རྫོང་བཙན་པོའི་འགྲམ་ལ་འགྲོ་བ་མིན།།

Mgo rmog dkar byang sha ma mthug na

Rdzong btsan povi vgram la vgro ba min

安多藏语甘南牧区方言谚语。流行于以大夏河、黄河、洮河流域为主的甘南地区。智者即便身处逆境，屡遭挫折，仍不屈不挠，以智慧力使自己变得更加顽强，不但没有倒下，而且能以超凡的力量办成事情。犹如兽王雄狮，在饥饿难忍时也能迅速撕裂大象的脑袋。谚语以坚强不屈的特征恰当比喻智者所拥有的殊胜品质。罗赛搜集、整理，索南龙珠汉译。今藏甘南藏族自治州政协原副主席罗赛处。 （华锐·东智）

娶妻要看品德，选马要看血统

མགོ་ནག་མི་ལ་མ་རུས་ཞང་བཟང་འདེམས།།
འདོ་རིགས་རྟ་ཕོར་ཕ་རུས་དཔྱད།།

Mgo nag mi la ma rus zhang bzang vdems

Vdo rigs rta phor pha rus dpyad

安多藏语甘南牧区方言谚语。流行于以大夏河、黄河、洮河流域为主的甘南地区。高贵的种姓虽令人羡慕，但却需要学问、智慧以及高尚的行为护持，否则世事无常。内心具足善良忠厚的品质和广大深远的智慧，即使外在一般或甚为丑陋的人也会受到世人的尊崇。罗赛搜集、整理，索南龙珠汉译。今藏甘南藏族自治州政协原副主席罗赛处。 （华锐·东智）

冬无皮袄打颤抖，夏无雨衣打颤抖

དགུན་སློག་པ་མེད་ལ་ཨ་ཤུ་ཤུ།། དབྱར་ཆར་ལྭ་མེད་ལ་དངངས་ཤ་ཤ།།

Dgun slog pa med la a shu shu

Dbyar char lwa med la dngangs sha sha

安多藏语甘南牧区方言谚语。流行于以大夏河、黄河、洮河流域为主的甘南地区。俗话说：“贫有贫苦，富有富苦，世间诸人皆是苦。”言下之意，无论富贵与贫贱，若人没有进取和满足的心，就都会感受因贫穷或得不到幸福而痛苦。罗赛搜集、整理，索南龙珠汉译。今藏甘南藏族自治州政协原副主席罗赛处。 （华锐·东智）

敲锣要聚僧诵经，没学问的僧人难堪

དགོན་ཚོགས་བརྡའི་འཁར་རྔ་སང་སང་།།
བན་ཆོས་མེད་གྲལ་འདབས་ཀུམ་ཀུམ།།

Dgon tsgogs brdavi vkhar rnga sang sang

Ban chos med gral vdabs kum kum

安多藏语甘南牧区方言谚语。流行于以大夏河、黄河、洮河流域为主的甘南地区。智慧是人类精神领域中的瑰宝，缺乏智慧的灵魂是僵死的

灵魂，但若以学问来加以充实，它就能恢复生机，犹如雨水浇灌的土地。谚语充分说明学习的重要性，并且告诫人们要勤奋学习的美德。罗赛搜集、整理，索南龙珠汉译。今藏甘南藏族自治州政协原副主席罗赛处。（华锐·东智）

阳光会照遍山川，不见光之家是自过

དགུང་ཉི་མ་ལ་ཤར་ལུང་ཤར།། ཁྱིམ་ལ་ལ་མ་ཤར་རང་སྐྱོན།།

Dgung nyi ma la shar lung shar

Khyim la la ma shar rang skyon

安多藏语甘南牧区方言谚语。流行于以大夏河、黄河、洮河流域为主的甘南地区。“愚者懒惰不学习，蒙时只为贪安逸，务农经商两不通，十有九家都受穷。”谚语批评了在生活和学业上只图安逸、不求上进、虚度年华、不肯吃苦的愚者的懒惰行为，把智者和愚者这两类截然不同的人物形象刻画得栩栩如生。罗赛搜集、整理，索南龙珠汉译。今藏甘南藏族自治州政协原副主席罗赛处。（华锐·东智）

谕旨难对狗，不如用木棒

གོ་བ་མེད་པའི་ཁྱི་རྒན་ལ།། རྒྱལ་པོའི་བཀའ་ལས་དབྱུག་པ་བཙན།།

Go ba med pavi khyi rgan la

Rgyal povi bkav las dbyug pa btsan

安多藏语甘南牧区方言谚语。流行于以大夏河、黄河、洮河流域为主的甘南地区。若想成就事业不仅需要智慧，而且需要胆量和勇气。所谓“大智大勇”或“智勇双全”都是对仁人志士和高僧大德的褒奖之词。而愚者缺乏勇气，胆小如鼠，见事就躲、见难就逃，无缘无故地会觉得恐慌而萎靡不振，这样的人做任何事都不会成功。罗赛搜集、整理，索南龙珠汉译。今藏甘南藏族自治州政协原副主席罗赛处。（华锐·东智）

是雪狮要银髻，是林狮要胡须

གངས་སེང་ཡིན་ན་གཡུ་རལ་དགོས།། འདམ་སེང་ཡིན་ན་སྨ་ར་དགོས།།

Gangs seng yin na gyu ral dgos

Vdam seng yin na sma ra dgos

安多藏语甘南牧区方言谚语。流行于以大夏河、黄河、洮河流域为主的甘南地区。大海身居低位，所有山川湖泊、大江小河的水都会自然而然地向它流去，但始终不嫌多余；而学者堪称知识的宝库，即便是学富五车、才高八斗，也会虚心精进地吸取其他知识。谚语深刻阐明了“是英雄就要显出英雄本色”的道理。罗赛搜集、整理，索南龙珠汉译。今藏甘南藏族自治州政协原副主席罗赛处。（华锐·东智）

如雄鹰般飞翔的时候，需要坚硬的翅膀

རྒོད་པོ་བཞིན་དུ་འཕུར་ཉིན་ལ།། གནམ་འཕང་བསྟོད་པའི་གཤོག་པ་མཁོ།།

Rgod po bzhin du vphur nyin la

Gnam vphang bstod pavi gshog pa mkho

安多藏语甘南牧区方言谚语。流行于以大夏河、黄河、洮河流域为主的甘南地区。聪明的人精勤学习所有知识，练就一身强健的本领，依靠学问和本领通晓一切世间事。愚者虽然见多识广，但未能精通其中一门，即如满天的星光却不能照明一样，忙碌于平凡琐事，贪求名利，却又不明事理，往往以失败而告终。罗赛搜集、整理，索南龙珠汉译。今藏甘南藏族自治州政协原副主席罗赛处。（华锐·东智）

时诚时狡的人，难进朋友圈

གྲོགས་པོ་ཕྱེད་དྲང་ཕྱེད་རྫུན་གང་།། གྲོགས་པོའི་གྲས་སུ་ཆུད་ཐབས་དཀའ།།

Grogs po phyed drang phyed rdzun gang

Grogs povi gras su chud thabs dkav

安多藏语甘南牧区方言谚语。流行于以大夏河、黄河、白龙江、洮河流域为主的甘南地区。经常挑拨离间、搞分裂的人，甚至最亲密的好友也会离他而去。如同河水长时冲刷的地方，再坚硬的岩石也会出现裂缝。喜欢搞分裂、挑拨离间、搬弄是非的人结果无益于己，反害自他。罗赛搜集、整理，索南龙珠汉译。今藏甘南藏族自治州政协原副主席罗赛处。（华锐·东智）

做客之日，自备穿戴

མགྲོན་ཕར་འགྲོ་དུས་ཀྱི་ཉི་མ་དེར།།

ལུས་ཞྭ་གོས་ལྷམ་གསུམ་རང་འཛོམས་དགོས།།

Mgeon phar vgro dus kyi nyi ma der

Lus zhwa gos lham gsum rang vdzoms dgos

安多藏语甘南牧区方言谚语。流行于以大夏

河、黄河、洮河流域为主的甘南地区。俗言：“人要衣装，佛要金装。”不同身份、地位、学问的人皆应有相宜的装束，服饰不在于华美，朴素大方也是一种自然的美，大多数人对衣着的要求即是穿戴整齐而洁净。谚语赞美了劳动，歌颂了勤俭，并赞美了劳动人民最本质的品德。罗赛搜集、整理，索南龙珠汉译。今藏甘南藏族自治州政协原副主席罗赛处。

（华锐·东智）

大寺活佛扬名气，不具加持比僧差

དགོན་ཆེན་བླ་མ་རྒྱང་གྲགས་ཆེ།། བྱིན་རླབས་མེད་ན་གྲྭ་རྐྱང་འདྲ།།

Dgon chen bla ma rgyang grags che

Byin rlabs med na grwa rkyang vdra

安多藏语甘南牧区方言谚语。流行于以大夏河、黄河、洮河流域为主的甘南地区。既然有智慧和毅力去精通一切佛法善说，就更应该循此真理励力实行。有智慧的人虽然一看就能完全精通，但关键还在于学者能否付诸行动。若不行持，仅读诵一遍，或深或浅地理解了其中道理又有什么用处呢？罗赛搜集、整理，索南龙珠汉译。今藏甘南藏族自治州政协原副主席罗赛处。

（华锐·东智）

太阳是众生的恩人，知不知恩在于己

དགུང་ཉི་མ་ཀུན་གྱི་ཉི་མ་རེད།། དྲིན་ཤེས་མི་ཡོད་མེད་རང་རང་རེད།།

Dgung nyi ma kun gyi nyi ma red

Drin shes mi yod med rang rang red

安多藏语甘南牧区方言谚语。流行于以大夏河、黄河、白龙江、洮河流域为主的甘南地区。任何人若不知道回报恩德，那么这个人首先已经是在害自己了，如同修炼害人的咒术，在损害别人之前就会先伤害自己。知恩报恩是做人的基本美德，世法与佛法皆尤为提倡。罗赛搜集、整理，索南龙珠汉译。今藏甘南藏族自治州政协原副主席罗赛处。

（华锐·东智）

朋友骗了朋友，脸上还带微笑

གྲོགས་པོས་གྲོགས་པོ་བསླུ་བ་ནི།།

དགོད་བཞིན་དགོད་བཞིན་བསླུས་ནས་བརླགས།།

Grogs pos grogs po bslu ba ni

Dgod bzhin dgod bzhin bslus nas brlags

安多藏语甘南牧区方言谚语。流行于以大夏河、黄河、白龙江、洮河流域为主的甘南地区。聪明本是件好事，而小聪明往往没有好结果，因为全身心地投入尔虞我诈、钩心斗角，实际上却是愚笨至极的做法。小聪明常常是“聪明反被聪明误”或是被称作“老奸巨猾”的劣慧，此等聪明即是堕落之因。罗赛搜集、整理，索南龙珠汉译。今藏甘南藏族自治州政协原副主席罗赛处。

（华锐·东智）

曲曲直直磕三头，身心罪孽自会消

དགྱེ་དགྱེ་སྒུར་སྒུར་ཕྱག་གསུམ་ཚལ།། ལུས་སྡིག་སྒྲིབ་ཆེ་ལོས་དག་བསམས།།

Dgye dgye sgur sgur phyag gsum tshal

Lus sdig sgrib che los dag bsams

安多藏语甘南牧区方言谚语。流行于以大夏河、黄河、洮河流域为主的甘南地区。作为一个佛陀的追随者，势必广闻佛陀的经典之说，否则仅以凡夫的分别智慧根本修不成真实的善法。善是一切幸福喜乐之源泉，只要依随佛的教言，稍做努力便能具足一颗真实的善心。谚语体现出了博大精深、源远流长的佛教思想文化。罗赛搜集、整理，索南龙珠汉译。今藏甘南藏族自治州政协原副主席罗赛处。

（华锐·东智）

所做若没有目的，所说则全为空话

གང་བྱས་སྟོན་རྒྱུ་མ་བྱུང་ན།། དེ་བྱས་ཟེར་བ་སྟོང་གཏམ་ཡིན།།

Gang byas ston rgyu ma byungna

De byas zer ba stong gtam yin

安多藏语甘南牧区方言谚语。流行于以大夏河、黄河、洮河流域为主的甘南地区。谚语告诫人们要明辨智、愚：“智者具备一切功德，愚者只有缺点毛病；请看宝贝满足众望，毒蛇却生一切罪行。”总体上把智者和愚者分辨开来，从根本上划分了对智者和愚者的界限。教诲人们要亲近和敬仰智者，远离和扬弃愚者。罗赛搜集、整理，

索南龙珠汉译。今藏甘南藏族自治州政协原副主席罗赛处。 （华锐·东智）

富家招小偷，美食招厉鬼

རྒྱུ་ནོམ་ཆེན་ཅན་ལ་རྐུན་མ་འཁོར།།
ཟས་ཞིམ་མངར་ཅན་ལ་འགོང་བོ་འཁོར།།

Rgyu nom chen can la rkun ma vkhor

Zas zhim mngar can la vgong bo vkhor

安多藏语甘南牧区方言谚语。流行于以大夏河、黄河、洮河流域为主的甘南地区。谚语通过生活中常见的现象，揭示了道理：众生以各自业缘流转生死，富贵与贫穷、尊贵与卑贱等都是各自善恶业所致。决定一个人今生兴衰成败的关键是业缘，也即世人常说的命运。同时也阐明了“话大招祸，树大招风”的道理。罗赛搜集、整理，索南龙珠汉译。今藏甘南藏族自治州政协原副主席罗赛处。 （华锐·东智）

富人招凶险，泼妇招是非

རྒྱུ་ནོམ་པ་ཅན་ལ་བཙན་པོ་འཁོར།། སྨན་བྱེད་སྤྱོད་ཅན་ལ་ཁ་མཆུ་འཁོར།།

Rgyu nom pa can la btsan po vkhor

Sman byed spyod can la kha mchu vkhor

安多藏语甘南牧区方言谚语。流行于以大夏河、黄河、洮河流域为主的甘南地区。世间万事万物都具有复杂性和多变性，好比是良药，吃的多了有可能变成毒素，而真正的毒物认清其特性以后可以把它转变成良药。阐明了“话大招祸，树大招风”的道理。罗赛搜集、整理，索南龙珠汉译。今藏甘南藏族自治州政协原副主席罗赛处。 （华锐·东智）

官场执法不公，败类贪赃枉法

གོང་དཔོན་པོས་ཁྲིམས་སྲིད་མི་ནོན་དོན།།
ཁྲིམས་ཡོ་གཟུར་ལྐོག་རྔན་ཟོས་པས་ལན།།

Gong dpon pos khrims srid mi non don

Khrims yo gzur lkog rngan zos pas lan

安多藏语甘南牧区方言谚语。流行于以大夏河、黄河、白龙江、洮河流域为主的甘南地区。良臣在位，尊之荣之；奸恶篡位，鸣鼓而攻。谚语认为君主和官吏的好坏，直接取决于其执法是否公平。一针见血地点明了人们心目中所希望的领导标准，而且反映出如果良臣贤能带领，可创造幸福的强烈愿望。罗赛搜集、整理，索南龙珠汉译。今藏甘南藏族自治州政协原副主席罗赛处。 （华锐·东智）

脚抬得太高，腚自会碰石

དགྱེས་དགྱེས་རྐང་བ་དགྱེས་ན།། རྡུང་རྡུང་ཨོང་ཤ་བརྡུང་དཔེ།།

Dgyes dgyes rkang ba dgyes na

Rdung rdung aong sha brdung dpe

安多藏语甘南牧区方言谚语。流行于以大夏河、黄河、白龙江、洮河流域为主的甘南地区。谚语注意观察现实生活，抓住生活中的细节特点，极力批判了在学习上骄傲自大、华而不实、脆而不坚愚者的虚伪本性。讲明了“虚心使人进步，骄傲使人落后”的道理，忠告人们要扎扎实实地学习知识，绝不能自欺欺人。罗赛搜集、整理，索南龙珠汉译。今藏甘南藏族自治州政协原副主席罗赛处。 （华锐·东智）

凭依某人为尊，其前定有成就

གང་ལ་བསྟེན་པ་གཙོ་བྱས་ན།། དེ་ཡི་མདུན་ན་ཐུབ་ཆེན་བཞུགས།།

Gang la bsten pa gtso byas na

De yi mdun na thub chen bzhugs

安多藏语甘南牧区方言谚语。流行于以大夏河、黄河、洮河流域为主的甘南地区。如果世间人都将自己当作正量的标准，那么就应该推崇研究善妙的论著，且对症下药精勤地修行。若了知并精通一切世间事，那么此就能修成一切正法，因此，凡是行持正法之人所奉行的就是善规，这样最终会功成名就、流芳后世。罗赛搜集、整理，索南龙珠汉译。今藏甘南藏族自治州政协原副主席罗赛处。 （华锐·东智）

修行的禅师坐山洞，急需的功力自己知

སྒོམ་སྔགས་པ་བཞུགས་ནས་ལུང་ལ་བསྒྱངས།།
དོན་དངོས་གྲུབ་ཅི་དགོས་སྔགས་པས་ཤེས།།

Sgom sngags pa bzhugs nas lung la bsgyangs

Don dngos grub ci dgos sngags pas shes

安多藏语甘南牧区方言谚语。流行于以大夏

河、黄河、洮河流域为主的甘南地区。佛法不离世间法，如果能了知一切世间诸事，在学佛修行的过程中定能遣除违缘，化解怨恨，处理任何事情都会得心应手。静心处世，以静制动，从容不迫，游刃有余。作为一个高僧大德，除了精通佛法以外，还应精通世间法，这样才能圆满地处理弘法利生事业中各类棘手的问题，以便善巧地引渡被三毒烦恼烧灼得头晕眼花的人。罗赛搜集、整理，索南龙珠汉译。今藏甘南藏族自治州政协原副主席罗赛处。

（华锐·东智）

有脸面的凭脸面，有钱财的凭钱财

ངོ་ཅན་གྱི་ངོ་ལ་བསྐུར། རྒྱུ་ཅན་གྱི་ནོམ་ལ་བསྐུར།

ngo can gyi ngo la bskur rgyu can gyi nom la bskur

安多藏语甘南牧区方言谚语。流行于以大夏河、黄河、洮河流域为主的甘南地区。谚语首先尖锐地揭露了愚者的那种欲壑难填、贪得无厌、自私自利的行径。告诫人们要培养高尚道德和健康情操。歌颂了智者不贪图享乐、不谋自己幸福，在金钱面前不动心的高尚品质，阐明了“富贵不能淫”的深刻哲理。罗赛搜集、整理，索南龙珠汉译。今藏甘南藏族自治州政协原副主席罗赛处。

（华锐·东智）

不是在重复恶语，而是在禀报要事

ངན་པས་ཚིག་འོར་བཤད་མིན། གལ་བོ་ཆེ་ལ་ཡར་ཞུས་ཡིན།

ngan pas tshig vor bshad min gal bo che la yar zhus yin

安多藏语甘南牧区方言谚语。流行于以大夏河、黄河、洮河流域为主的甘南地区。真正慈悲的伟人，不仅能以出世的智慧和各种善知识方便众人，同样也会以仁慈之心来仇视仇敌。因为冤冤相报无始无终，当以慈悲心修习忍辱，并以此来安抚化解彼此之间的矛盾，最后感化其心而制伏众多怨敌。罗赛搜集、整理，索南龙珠汉译。今藏甘南藏族自治州政协原副主席罗赛处。

（华锐·东智）

上午勤觅食，下午聚巢穴

སྔ་དྲོ་གཟན་ལ་འདུར། ཕྱི་དྲོ་ཚང་ལ་འདུར།

snga dro gzan la vdur phyi dro tshang la vdur

安多藏语甘南牧区方言谚语。流行于以大夏河、黄河、洮河流域为主的甘南地区。谚语从正面论述了学习、劳动之重要与艰难，勉励人们勤学不倦、坚持不懈的学习信心；只要勤俭持家、刻苦钻研，才能安居乐业。含蓄地阐明了“有志者，事竟成”的深邃道理。罗赛搜集、整理，索南龙珠汉译。今藏甘南藏族自治州政协原副主席罗赛处。

（华锐·东智）

劝恶人会冲脸，挡恶狗会伤腿

ངན་པ་བཀག་ན་ངོ་ལྡིང་། ཁྱི་ངན་བཟུང་ན་ཉྭ་འབྱར།

Ngan pa bkag na ngo lding

Khyi ngan bzung na nywa vbyar

安多藏语甘南牧区方言谚语。流行于以大夏河、黄河、洮河流域为主的甘南地区。谚语有力地驳斥了言行不一、好坏不分、忘恩负义、居心叵测、卑鄙无耻的恶者的肮脏心灵，把恶人的反复无常、不记恩德、恩将仇报的卑劣行为暴露在了光天化日之下。罗赛搜集、整理，索南龙珠汉译。今藏甘南藏族自治州政协原副主席罗赛处。

（华锐·东智）

不要惧官吏的势，不要涎富人的财

ངོ་ཆེན་གྱི་ངོ་ལ་མ་བཀུར། ཕྱུག་པོ་ཡི་རྒྱུ་ལ་མ་ཧམ།

ngo chen gyi ngo la ma bkur phyug

po yi rgyu la ma ham

安多藏语甘南牧区方言谚语。流行于以大夏河、黄河、洮河流域为主的甘南地区。谚语深刻阐明了道理：智者唯一重视的是真理，而愚者却对财产特别重视，追求、积攒钱财是愚者生存的唯一目的。说明了“人为财死，鸟为食亡”的道理。罗赛搜集、整理，索南龙珠汉译。今藏甘南藏族自治州政协原副主席罗赛处。

（华锐·东智）

当面叫绰号，抓角探力气

ངོ་བལྟས་ནས་མཚང་གི་བཟུང་། རའི་བཟུང་ནས་ཤེད་ལ་མྱངས།

Ngo bltas nas mtshang gi bzung

Rwavi bzung nas shed la myangs

安多藏语甘南牧区方言谚语。流行于以大夏河、黄河、洮河流域为主的甘南地区。贤良的人

即使遇到生命的危难，也根本不会舍弃他本有的善良本性，犹如真正的金子无论怎样烧炼砍割，也不会改变它金黄的本色。而有些人则恰恰相反，无论怎样善加劝导调教，他们的心难以转变向善，这样的人人格恶劣，难以成就。罗赛搜集、整理，索南龙珠汉译。今藏甘南藏族自治州政协原副主席罗赛处。

（华锐 · 东智）

看脸揪肉，抓尾拔毛

ངོ་ལ་བལྟས་ནས་བརླ་གཅིལ།། རྔ་མ་བཏོགས་ནས་ཚ་སྣ་བླངས།།

Ngo la bltas nas brla gcil

Rnga ma btogs nas tsha sna blangs

安多藏语甘南牧区方言谚语。流行于以大夏河、黄河、洮河流域为主的甘南地区。卑鄙小人虽然习惯于以嫉妒和嗔恨的态度对待高尚的人，而品德高尚者决不会对卑者发怒报复，而卑劣小人常善于使用各种伎俩来诬蔑陷害正直的人，说长论短，不容真理的存在。罗赛搜集、整理，索南龙珠汉译。今藏甘南藏族自治州政协原副主席罗赛处。

（华锐 · 东智）

恶人不死，燕麦不朽

ངན་པ་འཆི་རྒྱུ་མེད།། ཡུག་ནག་རུལ་རྒྱུ་མེད།།

ngan pa vchi rgyu med yug nag rul rgyu med

安多藏语甘南牧区方言谚语。流行于以大夏河、黄河、白龙江、洮河流域为主的甘南地区。谚语驳斥了言行不一、居心叵测、卑鄙无耻的恶人的丑恶嘴脸，把愚人的反复无常、不记恩德、恩将仇报的卑劣行为暴露在了光天化日之下。这类无情无义、不讲道德的伪君子与“狼难改吃人的本性”一脉相通。罗赛搜集、整理，索南龙珠汉译。今藏甘南藏族自治州政协原副主席罗赛处。

（华锐 · 东智）

不遇恶人，不思好人

ངན་པ་མ་རིག་ན།། བཟང་བོ་མི་དྲན།།

ngan pa ma rig na bzang bo mi dran

安多藏语甘南牧区方言谚语。流行于以大夏河、黄河、白龙江、洮河流域为主的甘南地区。大千世界美丑交错、好坏难辨，人与人之间的关系更是错综复杂，有时往往是恶者多而善者少。深刻阐明了“不知寒苦不知甜”和“先苦后甜”的深邃道理。罗赛搜集、整理，索南龙珠汉译。今藏甘南藏族自治州政协原副主席罗赛处。

（华锐 · 东智）

丑陋者被衣欺，懒散者被儿欺

ངན་པ་གོས་ཀྱིས་མནར།། རུལ་མ་བུ་ཡིས་མནར།།

ngan pa gos kyis mnar rul ma bu yis mnar

安多藏语甘南牧区方言谚语。流行于以大夏河、黄河、洮河流域为主的甘南地区。谚语从明理为智、迂腐为愚，智者高大、愚人渺小等方面论述藏民族的智愚观。通过对智者和愚人的论述，并非简单地谈论智者和愚人的智商或者他们处理事情的能力，而是通过所塑造的智者和愚人的不同形象来剖析人类社会生活中的各种矛盾和问题。罗赛搜集、整理，索南龙珠汉译。今藏甘南藏族自治州政协原副主席罗赛处。

（华锐 · 东智）

预知是智，后知是悔

སྔོན་ནས་དྲན་ན་བློ་རིག་ཡིན།། གཞུག་ནས་དྲན་ན་འགྱོད་པ་ཡིན།།

sngon nas dran na blo rig yon gzhug

nas dran na vgyod payon

安多藏语甘南牧区方言谚语。流行于以大夏河、黄河、洮河流域为主的甘南地区。谚语极力推崇知识渊博的学者和赞颂品德高尚的智者。把学习知识、热爱知识，提高文化素质，作为社会伦理道德的一个重要方面而加以提倡和赞美。提出尊敬学者、远离恶人、广采博纳、运用智慧、同心同德才能众志成城，团结友爱是智慧和力量的源泉。罗赛搜集、整理，索南龙珠汉译。今藏甘南藏族自治州政协原副主席罗赛处。

（华锐 · 东智）

倔强人一旦固执起来，如拳头给牛扎鼻眼

ངན་པའི་ཨུ་ཚུགས་བྱས་པ།། གཡག་སྣ་ཁུ་ཚུར་ཕུགས་འདྲ།།

ngan pavi au tshugs byas pa gyag sna

khu tshur phugs vdra

安多藏语甘南牧区方言谚语。流行于以大夏

河、黄河、洮河流域为主的甘南地区。谚语极力批判了愚者无知的行为，鼓励好人好事，抵制坏人坏事。教导人们彻底知晓何为荣、何为耻，废止陈规陋习，提倡新风新尚，使人们竞为好人，争做好事。罗赛搜集、整理，索南龙珠汉译。今藏甘南藏族自治州政协原副主席罗赛处。

（华锐·东智）

重劳动，轻吃喝

སྔ་བ་གསུམ་གྱི་སྡུན་མར་བརྒྱུགས།། ཟ་ས་འཐུང་ས་རྗེས་མར་བཞག །

Snga ba gsum gyi sdun mar brgyugs

Za sa vthung sa rjes mar bzhag

安多藏语甘南牧区方言谚语。流行于以大夏河、黄河、白龙江、洮河流域为主的甘南地区。人们向往美好的生活，相信通过自己辛勤的劳动，能换得幸福的生活。谚语赞美了劳动，歌颂了勤俭，并歌颂了劳动人民最本质的品德，同时也揭示了“劳动创造一切”的真理。罗赛搜集、整理，索南龙珠汉译。今藏甘南藏族自治州政协原副主席罗赛处。

（华锐·东智）

穿着僧衣坐经堂，袈裟之下使毒箭

ངུར་སྨྲིག་གྱོན་ནས་གྲལ་མགོར་བཞུགས།།

ཆོས་གོས་ཞབས་ནས་དུག་མདའ་འཕེན།།

Ngur smrig gyon nas gralmgor bzhugs

Chos gos zhabs nas dug mdav vphen

安多藏语甘南牧区方言谚语。流行于以大夏河、黄河、洮河流域为主的甘南地区。驳斥了言行不一、口是心非、居心叵测、善于伪装奸诈者的丑恶嘴脸，深刻揭示了为人处世要表里如一、以礼相待的道理。罗赛搜集、整理，索南龙珠汉译。今藏甘南藏族自治州政协原副主席罗赛处。

（华锐·东智）

白银换来终生伴，无缘却酿杀身祸

དངུལ་དཀར་པོ་བྱིན་ནས་ཆུང་མ་ཉོས།།

ལས་མ་མཐུན་སྲོག་གི་གཤེད་མའི་ལོག །

Dngul dkar po byin nas chung ma nyos

Las ma mthun srog gi gshed mavi log

安多藏语甘南牧区方言谚语。流行于以大夏河、黄河、洮河流域为主的甘南地区。人生一世，悲喜难料，谚语针对这样的现实，强调人与人之间的关系一定要和睦相处、紧密团结、亲如一家、和蔼相待。提醒人们要发扬“先天下之忧而忧，后天下之乐而乐”的高尚品质。罗赛搜集、整理，索南龙珠汉译。今藏甘南藏族自治州政协原副主席罗赛处。

（华锐·东智）

前顾壕沟，后顾滚石

སྔ་སོའི་འོབས་ལ་ལྟོས།། ཕྱི་སོའི་རྦབ་རྡོ་འཛེམས།།

sngа sovi vobs la ltos phyi sovi rbab rdo vdzems

安多藏语甘南牧区方言谚语。流行于以大夏河、黄河、白龙江、洮河流域为主的甘南地区。谚语高度赞美了智者的伟大：智者以其广博的学问能瞻前顾后，战胜一切困难，又以深邃的智慧以及诸多功德而被尊为人上人，名望和在人们心中的地位也是异于常人。罗赛搜集、整理，索南龙珠汉译。今藏甘南藏族自治州政协原副主席罗赛处。

（华锐·东智）

祖辈名气大，子嗣难瞑目

སྔུན་མ་སྐྱེས་ཆེ་ན།། ཕྱི་མ་འཆི་མི་ཐུབ།།

Sngun ma skyes che na phyi ma vchi mi thub

安多藏语甘南牧区方言谚语。流行于以大夏河、黄河、洮河流域为主的甘南地区。天外有天，一山更比一山高，有了一点成绩不值得骄傲，应谦虚、谨慎，争取更上一层楼，应以“有则改之，无则加勉”的态度来对待。如果自己真有那样的过失，就应感谢他人的指点，努力改正，引以为戒。罗赛搜集、整理，索南龙珠汉译。今藏甘南藏族自治州政协原副主席罗赛处。

（华锐·东智）

恶人被封官，仇视同族人

ངན་པ་དཔོན་དུ་བསྐོས།། རང་རིགས་རིག་ས་མེད།།

ngan pa dpon du bskos rang rigs rig sa med

安多藏语甘南牧区方言谚语。流行于以大夏河、黄河、洮河流域为主的甘南地区。谚语紧紧抓住社会生活的实质和关键，有的放矢地对准对社会起决定性作用，而且吐一言可以匡俗振民的

官吏和绝学奇才，德望冠时而动一议可以固邦兴国的大学者。一针见血地点明了人们心目中所希望的领导标准。罗赛搜集、整理，索南龙珠汉译。今藏甘南藏族自治州政协原副主席罗赛处。

（华锐·东智）

初识好未必好，知情恨未必恨

ངོ་ཤེས་ནས་བཞང་ན་མེད།། རྒྱུས་ལོན་ནས་སྡུག་ན་མེད།།

ngo shes nas bzhang na med rgyus

lon nas sdug na med

安多藏语甘南牧区方言谚语。流行于以大夏河、黄河、洮河流域为主的甘南地区。志度弘远、怀抱豁如的圣者贤士在遭到困难或不幸时，不灰心丧气、一蹶不振、怨天尤人，而是更加振奋精神，冷静沉着地面对现实，夙夜自责，改过易行，汲取错误或失败的经验教训，把逆境作为成功之阶梯，重新振作，最终功成名遂、流芳后世。罗赛搜集、整理，索南龙珠汉译。今藏甘南藏族自治州政协原副主席罗赛处。（华锐·东智）

上午用草养马，下午却用踢报恩

སྔ་དྲོད་རྟ་བོ་ཆོས་ཀྱིས་གསོས་ན།། ཕྱི་དྲོ་དྲིན་ལན་འཕྲ་ཡིས་གསོ།།

Snga drod rta bo chos kyis gsos na

Phyi dro drin lan vphra yis gso

安多藏语甘南牧区方言谚语。流行于以大夏河、黄河、洮河流域为主的甘南地区。古人言：“知恩不报非君子。”谚语尖锐地驳斥了言行不一、好坏不分、忘恩负义、背信弃义愚者的肮脏心灵。把无情无义、不讲道德的伪君子反复无常、不记恩德、恩将仇报的卑劣行为暴露在了光天化日之下，教导人民要知恩图报。罗赛搜集、整理，索南龙珠汉译。今藏甘南藏族自治州政协原副主席罗赛处。

（华锐·东智）

无能者坐上座，始终坐不稳

ངན་པ་གྲལ་མགོར་བཞག་ན།། ཨོང་ནུར་གྱིས་རྒྱུན་མི་འཆད།།

Ngan pa gral mgor bzhag na

Aong nur gyis rgyun mi vchad

安多藏语甘南牧区方言谚语。流行于以大夏河、黄河、洮河流域为主的甘南地区。如果一个君主没有渊博的知识、深渊的智慧，不依世间法规治理国家，则此国定会逐渐衰败，君主自然会被国人抛弃。反之，一个贤明的君主若能依智慧、依法执政，那么他的国家必定会兴旺发达，人民也自然会安居乐业。罗赛搜集、整理，索南龙珠汉译。今藏甘南藏族自治州政协原副主席罗赛处。（华锐·东智）

公堂上要用话胜对手，匠铺里要用锤打生铁

ངོ་ནག་གྱོད་པ་ཚིག་གིས་ཐུབ་དགོས།།

ལྕགས་ནག་སྲ་མོ་ཐོ་བས་བརྡུང་དགོས།།

Ngo nag gyod pa tshig gis thub dgos

Lcags nag sra mo tho bas brdung dgos

安多藏语甘南牧区方言谚语。流行于以大夏河、黄河、洮河流域为主的甘南地区。谚语一方面赞扬了智者在紧急关头挺身而出、临危不惧、化险为夷、谨慎处事的超越本领，另一方面讽刺了怯懦无能、闻风丧胆、愚蠢笨拙的愚人丑态。提醒人们不管做什么事都要有智慧，智慧是成功的要素，只有智慧才能有所作为。罗赛搜集、整理，索南龙珠汉译。今藏甘南藏族自治州政协原副主席罗赛处。（华锐·东智）

无能猎人被獐子欺，无才官吏被差人欺

རྔོན་པ་ངན་ན་གླ་པོས་སྒོ་རྡུང་བྱེད།།

དཔོན་པོ་ངན་ན་གཡོག་པོས་ཁྲིམས་གཏམ་གླེང་།།

Rngon pa ngan na gla pos sgo rdung byrd

Dpon po ngan na gyog pos khrims gtam gleng

安多藏语甘南牧区方言谚语。流行于以大夏河、黄河、白龙江、洮河流域为主的甘南地区。良臣在位，尊之荣之；奸恶篡位，鸣鼓而攻。谚语认为君主和官吏的好坏，直接取决于其思想、知识、智略的优劣强弱。忠诚老实、公正廉洁、心地善良、品学兼优的人担任一定的领导职务，方能建功立业、造福百姓。罗赛搜集、整理，索南龙珠汉译。今藏甘南藏族自治州政协原副主席罗赛处。（华锐·东智）

白银被匠人打成块，绸缎被裁缝剪成块

དངུལ་དཀར་པོ་མགར་པས་ལེབ་རྡུངས་བྱས།།
གོས་གཡུང་རིས་བཟོ་བས་ལེབ་འདྲ་བྱས།།

Dngul dkar bo mgar pas leb rdungs byas
Gos gyung ris bzo bas leb vdra byas

安多藏语甘南牧区方言谚语。流行于以大夏河、黄河、白龙江、洮河流域为主的甘南地区。谚语善于运用对比的手法，加以概括事物的本质。这种极为概括精练的谚语，深刻地揭示出了事物的本质，新奇有趣，用简单通俗的话来反映深刻的道理。它是藏民族经验的果实、智慧的结晶，凝聚着藏族人民的爱憎之情和独特的道德审美情趣。罗赛搜集、整理，索南龙珠汉译。今藏甘南藏族自治州政协原副主席罗赛处。

（华锐·东智）

跟随恶人显示恶兆，跟随好人终成大事

ངན་པ་འགྲོགས་ན་ལྟས་ངན་གྱི་རྟགས་སྟོན།།
བཟང་པོར་འགྲོགས་ན་དོན་ཆེན་གྱི་མཐའ་རྙེད།།

Ngan pa vgrogs na ltas ngan gyi rtags ston
Bzang bor vgrogs na don chen gyi vthav rnyed

安多藏语甘南牧区方言谚语。流行于以大夏河、黄河、白龙江、洮河流域为主的甘南地区。“近朱者赤，近墨者黑。”“从善成善，随盗成盗。”由衷地教育人们去恶向善，诚辞恳切地讲述人生立身的道理，以提倡社会美德，抑制社会的阴暗面。提醒人们耳不邪听，目不妄视，居必择处。罗赛搜集、整理，索南龙珠汉译。今藏甘南藏族自治州政协原副主席罗赛处。（华锐·东智）

兔子虽嘴豁也是食草类，狐狸虽美却有狐臊味

ང་རི་བོང་ཡ་ཁ་ཤོ་རུང་རྩྭ་གཟན་གྱི་གྲལ་ཡིན།།
ཁྱོད་ཝ་མོ་གྲ་ཁ་ཡག་རུང་ཙི་གུའི་དྲི་བྲོ།།

Nga ri bong ya kha sho rung rtswa gzan gyi gral yin
Khyod wa mo gra kha yag rung tsi guvi dri bro

安多藏语甘南牧区方言谚语。流行于以大夏河、黄河、白龙江、洮河流域为主的甘南地区。任何事物总是会转化的，此一时彼一时，物以时迁，事无常定，不可能一成不变。为此考察一个人或了解一个人，也要从转化的角度去分析，由此至彼、由里及外，要比较全面地分析、全面地了解。任何正确的结论都是经过深入实际、详细调查研究而得来，决不能胡乱猜疑、主观臆断。罗赛搜集、整理，索南龙珠汉译。今藏甘南藏族自治州政协原副主席罗赛处。（华锐·东智）

兔子虽小，碰不到凸凸之处；骆驼虽高，钩不住天上星星

རྔ་མོང་སྐེ་ཏི་རིང་རུང་གནམ་གྱི་སྐར་མ་མི་ལོན།།
རི་བོང་སུག་ཏི་ཐུང་ཡང་འབར་འབུར་ལམ་ལ་མི་ཐོགས།།

Rnga mong ske ti ring rung gnam gyi skar ma mi lon
Ri bong sug ti thung yang vbar vbur lam la mi thogs

安多藏语甘南牧区方言谚语。流行于以大夏河、黄河、洮河流域为主的甘南地区。看一个问题，要合理、全面、深入地观察，抓住问题的实质，以点带面。“金无足赤，人无完人。”作为一个人，不可能尽善尽美，一无非处；也不可能糟糕透顶，一无是处。谚语特别强调了一分为二的重要性，决不能形而上学。罗赛搜集、整理，索南龙珠汉译。今藏甘南藏族自治州政协原副主席罗赛处。（华锐·东智）

无能修道者，头发虽长却降不了鬼；无勇的战士，战矛虽长却胜不了敌

སྔགས་པ་མཐུ་མེད་ཅན་གྱིས་རལ་བ་རྫིག་རྫིག་བྱས་རུང་འདྲེ་མི་ཐུབ།།
དཔའ་མེད་མདུང་རིང་ཅན་གྱིས་ངར་ངར་བྱས་རུང་དགྲ་མི་ཐུབ།

Sngags pa mthu med can gyis ral ba rdzig rdzig byas rung vdre mi thub
Dpav med mdung ring can gyis ngar ngar byas rung dgra mi thub

安多藏语甘南牧区方言谚语。流行于以大夏河、黄河、白龙江、洮河流域为主的甘南地区。智慧的力量丰润着学者的心田，知识的力量强大着藏人本就健康的肌体，他把藏人传统道德中的勇毅、刚强、坚韧、奋不顾身的侠义，把外在力量的强健纳入一个超越民族、超越地域，与人类道德伦理共同相通的规则当中。罗赛搜集、整理，索南龙珠汉译。今藏甘南藏族自治州政协原副主席罗赛处。

（华锐·东智）

奉承恶人，狗头放盘

ངན་པ་ཡར་ལ་བསྟོད།། ཁྱི་མགོ་སྡེར་ནང་བཞག །

Ngan pa yar la bstod khyi mgo sder nang bzhag

安多藏语甘南牧区方言谚语。流行于以大夏河、黄河、洮河流域为主的甘南地区。谚语以高阔的视野和几乎完美的人格力量论述了道德、修养、德育、才学赋予人类心灵的力量，把诚信、智慧、忠贞、谦和的品德寄予藏人自身修养的准则中，使知识的力量与理性的精神得到了高扬，把正直高尚精神作为区别智慧与愚昧的分水岭。罗赛搜集、整理，索南龙珠汉译。今藏甘南藏族自治州政协原副主席罗赛处。（华锐·东智）

上午当杀生的屠夫，下午变渡生的上师

སྔ་དྲོ་གསོད་པའི་ཤན་པ།། ཕྱི་དྲོ་འདྲེན་པའི་བླ་མ།།

snga dro gsod pavi shan pa phyi dro vdren pavi bla ma

安多藏语甘南牧区方言谚语。流行于以大夏河、黄河、洮河流域为主的甘南地区。祸福无门，唯人所招；贫富贵贱，功业所成。人生的贫富贵贱、愚智善恶是靠自己的努力不断进取的，并非定乎自然；祸福吉凶也是人为之而成之，非人不为而成之理。罗赛搜集、整理，索南龙珠汉译。今藏甘南藏族自治州政协原副主席罗赛处。

（华锐·东智）

没有骄傲心是沙弥，没有急躁心是大德

ང་རྒྱལ་མེད་ན་དགེ་སློང་།། ཚབ་ཚུབ་མེད་ན་བཙུན་པ།།

nga rgyal med na dge slong tshab tshub med na btsun pa

安多藏语甘南牧区方言谚语。流行于以大夏河、黄河、洮河流域为主的甘南地区。作为一个学佛的人必须具足一些基本的条件，如殊胜的智慧、坚定的信心，不能骄傲自满，敷衍了事。同样，每一个懂得如何读书的人，就懂得如何利用所学来增进自己的能力，改善自己的生活方式，并使生活充满意义与乐趣。罗赛搜集、整理，索南龙珠汉译。今藏甘南藏族自治州政协原副主席罗赛处。（华锐·东智）

恶人巧言是骗术，一切都生仇恨心

ངན་པས་བཟང་པོ་སྨྲས་པ་རྫུན་གཏམ།།
མཐོང་ཚད་འཁོན་དུ་འཛིན་པའི་ཞེ་སྡང་།།

Ngan pas bzang bo smras pa rdzun gtam
Mthong tshad vkhon du vdzin pavi zhe sdang

安多藏语甘南牧区方言谚语。流行于以大夏河、黄河、白龙江、洮河流域为主的甘南地区。轮回中的众生因贪、嗔、痴等无明烦恼互相结怨，由爱而生恨，由恨复生爱，“爱之欲其生，恶之欲其死”。凡夫俗子无论身处何地都会遇到形形色色的怨敌，为了世间的幸福安乐，重要的是观察并调解自己狂乱的妄心，在烦恼初生时即应断除其根源。罗赛搜集、整理，索南龙珠汉译。今藏甘南藏族自治州政协原副主席罗赛处。

（华锐·东智）

好话如壁画，看着美而不实

ངོ་གཏམ་ལྷ་བཟོའི་རི་མོ།། མདུན་དུ་ཡག་ཀྱང་ཕྱི་ན་མེད།།

ngo gtam lha bzovi ri mo mdun du
yag kyang phyi na med

安多藏语甘南牧区方言谚语。流行于以大夏河、黄河、洮河流域为主的甘南地区。智者做任何一件事情之前都察因辩理，对事情进行深入透彻地分析、研究，了知可行与否。而愚者做事夸夸其谈、华而不实，这种人在行事过程中，外表显得很沉稳，一言不发，实际已是六神无主、呆若木鸡。事发时惊恐万状，事后却大放厥词。罗赛搜集、整理，索南龙珠汉译。今藏甘南藏族自治州政协原副主席罗赛处。（华锐·东智）

清水和陶罐，结冻比冰硬

སྔོན་པོའི་ཆུ་དང་རྫ་བུམ་གཉིས།། འཁྱགས་པ་ཆགས་ན་ཆུ་བོ་སྲ།།

Sngon povi chu dang rdza bum gnyis
Vkhyags pa chags na chu bo sra

安多藏语甘南牧区方言谚语。流行于以大夏河、黄河、洮河流域为主的甘南地区。待人处事，只有性情稳重才能取信于人，信仰、事业等也只有稳重坚毅才能持之以恒。反之，不稳重的人，犹如“墙头草，风吹两边倒”，极易受人利用，而失去信心，最终一事无成。也有一种人貌似稳重，

实际上却是顽固不化，主观愿望偏见。罗赛搜集、整理，索南龙珠汉译。今藏甘南藏族自治州政协原副主席罗赛处。（华锐·东智）

神赐经旗，莫沾污秽

དངོས་གྲུབ་ལྷ་ཡི་དར་ཆེན་དེ།། ཉམས་ཆགས་དྲི་མའི་མ་གོས་དགོས།།

Dngos grub lha yi dar chen de

Nyams chags dri mavi ma gos dgos

安多藏语甘南牧区方言谚语。流行于以大夏河、黄河、白龙江、洮河流域为主的甘南地区。谚语阐述了佛法无量、敬奉三宝、皈佛解脱，诸恶莫为、各德行善的思想观念。巧妙地将宗教伦理道德观，特别是藏传佛教伦理道德观融入藏族社会伦理道德之中，充分体现了藏族人民的宗教意识、审美情趣、审美理想和审美标准。罗赛搜集、整理，索南龙珠汉译。今藏甘南藏族自治州政协原副主席罗赛处。（华锐·东智）

谢世的先祖如虎如豹，健在的父伯如山如岩

སྔོན་ཤི་པོ་སྟག་འདྲ་གཟིག་འདྲ།། ད་ཕ་ཁུ་རི་འདྲ་བྲག་འདྲ།།

Sngon shu bo stag vdra gzig vdra

Da pha khu ri vdra brag vdra

安多藏语甘南牧区方言谚语。流行于以大夏河、黄河、洮河流域为主的甘南地区。谚语从正面赞美了祖先的丰功伟绩，从反面谴责了卑劣之子不能体谅父母的苦心，反而报怨父母无能，没有给自己创造良好的生活环境，也未曾赐予足够的钱财。父母所奉献的爱心、所做的一切，不知感恩，反倒认为是天经地义。罗赛搜集、整理，索南龙珠汉译。今藏甘南藏族自治州政协原副主席罗赛处。（华锐·东智）

我的货物如姜蒜，买卖双方都沾味

ངའི་ཚོང་རྫས་སྒོག་སྐྱ་སོ་མ་ཡིན།། ཟོས་བཏང་ན་ཕར་བྲོ་ཚུར་བྲོ་འགྱུར།།

Ngavi tshong rdzas sgog skya so ma yin

Zos btang na phar bro tshur bro vgyur

安多藏语甘南牧区方言谚语。流行于以大夏河、黄河、洮河流域为主的甘南地区。俗话说“有缘千里来相会，无缘对面不相识”，无论是师徒、朋友还是其他人际关系，都离不开前世因缘。没有前世的善姻良缘，彼此之间不会产生亲密的关系。往昔不相识的人，在因缘和合之时，一次偶然的机会，彼此会由相识而互敬互爱。罗赛搜集、整理，索南龙珠汉译。今藏甘南藏族自治州政协原副主席罗赛处。（华锐·东智）

修密者难持戒，修行者难坐山

སྔགས་པས་དམ་ཚིག་མི་ཐུབ།། བསྒོམ་ཆེན་རེ་ཁྲོད་མི་ཐུབ།།

sngags pas dam tshig mi thub bsgom

chen re khrod mi thub

安多藏语甘南牧区方言谚语。流行于以大夏河、黄河、洮河流域为主的甘南地区。佛陀的教法典籍博大精深，有着严密庞大的理论体系，作为一个学佛的人必须具足一些基本的条件、坚定的信心。谚语批判了既没有文化又没有智慧和虔诚，口头上讲不出佛理，思想动荡不安的学佛人。罗赛搜集、整理，索南龙珠汉译。今藏甘南藏族自治州政协原副主席罗赛处。（华锐·东智）

先前是父母的命，日后是儿女的缘

སྔ་དྲོ་ཕ་མའི་ལས།། ཕྱི་དྲོ་བུ་ཕྲུག་ལས།།

snga dro pha mavi las phyi dro bu phrug las

安多藏语甘南牧区方言谚语。流行于以大夏河、黄河、白龙江、洮河流域为主的甘南地区。父母爱子之心实在伟大，他们辛勤地积累财富抚养子女，尽己所能供给上妙饮食、华美服饰、舒适享受，望子成龙成凤、兴盛富贵。倘若遇上孝顺善良的孩子，父母卖身之举还算值得；倘若遇到恶劣的“讨债鬼”，父母的情形就可悲了。谚语教导人们要尊敬父母，知恩图报。罗赛搜集、整理，索南龙珠汉译。今藏甘南藏族自治州政协原副主席罗赛处。（华锐·东智）

坏人不被魔缠，硬食不被狗啃

ངན་པར་འདྲེ་མི་འཁོར།། གྱོང་པོ་ཁྱིས་མི་འཆའ།།

ngan par vdre mi vkhor gyong bo khyis mi vchav

安多藏语甘南牧区方言谚语。流行于以大夏河、黄河、白龙江、洮河流域为主的甘南地区。卑劣的人在是非面前，往往“揽功于己，诿过于他”。在某一事业成功之时，围观者或与此事情稍

有关联的卑劣者，便争先恐后地施展各种“外交手段”，或捧他人以抬高自己，或阿谀奉承为得到些利益，或诈显其能渲染他人而论作己功，或事先邀功以夺名声。罗赛搜集、整理，索南龙珠汉译。今藏甘南藏族自治州政协原副主席罗赛处。

（华锐·东智）

我是鸟中之王，威武在大山顶

ང་མཁའ་ལྡིང་བྱ་རྒྱལ་ཁྱུང་ཆེན་ཡིན།། བརྗིད་རི་རྒྱལ་ལྷུན་པོའི་རྩེ་ན་རྒྱལ།།

Nga mkhav lding bya rgyal khyung chen yin

Brjid ri rgyal lhun povi rtse na rgyal

安多藏语甘南牧区方言谚语。流行于以大夏河、黄河、白龙江、洮河流域为主的甘南地区。好的名声是成就事业的助缘，而积累广大的福德资粮却是来世欢喜之因。除此之外，光凭财富享受，智者绝对不会生欢喜心。对智者而言，拥有好的名声将对利生事业起到很大的推动作用，正所谓“美名传千里，不请众自来”。罗赛搜集、整理，索南龙珠汉译。今藏甘南藏族自治州政协原副主席罗赛处。

（华锐·东智）

猎人夜宿的地方，鹰鹫和乌鸦聚集

རྔོན་པ་ཞག་གཅིག་བསྡད་ཤུལ་དུ།། བྱ་རྒོད་ཕོ་རོག་རོང་ངེ་རོང་།།

Rngon pa zhag gcig bsdad shul du

Bya rgod pho rog rong nge rong

安多藏语甘南牧区方言谚语。流行于以大夏河、黄河、洮河流域为主的甘南地区。如果一个人学识渊博，并且显密佛法圆融无碍，众人必定会如众星捧月般集聚在他身边，犹如香花绚烂的地方，无论花丛多远，都会引来蜂蝶如云团一般集聚。谚语教导人们应该选择学识渊博、实证圆满的学者作为学习仿照的对象。罗赛搜集、整理，索南龙珠汉译。今藏甘南藏族自治州政协原副主席罗赛处。

（华锐·东智）

不见恶不想善，不穿硬不羡软

ངན་པ་མ་རིག་ན་བཟང་བོ་མི་དྲན།། གྱོང་བོ་མ་གོན་ན་འཇམ་པོར་མི་སྨོན།།

Ngan pa ma rig na bzang bo mi dran

Gyong bo ma gon na vjam por mi smon

安多藏语甘南牧区方言谚语。流行于以大夏河、黄河、洮河流域为主的甘南地区。古人言：“不食则饥，不学则愚。”人不怕没有智慧，怕的只是不勤学苦练。知道自己不足的人应自乐进取，勤奋好学。不曾精进的人一般都没有高深的学问，要想真正拥有智慧办成事业极其困难。可谓“勤能补拙是良训，一分辛苦一分才”。罗赛搜集、整理，索南龙珠汉译。今藏甘南藏族自治州政协原副主席罗赛处。

（华锐·东智）

当面没说风凉话，当院没抢千里马

ངོ་ལ་བལྟས་ནས་ངོ་མཚང་མ་བྲུ།། ལྷས་ལ་བརྒྱུགས་ནས་འདོ་བ་མ་བཟུང་།།

Ngo la bltas nas ngo mtshang ma bru

Lhas la brgyugs nas vdo ba ma bzung

安多藏语甘南牧区方言谚语。流行于以大夏河、黄河、洮河流域为主的甘南地区。善良者所作所为都会极力与世道相应，按因果规律抉择善恶之行。不仅不违反清规戒律，而且身口意对小小的过失也是防微杜渐，不越雷池半步；对于百业，更是不遗余力广行众善，随喜他人的善举，而且连微不足道的一些善业也要躬身行持。罗赛搜集、整理，索南龙珠汉译。今藏甘南藏族自治州政协原副主席罗赛处。

（华锐·东智）

嘱托的事办成了，放出的箭射中了

མངགས་པའི་མི་དོན་ཚགས་ཐལ།། འཕངས་པའི་མདའ་མོ་ཕོག་ཐལ།།

Mngags pavi mi don tshags thal

Vphangs pavi mdav mo phog thal

安多藏语甘南牧区方言谚语。流行于以大夏河、黄河、洮河流域为主的甘南地区。正直的人气节崇高，虽然身陷困境，或被摧残穷困拮据，或受诬陷，诽谤如云，但他们仍能处之泰然，信心会更加坚定。如俗语：“落地黄金，光映上空。”所以，金只有凭火炼才知是否纯正，人也只有通过各种考验，才能了知是否为智者。罗赛搜集、整理，索南龙珠汉译。今藏甘南藏族自治州政协原副主席罗赛处。

（华锐·东智）

不用拘谨的是舅舅，不用担心的是自家狗

ངོ་མི་ཚ་ས་པོ་ཨ་ཞང་ཡིན།། ཁྱིས་མི་འཇུས་པོ་རང་མི་ཡིན།།

Ngo mi tsha sa bo a zhang yin

Khyis mi vju sa bo rang mi yin

安多藏语甘南牧区方言谚语。流行于以大夏河、黄河、白龙江、洮河流域为主的甘南地区。智者虽然远居他方，也会以加持力和善巧方便来护持他的眷属。比如天空密布浓厚的乌云时，即表示天将降甘露滋润大地万物，由此田中的庄稼会长得更迅捷、更茂盛。同样，智者善于利用智慧能够对眷属普施加持。罗赛搜集、整理，索南龙珠汉译。今藏甘南藏族自治州政协原副主席罗赛处。

（华锐·东智）

上午当宝放头顶，下午当垫放鞋底

སྔ་རོ་སྤྱི་གཙུག་གི་ནོར་བུ་བྱས།། ཕྱི་དྲོ་རྐང་ལྷམ་གི་ནང་ཚང་བྱས།།

Snga ro spyi gtsug gi nor bu byas

Phyi dro rkang lham gi nang tshang byas

安多藏语甘南牧区方言谚语。流行于以大夏河、黄河、白龙江、洮河流域为主的甘南地区。即便智者身处逆境、计穷力竭，也绝不会迈步愚人苟且偷生的道路。品行高尚的智者纵遇命难也不会丧失自己坚定的信念，更不会步愚者后尘。所以，患难可以考验一个人的品格，非常的境遇才能显示出非凡的气节，浩劫来临的时候，也只有大智大勇的人才能抗争。罗赛搜集、整理，索南龙珠汉译。今藏甘南藏族自治州政协原副主席罗赛处。

（华锐·东智）

我是威武的斑虎，在檀香林中称霸

ང་རྒྱལ་སྟག་འཛུམ་ཁྲའི་རི་མོ་ཅན།། ཤིང་ཙན་དན་ནགས་ཀྱི་དཀྱིལ་ན་རྒྱལ།།

Ng rgyal stag vdzum khravi ri mo can

Shing tsan dan nags kyi dkyil na rgyal

安多藏语甘南牧区方言谚语。流行于以大夏河、黄河、白龙江、洮河流域为主的甘南地区。谚语从正面赞美了智者的伟大，教导人们应该亲近如理如法行持的人，并且使自己的所作所为尽量和智者保持一致，和睦相处，这是智者最明智的选择。反之，一个具足慈悲心、有学问的人如果常常和一些行为不轨的人交往，别人也都会认为他人格卑劣，没有修养。罗赛搜集、整理，索南龙珠汉译。今藏甘南藏族自治州政协原副主席罗赛处。

（华锐·东智）

黄鹅若是僧人，无须下水浸衣

ངང་པ་སེར་པོ་དགེ་སློང་ཡིན་ཟེར་ན།།
ཆོས་གོས་གྱོན་ནས་ཆུ་ལ་རྒྱལ་དོན་མེད།།

Ngang ba ser bo dge slong yin zer na

Chos gos gyon nas chu la rkyal don med

安多藏语甘南牧区方言谚语。流行于以大夏河、黄河、白龙江、洮河流域为主的甘南地区。具足智慧的人即便弱小，势大力强的怨敌却也对他无可奈何。智慧即是力量，也是办成一切事业的如意宝。即使没有显赫的地位，但只要具足智慧也就拥有了一切，无论多么强大的怨敌都害不了你。所以真正的勇士在于有无智慧，否则仅凭强大的势力是不可能取胜的。罗赛搜集、整理，索南龙珠汉译。今藏甘南藏族自治州政协原副主席罗赛处。

（华锐·东智）

赎前生罪勤诵忏悔经，赎此生罪勤念佛经

སྔ་རབས་སྟོང་བཤགས་བཏོན་ནས་འདག་དགོས།།
སྡིག་བཤགས་ཕྲེང་བ་བཟུང་ནས་བཤགས་དགོས།།

Snga rabs stong bshags bton nas vdag dgos

Sdig bshags phreng ba bzung nas bshags dgos

安多藏语甘南牧区方言谚语。流行于以大夏河、黄河、洮河流域为主的甘南地区。作为一个佛陀的追随者，势必广闻佛陀的经典之说，否则仅以凡夫的分别智慧根本修不成真实的善法。善是一切幸福喜乐之源泉，只要依随佛的教言，稍做努力便能具足一颗真实的善心。利他的思想根植于慈悲，而慈悲则由感激和爱悯一切苦难生命的情怀而来。罗赛搜集、整理，索南龙珠汉译。今藏甘南藏族自治州政协原副主席罗赛处。

（华锐·东智）

前面凉人心，后面招恶果

སྔོན་ན་གྲོད་པུ་རློན་པ།། རྗེས་ན་གཤིན་རྗེ་ཆོས་རྒྱལ།།

sngon na grod pu rlon pa rjes na gshin rje chos rgyal

安多藏语甘南牧区方言谚语。流行于以大夏

河、黄河、白龙江、洮河流域为主的甘南地区。人的寿命短暂而有限，死主阎魔时时刻刻，寸步不离地跟随着我们。世间诸人的寿命非常短暂，其中的一半时间是夜里如死去一般地睡眠，醒时又会遭遇疾病和衰老等许多痛苦，如是则使另一半的生命也失去享受福乐的时机。人们若真正知道生命的价值，那么就应该更加珍惜时光，发奋努力。罗赛搜集、整理，索南龙珠汉译。今藏甘南藏族自治州政协原副主席罗赛处。

（华锐 · 东智）

鹅游水瞻前顾后，鹿爬山前探后视

ངང་མོ་ཆུ་ལ་རྐྱལ་ན་སྟེང་ལྟ་འོག་ལྟ།། ཤྭ་བ་རྫ་ལ་འགོས་ན་སྔ་ལྟ་ཕྱི་ལྟ།།

Ngang mo chu la rkyal na steng lta vog lta

Shwa ba rdza la vgos na snga lta phyi lta

安多藏语甘南牧区方言谚语。流行于以大夏河、黄河、白龙江、洮河流域为主的甘南地区。智者对自己的前途有长远的目光，做一切事都要精进，忍苦耐劳、不放逸，而且勤学苦练，稳重善巧地行持。这样的人，操办一切事业，百般精进，勤勉不放逸，抓住机遇，迎头猛进，具足远大的目光。罗赛搜集、整理，索南龙珠汉译。今藏甘南藏族自治州政协原副主席罗赛处。

（华锐 · 东智）

凶猛若比虎，狂言若比雷

ངར་རྒོད་དམར་ཡག་སྟག་ལས་ཆེ།། གཏོང་གཏམ་སྤྲིན་མེད་འབྲུག་ལས་སྦོམ།།

Ngar rgod dmar yag stag las che

Dtong gtam sprin med vbrug las sbom

安多藏语甘南牧区方言谚语。流行于以大夏河、黄河、白龙江、洮河流域为主的甘南地区。世间本无真实的安乐，痛苦永远紧随私欲横溢的愚者。谚语批判了利欲熏心的愚人，以各种恶劣行径终究未能填满无底的欲坑，反而堕入更加痛苦的火坑。他们缺乏勇气和智慧，又不信因果，便做出了轻率的抉择。罗赛搜集、整理，索南龙珠汉译。今藏甘南藏族自治州政协原副主席罗赛处。

（华锐 · 东智）

锣在自己手时不敲打，落到他人手时已晚矣

ཇ་རང་ལག་ཡོད་དུས་མ་བརྡུང་།། སྒྲ་ཆེ་ཆུང་འདྲི་དུས་འཕྱི་ལེ།།

Rnga rang lag yod dus ma brdung

Sgra che chuang vdri dus vphy le

安多藏语甘南牧区方言谚语。流行于以大夏河、黄河、洮河流域为主的甘南地区。真正的智者只有通过处理关键性的问题才能表现出他的聪明才智，如同锣的好坏要通过所发声响来了知。所以，当我们遇到事情无法抉择时，应该虚心地不厌其烦地向善知识及时地询问、请教。一方面提高自己的知识水平和处事能力，另一方面帮助他人积累善法资粮，同时也能赢得他人的信任和恭敬。罗赛搜集、整理，索南龙珠汉译。今藏甘南藏族自治州政协原副主席罗赛处。

（华锐 · 东智）

前世鸟，雄鹰也难追

སྔོན་ལ་ཚར་བའི་བྱ་དོན་དེ།། རྒོད་ཐང་དཀར་གྱིས་དེད་ཀྱང་མི་ཟིན།།

Sngon la tshar bavi bya don de

Rgod thang dkar gyis ded kyang mi zin

安多藏语甘南牧区方言谚语。流行于以大夏河、黄河、白龙江、洮河流域为主的甘南地区。在事业进行的过程中，自然会遇到重重困难，每行一步都会遇到坎坷荆棘，忍受痛苦、耐心操劳才有成功的机会。自身的素质、品德修养等也很重要，应勇于改正缺点、精勤学修，不断提高自己的学识。在办成整个事业的过程中，要有足够的智慧去辨析、抉择一些问题，才能使自己遇难能解，随机应变。罗赛搜集、整理，索南龙珠汉译。今藏甘南藏族自治州政协原副主席罗赛处。

（华锐 · 东智）

猎人无能鹿敲门，丈夫无能妻骑头

རྔོན་པ་ངན་ན་ཤྭ་བོས་སྒོ་བརྡུང་།། སྐྱེ་པ་ངན་ན་ཆུང་མ་མགོར་བཞོན།།

Rngon pa ngan na shwa bos sgo brdnng

Skye pa ngan na chung ma mgor bzhon

安多藏语甘南牧区方言谚语。流行于以大夏河、黄河、白龙江、洮河流域为主的甘南地区。身为愚者却不自知的人，是难以引导促其觉醒的最可怜的人。他们对知识不学不闻，反倒觉得智

者的勤学苦练是自讨苦吃。他们远离智者，并在背后讥议、诽谤。愚者之间有共同的语言、习气，能臭味相投；智者也只会和智者交往共事，他们绝不会与卑劣人为伍。罗赛搜集、整理，索南龙珠汉译。今藏甘南藏族自治州政协原副主席罗赛处。

（华锐·东智）

林中竹子生长得好，做成竹箭射死了野牛母子

སྔོ་ལྗང་ནག་མདའ་སྙུག་སྐྱེས་ཉེས་ཀྱིས།། བྱང་བྲེ་སེར་མ་བུ་མདའ་ཡིས་བསད།།

Sngo ljang nag mdav snyug skyes nyes kyis

Byang bre ser ma bu mdav yis bsad

安多藏语甘南牧区方言谚语。流行于以大夏河、黄河、白龙江、洮河流域为主的甘南地区。谚语极力批驳了祸国殃民、横行霸道的罪恶者，认为真正慈悲的伟人，不仅能以智慧和各种善巧来维护社会稳定，而且也会以仁慈之心征服怨家仇敌。因为冤冤相报无始无终，当以慈悲心忍辱，最后感化制伏众多怨敌。罗赛搜集、整理，索南龙珠汉译。今藏甘南藏族自治州政协原副主席罗赛处。

（华锐·东智）

我要上行圣地拉萨，穿越千山万水不怕难

ང་ཡར་འགྲོ་ལྷ་ལྡན་དབུས་ལ་འགྲོ། ཤར་གངས་ལ་བཅད་ནས་ཡར་ཡར་འགྲོ།

Nga yar vgro lha ldan dbus la vgro

Shar gangs la bcad nas yar yar vgro

安多藏语甘南牧区方言谚语。流行于以大夏河、黄河、洮河流域为主的甘南地区。谚语教诲人们：要想学到知识，就像下海取宝一样，需要付出艰辛的劳动。只要克服阻力，知难而进，才能获得成功。从正面论述了学习和劳作的艰难，勉励人们勤学不倦，发扬持之以恒的精神。含蓄地阐明了“世上无难事，只要肯登攀”这一深邃道理。罗赛搜集、整理，索南龙珠汉译。今藏甘南藏族自治州政协原副主席罗赛处。（华锐·东智）

我的灰色原质鹿角，打雷都难把其折断

ངས་བདེན་པའི་ཤྭ་རྭ་དཀར་པོ་སྟེ།།

གནམ་ལྕགས་ཐོག་གིས་བརྒྱབ་རུང་ཆོད་རྒྱུ་མེད།།

Ngas bden pavi shwa rwa dkar po ste

Gnam lcags thog gis brgyab rung chod rgyu red

安多藏语甘南牧区方言谚语。流行于以大夏河、黄河、白龙江、洮河流域为主的甘南地区。如果让学识渊博的官居显位，既能顺利办成国家大事，又能使百姓安居乐业，自他共获安乐，可谓“上益于国，下利于民”。这如同将如意宝供奉于佛幢顶端，既会得到智者的称赞，又会使所在的境域增上吉祥。罗赛搜集、整理，索南龙珠汉译。今藏甘南藏族自治州政协原副主席罗赛处。

（华锐·东智）

领狗的猎人贪肉，背鼓的咒师贪斋

རྔོན་པ་ཁྱིད་ཁྲི་ཤ་ལ་རྔམ།། སྔགས་པ་རྔ་ཁུར་དཀོར་ལ་རྔམ།།

Rngon pa khyid khri sha la rngam

Sngags pa rnga khur dkor la rngam

安多藏语甘南牧区方言谚语。流行于以大夏河、黄河、白龙江、洮河流域为主的甘南地区。人世间存在好坏、善恶与美丑的诸多差别。善良者慈颜善目、乐善好施，所作所为能饶益自己和他人；劣者恶贯满盈、无恶不作，其恶行所导致的尽是损人不利己的后果，他们无停息地追求享受，讲求吃喝，至于善恶、因果却是只字不提，毫不顾及。罗赛搜集、整理，索南龙珠汉译。今藏甘南藏族自治州政协原副主席罗赛处。

（华锐·东智）

一方不死，一方不胜

གཅིག་མ་ཤི་ན།། གཅིག་མི་རྒྱལ།།

Gcig ma shi na gcig mi rgyal

安多藏语甘南牧区方言谚语。流行于以大夏河、黄河、白龙江、洮河流域为主的甘南地区。若想降伏强手，就应竭尽全力地去学习本领。要想降伏能力高于己或身体比自己强壮的人，自己就该努力学习各种本领，从而提高自身素质，投机取巧不可能战胜对方。对于不共戴天的怨敌，若欲将其诛灭，不能赤手空拳、冒冒失失地前去，

否则不仅事情败落，自己也可能反被敌人杀害。罗赛搜集、整理，索南龙珠汉译。今藏甘南藏族自治州政协原副主席罗赛处。（华锐·东智）

与一人不和是他错，与众人不和是自错

གཅིག་ལ་མ་འགྲིག་ན་མིའི་སྐྱོན།། ཀུན་ལ་མ་འགྲིག་ན་རང་སྐྱོན།།

Gcig la ma vgrig na mivi skyon

Kun la ma vgrig na rang skyon

安多藏语甘南牧区方言谚语。流行于以大夏河、黄河、洮河流域为主的甘南地区。有些人总是在心里牢牢地记挂着仇恨，而在嘴上却尽说好听的善妙之语。一些本性恶劣的人很容易与人结仇，一句不中听的话、一个不好的脸色，无意之中的伤害等都会使他在心里结下一个个坚实的疙瘩，他以恶毒的心来观待一切众生。罗赛搜集、整理，索南龙珠汉译。今藏甘南藏族自治州政协原副主席罗赛处。（华锐·东智）

商议要互依，办事要互帮

གཅིག་གྲོས་གཅིག་ལ་ཁེན་དགོས།། གཅིག་དོན་གཅིག་གིས་བསྒྲུབ་དགོས།།

Gcig gros gcig la khen dgos

Gcig don gcig gis bsgrub dgos

安多藏语甘南牧区方言谚语。流行于以大夏河、黄河、白龙江、洮河流域为主的甘南地区。谚语教导人们：在处理一件事情时，如果两个具有智慧的人共同商议，肯定能得出新见解、新主张。智者与智者相处共事能如虎添翼，显出超人的能力，遇到任何问题都能妥善解决。罗赛搜集、整理，索南龙珠汉译。今藏甘南藏族自治州政协原副主席罗赛处。（华锐·东智）

碗口对着嘴，心思往外转

ཅན་ཁ་ནང་ལ་འཁོར།། སེམས་ཁ་ཕྱི་ལ་འཁོར།།

can kha nang la vkhor sems kha phyi la vkhor

安多藏语甘南牧区方言谚语。流行于以大夏河、黄河、白龙江、洮河流域为主的甘南地区。一个具足正行仪轨的人，定会谨守世间公认的法规和道德准则。反之，那些与世间、出世间仪轨都背道而驰的人，即是邪行邪修的人。罗赛搜集、整理，索南龙珠汉译。今藏甘南藏族自治州政协原副主席罗赛处。（华锐·东智）

尿屎不宜食，种五谷却需要它

གཅིན་སྐྱག་ཟས་ལ་མི་ཐེ་རུང་།། འབྲུ་དྲུག་སྨིན་པའི་གྲོགས་ལ་མཁོ།།

Gcin skyag zas la mi the rung

Vbru drug smin pavi grogs la mkho

安多藏语甘南牧区方言谚语。流行于以大夏河、黄河、白龙江、洮河流域为主的甘南地区。世间上的许多物品在其出产的地方往往都不太珍贵。珊瑚等宝物，在产地海岛上显得平平常常，几乎没有销售的地方，即便有售也是价微物贱、无人问津。然而在内地却备受青睐，而且价高物贵、供不应求。罗赛搜集、整理，索南龙珠汉译。今藏甘南藏族自治州政协原副主席罗赛处。

（华锐·东智）

十五的月儿圆，智者的话儿美

བཅོ་ལྔའི་ཟླ་བ་ཤར་དུས་ཀོར་རེ།།

མཁས་པས་ཚིག་གསུམ་བཀོད་དུས་འཛོམས་སེ།།

Bco lngavi zla ba shar dus kor re

Mkhas pas tshig gsum bkod dus vdzoms se

安多藏语甘南牧区方言谚语。流行于以大夏河、黄河、白龙江、洮河流域为主的甘南地区。智者能以智慧理解、运用知识，然而愚者却恰恰相反，如同鸱鸮，当阳光普照时，它却成了盲眼。鲁钝无学、胸无点墨又刚愎武断的愚者，在没有知识的痴暗中，浑浑噩噩地生活。只有真正的智者，才能了知深奥知识的意义。罗赛搜集、整理，索南龙珠汉译。今藏甘南藏族自治州政协原副主席罗赛处。（华锐·东智）

过分溺爱子女会成敌，过分贪钱财会害己

གཅེས་ཆེ་ན་བུ་རྒྱུད་དགྲ་རུ་འགྱུར།།

བསོགས་ཆེ་ན་ནོར་གྱིས་རང་སྲོག་གཅོད།།

Gces che na bu rgyud dgra ru vgyur

Bsogs che na nor gyus rang srog gcod

安多藏语甘南牧区方言谚语。流行于以大夏河、黄河、白龙江、洮河流域为主的甘南地区。阐明了家庭教育的重要性和贪财的危害性。在实际生活中，孩子首先接受教育和受影响的对象，

就是家庭和父母。如果家庭的传统和行止良善，就使子孙后代受到好的影响，容易形成良好的道德品质和行为习惯；反之“上枉下曲，上乱下逆”。罗赛搜集、整理，索南龙珠汉译。今藏甘南藏族自治州政协原副主席罗赛处。（华锐·东智）

固执的人，比石难治

བཅོས་མེད་གོ་མེད་མི་དེ།། ས་དང་རྡོ་ལས་བཅོས་དཀའ།།

bcos mrd go med mi de sa dang rdo las bcos dgav

安多藏语甘南牧区方言谚语。流行于以大夏河、黄河、洮河流域为主的甘南地区。人世间存在好坏、善恶与美丑的诸多差别。慈善的人慈颜善目、乐善好施，所作所为能饶益自己和他人；劣者恶贯满盈、无恶不作，其恶行所导致的尽是损人不利己的后果。有智慧的人，在欲言欲行之时会明辨是非，取舍善恶。愚笨的劣者因缺乏智慧，而不懂得辨别善恶，更不会取舍抉择，所谓“朽木不可雕也”。罗赛搜集、整理，索南龙珠汉译。今藏甘南藏族自治州政协原副主席罗赛处。

（华锐·东智）

废铁铸的腰刀，愈磨愈钝

ལྕགས་རིགས་ངན་པའི་གློ་གྲི། གཡས་རྡར་གཡོན་རྡར་རྗེ་རྡུགས།།

Lcags rigs ngan pavi glo gei

Gyas rdar gyon rdar je rdugs

安多藏语甘南牧区方言谚语。流行于以大夏河、黄河、洮河流域为主的甘南地区。反映了智者处处受人崇敬，而对愚者往往会敬而远之的社会现象。所谓“愚人周身是缺点，无论到哪都讨厌；高挂鹿尾卖驴肉，谁人还去光顾他”。罗赛搜集、整理，索南龙珠汉译。今藏甘南藏族自治州政协原副主席罗赛处。（华锐·东智）

宠儿不长寿，逆子不短命

གཅེས་ཕྲུག་མི་འཚམས།། ངན་པ་མི་འཆི།

gces phrug mi vtshams ngan pa mi vchi

安多藏语甘南牧区方言谚语。流行于以大夏河、黄河、洮河流域为主的甘南地区。说明家庭教育的重要性。如果家庭传统鄙俚粗俗，父母的思想行为不正，那么恶性循环，谬种流传，子女就有可能沾染不良习气，成为社会渣滓，甚至走向犯罪道路。在文化教育极差的历史条件下，家庭教育极其重要。良好的家规能够培养出有用人才，恶劣的家规能使出现国之乱臣、家之败子。罗赛搜集、整理，索南龙珠汉译。今藏甘南藏族自治州政协原副主席罗赛处。（华锐·东智）

柳枝摇动，风的作为

ལྕང་མས་གཡབ་གཡབ་བྱས་པ།། འབྱུང་བཞི་རླུང་གི་ཆོ་འཕྲུལ།།

Lcang mas gyab gyab byas pa

Vbyung bzhi rlung gi cho vphrul

安多藏语甘南牧区方言谚语。流行于以大夏河、黄河、白龙江、洮河流域为主的甘南地区。谚语通过自然现象说明：恶劣的人无论怎样改造，其性情也不会变为贤善。好比煤炭，本性为黑色，无论对它怎样改造、洗涤，其颜色也无法变成雪一样白。罗赛搜集、整理，索南龙珠汉译。今藏甘南藏族自治州政协原副主席罗赛处。（华锐·东智）

不是骏马的马谁也不骑，不是战刀的刀谁也不佩

ཅང་ཤེས་མིན་པའི་འདོ་བ་སུས་མི་བཞོན།།

གཡུལ་ངོ་མི་ལོན་པའི་རལ་གྲི་སུས་མུ་འཕྱང་།།

Cang shes min pavi vdo ba sus mi bzhon

Gyul ngo mi lon pavi ral gri sus mu vphang

安多藏语甘南牧区方言谚语。流行于以大夏河、黄河、洮河流域为主的甘南地区。谚语忠告世人：真正应该恭敬的是德智双具的圣者，若恭敬恶劣的人即会因此而埋下祸根。圣者品格高尚、学识渊博、乐于无私奉献，凡事都以众生利益为出发点，对别人施以的毫许恩德也牢记于心，这些都是高尚的行为。罗赛搜集、整理，索南龙珠汉译。今藏甘南藏族自治州政协原副主席罗赛处。

（华锐·东智）

你无吃铁丸的牙，我无消铜丸的胃

ལྕགས་ནག་རིལ་བུ་ཟ་སྤྱད་ཀྱི་སོ་ཁྱོད་ལ་མེད།།

ཟངས་དམར་རིལ་བུ་ཞུ་སྤྱད་ཀྱི་ཕོ་ང་ལ་མེད།།

Lcags nag ril bu za spyad so khyod la med

Zangs dmar ril bu zhu spyad kyi pho nga la med

安多藏语甘南牧区方言谚语。流行于以大夏

河、黄河、白龙江、洮河流域为主的甘南地区。高度赞扬了谦虚谨慎、胸怀大志、学识渊博的智者，批判了在学习和生活中上骄傲自大、华而不实、脆而不坚愚者的虚伪本性。给人们讲明了“虚心使人进步，骄傲使人落后”的道理，忠告人们向智者那样扎扎实实地学习知识，绝不能自欺欺人。罗赛搜集、整理，索南龙珠汉译。今藏甘南藏族自治州政协原副主席罗赛处。（华锐·东智）

河柳易曲，山柳易断

ལྕང་མ་གླང་མ་ཡིན་དུས་བཀུག་ན་ཁུག །
གླང་མ་ལྕང་མའི་ལོག་དུས་དགུག་ན་འཆག །

Lcang ma glang ma yin dus bkug na khug
Glang ma lcang mavi log dus dgug na vchag

安多藏语甘南牧区方言谚语。流行于以大夏河、黄河、洮河流域为主的甘南地区。从正面批判了思想意志不坚定的弱者。罪孽深重、贪嗔痴烦恼粗猛的人，当某种因缘契合时，也会变得行为端善。罗赛搜集、整理，索南龙珠汉译。今藏甘南藏族自治州政协原副主席罗赛处。

（华锐·东智）

柳条长得长也难成矛柄，毛驴跑得快却难被上师骑

ལྕང་མ་སྐྱེ་སྟོབས་ཆེའང་དཔའ་བོའི་མདུང་ཤིང་མི་ཉན།།
བོང་བུ་གོམ་པ་ཡོད་ཀྱང་བླ་མའི་བཅིབ་པ་མི་ཉན།།

Lcang ma skye stobs chevng dpav bovi mdung shing mi nyan
Bong bu gom pa yod kyang bla mavi bcib pa mi nyan

安多藏语甘南牧区方言谚语。流行于以大夏河、黄河、白龙江、洮河流域为主的甘南地区。身为愚者却不自知的人，是难以引导促其觉醒的最可怜的人。谚语奉劝诸位学人，千万不要自我满足，应时时刻刻观察提醒自己：“大海要成为水的宝库，必须汇集所有的江河。”罗赛搜集、整理，索南龙珠汉译。今藏甘南藏族自治州政协原副主席罗赛处。（华锐·东智）

黄河清澈时，要看得见金鱼

ཆུ་རྨ་ཆུ་མཐའ་ནས་དྭངས་དགོས།། ཉྭ་གསེར་མིག་ལྷང་ལ་འབུད་དགོས།།

Chu rma chu mthav nas dwangs dgos
Nywa gser mig lhang la vbud dgos

安多藏语甘南牧区方言谚语。流行于以大夏河、黄河、洮河流域为主的甘南地区。谚语警告我们：愚者就像魔鬼见不得阳光一样逃避学者。当阳光普照大地时，为世间带来光明和温暖，大多数众生都会觉得舒适，都向往光明。但是魔鬼却惧怕太阳强烈的光芒，纷纷躲进不见阳光的阴暗角落。懂得这些道理后，切不可明知故犯、自甘堕落，应恭敬一切学者和善知识，勇敢地追求光明。罗赛搜集、整理，索南龙珠汉译。今藏甘南藏族自治州政协原副主席罗赛处。（华锐·东智）

水中生息的鱼獭，原野生长的禽兽

ཆུ་ལ་གནས་པའི་ཉ་སྲམ།། སྤང་ལ་འཁོར་བའི་རི་དྭགས།།

chu la gnas pavi nya sram spang la vkhor bavi ri dwags

安多藏语甘南牧区方言谚语。流行于以大夏河、黄河、洮河流域为主的甘南地区。对世间一般人来讲，希望拥有地位、权势和自由。殊不知，国王的地位、权势也无恒久，如娇美的花朵霎时凋零。如果为王不仁，徒造诸多恶业，终将会遭到失败。谚语教导世人：具有善法、智慧崇高的人才真正是伟大的人，他们生生世世都会为众生谋福造利，自利利他的功德永恒持久。罗赛搜集、整理，索南龙珠汉译。今藏甘南藏族自治州政协原副主席罗赛处。（华锐·东智）

经书有源，说话有喻

ཆོས་རེ་ལ་ལུང་རེད།། གཏམ་རེ་ལ་དཔེ་རེད།།

chos re la lung red gtam re la dpe red

安多藏语甘南牧区方言谚语。流行于以大夏河、黄河、白龙江、洮河流域为主的甘南地区。智者能够对事物进行观察、独立思维，一言一行，稳重严谨，不论何事，都会首先加以观察分析，通盘考虑。即便附和他人，也是“择其善者而从之，其不善者而改之”。而愚者做事盲目，说话没有准谱，听风就是雨，指鹿为马亦点头，总是人云亦云，随声附和。罗赛搜集、整理，索南龙珠

汉译。今藏甘南藏族自治州政协原副主席罗赛处。

（华锐·东智）

浑水者是青蛙，断草者是老鼠

ཆུ་རྙོག་མཁན་སྦལ་བ་རེད།། རྩྭ་གཏུབས་མཁན་ཙི་གུ་རེད།།

Chu rnyog mkhan sbal ba red

Rtswa gtubs mkhan tsi gu red

安多藏语甘南牧区方言谚语。流行于以大夏河、黄河、白龙江、洮河流域为主的甘南地区。无论何时何地，愚者追求财富的欲望永远不得满足，坐在钱堆里还想钱。这种人为了得到钱财不择手段，就算是父母兄妹等亲友的财产也会强抢豪夺。罗赛搜集、整理，索南龙珠汉译。今藏甘南藏族自治州政协原副主席罗赛处。

（华锐·东智）

河水是流的，河岸是留的

ཆུ་བོ་མི་འདུག་བཞུར་ནོ་རེད།། གྲམ་པ་མི་བཞུར་འདུག་ནོ་རེད།།

Chu bovi mi vdug bzhur no red

Gram pa mi bzhur vdug no red

安多藏语甘南牧区方言谚语。流行于以大夏河、黄河、白龙江、洮河流域为主的甘南地区。俗语说："美酒越老越香，朋友越老越好。"亲近了多年的老朋友，彼此互相有深厚的情义，是珍贵的挚友，故不可轻易舍弃。对于无关紧要的事，不要和朋友斤斤计较，更不可把细微小事当成天大的事，旧朋良友乃人生最珍贵的财富，所以说"人者量宽为要，固交友谊长存"。罗赛搜集、整理，索南龙珠汉译。今藏甘南藏族自治州政协原副主席罗赛处。

（华锐·东智）

别向大河抛石，别向大人绮语

ཆུ་ཆེན་ལ་རྡོ་མ་རྒྱག། མི་ཆེན་ལ་ཁ་མ་གཏོང་།།

chu chen la rdo ma rgyag mi chen la kha ma gtong

安多藏语甘南牧区方言谚语。流行于以大夏河、黄河、洮河流域为主的甘南地区。愚者不懂得学问的可贵，对于学者也就自然不会去恭敬。他们的追求、嗜好与学者完全相反，再加上恶劣的本性，非但不会恭敬学者，反而还会加以毁损。这样的人若是聚集一处，便是同流合污，在学者面前耀武扬威，狂傲至极。罗赛搜集、整理，索南龙珠汉译。今藏甘南藏族自治州政协原副主席罗赛处。

（华锐·东智）

临死遗言别多，临睡喝茶别多

འཆི་ཁ་གཏམ་མ་མང་།། ཉལ་ཁ་ཆུ་མ་མང་།།

vchi kha gtam ma mang nyal kha chu ma mang

安多藏语甘南牧区方言谚语。流行于以大夏河、黄河、白龙江、洮河流域为主的甘南地区。"天下没有不散的宴席。"自己与家人、亲戚、朋友乃至一切眷属都是离别的本性，有会聚就必然有分离。既然已经知道这些道理，人们就不应该浑浑噩噩地消磨时光，一味地追求空花水月般的享乐。罗赛搜集、整理，索南龙珠汉译。今藏甘南藏族自治州政协原副主席罗赛处。

（华锐·东智）

幼小时抢食，长大时抢衣

ཆུང་དུས་ཁ་ནས་ཟས་བཅད།། ཆེ་དུས་རྒྱབ་ནས་གོས་འཕྲོག།

chung dus kha nas zas bcad che dus

rgyab nas gos bphog

安多藏语甘南牧区方言谚语。流行于以大夏河、黄河、白龙江、洮河流域为主的甘南地区。"近朱者赤，近墨者黑。""从善成善，随盗成盗。"良好的家规能够培养出有用人才，恶劣的家规能使出现国之乱臣、家之败子，这虽不是绝对的，但也是普遍现象。谚语诚辞恳切地讲述人生立身的道理，以提倡社会美德，抑制社会的阴暗面，具有良好的社会效益。罗赛搜集、整理，索南龙珠汉译。今藏甘南藏族自治州政协原副主席罗赛处。

（华锐·东智）

防水要修坝，防灾要施咒

ཆུ་མ་འོང་གོང་ལ་ཆུ་རགས།། རྐྱེན་མ་འོང་གོང་ལ་བཟློག་པ།།

Chu ma vong gong la chu rags

Rkyen ma vong gong la bzlog pa

安多藏语甘南牧区方言谚语。流行于以大夏河、黄河、洮河流域为主的甘南地区。对正直的学者应当恭敬地依止，而对狡诈的学者则应小心谨慎地对待。品行正直学问高深的人从古至今都是世人推崇的对象，他们无论到哪里都会使当地蓬荜生辉，显得更庄严。对于狡诈者，无论他具有多么丰富和高深的学识，我们在与之接触交往时一定要小心谨慎，切莫疏忽上当。罗赛搜集、整理，索南龙珠汉译。今藏甘南藏族自治州政协原副主席罗赛处。（华锐・东智）

水中鱼，岩上鹰

ཆུ་ལ་གནས་པའི་ཉ་སྲམ།། བྲག་ལ་འཁོར་བའི་རྒོད་པོ།།

chu la gnas pavi nya sram brag la vkhor bavi rgod po

安多藏语甘南牧区方言谚语。流行于以大夏河、黄河、白龙江、洮河流域为主的甘南地区。智慧贤良的人即使遇到生命的危难，也根本不会舍弃他本有的善良本性，面对严峻的生死考验同样能克服、忍受。人因根基的差别而有了人格上的贤劣，有些人对事业的追求始终如一，而有些人则恰恰相反，无论怎样善加劝导调教，他们的心犹如磐石难以转变向善，这样的人格恶劣，难以成就。罗赛搜集、整理，索南龙珠汉译。今藏甘南藏族自治州政协原副主席罗赛处。

（华锐・东智）

喝酒人变坏，吹牛嘴变坏

ཆང་འཐུང་ན་མི་མི་བཟང་།། ལབ་བརྒྱབ་ན་ཁ་མི་བཟང་།།

chang vthung na mi mi bzang lab brgyab na kha mi bzang

安多藏语甘南牧区方言谚语。流行于以大夏河、黄河、洮河流域为主的甘南地区。放逸是一切过错的根源，世间的许多过错、各类事故往往都源于放逸。待人处事，若不谨慎仔细，常时自吹自擂，不观察取舍、草率行事、轻信别人，最终会损害集体的利益，毁坏自他。罗赛搜集、整理，索南龙珠汉译。今藏甘南藏族自治州政协原副主席罗赛处。（华锐・东智）

近白塔则白，近铁锅则黑

མཆོད་རྟེན་ལ་འགྲོགས་ན་དཀར་རྩི།། སླ་ང་ལ་འགྲོགས་ན་དྲི་སྨག །

Mchod rten la bgrogs na dkar rtsi

Sla nga la vgrogs na dri smag

安多藏语甘南牧区方言谚语。流行于以大夏河、黄河、白龙江、洮河流域为主的甘南地区。俗语说得好："近朱者赤，近墨者黑。""从善成善，随盗成盗。"愚者浅慧少学，不明因果，不辨善恶，往往是黑白颠倒，对善事不愿做，对善知识不恭敬不依止；对恶事笑脸相迎，做亦无悔。对待恶人则是一拍即合，亲上加亲，到头来是非难辨，罪业递增，只会变得更蠢、更恶、更痛苦。罗赛搜集、整理，索南龙珠汉译。今藏甘南藏族自治州政协原副主席罗赛处。（华锐・东智）

河水源头浑浊不会澄清，纪律领导不遵无法贯彻

ཆུ་མགོ་ནས་བསྙོགས་ན་དྭངས་མེད།། སྒྲིག་མགོ་ནས་བཤིག་ན་སྡོམས་མེད།།

Chu mgo nas bsnyogs na dwangs med

Sgrig mgo nas bshig na sdoms med

安多藏语甘南牧区方言谚语。流行于以大夏河、黄河、白龙江、洮河流域为主的甘南地区。良臣在位，尊之荣之；奸恶篡位，鸣鼓而攻。谚语严厉谴责昏君庸臣利用手中掌握的权力独断专行、残酷无道、耀武扬威、无法无天的卑劣行径。罗赛搜集、整理，索南龙珠汉译。今藏甘南藏族自治州政协原副主席罗赛处。（华锐・东智）

洪水要治，雨水要避

ཆུ་ལོག་ལ་འཐབ་དགོས།། ཆར་ཞོད་ལ་བྱོལ་དགོས།།

chu log la vthab dgos char zhod la byol dgos

安多藏语甘南牧区方言谚语。流行于以大夏河、黄河、洮河流域为主的甘南地区。若能诚心诚意向高尚、知识渊博的学者常常询问请教，无论是谁都能常时感受安乐。中国历来提倡"仁、义、礼、智、信"，做人首先须具仁慈之心，进而以合乎时宜的道义相辅。罗赛搜集、整理，索南龙珠汉译。今藏甘南藏族自治州政协原副主席罗赛处。（华锐・东智）

不喝酒非藏人，无酒量非好汉

ཆང་མ་འཐུང་ན་བོད་མིན།། ཆང་མ་ཆུམས་ན་བུ་མིན།།

chang ma vthung na bod min chang ma chums na bu mun

安多藏语甘南牧区方言谚语。流行于以大夏

河、黄河、白龙江、洮河流域为主的甘南地区。谚语通过藏族人民的生活情趣，揭示了道理：浅学的人往往显得极其骄傲，有学之士却是谦逊、温和有礼。正如溪水经常“哗哗”地响，而大海却从来不喧嚣。所以，浅薄的愚者即如麦秸一般只能飘浮于水面，动荡不安，华而不实。而德才内隐的智者则如沉入水底的宝石一样稳重，真实无虚。罗赛搜集、整理，索南龙珠汉译。今藏甘南藏族自治州政协原副主席罗赛处。（华锐·东智）

小河响声大，小人口气大

ཆུ་ཆུང་ལ་ཝུར་སྒྲ་ཆེ༎ མི་ཆུང་ལ་ཁ་ལབ་ཆེ༎

chu chung la vur sgra che mi chuang la kha lab che

安多藏语甘南牧区方言谚语。流行于以大夏河、黄河、白龙江、洮河流域为主的甘南地区。有些愚笨的人，偶尔凭运气会得到一些势力，同时极易滋长傲慢情绪，甚至妄夸海口，轻许诺言，尽显目空一切的狂傲本色，一旦机缘失去，他们必定会衰败。所以，傲慢是人生的大敌，依此而毁坏自己。相反谦虚便成了良朋益友，依靠它可以增长许多知识，办成一切事业。罗赛搜集、整理，索南龙珠汉译。今藏甘南藏族自治州政协原副主席罗赛处。（华锐·东智）

看表知里

ཆ་ན་རོའི་ཆོ་ག་བལྟས་ན༎ ག་ན་རོའི་གོ་དོན་ལོས་གོ༎

cha na rovi cho ga bltas na ga na rovi go don los go

安多藏语甘南牧区方言谚语。流行于以大夏河、黄河、白龙江、洮河流域为主的甘南地区。谚语告诫人们：为人处事，应具足稳重的性情，不可喜怒于行色。看看那些事业有成的伟人，在事业遭衰损时，毫不气馁，不断总结经验、教训，默默地用功精进；当事业成功之时，不骄不傲，继续努力以期更上一层楼。罗赛搜集、整理，索南龙珠汉译。今藏甘南藏族自治州政协原副主席罗赛处。（华锐·东智）

在一瓢水中，怎容一庹鱼

ཆུ་ཐོམ་གང་གི་ནང་ན༎ ཉ་འདོམ་གང་ཨེ་ཆུད༎

chu thom gang gi nang na nya vdom gang ae chud

安多藏语甘南牧区方言谚语。流行于以大夏河、黄河、洮河流域为主的甘南地区。智慧浅薄的劣者或胆小怕事的懦夫都称作小人，这样的人虽然聚集很多，却不能办成一件大事，正所谓“成事不足，败事有余”。小人本性卑劣、浅识少慧，遇事不能合理地抉择，行事不会全面有序地安排。众多小人商议也得不到解决的办法，只会酿成“人多嘴多瞎捣乱”的局面。罗赛搜集、整理，索南龙珠汉译。今藏甘南藏族自治州政协原副主席罗赛处。（华锐·东智）

雨滴汇成大海，小石堆成大山

ཆུ་ཐིག་བསོགས་ནས་རྒྱ་མཚོ༎ ས་ཐོ་བརྩིགས་ནས་རི་རབ༎

chu thig bsog nas rgya mtsho sa tho brtsigs nas ri rab

安多藏语甘南牧区方言谚语。流行于以大夏河、黄河、白龙江、洮河流域为主的甘南地区。大海身居低位，所有山川湖泊、大江小河的水都会自然而然地向它流去。学者堪称知识的宝库，即便是学富五车、才高八斗，也会虚心精进地吸取其他知识。正如伟人所言：“知识愈多，愈觉学问的不足。”罗赛搜集、整理，索南龙珠汉译。今藏甘南藏族自治州政协原副主席罗赛处。

（华锐·东智）

羊皮能盛酒，人皮却不能

ཆང་རག་ར་ལྤགས་ཀྱིས་ཐུམ༎ མི་ལྤགས་ཀྱིས་མི་ཐུམ༎

chang rag ra lpags kyis thum mi lpags kyis mi thum

安多藏语甘南牧区方言谚语。流行于以大夏河、黄河、洮河流域为主的甘南地区。对某些人有利益的事情，对另外的人却不一定有利。比如蒜头治疗风寒之类的病虽然很有效，而对胆病来说却有很大的毒性。事物总是相对的，有美好就必然有丑陋来对比，有利益就必然有害处来相对，所谓“金无足赤，人无完人”。罗赛搜集、整理，索南龙珠汉译。今藏甘南藏族自治州政协原副主席罗赛处。（华锐·东智）

好泉眼会聚龙女，污染时会生疾病

ཆུ་མིག་བཟང་བོར་ཀླུ་མོ་འཁོར༎ མ་གཙང་གྲིབ་ཀྱིས་མཛེ་ནད་འགོས༎

Chu mig bzang bor klu mo vkhor

Ma gtsang grib kyis mdze nad vgos

安多藏语甘南牧区方言谚语。流行于以大夏

河、黄河、洮河流域为主的甘南地区。谚语告诫世人：无论做什么事情都不能违背世规以及佛规。只要自己不做亏心事，行得正、走得直，就不怕别人说短论长。不管别人如何评价、如何诽谤，实际上都不会对自己造成什么伤害。正如俗语所言："心里没冷病，不怕冷言侵。"罗赛搜集、整理，索南龙珠汉译。今藏甘南藏族自治州政协原副主席罗赛处。 （华锐·东智）

不怕跳河自尽者，何惧河边观看者

ཆུ་ནང་ལ་ལྕེབས་མཁན་མི་སྐྲག་ན།། ཆུ་ཁར་འདུག་མཁན་ཅི་ལ་སྐྲག།

Chu nang la lcebs mkhan mi skrag na

Chu khar vdig mkhan ci la skrag

安多藏语甘南牧区方言谚语。流行于以大夏河、黄河、洮河流域为主的甘南地区。谚语从反面教育我们：德行高超的智者拥有各种功德，具足各种优点，诸如智慧圆满、学识渊博、乐善好施，其表里如一、言行一致，无论哪方面都值得世人夸赞、学习。愚者浑身上下却被诸多过患充满，做任何事都受人指责、嗤笑。罗赛搜集、整理，索南龙珠汉译。今藏甘南藏族自治州政协原副主席罗赛处。 （华锐·东智）

自己懂的经要自己念，自己懂的事要自己干

ཆོས་རང་གི་ཤེས་པ་རང་གིས་འདོན།། བྱ་རང་གི་ཤེས་པ་རང་གིས་ལས།།

Chos rang gi shes pa rang gis vdon

Bya rang gi shes pa rang gis las

安多藏语甘南牧区方言谚语。流行于以大夏河、黄河、白龙江、洮河流域为主的甘南地区。任何一件事情，假若是自己所喜爱的，那么应该将之交与他人去做。相反，凡是自己喜欢的、感兴趣的事情，皆应考虑让给他人。"先天下之忧而忧，后天下之乐而乐""此乃发菩提之心"。罗赛搜集、整理，索南龙珠汉译。今藏甘南藏族自治州政协原副主席罗赛处。 （华锐·东智）

运气不好，门口倒霉

ཆི་རྟགས་སྒོ་ལམ་ནང་ན་ཡོད།། ཆག་སྒོ་ཆོན་ཐག་བར་ནས་འབུད།།

Chi rtags sgo lam nang na yod

Chag sgo chon thg bar nas vbu

安多藏语甘南牧区方言谚语。流行于以大夏河、黄河、洮河流域为主的甘南地区。卑劣之人是"小人怨天，人人都嫌"，他们交友往往都是为了某种利益：金钱、名誉、地位、权势等，总以"小人之心度君子之腹"，认为与他相处的人也是伪善的、不诚恳的。最终往往会得到各种罪业和报应。罗赛搜集、整理，索南龙珠汉译。今藏甘南藏族自治州政协原副主席罗赛处。 （华锐·东智）

水源浑河尾不清，话出口不可收回

ཆུ་མགོ་ནས་བརྙོགས་དུས་རྔ་མ་དྭངས་རྒྱུ་མེད།།

ཚིག་མགོ་ནས་ཤོར་དུས་རྔ་མ་བསྡུམ་རྒྱུ་མེད།།

Chu mgo nas brnyogs du rnga ma dwangs rgyu med

Tshig mgo nas shor dus rnga ma bsdum rgyu med

安多藏语甘南牧区方言谚语。流行于以大夏河、黄河、白龙江、洮河流域为主的甘南地区。谁说了不合时宜的话语，那么他就会受到众人的轻视与凌辱。不合时宜的话语，即不观察时间、地点，不管应说不应说而大大咧咧地随心所欲，这样的人不但会容易伤害别人，也会贬低自己。罗赛搜集、整理，索南龙珠汉译。今藏甘南藏族自治州政协原副主席罗赛处。 （华锐·东智）

无能人用牙咬水，无理人用骗乱人心

ཆོད་མེད་པས་ཆུ་ནང་ལ་སོ་རྒྱག་བྱས།།

བདེན་མེད་པས་ཁ་རྫུན་གྱིས་སེམས་ཁ་དཀྲུགས།།

Chod med pas chu nang la so rgyag byas

Bden med pas kha rdzun gyis sems kha dkrugs

安多藏语甘南牧区方言谚语。流行于以大夏河、黄河、洮河流域为主的甘南地区。狡猾的骗子极擅伪装，说出的话非常甜蜜，在未经观察、了解之前千万不要轻易相信。比如孔雀不但体态优美，而且声音悦耳动听，然而它所食用的都是毒物。所以，逢人遇事都要认真观察，俗话说"画龙画虎难画骨，知人知面不知心"。罗赛搜集、整理，索南龙珠汉译。今藏甘南藏族自治州政协原副主席罗赛处。 （华锐·东智）

法无传承不能修，话无真理不能讲

ཆོས་གདམས་ངག་མེད་ན་འདོན་མི་རུང་།།

གཏམ་བདེན་ལུགས་མེད་ན་བཤད་མི་རུང་།།

Chos gdams ngag med na vdon mi rung

Gtam bden lugs med na bshad mi rung

安多藏语甘南牧区方言谚语。流行于以大夏河、黄河、洮河流域为主的甘南地区。告诫人们不管做任何事情都必须三思而后行，不可盲目行事，必须有理有据。罗赛搜集、整理，索南龙珠汉译。今藏甘南藏族自治州政协原副主席罗赛处。

（华锐・东智）

越诵菩提道经，嗔心越大；越积金银财宝，贪心越大

ཆོས་ལམ་རིམ་བཀླགས་ཀྱང་ཞེ་སྡང་ཇེ་ཆེ།།

ནོམ་བསོགས་པ་མང་ཡང་ཧམ་པ་ཇེ་ཆེ།།

Chos lam rim bklags kyang zhe sdang je che

Nom bsogs pa mang yang ham pa je che

安多藏语甘南牧区方言谚语。流行于以大夏河、黄河、白龙江、洮河流域为主的甘南地区。愚者获取财富后，行为变得更加恶劣，其贪心也会剧烈膨胀，嗔恨心也会更加厉害。恶人的本性即罪恶的根源，财富反倒成为助桀为虐的动力。罗赛搜集、整理，索南龙珠汉译。今藏甘南藏族自治州政协原副主席罗赛处。

（华锐・东智）

喝江水虽不饱却能解渴，听佛法虽不懂却利后世

ཆུ་གཙང་བོ་འཐུང་ནས་ཕོ་བ་མ་བརྒྱག་རུང་སྐོམ་སེལ།།

ཆོས་དམ་པ་ཉན་ནས་དོན་མ་གོ་རུང་ཕྱི་མར་ཕན།།

Chu gtsang bo vthung nas pho ba ma brgyag rung skom sel

Chos dam pa nyan nas don ma go rung phyi mar phan

安多藏语甘南牧区方言谚语。流行于以大夏河、黄河、洮河流域为主的甘南地区。谚语完全从宗教的角度出发，劝导人们：岁月流逝，昨天成为永远的过去，往昔所造的恶业只有以忏悔的方式清除，重要的是当下即应争分夺秒地修持善法，一定要从内心对佛法的因果生起坚定的信念。罗赛搜集、整理，索南龙珠汉译。今藏甘南藏族自治州政协原副主席罗赛处。

（华锐・东智）

法缘菩提次第，佛缘自成度母

ཆོས་སྐལ་བྱང་ཆུབ་ལམ་གྱི་རིམ་པ།། སྐུ་སྐལ་གསེར་ཟངས་སྒྲོལ་མ་རང་བྱོན།།

Chos skal byang chub lam gyi rim pa

Dku skal gser zangs sgrol ma rang byon

安多藏语甘南牧区方言谚语。流行于以大夏河、黄河、洮河流域为主的甘南地区。要办成一件宏伟巨大的事业时，当竭尽全力依靠善妙的好友。犹如烈火焚烧茂密的森林之时，也一定要依靠大风的帮助。俗语云："一个篱笆三个桩，一个好汉三个帮。"办成重大的事情，一个人无论多么有才能，若势单力孤，也难以遂愿。罗赛搜集、整理，索南龙珠汉译。今藏甘南藏族自治州政协原副主席罗赛处。

（华锐・东智）

传法轮之地，修佛塔之乡

ཆོས་ཀྱི་འཁོར་ལོ་བསྐོར་བའི་གནས།། རིང་བསྲེལ་མཆོད་རྟེན་ཆ་བརྒྱན་རྟེན།།

Chos kyi vkhor lo bskor bavi gnas

Ring bsrel mchod rten cha brgyan rten

安多藏语甘南牧区方言谚语。流行于以大夏河、黄河、白龙江、洮河流域为主的甘南地区。谚语将藏族文化巧妙地将宗教伦理道德观，特别是藏传佛教伦理道德观融入藏族社会伦理道德之中。劝导人们要行为温和、心地善良、奉行佛法、远离恶人、广采博纳。罗赛搜集、整理，索南龙珠汉译。今藏甘南藏族自治州政协原副主席罗赛处。

（华锐・东智）

勤行善，办公事

ཆོས་དཀར་བོའི་ཕྱོགས་ལ་མ་མཆོད་པ་མེད།།

སྡེ་ཁྲ་ཁྲའི་དོན་ལ་མ་རེམ་པ་མེད།།

Chos dkar bovi phyogs la ma bchod pa med

Sde khra khravi don la ma rem pa med

安多藏语甘南牧区方言谚语。流行于以大夏河、黄河、洮河流域为主的甘南地区。有智慧的人做任何事情都要经过周密的观察与思考，虽然有能力，却从不会以自我为中心，而是谦虚谨慎地待人处事，遇事先与别人商量，以求完善。常言说："人不可貌相，海水不可斗量""三个臭皮

匠顶个诸葛亮”阐述的就是这个道理。罗赛搜集、整理，索南龙珠汉译。今藏甘南藏族自治州政协原副主席罗赛处。 （华锐·东智）

酒不敬三没法喝，话无玩笑没法说

ཆང་ཐེངས་གསུམ་མ་མཆོད་འཐུང་སྲོལ་མེད།།
གཏམ་ཀུ་རེ་མེད་ལ་བཤད་སྲོལ་མེད།།

Chang thengs gsum ma mchod vthung srol med
Gtam ku re med la bshad srol med

安多藏语甘南牧区方言谚语。流行于以大夏河、黄河、白龙江、洮河流域为主的甘南地区。这句谚语形式生动活泼、有声有色、和谐有趣、说理有力，具有很强的哲理性、时代性、地域性。其中也可以看到一个民族的社会制度、风俗习惯、品德修养等发展变化的历史痕迹。罗赛搜集、整理，索南龙珠汉译。今藏甘南藏族自治州政协原副主席罗赛处。 （华锐·东智）

叔伯以下的议事，小孩以上的倾听

ཆེ་ཨ་ཁུ་མན་ཀྱི་གྲོས་བྱས།། ཆུང་བྱིས་པ་ཡན་གྱི་རྣས་ཉན།།

Che a khu man kyi gros byas
Chung byis pa yan gyi rnas nyan

安多藏语甘南牧区方言谚语。流行于以大夏河、黄河、洮河流域为主的甘南地区。谚语教导我们：即使是一个没有能力而十分虚弱的人，在身体上或是在智力等各方面稍显虚弱的人，仅依个人的力量则极难办成事情，而他们如果以种种方便寻找一个强而有力的人做靠山，依靠强者的力量也能轻而易举地办成诸事。如同水滴虽然极其渺小，但将其汇入大海，则永远也不会干涸。罗赛搜集、整理，索南龙珠汉译。今藏甘南藏族自治州政协原副主席罗赛处。 （华锐·东智）

不妨滴水，终会穿石

ཆུ་ཐིགས་སྔོན་དུ་མ་བཀག་ན།། བྲག་གི་རི་བོ་དབུག་ཉིན་ཡོད།།

chu thigs sngon du ma bkag na brag gi
ri bo dbug nyin yod

安多藏语甘南牧区方言谚语。流行于以大夏河、黄河、白龙江、洮河流域为主的甘南地区。天下的学问浩无边际，要想将一切所学问都精通，谈何容易？古人说：“书山有路勤为径，学海无涯苦作舟。”经过一番勤苦的学修终究能够到达生命的顶巅，获得一切智慧的果位。谚语深刻阐明了“滴水穿石”和“功夫不负有心人”的深邃道理。罗赛搜集、整理，索南龙珠汉译。今藏甘南藏族自治州政协原副主席罗赛处。

（华锐·东智）

深邃佛法在印度，具根受众在雪域

ཆོས་ཟབ་མོ་རྒྱ་གར་ཡུལ་ཡོད།། སྣོད་གདུལ་བྱ་གངས་ཅན་བོད་ན་ཡོད།།

Chos zab mo rgya gar yul yod
Snod gdul by gangs can bod na yod

安多藏语甘南牧区方言谚语。流行于以大夏河、黄河、洮河流域为主的甘南地区。一种源于生命、源于自然而来的强悍与悲壮的精神气质，从饱满而热情的世俗情感走向了旷远、安详而静谧的一种宗教情感。心智渐渐脱离了愚莽，平和慢慢取代了躁动，和平托举起人性的关爱。藏民族最终选择了一种更适合本民族生存与发展，给心灵于更多关怀、给精神以更多抚慰的以佛教思想为指导的伦理道德。罗赛搜集、整理，索南龙珠汉译。今藏甘南藏族自治州政协原副主席罗赛处。

（华锐·东智）

河岸水葬，山顶天葬

ཆུ་ཁའི་ཤི་ན་ཆུ་རོ།། ལ་ཁའི་ཤི་ན་ལ་རོ།།

chu khavi shi na chu ro la khavi shi na la ro

安多藏语甘南牧区方言谚语。流行于以大夏河、黄河、洮河流域为主的甘南地区。不同时期政治、经济基础对民俗的形成起着决定性的作用。但是，我们还应该看到，民俗一旦形成便具有相对的稳定性，甚至当原有的政治、经济基础消失后，它仍然可顽强地保存下来。谚语从一个侧面真实地记录了藏族习俗文化的演变与发展过程。罗赛搜集、整理，索南龙珠汉译。今藏甘南藏族自治州政协原副主席罗赛处。 （华锐·东智）

除死外都许诺，除经外都欠债

འཆི་བ་མིན་པ་ཁས་བླངས།། མ་ཎི་མིན་པ་དོམ་བྱས།།

vchi ba min pa khas blangs ma ni min pa dom byas

安多藏语甘南牧区方言谚语。流行于以大夏

河、黄河、洮河流域为主的甘南地区。佛经中讲：一切安乐都从利益众生的心而生，所有的痛苦都是从伤害众生的心而生。愚蠢的人不知苦乐的根源，又不顾及自己今生薄福少德的根本原因，却妄求财富和身心安乐。通过正当的渠道，他们得不到财富，为了满足个人的贪欲便铤而走险，欺骗、敲诈、盗窃。谚语深刻地批判了这种丑恶的社会现实。罗赛搜集、整理，索南龙珠汉译。今藏甘南藏族自治州政协原副主席罗赛处。

（华锐·东智）

讲规律知究竟，讲习俗知次序

ཆོས་ཉིད་བཤད་ན་དེ་ཉིད་ཤེས། འཇིག་རྟེན་བཤད་ན་མགོ་རྔ་རྟོགས།

Chos nyid bshad na de nyid shes

Vjig rten bshad na mgo rnga rtogs

安多藏语甘南牧区方言谚语。流行于以大夏河、黄河、洮河流域为主的甘南地区。谚语强调，无论做什么事都要遵循自然法则：从世间法的角度来讲，应该恩怨分明；从学佛修行的角度来讲，应知一切众生都有自己的母亲，理当报众生之母恩。“受人滴水之恩，当以涌泉相报”讲的也是这个道理。罗赛搜集、整理，索南龙珠汉译。今藏甘南藏族自治州政协原副主席罗赛处。（华锐·东智）

长话短说，短话简说

ཆེ་བཤད་ཆུང་བཤད་བྱས། ཆུང་བཤད་བསྡུས་བཤད་བྱས།

che bshad chung bshad byas chung bshad

bsdus bshad byas

安多藏语甘南牧区方言谚语。流行于以大夏河、黄河、洮河流域为主的甘南地区。如果遇到相应时宜且合意的环境时，应当以谨慎的态度说少量的话语。虽然都是善妙之说，但若过多，就如市场上销售不出去的剩货一样无人需求。俗话说“敌中作战难，人中说话难”，古人言“夫人不言，言必有中”，精通语言艺术的人讲话的态度很谦虚，温和礼貌，无论大事或小事皆不会乱说，所说都能抓住重点。罗赛搜集、整理，索南龙珠汉译。今藏甘南藏族自治州政协原副主席罗赛处。（华锐·东智）

得了感冒吃大蒜，有了蒜味用水洗

ཆམ་པ་བྱུང་ན་སྒོག་པ་དཀར་པོ་བཟོ།

ཁ་དྲི་ངན་པ་ཆུ་ཡིས་བཤལ་བཤལ་ཐོངས།

Cham pa byung na sgog pa dkar po bzo

Kha dri ngan pa chu yia bshal bshal thongs

安多藏语甘南牧区方言谚语。流行于以大夏河、黄河、洮河流域为主的甘南地区。虽然是一位拥有大智慧、学识渊博、博学多闻的智士，在各自领域中出类拔萃，但也很难认识自己的过错；假如众人指出自己的错处，就能推知自己有这些过失，正如古人所言“知人易而自知难”。谚语教诲人们要知错就改，迎难而上。罗赛搜集、整理，索南龙珠汉译。今藏甘南藏族自治州政协原副主席罗赛处。（华锐·东智）

念经时瞌睡，见肉时微笑

ཆོས་ཐར་མདོ་འདོན་དུས་གཉིད་གཏུབ། ཤ་ཚོན་པོ་རིག་དུས་འཛུམ་བསྟན།

Chos thar mdo vdon dus gnyid gtub

Sha tshon po rig dus vdzum bstan

安多藏语甘南牧区方言谚语。流行于以大夏河、黄河、白龙江、洮河流域为主的甘南地区。古人言：“不食则饥，不学则愚。”人不怕没有智慧，怕的是不勤学苦练、好吃懒做。不曾精进的懒惰者一般都没有高深的学问，要想真正拥有智慧、办成事业极其困难。谚语阐明了“勤能补拙是良训，一分辛苦一分才”的深邃道理。罗赛搜集、整理，索南龙珠汉译。今藏甘南藏族自治州政协原副主席罗赛处。（华锐·东智）

水中画画无印迹，绳子难拴空中虹

ཆུ་ལ་རི་མོ་བྲིས་ན་གཟུགས་མེད།

འཇའ་ལ་ཞགས་པ་འཕངས་ན་འཐོག་མེད།

Chu la ri mo bris na gzugs med

Vjav la zhags pa vphangs na vthog med

安多藏语甘南牧区方言谚语。流行于以大夏河、黄河、洮河流域为主的甘南地区。若仔细观察分析以后才采取行动，那么他所做的事情就不会遭到失败，所谓谨慎不可流于小器。谨慎处世，即能得人信任，在人与人、人与社会之间，一切都言而有信，即使失败了，别人也不会埋怨。谚

语强调了智慧的重要性和做事的艰辛。罗赛搜集、整理，索南龙珠汉译。今藏甘南藏族自治州政协原副主席罗赛处。（华锐・东智）

河水长流，岩石难阻

ཆུ་མ་ཀླུང་ཕྱུགས་མོ་དལ་འབབ་ལ།།
དགྲ་བྲག་འཕྲང་རྡོ་ཡིས་འགོག་དོན་མེད།།

Chu rm klung phyugs mo dal vbab la

Dgra brag vphrang rdo yis vgog don med

安多藏语甘南牧区方言谚语。流行于以大夏河、黄河、白龙江、洮河流域为主的甘南地区。谚语极力批判了心怀叵测的奸诈小人。对于慈悲善良的正士，愚笨的劣者会特别对他加以欺凌，因为恶劣的人嫉妒心非常炽盛，他们一见到具足无量功德的有知识的人，处处受人恭敬供养时，嫉妒的火焰便会盛燃，烧得他焦头烂额、坐立不安。罗赛搜集、整理，索南龙珠汉译。今藏甘南藏族自治州政协原副主席罗赛处。

（华锐・东智）

德高上师的灌顶，临终之时知法力

ཆོས་བྱིན་ཅན་བླ་མའི་དབང་ལུང་དེ།།
ཤི་དམྱལ་བར་འགྲོ་ཉིན་མཚར་པོ་ཡོད།།

Chos byin can bla mavi dbang lung de

Shi dmyal bar vgro nyin mtshar bo yod

安多藏语甘南牧区方言谚语。流行于以大夏河、黄河、白龙江、洮河流域为主的甘南地区。好的名声是成就事业的助缘，是今生欢喜之因，积累广大的福德资粮又是来世欢喜之因。除此之外，光凭财富享受，智者绝对不会生欢喜心。拥有好的名声对弘法利生事业起到很大的推动作用，正所谓“美名传千里，不请自来众”。罗赛搜集、整理，索南龙珠汉译。今藏甘南藏族自治州政协原副主席罗赛处。（华锐・东智）

要知儿不会念诵渡亡经，怎能请其当亡父超度师

ཆོས་ཀུན་རིག་གསུང་རྒྱུ་མེད་པ་ཤེས་ན།། ཕ་ཤི་བའི་སྣས་མགོར་ཅི་ལ་འདྲེན།།

Chos kun rig gsung rgyu med pa shes na

Pha shi bavi snas mgor ci la vdren

安多藏语甘南牧区方言谚语。流行于以大夏河、黄河、白龙江、洮河流域为主的甘南地区。谚语忠告我们：事业的失败都起于对因果的无知，因此学识对人类无比重要。知识的传播必须依赖于智慧深广的学者，但是狂妄无知的愚者偏偏认识不到知识的重要和学者的可贵。罗赛搜集、整理，索南龙珠汉译。今藏甘南藏族自治州政协原副主席罗赛处。（华锐・东智）

帐篷绳上喜鹊鸣，那是远客到来兆

ཚོན་མགོའི་སྐྱ་ཀ་ཅ་ར་ར།། རྨི་ལམ་མགྲོན་པོ་སླེབ་རན་ཟེར།།

chon vgovi skya ka ca ra ra rmi lam

mgron po sleb ran zer

安多藏语甘南牧区方言谚语。流行于以大夏河、黄河、白龙江、洮河流域为主的甘南地区。是历史以来藏族人民对生活经验的总结，就像是天空密布浓厚的乌云时，即表示天将降甘露滋润大地万物一样。不但反映出了本民族的思想意识，而且表现出了强烈的地域性和民族性。罗赛搜集、整理，索南龙珠汉译。今藏甘南藏族自治州政协原副主席罗赛处。（华锐・东智）

酒后疼痛，难用药治

ཆང་གི་གཟེར་མགོ་ནོན་ནོན་ཙམ།། གསོ་སྨན་གང་ལ་ནུས་དཀོན་ཟེར།།

chang gi gzer mgo non non tsam gso

sman gang la nus dkon zer

安多藏语甘南牧区方言谚语。流行于以大夏河、黄河、白龙江、洮河流域为主的甘南地区。谚语从一个侧面反映了道理：金钱并非万能，如果自己具足智慧，不花钱也容易成事。一个了知道理、心地善良、仁义慈悲、谈吐不凡的人，去到任何一个地方都会大受欢迎，无论他要办成什么事情，都比较容易成功。罗赛搜集、整理，索南龙珠汉译。今藏甘南藏族自治州政协原副主席罗赛处。（华锐・东智）

无边大海汇大地，终被热量干枯

ཆུ་རྒྱ་མཚོ་མཐའ་མེད་དོག་མོར་འཁྱིལ།།
ཚོད་མ་ཟིན་འབྱུང་པའི་དྲོད་ཀྱིས་སྐམ།།

Chu rgya mtsho mtsav med dog mor vkhyil

Tshod ma zin vbyung pavi drod kyis skam

安多藏语甘南牧区方言谚语。流行于以大夏

河、黄河、白龙江、洮河流域为主的甘南地区。不要因穷困而极度忧伤，也不要因富有而沾沾自喜。人生的旅途没有坦荡如砥、一帆风顺，酸甜苦辣充满其中，种种苦乐随后还会出现。俗语说“乐极生悲，苦尽甘来。”话语极其朴素，道理却令人警觉。罗赛搜集、整理，索南龙珠汉译。今藏甘南藏族自治州政协原副主席罗赛处。

（华锐·东智）

想显美，装饰要丰富；想显威，自己要勇敢

ཆ་བྱད་ཆེ་ན་མགོ་མཇུག་སུམ་དགོས།།

གྲབ་རྒྱགས་ཆེ་ན་གསེང་ན་ཡོད་དགོས།།

Cha byad che na mgo mjug sum dgos

Grab rgyags che na gseng na yod dgos

安多藏语甘南牧区方言谚语。流行于以大夏河、黄河、白龙江、洮河流域为主的甘南地区。能了知智愚之差别，且合理利用他们来办成事情的人才是真正的智者，此辨析之智慧、克服困难的决心即成事的关键，亦是一切事业圆满的根本。罗赛搜集、整理，索南龙珠汉译。今藏甘南藏族自治州政协原副主席罗赛处。（华锐·东智）

跳跃小河的本领，难能对付大江

ཆུ་ཕྲན་གཉའ་བ་མཆོང་མཆོང་དེ།། གཙང་རྒྱལ་ཆུ་ལ་འགྲོ་ས་མེད།།

Chu phran gnyav ba mchong mchong de

Gtsang rgyal chu la vgro sa med

安多藏语甘南牧区方言谚语。流行于以大夏河、黄河、白龙江、洮河流域为主的甘南地区。知识就是力量，也是构成巨大财富的源泉；愚昧从来没有给人带来幸福，幸福的根源也源于知识。所以有智之士皆以学习知识为本领，为人生乐事，他们精勤地攀登知识的高峰，攀得越高，眼前展现的景色就越壮阔。罗赛搜集、整理，索南龙珠汉译。今藏甘南藏族自治州政协原副主席罗赛处。

（华锐·东智）

法无主看谁勤，财无主看谁勇

ཆོས་བདག་མེད་སྙིང་རུས་སུ་ཆེ།། ཟོག་བདག་མེད་སྣང་བ་སུ་མཐོ་ཡིན།།

Chos bdag med snying rus su che

Zog bdag med snang ba su mtho yin

安多藏语甘南牧区方言谚语。流行于以大夏河、黄河、白龙江、洮河流域为主的甘南地区。谚语告诫人们：凡所承办之事，无论大小，初时都需要充分考虑，把握时机，衡量功过。无论做任何一件事，不但要勤劳勇敢，而且要思维其功德和过患，若功德与过失等量也不应去做，过患多于功德的事就更不用说了。罗赛搜集、整理，索南龙珠汉译。今藏甘南藏族自治州政协原副主席罗赛处。（华锐·东智）

江河昼夜不停，彩霞早晚显现

ཆུ་གཙང་པོ་ཉིན་འགྲོ་མཚན་འགྲོ།

དགུང་སྤྲིན་དཀར་ནངས་ལངས་དགུང་ལངས།།

Chu gtsang bo nyin vgro mtshan vgro

Dgung sprin dkar nangs langs dgung langs

安多藏语甘南牧区方言谚语。流行于以大夏河、黄河、白龙江、洮河流域为主的甘南地区。世人常言：“人不为己，天诛地灭。”人的自私心极强，凡事都为自己的利益做考虑。自己若想得到高尚的地位，就应舍弃自私自利心，一心一意利于他人，最终得到了人民的爱戴与拥护，就像是耀眼的彩霞，早晚会出现在世人的面前。罗赛搜集、整理，索南龙珠汉译。今藏甘南藏族自治州政协原副主席罗赛处。（华锐·东智）

扁头鳄鱼，是大海不得安宁的祸首

ཆུ་སྲིན་ཟེར་བའི་མགོ་ལེབ་དེ།། རྒྱ་མཚོ་དཀྲུག་པའི་གཏེ་བོ་ཡིན།།

Chu srin zer bavi mgo leb de

Rgya mtsho dkrug pavi gte bo yin

安多藏语甘南牧区方言谚语。流行于以大夏河、黄河、白龙江、洮河流域为主的甘南地区。大千世界美丑交错，人与人之间的关系更是错综复杂。谚语针对这样的现实，强调人与人之间一定要和睦相处、紧密团结。驳斥了言行不一、好坏不分、居心叵测、卑鄙无耻者的丑恶嘴脸。罗赛搜集、整理，索南龙珠汉译。今藏甘南藏族自治州政协原副主席罗赛处。（华锐·东智）

临死的嘛呢经值马，渴时的甘露水值牛

འཆི་ཁའི་མ་ཎི་རྟ་རིན༎ སྐོམ་པའི་ཆུ་ནག་མཛོ་རིན༎

Vchi khavi ma ni rta rin

Skom pavi chu nag mdzo rin

安多藏语甘南牧区方言谚语。流行于以大夏河、黄河、洮河流域为主的甘南地区。教导人们只有懂得知识重要性的人才会去尊重学者，知道学者的可贵。罗赛搜集、整理，索南龙珠汉译。今藏甘南藏族自治州政协原副主席罗赛处。

（华锐 · 东智）

对诵经者布施不能少，对佣人伙食不能断

ཆོས་འདོན་གྱི་འབུལ་བ་ཆུང་མི་ཉན༎ ལས་དཀའ་བའི་གླ་ཟས་ཆད་མི་ཉན༎

Chos vdon gyi vbul ba chung mi nyan

Las dkav bavi gla zas chad mi nyan

安多藏语甘南牧区方言谚语。流行于以大夏河、黄河、洮河流域为主的甘南地区。热情地歌颂了真善美，充满了敬奉三宝、皈佛解脱、诸恶莫为、各德行善、慷慨施舍等思想观念。充分体现了藏族人民的宗教思想、审美情趣和审美标准，将宗教教义自然地融入谚语文化之中。罗赛搜集、整理，索南龙珠汉译。今藏甘南藏族自治州政协原副主席罗赛处。（华锐 · 东智）

加入强盗心里空，掠物充财意义空

ཇག་པའི་བ་ཁར་སྡོད་དུས་སེམས་སྟོང་བ༎

འཁྱར་ཟོག་སྒོ་ཁར་བཏགས་དུས་དོན་སྟོང་བ༎

Jag pavi ba khar sdod dus sems stong ba

Vkhyar zog sgo khar btags dus don stongba

安多藏语甘南牧区方言谚语。流行于以大夏河、黄河、白龙江、洮河流域为主的甘南地区。人世间存在好坏、善恶与美丑的诸多差别，不懂得辨别善恶是非的人，缺乏智慧，不懂辨别善恶，更不会取舍抉择无恶不作，其恶行所导致的尽是损人不利己的后果。罗赛搜集、整理，索南龙珠汉译。今藏甘南藏族自治州政协原副主席罗赛处。

（华锐 · 东智）

人世间心情要一样，
圣地朝圣神界信仰要一样

འཇིག་རྟེན་མི་ཡུལ་ནས་སྣང་བ་མཐུན་དགོས༎

དགའ་ལྡན་ལྷ་ཡུལ་ནས་དད་པ་མཐུན་དགོས༎

Vjig rten mi yul nas snang ba mthun dgos

Dgav ldan lha yul nas dad pa mthun dgos

安多藏语甘南牧区方言谚语。流行于以大夏河、黄河、白龙江、洮河流域为主的甘南地区。品行高尚的智者遇难时不会丧失自己坚定的信念，更不会步愚者后尘。患难可以考验一个人的品格，非常的境遇才能显示出非凡的气节，浩劫来临时，也只有大智大勇的人才能抗争。谚语教导人们要尊敬学者、远离恶人，广采博纳，同心同德才能众志成城。罗赛搜集、整理，索南龙珠汉译。今藏甘南藏族自治州政协原副主席罗赛处。

（华锐 · 东智）

强盗和小偷身在山，心却在村庄的牲畜上

ཇག་ཆོམ་རྐུན་ཧྱུལ་ས་རི་ཡིན་ཡང་༎

སེམས་བསམ་པས་འཛིན་ས་སྒོ་ཕྱུགས་ཡིན༎

Jag chom rkun hyul sa ri yin yang

Sems bsam pas vdzin sa sgo phyugs yin

安多藏语甘南牧区方言谚语。流行于以大夏河、黄河、白龙江、洮河流域为主的甘南地区。卑劣的恶人总是借口利众生，但其真实行持的却全是罪恶的事，这种伪装贤善、假装利益众生的狡诈者，虽然对人笑容可掬，常说利他之语，在他心里塞满了“害人利己”的恶念。罗赛搜集、整理，索南龙珠汉译。今藏甘南藏族自治州政协原副主席罗赛处。（华锐 · 东智）

欲拜请穿绸缎来，欲美请擦净眼屎

མཇལ་འདོད་ན་གོས་ཚར་གྱོན་ལ་ཤོག །

ཡག་འདོད་ན་མིག་སྐྱག་ཕྱིས་ལ་ཤོག །

Mjal vdod na gos tshar gyon la shog

Yag vdod na nig skyag phyis la shog

安多藏语甘南牧区方言谚语。流行于以大夏河、黄河、白龙江、洮河流域为主的甘南地区。谚语把美丽看作是由多种因素构成的综合体，从而提出了衡量美的标准。通过对审美观的赏析，

以短小精悍的语言，热情赞美了真善美，辛辣地嘲讽了假恶丑，充分体现了藏族人民的审美情趣和审美标准。罗赛搜集、整理，索南龙珠汉译。今藏甘南藏族自治州政协原副主席罗赛处。

（华锐·东智）

熬茶要做到锅上没蒸汽，生火要做到烟囱不冒烟

ཇ་བསྐོལ་ན་སླ་ངའི་ཁ་ན་རླངས་པ་མི་ཡོང་།།
མེ་བུས་ན་དུད་ཁུང་ན་དུ་བ་མི་ཡོང་།།

Ja bskol na sla ngavi kha na rlangs pa mi yong ni

Me bus na dud khung na du ba mi yong ni

安多藏语甘南牧区方言谚语。流行于以大夏河、黄河、白龙江、洮河流域为主的甘南地区。业力面前人人平等，这也是万有的因果规律所决定。无论是愚人、恶人，还是有智有识之士，都必须承受自己造业而感召的果报。如果遭受业力的牵转，智者也会被命运捉弄，逼迫陷入愚人当中。罗赛搜集、整理，索南龙珠汉译。今藏甘南藏族自治州政协原副主席罗赛处。（华锐·东智）

肚中能装世间事的智者少，权力能征服四方的君主少

འཇིག་རྟེན་ཁོག་ཏུ་ཆུད་པའི་མཁས་པ་དཀོན།།
ཁམས་གསུམ་དབང་དུ་བསྡུ་པའི་དཔོན་པོ་དཀོན།།

Vjig rten khog tu chud pavi mkhas pa dkon

Khams dsum dbang du bsdu pavi dpon po dkon

安多藏语甘南牧区方言谚语。流行于以大夏河、黄河、白龙江、洮河流域为主的甘南地区。没有智慧的人即便聚集再多，也很容易被敌人制服。具有势力的大象虽然成群结队，却被一只具有智慧的兔子驱逐出境。愚者在各方面都不善巧，尤其是缺少正确的辨别能力，这样的人做任何事情都会惨遭衰损。罗赛搜集、整理，索南龙珠汉译。今藏甘南藏族自治州政协原副主席罗赛处。

（华锐·东智）

软是灰炭软，却能把眼瞎

འཇམ་ལ་ཐལ་བའི་འཇམ་མེད།། མིག་ཕུང་བ་ཐུལ་བའི་བཙོག་མེད།།

Vjam la thal bavi vjam med

Mig phung ba thul bavi btsog med

安多藏语甘南牧区方言谚语。流行于以大夏河、黄河、白龙江、洮河流域为主的甘南地区。谚语赞美了智者，讽刺了愚者。智者即便身处逆境，屡遭挫折，仍不屈不挠，遭受坎坷时毫不软弱，行为更加严谨，洞察形势，伺机重振，以智慧使自己变得更加顽强。愚钝懦弱的人，遇到违缘总是叫苦不迭、怨天尤人，更甭提重整旗鼓。罗赛搜集、整理，索南龙珠汉译。今藏甘南藏族自治州政协原副主席罗赛处。

（华锐·东智）

好茶叶在竹筐里，使人快乐的在肚皮里

ཇ་ཞིམ་པོ་ཤ་སྙིག་ནང་ན་ཡོད།། སྣང་དགའ་ས་ལྟེ་བའི་ཞབས་ན་ཡོད།།

Ja zhim po sha snyig nang na yod

Snang dgav sa lte bavi zhabs na yod

安多藏语甘南牧区方言谚语。流行于以大夏河、黄河、洮河流域为主的甘南地区。无论哪一种学问，在学修期间都必须要经历千辛万苦，身受种种磨难。智者在学修阶段都会经受艰难，如果贪求安乐享受就不会功成名就。那些贪图微小逸乐的人，绝不可能得到圆满。真可谓“未经一番寒彻骨，怎得梅花扑鼻香”。罗赛搜集、整理，索南龙珠汉译。今藏甘南藏族自治州政协原副主席罗赛处。（华锐·东智）

彩虹好看却是幻象，雷声响亮却是空声

འཇའ་ཁ་དོག་ཡག་ཀྱང་སྣང་བ།། འབྲུག་ངར་སྐད་ཆེ་ཡང་སྟོང་སྒྲ།།

Vjav kha dog yag kyang snang ba

Vbrag ngar dkad chi yang stong sgra

安多藏语甘南牧区方言谚语。流行于以大夏河、黄河、白龙江、洮河流域为主的甘南地区。愚者本性恶劣，没有智慧学问却善于幻想又骄傲自大。学者虽然具足无量功德，通晓各种知识，但总是默默无闻、不露声色。谚语阐明了“满瓶水”与“半瓶水”的辩证关系。罗赛搜集、整理，索南龙珠汉译。今藏甘南藏族自治州政协原副主

席罗赛处。（华锐・东智）

软绵百张羔皮衣服你穿，来年产羔种子请留下

འཇམ་ལུག་བརྒྱའི་ཚར་ཁ་ཁྱོས་གོན།། བཅུད་བལ་ཁ་འཕེལ་ཐོག་ཤུལ་སྐྱུར།།

Vjam lug brgyavi tshar kha khys gon

Bcud bal kha vphel thog shul skyur

安多藏语甘南牧区方言谚语。流行于以大夏河、黄河、白龙江、洮河流域为主的甘南地区。谚语教导我们：要想得到今生的幸福安乐，唯有依靠长远的计划和智慧力才能成大业。即便福报欠缺的人，如果深谋远虑，深信因果，取舍善恶，就能圆满自己的愿望。罗赛搜集、整理，索南龙珠汉译。今藏甘南藏族自治州政协原副主席罗赛处。

（华锐・东智）

穿软绵皮袄还嫌粗，吃青稞糌粑还嫌饿

འཇམ་ཚར་རུ་གོན་ཡང་རྩུབ་སྣང་ཤར།།

ཟས་རྩམ་པས་བརྒྱགས་ཀྱང་ལྟོགས་སྣང་ཤར།།

Vjam tshar ru gon yang rtsub snang shar

Zas rtsam pas brgyags kyang ltogs snang shar

安多藏语甘南牧区方言谚语。流行于以大夏河、黄河、白龙江、洮河流域为主的甘南地区。人的品性有多种，有的口恶心善，有的口善心恶，有的口恶心恶。不管怎样，品质越恶劣又始终不满足现状的人越容易被人抛弃。谚语深刻阐明了“知足者常乐”的深邃道理。罗赛搜集、整理，索南龙珠汉译。今藏甘南藏族自治州政协原副主席罗赛处。（华锐・东智）

行为的变化如乌云聚，世间的变化如大河流

འཇིག་རྟེན་ཆུ་ཆེན་གྱི་འགྱུར་ལྡོག། སྤྱོད་པ་བར་སྣང་གི་སྤྲིན་འཁྲུགས།།

Vjig rten chu chen gyi vgyur ldog

Spyod pa snang gi sprin vkhrugs

安多藏语甘南牧区方言谚语。流行于以大夏河、黄河、洮河流域为主的甘南地区。在与人交往、共事之时，一定要善加观察，以智慧抉择。因为世间上的人，有忠厚耿直者，也有奸诈狡猾者。忠厚耿直的人自是良朋益友，可以放心地和他们交往。对于口是心非的奸诈小人，则应加倍小心谨慎。罗赛搜集、整理，索南龙珠汉译。今藏甘南藏族自治州政协原副主席罗赛处。

（华锐・东智）

世间的是非无止境，有了尽时是世界末日

འཇིག་རྟེན་གཏམ་ལ་ཚར་རྟྱུ་མེད།། ཚར་གི་ཉིན་མོ་འཇིག་ནི་ཡིན།།

Vjig rten gtam la tshar rtyu med

Tshar gi nyin mo vjig ni yin

安多藏语甘南牧区方言谚语。流行于以大夏河、黄河、洮河流域为主的甘南地区。一个诡计多端极为狡猾的人，以恶劣卑鄙的行为谋取私利，如果短期内做一些坏事，暂时不被人发现，但最终必定会遭到毁灭。“做贼瞒不过乡里，偷食瞒不过牙齿”，干的坏事多了就容易露出马脚。正所谓“久走夜路必遇鬼”。罗赛搜集、整理，索南龙珠汉译。今藏甘南藏族自治州政协原副主席罗赛处。

（华锐・东智）

重的化轻，难的化易

ལྗིད་མོ་ཡང་མོ་བྱས།། དཀའ་མོ་སླ་མོ་བྱས།།

ljid mo yang mo byas dkav mo sla mo byas

安多藏语甘南牧区方言谚语。流行于以大夏河、黄河、白龙江、洮河流域为主的甘南地区。在生活中，人与人之间因一些小小的摩擦而生起是非争端时，一般的人对这些束手无策，只有智者才能理智地予以平息。或化干戈为玉帛；或调停争端，求同存异。这些大事化小、小事化了、皆大欢喜的局面也只有智者才能办成。罗赛搜集、整理，索南龙珠汉译。今藏甘南藏族自治州政协原副主席罗赛处。（华锐・东智）

活佛所赐吉祥结，请别让虱虮盘窝

ལྗགས་མདུད་བླ་མས་གནང་བ།། ཤིག་གི་ཤིག་ཚང་མ་གནངས།།

Ljags mdud bla mas gnang ba

Shig gi shig tshang ma gnangs

安多藏语甘南牧区方言谚语。流行于以大夏河、黄河、洮河流域为主的甘南地区。愚者不懂得学问的可贵，对于学者也就自然不会去恭敬。他们的追求、嗜好与学者完全相反，再加上恶劣的本性，非但不会恭敬学者，反而还会加以毁损。

罗赛搜集、整理，索南龙珠汉译。今藏甘南藏族自治州政协原副主席罗赛处。（华锐·东智）

对抗头人毁自己，吃了毒药会毙命

རྗེ་དཔོན་ལ་འགྲན་ན་ཕུང་རབ་ཡོད།། དུག་ནག་ཟོས་ན་འཆི་རབ་ཡོད།།

Rje dpon la vgran na phung rab yod

Dug nag zos na vchi rab yond

安多藏语甘南牧区方言谚语。流行于以大夏河、黄河、白龙江、洮河流域为主的甘南地区。这是一句锄强抑暴、选贤与能、惩治罪恶、捍卫民利的谚语。强烈反映了当时人民的愿望：希望忠诚老实、公正廉洁、心地善良、品学兼优的人担任领导职务，这样方能建功立业、造福百姓。罗赛搜集、整理，索南龙珠汉译。今藏甘南藏族自治州政协原副主席罗赛处。（华锐·东智）

首领得民心时要谨慎行使，若鲁莽行使会失国政

རྗེ་དབུ་འཕང་མཐོ་དུས་དལ་ན་དགའ།།

ལས་བྲེལ་ཚུབ་མང་ན་རྒྱལ་སྲིད་འཚོར།།

Rje dbu vphang mtho dus dal na dgav

Las breal tshub mang na rgyal srid vchor

安多藏语甘南牧区方言谚语。流行于以大夏河、黄河、白龙江、洮河流域为主的甘南地区。有智慧的人对任何事情首先反复思维、辨别，再做抉择。而愚者遇事遇人，不加鉴别取舍，盲目愚从，人云亦云，往往败事毁己，无有适从，茫茫然荒废一生。罗赛搜集、整理，索南龙珠汉译。今藏甘南藏族自治州政协原副主席罗赛处。（华锐·东智）

上师是众人的导师，有无敬仰在于自己

རྗེ་བླ་མ་ཀུན་གྱི་བླ་མ་རེད།། དད་འདུན་པ་རང་རང་སེམས་ཐུག།

Rje bla ma kun gyi bla ma ted

Dad vdun pa rang rang sems thug

安多藏语甘南牧区方言谚语。流行于以大夏河、黄河、洮河流域为主的甘南地区。若自己没有能力舍弃散乱诸因而不得不接触世间俗人，那就应该依止一个善知识或善友，因为真善知识有着深邃的智慧、殊胜的修德。依止他们既能增上贤良的人品也能积累善法功德。罗赛搜集、整理，索南龙珠汉译。今藏甘南藏族自治州政协原副主席罗赛处。（华锐·东智）

煮茶铅锅有响声，生火烟囱有响声

ཇ་བསྐོལ་ན་ཧ་ཡང་ཁག་ཁག། མི་བཏང་ན་དུ་ཁུང་ཁག་ཁག།

Ja bskol na ha yang khag khag

mi btang na du khuang khag khag

安多藏语甘南牧区方言谚语。流行于以大夏河、黄河、洮河流域为主的甘南地区。真正的智者只有通过处理关键性的问题才能表现出聪明才智，当我们遇到事情无法抉择时，应该虚心地、不厌其烦地向有知识者询问、请教。一方面可以提高自己的知识水平和处事能力，另一方面帮助他人能积累善法资粮。罗赛搜集、整理，索南龙珠汉译。今藏甘南藏族自治州政协原副主席罗赛处。（华锐·东智）

世间的轮子，在悲欢交替

འཇིག་རྟེན་འཁོར་བའི་འཁོར་ལོ།། སྐྱིད་སྡུག་གཉི་ག་ཟུང་འབྲེལ།།

Vjig rten vkhor bavi vkhor lo

fSkyid sdug gnyi ga zung vbrel

安多藏语甘南牧区方言谚语。流行于以大夏河、黄河、洮河流域为主的甘南地区。人有悲欢离合，月有阴晴圆缺。在生活中没有哪种处境没有痛苦，人人生下来都免不了吃苦受难，在漫长的人生中不可能什么事都会一帆风顺、如愿以偿，总是会遇到这样那样的挫折和不幸，但如何面对它、处理好它才是解决问题的关键。罗赛搜集、整理，索南龙珠汉译。今藏甘南藏族自治州政协原副主席罗赛处。（华锐·东智）

世间事，偷偷做是愚者

འཇིག་རྟེན་ཁམས་ཀྱི་བྱ་བ་རྣམས།། གོ་མེད་ཚོར་མེད་བྱེད་པ་བླུན།།

Vjig rten khams kyi bya ba rnams

Go mes tshor med byed pa blun

安多藏语甘南牧区方言谚语。流行于以大夏河、黄河、白龙江、洮河流域为主的甘南地区。愚者千奇百怪，内隐外现各不相同。愚者的行为、言谈、道德水准等都不合理、不健全。自己仪式

规范不圆满，又轻视学问、智慧、修养和知识，以为这样就能“普天之下唯我独尊”而瞒天欺世，或为所欲为，不受约束。罗赛搜集、整理，索南龙珠汉译。今藏甘南藏族自治州政协原副主席罗赛处。（华锐·东智）

世间兴盛礼仪，恭恭敬敬和众

འཇིག་རྟེན་ཆོས་བརྒྱད་དར་བ་ལས།། གུས་གུས་ཞུམ་ཞུམ་མི་འཕྲོད་དཀོན།།

Vjig rten chos brgyad dar ba las

Gus gus zhum zhum mi vphrod dkon

安多藏语甘南牧区方言谚语。流行于以大夏河、黄河、白龙江、洮河流域为主的甘南地区。心地险恶的狡诈者往往面善心恶，行骗之前总会装出一副忠诚、和善、老实的样子，背地里却图谋不轨。一旦得势或赢得别人的信任，他就开始实施阴谋诡计，伤害别人以达目的。谚语中充满了“和为贵”的和谐思想。罗赛搜集、整理，索南龙珠汉译。今藏甘南藏族自治州政协原副主席罗赛处。（华锐·东智）

不生幼苗，何来果实

ལྗང་ཆུང་གཞི་ནས་མ་སྐྱེས་ན།། འབྲས་བུ་སྨིན་ཐབས་ཅི་ལ་ཡོད།།

Ljang chung gzhi nas ma skyes na

Vbras bu smin thabs ci la yod

安多藏语甘南牧区方言谚语。流行于以大夏河、黄河、白龙江、洮河流域为主的甘南地区。谚语指出：无论哪一种学问，在学修期间都必须要经历千辛万苦，身受种种磨难。古往今来的名人其学识、名誉、地位是经过废寝忘食的勤学苦练才得来。那些贪图微小逸乐的人，绝不可能得到渊博的知识。罗赛搜集、整理，索南龙珠汉译。今藏甘南藏族自治州政协原副主席罗赛处。

（华锐·东智）

幼苗遇旱灾，果实遭冰雹

ལྗང་ཆུང་ལན་ན་ཐན་པས་བསྲེག། འབྲས་བུ་ལན་ན་སེར་རྒོད་འབེབས།།

Ljang chung lan na than pas bsreg

Vbras bu lan na ser rgod vbebs

安多藏语甘南牧区方言谚语。流行于以大夏河、黄河、洮河流域为主的甘南地区。谚语以普遍发生的自然现象，揭示出了这样一个道理：一些心胸狭窄又愚笨的人，如果自己图谋之事未得成功或惨遭损害便自暴自弃，不再奋发图强，丝毫没有进取之心，自怨自艾，乃至想走绝路。谚语教导人们应该做一个知足常乐的人，切不可始终被困难或贪嗔痴烦恼怨敌所左右。罗赛搜集、整理，索南龙珠汉译。今藏甘南藏族自治州政协原副主席罗赛处。（华锐·东智）

男儿要有父，无父要有谋

འཇིག་རྟེན་བུ་ལོ་ཕ་ཞིག་དགོས།། ཕ་མེད་ན་རང་ལ་ཤེས་ཤིག་དགོས།།

vjig rten bu lo pha zhig dgos

pha med na rang la shes shig dgos

安多藏语甘南牧区方言谚语。流行于以大夏河、黄河、洮河流域为主的甘南地区。谚语说明了具有智慧的重要性，强调人们要勤奋学习知识。认为智慧是人类精神领域中的瑰宝，缺乏智慧的灵魂是僵死的灵魂，若以学问来加以充实，它就能恢复生机。罗赛搜集、整理，索南龙珠汉译。今藏甘南藏族自治州政协原副主席罗赛处。

（华锐·东智）

野草不可祭“山神”，纸张不可做经幡

འཇག་མས་བླ་རྩེ་བསྟོད་ཉན་མེད།། ཤོག་བུའི་དར་ལྕོག་འཕྱར་ཉན་མེད།།

Vjag mas bla rtse bstod nyan med

Shog buvi dar lcog vphyar nyan med

安多藏语甘南牧区方言谚语。流行于以大夏河、黄河、洮河流域为主的甘南地区。没有学问的人为了遮掩自己的愚笨无知，有的仅得了点皮毛，却时常挂在嘴上，以显示自己的见多识广，结果往往张冠李戴、弄巧成拙，不懂“山外有山，人外有人”的道理。谚语深刻阐明了“小人难成大器”的道理。罗赛搜集、整理，索南龙珠汉译。今藏甘南藏族自治州政协原副主席罗赛处。

（华锐·东智）

世间是玩乐之地，所玩所乐是收获

འཇིག་རྟེན་རྩེད་ཡུལ་དགོད་ཡུལ་རེད།། རྩེ་ནི་བགད་ནི་ཐོབ་ནི་ཡིན།།

Vjeg rten rtsed yul dgod yul red

Rtse ni bgad ni thob ni yin

安多藏语甘南牧区方言谚语。流行于以大夏

河、黄河、白龙江、洮河流域为主的甘南地区。真正有智慧的人和圣者大德具有坚定的意志，对生活有着永恒不变的信心，对困难险阻有着百折不挠的精神，他们精勤护守身口意，使恶不生，令善自增，以生活中的点点滴滴为乐趣，堪为出世之楷模。罗赛搜集、整理，索南龙珠汉译。今藏甘南藏族自治州政协原副主席罗赛处。

（华锐·东智）

吃喝时手嘴快，干活时眼前昏

ཇ་ཐུག་འཐུང་དུས་ཁ་འཚེར་འཚེར།། ལས་ཀ་བྱེད་དུས་མིག་ལོང་ལོང་།།

Ja thug vthung dus kha vtsher vtsher

Las ka byed dus mig long long

安多藏语甘南牧区方言谚语。流行于以大夏河、黄河、白龙江、洮河流域为主的甘南地区。许多人往往见好就上，见事就躲。一听说有好吃好喝或对自己有利益时，就会争先恐后地去享受、捡便宜。这些唯利是图的愚人与低级动物在心性上没有什么差别，实为“形象有异，本质无别”。懂得这个道理后，我们即应克服改正缺点，尽快趋入智者之道。罗赛搜集、整理，索南龙珠汉译。今藏甘南藏族自治州政协原副主席罗赛处。

（华锐·东智）

世间难能在一起，应该能同奔阴间

འཇིག་རྟེན་འདི་ནས་མཉམ་སྡོད་མི་ཆོག་ན།།

ཕྱི་མའི་ཡུལ་ལ་མཉམ་འགྲོ་ལོས་ཆོག །

Vjig rten vdi nas mnyam sdod mi chog na

Phyi mavi yul la mnyam vgro los chog

安多藏语甘南牧区方言谚语。流行于以大夏河、黄河、洮河流域为主的甘南地区。谚语提倡人们要珍惜时光、珍惜生命和珍惜友情。认为智者有着高尚的人格、渊博的智慧、远大的目光、宽广的胸怀和慈悲利益众生之心，他们对待众生能够通情达理。罗赛搜集、整理，索南龙珠汉译。今藏甘南藏族自治州政协原副主席罗赛处。

（华锐·东智）

拜访头人的哈达，洁白宽大为好

རྗེ་མི་དབང་མཇལ་བའི་ཕྱག་རྟགས་ལ།།

དར་དཀར་པོའི་ཁ་ཞེང་ཆེ་ན་བརྒྱན།།

Rje mi dbang mjal bavi phyag rtags la

Dar dkar bovi kha zheng che na brgyan

安多藏语甘南牧区方言谚语。流行于以大夏河、黄河、洮河流域为主的甘南地区。有学识、智慧的人特别注重知识，尊重有才识的伟人。因为人类心灵的黑暗必须要用知识来驱除。他们能够诚实地爱人，尊重人的劳动，懂得赞赏伟人志士的业绩。只有懂得知识重要性的人才会去尊重学者和伟人，也才知道智者的可贵。罗赛搜集、整理，索南龙珠汉译。今藏甘南藏族自治州政协原副主席罗赛处。

（华锐·东智）

甜美的香茶头人喝，辛苦的活儿佣人做

ཇ་དམར་སེར་རྡོག་རྡོག་དཔོན་གྱིས་འཐུངས།།

ལས་ཟིལ་བ་ཁྲོབ་ཁྲོབ་གཡོག་གིས་བསྒྲུབས།།

Ja dmar ser rdog rdog dpon gyis vthungs

Las zil ba khrob khrob gyog gis bsgrubs

安多藏语甘南牧区方言谚语。流行于以大夏河、黄河、白龙江、洮河流域为主的甘南地区。那些只顾自己吃喝享乐、不管他人死活的人，仅仅是外在的身体形状与牲畜不同，其本质却属于牛马一类。在他们的全部生命中，除了吃喝玩耍外没有其他希求，从不会给他人施舍钱财，甚至点滴之物。罗赛搜集、整理，索南龙珠汉译。今藏甘南藏族自治州政协原副主席罗赛处。

（华锐·东智）

世间多是非，嘴巧都是理

འཇིག་རྟེན་ཡིན་ལུགས་མིན་ལུགས་བཅོ་བརྒྱད།།

ཁ་བདེས་བཤད་ན་བདེན་ལུགས་བཅོ་བརྒྱད།།

Vjig rten yin lugs min lugs bco brgyad

Kha bdes bshad na bden lugs bco brgyad

安多藏语甘南牧区方言谚语。流行于以大夏河、黄河、白龙江、洮河流域为主的甘南地区。浅学的人往往显得极其骄傲，有学之士却是谦逊、温和有礼。正如溪水经常“哗哗”地响，而大海却从来不喧嚣。古人言“知识愈浅，自信愈

深”，真正的智者谦逊温和、行为稳重，待人处事坦诚仁厚。罗赛搜集、整理，索南龙珠汉译。今藏甘南藏族自治州政协原副主席罗赛处。

（华锐·东智）

好师被徒尊，好马被鞍饰

རྗེ་བཟང་བོ་སློབ་མས་བཀུར།། རྟ་བཟང་བོ་སྒ་ཆས་བརྒྱན།།

rje bzang bo slob mas bkur rta bzang sga chas brtyan

安多藏语甘南牧区方言谚语。流行于以大夏河、黄河、白龙江、洮河流域为主的甘南地区。如果一个人学识渊博，并且显密佛法圆融无碍，众人必定会如众星捧月般地集聚在他身边，犹如香花绚烂的地方，无论花丛多远，都会引来蜂蝶如云团一般集聚。罗赛搜集、整理，索南龙珠汉译。今藏甘南藏族自治州政协原副主席罗赛处。

（华锐·东智）

心血往腹中流，鼻血往外面流

སྙིང་ཁྲག་ཁོག་ལ་བཞུར།། སྣ་ཁྲག་ཕྱི་ལ་བཞུར།།

snying khrag khog la bzhur sna khrag phyi la bzhur

安多藏语甘南牧区方言谚语。流行于以大夏河、黄河、白龙江、洮河流域为主的甘南地区。谚语用简单通俗的语言反映了深刻的道理，人们向往美好的生活，相信通过自己辛勤的劳动，能换得幸福的生活。凝聚着藏族人民的爱憎之情和独特的道德审美情趣。罗赛搜集、整理，索南龙珠汉译。今藏甘南藏族自治州政协原副主席罗赛处。

（华锐·东智）

晚睡之家损失多，早起之家好运多

ཉལ་འགོར་ཚང་ལ་གྱོང་མང་།། ལངས་སྔ་ཚང་ལ་གྲོགས་མང་།།

Nyal vgor tshang la gyong mang

Langs snga tshang la grogs nang

安多藏语甘南牧区方言谚语。流行于以大夏河、黄河、洮河流域为主的甘南地区。智者有广博的学问、深厚的修养以及崇高的道德，处世遇事待人接物既注意大处，又谨慎于小处。他们明白，若于小事上疏忽大意，将导致以后不可想象的过患之理。一个人的思想言论马虎大意，行为举止不注重，如果认为是小事情而无所谓地滥施慈悲、滥施仁爱，往往会误大事。罗赛搜集、整理，索南龙珠汉译。今藏甘南藏族自治州政协原副主席罗赛处。

（华锐·东智）

弱者巧嘴，草帽益头

གཉོམ་ཆུང་བྱི་ལི་ཁ་བདེ།། འཇག་མའི་རྩྭ་ཞྭ་མགོར་བདེ།།

Gnyom chung byi li kha bde

Vjag mavi rtswa zhwa mgor bde

安多藏语甘南牧区方言谚语。流行于以大夏河、黄河、洮河流域为主的甘南地区。在业力面前人人平等，如是因必得如是果，这也是万有的因果规律所决定的。无论是弱者还是智者，都必须承受自己造业而感召的果报。罗赛搜集、整理，索南龙珠汉译。今藏甘南藏族自治州政协原副主席罗赛处。

（华锐·东智）

春天的昼时长，边墙的阴影长

ཉི་མ་རིང་བོ་དཔྱིད་ལ་ཡོད།། རྩིབ་གུ་རིང་བོ་རྐྱང་ལ་ཡོད།།

Nyi ma ring bo dpyid la yod

Rtsib gu ring bo rkyang la yod

安多藏语甘南牧区方言谚语。流行于以大夏河、黄河、洮河流域为主的甘南地区。这首谚语是藏族人民在日常生活中运用最广泛、形式很简短的民间文学样式。它不仅是劳动人民智慧的花朵，而且是生活经验的总结。运用对比的手法，概括了事物的本质，将丰富的知识经验和精深的思想见解浓缩在简短的谚语之中。罗赛搜集、整理，索南龙珠汉译。今藏甘南藏族自治州政协原副主席罗赛处。

（华锐·东智）

能说百日，能哭一天

ཉི་མ་བརྒྱ་བཤད་རྒྱུ།། ཉིན་གཅིག་ལྷག་པ་ངུ་རྒྱུ།།

nyi ma brgya bshad rgyu nyin gcig lhag pa ngu rgty

安多藏语甘南牧区方言谚语。流行于以大夏河、黄河、白龙江、洮河流域为主的甘南地区。具有崇高修养的人看起来不可侵犯，接近之时却又温和可亲。听他讲话，尽管谈笑风生，但其言语的内容又非常庄严、不可违反。反之，愚笨的人花言巧语，狂妄自大，悲喜善变，逞强好胜却又常常败事毁己。罗赛搜集、整理，索南龙珠汉译。今藏甘南藏族自治州政协原副主席罗赛处。

（华锐·东智）

水痘用手指抠，龙魔用血肉祭

གཉན་འབྲུམ་མགོ་ལ་སེན་བཏོག ། ཀླུ་བདུད་སྔུན་ནས་དམར་བསང་།།

Gnyan vbrum mgo la sen btog

Klu bdud sngun nas dmar bsang

安多藏语甘南牧区方言谚语。流行于以大夏河、黄河、洮河流域为主的甘南地区。谚语指出：针对一个问题要合理、全面、深入地观察，抓住问题的实质，以点带面；了解一个人，也要不但知道他的现阶段状况，还要比较全面地知道他过去的经历和优缺点，否则，相马失之瘦，相士失之贫。罗赛搜集、整理，索南龙珠汉译。今藏甘南藏族自治州政协原副主席罗赛处。

（华锐·东智）

好亲戚送来好礼，好上师修来宝塔

ཉེ་རང་བཟང་པོ་ས་ནས་འབྲས་བུ།། བླ་མ་བཟང་པོ་ས་ནས་མཆོད་རྟེན།།

Nye rang bzang bo sa nas vbras bu

Bla ma bzang bo sa nas mchod rten

安多藏语甘南牧区方言谚语。流行于以大夏河、黄河、洮河流域为主的甘南地区。老实正直、性格单纯而具有智慧的人表里如一，不会花言巧语，这样的人不但利己，而且利人。而一知半解的人，学习知识往往是囫囵吞枣，不求甚解，这类人一般性格轻浮，人格低下，夸夸其谈，唯求哗众取宠不得依靠。罗赛搜集、整理，索南龙珠汉译。今藏甘南藏族自治州政协原副主席罗赛处。

（华锐·东智）

阳光照大地明，勤读书长知识

ཉི་མ་ཤར་ན་ས་གཞི་གསལ་ནི་རེད།། དཔེ་ཆ་བཏོན་ན་ཤེས་རྒྱ་ཆེ་ནི་རེད།།

Nyi ma shar na sa gzhi gsal ni red

Dpe cha bton na shes rgya che ni red

安多藏语甘南牧区方言谚语。流行于以大夏河、黄河、洮河流域为主的甘南地区。若经过智者精心善巧地培育，愚笨的人也会变得高尚，犹如经过驯养师的训练、教示，鹦鹉也会念诵经论教典。有胜善知识在身旁，就算是愚者，若恭敬承侍，一心依止，恒时将师观如真佛，则终有一天会得到智慧，行为也会变得高尚。罗赛搜集、整理，索南龙珠汉译。今藏甘南藏族自治州政协原副主席罗赛处。

（华锐·东智）

失眠老人夜晚长，无知小孩成家远

གཉིད་མེད་རྒན་པོ་མཚན་མོ་རིང་།། བྱིས་པ་རྣམས་ལ་འཁོར་བ་རིང་།།

Gnyid med rgan po mtshan mo ring

Byis pa rnams la vkhor ba ring

安多藏语甘南牧区方言谚语。流行于以大夏河、黄河、白龙江、洮河流域为主的甘南地区。愚蠢而又憨直的人，有的会毁坏自己，有的会伤害他人。正如森林中挺直的树木往往遭砍伐，笔直的利箭一射出便会伤害他人。罗赛搜集、整理，索南龙珠汉译。今藏甘南藏族自治州政协原副主席罗赛处。

（华锐·东智）

弱者之家谨慎人多，吹牛之家谎言者多

གཉོམ་ཆུང་ཚང་ལ་སེམས་ཆུང་མང་།། རྐྱལ་སྟོང་ཚང་ལ་བཤོར་རོ་མང་།།

Gnyom chung tshang la sems chung mang

Rkyal stong tshang la bshor ro mang

安多藏语甘南牧区方言谚语。流行于以大夏河、黄河、洮河流域为主的甘南地区。劣者在欺骗别人的时候不择手段，这里所讲的“谎言”即是骗子惯用、众人最容易上当的一种方式。他们施以骗术的前行便是察言观色，从嘴里喷出各种符合对方心理的花言巧语，一次又一次不懈地努力，直至达到邪恶目的为止。罗赛搜集、整理，索南龙珠汉译。今藏甘南藏族自治州政协原副主席罗赛处。

（华锐·东智）

没胆黑心老人中，善愿恶愿都会发

སྙིང་མེད་ཞེ་ནག་རྒན་པོ་ཚོས།། བཟང་སྨོན་ངན་སྨོན་སྣ་ཚོགས་འདེབས།།

Snying med zhe nag rgan po tshos

Bzang smon ngan smon sna tshogs vdebs

安多藏语甘南牧区方言谚语。流行于以大夏河、黄河、洮河流域为主的甘南地区。佛经中讲：一切安乐都从利益众生的心而生，所有的痛苦都是从伤害众生的心而生。愚蠢的人不知苦乐的根源，为了达到自己的目的，不顾及自己今生薄福

少德的根本原因，反而利用各种手段到处行骗，妄求财富和身心安乐。罗赛搜集、整理，索南龙珠汉译。今藏甘南藏族自治州政协原副主席罗赛处。

（华锐·东智）

骗了婆家用财赎，口出秘密用誓悔

གཉེན་ཡ་བསླུས་ན་རྒྱུ་ནོམ་གྱིས་བླུས།།
ཁ་ཚིག་ཤོར་ན་མནའ་ཚིག་གིས་བཤགས།།

Gnyen ya bslus na rgyu nom gyis blus
Kha tshig shor na mnav tshig gis bshags

安多藏语甘南牧区方言谚语。流行于以大夏河、黄河、洮河流域为主的甘南地区。谚语教导我们：纵使是贪欲炽盛、乐求财富的人，也应该以守护善法为重。警告诸人：即使是贪图财富，在获取之时也应该遵守法规。国有国法，家有家规，在这些法规允许的范围内尽可努力精勤地去追求，即所谓“君子爱财，取之有道”。罗赛搜集、整理，索南龙珠汉译。今藏甘南藏族自治州政协原副主席罗赛处。

（华锐·东智）

白天完不成，夜里请莫说

ཉི་མ་རྟ་བརྒྱའི་རིང་ལ་མ་འགྲུབ་ན།།
སླར་མ་མཛོ་འདོགས་ཀྱི་རིང་ལ་ཅིར་འགྲུབ།།

Nyi ma rta brgyavi ring la ma vgrub na
Slar ma mdzo vdogs kyi ring la cir vgrub

安多藏语甘南牧区方言谚语。流行于以大夏河、黄河、白龙江、洮河流域为主的甘南地区。任何人若想自己圆满、幸福，那么他就应当忙忙碌碌地操劳种种事务。如果见到琐碎的事务而认为是痛苦之因，那么就应断尽希求欲妙圆满的妄想。罗赛搜集、整理，索南龙珠汉译。今藏甘南藏族自治州政协原副主席罗赛处。

（华锐·东智）

阳面是土和沙子，阴面是雪和露霜

ཉིན་ངོས་ས་དང་བྱེ་མ།། སྲིབ་ངོས་གངས་དང་བ་མོ།།

nyin ngos sa dang bye na srib ngos gangs dang ba mo

安多藏语甘南牧区方言谚语。流行于以大夏河、黄河、白龙江、洮河流域为主的甘南地区。世上的人，有忠厚耿直者，也有奸诈狡猾者。在与人交往、共事之时，一定要善加观察，以智慧抉择。忠厚耿直的人自是良朋益友，而对于口是心非的奸诈小人，则应加倍小心。罗赛搜集、整理，索南龙珠汉译。今藏甘南藏族自治州政协原副主席罗赛处。

（华锐·东智）

罪者国王难保，孽者上师难渡

ཉེས་ཅན་རྒྱལ་པོས་མི་ཁོབ།། སྡིག་ཅན་བླ་མས་མི་དྲོངས།།

nyes can rgyal bos mi khob sdig can bla mas mi drongs

安多藏语甘南牧区方言谚语。流行于以大夏河、黄河、洮河流域为主的甘南地区。国王应该具备贤善正直、沉稳仁慈的美德以及深广的智慧，同时还应具备极温和的品格，即大肚能容天下难容之事。谚语教导人们要弃恶从善、团结互助。罗赛搜集、整理，索南龙珠汉译。今藏甘南藏族自治州政协原副主席罗赛处。

（华锐·东智）

光影同行，善恶共存

ཉི་མ་དང་གྲིབ་མ་ལྷན་འགྲོགས།། དགེ་བ་དང་སྡུག་པ་ལྷན་གནས།།

Nyi ma dang grib ma lhan vgrogs
Dge ba dang sdug pa lhan gnas

安多藏语甘南牧区方言谚语。流行于以大夏河、黄河、洮河流域为主的甘南地区。谚语忠告世人：人世间善恶共存，好坏、真假难辨。对正直的人应当恭敬地依止，这样受其品格的熏陶会受益；而对自私自利、损人利己、口是心非狡诈的人则应小心谨慎；切莫疏忽上当。罗赛搜集、整理，索南龙珠汉译。今藏甘南藏族自治州政协原副主席罗赛处。

（华锐·东智）

罪魁祸首没人查，知情证人打入牢

ཉེས་ཅན་གཏེ་བོ་རྩད་གཅོད་མེད།། རྗེ་འབྲངས་ལག་ཟིན་ཁྲིམས་ལ་སྦྱར།།

Nyes can gte bo rtsad gcod med
Rje vbrangs lag zin khrims la sbyar

安多藏语甘南牧区方言谚语。流行于以大夏河、黄河、白龙江、洮河流域为主的甘南地区。常言道“有钱能使鬼推磨”，在拜金主义歪风横行下，金钱几乎成了万能之神，竟能驾驭万物，使“有钱走遍天下，无钱寸步难行”的怪论得以繁衍。谚语尖锐地批驳了这种丑恶的社会现象。罗赛搜

集、整理，索南龙珠汉译。今藏甘南藏族自治州政协原副主席罗赛处。（华锐·东智）

弱者要谨慎，慎者可以周游

གཉོམ་ཆུང་གིས་སེམས་ཆུང་བྱོས།། སེམས་ཆུང་གིས་ས་བསྐོར་བྱོས།།

Gnyom chung gis sems chung byos

Sems chng gis la bskor byos

安多藏语甘南牧区方言谚语。流行于以大夏河、黄河、洮河流域为主的甘南地区。一个人无论多么具有能力、智慧和功德，在为人处事方面时刻都应谨慎，否则便会招致诸多过患。若行为放荡不羁就容易败坏名声，招人讥讽。“螳螂捕蝉，黄雀在后”，世事无奇不有，玄机之中藏着玄机，变化之外还有变化。罗赛搜集、整理，索南龙珠汉译。今藏甘南藏族自治州政协原副主席罗赛处。（华锐·东智）

心染贪嗔痴，嘴吸巨毒烟

ཉོན་མོངས་དུག་གསུམ་ཕྱག་རྒྱ་བྱས།། རྫས་ངན་ཙ་མ་ཁ་སྣར་བརྔུབས།།

Nyon mongs dug gsum phyag rgya byas

Rdzas ngan tsa ma kha snar brngubs

安多藏语甘南牧区方言谚语。流行于以大夏河、黄河、白龙江、洮河流域为主的甘南地区。为了办成自己所想之事，奸险的人总是会设下诡计丧心病狂地谋害他人。他们有时会说甜言蜜语，表面装出友善的模样，但有智慧的人一定要小心谨慎地对待，详细地观察，不可轻信对方，否则“一失足成千古恨，再回头已是百年人”。罗赛搜集、整理，索南龙珠汉译。今藏甘南藏族自治州政协原副主席罗赛处。（华锐·东智）

成亲之事与叔伯商议，战敌之事由自己决定

གཉེན་བསྒྲིགས་ན་ཕ་ཁུར་གྲོས་བྱོས།། དགྲ་བྱུང་ན་རང་བློ་ཁེར་ཆོད་དགོས།།

Gnyen bsgrigs na pha khur gros byos

Dgra byung na rang blo kher chod dgos

安多藏语甘南牧区方言谚语。流行于以大夏河、黄河、洮河流域为主的甘南地区。古人说：“不实心不成事，不虚心不知事。”处理事情若逞强好胜，骄傲得不愿请教任何人就容易失败。如果自己没有渊博的智慧、丰富的经验和高深的学问，此时，就不能盲目地跟随自我主观意识去办事情，而应去询问比自己有智慧、有经验、有学问的高尚人士。罗赛搜集、整理，索南龙珠汉译。今藏甘南藏族自治州政协原副主席罗赛处。（华锐·东智）

照顾兄弟有父母，惩压敌人有锤头

གཉེན་ཕུ་ནུ་སྐྱོང་བའི་ཕ་མ།། དགྲ་ནག་པོ་བརྡུང་བའི་ཐོ་བ།།

Gnyen phu nu skyong bavi pha ma

Dgra nag po brdung bavi tho ba

安多藏语甘南牧区方言谚语。流行于以大夏河、黄河、白龙江、洮河流域为主的甘南地区。对于父母兄弟应该慈爱，加倍关照，然而对于品格低劣的人绝不应该如此。真正的高士具有殊胜智慧和贤良人品以及广博的学问，当这样的人落难而身处困境时，假使有人对他生起慈悲之心并给予帮助，总有一天会感恩图报。正所谓“滴水之恩，涌泉相报”。罗赛搜集、整理，索南龙珠汉译。今藏甘南藏族自治州政协原副主席罗赛处。（华锐·东智）

懂得阳光照地明，懂得学习长知识

ཉི་མ་ཤར་ན་ས་གཞི་གསལ་བ་ཨེ་རིག །

ཡིག་རིགས་བསླབས་ན་ཤེས་རྒྱ་ཆེ་བ་ཨེ་གོ།།

Nyi ma shar na sa gzhi gsal ba ae rig

Yig rigs bslabs na shes rgya che ba ae go

安多藏语甘南牧区方言谚语。流行于以大夏河、黄河、洮河流域为主的甘南地区。谚语提倡发奋学习，努力上进，反对懒惰行为。告诫人们只要克服阻力，知难而进，才能取得硕果，成为智者。深刻阐明了学习的重要性和“有志者，事竟成”的道理。罗赛搜集、整理，索南龙珠汉译。今藏甘南藏族自治州政协原副主席罗赛处。（华锐·东智）

欲听两耳闻，善思明心中

ཉན་བསམས་ན་དར་ལུང་རྣ་བས་གོ།།

དཔྱད་ཤེས་ན་གངས་དཀར་སེམས་ལ་འབེབས།།

Nyan bsams na dar lung rna bas go

Dpyad shes na gangs dkar sems la vbebs

安多藏语甘南牧区方言谚语。流行于以大夏

河、黄河、洮河流域为主的甘南地区。智者有广博的学问、深厚的修养以及崇高的道德，处世遇事待人接物既注意大处，又谨慎于小处。因为世间的许多大事之所以遭到失败，追根溯源，常常都是由于小地方不注意而引起的。一个人的思想言论马虎大意，行为举止不注重，往往会误大事。罗赛搜集、整理，索南龙珠汉译。今藏甘南藏族自治州政协原副主席罗赛处。（华锐·东智）

白天在人群中微笑，夜里在鬼群中吸血

ཉིན་མོ་མི་གྲལ་བསྡད་ནས་འཛུམ་སྟོན།།
མཚན་མོ་འདྲེ་གྲལ་བརྒྱུགས་ནས་ཁྲག་བཞིབས།།

Nyin mo mi gral bsdad nas vdzum ston

Mtshan mo vdre gral brgyugs nas khrag bzhibs

安多藏语甘南牧区方言谚语。流行于以大夏河、黄河、洮河流域为主的甘南地区。俗话说："画龙画虎难画骨，知人知面不知心。"劣者在欺骗别人的时候不择手段，他们从嘴里说出各种符合对方心理的花言巧语，直至达到邪恶目的为止。这与"白天是人，晚上是鬼"是同一个道理。罗赛搜集、整理，索南龙珠汉译。今藏甘南藏族自治州政协原副主席罗赛处。（华锐·东智）

没有贪嗔痴的人少有，无须水草饲养的牛罕见

ཉོན་མོངས་དུག་གསུམ་མེད་པའི་མགོ་ནག་དཀོན།།
རྩྭ་ཆུ་སྐྱོང་གཉོར་མི་དགོས་སྤུ་ནག་དཀོན།།

Nyon mongs dug gsum med pavi mgo nag dkon

Rtswa chu skyong gnyor mi dgos spu nag dkon

安多藏语甘南牧区方言谚语。流行于以大夏河、黄河、白龙江、洮河流域为主的甘南地区。对于贪受财富的庸俗之辈，即便是亲友也不能轻易信赖，这种人贪得无厌，永无满足之时，不可信赖。他们良知泯灭，利欲熏心，在金钱面前顾不得恩情、亲情、友情，肆无忌惮。罗赛搜集、整理，索南龙珠汉译。今藏甘南藏族自治州政协原副主席罗赛处。（华锐·东智）

不救苦难众生，发慈悲心何用

ཉམ་ཐག་འགྲོ་བ་མི་སྐྱོབ་ན།། སྙིང་རྗེ་བསྒོམས་ཀྱང་ཅི་ལ་ཕན།།

Nyam thag vgro ba mi skyob na

Snying rje bsgoms kyang ci la phan

安多藏语甘南牧区方言谚语。流行于以大夏河、黄河、白龙江、洮河流域为主的甘南地区。漫长的轮回正是因为众生的无明烦恼、颠倒执着而流转不息，亲人可能成为怨敌，怨敌也可能成为亲人。谚语教导我们：慈悲是为人的根基，对怨敌也不能过分仇恨。罗赛搜集、整理，索南龙珠汉译。今藏甘南藏族自治州政协原副主席罗赛处。（华锐·东智）

平时拉肚子的狗脸颊长，平时爱吹牛的官面子大

གཞང་རྐྱལ་ཁྱི་ལ་ངོ་ཆེ།། ཁ་རྐྱལ་དཔོན་ལ་ངོ་ཆེ།།

gnyang rkyal khyi la ngo che kha rkyal dpon la ngo che

安多藏语甘南牧区方言谚语。流行于以大夏河、黄河、白龙江、洮河流域为主的甘南地区。古人言："骄傲来自浅薄，狂妄出于无知。"浅薄的人不仅胸无点墨而且心胸狭窄。谚语深刻揭露了华而不实、自吹自擂小人的丑恶嘴脸。罗赛搜集、整理，索南龙珠汉译。今藏甘南藏族自治州政协原副主席罗赛处。（华锐·东智）

是弱者就欺，是油腻就吃

གཉོམ་ནི་ཟེར་ནས་གཉོག། སྣུམ་ནི་ཟེར་ནས་ཟོས།།

gnyom ni zer nas gnyog snum ni zer nas zos

安多藏语甘南牧区方言谚语。流行于以大夏河、黄河、洮河流域为主的甘南地区。人格低劣的人，没有同情性、惭愧心和羞耻心，他们存活于世间，只为贪图财产和食物，心中所思所想是财食，口中叨念的也是财食，身体所行更是为了财食。智慧的人不应与他们交往，常言"近朱者赤，近墨者黑"讲的也是这个道理。罗赛搜集、整理，索南龙珠汉译。今藏甘南藏族自治州政协原副主席罗赛处。（华锐·东智）

虽填饱了一日肚，却怎奈何众人嘴

ཉིན་གཅིག་གི་ལྟོ་ཁ་གང་སོང་ཡང་།། གཏམ་མི་ཁ་གཉན་པོ་གང་ལ་འཛོག །

Nyin gcig gi lto kha gang song yang

Gtam mi kha gnyan po gang la vjog

安多藏语甘南牧区方言谚语。流行于以大夏河、黄河、洮河流域为主的甘南地区。自己享有至高无上的权势和地位，若专横霸权，对臣民以酷政统治，滥杀无辜，任意肆虐，定会怨声载道，受人痛骂。谚语深刻阐明了“水能载舟，也能覆舟”的道理。罗赛搜集、整理，索南龙珠汉译。今藏甘南藏族自治州政协原副主席罗赛处。

（华锐·东智）

喜宴请四方客，吃喝要丰盛

གཉེན་བསྒྲིགས་བསམ་པའི་དོན་འགྲུབ་ཉིན།།

སྟོན་བཟའ་བཏུང་སྔ་ཕྱི་འདང་དགོས།།

Gnyen bsgrigs bsam pavi don vgrub nyin

Ston bzav btung snga phyi vdang dgos

安多藏语甘南牧区方言谚语。流行于以大夏河、黄河、白龙江、洮河流域为主的甘南地区。人世间存在好坏、善恶与美丑的诸多差别。正士慈颜善目、乐善好施、热情好客，所作所为能饶益自己和他人。而不懂得辨别善恶是非和人情礼仪单薄的人，他们整天只知道谈论钱财、饮食而不关心别人。罗赛搜集、整理，索南龙珠汉译。今藏甘南藏族自治州政协原副主席罗赛处。

（华锐·东智）

生火事成，煨桑祭神

མེ་བུས་ན་བསམ་པའི་དོན་གྲུབ་ཉིན།།

བསང་ཕུད་ན་དགྲ་ལྷའི་དཔུང་མཐོ་ཉིན།།

Me bus na bsam pavi don grub nyin

Bsang phud na dgra lhavi dpung mtho nyin

安多藏语甘南牧区方言谚语。流行于以大夏河、黄河、白龙江、洮河流域为主的甘南地区。谚语教导我们：事业进行的过程中，自然会遇到重重困难，每行一步都会遇到坎坷荆棘，必须忍受痛苦，耐心操劳，百般精进，勤勉不放逸，抓住机遇，迎头猛进才有成功的机会。罗赛搜集、整理，索南龙珠汉译。今藏甘南藏族自治州政协原副主席罗赛处。

（华锐·东智）

嘴巧是亲是疏能说三句，嘴巧可以坐在白毡上

ཉེ་རིང་བར་ལ་ཚིག་གསུམ་བཤད་སྤྱད།།

གདན་གྲུ་བཞིའི་སྟེང་གི་འདུག་སྤྱད།།

Nye ring bar la tshig gsum bshad spyad

Gdan gru bzhivi steng gi vdig spyad

安多藏语甘南牧区方言谚语。流行于以大夏河、黄河、白龙江、洮河流域为主的甘南地区。常言道：“舌为利害本，口是祸福门。”言多必失，嘴长惹是非。世人要想站稳走直，少招违缘、祸害，观察语言至关重要。有必要时方才出言，且力求精炼，说中要点，即“一言为重百金轻”。罗赛搜集、整理，索南龙珠汉译。今藏甘南藏族自治州政协原副主席罗赛处。

（华锐·东智）

天黑留客之家，是聚百人的地方

ཉི་ནུབ་མགྲོན་པོའི་གནས་ཚང་དེ།། མི་བརྒྱ་འཁོར་བའི་གཞི་མ་ཟེར།།

Nyi nub vgron povi gnas tshang de

mi brgya vkhor bavi gzhi ma zer

安多藏语甘南牧区方言谚语。流行于以大夏河、黄河、白龙江、洮河流域为主的甘南地区。如果一个人学识渊博、性格开朗、热情好客，众人必定会如众星捧月般地集聚在他身边。依止善知识者也是如此，他们学识渊博、目光深远，终究会给众人带来益处。罗赛搜集、整理，索南龙珠汉译。今藏甘南藏族自治州政协原副主席罗赛处。

（华锐·东智）

一日之财，一生之善

ཉིན་གཅིག་གི་ནོམ།། ཚེ་གཅིག་གི་དགེ།།

Nyin gcig gi nom tshe gcig gi dge

安多藏语甘南牧区方言谚语。流行于以大夏河、黄河、洮河流域为主的甘南地区。俗话说：“马无夜草不肥，人无横财不富。”人人都渴望有享不尽的财富，但是“无功不受禄”，君子取财应有道，切不可违背仁义道德、法规牟取非理之财。“杀头的生意有人做，亏本的生意没有人做”说的就是贪图不义之财、不顾因果的贪婪者。罗赛搜

集、整理，索南龙珠汉译。今藏甘南藏族自治州政协原副主席罗赛处。 （华锐·东智）

成亲攀高，无奈时可依靠

གཉེན་སྒྲིག་ན་མཐོ་ས་བཟང་།། ཐབས་ཟད་དུས་སྟེན་ས་ཉན།།

Gnyen sgrig na mtho sa bzang

Thabs zad dus sten sa nyan

安多藏语甘南牧区方言谚语。流行于以大夏河、黄河、洮河流域为主的甘南地区。即使是一个没有能力而十分虚弱的人，仅依个人的力量极难办成事情，若去依靠能力高强的人也能把事情办成功。如同水滴虽然极其渺小，但将其汇入大海，则永远也不会干涸。罗赛搜集、整理，索南龙珠汉译。今藏甘南藏族自治州政协原副主席罗赛处。 （华锐·东智）

是百辈的亲戚，是百山的“山神”

ཉེ་རབས་བརྒྱའི་ཉེ་བོ་ཡིན།། ཁེའུ་ཁ་བརྒྱའི་བླ་རྩེ་ཡིན།།

Nye rabs brgyavi nye bo yin

Khevu kha brgyavi bla rtse yin

安多藏语甘南牧区方言谚语。流行于以大夏河、黄河、洮河流域为主的甘南地区。具足智慧的人即便弱小，势大力强的怨敌却也对他无可奈何。即使没有显赫的地位，只要具足智慧也就拥有了一切，无论多么强大的怨敌都对自己无可奈何。所以真正的勇士在于有无智慧，否则仅凭强大的势力不可能时常取胜。罗赛搜集、整理，索南龙珠汉译。今藏甘南藏族自治州政协原副主席罗赛处。 （华锐·东智）

做好事有好报，播种子会发芽

ཉེ་བྱས་ན་འཕྲག་ས་འཕྲོད་ས།། ལོ་བཏབ་ན་སྐྱེ་ས་སྨིན་ས།།

Nye byas na vphrag sa vphrod sa

Lo btab na skye sa smin sa

安多藏语甘南牧区方言谚语。流行于以大夏河、黄河、洮河流域为主的甘南地区。世间诸人所欲求的是圆满受用、享乐，若想令自己圆满、幸福，那么他就应当忙忙碌碌地操劳种种事务。如果见到琐碎的事务而认为是痛苦之因，那么就应断尽希求欲妙圆满的妄想。谚语阐明了“种瓜得瓜，种豆得豆”的道理。罗赛搜集、整理，索南龙珠汉译。今藏甘南藏族自治州政协原副主席罗赛处。 （华锐·东智）

日光融雪，月光驱暗

ཉི་འོས་ཀྱིས་བཞུས་པའི་ཁ་བ།། ཟླ་འོད་ཀྱིས་བསལ་བའི་མུན་པ།།

Nyi vos kyis bzhus pavi kha ba

Zla vod kyis bsal bavi mun pa

安多藏语甘南牧区方言谚语。流行于以大夏河、黄河、洮河流域为主的甘南地区。精进而又充满自信的人，势强力大者也有可能被其战胜制服。古人言：“精诚所至，金石为开。”不管做什么事情，若能坚定信念，具有勇往直前、百折不挠的精神，那么在遭受权势高强或巨大神力之人的危害时也能化险为夷，甚至将之制服。罗赛搜集、整理，索南龙珠汉译。今藏甘南藏族自治州政协原副主席罗赛处。 （华锐·东智）

愚昧如猪，嗔恨如蛇

གཏི་མིག་ཕག་གི་མགོ་བོ།། ཞེ་སྡང་སྦྲུལ་གྱི་རྔ་མ།།

gti mig phag gi mgo bo zhe sdang sbrul gyi rnga ma

安多藏语甘南牧区方言谚语。流行于以大夏河、黄河、白龙江、洮河流域为主的甘南地区。嫉妒之心，凡夫之人皆有之，看见别人的财富、地位、名誉、相貌等优于自己皆不堪忍。由羡慕而转为强烈的嫉妒之心，非但不赞叹别人的功德成就，反而竭力去损毁别人。罗赛搜集、整理，索南龙珠汉译。今藏甘南藏族自治州政协原副主席罗赛处。 （华锐·东智）

白天没有食欲，晚上经常失眠

ཉིན་མོར་ཟས་མི་དྲན།། མཚན་མོར་འདུར་གྱི་རྟ་ཞོར།།

nyin mor zas mi dran mtshan mor vdur gyi rta zhor

安多藏语甘南牧区方言谚语。流行于以大夏河、黄河、白龙江、洮河流域为主的甘南地区。俗话说：“贫有贫苦，富有富苦。”无论富贵与贫贱，若人没有满足的心，心里没有负担的快乐是无比的，不做无意义之事的顺利是无比的，心无所求的坦然更是无比的。罗赛搜集、整理，索南龙珠汉译。今藏甘南藏族自治州政协原副主席罗赛处。 （华锐·东智）

吃亲人肉的利爪者，喝父母血的铜嘴者

གཉེན་ཤ་བཟའ་བའི་མཆུ་སྡེར་ཅན།། ཕ་མའི་ཁྲག་འཇིམས་ཟངས་མཆུ་ཅན།།

Gnyen sha bzav bavi mchu sder can

Pha mavi khrag vjims zangs mchu can

安多藏语甘南牧区方言谚语。流行于以大夏河、黄河、洮河流域为主的甘南地区。狡者心术不正，贪图私利，常以骗人为乐，以欺蒙拐骗为业；反而一个真诚正直、老实忠厚的人所作所为从不弄虚作假。谚语说明了“以实待人，非唯益人，唯己尤大”和“以其人之道，还治其人之身”的道理。罗赛搜集、整理，索南龙珠汉译。今藏甘南藏族自治州政协原副主席罗赛处。

（华锐·东智）

白天修行白天成佛，夜晚修行夜里成佛

ཉིན་བསྒོམས་ན་ཉིན་འཚང་རྒྱ།། ནུབ་བསྒོམས་ན་ནུབ་འཚང་རྒྱ།།

Nyin bsgoms na nyin vtshang rgy

Nub bsgoms na nub vtshang rgy

安多藏语甘南牧区方言谚语。流行于以大夏河、黄河、白龙江、洮河流域为主的甘南地区。谚语从宗教的角度说明：祸福无门，唯人所招；贫富贵贱，功业所成。人生的贫富贵贱、愚智善恶是靠后天的努力进取与否使然，并非定乎自然；祸福吉凶也是人为之而成之，非人不为而成之理。罗赛搜集、整理，索南龙珠汉译。今藏甘南藏族自治州政协原副主席罗赛处。

（华锐·东智）

盛大的喜宴上，坐满远近亲朋

གཉེན་སྟོན་ཆེན་འདུ་བའི་གྲལ་རིམ་ན།།

གཉེན་ཉེ་རིང་ཁ་དཀར་ངོ་དགར་བཀང་།།

Gnyen ston chen vdu bavi gral eim na

Gnyen nye ring kha dkar ngo dgar bkang

安多藏语甘南牧区方言谚语。流行于以大夏河、黄河、白龙江、洮河流域为主的甘南地区。常言道：“美酒越老越香，朋友越老越好。”亲近了多年的老朋友，彼此互相有深厚的情义，是珍贵的挚友，故不可轻易舍弃。“人者量宽为要，固交友谊长存”。罗赛搜集、整理，索南龙珠汉译。今藏甘南藏族自治州政协原副主席罗赛处。

（华锐·东智）

用耳听，用目望

ཉོན་ཟེར་ན་དར་ལུང་རྣ་བས་ཉོན།། ལྟོས་ཟེར་ན་ཁྲ་ཆུང་མིག་གིས་ལྟོས།།

Nyon zer na dar lung rna bas nyon

Ltos zer na khra chung mig gis ltos

安多藏语甘南牧区方言谚语。流行于以大夏河、黄河、洮河流域为主的甘南地区。就算有人对自己不仁慈，也要少说，最好不说。对别人不满的想法一说出口，彼此的裂痕即随之显现，语言刺痛的伤口极难愈合。俗话说：“一言既出，驷马难追。”凡事之先应观察自己的语言，自己说错了后才去观察、反省、后悔，那时诅咒、责骂也无济于事。罗赛搜集、整理，索南龙珠汉译。今藏甘南藏族自治州政协原副主席罗赛处。

（华锐·东智）

结亲似白毛绳子结的疙瘩，不能任意解开背父命

གཉེན་བལ་ཐིག་དཀར་བོའི་མདུད་པ།། བཤིག་མི་ཉན་པ་ལོས་གོ་སྟོན།།

Gnyen bal thig dkar bovi mdud pa

Bshig mi nyan pha los go ston

安多藏语甘南牧区方言谚语。流行于以大夏河、黄河、白龙江、洮河流域为主的甘南地区。真诚者所作所为都会极力与礼仪相应，按因果规律抉择善恶之行。不仅不违反世间规律，而且对极小的过失也防微杜渐，不越雷池半步；对于百业，更是不遗余力广行众善，随喜他人的善举，而且连微不足道的一些善业也要躬身行持。罗赛搜集、整理，索南龙珠汉译。今藏甘南藏族自治州政协原副主席罗赛处。

（华锐·东智）

对亲人不该有偏心，对他人不该生仇恨

ཉེ་ཕྱོགས་ལ་ཆགས་མི་ཉན།། གཞན་ཕྱོགས་ལ་སྡང་མི་ཉན།།

Nye phyogs la chags mi nyan

Gzhan phyogs la sdang mi nyan

安多藏语甘南牧区方言谚语。流行于以大夏河、黄河、洮河流域为主的甘南地区。中国历来提倡“仁、义、礼、智、信”，做人首先须具仁慈之心，进而以合乎时宜的道义相辅。谚语阐明了“钱财如粪土，仁义值千金”的道理。罗赛搜集、整理，索南龙珠汉译。今藏甘南藏族自治州政协

原副主席罗赛处。 （华锐·东智）

诗人写什么都是诗，智者说什么都是理

སྙན་ངག་མཁན་ལ་ཅི་ཡང་རྒྱན།། མཁས་པས་བཤད་ན་ཅི་ཡང་བདེན།།

Snyan ngag mkhan la ci yang rgyan

Mkhas pas bshad na ci yang bden

安多藏语甘南牧区方言谚语。流行于以大夏河、黄河、白龙江、洮河流域为主的甘南地区。品行正直学问高的人从古至今都是世人推崇的对象，他们无论到哪里都会使当地蓬荜生辉，显得更庄严。若人依止正直的学者，受其品格的熏陶，以及智慧学识的洗礼，众多的欲学者皆能受益。罗赛搜集、整理，索南龙珠汉译。今藏甘南藏族自治州政协原副主席罗赛处。 （华锐·东智）

睡无节制无止境，食无节制无饱时

གཉིད་གཏི་མུག་གི་གཉིད་ཚད་མ་ཟིན་ན་འདང་རྒྱུ་མེད།།

ཟས་ཕོ་བར་ཟ་ཚོད་མ་བཟུང་ན་ཚིམ་རྒྱུ་མེད།།

Gnyid gti mig gi gnyid tshad ma zin na vdang rgyu med

Zas pho bar za tshod ma bzung na tshim rgyu med

安多藏语甘南牧区方言谚语。流行于以大夏河、黄河、白龙江、洮河流域为主的甘南地区。世人都为得到更多的财富付出了毕生的精力，然而人心没有满足的时候，贪婪的心永远都在追求。欲望满盈的人都希望自己享受得越多越好，事业发达得越快越好，但自己的愿望真的满足了，后果却不一定很好。罗赛搜集、整理，索南龙珠汉译。今藏甘南藏族自治州政协原副主席罗赛处。

（华锐·东智）

弱者会做事，强者难欺负；强者惹是非，会死刀口下

གཉོམ་ཆུང་འདུག་ཤེས་ན་བཙན་པོས་བསྒུལ་མི་ཚུགས།།

བཙན་པོ་འདུག་མ་ཤེས་ན་རང་སྲོག་གྲི་ཁར་འཆི།།

Gnyom chung vdig shes na btsan pos bsgul mi tshugs

Btsan po vdug ma shes na rang srog gri khar vchi

安多藏语甘南牧区方言谚语。流行于以大夏河、黄河、白龙江、洮河流域为主的甘南地区。国有国法，家有家规，若人违背法规终究也会失败。一些瞒天欺地、盗取虚名的人，虽在表面上风光一时、名利双收，暂时能混过人们的耳目，但却逃不出因果的制裁，终将毁损自己的今生。罗赛搜集、整理，索南龙珠汉译。今藏甘南藏族自治州政协原副主席罗赛处。 （华锐·东智）

欲取鱼翅，要找鱼捕

ཉ་གཤོག་རིན་ཆེན་ཏིག་ལེན་འདོད་ན།།

ཉ་མོ་གར་ཡོད་བཙལ་ནས་འཛིན་ཐབས་ཚོལ།།

Nya gshog rin chen tig len vdod na

Nya mo gar yod btsal nas vdzin thabs tshol

安多藏语甘南牧区方言谚语。流行于以大夏河、黄河、白龙江、洮河流域为主的甘南地区。若能诚心诚意地依靠知识渊博的高尚人士，因他们是博古通今、才华横溢的学者，在他们面前恭敬讨教，才能获得真正的本领。深刻阐明了“不入虎穴，焉得虎子”的深邃道理。罗赛搜集、整理，索南龙珠汉译。今藏甘南藏族自治州政协原副主席罗赛处。 （华锐·东智）

鱼在水鸟在天，各有生存的本领

ཉ་མོ་མཚོར་འཁྱུགས་འདབ་ཆགས་མཁའ་དབྱིངས་འགྲིམས།།

རང་རིགས་སྐྱོབ་པའི་ནུས་ཤུགས་ལུས་ན་འཛོམས།།

Nya mo mtshor vkhyugs vdab chags mkhav dbyings vgrims

Rang rigs skyob pavi nus shugs lus na vdzoms

安多藏语甘南牧区方言谚语。流行于以大夏河、黄河、洮河流域为主的甘南地区。倡导人们若想降伏对方就应该竭尽全力去学习本领。要想降伏自己的对手，自己就该努力学习各种本领，从提高自身素质出发。投机取巧、赤手空拳不可能战胜对方，反而会被敌人杀害。罗赛搜集、整理，索南龙珠汉译。今藏甘南藏族自治州政协原副主席罗赛处。 （华锐·东智）

没有旧的就没有新的，没有父母就没有儿女

རྙིང་བ་མེད་ན་གསར་བ་མེད།། ཕ་མ་མེད་ན་བུ་རྒྱུད་མེད།།

rnying ba med na gsar ba med pha ma med na bu rgyud med

安多藏语甘南牧区方言谚语。流行于以大夏

河、黄河、白龙江、洮河流域为主的甘南地区。任何人若不知道回报恩德，那么这个人首先已经是在害自己。知恩报恩是做人的基本美德，世法与佛法皆尤为提倡，并反复强调。谚语严厉谴责了忘恩负义、背信弃义的人。罗赛搜集、整理，索南龙珠汉译。今藏甘南藏族自治州政协原副主席罗赛处。（华锐·东智）

养儿母乳佳，学话母语好

སྙིང་བྱིས་པ་གསོ་སྤྱད་བཟང་བོ་ཨ་མའི་འོ་མ་ཡིན ||
རིག་ཡོན་ཏན་སློབ་སྤྱད་བཟང་བོ་རང་གི་སྐད་ཡིག་ཡིན||
Snying byis pa gso spyad bzang bo a mavi vo ma yin
Rig yon tan slob spyad bzang bo rang gi skad yig yin

安多藏语甘南牧区方言谚语。流行于以大夏河、黄河、洮河流域为主的甘南地区。谚语表现形式生动活泼，有声有色，诙谐有趣，说理有力，具有很强的哲理性、时代性、地域性、民族性，具有一定的教育意义。罗赛搜集、整理，索南龙珠汉译。今藏甘南藏族自治州政协原副主席罗赛处。（华锐·东智）

好话坏话都要听，新衣旧衣都要穿

གཏམ་བཟང་ངན་གཉིས་ཀ་ཉན་དགོས||
གོས་ཡག་བཙོག་གཉིས་ཀ་གོན་དགོས||
gtam bzang ngan ghyis ka nyan dgos
gos yag btsog gnyis ka gon dgos

安多藏语甘南牧区方言谚语。流行于甘南境内黄河、洮河、大夏河流域地区。作为社会一员的个人，要善于体验生活的风风雨雨，积累正反经验教训，提高是非辨别能力，磨炼意志品质，如是方可应对不测未来，驾驭复杂生活。罗赛搜集、整理，索南龙珠汉译。今藏甘南藏族自治州政协原副主席罗赛处。（扎扎）

马受惊时头朝天，狗欲叫时腿夹尾

རྟ་འདྲོགས་འདོད་མིག་གིས་གནམ་ལ་བལྟ||
ཁྱི་ཟུག་འདོད་རྔ་མ་རྐུབ་ལ་འཐེན||
rt vdrogs vdod mig gis gnam la blt
khyi zug vdod rnga ma rkub la vthen

安多藏语甘南牧区方言谚语。流行于甘南境内黄河、洮河、大夏河流域地区。通过对动物行为的观察得到了认识事物发生变化的启示，提倡在日常生活中勤于观察，善于总结，发现事物变化的客观规律。罗赛搜集、整理，索南龙珠汉译。原稿今藏甘南藏族自治州政协原副主席罗赛处（扎扎）

有益的语言受听，美丽的衣服受看

གཏམ་དོན་ཅན་རྣ་བས་གོ་ན་མཚར||
གོས་མདོག་ཅན་རྒྱང་ནས་བལྟས་ན་ཡག |
Gtam don can rna bas go na mtshar
Gos mdog can rgyang nas bltas na yag

安多藏语甘南牧区方言谚语。流行于甘南境内黄河、洮河、大夏河流域地区。说话要真实有益，穿衣要整洁美观，这是常人的基本准则。谚语表达了藏族人追求真善美的真切愿望。罗赛搜集、整理，索南龙珠汉译。今藏甘南藏族自治州政协原副主席罗赛处。（扎扎）

骏马不愿被鞭抽，香鹿不愿被箭伤

རྟ་གྲོ་རྒྱའི་མི་འདོད་པ་ལོང་ལྕགས་རེད||
ཤྭ་གྲོ་རྒྱའི་མི་འདོད་པ་རྩིབ་མདའ་རེད||
Rta gro rgyavi mi vdod pa long lcags red
Shw gro rgyavi mi vdod pa rtsib mdav red

安多藏语甘南牧区方言谚语。流行于甘南境内黄河、洮河、大夏河流域地区。表达了藏族人对世间事物的认知倾向，劝解人们不要为了求得个人的一时痛快和钱财欲望而做伤天害理的事情。也反映了人与自然和谐相处的理念。罗赛搜集、整理，索南龙珠汉译。今藏甘南藏族自治州政协原副主席罗赛处。（扎扎）

骏马衰老毛色变花斑，熊狗衰老嘴巴出黄点

རྟ་གྱི་ལིང་ཡིན་ཡང་རྒས་དུས་རམ་ཐིག་འབེབས||
ཁྱི་དོམ་ནག་ཡིན་ཡང་རྒས་དུས་མཆུ་སྣ་སེར ||
Rta gyi ling yin yang rgas dus ram thig vbebs
Khyi dom nag yin yang rgas dus mchu sna ser

安多藏语甘南牧区方言谚语。流行于甘南境内黄河、洮河、大夏河流域地区。从骏马、熊狗的生理老化引起外形变化，说明了事物发展变化的一般道理。罗赛搜集、整理，索南龙珠汉译。

今藏甘南藏族自治州政协原副主席罗赛处。（扎扎）

说出的话要用行动见证，
胫骨砸碎要用舌头尝髓

གཏམ་ཁ་ཐོག་ནས་བཤད་ན་དོན་ཐོག་ལ་འབེབས་དགོས།།
རྐང་རྡོ་ཐོག་ནས་བཅགས་ན་ལྕེ་ཐོག་ལ་མྱོང་དགོས།།

Gtam kha thog nas bshad na don thog la vbebs dgos

Rkang rdo thog nas bcags na lce thog la myong dgos

安多藏语甘南牧区方言谚语。流行于甘南境内黄河、洮河、大夏河流域地区。说明考察一个人的信用程度不仅要听他的口头表态，更要看他是否落实在行动上，在实践中检验真伪虚实。同“听其言，观其行”。罗赛搜集、整理，索南龙珠汉译。今藏甘南藏族自治州政协原副主席罗赛处。

（扎扎）

马已跑，灰已散

རྟ་བརྒྱུགས་སོང་།། རྡུལ་ཡལ་སོང་།།

rt brgyugs song rdul yal song

安多藏语甘南牧区方言谚语。流行于甘南境内黄河、洮河、大夏河流域地区。说的是一场活动的完全终结。也有计划付诸行动为时已晚、大势已去的意思，流露出了惋惜或悲哀的情绪。罗赛搜集、整理，索南龙珠汉译。今藏甘南藏族自治州政协原副主席罗赛处。（扎扎）

马脱缰能追回，言出口不可收

རྟ་ཤོར་ན་འཛིན་རྒྱུ་ཡོད།། ཚིག་ཤོར་ན་འཛིན་ཐབས་མེད།།

rta shor na vdzing yod tshig shor na vdzin thabs med

安多藏语甘南牧区方言谚语。流行于甘南境内黄河、洮河、大夏河流域地区。是对生活经验的理性总结，对人们提出了善意的告诫。它说明在处理问题、与人交流当中如何掌握说话分寸、说话时机的重要性，提示说话前要善于思考、顾及后果，以免引起麻烦、铸成错误。罗赛搜集、整理，索南龙珠汉译。今藏甘南藏族自治州政协原副主席罗赛处。（扎扎）

非马却显灰色，非牛却装威猛

རྟ་མིན་པའི་གྲོ་གྲོ། གཡག་མིན་པའི་རྫིག་རྫིག །

rta min pavi gro gro gyag min pavi rdzig rdzig

安多藏语甘南牧区方言谚语。流行于甘南境内黄河、洮河、大夏河流域地区。提示人们做人要诚实本分、谦虚谨慎，提倡做事要实事求是、求真务实。同“狐假虎威”“装腔作势”。罗赛搜集、整理，索南龙珠汉译。今藏甘南藏族自治州政协原副主席罗赛处。（扎扎）

拴了会拉，放了会转

བཏགས་ན་འཐེན་གིན་འདུག། ཕུད་ན་འཁོར་གིན་འདུག།

btags ba vthen gin vdug phub na vkhor gin vdug

安多藏语甘南牧区方言谚语。流行于甘南境内黄河、洮河、大夏河流域地区。是对牧区牲畜（牛马）出现的反常现象的描绘。它含蓄地流露了长辈们对年轻一代不服管教的任性行为、朝三暮四的波动情绪的批评态度。罗赛搜集、整理，索南龙珠汉译。今藏甘南藏族自治州政协原副主席罗赛处。（扎扎）

撒种会发芽，断枝会叶枯

བཏབ་པའི་ས་བོན་ལོས་སྐྱེ།། བཅད་པའི་ལོ་མ་ལོས་འཆི།།

btab pavi sa bon los skye bcad pavi lo ma los vchi

安多藏语甘南牧区方言谚语。流行于甘南境内黄河、洮河、大夏河流域地区。从人的行为引起植物死活两种结果表达一种思想，同佛教的善有善报和恶有恶报，告诉人们什么事情可为、什么事情不可为，可为与不可为的后果截然不同。罗赛搜集、整理，索南龙珠汉译。今藏甘南藏族自治州政协原副主席罗赛处。（扎扎）

如山鹿的双角般生长，如孔雀的羽尾般生长

སྟོད་ཤྭ་བོའི་མགོ་གི་ར་སྐྱེས་སྐྱེས།། བྱ་རྨ་བྱའི་འཕོངས་ཀྱི་སྒྲོ་སྐྱེས་སྐྱེས།།

Ltod shwa bovi mgo gi rwa skyes skyes

Bya rma byavi vphongs kyi sgro skyes skyes

安多藏语甘南牧区方言谚语。流行于甘南境内黄河、洮河、大夏河流域地区。山鹿的双角是稀罕的珍贵药材，孔雀的羽尾是美丽的观赏景物，

都是这个世间的物质财富和精神财富。谚语表达了父母等长辈对子女们的殷切期待，盼望他们能够成材成器、健康俊秀，建设家乡、服务社会。罗赛搜集、整理，索南龙珠汉译。今藏甘南藏族自治州政协原副主席罗赛处。（扎扎）

长膘的马容易惊，聚财的人想头多

རྟ་ཤ་ཤེད་རྒྱས་དུས་འདྲོག་རྒྱུ་མང་།། མི་ནོམ་པ་འདུས་དུས་དྲན་རྒྱུ་མང་།།

Rta sha shed rgyas dus vdrog rgyu mang

mi nom pa vdus dus dran rgyu mang

安多藏语甘南牧区方言谚语。流行于甘南境内黄河、洮河、大夏河流域地区。通过恰当的比喻，一语捣破了有钱人的内心欲望“窗户”。因为有了足够支配的钱财作为物质条件，人就容易产生各种贪图享乐、变本加厉的梦想或欲望，由此导致人品滑坡，为非作歹，受到大众唾弃。谚语并未否定个人聚财，而是劝导不要因财而变质腐朽。罗赛搜集、整理，索南龙珠汉译。今藏甘南藏族自治州政协原副主席罗赛处。（扎扎）

不挨饿不想食，不受冻不念衣

ལྟོགས་པས་མ་དེད་ན་ཟས་མི་དྲན།། འཁྱགས་པས་མ་བཅུམ་ན་གོས་མི་དྲན།།

Ltogs pas ma ded na zas mi dran

Vkhyags pas ma bcum na gos mi dran

安多藏语甘南牧区方言谚语。流行于甘南境内黄河、洮河、大夏河流域地区。提示人们在生产生活中要有长期计划，思前顾后，统筹兼顾，尤其是在顺利得意之时要有忧患意识，切勿忘乎所以，不要因乐极一时而悲及一世。罗赛搜集、整理，索南龙珠汉译。今藏甘南藏族自治州政协原副主席罗赛处。（扎扎）

矿石熔炼能成铁，生铁熔炼能成钢

གཏེར་རྡོ་ཐབས་ཀྱིས་བཞུས་ན་ལྕགས།།

ལྕགས་རིགས་ཐབས་ཀྱིས་བརྡུངས་ན་རྣོ།།

Gter rdo thabs kyis bzhus na lcags

Lcags rigs thabs kyis brdungs na rno

安多藏语甘南牧区方言谚语。流行于甘南境内洮河、大夏河流域农牧业地区。鼓励人们发奋学习文化知识，努力掌握生产技能，勇于锻炼，克服艰难，不断进取，成就人才。同“只要功夫深，铁杵磨成针”。罗赛搜集、整理，索南龙珠汉译。今藏甘南藏族自治州政协原副主席罗赛处。（扎扎）

自己明白的话自己要说，自己熟练的经自己要念

གཏམ་རང་གི་ཤེས་པ་རང་གིས་བཤད།།

ཆོས་རང་གི་ཤེས་པ་རང་གིས་བཏོན།།

Gtam rang gi shes pa rang gis bshad

Chos rang gi shes pa rang gis bton

安多藏语甘南牧区方言谚语。流行于甘南境内黄河、洮河、大夏河流域地区。人在社会，各有各的职业，各有各的分工，各有各的特长，所以无论任何场合、任何时候，大家都要各司其职、各负其责、各谋其事。这样才能发挥各自优势，达到预期效果，实现预定目标。罗赛搜集、整理，索南龙珠汉译。今藏甘南藏族自治州政协原副主席罗赛处。（扎扎）

牧羊群拌糌粑，要从周边绕；战勇士斗奸人，要以计策胜

སྟོང་ལུག་དང་རྩམ་པའི་མཐའ་སྐོར།། རྒོད་པོ་དང་ཁྲམ་པ་ཐབས་ཀྱིས་བསྟོད།།

Stong lug dang rtsam pavi mthav skor

Rgos po dang khram pa thabs kyis bstod

安多藏语甘南牧区方言谚语。流行于甘南境内黄河、洮河、大夏河流域地区。从事生产生活要遵循规律，不可违背常理；开展对敌斗争要讲究策略，不可鲁莽应对。罗赛搜集、整理，索南龙珠汉译。今藏甘南藏族自治州政协原副主席罗赛处。（扎扎）

过于夸奖如捧到山顶，过于贬低如推到谷底

བསྟོད་བསྟོད་ནས་རི་གསུམ་གྱི་རྩེར་བསྐྱོན།།

དམད་དམད་ནས་ལུང་གསུམ་གྱི་མདོར་བསྐྲད།།

Bstod bstod nas ri gsum gyi rtser bskyon

Dmad dmad nas lung gsum gyi mdor bskrad

安多藏语甘南牧区方言谚语。流行于甘南境内黄河、洮河、大夏河流域地区。对待的褒贬评价，要力戒主观极端主义，做到恰如其分、符合实际，这样才能收到激励先进、鞭策后进的效果。

罗赛搜集、整理，索南龙珠汉译。今藏甘南藏族自治州政协原副主席罗赛处。（扎扎）

骏马被剪尾，贤官被孤立

རྟ་འདོ་བ་རྔ་བཅད་རྔོག་ཡུ་ལ་བཏང་།།
རྗེ་དཔོན་པོ་སྡེ་མེད་ཁེར་རྐྱང་ལ་ཕུད།།

Rta vdo ba rnga bcad rngog yu la btang
Rje dpon po sde med kher rkyang la phud

安多藏语甘南牧区方言谚语。流行于甘南境内黄河、洮河、大夏河流域地区。表达了普通百姓对美丑混淆、好坏颠倒的社会现象的尖锐批判，同时意寓了对实现社会公平正义的渴望。罗赛搜集、整理，索南龙珠汉译。今藏甘南藏族自治州政协原副主席罗赛处。（扎扎）

老马未死秃鹰挖眼珠，老人未死绳索系脖子

རྟ་རྒན་མ་འཆི་གོང་ལ་བྱ་རྒན་གྱིས་མིག་བྲུས།།
མི་རྒན་མ་འཆི་གོང་ལ་རོ་ཐག་གིས་སྐེ་བསྡམས།།

Rta rgan ma vchi gong la bya rgan gyis mig brus
mi rgan ma vchi gong la ro tnag gis ske bsdams

安多藏语甘南牧区方言谚语。流行于甘南境内黄河、洮河、大夏河流域地区。秃鹰挖食死去牲畜的眼睛是草原上的常见现象；绳子捡绑尸体是藏族人处理丧事的习惯做法，是其丧葬文化的体现。这则谚语描绘的景象非常残忍，告诫人们不要像秃鹰那样对待弥留之际的老人，做事要有耐心，要等待时机，不要操之过急，否则将会好事办成坏事。罗赛搜集、整理，索南龙珠汉译。今藏甘南藏族自治州政协原副主席罗赛处。（扎扎）

悟性似佛陀，行为如凡夫

རྟོགས་པ་ལྷ་དང་མཉམ།། སྤྱོད་པ་མི་དང་བསྟུན།།

rtogs pa lha dang mnyam spyod pa mi dang bstun

安多藏语甘南牧区方言谚语。流行于甘南境内黄河、洮河、大夏河流域地区。这则谚语嘲讽聪明过人而行为粗俗、说话动听而做事卑劣的伪君子，要求做人名实相符、表里如一，不仅要有知识素养，而且要在实践中为人表率。罗赛搜集、整理，索南龙珠汉译。今藏甘南藏族自治州政协原副主席罗赛处。（扎扎）

想要马儿跑得快，不愿给马喂草料

རྟ་རྒྱུག་དགོས་ནི་ཞིག ། རྩྭ་སྟེར་མི་དགོས་ནི་ཞིག །

rta rgyug dgos ni zhig rtswa ster mi dgos ni zhig

安多藏语甘南牧区方言谚语。流行于甘南境内黄河、洮河、大夏河流域地区。贬斥社会上只想得到利益而不想付出辛劳的吝啬贪婪之人，说明了只有付出才有回报的基本道理。罗赛搜集、整理，索南龙珠汉译。今藏甘南藏族自治州政协原副主席罗赛处。（扎扎）

马不大不小如兔子，人不大不小如拇指

རྟ་མི་ཆེ་མི་ཆུང་རི་བོང་ཙམ་ཞིག ། མི་མི་ཆེ་མི་ཆུང་ཐེ་བོང་ཙམ་ཞིག །

Rta mi che mi chuan ri bong tsam zhig
mi mi che mi chung the bong tsam zhig

安多藏语甘南牧区方言谚语。流行于甘南境内黄河、洮河、大夏河流域地区。比喻非常巧妙，实际要说小而不直接说小，但达到了表达的预期目的。对研究藏族语言学有参考价值。罗赛搜集、整理，索南龙珠汉译。今藏甘南藏族自治州政协原副主席罗赛处。（扎扎）

秋季的畜肉分享好，秋天的收成不偷好

སྟོན་ཤ་ཟ་རེས་བྱས་ན་བཟང་།། སྟོན་ཟས་རྐུ་རེས་བྱས་ན་ངན།།

Ston sha za res byas na bzang
Ston zas rku res byas na ngan

安多藏语甘南牧区方言谚语。流行于甘南境内洮河、大夏河流域农业地区。在藏族农区，肉类是副食，粮食是主食。秋季宰杀的牲畜可由亲戚朋友进行一次共餐同享，以此庆祝终年劳作得来的丰收，但是农田的五谷不是共享的产品，更不是偷盗的生活物资，因为它是各家用汗水换取的一年的生存保障。它划出了一条可为不可为的明确界限，阐明了农业地区藏族人的道德观。罗赛搜集、整理，索南龙珠汉译。今藏甘南藏族自治州政协原副主席罗赛处。（扎扎）

节日和宴庆虽气派，但无狗和小弟的份

རྟགས་དང་སྟོན་མོ་མང་ཆེ༎ ཁྱི་དང་ཨ་ནུའི་སྐལ་བཅད༎

rtags dang ston mo mang che khyi dang a nuvi skal bcad

安多藏语甘南牧区方言谚语。流行于甘南境内黄河、洮河、大夏河流域地区。反映了藏族封建社会时代有人锦衣饱餐、有人挨饿受冻的生活状况，斥责冠冕堂皇的上层富贵，同情饥寒交迫的穷苦大众。同“朱门酒肉臭，路有冻死骨”。罗赛搜集、整理，索南龙珠汉译。今藏甘南藏族自治州政协原副主席罗赛处。（扎扎）

从头钉，从脚出

སྟེང་ཀླད་པའི་གཙུག་ནས་བརྒྱབ༎ ཞབས་རྐང་བའི་མཐིལ་ནས་ཕུད༎

Steng klab pavi gtsugs nas brgyab

Zhabs rkang bavi mthil nas phud

安多藏语甘南牧区方言谚语。流行于甘南境内黄河、洮河、大夏河流域农牧业地区。寓意做事坚决彻底、有头有尾、贯穿始终；也可理解为技术熟练、精通业务。罗赛搜集、整理，索南龙珠汉译。今藏甘南藏族自治州政协原副主席罗赛处。（扎扎）

赛马在平川，观看在山岗

རྟ་བརྒྱུག་གཞོངས་ནས་བྱོས༎ ལྟད་མོ་སྒང་ནས་བལྟ༎

rta brgyug gzhongs nas byos ltad mo sgang nas blta

安多藏语甘南牧区方言谚语。流行于甘南境内黄河、洮河、大夏河流域牧业地区。寓意人在社会各有各的岗位，各有各的角色；在生产中各有各的职业，各有各的场所。所以，做事要认清特点、遵循规律、各就各位，否则如像赛马与观众在同一场地，就会出现赛不了马、看不了表演，甚至造成流血伤亡的悲惨结局。罗赛搜集、整理，索南龙珠汉译。今藏甘南藏族自治州政协原副主席罗赛处。（扎扎）

聚集了上百马匹，却只有一匹骏马

རྟ་གོམ་པ་ཅན་ལ་རྟ་བརྒྱ་འཛོམས༎ དོན་དམ་པའི་གྱི་ལིང་རྟ་གཅིག་མཚར༎

Rta gom pa can la rta brgya vdzoms

Don dam pavi gyi ling rta gcig mtshar

安多藏语甘南牧区方言谚语。流行于甘南境内黄河、洮河、大夏河流域牧业地区。揭示了一个普遍现象和一个普通道理，即无论是先天的还是后天的，马群中称心如意的骏马寥少，人里面出类拔萃的俊杰稀罕，由此反衬出了对优异者的赞美。罗赛搜集、整理，索南龙珠汉译。今藏甘南藏族自治州政协原副主席罗赛处。（扎扎）

马儿在厩棚中互相踢脚，儿女在父母面前互相争吵

རྟས་ཁ་རའི་ནང་ནས་འཕྲ་ཁ་བྱས༎ བུས་ཕ་མའི་རྩིབ་ནས་འཛིང་འཁོན་བྱས༎

Rtas kha ravi nang nas vphra kha byas

Bus pha mavi rtsib nas vdzing vkhon byas

安多藏语甘南牧区方言谚语。流行于甘南境内黄河、洮河、大夏河流域牧业地区。在特定的环境和条件之下，本应和睦相处的同类事物也会相互排斥、产生抵触。罗赛搜集、整理，索南龙珠汉译。今藏甘南藏族自治州政协原副主席罗赛处。（扎扎）

秋到杜鹃喉哑，霜到花草枯萎

སྟོན་ཐོན་དུས་ཁུ་བྱུག་ཡིན་ཡང་སྐད་འགག །

སད་བརྒྱབ་ན་མེ་ཏོག་ཡིན་ཡང་འདབ་གྱོང་༎

Ston thon dus khu byug yin yang skad vgag

Sad brgyab na me tog yin yang vdab gyong

安多藏语甘南牧区方言谚语。流行于甘南境内黄河、洮河、大夏河流域农牧业地区。总结了自然界的普遍规律，一年四季当中，凡是植物、动物都会随着季节的变化而发生变异。也寓意世间任何事物也会受到外部环境影响而发生内在和外在的变化，而非保持一种模式或长盛不衰。罗赛搜集、整理，索南龙珠汉译。今藏甘南藏族自治州政协原副主席罗赛处。（扎扎）

马驹狗崽小羊羔，没做善事却人爱

རྟེའུ་ཁྱི་གུ་ལུ་གུ་གསུམ།། བཟང་བཅས་ནི་མེད་ཀྱང་ཀུན་གྱིས་གཅེས།།

Rtevu khyi gu lu gu gsum

Bzang bcas ni med kyang kun gyis gces

安多藏语甘南牧区方言谚语。流行于甘南境内黄河、洮河、大夏河流域牧业地区。描述草原牧民与自己牧业生产紧密相关的幼小牲畜、动物之间的友善关系，同时揭示了人类普遍拥有的一种天性。罗赛搜集、整理，索南龙珠汉译。今藏甘南藏族自治州政协原副主席罗赛处。（扎扎）

秋天的绵羊，僧人也会偷杀；秋天的酸奶，新娘也会偷喝

སྟོན་ལུག་བན་དེ་ཡིན་ཀྱང་བཤབ།། སྟོན་ཞོ་བག་མ་ཡིན་ཀྱང་བརྐུ།།

Ston lug ban de yin kyang bshav

Ston zho bag ma yin kyang brku

安多藏语甘南牧区方言谚语。流行于甘南境内黄河、洮河、大夏河流域牧业地区。在牧区草原，秋天同样是丰收的季节。谚语运用“僧人偷杀”“新娘偷吃”的夸张比喻，赞美秋季绵羊的肥硕和酸奶的香甜，表达了秋季收成带给牧民群众的无限喜悦。罗赛搜集、整理，索南龙珠汉译。今藏甘南藏族自治州政协原副主席罗赛处。（扎扎）

马儿形态壮美是福马，马儿速度超群是骏马

རྟ་མགོ་རྣ་འཛོམས་ན་གཡང་བླ་ཟེར།།
རྒྱུག་བང་རྩལ་འཛོམས་ན་གྱི་ལིང་ཟེར།།

Rta mgo rna vdzoms na gyang bla zer

Rgyug bang rtsal vdzoms na gyi ling zer

安多藏语甘南牧区方言谚语。流行于甘南境内黄河、洮河、大夏河流域牧业地区。阐明牧民对作为自己生产资料而形影不离的马的认知态度，或被视为福马，或被看作骏马。在以宗教为精神支撑、以放牧为生产方式的牧民眼里，形态壮美的马可为自家招福引财，速度超群的马可为主人赢得荣誉。无论哪种马匹，都被牧民当成亲善朋友，反映了人与牲畜的和谐关系。罗赛搜集、整理，索南龙珠汉译。今藏甘南藏族自治州政协原副主席罗赛处。（扎扎）

白色骏马没有弄到手，灰色骡子活佛不愿骑

རྟ་དཀར་དཀར་ལག་ཏུ་མ་འོང་ཐལ།། དྲེའུ་རག་རག་བླ་མས་མི་བཅིབ་ཀི།།

Rta dkar dkar lag tu ma vong thsl

Drevu rag rag bla mas mi bcib ki

安多藏语甘南牧区方言谚语。流行于甘南境内黄河、洮河、大夏河流域农牧业地区。在藏传佛教盛行的藏族地区，白色被视为吉祥、高尚和表示真诚、敬意的色彩。谚语既有表层含意又有深层含意，一方面说明了白色在生活中的独特地位和活佛在群众中的至尊地位；另一方面体现了普通民众与上等阶层之间由于社会地位不同而现实存在的心理区别、思维区别、态度区别。对藏族地区僧俗关系、社会形态研究有研究价值。罗赛搜集、整理，索南龙珠汉译。今藏甘南藏族自治州政协原副主席罗赛处。（扎扎）

话没在嘴上说，但装在心里；粮没在怀里揣，但装在锅里

གཏམ་ཁ་ན་མེད་ཀྱང་ཁོག་ན་ཡོད།། ཟས་རུམ་ན་མེད་ཀྱང་སྣོད་ན་ཡོད།།

Gtam kha na med kyang khog na yod

Zas rum na med kyang snod na yod

安多藏语甘南牧区方言谚语。流行于甘南境内黄河、洮河、大夏河流域牧业地区。谚语具有鲜明的牧区特点，寓意不可以貌相人，表象不能说明内质，外观的虚弱不等于没有内在坚实。罗赛搜集、整理，索南龙珠汉译。今藏甘南藏族自治州政协原副主席罗赛处。（扎扎）

老马拴祥结，老狗戴铃铛

རྟ་རྒན་ལ་གཡང་ར།། ཁྱི་རྒན་ལ་ཁྲོ་རིལ།།

rta rgan la gyang ra khyi rgan la khro ril

安多藏语甘南牧区方言谚语。流行于甘南境内广大牧业地区。任何行为都有在其长期社会生活中形成的规范，不同的事物就有不同的表现特征。如在藏族牧区，马被系上祈祷安康的吉祥结，狗被戴上提示位置的铃铛；男子穿戴象征健壮魁梧的狐皮衣帽，女子佩带体现美丽富贵的金银珠宝。罗赛搜集、整理，索南龙珠汉译。今藏甘南藏族自治州政协原副主席罗赛处。（扎扎）

闲人相聚，空话传遍

སྟོང་བ་འདུ་ཚོགས་བས།། སྟོང་གཏམ་བར་སྣང་ཁྱབ།།

stong ba vdu tshogs bas stong gtam bar snang khyab

安多藏语甘南牧区方言谚语。流行于甘南境内黄河、洮河、大夏河流域农牧业地区。无论哪个民族、哪个地区都是一种比较普遍的社会现象。它在总结这种社会现象并揭穿其实质的同时，表达了明确的否定态度。罗赛搜集、整理，索南龙珠汉译。今藏甘南藏族自治州政协原副主席罗赛处。（扎扎）

困马背上摇蹬，肿眼之上拳打

རྟ་ཆད་རྒྱབ་ན་ཡོབ་ལྡིག། མིག་སྐྲང་སྟེང་ལ་ཀུ་ཚུར།།

rta chad rgyab na yob ldig mig skrang steng la ku tshur

安多藏语甘南牧区方言谚语。流行于甘南境内黄河、洮河、大夏河流域牧业地区。说明一部分人的野蛮无理与心狠手辣，反之劝导人与人之间、人与动物之间要有宽容慈悲之心。谚语甚具牧区特点，同乘人之危、雪上加霜和“伤口撒盐”。罗赛搜集、整理，索南龙珠汉译。今藏甘南藏族自治州政协原副主席罗赛处。（扎扎）

空话漫漫重复，盘食津津吃光

སྟོང་གཏམ་འོར་བཤད་བྱས།། སྡེར་སྣོད་སྟོང་བར་བཏང་།།

stong gtam vor bshad byas sder snod stong bar btang

安多藏语甘南牧区方言谚语。流行于甘南境内黄河、洮河、大夏河流域地区。有人为了贪吃主人家盘中食物而无所休止地重复毫无意义的空话，借此现象责斥为了达到个人贪婪目的占取便宜而不顾羞耻、不择手段的可悲小人。谚语给人以啼笑皆非的感觉，近似同“醉翁之意不在酒”。罗赛搜集、整理，索南龙珠汉译。今藏甘南藏族自治州政协原副主席罗赛处。（扎扎）

马无骑手容易惊，妇无丈夫闲话多

རྟ་རྒན་ཞོན་ནི་མེད་ན་འདྲོག་རྒྱུ་མང་།།
རྒན་མོར་ཁྱོ་བོ་མེད་ན་བཤད་རྒྱུ་མང་།།

rta rgan zhon ni med na vdrog rgyu mang
rgan mor khyo bo med na bshad rgyu mang

安多藏语甘南牧区方言谚语。流行于甘南境内黄河、洮河、大夏河流域牧业地区。所言是客观现象，提醒人们避免节外生枝，为此主张马要骑手驾驭，妇由丈夫陪伴。罗赛搜集、整理，索南龙珠汉译。今藏甘南藏族自治州政协原副主席罗赛处。（扎扎）

马在膘情好时要卖，人在名望高时要慎

རྟ་ཤ་ཤེད་འཛོམས་དུས་བཙོང་དགོས།།
མི་གྲགས་སྐད་ཆེ་དུས་འཛེམ་དགོས།།

rta sha shed vdzoms dus btsong dgos
mi grags skad che dus vdzem dgos

安多藏语甘南牧区方言谚语。流行于甘南境内黄河、洮河、大夏河流域牧业地区。马在肥壮之时可卖高价，而人扬名之时容易犯傻。它告诫那些成功成名的人们在辉煌荣耀之时保持清醒头脑，防止得意忘形。谚语总结到位，语言精炼，富有哲理，符合实际。罗赛搜集、整理，索南龙珠汉译。今藏甘南藏族自治州政协原副主席罗赛处。（扎扎）

被称大哥是有钱财，被称大姐是有厨艺

སྟག་ཤ་ར་ཨ་བ་ཟེར་བར་རྒྱུ་ནོམ།། མ་བུ་མོ་ཨ་ཅེ་ཟེར་བར་ལག་ཟས།།

stag sha ra a ba zer bar rgyu nom ma bu mo a ce zer bar lag zas

安多藏语甘南牧区方言谚语。流行于甘南境内黄河、洮河、大夏河流域地区。男子因拥有财富而受到大家的尊敬，女人因擅长手艺而得到大家的赞称，提倡男人勤劳致富、女人努力学艺，反映了藏族社会对人的价值观念。罗赛搜集、整理，索南龙珠汉译。今藏甘南藏族自治州政协原副主席罗赛处。（扎扎）

叔父说话没里外，母亲分食没大小

གཏམ་ཨ་ཁུས་བཤད་ན་ཉེ་རིང་མེད།། ཟས་ཨ་མས་བགོས་ན་ཆེ་ཆུང་མེད།།

gtam a khus bshad na nye ring med zas a mas bgos na che chung med

安多藏语甘南牧区方言谚语。流行于甘南境内黄河、洮河、大夏河流域地区。指亲情关系在人与人之间的特殊作用，寓意长辈与晚辈之间的亲情才在家族内部做到公平、体现真实，它所反映的是人类情感的共性，即对父母而言，子女“手心手背都是肉”。罗赛搜集、整理，索南龙珠汉译。今藏甘南藏族自治州政协原副主席罗赛处。（扎扎）

众马生法一样，然而走姿各异

རྟ་འདོ་བོ་སྐྱེ་སྲོལ་གཅིག་ན།། རྨིག་ཀོར་མོའི་ལེན་སྲོལ་མི་གཅིག།

rta vdo bo dkye srol gcig na rmig kor movi len srol mi gcig

安多藏语甘南牧区方言谚语。流行于甘南境内黄河、洮河、大夏河流域地区。指同一类事物在个体之间存在的差别，即同类事物存在共性，但也存在个性，就像汉语通俗所讲“五个指头都有长短。”罗赛搜集、整理，索南龙珠汉译。今藏甘南藏族自治州政协原副主席罗赛处。（扎扎）

烈马难骑，干肉难吃

རྟ་རྒོད་པོ་བཅིབ་ན་མི་ཐུབ་ཀི།། ཤ་སྐམ་པོ་ཟོས་ན་མི་ཆོད་ཀི།།

rta rgod po bcib na mi thub ki sha skam po zos na mi chod ki

安多藏语甘南牧区方言谚语。流行于甘南境内玛曲县黄河沿岸牧业地区。骏马由烈马驯服而成，干肉则是牧民过冬和途中的食物佳品。谚语寓意解决对人具有重大裨益的根本性问题就要付出代价，要下一番功夫，而不是轻而易举就能成功。罗赛搜集、整理，索南龙珠汉译。今藏甘南藏族自治州政协原副主席罗赛处。（扎扎）

没话就没有故事，没理就没有习俗

གཏམ་མེད་ན་སྒྲུང་མེད།། ལུགས་མེད་ན་དཔེ་མེད།།

gtam med na sgrung med lugs med na dpe med

安多藏语甘南牧区方言谚语。流行于甘南境内黄河、洮河、大夏河流域地区。任何流行的事物都有产生它的道理，其中存在因果关系的链条。罗赛搜集、整理，索南龙珠汉译。今藏甘南藏族自治州政协原副主席罗赛处。（扎扎）

乱不抓虎尾，抓了就不放

སྟག་གི་ཇ་མ་མི་འཛིན་གལ་ཆེ།། བཟུང་གི་ནང་མོ་མི་ཕུད་གལ་ཆེ།།

stag gi qnga ma mi vdzin gal che bzung gi nang mo mi phud gal che

安多藏语甘南牧区方言谚语。流行于甘南境内黄河、洮河、大夏河流域地区。不好做的事、有危险的事不去做，一旦要做，就要拿出最大的勇气去做，而且要一做到底，不达目标誓不罢休。罗赛搜集、整理，索南龙珠汉译。今藏甘南藏族自治州政协原副主席罗赛处。（扎扎）

喂狗益防贼，磕头益来世

ལྟོ་ཁྱི་མོར་བླུད་ན་རྐུན་མ་བཟང་།། ཕྱག་བླ་མ་འཚལ་ན་ཕྱི་མ་བཟང་།།

lto khyi mor blud na rkun ma bzang phyag bla ma vts hal na phyi ma bzang

安多藏语甘南牧区方言谚语。流行于甘南境内黄河、洮河、大夏河流域地区。做事要有明确的目的，要有针对性，要有的放矢。搞建设促发展也是这个道理，不仅要追求经济效益，还要注重社会效益。罗赛搜集、整理，索南龙珠汉译。今藏甘南藏族自治州政协原副主席罗赛处。（扎扎）

我骑好马，你穿破衣

རྟ་གོམ་པ་ཅན་པོ་ངས་ཞོན།། གོས་ལྷན་པ་ཅན་པོ་ཁྱོས་གོན།།

rta gom pa can po ngas zhon gos lhan pa can po khys gon

安多藏语甘南牧区方言谚语。流行于甘南境内黄河、洮河、大夏河流域牧业地区。在牧区，放牧离不开马，赶路离不开马，它是牧民生产生活中的终身伴侣。拥有一匹称心如意的好马则是广大牧民的由衷愿望。谚语说明牧民对好马的喜爱与追求。罗赛搜集、整理，索南龙珠汉译。今藏甘南藏族自治州政协原副主席罗赛处。（扎扎）

赛马的路平，裁缝的线直

རྟ་འདོ་བའི་རྒྱུག་ལམ་བདེ་མོ།། ཁབ་སྐུད་པའི་ཤུབ་ལམ་དྲང་མོ།།
rta vdo bavi rgyug lam bde mo khab dkud pavi shub lam drang mo

安多藏语甘南牧区方言谚语。流行于甘南境内黄河、洮河、大夏河流域牧业地区。总结生活现象，由野外草原联想到穿戴衣物，赞美了裁缝的手艺。罗赛搜集、整理，索南龙珠汉译。今藏甘南藏族自治州政协原副主席罗赛处。（扎扎）

无膘的马毛长，无财的人谋短

རྟ་ཤ་ངན་སྤུ་རིང་།། མི་ནོམ་མེད་བློ་ཐུང་།།
rta sha ngan sbu ring mi nom med blo thung

安多藏语甘南牧区方言谚语。流行于甘南境内黄河、洮河、大夏河流域牧业地区。马因草料缺乏而显得干瘦毛长，人因财物缺乏而显得无计可施。谚语只是对事物现象进行了描述，并未对事因进行客观分析，具有一定的片面性。罗赛搜集、整理，索南龙珠汉译。今藏甘南藏族自治州政协原副主席罗赛处。（扎扎）

佛祖所到都是秋收，白雪落处都是寒冷

སྟོན་པ་གར་སོང་སྟོན་ཁ།། ཁངས་སྐྱ་གར་བབས་འཁྱགས་པ།།
ston pa gar song ston kha khanhs skya gar babs vkhyags pa

安多藏语甘南牧区方言谚语。流行于甘南境内黄河、洮河、大夏河流域广大农牧业地区。运用了很好的比喻手法。藏族人将佛祖的教诲哲理视为解脱苦难的精神食粮，相应将没有佛法的地域看作难熬的冰天雪地。由此表达了藏族百姓对佛教的无限崇尚。罗赛搜集、整理，索南龙珠汉译。今藏甘南藏族自治州政协原副主席罗赛处。（扎扎）

没用斧头砍林木，没用绳子搬帐篷

སྟ་རེ་ནགས་ལ་མ་གཤེར་བ།། ཞགས་པ་མཚེར་ལ་མ་འཁྱེར་བ།།
sta re nags la ma gsher ba zhags pa mtsher la ma vkhyr ba

安多藏语甘南牧区方言谚语。流行于甘南境内广大农牧业地区。在林业地区，没有斧头就没法砍树，在牧业地区，没有绳子就没法搬迁帐篷。要做任何事情，必须要有一定的工具和起码的条件，否则计划无法得到贯彻落实。罗赛搜集、整理，索南龙珠汉译。今藏甘南藏族自治州政协原副主席罗赛处。（扎扎）

灰马毛色变，赤金色难移

རྟ་ར་རའི་སྤུ་མདོག་བརྗེ་རྒྱུ་ཡོད།། གསེར་སེར་བོའི་ཁ་དོག་བརྗེ་རྒྱུ་མེད།།
rta ra ravi spu mdog brje rgyu yod gser ser bovi kha dog brje rgyu med

安多藏语甘南牧区方言谚语。流行于甘南境内黄河、洮河、大夏河流域地区。任何事物都是处在不断的运动变化之中，或是量变，或是质变，或是外在的，或是内在。在牧区草原，群众看到的多是自然界和各种牲畜随着季节的色彩变化，同时由此引起的或喜或惆的心态变化。谚语认为，万事万物当中，唯有高纯度的黄金不会发生变化，保持着它一如既往的高贵品质，表达了藏族群众对生活的审美情趣。罗赛搜集、整理，索南龙珠汉译。今藏甘南藏族自治州政协原副主席罗赛处。（扎扎）

长膘的马要知路，聚财的人要知人

རྟ་བཟང་དུས་ལམ་ཤེས་དགོས།། རྒྱུ་འཛོམས་དུས་མི་ཤེས་དགོས།།
rta bzang dus lam shes dgos rgyu vdzoms dus mi shes dgos

安多藏语甘南牧区方言谚语。流行于甘南境内黄河、洮河、大夏河流域地区。谚语告诫人们切勿因为富足得意而忘乎所以，树大招风，越是顺畅安乐之时越要谨慎清醒，越是功成名就之时越要保持忧患意识。罗赛搜集、整理，索南龙珠汉译。今藏甘南藏族自治州政协原副主席罗赛处。（扎扎）

说话要有道理，射箭要有技法

གཏམ་དཔེ་ལུགས་དོན་ལ་མཐུན་དགོས།།
མདའ་གཟུ་མོ་རྩལ་གྱིས་འཕེན་དགོས།།
gtam dpe lugs don la mthun dgos mdav gzu mo rtsal gyis vphen dgos

安多藏语甘南牧区方言谚语。流行于甘南境内

黄河、洮河、大夏河流域广大农牧业地区。反映了藏族人民追求公正、公平、有序、和谐的社会生活的朴实态度。罗赛搜集、整理，索南龙珠汉译。今藏甘南藏族自治州政协原副主席罗赛处。（扎扎）

青蛙追食舍身，女人随言毁身

སྟོན་སྦལ་བ་ཤྭ་བདའ་སོང་ནས་རང་སྲོག་ཤོར།།
མ་བུ་མོ་མི་ཁར་བརྒྱུགས་ནས་རང་ལུས་རྫོབ།།

ston sbal ba shwa bdav song nas rang srog shor
ma bu mo mi khar brgyugs nas rang lus rdzob

安多藏语甘南牧区方言谚语。流行于甘南境内黄河、洮河、大夏河流域地区。通过比喻说明生活中的相对道理，透露了藏族社会对女性的自然存在价值和社会存在价值在一定程度上的否定观念，没有绝对真理的说服性。总的说来，它在提示人们不要轻易听取他人的蛊惑挑唆言语，以免身败名裂，遭受悔恨莫及的惨重损伤。罗赛搜集、整理，索南龙珠汉译。今藏甘南藏族自治州政协原副主席罗赛处。（扎扎）

秋天鹿吃青蛙变肥，夏天羊吃蛇肉增脂

སྟོན་ཤྭ་བ་རྭ་རིང་གིས་སྦལ་ཤ་ཟོས་ན་ཤེད་ཆེ།།
དབྱར་མ་མོ་ཇོ་མོས་སྦྲུལ་ཤ་ཟོས་ན་ཚིལ་མཐུག།

ston shwa ba rwa ring gis sbal sha zos na shed che
dbyar ma mo jo mos sbrul sha zos na tshil mthug

安多藏语甘南牧区方言谚语。流行于甘南境内黄河、洮河、大夏河流域广大农牧业地区。通过对藏区畜牧业生活现象的描写，总结了人们对自然规律的认识。罗赛搜集、整理，索南龙珠汉译。今藏甘南藏族自治州政协原副主席罗赛处。（扎扎）

腰刀火枪念珠是男人的装饰，松石珊瑚琥珀是女人的装饰

སྟག་ཤ་རའི་རྒྱན་ཆ་གྲི་མེ་ཕྲེང་གསུམ་ཡིན།།
སྨན་བུ་མོའི་རྒྱན་ཆ་གཡུ་བྱུར་སྤོས་གསུམ་ཡིན།།

stag sha ravi rgyan cha gri me phreng gsum yin
sman bu movi rgyan cha gyu byur spos gsum yin

安多藏语甘南牧区方言谚语。流行于甘南境内黄河、洮河、大夏河流域地区。通过装饰美化自己是人类的普遍追求。不同的民族、不同的地域、不同的环境，对于美形成自己的装扮特点。谚语再现了生活在雪域高原的藏族豪爽英勇的男人们以刀枪装饰作为美和纯朴善良的女人们以珠光宝气作为美的审美情趣以及他们以宗教信仰作为精神美的特有美学理念。罗赛搜集、整理，索南龙珠汉译。今藏甘南藏族自治州政协原副主席罗赛处。（扎扎）

好言相劝时双耳闭塞，事落头上时两眼发呆

གཏམ་ཁ་ཡིས་བཤད་ན་མགོ་རྣ་ཀྲོག་ཀྲོག།
དོན་མགོ་ལ་བབས་ན་མིག་རྩ་ལྷེབ་ལྷེབ།།

gtam kha yis bshad na mgo rna krog krog
don mgo la babs na mig rtsa lheb lheb

安多藏语甘南牧区方言谚语。流行于甘南境内黄河、洮河、大夏河流域地区。“良药苦口利于病，忠言逆耳利于行。”这则藏族谚语说的也是这个道理，提示人们当大家进行劝告时要理性取舍抉择，否则将会导致悲惨后果发生。罗赛搜集、整理，索南龙珠汉译。今藏甘南藏族自治州政协原副主席罗赛处。（扎扎）

汉子饿了寻吃百家食，犏牛饿了只嚼鼻圈绳

སྟག་ཤ་ལྟོགས་ན་མི་ཟས་དང་བདག་ཟས་ཟ།།
མཛོ་ཁྱུང་དཀར་ལྟོགས་ན་སྣ་ཐིག་དང་གཅུ་ཟ།།

stag sha ltogs na mi zas dang bdag zas za
mdzo khyung dkar ltogs na sna thig dang gcu za

安多藏语甘南牧区方言谚语。流行于甘南境内黄河、洮河、大夏河流域地区。当遇到困难时和危机时，要直面现实，灵活应对，从长计议，必要时做出适当妥协，卧薪尝胆，以求转危为安，再图远大抱负，否则就会陷入绝境，断送前途。罗赛搜集、整理，索南龙珠汉译。今藏甘南藏族自治州政协原副主席罗赛处。（扎扎）

被男人发笑看不起，被女人捂嘴说闲话

སྟག་ཤ་རས་མིག་ཟུར་བལྟས་ནས་ཁོང་དགོད་འཆོར།།
མ་བུ་མོས་མཆུ་ཕུ་བསུམས་ནས་ལྐོག་བཤད་བྱས།།

stag sha ras mig zur bltsa nas khong dgod vchor
ma bu mos mchu phu bsums nas lkog bshad byas

安多藏语甘南牧区方言谚语。流行于甘南境内

内黄河、洮河、大夏河流域农牧业地区。谚语指的是在生产生活中平庸懦弱的无能之辈，喻义做人要自强自立自尊，发奋努力，积极进取。罗赛搜集、整理，索南龙珠汉译。今藏甘南藏族自治州政协原副主席罗赛处。 （扎扎）

骏马不挥鞭子不易练步，孩子不打巴掌不晓事理

རྟ་གྲོ་རིས་ལ་རྟ་ལྕག་གིས་མ་གཞུས་ན་གོམ་མི་ལོབ།།
ཆུང་བྱིས་པ་ལ་ཐལ་ལྕག་གིས་མ་བརྒྱབ་ན་བསམ་མི་ཤེས།།

rta gro ris la rta lcag gis ma gzhus na gom mi lob
chung byis pa la thal lcag gis ma grgyab na bsam mi shes

安多藏语甘南牧区方言谚语。流行于甘南境内黄河、洮河、大夏河流域地区。无论是骏马还是小孩，都是在行之有效的严厉管教之下成长成器的，就像钢铁在高温条件下烧炼出来一样。罗赛搜集、整理，索南龙珠汉译。今藏甘南藏族自治州政协原副主席罗赛处。 （扎扎）

虎穴里放套索，河水中放鱼钩

སྟག་མོའི་ཉལ་ཚང་ནང་ལ་རྙི་བཙུགས།། ཉ་མོའི་རྐྱལ་ལམ་ནང་ལ་ཀྱུ་འཛེར།།

stag movi nyal tshang nang la rnyi btsugs
nya movi rkyal lam nang la kyu vdzer

安多藏语甘南牧区方言谚语。流行于甘南境内黄河、洮河、大夏河流域牧业地区。计划要得以实现，就得调查研究，掌握规律，既要有胆识，又要有谋略，因事而异，区别对待。罗赛搜集、整理，索南龙珠汉译。今藏甘南藏族自治州政协原副主席罗赛处。 （扎扎）

高山顶上积雪，丘陵顶上积霜

སྟོད་རི་རབ་རྩེ་ནས་གངས་བཟུང་ན།།
སྨད་ས་འབུར་སྟེང་ནས་བད་ལོས་འཛིན།།

stod ri rab rtse nas gangs bzung na smad sa
vbur steng nas bad los vdzin

安多藏语甘南牧区方言谚语。流行于甘南境内黄河、洮河、大夏河流域地区。描述高原藏区不同海拔地域的雪霜降落的自然现象，简洁地说明了任何事物现象都有其特定形成条件。罗赛搜集、整理，索南龙珠汉译。今藏甘南藏族自治州政协原副主席罗赛处。 （扎扎）

老虎走出豁垭从前胸抓，野牛走出岩崖从头角抓

སྟག་ཁེའུ་ཁའི་བུད་ན་ཐོང་ཁས་འཛིན།། འབྲོང་རྫ་ཁའི་བུད་ན་ར་ཁས་འཛིན

stag khevu khavvi bud na thong khas vdzin
vbrong rdza khavi bud na rwa khas vdzin

安多藏语甘南牧区方言谚语。流行于甘南境内黄河、洮河、大夏河流域地区。体现了藏族人的经验总结能力以及他们勇敢胆识和机智聪明。罗赛搜集、整理，索南龙珠汉译。今藏甘南藏族自治州政协原副主席罗赛处。 （扎扎）

话在心里却说不出口，衣在柜中却不合自身

གཏམ་ཁོག་ན་ཡོད་ཀྱང་ཁ་ནས་མི་འཁྱོལ།།
གོས་སྣོད་ན་ཡོད་ཀྱང་རྒྱབ་ལ་མི་འཕྲོད།།

gtam khog na yod kyang kha nas mi vkhyol
gos snod na yos kysng rgyab la mi vphrod

安多藏语甘南牧区方言谚语。流行于甘南境内黄河、洮河、大夏河流域农牧业地区。人在生活当中烦恼痛苦的事很多，就像有话说不出、有衣不合身。反之，人们要使自己痛快谈吐、穿戴合体，那就达到了生活的快乐境界。罗赛搜集、整理，索南龙珠汉译。今藏甘南藏族自治州政协原副主席罗赛处。 （扎扎）

前后比较就知话的真假，抓摸背脊便知羊的瘦肥

གཏམ་གྱི་བདེན་རྫུན་མགོ་མཇུག་དཔྱད་ན་ཤེས།།
ལུག་གི་ཚོ་རྗིད་རྐེད་པ་མྱངས་ན་ཤེས།།

gtam gyi bden rdzun mgo mjug dpyad na shes
lug gi tsho rjid rked pa myangs na shes

安多藏语甘南牧区方言谚语。流行于甘南境内黄河、洮河、大夏河流域地区。充分体现了富有智慧的藏族牧民在长期生产生活中积累起来的对真伪好坏的分辨能力。罗赛搜集、整理，索南龙珠汉译。今藏甘南藏族自治州政协原副主席罗赛处。 （扎扎）

巧嘴的叔伯名声在外，巧手的姨娘名声在家

གཏམ་ཁ་ལྕེ་དག་གི་ཕ་ཁུ་ཕྱི་ན་གྲགས།།
ལག་ཟས་སྣ་སྣུམ་པའི་ཨ་ནེ་ནང་ན་གྲགས།།

gtam kha lce dag gi pha khu phyi na grags
lag zas sna snum pavi a ne nang na grags

安多藏语甘南牧区方言谚语。流行于甘南境内黄河、洮河、大夏河流域地区。藏族男女的习惯分工是：男人以在外说理劝事为主要社会功能，要求能言善辩；女人操持内务为主要家庭职责，要求熟练厨艺。谚语指的正是这种衡量标准下的男人和女人，反映的是他们对人的价值标准。罗赛搜集、整理，索南龙珠汉译。今藏甘南藏族自治州政协原副主席罗赛处。（扎扎）

看见秋天的旱獭流涎水，听见猛虎的吼声流尿液

སྟོན་ཁའི་བྱི་བ་རིག་དུས་ཁ་ཆུ་མི་ཚོགས།།
སྟག་མོའི་ངར་སྐད་གོ་དུས་གཅིན་སྐྱག་མི་ཚོགས།།

ston khavi byi ba rig dus kha chu mi tshogs
stag movi anar dkad go dus gcin skyag mi tshogs

安多藏语甘南牧区方言谚语。流行于甘南境内黄河、洮河、大夏河流域地区。嘲讽只有空谈没有行动并且欺软怕硬、缺乏勇气的懦夫和懒汉。罗赛搜集、整理，索南龙珠汉译。今藏甘南藏族自治州政协原副主席罗赛处。（扎扎）

独奔之马没人观看，独勇之士没人领尸

རྟ་ཁེར་རྒྱུག་ལ་ལྟ་ནི་མེད།། དཔའ་ཁེར་ངོམ་ལ་རོ་ལེན་མེད།།

rta kher rgyug la lta ni med dpav kher ngom la ro len med

安多藏语甘南牧区方言谚语。流行于甘南境内黄河、洮河、大夏河流域地区。喻义反对个人英雄主义和单独冒险主义，阐明公众事务要有群众的广泛参与性，提倡集体主义和团结协作的精神。罗赛搜集、整理，索南龙珠汉译。今藏甘南藏族自治州政协原副主席罗赛处。（扎扎）

灰马毛色变白，绿树叶子变黄

རྟ་ར་རའི་སྤུ་མདོག་དཀར་པོ་ལོག། ཤིང་ལྗང་ལོའི་ལོ་མ་སེར་པོ་ལོག།

rta ra ravi spu mdog dkar bo log shing ljang lovi lo ma ser bo log

安多藏语甘南牧区方言谚语。流行于甘南境内黄河、洮河、大夏河流域地区。描写自然界事物随着季节转换而出现的变化情形，说明了藏族群众观察事物运动得出的包含哲理性的经验总结。罗赛搜集、整理，索南龙珠汉译。今藏甘南藏族自治州政协原副主席罗赛处。（扎扎）

未见虎穴跨虎头，未见熊窝钻熊洞

སྟག་ཚང་ཉལ་མ་ཤེས་མགོ་ལ་བགོམས།།
དྲེད་ཉལ་དོང་མ་རིག་ནང་ལ་འཛུལ།།

stag tshang nyal ma shes mgo ls bgoms
dred nyal dong ma rig nang la vdzul

安多藏语甘南牧区方言谚语。流行于甘南境内黄河、洮河、大夏河流域地区。要做某些事情需要胆量勇气，但也要进行事先的调查研究，不可做出没有依据的决定，不可采取没有把握的行动。罗赛搜集、整理，索南龙珠汉译。今藏甘南藏族自治州政协原副主席罗赛处。（扎扎）

堂堂男人要靠义气，缺乏义气不如赖狗

སྟག་ཤ་རའི་ནང་རྫོངས་ཁྲེལ་ཡིན།། ཁྲེལ་མེད་ན་སྟག་ཤར་ཁྱི་ཡིན།།

stag sha ravi nang rdzongs khrel yin khrel med na stag shar khyi yin

安多藏语甘南牧区方言谚语。流行于甘南境内黄河、洮河、大夏河流域地区。规劝人们在社会生活中做人要有正义感，要光明磊落，要有起码的情操，要以良心衡量自己，否则就将失去应有的人格和尊严。罗赛搜集、整理，索南龙珠汉译。今藏甘南藏族自治州政协原副主席罗赛处。（扎扎）

周游三界返回，吃遍四海返回

སྟོང་གསུམ་བསྐོར་ནས་ཡོང་ཐལ།། རྒྱལ་ཁམས་ཟོས་ནས་ཡོང་ཐལ།།

stong gsum bskor nas yong thal rgyal khams zos nas yong thal

安多藏语甘南牧区方言谚语。流行于甘南境

内黄河、洮河、大夏河流域广大农牧业地区。赞美英雄人物的能耐和本领，表达了他们的一种为人向往。罗赛搜集、整理，索南龙珠汉译。今藏甘南藏族自治州政协原副主席罗赛处。（扎扎）

唯一的马勿送山神，唯一的牛勿做放生

རྟ་ཁེར་བོ་སྲུང་མར་མ་བརྟེན།། ཟོག་ཁེར་བོ་ཚེ་ཐར་མ་ཕུད།།

rta kher bo srung mar ma brten zog kher bo tshe thar ma phud

安多藏语甘南牧区方言谚语。流行于甘南境内黄河、洮河、大夏河流域地区。藏族是个全民信仰宗教的民族，听命教诫，唯佛是从，甘心奉献，乐于布施，这则谚语体现了处于现实生活中的藏族百姓以人为本、以生存为第一需要的基本理念，劝说不要盲目地、不顾后果地被背离精神而牺牲一切。罗赛搜集、整理，索南龙珠汉译。今藏甘南藏族自治州政协原副主席罗赛处。（扎扎）

外患内引，内丑外扬

ལས་ངན་གཡང་དུ་འགུགས།། ནང་མཚང་ཕྱི་ལ་འབྱིན།།

las ngan gyang du vgugs nang mtshang phyi la vbyin

安多藏语甘南牧区方言谚语。流行于甘南境内黄河、洮河、大夏河流域地区。这是藏族人的忌讳，表达了他们的一种生活态度。同“成事不足，败事有余”。罗赛搜集、整理，索南龙珠汉译。今藏甘南藏族自治州政协原副主席罗赛处。

（扎扎）

马要轮换打尾结，枪要轮换扣扳机

རྟ་སྔོ་རིལ་གྱི་རྔ་མ་མདུད་རེས།། བོའུ་ཁྲ་རིང་གི་ཀླད་པ་འཐེན་རེས།།

rta sngo ril gyi rnga ma mdud res bovu khra ring gi klad pa vthen res

安多藏语甘南牧区方言谚语。流行于甘南境内黄河、洮河、大夏河流域农牧业地区。谚语是对生活的总结，说明做事要讲究规律。罗赛搜集、整理，索南龙珠汉译。今藏甘南藏族自治州政协原副主席罗赛处。（扎扎）

好汉吃喝如狼方饱，骏马驰骋如鹰犹神

སྟག་ཤ་རས་ཟོས་ན་སྤྱང་ལྟོགས་ཡིན་ཡང་མགུ་གང་བ།།
རྟ་འདོ་བ་བརྒྱུགས་ན་རྒོད་པོ་ཡིན་ཡང་ཡ་མཚན་པ།།

stag sha ras zos na spyang ltogs yin yang mgu gang ba rta vdo ba brgyugs na rgod po yin yang ya mtshan pa

安多藏语甘南牧区方言谚语。流行于甘南境内黄河、洮河、大夏河流域地区。体现了藏族男人的豪爽气概和对乘马的神速渴望。罗赛搜集、整理，索南龙珠汉译。今藏甘南藏族自治州政协原副主席罗赛处。（扎扎）

能抓老虎胡须的人，能牵野牛角尖的人

སྟག་གི་སྨ་རའི་འཛིན་མི།། འབྲོང་གི་རྭ་རྩེའི་གནོན་མི།།

stag gi sma ravi vdzin mi vbrong gi rwa rtsevi gnon mi

安多藏语甘南牧区方言谚语。流行于甘南境内黄河、洮河、大夏河流域地区。藏族是个极其崇尚英雄的民族。谚语表达了对英雄的赞美与羡慕。罗赛搜集、整理，索南龙珠汉译。今藏甘南藏族自治州政协原副主席罗赛处。（扎扎）

上部酷热似火烤，下部寒冷如结冰

སྟོད་ཀྱི་ཚ་བ་མེ་ལྟར་འབར།། སྨད་ཀྱི་གྲང་བ་ཆུ་ལྟར་རྒྱས།།

stod kyi tsha ba me ltar vbar smad kyi grang ba chu ltar rgyas

安多藏语甘南牧区方言谚语。流行于甘南境内黄河、洮河、大夏河流域地区。采用夸张的手法，描写两种不同地域环境下的迥异气候特点。罗赛搜集、整理，索南龙珠汉译。今藏甘南藏族自治州政协原副主席罗赛处。（扎扎）

赛马似宝塔，装扮献彩绸

རྟ་རྒྱུག་གསེར་གྱི་མཆོད་རྟེན་ལ།། བཀོད་པ་དར་གྱི་སྙན་ཤལ་འབུལ།།

rta rgyug gser gyi mchod rten la bkod pa dar gyi snya n shal vbul

安多藏语甘南牧区方言谚语。流行于甘南境内黄河、洮河、大夏河流域地区。表达了牧人对称心如意的乘马的高度赞美以及对其进行的装饰打扮，透露出了他们对马的珍爱程度。罗赛搜集、整理，索南龙珠汉译。今藏甘南藏族自治州政协

原副主席罗赛处。（扎扎）

吉祥祭祀山神之日，出现恶兆泼灰之人

རྟེན་འབྲེལ་དགྲ་ལྷའི་ངོ་བསོད་ལ༎ ལྟས་ངན་ཐལ་བ་སྲུབ་མཁན་བྱུང་༎

rten vbrel dgra lhavi ngo bsod la ltas ngan thsl ba srub mkhan byung

安多藏语甘南牧区方言谚语。流行于甘南境内黄河、洮河、大夏河流域地区。祭祀山神是藏族传统的民间吉瑞事项，而遇泼灰之人则被视为不祥之兆。谚语表达美中不足的深深遗憾之感。罗赛搜集、整理，索南龙珠汉译。今藏甘南藏族自治州政协原副主席罗赛处。（扎扎）

未知食物的好坏，恶狗便冒充主人

ལྟོ་འགྲང་རྟོགས་བཟང་ངན་མ་ཤེས་གོང་༎

ཁྱི་བདའ་ལུས་བདག་པོ་ཡིན་ཁུལ་བྱས༎

lto vgrang ltogs bzang ngan ma shes gong khyi bdav lus bdag po yin khul byas

安多藏语甘南牧区方言谚语。流行于甘南境内黄河、洮河、大夏河流域地区。寓意要在社会生活中，大家应该找准自己的位置，守护规矩、各司其职、尊重长辈，不可我行我素、喧宾夺主。罗赛搜集、整理，索南龙珠汉译。今藏甘南藏族自治州政协原副主席罗赛处。（扎扎）

马的英姿在一至两年，姑娘的秀美在十八

རྟའི་ཡག་ཚད་ལོ་གཅིག་ལོ་གཉིས་ཡིན༎

མོའི་ཡག་སྐབས་ལོ་ན་བཅོ་བརྒྱད་ཡིན༎

rtavi yag tshad lo gcig lo gnyis yin movi yag skabs lo na bco brgyad yin

安多藏语甘南牧区方言谚语。流行于甘南境内黄河、洮河、大夏河流域地区。表达了藏族人的审美理念，歌赞花季青春，提示珍惜时光，享受美好生活。罗赛搜集、整理，索南龙珠汉译。今藏甘南藏族自治州政协原副主席罗赛处。（扎扎）

秋收匆匆忙忙，无奈雪霜逼人

སྟོན་གསུམ་འབྲུ་སྡུད་བྲེལ་ཟིང་ཟིང་༎ མི་བྱེད་ཀ་མེད་བ་མོས་དེད༎

ston gsum vbru sdud brel zing zing mi byed ka mid ba mos ded

安多藏语甘南牧区方言谚语。流行于甘南境内黄河、洮河、大夏河流域地区。雪域藏区无霜期短暂，农业生产仓促。春华秋实，难得作物成熟，要珍惜劳动成果，抓紧秋收归仓，因为雪霜即将来临。罗赛搜集、整理，索南龙珠汉译。今藏甘南藏族自治州政协原副主席罗赛处。（扎扎）

小伙如箭，姑娘似冰

སྟག་ཤར་ལྷ་མདའ་སིལ་མ༎ མ་སྲུ་མཚོ་ལ་དར་ཆགས༎

stag shar lha mdav sil ma ma sru mtsho la dar chags

安多藏语甘南牧区方言谚语。流行于甘南境内黄河、洮河、大夏河流域地区。以藏族民间文学的创作手法和独特韵味，描写青年男女的青春年华，赞美小伙子的机灵矫健和姑娘的晶莹靓丽。罗赛搜集、整理，索南龙珠汉译。今藏甘南藏族自治州政协原副主席罗赛处。（扎扎）

不是老虎却有斑，不是野牛却有角

སྟག་མིན་པའི་ཐིག་ལེ་ཅན༎ འབྲོང་མིན་པའི་རུ་ཐུར་ཅན༎

stag min pavi thig le can vbrong min pavi ru thur can

安多藏语甘南牧区方言谚语。流行于甘南境内黄河、洮河、大夏河流域地区。是一则谜语式的谚语，寓意事物好上加好，锦上添花，胜出一筹，令人刮目相看。罗赛搜集、整理，索南龙珠汉译。今藏甘南藏族自治州政协原副主席罗赛处。（扎扎）

骏马不拴，会落贼手

རྟ་ཅང་ཤེས་ཞགས་པས་མ་བཟུང་ན༎

རྫ་རི་དངོས་འཁྱམ་ནས་དགྲ་ལག་འཆོར༎

rta cang shes zhags pas ma bzung na rdza ri dngos vkhyam nas dgra lag vchor

安多藏语甘南牧区方言谚语。流行于甘南境内黄河、洮河、大夏河流域地区。美好的事物谁都喜爱，为此那些贪婪之徒不择手段想法盗取，

所以善良的人们必需时刻警惕，勿忘维护自己的权益，守护自己的财产，防止劳动成果被人盗取。罗赛搜集、整理，索南龙珠汉译。今藏甘南藏族自治州政协原副主席罗赛处。（扎扎）

吉祥的银制宝鉴上，不能有不祥的瑕疵

རྟེན་འབྲེལ་དངུལ་དཀར་མེ་ལོང་ལ།། དམ་སྲི་གཡའ་ཡིས་མི་ལྷད་དགོས།།

rten vbrel dngul dkar me long la dam sri gyav yis mi lhad dgos

安多藏语甘南牧区方言谚语。流行于甘南境内黄河、洮河、大夏河流域地区。以圣洁的宝鉴为喻，提倡弘扬真善美，鞭挞假恶丑，好坏需要分明，保持高风亮节。罗赛搜集、整理，索南龙珠汉译。今藏甘南藏族自治州政协原副主席罗赛处。（扎扎）

老虎和野牛争地盘，助阵黄牛死于非命

སྟག་གཡག་གཉིས་ཀྱིས་ས་བརྩད་ན།། བ་རོག་ཆུང་གི་རྒྱུ་མ་ཐང་ལ་ལྷུང་།།

stag gyag gnyis kyis sa brtsad na ba rog chung gi rgyu ma thang la lhung

安多藏语甘南牧区方言谚语。流行于甘南境内黄河、洮河、大夏河流域牧业地区。在牧区草原，土官头人常因草场纠纷而发生械斗，致使属下百姓生命财产受到伤害。谚语以野生动物作为比喻，表达了对无辜受害者的同情。罗赛搜集、整理，索南龙珠汉译。今藏甘南藏族自治州政协原副主席罗赛处。（扎扎）

赛马头朝天，赌注放日月

རྟ་རྒྱུག་མགོ་ཨ་སྔོན་གནམ་ལ་གཏད།། བསྐུག་རྒྱུ་ཟོག་ཉི་ཟླའི་ཟུར་ལ་བཞག།

rta rgyug mgo a sngon gnam la gtad bskug rgyu zog nyi zlavi zur la bzhag

安多藏语甘南牧区方言谚语。流行于甘南境内黄河、洮河、大夏河流域农牧业地区。说明过去藏族牧区赛马活动中也有赌博习惯。对研究牧区民俗文化有参考价值。罗赛搜集、整理，索南龙珠汉译。今藏甘南藏族自治州政协原副主席罗赛处。（扎扎）

饿了饱肚之地，冷了暖身之乡

ལྟོག་ན་ཅ་ནེ་བཟེད་ས།། འཁྱག་ན་ལུས་རྒྱབ་སྟོན་ས།།

ltog na ca ne bzed sa vkhyag na lus rgyab ston sa

安多藏语甘南牧区方言谚语。流行于甘南境内黄河、洮河、大夏河流域地区。藏族人自古热情好客，无论认识与否，凡是路过门口的人会被迎进家里，为你去寒减饥，而后送行上路。谚语正是对藏族这一传统美德的如实描写，让人感受“宾至如归”的真切含意。罗赛搜集、整理，索南龙珠汉译。今藏甘南藏族自治州政协原副主席罗赛处。（扎扎）

买马要从赖人手中买，因为赖人对马不爱惜

རྟ་ཉོ་ན་མ་རབས་ལག་ནས་ཉོས།། མ་རབས་མི་ལ་རྟ་རྩིས་མེད།།

rta nyo na ma rabs lag nas nyos ma rabs mi la rta rtsis med

安多藏语甘南牧区方言谚语。流行于甘南境内黄河、洮河、大夏河流域牧业地区。评述赖人的底劣品质，说明他们见钱眼开，无论手中物品好坏。以此类推，这种赖人只要得到好处，也会轻易出卖朋友。谚语寓意深刻，是对社会生活的一种经验总结。罗赛搜集、整理，索南龙珠汉译。今藏甘南藏族自治州政协原副主席罗赛处。（扎扎）

不爱夸赞爱贬低，不爱高坐爱低处

བསྟོད་ན་མི་དགའ་སྨད་ན་དགའ་བ།། མཐོ་ན་མི་དགའ་དམའ་ན་དགའ་བ།།

bstod na mi dgav smad na dgav ba mtho na mi dgav dmav na dgav ba

安多藏语甘南牧区方言谚语。流行于甘南境内黄河、洮河、大夏河流域地区。可从两个方面理解：一是似乎赞赏谦和虚心、深入群众的人士；而是似乎讥讽固执倔强、性格怪僻的人士。罗赛搜集、整理，索南龙珠汉译。今藏甘南藏族自治州政协原副主席罗赛处。（扎扎）

马若无膘算劣马，人若无财属下等

རྟ་ལ་ཤ་མེད་ན་རྟའི་ཐ་མ།། མི་ལ་རྒྱུ་མེད་ན་མིའི་ཐ་མ།།

rta la sha med na rtavi tha ma mi la rgyu med na mi vi tha ma

安多藏语甘南牧区方言谚语。流行于甘南境

内黄河、洮河、大夏河流域牧业地区。反映了藏族传统社会陈旧落后的等级观念，在当今如果借助发挥，它也是催促人们勤劳致富的一种鼓动思想。罗赛搜集、整理，索南龙珠汉译。今藏甘南藏族自治州政协原副主席罗赛处。（扎扎）

男儿自己拜师，女儿自己梳头

སྟག་ཤ་རས་བཤེས་གཉེན་རང་གིས་ལས།། མ་བུ་མོས་རང་སྐྲ་རང་གིས་སླ།།

stag sha ras bshes gnyen rang gis las ma bu

mos rang skra rang gis sla

安多藏语甘南牧区方言谚语。流行于甘南境内黄河、洮河、大夏河流域地区。谚语鼓励人们按照各自的性别特征和生理功能，各司其职、各尽其责，做好自己分内的事务。罗赛搜集、整理，索南龙珠汉译，贡保旺杰校订，扎扎拉丁文转写。今藏甘南藏族自治州政协原副主席罗赛处。（扎扎）

赛马拐错了方向，发言变成了哑巴

རྟ་རྒྱུག་གི་བང་ཁ་དཀྱུས་ལོང་།། གཏམ་བཤད་པའི་ཁ་ལྕེ་ལྐུགས་ལོང་།།

rta rgyug gi bang kha dkyus long gtam bshad

pavi kha lce lkugs long

安多藏语甘南牧区方言谚语。流行于甘南境内黄河、洮河、大夏河流域地区。由于某种缺陷和失误，或者受到某种环境制约，造成让人遗憾的结局。提醒做事要有先期的充分准备，要考虑到诸多意外因素，以使自己顺利实现预期目标。罗赛搜集、整理，索南龙珠汉译。今藏甘南藏族自治州政协原副主席罗赛处。（扎扎）

有爪的虎难跳林，有翅的鸟难飞天

སྟག་སྡེར་ཅན་ནགས་ལ་མཆོང་དབང་མེད།།

བྱ་གཤོག་ཅན་གནམ་ལ་འཕུར་དབང་མེད།།

stag sder can nags la bchong dbang med

bya gshog can gnam la vphur dbang med

安多藏语甘南牧区方言谚语。流行于甘南境内黄河、洮河、大夏河流域地区。寓意任何事物都有其局限性，而非十全十美；任何本领超强的人也有弱点，而非无所不能。告诫大家客观看待自己，谦虚谨慎，不骄不躁。罗赛搜集、整理，索南龙珠汉译。今藏甘南藏族自治州政协原副主席罗赛处。（扎扎）

赛马要在平原，说话重在世理

རྟ་རྒྱུག་ན་བདེ་མོ་ཐང་ལ་རྒྱུག།

གཏམ་བཤད་ན་འཇིག་རྟེན་གནས་ལུགས་བཤད།།

rta rgyug na bde mo thang la rgyug

gtam bshad na vjig rten gnas lugs bshad

安多藏语甘南牧区方言谚语。流行于甘南境内黄河、洮河、大夏河流域地区。表明藏族人受到佛教文化逻辑推理的深刻影响，注重人际交流过程中的言语表达，崇尚以理服人、以理取乐，反对高谈阔论和空话连篇。罗赛搜集、整理，索南龙珠汉译。今藏甘南藏族自治州政协原副主席罗赛处。（扎扎）

手牵枣红马，肩搭花氆氇

རྟ་སྤུ་ཁ་ཅན་ཞིག་གཞུག་ཏུ་ཁྲིད།། ཕྲུག་ཐིག་ལེ་ཅན་ཞིག་ཕྲག་ཁར་འཕངས།།

rta spu kha can zhig gzhug tu khrid

phrug thig le can zhig phrag khar vphangs

安多藏语甘南牧区方言谚语。流行于甘南境内黄河、洮河、大夏河流域牧业地区。枣红马是牧民喜爱的毛色马匹，氆氇是藏族家庭常用的手工编织毛料。谚语描述牧民潇洒悠然的旅行情景及其饱满的精神状态。罗赛搜集、整理，索南龙珠汉译。今藏甘南藏族自治州政协原副主席罗赛处。（扎扎）

说世俗有其生老原理，讲经典有其学派高见

གཏམ་བཤད་ན་སྐྱེ་རྒ་འཆི་གསུམ་ཡོད།།

ཆོས་བཏོན་ན་གྲུབ་མཐའི་ཁྱད་འཕགས་ཡོད།།

gtam bshad na skye rga zchi gsum yod

ghos bton na grub mthavi khyad vphags yod

安多藏语甘南牧区方言谚语。流行于甘南境内黄河、洮河、大夏河流域农牧业地区。赞美一个人知识积累的渊博精深和善说能讲。罗赛搜集、整理，索南龙珠汉译。今藏甘南藏族自治州政协原副主席罗赛处。（扎扎）

男悲智变弱，牛悲角变扁

སྟག་ཤ་ར་སྡུག་ན་བློ་རྩེ་ཟད་འགྲོ། མཛོ་ཁྱུང་དཀར་སྡུག་ན་ར་རྩེ་འཁོག་འགྲོ།

stag sha ra sdug na blo rtse zad vgro

mdzo khyng dkar sdug na rwa rtse vkhog vgro

安多藏语甘南牧区方言谚语。流行于甘南境内黄河、洮河、大夏河流域地区。鼓励人们面对困难切勿丧失信心和斗志，而要直面现实，自强自立，迎接挑战，百折不挠，踏平坎坷，渡过难关，争取胜利。罗赛搜集、整理，索南龙珠汉译。今藏甘南藏族自治州政协原副主席罗赛处。（扎扎）

白桦支起易燃烧，紫柏堆积助火焰

སྟག་དཀར་དཔའ་བོ་ཡིན་པས་བརྩིགས་ན་འབར།།

ཤུག་དམར་གྲོགས་པོ་ཡིན་པས་སྦྱར་ན་འབར།།

stag dkar dpav bo yin pas brtsigs na vbar

shug dmar grogs po yin pas sbyar na vbar

安多藏语甘南牧区方言谚语。流行于甘南境内黄河、洮河、大夏河流域地区。事物各有各的优势和特点，正确利用可使其作用充分得以发挥，达到人尽其才、物尽其用的最佳效果。罗赛搜集、整理，索南龙珠汉译。今藏甘南藏族自治州政协原副主席罗赛处。

（扎扎）

若修密乘咒语，要得高僧秘诀

བརྟེན་པའི་ཡི་དམ་གཟུངས་སྔགས་བསྒྲུབ་འདོད་ན།།

རྟོགས་ལྡན་བླ་མས་བཀའ་ལུང་གནང་དགོས།།

brten pavi yi dam gzungs sngags bsgrub vdod na

rtogs ldan bla mas bkav lung gnang dgos

安多藏语甘南牧区方言谚语。流行于甘南境内黄河、洮河、大夏河流域地区。藏传佛教文化，显宗有显宗的公开学修方法，密宗有密宗的秘密传授规则。要想得到“立地成佛”的深奥诀窍，须有高僧大德指点引导。谚语寓意若要掌握某种特殊本领，必须选择拜师求教的道路，没有自学成材的捷径可走。罗赛搜集、整理，索南龙珠汉译。今藏甘南藏族自治州政协原副主席罗赛处。

（扎扎）

若不是暗仇不应示敌，若不是挚交不该当亲

ལྟག་ཀོར་གྱི་ནག་ལ་མིན་པ་དགྲ་ལ་མི་སྟོན།།

འགྲམ་པའི་མཐུག་ས་མིན་པ་གཉེན་ལ་མི་དགོས།།

ltag kor gyi nag la min pa dgra la mi ston

vgram pavi mthug sa min pa gnyen la mi dgos

安多藏语甘南牧区方言谚语。流行于甘南境内黄河、洮河、大夏河流域农牧业地区。劝解人际交往需要谨慎小心、掌握分寸，做到胸有成竹，不可随意树敌，不可盲目结亲。罗赛搜集、整理，索南龙珠汉译。今藏甘南藏族自治州政协原副主席罗赛处。

（扎扎）

老马未死眼被乌鸦掏，老狗未叫腿被棍打断

རྟ་རྒན་མ་ཤི་གོང་ལ་མིག་ཕོ་རོག་གིས་བྲུག།

ཁྱི་རྒན་མ་ཟུག་གོང་ལ་རྐང་བ་དབྱུག་པས་བཅགས།།

rta rgan ma shi gong la mig pho rog gis brug

khyi rgan ma zug gong la rkang ba dbyug pas bcags

安多藏语甘南牧区方言谚语。流行于甘南境内黄河、洮河、大夏河流域地区。描绘的是藏区草原常见的悲惨现象，寓意人们要多一份爱多一份情，怜悯老弱病残群体。罗赛搜集、整理，索南龙珠汉译。今藏甘南藏族自治州政协原副主席罗赛处。

（扎扎）

棕马的缰绳用绸辫，骑马的头人才体面

རྟ་ར་རའི་སྲབ་མདའ་དར་གྱིས་ལྕིབས།།

དཔོན་ཆེན་པོའི་ངོ་གསུམ་མཐོ་གི་བཅུག།

rta ra ravi srab mdav dar gyis lcibs dpon chen

povi ngo gsum mtho gi bcug

安多藏语甘南牧区方言谚语。流行于甘南境内黄河、洮河、大夏河流域牧业地区。在牧区草原，色美体壮的乘马及其鞍具装饰都是主人地位的象征。谚语通过马的装扮的描绘婉转批判土官头人的虚伪与奢华，表达了普通百姓的不满情绪。罗赛搜集、整理，索南龙珠汉译。今藏甘南藏族自治州政协原副主席罗赛处。（扎扎）

棕马头顶的棕髻，奶牛头顶的白斑

རྟ་སྐྱང་དམར་ཐོད་པའི་ཕུམ་ཕུམ།། འབྲི་ཐུལ་མ་ཐོད་པའི་དཀར་ཐིག།

rt skyang dmar thod pavi phum phum vbri thul ma thod pavi dkar thig

安多藏语甘南牧区方言谚语。流行于甘南境内黄河、洮河、大夏河流域牧业地区。不同的事物有其不同的外观自然标识，了解这种认识事物的一般规律性，会给人们的生产生活带来便利。罗赛搜集、整理，索南龙珠汉译。今藏甘南藏族自治州政协原副主席罗赛处。（扎扎）

苍天瞎了眼，恶人老不死

སྟེང་གནམ་རྒན་མ་ཞར་སོང་ན།། མི་སྡིག་ཅན་ལ་ཚེ་ཐག་རིང་།།

steng gnam rgan ma zhar song na mi sdig can la tshe thag rung

安多藏语甘南牧区方言谚语。流行于甘南境内黄河、洮河、大夏河流域农牧业地区。以无可奈何的语气表明了藏区善良百姓对恶人坏人的憎恶心理，同时流露了信仰佛教的藏族群众不满现实而又默认命运的矛盾心态。罗赛搜集、整理，索南龙珠汉译。今藏甘南藏族自治州政协原副主席罗赛处。（扎扎）

上抓碰不到顶，下捞挖不出根

གཏིང་ལ་བརྙབ་ནས་རྩིག་ལེན་རྒྱུ་མེད།།
རྩད་པ་བསློག་ནས་ལག་ལ་ལེན་རྒྱུ་མེད།།

gting la brnyab nas rtsig len rgyu med
rtsad pa bslog nas lag la len rgyu med

安多藏语甘南牧区方言谚语。流行于甘南境内黄河、洮河、大夏河流域地区。这则谚语类似寓意左右为难，徒劳无益，陷于十分困苦艰难的境地。同“前不着店，后不着村”。罗赛搜集、整理，索南龙珠汉译。今藏甘南藏族自治州政协原副主席罗赛处。（扎扎）

受到饥饿食欲大，流落异地思乡切

ལྟོག་པས་གཟེར་ན་ཟས་ལ་ལྟོ་འདུན་ཆེ།། ས་མཐར་ལུས་ན་ཕ་ཡུལ་ཞེ་རྩིས་ཆེ།།

ltog pas gzer na sas la lto vdun che sa mthar lus na pha yul zhe rtsis che

安多藏语甘南牧区方言谚语。流行于甘南境内黄河、洮河、大夏河流域牧业地区。藏族牧区地广人稀，在逐水草放牧、长途旅行或因其他缘故时常遇到挨饿流落的情况。民以食为天，民以家为本。谚语真实描述了牧民群众遇到上述情况时的切身感受。罗赛搜集、整理，索南龙珠汉译。今藏甘南藏族自治州政协原副主席罗赛处。（扎扎）

虎未老斑纹艳，牛未老双角利

སྟག་མ་རྒས་ཤ་མ་ཁྲ་ཤིག་གེ། འབྲོང་མ་རྒས་རུ་ཐུར་སྨུག་ཤལ་ལེ།།

stag ma rgas sha ma khr shig de vbrong ma rgas ru thur smug shal le

安多藏语甘南牧区方言谚语。流行于甘南境内黄河、洮河、白龙江、大夏河流域农牧业地区。体现了藏族人朝气蓬勃的性格特征和对青春年华的珍爱。罗赛搜集、整理，索南龙珠汉译。今藏甘南藏族自治州政协原副主席罗赛处。（扎扎）

恒固的是情义，易失的是钱财

རྟག་པ་ངོ་ཡིན།། མི་རྟག་རྒྱུ་ཡིན།།

rtag pa ngo yin mi rtag rgyu yin

安多藏语甘南牧区方言谚语。流行于甘南境内黄河、洮河、大夏河流域农牧业地区。钱财是过眼烟云，而情义才是永久的财富，表达了藏族人的社会价值观。罗赛搜集、整理，索南龙珠汉译。今藏甘南藏族自治州政协原副主席罗赛处。（扎扎）

骑一匹烈马，穿一件灰衣

རྟ་གོམ་མེད་བཞོན།། གོས་མདོག་མེད་གྱོན།།

rta gom med bzhon gos mdog med gyon

安多藏语甘南牧区方言谚语。流行于甘南境内黄河、洮河、大夏河流域农牧业地区。此处烈马指的是没有驯服而不好骑乘的马皮，灰衣指的是没有色彩而无档次的普通衣服。谚语是对一般平民骑手的嘲讽，是对缺乏创业精神的懒人的鞭挞。罗赛搜集、整理，索南龙珠汉译。今藏甘南藏族自治州政协原副主席罗赛处。（扎扎）

安多藏语甘南牧区方言谚语。流行于甘南境

马背上别留疮，人心中别留伤

རྟ་རྒྱབ་ལ་རྨ་མི་བྱེད།། མི་སེམས་ལ་སྡུག་མི་འཇོག།

rta rgyab la rma mi byed mi sems la sdug mi vjog

安多藏语甘南牧区方言谚语。流行于甘南境内黄河、洮河、大夏河流域地区。马背留疮不再好骑，人心留伤不易愈合。体现了藏族群众对于人的情感的深刻理解以及对人格的尊重，同时反映了他们的宽阔胸襟和慈悲心怀。罗赛搜集、整理，索南龙珠汉译。今藏甘南藏族自治州政协原副主席罗赛处。（扎扎）

男儿要三种能耐：第一骑马不丢缰，第二轻易不拔刀，第三秘密不泄露

སྟག་ཤ་ཞིག་ལ་རྫོང་གསུམ།། རྟ་ཁ་ནས་མི་ཕུད་རྫོང་གཅིག།
གྲི་ཤུབས་ནས་མི་ཕུད་རྫོང་གཅིག། གཏམ་ཁ་ནས་མི་ཤོར་རྫོང་གཅིག།

stag sha zhig la rdzong gsum rta kha nas mi phud rdzong gcig

gri shubs nas mi phud rdzong gcig gtam kha nas mi shor rdzong gcig

安多藏语甘南牧区方言谚语。流行于甘南境内黄河、洮河、大夏河流域牧业地区。总结了藏族人对一个堂堂男儿的基本素质要求，其中包含了必需的技能、刚毅、容忍、侠义、信念。罗赛搜集、整理，索南龙珠汉译。今藏甘南藏族自治州政协原副主席罗赛处。（扎扎）

上马要有背垫，待客要有坐垫

རྟ་ར་རའི་གོང་ནས་འབབ་སྤྱད།། ཁྱིམ་ཡ་གྲལ་མགྲོན་པོ་བཞུགས་སྤྱད།།

rta ra ravi gong nas vbab spyad khyim ya gral mgron po bzhugs spyad

安多藏语甘南牧区方言谚语。流行于甘南境内黄河、洮河、大夏河流域地区。在社会生产生活中，做任何事情都要遵循约定俗成的传统规矩。罗赛搜集、整理，索南龙珠汉译。今藏甘南藏族自治州政协原副主席罗赛处。（扎扎）

马拴门口进里屋，衣摆门口显礼品

རྟ་སྒོ་ཁས་བཏགས་ནས་ནང་འཛུལ།། གོས་སྒོ་ཁར་འཕངས་ནས་ཤོམ་བསྟན།།

rta sgo khas btags nas nang vdzul

gos sgo khar vphangs nas shom bstan

安多藏语甘南牧区方言谚语。流行于甘南境内黄河、洮河、白龙江、大夏河流域农牧业地区。为藏族人际交往或走亲访友时的惯例礼节程式，对研究藏族民俗文化有参考价值。罗赛搜集、整理，索南龙珠汉译。今藏甘南藏族自治州政协原副主席罗赛处。（扎扎）

父子能言善辩，母女操做美食

གཏམ་གྱི་སྙིང་ཆིངས་ཕ་བུ་ཡིན།། ཟས་ཀྱི་སྙིང་ཆིངས་མ་སྲུ་ཡིན།།

gtam gyi snying chings pha bu yin zas kyi snying chings ma sru yin

安多藏语甘南牧区方言谚语。流行于甘南境内黄河、洮河、白龙江、大夏河流域农牧业地区。说明了藏族男女的社会分工和家庭分工，男人即以说事辩理为其主要职能，女人则以操持家务为其主要职责。罗赛搜集、整理，索南龙珠汉译。今藏甘南藏族自治州政协原副主席罗赛处。（扎扎）

虎死爪子不蜷，狐死毛色不褪

སྟག་ཤི་ཡང་སྡེར་མོ་མི་བསྐུ།། ཝ་ཤི་ཡང་གྲ་མདངས་མི་ཉམས།།

stag shi yang sder mo mi bsku wa shi yang gra mdangs mi nyams

安多藏语甘南牧区方言谚语。流行于甘南境内黄河、洮河、白龙江、大夏河流域农牧业地区。它所赞赏的是品质永恒与追求执着的精神。同“江山易改，本性难移”。罗赛搜集、整理，索南龙珠汉译。今藏甘南藏族自治州政协原副主席罗赛处。（扎扎）

马是人的随从，牛是食的来源

རྟ་འདོ་བ་མི་ཡི་གཡོག། ནོར་འབྲི་མོ་ཟས་ཀྱི་བཅུད།།

rta vdo ba mi yi gyog nor vbri mo zas kyi bcud

安多藏语甘南牧区方言谚语。流行于甘南境内黄河、洮河、大夏河流域牧业地区。说明了牲畜与人的生产生活之间的紧密关系，赞颂马和牛

对人类社会做出的贡献。罗赛搜集、整理，索南龙珠汉译。今藏甘南藏族自治州政协原副主席罗赛处。（扎扎）

四蹄毛色白，汉官识骏马

རྟ་ནག་གྭ་བ་ཉྭ་བཞི་དཀར།། རྒྱ་ནག་དཔོན་པོས་གཡང་དུ་འབོད།།

rta nag gwa ba nywa bzhi dkar rgya nag dpon pos gyang du vbod

安多藏语甘南牧区方言谚语。流行于甘南境内黄河、洮河、大夏河流域农牧业地区。说明在传统文化理念中，对于马匹的选择，从局部毛色上是有讲究的。同时表明了过去年代汉藏民族交流的历史情景。对研究民俗文化和藏汉民族关系有参考价值。罗赛搜集、整理，索南龙珠汉译。今藏甘南藏族自治州政协原副主席罗赛处。（扎扎）

喜庆之日要推算，吉祥之日是福瑞

རྟགས་དང་རྟེན་འབྲེལ་ལ་དཔྱད།། ཉི་ཡག་སྐར་བཟང་ལ་དཔལ།།

rtags dang rten vbrel la dpyad nyi yag skar bzang la dpal

安多藏语甘南牧区方言谚语。流行于甘南境内黄河、洮河、大夏河流域地区。体现了藏族人对喜庆典礼的传统观念和重视程度。对研究藏族民俗文化研究有参考价值。罗赛搜集、整理，索南龙珠汉译。今藏甘南藏族自治州政协原副主席罗赛处。（扎扎）

边骑马边摘花，边唱歌边讽刺

རྟ་རྒྱུག་ཞོར་མེ་ཏོག་འཐུ་ཞོར།། གླུ་ལེན་ཞོར་སྐྱོན་གྱིས་རྒྱག་ཞོར།།

rta rgyug zhor me tog vthu zhor

glu len zhor skyon gyis rgyag zhor

安多藏语甘南牧区方言谚语。流行于甘南境内黄河、洮河、大夏河流域农牧业地区。反映了藏族群众生活的悠闲自在和洒脱爽快性格，形容一个人所具备的多种技能。罗赛搜集、整理，索南龙珠汉译。今藏甘南藏族自治州政协原副主席罗赛处。（扎扎）

说话要准确，比喻要完美

གཏམ་ཕར་བཤད་མདོ་རྩ་ཟིན་དགོས།།
དོན་དཔེ་ལུགས་གསུམ་པོ་མཚུངས་དགོས།།

gtam phar bshad mdo rtsa zin dgos

don dpe lugs gsum po mtshungs dgos

安多藏语甘南牧区方言谚语。流行于甘南境内黄河、洮河、大夏河流域地区。昔日，藏族社会的公共教育十分有限，绝大多数百姓几乎都是文盲，即便如此，他们对于人的言语表达能力始终提出较高要求，这则谚语就是一个很好的例证。罗赛搜集、整理，索南龙珠汉译。今藏甘南藏族自治州政协原副主席罗赛处。（扎扎）

说话要有服人的口才，执权要有公正的德行

གཏམ་ཕྱི་རབས་འཇིག་པའི་ཁ་ལྕེ་དགོས།།
སྡེ་ཚོ་དྲུག་སྐྱོང་བའི་རྒྱུ་འབྲས་དགོས།།

gtam phyi rabs vjig pavi kha lce dgos

sde tsho drug skyong bavi rgyu vbras dgos

安多藏语甘南牧区方言谚语。流行于甘南境内黄河、洮河、大夏河流域农牧业地区。出面发言引导周围群众，做官管理社会公共事务，就要具备以理说服的口舌才能和权为民所系的利众德行。实际表达了农牧民群众社会公德理念和期待建立公平社会的愿望，对当权者提出了基本素质要求。罗赛搜集、整理，索南龙珠汉译。今藏甘南藏族自治州政协原副主席罗赛处。（扎扎）

具备震慑三界的威力，具备降伏仇敌的勇气

སྟོང་ཁམས་གསུམ་གནོན་པའི་དབང་དྲག་དགོས།།
དགྲ་ནག་པོ་འདུལ་བའི་དཔའ་རྩལ་དགོས།།

stong khams gsum gnon pavi dbang drag dgos

dgra nag po vdul bavi dpav rtsal dgos

安多藏语甘南牧区方言谚语。流行于甘南境内黄河、洮河、大夏河流域农牧业地区。谚语崇尚大无畏的英雄主义气概，号召人们爱憎分明、同仇敌忾，体现了无坚不摧、压倒一切的格萨尔精神。罗赛搜集、整理，索南龙珠汉译。今藏甘南藏族自治州政协原副主席罗赛处。（扎扎）

要有流传后代的功绩，要有里外和睦的品德

གཏམ་ཕྱི་ལ་འཇོག་པའི་ལག་ལེན་དགོས།།
སྡེ་ཕྱི་ནང་མཐུན་པའི་གཤིས་འཇམ་དགོས།།
gtam phyi la vjog pavi lag len dgos
sde phyi nang mthun pavi gshis vjam dgos

安多藏语甘南牧区方言谚语。流行于甘南境内黄河、洮河、白龙江、大夏河流域农牧业地区。是对一个人一生意义的目标要求和评判标准，鼓励人们人生一世要对社会有所创造、有所贡献。这是藏族人的人生价值观取向的具体体现。罗赛搜集、整理，索南龙珠汉译。今藏甘南藏族自治州政协原副主席罗赛处。（扎扎）

百马中挑出的无牙马，千人中选出的白痴人

རྟ་བརྒྱ་བརྒྱའི་ཁྱུ་ནས་འདེམས་པ་སོ་ཆད།།
ཁྲོམ་སྟོང་གི་ཁྱུ་ནས་འདེམས་པ་གླེན་པ།།
rta brgya brgyavi khyu nas vdems pa so chad
khrom stong gi khyu nas vdems pa glen pa

安多藏语甘南牧区方言谚语。流行于甘南境内黄河、洮河、大夏河流域农牧业地区。嘲讽高层官员观察问题有眼无珠、做事徒劳无益、选秀埋没人才的官僚主义作风及其造成的空洞结果，寓意选拔使用人才要广泛发扬民主，要拓展思路、制定标准，确保选出能人，使用好人。罗赛搜集、整理，索南龙珠汉译。今藏甘南藏族自治州政协原副主席罗赛处。（扎扎）

烈马背上屁股疼，恶尸之后尘土多

རྟ་འཕོངས་ཁལ་འཕོངས་བཞོན་ན་ཨོང་ན།།
རོ་འཕོངས་གྱོད་འཕོངས་རྗེས་སུ་རྡུལ་ཆེ།།
rta vphongs khal vphongs bzhon na aong na
ro vphongs gyod vphongs rjes su rdul che

安多藏语甘南牧区方言谚语。流行于甘南境内黄河、洮河、大夏河流域地区。“烈马”暗示生前，“恶尸”比喻身后。寓意一个人在世期间浪荡不羁、恶贯满淫、身败名裂，死后无人送葬、骂声尾随、不得正寝。劝化人们生前要行善积德，身后要求取正洁声誉，意在宣传善有善报、恶有恶报的思想。罗赛搜集、整理，索南龙珠汉译。今藏甘南藏族自治州政协原副主席罗赛处。（扎扎）

要学老虎的本领，狐狸定会腿骨折

སྟག་འཛུམ་དྲུག་མཆོང་བའི་ཤུལ་ལམ་ན།།
ཝ་སྡར་མ་སོང་ན་སྒལ་ཚིགས་འབུད།།
stag vdzum drug mchong bavi shul lam na
wa sdar ma song na sgal tshigs vbud

安多藏语甘南牧区方言谚语。流行于甘南境内黄河、洮河、大夏河流域地区。告诫世人：做人要谦虚谨慎，正确把握自己，切勿狂妄自大，否则会败坏名声；做事要考察客观现实，必须量力而为，切勿盲目攀比，否则会招致灾难。罗赛搜集、整理，索南龙珠汉译。今藏甘南藏族自治州政协原副主席罗赛处。（扎扎）

老虎面前马驹跑，幸运逃脱非老虎

སྟག་དམར་ཡག་གི་གདོང་ནས་ཐོ་རུ་རྟ།།
གསོན་བང་ལ་བཏང་ན་འཛུམ་དྲུག་མིན།།
stag dmar yag gi gdong nas tho ru rta
gson bang la btang na vdzum drug min

安多藏语甘南牧区方言谚语。流行于甘南境内黄河、洮河、大夏河流域地区。夸赞老虎的捕食本领，可怜马驹的斗胆愚笨。描写强者与弱者之间的不对称关系：强者因为强大而取得胜利，弱者因为犯错而丧失性命。说明“初生牛犊不怕虎”只能招致悲惨结局。罗赛搜集、整理，索南龙珠汉译。今藏甘南藏族自治州政协原副主席罗赛处。（扎扎）

虎老仍有威风，牛老仍有富运

སྟག་འཛུམ་དྲུག་རྒས་ཀྱང་བག་གཅིག་ཡོད།།
འབྲོང་བྲེ་སེར་རྒས་ཀྱང་གཡང་ཞིག་ཆགས།།
stag vdzum drug rgas kyang bag gcig yod
vbrong bre ser rgas kyang gyang zhig chags

安多藏语甘南牧区方言谚语。流行于甘南境内黄河、洮河、白龙江、大夏河流域农牧业地区。任何动物，生理逐渐衰老乃自然趋势，但在一定的环境范围内和一定的客观需求下，它们的基本功能犹然存在。谚语寓意人类社会而言也是如此，长辈们虽然年迈体衰，但他们拥有的经验积累和智慧库存，是推动社会进步不可缺少的宝贵智力资源。罗赛搜集、整理，索南龙珠汉译。今藏甘

南藏族自治州政协原副主席罗赛处。（扎扎）

话从口出耳能闻，活由手做眼能见

གཏམ་ཁ་ཡིས་བཤད་ན་རྣ་བས་གོ། དོན་ལག་པས་ལས་ན་མིག་གིས་རིག།

gtam kha yis bshad na rna bas go don lag

pas las na mig gis rig

安多藏语甘南牧区方言谚语。流行于甘南境内黄河、洮河、大夏河流域地区。一个人的内在品质和外在能力，完全可从他的言行举止当中观察判断出来，告诫人们在社会活动中善于通过听其言、观其行的考察方法提高自己的辨别能力，以此正确掌握所要交际的对象。罗赛搜集、整理，索南龙珠汉译。今藏甘南藏族自治州政协原副主席罗赛处。（扎扎）

修道者能见九神，多虑者身随九鬼

རྟོགས་པ་ཅན་གྱིས་ལྷ་དགུ་མཐོང་། རྣམ་རྟོག་ཅན་ལ་འདྲེ་དགུ་འཁོར།།

rtogs pa can gyis lha dgu mthong rnam rtog

can la vdre dgu vkhor

安多藏语甘南牧区方言谚语。流行于甘南境内黄河、洮河、大夏河流域地区。谚语喻示：追求真理者身正影直，坦荡磊落，前景光明，成就事业；忧虑懦弱者多猜多疑，优柔寡断，举步维艰，一事无成。罗赛搜集、整理，索南龙珠汉译。今藏甘南藏族自治州政协原副主席罗赛处。（扎扎）

畜群是山野的装饰，五谷是田地的装饰

རྟ་ནོར་ལུག་གསུམ་རི་བོའི་རྒྱན། འབྲུ་རིགས་སྣ་ལྔ་ཞིང་གི་རྒྱན།།

rta nor lug gsum ri bovi rgyan vbru rig sna

lnga zhing gi rgyan

安多藏语甘南牧区方言谚语。流行于甘南境内黄河、洮河、白龙江、大夏河流域农牧业地区。充分体现了藏族人对自然的热爱和对生活的热爱，反映了他们积极向上、乐观自信的精神风貌。罗赛搜集、整理，索南龙珠汉译。今藏甘南藏族自治州政协原副主席罗赛处。（扎扎）

马匹被对方盗走，纷争由对方挑起

རྟ་ཚུར་དེད་མ་རེད་ཕར་དེད་རེད།།
རྒྱོད་ཕར་བཞག་མ་རེད་ཚུར་བཞག་རེད།།

gta tshur ded ma red phar ded red

gyod phar bzhag ma red tshur bzhag red

安多藏语甘南牧区方言谚语。流行于甘南境内黄河、洮河、大夏河流域牧业地区。痛斥明抢暗夺的霸道行径、恶人先告状的蛮横世道，发出了安分守己者对社会丑恶现象的强烈呐喊。罗赛搜集、整理，索南龙珠汉译。今藏甘南藏族自治州政协原副主席罗赛处。（扎扎）

马不跑鞍不落，弓不拉弦不断

རྟ་མ་རྒྱུག་བསྡད་ན་སྒ་ཆད་མེད། གཞུ་མ་འཐེན་བསྡད་ན་ཆག་རྒྱུ་མེད།།

rta ma rgyug bsdad na glod chad med

gzhu ma vhten bsdad na chag rgyu med

安多藏语甘南牧区方言谚语。流行于甘南境内黄河、洮河、大夏河流域地区。说明了安于现状的不作为者不出差错、开拓奋进的欲作为者必有失误的道理。罗赛搜集、整理，索南龙珠汉译。今藏甘南藏族自治州政协原副主席罗赛处。（扎扎）

马长膘时要拴好，乱跑会被野狼吃

རྟ་ཤ་རྩ་རྒྱས་དུས་བྲེལ་ལ་ཐོགས། བང་འདུར་རྒྱུག་མང་ན་ཁྱི་ལ་ཤོར།།

rta sha rtsa rgyas dus brel la thogs

bang vdur rgyug mang na khyi la shor

安多藏语甘南牧区方言谚语。流行于甘南境内黄河、洮河、大夏河流域牧业地区。越是富足越要谨慎，越是昌盛越要清醒，不可因为一时顺畅而忘乎所以、掉以轻心。罗赛搜集、整理，索南龙珠汉译。今藏甘南藏族自治州政协原副主席罗赛处。（扎扎）

喜宴上男欢女乐，再加上赞歌美酒

རྟགས་སྟོན་མོ་ཕོ་སྐྱིད་མོ་སྐྱིད། དེའི་ཐོག་ལ་ཆང་འཛོམས་གླུ་འཛོམས།།

rtags ston mo pho skyid mo skyid

devi thog la chang vdzoms glu vdzoms

安多藏语甘南牧区方言谚语。流行于甘南境内黄河、洮河、白龙江、大夏河流域农牧业地区。

反映了擅长歌舞的藏族群众在娱乐活动中追求的精神文化境界。罗赛搜集、整理，索南龙珠汉译。今藏甘南藏族自治州政协原副主席罗赛处。（扎扎）

上马前摸鞍，下马后摇蹬

རྟ་བཞོན་ཁར་སྒ་ལ་བཀྱག་བཀྱག། ཞོན་ཚར་དུས་ཡོབ་ལ་ཏུག་ཏུག།

rta bzhon khar sga la bkyag bkyag zhon tshar

dus yob la tug tug

安多藏语甘南牧区方言谚语。流行于甘南境内黄河、洮河、大夏河流域地区。通过描写上下马的动作要领，寓意做事要遵循相关规则，不可随心所欲，尤其是在生产活动当中，必须切实执行操作规程，以求人身安全和生产安全。罗赛搜集、整理，索南龙珠汉译。今藏甘南藏族自治州政协原副主席罗赛处。（扎扎）

不知马驴区别的人，在牧民面前说畜种

རྟ་བོང་ཁ་ཁ་མི་ཤེས་མིས།། འབྲོག་རྒན་མདུན་ནས་ཕྱུགས་རྒྱུད་བཤད།།

rta bong kha kha mi shes mis vbrog rgan mdun

nas phyugs rgyud bshad

安多藏语甘南牧区方言谚语。流行于甘南境内黄河、洮河、大夏河流域地区。描绘了一些不自量力、不学无术的肤浅之人不懂装懂、喜欢卖弄、自以为是的丑陋形象。同“鲁班面前班门弄斧”“佛祖面前讲经”。罗赛搜集、整理，索南龙珠汉译。今藏甘南藏族自治州政协原副主席罗赛处。（扎扎）

欺人的话若没节制，弱者也会起来反抗

གཏམ་ཚིག་སྣེ་རྩུབ་ཚོད་མ་ཟིན་ན།།

ཕོ་གཉོམ་ཆུང་ཞེ་རྩ་གཏིང་ནས་འཁྲུགས།།

gtam tshig sne rtsub tshod ma zin na

pho gnyom chung zhe rtsa gting nas vkhrugs

安多藏语甘南牧区方言谚语。流行于甘南境内黄河、洮河、大夏河流域农牧业地区。发出善意警示，提醒习惯于欺侮百姓、无理取闹的个人霸道主义者平等待人，适可而止，否则物极必反，引火烧身，自讨苦吃。罗赛搜集、整理，索南龙珠汉译。今藏甘南藏族自治州政协原副主席罗赛处。（扎扎）

证据被谎言翻供，罪犯被说成好人

བདེན་ཐོད་ལ་བཟུང་བ་རྫུན་གྱིས་ལོག། ནག་ངོ་ན་རིག་པ་དཀར་ཐོ་བྱིན།།

Bden thod la bzung ba rdzun giys log

Nag ngo na rig pa dkar tho byin

安多藏语甘南牧区方言谚语。流行于甘南境内黄河、洮河、大夏河流域地区。寓意是非黑白颠倒。罗赛搜集、整理，索南龙珠汉译。今藏甘南藏族自治州政协原副主席罗赛处。（扎扎）

漫长春日冷时暖，漫长人生苦时乐

དཔྱིད་ཉིན་རིང་མོར་གྲང་གསུམ་དྲོད་གསུམ།།

མི་ཚེ་རིང་བོར་སྐྱིད་གསུམ་སྡུག་གསུམ།།

Dpyid nyin ring mor grang dwum drod gsum

mi tshe ring bor skyid gsum sdug gsum

安多藏语甘南牧区方言谚语。流行于甘南境内黄河、洮河、大夏河流域地区。虽然春季白昼逐渐延长，但藏区气候变化莫测，温差很大，冷热交织；同样人的漫漫一生坎坷与幸福并存，痛苦与欢乐兼容。表达了藏族群众对人生一世的深刻感慨。罗赛搜集、整理，索南龙珠汉译。今藏甘南藏族自治州政协原副主席罗赛处。（道杰吉）

英雄也要知节制，不然挨刀露肠子

དཔའ་བོས་ངར་ཚོད་མ་ཟེན་ན།། རྒྱུ་མའི་བྱིའུ་ཚང་གྲི་ཡིས་གཏོར།།

Dpav bos ngar tshod ma zen na

Rgyu mavi byivu tshang gri yis gtor

安多藏语甘南牧区方言谚语。流行于甘南境内黄河、洮河、大夏河流域地区。大千世界，山外有山，祸福难测，任何英雄好汉、任何能人高手，都要适可而止，不可我行我素，否则使得其反，引火烧身，自取灭亡。罗赛搜集、整理，索南龙珠汉译。今藏甘南藏族自治州政协原副主席罗赛处。（道杰吉）

好官以臣护，好茶用水煮

དཔོན་བཟང་པོ་བློན་གྱིས་བསྐྱོར།། ཇ་བཟང་པོ་ཆུ་ཡིས་བསྐོལ།།

Dpon bzang po blon gyis bskyor

Ja bzang po chu yis bskol

安多藏语甘南牧区方言谚语。流行于甘南境内

内黄河、洮河、大夏河流域地区。一位贤良无私坦然、廉洁奉公的好官，百姓就像蜜蜂爱恋鲜花一样时常伴随在他周围，正如茶中极品用甘甜的圣水浸泡，定会色香俱全。罗赛搜集、整理，索南龙珠汉译，扎扎拉丁文转写。今藏甘南藏族自治州政协原副主席罗赛处。（道杰吉）

要乞讨拿布袋，越装越变大

སྤྲང་ཁུག་འཛིན་ན་རས་ཁུག་ཟུངས།། བརྫང་གིན་བརྫང་གིན་ཇེ་ཆེ་ཡིན།།

Sprang khug vdzin na ras khug zungs

Brdzang gin brdzang gin je che yin

安多藏语甘南牧区方言谚语。流行于甘南境内黄河、洮河、大夏河流域地区。谚语采取冷漠的态度教育在生活中游手好闲、经常不务正业、靠别人养活的人，躲在别人背后享受别人的劳动成果是不体面的，阐述了劳动是财富的源泉、劳动者光荣、不劳而获者可耻的道理。罗赛搜集、整理，索南龙珠汉译。今藏甘南藏族自治州政协原副主席罗赛处。（道杰吉）

乞丐的日子短，田鼠的尾巴短

སྤྲང་པོ་ལ་ཉི་མ་ཐུང་།། ཨ་བྲ་ལ་རྔ་མ་ཐུང་།།

Sprang po la nyi ma thung a bra la rnga ma thung

安多藏语甘南牧区方言谚语。流行于甘南境内黄河、洮河、大夏河流域地区。唯有劳动才是获得幸福的根本保证，暂时的贫寒不代表一生，只要自己辛勤劳动才是获得物质财富和精神财富的根本所在。罗赛搜集、整理，索南龙珠汉译。今藏甘南藏族自治州政协原副主席罗赛处。

（道杰吉）

空中的乌云，冰雹的根源

སྤྲིན་པ་ཁ་སེར་གཏིང་ནག། སད་དང་སེར་བའི་གཞི་མ།།

Sprin pa kha ser gting nag Sad dang ser bavi gzhi ma

安多藏语甘南牧区方言谚语。流行于甘南境内黄河、洮河、大夏河流域地区。道明天空浓云密布的时候，即是天降冰雹的兆头。生活在世界屋脊之上的藏民族人民用自己特有的智慧，在生活当中总结自然界的各个自然现象加以分析，得到了宝贵的经验。罗赛搜集、整理，索南龙珠汉译。今藏甘南藏族自治州政协原副主席罗赛处。

（道杰吉）

父母如官吏，子女如佣人

དཔོན་པ་མ་བྱ་དགོས། གཡོག་བུ་ཕྲུག་བྱ་དགོས།

Dpon pha ma bya dgos Gyog bu phrug bya dgos

安多藏语甘南牧区方言谚语。流行于甘南境内黄河、洮河、大夏河流域地区。反映不同阶级的利益，美化剥削者自己，掩饰阶级压迫和剥削，歪曲阶级关系，揭开了统治者伪装公正的面纱。罗赛搜集、整理，索南龙珠汉译。今藏甘南藏族自治州政协原副主席罗赛处。（道杰吉）

多官家庭佣人苦，多子家庭乘马苦

དཔོན་མང་ཚང་གི་གཡོག་སྡུག། མི་མང་ཚང་གི་རྟ་སྡུག།

Dpon mang tshang gi gyog sdug mi mang tshang gi rta sdug

安多藏语甘南牧区方言谚语。流行于甘南境内黄河、洮河、大夏河流域地区。揭露了剥削者的贪婪本性和真实面目；统治者对人民的压迫和给人民造成的苦难及痛苦；人畜同等待遇，人马处境一样只能任劳任怨，别无选择。罗赛搜集、整理，索南龙珠汉译。今藏甘南藏族自治州政协原副主席罗赛处。（道杰吉）

土块越滚越变小，雪球越滚越变大

ཁངས་ཐོ་རབབ་ལ་འགྲིལ་ན་ཇེ་ཆེ།། སྤོ་ཐོ་རབབ་ལ་འགྲིལ་ན་ཇེ་ཆུང་།།

Khangs tho rbab la vgril na je che

Spo tho rbab la vgril na je chung

安多藏语甘南牧区方言谚语。流行于甘南境内黄河、洮河、大夏河流域地区。土块越滚肯定会越小，雪球则相反；这是众人皆知、老幼皆晓的道理。告诉人们凡事都有规律可循，要遵循客观规律办事。罗赛搜集、整理，索南龙珠汉译。今藏甘南藏族自治州政协原副主席罗赛处。

（道杰吉）

春鸟展喉之时，树木嫩叶之时

དཔྱིད་རྒྱལ་མོའི་གདུབ་གུ་འགུལ་ཚད།། ནགས་རྒྱ་རྫོང་གི་ལོ་མ་འབུས་ཚད།།

Dpyid rgyal mivi gdub gu vgul tshad

Nags rgya rdzong gi lo ma vbus tshad

安多藏语甘南牧区方言谚语。流行于甘南境内黄河、洮河、大夏河流域地区。道明地处世界屋脊的藏族社会相对比较封闭、偏僻、落后，靠这种自然界的变化来分辨季节和时辰，从实践当中吸取经验，体现了藏民族善思的一面。罗赛搜集、整理，索南龙珠汉译。今藏甘南藏族自治州政协原副主席罗赛处。（道杰吉）

有牛鼻穿孔的习俗，无马鼻穿孔的习俗

དཔེ་ཡོད་ཀྱིས་མཛོ་སྣ་མ་ཕུགས་ཀྱང་།། དཔེ་མེད་ཀྱིས་རྟ་སྣ་མ་ཕུགས།།

Dpe yod kys mdzo sna ma phugs kyang

Dpe med kyis rta sna ma phugs

安多藏语甘南牧区方言谚语。流行于甘南境内黄河、洮河、大夏河流域地区。说明凡事都应遵循客观规律，违背常理定会遭众人耻笑。牛鼻穿孔合情合理、入情入理；马鼻穿孔真可谓逆天悖理。罗赛搜集、整理，索南龙珠汉译。今藏甘南藏族自治州政协原副主席罗赛处。（道杰吉）

看毛的方向抚摸，看弱者的情形训话

སྤུ་ཉལ་ཕྱོགས་ལ་བྱུག་པ་བྱས།། མི་གཉོམ་ཆུང་ལ་གཏམ་གྱིས་བསྣོས།།

Spu nyal phyogs la byug pa byas

mi gnyoma chung la gtam gyis bsnos

安多藏语甘南牧区方言谚语。流行于甘南境内黄河、洮河、大夏河流域地区。教育人们在人际交往中怎样为人处事，在言行举止方面如何掌握分寸；告诫我们应了解实情后再付诸行动，以免造成不良后果。罗赛搜集、整理，索南龙珠汉译。今藏甘南藏族自治州政协原副主席罗赛处。（道杰吉）

先思而后行是智者，先行而后思是愚者

དཔྱད་པ་སྔོན་ལ་བཏང་ན་མཁས་པ་ཡིན།།

འགྱོད་པ་གཞུག་ནས་སྐྱེས་ན་བླུན་པོ་ཡིན།།

Dpyad pa sngon la btang na mkhas pa yin

Vgyod pa gzhug nas skyes na blun po yin

安多藏语甘南牧区方言谚语。流行于甘南境内黄河、洮河、大夏河流域地区。道明真正的智者处理每件事都会有计划、有步骤，面面俱到，每件事上都能表现出其聪明才智；相反，愚者处事一没计划、二没步骤，茫无头绪，不管事情的来龙去脉，事后往往漏洞百出。因此，凡事都应三思而后行。罗赛搜集、整理，索南龙珠汉译。今藏甘南藏族自治州政协原副主席罗赛处。（道杰吉）

只要男儿有勇，土石也是武器

དཔའ་རྩལ་ལུས་ལ་འཛོམས་ན།། མཚོན་ཆ་ས་རྡོ་ཡིན།།

Dpav rtsal lus la vdzoms na Mtshon cha sa rdo yin

安多藏语甘南牧区方言谚语。流行于甘南境内黄河、洮河、大夏河流域地区。崇赏勇敢、鄙夷懦夫，赞美为维护民族尊严和利益而无所畏惧、英勇拼搏的智勇双全的英雄人物；同样对那些懦弱无能之辈从反面进行了嘲讽。罗赛搜集、整理，索南龙珠汉译。今藏甘南藏族自治州政协原副主席罗赛处。（道杰吉）

野狼吃肉背后，小狗随着啃骨

སྤྱང་དར་མ་ཤ་གཟན་གྱི་གཞིག་ན།།

ཁྱི་བདའ་ལུ་རུས་འཆའ་ཡིས་བལྟས་འདུག།

Spyang dar ma sha gzan gyi gzhig na

Khyi bdav lu rus vchav yis bltas vdug

安多藏语甘南牧区方言谚语。流行于甘南境内黄河、洮河、大夏河流域地区。形象地反映了内心肮脏、疯狂追求财富的官吏似野狼，那些丧心良知的官吏从不关心他人的死活，一生专为自己谋利，把自己的幸福置于他人的痛苦之上。罗赛搜集、整理，索南龙珠汉译。今藏甘南藏族自治州政协原副主席罗赛处。（道杰吉）

英雄搏斗过后战场血迹多，富户搬迁过后牧场鸟类多

དཔའ་བོའི་འཐབ་ཤུལ་ན་ཁྲག་མང་།། ཕྱུག་པོའི་བཀལ་ཤུལ་ན་བྱ་མང་།།

Dpav bovi vthab shul na khrag nang

Phyug povi bkal shul na bya mang

安多藏语甘南牧区方言谚语。流行于甘南境内黄河、洮河、大夏河流域地区。人的生命是非

常短暂的，直接领略精神财富，体验人们所创造出的伟大，所有的这一切都有助于人们的思想成熟。罗赛搜集、整理，索南龙珠汉译。今藏甘南藏族自治州政协原副主席罗赛处。（道杰吉）

春撒一把粮，秋获一斗粮

དཔྱིད་ས་བོན་ཕུལ་གང་གཏོར་ན།། སྟོན་འབྲུ་རིགས་བྲེ་གང་བསྡུ་ཐུབ།།

Dpyid sa bon phul gang gtor na

Ston vbru rigs bre gang bsdu thub

安多藏语甘南牧区方言谚语。流行于甘南境内黄河、洮河、大夏河流域地区。春天是希望的开端，春天是耕耘的季节，也是忙碌的季节，一分耕耘一分收获，告诉人们只有付出才有收获，任何物质财富都是通过辛勤劳动创造出来的。罗赛搜集、整理，索南龙珠汉译。今藏甘南藏族自治州政协原副主席罗赛处。（道杰吉）

跟随官吏有口福，骑上好马心情好

དཔོན་བཟང་བོའི་ཁ་ཞོར་གཡང་།། རྟ་བཟང་བོའི་གོམ་ལག་སྐྱིད།།

Dpon bzang bovi kha zhor gyang

Rta bzang bovi gom lag skyd

安多藏语甘南牧区方言谚语。流行于甘南境内黄河、洮河、大夏河流域地区。反映了一心为民、大公无私的好官走到哪里都会受到百姓的热情招待和拥护爱戴，正如一匹性情温驯的良马，不论谁以它为坐骑都感觉心情舒畅，欣然自喜。罗赛搜集、整理，索南龙珠汉译。今藏甘南藏族自治州政协原副主席罗赛处。（道杰吉）

养野狼难成看家狗，引老狗难追到小偷

སྤྱང་ཀི་གསོས་ནས་སྒོ་ཁྱི་མི་ཉན།། ཁྱི་རྒན་ཁྲིད་ནས་མི་རྗེས་མི་ཆོད།།

Spyang ki gsos nas sgo khyi mi nyan

Khyi rgan khrid nas mi rjes mi chod

安多藏语甘南牧区方言谚语。流行于甘南境内黄河、洮河、大夏河流域地区。真实地解释了自然界部分野兽的脾性，说明了它们与人们的疏远程度；同时告诉人们可以望见的不一定能实现或接近，因为彼此相差甚远，即望尘莫及，可望而不可即。罗赛搜集、整理，索南龙珠汉译。今藏甘南藏族自治州政协原副主席罗赛处。（道杰吉）

无勇者的矛长，贫贱者的衣美

དཔའ་མེད་ཚང་གི་མདུང་རིང་།། རྒྱུ་མེད་ཚང་གི་གོས་ཡག།

Dpav med tshang gi mdung riang

Rgyu med tshang gi gos yag

安多藏语甘南牧区方言谚语。流行于甘南境内黄河、洮河、大夏河流域地区。对胆小懦弱之辈的狐假虎威、狗仗人势的丑态和贫贱平庸的人进行了辛辣的嘲讽。没钱的人却总是讲究穿着打扮，忍饥挨饿也要买几件漂亮衣服穿；他们的这种行为都是众人所耻笑的对象。罗赛搜集、整理，索南龙珠汉译。今藏甘南藏族自治州政协原副主席罗赛处。（道杰吉）

亲近官吏自事圆，远离活佛信念坚

དཔོན་པོ་ཁ་ཐག་ཉེ་ན་རང་དོན་ཡོང་།། བླ་མ་ཁ་ཐག་རིང་ན་དད་པ་ཆེ།།

Dpon po kha thag nye na rang don yong

Bla ma kha thag riang na dad pa che

安多藏语甘南牧区方言谚语。流行于甘南境内黄河、洮河、大夏河流域地区。一心只想着幸福、吮吸着幸福，就像干涸的土地总是贪婪地吮吸着水滴那样，而且也不为他人的痛苦放射出一点光芒来，贪婪、自私的官吏和活佛身上体验不到人与人之间神圣、美好的奉献精神。罗赛搜集、整理，索南龙珠汉译。今藏甘南藏族自治州政协原副主席罗赛处。（道杰吉）

有勇无勇战时晓，有知无知著书晓

དཔའ་མི་དཔའ་འཐབ་ན་རིག། མཁས་མི་མཁས་རྩོམ་ན་གསལ།།

Dpav mi dpav vhtab na rig

Mkhas mi mkhas rtsom na gsal

安多藏语甘南牧区方言谚语。流行于甘南境内黄河、洮河、大夏河流域地区。教导人们必须学会谦虚，不易自吹自擂，在当今现实生活中“善于花言巧语”把学问挂嘴边、夸夸其谈的人不计其数，而积极实践的人却少如晨星，屈指可数。罗赛搜集、整理，索南龙珠汉译。今藏甘南藏族自治州政协原副主席罗赛处。（道杰吉）

双目盯空中，双手结法印

སྤྱན་གཉིས་ནམ་མཁའི་དབྱིངས་ལ་གཟིགས།།
ཕྱག་གཉིས་པད་མའི་ཕྱག་རྒྱ་བཅས།།

Spyan gnyis nam mkhavi dbyings la gzigs
Phyag gnyis pad mavi phyag rgya bcas

安多藏语甘南牧区方言谚语。流行于甘南境内黄河、洮河、大夏河流域地区。说明宗教作为一种人生观和世界观，信徒必须要用宗教的理论去理解和解释世间的万事万物和各种现象，在人们的心目中酝酿宗教意识和强化世俗道德规范。罗赛搜集、整理，索南龙珠汉译。今藏甘南藏族自治州政协原副主席罗赛处。（多杰拉旦）

当高官要心平气和，握印章要公平合理

དཔོན་གོང་རྟགས་ཅན་ལ་བཏང་སྙོམས་དགོས།།
ཐེལ་ཐམ་ཀ་ཅན་ལ་རྒྱུ་འབྲས་དགོས།།

Dpon gong rtags can la btang snyoms dgos
Thel tham ka can la rgyu vbras dgos

安多藏语甘南牧区方言谚语。流行于甘南境内黄河、洮河、大夏河流域地区。说明了在全民信佛的藏族社会里，常常巧妙地将宗教道德观念融入社会伦理道德之中，视乐善好施公平为做人的美德，要求统治者或官吏要有好心肠公平对待每个属民。罗赛搜集、整理，索南龙珠汉译。今藏甘南藏族自治州政协原副主席罗赛处。（道杰吉）

高官免职前妻子的狂言多，村落失散前村民的谎言多

དཔོན་ཆེན་ལྷུང་ཁར་ཆུང་མས་ཅ་ར་ར།།
སྡེ་ཆེན་འཐོར་ཁར་རྫུན་གཏམ་ཆ་ལ་ལ།།

Dpon chen lhung khar chung mas ca ra ra
Sde chen vthor khar rdzun gtam cha la la

安多藏语甘南牧区方言谚语。流行于甘南境内黄河、洮河、大夏河流域地区。伟大的人物受到迫害，往往都是来自自己的眷属和随从，内部造成的损害比外部敌人还多。即将失散的村落，村民的诽言杂语是少不了的。正如兽王雄狮，除了自己身上的虱子，又有谁敢咬食它呢？罗赛搜集、整理，索南龙珠汉译。今藏甘南藏族自治州政协原副主席罗赛处。（道杰吉）

官慈民尊，衣美众爱

དཔོན་བྱམས་ན་འབངས་ཀྱིས་གུས་པ་བྱེད།།
གོས་བཟང་ན་ཚང་མས་ཞེན་པ་ཆགས།།

Spon byams na vbangs kyis gus pa byed
Gos bzang na tshang mas zhen pa chags

安多藏语甘南牧区方言谚语。流行于甘南境内黄河、洮河、大夏河流域地区。人们要尊崇行为温和、心肠慈善、爱民如子、明辨是非的贤明君主，因为只有他们才能给人们惠赐幸福和欢乐，正因如此，属民也会不惜一切竞相保护贤明君主，维护君主利益。罗赛搜集、整理，索南龙珠汉译。今藏甘南藏族自治州政协原副主席罗赛处。（道杰吉）

勇如红斑虎，言如霹雳响

དཔའ་པོ་ཚོད་དམར་ཡག་སྟག་འདྲ།། གཏམ་ཁ་ལྕེ་པོ་ཆུང་འབྲུག་འདྲ།།

Dpav pho tshod dmar yag stag vdra
Gtam kha lce pho chung vbrug vdra

安多藏语甘南牧区方言谚语。流行于甘南境内黄河、洮河、大夏河流域地区。充分表达了对英雄人物的尊崇之情，把英雄比作猛虎和霹雷以此来歌颂英雄威猛的胆识，因为在藏族人民心目中英雄是人世间正义的象征、安宁的使者，表现了一种崇尚勇武的民族性格。罗赛搜集、整理，索南龙珠汉译。今藏甘南藏族自治州政协原副主席罗赛处。（道杰吉）

绿草往上长，毒草往横伸

སྤང་གཡུ་ལོའི་རྩྭ་ལྡུམ་གྱེན་ལ་སྐྱེས།། ཐན་ཨ་ལོ་རྒྱུ་འབྲས་དེ་ལ་མེད།།

vSpang gyu lovi rtswa ldum gyen la skyes
Than a lo rgyu vbras de la med

安多藏语甘南牧区方言谚语。流行于甘南境内黄河、洮河、大夏河流域地区。要求人们积极、向上、乐观的态度对待生活中的每件事情，生活虽像阴暗的牢狱，但人们要在这牢狱中不断寻觅幸福，使之变成富有魅力美的世界。罗赛搜集、整理，索南龙珠汉译。今藏甘南藏族自治州政协原副主席罗赛处。（道杰吉）

高官后裔没礼貌，亲戚彼此不抚育

དཔོན་རྒྱུད་ཡིན་ན་བཀུར་བསྟི་མེད།། ཉེ་འབྲེལ་ཡིན་ན་བྱམས་སྐྱོང་མེད།།

Dpon rgyud yin na bkur bsti med

Nye vbrel yin na byams skyong med

安多藏语甘南牧区方言谚语。流行于甘南境内黄河、洮河、大夏河流域地区。同人民的现实生活紧密地联系在一起，并按照实际情况，紧紧抓住一部分社会生活的实质和关键，对准那些顽固腐败的丑恶社会现象进行批判，起到了一定的裨益作用。罗赛搜集、整理，索南龙珠汉译。今藏甘南藏族自治州政协原副主席罗赛处。（道杰吉）

三春不耕耘，三秋五谷从何来

དཔྱིད་ཟླ་གསུམ་ས་བོན་མ་བཏབ་ན།། སྟོན་ཟླ་གསུམ་འབྲུ་དྲུག་གང་ན་ཡོང་།།

Dpyid zla gsun sa bon ma btab na

Ston zla gsum vbru drug gang ma yong

安多藏语甘南牧区方言谚语。流行于甘南境内黄河、洮河、大夏河流域地区。教导人们，人活世间不要追求任何事，但要尽力做好每件事，一分耕耘一分收获，无论学习或干什么事都必须要经历千辛万苦，身受种种磨难，才能获得自己满意的成果。罗赛搜集、整理。索南龙珠汉译，贡保旺杰校订。扎扎拉丁文撰写。今藏甘南藏族自治州政协原副主席罗赛处。（道杰吉）

星星不迎接月亮，黑暗中惨淡无光

དཔུང་སྐར་ཚོགས་ཟླ་འོད་མ་བསུས་ན།།

དགུང་མུན་ནག་ནང་ན་བཀྲག་མདངས་མེད།།

Dpung skar tshogs zla vod ma bsus na

Dgung mun nag nang na bkrag mdangs med

安多藏语甘南牧区方言谚语。流行于甘南境内黄河、洮河、大夏河流域地区。是人们在长期的生活实践中所得出的智慧和经验总结。体现了藏族人民对各种自然现象善于观察分析，具有一定的可知性和可信性。罗赛搜集、整理，索南龙珠汉译。今藏甘南藏族自治州政协原副主席罗赛处。（道杰吉）

满天白霞飞，那是旱灾兆

སྤྲིན་དཀར་པོ་ལང་ལོང་གཡོ་ན།། ཆར་མི་འབབ་ཐན་པའི་སྔ་ལྟས།།

Sprin dkar po lang long gyo na

Char mi vbab than pavi snga ltas

安多藏语甘南牧区方言谚语。流行于甘南境内黄河、洮河、大夏河流域地区。对日月星辰的运动规律、金木水火土的属性结构、自然现象观察入微，贴近常人的普通生活，具有一定的实践性和群众性。罗赛搜集、整理，索南龙珠汉译。今藏甘南藏族自治州政协原副主席罗赛处。（道杰吉）

平原马驹变老虎，森林乌鸦变大鹏

སྤང་ཐང་སྐྱའི་རྟེའུ་སྟག་གི་ལོག། ནགས་རྒྱ་རྫོང་ཁྭ་ཏ་ཁྱུང་གི་ལོག།

Spang thang skyavi rtevu stag gi log

Nags rgya rdzong khwa ta khyuang gi lig

安多藏语甘南牧区方言谚语。流行于甘南境内黄河、洮河、大夏河流域地区。赞美了谦虚谨慎、胸怀大志的人。同时又对自高自大、骄傲自满、自命不凡的愚者的虚伪本性予以讥讽。讲明了“谦虚使人进步，骄傲使人落后”的道理。罗赛搜集、整理，索南龙珠汉译。今藏甘南藏族自治州政协原副主席罗赛处。（道杰吉）

官吏和羊皮的质硬，女人和毒蛇的舌敏

དཔོན་དང་ར་པགས་ཀྱི་ཞེ་གྱོང་།། བུད་མེད་དང་དུག་སྦྲུལ་གྱི་ལྕེ་མྱུར།།

Dpon dang ra pags kyi zhe gyong

Bud med dang dug sbrul gyi lce myur

安多藏语甘南牧区方言谚语。流行于甘南境内黄河、洮河、大夏河流域地区。贴近雪域藏民族的生活实例，反映了现实生活中为官者多数目中无人、难以接近，正如僵化的羊皮无从下手；善于应付的女人往往能说会道、巧言利口，其口齿伶俐恰似毒蛇之舌。罗赛搜集、整理，索南龙珠汉译。今藏甘南藏族自治州政协原副主席罗赛处。（道杰吉）

战场上如狐狸般逃跑，自家中如老虎般凶猛

དཔའ་འཐབ་གཡུལ་ཁུག་ན་ཝ་འགྲོ་འགྲོ།།
ཁྱིམ་བཟའ་ཚང་ནང་ན་སྟག་འགྱིང་འགྱིང་།།

Dpav vthab gyul khug na wa vgro vgro

Khyim bzav tshang nang na stag vgying vgying

安多藏语甘南牧区方言谚语。流行于甘南境内黄河、洮河、大夏河流域地区。对华而不实、动荡不安、胆怯无勇、狂妄自大、狐假虎威的懦夫行径进行了辛辣的嘲讽，懦夫赴战合掌求饶，回到家里自称英豪，经不起风吹雨打，犹如饥饿的老虎，只需一声怒吼，树顶上的猢狲们便会吓得纷纷落地。罗赛搜集、整理，索南龙珠汉译。今藏甘南藏族自治州政协原副主席罗赛处。

（道杰吉）

饿狼莫愁悲耐心等，肥壮绵羊临近眼前

སྤྱང་མ་སྡུག་སྐྱ་རིང་ལམ་ནས་སྒུགས།། ལུག་ཚོན་པོའི་ཤ་ལ་ཕྲད་ཤས་ཆེ།།

Spyang ma sdug skya ring lam nas sgugs

Lug tshon povi sha la phrad shas che

安多藏语甘南牧区方言谚语。流行于甘南境内黄河、洮河、大夏河流域地区。凡事都不能急于求成，要有耐心，循序渐进；待时机成熟就应当机立断，切忌优柔寡断。罗赛搜集、整理，索南龙珠汉译。今藏甘南藏族自治州政协原副主席罗赛处。（道杰吉）

官吏横暴村民散，有勇无谋死敌手

དཔོན་ཁ་ཤེད་ཆེ་ན་རུ་སྡེ་འཕུང་།། དཔའ་གླེན་དད་ཆེ་ན་དགྲ་ཁས་འཆི།།

Dpon kha shed che na ru sde vphung

Dpav glen dad che na dgra khas vchi

安多藏语甘南牧区方言谚语。流行于甘南境内黄河、洮河、大夏河流域地区。表明了世间上有两种人极其可怜：一种是横暴官吏自以为是，妄加点评无所不为，由此造下诽谤的恶业，终将堕入地狱感受无边苦报；还有一种是不老实厚道，缺乏正知正见，只能堕入恶趣无边痛苦之中。罗赛搜集、整理，索南龙珠汉译。今藏甘南藏族自治州政协原副主席罗赛处。（道杰吉）

乞丐讨要走人多的地方，乌鸦叼肉到没人的地方

སྤྲང་བོ་གཏམ་ཁྱེར་ལུང་བའི་མདོ་ལ་སོང་།།
ཕོ་རོག་ཤ་ཁྱེར་ལུང་བའི་ཕུ་ལ་སོང་།།

Sprang bo gtam khyer lung bavi mdo la song

Pho rog sha khyer lung bavi phu lu song

安多藏语甘南牧区方言谚语。流行于甘南境内黄河、洮河、大夏河流域地区。乞丐讨饭理应去人多之处，乌鸦想在众目睽睽之下叼走肉简直是望尘莫及。谚语告诉人们凡事都要顺应时势，按照规则行事。罗赛搜集、整理，索南龙珠汉译。今藏甘南藏族自治州政协原副主席罗赛处。

（道杰吉）

向贪官求情送礼，还不如给狗喂食

དཔོན་མ་རབས་ཁ་དགའ་ངོ་དགའ་ལས།། ཁྱི་རྒྱ་ལུ་ལྟོ་ཆུ་བླུད་ན་བཟང་།།

Dpon ma rabs kha dgav ngo dgav las

Khyi rgya lu lto chu blud na bzang

安多藏语甘南牧区方言谚语。流行于甘南境内黄河、洮河、大夏河流域地区。一个人如果被贪欲所驱使，必定会做出一些有损于他人利益的事情，从而给自己和他人带来痛苦和灾难，这则谚语把贪官比作恶狗，贪婪成性，告诫贪官千万不能掉进贪欲的泥塘，更不能坠入贪婪的大江里，只有知足方能常乐，一切吉祥。罗赛搜集、整理，索南龙珠汉译。今藏甘南藏族自治州政协原副主席罗赛处。（道杰吉）

胆怯人的脸色灰，无知人的双手僵

དཔའ་འཁུམ་པའི་ངོ་དེ་སྐྱ་སེང་སེང་།།
ཤེས་ཡོན་ཏན་མེད་དེའི་ལག་ཧྲང་ཧྲང་།།

Dpav vkhum pavi ngo de skya seng seng

Shes yon tan med devi lag hrang hrang

安多藏语甘南牧区方言谚语。流行于甘南境内黄河、洮河、大夏河流域地区。胆怯无勇、没有什么学问的人为了遮掩自己的愚笨无知，经常会把刚刚听到或看到的向人宣扬，以显示自己的见多识广，往往还张冠李戴，引来许多笑话。而智者却恰恰相反，即便样样精通，也不会把自己所学轻易示人，绝不在人前自夸，还常常向他人

学习各类知识，经过自我消化成为自己真正的学问。罗赛搜集、整理，索南龙珠汉译。今藏甘南藏族自治州政协原副主席罗赛处。（道杰吉）

思忖在事前，责怪在事后

དཔྱད་པ་དོན་གྱི་ཐོག་མ།། ལས་བདའ་གཏམ་གྱི་མཐའ་མ།།

Dpyad pa don gyi thog ma Las bdav gtam gyi mthav ma

安多藏语甘南牧区方言谚语。流行于甘南境内黄河、洮河、大夏河流域地区。在分辨智者和愚人时并非简单地谈论智者和愚人的智商，而是通过他们处理事情的能力来看，正如这则谚语智者和愚人处理事情的不同来剖析人类社会生活中的各种矛盾和问题，借助正确和健康的理智来思考和解决这些矛盾，并揭发事物发展的客观规律。罗赛搜集、整理，索南龙珠汉译。今藏甘南藏族自治州政协原副主席罗赛处。（道杰吉）

官吏心胸宽，善待属下民

དཔོན་པོ་ཁ་ཡངས་ཁོག་ཡངས་ཀྱིས།། གཤམ་གྱི་མི་སེར་བྱམས་པས་བསྐྱོང་།།

Dpon po kha yangs khog yangs kyis

Gsham gyi mi ser byams pas bskyong

安多藏语甘南牧区方言谚语。流行于甘南境内黄河、洮河、大夏河流域地区。劝告统治者以柔道治天下，提倡以德执政的民安主张，给老百姓一个休养生息的机会，如果属民都幸福，那是执政者的英明，为官若使百姓受尽苦头、自己富裕则可恨。罗赛搜集、整理，索南龙珠汉译。今藏甘南藏族自治州政协原副主席罗赛处。（道杰吉）

平坦草原如明镜，迎来客人笑眯眯

སྤང་མེ་ལོང་ཁྲ་སིང་སིང་།། ཕེབས་མགྲོན་པོ་དགའ་ལྷང་ལྷང་།།

Spang me long khra sing sing

Phebs mgron po dgav lhang lhang

安多藏语甘南牧区方言谚语。流行于甘南境内黄河、洮河、大夏河流域地区。藏民族素以热情好客、真挚纯朴、能歌善舞而著称于世，人们一贯主张对待生活要积极乐观。谚语体现了藏族人民对待生活和为人处世的态度和本性，生动地刻画了藏民族纯朴、善良、宽阔的胸怀。罗赛搜集、整理，索南龙珠汉译。今藏甘南藏族自治州政协原副主席罗赛处。（多杰拉旦）

官吏离职前的话，是真是假难琢磨

དཔོན་པོ་འགྲོ་ཁ་འདུག་ཁའི་གཏམ།། ཡིན་ཤོས་ཟེར་ཡང་མིན་ཤོས་ཆེ།།

Dpon po vgro kha vdug khavi gtam

Yin shos zer yang min shos che

安多藏语甘南牧区方言谚语。流行于甘南境内黄河、洮河、大夏河流域地区。有些官吏的行为如同孙悟空的变术，真真假假、多变善变无法捉摸透，依附这种善变的官吏办事一如纸上谈兵，定会误人也误己。罗赛搜集、整理，索南龙珠汉译。今藏甘南藏族自治州政协原副主席罗赛处。

（多杰拉旦）

官员免职无精打采，恶人得逞无法无天

དཔོན་ཆེན་ལྷུང་ན་ཇེ་ངན་ཇེ་རྡུགས།། མི་ངན་བསྟོད་ན་ཇེ་བཙན་ཇེ་བཙོག།

Dpon chen lhung na je ngan je rdugs mi ngan

bstod na je btsan je btsog

安多藏语甘南牧区方言谚语。流行于甘南境内黄河、洮河、大夏河流域地区。阐明了“富贵不能淫”的深刻哲理，教诲世人要懂得荣誉之伟大，尖锐地揭露了贪婪者的欲壑难填、贪得无厌、自私自利的丑恶行径，告诫人们要培养高尚道德和健康情操，知足常乐。罗赛搜集、整理，索南龙珠汉译。今藏甘南藏族自治州政协原副主席罗赛处。

（多杰拉旦）

饿狼前的绵羊，怎能逃生归牧

སྤྱང་དར་མའི་གདོང་ནས་གཡང་དཀར་ལུག།

གསོན་རི་ལ་བཏང་ན་རྩལ་དྲུག་མིན།།

Spyang dar mavi gdong nas gyang dkar lug

Gson ri la btang na rtsal drug min

安多藏语甘南牧区方言谚语。流行于甘南境内黄河、洮河、大夏河流域地区。比较真实地记录了自然界中万物的生存法则及规律，阐明了世间自然界形成的食物链。罗赛搜集、整理，索南龙珠汉译。今藏甘南藏族自治州政协原副主席罗赛处。（多杰拉旦）

平坦草原如毡铺，五彩花朵如摆宴

སྤང་མེ་ལོང་ས་གདན་འདིང་འདིང་། ཁྲ་མི་ཏོག་སྡེར་ཁ་བཤམ་བཤམ།

Spang me long sa gdan vding vding

Khra mi tog sder kha bsham bsham

安多藏语甘南牧区方言谚语。流行于甘南境内黄河、洮河、大夏河流域地区。描绘和赞美了大草原壮美的景色，表现了草原水草丰美、百花争艳的景象，反映了藏族牧民群众对幸福美好生活的向往和追求以及他们坦荡开阔的胸怀。罗赛搜集、整理，索南龙珠汉译。今藏甘南藏族自治州政协原副主席罗赛处。（多杰拉旦）

过勇会吃苦，多嘴会引仇

དཔའ་ཆེ་ན་སྡུག་རེ་འཕྲད། ཁ་མང་ན་གྱོད་རེ་འོང་།

Dpav che na sdug re vphrad Kha mang na gyod re vong

安多藏语甘南牧区方言谚语。流行于甘南境内黄河、洮河、大夏河流域地区。高度歌颂了藏族淳朴的民俗和忠厚的伦理道德，严厉驳斥了言而无信、背信弃义、诡计多端、无才无德、善于欺诈别人的丑恶小人嘴脸。罗赛搜集、整理，索南龙珠汉译。今藏甘南藏族自治州政协原副主席罗赛处。（多杰拉旦）

乞丐吃糌粑的地方，灾祸的寒风在乱刮

སྤྲང་པོས་རྩམ་སྐྱ་འགམ་ས་ན། འགོང་བོའི་བསེར་བུ་ཤིག་ཤིག་ཤིག།

Sprang pos rtsam skya vgam sa na

Vgong bovi bser bu shig shig shig

安多藏语甘南牧区方言谚语。流行于甘南境内黄河、洮河、大夏河流域地区。谚语从正面论述了生活之艰难，勉励人们要发扬坚持不懈、持之以恒的精神。含蓄地阐明了“幸福是从劳动中得来”的深邃道理。罗赛搜集、整理，索南龙珠汉译。今藏甘南藏族自治州政协原副主席罗赛处。（多杰拉旦）

是男儿话就要稳，是海螺色就要白

ཕོ་ཚིག་ཡིན་ན་བརྟན་དགོས། དུང་མདོག་ཡིན་ན་དཀར་དགོས།

Pho tshig yin na brtan dgos Dung mdog yin na dkar dgos

安多藏语甘南牧区方言谚语。流行于甘南境内黄河、洮河、大夏河流域地区。强调和突出做人的主旨，好汉之言终生不变，小人之言出尔反尔，描述了好汉和小人的根本区别与界限，反映了藏族对颜色方面不同于其他民族的审美观点、审美意识和审美情趣。罗赛搜集、整理，索南龙珠汉译。今藏甘南藏族自治州政协原副主席罗赛处。（多杰拉旦）

男要如狼会寻找，女要如鼠善积累

ཕོ་རི་སྤྱང་འདྲ་ཞིག་བཙལ་ནི་དགོས། མོ་ཙི་གུ་འདྲ་ཞིག་བསོག་ནི་དགོས།

Pho ri spyang vdra zhig btsal ni dgos

mi tsi gu vdra zhig bsog ni dgos

安多藏语甘南牧区方言谚语。流行于甘南境内黄河、洮河、大夏河流域地区。告诫人们在当今社会生活中男人要以事业为重，奋发图强；女人则应勤俭持家，不辞辛劳。罗赛搜集、整理，索南龙珠汉译。今藏甘南藏族自治州政协原副主席罗赛处。（多杰拉旦）

乌鸦虽老头不老，野狼虽老腿不老

ཕོ་རོག་རྒས་རུང་མགོ་མ་རྒས། སྤྱང་ཀི་རྒས་རུང་འདུར་མ་ཉམས།

Pho rog rgas rung mgo ma rgas

Spyang ki rgas rung vdur ma nyams

安多藏语甘南牧区方言谚语。流行于甘南境内黄河、洮河、大夏河流域地区。通过正反两面的对比，一方面热情地歌颂了真善美，贬低了假恶丑；另一方面也反映了藏族人民在千百年的历史进程中吸取的生活经验。罗赛搜集、整理，索南龙珠汉译。今藏甘南藏族自治州政协原副主席罗赛处。（多杰拉旦）

男用言表心意，女用泪表情意

ཕོ་དུངས་པ་ཅན་ནི་བཤད་ལས་དྭངས།

མོ་དུངས་པ་ཅན་ནི་ངུས་ནས་དྭངས།

Pho dungs pa can ni bshad las dwangs

Mo dungs pa can ni ngus nas dwangs

安多藏语甘南牧区方言谚语。流行于甘南境内黄河、洮河、大夏河流域地区。阐述了人的爱不是无所作为的，爱是道德的核心，爱一个人首先要忠诚，要为道德理想而奋斗，人活着就使要

自己的道德核心成为健康的、纯洁的和强大的精神力量，无私地奉献给自己所爱的人。罗赛搜集、整理，索南龙珠汉译。今藏甘南藏族自治州政协原副主席罗赛处。（多杰拉旦）

男儿拮据不闯荡，女子知耻闲话少

ཕོ་ཟོང་མེད་རྒྱ་སྒོ་མ་འགྲིམ།། མོ་མདོ་མེད་མི་ཁར་མ་རྒྱུགས།།

Pho zong med rgya sgo ma vgrim

Mo mdo med mi khar ma rgyugs

安多藏语甘南牧区方言谚语。流行于甘南境内黄河、洮河、大夏河流域地区。在世间美丑交错、好坏难辨，人与人之间的关系更是错综复杂。“近朱者赤，近墨者黑”“从善成善，随盗成盗。”针对这样的现实，突出了好汉德高望重的高尚情操，驳斥了言行不一、好坏不分、肮脏卑鄙小人。罗赛搜集、整理，索南龙珠汉译。今藏甘南藏族自治州政协原副主席罗赛处。（多杰拉旦）

说出的话吐字不清，听到的话没有头绪

ཕར་བཤད་ཚིག་གི་སྨྲ་མི་དག། ཚུར་བཤད་ཚིག་གི་མགོ་མི་གོ།

Phar bshad tshig gi smra mi dag

Tshu bshad tshig gi mgo mi go

安多藏语甘南牧区方言谚语。流行于甘南境内黄河、洮河、大夏河流域地区。揭露了心怀鬼胎小人的本质：在心里思维盘算一件事情，而嘴上却另说一件事情，让人摸不着头绪，这样的人就称为狡猾者，也是愚笨的人伪装智者的伎俩。罗赛搜集、整理，索南龙珠汉译。今藏甘南藏族自治州政协原副主席罗赛处。（多杰拉旦）

如虎般的父亲，有了乌鸦般的儿子

ཕ་རྒོད་པོ་ཤ་ཟན་ལ།། བུ་ཁྭ་པ་སྐྱག་ཟན་སྐྱེས།།

Pha rgod po sha zan la Bu khwa pha skyag zan skyes

安多藏语甘南牧区方言谚语。流行于甘南境内黄河、洮河、大夏河流域地区。在父亲的品格中能体现出对子女整个的生活影响，谚语告诉人们父亲应受尊重是因为他具有责任感和奉献精神。罗赛搜集、整理，索南龙珠汉译。今藏甘南藏族自治州政协原副主席罗赛处。（多杰拉旦）

向叔父请教，向姨母要食

ཕ་ཨ་ཁུའི་མདུན་ནས་བློ་དྲིས།། མ་སྲུ་མོའི་ལག་ནས་ཟས་བསློངས།།

Pha a khuvi mdun nas blo dris

Ma sru movi lag nas zas bsoangs

安多藏语甘南牧区方言谚语。流行于甘南境内黄河、洮河、大夏河流域地区。阐明了知恩图报、“吃水不忘挖井人”的深刻道理。充分体现了藏族人民的审美情趣、审美理想、审美标准和传统思想美德。罗赛搜集、整理，索南龙珠汉译。今藏甘南藏族自治州政协原副主席罗赛处。

（多杰拉旦）

父要子，子要胆

ཕ་ལ་དགོས་ནོ་བུ་རེད།། བུ་ལ་དགོས་ནོ་སྙིང་རེད།།

Pha la dgos no bu red Bu la dgos no snying red

安多藏语甘南牧区方言谚语。流行于甘南境内黄河、洮河、大夏河流域地区。父盼子贵，子怯懦无能、闻风丧胆会把父丧尽脸面，提醒人们不管做什么事都要有胆量，胆量是成功的要素，胆大才能有所作为。罗赛搜集、整理，索南龙珠汉译。今藏甘南藏族自治州政协原副主席罗赛处。

（多杰拉旦）

良家女子之言，诱惑蠢男之心

ཕ་བཟང་བུ་མོའི་དགའ་ཁས།། ཕ་ངན་བྱི་ལི་མགོ་བསྐོར།།

Pha bzang bu movi dgav khas

Pha ngan byi li mgo bskor

安多藏语甘南牧区方言谚语。流行于甘南境内黄河、洮河、大夏河流域地区。猪在人的眼中是最愚笨的动物，所以人们常把无智慧的人比喻成猪。作为一个人，最重要的是应具足智慧，而愚蠢的人，不知寻求增长智慧的方法，也不懂得观察他人举动、言语，待人处事也自然不会抉择利弊。罗赛搜集、整理，索南龙珠汉译。今藏甘南藏族自治州政协原副主席罗赛处。（多杰拉旦）

恶父之子有缺点，老马之驹有缺陷

ཕ་ངན་བྱི་ལུར་སྐྱོན་ཞིག་ཡོད།། རྒོད་རྒན་རྟེའུ་ཞད་ཅིག་ཡོད།།

Pha ngan byi lur skyon zhig yod

Rgod rgan rtevu zhad cig yod

安多藏语甘南牧区方言谚语。流行于甘南境内

内黄河、洮河、大夏河流域地区。严厉地批评了愚者愚昧无知，遇事惊慌失措，遇财眼花，临死还挑拨，言之无理，做事没主见，卑鄙无耻的愚者的肮脏心灵。罗赛搜集、整理，索南龙珠汉译。今藏甘南藏族自治州政协原副主席罗赛处。

（多杰拉旦）

没财的男人言当年或来年，没食的女人言前天或后天

ཕོ་རྒྱུ་མེད་སྔར་ལོ་ཕྱི་ལོ།། མ་ཟས་མེད་སྔ་ཉིན་ཕྱི་ཉིན།།

Pho rgyu med sngar lo phyi lo

Ma zas med snga nyin phyi nyin

安多藏语甘南牧区方言谚语。流行于甘南境内黄河、洮河、大夏河流域地区。祸福无门，唯人所招；贫富贵贱，功业所成。此一时彼一时，物以时迁，事无常定，不可能一成不变。教育人们要正确面对现实，积极对待生活。罗赛搜集、整理，索南龙珠汉译。今藏甘南藏族自治州政协原副主席罗赛处。（多杰拉旦）

富人献牛献马，穷人供奉鲜花

ཕྱུག་པོས་རྟ་འབུལ་མཛོ་འབུལ།། མེད་པོས་མེ་ཏོག་མཆོད་འབུལ།།

Phyug pos rta vbul mdzo vbul

Med pos me tog mchod vbul

安多藏语甘南牧区方言谚语。流行于甘南境内黄河、洮河、大夏河流域地区。通过对藏族地区人民生活、生产习俗的描述，从一个简单的生活情趣中透露出了这样一个道理：不是所有的事都一成不变、一如既往，穷人也有成为富人的时候。罗赛搜集、整理，索南龙珠汉译。今藏甘南藏族自治州政协原副主席罗赛处。（多杰拉旦）

乌鸦用嘴撕，母狼用爪扯

ཕོ་རོག་གིས་སྟེར་བཤལ་བྱས།། སྤྱང་མོས་འདུར་བཤལ་བྱས།

Pho rog gis ster bshal byas

Spyang mos vdur bshal byas

安多藏语甘南牧区方言谚语。流行于甘南境内黄河、洮河、大夏河流域地区。深刻阐述了人们长期在生活中积累的共同经验，揭示了事物发展的一般规律。罗赛搜集、整理，索南龙珠汉译。今藏甘南藏族自治州政协原副主席罗赛处。

（多杰拉旦）

男闯天下称英雄，女逛村称贱妇

ཕོ་ས་མཐའ་འགྲིམས་ན་བྱང་མ།། མོ་སྡེ་མཐའ་འཁྱམས་ན་དྲེད་མ།།

Pho sa mthav vgrims na byang ma

Mo sde mhtav vkhyams na dred ma

安多藏语甘南牧区方言谚语。流行于甘南境内黄河、洮河、大夏河流域地区。父母是引导孩子成长的导师，如果家庭教育严格，就使子孙后代受到好的影响；相反，子女就有可能沾染不良习气，成为社会渣滓。说明家庭教育的重要性，阐明了“子不教，父之过”的深邃道理。罗赛搜集、整理，索南龙珠汉译。今藏甘南藏族自治州政协原副主席罗赛处。（多杰拉旦）

父老没留意枪已生锈，丢马没留意鞍鞯已烂

ཕ་ནམ་རྒས་མ་ཤེས་མེ་མདའ་བཙའ་ཆགས།།

རྟ་ནམ་བོར་མ་ཤེས་སྒ་བཅའ་སྣོད་ནས་རུལ།།

Pha nam rgas ma shes me mdav btsav chags

Rta nam bor ma shes sga bcav snod nas rul

安多藏语甘南牧区方言谚语。流行于甘南境内黄河、洮河、大夏河流域地区。谚语贴近社会生活中人们的实际，反映了对生离死别的无奈，同时阐明了事物时时都处在运动和变化当中的辩证规律。罗赛搜集、整理，索南龙珠汉译。今藏甘南藏族自治州政协原副主席罗赛处。（多杰拉旦）

外来的嫂掌家权，家中姑娘不知嫁何处

ཕྱི་ཡོང་སྲི་མོ་འཁོར་བདག་དབང་ཅན། ནང་འདུག་བུ་མོ་ཀར་འགྲོ་ཆ་མེད།།

Phyi yong sri mo vkhor bdag dbang can

Nang vdug bu mo kar vgro cha med

安多藏语甘南牧区方言谚语。流行于甘南境内黄河、洮河、大夏河流域地区。“本是同根生，相煎何太急。”批驳了心怀恶意、泼辣、挑拨离间恶人的丑恶行为，教导人们要团结一致、相互忍让、互助互爱。罗赛搜集、整理，索南龙珠汉译。今藏甘南藏族自治州政协原副主席罗赛处。

（多杰拉旦）

愚者满身武器认为勇，丑女满头装饰认为美

ཕོ་གླེན་པས་མཚོན་ཆ་རབ་བེ་བཏགས་ནས་དཔའ་བསམས།།
མོ་བཙོགས་མོས་གོས་སིག་གེ་བཤོར་ནས་མཛེས་བསམས།།

Pho glen pas mtshon cha rab be btags nas dpav bsams
Mo btsogs mos gos sig ge bshor nas mdzes bsams

安多藏语甘南牧区方言谚语。流行于甘南境内黄河、洮河、大夏河流域地区。藏族有句谚语说："家狗门上厉。"通过这一现象，揭露了欺软怕硬、"成事不足，败事有余"软弱者的丑恶嘴脸。罗赛搜集、整理，索南龙珠汉译。今藏甘南藏族自治州政协原副主席罗赛处。 （多杰拉旦）

多虑的男儿难报仇，多虑的女人难出嫁

ཕོ་ཕྱི་འདང་ཅན་གྱིས་དགྲ་ཤ་མི་ལོན།།
མོ་ཕྱི་འདང་ཅན་གྱིས་གནས་ཁྱིམ་མི་རྙེད།།

Pho phyi vdang can gyis dgra sh mi lon
Mo phyi vdang can gyis gnas khym mi rnyed

安多藏语甘南牧区方言谚语。流行于甘南境内黄河、洮河、大夏河流域地区。通过叙述生活当中常见的现象，成功描述了一个变化极其多端的愚者夜长梦多的形象。告诫人们要适可而止。罗赛搜集、整理，索南龙珠汉译。今藏甘南藏族自治州政协原副主席罗赛处。 （多杰拉旦）

男懒女惰会挨饿，男勤女快会招财

ཕོ་ཉལ་མོ་ཉལ་བྱས་ན་སྨུ་གེ་སྒོ་ཉལ།།
ཕོ་རེམ་མོ་རེམ་བྱས་ན་རྙོག་པ་ཁ་རེག།

Pho nyal mo nyal byas mu ge sgo nyal
Pho rem mo rem byas na rnyog pa kha reg

安多藏语甘南牧区方言谚语。流行于甘南境内黄河、洮河、大夏河流域地区。自然地解释了人的天性或本质，教导人们在积极创造美好幸福生活的同时，也需要发扬自力更生、艰苦奋斗的精神。罗赛搜集、整理，索南龙珠汉译。今藏甘南藏族自治州政协原副主席罗赛处。 （多杰拉旦）

男人启齿是智慧，女人启齿是骗术

ཕོ་སོ་སྒོ་ཕྱེས་ན་བློ་སྒོ་ཡིན།། མོ་སོ་སྒོ་ཕྱེས་ན་རྫུན་སྒོ་ཡིན།།

Pho so sgo phyes na blo sgo yin
Mo so sgo phyes na rdzun sgo yin

安多藏语甘南牧区方言谚语。流行于甘南境内黄河、洮河、大夏河流域地区。人世间存在好坏、善恶与美丑的诸多差别。劣者无恶不作，其恶行所导致的尽是损人不利己的后果。谚语劝导人们要善于辨别善恶，懂得防范恶人。罗赛搜集、整理，索南龙珠汉译。今藏甘南藏族自治州政协原副主席罗赛处。 （多杰拉旦）

软弱懦夫出门返，只把粪便带回家

ཕོ་ངན་རི་ལ་སོང་ནས།། གཅིན་སྐྱག་ཡུལ་ལ་ཁྱེར་ཡོང་།།

Pho ngan ri la song nas Gcin skyag yul la khyer yong

安多藏语甘南牧区方言谚语。流行于甘南境内黄河、洮河、大夏河流域地区。用生动的语言描述了一个极其软弱的病态形象，利用生活中的这种典型，深刻批判了现实当中既无思想又无主见的软骨头。罗赛搜集、整理，索南龙珠汉译。今藏甘南藏族自治州政协原副主席罗赛处。

（多杰拉旦）

男到十八能胜敌，女到十五能出嫁

ཕོ་ལོ་བཅོ་བརྒྱད་ཐོན་ན་དགྲ་ཐུབ།། མོ་ལོ་བཅོ་ལྔ་ཐོན་ན་གནས་ཐུབ།།

Pho lo bco brgyad thon na dgra thub
Mo lo bco lnga thon na gnas thub

安多藏语甘南牧区方言谚语。流行于甘南境内黄河、洮河、大夏河流域地区。反映了一寸光阴一寸金，无论做什么事情都要抓住机遇，阐明了时间的重要性和不错时机的必要性。罗赛搜集、整理，索南龙珠汉译。今藏甘南藏族自治州政协原副主席罗赛处。 （多杰拉旦）

好父之子，鸟王之蛋

ཕ་སྐྱེས་རྒྱུད་ཅན་གྱི་བུ་ཚ།། ཁྱུང་གཤོག་རྩལ་ཅན་གྱི་སྒོང་བ།།

Pha skyes rgyud can gyi bu tsha
Khyung gshogs rtsal can gyi sgong ba

安多藏语甘南牧区方言谚语。流行于甘南境内

内黄河、洮河、大夏河流域地区。比较真实地记录了自然万物的生存法则，在阐明世间自然形成的同时，反映出了一定的宗教转生思想。罗赛搜集、整理，索南龙珠汉译，贡保旺杰校订，扎扎拉丁文撰写。今藏甘南藏族自治州政协原副主席罗赛处。（多杰拉旦）

爱嫉妒的人难平静，爱吝啬的人难花钱

ཕྲག་དོག་ཅན་ལ་བདེ་བའི་གོ་སྐབས་དཀོན།།
སེར་སྣ་ཅན་ལ་བཀོལ་བའི་རྒྱུ་རྫས་དཀོན།།

Phrag dog can la bde bavi go skabs dkon

Ser sna can la bkol bavi rgyu rdzas dkon

安多藏语甘南牧区方言谚语。流行于甘南境内黄河、洮河、大夏河流域地区。富贵的人，金银满库、粮食满仓，他既舍不得自己家人和亲戚享用，也舍不得供养布施，这样的人完全不懂得财富的价值。人们追求财富的目的不仅使自己生活得幸福美满，而且要做点有利于他人的公益之事。罗赛搜集、整理，索南龙珠汉译。今藏甘南藏族自治州政协原副主席罗赛处。（多杰拉旦）

有了用处是自己的劳酬，没有用处自受苦果

ཕན་ཐོགས་ན་རང་གི་འབུད་པ་རེད།། ཕན་མ་ཐོག་རང་གི་སྡུག་གྱོང་རེད།།

Phan thogs na rang gi vbud pa red

Phan ma thog rang gi sdug gyong red

安多藏语甘南牧区方言谚语。流行于甘南境内黄河、洮河、大夏河流域地区。高度赞美了受益不忘恩、平易近人的智者的高尚品德，突出了伟大者不计个人得失的高尚情操，提醒人们要以“先天下之忧而忧，后天下之乐而乐”。从中揭示了为人处世以礼相待的道理。罗赛搜集、整理，索南龙珠汉译。今藏甘南藏族自治州政协原副主席罗赛处。（多杰拉旦）

庸夫听信妇人言，只会走下坡路

ཕོ་ཐ་མས་བློ་ཕུགས་ནག་མོར་གཏད།། བློ་ཡར་ལ་མི་འགྲོ་ཐུར་དུ་འགྲོ།

Pho tha mas blo phugs nag mor gtad

Blo yar la mi vgro thur du vgro

安多藏语甘南牧区方言谚语。流行于甘南境内黄河、洮河、大夏河流域地区。由衷地教育人们去恶向善；言及反复，诚辞恳切地讲述人生立身的道理，以提倡社会美德，抑制社会的阴暗面。罗赛搜集、整理，索南龙珠汉译。今藏甘南藏族自治州政协原副主席罗赛处。（多杰拉旦）

男绝剩女，女绝剩灶

ཕོ་རྗེས་བཅད་ནས་མོ་ལ་གཏུག། མོ་རྗེས་བཅད་ནས་སྒྱེད་པུར་གཏུག།

Pho rjes bcad nas mo la gtug

Mo rjes bcad nas sgyed pur gtug

安多藏语甘南牧区方言谚语。流行于甘南境内黄河、洮河、大夏河流域地区。山有蜿蜒起伏，路有曲折坎坷，月有圆缺，在漫长的人生中不可能什么事都会如愿以偿，总是会遇到这样那样的挫折和不幸。谚语真实地诠释了这一客观实际。罗赛搜集、整理，索南龙珠汉译。今藏甘南藏族自治州政协原副主席罗赛处。（多杰拉旦）

有点驼背的男儿有勇谋，有点驼背的女人有心计

ཕོ་སྒུར་སྒུར་བ་དེར་དཔའ་རྩལ་རྒོད།། མོ་སྒུར་སྒུར་བ་དེར་ཁོག་ཤེས་བཟང་།།

Pho sgur sgur ba der dpav rtsal rgod

Mo sgur sgur ba der khog shes bzang

安多藏语甘南牧区方言谚语。流行于甘南境内黄河、洮河、大夏河流域地区。聪明本是件好事，而要小聪明往往没有好结果，因为全身心地投入尔虞我诈、钩心斗角，实际上却是愚笨至极的做法。小聪明常常是“聪明反被聪明误”或是被称作“老奸巨猾”的那种劣慧，此等聪明即堕落之因。罗赛搜集、整理，索南龙珠汉译。今藏甘南藏族自治州政协原副主席罗赛处。（多杰拉旦）

见年迈父亲羞愧，见破烂帐篷心灰

ཕ་རྒན་པོ་རིག་ན་ངོ་ཚ།། སྦྲ་སྦྲའི་མཚེ་རིག་ན་ཁོག་ཆད།།

Pha rgan po rig na ngo tsha

Sbra sbravi mtshe rig na khog chad

安多藏语甘南牧区方言谚语。流行于甘南境内黄河、洮河、大夏河流域地区。藏民族是一个十分注重尊长敬老的民族，在长期的社会生活中，长辈们往往言传身教，教导晚辈们如何生活、怎样做人。而父母亲则不仅给自己生命，而且呕心

沥血、历尽艰辛地将自己抚养成人。谚语反映作为儿女必须以孝为先，尽心伺候，以报答生养之恩、哺育之情。“世上纵有大慈大悲的菩萨，也比不上己的父母。”尽心尽力伺候长辈，养老送终，处处尊崇长者是一种美的、善的和符合道德规范的行为。罗赛搜集、整理，索南龙珠汉译。今藏甘南藏族自治州政协原副主席罗赛处。

（多杰拉旦）

当男子汉在众人中示威，遇到重要事只舌舔唇

ཕོ་གསར་རྒོད་པོ་གྲལ་ནས་འགྱིང་༎ གལ་ཆེ་ན་མ་མཆུ་ལྕེ་ཡིས་བལྡག༎

Pho gsar rgod po gral nas vgying

Gal che na ma mchu lce yis bldag

安多藏语甘南牧区方言谚语。流行于甘南境内黄河、洮河、大夏河流域地区。针对遇敌嘴唇颤、遇友怒眼视的现实，强调人与人之间一定要和睦相处、紧密团结、友好相待。严厉反驳批判了敌我不分、欺软怕硬的伪君子的丑恶嘴脸。罗赛搜集、整理，索南龙珠汉译。今藏甘南藏族自治州政协原副主席罗赛处。（多杰拉旦）

伴随念珠身体虚，伴随听经耳朵聋

ཕྱག་ཕྲེང་བ་ལྷན་དུ་ལུས་གཞི་ཉམས༎

སྙན་དམ་ཆོས་གསན་ནས་འོན་པར་གྱུར༎

Phyag phreng ba lhan du lus gzhi nyams

Snyan dam chos gsan nas von par gyur

安多藏语甘南牧区方言谚语。流行于甘南境内黄河、洮河、大夏河流域地区。在全民信奉佛教的社会里，使宗教文化与世俗文化有机地结合起来，形成血脉相连的藏族传统文化，世俗文化融合着宗教文化，宗教文化又体现出浓浓的世俗情节。罗赛搜集、整理，索南龙珠汉译。今藏甘南藏族自治州政协原副主席罗赛处。（多杰拉旦）

劣父劣母之子，娇生惯养难管理

ཕ་མ་ངན་པའི་གཅེས་ལངས་བུ༎ ཁ་རྒྱལ་མགོ་རྒྱལ་མིས་བཀོས་དཀའ༎

Pha ma ngan pavi gces langs bu

Kha rgyal mgo rgyal mis bkos dkav

安多藏语甘南牧区方言谚语。流行于甘南境内黄河、洮河、大夏河流域地区。形象生动、活灵活现地描述出了一个欺软怕硬的软骨头形象，进一步验证了“在外是狗，在家是虎”这句藏族谚语。罗赛搜集、整理，索南龙珠汉译，贡保旺杰校订，扎扎拉丁文撰写。今藏甘南藏族自治州政协原副主席罗赛处。

（多杰拉旦）

上师的剩膳，僧侣的甘露

བླ་མའི་གསོལ་ལྷག༎ གྲྭ་བའི་བདུད་རྩི༎

Bla mavi gsol lhag Grwa bavi bdud rtsi

安多藏语甘南牧区方言谚语。流行于甘南境内黄河、洮河、大夏河流域地区。阐述了在全民信佛的藏族社会里，活佛或上师在藏族社会里具有一定的地位和权势。罗赛搜集、整理，索南龙珠汉译，贡保旺杰校订，扎扎拉丁文撰写。今藏甘南藏族自治州政协原副主席罗赛处。（多杰拉旦）

上师所说是佛法，手指所指是东方

བླ་མས་ཅི་གསུང་ཆོས༎ མཛུབ་མོས་གར་སྟོན་ཤར༎

Bla mas ci gsung chos Mdzub mos gar ston shar

安多藏语甘南牧区方言谚语。流行于甘南境内黄河、洮河、大夏河流域地区。阐述了在全民信佛的藏族社会里，活佛或上师在藏族社会里具有一定的地位和权势，上师被认为是佛。劝诫人们不可盲目相信他人，凡事都要分析研究，才能辨别真伪。罗赛搜集、整理，索南龙珠汉译，贡保旺杰校订，扎扎拉丁文撰写。今藏甘南藏族自治州政协原副主席罗赛处。（多杰拉旦）

对事情要三思，对世界要观看

བྱ་བ་ཀུན་ལ་དཔྱད་པ་ཐོངས༎ འཇིག་རྟེན་ཁམས་ལ་ལྟད་མོ་ལྟོས༎

Bya ba kun la dpyad pa thongs

Vjeg rten khams la ltad mo ltos

安多藏语甘南牧区方言谚语。流行于甘南境内黄河、洮河、大夏河流域地区。告诫人们不管做任何事情都必须从实际出发，必须三思而后行，不可盲目行事，一定要有责任和原则。罗赛搜集、整理，索南龙珠汉译，贡保旺杰校订，扎扎拉丁文撰写。今藏甘南藏族自治州政协原副主席罗赛处。

（多杰拉旦）

有绿柏枝的地方，人马难沾污秽

འབྲུ་ཤུག་སྔོན་མོ་ཡོད་ས་ན། བུ་རྟ་གྲིབ་ཀྱིས་ཟེན་པ་མེད།

Vbru shug sngon mo yod sa na

Bu rta grib kyis zen pa med

安多藏语甘南牧区方言谚语。流行于甘南境内黄河、洮河、大夏河流域地区。柏枝被视为一种神圣的植物，很早以前藏族古人就对其特性有一定的科学认识。谚语记述了柏枝在藏族人民生活中的特殊用途和作用。罗赛搜集、整理，索南龙珠汉译。今藏甘南藏族自治州政协原副主席罗赛处。（多杰拉旦）

会飞的鸟儿，翅膀不会碰岩；会跑的马儿，蹄子不会碰石

བྱ་འཕུར་ཤེས་ཅན་གྱི་གཤོག་སྣེ་བྲག་ལ་མི་ཐུག། མི་འགྲོ་ཤེས་ཅན་གྱི་རྐང་སྣེ་རྡོ་ལ་མི་ཐོགས།

Bya vphur shes can gyi gshog sne brag la mi thug

mi vgro shes can gyi rkang sne rdo la mi thogs

安多藏语甘南牧区方言谚语。流行于甘南境内黄河、洮河、大夏河流域地区。通过观察和描写自然界动物的生活气息，说明生存的环境不同就有不同的活动方式，不同环境对生存者有着重要作用。罗赛搜集、整理，索南龙珠汉译，贡保旺杰校订，扎扎拉丁文撰写。今藏甘南藏族自治州政协原副主席罗赛处。（多杰拉旦）

小鸟欲与大鹏赛，小驴欲与骏马比

བྱིའུ་ཆུང་ག་མ་འཕུར་ནས་ཁྱུང་ཆེན་ལ་འགྲན། བོང་ཕྲུག་ག་མ་བརྒྱུགས་ནས་གྱི་ལིང་ལ་གཤིབས།

Byivu chung ga ma vphur nas khung chen la vgran

Bong phrug ga ma brgyugs nas gyi ling la gshibs

安多藏语甘南牧区方言谚语。流行于甘南境内黄河、洮河、大夏河流域地区。劝导人们在大千世界，山外有山、人外有人，任何英雄好汉、能人高手，都要适可而止，不可我行我素，否则使得其反，引火烧身，自取灭亡。罗赛搜集、整理，索南龙珠汉译。今藏甘南藏族自治州政协原副主席罗赛处。（多杰拉旦）

有权的人白天可以点灯，不吉的地方白天猫头鹰叫

དབང་ཡོད་ན་ཉིན་མོ་དཀར་ལ་མར་མེ་བསྒྲོན། མགོ་རིང་སའི་ཉིན་མོ་དཀར་ལ་ཝུག་པ་གྲག།

Dbang yod na nyin mo dkar la mar me bsgron

Mgo ring savi nyin mo dkar la vug pa grags

安多藏语甘南牧区方言谚语。流行于甘南境内黄河、洮河、大夏河流域地区。通过封建统治者对广大百姓的残酷压迫和对人身自由的约束管制，严厉批判了“宁可自己放火，不让百姓点灯”的霸道行为。罗赛搜集、整理，索南龙珠汉译，贡保旺杰校订，扎扎拉丁文撰写。今藏甘南藏族自治州政协原副主席罗赛处。（多杰拉旦）

一头奶牛养一家，一块方地养一村

བ་ནུ་བཞི་ཞིག་གི་བཟའ་བཞི་གསོ། ས་གྲུ་བཞི་ཞིག་གིས་སྡེ་བཞི་གསོ།

Ba nu bzhi zhig gi bzav bzhi gso

Sa gru bzhi zhig gis sde bzhi gso

安多藏语甘南牧区方言谚语。流行于甘南境内黄河、洮河、大夏河流域地区。讲述了肥沃的土地、茂盛的草场，还有那白白的绵羊和黑黑的牛群是牧民的财富。藏族先民把牛羊和草场视为传家宝，同时也视为藏地福分的根子。罗赛搜集、整理，索南龙珠汉译。今藏甘南藏族自治州政协原副主席罗赛处。（多杰拉旦）

离活佛要远，离官吏要近

བླ་མར་ཁ་ཐག་རིང་དགོས། དཔོན་པོར་ཁ་ཐག་ཉེ་དགོས།

Bla mar kha thag ring dgos

Dpon por kha thag nye dgos

安多藏语甘南牧区方言谚语。流行于甘南境内黄河、洮河、大夏河流域地区。一心只想着幸福、吮吸着幸福，就像干涸的土地总是贪婪地吮吸着水滴那样，而且也不为他人的痛苦放射出一点光芒来，贪婪、自私的官吏和活佛身上体验不到人与人之间神圣、美好的奉献精神。罗赛搜集、整理，索南龙珠汉译，贡保旺杰校订，扎扎拉丁文撰写。今藏甘南藏族自治州政协原副主席罗赛处。（多杰拉旦）

到藏地没能糊口，到汉地没得收成

བོད་ལ་ཡོང་ནས་ཁ་མ་དྲོ། རྒྱ་ལ་སོང་ནས་ལོ་མ་ཡག།

Bod la yong nas kha ma dro

Rgya la song nas lo ma yag

安多藏语甘南牧区方言谚语。流行于甘南境内黄河、洮河、大夏河流域地区。严厉地批评了在生活中好吃懒做，只图安逸，不求上进，不肯吃苦愚者的懒惰行为。同时十分含蓄地阐明了“世上无难事，只要肯登攀”的深邃道理。罗赛搜集、整理，索南龙珠汉译，贡保旺杰校订，扎扎拉丁文撰写。今藏甘南藏族自治州政协原副主席罗赛处。（多杰拉旦）

雪域人的佛法缘，是六字真言

བོད་གངས་ཅན་མི་ཡི་ཆོས་སྐལ། གཟུངས་མ་ཎི་ཡི་གེ་དྲུག་མ།

Bod gangs can mi yi chos skal

Gzungs ma ni yi ge drug ma

安多藏语甘南牧区方言谚语。流行于甘南境内黄河、洮河、大夏河流域地区。“因果报应、生死轮回”是藏传佛教的根本教义之一，也是藏传佛教灵魂观的集中体现，谚语讲述了六字真言是一切佛教经典的根基，与因果报应和轮回转生是紧密相连的整体。罗赛搜集、整理，索南龙珠汉译，贡保旺杰校订，扎扎拉丁文撰写。今藏甘南藏族自治州政协原副主席罗赛处。（多杰拉旦）

如牛般的愚人嘴里，出如山的狂言

བླུན་པོ་གཡག་འདྲའི་ཁ་ནས། སྐད་ཆ་རི་འདྲ་བཤད་ཀིན།

Blun po gyag vdravi kha nas

Skad cha ri vdra bshad kin

安多藏语甘南牧区方言谚语。流行于甘南境内黄河、洮河、大夏河流域地区。针对生活现实，强调人与人之间的关系一定要和睦相处、紧密团结、亲如一家。批判了四肢发达、头脑简单、口出狂言、不讲道德的伪君子，揭示了为人处世以礼相待的道理。罗赛搜集、整理，索南龙珠汉译，贡保旺杰校订，扎扎拉丁文撰写。今藏甘南藏族自治州政协原副主席罗赛处。（多杰拉旦）

青蛙虽身在池中，心愿却在岭地

སྦལ་བ་ན་ཆུའི་ནང་ན་ཡོད་ཀྱང་། བསམ་པ་གླིང་དཀར་སྟོད་ལ་འཁོར།

Sbal ba na chuvi nang na yod kyang

Bsam pa gling dkar stod la vkhor

安多藏语甘南牧区方言谚语。流行于甘南境内黄河、洮河、大夏河流域地区。严厉地批评了在生活中不求上进、坐井观天、鼠目寸光、只图安逸、不肯吃苦却心愿比天还高的愚者的懒惰行为。同时含蓄地阐明了“世上无难事，只要肯登攀”的深邃道理。罗赛搜集、整理，索南龙珠汉译，贡保旺杰校订，扎扎拉丁文撰写。今藏甘南藏族自治州政协原副主席罗赛处。（多杰拉旦）

不可对大帐篷之家生贪心，不可对小帐篷之家生灰心

སྦྲ་རྒན་ལ་ཧེབ་མ་ལངས། སྦྲ་ཆུང་ལ་ཁོ་མ་ཆད།

Sbra rgan la heb ma langs Sbr chung la kho ma chad

安多藏语甘南牧区方言谚语。流行于甘南境内黄河、洮河、大夏河流域地区。体现了藏民族传统的伦理道德观念，认为世间万般恶、皆因贪欲生，教育人们只有知足，方能常乐，一切吉祥。罗赛搜集、整理，索南龙珠汉译，贡保旺杰校订，扎扎拉丁文撰写。今藏甘南藏族自治州政协原副主席罗赛处。（多杰拉旦）

有权者无谋，有谋者无权

དབང་ཅན་ལ་ཤེས་མེད། ཤེས་ཅན་ལ་དབང་མེད།

Dbang can la shes med Shes can la dbang med

安多藏语甘南牧区方言谚语。流行于甘南境内黄河、洮河、大夏河流域地区。有些人即便得到权势，如果没有智慧，不懂得善巧，也很难令事业兴盛。言行一致的智者常以己心度他腹，思善择善。罗赛搜集、整理，索南龙珠汉译，贡保旺杰校订，扎扎拉丁文撰写。今藏甘南藏族自治州政协原副主席罗赛处。（多杰拉旦）

老僧学经不间断，怕会变成疯子

བན་རྒན་ཆོས་ལ་ཆོས་མཚམས་མེད་ན།། བན་རྒན་སྨྱོན་པ་ཟེར།།

Ban rgan chos la chos mtshams med na

Ban rgan smyon pa zer

安多藏语甘南牧区方言谚语。流行于甘南境内黄河、洮河、大夏河流域地区。阐述了有生就必然要死，而生命就在呼吸之间的分分秒秒之中，老僧此身行持的善业，念经、持戒、忍辱，其业绩定能流传百世，往生极乐净土。罗赛搜集、整理，索南龙珠汉译，贡保旺杰校订，扎扎拉丁文撰写。今藏甘南藏族自治州政协原副主席罗赛处。

（多杰拉旦）

活佛转世不到自家，转到何处都一样

བླ་མ་རང་ལ་མ་འཁྲུངས་ན།། ས་ཆ་གང་ལ་འཁྲུངས་ན་འཁྲུངས།།

Bla ma rang la ma vkhrungs na

Sa cha gang la vkhrungs na vkhrungs

安多藏语甘南牧区方言谚语。流行于甘南境内黄河、洮河、大夏河流域地区。活佛转世制度是藏传佛教所特有的。谚语在形形色色的灵魂不灭的现象中告诉人们：活佛并不是活着的佛的意思，而是指所谓已经修行成佛的人，转世活佛是佛的化身这一形象的称呼。罗赛搜集、整理，索南龙珠汉译，贡保旺杰校订，扎扎拉丁文撰写。今藏甘南藏族自治州政协原副主席罗赛处。

（多杰拉旦）

男儿要胆识，宝刀要刀鞘

བུ་ཞིག་ཡོད་ན་སྙིང་ཞིག་དགོས།། གྲི་ཞིག་ཡོད་ན་རྣོ་ཞིག་དགོས།།

Bu zhig yod na snying zhig dgos

Gri zhig yod na rno zhig dgos

安多藏语甘南牧区方言谚语。流行于甘南境内黄河、洮河、大夏河流域地区。藏民族对英雄的执着追求和向往，因为在藏族人民心目中英雄是人世间正义的象征、安宁的使者，表现了一种崇尚勇武的民族性格。罗赛搜集、整理，索南龙珠汉译，贡保旺杰校订，扎扎拉丁文撰写。今藏甘南藏族自治州政协原副主席罗赛处。（多杰拉旦）

情感是男女和好的条件，能否持久看各自的缘分

བུ་བུ་མོ་མཐུན་རྐྱེན་སྣང་བ་རེད།། མཐུན་ཨེ་བརྟན་འཇིག་རྟེན་ལས་ལ་ཐུག།

Bu bu mo mthun rkyen snang ba red

Mthun ae brtan vjig rten las la thug

安多藏语甘南牧区方言谚语。流行于甘南境内黄河、洮河、大夏河流域地区。阐述了男女之间的爱，是一种隐私的而且不可侵犯的情感，如果把内心的、隐私的东西大肆炫耀会伤害到自己的另一半，因而情感变质、彼此疏远，这就是人们所说的有缘无分。罗赛搜集、整理，索南龙珠汉译，贡保旺杰校订，扎扎拉丁文撰写。今藏甘南藏族自治州政协原副主席罗赛处。（多杰拉旦）

英雄不灰心，骏马不抖腿

བུ་དཔའ་པོའི་སེམས་ཀྱི་ཁོ་ཐག་མི་ཆད།།
རྟ་མགྱོགས་པའི་རྒྱུད་པའི་བྲེ་ལོང་མི་འདར།།

Bu dpav povi sems kyi kho thag mi chad

Rta mgyog pavi rgyud pavi bre long mi vdar

安多藏语甘南牧区方言谚语。流行于甘南境内黄河、洮河、大夏河流域地区。从侧面讽刺胆怯无勇、狂妄自大、狐假虎威的懦夫进行了辛辣的嘲讽，歌颂英雄，英雄是人世间正义的象征、安宁的使者，表现了一种崇尚勇武的民族性格。罗赛搜集、整理，索南龙珠汉译，贡保旺杰校订，扎扎拉丁文撰写。今藏甘南藏族自治州政协原副主席罗赛处。（多杰拉旦）

有权者欺凌无权者，似乎合理；有财者使唤贫穷者，不给佣金

དབང་ཅན་གྱིས་དབང་མེད་གཅིར་ན་ལན་མེད།།
ཕྱུག་པོས་མེད་པོ་བཀོལ་ན་གླ་མེད།།

Dbang can gyis dbang med gcir na lan med

Phyg pos med po bkol na gla med

安多藏语甘南牧区方言谚语。流行于甘南境内黄河、洮河、大夏河流域地区。教导人们在富裕和有权时如何处世，尤其强调人的品行道德和如何做人的重要性。规劝人们树立良好道德观，阐明了“富贵不能淫”的深刻哲理。罗赛搜集、整理，索南龙珠汉译，贡保旺杰校订，扎扎拉丁

文撰写。今藏甘南藏族自治州政协原副主席罗赛处。 （多杰拉旦）

子抱怀中，石打生母

བུ་ལག་བཟུང་བྱས།། མ་རྡོ་འདེད་བྱས།།

Bu lag bzung byas Ma rdo vded byas

安多藏语甘南牧区方言谚语。流行于甘南境内黄河、洮河、大夏河流域地区。揭露了无廉耻的小人，而且极力批判了有点成就之后留情不忍的人的丑恶嘴脸。罗赛搜集、整理，索南龙珠汉译，贡保旺杰校订，扎扎拉丁文撰写。今藏甘南藏族自治州政协原副主席罗赛处。 （多杰拉旦）

看见青蛙觉得好看，看见鼢鼠觉得肥壮

སྦལ་བ་རིག་ན་ཡག་ན་ཡག་གི་བསམས།། བྱི་ལོང་རིག་ན་ཚོ་གི་བསམས།།

Sbal ba rig na yag na yag gi bsams

Byi long rig na tsho gi bsams

安多藏语甘南牧区方言谚语。流行于甘南境内黄河、洮河、大夏河流域地区。通过描述、不同贪婪者的思想和表现，更加突出其善恶好坏的本来面目。罗赛搜集、整理，索南龙珠汉译，贡保旺杰校订，扎扎拉丁文撰写。今藏甘南藏族自治州政协原副主席罗赛处。 （多杰拉旦）

万事是模仿，模仿长手艺

བྱ་བ་ཐམས་ཅད་ལད་མོ་ཡིན།། ལད་མོ་བྱས་ན་ལག་ཤེས་འབྱོར།།

Bya ba thams cad lad mo yin

Lad mo byas na lag shes vbyor

安多藏语甘南牧区方言谚语。流行于甘南境内黄河、洮河、大夏河流域地区。谚语把学习、知识提高文化素质，作为社会伦理道德的一个重要方面来而加以提倡和赞美，教育人们热爱知识、尊重知高德厚的学者。罗赛搜集、整理，索南龙珠汉译，贡保旺杰校订，扎扎拉丁文撰写。今藏甘南藏族自治州政协原副主席罗赛处。（多杰拉旦）

虽为活佛，供贡品多心悦；虽为护法，煨桑多护佑

བླ་མ་ཡིན་ཡང་འབུལ་ཡོན་ཆེ་ན་ཐུགས་དགྱེ།།
སྲུང་མ་ཡིན་ཡང་བསང་གསུར་འདང་ན་མགོན་སྐྱོབ།།

Bla ma yin yang vbul yon che na thugs dgye

Srung ma yin yang bsang gsur vdang na mgon skyob

安多藏语甘南牧区方言谚语。流行于甘南境内黄河、洮河、大夏河流域地区。从佛教的观点出发，倡导人们无论富穷都要乐于施舍、祭祀，具有浓郁的宗教思想。教诲人们只有虔诚修习佛法，追求今生和来生之幸福，才是人们最美好的归宿。罗赛搜集、整理，索南龙珠汉译，贡保旺杰校订，扎扎拉丁文撰写。今藏甘南藏族自治州政协原副主席罗赛处。 （多杰拉旦）

柏枝熏能驱邪气，清水洗能去污垢

འབྲུ་ཤུག་དུ་བ་བདུག་པས་གྲིབ་ངན་སེལ།།
གཙང་ཆབ་དྭངས་མོའི་བཀྲུས་པས་དྲི་ངན་འདག།

Vbru shug du ba bdug pas grib ngan sel

Gtsang chab dwangs movi bkrus pas dri ngang vdag

安多藏语甘南牧区方言谚语。流行于甘南境内黄河、洮河、大夏河流域地区。记述了生活经验，反映了一定的宗教思想。从中可以看到藏民族的生活经验、处世哲学等，也可以看到其风俗习惯、生产方法等发展变化的历史痕迹。罗赛搜集、整理，索南龙珠汉译，贡保旺杰校订，扎扎拉丁文撰写。今藏甘南藏族自治州政协原副主席罗赛处。 （多杰拉旦）

有权者掰开饼子却可以重合，无权者掰开饼子却不能吃

དབང་ཅན་གྱིས་བག་ལེབ་བཅགས་ན་སྦྱོར་སྲོལ་ཡོད།།
དབང་མེད་ཀྱིས་བག་ལེབ་བཅགས་ན་ཟ་སྲོལ་མེད།།

Dbang can gyis bag leb bcags na sbyor srol yod

Dbang med kyis bag leb bcags na za srol med

安多藏语甘南牧区方言谚语。流行于甘南境内黄河、洮河、大夏河流域地区。极力反对统治者残酷压迫，横征暴敛的罪行；对那些操弄大权、刑赏由己的贪官污吏敲响了警钟。严厉谴责了昏君官吏利用手中的权力残酷无道、耀武扬威、无

法无天的卑劣行径。罗赛搜集、整理，索南龙珠汉译，贡保旺杰校订，扎扎拉丁文撰写。今藏甘南藏族自治州政协原副主席罗赛处。（多杰拉旦）

崖不稳，鸟巢被风刮；海不稳，水獭被水冲

བྲག་མི་བདེ་བྱ་ཚང་རླུང་གིས་གཏོར།། མཚོ་མི་བདེ་ཉ་སྲམ་ཆུ་ཡིས་ཁུར།།

Brag mi bde bya tshang rlung gis gtor

Mtsho mi bde nya sram chu yis khur

安多藏语甘南牧区方言谚语。流行于甘南境内黄河、洮河、大夏河流域地区。通过描述现实生活中常见的自然现象，阐明了世间诸事纷繁复杂、坎坷难料的道理。倡导人们要智慧理智，始终保持清醒的头脑。罗赛搜集、整理，索南龙珠汉译，贡保旺杰校订，扎扎拉丁文撰写。今藏甘南藏族自治州政协原副主席罗赛处。（多杰拉旦）

非僧非俗的和尚，乃是佛法的败类

བན་དེ་སྐྱ་མིན་སེར་མིན་དེ།། སངས་རྒྱས་བསྟན་པའི་དགྲ་པོ་རེད།།

Ban de skya min ser min de

Sangs rgyas bstan pavi dgra po red

安多藏语甘南牧区方言谚语。流行于甘南境内黄河、洮河、大夏河流域地区。以尖刻的语言讽刺了僧侣阶层中满腹坏水、"做一天和尚撞一天钟"的懒惰行为，揭露了披着袈裟不遵清规、不务正业的不良现象。罗赛搜集、整理，索南龙珠汉译，贡保旺杰校订，扎扎拉丁文撰写。今藏甘南藏族自治州政协原副主席罗赛处。（多杰拉旦）

猴鸟同住，叶果同享

བྱ་དང་སྤྲེའུ་ལྷན་འདུག། འབྲས་བུ་ལོ་མ་ལྷན་ཟ།།

Bya dang sprevu lhan vdug Vbras bu lo ma lhan za

安多藏语甘南牧区方言谚语。流行于甘南境内黄河、洮河、大夏河流域地区。以猴鸟的和谐相处为中心，鼓励人与人之间要互帮互助、同甘共苦，高度赞美了"有难同当，有福共享"的高尚品德。罗赛搜集、整理，索南龙珠汉译，贡保旺杰校订，扎扎拉丁文撰写。今藏甘南藏族自治州政协原副主席罗赛处。（多杰拉旦）

智者智谋如日照，愚者智谋如夜黑

བློ་ཅན་བཀོད་པ་ཉི་མ་ཤར་ཤར།། བློ་མེད་བཀོད་པ་མུན་པ་འཐིབས་འཐིབས།།

Blo can bkod pa nyi ma shar shar

Blo med bkod pa mun pa vthibs vthibs

安多藏语甘南牧区方言谚语。流行于甘南境内黄河、洮河、大夏河流域地区。高度赞赏了智者由于善于调查研究、明辨是非、谨慎处事的超越本领，劝告人们要善于发现智者，尊敬和爱戴智者并向他们学习，反对与愚者结伴同行。罗赛搜集、整理，索南龙珠汉译，贡保旺杰校订，扎扎拉丁文撰写。今藏甘南藏族自治州政协原副主席罗赛处。（多杰拉旦）

宁愿粮在仓中烂，不愿佣人吃一碗

འབྲུ་མཛོད་ནས་རུལ་ན་འགྱོད་པ་མེད།།

གཡོག་རྩམ་པ་ཟོས་ན་འགྲམ་ཤ་འཐེན།།

Vbru mdzod nas rul na vgyod pa med

Gyog rtsam pa zos na vgram sha vthen

安多藏语甘南牧区方言谚语。流行于甘南境内黄河、洮河、大夏河流域地区。谴责过去藏族封建社会势力对广大百姓的残酷压迫和对人身自由的压迫管制，严厉批判了"宁可谷腐于仓，也不让他人享一斗"的霸道行为。罗赛搜集、整理，索南龙珠汉译，贡保旺杰校订，扎扎拉丁文撰写。今藏甘南藏族自治州政协原副主席罗赛处。（多杰拉旦）

孔雀虽美，但飞技差；姑娘虽秀，但智谋短

བྱ་རྨ་བྱའི་སྒྲོ་མདོངས་མཛེས་ཀྱང་གཤོག་རྩལ་གཉོམ།།

སྨན་བུ་མོའི་སྐྱེས་གཟུགས་ཡག་ཀྱང་བློ་སྣ་ཐུང་།།

Bya rma byavi sgro mdongs mdzes kyang gshog rtsal gnyom

Sman bu movi skyes gzugs yag kyang blo sna thung

安多藏语甘南牧区方言谚语。流行于甘南境内黄河、洮河、大夏河流域地区。生动地描述了孔雀和花季少女的美，热情赞美了人间美的存在，但这种美不是完美的，具有一定缺陷，深刻地反映了藏族人民追求完美的天性。罗赛搜集、整理，索南龙珠汉译，贡保旺杰校订，扎扎拉丁文撰写。今藏甘南藏族自治州政协原副主席罗赛处。（多杰拉旦）

青蛙跳得高胸碰石，老鼠跑得多死猫手

སྦལ་བ་ལྡིང་ཚད་མཐོ་ན་བྲང་ཁ་རྡོ་ལ་རྒྱག།

ཙི་གུ་རྒྱུག་འདུར་རྒོད་ན་བྱི་ལའི་སྡེར་ཞབས་འཆི།།

Sbal ba lding tshad mtho na brang kha rdo la rgyag

Tsi gu rgyug vdur rgod na byi lavi sder zhabs vchi

安多藏语甘南牧区方言谚语。流行于甘南境内黄河、洮河、大夏河流域地区。描述了各种动物在自然界中的不同生存环境和生活方式，揭示了动物生存的关系及食物链规律。罗赛搜集、整理，索南龙珠汉译，贡保旺杰校订，扎扎拉丁文撰写。今藏甘南藏族自治州政协原副主席罗赛处。

（多杰拉旦）

是否是好汉众人说，是否是富有做事知

བུ་ཨེ་འཁྲུངས་བརྒྱ་སྡེའི་ཁ་ན་ཨུར།། ཁྱིམ་ཨེ་ཕྱུག་འཁོར་བའི་ནང་ན་རིག།

Bu ae vkhungs brgya sdevi kha na vur

Khym ae phyug vkhor bavi nang na gig

安多藏语甘南牧区方言谚语。流行于甘南境内黄河、洮河、大夏河流域地区。一方面讥笑了夸夸其谈、华而不实、自吹自擂傲慢者的行为，另一方面也谴责了嫉妒憎恨、反复无常小人的丑恶，教导人们要谦虚谨慎、和谐文明。罗赛搜集、整理，索南龙珠汉译，贡保旺杰校订，扎扎拉丁文撰写。今藏甘南藏族自治州政协原副主席罗赛处。

（多杰拉旦）

心直者的嘴中，会有真实的话

བློ་སེམས་དྲང་བའི་ལྕེ་སྣེ་ན།། བདེན་པའི་ཚིག་སྣ་བཅོ་བརྒྱད་ཡོད།།

Blo sems drang bavi lce sne na

Bden pavi tshig sna bco brgyd yod

安多藏语甘南牧区方言谚语。流行于甘南境内黄河、洮河、大夏河流域地区。高度赞美了耿直者的崇高品德，耿直者能够对事物进行观察、独立思维，并以理智抉择事物的人，一言一行稳重严谨，不论何事都会首先加以观察分析。罗赛搜集、整理，索南龙珠汉译，贡保旺杰校订，扎扎拉丁文撰写。今藏甘南藏族自治州政协原副主席罗赛处。

（多杰拉旦）

多虑者和山口幡，风吹何方倒何方

བློ་མང་ཅན་དང་ཁིས་ཁའི་དར།། རླུང་ཁ་གར་འཁོར་ཕྱོགས་སུ་གཡོ།།

Blo mang can dang khis khavi dar

Rlung kha gar vkhor phyogs su gyo

安多藏语甘南牧区方言谚语。流行于甘南境内黄河、洮河、大夏河流域地区。智者能够对事物进行观察、独立思维，而愚者却总是随声附和。并以他的无知抉择事物，做事盲目、无头绪，说话没有准谱，听风就是雨。罗赛搜集、整理，索南龙珠汉译。今藏甘南藏族自治州政协原副主席罗赛处。

（多杰拉旦）

黑头藏人的嘴利，难堵住如泼妇

བོད་མགོ་ནག་མི་ཁ་གཉན་པོ།། ཁ་མི་ཆོད་གནག་མོའི་ཁ་རྫུན།།

Bod mgo nag mi kha gnyan po

Kha mi chod gnag movi kha rdzun

安多藏语甘南牧区方言谚语。流行于甘南境内黄河、洮河、大夏河流域地区。反映了现实生活中的一些现象，并且给予了谴责，但始终把妇女作为批判的对象，自然流露出了一些落后、封建、不和谐的思想意识。罗赛搜集、整理，索南龙珠汉译，贡保旺杰校订，扎扎拉丁文撰写。今藏甘南藏族自治州政协原副主席罗赛处。

（多杰拉旦）

子为奸，痛藏心

བུ་བླ་བཙོང་རྒྱུད་དུ་སྐྱེས་ན།། སྡུག་ཁོག་ལ་མི་འཛིན་ཐབས་མེད།།

Bu bula btsong rgyud du skyes na

Sdug khog la mi vdzin thabs med

安多藏语甘南牧区方言谚语。流行于甘南境内黄河、洮河、大夏河流域地区。父母的言行举止，孩子耳濡目染。如果家庭教育严格，就使子孙后代受到好的影响；反之，子女就有可能沾染不良习气，成为社会渣滓。谚语说明家庭教育的重要性，阐明了“子不教，父之过”的深邃道理。罗赛搜集、整理，索南龙珠汉译，贡保旺杰校订，扎扎拉丁文撰写。今藏甘南藏族自治州政协原副主席罗赛处。

（多杰拉旦）

布谷嘴中闻喜事，乌鸦嘴中闻噩耗

བྱ་ཁུ་བྱུག་ཞལ་ནས་གསུང་སྙན་ཐོས།། ཐན་ཁྭ་ཏའི་ཁ་ནས་སྐད་ངན་ཐོས།།

Bya khu byug zhal nas gsung snyan thos

Than khwa tavi kha nas skad ngan thos

安多藏语甘南牧区方言谚语。流行于甘南境内黄河、洮河、大夏河流域地区。通过布谷和乌鸦正反两种的对比，以乌鸦代表邪恶、布谷代表吉祥来热情赞美了心地善良、胸怀坦荡、品德高尚的人，驳斥了心胸狭窄、居心叵测、卑鄙无耻的愚者。罗赛搜集、整理，索南龙珠汉译，贡保旺杰校订，扎扎拉丁文撰写。今藏甘南藏族自治州政协原副主席罗赛处。（多杰拉旦）

智谋如天广，智慧如海深

བློ་ཕུགས་གནམ་ལས་ཡངས།། བློ་གཏིང་མཚོ་ལས་ཟབ།།

Blo phugs gnam las yangs Blo gting mtsho las zab

安多藏语甘南牧区方言谚语。流行于甘南境内黄河、洮河、大夏河流域地区。通过比喻的手法赞赏了智者善于调查研究、机智灵活、明辨是非、深思熟虑、临危不惧、谨慎处事的超越本领，教育人们要善于发现智者，要尊敬和爱戴智者并向他们学习。罗赛搜集、整理，索南龙珠汉译，贡保旺杰校订，扎扎拉丁文撰写。今藏甘南藏族自治州政协原副主席罗赛处。（多杰拉旦）

荡僧心充情欲，怎么会有戒律

བན་ངན་སེམས་རྩ་འདོད་པས་དེད།། ཆོས་ཁྲིམས་སྡོམ་པ་དེ་ལ་མེད།།

Ban ngan sems rtsa vdod pas ded

Chos khrims sdom pa de la med

安多藏语甘南牧区方言谚语。流行于甘南境内黄河、洮河、大夏河流域地区。用刺耳的语言讽刺了僧侣集团中好吃懒做、不遵清规、满腹情欲“做一天和尚撞一天钟”的行为，揭露了部分僧侣贪得无厌、不务正业、背信弃义的不良现象。罗赛搜集、整理，索南龙珠汉译，贡保旺杰校订，扎扎拉丁文撰写。今藏甘南藏族自治州政协原副主席罗赛处。（多杰拉旦）

大鹏鸟的角尖黑，嗔恨蛇的舌尖黑

བྱ་རྒྱལ་ཁྱུང་གི་རྭ་མཆུ་ནག། ཞེ་སྡང་སྦྲུལ་གྱི་ལྕེ་སྣེ་ནག།

Bya rgyal khyung gi rwa mchu nag

Zhe sdang sbrul gyi lce sne nag

安多藏语甘南牧区方言谚语。流行于甘南境内黄河、洮河、大夏河流域地区。通过自然界各种动物的不同处所，说明了任何事物都有其发展和生存的自然环境。罗赛搜集、整理，索南龙珠汉译，贡保旺杰校订，扎扎拉丁文撰写。今藏甘南藏族自治州政协原副主席罗赛处。（多杰拉旦）

猫在鼠洞口显威，摇着尾巴当英雄

བྱི་ལ་བྱི་ཁུང་སྒོ་ནས་འཁྱིང་།། རྔ་མ་གཡུག་བཞིན་དཔའ་སྣང་འཆར།།

Byi la byi khung sgo nas vkhing

Rnga ma gyug bzhin dpav snang vchar

安多藏语甘南牧区方言谚语。流行于甘南境内黄河、洮河、大夏河流域地区。以尖刻言辞批判和讽刺了虚而不实、装腔作势的虚伪嘴脸，教育人们要实事求是、谦虚谨慎，阐明了“打肿脸充胖子”的道理。罗赛搜集、整理，索南龙珠汉译，贡保旺杰校订，扎扎拉丁文撰写。今藏甘南藏族自治州政协原副主席罗赛处。（多杰拉旦）

女美要靠装束，不贤惠是娼妓

བུ་མོ་ཡག་ལ་རྒྱན་གོས།། ཁོག་ཤེས་མེད་ན་འཆལ་མ།།

Bu mo yag la rgyan gos Khog shes med na vchal ma

安多藏语甘南牧区方言谚语。流行于甘南境内黄河、洮河、大夏河流域地区。“人靠衣服，马靠鞍”，反映了藏族人民的审美标准和审美观念，说明了做事前必须具备某些条件的重要性。罗赛搜集、整理，索南龙珠汉译，贡保旺杰校订，扎扎拉丁文撰写。今藏甘南藏族自治州政协原副主席罗赛处。（多杰拉旦）

是美食糌粑的营养，是肠中积起的气体

སྦྲང་དཀར་རྩམ་པའི་སྟོབས་རེད།། རྒྱུ་མའི་ནང་གི་དབུགས་རེད།།

Sbrang dkar rtsam pavi stobs red

Rgyu mavi nang gi dbgs red

安多藏语甘南牧区方言谚语。流行于甘南境

内黄河、洮河、大夏河流域地区。从藏族人民的生活实际出发，高度赞美了糌粑对藏族人民的伟大贡献，同时真实地记录了藏民族传统的生活习俗。罗赛搜集、整理，索南龙珠汉译，贡保旺杰校订，扎扎拉丁文撰写。今藏甘南藏族自治州政协原副主席罗赛处。（多杰拉旦）

斑蜂难称豹，角虫难称牛

སྦྲང་མ་ཐིག་ལེ་ཅན་ལ་གཟིག་མི་ཟེར༎ འབུ་ནག་རྭ་ཅོ་ཅན་ལ་འབྲོང་མི་ཟེར༎

Sbrang ma thig le can la gzig mi zer

Vbu nag rwa ci can la vbroang mi zer

安多藏语甘南牧区方言谚语。流行于甘南境内黄河、洮河、大夏河流域地区。通过形象生动的比喻，告诉了人们这样一个道理：奸诈的人虽然说话委婉动听，易于他人打理，但那只是为自己谋利，并非真心对人恭敬。就像是角虫，虽然具有长长的角，但它根本不具备牛的魁梧。罗赛搜集、整理，索南龙珠汉译，贡保旺杰校订，扎扎拉丁文撰写。今藏甘南藏族自治州政协原副主席罗赛处。（多杰拉旦）

布谷鸟身栖林中，悦耳的叫声山顶闻

བྱ་ཁུ་བྱུག་འབབ་ས་རྒྱ་རྫོང་ནགས་ཡིན༎ གསུང་སྙན་མོ་གོ་ས་རི་སྒང་ཡིན༎

Bya khu byug vbab sa rgya rdzong nags yin

Gsung snyan mo go sa ri sgan yin

安多藏语甘南牧区方言谚语。流行于甘南境内黄河、洮河、大夏河流域地区。“锅碗在厨房，响声在外面”，说明了事物发展、变化的客观规律，阐明了“千里马常有，而伯乐不常有”的道理，劝告人们要善于发现智者，并要尊敬和爱戴智者。罗赛搜集、整理，索南龙珠汉译，贡保旺杰校订，扎扎拉丁文撰写。今藏甘南藏族自治州政协原副主席罗赛处。（多杰拉旦）

雄鹰空中翱，是在觅食；雌牦牛山口叫，是在寻子

བྱ་རྒོད་པོས་མཁའ་དབྱིངས་སྐོར་བ་ཤ་བཙལ༎

འབྲོང་འབྲི་མོས་རྫ་སྒང་ངུར་བ་བུ་བཙལ༎

Bya rgod pos mkhav dbyings skor ba sha btsal

Vbrong vbri mos rdza sgang ngur ba bu btsal

安多藏语甘南牧区方言谚语。流行于甘南境内黄河、洮河、大夏河流域地区。通过说明自然界生存动物各自的特性，描述了藏区特殊和谐的生态环境。不仅是人们在长期的实践中对生产、生活的总结，而且是对日常生活进行了细微观察的结晶，反映出了一种简单的辩证思想。罗赛搜集、整理，索南龙珠汉译，贡保旺杰校订，扎扎拉丁文撰写。今藏甘南藏族自治州政协原副主席罗赛处。（多杰拉旦）

不懂佛法的僧人别争教派的骨气，没有钱财的男人别争村落的权力

བན་ཆོས་མེད་ཀྱིས་བསྟན་པའི་ལ་རྒྱ་མ་རྩོད༎

བུ་རྒྱུ་མེད་ཀྱི་རུ་སྡེའི་ཁ་དབང་མ་རྩོད༎

Ban chos med kyis bstan pavi la rgya ma rtsod

Bu rgyu med kyi ru sdevi kha dbang ma rtsod

安多藏语甘南牧区方言谚语。流行于甘南境内黄河、洮河、大夏河流域地区。批评了在生活和学业上只图安逸、不求上进、虚度年华、不肯吃苦的愚者的懒惰行为。通过恰当的比喻把两类截然不同人物的形象刻画得栩栩如生。罗赛搜集、整理，索南龙珠汉译，贡保旺杰校订，扎扎拉丁文撰写。今藏甘南藏族自治州政协原副主席罗赛处。（多杰拉旦）

黄牛用角顶地，土落自己的脖上；毛驴大叫，全村人的耳朵受苦

བ་ལང་གིས་ས་གཙུབ་ན་འབབ་ས་རང་གི་གཉའ༎

བོང་བུས་ཨོ་བཏབ་ན་སྡུག་ས་བརྒྱ་སྡེའི་རྣ༎

Ba lang gis sa gtsub na vbab sa rang gi gnyav

Bong bus ao btab na sdug sa brya sdevi rna

安多藏语甘南牧区方言谚语。流行于甘南境内黄河、洮河、大夏河流域地区。一方面通过观察真实地反映了藏区不同家畜的本性和特性，另一方面深刻阐述了人们长期在生产生活中积累的共同经验，揭示了事物的一般特征。罗赛搜集、整理，索南龙珠汉译，贡保旺杰校订，扎扎拉丁文撰写。今藏甘南藏族自治州政协原副主席罗赛处。（多杰拉旦）

欲仓满勤耕耘，欲畜旺勤放牧

འབྲུ་མཛོད་གང་འདོད་ན་ས་ཞིང་ཡར་འདེབས་མར་འདེབས།།
སྒོ་ཕྱུགས་འཕེལ་བསམ་ན་རི་གཞོངས་ཡར་འཚོ་མར་འཚོ།།
Vbru mdod gang vded na sa zhing yar vdebs mar vdebs
Sgo phyugs vphel bsam na ri gzhongs yar vtsho mar vtsho

安多藏语甘南牧区方言谚语。流行于甘南境内黄河、洮河、大夏河流域地区。赞美了劳动人民勤劳勇敢的品德，人们向往美好的生活，相信通过自己辛勤的劳动能换得幸福的生活。谚语不但赞美了劳动，而且赞美了劳动人民勤劳勇敢的品德，同时也揭示了“劳动创造一切”的真理。罗赛搜集、整理，索南龙珠汉译，贡保旺杰校订，扎扎拉丁文撰写。今藏甘南藏族自治州政协原副主席罗赛处。（多杰拉旦）

上师如空中日，父叔如山中王

བླ་མ་དགུང་གི་ཉི་མ།། ཕ་ཁུ་རི་རྒྱལ་ལྷུན་པོ།།
Bla ma dgung gi nyi ma Pha khua ri rgyal lhun po

安多藏语甘南牧区方言谚语。流行于甘南境内黄河、洮河、大夏河流域地区。强调了知识的重要，提醒人们器重人才、尊重长者的重要性。教诲人们要亲近和敬仰智者和长者，远离和扬弃愚者。罗赛搜集、整理，索南龙珠汉译，贡保旺杰校订，扎扎拉丁文撰写。今藏甘南藏族自治州政协原副主席罗赛处。（多杰拉旦）

姑娘守贞操难，僧人守戒律难

བུད་མེད་ཀྱིས་ལུས་མི་ཐུབ།། བཙུན་པས་སྡོམ་པ་མི་ཐུབ།།
Bud med kyis lus mi thub Btsun pas sdom pa mi thub

安多藏语甘南牧区方言谚语。流行于甘南境内黄河、洮河、大夏河流域地区。从宗教的角度和道德出发，从侧面阐明了做任何事情都不能违背客观规律的辩证思想。罗赛搜集、整理，索南龙珠汉译，贡保旺杰校订，扎扎拉丁文撰写。今藏甘南藏族自治州政协原副主席罗赛处。

（多杰拉旦）

夏未遭旱长了绿叶，冬未受冻长了根

དབྱར་ཚ་བས་མ་གདུང་ལྗང་ལོ་རྒྱས།། དགུན་ཁ་བས་མ་འཁྱག་རྩད་པ་རྒྱས།།
Dbyar tsha bas ma gdung ljang lo rgyas
Dgun kha bas ma vkhyag rtsad pa rgyas

安多藏语甘南牧区方言谚语。流行于甘南境内黄河、洮河、大夏河流域地区。以人们时常能够看到的现象说明了事物的本质。阐明了任何事物总是季节的变化而变化，此一时彼一时，世间不可能有一成不变的道理。罗赛搜集、整理，索南龙珠汉译，贡保旺杰校订，扎扎拉丁文撰写。今藏甘南藏族自治州政协原副主席罗赛处。

（多杰拉旦）

鸟翅下引风，两人间挑拨

བྱ་བྱིའུ་གཉིས་ཀྱི་གཞོག་ཞབས་ལ་རླུང་དྲངས།།
མི་ཆེ་ཆུང་གཉིས་ཀྱི་རྣ་རྩར་ཁ་མཆུ་བསྐྱལ།།
Bya bivu gnyis kyi gzhog zhabs la rlung drangs
mi che chung gnyis kyi ran rtsar kha mchu bskyal

安多藏语甘南牧区方言谚语。流行于甘南境内黄河、洮河、大夏河流域地区。严厉驳斥和批判了爱挑拨离间、言而无信、背信弃义、诡计多端、善于欺诈别人的丑恶小人嘴脸。罗赛搜集、整理，索南龙珠汉译，贡保旺杰校订，扎扎拉丁文撰写。今藏甘南藏族自治州政协原副主席罗赛处。（多杰拉旦）

男儿失利是由于话，马儿失利是由于膘

བུ་ཨ་ཕྲུག་གིས་མ་ལོང་གཏམ་གྱི་མ་ལོང་།། རྟ་གྲོ་རས་མ་ལོང་ཤ་ཡིས་མ་ལོང་།།
Bu a phrug gis ma long gtam gyi ma long
Rta gro ras ma long sha yis ma long

安多藏语甘南牧区方言谚语。流行于甘南境内黄河、洮河、大夏河流域地区。高度概括了生活中的经验，倡导人们无论做什么事都不可盲目行事，要发扬三思而后的精神，阐明了“沉默是金”的道理。罗赛搜集、整理，索南龙珠汉译，贡保旺杰校订，扎扎拉丁文撰写。今藏甘南藏族自治州政协原副主席罗赛处。（多杰拉旦）

骑士们从未松弛对敌的警惕，兄弟们从未出错对事情的判断

བུ་རྟ་ཕྱོགས་བསྒྲིགས་ཀྱི་ཕྱི་དཔུང་ལྷོད་ནི་མེད།།
ཕུ་ནུ་ཕྱོགས་འདུག་གི་བློ་རྒྱ་འཆུགས་ནི་མེད།།

Bu rta phyogs bsgrigs kyi phyi dpung lhod ni med
Phu nu phyogs vdug gi blo rgya vchugs ni med

安多藏语甘南牧区方言谚语。流行于甘南境内黄河、洮河、大夏河流域地区。说明了遇事要沉着冷静、机智灵活、明辨是非、处事果断。告诫人们不管做任何事情都必须三思而后行，不可盲目行事，麻痹大意。罗赛搜集、整理，索南龙珠汉译，贡保旺杰校订，扎扎拉丁文撰写。今藏甘南藏族自治州政协原副主席罗赛处。（多杰拉旦）

虽不是一鸟的两翅，但却是一手的指头

བྱ་གཅིག་ལ་ཐོག་གི་གཤོག་པ་མིནང་།།
ལག་མགོ་གཅིག་ལ་ཐོག་གི་མཛུབ་མོ་ལོས་ཡིན།།

Bya gcig la thog gi gshog pa min yang
Lag mgo gcig la thog gi mdzub mo loas yin

安多藏语甘南牧区方言谚语。流行于甘南境内黄河、洮河、大夏河流域地区。教导人们要团结一致、众志成城、互助互爱。“本是同根生，相煎何太急。”批驳了心怀恶意、居心叵测、挑拨离间恶人的丑恶行为。罗赛搜集、整理，索南龙珠汉译，贡保旺杰校订，扎扎拉丁文撰写。今藏甘南藏族自治州政协原副主席罗赛处。（多杰拉旦）

黑帐篷的继主，赤色马的骑主

སྦྲ་སྨུག་ནག་གི་གཞི་རྗོང་འཛིན་མི།། རྟ་གྲོ་རྒྱའི་ཡོབ་ཁ་གནོན་མི།།

Sbra smug nag gi gzhi rjong vdzin mi
Rta gro rgyavi yob kha gnon mi

安多藏语甘南牧区方言谚语。流行于甘南境内黄河、洮河、大夏河流域地区。讲述了藏族世代过着游牧生活，帐篷和马是他们唯一的归宿和交通工具，牲畜更是他们生活资料的主要来源，所以藏族对牲畜情有独钟。罗赛搜集、整理，索南龙珠汉译，贡保旺杰校订，扎扎拉丁文撰写。今藏甘南藏族自治州政协原副主席罗赛处。

（多杰拉旦）

兄弟如虎群，议事如胜幢

བུ་ཚ་སྟག་ཁྱུ་འདྲ་ཞིག་བཤད་རྒྱུ་ཡོད།།
ནང་གྲོས་རྒྱལ་མཚན་འདྲ་ཞིག་འཕྱར་རྒྱུ་ཡོད།།

Bu tsha stag khyu vdra zhig bshad rgyu yod
Nang gros rgyal mtshan vdra zhig vphyar rgyu yod

安多藏语甘南牧区方言谚语。流行于甘南境内黄河、洮河、大夏河流域地区。高度赞美了团结一致给人带来的愉快与愉悦，反映了藏族人民天性乐观向上、豪迈开放、积极处世的态度。罗赛搜集、整理，索南龙珠汉译，贡保旺杰校订，扎扎拉丁文撰写。今藏甘南藏族自治州政协原副主席罗赛处。（多杰拉旦）

弟兄间别说挑拨话，内肠里别伸刀子

བུ་ཉེ་རིང་བར་ལ་ཚིག་མ་འགྲོ།། ཤ་རྒྱུ་མའི་བར་ལ་གྲི་མ་འགྲོ།།

Bu nye ring bar la tshig ma vgro
Sha rgyu mavi bar la gri ma vgro

安多藏语甘南牧区方言谚语。流行于甘南境内黄河、洮河、大夏河流域地区。极力劝导人们要除恶扬善，固执蛮横的人常常毁害自己和他人，他们总以自私自利为出发点，待人粗暴无礼，所做都是越轨之事。虽然一门心思追求享乐，但其行为往往给自己带来痛苦，同时也给他人引来灾难。罗赛搜集、整理，索南龙珠汉译，贡保旺杰校订，扎扎拉丁文撰写。今藏甘南藏族自治州政协原副主席罗赛处。（多杰拉旦）

藏族每人口中有首歌，不会唱歌不算藏族人

བོད་མི་རེས་ཁ་ན་གླུ་རེ་ལེན།། གླུ་མི་ལེན་ཟེར་བ་བོད་པ་མིན།།

Bod mi res kha na glu re men
Glu mi len zer ba bod pa min

安多藏语甘南牧区方言谚语。流行于甘南境内黄河、洮河、大夏河流域地区。碧蓝的天空、宽阔的草原、幽静的环境给藏族人民创造了无限美好的生活时空。特殊环境造就了他们特殊的灵感，给予了他们嘹亮的歌喉。谚语真实地记录了藏族人民开朗、豪放的心理特点。罗赛搜集、整理，索南龙珠汉译，贡保旺杰校订，扎扎拉丁文撰写。今藏甘南藏族自治州政协原副主席罗赛处。

（多杰拉旦）

佛教徒饱了想喝酒，本教徒饱了想施咒

བན་དེ་བརྒྱགས་ན་ཆང་འཐུང་དྲན།། བོན་པོ་བརྒྱགས་ན་མཐུ་གཏོང་དྲན།།

Ban de brgyags na chang vthung dean

Bon po brgygs na mthu gtong dean

安多藏语甘南牧区方言谚语。流行于甘南境内黄河、洮河、大夏河流域地区。以尖刻的语言讽刺了僧侣阶层中好吃懒做、“做一天和尚撞一天钟”的懒惰行为，揭露了僧侣贪得无厌、不遵清规、不务正业、满腹邪念的不良现象。罗赛搜集、整理，索南龙珠汉译，贡保旺杰校订，扎扎拉丁文撰写。今藏甘南藏族自治州政协原副主席罗赛处。（多杰拉旦）

雄鹰飞了十八天的路，没有得食却挨了一箭

བྱ་རྒོད་པོའི་ཉིན་ལམ་བཅོ་བརྒྱད་བཅད།།
ཁར་གཟན་ཤ་མ་འབྱོར་མདའ་ཞིག་ཁུར།།

Bya rgod povi nyin lam bco brgyad bcad

Khar gzan sha ma vbyor mdav zhig khur

安多藏语甘南牧区方言谚语。流行于甘南境内黄河、洮河、大夏河流域地区。通过对鸟类迁徙的描述，反映出了生活的艰难。倡导人们在生活中要发扬不怕困难、迎难而上、锐意进取的奋斗精神。罗赛搜集、整理，索南龙珠汉译，贡保旺杰校订，扎扎拉丁文撰写。今藏甘南藏族自治州政协原副主席罗赛处。（多杰拉旦）

三夏收牧税，三秋收农税

དབྱར་གསུམ་གྱི་མར་མགོ་བསྡུ།། སྟོན་གསུམ་གྱི་འབྲུ་མགོ་བསྡུ།།

Dbyar gsum gyi mar mgo bsdu

Ston gwum gyi vbru mgo bsdu

安多藏语甘南牧区方言谚语。流行于甘南境内黄河、洮河、大夏河流域地区。一方面，在高度赞美用双手创造幸福者的同时，道出了靠天吃饭的人们对变化多端自然的无奈；另一方面，也深刻批驳了那些不劳而获的剥削阶级，对劳动人民抱有极大的同情心。罗赛搜集、整理，索南龙珠汉译，贡保旺杰校订，扎扎拉丁文撰写。今藏甘南藏族自治州政协原副主席罗赛处。（多杰拉旦）

富时平和为好，好强会使头离身

འབངས་ནོར་ཕྱུགས་འཛོམས་དུས་གཉོམ་ན་དགའ།།
དཔུང་རྒོད་ཤེད་ཆེ་ན་མགོ་ལུས་འཆོར།།

Vbangs nor phyugs vdzoms dus gnyom na dgav

Dpung rgod shed che na mgo lus vchor

安多藏语甘南牧区方言谚语。流行于甘南境内黄河、洮河、大夏河流域地区。讲述了任何事物都是在不断地转化的，此一时彼一时，物以时迁，事无常定，不可能一成不变。问题的关键是要有充足的心理准备和解决问题的不同方案和能力。罗赛搜集、整理，索南龙珠汉译，贡保旺杰校订，扎扎拉丁文撰写。今藏甘南藏族自治州政协原副主席罗赛处。（多杰拉旦）

子女作恶多端，父母满眼血迹

བུ་ཕྲུག་ངན་པ་སྐྱེས་པས་ན།། ཕ་མ་མིག་ནང་ཁྲག་གིས་གཏོང་།།

Bu phrug ngan pa skyes pas na

Pha ma mig nang khrag gis gtong

安多藏语甘南牧区方言谚语。流行于甘南境内黄河、洮河、大夏河流域地区。父母的言行举止，孩子耳濡目染。如果家庭教育严格，就使子孙后代受到好的影响；反之，子女就有可能沾染不良习气，成为社会渣滓。谚语说明家庭教育的重要性，阐明了“子不教，父之过”的深邃道理。罗赛搜集、整理，索南龙珠汉译，贡保旺杰校订，扎扎拉丁文撰写。今藏甘南藏族自治州政协原副主席罗赛处。（多杰拉旦）

零散鸟儿飞落地，会有残肢半尸

བྱ་ལིང་ངེ་ལིང་ངེ་འབབས་པའི་ཐད།། རོ་ཐ་ལེ་ཐེད་ལེ་ཡོད་པའི་ས།།

Bya ling nge ling nge vbabs pavi thad

Ro tha thed le yod pavi sa

安多藏语甘南牧区方言谚语。流行于甘南境内黄河、洮河、大夏河流域地区。谚语紧密联系生活实际，说明了人生一世诸事难料，生生死死，因果无常。阐明了万事万物都在不停地运动和变化当中的道理。罗赛搜集、整理，索南龙珠汉译，贡保旺杰校订，扎扎拉丁文撰写。今藏甘南藏族自治州政协原副主席罗赛处。（多杰拉旦）

不到阴间不想佛法，不见黄河不能解渴

བར་རྡོའི་འཕྲང་ལམ་མ་འགྲིམ་ན་ཆོས་མི་དྲན།།
རྨ་ཆུ་སྔོན་མོ་མ་རིག་ན་སྐོམ་མི་སོད།།

Bar rdovi vphrang lam ma vgrim na chos mi dran

Rm chu sngon mo ma rig na skom mi sod

安多藏语甘南牧区方言谚语。流行于甘南境内黄河、洮河、大夏河流域地区。谚语贴近实际社会生活，说明了人生无常、万事难料的道理，反映了对生离死别的无奈，同时也阐明了事物时时都处在变化当中的辩证规律。罗赛搜集、整理，索南龙珠汉译，贡保旺杰校订，扎扎拉丁文撰写。今藏甘南藏族自治州政协原副主席罗赛处。

（多杰拉旦）

不懂经文没有修行的上师难，不懂咒语没有法力的咒师难

བླ་མ་སྒོམ་མེད་ཆོས་མེད་སྡུག། སྔགས་པ་སྔགས་མེད་མཐུ་མེད་སྡུག།

Bla ma sgom med chos med sdug

Sngags pa sngags med mthu med sdug

安多藏语甘南牧区方言谚语。流行于甘南境内黄河、洮河、大夏河流域地区。教育人们干任何工作都需要付出艰辛的劳动，只有克服阻力、不断刻苦才能获得巨大成就，鼓励人们要在工作和学习中发扬持之以恒的精神。罗赛搜集、整理，索南龙珠汉译，贡保旺杰校订，扎扎拉丁文撰写。今藏甘南藏族自治州政协原副主席罗赛处。

（多杰拉旦）

心向一处，手抓一处

བློ་བསམ་པ་གཅིག་ལ་མཉམ་འཛིན།། མཚོན་ཡུ་བ་གཅིག་ལ་མཉམ་འཛུ།།

Blo bsam pa gdig la mnyam vdzin

Mtshon yu ba gcig la mnyam vju

安多藏语甘南牧区方言谚语。流行于甘南境内黄河、洮河、大夏河流域地区。教导人们要团结一致、众志成城、互助互爱，团结就是力量，同时批驳了心怀恶意、居心叵测、挑拨离间恶人的丑恶行为。罗赛搜集、整理，索南龙珠汉译，贡保旺杰校订，扎扎拉丁文撰写。今藏甘南藏族自治州政协原副主席罗赛处。（多杰拉旦）

三夏游山野，观看五彩花

དབྱར་ཟླ་གསུམ་སྤང་ལྗོངས་རི་འགྲིམས།། མཛེས་མེ་ཏོག་རྩི་བཅུད་ལྟད་མོ་ཆེ།།

Dbyar zla gsum spang ljongs ri vgrims

Mdzes me tog rtsi bcud ltad mo che

安多藏语甘南牧区方言谚语。流行于甘南境内黄河、洮河、大夏河流域地区。通过自然界描述了自然变化的特征，而且用一种常见的自然现象来反映深刻的道理，揭示了一切事物都在运动中变化和生存的道理。罗赛搜集、整理，索南龙珠汉译，贡保旺杰校订，扎扎拉丁文撰写。今藏甘南藏族自治州政协原副主席罗赛处。（多杰拉旦）

无穗的麦子长势高，无才的男女骄傲大

འབྲུ་མེད་སྙེ་མ་མགོ་འཕང་མཐོ།། ཡོན་ཏན་མེད་མི་རྒྱལ་ཆེ།།

Vbru med snye ma mgo vphang mtho

yon tan med mi rgyal che

安多藏语甘南牧区方言谚语。流行于甘南境内黄河、洮河、大夏河流域地区。极力批判了在事业或其他方面稍有一点成绩就自以为是、自吹自擂、鼠目寸光的小人，同时赞美了能够明辨是非、心底开阔智者的伟大胸怀。罗赛搜集、整理，索南龙珠汉译，贡保旺杰校订，扎扎拉丁文撰写。今藏甘南藏族自治州政协原副主席罗赛处。

（多杰拉旦）

依靠崖边的树枝，终会毁了自己

བློ་འཁྱོགས་བྲག་གི་ཤིང་རུལ་ལ།། ཡིད་རྟོན་བྱས་ཚེ་མཐའ་ལ་འཕེན།།

Blo vkhyogs brag gi shing rul la

Yid rton byas thse mthav la vphen

安多藏语甘南牧区方言谚语。流行于甘南境内黄河、洮河、大夏河流域地区。高度概括了生活中的经验，不管做任何事情都必须三思而后行，不可盲目行事，麻痹大意。告诫人们遇事要沉着冷静、明辨是非。罗赛搜集、整理，索南龙珠汉译，贡保旺杰校订，扎扎拉丁文撰写。今藏甘南藏族自治州政协原副主席罗赛处。（多杰拉旦）

僧人贪睡耽误修行，女人贪睡耽误农活

བན་ཆོས་པ་ཉལ་ན་ཆོས་མགོ་འཆོར།། མ་བུ་མོ་ཉལ་ན་ལས་མགོ་འཆོར།།

Ban chos pa nyal na chos mgo vchor

Ma bu mo nyal na las mgo vchor

安多藏语甘南牧区方言谚语。流行于甘南境内黄河、洮河、大夏河流域地区。一些懒惰愚痴不学无术的人，他们的品行恶劣，学问、功德都不具足，往往只会招来人们的嘲讽。他们所做的一切都显得那么苍白无力，宛如一个饥饿的乞丐装出富翁般的傲慢。罗赛搜集、整理，索南龙珠汉译，贡保旺杰校订，扎扎拉丁文撰写。今藏甘南藏族自治州政协原副主席罗赛处。（多杰拉旦）

人心难测，牲畜易认

མིའི་ཁྲ་ཁྲ་ནང་ན་ཡོད།། ཟོས་གི་ཁྲ་ཁྲ་ཕྱི་ན་ཡོད།།

Mivi khra khra nang na yod zos gi khra khra phyi na yod

安多藏语甘南牧区方言谚语。流行于甘南境内黄河、洮河、大夏河流域地区。驳斥了言行不一、居心叵测、卑鄙无耻的恶人的肮脏心灵。把愚人的无情无义、不讲道德的卑劣行为暴露在了光天化日之下。从中揭示了为人处世时应以真相待的道理。罗赛搜集、整理，索南龙珠汉译。今藏甘南藏族自治州政协原副主席罗赛处。（道杰吉）

胡说八道，胡作非为

མི་བཤད་ལ་དགུ་བཤད།། མི་ལས་ལ་དགུ་ལས།།

mi bshad la dgu bshad mi las la dgu las

安多藏语甘南牧区方言谚语。流行于甘南境内黄河、洮河、大夏河流域地区。恶劣的人无论怎样改造教育，其本性也不会变为贤善。本性好比煤炭为黑色，无论怎样教育、洗涤，其颜色也无法变成雪一样白。世间道理不能令其改恶从善、言行一致，此类人无有慈悲良善之心。罗赛搜集、整理，索南龙珠汉译。今藏甘南藏族自治州政协原副主席罗赛处。（道杰吉）

帽檐镶孔雀羽，帽顶镶红珊瑚

རྨ་བྱ་ཏེ་ཕོའི་སྒྲོ་ཅན།། བྱུ་རུ་དམར་བོའི་ཏོག་ཅན།།

Rma bya te phovi sgro can Byu ru dmar bovi tog can

安多藏语甘南牧区方言谚语。流行于甘南境内黄河、洮河、大夏河流域地区。真实地记录了藏族传统的服饰文化，体现了藏族人民的审美情趣、审美理想和审美标准。罗赛搜集、整理，索南龙珠汉译。今藏甘南藏族自治州政协原副主席罗赛处。（道杰吉）

老人言有听头，骏马跑有看头

མི་བྱང་མའི་གཏམ་ལ་ཉན་རྒྱུ་ཡོད།། རྟ་བྱང་མའི་རྒྱུག་ལ་ལྟད་མོ་ཡོད།།

mi byang mavi gtam la nyan rgyu yod

rta byang mavi rgyug la ltad mo yod

安多藏语甘南牧区方言谚语。流行于甘南境内黄河、洮河、大夏河流域地区。有经验的老人有广博的学问和经验、深厚的修养以及崇高的道德，待人处世注意大处，能抓住事物的本质及规律。谚语贬低了渺小与无知，赞美了伟大与智慧。罗赛搜集、整理，索南龙珠汉译。今藏甘南藏族自治州政协原副主席罗赛处。（道杰吉）

美女之中有妓女，英雄之中有愚人

མོ་ཡག་མའི་ནང་ན་གཡེམ་མོ་མང་།། བུ་དཔའ་བོའི་ནང་ན་གླེན་པ་མང་།།

Mo yag mavi nang na gyem mo nang

Bu dpav bovi nang na glen pa mang

安多藏语甘南牧区方言谚语。流行于甘南境内黄河、洮河、大夏河流域地区。一方面赞美了女子的花容，又另一方面有力地批判了朝三暮四、见异思迁、下流愚昧的思想行为。教育人们对爱情要真诚，做人要自重洁身才能换来他人的敬重。罗赛搜集、整理，索南龙珠汉译。今藏甘南藏族自治州政协原副主席罗赛处。（道杰吉）

有些人受惊逃跑，有些马难擒逃走

མི་ལ་ལ་སྐྲག་ནས་བྲོས་ཀི་ཐལ།། རྟ་ལ་ལ་བརྒྱུགས་ནས་ཤོར་གི་ཐལ།།

mi la la skrag nas bros ki thal

rta la la brhyugs nas shor gi thal

安多藏语甘南牧区方言谚语。流行于甘南境内黄河、洮河、大夏河流域地区。批评了胆小如鼠、遇事惊慌失措、卑鄙无耻的人的肮脏行为。赞扬了智者在紧急关头挺身而出、临危不惧、谨慎处事的超越本领。罗赛搜集、整理，索南龙珠汉译。今藏甘南藏族自治州政协原副主席罗赛处。（道杰吉）

高官落马难成佣人，绸缎变旧难成补丁

མི་ཆེན་ལྷུང་ན་གཡོག་པོ་མི་ཉན།། གོས་ཆེན་ཐེད་ན་ལྷན་པ་མི་ཉན།།

mi chen lhung na gyog po mi nyan gos
chen thed na lhan pa mi nyan

安多藏语甘南牧区方言谚语。流行于甘南境内黄河、洮河、大夏河流域地区。极力批评了在生活中只图安逸、不求上进、虚度年华、不肯吃苦的懒惰行为。提倡发奋图强、努力上进，反对懒惰散漫。罗赛搜集、整理，索南龙珠汉译。今藏甘南藏族自治州政协原副主席罗赛处。（道杰吉）

说别人的事如开瓣的花，说自己的事如系口的袋

མི་ཐོག་པད་མ་ཁ་ཕྱེ།། རང་ཐོག་སྒྲོམ་བུ་ཁ་མདུད།།

mi thog pad ma kha phye rang thog sgrom bu kha mdud

安多藏语甘南牧区方言谚语。流行于甘南境内黄河、洮河、大夏河流域地区。人利欲熏心，一言一行皆以自己为中心，对自己的生活十分执着。绞尽脑汁都是为了给自己谋利益，这样的人最终的结果就像是太阳被乌云吞噬。罗赛搜集、整理，索南龙珠汉译。今藏甘南藏族自治州政协原副主席罗赛处。（道杰吉）

下贱的人，说上等的话

མི་འགབ་མ་ཞིག་གིས།། གཏམ་གོང་མ་ཞིག་བཤད་ཀིན།།

mi vgab ma zhig gis gtam gong ma zhig bshad kin

安多藏语甘南牧区方言谚语。流行于甘南境内黄河、洮河、大夏河流域地区。真实地解释了人类社会中部分人的脾性，说明了部分下贱人与群体间的疏远程度。通过这种现象进行了善恶对照，阐明了“江山易改，本性难移”的普遍现象。罗赛搜集、整理，索南龙珠汉译。今藏甘南藏族自治州政协原副主席罗赛处。（道杰吉）

爱吃他人食物的贪吃鬼，私藏自己食物的吝啬鬼

མི་ཟས་ཟོས་པའི་ལྡ་བོ།། རང་ཟས་བསྐྱུར་པའི་འཁུམས་པོ།།

mi zas zos pavi lda bo rang zas bskyur pavi vkhums po

安多藏语甘南牧区方言谚语。流行于甘南境内黄河、洮河、大夏河流域地区。教育人们安安稳稳做人、踏踏实实做人，不要有说花言巧语、欺骗他人、占他人便宜的习惯和想法，这些小把戏早晚会被刺穿，正所谓“骗得了鬼却骗不了神”，最终没有一个完美的结局。罗赛搜集、整理，索南龙珠汉译。今藏甘南藏族自治州政协原副主席罗赛处。（道杰吉）

女人话一人传一人，最后传遍全世界

མི་བཤད་བུ་མོས་མི་བཤད་བུ་མོར་བཤད།།
མི་བཤད་བུ་མོས་རྒྱལ་ཁམས་བུ་མོར་བསྒྲགས།།

mi bshad bu mos mi bshad bu mor bshad
mi bshad bu mos rgyal khamg bu mor bsgrags

安多藏语甘南牧区方言谚语。流行于甘南境内黄河、洮河、大夏河流域地区。通过对现实生活中普遍现象的描述，极力批判了不守规矩、颠倒是非，惹是生非无聊者的恶习，劝导人们不要无事找事，安稳过日的道理。罗赛搜集、整理，索南龙珠汉译。今藏甘南藏族自治州政协原副主席罗赛处。（道杰吉）

男被情欲所迷，不分姑娘美丑；野牛口渴，不分清水脏水

མི་ཆགས་པས་དེད་ན་བྱི་མོ་ཡག་བཙོག་མེད།།
གཡག་སྐོམ་པས་དེད་ན་འཐུང་ཆུ་དྭངས་རྙོག་མེད།།

mi chags pas ded na byi mo yag btsog med
gyag skom pas ded na vthung chu dwangs rnyog med

安多藏语甘南牧区方言谚语。流行于甘南境内黄河、洮河、大夏河流域地区。极力谴责了盲目、冲动、粗暴地去满足肉体需要的人，对不健康的欲望采取不容忍的态度和愤慨，劝诫人们最大限度地去攀登人类素养的高峰，抑制自己身上的欲望。罗赛搜集、整理，索南龙珠汉译。今藏甘南藏族自治州政协原副主席罗赛处。（道杰吉）

姑娘爱美毁了自身，饿狼贪肉丢了性命

སྨན་འཕྱོར་མོས་སྡེ་ལུས་ཡག་གི་བསམས་ནས་རང་ལུས་རྫབ།།
སྤྱང་དར་མས་གཟན་ཤ་ཞིམ་གི་བསམས་ནས་རང་སྲོག་ཤོར།།

Sman vphyor mos sde lus yag gi bsams nas rang lus rdzab
Spyang dar mas gzan sha zhim gi bsams nas rang srog shor

安多藏语甘南牧区方言谚语。流行于甘南境内

内黄河、洮河、大夏河流域地区。对形形色色的正善美与假丑事象去粗取精，将在日常生活中所遇到的各种各样的审美事象，作为人们共同遵守的审美标准，对广大人民有着教育、激励的作用。罗赛搜集、整理，索南龙珠汉译。今藏甘南藏族自治州政协原副主席罗赛处。（多杰拉旦）

在人下，在狗上

མི་ཞིག་གི་འགབ་མ།། ཁྱི་ཞིག་གི་གོང་མ།།

mi zhig gi vgab ma khyi zhig gi gong ma

安多藏语甘南牧区方言谚语。流行于甘南境内黄河、洮河、大夏河流域地区。人只要努力向上，刻苦学习，即便现在处境不佳，总有一天会成为满腹经纶的学者。相反，害怕吃苦，贪图安逸舒适，即使圣贤也会变成鄙视浅薄的人。罗赛搜集、整理，索南龙珠汉译。今藏甘南藏族自治州政协原副主席罗赛处。（道杰吉）

人有大小，地有坡度

མི་ལ་ཆེ་ཆུང་ཡོད།། ས་ལ་ལ་ཐུར་ཡོད།།

mi la che chung yod sa la la thur yod

安多藏语甘南牧区方言谚语。流行于甘南境内黄河、洮河、大夏河流域地区。说明了人类种族代代相传是人类生活的伟大智慧，是先辈为后人创造的精神财富，无论成了什么人物或将来成了什么人物，都必须敬重老一辈，尊老爱幼是一种美德。罗赛搜集、整理，索南龙珠汉译。今藏甘南藏族自治州政协原副主席罗赛处。（道杰吉）

人为财死，畜为草亡

མི་ནོམ་དོན་ལ་འཆི།། ཟོག་རྩྭ་དོན་ལ་འཆི།།

mi nom don la vchi zog rtswa don la vchi

安多藏语甘南牧区方言谚语。流行于甘南境内黄河、洮河、大夏河流域地区。阐述了君子爱财取之有道，不可过于贪财的道理。在现实生活中，往往有一些人一心想着积累财富，为财富你争我夺，甚至有人把性命都卷进去，至终都得不到积累财产的快乐。谚语劝诫人们财产乃身外之物，不可过于贪心，要晓得知足。罗赛搜集、整理，索南龙珠汉译。今藏甘南藏族自治州政协原副主席罗赛处。（道杰吉）

嘴不闲念嘛呢，手不闲转经轮

མ་ཎི་ཁ་ཡི་མི་འཆད།། འཁོར་ལོ་ལག་གི་མི་བསྐྱུར།།

Ma ni kha yi mi vchad vkhr lo lag gi mi bskyur

安多藏语甘南牧区方言谚语。流行于甘南境内黄河、洮河、大夏河流域地区。在一定程度上表达了人们对生死无常和生离死别的无奈及向往极乐世界的迫切愿望。富有深奥的佛教意趣，贴近广大人民群众的普通生活，具有一定的实践性和群众性。罗赛搜集、整理，索南龙珠汉译。今藏甘南藏族自治州政协原副主席罗赛处。（道杰吉）

人无骨气如狗，狗没尾巴如鬼

མི་རྐང་རྩ་མེད་ན་ཁྱི།། ཁྱི་རྔ་མ་མེད་ན་འདྲེ།།

mi rkang rtsa med na khi khyi rnga ma med na vdre

安多藏语甘南牧区方言谚语。流行于甘南境内黄河、洮河、大夏河流域地区。描述了人要有一种精神信仰，要有一种毫不动摇、坚定不移的信仰，没有任何信仰的人就不可能有精神的力量、道德上的纯洁，劝诫人们要做一个有骨气、有品德，对社会有用的人。罗赛搜集、整理，索南龙珠汉译。今藏甘南藏族自治州政协原副主席罗赛处。（道杰吉）

人有谋是智者，无谋如牲畜

མི་ཐབས་ལ་མཁས་ན་མཁས་པ་ཡིན།།
ཐབས་མི་མཁས་དུད་འགྲོ་རྩྭ་ཟན་འདྲ།།

mi thabs la mkhas na mkhas pa yin
thabs mi mkhas dud vgro rtswa zan vdra

安多藏语甘南牧区方言谚语。流行于甘南境内黄河、洮河、大夏河流域地区。一方面高度赞美了智者智多谋广，学识广博如浩渺的大海，胸怀博大如无垠的苍穹，无论到哪里都受人敬仰、喜爱。另一方面驳斥了胸无点墨、学识浅薄、蒙昧无知的人如同畜生，教导人们在实际生活中向智者看齐、向智者学习，远离贪图安逸、不肯学习的人。罗赛搜集、整理，索南龙珠汉译。今藏甘南藏族自治州政协原副主席罗赛处。（道杰吉）

人用变勤，智灵变贤

མི་ཀོ་དམར་མོ་བཀོལ་ན་ཇེ་བཟང་།། བློ་རིག་མདུད་པ་བཤིགས་ན་ཇེ་མཁས།།

mi ko dmar mo bkol na je bzang

blo rig mdud pa bshigs na je mkhs

安多藏语甘南牧区方言谚语。流行于甘南境内黄河、洮河、大夏河流域地区。阐明了勤奋是获得幸福和知识的源泉，知识就是财富的道理。教导后人想要获得长远的幸福和高尚的品德，就必须勤奋学习，掌握各种知识。罗赛搜集、整理，索南龙珠汉译。今藏甘南藏族自治州政协原副主席罗赛处。（道杰吉）

懒女想吃家中的糌粑，惰男想偷邻居的绵羊

མོ་ཉལ་འགོར་གྱིས་མ་གྲུའི་རྩམ་ཁུག་དྲན།།

ཕོ་ཉལ་འགོར་གྱིས་ཁྱིམ་མཚེས་ཧྲག་ལུག་དྲན།།

mi nyal vgor gyis ma gruvi rtsam khug dran pho

nyal vgor gyis khyim mtshe hrag lug dran

安多藏语甘南牧区方言谚语。流行于甘南境内黄河、洮河、大夏河流域地区。不付出辛勤的劳动，哪来甜蜜的果实。谚语批判了好吃懒做、贪图享受的社会丑恶现象，歌颂了勤劳勇敢、吃苦耐劳的伟大精神。阐明了岂能不劳而获的道理。罗赛搜集、整理，索南龙珠汉译。今藏甘南藏族自治州政协原副主席罗赛处。（道杰吉）

别信恶人言，别抓骡马尾

མི་ངན་པའི་ཁ་ལ་མ་རྒྱུགས།། དྲེལ་ཁྲེལ་མེད་རྔ་ལ་མ་འཇུ།།

mi ngan pavi kha la ma rgyugs drel

khrel med rnga la ma vju

安多藏语甘南牧区方言谚语。流行于甘南境内黄河、洮河、大夏河流域地区。阐述了恶人和骡子是最不可信的，愤怒地谴责了居心叵测、卑鄙无耻的肮脏心灵。强调人与人之间的关系一定要和睦相处、紧密团结、和蔼相待。罗赛搜集、整理，索南龙珠汉译。今藏甘南藏族自治州政协原副主席罗赛处。（道杰吉）

办别人托的事，拖拖拉拉；办自己的事，绞尽脑汁

མི་དོན་བཅོལ་ན་ས་བེ་སིབ་བེ།། རང་དོན་ལས་ན་རྟ་ཀོ་རློན་མཉེད།།

mi don bcol na sa be sib be rang don

las na rta ko rlon nyed

安多藏语甘南牧区方言谚语。流行于甘南境内黄河、洮河、大夏河流域地区。揭露了心怀鬼胎小人的本质：嘴上说一件事，而在心里盘算另着一件事，企图是蒙骗别人以期达到自己预定的目的，口是心非、装腔作势，害人不成反害己，阐明了“聪明反被聪明误”的道理。罗赛搜集、整理，索南龙珠汉译。今藏甘南藏族自治州政协原副主席罗赛处。（道杰吉）

对人有情谊，对佛有信念

མི་རེ་ལ་རུངས་པ།། ལྷ་རེ་ལ་དད་པ།།

mi re la rungs pa lha re la dad pa

安多藏语甘南牧区方言谚语。流行于甘南境内黄河、洮河、大夏河流域地区。告诫人们为人处世决不能自私自利、不顾别人，甚至损人利己。如果想要做一个行为仪表、德高望重的正人君子，就要胸怀高洁、公私交济、先人后己的正确态度和抱负。罗赛搜集、整理，索南龙珠汉译。今藏甘南藏族自治州政协原副主席罗赛处。（道杰吉）

人心难知，石心难填

མི་ཁོག་མིས་མི་ལོན།། རྡོ་ཁོག་མཛུབ་མོས་མི་སུབ།།

mi khog mis mi lon rdo khog mdzub mos mi sub

安多藏语甘南牧区方言谚语。流行于甘南境内黄河、洮河、大夏河流域地区。极力批判了口是心非、满腹谎言、诡计多端的伪君子，教导人们在现实生活中应当远离小人，提高警惕防范小人，结交智慧而正直平凡的人。罗赛搜集、整理，索南龙珠汉译。今藏甘南藏族自治州政协原副主席罗赛处。（道杰吉）

流言难杀人，大风难刮石

མི་མི་ཁས་ཤི་ནི་མེད།། རྡོ་རླུང་གིས་ཁུར་ནི་མེད།།

mi mi khas shi ni med rdo rlung gi khur ni med

安多藏语甘南牧区方言谚语。流行于甘南境

内黄河、洮河、大夏河流域地区。赞美了稳如泰山、公而忘私、平易近人的智者的高尚品德的同时，也批判了挑拨是非、造谣损人、言行不一、口是心非小人的嘴脸，强调人与人之间的关系一定要和睦相处、和蔼相待。罗赛搜集、整理，索南龙珠汉译。今藏甘南藏族自治州政协原副主席罗赛处。

（道杰吉）

人老皱纹多，树老皮子厚

མི་རྒས་ན་གཉེར་མ་མང་།། ཤིང་རྒས་ན་ཤུན་ལྤགས་མཐུག།

mi rgas na gnyer ma mang shing rgas na shun lpags mthug

安多藏语甘南牧区方言谚语。流行于甘南境内黄河、洮河、大夏河流域地区。以贴近现实生活的表述说明了万事万物都在不停地运动和变化，人生必有一死的道理。罗赛搜集、整理，索南龙珠汉译。今藏甘南藏族自治州政协原副主席罗赛处。

（道杰吉）

人老不想闲，请重修房屋

མི་རྒན་གྱི་ཚེགས་མི་དལ་བསམས་ན།། ཁང་རྒན་ལ་ཞིག་གསོ་གྱིས།།

mi rgan gyi tshegs mi dal bsams na khang rgan la zhig gso gyis

安多藏语甘南牧区方言谚语。流行于甘南境内黄河、洮河、大夏河流域地区。阐述了人在生活中不能闲着享受生活，面对现实生活做好充分的打算，教育人们要有长远的目标和远大的理想，不能贪图一时的快乐而耽误了个人前进的步伐。罗赛搜集、整理，索南龙珠汉译。今藏甘南藏族自治州政协原副主席罗赛处。

（道杰吉）

人需财，马需草

མི་ཟེར་བར་རྒྱུ་ནོམ་དགོས།། རྟ་ཟེར་བར་རྩྭ་ཆུ་དགོས།།

mi zer bar rgyu nom dgos rta zer bar rtswa chu dgos

安多藏语甘南牧区方言谚语。流行于甘南境内黄河、洮河、大夏河流域地区。指出了事物的本质，对社会高度负责，苦口婆心、由衷地教育人们去恶向善，诚辞恳切地讲述人生立身的道理，以提倡社会美德。罗赛搜集、整理，索南龙珠汉译。今藏甘南藏族自治州政协原副主席罗赛处。（道杰吉）

别人的食物香，众人的食物轻

མི་ཟས་ཁ་ན་ཞིམ།། སྡེ་ཟས་ལག་ན་ཡང་།།

mi zas kha na zhim sde zas lag na yang

安多藏语甘南牧区方言谚语。流行于甘南境内黄河、洮河、大夏河流域地区。一针见血地指出了贪婪、心怀鬼胎、诡计多端的人的本性，由衷地教育人们取恶向善，讲述人生立身的道理，抑制社会阴暗面。罗赛搜集、整理，索南龙珠汉译。今藏甘南藏族自治州政协原副主席罗赛处。

（道杰吉）

恶人的嘴里噩耗多，贫瘠的地里杂草多

མི་ངན་ཁ་ན་གཏམ་ངན་མང་།། ས་ངན་ཡུལ་ན་འཇག་ཐོ་མང་།།

mi ngan kha na gtam ngan mang sa ngan yul na vjag tho mang

安多藏语甘南牧区方言谚语。流行于甘南境内黄河、洮河、大夏河流域地区。通过描述人们生活中出现的一些问题，经过正反两面事物的鲜明对照，更加突出其善恶好坏的本来面目，使其优劣丑美显得天壤之别，相差甚远。倡导人们要通过自己勤劳的双手来创造幸福美好的生活。罗赛搜集、整理，索南龙珠汉译。今藏甘南藏族自治州政协原副主席罗赛处。

（道杰吉）

恶人乱言语，小狗汪汪叫

མི་ངན་པའི་ཁ་ན་མེད་མུག་མིན་པའི་ཚིག་མེད།།
ཁྱི་རྒྱ་ལུའི་ཁ་ན་ཧབ་ཧབ་མིན་པའི་སྒྲ་མེད།།

mi ngan pavi kha na med mug min pavi tshig med
khyi rgya luvi kha na hab hab min pavi sgra med

安多藏语甘南牧区方言谚语。流行于甘南境内黄河、洮河、大夏河流域地区。告诫人们一切工作都要扶助于实际行动，不能只是停留在嘴上夸夸其谈、华而不实，要把事物的本质和特性揭穿得一目了然。罗赛搜集、整理，索南龙珠汉译。今藏甘南藏族自治州政协原副主席罗赛处。

（道杰吉）

不懂装懂的医生没底，见神见鬼的咒师没法

མི་ཤེས་ཤེས་མདོག་བྱེད་པའི་སྨན་པར་ཕུག་མེད།།
ལྷ་མཐོང་འདྲེ་མཐོང་བྱེད་པའི་སྔགས་པར་མཐུ་མེད།།

mi shes shes mdog byed pavi sman par phug med
lha mthong vdre mhtong byed pavi sngags par mthu med

安多藏语甘南牧区方言谚语。流行于甘南境内黄河、洮河、大夏河流域地区。以尖刻的言辞批判了在工作和生活中不求上进、得过且过懒惰者的丑恶行为，这两种人尽管一时会得他人的爱戴和尊敬，但这种敬重不会持续长久，最终会引来世人的唾弃和指责。罗赛搜集、整理，索南龙珠汉译。今藏甘南藏族自治州政协原副主席罗赛处。（道杰吉）

姑娘要绸缎，来客要美食

མ་བུ་མོ་གནས་ལ་འགྲོ་དུས་གོས་ཀྱིས་བཏུམས་དགོས།།
མགྲོད་ཆུ་འཐུང་ཁྱིམ་ལ་ཐོན་དུས་ཟས་ཀྱིས་ཚིམས་དགོས།།

Ma bu mo gnas la vgro dus gos kyis btums dgos
Mgrod chu vthung khym la thon dus zas kyis tshims dgos

安多藏语甘南牧区方言谚语。流行于甘南境内黄河、洮河、大夏河流域地区。一方面真实地记录了藏族传统的服饰文化，另一方面阐明了不同事物在不同地方所发挥的特殊作用，充分体现了藏族人民的审美情趣、审美理想和审美标准。罗赛搜集、整理，索南龙珠汉译。今藏甘南藏族自治州政协原副主席罗赛处。（道杰吉）

别学恶人，别听恶语

མི་ངན་ལ་མ་ལྟ།། གཏམ་ངན་ལ་མ་ཉན།།

mi ngan la ma lta gtam ngan la ma nyan

安多藏语甘南牧区方言谚语。流行于甘南境内黄河、洮河、大夏河流域地区。用一句简练的言词说明遇事要沉着冷静、调查研究、明辨是非、深思熟虑。告诫人们不管做任何事情都必须三思而后行，不可盲目行事，麻痹大意。罗赛搜集、整理，索南龙珠汉译。今藏甘南藏族自治州政协原副主席罗赛处。（道杰吉）

柴湿烟雾大，人坏噩耗多

མེ་ཤིང་རློན་དུས་དུ་བ་ཆེ།། མི་ངན་ཐུག་དུས་མ་བཟང་མང་།།

Me shong rlon dus du ba che mi ngan
thug dus ma bzang mang

安多藏语甘南牧区方言谚语。流行于甘南境内黄河、洮河、大夏河流域地区。反映了人们在生产、生活方面总结出来的经验，描述了恶人的本性和自然界中湿柴的特性，对不同对象采取不同的态度和使用方法的普遍规律。罗赛搜集、整理，索南龙珠汉译。今藏甘南藏族自治州政协原副主席罗赛处。（道杰吉）

人的贪心无止境，失而复得一时乐

མི་སེམས་ལ་གང་རྒྱུ་མེད།། བོར་བ་རྙེད་ན་ཐེངས་གཅིག་གང་།།

mi sems la gang rgyu med bor ba r
nyed na thengs gcig gang

安多藏语甘南牧区方言谚语。流行于甘南境内黄河、洮河、大夏河流域地区。在藏族传统的伦理道德观念中把贪欲一直被纳入邪恶之范畴，认为世间万般恶皆因贪欲生。谚语流露出倡行清心寡欲、知足常乐，反对利欲熏心、贪得无厌的思想倾向。罗赛搜集、整理，索南龙珠汉译。今藏甘南藏族自治州政协原副主席罗赛处。（道杰吉）

不见黄河不解渴，不拜佛祖心不净

རྨ་ཆུ་སྔོན་མོ་མ་རིག་སློམ་མི་སོད།། ཇོ་བོ་རང་བྱོན་མ་རིག་ན་སེམས་མི་དག།

Rma chu sngon mo ma rig slom mi sod
Jo bo rang byon ma rig na sems mi dag

安多藏语甘南牧区方言谚语。流行于甘南境内黄河、洮河、大夏河流域地区。体现了藏族人民执着、虔诚的宗教信仰，特别是把藏传佛教伦理道德观融入藏族社会伦理道德之中，流露出敬奉三宝、皈佛解脱、诸恶莫为、积德行善等思想观念。罗赛搜集、整理，索南龙珠汉译。今藏甘南藏族自治州政协原副主席罗赛处。（道杰吉）

身为人而敏智如狼，太贪婪他人之财如野兽

མི་ལུས་སྤྱང་ཀིའི་རྣམ་རིག་ཅན།། གཞན་ནོམ་ལྡང་ན་གཅན་གཟན་འདྲ།།

mi lus spyang kivi rnam rig can gzhan

nom ldang na gcan gzan vdr

安多藏语甘南牧区方言谚语。流行于甘南境内黄河、洮河、大夏河流域地区。直接揭露了社会上许多的爱财人命运、伪善欺世的丑恶面目，深刻阐明了金钱不是万能的工具。罗赛搜集、整理，索南龙珠汉译。今藏甘南藏族自治州政协原副主席罗赛处。

（道杰吉）

苦药能治病，严词能利己

མི་འདོད་སྨན་གྱིས་ནད་གསོ་ཐུབ།། མི་སྙན་གཏམ་གྱིས་ཕན་ཐོག་ཐུབ།།

mi vded sman gyis nad gso thub mi

snyan gtam gyis phan thog thub

安多藏语甘南牧区方言谚语。流行于甘南境内黄河、洮河、大夏河流域地区。“良药苦口利于病，忠言逆耳利于行。”治病的好药常常味道很苦，尖锐的批评听起来不舒服，但对人有帮助。谚语告诫人们要分清是非好坏。罗赛搜集、整理，索南龙珠汉译。今藏甘南藏族自治州政协原副主席罗赛处。

（道杰吉）

姑娘如春花，衣饰如花瓣

སྨན་བུ་མོ་དབྱར་ཁའི་མེ་ཏོག། གོས་རྒྱན་ཆ་མེ་ཏོག་འདབ་མ།།

Sman bu mo dbyar khavi me tog

Gos rgyan cha me tog vdab ma

安多藏语甘南牧区方言谚语。流行于甘南境内黄河、洮河、大夏河流域地区。歌赞了美如春花的靓女，在如同花瓣的装饰陪衬下显得更加美丽动人。从中可得知，凡事都只要达到度和量的平衡及标准就会恰到好处、恰如其分，从而达到最佳境界。罗赛搜集、整理，索南龙珠汉译。今藏甘南藏族自治州政协原副主席罗赛处。

（道杰吉）

穷家男儿得财，富家之子无须妒忌

མེད་པོའི་བུ་ལ་རྒྱུ་ཐོབ་ན།། ཕྱུག་པོའི་སེམས་རྩ་འཁྲུགས་དོན་མེད།།

Med povi bu la rgyu thob na

Phyug povi sems rtsa vkhrugs don med

安多藏语甘南牧区方言谚语。流行于甘南境内黄河、洮河、大夏河流域地区。通过描述贪婪者的思想和表现，更加突出其善恶好坏的本来面目。在对愚昧人士的批判和相比之下，愚者在贤者面前自然相形见绌。罗赛搜集、整理，索南龙珠汉译。今藏甘南藏族自治州政协原副主席罗赛处。

（道杰吉）

无知的女人冬日搅冻奶，不出酥油反而冻自手

མོ་ཤེས་མེད་ཀྱིས་དགུན་ཞོ་འཁྲུགས་དཀྲུག།
མར་མི་ཐོན་རང་ལ་ལག་འཁོབ་རོགས།།

Mo shes med kyis dgun zho vkhags dkrug

mar mi thon rang la lag vkhob rogs

安多藏语甘南牧区方言谚语。流行于甘南境内黄河、洮河、大夏河流域地区。通过藏区特殊的地理位置和自然环境，阐述了特殊地带的人们的生产和生活，对日常生活进行了细微观察，反映了一种简单的辩证思想。罗赛搜集、整理，索南龙珠汉译。今藏甘南藏族自治州政协原副主席罗赛处。

（道杰吉）

人有生有死，树有长有枯

མི་ཉིན་གཅིག་སྐྱེས་ཀྱང་ཉིན་གཅིག་འཆི།།
ཤིང་ཐང་གཅིག་སྐྱེས་ཀྱང་ཐང་གཅིག་སྐམ།།

mi nyin gcig skyes kyang nyin gcig vchi

shing thang gcig skyes kyang thang gcig skam

安多藏语甘南牧区方言谚语。流行于甘南境内黄河、洮河、大夏河流域地区。表达了人们对生死无常和生离死别的无奈，又是贴近常人的普通生活，具有一定的实践性和群众性，在一定程度上解释了事物发展的必然规律。罗赛搜集、整理，索南龙珠汉译。今藏甘南藏族自治州政协原副主席罗赛处。

（道杰吉）

恶人难毁村庄，山羊难摇大树

མི་ངན་འཕགས་ནས་རུ་སྡེ་དཀྲུག་མི་ཐུབ།།
ར་མ་འཕག་ནས་སྡོང་རྒན་རྫོགས་མི་ཐུབ།།

mi ngan vphags nas ru sde dkrug mi thub
ra ma vphag nas sdong rgan rdzogs mi thub

安多藏语甘南牧区方言谚语。流行于甘南境内黄河、洮河、大夏河流域地区。深刻地解释了不同角度对不同问题的具体认识，将深刻的内容用简洁的语言表达出来，具有高度的概括性，有很强的哲理性。罗赛搜集、整理，索南龙珠汉译。今藏甘南藏族自治州政协原副主席罗赛处。

（道杰吉）

儿歌

一至十

ཨེ་བཅུ་མི་བཅུ།

ae bcu mi bcu

藏族安多方言儿歌。流传于青海省果洛藏族自治州。以生动的语言、巧妙的修辞，阐述了一至十的数字和每个数字段动物或自然现象所组成的数字。反映了这种儿歌数数法对幼儿形成个位数的概念和认识事物外在现象的重要性。闹金措口述记录、整理，16 开 1 页，80 字。今藏青海省果洛藏族自治州古籍工作领导小组办公室。（华青）

特庆那庆保无假

མཐེབ་ཆེན་ནེབ་ཆེན་དཔའ་བོ་རྒྱལ།

mtheb chen neb chen bpav bo rgyl

藏族安多方言儿歌。流传于青海省果洛藏族自治州。以简练、巧妙的语言，给人的手指以不同命名，来加深对儿童的记忆和短语的练习。反映幼儿在学习短语的过程中接触烦琐语言对形成幼儿语言能力的重要性。闹金措口述记录、整理，16 开 1 页，35 字。今藏青海省果洛藏族自治州古籍工作领导小组办公室。（华青）

对面河岸有头牛

ཕ་རས་གན་ན་གཡག་ཞིག

pha ras gan na gyag zhig

藏族安多方言儿歌。流传于青海省果洛藏族自治州。以简练、巧妙的语言和情节简单的故事，结合人的一只手的五个手指编成儿歌，使幼儿在听故事的情节中学习短语，掌握语言结构、学习语言知识。反映了将儿歌编成故事的形式对幼儿学习语言、掌握语句所起到的作用。闹金措口述记录、整理，16 开 1 页，30 字。今藏青海省果洛藏族自治州古籍工作领导小组办公室。（华青）

为请示所用

གོང་དཔོན་ལོར་ཡར་ཞུ་འགྱོག་བྱེད།

gong dpon lor yar zhu vgyog byed

藏族安多方言儿歌。流传于青海省果洛藏族自治州。以简练的语言、生动的情节将人的每个手指出现在人的日常生活中不同场合的作用体现出来，幼儿通过游戏与娱乐的形式将儿歌记牢、将语言学会、将常识记住。反映了简练的儿歌对幼儿记忆生活常识所起的作用。闹金措口述记录、整理，16 开 1 页，35 字。今藏青海省果洛藏族自治州古籍工作领导小组办公室。（华青）

阿混指

མཛུབ་གུ་ཨ་དཔོན།

mdsub gu a dpon

藏族安多方言儿歌。流传于青海省果洛藏族自治州。将藏语中的一些难以掌握的语素以儿歌的形式编排起来，然后将儿歌的内容以游戏的形式指定到每一个手指上来，让幼儿在学习儿歌、学习游戏的过程中掌握语言规律和语素的技巧。反映了儿歌在幼儿学习一些难以掌握的语素当中的重要作用。闹金措口述记录、整理，16 开 1 页，20 字。今藏青海省果洛藏族自治州古籍工作领导小组办公室。（华青）

三种长牙的下蛋者

མཆེ་བ་ཅན་གྱི་སྒོང་འཇོག་གསུམ།

mche ba can gyi sgong vjog gsum

藏族安多方言儿歌。流传于青海省果洛藏族自治州。以简练而巧妙的语言，将动物界三种长牙的群体会下蛋的常识告诉幼儿，孩子们在轻松愉快的学习过程中掌握了生活常识，同时还可以认识在一般情况下长牙的动物不会下蛋的生活常识。反映了儿歌在幼儿学习生活常识的重要作用。闹金措口述记录、整理，16 开 1 页，21 字。今藏青海省果洛藏族自治州古籍工作领导小组办公室。（华青）

三种长爪的食草者

སྡེར་མོ་ཅན་གྱི་རྩ་ཟན་གསུམ།

sder mo can gyi rtz zan gsum

藏族安多方言儿歌。流传于青海省果洛藏族自治州。以巧妙而简练的语言，将动物界三种长爪的动物会食草的常识告诉幼儿，孩子们在轻松愉快的学习过程中掌握生活常识，同时还可以认识在一般情况下长爪的动物不食草的生活常识。反映了儿歌在幼儿学习生活常识中的重要作用。闹金措口述记录、整理，16开1页，21字。今藏青海省果洛藏族自治州古籍工作领导小组办公室。（华青）

三种长蹄的食肉者

རྨིག་པ་ཅན་གྱི་ཤ་ཟན་གསུམ།

rmig pa can gyi sha zan gsum

藏族安多方言儿歌。流传于青海省果洛藏族自治州。以简练而巧妙的语言，将动物界三种长蹄的食肉者的常识告诉给幼儿，孩子们在轻松愉快的学习过程中掌握了生活常识，同时还可以认识在一般情况下长蹄的动物不会食肉的生活常识。反映了儿歌在幼儿学习生活常识中的重要作用。闹金措口述记录、整理，16开1页，21字。今藏青海省果洛藏族自治州古籍工作领导小组办公室。（华青）

黑发者四有

སྐྱེས་མགོ་ནག་ཅིག་ལ་འབུམ་བཞི་ཚང་།

skyes mgo nag cig la vbum bzhi tsang

藏族安多方言儿歌。流传于青海省果洛藏族自治州。以动听、简练而又较长的语言组合，阐述了作为黑头发的人与其他动物的不同之处在于能、想、会、说等四种特性，幼儿通过对儿歌的学习，不仅掌握了人与其他动物的区别，又学习了口述长句子的表达方式。反映了儿歌在幼儿学习较长的语句中的重要作用。闹金措口述记录、整理，16开48字。今藏青海省果洛藏族自治州古籍工作领导小组办公室。（华青）

雄鹰六宝

རྒོད་ཐང་དཀར་ཞིག་ལ་མཁོ་དྲུག་ཡོད།

rgod thang dkar zhig la mko drug yod

藏族安多方言儿歌。流传于青海省果洛藏族自治州。以简练的语言，以谜语的形式将一只雄鹰身上六种鲜为人知的宝贝阐述出来，幼儿在学儿歌、猜谜语的过程中将掌握雄鹰身上的六种宝贝，同时加深对数字六的认识和记忆。反映了儿歌在幼儿学习语言和掌握数字的过程中所起到的作用。闹金措口述记录、整理，16开1页，84字。今藏青海省果洛藏族自治州古籍工作领导小组办公室。（华青）

一只绵羊七处海

འབའ་ལག་ག་ཅིག་ལ་མཚོ་མོ་བདུན།

vbav lag ga cig la mtso mo bdun

藏族安多方言儿歌。流传于青海省果洛藏族自治州。以简练而巧妙的语言和生动而形象的比喻，将一只绵羊身上不同七处的特点指出来，使幼儿在学习儿歌中学到语言的技巧和日常生活中常见的一些常识，同时加深了对数字七的认识和记忆。反映了儿歌在幼儿学习日常生活常识和数字中的重要作用。闹金措口述记录、整理，16开1页，42字。今藏青海省果洛藏族自治州古籍工作领导小组办公室。（华青）

九奇异

ཨ་མཚར་མཚར་དགུ

a mtsar mtsar dgu

藏族安多方言儿歌。流传于青海省果洛藏族自治州。以简练巧妙的语言、形象生动的提问，将人们在日常生活中喜闻乐见而又不大引起注意的自然现象和生态规律，以儿歌的形式表达出来，使幼儿在学习儿歌的过程中养成考虑问题的习惯，同时学会对长句子的掌握和运用。反映了儿歌对幼儿培养思考问题所起到的作用。闹金措口述记录、整理，16开1页，108字。今藏青海省果洛藏族自治州古籍工作领导小组办公室。（华青）

九模样

ཨ་ཚུལ་ཚུལ་དགུ།

a tsul tsul dgu

藏族安多方言儿歌。流传于青海省果洛藏族自治州。以巧妙而简练的语言和生动而形象的比喻，将九种飞兽的形象拟人化，使幼儿在学习儿歌的过程中熟悉动物名称和其不同特点，同时加深数字九的认识和记忆，对长句得到更进一步的训练。反映了儿歌在幼儿区分不同动物特点时所起到的作用。闹金措口述记录、整理，16开1页，60字。今藏青海省果洛藏族自治州古籍工作领导小组办公室。（华青）

九方式

རྩ་བའི་ཚིས་དགུ

rtz bavi tzis dgu

藏族安多方言儿歌。流传于青海省果洛藏族自治州。以简练但又以较长的句子，以拟人的句式阐述了九种飞兽的特点，使幼儿在学习儿歌的过程中熟悉动物名称和不同特点，同时加深数字九的认识和记忆，对长句的表达得到更进一步的训练。反映了儿歌在幼儿区别不同动物特点时所起到的作用。闹金措口述记录、整理，16 开 1 页，117 字。今藏青海省果洛藏族自治州古籍工作领导小组办公室。（华青）

九无

ཨ་མེད་མེད་དགུ

a med med dgu

藏族安多方言儿歌。流传于青海省果洛藏族自治州。以简练而生动的语言和短小精悍的句式，阐述了日常生活中人们喜闻乐见但又引不起注意的九种动物的生理现象，幼儿在学习儿歌的过程中不仅可以学到短语的表达方式，同时可以对一些动物的一般特性进行理解和掌握。反映了儿歌在幼儿学习生活常识时所起到的作用。闹金措口述记录、整理，16 开 1 页，54 字。今藏青海省果洛藏族自治州古籍工作领导小组办公室。（华青）

阿曲曲噶

ཨ་ཆགས་ཆགས་དགུ

a chags chags dgu

藏语安多方言儿歌。主要流传于青海省果洛藏族自治州。以较为短小而精练的语言，以绕口令的形式将生活中的小常识阐述出来，使幼儿通过学习儿歌认识常识，同时加深对数字的认识和记忆。反映了儿歌对培养幼儿说话能力的重要性。闹金措口述记录、整理，16 开 1 页，45 字。今藏青海省果洛藏族自治州古籍工作领导小组办公室。（华青）

九种“玛”字之树

ཤིང་མ་མ་ཞིག་ལ་མ་དགུ་ཡོད།

shing ma ma zhig la ma dgu yod

藏语安多方言儿歌。流传于青海省果洛藏族自治州。以特别短小精悍的语言，将不同九种带有“玛”字的树木的名称以谜语的形式阐述开来，使初学语言的幼儿以最快而又最精的方式学习和掌握这九种近音树木的名称，同时对数字九形成感性认识。反映了儿歌对初学语言的幼儿学习会话所起到的作用。闹金措口述记录、整理，16 开 1 页，18 字。今藏青海省果洛藏族自治州古籍工作领导小组办公室。（华青）

阿克家单角犏母牛

ཨ་ཁུ་ཚང་གི་མཛོ་མོ་ར་ཡས་མ།

a khu tsang gi mdso mo ra yas ma

藏族安多方言儿歌。流传于青海省果洛藏族自治州。以简短的语言和较为简单的节奏将藏语中一些难以表达的语言以游戏的形式阐述出来，使幼儿在通过学习儿歌和玩耍游戏的过程中掌握语言的表达方式。反映了儿歌在幼儿学习语言过程中的重要性。闹金措口述记录、整理，16 开 1 页，31 字。今藏青海省果洛藏族自治州古籍工作领导小组办公室。（华青）

德和，阿得，泰得

སྟག ཨ་རྡི། ཐེ་རྡི།

stg a rdi the rdi

藏族安多方言儿歌。流传于青海省果洛藏族自治州。以较为简单的语言和简单的情节将幼儿的一种游戏儿歌化，使幼儿在学习儿歌的过程中掌握游戏规则，学习游戏方法。反映了儿歌在幼儿娱乐活动中的重要性。闹金措口述记录、整理，16 开 1 页，32 字。今藏青海省果洛藏族自治州古籍工作领导小组办公室。（华青）

九属性

ཨ་ཐེ་ཐེ་དགུ

a the the dgu

藏族安多方言儿歌。流传于青海省果洛藏族

自治州。以比较精小短焊而又生动形象的语言，将野生动物麝香身上九种宝的属性以谜语的形式阐述开来，使幼儿在学习儿歌的同时认识野生动物麝香及其珍贵性。反映了儿歌对幼儿形成独立人格所起到的特殊作用。闹金措口述记录、整理，16开1页，63字。今藏青海省果洛藏族自治州古籍工作领导小组办公室。（华青）

九难

ཨ་དཀའ་དཀའ་དགུ

a dkav dkav dgu

藏族安多方言儿歌。流传于青海省果洛藏族自治州。以生动的语言和巧妙的比喻将人们日常生活所熟知而又难以做到的事情阐述出来，使幼儿在学习儿歌生动的语言和巧妙的比喻方法的同时认识到这些事情难做的原因。反映了儿歌对幼儿认识事物内在本质所起到的作用。闹金措口述记录、整理，16开1页，63字。今藏青海省果洛藏族自治州古籍工作领导小组办公室。（华青）

阿依额头嘎阿嘎

ཨ་ཡས་ཐོད་པ་སྒག་སྒག

a yas thod pa sgg sgg

藏族安多方言儿歌。流传于青海省果洛藏族自治州。以生动的语言和精练的情节将藏语中一些难以发出的因素以游戏的形式阐述出来，使幼儿通过学习儿歌，娱乐游戏的过程中掌握各种疑难语素的发音技巧。反映了儿歌在培养幼儿掌握发言技巧中的重要作用。闹金措口述记录、整理，16开1页，50字。今藏青海省果洛藏族自治州古籍工作领导小组办公室。（华青）

对面河岸有棵树

ཕ་རས་གན་ན་སྡོང་བོ་ཞིག

pha ras gan na sdong bo zhig

藏族安多方言儿歌。流传于青海省果洛藏族自治州。以巧妙的语言和精密的节奏将藏语中一些难以表达的语音以顺口溜的形式阐述出来，使幼儿在学习动听儿歌的过程中掌握语言表达的技巧。反映了儿歌在幼儿学习语言表达方式中的重要作用。闹金措口述记录、整理，16开1页，110字。今藏青海省果洛藏族自治州古籍工作领导小组办公室。（华青）

你的下巴里有什么

ཁྱོའི་མ་ནེའི་ནང་ན་ཅི་ཞིག་ཡོད།

khyovi ma nevi nang na ci zhig yod

藏族安多方言儿歌。流传于青海省果洛藏族自治州。以精练的语言和简单的句式，以提问的形式将幼儿的对话题目阐述出来，幼儿通过学习儿歌掌握练习与人对话的方法，提高对话的能力。反映了儿歌在培养幼儿对话能力中所起到的作用。闹金措口述记录、整理，16开1页，93字。今藏青海省果洛藏族自治州古籍工作领导小组办公室。（华青）

太保保

ཐེ་པོ་པོ།

the po po

藏族安多方言儿歌。流传于青海省果洛藏族自治州。以生动的语言和精练的情节将藏语中一些较难发出的语音以游戏的形式表述出来，并结合手的各个部位表现出来，使幼儿通过学习儿歌掌握有关语音表达的技巧。反映了儿歌在幼儿学习语言中的重要性。闹金措口述记录、整理，16开1页，42字。今藏青海省果洛藏族自治州古籍工作领导小组办公室。（华青）

威虎十八点

སྟག་མོའི་འཛུམ་དྲུག་བཅོ་བརྒྱད།

stg movi vdsum drug bco brgyd

藏族安多方言儿歌。流传于青海省果洛藏族自治州。以生动形象的比喻、精练优美的语句，以诗的格调，用较长的句式将人的胫部以上十八处器官和其他部位一一阐述，使幼儿在学习儿歌的过程中不仅可以学到人的胫部以上各个部位的名称、形状以及大概作用，同时还可以学到长句中生动的比喻技巧和运用长句的表达方式。反映了儿歌在幼儿学习日常生活常识中的重要作用。闹金措口述记录、整理，16开2页，270字。今藏青海省果洛藏

族自治州古籍工作领导小组办公室。（华青）

玩要的人快快来

ཨ་རུ་རྩེ།

a ru rtse

安多藏语甘南地区拉卜楞方言儿歌。流传于甘南大夏河流域拉卜楞地区。歌词大意："玩玩玩，就要玩，玩要的人快快来，待会儿不让你入伙。"描写拉卜楞地区藏家孩子们结伴玩要的快乐情景，反映出该地孩子们自由自在、管教宽松的健康成长的环境。夏河县拉卜楞民间艺人卓玛草演唱，尕藏才旦、段亚平、万玛道吉等于20世纪80年代搜集、整理，仁钦道吉汉译。收入甘南藏族自治州文化局编《藏族民间歌曲选》，青海民族出版社1989年8月版。（扎扎）

过新年

ལོ་སར་རྒན་པོ་ཐོན་དང་ཐལ།

lo sar rgan po thon dang thal

安多藏语甘南地区拉卜楞方言儿歌。流传于甘南大夏河流域拉卜楞地区。歌词大意："新年到，穿新衣，吃年饭，放鞭炮。"孩子们盼来了一年一度的新年佳节，穿起了新缝的藏袍，吃上了香甜的佳肴，燃起了"啪啪"作响的鞭炮，庆祝新年，玩得痛快。反映了贫困时代的孩子们对幸福生活的渴望。夏河县拉卜楞民间艺人卓玛草演唱，尕藏才旦、段亚平、万玛道吉等20世纪80年代搜集、整理，仁钦道吉汉译。收入甘南藏族自治州文化局编《藏族民间歌曲选》，青海民族出版社1989年8月版。（扎扎）

吉祥的拉卜楞寺

སང་དིང་ལང་དིང་།

sang ding lang diang

安多藏语甘南地区拉卜楞方言儿歌。流传于甘南大夏河流域拉卜楞地区。 歌词大意："西方极乐的世界，幸福快乐的境界；吉祥的拉卜楞寺，声誉卓著的寺院。"全民信教的社会环境中，孩子们从小受到宗教文化熏陶，朦胧地认识到幸福的目标是西方极乐世界，而拉卜楞寺则是世间的理想境界。对研究拉卜楞地区的宗教社会环境有参考价值。夏河县拉卜楞民间艺人久西草演唱，尕藏才旦、段亚平、万玛道吉等人于20世纪80年代搜集、整理，仁钦道吉汉译。收入甘南藏族自治州文化局编《藏族民间歌曲选》，青海民族出版社1989年8月版。（扎扎）

班禅大师驾临

ལ་ཡ་སོ།

la ya so

安多藏语甘南地区拉卜楞方言儿歌。流传于甘南大夏河流域拉卜楞地区。 歌词大意："拉卜楞寺院里，班禅大师驾临，升起五彩霓虹，跳起欢快歌舞。"遥远西藏的教主班禅活佛驾临拉卜楞寺，在孩子们的心目中，这也是千载难逢的福缘，欢乐无比，载歌载舞，祝愿吉祥。夏河县拉卜楞民间艺人久西草演唱，尕藏才旦、段亚平、万玛道吉等于20世纪80年代搜集、整理，仁钦道吉汉译。收入甘南藏族自治州文化局编《藏族民间歌曲选》，青海民族出版社1989年8月版。

（扎扎）

森林边的孩子

ཉལ་གཉིད་སྐོར་བྱེད།

nyal gnyid skor byed

安多藏语甘南地区拉卜楞方言儿歌。流传于甘南大夏河流域拉卜楞地区。歌词大意："我的孩儿森林里来，带来林中的石羊羔。"孩子去森林里玩要，回家带来了捡到的形似羊羔的石头玩具。妈妈看到孩子健康愉快地成长，高兴地予以夸奖。夏河县拉卜楞民间艺人阿玛草演唱，尕藏才旦、段亚平、万玛道吉等于20世纪80年代搜集、整理，仁钦道吉汉译。收入甘南藏族自治州文化局编《藏族民间歌曲选》，青海民族出版社1989年8月版。（扎扎）

条目汉语音序索引

bá

bǎ

bái

bǎi

bài

bān

bàn

bǎo

bào

běi

C

cā

cái

cǎi

cāng

cáng

cǎo

chá

chū

chú

chù

chuān

chuán

chuī

chūn

cí

cǐ

cōng

cóng

cū

cuò

D

dā

dá

dǎ

dà

dǎi

dài

dān

dǎn

dāng

dàng

dāo

dào

E

G

gā

gāi

gān

gǎn

gāng

gāo

gē

gé

guài

guān

guàn

guāng

guǐ

guō

guó

guǒ

guò

H

hǎ

hái

hǎi

hài

M

mā

mǎ

mǎi

mài

mán

mǎn

màn

máng

māo

máo

mào

méi

měi

mén

mèng

mì

mián

N

O

P

S

shéng

shèng

shī

shí

shì

shōu

shǒu

yàn

yáng

yǎng

yāo

yào

yē

yě

后　　记

《中国少数民族古籍总目提要·藏族卷·讲唱类》（以下简称《藏族卷·讲唱类》）是国家民委全国少数民族古籍整理研究室组织编纂的国家“十一五”“十二五”重点文化项目，2021—2035年国家古籍工作规划重点出版项目。我国少数民族讲唱类古籍通常没有文字记载，而是由讲述者或诵读者以口头形式代代相传，其内容涵盖了宗教、历史、文学、哲学等多个领域，形式多样，内涵丰富，表现出浓郁的文化氛围和民族特色，实属极其珍贵的参考资料。

2009年，藏文古籍第五次联络员会在青海西宁召开。会议决定启动《藏族卷·讲唱类》编纂工作。由于藏族讲唱类古籍历史跨度长，分布范围广，很多散布于边远山区、各地寺庙，搜集难度大，有时搜集整理一个条目就需要花一两天时间，工作之艰辛可想而知。相关省区少数民族古籍工作机构的同志以及参与资料登录、条目编写和翻译的同志，坚持以保护传承中华优秀传统文化为己任，积极配合，通力合作，认真落实藏族卷编委会分派的任务，做了大量细致扎实、卓有成效的工作。参与者通过走访各地老人、僧人、民间艺人等，搜集口传古籍和相关的故事、传说、歌谣等，同时也通过考察各地的历史文物、寺庙、山川、水源等，挖掘出更多珍贵的历史文化资料，努力将流行在藏区口头传承的优秀非物质文化遗产收入本书。

按照工作分工，各地提供的资料交由青海省民族宗教事务委员会少数民族古籍保护中心统一汇总。该中心接受此项艰巨任务后，全力投入相关工作。中心主任、编审马小琴，原中心主任、译审金索南两位同志，负责统稿、审定、汇总、联络、协调等工作；完玛冷智、才华多旦、马忠、桑杰加、李加才让等五位同志，对各省报送的古籍条目进行审核、查重、筛选、分类等工作。经过多年努力和奋斗，终于完成了《藏族卷·讲唱类》的编纂出版任务。

综上，本书凝聚了很多领导和专家、学者的智慧与汗水，是各省（自治区、直辖市）兄弟单位团结合作、协力打造的精品成果，是每一位参与编纂出版的工作人员辛勤劳动的智慧结晶，同时也离不开国家民委全国少数民族古籍整理研究室的全程指导和帮助。在此，我们谨向各指导、协助、出版单位和每一位参与者表示衷心的感谢。由于本书编纂时间紧、任务重，讲唱类古籍整理难度大、经验少，难免产生疏漏错误，且有一部分故事、民歌因各种原因未能在本书列条介绍，甚为遗憾。不当之处，敬请广大读者批评指正。

《中国少数民族古籍总目提要·藏族卷》编纂委员会
2022 年 10 月